lonely planet

Thaïlande
Îles et plages

Anirban Mahapatra, David Eimer, Paul Harding, Tharik Hussain,
Michael Kohn, Olivia Pozzan, Barbara Woolsey

PRÉPARER SON VOYAGE

EFIMOVA ANNA/SHUTTERSTOCK ©

PHUKET-VILLE P. 309

YURY TARANIK/SHUTTERSTOCK ©

KO PHI PHI P. 354

SUR LA ROUTE

Sommaire

KAYO/SHUTTERSTOCK ©

GRAND PALAIS,
WAT PHRA KAEW P. 70

COMPRENDRE

PRATIQUE

KASTOBO/GETTY IMAGES ©

KO PHA NGAN P. 225

COUPS DE PROJECTEUR

Bienvenue sur les îles et plages de Thaïlande

Baies de sable blanc, récifs coralliens multicolores, formations karstiques couvertes de végétation émergeant de l'eau turquoise... Les côtes du sud de la Thaïlande sont l'image même du paradis tropical.

Des côtes sublimes

Les plages de Thaïlande sont inoubliables : palmiers, sable nacré, eaux turquoise cachant des parcs coralliens multicolores... Avec ses longues côtes et ses îles couvertes de jungle, le sud du pays séduit hédonistes et ermites, amoureux du luxe et voyageurs à petit budget. Escaladez les falaises de Krabi, nagez avec les requins-baleines au large de Ko Tao et des îles Surin, côtoyez les nomades de la mer de Trang, promenez-vous sur le sable fin de Ko Lipe, régalez-vous de produits de la mer grillés à Hua Hin, sortez des sentiers battus sur Ko Wai ou profitez des hôtels de luxe de Phuket.

Saveurs de Thaïlande

La cuisine thaïe est généreuse et chaleureuse, ouverte et subtile, rafraîchissante et délicate, sans prétention et surprenante. Célébrant l'abondance tropicale et les fruits de mer frais, elle navigue entre saveurs épicées, sucrées, salées et amères. Dans le Sud, où les produits de la mer sont rois, elle est délicieusement pimentée et salée.

Le "pays du sourire"

Difficile de ne pas être charmé par la chaleur sincère qui émane du *wâi* – le geste de salutation thaïlandais, paumes jointes – et du sourire joyeux des passants. Depuis longtemps, la Thaïlande est reconnue comme le pays le plus accueillant du Sud-Est asiatique, ouvert aux voyageurs venus en admirer les splendeurs naturelles.

Aventures de plein air

Parcours en tyrolienne dans la jungle, descentes en rafting, balades à cheval au bord de la mer ou encore stand-up paddle : les activités grisantes ne manquent pas pour découvrir la beauté du pays. Les voyageurs en quête d'aventure pourront marcher dans la jungle moite des parcs nationaux de Ko Chang et Khao Sok, faire du kitesurf au large de Phuket, Ko Lipe, Ko Samui et Hua Hin, pratiquer le yoga sur Ko Lanta et Ko Samui, pagayer en kayak autour des formations calcaires d'Ao Phang-Nga, escalader les falaises de Railay et Ton Sai ou explorer les fonds marins dans tout le sud du pays. Et après tant d'efforts, des masseurs talentueux sauront vous remettre sur pied !

AVERTISSEMENT

Au moment où nous terminions l'édition de ce guide, la pandémie de Covid-19 impactait fortement le monde du voyage. Les informations que vous trouverez dans cet ouvrage sont donc susceptibles de changements.

Renseignez-vous bien avant votre départ car la situation aura probablement évolué quand vous préparerez votre voyage.

Pourquoi j'aime les îles et les plages de Thaïlande

Paul Harding, Auteur

Au fil des ans, j'ai découvert les nombreux visages du sud de la Thaïlande, entre itinéraires sac au dos, plongée sous-marine et soirées trance. J'aime la gastronomie locale – currys, soupes brûlantes, fruits de mer frais et bols de *pàt tai* sur la plage surpassent la plupart des autres cuisines du monde, et malgré le tourisme de masse, il est rare qu'on mange mal ici. J'aime explorer les îles librement à scooter, et la facilité avec laquelle on va de l'une à l'autre en bateau. J'aime les couchers de soleil flamboyants et les eaux calmes à l'aube. Et puis bien sûr, il y a les Thaïlandais – toujours amicaux, polis et souriants.

Pour plus de détails sur nos auteurs, voir p. 480

Ci-dessus : Ao Phang-Nga (p. 299)

Îles et plages de Thaïlande

Parc national de Khao Sok
Une forêt pluviale parmi les plus anciennes du monde (p. 290)
Parc national des îles Surin et Similan
Plongée et snorkeling de renommée mondiale (p. 289 et p. 297)
Phuket
Le luxe à l'état pur sur la côte d'Andaman (p. 304)
Ko Phi Phi
Cadre spectaculaire et vie nocturne trépidante (p. 354)
Ko Lanta
Des rubans de sable doré et une douce animation (p. 361)
Îles de Trang
Des îles paisibles et des plages désertes (p. 376)
Ko Lipe
Le sable blanc des plages frangé d'une mer azur (p. 389)
Ko Tao
Le paradis des plongeurs (p. 244)
Ko Pha Ngan
Des plages bordées de palmiers où la fête bat son plein jusqu'au petit matin (p. 225)
Ko Samui
Plages magnifiques et délicieuse cuisine (p. 206)
Ao Phang-Nga
Une baie enchanteresse, nichée au milieu de hautes falaises (p. 299)
Railay et Ton Sai
De sublimes formations karstiques, paradis des grimpeurs (p. 348)
GOLFE DE THAÏLANDE
MER DE CHINE MÉRIDIONALE
MALAISIE
Chumphon
Isthme de Kra
Ranong
Parc national maritime d'Ang Thong
Parc national de Laem Son
Chaiya
Surat Thani
Parc national maritime des îles Surin
Parc national de Khao Sok
Takua Pa
Khao Lak
Parc national de Khao Luang
Nakhon Si Thammarat
Parc national maritime des îles Similan
Phang-Nga
Parc national maritime d'Ao Phang-Nga
Krabi
Ton Sai
Railay
Phuket
Thung Song
Hua Sai
Ranot
Ko Phi Phi
Parc national maritime de Hat Noppharat Thara-Mu Ko Phi Phi
Ko Lanta
Parc national de Hat Chao Mai
Trang
Phatthalung
Kantang
Îles de Trang
Thaleh Luang
Songkhla
Hat Yai
Pattani
Parc national maritime de Ko Tarutao
Satun
Ko Tarutao
Sadao
Yala
Ko Lipe
Pulau Langkawi
Narathiwat
Sungai Kolok
Kota Bharu
Alor Setar
Sungai Petani
Betong
Ko Tao
Ko Pha Ngan
Ko Samui
10° N
8° N
6° N
98° E
100° E
104° E

18 façons de voir les îles et plages de Thaïlande

1

Ko Phi Phi

1 Parmi les îles les plus célèbres de Thaïlande, Ko Phi Phi (p. 354) mérite sa réputation pour le meilleur comme pour le pire. Ses eaux cristallines, ses plages de sable blanc et ses falaises calcaires sont idéales pour la plongée, le snorkeling ou le farniente. La nuit, l'île devient un lieu de fête débridée où s'alignent danseurs du feu et seaux débordant d'alcool sucré. Les maux de tête sont inévitables, mais une sieste sur le sable ou une croisière dans les îles vous remettront d'attaque pour une nouvelle soirée.

Plongée à Ko Tao

2 Avec sa mer tiède et calme et sa fabuleuse vie sous-marine, Ko Tao (p. 244) est parfaite pour s'initier à la plongée : les clubs y pratiquent d'ailleurs des tarifs particulièrement raisonnables. Près de la côte, les criques rocheuses et les récifs coralliens peuplés d'une multitude de poissons se découvrent avec masque et tuba. Et pour alterner avec la plongée, la jungle qui couvre l'île est d'une superficie suffisamment réduite pour être explorée dans ses moindres recoins.

Poissons-clowns et anémones de mer dans les récifs peu profonds de Ko Tao

BALATE DORIN/SHUTTERSTOCK ©

VLAD61/SHUTTERSTOCK ©

3

CRISPICTURES/SHUTTERSTOCK ©

4

OZEROV ALEXANDER/SHUTTERSTOCK ©

5

MARCO BOTTIGELLI/SHUTTERSTOCK ©

Ko Lipe

3 Ko Lipe (p. 389) est bordée de plages fabuleuses. Sur la côte sud, Hat Pattaya forme un croissant de sable blanc parfait, parsemé de stands de fruits de mer grillés et de bars de plage, avec pour toile de fond le balancement des *long-tail boats* sur l'eau azur. Tout aussi exquise, Hat Sunrise s'étire sur la côte est jusqu'à dévoiler la majestueuse Ko Adang par-delà les flots. Pour changer de ces plages superbes mais très fréquentées, suivez le sentier dans la jungle jusqu'à Hat Sunset, plus sauvage, où l'on trouve de belles étendues de sable et des sites de plongée enchanteurs.

Étal de poisson et fruits de mer

Ko Samui

4 Désireuse de plaire, Ko Samui (p. 206) est une station balnéaire tournée vers le tourisme de masse. De nombreux visiteurs atterrissent directement sur l'île et ne sortent plus de leur *resort*, mais si vous êtes avide de découvertes, gagnez les plages et criques plus paisibles au sud et à l'ouest – vous comprendrez l'ancien surnom "d'île des cocotiers" donné à Samui –, baignez-vous dans des cascades, participez à des retraites de yoga, de méditation et de détox et arrêtez-vous dans un temple ou deux.

Îles de Trang

5 Dans la lumière dorée du matin, bercé par le ronronnement du moteur d'un *long-tail boat* dont la proue usée s'orne de tissus colorés, vous découvrez une île dont la végétation d'un vert intense surgit du bleu de la mer et dont la plage de sable blanc scintille au loin. Votre prochaine destination ? La plage chic de Ko Ngai, la luxuriante Ko Kradan ou la très courue Ko Muk (photo), à découvrir, comme tant d'autres, à pied ou avec masque et tuba. La traversée elle-même tient du rêve, presque autant que le séjour sur les îles de Trang (p. 376).

Phuket

6 Réputée pour ses luxueux *resorts* et pour la sulfureuse vie nocturne de Patong, la touristique Phuket (p. 304) a pourtant davantage à offrir. Pensez par exemple à une promenade à Phuket-ville entre des temples embaumant l'encens et de superbes édifices restaurés de style sino-portugais, à une immersion dans l'histoire locale de Thalang, à une randonnée dans la réserve naturelle royale de Khao Phra Thaew, à des cours de cuisine, à la plongée ou au surf en basse saison. Pour paresser sur la plage, loin de l'agitation, direction Hat Nai Thon, au nord, ou Laem Phanwa, au sud.

Édifices sino-portugais

Ko Chang

7 La lointaine Ko Chang (p. 149) abrite la jungle la mieux préservée d'Asie du Sud-Est. L'intérieur montagneux de l'île héberge une faune et une flore dignes de Jurassic Park : reptiles exotiques, oiseaux colorés et sangliers. Les montagnes sont ponctuées de rivières et de cascades et une légion de guides proposent de vous accompagner dans la jungle. Les promoteurs immobiliers se sont emparés des beaux domaines du front de mer, mais Lonely Beach reste festive tandis que l'est et le sud cachent des recoins sablonneux à l'écart des sentiers battus.

Cascade de Nam Tok Khlong Plu (p. 152)

LOVESEEN/SHUTTERSTOCK ©

BEN BRYANT/SHUTTERSTOCK ©

APHOTOSTORY/SHUTTERSTOCK ©

PARKPOOM KOTCHARAT/SHUTTERSTOCK ©

Kayak à Ao Phang-Nga

8 Dans le silence de l'aube, les amateurs de kayak de mer glissent paisiblement sur la spectaculaire baie du parc national maritime d'Ao Phang-Nga (p. 299). Les autres visiteurs, entassés sur des hors-bord, n'ont droit qu'à des images lointaines de cette splendeur. Admirez des grottes marines ornées d'art préhistorique, profitez des plages désertes aux eaux limpides et passez une nuit dans le village sur pilotis de Ko Panyi. D'innombrables bateaux vous dépasseront en vrombissant mais la plupart du temps, vous entendrez surtout le clapotis de votre pagaie entrant dans l'eau. Le soir, la bioluminescence de la baie est inoubliable.

Ko Pha Ngan

9 Jadis paisible et bohème, Ko Pha Ngan, est désormais célèbre pour ses fêtes de la Pleine Lune débridées et ses folles nuits technos. Si les paillotes cèdent progressivement la place aux boutiques-hôtels offrant un équivalent en termes de confort à ceux de Ko Samui, les côtes nord et est attirent encore des inconditionnels du hamac fuyant la vie moderne et friands de bonne cuisine. Le spectaculaire site de Sail Rock, près de la côte et fréquenté par les requins-baleines, est l'un des meilleurs sites de plongée du golfe de Thaïlande.

KUKIAT B/SHUTTERSTOCK ©

AUKO_PHUKET/SHUTTERSTOCK ©

Escalade à Railay et Ton Sai

10 Les sites d'escalade de Railay (p. 346 ; photo) et Ton Sai raviront spécialistes et débutants. Avec plus de 1 000 voies équipées sur des parois calcaires, dévoilant un panorama prodigieux composé de pitons rocheux drapés de verdure, d'eaux cristallines et de plages de sable blanc, les sensations sont garanties dès les premiers mètres. Les grimpeurs chevronnés pourraient y passer des mois. Pour encore plus de frissons, essayez le *deep-water soloing*, escalade libre qui se termine par un plongeon dans l'eau.

Sous les eaux des îles Surin et Similan

11 Les parcs nationaux maritimes des îles Surin et Similan comptent parmi les joyaux du pays. Leurs plages de sable blanc et leurs forêts tropicales sont encore remarquablement préservées, mais c'est au large que se trouvent les plus beaux trésors : les eaux transparentes cachent des sites de plongée éclatants de couleurs, parmi les meilleurs de Thaïlande. Les plongeurs préféreront les îles Similan (p. 297 ; photo), en particulier Ko Bon et Ko Tachai, mais les îles Surin sont un paradis pour le snorkeling.

Ko Kut

12 Proche de la frontière cambodgienne, la quatrième plus grande île de Thaïlande déploie une jungle dense ourlée de plages immaculées, idéales pour les bains de soleil, le kayak, le snorkeling et les soirées paisibles. La situation de Ko Kut (p. 162), à la pointe de l'archipel de Ko Chang, confère aux eaux qui la bordent une exceptionnelle teinte émeraude et un accès facile aux îles plus petites mais tout aussi belles de Ko Mak et Ko Wai.

SONG_ABOUT_SUMMER/SHUTTERSTOCK ©

Parc national de Khao Sok

13 Envie d'une échappée dans l'intérieur des terres ? Ce populaire parc national (p. 290), l'endroit le plus humide de Thaïlande, englobe collines et vallées couvertes de jungle. Vous y découvrirez d'immenses formations calcaires, des grottes et de hautes cascades sous l'épaisse canopée. Sur le réseau de pistes, vous guetterez ours, chauves-souris, gibbons, éléphants, et parfois un tigre ou la rare *Rafflesia kerrii*, une fleur géante à l'odeur putride. Pour une expérience unique, passez la nuit sur le lac Chiaw Lan dans une hutte flottante.

APIGUIDE/SHUTTERSTOCK ©

RICHARD WHITCOMBE/SHUTTERSTOCK ©

SMARTA/SHUTTERSTOCK ©

KOHYAO/SHUTTERSTOCK ©

Richelieu Rock

14 Les sites de plongée des parcs nationaux maritimes des îles Similan et Surin sont réputés dans le monde entier. Le plus remarquable est Richelieu Rock (p. 290), citadelle karstique plantée au large, dont la base repose à 40 m de profondeur. À environ 200 km au nord-ouest de Phuket, uniquement accessible dans le cadre d'une croisière de plongée vers le site des Burma Banks, plus au nord, cet affleurement singulier est fréquenté par les raies mantas et les requins-baleines qui viennent s'y alimenter.

Poissons tropicaux et coraux colorés

Ko Lanta

15 S'écarter un tant soit peu des sublimes plages touristiques de Ko Lanta (p. 361) permet de découvrir des villages de pêcheurs musulmans et une jolie jungle. Ne manquez pas Ban Si Raya, sur la côte est, encore authentique et paisible avec ses maisons sur pilotis centenaires et ses boutiques d'art. Dans le parc national maritime de Mu Ko Lanta, vous découvrirez de nombreuses grottes et de jolies plages de sable blond. Aux plaisirs de la plongée et du snorkeling s'ajoute la possibilité de pratiquer le yoga et de prendre part à une vie nocturne décontractée.

Ko Yao

16 Les rives paisibles des îles Ko Yao (p. 301) sont un secret bien gardé, à seulement une heure de Phuket-ville. Dans ce havre au cœur des splendides paysages d'Ao Phang-Nga, abandonnez bars et clubs de plage pour découvrir des communautés de pêcheurs musulmans et des couchers de soleil sur un horizon parsemé d'îles. L'un des *resorts* les plus luxueux de la région y est installé, mais les hébergements sont pour la plupart modestes et respectueux de l'environnement. On y pratique plongée, escalade et VTT.

Parc national maritime d'Ang Thong

17 Quand Alex Garland écrivit son roman *La Plage* (adapté au cinéma en 2000), il pensait certainement à ce parc national (p. 259). Mu Ko Ang Thong (en thaï) est un splendide archipel de 42 petites îles abritant des falaises vertigineuses, des lagunes secrètes, des plages couleur pêche et un bel échantillon de créatures tropicales. Plongée, snorkeling, kayak et randonnée sont au programme, idéalement dans le cadre d'une excursion d'une journée depuis Ko Samui ou Ko Pha Ngan.

Bangkok

18 Passer quelques jours dans cette capitale cosmopolite et effervescente (p. 68) vous donnera un autre regard sur votre circuit dans les îles. Berceau de la ville moderne, l'île artificielle de Ko Ratanakosin abrite plusieurs des sites incontournables de Bangkok, tels le Wat Phra Kaew et son Bouddha d'Émeraude ou encore le Wat Pho. À Bangkok, vous découvrirez aussi l'atmosphère suffocante des marchés de rue, des bars tendance installés dans des gratte-ciel, des centres commerciaux clinquants, l'animation de Chinatown et l'immense marché du week-end de Chatuchak. Wat Arun (p. 71)

17

18

L'essentiel

Pour plus de renseignements, consultez le *Carnet pratique* (p. 432)

Monnaie

Baht thaïlandais (B)

Langue

Thaï

Visa

Les ressortissants de 64 pays (dont la France, la Suisse, la Belgique et le Canada) sont exemptés de visa pour les séjours inférieurs à 30 jours.

Argent

Le baht (B) circule sous forme de billets de 20 B (vert), 50 B (bleu), 100 B (rouge), 500 B (violet) et 1 000 B (beige). Il existe aussi des pièces de 1 B, 2 B, 5 B et 10 B.

Téléphone portable

La Thaïlande est couverte par le réseau GSM. Vous pourrez vous procurer des cartes SIM prépayées bon marché. Bangkok et la plupart des principales îles et plages du pays bénéficient de la 4G.

Heure locale

7 heures d'avance sur l'heure GMT. Lorsqu'il est midi à Paris, il est 17h/18h à Bangkok (heure d'été/d'hiver).

Quand partir

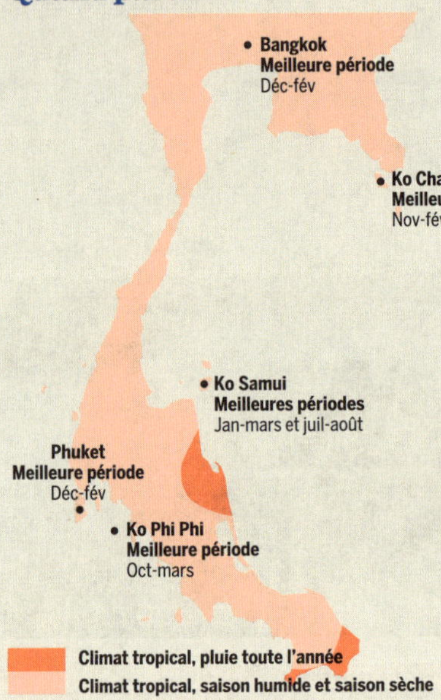

Haute saison
(nov-mars)

- Après la mousson vient la saison sèche, encore fraîche : les températures sont agréables et la nature resplendit.
- Avec les vacances de Noël et du Nouvel An occidental et chinois, les touristes affluent sur les plages, et les prix s'envolent.

Saison intermédiaire
(avr-juin)

- Avril, mai et juin sont généralement très chauds et secs, avec une température moyenne de 30°C, mais la brise marine rafraîchit l'atmosphère.

Basse saison
(juil-oct)

- Les côtes du golfe et d'Andaman sont arrosées par les pluies de mousson.
- Jusqu'en août, le sud du golfe est souvent ensoleillé.
- L'activité cesse sur certaines îles par mauvais temps.
- La pluie tombe généralement sous forme de brèves averses.

Sites Internet

Office du tourisme de Thaïlande (TAT ; www.tourismethaifr.com).

Ambassade de France en Thaïlande (th.ambafrance.org).

Lonely Planet (www.lonelyplanet.fr/destinations/asie/thailande).

Guide de la Thaïlande sur Internet (thailande-guide.com).

Dictionnaire français-thaï (www.francais-thai.com).

ThailandeFr (thailande-fr.com). Site d'information en français.

Gavroche Magazine (www.gavroche-thailande.com). Site d'information en français.

Quotidien Bangkok Post (www.bangkokpost.com). En anglais.

Parcs nationaux de Thaïlande (www.dnp.go.th).

Numéros utiles

Indicatif de la Thaïlande	☎66
Urgences	☎191
Codes d'accès à l'international (selon les opérateurs)	☎001, ☎007, ☎008, ☎009
Appels internationaux via un opérateur	☎100
Police touristique	☎1155

Taux de change

Canada	1 $C	23 B
États-Unis	1 $US	30 B
Suisse	1 FS	35 B
Zone euro	1 €	34 B

Pour connaître les derniers taux de change, consultez le site : www.xe.com/fr.

Budget quotidien

Moins de 2 000 B

- Lit en dortoir ou chambre en *guesthouse* rudimentaire : 300-1 000 B
- Repas dans un marché ou un stand de rue : 40-100 B
- Petite bouteille de bière : 60 B
- Trajet en moto-taxi ou *long-tail boat* : 30-200 B

De 2 000 à 5 000 B

- Chambre en *guesthouse* ou dans un hôtel de catégorie moyenne : 1 000-3 000 B
- Déjeuner occidental et dîner de poisson : 200-500 B
- Excursion de snorkeling : 1 500-2 000 B
- Location de moto : 200-300 B

Plus de 5 000 B

- Chambre dans un boutique-hôtel : à partir de 3 000 B
- Repas dans un restaurant haut de gamme : à partir de 500 B
- Soin au spa : à partir de 500 B
- Location de voiture : à partir de 1 200 B

Heures d'ouverture

Banques 9h30-15h30 lun-ven, DAB 24h/24.

Bars 18h-minuit ou 1h ; beaucoup de bars pour touristes ouvrent à partir de 10h.

Discothèques 20h-2h ou tard.

Administrations gouvernementales 8h30-16h30 lun-ven ; certaines ferment pour le déjeuner (midi-13h), d'autres sont ouvertes le samedi (9h-15h).

Restaurants 10h-22h ; les restaurants pour touristes servent parfois le petit-déjeuner à partir de 7h.

Magasins 9h-18h ; grands magasins 10h-22h ; les 7-Eleven sont ouverts 24h/24.

Arriver sur les îles et plages de Thaïlande

Aéroport international de Bangkok-Suvarnabhumi L'Airport Rail Link (45 B, 30 minutes) circule jusqu'à la station Phaya Thai et les bus jusqu'à Th Khao San (60 B, 1 heure) ; des taxis avec compteur (250-400 B, 1 heure) sont disponibles 24h/24.

Aéroport international de Bangkok-Don Mueang (p. 444) Quatre lignes de bus rejoignent Bangkok, dont une en direction de Th Khao San (50 B, 1 heure). Des taxis avec compteur (250-400 B, 1 heure) circulent 24h/24. Une navette gratuite (1 heure) dessert Suvarnabhumi.

Aéroport international de Samui Toutes les heures, un bus (140 B) dessert les principaux lieux de Samui. Des taxis (500 B à 1 000 B) circulent dans toute l'île.

Aéroport international de Phuket Des bus (100 B, 1 heure) desservent Phuket-ville ; des taxis avec compteur (500-700 B, 30 minutes-1 heure) et des minibus (200-300 B, jusqu'à 2 heures) desservent les plages et Phuket-ville.

Comment circuler

Avion Nombreuses dessertes aériennes, parfois onéreuses.

Bus et minibus Abordables et efficaces. Large choix.

Train Bon marché, confortable, mais moins fiable que le bus et plus lent ; voyagez plutôt de nuit.

Bateau Nombreuses options, des ferrys lents aux *long-tail boats* et vedettes, plus rapides.

Location Véhicules à louer dans les villes. Conduite éprouvante.

Plus d'informations sur les **transports** p. 444.

Pour un premier séjour

Pour plus de renseignements, consultez le *Carnet pratique* (p. 432).

Pense-bête

- Votre passeport doit être encore valide au moins 6 mois.
- Signalez votre voyage à votre banque.
- Demandez un visa touristique si vous séjournez en Thaïlande plus de 30 jours.
- Prévoyez une assurance voyage, une assurance pour la plongée et un permis de conduire international.
- Consultez un médecin pour vérifier votre état de santé si vous envisagez de pratiquer la plongée.

À emporter

- Guide de conversation thaï
- Téléphone/tablette, chargeurs et adaptateurs
- Crème solaire, chapeau et lunettes de soleil
- Antimoustique et crème antihistaminique (pour les piqûres d'insectes)
- Chemises légères à manches longues
- Pantalons en tissu léger
- Sandales confortables
- Lampe de poche/frontale

Quelques conseils

- Si vous louez un véhicule (surtout une moto ou un jet-ski), prenez-le en photo ou filmez-le avant de l'utiliser. Cela pourra vous protéger par la suite : une escroquerie fréquente consiste à accuser les touristes d'avoir abîmé des véhicules déjà endommagés.
- Ne perdez pas votre sang-froid, même dans les situations les plus difficiles. Se mettre en colère ne fera qu'envenimer les choses.
- Évitez de parler de politique ou de la monarchie.
- Mangez sur les marchés ou à des stands de rue pour découvrir des saveurs typiquement thaïlandaises.
- Utilisez les transports locaux – bon marché, ils permettent de sociabiliser avec les habitants de la région.
- Mémorisez quelques phrases en thaï et gardez le sourire.

Tenue adaptée

En raison de la chaleur tropicale, les tenues amples et légères sont les plus confortables. Prévoyez une veste pour les rares soirées fraîches. Pour la visite des temples, des vêtements couvrant bras et jambes sont requis. Porter des sandales ou des tongs est courant dans les îles, mais vous pouvez prévoir des chaussures plus élégantes pour sortir à Bangkok.

Hébergement

Réserver est nécessaire en haute saison, surtout sur les îles et les plages les plus fréquentées, quel que soit l'hébergement.

Resorts Grande diversité d'établissements allant des villas avec piscine privée et majordome aux cabanes en bambou en bord de plage.

Guesthouses (pensions) Encore très répandues, elles sont parfois mal équipées mais leurs tarifs restent raisonnables et leurs gérants serviables.

Huttes, bungalows et cottages Hébergements très variés, des huttes basiques au toit en feuilles de palmier avec salle de bains commune, aux cottages climatisés avec salle de bains privée et eau chaude.

Auberges de jeunesse On en trouve sur les îles attirant les voyageurs à petit budget et dans des villes comme Bangkok et Pattaya.

Louer un véhicule

Louer une moto ou une voiture peut être pratique mais rouler en Thaïlande est périlleux : non-respect des feux rouges, dépassements par la droite et conduite à contresens comptent parmi les dangers. Vérifiez que votre assurance couvre vos frais médicaux. Notez que la conduite se fait à gauche.

Marchandage

Le marchandage est au cœur des échanges commerciaux en Thaïlande ; c'est une pratique courante sur les îles et les plages.

- Vous obtiendrez plus facilement un bon prix en achetant plusieurs articles. Gardez toujours le sourire.
- On ne marchande pas dans les 7-Eleven, restaurants, hôtels haut de gamme et stations-service.
- Marchander est en revanche d'usage dans la plupart des établissements sur les plages.

Pourboire

Les Thaïlandais n'attendent généralement pas de pourboire, mais cela évolue dans les zones touristiques car de nombreux étrangers en laissent.

Restaurants Plusieurs restaurants d'hôtel ou gastronomiques incluent des frais de service de 10% dans l'addition. Vous pouvez aussi laisser un pourboire quand le service est de qualité.

Personnel hôtelier Attendu dans les hôtels ou les *resorts* huppés uniquement.

Taxis Arrondissez le prix pour les petites courses ou offrez un pourboire pour les voyages plus longs dans le cas des locations de voiture avec chauffeur.

Langue

Dans les villes touristiques, on parle généralement bien anglais, mais ce n'est pas toujours le cas des conducteurs de bus ou de taxi et des vendeurs des marchés. Il peut donc être utile de savoir compter et commander un repas en thaï.

La langue thaïe dispose d'un alphabet qui lui est propre. Les plaques des rues sont traduites en anglais, mais en l'absence de translittération standardisée, l'orthographe reste très variable. Notez que les lettres ne se prononcent pas toutes comme elles s'écrivent ("Ph" est ainsi un "p" aspiré, pas un "f").

Pas d'impair !

De manière générale, les Thaïlandais sont très accueillants et compréhensifs, à condition de respecter quelques conventions sociales primordiales.

Ne pas "perdre la face" Le sourire (p. 411) est la meilleure façon de convaincre un Thaïlandais : tout signe de colère ou de conflit est embarrassant car il peut faire "perdre la face".

Dans les temples Pour visiter les temples, portez des vêtements couvrant vos épaules et genoux, et ôtez vos chaussures. Pour éviter de pointer les pieds en direction d'une représentation du Bouddha, asseyez-vous toujours sur vos jambes repliées, les pieds calés derrière vous. Les femmes ne peuvent pas toucher les moines ni leurs affaires.

À la plage Le nudisme est proscrit. En quittant la plage, les hommes doivent porter une chemise, et les femmes un vêtement par-dessus leur maillot de bain.

Respect de la royauté Manquer de déférence à la famille royale est une infraction pénale : manipulez avec respect les objets portant l'effigie du roi (par exemple l'argent).

Langage corporel Évitez de toucher la tête de quelqu'un, et faites attention à la direction dans laquelle vous pointez les pieds : c'est une partie du corps considérée comme inférieure par les Thaïlandais.

Où se restaurer

On mange pléthore de fruits de mer sur les îles et les côtes thaïlandaises, de délicieux currys, salades et plats sautés typiques, ainsi qu'un éventail de plus en plus varié de spécialités internationales.

Restaurants On trouve de tout, des restaurants gastronomiques aux cabanes sur la plage servant des fruits de mer, en passant par une myriade d'établissements petit budget et milieu de gamme proposant des plats thaïlandais et internationaux.

Stands de rue et marchés Parmi les meilleurs endroits où se restaurer et toujours les moins chers !

Resorts La plupart des *resorts* disposent de leur propre restaurant. Sur les petites îles, ils sont parfois la seule option disponible. En général, les non-résidents y sont acceptés.

Quoi de neuf ?

Face à des visiteurs toujours plus nombreux, du moins jusqu'à la crise liée à la Covid-19, les initiatives concernaient avant tout le tourisme durable. Un peu partout dans le pays, les Thaïlandais multiplient les actions originales pour que plages de rêve et fonds marins idylliques conservent leurs attraits, et que la Thaïlande demeure l'une des destinations les plus séduisantes du monde.

Phuket Smart Bus

Inauguré en 2018, ce service relie toutes les heures l'aéroport international de Phuket à Rawai en marquant l'arrêt aux différentes plages de la côte ouest. Les bus, propres et modernes, sont équipés de Wi-Fi et de compartiments à bagages.

Fermeture de la plage de Maya

La minuscule plage Ao Maya (où fut tourné le film *La Plage*, sorti en 2000) a subi des dégâts écologiques importants en raison du nombre croissant de visiteurs et des allées et venues incessantes des bateaux. Les autorités ont d'abord annoncé sa fermeture pour quelques mois en 2018 avant de prolonger la mesure jusqu'à une date indéterminée.

Plusieurs autres îles au large de Phuket ont été rendues inaccessibles aux touristes, tandis que les autorités ont retiré cabanes et transats sur un grand nombre de plages de Phuket, notamment Hat Surin.

SkyWalk à Bangkok

Défiez le vide sur la SkyWalk, une terrasse en verre en saillie, suspendue à 310 m au-dessus des rues de Bangkok. Vous la trouverez au dernier étage du King Power Mahanakhon, le plus haut gratte-ciel de la capitale thaïlandaise, dont la façade rappelle une image pixélisée.

100% LOCAL

QUELLE ACTUALITÉ DANS LES ÎLES ET PLAGES DE THAÏLANDE ?

Paul Harding, auteur Lonely Planet

D'un point de vue politique, l'année 2019 a été mouvementée en Thaïlande avec les premières élections démocratiques organisées depuis le coup d'État de 2014 et le couronnement d'un nouveau roi. Malgré un climat politique difficile et des troubles persistants dans l'extrême sud du pays, les îles et plages de Thaïlande n'avaient jamais été aussi prisées des visiteurs, avec pour conséquence un certain nombre de problèmes environnementaux.

Entre 2005 et 2018, le nombre de visiteurs en Thaïlande a plus que triplé, passant de 11,5 millions à 38,3 millions, les touristes chinois comptant pour plus d'un tiers des voyageurs étrangers. Pour le pays, le défi difficile consiste à tirer un profit économique de cette croissance tout en préservant l'environnement et la beauté des îles et des plages.

Les autorités ont pris quelques mesures pour réduire les dégâts causés par le tourisme de masse. Ainsi, en 2018, la plage de Maya sur l'île de Ko Phi Phi Leh (célèbre depuis le film *La Plage*) a été rendue inaccessible aux touristes le temps de réaliser des tests sur ses milieux naturels. Les résultats ayant été peu encourageants, il a été décidé de la fermer pour une durée indéfinie afin de permettre à l'écosystème et au récif de se régénérer.

Plage de Pattaya

Les autorités auraient dépensé 400 millions de bahts pour assainir et nettoyer la plage de Pattaya en 2018. Malheureusement, ces efforts furent en partie anéantis par les pluies de mousson de 2019, qui conduisirent à une nouvelle opération de nettoyage.

Transplantation corallienne, Ko Phi Phi Leh

La transplantation de coraux, également appelée jardinage corallien, vise à reconstruire les récifs endommagés en attachant du corail brisé à des rochers naturels puis en déposant cet ensemble sur un fond marin peu profond, dans une zone transformée temporairement en une sorte de pépinière à corail. Cette technique incroyablement efficace a déjà fait ses preuves face aux dégâts causés par le tourisme de masse sur la célèbre plage de Maya à Ko Phi Phi Leh.

Nettoyage des plages

L'initiative Trash Hero (trashhero.org) gagne en notoriété sur les plages de Thaïlande : son réseau de bénévoles collecte déchets et mégots dans toute la région, y compris à Phuket, Ko Samui, Ko Chang et sur la plupart des autres grandes plages et îles. Les collectes ont lieu certains jours précis de la semaine.

Extension du programme d'exemption de visa

Le programme d'exemption de visa a été étendu et couvre désormais 64 pays (dont la France, la Suisse, la Belgique et le Canada). Si vous êtes ressortissant de l'un d'eux, vous pouvez désormais séjourner en Thaïlande jusqu'à 30 jours sans visa, que vous arriviez par voie aérienne, terrestre ou maritime.

À REGARDER ET À SUIVRE

Pour trouver l'inspiration, consultez www.lonelyplanet.fr/destinations/asie/thailande.

Thailand Island Guide (thailandislandguide.com) Observez l'île de votre choix depuis le ciel sur ce site Internet ou son compte Instagram.

Amazing Thailand (twitter.com/thailandfanclub) Compte Twitter de l'office du tourisme où découvrir de sensationnels clichés de Thaïlande.

Thaivisa (www.thaivisa.com) Site pour expatriés où échanger et s'informer.

Le Petit Journal (lepetitjournal.com/bangkok) Site d'actualité locale pour francophones et expatriés français.

INFOS TOP CHRONO

Cuisine typique Menus végétariens utilisant des produits frais locaux

Nombre d'îles thaïlandaises 1 430

Fréquentation touristique annuelle (2018) 38,3 millions

Nombre d'habitants 69,3 millions

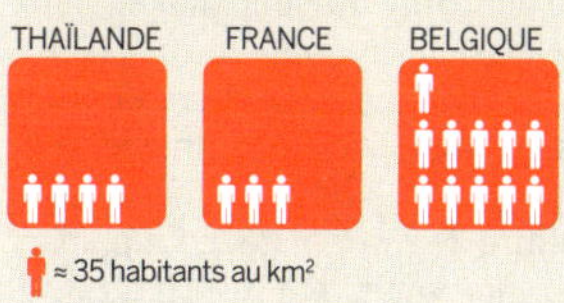

Centre commercial en bord de plage

Le premier centre commercial de Thaïlande installé en bord de mer a ouvert ses portes à Hua Hin et rencontre un vif succès, aussi bien auprès des habitants que des visiteurs. Seenspace (p. 185) est un agencement branché de murs en béton et de zones de plein air comprenant restaurants, boutiques, club de plage et boutique-hôtel.

Hébergement

Plus de détails sur les hébergements dans les chapitres de la section *Sur la route* (p. 67).

Types d'hébergements

Guesthouses

Dans le sud de la Thaïlande, les pensions (*guesthouses*) comptent parmi les hébergements les moins chers et sont très répandues dans les zones fréquentées par les voyageurs à petit budget. Dans les régions plus isolées, comme la côte est, leur nombre est plus limité.

Les tarifs varient selon les infrastructures et la situation géographique. Dans les petites villes, les chambres les moins onéreuses, en général avec salle de bains commune et ventilateur branlant, coûtent entre 300 et 500 B. Pour une chambre avec salle de bains, climatisation et parfois télévision, comptez entre 500 et 1 000 B. Dans les *resorts* de bord de mer, les prix sont très élevés et commencent entre 800 et 1 000 B pour une chambre rudimentaire avec ventilateur. La plupart des *guesthouses* cultivent l'esprit du voyage avec un personnel sympathique capable de vous renseigner ou des initiatives comme des échanges de livres.

Hôtels et resorts

Dans les capitales provinciales et les petites villes, les vieux hôtels sino-thaïlandais, autrefois communs dans tout le pays, restent l'option la moins chère. Ils reçoivent surtout une clientèle thaïlandaise et l'anglais y est peu parlé. Ces bâtiments à plusieurs étages proposent des chambres climatisées de catégorie moyenne, avec salle de bains privée et téléviseur, ou des chambres pour petits budgets avec salle de bains commune et ventilateur. Si ces hôtels affichent un charme un peu rétro, ils sont souvent trop délabrés pour pouvoir concurrencer les pensions (à moins qu'ils n'aient été rénovés).

Depuis quelques années, les hôteliers redoublent néanmoins d'efforts pour plaire aux voyageurs qui recherchent l'ambiance chaleureuse d'une *guesthouse* sans renoncer au confort d'un hôtel. Dans la plupart des grandes villes touristiques, la tendance est aujourd'hui aux établissements pour baroudeurs aisés, qui allient de nombreux équipements à une décoration raffinée et un bon niveau de confort.

Les chaînes hôtelières internationales sont présentes à Bangkok, Phuket, Pattaya et dans les autres stations balnéaires huppées. Un grand nombre de ces *resorts* hauts de gamme combinent architecture thaïlandaise traditionnelle et minimalisme moderne.

La majorité des hôtels de catégorie supérieure et certains de catégorie moyenne facturent une taxe gouvernementale de 7% (TVA), ainsi que 10% pour le service. Ces charges supplémentaires sont souvent appelées “plus plus”. Le prix des chambres inclut la plupart du temps un petit-déjeuner (buffet).

Auberges de jeunesse

En raison du faible prix des *guesthouses*, les auberges de jeunesse sont moins répandues en Thaïlande que dans d'autres pays d'Asie. Elles gagnent cependant du terrain, en particulier dans les zones urbaines comme Bangkok et Pattaya et partout où affluent les jeunes voyageurs. On y trouve à la fois des dortoirs et des chambres privatives, ainsi que les services habituellement offerts aux voyageurs. Un lit en dortoir revient à 300 B ou plus par nuit. Les réservations par Internet sont généralement possibles.

Cabanes, bungalows et cottages

L'époque des modestes cabanes en bambou ou en bois avec toit en feuilles de palmier sur le front de mer est bientôt révolue mais vous en trouverez encore, à partir d'environ 500 B, sur les petites îles ou celles plus isolées comme Ko Wai, ainsi que sur les îles de Ko Pha Ngan, Ko Samet et Ton Sai. En général, elles sont dotées d'une salle de bains et d'un ventilateur. Les bungalows et les cottages au bord des plages les plus prisées n'ont cessé de monter en gamme mais beaucoup gardent une atmosphère à la Robinson Crusoé. Les meilleurs cottages ont vue sur la mer et disposent de la climatisation ainsi que de l'eau chaude.

Hébergement dans les parcs nationaux

La plupart des parcs nationaux sont équipés de bungalows ou d'aires de camping. Les bungalows, qui peuvent accueillir jusqu'à 10 personnes, reviennent entre 800 et 2 000 B par nuitée selon leur taille et leur localisation. Les Thaïlandais aiment y séjourner en famille. Quelques parcs possèdent aussi des *reu·an tăa·ou* (maisons allongées).

La plupart des parcs autorisent le camping pour 30 à 90 B par personne et par nuit si vous avez votre propre tente. Certains proposent à la location tentes et matériel de base, mais ces équipements sont parfois de piètre qualité.

Les réservations pour tous les parcs doivent être faites auprès du service central de réservation de l'**office des Parcs nationaux** (nps.dnp.go.th ; 61 Th Phahonyothin ; ☎02 562 0760).

CATÉGORIES DE PRIX

Les catégories de prix suivantes valent pour une chambre double avec salle de bains en haute saison. Sauf indication contraire, la taxe n'est pas incluse dans le prix : elle ne s'applique qu'aux grands hôtels et aux adresses haut de gamme.

$ moins de 1 000 B

$$ 1 000-4 000 B

$$$ plus de 4 000 B

Le top des hébergements

Les meilleurs hôtels à petits prix

- Infinity Beach Hostel (p. 233), Ko Pha Ngan
- Chern (p. 94), Bangkok
- Pak-Up Hostel (p. 343), Krabi-ville
- Paradise Cottage (p. 157), Ko Chang

Les meilleurs boutiques-hôtels

- AriyasomVilla (p. 102), Bangkok
- Casa Blanca Boutique Hotel (p. 312), Phuket
- Baan Luang Rajamaitri (p. 144), Chanthaburi

Les meilleurs hôtels pour les familles

- Samui Jasmine Resort (p. 212), Ko Samui
- The Sands (p. 296), Khao Lak
- Phi-Phi Island Village (p. 359), Ko Phi Phi

Les meilleures auberges de jeunesse

- Warm Window (p. 99), Bangkok
- Us Hostel (p. 213), Ko Samui
- Pajamas Hostel (p. 156), Ko Chang
- Fin Hostel (p. 328), Phuket

Les meilleurs établissements en pleine nature

- Bann Makok (p. 163), Ko Kut
- Viking Natures Resort (p. 358), Ko Phi Phi
- Railay Great View Resort (p. 350), Railay

Les meilleurs hôtels pour les voyageurs en solo

- Chic Lipe (p. 390), Ko Lipe
- BB Lonely Beach (p. 157), Ko Chang
- King's Home (p. 182), Hua Hin

Services de réservation

Travelfish (www.travelfish.org/country/thailand) Critiques indépendantes et avis de lecteur.

Agoda (www.agoda.com/country/thailand.html) Site de réservation basé en Asie ; des auberges de jeunesse aux resorts de luxe.

Lonely Planet (www.lonelyplanet.fr/hotels) Conseils et réservations.

Envie de...

Plages

Même si ce n'est plus un secret, les plages de Thaïlande comptent toujours parmi les plus belles du monde.

Ko Kut Des kilomètres de sable désert auréolent la solitaire Ko Kut. Hat Khlong Chao sort tout droit d'un rêve (p. 162).

Îles de Trang D'infinies variations de turquoise baignent les plages blondes et les massifs karstiques de ce séduisant archipel (p. 376).

Ko Pha Ngan L'île accueille des fêtes de la pleine lune enfiévrées ; sur les plages au nord, les hamacs se balancent (p. 225).

Ko Lipe Sable blanc éclatant à Hat Pattaya et Hat Sunrise, régal des amateurs de plages (p. 389).

Plongée et snorkeling

Les eaux cristallines du golfe de Thaïlande et de la mer d'Andaman abritent des paysages sous-marins et une faune d'une grande variété, qui font du pays une des meilleures destinations au monde pour plonger.

Parcs nationaux maritimes des îles Surin et Similan Ces îles de la mer d'Andaman possèdent des sites de plongée et de snorkeling incomparables : vertigineuses gorges rocheuses, coraux durs et mous, et une multitude d'animaux marins (p. 289 ; p. 297).

Ko Lanta Cette île de la mer d'Andaman bénéficie de la proximité de réserves de nourriture attirant requins-baleines et raies mantas (p. 361).

Ko Tao L'endroit idéal pour s'entraîner à la plongée, grâce à des écoles abordables, des eaux peu profondes et des conditions optimales toute l'année (p. 244).

Ko Chang Snorkeling et plongée en eaux peu profondes pour les débutants, descente en eaux plus profondes sur des épaves pour les plongeurs aguerris (p. 149).

Sports d'aventure

Au-delà de la plongée, la Thaïlande offre de quoi combler les amateurs de sensations fortes.

Escalade à Railay et à Ton Sai À Railay, les formations karstiques spectaculaires attirent les grimpeurs par centaines (p. 346).

Kitesurf à Phuket, Krabi, Ko Samui et Hua Hin Des vents réguliers et une eau peu profonde font de ces côtes d'excellents sites pour le kitesurf (p. 305 ; p. 343 ; p. 206 ; p. 178).

Randonnée dans le parc national de Khao Sok Entre collines couvertes de jungle et cascades puissantes, ouvrez l'œil pour apercevoir les animaux qui peuplent ce parc (p. 290).

Kayak de mer à Ao Phang-Nga Fendez les eaux calmes, le nez levé vers les massifs déchiquetés qui percent les nuages (p. 299).

Surf à Kata Yai En basse saison, les vagues de cette plage de Phuket sont parfaites pour les débutants. Le break de Hat Bang Sak, sur la côte d'Andaman, vaut également le détour (p. 326).

Mets divins

Stands de rue, marchés de nuit ou encore restaurants familiaux mêlant habilement recettes traditionnelles et cuisine fusion de haute volée, vous n'aurez qu'à choisir !

Bangkok De la soupe de nouilles au coin de la rue aux créations d'un chef renommé, les mille facettes de la cuisine thaïe (p. 68).

Hua Hin Le marché nocturne vise surtout les touristes thaïlandais : currys de crabe, omelettes aux moules, gambas (p. 178).

Trang Célébrée pour son porc rôti, ses dim-sums et son café, Trang abrite le marché de nuit le plus réputé de la côte d'Andaman (p. 373).

Phuket-ville Entre une cuisine thaïlandaise fusion, chic et très abordable, servie dans des bâtiments sino-portugais restaurés, et les délicieux stands de rue et marchés, notre cœur balance (p. 309).

En haut : escalade, plage de Railay (p. 346)

En bas : Ko Pha Ngan (p. 225)

Retour à l'essentiel

Bien que leur nombre diminue, il existe encore des bungalows en bambou bon marché en bord de plage, avec terrasse, lit, douche froide et moustiquaire.

Ko Phayam Si l'île est en développement, on peut encore y apprécier cette ambiance de plage ultra-décontractée (p. 285).

Ko Pha Ngan Bien que l'île monte en gamme, elle compte toujours quelques coins préservés, comme Chalok Lam (p. 225).

Ko Wai Les bungalows du Ko Wai Paradise sont parfaits pour musarder sur cet îlot perdu dans l'archipel de Ko Chang (p. 167).

Ko Chang (Ranong) Cette petite île couverte de jungle, proche du Myanmar, a gardé son caractère rustique (p. 284).

Séjour dans un cinq-étoiles

Les plus grandes îles de Thaïlande abritent certains des cinq-étoiles les plus fastueux du monde (à des prix parfois étonnamment abordables).

Point Yamu by Como, Phuket Sur la côte est, l'un des nombreux hébergements haut de gamme qu'offre le littoral de l'île (p. 338).

Six Senses Samui, Ko Samui Luxe et respect de l'environnement se conjuguent dans ce *resort* délicieusement isolé (p. 215).

Rayavadee, Railay Un établissement paisible sur la plage, en pleine nature (p. 350).

Peninsula Hotel, Bangkok Une concurrence féroce maintient les prix bas ; pourquoi ne pas en profiter pour s'offrir une nuit de luxe dans un établissement de grand standing (p. 100) ?

Mois par mois

Janvier

Dans le sud de la Thaïlande, le temps frais et sec annonce le début de la haute saison touristique.

Nouvel An chinois

Les Thaïlandais d'origine chinoise fêtent le Nouvel An lunaire chinois (date variable). Au programme de la semaine : grand ménage et feux d'artifice. Si le Nouvel An (*đrùt jin*) est célébré en grande pompe à Phuket, à Bangkok et à Pattaya, il reste en général une fête familiale. C'est la période où les touristes chinois sont le plus nombreux.

Février

En haute saison, des essaims de touristes venus de l'hémisphère nord gagnent le sud de la Thaïlande pour le soleil et la fête.

Makha Bucha

Makha Bucha (*mah·ká bou·chah*) commémore le prêche du Bouddha devant les 1 250 *arahant* (saints) venus l'écouter. Cette fête a lieu à la pleine lune du 3e mois lunaire.

Foire de Phra Nakhon Khiri

Pendant les 10 jours que dure cette fête provinciale, le parc historique de Phra Nakhon Khiri est orné de lumières ; danses traditionnelles, artisanat, spécialités culinaires et feux d'artifice sont au programme.

Mars

La saison chaude et sèche approche et les plages commencent à se vider. Les vents annoncent l'époque du kitesurf. Les étudiants sont en vacances avant le second semestre de cours.

Saison des mangues

De mars à juin, c'est la saison des mangues. Découpée devant vous, leur succulente chair dorée se déguste avec du riz gluant et une sauce sucrée, le tout proposé en barquettes.

Festivals de cerfs-volants

Pendant la saison venteuse, des cerfs-volants colorés s'affrontent dans le ciel de Sanam Luang à Bangkok et ailleurs dans le pays.

LE TOP 5

Songkran, avril

Anniversaire du roi, juillet

Fête végétarienne, octobre

Loi Krathong, novembre

Fête de la pleine lune à Ko Pha Ngan, tous les mois

Festival international de musique de Pattaya

Des groupes pop et rock de toute l'Asie se produisent à Pattaya. Ce festival gratuit attire les étudiants de l'université de Bangkok.

Avril

Temps chaud et sec. La saison touristique ralentit, sauf lors de Songkran, pendant lequel les Thaïlandais voyagent beaucoup.

Songkran

Le Nouvel An traditionnel thaïlandais (mi-avril) commence le matin par une visite au temple. Puis tout le monde charge ses pistolets à eau pour une joyeuse bataille de rue.

En haut : composition florale à l'occasion de Loi Krathong (p. 30)

En bas : bataille de pistolets à eau durant Songkran (page ci-contre)

Mai

Avant la saison des pluies, les festivités visent à favoriser précipitations abondantes et récoltes généreuses. Les prix sont plus bas et les touristes peu nombreux, mais le soleil est toujours au rendez-vous.

Cérémonie des labours royaux

Astrologie et anciens rites brahmaniques se mêlent dans cette cérémonie royale qui marque l'ouverture officielle de la saison de plantation du riz. Un bœuf sacré est attelé à une charrue de bois pour labourer les terres du Sanam Luang, à Bangkok.

Visakha Bucha

Visakha Bucha, à la pleine lune du 6e mois lunaire (mai ou juin), célèbre la naissance, l'Éveil et le *parinibbana* (décès) de Bouddha. La célébration se concentre autour du *wat* local, avec processions à la bougie, psalmodies et prêches.

Juin

Dans certaines régions, la saison des pluies commence déjà sous la forme d'une averse l'après-midi, laissant le reste de la journée à la musique et aux réjouissances.

Festival de jazz de Hua Hin

Des groupes viennent dans cette retraite royale pour rendre hommage au défunt roi Rama IX, saxophoniste de jazz et compositeur accompli. Le festival se tient parfois en mai (p. 182).

Juillet

Début de la saison des pluies. Les festivités annoncent le carême bouddhique. Les communautés religieuses préparent cette période de réflexion et de méditation.

Asanha Bucha

La pleine lune du 8e mois lunaire commémore le premier sermon de Bouddha, dans lequel il décrivit les quatre nobles vérités du bouddhisme. C'est l'une des fêtes les plus sacrées de cette religion.

Khao Phansaa

Le lendemain d'Asahna Bucha marque le début du carême bouddhique (le 1er jour de la lune décroissante du 8e mois lunaire). Traditionnellement, c'est l'époque où les hommes entrent dans les ordres. Les fidèles font des offrandes aux temples et assistent aux ordinations.

Anniversaire de Sa Majesté le roi

Le 28 juillet est un jour férié. À Bangkok, Th Ratchadamnoen Klang est illuminée et décorée, et tout le monde porte une chemise rose, couleur symbolisant la monarchie.

Août

Le ciel reste couvert et les averses sont quotidiennes. L'humidité est omniprésente.

Anniversaire de Sa Majesté la reine mère

Le 12 août, anniversaire de la reine Sirikit (reine consort du feu roi Rama IX), est un jour férié lors duquel on célèbre les mères. À Bangkok, cette journée est marquée par des événements culturels dans Th Ratchadamnoen et à Sanam Luang.

Octobre

Début des préparatifs religieux pour la fin de la saison des pluies et du carême bouddhique. La mousson se termine dans presque tout le pays.

Ork Phasana

Le carême bouddhique se termine (3 mois lunaires après Khao Phansaa) par la cérémonie du *gà·tĭn*. Les moines reçoivent une nouvelle robe de la part de fidèles qui accomplissent ainsi un acte méritoire.

Fête végétarienne

Durant les 9 jours de cette fête (9e mois lunaire), la viande est bannie de l'alimentation. À Phuket, les manifestations prennent une tournure extrême et parfois effrayante (mutilations expiatoires).

Biennale de Bangkok

Se déroulant d'octobre à février une année sur deux, la Biennale de Bangkok est une foire tentaculaire, qui a été inaugurée en 2018-2019. Dans des espaces publics de la capitale, elle met à l'honneur les œuvres des artistes les plus branchés d'Asie.

Novembre

Saison fraîche et sèche. Arriver tôt permet d'éviter les foules de touristes. Les plages sont agréables, et les paysages luxuriants idéals pour randonner et admirer les cascades.

Loi Krathong

Cette fête est célébrée à la 1re pleine lune du 12e mois lunaire pour remercier la divinité des rivières d'apporter la fertilité aux champs et aux forêts, et demander son pardon. Des bateaux en feuilles de bananier pliées sont déposés sur tous les cours d'eau du pays.

Décembre

Ciel bleu et hôtels bondés : c'est l'apogée de la saison touristique.

Anniversaire du défunt roi

L'anniversaire du feu roi Rama IX, le 5 décembre, est un jour férié. C'est aussi la fête des Pères.

Itinéraires

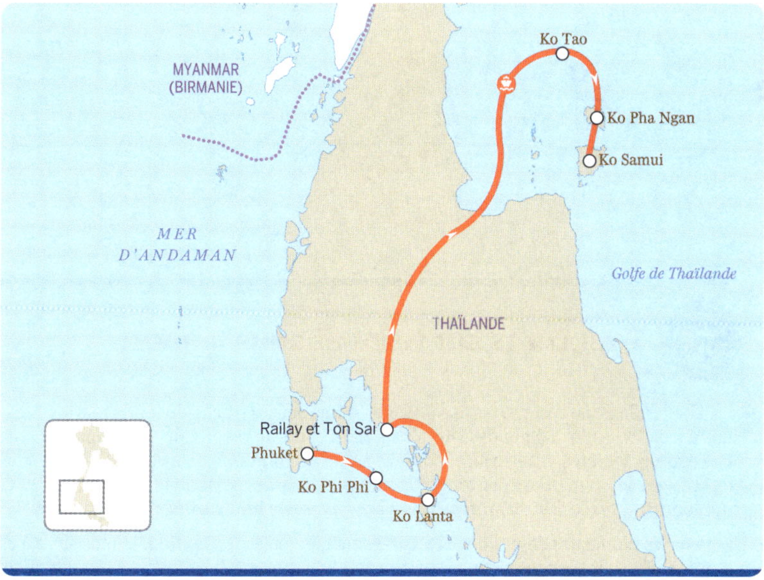

2 JOURS À la découverte des îles et plages de Thaïlande

Avant de démarrer ce périple le long d'un des plus beaux littoraux du monde, profitez des plages de **Phuket** pendant 1 ou 2 jours. Sur cette île immense, tout le monde pourra trouver son petit coin de sable – les noceurs invétérés iront à Patong, animée mais assez sordide, tandis que les adeptes du farniente choisiront les plages du Nord, plus paisibles.

Une fois reposé, rejoignez **Ko Phi Phi** et sa baie à la forme de sablier caractéristique. Vous y croiserez des foules de jeunes voyageurs assis sur le sable, munis d'un seau à whisky. Embarquez ensuite pour **Ko Lanta**, une île peu accidentée au rivage mordoré léché par les vagues. En passant par Krabi, rejoignez **Railay** ou **Ton Sai**, hauts lieux d'escalade avec leurs falaises calcaires spectaculaires.

Gagnez l'autre côté de la péninsule malaise, à quelques heures de bus ou de minibus, pour découvrir l'une ou l'autre des trois îles idylliques du golfe de Thaïlande – **Ko Samui**, royaume du luxe, **Ko Tao**, renommée pour la plongée, et **Ko Pha Ngan**, idéale pour paresser.

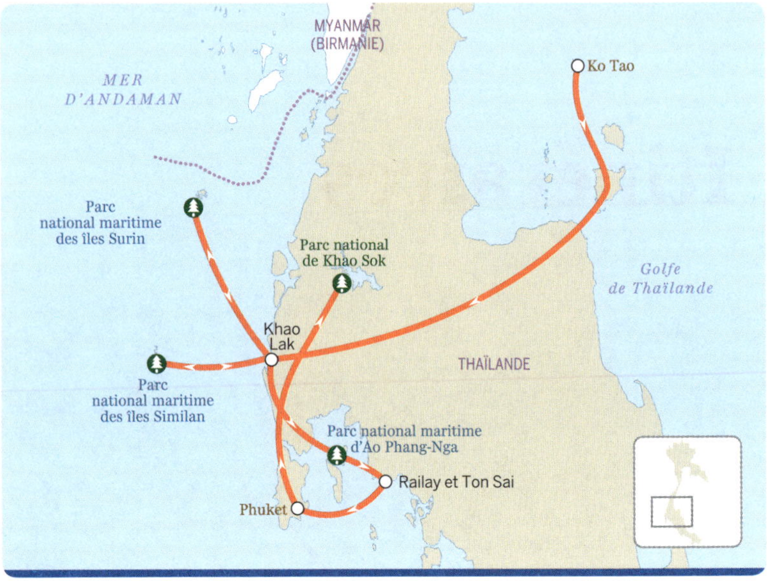

2 SEMAINES

Aventures sur terre et sous la mer

La Thaïlande ne se résume pas à ses plages somptueuses. Riche de fonds marins spectaculaires, elle compte des sites de plongée et de snorkeling de renommée mondiale. Des grottes secrètes, à la surface, s'offrent à une exploration en kayak, tandis que sur la terre ferme les grimpeurs peuvent se lancer à l'assaut de formations karstiques – et les randonneurs sur la piste d'animaux sauvages dans des forêts tropicales séculaires.

Pour les plongeurs débutants, **Ko Tao** est la meilleure destination, la plus simple et la moins chère. Les plongeurs plus expérimentés gagneront **Khao Lak**. Là, des excursions à la journée et des croisières de trois jours à une semaine partent chaque jour, de mi-octobre à mi-mai, vers le paradis des plongeurs : les **îles Similan**. L'un des sites les plus remarquables est Ko Bon, où les raies mantas rôdent autour des récifs coralliens peuplés d'une multitude de petits poissons. Un peu plus au nord, Richelieu Rock, où l'on voit parfois de discrets requins-baleines, est le meilleur site de plongée du pays, et les **îles Surin** aux eaux cristallines sont parfaites pour le snorkeling. De superbes spots de snorkeling s'égrènent le long de la côte d'Andaman et dans le golfe, accessibles pour moitié prix auprès de la plupart des écoles de plongée.

Le kayak est un excellent moyen d'admirer les fascinants pics calcaires du **parc national maritime d'Ao Phang-Nga** et d'explorer les grottes partiellement immergées, ornées d'art rupestre préhistorique ; des kayaks sont proposés à la location sur de nombreuses îles pour de paisibles balades. Pour l'escalade, direction **Railay** ou **Ton Sai**, où vous rejoindrez les singes qui s'agrippent aux parois gagnées par la jungle, et dominerez des plages splendides. Beaucoup d'itinéraires sont accessibles aux débutants, et les moniteurs vous dévoileront toutes les ficelles de cette pratique. Le *deep water soloing* est une escalade libre en solo qui se termine par un plongeon dans l'eau turquoise en contrebas. Si vous avez soif de vie sauvage, des réserves naturelles et des parcs nationaux ont été créés dans les jungles du nord de **Phuket**. La forêt tropicale primaire du **parc national de Khao Sok**, sur le continent, regorge de cascades secrètes et de fleurs rares.

4 SEMAINES

Le grand tour

Plus qu'un simple séjour en bord de mer, un voyage d'un mois vous fera véritablement découvrir le sud de la Thaïlande, ses îles, ses plages et ses parcs luxuriants.

Démarrez votre périple à **Bangkok**, avant de partir vers le sud. Votre première étape : **Ko Samet**, ourlée de plages, où les habitants de la capitale et les expatriés viennent se détendre le week-end. Longez la côte jusqu'à la paisible ville de **Trat**, puis embarquez pour l'une des nombreuses îles de l'archipel de **Ko Chang**. Promenez-vous à pied dans la jungle de Ko Chang, l'île la plus grande et la plus développée de la région. Gagnez ensuite l'île plate et sablonneuse de **Ko Mak** ou l'accidentée **Ko Kut**.

Revenez à Trat pour prendre un bus pour **Pattaya**. De là, un catamaran vous amène en 2 heures à **Hua Hin**, lieu de villégiature privilégié de la famille royale, des Thaïlandais fortunés et des expatriés, avec ses marchés de fruits de mer et ses charmantes baraques sur la jetée. Parcourez les collines escarpées du paisible **parc national de Khao Sam Roi Yot**, avant de rallier, en passant par Chumphon, **Ko Tao** pour plonger à la rencontre de la faune marine. Rendez-vous ensuite à **Ko Pha Ngan** pour de calmes moments de détente sur la plage. Non loin, **Ko Samui** offre un plus grand choix d'activités et saura satisfaire tous les budgets et toutes les envies.

En partant de Ko Samui, gagnez, via Surat Thani, le **parc national de Khao Sok**, l'une des plus anciennes jungles du monde. Après une randonnée dans la forêt tropicale, profitez des plages de **Khao Lak**, où vous pourrez embarquer pour une sortie plongée d'une journée ou plus à la découverte des splendides fonds marins des **parcs nationaux maritimes des îles Surin et Similan**. Longez le littoral vers le sud jusqu'à **Phuket** et goûtez la crème du luxe et de l'hospitalité. Pagayez autour des îlots calcaires de la paisible **Phang-Nga**, puis dormez à **Ko Phi Phi** après une soirée festive sur la plage. Escaladez les falaises de **Railay**, toutes proches, parcourez la plate et tranquille **Ko Lanta**, puis rejoignez en bateau les **îles de Trang** – vous voilà au paradis. Un dernier archipel attend les voyageurs qui s'aventurent plus au sud, vers la frontière malaisienne : **Ko Lipe** est une île de choix pour ses plages magnifiques où règne une atmosphère festive et conviviale.

3 SEMAINES

Parcours gourmand sur la côte

Tout autant que les plages de sable blanc et les eaux turquoise, la succulente cuisine thaïlandaise reste gravée dans la mémoire des visiteurs.

À quelques heures de route au sud de Bangkok, **Pattaya** se distingue par ses excellents fruits de mer, son offre variée de cuisine internationale et ses parcs aquatiques familiaux. Contournez les go-go bars et savourez ! De Pattaya, un catamaran vous fera traverser en deux heures le golfe de Thaïlande jusqu'à **Hua Hin**, réputée pour ses marchés de poisson et de fruits de mer, ses restaurants sur la jetée et ses bars sur les toits. La cuisine que vous goûterez dans cette station balnéaire prisée des Thaïlandais est typique et authentique.

Ensuite, direction **Phuket**. Depuis Hua Hin, prenez un minibus jusqu'à l'un des deux aéroports de Bangkok et embarquez pour Phuket, ou prenez le bus de nuit. La plus grande île de Thaïlande propose les expériences culinaires les plus variées de toutes les îles et plages du pays. Les étals de rue et les marchés de nuit de Phuket-ville valent le détour et les produits de la mer servis sur les plages sont succulents. Quant aux restaurants proposant une cuisine fusion et internationale, ils sont de plus en plus nombreux, notamment les établissements haut de gamme qui se cachent dans les complexes hôteliers. L'île possède également des écoles réputées de cuisine thaïlandaise.

Si vous n'êtes pas encore rassasié, prenez le bus pour **Hat Yai** et découvrez la cuisine chinoise la plus authentique de Thaïlande.

Embarquez ensuite à bord d'un train desservant la ville assoupie de **Nakhon Si Thammarat**, plus au nord, qui possède d'excellents restaurants. Sautez dans un minibus pour aller déjeuner ou dîner à **Ao Khanom**, encore plus au nord, en profitant de la vue sur le golfe de Thaïlande. Enfin, si vous ne frôlez pas l'indigestion, risquez-vous jusqu'à **Ko Samui** et aux autres îles de la partie sud du golfe en passant par **Surat Thani**, où un chapelet de restaurants remarquables pave le chemin jusqu'à **Ko Tao**.

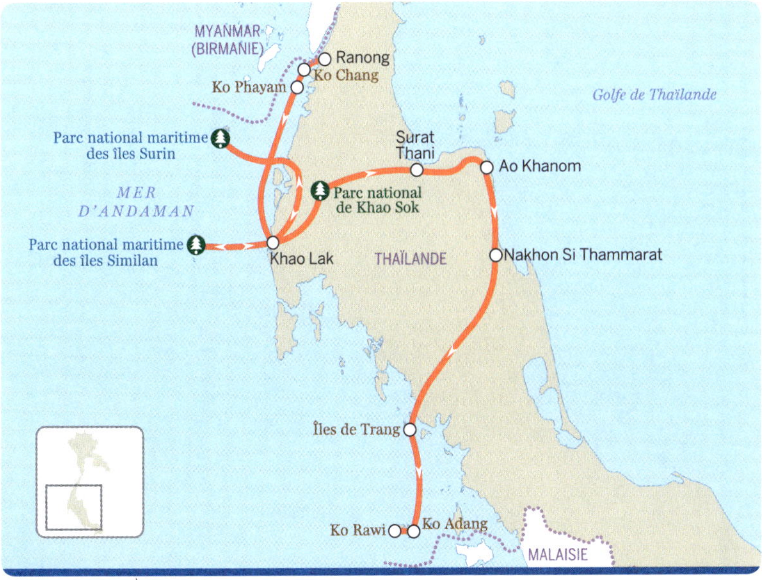

2 SEMAINES

Hors des sentiers battus

Loin des sentiers battus, partez à la découverte de certaines des plages et îles les moins connues du Sud, en alternant allègrement entre l'Ouest et l'Est.

Partez de la ville frontalière animée de **Ranong**, sur la rive orientale de l'estuaire de la Sompaen, à 45 minutes en bateau du Myanmar (Birmanie). Non loin, les étendues de sable blanc de l'île peu peuplée de **Ko Phayam** vous attendent. Passez plus de temps sur la "petite" **Ko Chang** (à ne pas confondre avec la "grande" Ko Chang dans la province de Trat, proche du Cambodge), une destination rustique à l'atmosphère sympathique et décontractée. Plus au sud, à **Khao Lak**, embarquez pour une excursion de plongée ou de snorkeling vers les **îles Similan** et **Surin**.

De retour sur la terre ferme, changez de côte et dirigez-vous à l'est en faisant halte dans le **parc national de Khao Sok**. Dans l'une des plus anciennes forêts tropicales du monde, découvrez l'une des plus grandes fleurs de la planète et explorez la forêt à pied, en kayak, en raft ou en bateau. Un peu plus à l'est, ne négligez pas **Surat Thani**. Cette ville thaïlandaise traditionnelle compte une importante population d'origine chinoise, ainsi que toute une kyrielle de temples chinois hauts en couleur. Une fois parvenu au golfe de Thaïlande, à **Ao Khanom**, vous pouvez flâner quelques jours à la plage loin des foules de Ko Samui, Ko Pha Ngan et Ko Tao. Avec un peu de chance, vous apercevrez même les dauphins roses locaux.

Poursuivez vers le sud pour explorer le riche centre culturel de **Nakhon Si Thammarat**. Cette ville historique plaisante abrite l'un des temples bouddhiques les plus importants et vénérés de Thaïlande. Retournez ensuite vers la côte d'Andaman pour reprendre vos pérégrinations d'île en île. Faites votre choix parmi les solitaires **îles de Trang** – les plages immaculées de Ko Kradan, l'assoupie Ko Sukorn, ou la verdoyante Ko Libong et sa faune abondante –, puis continuez vers le sud pour une excursion de snorkeling avec des *chow lair* (ou *chao leh*, nomades de la mer) sur les paisibles **Ko Rawi** ou **Ko Adang**, au nord de Ko Lipe.

Îles et plages de Thaïlande hors des sentiers battus

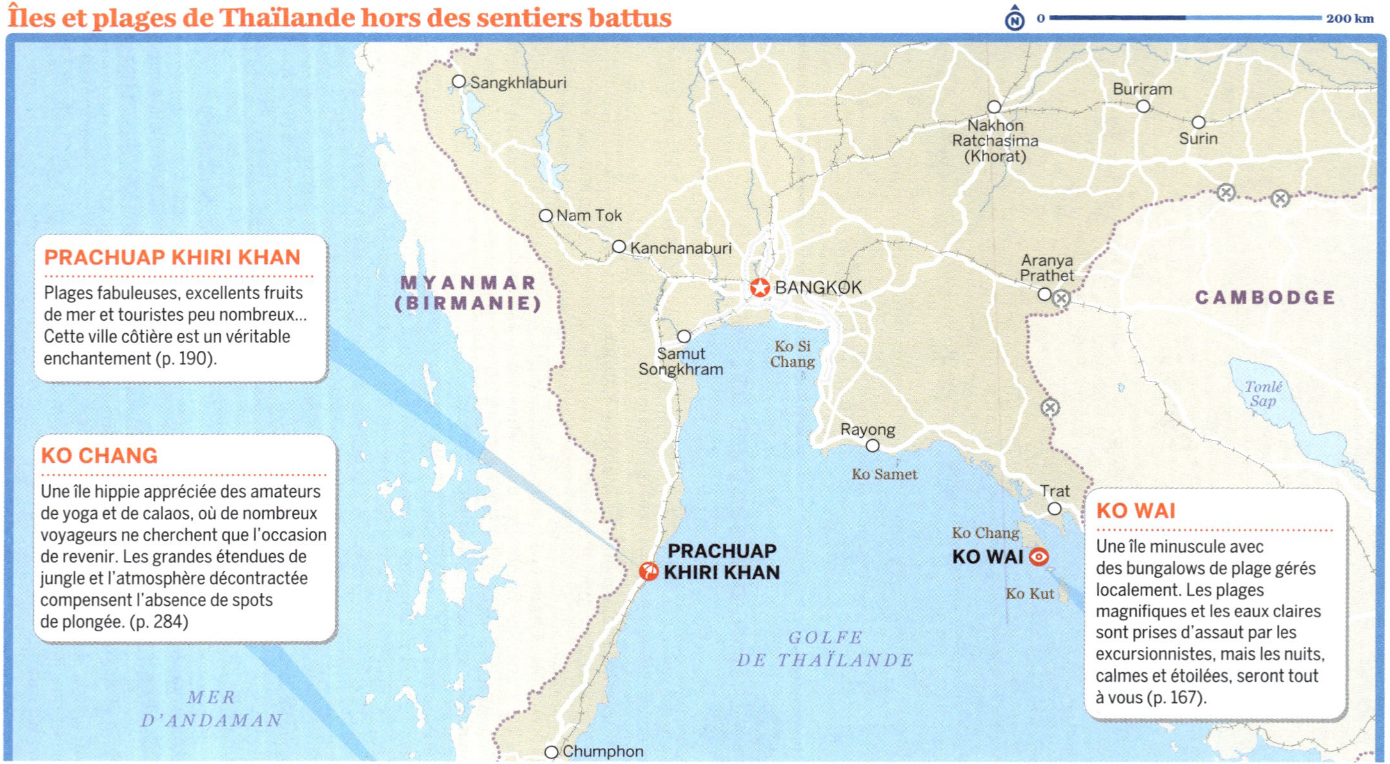

PRACHUAP KHIRI KHAN

Plages fabuleuses, excellents fruits de mer et touristes peu nombreux... Cette ville côtière est un véritable enchantement (p. 190).

KO CHANG

Une île hippie appréciée des amateurs de yoga et de calaos, où de nombreux voyageurs ne cherchent que l'occasion de revenir. Les grandes étendues de jungle et l'atmosphère décontractée compensent l'absence de spots de plongée. (p. 284)

KO WAI

Une île minuscule avec des bungalows de plage gérés localement. Les plages magnifiques et les eaux claires sont prises d'assaut par les excursionnistes, mais les nuits, calmes et étoilées, seront tout à vous (p. 167).

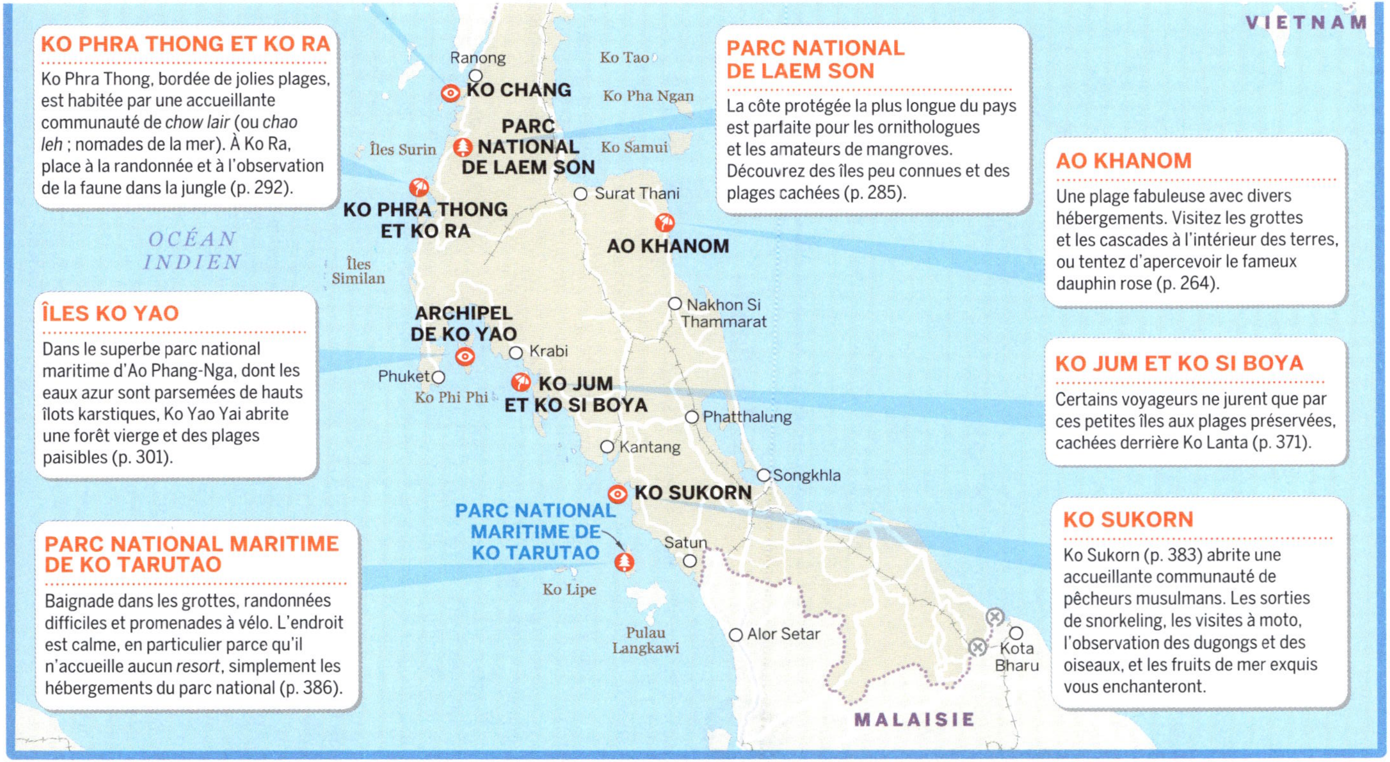

KO PHRA THONG ET KO RA

Ko Phra Thong, bordée de jolies plages, est habitée par une accueillante communauté de *chow lair* (ou *chao leh* ; nomades de la mer). À Ko Ra, place à la randonnée et à l'observation de la faune dans la jungle (p. 292).

ÎLES KO YAO

Dans le superbe parc national maritime d'Ao Phang-Nga, dont les eaux azur sont parsemées de hauts îlots karstiques, Ko Yao Yai abrite une forêt vierge et des plages paisibles (p. 301).

PARC NATIONAL MARITIME DE KO TARUTAO

Baignade dans les grottes, randonnées difficiles et promenades à vélo. L'endroit est calme, en particulier parce qu'il n'accueille aucun *resort*, simplement les hébergements du parc national (p. 386).

PARC NATIONAL DE LAEM SON

La côte protégée la plus longue du pays est parfaite pour les ornithologues et les amateurs de mangroves. Découvrez des îles peu connues et des plages cachées (p. 285).

AO KHANOM

Une plage fabuleuse avec divers hébergements. Visitez les grottes et les cascades à l'intérieur des terres, ou tentez d'apercevoir le fameux dauphin rose (p. 264).

KO JUM ET KO SI BOYA

Certains voyageurs ne jurent que par ces petites îles aux plages préservées, cachées derrière Ko Lanta (p. 371).

KO SUKORN

Ko Sukorn (p. 383) abrite une accueillante communauté de pêcheurs musulmans. Les sorties de snorkeling, les visites à moto, l'observation des dugongs et des oiseaux, et les fruits de mer exquis vous enchanteront.

10 JOURS L'est du golfe de Thaïlande

La côte sud de la Thaïlande est sans conteste l'un des joyaux du royaume, mais le golfe oriental vaut également le détour. Si vous disposez de peu de temps ou si vous êtes en route vers le Cambodge, nous vous conseillons la visite de cette région.

Plus proche étendue de sable de Bangkok, la plage et la longue promenade de **Bang Saen** ne sont qu'à 1 heure de la capitale (et donc très fréquentées le week-end). De là, il est aisé de rejoindre la ville côtière de **Si Racha** et l'île rocheuse voisine de **Ko Si Chang** – les plages ne sont pas son fort, mais elle est intéressante à explorer.

À **Pattaya**, vous ne manquerez rien en évitant les plages bondées et les go-go bars, mais vous pourrez vous régaler dans l'un des innombrables restaurants internationaux, passer un bon moment en famille dans l'un des parcs aquatiques ou admirer le sanctuaire de la Vérité, réplique moderne d'un temple traditionnel. Descendez ensuite la côte et rejoignez la boisée **Ko Samet**, avec ses sublimes plages de sable blanc et ses spectacles de feu. Les habitants de Bangkok viennent y passer des week-ends endiablés, mais il y a suffisamment de place pour leur échapper et aller de baie en baie, le long du ravissant chemin côtier.

De retour sur le continent, suivez le littoral jusqu'à la paisible **Trat**, puis embarquez sur un bateau pour l'archipel de Ko Chang. Arpentez l'île accidentée de **Ko Chang** et son sommet recouvert de jungle. C'est la plus grande – il suffit de monter dans un kayak et de parcourir ses eaux pour s'en rendre compte – et la plus développée de la région. Les excellents sites de plongée combleront les amateurs : choisissez entre Ko Rang, Ko Yak, Ko Tong Lang et Ko Laun, tous accessibles depuis Ko Chang. Si vous voulez sortir des sentiers battus, gagnez l'île minuscule et retirée de **Ko Mak**, ou encore l'île de **Ko Wai**, ceinte de récifs coralliens, pour faire du snorkeling dans ses eaux limpides. Les Robinson en herbe peuvent même pousser jusqu'à **Ko Kham**, l'île voisine, particulièrement dépouillée. Pour conclure votre périple, passez un jour ou deux à fouler le sable moelleux et à goûter poisson et fruits de mer sur l'île discrète de **Ko Kut**.

Préparer son voyage

Tourisme responsable

Il est relativement facile de voyager en Thaïlande, mais connaître certaines conventions culturelles et sociales vous évitera, ainsi qu'aux personnes que vous rencontrerez, des désagréments. Vous pourrez également réduire votre impact en tant que touriste en suivant quelques règles de conduite élémentaires.

Conventions culturelles

Étroitement liées, la monarchie et la religion sont traitées avec la plus grande déférence en Thaïlande. Pour ne froisser personne, ou pour éviter d'être accusé de lèse-majesté, une infraction passible d'emprisonnement, les Thaïlandais s'abstiennent de toute critique ou de tout commentaire négatif vis-à-vis de la famille royale.

Les représentations de Bouddha sont des objets sacrés. On ne pose pas devant une statue et on ne grimpe pas dessus (dans les ruines par exemple). Par ailleurs, l'ascèse des moines leur interdit tout contact physique avec une personne de sexe féminin. Pour donner quelque chose à un moine, les femmes placent l'objet à sa portée ou sur son “tissu d'offrandes”.

Les Thaïlandais considèrent la tête comme la partie la plus haute et la plus sacrée du corps, et les pieds, comme la plus basse et la plus sale. Nombre des tabous associés aux pieds ont une origine pratique. Autrefois, les Thaïlandais mangeaient, dormaient et recevaient leurs invités directement par terre. Par conséquent, déchaussez-vous pour entrer dans les maisons et les temples, à la fois en signe de respect et pour des raisons d'hygiène.

Les Thaïlandais ne touchent pas la tête ni ne caressent les cheveux d'autrui (les jeunes le font parfois, mais par taquinerie).

Conventions sociales et gestuelles

Salutations

Salutation thaïlandaise traditionnelle, le *wâi* consiste à joindre les paumes à hauteur de la poitrine. L'amplitude de l'inclination et le placement des doigts par rapport au visage dépendent du statut de la personne saluée.

Contacts physiques

Dans les régions les plus traditionnelles, il n'est pas correct de se toucher entre personnes de sexe opposé, que l'on soit amis ou amoureux.
Il est cependant courant de voir des personnes de même sexe se toucher, en signe d'amitié et non d'attirance sexuelle. Ne touchez jamais la tête d'un Thaïlandais et veillez à ne pas le toucher avec vos pieds.

Pudeur

Les Thaïlandais mettent un point d'honneur à s'habiller avec discrétion, bien que cela tende à changer parmi les jeunes générations. La plupart d'entre eux se baignent habillés en T-shirt et en short, ou même en jean. Pour cette raison, le naturisme et le monokini sont tout à fait déplacés, quand ils ne sont pas interdits.

Éléphants

Tout au long de l'histoire thaïlandaise, les éléphants ont été vénérés pour leur force, leur endurance et leur intelligence, travaillant avec leur cornac pour transporter du teck ou des charges sur des terrains montagneux, ou accompagnant autrefois les combattants dans les conflits.

Aujourd'hui, nombre des tâches traditionnellement réalisées par les éléphants sont effectuées par des machines, ou interdites (l'exploitation du bois est illégale depuis 1989, mais se pratique encore à la frontière thaïlando-birmane), laissant les pachydermes et leurs cornacs sans emploi. Ces derniers en sont réduits à mendier dans les rues de Bangkok et d'autres centres touristiques. La plupart des

PAS D'IMPAIR !

À faire

Levez-vous si vous entendez l'hymne royal ou national et écoutez-le avec respect. Ces hymnes sont souvent diffusés à la télévision, à la radio, et dans les administrations.

Souriez autant que possible, tout sera plus facile.

Apportez un cadeau si vous êtes invité dans une famille thaïlandaise – fruits, boissons ou en-cas conviennent.

Ôtez vos chaussures lorsque vous entrez dans une maison ou un temple.

Inclinez légèrement la tête lorsque vous passez entre deux personnes en conversation ou près d'un moine, en signe de respect.

Revêtez une tenue correcte pour visiter les temples (bras et jambes couverts), et déchaussez-vous quand vous pénétrez dans un bâtiment qui contient une représentation de Bouddha.

Adoptez la bonne position à l'intérieur des temples. Asseyez-vous jambes repliées avec les pieds derrière vous afin de ne pas les pointer vers une représentation de Bouddha.

Donnez et recevez poliment. Tendez la main droite en tenant votre coude droit de la main gauche lorsque vous donnez un objet à quelqu'un ou pour recevoir quelque chose.

À ne pas faire

Ne vous faites pas tatouer un bouddha. Si vous en avez déjà un, ne le montrez pas. C'est considéré comme un sacrilège.

Ne critiquez pas la monarchie. La monarchie est révérée et protégée par la loi de lèse-majesté, aujourd'hui, plus que jamais.

Ne posez pas les pieds sur une table ou une chaise. Les pieds sont considérés comme sales, et vous empêcheriez d'autres personnes de s'asseoir.

Ne posez pas le pied sur un billet de banque pour éviter qu'il ne s'envole. Les billets portant l'effigie du roi, ce geste serait considéré comme une offense grave.

N'enjambez jamais quelqu'un ou ses effets personnels car les pieds sont considérés comme sales.

N'accrochez pas vos chaussures à l'extérieur de votre sac à dos. Elles risqueraient d'effleurer quelqu'un, ce qui serait grossier.

Ne touchez jamais la tête d'un Thaïlandais. C'est un geste impoli.

Les femmes ne peuvent pas toucher les moines ou leurs affaires. Écartez-vous du chemin quand vous les croisez et ne vous asseyez pas à côté d'eux dans les transports publics.

éléphants sont actuellement utilisés dans l'industrie touristique, dans des spectacles semblables à des numéros de cirque ou pour promener les touristes, ou encore dans des écoles de "formation de cornac". Des réserves et des refuges accueillent aussi des éléphants qui ne sont plus financièrement rentables pour leurs propriétaires.

Il faut compter 30 000 B (1 000 $US) par mois pour assurer une vie confortable à un éléphant, soit l'équivalent du salaire d'un cadre moyen en Thaïlande. Les conditions de vie des pachydermes dans l'industrie touristique ne sont ni normalisées ni soumises à des lois nationales. Il appartient donc aux consommateurs d'encourager les prestataires à bien traiter leurs animaux.

Des spécialistes des éléphants affirment, avec toujours plus de preuves à l'appui, que les promenades ou les spectacles sont nocifs pour ces aimables géants. Un nombre croissant de sanctuaires proposent des interactions plus respectueuses, au cours desquelles on observe par exemple des éléphants âgés ou rescapés.

Nous déconseillons fortement les excursions à dos d'éléphant et les spectacles mettant en scène les pachydermes. Méfiez-vous des organismes qui se présentent comme des réserves mais ne proposent en fait que des promenades et des exhibitions.

Voyage responsable

À maints égards, le tourisme a un impact positif sur l'économie thaïlandaise. Il fournit des emplois aux jeunes et des débouchés commerciaux aux entreprises. Par ailleurs, les visiteurs sont de plus en plus nombreux à chercher à dépenser leur argent là où on en a le plus besoin, soit pour des causes caritatives, soit dans des activités respectueuses du mode de vie traditionnel. Pour répondre à cette tendance, la Thaïlande a mis en avant ses villages en promouvant l'artisanat et les séjours chez l'habitant – autant de projets à petite échelle dans lesquels les touristes étrangers peuvent facilement s'impliquer.

Bénévolat

Il existe une multitude d'organisations proposant du bénévolat en Thaïlande. Volunteer Work Thailand (www.volunteerworkthailand.org) met régulièrement à jour des offres sur son site pour être vraiment au service des populations. Toutefois, restez vigilant car le prétendu "bénévolat touristique" est devenu un commerce florissant : toutes les organisations sont loin de tenir leurs promesses. Il est donc essentiel de se renseigner de manière approfondie avant de s'engager.

Environnement et bien-être animal

Un grand nombre d'ONG s'engagent dans la sauvegarde de l'environnement, gèrent des refuges ou sanctuaires pour les animaux sauvages qui ont été utilisés comme animaux de compagnie, ou dirigent des cliniques vétérinaires pour chiens et chats.

Koh Chang Animal Project (p. 152) À l'occasion d'un voyage, vétérinaires et assistants vétérinaires peuvent donner un coup de main. Les autres bénévoles effectuent toutes sortes de petits travaux.

Lanta Animal Welfare (p. 363) Sur Ko Lanta, ce centre accueille des volontaires pour promener des chiens, et des bénévoles pour des séjours plus longs.

Sanctuaire pour éléphants de Phuket (p. 340) Accueille jusqu'à six bénévoles à la fois pour des séjours d'une semaine.

Samui Dog & Cat Rescue Centre (p. 210) Les bénévoles prennent soin des animaux dans un chenil à Ban Taling Ngam.

Soi Dog (p. 341) Dans ce centre situé à Phuket, les visiteurs peuvent jouer avec les animaux, promener les chiens ou encore se rendre utiles lors de plus longs séjours.

Trash Hero (www.trashhero.org) Cette organisation au succès grandissant organise le nettoyage hebdomadaire de 25 sites officiels du pays.

Centre de soins pour animaux sauvages de la Wildlife Friends Foundation Thailand (p. 178) Dans ce centre situé à Phetchaburi, à 45 km au nord-ouest de Hua Hin, les bénévoles s'occupent d'ours des cocotiers, de macaques, de gibbons et d'éléphants.

Préparer son voyage

Choisir sa plage

C'est un terrible casse-tête… La Thaïlande compte tant de plages idylliques qu'il est difficile de choisir ! De plus, le développement est si rapide que l'endroit découvert il y a cinq ans peut avoir totalement changé depuis. Voici une rapide synthèse pour vous aider à trouver la plage de vos rêves.

Le top des plages…

Détente et activités

Ko Mak Bars de plage, longues étendues de sable plates et désertes à explorer.

Ko Phayam Des routes secondaires à emprunter à vélo jusqu'à des plages désertes ou des lieux de fête.

Hat Mae Nam Une plage tranquille à Ko Samui, proche de l'animation.

Ko Bulon Leh Atmosphère détendue et nombreuses activités.

Culture locale

Ko Yao Noi Île de pêcheurs thaïlandais musulmans au magnifique paysage karstique.

Ko Sukorn Superbe île d'agriculteurs et de pêcheurs, avec mangroves et buffles d'eau.

Ko Phra Thong Partez en quête d'orchidées rares en compagnie des *chow lair* (ou Moken ; "nomades de la mer").

Hua Hin Ville balnéaire fréquentée par la bourgeoisie thaïlandaise.

Le prix du paradis

L'ambiance des stations balnéaires dépend pour beaucoup des prix pratiqués. Là où prédominent les hôtels de catégorie moyenne, vous trouverez habituellement des touristes en voyage organisé, des rangées de chaises longues et de parasols, et quantité de bateaux d'excursions de snorkeling.

Les stations haut de gamme sont plus paisibles. Les plages chics de Phuket, comme Surin et Ao Ban Thao, offrent quelques options de restaurants et de bars. Ko Kut, proche de la côte est, possède de charmants complexes hôteliers sur des plages parmi les mieux préservées du pays, tandis que les plages reculées du nord-est de Ko Samui abritent de somptueux hôtels.

Il reste encore ici et là quelques cabanes de plage, souvent dans les zones isolées (Ko Mak, Ko Wai, Ko Lanta et Ko Pha Ngan).

Facilité d'accès

Les plages les plus proches de Bangkok ne sont pas nécessairement les plus faciles d'accès. Des vols internationaux directs pour Phuket et Ko Samui permettent d'éviter la capitale, et des vols au départ de Bangkok (et d'autres pays d'Asie du Sud-Est) desservent plusieurs villes du Sud.

Si vous ne voulez pas prendre l'avion, ou que vous manquez de temps, l'île la moins éloignée de Bangkok est Ko Samet (environ 4 heures de trajet), et les stations balnéaires les plus proches sont Bang Saen (1 heure de bus) et Pattaya (1 heure 30). Viennent ensuite les villes côtières de Cha-am (2 heures 30) et Hua Hin (3 heures), accessibles par voie terrestre. Comptez 6 heures environ pour rejoindre Ko Chang et au moins 10 heures pour atteindre les îles au sud du golfe de Thaïlande. Si vous voyagez en bus et que vous disposez de peu de temps, évitez la côte d'Andaman.

Activités

Plongée et snorkeling

La Thaïlande est le paradis de la plongée et du snorkeling. La côte d'Andaman et Ko Tao offrent la meilleure visibilité sous-marine du pays. Si certaines îles comme Ko Samui et Ko Lanta ne sont guère intéressantes pour le snorkeling près des plages, des excursions jusqu'à des sites peu éloignés permettent d'observer coraux et poissons, voire une tortue ou un requin pour les plus chanceux. Sur le littoral est, à Ko Chang et Ko Kut, l'offre s'améliore avec notamment des plongées sur épaves.

Culture

Pour un aperçu de l'authentique culture thaïlandaise, quittez les principaux secteurs touristiques et rejoignez des villes côtières comme Trang, Surat Thani ou Nakhon Si Thammarat, des îles peu connues telles Ko Si Chang ou Ko Sukorn, ou des zones moins visitées sur certaines îles, comme la côte sud de Ko Samui ou la côte est de Ko Lanta. Même dans le centre de Patong ou à Ko Phi Phi, vous pourrez découvrir la vie locale en mangeant aux stands de cuisine de rue et en cherchant à fréquenter la population.

Escalade

Railay est le lieu d'escalade le plus réputé du sud de la Thaïlande, idéal pour les grimpeurs débutants comme aguerris, dans une ambiance joyeuse. La plage de Tonsai est aussi renommée pour l'escalade. Autour de la ville de Krabi, des sites sortent des sentiers battus. Les îles Ko Yao, peu à peu équipées, ouvrent des possibilités aux grimpeurs expérimentés. Ko Tao séduit aussi les adeptes de la varappe.

VIE NOCTURNE

Niveaux de fête

1. Calme plat Îles Surin et Similan, parc national de Laem Son, Hat Pak Meng, Hat Chang Lang, Ko Phra Thong

2. Une lueur de fête Ko Tarutao, Ko Wai, Ko Libong, Prachuap Khiri Khan

3. Un seul bar Ko Yao, Ao Khanom

4. Quelques bars Hat Khao Lak, Ao Thong Nai Pan (Ko Pha Ngan), Ko Kut, Ko Mak

5. Un verre ? Pas de problème Hua Hin, Bo Phut (Ko Samui), Ao Nang

6. Les bars de plage abondent Ko Phayam, Railay

7. La fête tout au long de la nuit Ko Lanta, Ko Chang, Ban Tai (Ko Pha Ngan), Ton Sai

8. Et maintenant, on assure ! Hat Lamai (Ko Samui), Ko Lipe, Ko Samet

9. Que s'est-il passé hier soir ? Ko Tao, Hat Chaweng (Ko Samui), Pattaya

10. Ne me dites pas ce qui est arrivé la nuit dernière Patong (Phuket), Ko Phi Phi, Hat Rin (Ko Pha Ngan)

Randonnée

Les parcs nationaux du continent, tel Khao Sok, offrent de beaux treks dans la jungle, mais les îles boisées, comme Ko Chang, Ko Pha Ngan ou même Phuket, cachent aussi de superbes itinéraires, avec cascades et points de vue sur la mer azur.

Sécurité

Si vous louez un scooter ou une moto, vous ne serez pas forcément assuré : l'assurance est rarement comprise dans le prix de la location, et la vôtre ne couvre pas systématiquement le coût d'un accident. En cas de problème, vous devrez alors payer les frais médicaux et la réparation des véhicules endommagés. Si vous ne disposez pas d'un permis de conduire thaïlandais ou international, la conduite est illégale (beaucoup de loueurs ne vérifient pas). Si vous conduisez, prenez garde au sable ou à la terre sur la route (surtout en cas de freinage), roulez doucement (à moins de 40 km/h), notamment par temps de pluie, ne doublez pas les autres véhicules en cas de mauvaise visibilité et évitez l'alcool. Et surtout, portez un casque.

Les noyades sont fréquentes. Repérez les drapeaux d'avertissement rouge et jaune, et sachez que beaucoup de plages ne bénéficient pas d'un sauveteur. Faites également attention aux courants d'arrachement qui peuvent vous entraîner au large. Si vous êtes emporté par un tel courant en eaux profondes, ne tentez pas de lutter contre car vous risqueriez de vous épuiser rapidement. Mieux vaut appeler au secours et vous laisser porter pour préserver vos forces : le courant vous conduira au large, mais vous pourrez sans doute revenir à la nage. Ces courants étant relativement étroits, une technique consiste à essayer, progressivement, de nager parallèlement au rivage, afin de s'en échapper.

Sur les plages, des panneaux indiquent parfois la présence de méduses-boîtes. Consultez-les avant de vous baigner, car les piqûres de ces méduses peuvent être mortelles. Des cas sont survenus récemment à Ko Pha Ngan et Ko Samui.

Quand vous nagez, prenez garde aux jet-skis et aux *long-tail boats*. Ils ne prêtent généralement pas attention aux nageurs.

Impact du tourisme

Les îles et les plages de Thaïlande figurent en tête des destinations du Sud-Est asiatique : les plus belles plages ont rapidement été envahies par les transats, les jet-skis et les hôtels. En haute saison, les capacités d'accueil sont saturées, ce qui nuit aux écosystèmes, menacés en outre par la construction de complexes hôteliers toujours plus grands en lieu et place des pensions familiales et cabanes de plage.

Il devient de plus en plus difficile d'assurer l'approvisionnement en eau douce des petites îles animées, et d'éliminer les déchets sans dégâts pour l'environnement. La pollution et la fréquentation de l'eau détruisent les récifs coralliens. Quelques recommandations pour atténuer ces effets :

- Opter pour des îles ou des plages moins connues, comme Ko Kut, Ko Mak et Ko Wai sur la côte est, ou bien Ko Yao Noi, Ko Chang (Ranong) et Ko Phayam sur la côte d'Andaman.
- Voyager hors de la haute saison. La période la plus calme et la moins chère va de juin à octobre.
- Vérifier les références des voyagistes et des écoles de plongée en terme d'écoresponsabilité.
- Ne pas jeter ses déchets n'importe où.
- Être vigilant lors des excursions de plongée et de snorkeling (détériorer ou prélever du corail dans les parcs maritimes est un délit). S'assurer que son équipement ne touche pas les récifs.

QUAND PARTIR ?

RÉGION	JAN-MARS	AVR-JUIN	JUIL-SEPT	OCT-DÉC
Bangkok	Plus chaud vers mars	Chaud et humide	Saison des pluies	Plus frais vers décembre
Côte est	Haute saison ; baisse de fréquentation en mars	Début de la saison des pluies en mai	Petites îles inaccessibles pendant la mousson	Temps plus frais ; baisse des tarifs hôteliers
Nord du golfe de Thaïlande	Chaud et sec	Chaud et sec	Pluies occasionnelles et vents forts	Pluies occasionnelles et vents forts
Sud du golfe de Thaïlande	Clair et ensoleillé	Chaud et sec	Clair et ensoleillé, vent plus fort et pluie sur Ko Tao	Mousson et mer agitée
Nord de la côte d'Andaman	Haute saison ; prix élevés	Saison intermédiaire ; temps incertain	Saison des pluies et du surf	Redémarrage de la haute saison
Sud de la côte d'Andaman	Haute saison	Commencement de la mousson en mai	Fermeture de certaines stations pour la saison des pluies	Retour de la foule avec le soleil

TOUR D'HORIZON DES ÎLES ET DES PLAGES DE THAÏLANDE

PLAGES	VOYAGES ORGANISÉS	PETITS BUDGETS	FAMILLES	FÊTES	PLONGÉE/ SNORKELING	CARACTÉRISTIQUES
Ko Chang et côte est						
Ko Samet	✓	✓	✓	✓		Jolies plages, île facile d'accès depuis Bangkok
Ko Chang	✓	✓	✓	✓	✓	Station balnéaire internationale, plages moyennes, jungle
Ko Wai		✓	✓		✓	Peu développée ; excursions à la journée, déserte le soir
Ko Mak	✓	✓	✓			Plages moyennes, bonne ambiance
Ko Kut	✓	✓	✓			Île peu développée, parfaite pour la détente
Hua Hin et nord du golfe de Thaïlande						
Hua Hin	✓	✓	✓			Station balnéaire internationale, accès facile depuis Bangkok
Pranburi	✓		✓			Calme et proche de Bangkok
Ban Krut			✓			Discrète, prisée des Thaïlandais
Bang Saphan Yai		✓	✓			Plage bon marché, sur le continent
Ko Samui et sud du golfe de Thaïlande						
Ko Samui	✓	✓	✓	✓		Station balnéaire internationale
Ko Pha Ngan	✓	✓	✓	✓	✓	Plages assez fréquentées, soirées arrosées à Hat Rin
Ko Tao	✓	✓	✓	✓	✓	Écoles de plongée
Ang Thong		✓	✓			Paysages karstiques, rustique
Ao Khanom		✓	✓			Calme, peu connue
Phuket et côte d'Andaman						
Ko Chang (Ranong)		✓	✓		✓	Rustique et peu fréquentée
Ko Phayam		✓	✓			Calme, fréquentation croissante
Îles Surin et Similan			✓		✓	Sites de plongée accessibles par bateau
Ko Yao	✓	✓	✓			Plages quelconques mais beaux paysages
Phuket	✓	✓	✓	✓	✓	Station balnéaire internationale
Ao Nang	✓	✓	✓		✓	Touristique, proche de Railay
Railay	✓	✓	✓			Centre d'escalade, quelques superbes plages
Ko Phi Phi	✓	✓		✓	✓	Jolie île festive
Ko Jum	✓	✓	✓			Plage médiocre, bonne ambiance
Ko Lanta	✓	✓	✓		✓	Prix raisonnables
Îles de Trang	✓	✓	✓		✓	Ko Ngai idéale pour les enfants
Ko Bulon Leh		✓	✓		✓	Jolie, peu connue
Ko Tarutao		✓	✓			Parc national en développement
Ko Lipe	✓	✓	✓	✓	✓	Pour la fête... et les visas
Ko Adang		✓			✓	Belles excursions

Choisissez votre **terrain de jeu**

Jusqu'où irez-vous pour dénicher la plage de vos rêves ? Choisissez le point de départ de vos aventures en fonction de vos priorités et laissez-vous guider.

Départ

À la recherche de spots **populaires**

Je veux bien aller jusqu'à une heure d'avion ou une nuit en train de Bangkok mais je ne veux pas passer une journée entière à voyager.

Pour me loger, je choisis plutôt...

... des adresses pour les voyageurs sac au dos.

... des adresses huppées ou adaptées aux familles.

La plongée...

... me tente beaucoup.

... ce n'est pas pour moi.

Mon activité préférée est...

... le farniente sur la plage.

... l'escalade.

Quand il s'agit de passer à table...

... j'adore les fruits de mer.

... les classiques thaïlandais me conviennent.

... je veux goûter à tout.

Le resort parfait...

... se trouve sur plage paisible à l'ambiance jeune.

... propose de la plongée.

... est de classe internationale

Ko Lanta
p. 361

Hua Hin
p. 175

Ko Tao
p. 244

Railay
p. 346

Ko Samui
p. 206

Phuket
p. 304

Ko Chang (côte d'Andaman)
p. 284

Îles de Trang
p. 376

Accès facile depuis Bangkok

Départ

Ni avion ni train de nuit. Je ne veux voyager qu'à quelques heures de Bangkok.

Ce que je souhaite trouver, sur une île, c'est ...

... un vaste choix de *resorts*.

... la solitude.

J'aimerais rencontrer...

... d'autres familles.

... des Thaïlandais en weekend.

... d'autres golfeurs ou des retraités.

J'ai l'intention de...

... faire la fête.

... passer un peu de temps à marchander sur les marchés.

Khao Lak p. 293

Ko Samet p. 136

Ko Chang (golfe de Thaïlande) p. 149

Ko Kut p. 162

Paradis lointains

Départ

Avion, train, voiture : je ferais n'importe quoi pour atteindre la destination de mes rêves.

Les fêtes sur la plage et les beuveries, ...

... pas pour moi !

... m'éclatent !

Je rêve de photographier...

... un poisson néon bleu.

... des formations karstiques.

... une fête de la Pleine Lune.

Quand je ne me repose pas dans un hamac, je...

... découvre la mangrove.

... me baigne parmi les poissons.

... lézarde au soleil.

Je veux aussi...

... faire la fête avec des amateurs de lieux isolés.

... renouveler mon visa.

... naviguer entre les pitons karstiques à bord d'un *long-tail boat*.

Ko Phi Phi p. 354

Ko Phayam p. 285

Ko Pha Ngan p. 225

Ko Lipe p. 389

Ko Bulon Leh p. 393

JIRAPHOTO/SHUTTERSTOCK ©

En haut : parc national maritime d'Ang Thong (p. 259)

En bas : snorkeling, parc national maritime des îles Surin (p. 289)

Vie marine et récif corallien au large de Richelieu Rock (p. 290)

Préparer son voyage

Plongée et snorkeling

Que vous soyez plongeur débutant ou expérimenté, la Thaïlande offre une large palette d'aventures sous-marines, avec une mer chaude translucide, une abondante faune et des sites parmi les plus beaux de la planète, le tout à des prix raisonnables.

Plongée et snorkeling : les bons plans

Débutants

Ko Tao Un dynamisme fantastique pour la plongée et d'innombrables sites peu profonds, parfois visités par des requins-baleines. C'est la meilleure destination (et la moins chère) du pays pour les débutants. Sail Rock (plus proche de Ko Pha Ngan) et Chumphon Pinnacle sont les sites phares.

Croisières de plongée

Khao Lak La porte des îles Surin et Similan. Explorez la myriade de sites de plongée au cours d'une croisière de plusieurs jours et ne manquez pas Richelieu Rock, un endroit fascinant découvert par le commandant Cousteau.

Faune marine

Ko Lanta et Ko Phi Phi Don D'excellents sites avec de nombreux poissons, des visites régulières de raies mantas et, parfois, d'un requin-baleine. Explorez les pinacles immergés de Hin Daeng et Hin Muang, accessibles depuis les deux sites.

Snorkeling

Ko Phi Phi Avec une profusion de récifs chatoyants, le petit archipel a fait un retour triomphal après le tsunami de 2004. Ko Mai Phai et Ko Nok sont parfaites pour le snorkeling, tandis que Hin Bida et Ko Bida Nok sont prisées des plongeurs.

Plongée

Pour les débutants comme pour les plongeurs chevronnés, la Thaïlande possède des sites parmi les plus accessibles, les plus abordables et les plus éblouissants du monde.

Cours de plongée

La Thaïlande est l'un des meilleurs endroits au monde pour s'initier à la plongée. Si vous recherchez le meilleur rapport qualité/prix, nous vous conseillons de passer votre certification à Ko Tao, où les cours débutent à 10 000 ou 11 000 B selon le type de brevet. Outre Ko Tao, de nombreux endroits dispensent des diplômes ; comptez de 3 000 à 5 000 B de plus pour un brevet Open Water Diver (ODW). Ko Pha Ngan, Ko Phi Phi, Khao Lak, Ko Chang et Ko Lanta font partie des principaux lieux où s'initier.

Les cours PADI Open Water sont ouverts aux enfants à partir de 10 ans, et de nombreuses écoles réputées proposent des baptêmes de plongée.

Plongée en apnée

L'apnée consiste à plonger en retenant sa respiration, sans bouteilles ni tuba. Actuellement, l'un des meilleurs endroits pour ce sport est Ko Tao, dans le sud du golfe de Thaïlande. Des écoles d'apnée ont également ouvert à Ko Pha Ngan et Ko Lanta. Les cours pour débutants (habituellement de 2 jours) coûtent environ 6 000 B.

Pour plus d'informations sur la plongée en apnée, consultez les sites d'AIDA International (www.aidainternational.org) et du CMAS (www.cmas.org).

Croisières de plongée

L'industrie des croisières n'a cessé de se développer ces vingt dernières années. La plupart des opérateurs sont basés à Khao Lak, juste au nord de Phuket, sur la côte d'Andaman. Ces croisières tout compris (hébergement à bord, repas, équipement de plongée, guides) durent de 2 à 5 nuits. Pendant la basse saison dans les îles Similan, au large de la côte d'Andaman, quelques bateaux rejoignent le golfe pour des plongées autour de Ko Tao, dans le parc national maritime d'Ang Thong et à Ko Pha Ngan.

Plongée technique

La plongée technique (ou plongée tech) est réservée aux plongeurs confirmés et requiert un équipement spécifique, notamment un réservoir contenant un mélange de gaz qui permet des descentes plus profondes. Elle est souvent pratiquée par des plongeurs qui souhaitent explorer des épaves et des grottes.

La spéléo-plongée (exploration des grottes sous-marines) a le vent en poupe, et plusieurs opérateurs à Ko Tao proposent des excursions de 1 jour/1 nuit dans les grottes immergées des environs.

Planifier son voyage

Les pluies de mousson et le pic de la saison touristique sont deux facteurs déterminants pour choisir les dates de votre voyage et votre destination. L'intensité des pluies varie au cours de la saison et selon les côtes ; il existe aussi des microclimats secs ou humides.

Prix

La plongée en Thaïlande est bien moins chère que dans la plupart des autres pays. Un forfait de 10 plongées coûte de 8 000 à 12 000 B sur les plages les plus abordables. Le prix des excursions d'une journée varie selon la distance parcourue par le bateau, le coût du carburant étant la principale dépense. Comptez environ 2 500 B pour une excursion d'une journée de plongée en binôme à partir de Ko Pha Ngan, et jusqu'à 6 000 B pour une excursion à Hin Daeng et Hin Muang depuis Ko Lanta.

Réservations

Il n'est généralement pas nécessaire de réserver les sorties de plongée, à l'exception des croisières dans les parcs nationaux maritimes des îles Surin et Similan, pour lesquelles les places sur les bateaux sont limitées. Sachez que les hôtels de Ko Pha Ngan affichent complet la semaine de la fête de la Pleine Lune, de même que ceux de Ko Tao, dans la foulée de ce chahut mensuel ; réservez alors si vous souhaitez plonger, ou choisissez un autre moment.

Où plonger

Les côtes de Thaïlande se situent à la jonction de deux zones océaniques : les eaux de la mer d'Andaman déferlent depuis l'ouest, tandis que celles du golfe de Thaïlande viennent des îles indonésiennes et de la mer de Chine méridionale.

Mer d'Andaman Par beau temps, la mer d'Andaman offre des plongées parmi les plus belles du Sud-Est asiatique. La visibilité, durant les quelques mois de conditions optimales, est exceptionnelle. Le blanchissement du corail pose problème depuis plusieurs années ; le phénomène est de moindre ampleur autour des sites les plus isolés, comme Richelieu Rock et Ko Bon.

Golfe de Thaïlande Les conditions sont généralement favorables toute l'année. La côte sud-ouest du golfe offre les plus beaux sites de plongée, près de Ko Tao et de Ko Pha Ngan. Pattaya, à 2 heures de Bangkok, possède quelques sites mémorables, dont deux épaves. À l'extrémité orientale de la côte, l'archipel de Ko Chang compte des sites plaisants, dont plusieurs épaves, mais la mer agitée limite la saison, qui s'étend de novembre à mai.

Baie de Maya (p. 356), Ko Phi Phi

Quand partir

En règle générale, la plongée est possible toute l'année dans le golfe de Thaïlande, tandis que la côte d'Andaman offre des

REQUINS-BALEINES

Le furtif requin-baleine – le plus grand poisson pélagique – possède une gueule gigantesque qui peut atteindre 2 m de largeur ! Ne vous inquiétez pas : elle est munie de fanons, car le requin-baleine se nourrit essentiellement de plancton, de krill et d'autres organismes minuscules. Ces paisibles créatures gravitent habituellement autour des pinacles immergés et restent souvent plusieurs jours sur un même site. Si des rumeurs rapportent une récente observation, prenez votre équipement de plongée et gagnez la haute mer.

Plongeurs près de Ko Tao (p. 244)

conditions optimales entre décembre et avril. Dans l'archipel de Ko Chang, la saison idéale dure de novembre à début mai. Autant que possible, évitez la saison des pluies.

Décembre-février Les pluies sont rares dans la journée ; sous l'eau, de grands poissons pélagiques se rassemblent pour se nourrir le long de la côte d'Andaman.

Avril-juin Le long du golfe, les plages sont plutôt calmes et le temps reste plaisant, avec une bonne visibilité sous-marine.

Juin-septembre La mousson déferle sur la côte d'Andaman, des hôtels ferment et les trajets en bateau peuvent être annulés pour cause de tempête.

Octobre-décembre La saison des pluies bat son plein sur le golfe.

Plonger en toute sécurité

Avant la plongée

Avant d'embarquer pour une sortie de plongée, prenez en compte les points suivants afin que l'expérience soit réussie et sans danger :

- Ne plongez pas si vous avez de l'appréhension et hydratez-vous au maximum les jours de plongée.
- Votre dernière plongée doit être achevée depuis 24 heures avant de prendre un avion. En revanche, vous pouvez plonger peu de temps après un vol.
- Assurez-vous que votre police d'assurance couvre les accidents de plongée. Sinon, contractez une assurance spécifique sur www.daneurope.org.
- Téléchargez et remplissez le formulaire médical du PADI ou du SSI car la plongée implique des conditions de santé strictes.

Caissons hyperbares

La Thaïlande dispose d'un nombre étonnamment limité de structures médicales dédiées aux accidents de plongée.

Des caissons hyperbares sont disponibles dans les principaux centres, dont Bangkok, Ko Samui, Pattaya et Phuket. Ko Tao ne possède pas de caisson hyperbare ; le plus proche est à Ko Samui, à 1 heure 30 en vedette. À Khao Lak, les plongeurs blessés sont généralement transportés à Phuket (à 1 heure environ). Demandez à votre centre de plongée où se trouve le caisson hyperbare le plus proche. Assurez-vous aussi de la présence de réserves d'oxygène sur le bateau.

Snorkeling

Nombre d'îles, dont l'archipel de Trang, Ko Tao, Ko Pha Ngan, Ko Phi Phi, Ko Lipe et l'archipel de Ko Chang, offrent de fantastiques sites de snorkeling proches du rivage.

En indépendant

Vous pouvez facilement faire du snorkeling en indépendant ; d'innombrables hôtels et centres de plongée sur toutes les îles et les plages louent l'équipement pour 100 à 200 B/heure. Suivez les mêmes règles que pour la plongée :

- Partez avec un compagnon.
- Ne vous aventurez pas sans guide si vous n'êtes pas un nageur confirmé ou si vous ne savez pas sortir d'un courant.
- Prévenez toujours quelqu'un de votre sortie, au cas où un incident surviendrait.
- Jetez régulièrement un coup d'œil en surface afin de ne pas trop vous éloigner.
- Prenez garde aux bateaux ; considérez qu'ils ne vous voient pas.

Circuits organisés

De nombreux tour-opérateurs et centres de plongée proposent des sorties de snorkeling, à partir de 600 B en fonction de la longueur du trajet. Snorkeling et kayak sont souvent compris dans les excursions qui rejoignent des îles vierges.

Les excursions haut de gamme utilisent habituellement des vedettes luxueuses et un équipement sophistiqué ; les moins chères privilégient le côté social du circuit et visitent des récifs souvent quelconques.

PRÉSERVER LES RÉCIFS

Le royaume sous-marin de Thaïlande est très fragile. Voici quelques règles de conduite fondamentales à respecter pour la protection des récifs coralliens :

- Si vous vous trouvez sur une île ou un bateau, rapportez toujours vos déchets (même biodégradables comme une peau de banane) sur le continent pour les jeter.
- Sachez qu'il est illégal d'abîmer ou de prélever du corail dans les parcs maritimes.
- Ne pourchassez pas et ne touchez pas les animaux marins.
- Ne vous tenez pas debout sur le corail et ne vous appuyez pas contre lui. Vous l'endommageriez et risqueriez de vous couper profondément.
- Assurez-vous qu'aucun équipement ne racle le récif.
- Si vous faites du snorkeling, surtout si vous êtes débutant, pratiquez d'abord loin d'un récif corallien jusqu'à ce que vous maîtrisiez vos déplacements dans l'eau.
- Louez une combinaison ou un simple lycra plutôt que de vous enduire de crème solaire, qui peut endommager les coraux.
- Ne posez pas vos pieds chaussés de palmes n'importe où ; essayez de ne pas remuer les sédiments et de ne pas déranger les coraux.
- Ne rapportez pas de coquillages ; c'est illégal.
- Le snorkeling est le meilleur moyen d'observer des requins-baleines ; les bulles des plongeurs les dérangent.
- Joignez-vous à une campagne de nettoyage des coraux parrainée par des centres de plongée.
- Ne nourrissez pas les poissons et ne laissez pas votre instructeur de plongée jeter les restes du déjeuner dans la mer. Les poissons deviennent dépendants de cette source de nourriture et ne mangent plus les algues qui couvrent les récifs coralliens et finissent par les asphyxier.

Stand de rue, Bangkok (p. 68)

Préparer son voyage

À table !

Currys, nouilles à foison, produits de la mer et fruits tropicaux : bienvenue en Thaïlande ! Si vous voulez essayer toutes les saveurs qu'offre le pays, il vous faudra goûter aux spécialités de ses différentes régions et communautés ethniques.

ANANSING/SHUTTERSTOCK ©

Le calendrier culinaire

Été (mars-juin)

La saison chaude est la meilleure période pour les fruits. Durians, mangues, mangoustans et lychees sont alors à maturité.

Saison des pluies (juil-oct)

Pendant la saison des pluies, ne manquez pas le Festival végétarien annuel (habituellement fin septembre ou début octobre). Il est particulièrement populaire dans les villes abritant une importante communauté chinoise, comme Bangkok, Phuket-ville et Trang.

Hiver (nov-jan)

Pendant la brève saison fraîche, des bars à bières s'installent en plein air dans les grandes villes et servent souvent des en-cas épicés.

Expériences culinaires

Pour un repas inoubliable

Krua Apsorn (p. 104), Bangkok. Ce restaurant primé propose une longue carte de succulentes spécialités de la capitale et du centre du pays.

One Chun (p. 312), Phuket-ville. Currys et plats de poisson servis dans une *shophouse* (maison de négoce en bois avec habitation à l'étage) sino-portugaise tout droit sortie des années 1950.

Chanthorn (p. 145), Chanthaburi. Près de la rivière, une excellente adresse où déguster des spécialités locales comme les feuilles de chamung au porc.

Koti (p. 184), Hua Hin. En Thaïlande, on reconnaît un bon restaurant à la file d'attente qui s'étire jusqu'au coin de la rue, comme ici !

In Town Seafood (p. 193), Prachuap Khiri Khan. Des produits de la mer extra-frais et une vue splendide sur la baie, dans un restaurant prisé des habitants.

Krua Thara (p. 353), Krabi. L'un des meilleurs restaurants de poisson de Thaïlande attire des touristes de tout le pays.

Pour les petits budgets

MBK Food Island, Bangkok (p. 107). Une introduction gourmande et bon marché aux classiques des cuisines thaïlandaise et thaïlando-chinoise.

Jek Pia, Hua Hin (p. 183). Cette pépite regroupe de talentueux cuisiniers, parmi les meilleurs de la ville.

Krua Talay, Nakhon Si Thammarat (p. 268). De succulents plats de poisson servis dans un charmant jardin.

Kopitiam by Wilai, Phuket-ville (p. 312). Entrez dans cette *shophouse* de la vieille ville pour déguster la cuisine du Sud, riche en saveurs.

Cours de cuisine

Un cours standard d'une journée comprend habituellement une visite au marché local afin de choisir des ingrédients, puis la préparation de pâtes de curry, de soupes, de currys, de salades et de desserts.

Amita Thai Cooking Class, Bangkok (p. 89). Initiation à la cuisine thaïlandaise dans cet établissement familial au bord du canal.

Samui Institute of Thai Culinary Arts, Ko Samui (p. 209). Propose également des cours de sculpture sur fruits.

Phuket Thai Cookery School, Ko Sireh (p. 307).Pour apprendre à cuisiner un menu dont la composition change chaque jour.

Koh Chang Thai Cookery School, Ko Chang (p. 153). Pour varier les plaisirs après la plage, ces cours de cuisine conçus pour stimuler le corps et l'esprit ont lieu à Blue Lagoon, un complexe écoresponsable.

Spécialités régionales

La cuisine thaïlandaise, qui s'est pourtant développée sur un petit territoire, est tout sauf uniforme. Chaque province a ses particularités.

Bangkok et Thaïlande centrale

Lorsque les étrangers pensent à la cuisine thaïlandaise, ils ont souvent à l'esprit les spécialités de Bangkok et des plaines centrales. Cette cuisine à la fois variée et sophistiquée bénéficie de la prospérité de l'agriculture locale, de l'accès à la mer et des influences culinaires étrangères.

Les habitants du centre de la Thaïlande raffolent des saveurs sucrées-salées, et de nombreux plats comprennent poisson d'eau douce, porc, lait de coco et sucre de palme, des ingrédients répandus dans les plaines centrales. En raison de la proximité de la région avec le golfe de Thaïlande, les restaurants du centre, notamment ceux de Bangkok, servent un large éventail de produits de la mer. On doit sans doute aux ouvriers et marchands chinois d'avoir introduit, depuis quelque 200 ans, une grande variété de plats de nouilles ou plats sautés au wok.

Quelques plats incontournables de Bangkok et du Centre :

Pàt tai Fines nouilles de riz sautées avec crevettes séchées et/ou fraîches, pousses de soja, tofu, œuf et épices, traditionnellement servies avec un demi-citron vert, quelques tiges de ciboulette chinoise et une fleur de bananier en tranches.

Yam Þlah dùk fou Émincé de poisson-chat frit avec piment et cacahuètes, servi avec une sauce aigre-douce à la mangue.

Đôm yam Citronnelle, feuilles de combava et jus de citron vert donnent à cette soupe son goût caractéristique ; des piments frais ou une pâte huileuse de piment lui apportent son piquant légendaire. Vous en trouverez partout, mais rarement d'aussi bonnes que chez Krua Apsorn (p. 104).

Yen đah foh Bouillon cramoisi légèrement sucré avec des boulettes de viande, des cubes de sang de porc et des légumes verts : le plat de nouilles le plus surprenant et populaire de Bangkok. La plupart des stands de rue en vendent.

Gaang sôm au vivaneau

Gaang sôm La fameuse "soupe aigre" du Centre se compose souvent de poisson d'eau douce, de légumes et/ou d'herbes et d'un épais bouillon aigre.

Gŏo·ay đĕe·o reu·a Surnommées "nouilles de bateau" parce qu'elles étaient autrefois servies par des petits bateaux le long des canaux du centre du pays, ces nouilles au porc ou au bœuf comptent parmi les plats les plus parfumés.

Sud de la Thaïlande

Ne dites pas que nous ne vous avions pas averti : la cuisine du Sud est sans aucun doute la plus épicée d'un pays réputé pour ses plats relevés. Elle est aussi très salée et les produits de la mer prédominent.

Vous aurez notamment l'occasion de goûter les spécialités suivantes :

Gaang đai Þlah Un curry très salé et épicé à base de *đai Þlah* (rein de poisson salé) ; bien meilleur qu'il n'y paraît.

Gaang sôm Appelé *gaang lĕu·ang* (curry jaune) dans le Centre, cette soupe amère et épicée doit sa teinte orange à l'utilisation généreuse du curcuma, une racine régulièrement utilisée dans la cuisine du Sud.

Préparation d'un *pàt tai*

Gài tôrt hàht yài Le fameux poulet frit de la ville de Hat Yai doit sa riche saveur à une marinade contenant des épices séchées.

Kà-nŏm jin nám yah Ce plat de fines nouilles de riz, avec une sauce épicée semblable à un curry, est toujours accompagné d'une assiette d'herbes et légumes frais.

Kôo-a glîng La viande hachée frite dans une pâte de curry relevée est un classique du Sud.

Pàt sà-đor Ce plat sauté populaire de petai, avec crevettes, ail, piments et pâte de crevettes, est à la fois âcre et piquant.

Variantes ethniques

Au cours de son histoire, la cuisine thaïlandaise s'est enrichie de diverses influences culturelles et ethniques plus ou moins prononcées selon les régions.

Cuisine thaïlando-chinoise

Les immigrants de Chine méridionale influencent la cuisine thaïlandaise depuis des siècles, avec notamment l'introduction probable du wok et de divers plats de nouilles en Thaïlande.

Voici quelques-uns des plats thaïlando-chinois que vous trouverez peut-être à Chinatown et dans les autres quartiers de Bangkok :

Kôw kăh mŏo Jarret de porc braisé servi avec du riz et souvent des légumes verts et un œuf dur ; un archétype du repas complet à la chinoise. On en sert aux **Soi 10 Food Centres** (carte p. 84 ; Soi 10, Th Silom ; plats 50-100 B ; ⌚8h-15h lun-ven ; Ⓜ Si Lom sortie 2, Ⓢ Sala Daeng sortie 1) et dans d'autres marchés de rue.

Kôw man gài Le riz au poulet, originaire de l'île chinoise de Hainan, est désormais proposé partout à Bangkok. Nous aimons

CATÉGORIES DE PRIX

Les catégories de prix ci-dessous valent pour un repas standard.

$ moins de 150 B

$$ 150-350 B

$$$ plus de 350 B

NAITO29/SHUTTERSTOCK ©

Gaang mát·sà·màn au bœuf

particulièrement la version servie au **Boon Tong Kiat Singapore Chicken Rice** (carte p. 88 ; 440/5 Soi 55/Thong Lor, Th Sukhumvit ; plats 80-300 B ; ⌚10h-22h ; ❄ ; S Thong Lo sortie 1/3 et taxi).

Bà·mèe Nouilles chinoises de blé aux œufs, habituellement servies avec des tranches de porc grillé et quelques légumes et/ou *wonton*. Celles que propose Mangkorn Khăo (p. 107), stand de rue de Chinatown, sont parmi les meilleures de la ville.

Săh·lah bow Ces brioches chinoises cuites à la vapeur, garnies d'une préparation sucrée ou salée, constituent l'un des en-cas les plus appréciés de Bangkok.

Gŏo·ay đĕe·o kôo·a gài Larges pâtes de riz sautées avec un œuf, du poulet, du calmar et de l'huile aillée ; un plat sino-thaïlandais populaire.

Or sòo·an Ce plat composé d'une pâte collante aux œufs garnie d'huîtres est un autre classique du Chinatown de Bangkok. Nai Mong Hoi Thod (p. 106) en propose de succulents.

Gŏo·ay jáp Ce bouillon très poivré est agrémenté d'abats de porc.

Cuisine thaïlando-musulmane

À leur arrivée en Thaïlande à la fin du XIVe siècle, les musulmans apportèrent une cuisine à base de viande et d'épices séchées provenant d'Inde et du Moyen-Orient. Près de 700 ans plus tard, cette influence culinaire perdure à Bangkok.

Voici quelques plats thaïlandais musulmans :

Kôw mòk Le *biryan*, un plat servi dans tout le monde musulman, est aussi présent à Bangkok. Ici, il comprend habituellement du poulet et s'accompagne d'une sauce aigre-douce et d'un bol de bouillon de poulet.

Sà·đé (satay) La sauce salée malaise à base de cacahuètes, servie avec ces brochettes de viande, est souvent prise, à tort, pour une recette thaïlandaise.

Má·đà·bà Appelés *murtabak* en Malaisie et en Indonésie, ces *roh·đi* frits et croustillants sont garnis d'une farce salée ou parfois sucrée. Goûtez ceux de **Karim Roti-Mataba** (carte p. 80 ; 136 Th Phra Athit ; plats 50-140 B ; ⌚9h-22h mar-dim ; ❄ ; Phra Athit/Banglamphu Pier) à Bangkok.

Súp hăhng wou·a La soupe de queue de bœuf, peut-être d'origine malaise, est encore plus riche et plus aigre que le *đôm yam* thaïlandais "bouddhique". À déguster au Muslim Restaurant (p. 106) à Bangkok.

Sà·làt kàak Littéralement "salade musulmane" (*kàak* est le terme plutôt péjoratif pour désigner les gens ou choses originaires d'Inde et/ou du monde musulman), ce plat comporte de la laitue iceberg, des morceaux de tofu, de concombre, d'œuf dur et de tomate, nappés d'une sauce sucrée aux cacahuètes.

Gaang mát·sà·màn (masssaman) Plat riche à base de lait de coco, ce "curry musulman", contrairement à la plupart des currys thaïlandais, doit une grande partie de sa saveur à des épices séchées. Comme beaucoup de plats thaïlandais musulmans, l'accent est mis sur le sucré. Les restaurants haut de gamme en servent souvent une version non halal, comme le nahm (p. 108) à Bangkok.

Roh·đi Cette crêpe frite et croustillante, saupoudrée de lait condensé et de sucre, est un dessert parfait à déguster dans la rue.

Habitudes culinaires

Comme d'autres aspects de la culture thaïlandaise, les repas se déroulent en apparence de manière détendue, mais sont en réalité régis par une foule de règles tacites.

À la maison ou au restaurant, les mets sont toujours servis suivant un "style familial", à savoir dans des plats communs et dans l'ordre dans lequel les cuisiniers les ont préparés. Si vous vous servez dans un plat commun, ne mettez pas plus d'une cuillère à soupe à la fois dans votre assiette, au risque sinon de passer pour un goinfre aux yeux des Thaïlandais peu habitués aux usages occidentaux. Autre point important dans un repas thaïlandais : il faut équilibrer saveurs et textures. Traditionnellement, les personnes commandent un curry, un poisson frit ou cuit à la vapeur, des légumes sautés et une soupe, prenant soin d'avoir autant de saveurs froides que chaudes, acides que sucrées, salées que natures.

Autrefois, les Thaïlandais mangeaient avec les doigts, et cette pratique a perduré dans certaines régions. Mais aujourd'hui, la fourchette et la cuillère sont devenues la norme. Pour utiliser ces couverts à la thaïlandaise, prenez la cuillère de service ou la vôtre, prélevez une seule portion dans le plat commun et disposez-la sur votre part de riz. Utilisez ensuite la fourchette pour pousser le riz et son accompagnement dans la cuillère avant de porter celle-ci à votre bouche.

Si l'on ne vous propose pas de baguettes, n'en demandez pas. Elles sont réservées à la nourriture chinoise servie dans des bols ou pour manger dans des restaurants exclusivement chinois.

Les différents aliments ne sont pas assignés à certains repas en particulier. On peut presque manger de tout dès le matin – sucré, salé ou épicé. Le *kôw gaang* (curry et riz) est un petit-déjeuner très populaire, tout comme le *kôw nĕe·o mŏo tôrt* (porc frit et riz gluant) et le *kôw man gài* (morceaux de poulet servis sur du riz cuit dans du bouillon de poulet). Les Thaïlandais mangent aussi des nouilles, frites ou dans une soupe, avec grand enthousiasme le matin, ou comme repas à n'importe quelle heure du jour ou de la nuit.

Incontournable dans presque tout plat thaïlandais (les nouilles sont encore perçues comme une importation chinoise), le *kôw* (riz) est l'aliment indispensable. À Bangkok, la plupart des familles mettent la casserole de riz sur le feu ou démarrent le cuiseur à riz en se levant le matin pour préparer ce qui fera la base des repas de la journée.

La majorité des plats du sud de la Thaïlande contiennent du *þlah* (poisson), même si ce n'est que sous la forme de *nám þlah* (une sauce liquide couleur ambre préparée à partir d'anchois fermentés), utilisé en Thaïlande pour saler les aliments comme la sauce soja en Asie orientale. Le porc est la viande la plus consommée, suivi du poulet ; le bœuf est plus rare.

Glossaire

a·ròy – délicieux
bà·mèe – nouilles de blé aux œufs
đôm yam – célèbre soupe thaïlandaise, aigre et épicée
gaang – curry
gài – poulet
gŏo·ay đĕe·o – terme générique désignant la soupe aux nouilles
kà·nŏm – en-cas sucré thaïlandais
kôw – riz
kôw nĕe·o – riz gluant
lâhp – sorte de salade de viande émincée
mŏo – porc
nám dèum – eau potable
nám þlah – sauce au poisson
nám prík – sauces pimentées
pàk – légumes
pàt – frit
pàt si·éw – nouilles de riz larges frites avec du porc et des légumes verts
pàt tai – nouilles de riz fines frites avec de l'œuf et des condiments
pèt – épicé
þèt – canard
þlah – poisson
pŏn·lá·mái – fruit
prík – piment
ráhn ah·hăhn – restaurant
tôrt – frit (entièrement plongé dans un bain d'huile)
yam – salade à la thaïlandaise

Guide des spécialités

On peut se sentir un peu intimidé par cette tradition culinaire englobant quatre régions distinctes, aux influences aussi diverses que la Chine ou le Moyen-Orient, qui associe une multitude d'ingrédients et a la réputation de faire la part belle aux épices. Pour vous guider, voici une sélection d'incontournables.

1. Đôm yam

La "soupe thaïlandaise aigre" annoncée sur les menus consiste en fait en un bouillon très, très épicé. Mieux vaut y être préparé !

2. Pàt tai

Ce plat de fines nouilles de riz frites aux œufs, au tofu et aux crevettes, assaisonné de sauce de poisson, de tamarin et de piment séché, est devenu emblématique de la cuisine thaïlandaise.

3. Gaang kĕe·o wăhn

Appelée "curry vert" à l'étranger, cette alliance d'une pâte aux herbes piquante et de lait de coco condense les saveurs typiques de la cuisine thaïlandaise.

4. Yam

Nom générique des "salades" à base de viande, poisson ou fruits de mer, assaisonnées d'une sauce aigre et épicée et d'herbes aromatiques.

5. Lâhp

Ce plat de viande assaisonné de poudre de riz grillé, de citron vert, de sauce au poisson et d'herbes marie les saveurs rustiques du nord-est de la Thaïlande.

6. Bà·mèe

D'origine chinoise, ces nouilles de blé aux œufs, généralement servies avec du porc rôti et/ou du crabe, sont une spécialité des vendeurs ambulants.

7. Kôw mòk

Ce biryani version thaïlandaise associe riz doré et poulet tendre, le tout accompagné d'une sauce aigre-douce et d'un bouillon salé.

8. Sôm·đam

L'appellation "salade de papaye" ne rend pas justice à ce plat épicé à base de papaye verte croustillante pilée avec de la tomate, des haricots verts chinois, du piment, du citron vert et de la sauce au poisson.

9. Kôw soy

Même en dehors de sa région d'origine, le nord de la Thaïlande, on voue un culte à cette soupe composée de nouilles plates de blé aux œufs dans un bouillon épicé au lait de coco.

10. Pàt pàk bûng fai daang

Ces légumes verts croustillants sont sautés et généreusement assaisonnés de piment et d'ail.

1

6

8

NARIN NONTHAMAND / SHUTTERSTOCK ©

NENEULTIMATE / SHUTTERSTOCK ©

CHOCKDEE ROMKAEW / SHUTTERSTOCK ©

PAUL_BRIGHTON / SHUTTERSTOCK ©

MOXUMBIC / SHUTTERSTOCK ©

PIYATO / SHUTTERSTOCK ©

CBENJASUWAN / SHUTTERSTOCK ©

Préparer son voyage

Voyager avec des enfants

Plages de sable fin, mer chaude, parcs d'attractions géniaux et nombreuses activités adaptées aux plus jeunes, notamment sur les grandes îles comme Phuket et Ko Samui, font du sud de la Thaïlande un paradis tant pour les adultes que pour les enfants. Ces derniers sont accueillis à bras ouverts par les Thaïlandais, très attachés aux valeurs familiales. Et pas d'inquiétude au sujet de la cuisine épicée, des plats internationaux sont très souvent disponibles.

Maîtriser son budget

Hébergement

De nombreux hôtels et *guesthouses* proposent des chambres familiales pouvant accueillir confortablement 4 personnes. Certains hôtels fournissent sur demande des lits pour bébé, mais pas toujours gratuitement.

Restauration

Les enfants sont toujours bienvenus dans les restaurants mais peu d'établissements offrent des rabais sur les menus enfants.

Transport

Les enfants de moins de 3 ans et mesurant jusqu'à 1 m voyagent gratuitement dans les trains de la société des chemins de fer thaïlandaise ainsi que dans le Skytrain et le métro de Bangkok. Les enfants de moins de 12 ans et mesurant moins de 1,50 m bénéficient de tarifs réduits. À bord des bus et des bateaux, les bébés et les enfants en bas âge voyagent gratuitement. Certaines compagnies de ferry proposent des tarifs réduits pour les enfants mesurant jusqu'à 1,50 m.

Activités

Certains sites et musées appliquent une réduction de 50% pour les enfants de moins de 12 ans. Pour ceux de moins de 3 ans, l'entrée est en général gratuite.

Pour des informations d'ordre général, consultez également le guide *Voyager avec ses enfants* publié par Lonely Planet.

Les enfants vont adorer...

Plages

Baignade, îles de Trang et Ko Samui Les baies peu profondes des îles de Trang (p. 376) et les plages de la côte nord de Ko Samui (p. 206) sont parfaites pour les nageurs jeunes ou peu expérimentés.

Snorkeling, Ko Lipe et Ko Wai Les plus grands pourront enfiler masque et tuba et explorer les fonds marins près des plages de Ko Lipe (p. 389) et de Ko Wai (p. 167).

Surf, Hat Kata Yai (p. 326) Cette plage à Phuket est parfaitement adaptée aux débutants. Les plus grands pourront s'inscrire pour une journée à l'école de surf.

Plongée, Ko Tao (p. 245) Les cours de plongée en eaux profondes sont ouverts aux plus de 10 ans. Ko Tao possède de nombreuses écoles de plongée réputées.

Kayak, parc national maritime d'Ao Phang-Nga (p. 299) Les circuits en kayak permettent d'explorer cette splendide réserve naturelle.

Resorts, Phuket, Ko Chang et Ko Samui Nombre de *resorts* de Phuket (p. 304), de Ko Samui (p. 206) et de Ko Chang (p. 149) proposent des sports aquatiques adaptés aux enfants de 6 ans et plus.

Activités de plein air

Parcs d'attractions, Phuket et Pattaya Essayez **Splash Jungle** (☎076 372111 ; 65 Mu 4, Soi 4, Hat Mai Khao ; adulte/enfant 1 450/700 B ; ⊙10h-17h45 ; 👪) à Phuket. À Pattaya, vous aurez le choix entre Ramayana Water Park (p. 132), **Underwater World Pattaya** (อันเดอร์วอเตอร์เวิลด์ พัทยา ; ☎038 756879 ; www.underwaterworldpattaya.com ; 22/22 Mu 11, Th Sukhumvit ; adulte/enfant 500/300 B ; ⊙9h-18h ; 👪) et **Cartoon Network Amazone** (☎033 004999 ; www.cartoonnetworkamazone.com ; 888 Mu 8, Th Sukhumvit ; adulte/enfant 1 290/990 B ; ⊙10h-19h ; 👪).

Vélo, Hua Hin et Phuket Hua Hin Bike Tours (p. 182) et Amazing Bike Tours (p. 310) à Phuket proposent d'excellents circuits à vélo.

Parc national de Khao Sok (p. 290) Randonnez dans la forêt tropicale à la recherche de cascades et de grottes secrètes.

Escalade, Railay Les meilleurs sites d'escalade de la région sont à Railay (p. 346), qui dispose de bons moniteurs et de nombreux itinéraires adaptés aux enfants.

Tyrolienne, Ko Chang et Phuket À partir de 7 ans, les enfants peuvent survoler en tyrolienne les jungles de **Ko Chang** (www.treetopadventurepark.com ; Ao Bailan ; 1 250 B ; ⊙9h-17h), de **Phuket** (☎081 977 4904 ; www.cablejunglephuket.com ; 232/17 Mu 8, Th Bansuanneramit ; avec/sans transfert depuis l'hôtel 1 935/2 070 B ; ⊙9h-17h) et de Pattaya (p. 130).

Vie sauvage

Aquarium de Phuket (p. 316) Cet aquarium impressionnant abrite quantité de poissons aux couleurs vives, mais aussi des requins et des anguilles électriques.

Sanctuaire pour éléphants de Phuket (p. 340) Les enfants peuvent nourrir les éléphants recueillis, et les voir se baigner et se promener.

Centre de réadaptation pour les gibbons de Phuket (p. 339) Les enfants adorent observer les gibbons, même s'il faut garder ses distances.

Singes, Ko Phi Phi, Railay et Phetchaburi Les enfants pourront notamment observer les singes sur la plage à Ko Phi Phi (p. 354), accrochés aux falaises calcaires de Railay (p. 346) ou dans les temples de Phetchaburi (p. 170).

GINA SMITH/SHUTTERSTOCK ©

Refuge pour éléphants de Phuket (p. 340)

Petits plaisirs au quotidien

Marchés, Phuket et Trang Rien de plus amusant qu'un repas en extérieur. Avec en prime des concerts à l'**Indy Market** (Limelight Ave ; plats 30-100 B ; ⊙16h-22h30 mer-ven) de Phuket-ville et au marché nocturne de Trang (p. 375).

Centres commerciaux, Hua Hin et Phuket-ville Air conditionné, magasins, restaurants et cinémas : vous trouverez tout cela dans les centres commerciaux de Hua Hin (p. 185), de Phuket-ville (p. 309) et d'autres grandes villes, qui offrent un refuge pendant les averses de la mousson.

Train Voyager en train de nuit peut être distrayant pour les enfants. Ils peuvent s'y promener librement et s'installer sur les couchettes inférieures avec vue sur les gares, par exemple la petite gare de Hua Hin (p. 179), très mignonne.

Temples, Phetchaburi (p. 170) On peut facilement explorer les pagodes perchées sur les collines et les temples troglodytiques, repaires de chauves-souris et de singes.

Bon à savoir

Animaux C'est souvent un plaisir pour les enfants de voir des singes, nombreux en Thaïlande. Toutefois, n'oubliez pas que ce sont des animaux sauvages, susceptibles de mordre. Soyez aussi vigilant avec les chiens errants car certains peuvent être agressifs et porteurs de maladies comme la rage.

Marques d'affection Les Thaïlandais sont en adoration devant les enfants, mais les plus jeunes d'entre eux peuvent être déstabilisés par leurs marques d'affection. Pour les modérer, dites simplement que votre enfant est "timide" *(kîi ai)*.

Villes Les villes thaïlandaises peuvent être bruyantes, chaotiques et noires de monde. Les centres commerciaux climatisés, de même que les hôtels avec piscine, permettent de fuir la chaleur et les rues bondées.

Restaurants La cuisine thaïlandaise est réputée pour ses plats épicés, mais les serveurs vont conseilleront toujours quelques plats adaptés aux enfants. En revanche, les chaises hautes sont rares.

Landaus et poussettes Les trottoirs de Thaïlande sont souvent irréguliers, étroits, voire simplement inexistants. Un porte-bébé est donc pratique.

Transports Les routes du pays sont dangereuses. Les loueurs de voiture ne disposent pas toujours de sièges auto. De plus en plus de magasins de cycles louent des vélos et des casques pour enfants.

Change On trouve des couches de petites tailles dans les supérettes et les 7-Eleven des villes. Pour les tailles 3 ou plus, rendez-vous dans les magasins Tesco Lotus, Big C ou Tops Market. Les tables à langer dans les toilettes publiques sont quasi inexistantes.

Quand partir Si vos enfants craignent les grosses chaleurs, visez la basse saison (juil-oct) ; il pleuvra mais en général par brèves averses.

Sites Internet

Family Fun Thailand (familyfun.tourismthailand.org) Site lié à l'office du tourisme de Thaïlande, offrant des promotions pour les familles sur les hôtels, activités et restaurants dans tout le pays.

Tourism Thailand (www.tourismthailand.org) Site Internet officiel des autorités touristiques du pays.

Thailand for Children (www.thailandforchildren.com) Conseils sur les meilleures destinations en Thaïlande pour les enfants (site en anglais).

Côté enfants

Tu peux répéter ?

Bonjour.	สวัสดี. Sà-wàt-dee
Au revoir.	ลาก่อน. Lah gòrn
Merci.	ขอบคุณ. Kòrp kun
Je m'appelle...	ผม/ดิฉันชื่อ... Pŏm/dì-chăn chêu (m/f)...

Tu le savais ?

- Les chats siamois viennent de Thaïlande.
- En Thaïlande, se faire couper les cheveux un mercredi porte malheur.

Tu as goûté ?

Tak-ka-tæn Sauterelles frites

KRIANGKRAI THITIMAKORN/GETTY IMAGES ©

Ko Chang et littoral est

Îles
Petites villes
Plongée

Tiercé gagnant
Ko Chang séduit par ses jungles et ses fêtes, Ko Mak jouit d'une ambiance détendue et Ko Kut se distingue par des vues splendides. Des transports relient ces trois îles.

Villes côtières
Les villes les plus en vue de la côte est sont Bang Saen, Pattaya (prisée par les expatriés), la charmante Chanthaburi (de plus en plus en vogue, célèbre pour son marché aux pierres précieuses le weekend), et Trat (point de départ vers Ko Chang). Ces localités provinciales enchantent par leur quiétude, et un air de prospérité inexistant dans les îles.

Découvertes sous-marines
S'il ne peut soutenir la comparaison avec des sites plus méridionaux, de nouvelles épaves et des massifs coralliens rendent le secteur propice à la plongée. Des récifs bien préservés entourent Ko Rang, une île déserte, tandis que le *Chang* gît au large de Ko Chang.

p. 123

Les régions en un clin d'œil

Bangkok

Culture et histoire
Vie nocturne
Gastronomie

Temples bouddhiques
Jadis affirmations de puissance après la guerre dévastatrice de 1765-1767 contre la Birmanie, les temples bouddhiques royaux de Bangkok sont désormais des sites nationaux de pèlerinage et de fabuleux exemples d'art et d'architecture classiques.

Bars sur les toits
À Bangkok, personne ne semble plus remarquer quand un bar original apparaît au sommet d'un gratte-ciel. La ville est aujourd'hui associée à ces élégants bars sur les toits, qui offrent une vue sur la mégapole ou le fleuve.

Repas en plein air
Pour les gourmets aventureux qui peuvent se passer de nappe blanche, il n'y a sans doute pas de meilleure destination que Bangkok. Tant que vous n'aurez pas dégusté dans les rues de la capitale des nouilles encore fumantes, enveloppé dans un nuage de gaz d'échappement, vous n'aurez pas véritablement goûté la cuisine thaïlandaise.

p. 68

Hua Hin et nord du golfe

Paysages côtiers
Culture et histoire
Gastronomie

Paysages évocateurs

La douce Prachuap Khiri Khan offre de surprenants paysages karstiques, égayés de bateaux de pêche. Hua Hin et Phetchaburi comptent de vieilles *shophouses* pittoresques datant de l'époque où des marchands chinois s'installèrent sur la côte.

Villégiature royale

Les rois thaïlandais fuyaient la chaleur suffocante de Bangkok à Hua Hin, et les habitants de la capitale en font autant, visitant le palais surplombant la ville et les grottes abritant des sanctuaires. Ce long littoral attrayant n'est jamais aussi bondé que les autres stations balnéaires du pays.

Cuisine de la mer

Dans la partie nord du golfe, vous pourrez savourer des plats de poisson authentiques très épicés prisés des touristes thaïlandais. Attendez-vous à une explosion de saveurs dans les marchés et restaurants de poisson de Prachuap Khiri Khan et Chumphon.

p. 168

Ko Samui et sud du golfe

Vie nocturne
Plages
Plongée

Fête de la Pleine Lune

La fête de plage la plus turbulente de Thaïlande a lieu une fois par mois à Hat Rin Nok sur Ko Pha Ngan. Jongleurs de feu, basses vrombissantes, peinture corporelle phosphorescente, seaux de cocktails sirupeux : préparez-vous à ne jamais dormir !

Soleil et sable

Ko Pha Ngan est renommée pour son ambiance décontractée, tandis que Ko Samui satisfait les goûts internationaux. Le parc national maritime d'Ang Thong, avec ses îlots calcaires, constitue une superbe excursion en bateau d'une journée.

Plongée à Ko Tao

Avec une mer chaude et calme, des baies peu profondes, une activité tout au long de l'année et d'innombrables centres de plongée à prix doux, Ko Tao reste l'un des meilleurs endroits du monde pour s'initier à la plongée. Proches du rivage, des sites de snorkeling permettent d'observer la faune marine.

p. 203

Phuket et côte d'Andaman

Gastronomie
Spa
Plongée

Marchés

Les fantastiques marchés nocturnes de Phuket-ville, l'offre croissante d'excellente cuisine internationale à des prix raisonnables et les nombreux restaurants chics de la côte d'Andaman font de cette région un paradis pour les gourmets – les amateurs de poisson et fruits de mer en particulier.

Massages

C'est à Phuket qu'il faut aller pour se faire dorloter. On y trouve les meilleurs spas du pays et des possibilités de massages abordables.

Sous l'océan

Gros poissons, superbes coraux, eau transparente : de fabuleux sites de plongée et de snorkeling entourent les fameuses îles Surin et Similan. Optez pour une croisière de plongée afin de batifoler avec des raies mantas voire des requins-baleines à Richelieu Rock, Ko Bon et Ko Tachai.

p. 277

Sur la route

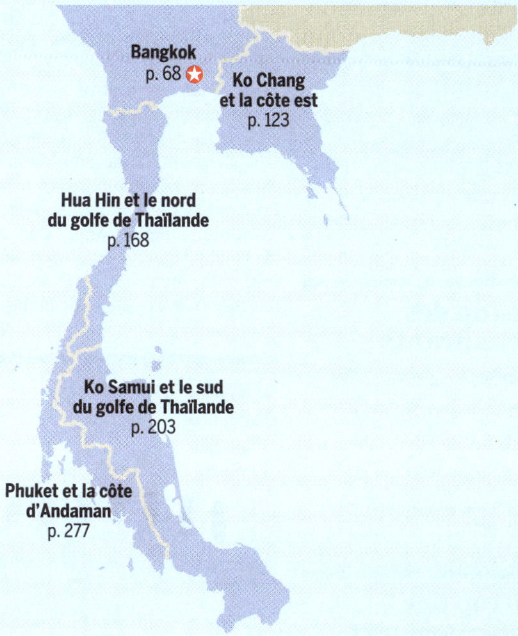

Bangkok
p. 68
Ko Chang
et la côte est
p. 123
Hua Hin et le nord
du golfe de Thaïlande
p. 168
Ko Samui et le sud
du golfe de Thaïlande
p. 203
Phuket et la côte
d'Andaman
p. 277

Bangkok

☎ 02 / 9,6 MILLIONS D'HABITANTS

Dans ce chapitre ➜

Le top des restaurants

- Saawaan (p. 110)
- Krua Apsorn (p. 104)
- Jay Fai (p. 105)
- Eathai (p. 107)
- Supanniga Eating Room (p. 109)

Le top des hébergements

- AriyasomVilla (p. 102)
- Phra-Nakorn Norn-Len (p. 96)
- Siam Heritage (p. 100)
- Lamphu Treehouse (p. 96)
- Sukhothai (p. 101)

Pourquoi y aller

Toujours la même mais toujours différente, c'est ainsi que l'on pourrait décrire Bangkok. De gigantesques centres commerciaux climatisés y côtoient des maisons traditionnelles vieilles de 200 ans, des temples surmontés de flèches dorées dominent des ruelles sordides éclairées de néons, et les voitures coincées dans les embouteillages se font dépasser par les *long-tail boats* voguant sur le fleuve royal. Pour les gastronomes intrépides, il n'existe sans doute pas de meilleure destination, la capitale offrant une expérience culinaire placée sous le signe de l'éclectisme.

À Bangkok, la vie quotidienne se déroule très souvent dans la rue, ce qui rendra vos pérégrinations passionnantes. Prévoyez une excursion en bateau pour visiter un marché dissimulé ; perdez-vous dans les ruelles de Chinatown où vous découvrirez un spectacle d'opéra chinois ; ou, le soir venu, montez à bord du Skytrain jusqu'à Sukhumvit, quartier cosmopolite et dynamique à l'intense vie nocturne.

Quand partir

Bangkok

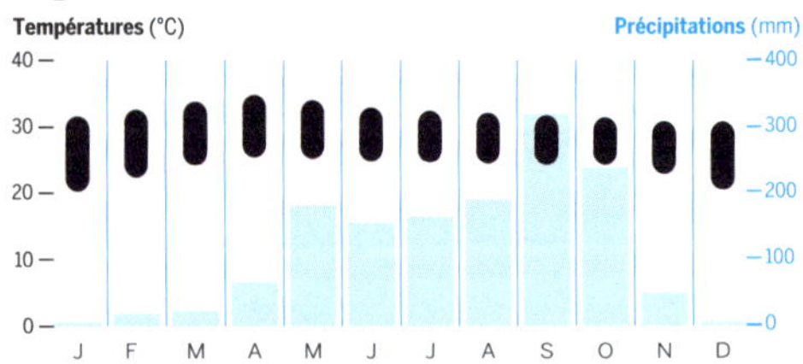

Nov-mars Relativement doux et sec ; c'est la haute saison touristique et les tarifs augmentent.

Mai-oct La ville peut recevoir plus de 200 mm de pluie par mois.

Déc-janv Quelques semaines de relative fraîcheur offrent un répit par rapport à la forte chaleur habituelle.

À ne pas manquer

1 Le saisissant bouddha couché du **Wat Pho** (p. 70), qui intimide par son gigantisme.

2 La splendeur et les dorures du **Wat Phra Kaew** (p. 70), et l'éclat inoubliable du bouddha d'Émeraude.

3 Des emplettes au **marché du week-end de Chatuchak** (p. 86).

4 La **maison de Jim Thompson** (p. 81), un splendide exemple d'architecture et d'art thaïlandais.

5 Un **massage thaïlandais** (p. 86), le bonheur à l'état pur, imbattable au niveau du tarif.

6 Les stands de rue de **Chinatown** (p. 106) pour un festin culinaire.

7 Un toast à la lumière des étoiles et des gratte-ciel dans l'un des **bars sur les toits** (p. 114) de la ville.

8 Un cours dans une **école de cuisine thaïlandaise** (p. 89) pour apprendre des recettes authentiques et maîtriser l'art des épices.

9 Une croisière paisible le long des **canaux de Thonburi** (p. 87) pour admirer la ville sous un autre angle.

Histoire

Le puissant royaume d'Ayuthaya, dont la domination sur le territoire de l'actuelle Thaïlande durait depuis le milieu du XIVe siècle, ne put résister en 1767 à une invasion birmane. Plongé dans le chaos, le pays fut sauvé de la division par le charismatique général Taksin, qui parvint à s'imposer comme unificateur. Celui-ci choisit d'établir sa capitale à Thonburi, sur la rive ouest du Mae Nam Chao Phraya (fleuve Chao Phraya), site propice au commerce maritime. Taksin fut par la suite déposé par un autre général, Chao Phraya Chakri, qui en 1782 transféra la capitale de l'autre côté du fleuve, sur un site plus facile à défendre en cas d'attaque birmane.

La modernité gagna la capitale à la fin du XIXe siècle, sous l'influence de l'Occident. Sous les règnes de Rama IV (roi Mongkut ; règne 1851-1868) et de Rama V (roi Chulalongkorn ; r. 1868-1910), Bangkok fut dotée de sa première rue pavée (Th Charoen Krung, autrefois appelée New Road) et d'un nouveau quartier royal (Dusit) imitant les palais européens.

Ce ne fut que dans les années 1980 et 1990 que Bangkok se transforma en métropole, quand les gratte-ciel se multiplièrent et qu'une vague de béton engloutit les rizières et les espaces verts. Ces dernières années, le gouvernement a mis en œuvre plusieurs politiques et projets qui ont eu des conséquences considérables sur la ville, dont la physionomie change à une vitesse fulgurante.

À voir

Les sites culturels et religieux constituent la grande majorité des lieux les plus visités de Bangkok. Si vous aimez vous promener sans programme défini, vous pourrez ajouter les marchés de produits frais et les différents quartiers à cette liste.

Ko Ratanakosin et Thonburi

Berceau de Bangkok, l'île artificielle de Ko Ratanakosin est l'endroit où tout commença il y a plus de 200 ans. Ce sont les vestiges de cette histoire – les sites les plus célèbres de Bangkok aujourd'hui – que viennent découvrir quasiment tous les visiteurs. Les stars de la capitale, le Wat Phra Kaew, le Grand Palais et le Wat Pho, se situent à courte distance de marche des quais du Chao Phraya Express Boat à Chang Pier, Maharaj Pier et Tien Pier. On peut se rendre à pied de l'un à l'autre, même si le soleil brûlant peut rendre les trajets éprouvants. Vous pourrez aussi opter pour un tuk-tuk (prononcez *đúk đúk*) ; il y en a des dizaines dans le secteur. Si vous prévoyez de visiter plusieurs sites, mieux vaut arriver tôt le matin pour profiter de la fraîcheur et éviter la foule. Le soir est le meilleur moment pour prendre des photographies, surtout si vous souhaitez immortaliser le Wat Arun au coucher du soleil.

Situé de l'autre côté du fleuve, Thonburi est un ensemble de quartiers résidentiels paisibles reliés par des *klorng* (ou *khlong* ; canaux), qui semblent un peu oubliés mais méritent une visite.

Wat Pho TEMPLE BOUDDHIQUE

(วัดโพธิ์/วัดพระเชตุพน, Wat Phra Chetuphon ; carte p. 80 ; Th Sanam Chai ; 200B ; 8h30-18h30 ; Tien Pier). Le Wat Pho est vraiment notre préféré parmi les sites majeurs de Bangkok. Les touristes y sont un peu moins nombreux qu'au Wat Phra Kaew voisin, et il détient plusieurs records : celui du plus grand bouddha couché de la ville et de la plus importante collection d'effigies du Bouddha en Thaïlande. Il fut aussi le premier centre d'éducation publique du pays. Dans la partie ouest du site, un pavillon abrite l'imposant **Bouddha couché**, le principal trésor du Wat Pho.

Wat Phra Kaew TEMPLE BOUDDHIQUE

(วัดพระแก้ว ; carte p. 80 ; Th Na Phra Lan ; 500B ; 8h30-15h30 ; Chang Pier, Maharaj Pier). Ce remarquable ensemble architectural est le cœur spirituel du bouddhisme et de la royauté, dont l'union est symbolisée par la représentation la plus sacrée de Thaïlande, le Bouddha d'Émeraude. Ses édifices se dressent dans l'enceinte du Grand Palais (page ci-contre), l'ancienne résidence royale, jadis cité fermée obéissant à des rites et une hiérarchie sociale complexes. Consacré en 1782, l'année du transfert de la capitale à Bangkok, le site est la principale attraction touristique de la ville, ainsi qu'un lieu de pèlerinage pour les bouddhistes. Voir aussi p. 72.

➡ Bouddha d'Émeraude

L'entrée du Wat Phra Kaew est gardée par les *yaksha*, colosses protecteurs du *Ramakien* (version thaïe du *Ramayana* indien). Au-delà s'étend une cour que domine le *bòht* (salle d'ordination), servant d'écrin au bouddha d'Émeraude. Ses ornementations, tant en façade qu'à l'intérieur, détournent facilement l'attention des visiteurs du petit bouddha en jade (il ne mesure que 66 cm) haut perché. Nul ne sait où et par qui le bouddha fut sculpté, mais la première trace de son existence remonte au XVe siècle à Chiang Rai, dans le nord de la Thaïlande, et son style l'apparente aux XIIIe-XIVe siècles.

Du fait de son statut royal, le Bouddha d'Émeraude est vêtu d'habits monastiques cérémoniels, aujourd'hui au nombre de trois. Le roi lui-même procède à leur changement en fonction des saisons (chaude, froide ou des pluies) lors de cérémonies solennelles.

➡ Fresques du Ramakien

Devant le *bòht* se tiennent une statue en pierre de Kuan Im, déesse chinoise de la miséricorde, ainsi que deux statues de vaches en l'honneur de l'année de naissance de Rama Ier. Tout le long de la galerie de 2 km qui entoure le complexe, 178 fresques illustrent le *Ramakien* dans son intégralité, dans le sens des aiguilles d'une montre depuis la porte nord.

Au début de l'épopée, Rama, le héros au visage vert, et son épouse Sita, la belle jeune fille aux seins nus, sont exilés dans la forêt avec le frère de Rama. C'est dans ce cadre pastoral que le diabolique roi Ravana aux bras et visages multiples se déguise en ermite pour kidnapper Sita.

Rama s'allie avec Hanuman, le roi singe (représenté par un singe blanc), pour combattre Ravana (Thótsàkan dans le *Ramakien*) et sauver Sita. Malgré le rôle prépondérant de Rama, Hanuman, loyal, courageux et malin, est le véritable héros. S'ensuivent grandes batailles et coups tordus jusqu'à ce que Ravana soit tué. Sita et Rama sont alors triomphalement réunis après avoir soumis leur loyauté à l'épreuve du feu.

Alors que le temple est constamment envahi de touristes, la galerie et ses fresques sont en général calmes et ombragées. Entrée comprise dans le billet pour le Grand Palais.

♥ Grand Palais PALACE

(พระบรมมหาราชวัง ; carte p. 80 ; Th Na Phra Lan ; 500 B ; ⏲ 8h30-15h30 ; ⛴ Chang Pier, Maharaj Pier). Le Grand Palais (Phra Borom Maharatchawang), installé dans le même complexe que le temple de Wat Phra Kaew (page ci-contre), est une ancienne résidence royale qui ne sert plus aujourd'hui au souverain qu'à l'occasion de cérémonies officielles. Il est possible de visiter les jardins et quatre des bâtiments, fascinants de grandiloquence. Veillez à porter des vêtements couvrant bras et jambes. Des guides proposent leurs services à proximité du guichet du palais, et un audioguide est disponible pour 200 B. Voir aussi p. 72.

♥ Wat Arun TEMPLE BOUDDHIQUE

(วัดอรุณฯ ; carte p. 80 ; près de Th Arun Amarin ; 50B ; ⏲ 8h-18h ; ⛴ ferry depuis Tien Pier, ⛴ bateau express Chao Phraya). Après la chute du royaume d'Ayuthaya, le roi Taksin prit solennellement possession du site jusque-là occupé par un lieu saint et y fit édifier un palais royal et un temple pour le bouddha d'Émeraude (avant son transfert à Wat Phra Kaew). Le temple fut rebaptisé du nom du dieu indien de l'Aube (Aruna) en hommage à la fondation symbolique d'une nouvelle Ayuthaya. Aujourd'hui, le Wat Arun est l'un des édifices les plus emblématiques de Bangkok – et l'un des rares temples bouddhiques que l'on puisse escalader.

Musée national MUSÉE

(พิพิธภัณฑสถานแห่งชาติ ; carte p. 80 ; 4 Th Na Phra That ; 200B ; ⏲ 9h-16h mer-dim ; ⛴ Chang Pier, Maharaj Pier). Le Musée national de Thaïlande possède une impressionnante collection d'objets évoquant le glorieux passé du pays. Construit en grande partie en 1782 pour servir de palais au vice-roi de Rama Ier, le prince Wang Na, il fut transformé en musée par Rama V en 1874. Il renferme aujourd'hui 3 expositions permanentes, réparties dans plusieurs bâtiments. La salle principale, ou **Galerie d'histoire thaïlandaise**, renferme des représentations de Bouddha et des sculptures de dieux hindous parmi les plus belles du pays.

Musée du Siam MUSÉE

(สถาบันพิพิธภัณฑ์การเรียนรู้แห่งชาติ ; carte p. 80 ; Th Maha Rat ; 200B ; ⏲ 10h-18h mar-dim ; 👪 ; ⛴ Tien Pier). Ce musée ludique entièrement rénové utilise différents médias pour explorer les origines du peuple thaïlandais et de sa culture. Dans un édifice de style européen du XIXe siècle, qui abrita jadis le ministère du Commerce, les expositions sont présentées d'une manière contemporaine, attrayante et interactive qui détonne dans le paysage muséal national. Les différentes galeries traitent de questions liées aux origines de la nation et de ses diverses populations.

Marché aux amulettes MARCHÉ

(ตลาดพระเครื่องวัดมหาธาตุ ; carte p. 80 ; Th Maha Rat ; ⏲ 7h-17h ; ⛴ Chang Pier, Maharaj Pier). Cet étonnant marché investit les trottoirs de Th Maha Rat et Th Phra Chan, qui se muent en un dédale de stands couverts au sud du Phra Chan Pier. L'accès le plus facile se fait par "Trok Maha That", clairement indiquée. On y vend une grande variété de petits talismans prisés des collectionneurs, moines, chauffeurs de taxi et personnes pratiquant des métiers à risques.

Musée national des Barges royales MUSÉE

(พิพิธภัณฑสถานแห่งชาติเรือพระราชพิธี ; carte p. 80 ; Khlong Bangkok Noi ou 80/1 Th Arun Amarin ;

(Suite à la page 76)

Wat Phra Kaew et Grand Palais

EXPLOREZ LES MONUMENTS RELIGIEUX ET ROYAUX LES PLUS EMBLÉMATIQUES DE BANGKOK

La plupart des visiteurs commencent par découvrir le Wat Phra Kaew, un vaste ensemble renfermant le temple bouddhique. Un passage couvert entoure le site ; ses faces intérieures sont ornées des ❶❷ **fresques du *Ramakien***. Peintes sous le règne de Rama Ier (roi Chao Phraya Chakri ; r. 1782-1809), elles retracent l'épopée hindoue du *Ramayana*, à travers 178 panneaux décrivant la lutte de Rama pour libérer son épouse kidnappée, Sita.

Une fois parvenu à la fin de l'histoire, franchissez l'une des portes gardées par de saisissants ❸ **yaksha** (ogres ou géants de la mythologie hindoue) pour gagner le complexe intérieur. L'édifice le plus important est le ❹ **bòht**, ou **salle des ordinations**, qui abrite le ❺ **bouddha d'Émeraude**.

ALINA_ZAINEA / GETTY IMAGES ©

Kinari
Mi-cygnes mi-femmes, ces gracieuses créatures de la mythologie hindo-bouddhiste se tiennent devant le Prasat Phra Thep Bidon.

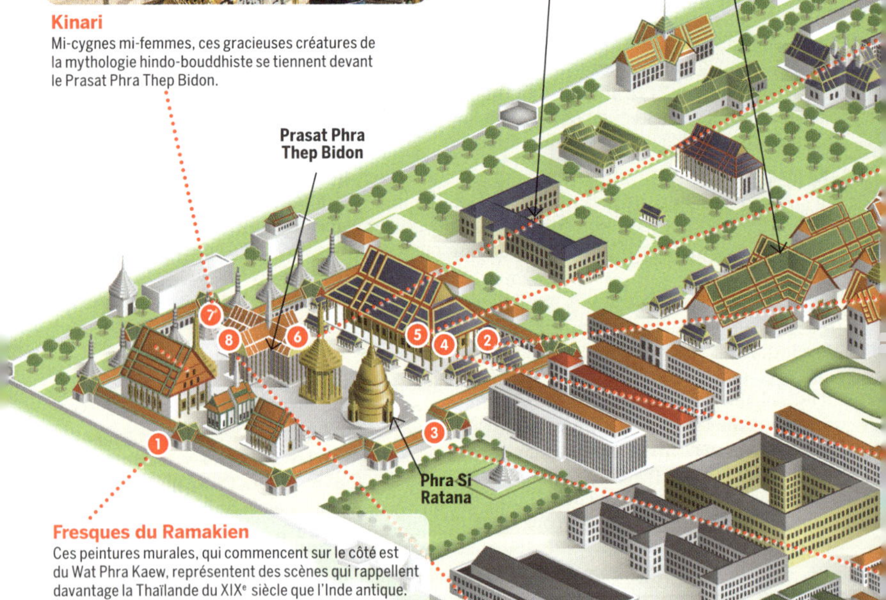

Fresques du Ramakien
Ces peintures murales, qui commencent sur le côté est du Wat Phra Kaew, représentent des scènes qui rappellent davantage la Thaïlande du XIXe siècle que l'Inde antique.

ANTONIO D'ALBORE / GETTY IMAGES ©

Hanuman
Des rangées de ces singes malicieux, divinités appartenant à la mythologie hindoue, soutiennent les étages inférieurs de deux petits chedis près du Prasat Phra Thep Bidon.

Dirigez-vous ensuite vers l'est jusqu'à la terrasse supérieure, un espace surélevé où se dressent les **6 flèches des trois principaux chedis** (stupas). Celui du milieu, le Phra Mondop, est utilisé pour conserver des manuscrits bouddhiques. Ce secteur abrite également de nombreux personnages mythiques du Wat Phra Kaew, notamment de superbes **7 kinari** (créatures mythiques mi-femmes mi-cygnes) et plusieurs **8 Hanuman** grimaçants.

Franchissez la porte ouest du complexe pour atteindre le Grand Palais. Ici, peu d'édifices sont ouverts au public. Le plus remarquable est le **9 Chakri Mahaprasat**, édifié en 1882. Sa façade extérieure est un mélange unique de style occidental et d'architecture thaïlandaise traditionnelle.

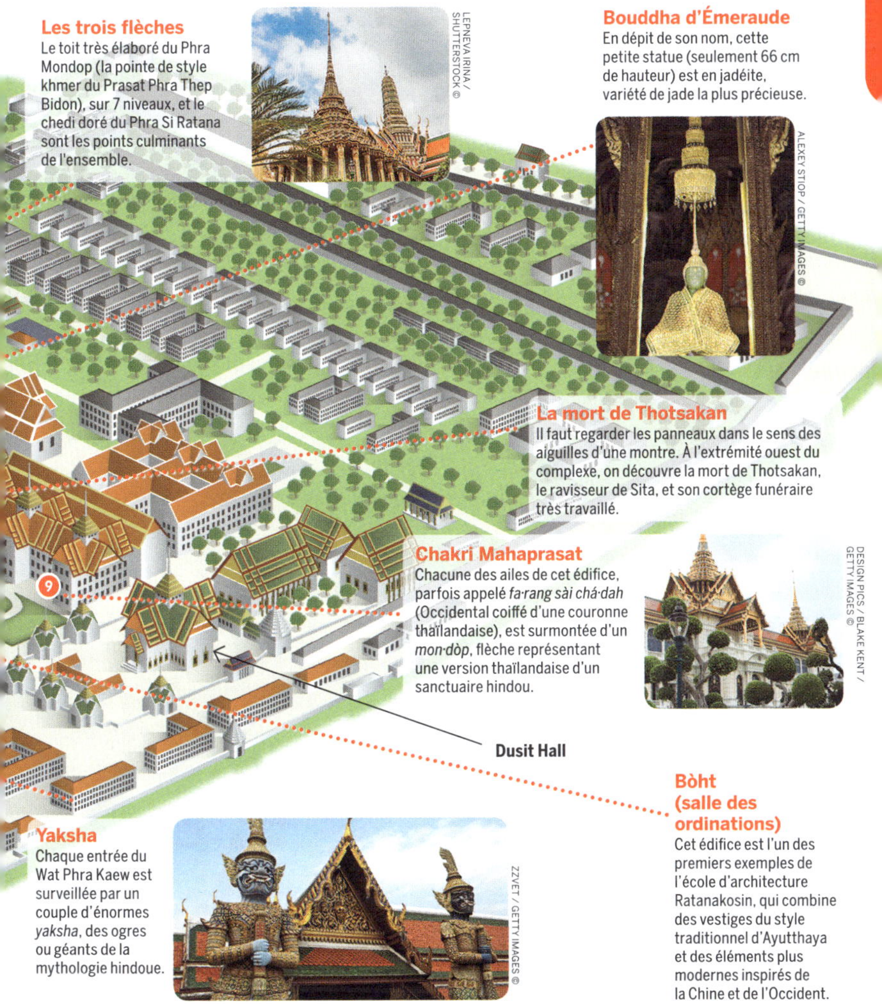

Les trois flèches
Le toit très élaboré du Phra Mondop (la pointe de style khmer du Prasat Phra Thep Bidon), sur 7 niveaux, et le chedi doré du Phra Si Ratana sont les points culminants de l'ensemble.

LEPNEVA IRINA / SHUTTERSTOCK ©

Bouddha d'Émeraude
En dépit de son nom, cette petite statue (seulement 66 cm de hauteur) est en jadéite, variété de jade la plus précieuse.

ALEXEY STIOP / GETTY IMAGES ©

La mort de Thotsakan
Il faut regarder les panneaux dans le sens des aiguilles d'une montre. À l'extrémité ouest du complexe, on découvre la mort de Thotsakan, le ravisseur de Sita, et son cortège funéraire très travaillé.

Chakri Mahaprasat
Chacune des ailes de cet édifice, parfois appelé *fa·rang sài chá·dah* (Occidental coiffé d'une couronne thaïlandaise), est surmontée d'un *mon·dòp*, flèche représentant une version thaïlandaise d'un sanctuaire hindou.

DESIGN PICS / BLAKE KENT / GETTY IMAGES ©

Bòht (salle des ordinations)
Cet édifice est l'un des premiers exemples de l'école d'architecture Ratanakosin, qui combine des vestiges du style traditionnel d'Ayutthaya et des éléments plus modernes inspirés de la Chine et de l'Occident.

Yaksha
Chaque entrée du Wat Phra Kaew est surveillée par un couple d'énormes *yaksha*, des ogres ou géants de la mythologie hindoue.

ZZVET / GETTY IMAGES ©

Agglomération de Bangkok

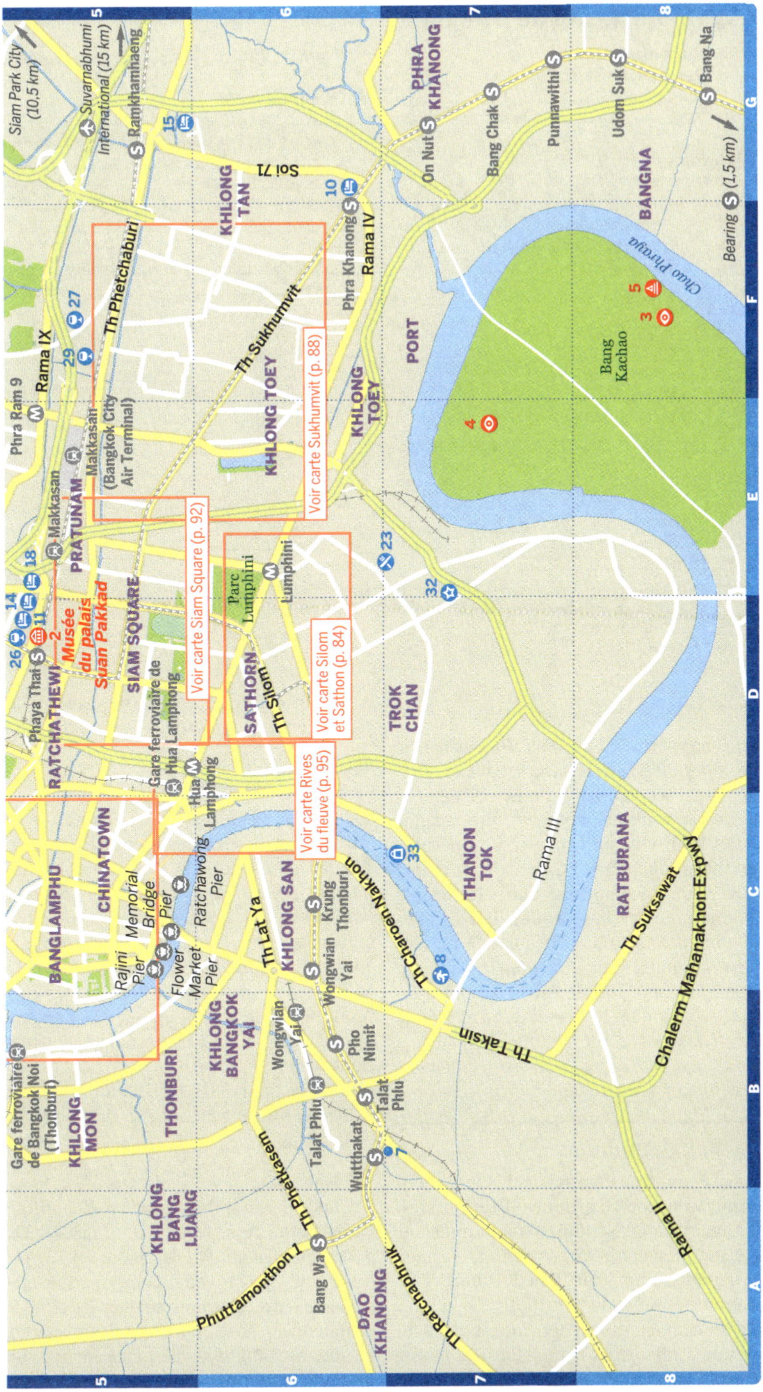
Siam Park City (10,5 km)
Suvarnabhumi International (15 km)
Ramkhamhaeng
Phra Ram 9
Rama IX
Makkasan
Makkasan (Bangkok City Air Terminal)
PRATUNAM
Th Phetchaburi
Phaya Thai
RATCHATHEWI
Musée du palais Suan Pakkad
SIAM SQUARE
Gare ferroviaire de Hua Lamphong
Hua Lamphong
Voir carte Siam Square (p. 92)
Voir carte Sukhumvit (p. 88)
Voir carte Silom et Sathon (p. 84)
Voir carte Rives du fleuve (p. 95)
Parc Lumphini
Lumphini
SATHORN
Th Silom
KHLONG TAN
Soi 71
Th Sukhumvit
KHLONG TOEY
Phra Khanong
Rama IV
PHRA KHANONG
On Nut
Bang Chak
Punnawithi
Udom Suk
Bang Na
Bearing (1,5 km)
BANGNA
PORT
Chao Phraya
Bang Kachao
TROK CHAN
THANON TOK
Rama III
RATBURANA
Th Suksawat
Chalerm Mahanakhon Expwy
Rama II
BANGLAMPHU
CHINATOWN
Memorial Bridge
Pier
Ratchawong Pier
Rajini Pier
Flower Market Pier
KHLONG SAN
Krung Thonburi
Wongwian Yai
Th Lat Ya
Th Charoen Nakhon
Th Taksin
Pho Nimit
Talat Phlu
Wutthakat
Gare ferroviaire de Bangkok Noi (Thonburi)
KHLONG MON
THONBURI
KHLONG BANGKOK YAI
KHLONG BANG LUANG
Th Phetkasem
Phuttamonthon 1
Bang Wa
DAO KHANONG
Th Ratchaphruk
A
B
C
D
E
F
G
5
6
7
8

Agglomération de Bangkok

Les incontournables
1 Marché du week-end de Chatuchak E3
2 Musée du palais Suan Pakkad D5

À voir
3 Marché Bang Nam Pheung F8
Tour de l'horloge .... (voir 1)
4 Parc de Si Nakhon Kheun Khan E7
5 Wat Bang Nam Pheung Nok F8
6 Wat Thevarat Kunchorn C4

Activités
7 Amita Thai Cooking Class B7
8 Manohra Cruises C7

Où se loger
9 Be My Guest Bed & Breakfast F2
10 Beat Hotel G6
11 Bizotel D5
12 Capital Mansion E3
13 Hi Baan Thewet C4
14 K Maison D5
15 Refill Now! G5
16 Siam C4
17 Siamaze F3
SSIP Boutique .... (voir 13)
18 The Bangkokians E5
19 The Yard E4
20 Yim Bangkok F4

Où se restaurer
21 Baan Pueng Chom E4
Khua Kling Pak Sod .... (voir 19)
22 Krua Apsorn C4
Steve Café & Cuisine .... (voir 6)
23 Sühring E7
24 Yusup G1

Où prendre un verre et faire la fête
Aree .... (voir 21)
25 Fake Club The Next Gen F4
26 Glen Bar D5
27 NOMA BKK F5
28 O'glee E4
29 Onyx F5
Route 66 .... (voir 29)

Où sortir
30 Parking Toys G1
31 Saxophone Pub & Restaurant D4
32 Tawandang German Brewery E7

Achats
33 Asiatique C7
34 JJ Mall E3
35 Talat Rot Fai F4

(Suite de la page 71)

100 B, app photo 100 B ; 9h-17h ; Phra Pin Klao Bridge Pier). Les barges royales sont de superbes embarcations, richement décorées, utilisées pour les processions – une tradition qui remonte à la période Ayuthaya, où le bateau était le principal moyen de locomotion, pour le peuple comme pour les monarques. Lorsqu'elles ne sont pas utilisées, elles sont exposées dans ce musée de Thonburi. Pour s'y rendre, le plus simple est de prendre un moto-taxi depuis le Phra Pin Klao Bridge Pier (demandez au chauffeur d'aller à *reu.a prá têe nâng*) – il est également possible d'y aller à pied.

Banglamphu

À côté de Ko Ratanakosin, des allées verdoyantes, des boutiques d'antiquaires, des marchés de produits frais animés et des temples dorés composent le secteur de Banglamphu – de loin le quartier le plus authentique de la capitale. On a l'impression de se promener dans une carte postale du Bangkok d'autrefois, du moins jusqu'à ce que l'on arrive dans Th Khao San, l'un des quartiers de voyageurs les plus célèbres du monde.

Wat Suthat TEMPLE BOUDDHIQUE
(วัดสุทัศน์ ; carte p. 80 ; Th Bamrung Meuang ; 100 B ; 8h30-21h ; klorng-taxi jusqu'à Phanfa Leelard Pier). Gigantesque et très impressionnant, le Wat Suthat est aussi le plus important des temples royaux. À l'intérieur du *wí·hăhn* (sanctuaire pour une sculpture du bouddha) se trouvent des fresques sophistiquées de *Jataka* (histoires de Bouddha) et un **Phra Si Sakayamuni** de 8 m de haut, le plus gros bronze de style Sukhothai qui soit parvenu jusqu'à nous ; il fut produit dans l'ancienne capitale de Sukhothai au XIVe siècle. Les cendres de Rama VIII (roi Ananda Mahidol ; r. 1935-1946) sont conservées dans le socle de la statue.

Mont d'Or TEMPLE BOUDDHIQUE
(ภูเขาทอง, Phu Khao Thong ; carte p. 80 ; près de Th Boriphat ; accès sommet 50 B ; 7h30-17h30 ; klorng-taxi jusqu'à Phanfa Leelard Pier). L'escalier qui gravit cette colline artificielle serpente entre les arbres noueux, les tombes abandonnées et les portraits des disparus. Le sommet offre une vue panoramique sur Bangkok et un peu d'air frais.

Wat Saket TEMPLE BOUDDHIQUE

(วัดสระเกศ ; carte p. 80 ; près de Th Boriphat ; lever-coucher du soleil ; klorng-taxi jusqu'à Phanfa Leelard Pier). Wat Saket recèle des fresques parmi les plus belles du pays. La colonne dressée derrière la statue du bouddha est ornée de représentations très explicites de l'enfer bouddhique. Le temple est dans le même complexe que le Mont d'Or, à l'est de celui-ci.

Thanon Khao San QUARTIER

(Carte p. 80 ; Th Khao San, Banglamphu ; Phra Athit/Banglamphu Pier). Au fil des années, Th Khao San a connu une transformation impressionnante. Ghetto pour baroudeurs dans les années 1980, le quartier est devenu clinquant sans perdre pour autant le charme et l'énergie qui caractérisent sa rue piétonne et les ruelles alentour. Gaieté et bonne humeur règnent toujours dans ce véritable écosystème touristique doté d'excellents hébergements, restaurants et bars.

Wat Bowonniwet TEMPLE BOUDDHIQUE

(วัดบวรนิเวศวิหาร ; carte p. 80 ; www.watbowon.org ; Th Phra Sumen ; 8h30-17h ; Phra Athit/Banglamphu Pier). Bâti en 1826, le Wat Bowonniwet (communément appelé Wat Bowon) est le siège du courant monastique Thammayut, une version réformée du bouddhisme thaïlandais. On vient y admirer les fresques du *bòht*, qui comprennent des scènes de la vie occidentale au début du XIXe siècle vue par les Thaïlandais, sans doute inspirées de revues illustrées. Là sont conservées les cendres de Rama IX. En raison du statut royal du temple, le port d'une tenue correcte est exigé.

Thewet et Dusit

Thewet, en particulier le secteur proche de Th Samsen, possède l'atmosphère effervescente et anarchique que l'on attribue souvent à Bangkok. Seul répit dans la frénésie ambiante, le fleuve est aussi un bon point de départ pour découvrir le quartier, car la plupart des sites et des restaurants sont situés à distance de marche de l'embarcadère des ferrys.

À l'inverse, Dusit est peut-être le secteur le plus ordonné de Bangkok, avec des avenues bordées d'arbres et des monuments prestigieux dignes des grandes métropoles. Lors de notre passage, le **parc du palais Dusit** était fermé pour rénovation. Il entoure le palais Dusit, avec lequel Rama V (roi Chulalongkorn ; r. 1868-1910), après son premier voyage en Europe en 1897, entreprit de transformer les styles d'architecture européenne en une expression typiquement thaïlandaise. Le parc abrite également notamment le **palais Vimanmek** (1868, transféré sur ce site en 1910), qui serait le plus grand bâtiment en teck du monde, prétendument construit sans un clou.

Wat Benchamabophit TEMPLE BOUDDHIQUE

(วัดเบญจมบพิตร/วัดเบญจะฯ ; carte p. 80 ; angle Th Si Ayuthaya et Rama V ; 50 B ; 8h-17h ; Thewet Pier, S Phaya Thai sortie 2/4 et taxi). Également appelé "Temple de marbre" car constitué de marbre importé d'Italie, le Wat Ben, comme on l'appelle familièrement, figure sur les pièces de 5 B. Son *bòht* caractéristique a été construit à la fin du XIXe siècle sous Rama V. Le socle du bouddha central, une réplique du vénéré Phra Phuttha Chinnarat de Phitsanulok, dans le nord de la Thaïlande, contient les cendres du souverain.

Wat Thevarat Kunchorn TEMPLE BOUDDHIQUE

(วัดเทวราชกุญชร ; carte p. 74 ; Th Si Ayuthaya ; 8h-17h ; Thewet Pier). L'édifice d'origine de ce temple bouddhique au bord du fleuve, près du Thewet Pier, est antérieur à la période Ratanakosin, mais les rois n'ont cessé de l'agrandir et de le rénover. L'intérieur recèle d'intéressantes fresques représentant des épisodes de la mythologie bouddhique. Les touristes y sont rares, ce qui en fait un endroit idéal pour découvrir l'architecture thaïe en toute tranquillité.

Chinatown

Chinatown incarne tout ce que Bangkok a de frénétique, de bruyant et de pollué, mais c'est aussi ce qui rend le quartier si fascinant. Les principaux atouts du secteur – le Wat Traimit (Bouddha d'Or) et les rues commerçantes – méritent votre attention, mais prévoyez assez de temps pour vous promener selon votre humeur parmi les bijouteries éclairées au néon, les temples dissimulés, les boutiques aux devantures délabrées et les minuscules ruelles, en particulier les plus sinueuses qui s'étendent depuis Soi Wanit 1 (ou Sampeng Lane).

Wat Traimit (Bouddha d'or) TEMPLE BOUDDHIQUE

(วัดไตรมิตร, temple du Bouddha d'or ; carte p. 95 ; Th Mittaphap Thai-China ; 40B ; 8h-17h ; Marine Department Pier, M Hua Lamphong sortie 1). Un

(Suite à la page 80)

Wat Pho

À LA DÉCOUVERTE DES GRANDS BOUDDHAS DU WAT PHO

Le point de départ le plus logique est le *wí·hăhn* (sanctuaire) principal, qui abrite la pièce maîtresse du Wat Pho, l'immense ❶ **bouddha couché**. Outre ses dimensions imposantes, remarquez les ❷ **incrustations de nacre** sur la plante des pieds de la statue. Les murs du *wí·hăhn* sont couverts de fresques représentant les vies antérieures du Bouddha, tandis que 108 bols à aumônes en bronze sont disposés sur le côté sud de l'édifice. Pour 20 B, vous pourrez acheter 108 pièces ; si vous les déposez dans chacun des bols, la chance sera avec vous !

Sortez du *wí·hăhn* et passez entre les deux gardiens : les ❸ **géants de pierre**. Au sud se dressent les quatre grands ❹ **chedis royaux**.

Phra Ubosot
Construit sous le règne de Rama Ier, l'imposant *bòht* (salle d'ordination) doit son apparence actuelle à des rénovations remontant au règne de Rama III (r. 1824-1851).

Galeries des bouddhas
Les deux passages couverts entourant le Phra Ubosot abritent 394 bouddhas dorés, dont beaucoup présentent des caractéristiques classiques des styles Ayutthaya ou Sukhothai.

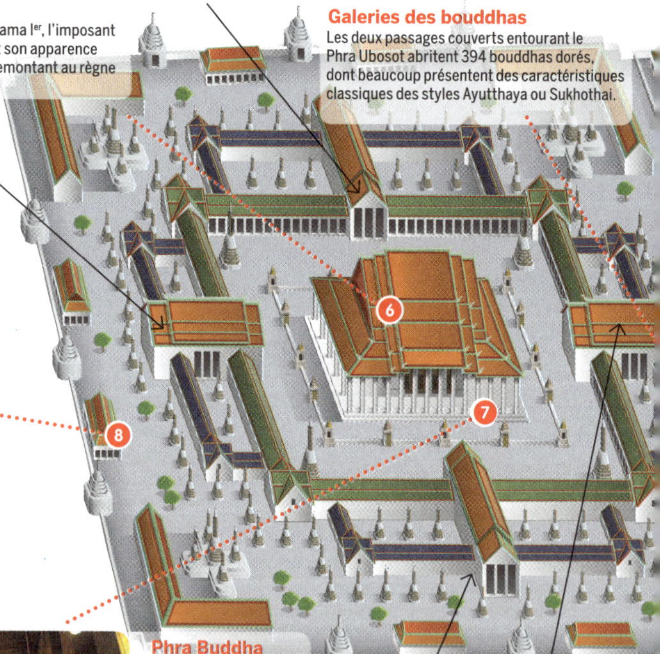

Pavillons de massages
Si vos pieds demandent une trêve, ces deux salles climatisées sont idéales pour se détendre en profitant d'un délicieux massage thaïlandais, pour un prix relativement bas.

Phra Buddha Deva Patimakorn
Sur un impressionnant piédestal à 3 niveaux, qui renferme les cendres de Rama Ier, se dresse cette statue du Bouddha datant de la période d'Ayutthaya. Elle fut apportée au temple par le roi.

Continuez à l'est, traversez deux **5 galeries de statues du Bouddha** reliant quatre *wí·hăhn*, dont deux conservent de remarquables bouddhas de la période Sukhothai. Elles constituent l'extérieur du **6 Phra Ubosot**, l'immense salle d'ordination, deuxième plus importante structure du Wat Pho. La base du bâtiment est entourée de bas-reliefs assortis d'inscriptions, et l'intérieur renferme la célèbre statue du Bouddha, **7 Phra Buddha Deva Patimakorn**.

Le Wat Pho, souvent présenté comme la première université thaïlandaise, accueille aujourd'hui une école de médecine thaïlandaise traditionnelle et, dans l'annexe est, deux **8 pavillons dédiés au massage**.

Enfin, la moitié orientale du complexe est ponctuée de plusieurs autres petits chedi et des jardins de pierre.

TAKEPICSFORFUN / GETTY IMAGES ©

Chedis royaux
Ornés de céramiques colorées, dans la plus pure tradition du style Ratanakosin, ces quatre chedis représentent les quatre premiers rois de la dynastie Chakri.

SAMART BOONYANG / GETTY IMAGES ©

Bouddha couché
La structure intérieure en brique, de 46 m de long et 15 m de haut, est habillée de plâtre et recouverte de feuilles d'or. L'énorme bouddha couché du Wat Pho évoque le passage du Bouddha au nirvana (la mort du Bouddha).

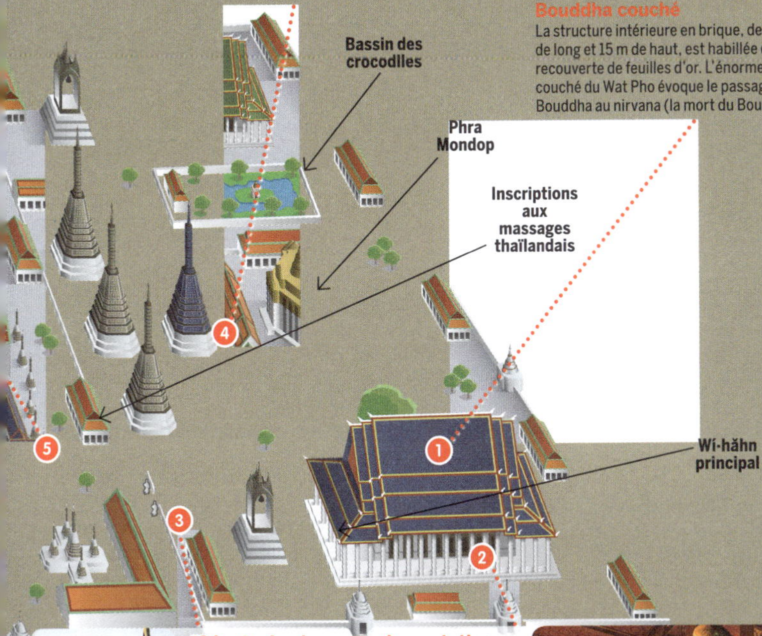

IMAGE SOURCE / GETTY IMAGES ©

Géants de pierre
Ces gigantesques statues en granit (certains y voient des personnages d'opéra chinois, d'autres Marco Polo) sont arrivées en Thaïlande au XIXe siècle : elles servaient de lest sur des jonques chinoises.

Incrustations de nacre
Les 108 *lák·sà·nà* (marques d'un bouddha) bienveillants sont représentés sur la plante des pieds du bouddha couché.

KAMPEE PATISENA / GETTY IMAGES ©

Ko Ratanakosin, Banglamphu et Thonburi

(Suite de la page 77)

imposant **bouddha en or massif**, haut de 3 mètres et pesant 5,5 tonnes, constitue la principale attraction du Wat Traimit. Adoptant le gracieux style Sukhothai, la statue fut "découverte" il y a quelque 65 ans sous un revêtement en stuc, qui se brisa lors de son déplacement. Elle fut sans doute enduite de la sorte pour la protéger des voleurs birmans, lors d'un siège soit à la fin de la période Sukhothai, soit lors de la période Ayuthaya.

Talat Mai MARCHÉ

(ตลาดใหม่, Nouveau Marché ; carte p. 95 ; Soi Yaowarat 6/Charoen Krung 16 ; 6h-18h ; Ratchawong Pier, Hua Lamphong sortie 1 et taxi). Fondé il y a 2 siècles, le Talat Mai ("nouveau marché") ne porte plus tout à fait son nom ! Dans ce marché, sans doute le plus typiquement chinois de Bangkok, les marchandises non périssables, assaisonnements, épices et autres sauces sembleront familiers à quiconque a déjà séjourné en Chine. Même si les denrées alimentaires en elles-mêmes ne vous intéressent pas, l'ambiance survoltée (attention aux motos qui zigzaguent entre les passants), en plein cœur de Chinatown, et les parfums exotiques constituent une expérience sensorielle inoubliable.

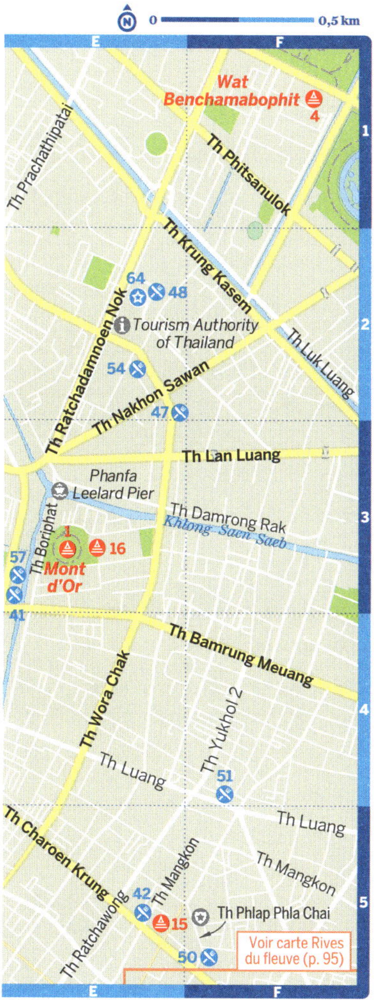

Talat Noi — QUARTIER

(ตลาดน้อย ; carte p. 95 ; près de Th Charoen Krung ; 7h-19h ; Marine Department Pier). Ce microcosme doit son nom au petit *(nói)* marché *(đà·làht)* installé entre Soi 22 et Soi 20 et bordant Soi Wanit 2, charmante parallèle à Th Charoen Krung. Errez dans ce labyrinthe de ruelles sinueuses entre d'innombrables ateliers graisseux, épiceries et entrepôts, avec ici et là une pièce servant de logement. Les immeubles croulants, les fresques chamarrées et les ruelles arborées sont un terrain de jeu idéal pour les amateurs de photographie de rue.

Marché aux fleurs — MARCHÉ

(ปากคลองตลาด ; Pak Khlong Talat ; carte page ci-contre ; Th Chakkaraphet ; 24h/24 ; Flower Market Pier). Autrefois en pleine rue, le célèbre marché aux fleurs de Bangkok a été déplacé dans une halle géante en 2016 lors d'une opération d'assainissement du quartier. On y trouve orchidées, roses à foison et une myriade d'œillets. Essayez de venir tard le soir, lorsque les fleurs fraîches arrivent du nord pour être vendues le lendemain.

Wat Mangkon Kamalawat — TEMPLE BOUDDHIQUE

(วัดมังกรกมลาวาส ; carte page ci-contre ; angle Th Charoen Krung et Th Mangkon ; 6h-18h ; Ratchawong Pier, M Hua Lamphong sortie 1 et taxi). GRATUIT Des nuages d'encens et le son des mantras composent l'ambiance de ce temple bouddhique mahayana de style chinois. Autour du temple, des vendeurs proposent de la nourriture à laisser en offrande pour les dieux – raviolis à la vapeur en forme de lotus et oranges. Érigé en 1871, il s'agit du plus grand et du plus important édifice religieux du quartier. Les activités culinaires et religieuses y sont particulièrement soutenues durant la **Fête végétarienne annuelle** (sept ou oct).

Siam Square, Pratunam, Phloen Chit et Ratchathewi

Centres commerciaux sur plusieurs étages, espaces de shopping en plein air et marchés interminables : aucun doute, à Siam Square, vous vous trouvez bien dans le quartier commerçant de Bangkok. Si vous avez dans l'idée de faire chauffer votre carte bancaire, prévoyez de passer une bonne partie de la journée ici. Essayez d'arriver vers 11h, quand il n'y a pas encore trop de monde. De la même façon, évitez le dimanche, quand la moitié de Bangkok semble se retrouver dans les centres commerciaux climatisés du quartier.

Maison de Jim Thompson — ÉDIFICE HISTORIQUE

(เรือนไทยจิมทอมป์สัน ; carte p. 92 ; 02 218 7368 ; www.jimthompsonhouse.com ; 6 Soi Kasem San 2 ; tarif plein/étudiant 200/100 B ; 9h-18h, visites guidées obligatoires toutes les 30 minutes ; klorng-taxi jusqu'à Sapan Hua Chang Pier, S National Stadium sortie 1). Cette propriété luxuriante est l'ancienne maison d'un fabricant de soie et collectionneur d'art américain. Né dans le Delaware en 1906, Thompson servit brièvement dans l'Office of Strategic Services

Ko Ratanakosin, Banglamphu et Thonburi

Les incontournables
1 Mont d'Or ... E3
2 Grand Palais ... B4
3 Wat Arun ... B5
4 Wat Benchamabophit ... F1
5 Wat Pho ... C5
6 Wat Phra Kaew ... B4
7 Wat Suthat ... D4

À voir
8 Marché aux amulettes ... B3
9 Marché aux fleurs ... C5
10 Musée du Siam ... C5
11 Musée national ... B2
12 Musée national des Barges royales ... A2
13 Thanon Khao San ... C2
14 Wat Bowonniwet ... D2
15 Wat Mangkon Kamalawat ... E5
16 Wat Saket ... E3

Activités
17 Center Meditation Wat Mahadhatu ... B3
18 Jaroenthong Muay Thai Gym ... C2
Wat Pho Thai Traditional Massage School ... (voir 33)

Où se loger
19 Arom D ... B5
20 Arun Residence ... B5
21 Buddy Lodge ... C2
22 Casa Nithra ... D1
23 Chern ... D4
24 Chillax Resort ... D2
25 Feung Nakorn Balcony ... C4
26 Hotel Dé Moc ... D2
27 Lamphu Treehouse ... D2
28 NapPark Hostel ... C2
29 Niras Bankoc ... D3
30 Nouvo City Hotel ... D2
31 Phra-Nakorn Norn-Len ... D1
32 Rambuttri Village Plaza ... C2
33 Royal ThaTien Village ... B5
34 Sala Ratanakosin ... B5
35 Samsen Sam Place ... C1
36 Wild Orchid Villa ... C2

Où se restaurer
37 Baan Nual ... D1
38 Bangkok Poutine ... C1
39 Err ... B5
40 Hemlock ... C2
41 Jay Fai ... E3
42 Jék Pûi ... E5
43 Karim Roti-Mataba ... C1
44 Khinlom Chom Saphan ... C1
45 Khun Daeng ... C2
46 Krua Apsorn ... D3
47 Lao Dtom Lao ... E2
48 Likhit Kai Yang ... E2
49 Ming Lee ... B3
50 Nai Mong Hoi Thod ... F5
51 Nay Hong ... F4
52 Pua-Kee ... C1
Sala Rattanakosin ... (voir 34)
53 Savoey ... B3
54 Seven Spoons ... E2
55 Shoshana ... C2
56 Somsong Phochana ... C1
Soy ... (voir 18)
57 Thip Samai ... E3
Tonkin Annam ... (voir 34)
58 ZeZe ... C2

Où prendre un verre et faire la fête
Amorosa ... (voir 20)
59 Babble & Rum ... B2
Commé ... (voir 18)
60 Hippie de Bar ... C2
61 Ku Bar ... D2
Let the Boy Die ... (voir 51)
62 Madame Musur ... C2
63 Post Bar ... D1
Rooftop ... (voir 34)

Où sortir
Adhere the 13th ... (voir 38)
Brick Bar ... (voir 21)
64 Rajadamnern Stadium ... E2

Achats
65 Marché de Khao San ... C2
66 Nittaya Thai Curry ... C2

(l'ancêtre de la CIA) en Thaïlande pendant la Seconde Guerre mondiale. Il s'installa ensuite à Bangkok et s'intéressa à la soie artisanale tissée localement ; il envoya des échantillons aux grands couturiers à Milan, Londres et Paris et parvint à fidéliser une clientèle mondiale.

Thompson collectionnait non seulement les textiles, mais aussi des éléments de maisons thaïlandaises en ruine qu'il fit réassembler sur le site en 1959. Certaines furent apportées de l'ancienne capitale royale d'Ayuthaya, d'autres démontées et transportées sur le *klorng* (ou *khlong* ; canaux) depuis Baan Khrua, tel le premier bâtiment dans lequel vous entrez. Une entorse frappante à la tradition est l'inversion des murs, le côté extérieur tourné vers l'intérieur, exposant ainsi les entretoises. La collection d'art asiatique de Jim Thompson, modeste mais splendide, et ses objets personnels sont exposés dans la maison principale.

Jim Thompson disparut en 1967 dans des circonstances mystérieuses lors d'une randonnée dans la région des Cameron Highlands, en Malaisie. La même année, sa sœur fut assassinée aux États-Unis, alimentant diverses théories de complot. Les responsables étaient-ils des espions communistes ? Des concurrents du domaine du textile ? Ou un tigre affamé ? Dans sa biographie sur Thompson, *The Ideal Man* (2010, non traduite), le journaliste américain Joshua Kurlantzick suggère que la position anti-américaine qu'il adopta à la fin de sa vie en aurait fait une cible potentielle de la CIA.

N'écoutez pas les rabatteurs bien habillés dans les *soi* (allées), près de la maison de Thompson, qui vous diront qu'elle est fermée et tenteront de vous conduire dans des boutiques aux prix exorbitants.

♥ Bangkok Art & Culture Centre MUSÉE

(BACC ; หอศิลปวัฒนธรรมแหงกรุงเทพมหานคร ; carte p. 92 ; www.bacc.or.th ; angle Th Phayathai et Rama I ; ⌚10h-21h mar-sam ; Ⓢ National Stadium sortie 3). GRATUIT Ce vaste édifice moderne du centre de Bangkok occupe une place de choix sur la scène de l'art contemporain dans la capitale. Sur 3 niveaux, il compte 3 000 m² d'espaces d'exposition, ainsi que des boutiques, des galeries privées, des cafés et une bibliothèque d'ouvrages d'art. Programme des expositions sur le site Web.

♥ Musée du palais Suan Pakkad MUSÉE

(วังสวนผักกาด ; carte p. 74 ; www.suanpakkad.com ; Th Si Ayuthaya ; 100 B ; ⌚9h-16h ; Ⓢ Phaya Thai sortie 4). Trésor méconnu, ce ravissant palais, constitué de 8 maisons traditionnelles en bois, fut la résidence du prince Chumbhot Paribatra de Nagor Svarga et de son épouse. Les bâtiments sur pilotis, qui occupent une ancienne plantation de choux (Suan Pakkad), renferment des objets d'art, des antiquités et des meubles précieux. Havre de paix, le parc du palais accueille des cygnes et des canards.

Sanctuaire d'Erawan MONUMENT

(ศาลพระพรหม ; carte p. 92 ; angle Th Ratchadamri et Th Phloen Chit ; ⌚6h-23h ; Ⓢ Chit Lom sortie 8, Siam sortie 6). GRATUIT Le sanctuaire fut construit en 1956 afin de contrer une série d'événements malheureux survenus tout au long de la construction de l'ancien hôtel Erawan. Il est consacré à Brahma, dieu hindou créateur de l'Univers. Une bombe explosa près du sanctuaire en août 2015, tuant 20 personnes et endommageant légèrement le monument. Il fut réparé et rouvert aux visites deux jours plus tard seulement.

Baan Khrua QUARTIER

(บ้านครัว ; carte p. 92 ; klorng-taxi jusqu'à Sapan Hua Chang Pier, Ⓢ National Stadium sortie 1). Ce quartier au bord d'un canal naquit dans la tumultueuse fin du XVIIIe siècle. Les musulmans cham du Cambodge et du Vietnam qui avaient combattu pour le roi thaïlandais reçurent alors en remerciement cette terre à l'est de la nouvelle capitale. Ils y introduisirent le tissage de la soie et creusèrent le Khlong Saen Saeb pour être reliés au fleuve, contribuant ainsi au développement de la communauté.

Sea Life Ocean World AQUARIUM

(Carte p. 92 ; www.sealifebangkok.com ; 991/1 Rama I, sous-sol du centre commercial Siam Paragon ; adulte/enfant à partir de 1 090/890 B ; ⌚10h-21h ; Ⓢ Siam sorties 3/ 5). Caché dans le sous-sol d'un centre commercial, ce vaste aquarium est peuplé de plus de 400 espèces de poissons, crustacés et manchots. Vous pourrez plonger avec des requins (supplément, permis de plongée nécessaire), ou vous contenter de nourrir squales et manchots. Sachez cependant que plusieurs associations de défense des animaux jugent ces pratiques préjudiciables.

Rives du fleuve, Silom et Lumphini

Les rives du fleuve invitent à d'agréables flâneries parmi des édifices anciens. Ce tronçon du Mae Nam Chao Phraya était jadis la zone internationale de Bangkok et les influences chinoises et musulmanes sont encore très présentes. La plupart des sites de ce quartier peuvent être vus en une matinée ; l'arrêt Saphan Taksin du BTS est un bon point de départ.

Th Silom est le quartier financier de Bangkok. Sa partie inférieure est le quartier gay de Bangkok. Quant au parc Lumphini, c'est le plus grand et le plus populaire de Bangkok.

SkyWalk du King Power Mahanakhon POINT DE VUE

(Carte p. 84 ; ☎02 677 8721 ; www.kingpower-mahanakhon.co.th/skywalk ; 114 Th Naradhiwas Rajanagarindra ; observatoire/toit-terrasse 850/1 050 B ; ⌚10h-minuit ; Ⓢ Chong Nonsi sortie 3). Perchée au sommet du King Power Mahanakhon, plus haut gratte-ciel de Thaïlande, cette plateforme d'observation à 2 niveaux offre un panorama à 360° sans égal sur Bangkok. Il faut des nerfs d'acier

Silom et Sathon

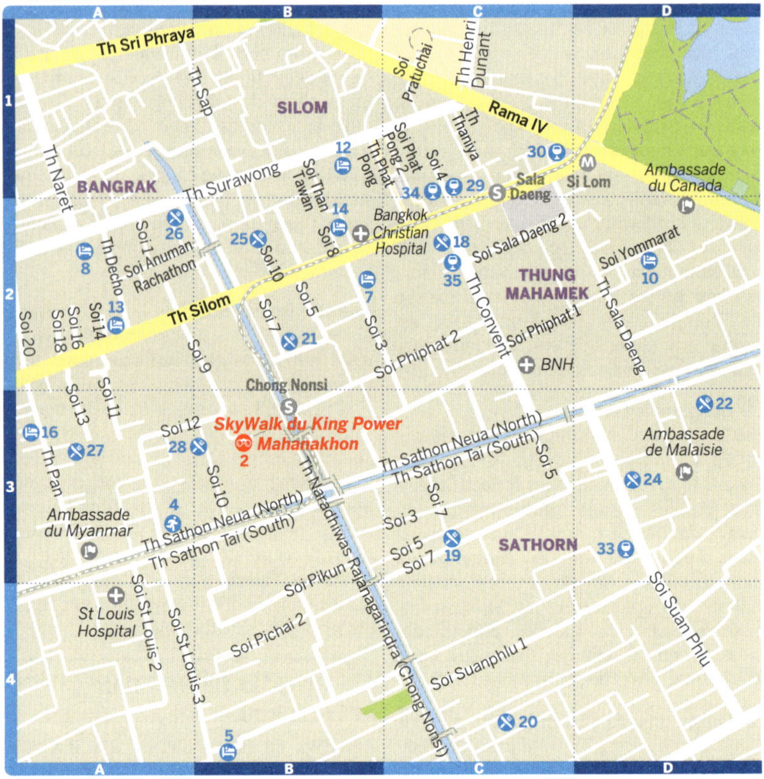

pour s'engager sur la SkyWalk, un balcon au sol en verre suspendu 78 étages (310 m) au-dessus du sol. Vous pourrez reprendre vos esprits (ou non…) avec un cocktail corsé au bar en plein air perché sur la flèche de l'édifice, à 314 m de hauteur. Au 74e étage, une plateforme d'observation intérieure permet d'apprécier la vue sur Bangkok sans se faire peur, et en dépensant 200 B de moins.

Parc Lumphini — PARC

(สวนลุมพินี ; carte ci-dessus ; limité par Th Sarasin, Rama IV, Th Witthayu (Wireless Rd) et Th Ratchadamri ; 4h30-21h ; M Lumphini sortie 3/4, Si Lom sortie 1, S Sala Daeng sortie 3, Ratchadamri sortie 2). Lumbini, ville natale de Bouddha au Népal, a donné son nom à ce parc, le plus grand (58 ha) et le plus apprécié du centre de Bangkok. Il comprend un lac artificiel entouré de vastes pelouses soignées, des zones boisées, des sentiers et une impressionnante population de varans. Pour trouver meilleure escapade en plein air, il faut sortir de Bangkok. Autrefois réserve royale, le parc a été déclaré espace public en 1925 par Rama VI (roi Vajiravudh ; r. 1910-1925).

Bangkokian Museum — MUSÉE

(พิพิธภัณฑ์ชาวบางกอก ; carte p. 95 ; 273 Soi 43, Th Charoen Krung ; 9h-16h mar-dim ; Si Phraya/River City Pier). GRATUIT Aménagé dans 3 bâtiments en bois du début du XXe siècle, ce beau musée retrace une période méconnue de l'histoire de Bangkok. Le bâtiment principal, construit en 1937, était la résidence de la famille Surawadee, et recèle un superbe mobilier en bois et de la porcelaine, entre autres souvenirs précieux d'avant et après-guerre. On retrouve des objets similaires dans l'échoppe mitoyenne à 2 niveaux. Construit en 1929, le 3e bâtiment, à l'arrière, était la clinique d'un médecin britannique, qui décéda peu après son arrivée en Thaïlande.

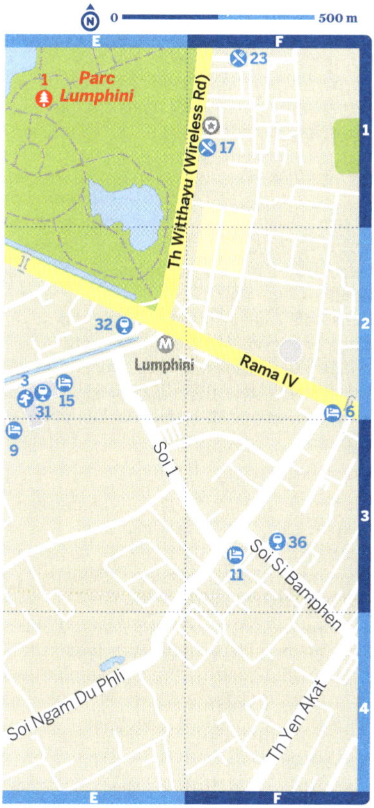

Silom et Sathon

Les incontournables
1 Parc Lumphini E1
2 SkyWalk du King Power Mahanakhon B3

Activités
3 Banyan Tree Spa E2
4 Health Land A3

Où se loger
5 All That Bangkok B4
6 ETZzz Hostel F2
7 HQ Hostel B2
8 kokotel A2
9 Metropolitan by COMO E3
10 Park Saladaeng D2
11 S1 Hostel F3
12 Siam Heritage B1
13 Silom Art Hostel A2
14 Smile Society B2
15 Sukhothai E2
16 Warm Window A3

Où se restaurer
17 Baan F1
18 Hai C2
19 Il Bolognese C3
20 Le Cabanon C4
21 Le Du B2
22 nahm D3
23 Polo Fried Chicken F1
24 Saawaan D3
25 Soi 10 Food Centres B2
26 Somboon Seafood A2
27 Suananda A3
28 Supanniga Eating Room B3

Où prendre un verre et faire la fête
29 Balcony C1
30 DJ Station C1
31 Moon Bar E2
Namsaah Bottling Trust .... (voir 21)
32 Park Society E2
33 Smalls D3
34 Telephone Pub C1
35 Vesper C2
36 Wong's Place F3

Achats
King Power Mahanakhon .... (voir 2)

Sukhumvit

Enclaves japonaises, restaurants de burgers, établissements nocturnes moyen-orientaux et bars à hôtesses glauques pour étrangers : on trouve tout cela dans Th Sukhumvit, le quartier international officieux de Bangkok. Ici, les temples et rizières situés en lisière de la ville ont été remplacés par des centres commerciaux, des bars et des clubs, et toutes sortes de services à destination des Thaïlandais aisés et des résidents étrangers.

Siam Society et Kamthieng House — MUSÉE

(สยามสมาคม/บ้านคำเที่ยง ; carte p. 88 ; www.siam-society.org ; 131 Soi 21/Asoke, Th Sukhumvit ; tarif adulte/enfant 100 B/gratuit ; 9h-17h mar-dim ; M Sukhumvit sortie 1, S Asok sortie 3 ou 6). La Kamthieng House transporte les visiteurs dans un village du nord de la Thaïlande, avec des expositions instructives sur les rituels quotidiens, les croyances traditionnelles et les tâches ménagères, le tout dans le cadre d'une maison traditionnelle en bois. Ce musée est géré par la Siam Society, qui y abrite aussi ses bureaux. Fervente gardienne de la culture traditionnelle thaïlandaise, cette association publie le *Journal of the Siam Society* (accessible en ligne sur son site).

Subhashok The Arts Centre MUSÉE
(SAC ; carte p. 88 ; www.sac.gallery ; 160/3 Soi 33, Th Sukhumvit ; 10h-18h mar-dim ; S Phrom Phong sortie 6 et taxi). Nichée au fond d'une rue résidentielle secondaire partant de Th Sukhumvit, cette vaste galerie est l'une des institutions artistiques les plus ambitieuses de la ville. Elle met en avant des grands noms de la scène artistique thaïlandaise, souvent porteurs d'un message politique.

Khlong Toey Market MARCHÉ
(ตลาดคลองเตย ; carte p. 88 ; angle Th Ratchadaphisek et Rama IV ; 5h-10h ; M Khlong Toei sortie 1). Ce marché de grossistes, l'un des plus vastes de la capitale, est l'endroit où s'approvisionnent les restaurants de Bangkok. Arrivez tôt avec votre appareil photo. Si certaines zones du marché ne sont pas très photogéniques, les stands de poissonniers et les étals de durians font de beaux clichés. À 10h, la plupart des vendeurs ont déjà quitté les lieux.

Nord de Bangkok

Il y a de nombreuses raisons de pousser ses explorations au-delà du centre de Bangkok, mais la plupart des visiteurs le font pour des marchés tels que celui qui se tient le week-end à Chatuchak.

Marché du week-end de Chatuchak MARCHÉ
(ตลาดนัดจตุจักร, Talat Nat Jatujak ; carte p. 74 ; www.chatuchakmarket.org ; 587/10 Th Phahonyothin ; 9h-18h sam-dim, plantes uniquement 7h-18h mer et jeu, vente en gros uniquement 18h-minuit ven ; M Chatuchak Park sortie 1, Kamphaeng Phet sorties 1 et 2, S Mo Chit sortie 1). Parmi les plus grands marchés en plein air du monde, Chatuchak (parfois appelé "Jatujak" ou juste "JJ Market") paraît proposer tout ce qu'il est possible de vendre, des baskets vintage usagées aux bébés écureuils. Prévoyez une journée entière car il y a beaucoup à voir, à faire et à acheter. Arrivez tôt, dès 10h, pour éviter foule et chaleur. Il y a un centre d'information et une banque avec DAB et guichets de change au **Chatuchak Park Office**, à l'extrémité nord des Soi 1, 2 et 3.

Activités

Spas et massages

En matière de santé, les herbes médicinales et les massages font partie intégrante des principes d'hygiène et de beauté en Thaïlande. Autrement dit, pas besoin de prétexte pour se faire bichonner dans une ville qui peut se targuer d'être la capitale mondiale du massage. Il ne reste plus qu'à choisir parmi les nombreux établissements, allant des salons de massages thaïs traditionnels aux spas les plus luxueux.

Oriental Spa SPA
(Carte p. 95 ; 02 659 9000 ; www.mandarinoriental.com ; Mandarin Oriental ; forfait massage et spa à partir de 2 900 B ; 9h-22h ; Oriental Pier et hotel shuttle boat). Considéré comme l'un des meilleurs au monde, ce spa est aménagé dans une belle villa sur la rive ouest du Chao Phraya et constitue la référence ultime quant à la qualité des soins. Après un long vol, le massage anti-jet-lag est idéal ; tous les soins doivent être réservés longtemps à l'avance.

Thann Sanctuary SPA
(Carte p. 92 ; 02 656 1423 ; www.thannsanctuaryspa.info ; Th Ratchadamri, 3e ét, Gaysorn Plaza ; massage thaï à partir de 2 000 B, soins spa à partir de 2 800 B ; 10h-21h ; S Sky Walk via Chit Lom sortie 9/Siam sortie 6). Cette marque thaïlandaise de cosmétiques à base d'huiles essentielles possède plusieurs spas installés dans des centres commerciaux (celui-ci se trouve au Gaysorn Plaza). Idéal pour se délasser après une virée shopping.

Spa 1930 SPA
(Carte p. 92 ; 02 254 8606 ; www.spa1930.com ; 42 Th Ton Son ; massage thaïlandais à partir de 1 000 B, forfait spa à partir de 3 500 B ; 9h30-21h30 ; S Chit Lom sortie 4). Ce spa sobre et raffiné change de l'ambiance new age artificielle de certains de ses concurrents. Le choix est restreint (soins du visage et du corps, massage corporel) et les huiles utilisées pour les gommages et les massages ont vocation à apaiser et rajeunir.

Banyan Tree Spa SPA
(Carte p. 84 ; 02 679 1052 ; www.banyantreespa.com ; 21e ét, Banyan Tree Hotel, 21/100 Th Sathon Tai/South ; massage/forfaits spa à partir de 2 800/6 000 B ; 10h-22h ; M Lumphini sortie 2). Ce spa d'hôtel s'est taillé une superbe réputation grâce à son personnel compétent et ses installations high-tech. Soins traditionnels et traitements maison uniques.

Health Land MASSAGE
(Carte p. 84 ; 02 637 8883 ; www.healthlandspa.com ; 120 Th Sathon Neua/North ; massage à partir de 600 B ; 9h-23h ; S Surasak sortie 1/3). Cette succursale d'un mini-empire du massage

LES CANAUX EN BATEAU

Surnommé la Venise de l'Orient, Bangkok était jadis sillonnée par un réseau de *khlong* (ou *klorng*), des canaux artificiels que les habitants utilisaient pour se déplacer et transporter des marchandises. Quelques vestiges du Bangkok d'autrefois demeurent à Thonburi, à l'ouest du fleuve Chao Phraya.

Là, les canaux et affluents du fleuve transportent toujours une flotte hétéroclite d'embarcations, des canots à rames aux barges de riz. Les habitations, les *shophouses* (maisons de négoce en bois avec habitation à l'étage) et les temples sont construits sur pilotis, et leurs portes ouvrent sur l'eau. Selon les résidents, ces canaux assurent une protection contre les inondations qui touchent régulièrement la capitale. Le **Khlong Bangkok Noi** est bordé de verdure et de temples historiques. Plus petit, le **Khlong Mon** est en grande partie résidentiel. Le **Khlong Bangkok Yai** suit le cours originel du fleuve : un canal a été creusé afin d'accélérer la navigation.

Les *long-tail boats* qui sillonnent les canaux de Thonburi peuvent se louer au Chang Pier et au Tien Pier, tous deux sur Ko Ratanakosin. Si vous préférez une excursion plus longue ou plus personnalisée, **Pandan Tour** (☎096 937 8803 ; www.thaicanaltour.com ; circuits à partir de 2 400 B) propose un éventail de circuits, majoritairement à la journée.

thaïlandais établi de longue date, située à Sathorn, propose une gamme de soins et massages d'un excellent rapport qualité/prix dans des locaux bien entretenus. Le personnel est bien formé, et l'endroit est si renommé (auprès des Thaïlandais comme des touristes) qu'il est nécessaire de réserver, surtout pour le week-end.

Divana Massage & Spa SPA

(Carte p. 88 ; ☎02 261 6784 ; www.divanaspa.com ; 7 Soi 25, Th Sukhumvit ; massage à partir de 1 200 B, forfaits spa à partir de 3 000 B ; ⏲11h-23h lun-ven, 10h-23h sam-dim ; Ⓜ Sukhumvit sortie 2, Ⓢ Asok sortie 6). Dans le cadre apaisant d'une maison entourée de verdure à l'atmosphère typiquement thaïe, Divana propose une gamme de traitements de spa et de massages. L'établissement fait partie d'une chaîne présente dans tout Bangkok.

Lavana MASSAGES, SPA

(Carte p. 88 ; ☎02 229 4510 ; www.lavanabangkok.com ; 4 Soi 12, Th Sukhumvit ; massage thaï à partir de 550 B ; ⏲10h-minuit ; Ⓜ Sukhumvit sortie 3, Ⓢ Asok sortie 2). Spa spécialisé dans les soins traditionnels à base de *prà·kóp* (compresses aux plantes). Massages à l'huile également disponibles.

Asia Herb Association MASSAGE

(Carte p. 88 ; ☎02 392 3631 ; www.asiaherbassociation.com ; 58/19-25 Soi 55/Thong Lor, Th Sukhumvit ; massage thaïlandais à partir de 500 B, avec compresses aux plantes 1 100 B/1 heure 30 ; ⏲9h-minuit ; Ⓢ Thong Lo sortie 3). Avec de multiples succursales dans Th Sukhumvit, cette chaîne gérée par des Japonais se spécialise dans les massages avec *prà·kóp*.

Méditation et yoga

Center Meditation Wat Mahadhatu MÉDITATION

(Carte p. 80 ; ☎02 222 6011 ; Section 5, Th Maha Rat, Wat Mahathat ; dons acceptés ; ⏲cours 13h et 18h ; ⛴Chang Pier, Maharaj Pier). Dans le Wat Mahathat, ce petit centre offre chaque jour des cours informels de méditation d'une durée de 2 à 3 heures (en anglais). Des stages plus longs, avec hébergement et repas, peuvent être organisés ; les étudiants doivent respecter un code de conduite strict.

Absolute You YOGA

(Carte p. 92 ; ☎02 252 4400 ; www.absoluteyou.com ; Th Phloen Chit, 4e ét, Amarin Plaza ; cours à partir de 750 B ; Ⓢ Chit Lom sortie 6). Cours de yoga Bikram et nombreuses autres disciplines dans le plus grand centre de fitness de Bangkok. Forfaits spéciaux proposés pour certains cours.

Arts martiaux

Jaroenthong Muay Thai Gym BOXE THAÏLANDAISE

(Carte p. 80 ; ☎02 629 2313 ; www.jaroenthongmuaythaikhaosan.com ; Th Phra Athit ; cours à partir de 600 B ; ⏲sans réservation 10h-11h30 et 14h-20h ; ⛴Phra Athit/Banglamphu Pier). Ce centre de boxe thaïe réputé, qui compte plusieurs adresses dans le pays, dispose d'une salle d'entraînement climatisée à quelques pas de Th Khao San. Les débutants peuvent se présenter sans réserver ; les plus expérimentés peuvent choisir des programmes plus longs.

Sukhumvit

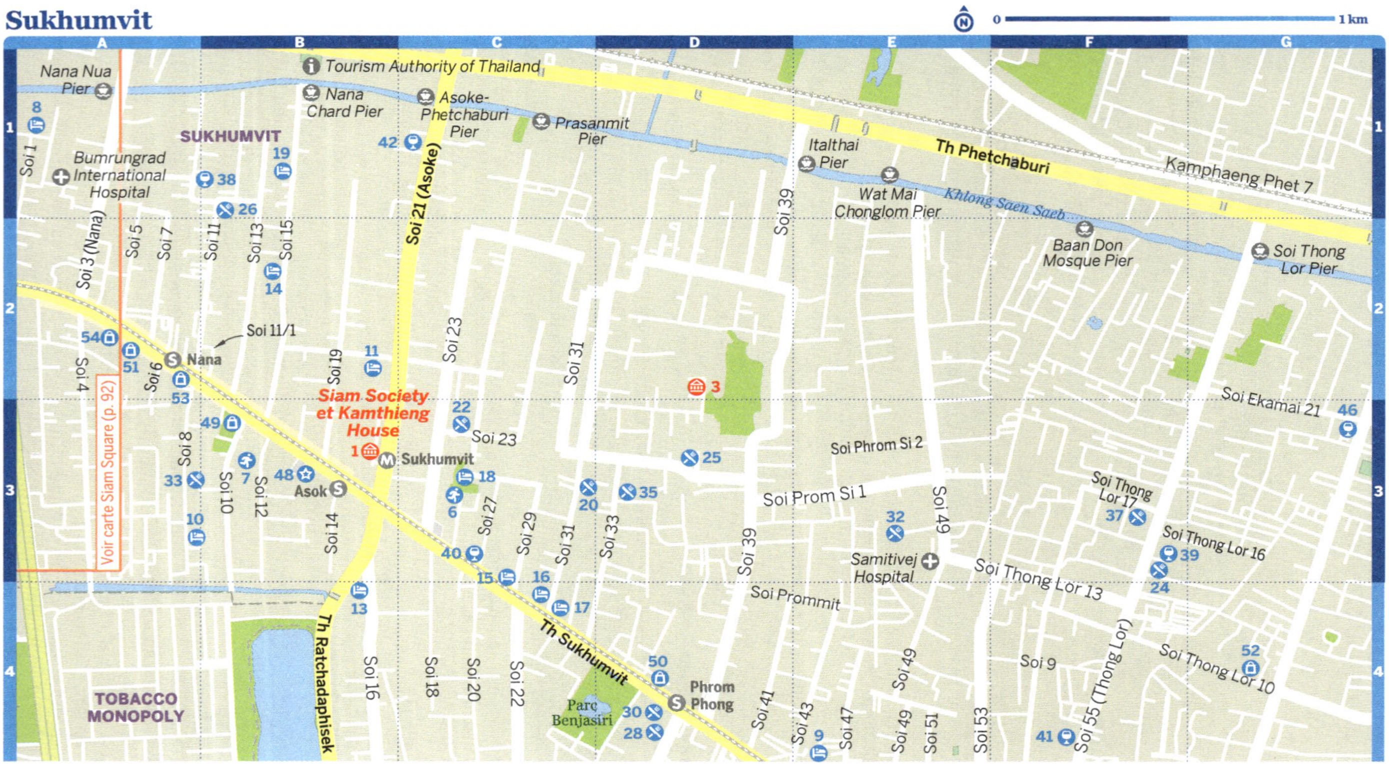
0
1 km
Tourism Authority of Thailand
Nana Nua Pier
Nana Chard Pier
Asoke-Phetchaburi Pier
Prasanmit Pier
Italthai Pier
Wat Mai Chonglom Pier
Baan Don Mosque Pier
Soi Thong Lor Pier
Th Phetchaburi
Kamphaeng Phet 7
Khlong Saen Saeb
SUKHUMVIT
Bumrungrad International Hospital
Samitivej Hospital
Siam Society et Kamthieng House
Sukhumvit
Nana
Asok
Phrom Phong
Parc Benjasiri
TOBACCO MONOPOLY
Th Sukhumvit
Th Ratchadaphisek
Soi 21 (Asoke)
Soi 3 (Nana)
Soi 11/1
Soi Ekamai 21
Soi Phrom Si 2
Soi Prom Si 1
Soi Prommit
Soi Thong Lor 17
Soi Thong Lor 16
Soi Thong Lor 13
Soi Thong Lor 10
Soi 55 (Thong Lor)
Soi 1
Soi 4
Soi 5
Soi 6
Soi 7
Soi 8
Soi 10
Soi 11
Soi 12
Soi 13
Soi 14
Soi 15
Soi 16
Soi 18
Soi 19
Soi 20
Soi 22
Soi 23
Soi 27
Soi 29
Soi 31
Soi 33
Soi 39
Soi 41
Soi 43
Soi 47
Soi 49
Soi 51
Soi 53
Soi 9
Voir carte Siam Square (p. 92)

Croisières

Manohra Cruises CROISIÈRES

(Carte p. 74 ; 02 476 0022 ; www.manohracruises.com ; Anantara Riverside Resort & Spa ; croisières 2 300 B ; Sathorn/Central Pier et bateaux-navettes hôtels). Embarquez dans cette barge à riz en teck restaurée pour profiter de la meilleure cuisine de tous les dîners-croisières de Bangkok dans une ambiance au top. Départ depuis l'Anantara Riverside Resort & Spa, accessible par les bateaux-navettes des hôtels depuis Sathorn/Central Pier.

Cours

Cuisine

La visite d'une école de cuisine est devenue une étape incontournable de nombreux circuits à Bangkok, et pour certains visiteurs il s'agit même du point d'orgue de leur séjour. Le prix et la qualité des cours varient, mais, en une demi-journée, vous aurez au moins une initiation aux saveurs thaïes, ainsi que l'occasion de cuisiner plusieurs plats. Presque tous les cours incluent une visite au marché et un livret de recettes, et se terminent par un repas commun pour goûter les préparations.

Cooking with Poo & Friends CUISINE

(080 434 8686 ; www.cookingwithpoo.com ; 1 500 B ; 8h30-13h ;). Ce cours de cuisine populaire a été créé par une habitante du bidonville de Khlong Toey et se déroule dans son quartier. Les cours, sur réservation, incluent la préparation de 3 plats, une visite au Khlong Toey Market (p. 86) et le transport depuis/vers l'Emporium Shopping Centre.

Amita Thai Cooking Class CUISINE

(Carte p. 74 ; 02 466 8966 ; www.amitathai-cooking.com ; 162/17 Soi 14, Th Wutthakat, Thonburi ; 3 000 B ; 9h30-13h jeu-mar ; klorng-taxi depuis Tha Maharaj). L'une des plus charmantes écoles de cuisine de Bangkok occupe une maison en bord de canal à Thonburi. L'enthousiaste Piyawadi "Tam" Jantrupon dispense des cours qui comprennent un tour du jardin et la préparation de quatre plats. Le prix couvre également le transport, soit le trajet en bateau depuis Tha Maharaj.

Blue Elephant Thai Cooking School CUISINE

(Carte p. 95 ; 02 673 9353 ; www.blueelephant.com ; 233 Th Sathon Tai/South ; cours à partir de 3 295 B ; 8h45-13h et 13h30-16h30 lun-sam ; S Surasak sortie 2/4). Cette école de cuisine

Sukhumvit

de renommée internationale, la plus chic de la ville, dispense 2 cours par jour du lundi au samedi. Ceux du matin comprennent la visite d'un marché, ceux de l'après-midi présentent de façon détaillée plusieurs ingrédients traditionnels.

Massage

Wat Pho Thai Traditional Massage School SANTÉ ET BIEN-ÊTRE

(Carte p. 80 ; ☎02 622 3551 ; www.watpomassage.com ; 392/32-33 Soi Phen Phat ; cours à partir de 2 500 B, massage thaïlandais 540 B/heure ; ⏱cours 9h-16h, massage 9h-20h ; Tien Pier). Associé avec le temple voisin éponyme, cet institut assure des cours de massage traditionnel (niveau débutant ou avancé). Le programme pour débutants (30 heures) se déroule sur 5 jours et porte sur le massage en général ou sur le massage des pieds. Des massages thaïlandais sont aussi prodigués aux non-étudiants. L'école est installée à l'extérieur du temple dans une boutique traditionnelle restaurée, dans Soi Phen Phat.

Circuits organisés

Bangkok est une ville immense qui peut intimider : certains voyageurs apprécient un petit coup de main sous la forme d'un circuit organisé. Même si vous avez déjà vos repères dans la capitale, les circuits à thème menés par un guide privé ou les circuits à vélo sont d'excellents moyens de découvrir d'autres facettes de la cité.

Chili Paste Tours CIRCUITS

(☎094 552 2361, 085 143 6779 ; www.foodtoursbangkok.com ; à partir de 2 000 B). Circuits sur le thème de la gastronomie dans les vieux quartiers de Bangkok.

Asian Trails CIRCUITS

(Carte p. 92 ; ☎02 626 2000 ; www.asiantrails.travel ; 9e ét, SG Tower, 161/1 Soi Mahadlek

VAUT LE DÉTOUR

SAMUT PRAKAN

Samut Prakan, l'une des 6 provinces composant la région métropolitaine de Bangkok, est une vaste banlieue qui se prête à une escapade d'une journée depuis le centre. Prenez le BTS jusqu'à Bang Na, puis un taxi jusqu'au quai des ferrys de Wat Bang Na Nork. Une courte traversée vous permettra de rejoindre **Bang Kachao**, île artificielle surnommée "le poumon vert" de Bangkok. Explorez le **parc de Si Nakhon Kheun Khan** (สวนศรีนครเขื่อนขันธ์ ; carte p. 74 ; 6h-19h ; S Bang Na sortie 2 et taxi) GRATUIT, grand jardin botanique apprécié des randonneurs, des cyclistes et des ornithologues. À voir sur l'île également, le **marché de Bang Nam Pheung** (ตลาดบางน้ำผึ้ง ; carte p. 74 ; 8h-15h sam-dim), rural et plein de charme, et le **Wat Bang Nam Pheung Nok** (วัดบางน้ำผึ้งนอก ; carte p. 74 ; lever-coucher du soleil), un temple bouddhique vieux de 250 ans.

Explorer Bang Kachao peut facilement prendre la matinée entière ; vous trouverez en chemin des stands de cuisine de rue, ainsi que plusieurs étals au marché de Bang Nam Pheung vendant des spécialités de la campagne. Après le déjeuner, reprenez le BTS jusqu'à Kheha, le terminus au sud. De là, un taxi vous emmènera en 10 minutes à la **plage de Bang Pu** (บางปู ; Th Sukhumvit, Bang Pu ; lever-coucher du soleil ; S Kheha sortie 3/4 et taxi), pour une promenade en bord de mer. Profitez des lieux jusqu'au soleil couchant, puis retournez en ville par le Skytrain.

Luang 3). Pour le compte d'agences étrangères, ce prestataire met sur pied des circuits mêlant classiques et sites sortant des sentiers battus.

Bangkok Food Tours CIRCUITS À PIED
(095 943 9222 ; www.bangkokfoodtours.com ; circuits à partir de 1 300 B). Des promenades gastronomiques d'une demi-journée dans les quartiers historiques de Bangkok.

Excursions sur le fleuve et les canaux

Asian Oasis CROISIÈRES
(Carte p. 92 ; 088 809 7047 ; www.asian-oasis.com ; 7e ét, Nai Lert Tower, 2/4 Th Witthayu/Wireless Rd ; S Phloen Chit sortie 1). Voguez sur le Chao Phraya à bord de barges à riz restaurées alliant charme d'antan et équipements modernes. Les circuits comprennent la descente ou la remontée du fleuve depuis/vers Ayuthaya, avec une nuit sur le bateau et le transfert en bus dans l'autre sens. Les tarifs varient selon la saison et la direction.

Circuits à vélo

Vous pensez peut-être qu'il faut être fou pour s'aventurer à vélo dans les célèbres embouteillages et la chaleur écrasante des rues de Bangkok, mais ces circuits permettent de découvrir tout un aspect de la ville inaccessible en transport à quatre roues. Plusieurs compagnies assurent régulièrement des circuits qui rencontrent un franc succès. Comptez environ 1000 B pour une demi-journée.

Co van Kessel Bangkok Tours CIRCUITS À VÉLO
(Carte p. 95 ; 02 639 7351 ; www.covankessel.com ; Soi 24, Th Charoen Krung, River City ; circuits à partir de 950 B ; 6h-19h ; River City Pier). Cette agence, tenue initialement par des Néerlandais, propose divers circuits dans Chinatown, Thonburi et les espaces verts de Bangkok. La plupart se font à vélo, mais certains incluent aussi de la marche et des traversées en bateau. Ils partent du bureau de l'agence dans le centre commercial River City.

ABC Amazing Bangkok Cyclists CIRCUITS À VÉLO
(Carte p. 88 ; 081 812 9641 ; www.realasia.net ; 10/5-7 Soi Aree, Soi 26, Th Sukhumvit ; circuits à partir de 1 300 B ; circuits tlj à 8h, 10h, 13h et 18h ; ; S Phrom Phong sortie 4). Établi de longue date, ce prestataire propose des circuits à vélo le matin, l'après-midi ou toute la journée dans Bangkok et ses faubourgs.

Fêtes et festivals

Beaucoup de festivités thaïlandaises suivent le calendrier lunaire (système complexe fondé sur l'astrologie), et leurs dates varient donc tous les ans. Prenez contact avec les offices du tourisme locaux pour connaître les dates exactes.

Nouvel An chinois CULTURE
(jan ou fév). Les Chinois de Thaïlande fêtent la nouvelle année lunaire par une semaine de nettoyage des maisons, de danses du lion et de feux d'artifice. La

Siam Square

plupart des festivités ont lieu dans Chinatown. Les dates varient.

Songkran CULTURE

(⏲mi-avr). La célébration du Nouvel An thaïlandais est devenue une bataille d'eau, avec de puissants pistolets à eau et des ballons d'eau lancés sur les passants. Les batailles les plus féroces se déroulent dans Th Silom et Th Khao San. Les festivités durent 3 jours.

Loi Krathong CULTURE

(⏲nov). À l'occasion de cette fête superbe, la nuit de la pleine lune, de petits bateaux en forme de lotus, faits de feuilles de bananier et contenant une bougie allumée, sont déposés sur les eaux du Chao Phraya. Pour observer le spectacle, l'un des meilleurs endroits est la promenade devant le marché couvert "Asiatique" (p. 120). Le même rituel a lieu sur le lac du parc Lumphini (p. 86).

Où se loger

Si votre idée des hôtels de Bangkok a été influencée par le film *Very Bad Trip 2*, vous serez soulagé d'apprendre que la ville possède toute une gamme d'auberges de jeunesse, *guesthouses* et hôtels modernes. En outre, la plupart des hébergements de Bangkok offrent un excellent rapport qualité/prix, et la concurrence est telle que les remises généreuses ne sont pas rares. Enfin, la capitale compte une telle quantité d'hôtels que les réservations ne sont généralement pas nécessaires, hormis pour quelques boutiques-hôtels.

Ko Ratanakosin et Thonburi

Royal ThaTien Village HÔTEL $$

(Carte p. 80 ; ☎095 151 5545 ; www.theroyalthatien.com ; 392/29 Soi Phen Phat ; s et d à partir de 900 B ; ❄@📶 ; ⛴Tien Pier). Ces 12 chambres, réparties dans 2 anciennes *shophouses*, sont relativement modestes mais spacieuses, avec

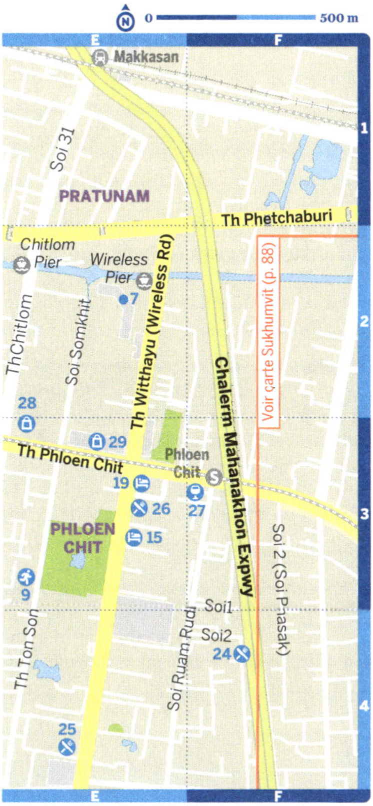

Siam Square

Les incontournables

1 Bangkok Art & Culture Centre B2
2 Maison de Jim Thompson B2

À voir

3 Baan Khrua B1
4 Sanctuaire d'Erawan D3
5 Sea Life Ocean World C2

Activités

6 Absolute You D3
7 Asian Oasis E2
8 Asian Trails D4
9 Spa 1930 ....E3
10 Thann Sanctuary D2

Où se loger

11 Bed Station Hostel B1
12 Boxpackers Hostel C1
13 Chao Hostel A2
14 Hansar D3
15 Hotel Indigo E3
16 Lemontea Hotel C1
17 Lub d B2
18 LUXX Langsuan D4
19 Okura Prestige E3
Siam@Siam ....(voir 13)

Où se restaurer

20 Ban Khun Mae C3
21 Coca Suki C3
Eathai ....(voir 29)
Food Republic ....(voir 32)
22 Gaa D4
Gourmet Paradise ....(voir 34)
Hong Bao ....(voir 29)
23 Koko B2
24 Lenzi Tuscan Kitchen F4
MBK Food Island ....(voir 31)
25 Saneh Jaan E4
26 Sanguan Sri E3

Où prendre un verre et faire la fête

CRU Champagne Bar ....(voir 30)
27 Hair of the Dog F3

Où sortir

Major Cineplex ....(voir 34)

Achats

28 Central Chidlom E3
29 Central Embassy E3
30 CentralWorld D2
31 MBK Center B2
32 Siam Center B2
33 Siam Discovery B2
34 Siam Paragon C2
35 Siam Square C2

TV, réfrigérateur et parquets luisants, sans oublier l'ambiance chaleureuse. L'adresse est courue, et il vaut mieux réserver.

Arom D AUBERGE DE JEUNESSE **$$**

(Carte p. 80 ; ☎02 622 1055 ; www.aromdhostel.com ; 336 Th Maha Rat ; dort/ch avec petit-déj 800/2 250 B ; ❄@📶 ; ⛴Tien Pier). Décor charmant et espaces communs engageants (dont une terrasse sur le toit), ordinateurs et café au rez-de-chaussée. L'établissement, un peu petit, pourrait être plus soigné, mais ne manque pas de style, et se trouve en plein cœur du quartier-village branché de Tien.

♥ **Sala Ratanakosin** HÔTEL **$$$**

(Carte p. 80 ; ☎02 622 1388 ; www.salaresorts.com/rattanakosin ; Soi Tha Tian ; d avec petit-déj à partir de 4 000 B ; ❄@📶 ; ⛴Tien Pier). Cet entrepôt reconverti dissimule 15 chambres élégantes et modernes, aux tons noirs et blancs, avec espaces salles de bains ouverts et larges fenêtres donnant sur le fleuve et le Wat Arun (p. 71). Elles ne sont pas immenses, mais satisferont les esthètes.

Arun Residence HÔTEL $$$
(Carte p. 80 ; 02 221 9158 ; www.arunresidence.com ; 36-38 Soi Pratu Nokyung ; d avec petit-déj à partir de 4 200 B ; ; Tien Pier). Superbement située au bord du fleuve en face du Wat Arun, cette maison en bois à plusieurs étages offre bien plus qu'une vue magnifique. Les 7 chambres sont à la fois confortables et élégantes ; les meilleures sont les suites du dernier étage avec balcon. Les espaces communs, dont une bibliothèque et un bar-restaurant sur le toit, sont tout aussi plaisants. Réservation absolument indispensable.

Banglamphu

Chern AUBERGE DE JEUNESSE $
(Carte p. 80 ; 02 621 1133 ; www.chernbangkok.com ; 17 Soi Ratchasak ; dort/ch 350/900 B ; ; klorng-taxi jusqu'à Phanfa Leelard Pier). Les vastes espaces ouverts et les tons blancs concourent à créer une ambiance presque surnaturelle. Les dortoirs de 8 lits sont au-dessus de la moyenne, mais ce sont surtout les chambres privatives qui impressionnent : décor minimaliste, grands bureaux, TV, réfrigérateurs, beaucoup d'espace, et un rapport qualité/prix imbattable.

Niras Bankoc AUBERGE DE JEUNESSE $
(Carte p. 80 ; 02 221 4442 ; www.nirasbankoc.com ; 204-206 Th Mahachai ; dort/d avec petit-déj à partir de 400/1 300 B ; ; klorng-taxi jusqu'à Phanfa Leelard Pier). Se démarquant du style moderne de la majorité des auberges de jeunesse de Bangkok, Niras s'est installée dans une ancienne *shophouse* au charme fou, dans un quartier tout aussi agréable. Les dortoirs de 4 et 6 lits et les chambres privatives (certaines avec salles de bains partagées) sont ornés de bois sombre et de mobilier ancien. Café cosy au rez-de-chaussée.

NapPark Hostel AUBERGE DE JEUNESSE $
(Carte p. 80 ; 02 282 2324 ; www.nappark.com ; 5 Th Tani ; dort 440-550 B ; ; Phra Athit/Banglamphu Pier). Cette auberge de jeunesse renommée comporte des dortoirs de différentes tailles. Le plus petit et le plus cher abrite 6 lits de style capsule avec prises électriques, mini-TV, liseuse et Wi-Fi (mais les activités culturelles et les parties communes attrayantes vous donneront envie de déconnecter). Devant l'auberge s'étend un marché animé où l'on vend souvenirs et accessoires de voyage.

Rives du fleuve

Les incontournables
1 Bangkokian Museum ... C5
2 Talat Mai ... A1
3 Talat Noi ... B3
4 Wat Traimit (Bouddha d'or) ... B2

À voir
5 Wat Pathum Khongka Ratchaworawihan ... A2

Activités
6 Blue Elephant Thai Cooking School ... D7
7 Co van Kessel Bangkok Tours ... B4
8 Oriental Spa ... B6

Où se loger
9 @Hua Lamphong ... C2
10 Chic Hostel ... C2
11 Loftel 22 ... B3
12 Loy La Long ... A2
13 Mandarin Oriental ... B6
14 Peninsula Hotel ... A6
15 Shanghai Mansion ... A1
16 Swan Hotel ... C5

Où se restaurer
17 80/20 ... B4
18 Hoon Kuang ... A1
19 Hua Seng Hong ... A1
20 Kalapapruek ... D6
21 Khun Yah Cuisine ... B2
22 Mangkorn Khăo ... A1
23 Muslim Restaurant ... C6
24 Stands de poisson de Thanon Phadungdao ... A1
25 Yoo Fishball ... A1

Où prendre un verre et faire la fête
26 Maggie Choo's ... C6
27 Pijiu Bar ... B1
28 River Vibe ... B3
29 Sky Bar ... C6
30 Teens of Thailand ... B1
31 Tep Bar ... B1
32 Tropic City ... C4

Où sortir
Bamboo Bar ... (voir 13)
Sala Rim Naam ... (voir 8)
33 Three Sixty ... A4

Achats
34 ICONSIAM ... A5
35 Lhong 1919 ... A3

Rives du fleuve

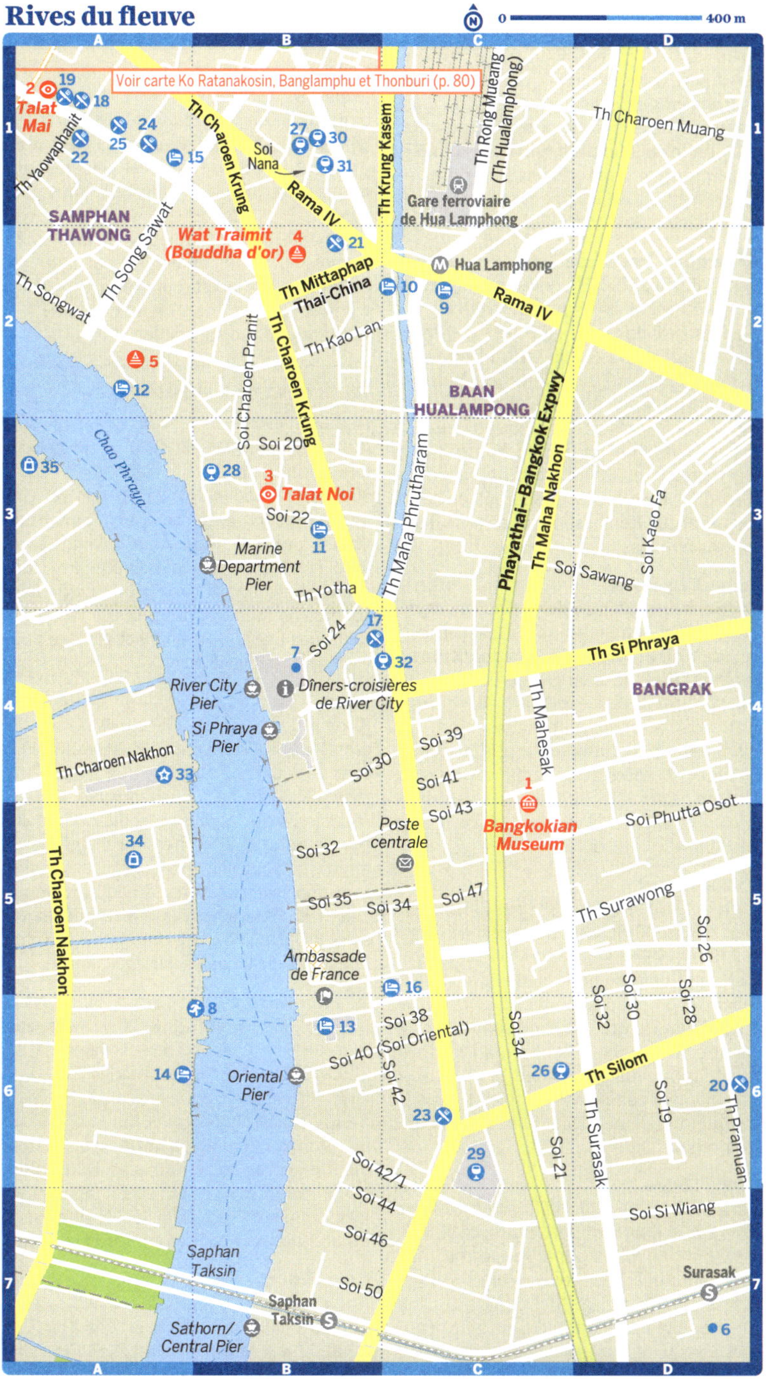

Wild Orchid Villa HÔTEL $

(Carte p. 80 ; 02 629 4378 ; 8 Soi Chana Songkhram ; s/d avec petit-déj 450/1 000 B ; ; Phra Athit/Banglamphu Pier). Les chambres les moins chères (ventilateurs et salles de bains partagées) de cette auberge sont minuscules, mais l'établissement est convivial, coloré et d'une propreté irréprochable. En prime : un bon restaurant de cuisine internationale et une piscine. Réservation indispensable.

Lamphu Treehouse HÔTEL $$

(Carte p. 80 ; 02 282 0991 ; www.lamphutreehotel.com ; 155 Wanchat Bridge, près de Th Prachathipatai ; d avec petit-déj à partir de 1 650 B ; ; klorng-taxi jusqu'à Phanfa Leelard Pier). D'un excellent rapport qualité/prix, cet hôtel de charme possède des chambres lambrissées accueillantes et bien entretenues. La terrasse sur le toit, la piscine, le restaurant, le cybercafé et l'emplacement calme au bord d'un canal vous donneront envie de vous attarder. L'établissement dispose d'une annexe, non loin.

Nouvo City Hotel HÔTEL $$

(Carte p. 80 ; 02 282 7500 ; www.nouvocityhotel.com ; 2 Soi 2, Th Samsen ; s et d avec petit-déj à partir de 1 600 B ; ; Phra Athit/Banglamphu Pier). Dans le quartier de Samsen, cet hôtel de luxe moderne certifié halal s'adresse avant tout aux voyageurs musulmans. Les chambres sont petites pour le prix, mais bien agencées et ornées d'une agréable palette de couleurs. Parmi les atouts : terrasse avec piscine et spa, emplacement au bord d'un canal et salles de prière.

Chillax Resort HÔTEL $$

(Carte p. 80 ; 083 099 0638 ; www.chillaxresort.com ; 272 Soi 2, Th Samsen ; d avec petit-déj à partir de 2 700 B ; ; Phra Athit/Banglamphu Pier). Cet immense hôtel se démarque de la concurrence par une esthétique curieuse, à mi-chemin entre décor d'époque et clinquant moderne. Les chambres, à l'éclairage violet façon néon et arborant des tons rose et beige, sont confortables et bien tenues, le tout au fond d'une ruelle calme à proximité d'un canal.

Buddy Lodge HÔTEL $$

(Carte p. 80 ; 02 629 4477 ; www.buddylodge.com ; 256 Th Khao San ; s et d à partir de 1 200 B ; ; Phra Athit/Banglamphu Pier). Ce gigantesque hôtel avec piscine, salle de fitness et même... un McDonald's (!) loue 70 chambres confortables et bien équipées évoquant un palais tropical baigné de lumière. Réductions pour les séjours de 5 nuits ou plus. Sur place également un bar animé et une belle boutique d'artisanat.

Rambuttri Village Plaza AUBERGE DE JEUNESSE $$

(Carte p. 80 ; 02 282 9162 ; www.rambuttrivillage.com ; 95 Soi Ram Buttri ; s/d à partir de 700/900 B ; ; Phra Athit/Banglamphu Pier). Tout proche de Soi Ram Buttri, cet hôtel de taille moyenne est réputé depuis longtemps pour son rapport qualité/prix inégalable. Avec ses nombreuses chambres, petites mais propres et bien meublées, sa cour entourée de restaurants et de boutiques et sa jolie terrasse avec piscine, c'est une adresse à la fois pratique et confortable.

Thewet et Dusit

Hi Baan Thewet AUBERGE DE JEUNESSE $

(Carte p. 74 ; 02 281 0361 ; www.hi-baanthewet.com ; 25/2 Th Phitsanulok ; s/d/tr 500/850/1 200 B ; ; Thewet Pier). Une auberge de jeunesse classique, membre du réseau mondial *Hostelling International*, avec 14 chambres bien agencées aux tons pastel et à l'ambiance rétro. Les agréables parties communes sont ornées de vitraux, le tout dans une zone arborée et paisible pour un séjour tout confort.

Samsen Sam Place PENSION $

(Carte p. 80 ; 02 628 7067 ; www.samsensam.com ; 48 Soi 3, Th Samsen ; ch avec/sans clim à partir de 430/770 B ; ; Thewet Pier). Cette belle villa ancienne restaurée, l'un des établissements les plus accueillants du quartier de Samsen si ce n'est de Bangkok, est appréciée pour son service sympathique et son emplacement calme. Chambres immaculées et bien agencées. Votre budget est serré ? Optez pour une chambre avec ventilateur et salle de bains partagée.

Phra-Nakorn Norn-Len HÔTEL $$

(Carte p. 80 ; 02 628 8188 ; www.phranakorn-nornlen.com ; 46 Soi Thewet 1 ; d avec petit-déj 2 200-4 200 B ; ; Thewet Pier). Dans un jardin clos dont le décor évoque le Bangkok d'autrefois, cet hôtel gai et lumineux est un lieu sympathique et plein de charme. Joliment décorées de peintures et d'antiquités, les 31 chambres n'ont pas de TV, un inconvénient compensé par les activités proposées, les massages et le cadre propice à la détente.

Casa Nithra HÔTEL $$

(Carte p. 80 ; 02 628 6228 ; www.casanithra.com ; 176 Th Samsen ; d avec petit-déj à partir de 2 300 B ; ; Thewet Pier). Cet hôtel moderne loue 74 chambres aux tons bruns où se mêlent subtilement design contemporain et tradition thaïlandaise. Les chambres "deluxe", plus spacieuses, ont de belles baignoires sur pieds. Réductions en ligne fréquentes.

SSIP Boutique BOUTIQUE-HÔTEL **$$**
(Carte p. 74 ; ☎02 282 1899 ; www.ssiphotelthailand.com ; 42 Th Phitsanulok ; d avec petit-déj à partir de 2 200 B ; ❄@📶 ; ⛴Thewet Pier). Avec leurs beaux carrelages, leur mobilier en bois massif et leur décor à l'ancienne, les 20 chambres de cet hôtel de milieu de gamme ont été méticuleusement conçues pour dégager une atmosphère d'antan. Côté confort, la modernité domine (TV, réfrigérateur, coffre-fort), et le personnel est aux petits soins. Vous pourrez économiser 500 B en renonçant au petit-déjeuner.

♥ **Siam** HÔTEL **$$$**
(Carte p. 74 ; ☎02 206 6999 ; www.thesiamhotel.com ; 3/2 Th Khao ; d avec petit-déj à partir de 18 900 B ; ❄@📶≋ ; ⛴navette fluviale de l'hôtel depuis Sathorn/Central Pier). Cet hôtel sublime agrémenté de touches Art déco, de sols en marbre, de cours avec bassins entourées de plantains et d'objets anciens, invite à une plongée dans les années 1930. Les chambres sont magnifiques, sans parler des suites, avec piscines et toits-terrasses. La piscine principale, au bord du fleuve, est tout simplement paradisiaque. Des travaux de rénovation étaient en cours lors de la préparation de ce guide.

Chinatown

Chic Hostel AUBERGE DE JEUNESSE **$**
(Carte p. 95 ; ☎02 237 9984 ; 23/48-51 Th Traimit ; s/d avec sdb partagée/privée 700/1 100 B ; ❄@📶≋ ; Ⓜ Hua Lamphong sortie 1). Cette auberge de jeunesse loue une large gamme de chambres (seules les "deluxe" ont une salle de bains). Ambiance branchée, couleurs vives et piscine. En bord de canal, l'endroit est idéal pour profiter des sites et de la vie nocturne de Chinatown.

Loftel 22 AUBERGE DE JEUNESSE **$**
(Carte p. 95 ; ☎086 807 1144 ; 952 Soi 22, Th Charoen Krung ; dort 250-400 B, ch avec sdb partagée 700-1 300 B ; ❄@📶 ; ⛴Marine Department Pier, Ⓜ Hua Lamphong sortie 1). Des dortoirs engageants et des chambres privées (avec salle de bains partagée) dans 2 *shophouses* attenantes au cœur de l'un des quartiers les plus pittoresques de Chinatown. Personnel accueillant.

@Hua Lamphong AUBERGE DE JEUNESSE **$**
(Carte p. 95 ; ☎02 639 1925 ; www.hualamphonghostel.com ; 326/1 Rama IV ; dort 350 B, ch 900-1 100 B ; ❄@📶 ; Ⓜ Hua Lamphong sortie 1). Cette auberge de jeunesse, propre et très bien tenue, est également l'hébergement le plus proche de la gare ferroviaire principale de Bangkok. Les chambres privatives, dont certaines sont immenses et dotées de balcons, sont d'un excellent rapport qualité/prix. Emplacement idéal, confort et équipements font de Hua Lamphong l'une des meilleures adresses de la ville.

♥ **Shanghai Mansion** HÔTEL **$$**
(Carte p. 95 ; ☎02 221 2121 ; www.shanghaimansion.com ; 479-481 Th Yaowarat ; ch/ste avec petit-déj à partir de 2 100/3 500 B ; ❄@📶 ; ⛴Ratchawong Pier, Ⓜ Hua Lamphong sortie 1 et taxi). Établissement le plus raffiné de Chinatown, cet hôtel de charme évoque la Shanghai de 1935 avec ses vitraux, une profusion de lampes, des couleurs audacieuses et un kitsch espiègle. Si vous êtes prêt à casser votre tirelire, demandez l'une des grandes chambres côté rue avec de hautes fenêtres qui procurent plus de lumière. En plein cœur de Chinatown.

Loy La Long HÔTEL **$$$**
(Carte p. 95 ; ☎02 639 1390 ; www.loylalong.com ; 1620/2 Th Songwat, Wat Pathum Khongka Ratchaworawihan ; s/d avec petit-déj 2 700/4 900 B ; ❄📶 ; ⛴Ratchawong Pier, Ⓜ Hua Lamphong sortie 1 et taxi). Une atmosphère unique règne dans les 6 chambres rustiques de cette maison en teck, posée sur pilotis au-dessus du fleuve Chao Phraya. La seule difficulté est de la trouver. Rejoignez Th Songwat et traversez le **Wat Pathum Khongka Ratchaworawihan** (วัดปทุมคงคาราชวรวิหาร ; ⏲lever-coucher du soleil ; ⛴Marine Department Pier, Ⓜ Hua Lamphong sortie 1 et taxi) jusqu'aux rives du fleuve.

Feung Nakorn Balcony HÔTEL **$$$**
(Carte p. 80 ; ☎02 622 1100 ; www.feungnakorn.com ; 20 Soi Fuang Thong, Th Fuang Nakhon ; s/d avec petit-déj 2 500/4 000 B ; ❄@📶 ; ⛴Memorial Bridge Pier). Installées dans une ancienne école, les 42 chambres entourant une agréable cour verdoyante sont, pour la plupart, vastes, lumineuses et accueillantes. Toutes sont pourvues d'un minibar gratuit, d'un coffre et d'une TV à écran plat. Emplacement calme, à l'écart de la rue principale. Le rapport qualité/prix n'est pas exceptionnel, mais l'établissement a du caractère.

Siam Square, Pratunam, Phloen Chit et Ratchathewi

Lub d AUBERGE DE JEUNESSE $
(Carte p. 92 ; ☎02 612 4999 ; www.lubd.com/siamsquare ; 925/9 Rama I ; dort/ch avec petit-déj à partir de 900/1 400 B ; ❄@📶 ; Ⓢ National Stadium sortie 1). Le nom est un détournement de *làp di*, qui signifie "dors bien" en thaï, mais l'ambiance festive vous incitera plutôt à veiller. Moderne, cet hébergement possède un espace commun attrayant avec des jeux et un bar, et de nombreux équipements, allant de machines à laver à une salle de cinéma.

Chao Hostel AUBERGE DE JEUNESSE $
(Carte p. 92 ; ☎02 217 3083 ; www.chaohostel.com ; 865 Rama I, 8e ét., Siam@Siam Bldg ; dort/ch 550/1 400 B ; ❄@📶 ; Ⓢ National Stadium sortie 1). Éléments modernes minimalistes, touches de design thaï et innombrables espaces communs caractérisent l'une des auberges de jeunesse les plus sophistiquées de Bangkok. Les dortoirs de 6 lits sont spacieux et ont chacun leur salle de bains. Parties communes agréables.

Bed Station Hostel AUBERGE DE JEUNESSE $
(Carte p. 92 ; ☎02 019 5477 ; www.bedstationhostel.com ; 486/149-150 Soi 16, Th Phetchaburi ; dort/d à partir de 490/1 350 B ; ❄@📶 ; Ⓢ Ratchathewi sortie 3). Une auberge de jeunesse moderne au décor industriel-chic. Les dortoirs comptent 4 à 8 lits, avec accès à des toilettes propres et une laverie. Les chambres privatives, élégantes et fonctionnelles, demeurent basiques ; la plupart n'ont pas de fenêtre et certaines se partagent une salle de bains.

Boxpackers Hostel AUBERGE DE JEUNESSE $
(Carte p. 92 ; ☎02 656 2828 ; 39/3 Soi 15, Th Phetchaburi ; dort/q à partir de 420/1 800 B ; ❄📶 ; Ⓢ Ratchathewi sortie 1 et taxi). Une auberge de jeunesse au style contemporain et épuré, avec des dortoirs de 4 à 12 lits superposés (quelques lits doubles). Les espaces communs sont accueillants : il y a notamment un café au rez-de-chaussée et un salon avec billard. Un hôtel partenaire loue 14 petites chambres privées assez séduisantes.

K Maison BOUTIQUE-HÔTEL $$
(Carte p. 74 ; ☎02 245 1953 ; www.kmaisonboutique.com ; Soi Ruam Chit ; d avec petit-déj à partir de 2 200 B ; ❄📶 ; Ⓢ Victory Monument sortie 4). Du blanc rehaussé de quelques touches de bleu et des volutes de marbre : le hall d'entrée de ce boutique-hôtel donne le ton. Les 21 confortables chambres sont dans la même lignée, tout en élégance délicate et sobre.

The Bangkokians CHEZ L'HABITANT $$
(Carte p. 74 ; ☎02 642 5497 ; www.thebangkokians.com ; 335/1 Soi 12, Th Ratchaprarop ; d avec petit-déj 1 500 B ; ❄📶 ; Ⓢ Victory Monument sortie 1/3 et taxi). Cet hôtel propose une expérience proche d'une chambre chez l'habitant, avec en prime un charme à l'ancienne. Les chambres, réparties dans 4 bungalows émaillant un superbe jardin, sont spacieuses et baignées de lumière. L'enregistrement se fait à l'hôtel de Bangkok, tout proche.

Bizotel HÔTEL $$
(Carte p. 74 ; ☎02 245 2424 ; www.bizotelbkk.com ; 104/40 Th Rang Nam ; d avec petit-déj à partir de 1 900 B ; ❄@📶 ; Ⓢ Victory Monument sortie 4). Avec ces chambres modernes, lumineuses et pourvues d'équipements pratiques, on pourrait s'attendre à des tarifs deux fois plus élevés. Le secteur assez calme est un autre point fort, tout comme le personnel efficace et sympathique.

Lemontea Hotel HÔTEL $$
(Carte p. 92 ; ☎02 035 9999 ; www.lemonteahotel.com ; 55 Soi 15, Th Phetchaburi ; d avec petit-déj 2 200-3 500 B ; ❄@📶 ; Ⓢ Ratchathewi sortie 1 et taxi). Niché au fond d'une ruelle animée dans un quartier qui ne l'est pas moins, ce petit hôtel est une oasis de charme et de tranquillité. Les chambres ont moins de caractère que la façade et le hall d'entrée, mais demeurent attrayantes et confortables.

Hansar HÔTEL $$$
(Carte p. 92 ; ☎02 209 1234 ; www.hansarbangkok.com ; 3 Soi Mahadlekluang 2 ; ste avec petit-déj à partir de 6 000 B ; ❄@📶🏊 ; Ⓢ Ratchadamri sortie 4). Le Hansar combine élégance et bon rapport qualité/prix Les 94 chambres sont toutes soignées et pourvues d'immenses salles de bains et de grands bureaux, mais ce sont les studios, plus petits et moins chers, qui sont les véritables aubaines : ils sont équipés de kitchenette, machine à laver, baignoire sur pieds et (pour la plupart) balcon.

Siam@Siam HÔTEL $$$
(Carte p. 92 ; ☎02 217 3000 ; www.siamatsiam.com ; 865 Rama I ; d avec petit-déj à partir de 3 300 B ; ❄@📶🏊 ; Ⓢ National Stadium sortie 1). Un méli-mélo de couleurs et de matériaux industriels compose un style que

l'on pourrait qualifier de "recyclerie chic". Les chambres, installées entre le 14e et le 24e étage, bénéficient d'une vue superbe sur la ville. Spa, restaurant sur le toit et piscine très bien entretenue au 11e étage.

Hotel Indigo HÔTEL **$$$**
(Carte p. 92 ; ☎02 207 4999 ; www.ihg.com ; 81 Th Witthayu/Wireless Rd ; d avec petit-déj à partir de 4 900 B ; ; S Phloen Chit sortie 5). Chaîne internationale aux accents locaux, IHG a emprunté à l'histoire de Bangkok pour créer une adresse à la fois moderne, rétro, *arty* et thaïe. Garnies d'un mobilier coloré et d'installations fonctionnelles, les 192 chambres donnent pour beaucoup sur les espaces les plus verdoyants du quartier des ambassades.

Okura Prestige HÔTEL **$$$**
(Carte p. 92 ; ☎02 687 9000 ; www.okurabangkok.com ; 57 Th Witthayu/Wireless Rd ; d avec petit-déj à partir de 7 700 B ; P ; S Phloen Chit sortie 5). Contrairement à certaines chaînes hôtelières concurrentes, la branche thaïlandaise de cette entreprise nipponne s'est installée en toute discrétion. Mention spéciale pour le style minimaliste, invitant à la contemplation, de la réception et des 240 chambres, ainsi que les touches japonaises, subtiles et bien pensées. Réductions substantielles en ligne de temps en temps.

Rives du fleuve, Silom et Lumphini

Warm Window AUBERGE DE JEUNESSE **$**
(Carte p. 84 ; ☎02 235 8759 ; www.warmwindowsilom.com ; 50/18-19 Th Pan ; dort/d avec petit-déj à partir de 360/1 200 B ; ; S Surasak sortie 1/3). Venue s'ajouter en 2019 à l'offre en évolution permanente de Silom, cette séduisante auberge de jeunesse dispose de 2 superbes dortoirs de 10 lits avec rideaux et beaux lambris. Les chambres privatives sont à très bon prix, et le café du rez-de-chaussée invite à se délasser entre deux explorations de la ville.

Smile Society AUBERGE DE JEUNESSE **$**
(Carte p. 84 ; ☎095 228 2415 ; www.smilesocietyhostel.com ; 130/3-4 Soi 6, Th Silom ; dort/ch à partir de 260/950 B ; ; M Si Lom sortie 2, S Sala Daeng sortie 1). À la fois boutique-hôtel et auberge de jeunesse, cet établissement sur 4 étages abrite de petites chambres confortables et bien équipées, et des dortoirs avec d'impeccables salles de bains communes. La situation centrale et le personnel serviable parlant anglais constituent des atouts supplémentaires. Une annexe est aménagée de façon identique.

All That Bangkok AUBERGE DE JEUNESSE **$**
(Carte p. 84 ; ☎094 493 6637 ; www.allthatbangkokhostel.com ; 4 Soi 11, Yaek 5, Th Sathon Tai/South ; dort 450-550 B ; ; S Chong Nonsi sortie 5). Cette auberge de jeunesse design, nichée dans une rue secondaire résidentielle, propose 3 dortoirs mixtes de 19 lits confortables et une chambre avec douche privative (1 900 B) à l'étage. Au rez-de-chaussée vous attend un café au décor industriel servant du *nitro-coffee* (café froid à base d'azote) et des œufs Bénédicte corrects pour 95 B seulement. La proximité du réseau BTS permet d'explorer aisément toute la ville.

LE MANDARIN ORIENTAL

Hôtel de légende, le **Mandarin Oriental** (carte p. 95 ; ☎02 659 9000 ; www.mandarinoriental.com ; 48 Soi 40/Oriental, Th Charoen Krung ; d/ste avec petit-déj à partir de 20 000/46 000 B ; ; Oriental Pier) n'était au départ qu'une pension pour marins comme on en trouve encore dans Th Khao San. Les propriétaires d'alors, deux capitaines danois, cédèrent l'établissement à Hans Niels Andersen, fondateur de la puissante East Asian Company. Celui-ci transforma l'endroit en un majestueux palais. C'est un architecte italien, S. Cardu, qui conçut ce que l'on appelle aujourd'hui le "salon des auteurs", à l'époque le bâtiment le plus luxueux de Bangkok à l'exception des monuments royaux.

La renommée de l'hôtel vient des célébrités qui y ont résidé. En 1888, un marin d'origine polonaise, qui deviendra le célèbre auteur Joseph Conrad, y séjourne. Plus tard, W. Somerset Maugham débarque à l'hôtel alors qu'il souffre de la malaria ; son périple à travers l'Asie du Sud-Est, raconté dans *Un gentleman en Asie*, conféra une dimension littéraire à l'établissement. Parmi les autres clients célèbres, citons Graham Greene, John le Carré ou encore Audrey Hepburn, Neil Armstrong et Jacques Chirac.

Silom Art Hostel AUBERGE DE JEUNESSE $
(Carte p. 84 ; ☎02 635 8070 ; www.silomarthostel.com ; 198/19-22 Soi 14, Th Silom ; dort/ch 450/950 B ; ❄@📶 ; Ⓢ Chong Nonsi sortie 3). Original, bohème, clair et joyeux, le Silom Art Hostel combine matériaux recyclés, meubles non conventionnels et murs colorés. Les dortoirs et les chambres sont fonctionnels et confortables, et les espaces communs, séduisants.

S1 Hostel AUBERGE DE JEUNESSE $
(Carte p. 84 ; ☎02 679 7777 ; 35/1-4 Soi Ngam Du Phli ; dort/ch à partir de 330/900 B ; ❄@📶 ; Ⓜ Lumphini sortie 1). Doté d'une agréable terrasse, l'imposant bâtiment de cette vaste auberge de jeunesse contient, entre autres, des dortoirs rudimentaires et des chambres privatives aux lits colorés, une cuisine et une laverie. Situation pratique à une courte marche du métro (MRT). Un excellent rapport qualité/prix.

ETZzz Hostel AUBERGE DE JEUNESSE $
(Carte p. 84 ; ☎02 286 9424 ; 5/3 Soi Ngam Du Phli ; dort 200-350 B, ch 900 B ; ❄@📶 ; Ⓜ Lumphini sortie 1). Cette étroite *shophouse* comporte des dortoirs (4 à 12 lits) et 2 chambres privées (avec salles de bains), qui ont en commun une jolie palette de couleurs primaires et l'emplacement pratique près du MRT.

HQ Hostel AUBERGE DE JEUNESSE $
(Carte p. 84 ; ☎02 233 1598 ; www.hqhostel.com ; 5/3-4 Soi 3, Th Silom ; dort/ch 480/1 750 B ; ❄@📶 ; Ⓜ Si Lom sortie 2, Ⓢ Sala Daeng sortie 2). Aménagée dans un immeuble tout en hauteur du quartier financier de Bangkok, une auberge de jeunesse tout en béton poli et style industriel, avec des dortoirs de 4 à 6 lits, quelques chambres doubles et triples (dont certaines avec salle de bains) et des parties communes attrayantes.

♥ **kokotel** HÔTEL $$
(Carte p. 84 ; ☎02 235 7555, 02 026 3218 ; www.kokotel.com ; 181/1-5 Th Surawong ; s/d avec petit-déj 1 600/2 600 B ; ❄@📶 ; Ⓢ Chong Nonsi sortie 3). Probablement l'un des hébergements les plus accueillants pour les familles. Les grandes chambres ensoleillées sont dotées de lits confortables et il y a un vaste espace de jeux pour les enfants ainsi qu'un café au rez-de-chaussée (avec un toboggan !). Tarifs attractifs (avec parfois d'importantes promotions), surtout pour un emplacement aussi central.

♥ **Siam Heritage** BOUTIQUE-HÔTEL $$
(Carte p. 84 ; ☎02 353 6166 ; www.thesiamheritage.com ; 115/1 Th Surawong ; d avec petit-déj à partir de 1 800 B ; ❄@📶🏊 ; Ⓜ Si Lom sortie 2, Ⓢ Sala Daeng sortie 1). Niché à l'écart de la très animée Th Surawong, cet hôtel accueillant possède un charme simple et propose des tarifs défiant toute concurrence pour une adresse de milieu de gamme. Les 73 chambres, ornées de soieries et de bois sombre, s'agrémentent d'élégantes touches design et d'équipements bien pensés. Un attrayant jardin/piscine/spa est installé sur le toit et le personnel est aimable et professionnel. Chaudement recommandé.

Park Saladaeng HÔTEL $$
(Carte p. 84 ; ☎02 636 1288 ; 35/2 Soi Yommarat ; d à partir de 1 600 B ; ❄📶 ; Ⓜ Si Lom sortie 2, Ⓢ Sala Daeng sortie 4). Ici, pas de chichis, mais 15 chambres modernes à la décoration discrète, le tout dans une rue résidentielle paisible à l'écart du vacarme urbain. Les triples (à partir de 1 900 B), avec canapé-lit et kitchenette, sont idéales pour les familles peu nombreuses.

Swan Hotel HÔTEL $$
(Carte p. 95 ; ☎02 235 9271 ; 31 Soi 36 / Th Charoen Krung ; s/d 1 000/1 500 B ; ❄@📶🏊 ; ⛴ Oriental Pier). Avec ses meubles de style années 1960, cet hôtel classique a l'air désuet, mais les chambres sont impeccables et spacieuses. Le caractère rétro donne au lieu, en particulier autour de la piscine, une atmosphère branchée.

LUXX Langsuan HÔTEL $$
(Carte p. 92 ; ☎02 684 1111 ; www.staywithluxx.com ; 82/8 Th Langsuan ; ch 1 700-2 400 B, ste à partir de 2 500 B ; ❄@📶🏊 ; Ⓢ Ratchadamri sortie 2). Le LUXX affiche un chic contemporain et minimaliste qui ne ferait pas tache à Londres ou New York. Les baies vitrées laissent entrer un flot de lumière, les suites sont équipées de kitchenettes et toutes les chambres sont dotées de meubles raffinés. L'adresse de Th Decho, un peu moins chère (et plus petite), est située près de Th Silom.

♥ **Peninsula Hotel** HÔTEL $$$
(Carte p. 95 ; ☎02 020 2888 ; www.peninsula.com ; 333 Th Charoen Nakhon ; d avec petit-déj à partir de 8 800 B ; ❄@📶🏊 ; ⛴ navette fluviale de l'hôtel depuis Sathorn/Central Pier). Unique et intemporel, cet hôtel a tout pour plaire : l'emplacement (dominant le fleuve) ; la réputation (toujours classé parmi les

meilleurs hôtels de luxe du monde) et le service (impeccable). Chambres impressionnantes et petit-déjeuner royal servi en plein air au bord du fleuve. Vous aurez du mal à en partir !

Si votre budget le permet, optez pour une des suites du dernier étage (à partir de 14 100 B) pour voir Bangkok s'étaler sous vos yeux.

Metropolitan by COMO HÔTEL **$$$**
(Carte p. 84 ; 02 625 3333 ; www.comohotels.com ; 27 Th Sathon Tai/South ; ch/ste avec petit-déj à partir de 5 100/8 700 B ; ; Lumphini sortie 2). Si l'extérieur de l'ancien YMCA a relativement peu changé, un coup d'œil à l'intérieur révèle l'un des hôtels les plus chics et attirants de la capitale. Les 171 chambres ont des tons noir, blanc et jaune. Si celles de la catégorie "City" sont un peu exiguës, les suites "Penthouse" en duplex ressemblent à des petites maisons.

Sukhothai HÔTEL **$$$**
(Carte p. 84 ; 02 344 8888 ; www.sukhothai.com ; 13/3 Th Sathon Tai/South ; ch/ste avec petit-déj à partir de 5 000/7 300 B ; ; Lumphini sortie 2). L'une des options les plus sélectes de Bangkok. Le Sukhothai recrée l'atmosphère paisible d'un temple avec ses stupas en brique, cours et sculptures anciennes. Les chambres sont modernes, avec TV, téléphone et parfois toilettes high-tech.

Sukhumvit

FU House Hostel AUBERGE DE JEUNESSE **$**
(Carte p. 88 ; 062 919 8202 ; 77 Soi 8, Th Sukhumvit ; dort/ch 350/1 350 B ; ; Nana sortie 4). Parfaite pour un séjour paisible dans un cadre sans prétention, cette villa habillée de bois sur 2 niveaux se situe dans une rue résidentielle. Elle offre 2 dortoirs spacieux aux agréables lits superposés et des chambres avec salles de bains.

Refill Now ! AUBERGE DE JEUNESSE **$**
(Carte p. 88 ; 02 713 2044 ; www.refillnow.co.th ; 191 Yaek 5, Soi Pridi Bhanom Yong 42, Soi 71, Th Sukhumvit ; dort/ch 365/1 450 B ; ; Phra Khanong sortie 3 et taxi). Un décor épuré caractérise chambres et dortoirs. Dans les dortoirs, les lits superposés sont séparés par des rideaux (dortoirs réservés aux femmes disponibles). Salon commun convivial et, à l'étage, centre de massage.

BANGKOK S'ENFONCE

Déjà en grande partie située à environ 1,5 m en dessous du niveau de la mer, Bangkok s'enfonce à un rythme de 2 cm par an. Certains scientifiques estiment que la ville pourrait être submergée dans environ 30 ans en raison de la montée du niveau des océans et de cet affaissement dû à sa position sur des terrains marécageux.

Tints of Blue HÔTEL **$$**
(Carte p. 74 ; 099 289 7744 ; www.tintsofblue.com ; 47 Soi 27, Th Sukhumvit ; d avec petit-déj 2 000-2 200 B ; ; Sukhumvit sortie 2, Asok sorti 6). Les chambres paisibles et conviviales sont à l'image de l'emplacement dans une rue calme et verdoyante. Beaucoup d'espace et de lumière, des kitchenettes et des balcons, le tout à un bon rapport qualité/prix. Il y a une mini-piscine toute en longueur sur la terrasse et une mini-salle de sport pour une session cardio express.

Mövenpick HÔTEL **$$**
(Carte p. 88 ; 02 119 3100 ; www.movenpick.com/en/asia/thailand/bangkok/bangkok ; 47 Soi 15, Th Sukhumvit ; d avec petit-déj à partir de 3 000 B ; ; Nana sortie 3). Belle surprise que cet hôtel proposant des équipements d'un luxe incroyable à des prix qui ne font que friser le haut de la fourchette de la catégorie moyenne. Les chambres sont bien agencées, lumineuses et aérées, et la piscine sur le toit, quoique modeste, demeure très agréable.

S31 HÔTEL **$$**
(Carte p. 88 ; 02 260 1111 ; www.s31hotel.com ; 545 Soi 31, Th Sukhumvit ; d avec petit-déj à partir de 3 500 B ; ; Phrom Phong sortie 5). Le design et la décoration très pointus, tant à l'intérieur qu'à l'extérieur, donnent au S31 une élégance discrète. Les grands réfrigérateurs dans les kitchenettes, les lits gigantesques et les cours de boxe thaïlandaise et de yoga sont la preuve que le style n'éclipse pas la dimension pratique. Remises en ligne ; il y a des succursales aux Soi 15 et Soi 33.

U Sukhumvit HÔTEL **$$**
(Carte p. 88 ; 02 260 1111 ; www.uhotelsresorts.com/usukhumvitbangkok ; 545 Soi 31, Th Sukhumvit ; d avec petit-déj à partir de 3 500 B ; ; Phrom Phong sortie 5). Cet hôtel

VAUT LE DÉTOUR

KO KRET

Cette île artificielle créée il y a 300 ans lors du creusement d'un canal pour éviter un méandre du Chao Phraya est facile à rejoindre. L'endroit abrite l'une des plus anciennes communautés môn de Thaïlande, un peuple dont la culture a dominé le pays entre le VIe et le Xe siècle. Aujourd'hui, Ko Kret, réputée pour ses **poteries artisanales** et son marché du week-end, est propice à une escapade.

Plusieurs temples de Ko Kret valent le coup d'œil, notamment le **stupa penché** du **Wat Poramai Yikawat** (วัดปรมัยยิกาวาส ; 9h-17h ; 166 et ferry depuis Wat Sanam Neua), mais c'est avant tout l'atmosphère bucolique qui attire les visiteurs. Les poteries en terre cuite tournées à la main de Ko Kret se vendent sur tous les marchés de Bangkok. Commandez un café glacé à n'importe quel vendeur de l'île et il vous offrira une petite poterie en guise de souvenir. Du Wat Poramai Yikawat, partez dans l'une ou l'autre direction et vous découvrirez à la fois des fours abandonnés et des ateliers de poterie toujours en activité, sur les côtes nord et est. En chemin, vous verrez de nombreux étals de souvenirs, ainsi que des restaurants.

Ko Kret est située à Nonthaburi, à environ 15 km au nord du centre de Bangkok. Embarquez sur un hors-bord 4 places à Nonthaburi Pier pour 20 minutes de navigation à grande vitesse (1 000 B allez-retour ; marchandage possible). Autrement, vous pouvez prendre le bus no 166 depuis le monument de la Victoire ou un taxi jusqu'à Pak Kret avant de traverser le fleuve en ferry (2 B, 5h-21h).

loue des chambres dont le décor a pour thème les différentes régions de Thaïlande. Au programme : couleur, touches rustiques, espace et bons équipements. Ajoutez des tarifs attrayants, et vous avez un excellent établissement de milieu de gamme.

Beat Hotel HÔTEL $$
(Carte p. 74 ; 02 178 0077 ; www.beathotelbangkok.com ; Soi 71, Th Sukhumvit ; d à partir de 1 500 B ; ; S Phra Khanong sortie 3). Ce nouvel hôtel se distingue par son atmosphère jeune, tangible dès la réception. Les 54 chambres arty ont, pour certaines, des murs couverts d'œuvres d'art du sol au plafond ; d'autres sont peintes d'une audacieuse teinte monochrome. Loger dans l'une des immenses suites "deluxe" vaut le supplément de quelques centaines de bahts.

RetrOasis HÔTEL $$
(Carte p. 88 ; 02 665 2922 ; www.retroasishotel.com ; 503 Th Sukhumvit ; d 1 300-1 900 B ; ; M Sukhumvit sortie 2, S Asok sortie 6). Cet hôtel qui servait dans les années 1960 pour les rendez-vous galants est aujourd'hui un sympathique établissement de catégorie moyenne. Les couleurs vives et l'attrayante piscine centrale lui donnent une allure pimpante, tandis que mobilier et architecture révèlent son côté vintage.

S-Box HÔTEL $$
(Carte p. 88 ; 02 262 0991 ; www.sboxhotel.com ; 4 Soi 31, Th Sukhumvit ; d avec petit-déj 1 300-1 800 B ; ; S Phrom Phong sortie 5). Tout est dans le nom : les chambres ne sont guère plus que des boîtes, mais de jolies boîtes modernes avec mobilier recherché et équipements fonctionnels. Les moins chères ressemblent à des capsules et manquent de lumière naturelle, tandis que les plus chères disposent de baies vitrées.

Fusion Suites HÔTEL $$
(Carte p. 88 ; 02 665 2778 ; www.fusionbangkok.com ; 143/61-62 Soi 21/Asoke, Th Sukhumvit ; s/d avec petit-déj 1 600/2 800 B ; ; M Sukhumvit sortie 1, S Asok sortie 1). Vous aurez du mal à trouver plus branché à ce prix-là. Le mobilier original donne un charme fou aux chambres, dont les moins chères sont cependant un peu sombres. Les plus onéreuses ont de grandes baignoires à remous.

House by the Pond APPARTEMENTS $$
(Carte p. 88 ; 02 259 3543 ; www.housebythepond.com ; 230/3 Soi Sainumthip 2 ; s/d 1 400/2 200 B ; ; M Queen Sirikit National Convention Centre sortie 4). Le charme de l'ancien et de la verdure, à l'écart du vacarme de l'artère principale de Sukhumvit. Location longue durée possible, à partir de 17 500 B par mois.

Ariyasom Villa HÔTEL $$$
(Carte p. 88 ; 02 254 8880 ; www.ariyasom.com ; 65 Soi 1, Th Sukhumvit ; d avec petit-déj à partir de 6 400 B ; ; S Phloen Chit sortie 3). Au bout du Soi 1, derrière un mur

de végétation tropicale, cette villa des années 1940 superbement restaurée est le secret le moins bien gardé de Bangkok. Les 24 chambres sont spacieuses et soigneusement décorées d'éléments thaïs et de somptueux meubles anciens. Un spa et une belle piscine tropicale sont à disposition. Réservez longtemps à l'avance.

Le petit-déjeuner, qui comprend un menu végétarien, est servi dans une salle aux immenses fenêtres.

Cabochon Hotel BOUTIQUE-HÔTEL **$$$**
(Carte p. 88 ; 02 259 2871 ; www.cabochonhotel.com ; 14/29 Soi 45, Th Sukhumvit ; d avec petit-déj à partir de 5 800 B ; ; Phrom Phong sortie 3). Le Cabochon est bel et bien un diamant dans le tumulte de Bangkok. Les chambres sont lumineuses, bien ordonnées et truffées de curiosités : téléphones anciens, machines à écrire, carapaces de tortues, maquettes d'avions et services à thé vintage. Plongez dans la piscine sur le toit ou goûtez des plats inspirés des cuisines de rue thaïe et laotienne à l'agréable Thai Lao Yeh Restaurant. L'hôtel est niché dans le tranquille Soi 45.

Ma Du Zi HÔTEL **$$$**
(Carte p. 88 ; 02 615 6400 ; www.maduzihotel.com ; angle Th Ratchadaphisek et Soi 16, Th Sukhumvit ; d avec petit-déj à partir de 5 700 B ; ; Queen Sirikit National Convention Centre sortie 4). Le nom signifiant “entrez jeter un coup d'œil” en thaï est peu approprié pour cette adresse qui ne fonctionne que sur réservation. Derrière le portail se cache un hôtel tendance, de taille moyenne, décoré de couleurs sombres et chics. Vastes salles de bains, avec immense baignoire et douche.

Nord de Bangkok

Siamaze AUBERGE DE JEUNESSE **$**
(Carte p. 74 ; 02 693 6336 ; www.siamaze.com ; 90 Soi 17, Th Ratchadaphisek ; d avec petit-déj à partir de 700 B ; ; Sutthisan sortie 4). Une adresse sans prétention et décontractée comptant des chambres assez spacieuses. Les moins chères ont des salles de bains partagées, tandis que les plus chères ont des toilettes privatives. Tous les résidents ont accès à des installations de qualité. Une excellente affaire si loger près des principales curiosités touristiques n'est pas une priorité pour vous.

The Yard AUBERGE DE JEUNESSE **$**
(Carte p. 74 ; 089 677 4050 ; www.theyardhostel.com ; 51 Soi 5, Th Phahonyothin ; dort/ch avec petit-déj à partir de 500/1 350 B ; ; Ari sortie 1). Un point de chute original : ses dortoirs et chambres individuelles occupent 10 conteneurs de bateau. Ils sont confortables et plaisants, mais un peu exigus. Sympathiques espaces communs, pelouse avec bar et cuisine complètent l'ensemble.

Yim Bangkok AUBERGE DE JEUNESSE **$**
(Carte p. 74 ; 080 965 9994 ; www.yimbangkok.com ; 70 Th Pracha Rat Bamphen ; dort/ch avec petit-déj à partir de 450/1 450 B ; ; Huay Khwang sortie 1). Cette auberge de jeunesse de la périphérie, au décor éclectique et coloré, dispose de dortoirs allant de 4 à 6 lits design et confortables, ainsi que de doubles joliment aménagées. Loin des sites d'intérêt, mais le MRT est tout proche.

Be My Guest Bed & Breakfast PENSION **$**
(Carte p. 74 ; 080 999 5560 ; 35/189 Soi 36, Th Ratchadaphisek ; d 700 B ; ; Lat Phrao sortie 4 et taxi). Bon marché et confortable, cette pension loue des chambres propres et spacieuses dans un quartier résidentiel. Si les tarifs sont imbattables, notez que vous serez loin du centre et que la station MRT la plus proche est à 2 km.

Capital Mansion HÔTEL **$$**
(Carte p. 74 ; 02 278 7979 ; 1371 Th Phahonyothin ; d avec petit-déj à partir de 1 800 B ; ; Saphan Khwai sortie 1). Le Capital Hotel, qui servit de base à l'armée américaine pendant la guerre du Vietnam, puis d'ambassade de la République populaire de Chine, est aujourd'hui un hôtel, le Capital Mansion. Rénové en profondeur mais conservant un peu de l'ambiance des années 1960, il loue des chambres propres et spacieuses, quoique manquant de charme. L'agréable piscine est un plus.

Où se restaurer

Ko Ratanakosin et Thonburi

Ming Lee THAÏLANDAIS, CHINOIS **$**
(Carte p. 80 ; 28-30 Th Na Phra Lan ; plats 70-100 B ; 11h30-16h ; Chang Pier, Maharaj Pier). Ce restaurant ouvert il y a plusieurs décennies sert des spécialités occidentales, chinoises (langue de bœuf, par exemple) et thaïes (salade au bœuf épicé). Pas d'enseigne en anglais ; c'est la première *shophouse* parmi les commerces aux façades enduites face au

LES NOUILLES DE BANGLAMPHU

Malgré la proximité immédiate de la très touristique Th Khao San, Th Phra Athit demeure un paradis en matière de spécialités à base de nouilles de Bangkok et au-delà :

Soy (carte p. 80 ; 100/2-3 Th Phra Athit ; plats 50-100 B ; 8h-17h30 ; Phra Athit/Banglamphu Pier). Copieuses portions de soupes de nouilles au bœuf (bœuf braisé fondant à souhait, bœuf grillé, boulettes de bœuf, ou les trois).

Khun Daeng (carte p. 80 ; Th Phra Athit ; plats 50-100 B ; 11h-21h30 lun-sam ; Phra Athit/Banglamphu Pier). Adresse spécialisée dans le *gŏo·ay jáp yoo·an*, ou "nouilles vietnamiennes" sur la carte, une recette combinant saucisse de porc pimentée, œuf de caille, fines nouilles de riz et croustillantes échalotes frites, le tout dans un épais bouillon.

Somsong Phochana (carte p. 80 ; près de Th Lamphu ; plats à partir de 40 B ; 10h-16h ; Phra Athit/Banglamphu Pier). Sert des *gŏo·ay đěe·o sù·kŏh·tai*, des nouilles "à la Sukhothai" : tranches de porc grillées et fines nouilles de riz dans un bouillon de porc légèrement sucré, agrémentés de haricots verts et de poudre de cacahuètes.

Pua-Kee (carte p. 80 ; Th Phra Sumen ; plats 50-90 B ; 9h-16h ; Phra Athit/Banglamphu Pier). L'endroit idéal pour découvrir le *gŏo·ay đěe·o đôm yam*, soupe aux nouilles de riz épicée et boulettes de poisson, ces dernières marinées avec du sucre, du citron vert et du piment séché, et servie avec un wonton frit croustillant à souhait.

mur nord de l'enceinte du Wat Phra Kaew (p. 70), en arrivant de Chang Pier.

Tonkin Annam VIETNAMIEN **$$**

(Carte p. 80 ; 093 469 2969 ; 69 Soi Tha Tien ; plats 150-300 B ; 11h-22h mer-lun ; ; Tien Pier). L'intérieur de style industriel pourrait annoncer une cuisine ethnique pour *hipsters*, mais Tonkin-Annam figure parmi les meilleures tables vietnamiennes de Bangkok. Goûtez la soupe *phó*, la salade de fleurs de bananier délicieusement acide et piquante ou des plats que vous ne trouverez pas ailleurs, comme les *bánh bèo* (galettes de farine de riz cuites à la vapeur dans des coupelles et garnies de porc), une spécialité de Hué.

Savoey THAÏLANDAIS **$$**

(Carte p. 80 ; 02 024 1317 ; www.savoey.co.th ; 1er ét, Maharaj Pier, Th Maha Rat ; plats 160-400 B ; 11h-21h30 ; ; Maharaj Pier). Cette chaîne possède plusieurs restaurants en ville. L'endroit manque de charme, mais la cuisine, qui fait la part belle au poisson et aux fruits de mer, est toujours correcte. Petits plus : la climatisation et la vue sur le fleuve. Le soir, profitez de la terrasse du fond, qui surplombe l'eau.

Err THAÏLANDAIS **$$**

(Carte p. 80 ; 02 622 2292 ; www.errbkk.com/#urban-rustic-thai ; en retrait de Th Maha Rat ; plats 100-350 B ; 11h-16h et 17h-21h mar-dim ; ; Tien Pier). Imaginez les mille et une saveurs de la cuisine de rue réunies dans un même restaurant au cadre branché et rétro, qui sert aussi des cocktails d'inspiration thaïlandaise et des bières artisanales du pays.

Sala Rattanakosin THAÏLANDAIS **$$$**

(Carte p. 80 ; 02 622 1388 ; www.salaresorts.com/rattanakosin ; Soi Tha Tian ; plats 250-700 B ; 11h-15h30 et 17h30-23h ; ; Tien Pier). Le restaurant thaïlandais de l'hôtel du même nom offre une vue superbe, à travers ses baies vitrées, sur le Wat Arun (p. 71), de l'autre côté du fleuve, et la cuisine est à la hauteur du panorama. Dans un cadre élégant, les sympathiques serveurs déposent sur d'impeccables nappes blanches des délices du centre et du nord de la Thaïlande. Réservation indispensable le week-end.

Banglamphu

Thip Samai THAÏLANDAIS **$**

(Carte p. 80 ; thipsamai.com ; 313 Th Mahachai ; plats 50-250 B ; 17h-2h, fermé un mercredi sur deux ; klorng-taxi jusqu'à Phanfa Leelard Pier). Véritable institution de Bangkok, ce restaurant servirait le meilleur *pàt tai* (nouilles sautées) au monde ! Chaque soir, on fait la queue devant l'entrée pour déguster de délicieuses assiettes du plat emblématique, mais ne désespérez pas s'il y a 50 personnes devant vous, la file d'attente avance vite.

Krua Apsorn THAÏLANDAIS **$$**

(Carte p. 80 ; www.kruaapsorn.com ; Th Din So ; plats 100-350 B ; 10h30-20h lun-sam ; ;

klorng-taxi jusqu'à Phanfa Leelard Pier). Ce restaurant compte parmi les adresses favorites des membres de la famille royale et des critiques gastronomiques. Les plats des cuisines du centre et du sud du pays sont savoureux, mais les habitués ne manquent jamais l'occasion de commander le succulent "crabe sauté au piment jaune" ou l'"omelette légère au crabe" façon *tortilla*.

Une succursale est installée dans Th Samsen à Thewet et Dusit.

Shoshana ISRAÉLIEN **$$**

(Carte p. 80 ; shoshanarestaurant.com ; 88 Th Chakrabongse ; plats 80-300 B ; 10h-23h30 ; ; Phra Athit/Banglamphu Pier). Restaurant israélien parmi les plus anciens de Khao San, le Shoshana ressemble à un salon de grand-mère avec des œuvres d'art kitsch aux murs et des sets de table en plastique. Les plats sautés sont excellents, tout comme le caviar d'aubergine.

ZeZe ISRAÉLIEN **$$**

(Carte p. 80 ; www.zeze-restaurant.com/2014/05/26/bangkok-khao-san ; 02 282 2774 ; 45 Th Chakrabongse ; plats 100-300 B ; 8h-minuit ; ; Phra Athit/Banglamphu Pier). Les sympathiques serveurs de ce restaurant servent de fabuleuses assiettes de cuisine israélienne, lorsqu'ils ne s'occupent pas de gérer le comptoir de l'agence de voyages de l'établissement. Les foies et gésiers de poulet sautés aux oignons, vin rouge et vinaigre balsamique sont excellents, et il y a un bon choix de plats végétariens.

Baan Nual THAÏLANDAIS **$$**

(Carte p. 80 ; 081 889 7403 ; 372 Soi 2, Th Samsen ; plats 70-350 B ; 12h-14h et 17h-20h mer-dim ; Phra Athit/Banglamphu Pier). Depuis quelques années, des restaurateurs s'inspirent des échoppes du Bangkok d'antan en s'installant dans de minuscules espaces. Avec seulement 3 tables et un indéniable charme rétro, Baan Nual illustre à merveille cette tendance. Au menu, une riche cuisine du centre de la Thaïlande, où la viande est reine.

Bangkok Poutine INTERNATIONAL **$$**

(Carte p. 80 ; www.facebook.com/bangkokpoutine ; Th Samsen ; plats 100-200 B ; 11h-23h ; ; Phra Athit/Banglamphu Pier). Tenu par des Québécois, l'endroit est idéal pour écouter de la pop francophone et regarder un match de hockey en dégustant des plats variés (dont plusieurs végétariens) allant de la cuisine thaïlandaise à celle du Liban, en passant par la fameuse poutine : des frites avec du fromage, le tout nappé de sauce.

Hemlock THAÏLANDAIS **$$**

(Carte p. 80 ; 56 Th Phra Athit ; plats 90-270 B ; 16h-minuit lun-sam ; ; Phra Athit/Banglamphu Pier). Bénéficiant du charme de la *shophouse* qui l'abrite, cette institution locale propose dans une ambiance magique une cuisine savoureuse préparée avec brio. La longue carte se lit comme un livre ancien, redonnant vie à des plats (dont plusieurs recettes végétariennes) appréciés de l'aristocratie des quatre coins de la Thaïlande de jadis.

Jay Fai THAÏLANDAIS **$$$**

(Raan Jay Fai ; carte p. 80 ; 327 Th Mahachai ; plats 200-1 000 B ; 14h-2h mar-sam ; klorng-taxi jusqu'à Phanfa Leelard Pier). Penché au-dessus de son feu de charbon avec ses emblématiques lunettes de ski, le chef septuagénaire Jay Fai prépare probablement les meilleures omelettes au crabe et *pàt kêe mow* (larges nouilles de riz sautées avec fruits de mer et herbes thaïlandaises) en ville. Le prix se justifie par la généreuse quantité de fruits de mer et par la technique de cuisson particulière qui évite quasiment l'utilisation d'huile.

Thewet et Dusit

Likhit Kai Yang THAÏLANDAIS **$**

(Carte p. 80 ; près de Th Ratchadamnoen Nok ; plats 50-200 B ; 10h-20h30 ; ; Thewet Pier, S Phaya Thai sortie 3 et taxi). Situé juste derrière le Rajadamnern Stadium (p. 118), ce restaurant est fréquenté depuis plusieurs décennies par les habitants venus prendre sur le pouce un repas du Nord-Est avant d'assister à un combat de boxe thaïlandaise. Le sympathique patron anglophone vous aidera à commander, mais ne manquez pas le délicieux poulet grillé aux herbes. Enseigne en thaï ; repérez la façade rose vif et suivez les insistants effluves d'ail qui s'échappent de la salle.

Lao Dtom Lao LAOTIEN **$**

(Carte p. 80 ; 082 093 8860 ; 71 Th Chakkaphatdi Phong ; plats 80-200 B ; 17h-22h30 mar-dim ; ; Thewet Pier). Ce restaurant apprécié des jeunes gourmets locaux sert dans une ambiance décontractée des spécialités laotiennes à des prix défiant toute concurrence. Ne manquez pas la soupe poulet-aubergines-champignons, les saucisses épicées et les petits en-cas comme les beignets de légumes verts en croûte de sésame. Côté boissons, il y a de bons jus et cocktails et, bien sûr, l'emblématique Beer Lao.

Krua Apsorn THAÏLANDAIS $$

(Carte p. 74 ; www.kruaapsorn.com ; 503-505 Th Samsen ; plats 150-400 B ; 10h30-20h lun-sam ; ; Thewet Pier). Premier restaurant de cette enseigne primée et fréquentée par la famille royale. Des plats parfumés, principalement de poisson et de légumes, du centre et du sud du pays, sont servis à des familles sur leur trente et un ou à des personnes d'âge mûr. Le crabe au curry est très apprécié, tout comme le curry vert aux boulettes de poisson. Pas de réservations. La cuisine ferme à 19h30.

Seven Spoons INTERNATIONAL $$

(Carte p. 80 ; sevenspoonsbkk.com ; 02 629 9214 ; 22-24 Th Chakraphatdi Phong ; plats 250-450 B ; 11h-15h et 18h-23h30 ; ; Thewet Pier S Phaya Thai sortie 1/3 et taxi). Bois sombre, cartes et gravures anciennes ornent les murs de béton ciré de ce restaurant dont la carte fait la part belle aux plats végétariens. Une ambiance étonnamment cosmopolite vous attend dans ce vieux quartier de Bangkok. Vaste choix de salades du jour, mais aussi des plats tels que la langue de bœuf avec pâtes nappées d'une onctueuse sauce aux champignons. Belle sélection de vins et bières artisanales également.

Steve Café & Cuisine THAÏLANDAIS $$

(Carte p. 74 ; 02 281 0915 ; www.stevecafeand-cuisine.com ; 68 Soi 21, Th Si Ayuthaya ; plats 150-450 B ; 11h-22h30 ; Thewet Pier). Un restaurant raffiné dans une maison traditionnelle au bord du fleuve, ornée de photos de la famille royale et de célébrités. La salle est flanquée d'un magnifique balcon dominant le Chao Phraya. La carte décline un bon choix de plats thaïlandais, et le personnel sympathique gère avec efficacité les arrivées en masse d'habitués, Thaïlandais et expatriés.

Prenez Th Si Ayuthaya et traversez le Wat Thevarat Kunchorn (p. 77) jusqu'au fleuve. Au besoin, demandez votre chemin aux passants.

Khinlom Chom Saphan THAÏLANDAIS $$

(Carte p. 80 ; 02 628 8382 ; www.khinlom-chomsaphan.com ; 11/6 Soi 3, Th Samsen ; plats 150-450 B ; 11h30-minuit ; Thewet Pier). Les habitués apprécient la vue sur le fleuve et les plats savoureux à base de poisson et fruits de mer de ce restaurant en plein air. Le Khinlom Chom fait aussi pub. L'endroit est prisé des familles nombreuses locales ; appelez pour réserver une table au bord du fleuve.

Chinatown

Le nom de Chinatown, pour la plupart des habitants de Bangkok, évoque immédiatement la cuisine de rue ; la majorité des vendeurs sont installés juste en retrait de Th Yaowarat. Attention : un très grand nombre de stands de cuisine de rue sont fermés le lundi.

Yoo Fishball CHINOIS $

(Carte p. 95 ; 433 Th Yaowarat ; plats 100-120 B ; 10h-23h ; Ratchawong Pier, M Hua Lamphong sortie 1). Les meilleures boulettes de poisson en ville, et de loin ; également d'excellents raviolis aux crevettes, ainsi que des boulettes de taro et des galettes de poisson panées et frites. Si vous ne savez pas quoi choisir, optez pour la soupe mixte, spécialité de la maison, qui permet de goûter à tout.

Nay Hong CUISINE DE RUE $

(Carte p. 80 ; Th Yukol 2 ; plats 50-100 B ; 17h-22h ; Ratchawong Pier, M Hua Lamphong sortie 1). Votre récompense pour avoir déniché ce petit restaurant caché : de délicieuses *gŏo·ay đĕe·o kôo·a gài* (nouilles de riz plates frites avec de l'huile à l'ail, du poulet et des œufs). Ni menu ni enseigne en anglais. Pour le trouver, dirigez-vous vers le nord depuis l'angle entre Th Suapa et Th Luang, puis tournez à droite dans la première rue secondaire ; l'établissement se situe au bout de l'allée.

Khun Yah Cuisine THAÏLANDAIS $

(Carte p. 95 ; près de Th Mittaphap Thai-China ; plats à partir de 50 B ; 6h-13h30 lun-ven ; Ratchawong Pier, M Hua Lamphong sortie 1). Profitant d'un emplacement stratégique dans l'enceinte du Wat Traimit, à l'est du temple du Bouddha d'or (p. 77), Khun Yah se spécialise dans les savoureux currys, condiments marinés, plats sautés et nouilles du centre de la Thaïlande. Dès midi, de nombreux plats sont épuisés. Pas d'enseigne (ni de carte) en anglais.

Nai Mong Hoi Thod CHINOIS $

(Carte p. 80 ; 539 Th Phlap Phla Chai ; plats 100-200 B ; 11h-21h mar-dim ; Ratchawong Pier, M Hua Lamphong sortie 1). Une adresse réputée pour ses délicieuses *hŏy tôrt*, des omelettes aux huîtres avec œufs et fruits

LA VOGUE DES "FOOD COURTS"

Les centres commerciaux de Siam Square ont tous leur *food court*. Bon marché, climatisés, propres et dotés de menus en anglais, ces lieux sont un excellent moyen de découvrir la cuisine thaïlandaise.

MBK Food Island (carte p. 92 ; angle Rama I et Th Phayathai, 6e ét, MBK Center ; plats 50-150 B ; ⏲10h-21h ; ❄✍ ; S National Stadium sortie 4). L'un des plus anciens *food courts* de Bangkok, comptant des dizaines de stands de spécialités régionales, sino-thaïlandaises et étrangères.

Food Republic (carte p. 92 ; angle Rama I et Th Phayathai, 4e ét, Siam Center ; plats 50-200 B ; ⏲10h-22h ; ❄✍ ; S Siam sortie 1). Le plus élégant *food court* en ville abrite un large éventail de stands thaïlandais et internationaux (principalement asiatiques) dans un espace moderne et ouvert.

Eathai (carte p. 92 ; 1031 Th Phloen Chit, sous-sol, Central Embassy ; plats 60-350 B ; ⏲10h-22h ; ❄✍ ; S Phloen Chit sortie 5). Ce vaste espace de restauration sert exclusivement des plats thaïlandais des quatre coins du pays, dont certains proviennent de restaurants et échoppes réputés de la ville.

Gourmet Paradise (carte p. 92 ; 991/1 Rama I, rdc, Siam Paragon ; plats 50-200 B ; ⏲10h-22h ; ❄✍ ; S Siam sortie 3/5). Toujours bondé, ce *food court* réunit chaînes de fast-foods internationales, restaurants thaïlandais et divers stands, avec un accent sur le sucré.

de mer enrobés d'une pâte épaisse et frits. Le plat existe en 3 tailles (petit, moyen et grand), et il est possible de remplacer les huîtres par des moules. Au menu également un bon riz frit au crabe, et c'est à peu près tout.

Mangkorn Khăo — CUISINE DE RUE $

(Carte p. 95 ; angle Th Yaowarat et Th Yaowaphanit ; plats à partir de 50 B ; ⏲18h-minuit mar-dim ; ⛴Ratchawong Pier, M Hua Lamphong sortie 1). Ce vendeur de rue très apprécié prépare chaque soir de délicieux wontons, et, si vous avez un appétit d'ogre, des *bà·mèe* (nouilles de blé à la chinoise). Pas de carte en anglais, mais la plupart des clients se contentent de l'une ou l'autre des spécialités maison, ce qui simplifie le choix.

Jék Pûi — CUISINE DE RUE $

(Carte p. 80 ; Th Mangkon ; plats à partir de 50 B ; ⏲15h-20h mar-dim ; ⛴Ratchawong Pier, M Hua Lamphong sortie 1). Dépourvue de tables, cette échoppe de cuisine de rue remporte un succès monstre grâce à ses currys thaïs à la chinoise. Essayez le *gaang kĕe·o wăhn lôok chín plah grai*, un curry vert peu épicé aux raviolis de poisson d'eau douce. Pas de carte en anglais.

80/20 — INTERNATIONAL $$

(Carte p. 95 ; www.8020bkk.com ; ☎099 118 2200 ; 1052-1054 Th Charoen Krung ; plats 250-450 B ; ⏲18h-23h mar-dim ; ❄📶 ; ⛴Si Phraya/River City Pier, M Hua Lamphong sortie 1). Rénové en 2019, 80/20 continue d'exceller en mêlant ingrédients et spécialités thaïlandaises et occidentales. Le restaurant a d'ailleurs reçu une étoile au Guide Michelin. Les desserts, qui comportent souvent une touche salée, méritent à eux seuls une visite. Un élan créatif bienvenu dans le paysage culinaire assez conservateur de Chinatown.

Hoon Kuang — CHINOIS $$

(Carte p. 95 ; 381 Th Yaowarat ; plats 100-250 B ; ⏲12h-19h30 lun-sam ; ❄ ; ⛴Ratchawong Pier, M Hua Lamphong sortie 1). Savourez la cuisine de rue de Chinatown dans le confort d'une salle climatisée grâce à ce restaurant modeste à la réputation bien établie. Les vedettes de la carte sont en photo sur la porte, comme le curry de crevettes aux nouilles de riz, qui mêle avec bonheur 2 recettes sino-thaïlandaises (le curry de crabe et les nouilles de riz sautées).

Stands de poisson de Th Phadungdao — CUISINE DE RUE $$

(Carte p. 95 ; angle Th Phadungdao et Th Yaowarat ; plats 100-400 B ; ⏲16h-minuit mar-dim ; ⛴Ratcha-wong Pier, M Hua Lamphong sortie 1). Le soir venu, cette enfilade de restaurants en plein air (dont chacun se veut le meilleur du quartier) se mue en un chaos de barbecues de rue, d'employés s'égosillant, de plateaux de fruits de mer frais et de tables installées en pleine rue. Si la plupart des clients sont des touristes étrangers, l'ambiance reste chaleureuse et l'addition raisonnable.

Hua Seng Hong CHINOIS $$

(Carte p. 95 ; 371-373 Th Yaowarat ; plats 80-350 B ; 9h-21h ; ; Ratchawong Pier, M Hua Lamphong sortie 1). La carte variée de Hua Seng Hong (pattes d'oie braisées, marmite de fruits de mer, curry de crabe à carapace molle, riz frit au crabe et nombreux plats de nouilles) réjouira les amateurs de bonne cuisine chinoise. Pour le déjeuner, vous pourrez vous offrir un copieux assortiment de dim-sums en choisissant parmi les nombreux raviolis disponibles.

Siam Square, Pratunam, Phloen Chit et Ratchathewi

Sanguan Sri THAÏLANDAIS $

(Carte p. 92 ; 59/1 Th Witthayu/Wireless Rd ; plats 80-200 B ; 10h-15h lun-sam ; ; S Phloen Chit sortie 2). Dans ce restaurant thaïlandais à l'ancienne, le mieux pour commander est d'ignorer le menu en anglais, limité, et de désigner du doigt les délices des tables voisines qui vous allèchent le plus. Pas d'enseigne en anglais ; l'endroit a des airs de bunker en béton et est envahi d'employés de bureau à l'heure du déjeuner.

Hong Bao CHINOIS $$

(Carte p. 92 ; 092 667 2992 ; Th Phloen Chit, 5e ét, Central Embassy ; dim-sums 100-300 B, plats 250-450 B ; 11h-22h ; ; S Phloen Chit sortie 5). Plébiscités par les habitants, les raviolis de ce restaurant cantonais comptent parmi les meilleurs de Bangkok. La carte, variée, comprend des plats tels que les galettes de radis à la vapeur et une soupe de poisson au piment rouge. Pas de réservations.

Ban Khun Mae THAÏLANDAIS $$

(Carte p. 92 ; 02 250 1952 ; www.bankhunmae.com ; 458/6-9 Soi 8, Siam Sq ; plats 150-350 B ; 11h-23h ; ; S Siam sortie 2/4). Depuis plus de 20 ans, ce restaurant prisé sert de délicieux classiques thaïlandais à un flot continu d'habitants et de touristes. Le vivaneau vapeur au citron vert, servi dans un bouillon au citron et au piment, est la vedette incontestée de la carte, mais le mieux est de commander plusieurs entrées et plats pour varier les plaisirs.

Koko THAÏLANDAIS $$

(Carte p. 92 ; 262/2 Soi 3, Siam Sq ; plats 100-250 B ; 11h-21h30 ; ; S Siam sortie 2). Avec ses nombreux plats végétariens et quelques bonnes recettes de viande ou poisson (curry panang de porc tendre à souhait, poisson pané et frit aux herbes thaïlandaises), cet excellent restaurant thaïlandais aux airs de café est idéal pour tous.

Coca Suki THAÏLANDAIS $$

(Carte p. 92 ; www.coca.com/en/home ; 02 251 6337 ; 416/3-8 Th Henri Dunant ; plats 100-400 B ; 11h-23h ; ; S Siam sortie 6). Prisé des familles thaïlandaises, le *sù·gêe* est une fondue composée d'ingrédients crus à cuire dans un bouillon. Coca Suki est l'un des premiers restaurants à l'avoir servie, et cette antenne de la chaîne reflète son effort de modernisation. Les amateurs de piment commanderont le bouillon *đôm yam*.

Gaa INTERNATIONAL $$$

(Carte p. 92 ; 091 419 2424 ; www.gaabkk.com ; 68/4 Soi Langsuan ; menu 3 200 B ; 18h-21h30 mer-lun ; ; S Ratchadamri sortie 2). La chef étoilée Garima Arora, protégée de Gannang Anand qui, outre à Bangkok, a officié au célèbre restaurant Noma de Copenhague, est aux commandes de cette table renommée. Sa spécialité : des classiques indiens et thaïlandais sublimés par des techniques modernes et magnifiquement dressés pour composer un menu dégustation de 10 à 12 plats. Il faut multiplier l'addition par deux pour un menu avec accords mets-vins. Réservation indispensable.

Lenzi Tuscan Kitchen ITALIEN $$$

(Carte p. 92 ; 02 001 0116 ; www.lenzibangkok.com ; 69/1-2 Soi Ruam Rudi 2 ; plats 600-1 200 B ; 12h-14h et 18h-22h30 ; ; S Phloen Chit sortie 4). Cet élégant restaurant respecte à la lettre les principes de base de la cuisine italienne : obtenir avec les meilleurs produits et des techniques simples des mélanges de saveurs complexes. L'addition est élevée, mais justifiée par la qualité des plats tels que les raviolis au fromage taleggio nappés de sauce à la truffe, ou le bar sauvage de Sardaigne rôti.

Saneh Jaan THAÏLANDAIS $$$

(Carte p. 92 ; sanehjaan.com; 02 650 9880 ; 130-132 Th Witthayu/Wireless Rd, Glasshouse au Sindhorn ; menus 1 600-2 500 B, plats 390-680 B ; 11h30-14h et 18h-22h ; ; S Phloen Chit sortie 2 et taxi). Récompensé d'une étoile au Michelin, ce restaurant à l'ancienne mitonne des plats thaïlandais méconnus et délicieux, dont beaucoup s'inspirent de la cuisine du sud du pays. Les prix élevés se justifient par l'ambiance élégante et les portions copieuses. Pour tout goûter, optez pour les menus dégustation (midi et soir). Shorts, tongs et sandales proscrits.

Rives du fleuve, Silom et Lumphini

Hai THAÏLANDAIS $

(Couvent de Somtam ; carte p. 84 ; 2/4-5 Th Convent ; plats 60-150 B ; 11h-21h lun-ven, 11h-17h sam ; M Si Lom sortie 2, S Sala Daeng sortie 2). Cet excellent restaurant, bon marché et à la réputation établie de longue date, permet de découvrir les délices de l'Isan (région du nord-est), notamment le *lâhp* (salade d'herbes épicée à la viande effilochée) et le *sôm·đam* (salade épicée à la papaye verte). Ne manquez pas le poulet en sauce à la citronnelle et au lait de coco, ou l'échine de porc délicatement grillée. Au déjeuner, on partage sa table avec d'autres clients.

Muslim Restaurant THAÏLANDAIS $

(Carte p. 95 ; 1354-6 Th Charoen Krung ; plats 50-170 B ; 7h-17h30 ; Sathorn/Central Pier, S Saphan Taksin sortie 3). Installez-vous entre les murs bleus de ce restaurant figé dans le temps pour découvrir à quoi ressemblait le Bangkok de jadis. La carte, tout comme l'intérieur, semble avoir peu changé depuis des décennies, et les *biryanis*, currys et samossas indiens ont peu subi les influences thaïlandaises. Les plus courageux essaieront le curry de cervelle de bœuf, à la texture et aux saveurs inimitables.

♥ Supanniga Eating Room THAÏLANDAIS DU NORD $$

(Carte p. 84 ; www.supannigaeatingroom.com ; 28 Soi 10, Th Sathon Neua/North ; plats 150-350 B ; 11h30-14h30 et 17h30-23h30 ; ; S Chong Nonsi sortie 1/5). Supanniga possède plusieurs établissements dans Bangkok, mais cette adresse est celle qui réserve la plus belle ambiance et le meilleur service. Excellent choix de plats du nord de la Thaïlande, notamment des plats du jour comme les saucisses grillées de l'Isan, le bœuf séché et sauté et les chipirons farcis au porc haché. Demandez une table à l'étage, plus calme.

Reservation indispensable, surtout le week-end.

Issaya Siamese Club THAÏLANDAIS $$

(Carte p. 88 ; 02 672 9040 ; www.issaya.com ; 4 Soi Sri Aksorn ; plats 250-500 B ; 11h30-14h30 et 18h-22h30 ; ; M Khlong Toei sortie 1 et taxi). Superbe cuisine servie dans une charmante villa des années 1920. On peut y déguster des plats en sauce ou des mets plus légers concoctés avec des produits issus du jardin bio du restaurant. En savourant du crabe sauce aux œufs ou l'onctueux curry massaman d'agneau (épicé), vous comprendrez pourquoi l'endroit est considéré comme l'une des meilleures tables thaïlandaises de Bangkok.

Polo Fried Chicken THAÏLANDAIS $$

(Kai Thort Jay Kee ; carte p. 84 ; 137/1-3 Soi Sanam Khli/Polo ; plats 50-200 B ; 11h-21h ; ; M Lumphini sortie 3). Même si le *sôm·đam,* riz gluant et *lâhp* de cette échoppe installée de longue date évoquent plutôt un restaurant du nord-est du pays, le nom de l'établissement, "poulet frit" puise plutôt ses origines dans le Sud. Toutefois, l'épaisse panure à l'ail est typique de Bangkok.

Baan THAÏLANDAIS $$

(Carte p. 84 ; 02 655 8995 ; www.baanbkk.com ; 139/5 Th Witthayu/Wireless Rd ; plats 250-400 B ; 11h-14h30 et 18h-22h30 mer-lun ; ; M Lumphini sortie 3). Intérieur épuré et moderne pour ce restaurant familial. On y concocte d'authentiques et savoureuses recettes thaïlandaises et quelques plats moins classiques mais peut-être plus authentiques encore, comme la soupe cinq épices aux œufs, véritable hommage au patrimoine culinaire national.

Kalapapruek THAÏLANDAIS $$

(Carte p. 95 ; kalpapruekrestaurants.com ; 02 236 4335 ; 27 Th Pramuan ; plats 150-300 B ; 8h-18h lun-sam, 8h-15h dim ; ; S Surasak sortie 1/3). Cette vénérable chaîne de restaurants thaïlandais a des antennes dans tout Bangkok, mais l'établissement d'origine, dans Th Pramuan, garde notre préférence. Des familles thaïlandaises s'y retrouvent au déjeuner pour avaler d'énormes portions de spécialités de toutes les régions de Thaïlande. Il y a aussi des plats du jour et, parfois, des délices de saison.

Somboon Seafood FRUITS DE MER, CHINOIS $$

(Carte p. 84 ; 02 233 3104 ; www.somboonseafood.com ; angle Th Surawong et Th Naradhiwas Rajanagarindra ; plats 200-450 B ; 16h-23h ; ; S Chong Nonsi sortie 1). Effervescent restaurant de poisson à l'ancienne, Somboon Seafood a construit sa réputation sur le crabe au curry, sans doute le meilleur de Bangkok ! Le bar au soja vapeur (*Ƅlah grà·pong nêung si·éw*) figure aussi parmi ses spécialités. À déguster, comme beaucoup de recettes de fruits de mer thaïlandais, avec une belle louche de *kôw pàt Ƅou* (riz frit au crabe)... et entouré d'autant d'amis que possible.

Suananda INDIEN $$

(Carte p. 84 ; www.suananda.com ; 109 Th Pan ; plats 120-250 B ; 10h-21h30 lun-sam ; ; Surasak sortie 1/3). Niché dans une ruelle résidentielle paisible, ce minuscule café doublé d'un centre de bien-être prépare des plats végétariens savoureux et inventifs. Goûtez la crêpe de millet aux épinards et le panir (fromage frais) en sauce au yaourt, ou optez pour l'un des plateaux de dégustation. Des cours de yoga sont parfois organisés dans le café.

Saawaan THAÏLANDAIS $$$

(Carte p. 84 ; 02 679 3775 ; www.saawaan.com ; 39/19 Soi Suan Phlu ; menu fixe 2 450 B ; 18h-minuit ; ; Chong Nonsi sortie 5). L'un des meilleurs restaurants thaïlandais au monde, tenu par deux chefs au talent exceptionnel. Un "paradis" (c'est son nom) où l'on sert dans une salle élégante un menu dégustation de 7 plats illustrant différentes techniques de cuisine, avec des recettes traditionnelles dont la finesse d'exécution a valu à l'établissement une étoile au Michelin.

Le Du INTERNATIONAL $$$

(Carte p. 84 ; 092 919 9969 ; www.ledubkk.com ; 399/3 Soi 7, Th Silom ; plats 600-1 200 B ; 18h-22h lun-sam ; ; Chong Nonsi sortie 4). Le Du (du thaï signifiant "saison") mêle spécialités thaïlandaises et saveurs occidentales, techniques de cuisine du XXIe siècle et produits de saison parfois insolites, comme des raisins de mer au printemps, par exemple. Optez pour les menus dégustation (4/6 plats 2 990/3 590 B), magnifiquement conçus et présentés, qui s'achèvent par des desserts inventifs.

Réservation indispensable.

Le Cabanon FRANÇAIS $$$

(Carte p. 84 ; 092 568 4444 ; lecabanonbkk.com ; 44 Soi Akhan Sangkhro ; plats 1 100-1 800 B ; 18h-23h ; ; Chong Nonsi sortie 5 et taxi). Spécialisé dans les fruits de mer, ce restaurant en plein air aménagé dans un agréable cabanon sert de copieux plateaux de moules, de saint-jacques poêlées au beurre ou d'huîtres qui sentent encore l'iode. L'addition est salée, mais il y a le week-end de 12h à 15h un menu déjeuner de 3 plats pour 950 B.

Il Bolognese ITALIEN $$$

(Carte p. 84 ; 02 286 8805 ; www.ilbolognese-bangkok.com ; 139/3 Soi 7, Th Naradhiwas Rajanagarindra ; plats 300-550 B ; 11h30-14h30

DÉLICES DU JAPON

Bangkok abrite une vaste communauté d'expatriés japonais, dont beaucoup vivent autour de la section centrale de Sukhumvit. Ici, la cuisine japonaise ne se limite pas aux sushis. Quelques-unes de nos adresses préférées :

Jidori Cuisine Ken (carte p. 88 ; 02 661 3457 ; www.facebook.com/jidoriken ; près de Soi 26 /Soi Ari, Th Sukhumvit ; plats 80-350 B ; 17h-23h ; ; Phrom Phong sortie 4). Plats de tofu, salades et desserts : tout est bon dans ce restaurant japonais. Mention spéciale pour les brochettes de poulet fumé parfaitement assaisonnées.

Ginzado (carte p. 88 ; 02 392 3247 ; 117 Soi 55/Thong Lor, Th Sukhumvit, Panjit Tower ; plats 150-600 B ; 17h-23h ; ; Thong Lo sorties 1/3). Réservez ou faites la queue pour déguster l'excellent *yakiniku* (bœuf à griller soi-même) de Ginzado. Passez sous la grande arche blanche entre Soi Thong Lor 3 et Soi Thong Lor 5.

Teppen (carte p. 88 ; www.facebook.com/TeppenThailand ; 14/2 Soi 61, Th Sukhumvit ; plats 150-700 B ; 18h-minuit ; ; Ekkamai sortie 1). Une de nos *izakaya* (taverne de quartier japonaise) favorites à Bangkok, avec un peu de tout dans de belles portions, de l'*edamame* (fèves de soja) en entrée au ragoût d'abats de bœuf.

Ippudo (carte p. 88 ; ippudo.co.th/en ; angle Soi 24 et Th Sukhumvit, 4e ét, Emporium ; plats 150-350 B ; 11h-22h ; ; Phrom Phong sortie 2). Cette chaîne nippone de ramen, ultra-populaire au Japon, est désormais présente en Thaïlande. Les plus téméraires agrémenteront leur copieux bol de nouilles d'ail pressé cru.

Imoya (carte p. 88 ; 3e ét, Terminal Shop Cabin, 2/17-19 Soi 24, Th Sukhumvit ; plats 80-400 B ; 17h-minuit ; ; Phrom Phong sortie 4). Un repas dans ce restaurant japonais bien caché, avec ses affiches anciennes, ses lambris et son mur de sakés, vous transportera dans le passé.

et 18h-23h ; ❄ 📶 ; Ⓢ Chong Nonsi sortie 5). Le chef italien passionné concocte des délices du nord de la Botte dans un décor chaleureux et sans chichis. Commencez par des boulettes grillées à l'aubergine avec sauce tomate et stracciatella avant de poursuivre avec un copieux poulet grillé ou l'une des savoureuses pizzas (certaines végétariennes), le tout accompagné de bons vins ou bières d'Italie.

Sühring ALLEMAND **$$$**

(Carte p. 74 ; ☎ 02 287 1799 ; www.restaurantsuhring.com ; 10 Soi 3, Th Yen Akat ; plats 1 800-2 500 B ; ⏲ 17h30-21h30 ; ❄ ; Ⓜ Khlong Toei sortie 1 et taxi). Les jumeaux Mathias et Thomas Sühring, originaires d'Allemagne, préparent des recettes de famille revisitées et dont la présentation est une œuvre d'art. Le personnel est aussi sympathique qu'efficace, et malgré la dimension résolument haut de gamme des plats, vous aurez l'impression de dîner chez des amis. Réservez longtemps à l'avance.

Nahm THAÏLANDAIS **$$$**

(Carte p. 84 ; ☎ 02 625 3333 ; www.comohotels.com ; 27 Th Sathon Tai/South, rdc, Metropolitan Hotel ; dîner fixe 2 500 B, plats 300-700 B ; ⏲ 12h-14h et 18h30-22h ; ❄ ; Ⓜ Lumphini sortie 2). Avec la concurrence accrue de restaurants gastronomiques dans le quartier, Nahm n'est peut-être plus au sommet du classement, mais demeure l'un des meilleurs restaurants thaïlandais de Bangkok. Pim, l'une des chefs les plus réputées de la capitale, fait parler sa créativité dans des plats subtils, comme le mérou noir avec bouillon tamarin-gingembre ou la poêlée de "bœuf énervé".

Sukhumvit

Klang Soi Restaurant THAÏLANDAIS **$**

(Carte p. 88 ; Soi 49/9, Th Sukhumvit ; plats 100-250 B ; ⏲ 11h-14h30 et 17h-22h mar-dim ; ❄ ; Ⓢ Phrom Phong sortie 3 et taxi). Un vestige du Sukhumvit d'autrefois, dans le complexe du Racquet Club, au bout du Soi 49/9. Le menu ronéotypé comprend des spécialités du centre et du sud du pays, ainsi que quelques plats occidentaux.

♥ **Indus** INDIEN **$$**

(Carte p. 88 ; ☎ 086 339 8582 ; www.indusbangkok.com ; 71 Soi 26 (Soi Ari), Th Sukhumvit ; plats 150-400 B ; ⏲ 11h30-14h30 et 18h-22h30 ; ❄ 🖉 ; Ⓢ Phrom Phong sortie 4). Indus trône à ce jour au sommet de la cuisine indienne traditionnelle à Bangkok. Les classiques du nord de l'Inde comme le *biryani,* le kebab, le dhal (soupe de lentilles épicée) et les innombrables plats végétariens de currys à la tomate ou au yaourt rivalisent avec ceux des meilleures tables de New Delhi. Pour en profiter à plein, optez pour le buffet à volonté (990 B).

♥ **Sri Trat** THAÏLANDAIS **$$**

(Carte p. 88 ; ☎ 02 088 0968 ; www.facebook.com/sritrat ; 90 Soi 33, Th Sukhumvit ; plats 200-450 B ; ⏲ 12h-23h mer-lun ; ❄ ; Ⓢ Phrom Phong sortie 5). Ce restaurant exceptionnel est spécialisé dans la cuisine des provinces de l'est de la Thaïlande, Trat et Chanthaburi. Attendez-vous à des saveurs puissantes et légèrement sucrées à base d'herbes, à des produits de la mer ultra-frais et à des plats que vous ne trouverez nulle part ailleurs dans la capitale – la plupart des recettes proviennent de la famille qui gère l'établissement.

♥ **Soul Food Mahanakorn** THAÏLANDAIS **$$**

(Carte p. 88 ; ☎ 02 714 7708 ; www.soulfoodmahanakorn.com ; 56/10 Soi 55/Thong Lor, Th Sukhumvit ; plats 150-350 B ; ⏲ 17h30-minuit ; ❄ 🖉 ; Ⓢ Thong Lo sortie 1/3). Un restaurant thaïlandais contemporain idéal pour un repas revigorant. La carte, qui revisite des recettes des campagnes de Thaïlande, est la même depuis des années, et la qualité est toujours au rendez-vous. Délicieuses créations alcoolisées d'inspiration thaïlandaise, cocktails et quelques bières artisanales sont à découvrir au bar. Réservation conseillée.

theCOMMONS MARCHÉ **$$**

(Carte p. 88 ; www.thecommonsbkk.com ; 335 Soi 17, Soi 55/Thong Lor, Th Sukhumvit ; plats 200-500 B ; ⏲ 8h-minuit ; ❄ 🖉 ; Ⓢ Thong Lo sortie 1/3 et taxi). Cet endroit aux airs d'espace de coworking rend Thong Lor encore plus tendance. Nombreuses enseignes fiables (Soul Food 555, Peppina ou encore Meat & Bones) ainsi qu'un torréfacteur, une brasserie artisanale et un caviste. Idéal pour passer une soirée en écoutant des musiciens jouer de la guitare.

Daniel Thaiger AMÉRICAIN **$$**

(Carte p. 88 ; ☎ 084 549 0995 ; danielthaigerbkk.com ; Soi 11, Th Sukhumvit ; hamburgers à partir de 260 B ; ⏲ 11h-20h ; ❄ ; Ⓢ Nana sortie 3). Tenu par des Américains, ce restaurant, à l'origine un food-truck mais désormais une minuscule échoppe du Soi 11, sert les meilleurs burgers de Bangkok, de juteux steaks de bœuf ou d'agneau dans du pain brioché, accompagnés de frites et d'*onion rings* incroyablement croustillants et d'un vaste choix de bières d'importation.

Prai Raya THAÏLANDAIS $$

(Carte p. 88 ; Soi 8, Th Sukhumvit ; plats 150-600 B ; 10h30-22h30 ; ; Nana sortie 4). Cette antenne d'une véritable institution de Phuket, aménagée dans une charmante maison chaulée, permet de découvrir la cuisine particulièrement épicée de l'île du sud de la Thaïlande, aux légères influences chinoises. Ne vous fiez pas aux explications de la carte, souvent incohérentes, et optez pour l'un des "plats populaires", comme le poisson pané et frit en sauce au tamarin ou le curry jaune de crabe au lait de coco.

Bharani THAÏLANDAIS $$

(Carte p. 88 ; 02 644 4454 ; 96/14 Soi 23, Th Sukhumvit ; plats 150-300 B ; 11h-22h ; ; Sukhumvit sortie 2, Asok sortie 3). Ce confortable restaurant familial fait un peu de tout, de la langue de bœuf en ragoût au riz frit avec mousse de crevettes. Mais l'on vient surtout ici pour les copieuses "nouilles de bateaux", appelées ainsi car elles s'achetaient jadis dans les bateaux sillonnant les *klorng* (canals) du centre de la Thaïlande.

Cocotte Farm Roast & Winery ITALIEN $$$

(Carte p. 88 ; 092 664 6777 ; www.cocotte-bangkok.com ; Soi 39, Th Sukhumvit ; plats 390-790 B ; 11h-14h30 et 18h-minuit ; ; Phrom Phong sortie 1). Cocotte mitonne des plats à base de produits bio provenant de fermes de Bangkok et Chiang Mai, accompagnés d'une superbe carte des vins. Parmi les spécialités de la maison : confit de canard braisé, tartare de bœuf aux légumes marinés et moelle à la marmelade de joue de bœuf. Réservez, surtout le week-end.

Bacco ITALIEN $$$

(Osteria da Sergio ; carte p. 88 ; www.bacco-bkk.com ; 35/1 Soi 53, Th Sukhumvit ; antipasti 200-400 B, plats 350-700 B ; 11h30-14h30 et 17h30-minuit lun-ven, 11h-minuit sam-dim ; ; Thong Lo sortie 1). Si le décor de ce restaurant/bar à vins est légèrement kitsch, ce n'est qu'une couverture pour une fabuleuse cuisine italienne. Les nombreux antipasti sont à tomber, mais ses spécialités sont surtout les pizzas et les galettes *piada* (goûtez la roquette-fromage). Les plats de viande, notamment l'osso buco, la poitrine de bœuf braisée et les escalopes de veau (*saltimbocca*) sont exceptionnels. Réservation indispensable le soir.

Bo.lan THAÏLANDAIS $$$

(Carte p. 88 ; 02 260 2962 ; www.bolan.co.th ; 24 Soi 53, Th Sukhumvit ; menus fixes 3 280-3 680 B ; 18h-22h30 mar-ven, 12h-14h30 et 18h-22h30 sam-dim ; ; Thong Lo sortie 1). La cuisine thaïlandaise haut de gamme mise souvent plus sur la présentation que sur les saveurs, mais ce n'est pas le cas chez Bo.lan. Pour Bo et Dylan (Bo.lan signifie également "ancien"), la cuisine est une science, et le résultat est une gamme de menus copieux comprenant des plats savoureux (pas de choix à la carte ; options végétariennes disponibles). Réservation conseillée.

Appia ITALIEN $$$

(Carte p. 88 ; 02 261 2056 ; www.appia-bangkok.com ; 20/4 Soi 31, Th Sukhumvit ; plats 400-1 000 B ; 18h-23h lun-sam, 11h30-14h30 et 18h-23h dim ; ; Phrom Phong sortie 5). Pâtes maison, viandes rôties à petit feu et carte des vins soignée, relativement abordable, sont les atouts de ce restaurant servant une cuisine du Latium exquise. L'addition est élevée, mais c'est l'une des tables italiennes les plus élégantes en ville. Réservation conseillée.

Nord de Bangkok

Yusup THAÏLANDAIS $

(Carte p. 74 ; 531/12 Kaset-Navamin Hwy ; plats 50-150 B ; 8h30-15h ; Mo Chit sortie 3 et taxi). L'audacieuse enseigne en thaï annonce *rah·chah kôw mòk* ("roi du *biryani*") et Yusup sert effectivement un parfait biryani, mais aussi une soupe de queue de bœuf aigre et un appétissant *gaang mát·sà·màn* ("curry musulman"). En dessert, goûtez le *roh·đi wăhn*, une galette croustillante semblable à un *paratha* (pain indien), avec sucre et lait concentré sucré – une spécialité riche en glucides !

Baan Pueng Chom THAÏLANDAIS $$

(Carte p. 74 ; 02 279 4204 ; Soi Chua Chit, près de Soi 7/Ari, Th Phahonyothin ; plats 150-350 B ; 11h-14h et 16h-22h lun-sam ; ; Ari sortie 1). Aujourd'hui, il faut s'aventurer dans la banlieue nord de Bangkok pour trouver un restaurant à l'ancienne comme celui-ci. Installé dans un jardin digne d'une jungle, vous consulterez une longue carte illustrée de plats parfumés que l'on ne trouve qu'ici. Téléphonez au préalable si vous voulez manger à l'intérieur.

Khua Kling Pak Sod THAÏLANDAIS $$

(Carte p. 74 ; 02 617 2553 ; www.khuaklingpaksod.com ; 24 Soi 5, Th Phahonyothin ; plats 150-400 B ;

⏲11h-14h30 et 17h30-21h30 ; ❄ ; S Ari sortie 1). Une adresse élégante où découvrir la cuisine du sud de la Thaïlande, la plus épicée du pays. Découvrez le plat qui a donné son nom à l'endroit, le *khua kling* (curry ultra-épicé d'émincés de viande) ou le *moo hong* (poitrine de porc braisée si parfumée qu'on dirait presque un dessert), spécialité sino-thaïlandaise de Phuket.

Où prendre un verre et faire la fête

Ko Ratanakosin et Thonburi

Rooftop BAR

(Carte p. 80 ; www.salaresorts.com/rattanakosin ; Soi Tha Tian, 5e ét, Sala Rattanakosin ; ⏲17h-23h ; ⛴ Tien Pier). Le bar du toit-terrasse de l'hôtel Sala Rattanakosin offre une vue imprenable sur le Wat Arun, de l'autre côté du fleuve, au couchant. Si vous parvenez à vous frayer un chemin entre les touristes prenant des selfies, essayez d'immortaliser le temple au moment magique où ses lumières s'allument alors que le ciel est encore clair.

Amorosa BAR

(Carte p. 80 ; www.arunresidence.com ; 36-38 Soi Pratu Nokyung, Arun Residence ; ⏲17h-minuit ; ⛴ Tien Pier). Le bar en terrasse de l'hôtel Arun Residence domine le fleuve juste en face du Wat Arun (p. 71). Si les cocktails sont classiques, la vue sur les bateaux sillonnant les eaux avec les lumières du Wat Arun en toile de fond au crépuscule est inoubliable.

Banglamphu

♥ Ku Bar BAR

(Carte p. 80 ; www.facebook.com/ku.bangkok ; 3e ét., 469 Th Phra Sumen ; ⏲19h-minuit mer-lun ; ⛴ klorng taxi Phanfa Leelard Pier). Si vous êtes las des cocktails aux ingrédients mondialisés servis dans des seaux, rendez-vous au Ku Bar, complètement à l'opposé de toutes les adresses festives de Khao San. Grimpez 3 étages (repérez la minuscule enseigne) pour émerger dans un décor au minimalisme frisant le comique, où les cocktails de fruits et légumes sophistiqués (par exemple : litchi, tomate, ananas/poivron rouge) et la musique de fond contribuent à l'ambiance *underground*.

Commé BAR

(Carte p. 80 ; 100/4-5 Th Phra Athit ; ⏲18h-1h ; ⛴ Phra Athit/Banglamphu Pier). Vous repérerez ce bar aux motos vintage de l'entrée, si ce n'est au bourdonnement qui annonce que vous en approchez. Institution des hipsters du quartier, c'est un bar avec espace en plein air classique, sur Th Phra Athit, où l'on vient boire et faire la bringue à la thaïlandaise.

SOI NANA

Cap sur cette ruelle en plein essor de Chinatown, jalonnée de bars et galeries aménagés dans des *shophouses*, pour profiter de cocktails sur mesure, d'installations d'art contemporain et de cafés pleins de charme et sans go go danseuses. Quelques adresses à essayer :

Tep Bar (carte p. 95 ; 69-71 Soi Nana ; ⏲19h-minuit mar-dim ; M Hua Lamphong sortie 1). Un bar sophistiqué avec déco contemporaine d'influence thaïlandaise, délicieux cocktails maison, alcools locaux, en-cas savoureux et musique thaïlandaise *live* du vendredi au dimanche.

Pijiu Bar (carte p. 95 ; www.facebook.com/pijiubar ; 16 Soi Nana ; ⏲18h-minuit mar-dim ; ⛴ Ratchawong Pier, M Hua Lamphong sortie 1). L'Occident de naguère rencontre la Shanghai d'autrefois dans ce bar récent qui dégage une atmosphère très classique. Ici, le houblon est à l'honneur ("pijiu" signifie bière en chinois), avec une sélection tournante de 4 bières artisanales à la pression, mais ce sont peut-être les assiettes de charcuteries (300 B) qui sont les plus alléchantes. Elles sont composées avec les meilleures viandes fumées et transformées de Chinatown.

Teens of Thailand (TOT ; carte p. 95 ; 76 Soi Nana ; ⏲19h-minuit mar-dim ; 📶 ; M Hua Lamphong sortie 1). Probablement le plus avant-gardiste des bars de Soi Nana ; faufilez-vous à travers la minuscule porte en bois de cette *shophouse* reconvertie pour découvrir un intérieur aux airs de squat d'artistes où des barmans branchés servent des cocktails imaginatifs à base de gin.

BARS SUR LES TOITS

Bangkok est réputée pour ses bars installés sur des toits-terrasses. Certains des meilleurs se concentrent autour de Th Sathon et Th Silom, avec vue sur le Chao Phraya et les gratte-ciel.

Presque tous ceux des hôtels appliquent un code vestimentaire strict, interdisant l'accès aux personnes en short et/ou portant des sandales.

Moon Bar (Vertigo ; carte p. 84 ; www.banyantree.com ; 21/100 Th Sathon Tai/South, 61e ét., Banyan Tree Hotel ; 17h-1h ; M Lumphini sortie 2). Une balustrade étonnamment basse est tout ce qui sépare ce bar sur le toit de la rue, 61 étages plus bas !

Park Society (carte p. 84 ; 2 Th Sathon Neua/North, 29e ét., Sofitel So ; 18h-23h ; M Lumphini sortie 2). Surplombant la verdure du parc Lumphini et entouré de hauts immeubles sur quasiment tous les côtés, ce bar donne l'impression de se trouver en plein Manhattan.

Sky Bar (carte p. 95 ; www.lebua.com ; 1055 Th Silom, 63e ét, State Tower ; 18h-1h ; Sathorn/Central Pier, S Saphan Taksin sortie 3). Un escalier hollywoodien conduit à ce bar dominant les toits et le Chao Phraya.

Three Sixty (carte p. 95 ; 02 442 2000 ; 123 Th Charoen Nakhorn, Millennium Hilton ; 17h-1h ; Sathorn/Central Pier et navettes fluviales hôtels). Officiellement un club de jazz, ce bar offre un vaste panorama sur Bangkok depuis la rive opposée du Chao Phraya, pour une perspective différente sur la métropole.

Babble & Rum BAR
(Carte p. 80 ; www.facebook.com/babble.rum ; 23 Th Phra Athit, hôtel Riva Surya ; 17h-22h ; Phra Athit/Banglamphu Pier). L'un des quelques bars en bord de fleuve du quartier, où l'on vient profiter de la vue et de l'excellente happy hour.

Madame Musur BAR
(Carte p. 80 ; www.facebook.com/madamemusur ; 41 Soi Ram Buttri ; 8h-minuit ; Phra Athit/Banglamphu Pier). Ce bar combine l'ambiance du nord de la Thaïlande avec celles du film *La Plage* et de Th Khao San. Tout un programme ! Agréable pour boire un verre, papoter et observer les passants, il propose en outre quelques spécialités du Nord à grignoter (100-250 B).

Hippie de Bar BAR
(Carte p. 80 ; www.facebook.com/hippiedebar46 ; 46 Th Khao San ; 15h-2h ; Phra Athit/Banglamphu Pier). Ce bar se démarque par son cadre rétro et sa terrasse, ainsi que par sa playlist indé-pop plus recherchée qu'ailleurs. Bien que situé dans Th Khao San, il attire peu d'étrangers et offre l'occasion de sympathiser avec des Thaïlandais.

Thewet et Dusit

Post Bar BAR
(Carte p. 80 ; 161 Th Samsen ; 19h-1h ; Thewet Pier). Ressemblant à s'y méprendre à un bazar chinois, l'intérieur en bois sombre tout en longueur du Post Bar est orné d'un bric-à-brac rétro-kitsch. Sur fond de classic rock, une clientèle essentiellement thaïlandaise boit en grignotant des en-cas délicieusement acidulés.

Chinatown

Let the Boy Die MICROBRASSERIE
(Carte p. 80 ; let-the-boy-die.business.site ; 425 Th Luang ; 17h-minuit ; M Hua Lamphong sortie 1). Ce tripot au nom étonnant était le premier bar à bières artisanales de Bangkok lors de son ouverture en 2015. La législation thaïlandaise, particulièrement stricte en matière de production artisanale de bières, força l'établissement à fermer 2 ans avant de rouvrir sous la forme d'une microbrasserie servant 12 bières maison à la pression. Goûtez la stout aux arômes de noix ou l'IPA à l'américaine, et mêlez-vous aux amateurs de houblon.

Tropic City BAR
(Carte p. 95 ; www.tropiccitybkk.com ; Soi 28, Th Charoen Krung ; 19h-2h mar-dim ; Si Phraya/River City Pier). Caché dans une ruelle paisible, ce petit paradis où voyageurs LGBTIQ sont les bienvenus est l'endroit rêvé pour terminer la soirée. Musique psychédélique et pisco sour à tomber attirent une foule joviale où se mêlent hipsters et expatriés

de longue date. Le petit espace extérieur se remplit dès que le bar est plein.

River Vibe BAR

(Carte p. 95 ; www.riverviewbkk.com ; 8e ét, River View Guesthouse, près de Soi Charoen Phanit ; 17h30-23h ; ; Marine Department Pier, M Hua Lamphong sortie 1). Si vous n'avez pas les moyens de vous offrir les cocktails onéreux d'une adresse haut de gamme, grimpez au dernier étage de cette *guesthouse* qui jouit d'une vue splendide sur un vaste méandre du Chao Phraya. La bière la moins chère n'est qu'à 80 B, et il suffit de commander un dîner thaïlandais sans prétention (plats 130-250 B) pour pouvoir s'attarder.

Siam Square, Pratunam, Phloen Chit et Ratchathewi

Hair of the Dog BIÈRES ARTISANALES

(Carte p. 92 ; www.hairofthedogbkk.com ; 888/26 Th Phloen Chit, 1er ét., Mahathun Plaza ; 17h-minuit lun-sam ; S Phloen Chit sortie 2). Ce bar presque caché incarne l'engouement pour la bière artisanale qui a déferlé sur Bangkok ces dernières années. Avec une décoration évoquant une morgue, des dizaines de bouteilles et 13 choix à la pression, l'endroit est parfait pour une soirée houblonnée. La sélection de "bières du mois" remporte généralement un franc succès.

CRU Champagne Bar BAR EN TOIT-TERRASSE

(Carte p. 92 ; 02 100 6255 ; 999/99 Rama I, 59e ét, Centara Grand, CentralWorld ; 17h-1h ; S Sky Walk via Chit Lom sortie 1). Bangkok ne manque pas de bars en toits-terrasses, et celui-ci est l'un des plus haut perchés. Un verre de champagne ou un cocktail aux fruits frais à la main, contemplez le panorama à 360° depuis le 59e étage. Pas de shorts pour les hommes, pas de tongs ni de débardeurs.

Glen Bar BAR

(Carte p. 74 ; 8/2 Th Rang Nam, 1er ét, Pullman Bangkok King Power ; 18h-1h ; S Victory Monument sortie 2). Si l'ambiance à la fois haut de gamme et détendue et les sessions DJ ne suffisent pas à vous convaincre de vous aventurer hors de Sukhumvit, sachez que le Glen Bar est sans doute l'adresse la moins chère en ville pour déguster des vins de premier ordre. Offres spéciales fréquentes sur des en-cas allant de fromages d'importation à des plateaux de charcuteries et de tapas.

Rives du fleuve, Silom et Lumphini

Smalls BAR

(Carte p. 84 ; www.facebook.com/smallsbkk ; 186/3 Soi Suan Phlu ; 19h-2h ; S Chong Nonsi sortie 5). Évoquant un authentique club de jazz new-yorkais, Smalls possède une porte tournante à l'entrée, un décor surchargé et un agréable toit-terrasse. Soirées cuisine à thème fréquentes (consultez la page Facebook) et concerts de jazz le mercredi et le vendredi. Les nombreux cocktails sont corsés, et les verres d'absinthe (excellente) bien remplis.

Vesper BAR

(Carte p. 84 ; www.vesperbar.co ; 10/15 Th Convent ; 17h30-1h ; ; M Si Lom sortie 2, S Sala Daeng sortie 2). L'allure rangée de ce bar-restaurant est trompeuse ; c'est l'un des débits de boisson les plus animés du quartier d'affaires de Bangkok. Comme le nom le suggère, l'accent est mis sur les cocktails, avec plusieurs classiques revisités et des mélanges ayant macéré 6 semaines dans des tonneaux en chêne. Réservez par téléphone pour une table le week-end.

Namsaah Bottling Trust BAR

(Carte p. 84 ; www.namsaah.com ; 401 Soi 7, Th Silom ; 17h-1h ; ; M Si Lom sortie 2, S Chong Nonsi sortie 4). Namsaah est un véritable ovni de la scène nocturne de Bangkok, aménagé dans une demeure historique restaurée repeinte en rose vif. Le bar affiche un décor rétro mêlant armures de samouraïs et néons. L'endroit est réputé pour ses cocktails classiques revisités (goûtez le mojito mangue-piment) et ses plats savoureux (essayez le curry jaune au steak de thon de la mer d'Andaman).

Maggie Choo's BAR

(Carte p. 95 ; Fenix Silom, 320 Th Silom, sous-sol, Novotel Bangkok ; 19h30-2h ; S Surasak sortie 1). Ce bar aux airs de fumerie d'opium, doté de passages secrets, occupe l'ancienne chambre forte d'une banque. L'ambiance ferait presque oublier de commander, et pourtant les cocktails sont inventifs, quoique très sucrés. Spectacles de drag queens et concerts de jazz certains soirs.

DJ Station GAY

(Carte p. 84 ; Soi 2, Th Silom ; à partir de 150 B ; 21h-2h ; M Si Lom sortie 2, S Sala Daeng sortie 3). Un club gay légendaire de Bangkok – et d'Asie –, à la clientèle composée de guppies (prostitués gays) thaïlandais et de quelques Occidentaux. S'il affiche complet, essayez les autres clubs des environs, assez similaires.

Telephone Pub GAY

(Carte p. 84 ; 114/11-13 Soi 4, Th Silom ; 18h-1h ; ; M Si Lom sortie 2, S Sala Daeng sortie 1). Ouvert il y a des années, ce bar est avant tout connu pour les téléphones connectés entre eux qui trônaient jadis sur chaque table et permettaient la drague à distance. La plupart des téléphones ont disparu, mais la popularité de l'endroit est restée. Préférez les bières bien fraîches aux cocktails, quelconques.

Wong's Place BAR

(Carte p. 84 ; 27/3 Soi Si Bamphen ; 21h-tard mar-dim ; M Lumphini sortie 1). Petit, poussiéreux et quelque peu malodorant, ce tripot rappellera à certains baroudeurs le début des années 1980. Avant tout connu pour fermer tard, l'endroit fait dans la fonctionnalité plutôt que la finesse, et ce n'est pas la peine de venir avant 1h. Le bar sert des boissons bon marché et ne ferme qu'une fois les derniers clients partis.

Balcony GAY

(Carte p. 84 ; www.balconypub.com ; Soi 4, Th Silom ; 17h30-2h ; ; M Si Lom sortie 2, S Sala Daeng sortie 1). Installé dans le Soi 4, ce pub gay établi de longue date propose occasionnellement des spectacles de drag queens. Les pichets de 3 l de bière en font l'endroit idéal pour venir avec un groupe d'amis, de même que les soirées à thèmes (des fromages aux quiz). Programmation sur le site Web.

Sukhumvit

Studio Lam BAR, CLUB

(Carte p. 88 ; www.facebook.com/studiolambangkok ; 3/1 Soi 51, Th Sukhumvit ; 18h-1h mar-dim ; S Thong Lo sortie 3). Studio Lam, une ramification de la maison de disques ultra-branchée ZudRangMa, possède un *sound system* de style jamaïcain conçu sur mesure pour les soirées DJ de musiques du monde et thaïlandaise rétro, et les concerts occasionnels. Des infusions originales concoctées au bar (gingembre, rhubarbe, etc.) agrémentent les cocktails maison aux arômes inimitables. Bondé le week-end.

WTF BAR

(Carte p. 88 ; www.wtfbangkok.com ; 7 Soi 51, Th Sukhumvit ; 18h-1h mar-dim ; ; S Thong Lo sortie 3). Ce bar de quartier sympathique et décontracté comprend aussi une galerie d'art. Les habitants et expatriés bohèmes s'y retrouvent pour les cocktails classiques, les concerts et les soirées DJ, les lectures de poésie, les expositions d'art et les savoureux en-cas. Tout comme eux, nous considérons le WTF comme le meilleur bar de Bangkok. Les negronis avec une pointe d'épices sont exceptionnels.

Tuba BAR

(Carte p. 88 ; www.facebook.com/tubabkk ; 34 Room 11-12 A, Soi Thong Lor 20/Soi Ekamai 21 ; 11h-2h ; S Ekkamai sortie 1/3 et taxi). À la fois entrepôt de mobilier vintage extravagant, restaurant et bar de quartier accueillant, le Tuba est un endroit insolite, éclectique et amusant. Commandez une bouteille (on vous la garde pour une prochaine visite si vous ne la finissez pas) et régalez-vous d'ailes de poulet ou d'un délicieux *lâhp* frit.

Tasting Room by Mikkeller MICROBRASSERIE

(Carte p. 88 ; www.tastingroombkk.com ; 26 Yaek 2, Soi Ekamai 10 ; 17h-minuit ; S Ekkamai sortie 1/3 et taxi). Ces brasseurs danois un peu bohèmes font le buzz et se sont installés à Bangkok, proposant plus de 30 bières à la pression, locales (Sukhumvit Brown Ale) ou complètement dingues (Beer Geek, une bière d'avoine à 13 degrés). Ambiance conviviale et en-cas savoureux.

Q&A Bar BAR

(Carte p. 88 ; 02 664 1445 ; www.qnabar.com ; 235/13 Soi 21/Asoke, Th Sukhumvit ; 19h-2h ; M Phetchaburi sortie 1). Imaginez une voiture-restaurant ou un hall d'aéroport des années 1950 et vous aurez une idée assez précise de l'intérieur du Q&A. La courte sélection de cocktails s'éloigne des classiques mais une élégance à l'ancienne est de mise. Réservation conseillée.

Brewski BAR EN TOIT-TERRASSE

(Carte p. 88 ; 02 302 3333 ; 489 Th Sukhumvit, Soi 27, 30/F Radisson Blu Plaza ; 17h-1h ; ; S Asok sortie 3). "Bar en toit-terrasse" est souvent synonyme d'addition salée, mais pas chez Brewski. Avec des boissons (surtout des bières) à partir de 90 B, c'est l'endroit idéal pour passer une soirée paisible 30 étages au-dessus de la clameur de Sukhumvit. Le bar propose une centaine de bières et cidres artisanaux, plus une douzaine à la pression, dont la Vedett Extra White et la Wild Turkey Bourbon Stout.

Sing Sing Theater BAR

(Carte p. 88 ; www.singsingbangkok.com ; Soi 45, Th Sukhumvit ; 21h-tard mar-dim ; S Thong Lo sortie 1). Des danseuses vêtues de changsans ou de combinaisons spatiales (tout dépend du soir) déambulent entre les salles secrètes, les podiums et la minuscule piste de danse de ce club merveilleusement surréaliste, à l'énergie communicative. Les cocktails corsés ne feront que renforcer l'impression de s'être fourvoyé dans une fumerie d'opium chinoise.

Beam CLUB

(Carte p. 88 ; www.beamclub.com ; 72 Courtyard, 72 Soi 55/Thong Lor, Th Sukhumvit ; 20h-2h mer-sam ; S Thong Lo sortie 1/3 et taxi). D'éminents DJ house et techno aux platines, une clientèle variée et une piste de danse bondée font de Beam le club du moment à Bangkok. Événements spéciaux sur le site Web.

J Boroski Mixology BAR

(Carte p. 88 ; www.josephboroski.com ; près du Soi 55/Thong Lor, Th Sukhumvit ; 19h-2h ; ; S Thong Lo sortie 1/3 et taxi). Pas d'adresse précise, pas de carte des cocktails... J. Boroski, mixologue, a décidé de créer l'équivalent moderne des *speakeasies* de la Prohibition. Expliquez vos goûts au barman et laissez-le combiner alcools de première qualité et ingrédients secrets pour concocter un cocktail que vous n'oublierez pas de si tôt. Dans une ruelle sans nom près du Soi Thong Lor 6.

Above 11 BAR

(Carte p. 88 ; www.aboveeleven.com ; Soi 11, Th Sukhumvit, 33e ét, Fraser Suites Sukhumvit ; 18h-2h ; S Nana sortie 3). Un bar en toit-terrasse sophistiqué, avec vue sur le quartier le plus cosmopolite de Bangkok, DJ sets et de savoureux plats et en-cas d'Amérique latine. Les pisco sours ont un franc succès auprès des expatriés.

Nord de Bangkok

O'glee BAR

(Carte p. 74 ; www.facebook.com/ogleeari1 ; Soi Ari 1, Soi 7/Ari, Th Phahonyothin ; 17h30-minuit ; S Ari sortie 3). Le nom et le décor évoquent vaguement un bar irlandais. Mais, plutôt que des trèfles et autres clichés, on y trouve un excellent choix de bières artisanales importées – bouteilles et pressions – servies par une charmante famille thaïlandaise, ainsi que de délicieux en-cas.

Aree BAR

(Carte p. 74 ; angle Soi Ari 4/Nua & Soi 7/Ari, Th Phahonyothin ; 18h-1h ; S Ari sortie 3). Brique apparente, épais tapis et éclairage chaleureux : l'ambiance est plus cosy que dans les bars standards de Bangkok. Concerts (à partir de 20h du mardi au dimanche), en-cas thaïlandais contemporains et carte des boissons bien fournie.

Fake Club The Next Gen CLUB GAY

(Carte p. 74 ; www.facebook.com/fakeclubthenextgen ; 222/32 Th Ratchadaphisek ; 20h-2h ; M Sutthisan sortie 3). Institution gay établie de longue date, loin du quartier LGBT de Th Silom. Musique live, chorégraphies kitsch et lasers.

Où sortir

Brick Bar MUSIQUE LIVE

(Carte p. 80 ; www.brickbarkhaosan.com ; sous-sol, Buddy Lodge, 265 Th Khao San ; entrée sam-dim 150 B ; 20h-2h ; Phra Athit/Banglamphu Pier). Ce pub en sous-sol, l'un des plus en vogue à Bangkok pour les concerts, accueille chaque soir des groupes différents et une clientèle presque exclusivement thaïlandaise, qui finit souvent la soirée en dansant sur les tables. Le Brick Bar peut être affreusement bondé ; mieux vaut arriver tôt.

Bamboo Bar MUSIQUE LIVE

(Carte p. 95 ; 02 659 9000 ; www.mandarinoriental.com ; 48 Soi 40/Oriental, Mandarin Oriental ; 17h-0h30 dim-jeu, 17h-1h30 ven-sam ; Oriental Pier). En activité depuis plus de 65 ans, le bar du Mandarin Oriental reste l'un des meilleurs endroits pour écouter du jazz. Artistes venus du monde entier (consultez le site Internet pour la programmation) ; concert à 21h tous les soirs.

The Living Room MUSIQUE LIVE

(Carte p. 88 ; 02 649 8888 ; www.thelivingroomatbangkok.com ; 250 Th Sukhumvit, niveau 1, Sheraton Grande Sukhumvit ; 18h-minuit ; M Sukhumvit sortie 3, S Asok sortie 2). Ne vous fiez pas aux apparences : tous les soirs, ce salon-bar guindé devient le meilleur club de jazz de la ville. Vous serez assis sur de confortables canapés, tous à portée

RCA

Enfilade de bureaux sans intérêt le jour, la Royal City Avenue (que tout le monde appelle RCA) devient le soir l'un des quartiers les plus fréquentés de Bangkok pour faire la fête. Sachez que certains clubs exigent souvent la présentation d'une pièce d'identité et une tenue correcte (ni short ni sandales).

Onyx (carte p. 74 ; www.onyxbangkok.com ; RCA/Royal City Ave ; 500 B ; 21h-2h ; M Phra Ram 9 sortie 3 et taxi). Probablement le plus sophistiqué des clubs de la RCA, comme en témoignent le tarif d'entrée élevé et la clientèle tirée à quatre épingles.

Route 66 (carte p. 74 ; www.route66club.com ; 29/33-48 RCA/Royal City Ave ; 300 B ; 21h-2h ; M Phra Ram 9 sortie 3 et taxi). Les grands succès du hip-hop sont à l'honneur dans l'espace principal, mais on peut écouter un peu de tout dans les différents niveaux thématiques, de la pop thaïlandaise aux musiciens *live*.

NOMA BKK (Now Our Mother's Angry ; carte p. 74 ; www.facebook.com/NOMABKK ; 21/66 RCA/Royal City Ave ; 19h-2h ; M Phra Ram 9 sortie 3 et taxi). Ce bar branché à l'ambiance détendue sert de la bière pas chère et organise parfois concerts et improvisations de hip-hop.

d'oreille de la musique. Renseignez-vous à l'avance sur le programme. Entrée : 300 B après 20h30.

Saxophone Pub & Restaurant MUSIQUE LIVE

(Carte p. 74 ; 02 246 5472 ; www.saxophonepub.com ; 3/8 Th Phayathai ; 18h-2h ; S Victory Monument sortie 2). Voici 30 ans que Saxophone occupe le centre de la scène musicale de Bangkok. Dans cet espace sombre et intime, les fauteuils se trouvent à quelques mètres à peine de la scène. On peut aussi assister aux concerts de blues, jazz, rock et reggae depuis le balcon.

Tawandang German Brewery MUSIQUE LIVE

(Carte p. 74 ; www.tawandang.com ; angle Rama III et Th Naradhiwas Rajanagarindra ; 17h-1h ; S Chong Nonsi sortie 5 et taxi). C'est la fête de la bière toute l'année dans cette microbrasserie doublée d'une immense salle de concert. La cuisine germano-thaïlandaise est bonne, les bières maison sont très correctes, et les concerts quotidiens (à partir de 20h30) une invitation à chanter.

Parking Toys MUSIQUE LIVE

(Carte p. 74 ; www.facebook.com/parkingtoys ; 02 907 2228 ; 17/22 Soi Mayalap, près de Kaset-Navamin Hwy ; 19h-2h ; M Chatuchak Park sortie 2 et taxi, S Mo Chit sortie 3 et taxi). L'une des meilleures salles de Bangkok pour la musique *live*, Parking Toys accueille une sélection éclectique de groupes allant du rockabilly à l'électro-funk. Prenez un taxi au nord de la station Mo Chit du BTS (ou Chatuchak Park du MRT) jusqu'au carrefour de Kaset. Là, tournez à droite dans Th Kaset-Navamin. Parking Toys est situé juste après le deuxième feu.

Adhere the 13th MUSIQUE LIVE

(Carte p. 80 ; www.facebook.com/adhere13thblues-bar ; 13 Th Samsen ; 18h-minuit ; Phra Athit/Banglamphu Pier). Ce pub minuscule a tout du bar de quartier : des habitués, de la bière fraîche et un groupe résident talentueux qui se produit à 22h. Même si tout le monde semble se connaître, n'hésitez pas à vous mêler aux autres.

♥ Rajadamnern Stadium COMBATS DE BOXE

(สนามมวยราชดำเนิน ; carte p. 80 ; www.rajadamnern.com ; près de Th Ratchadamnoen Nok ; billets 3e classe/2e classe/classe club/bord de ring 1 000/1 500/1 800/2 000 B ; matchs 18h30 lun, mer et jeu, 15h et 18h30 dim ; Thewet Pier, S Phaya Thai sortie 3 et taxi). Le Rajadamnern Stadium est la plus vénérable des salles de *moo·ay tai* (boxe thaïe ; ou *muay-thaï*) de Bangkok. Achetez vos places à la billetterie officielle (au guichet ou en ligne) et non aux rabatteurs postés à l'entrée.

Sala Rim Naam DANSE

(Carte p. 95 ; 02 659 9000 ; www.mandarinoriental.com ; Mandarin Oriental ; billets avec dîner adulte/enfant 2 900/2 300 B ; dîner 19h-22h30, spectacle 19h45 ; Oriental Pier et bateaux-navettes hôtels). L'hôtel historique Mandarin Oriental organise ces représentations de danse traditionnelle dans un somptueux pavillon, côté Thonburi du fleuve, accompagnées d'un dîner haut de gamme. Les prix sont élevés, mais le spectacle a généralement du succès, tout comme le menu servi aux spectateurs.

Achats

Banglamphu

Marché de Khao San CADEAUX ET SOUVENIRS

(Carte p. 80 ; Th Khao San ; 10h-minuit ; Phra Athit/Banglamphu Pier). La principale "rue des *guesthouses*" de Banglamphu est une sorte de marché ouvert permanent où les vendeurs de rue proposent tee-shirts, DVD piratés, vêtements en chanvre, contrefaçons de créateurs, perches à selfies, jus d'orange et autres grenouilles en bois qui croassent lorsque vous frottez leur dos avec un bâton. Une joyeuse cacophonie !

Nittaya Thai Curry ALIMENTATION, BOISSONS

(Carte p. 80 ; 136-40 Th Chakrabongse ; 9h-19h lun-sam ; Phra Athit/Banglamphu Pier). Nittaya est réputé dans toute la Thaïlande pour ses odorantes pâtes de curry. Prenez quelques boîtes à emporter à consommer de retour chez vous ou examinez les sections cadeaux. De nombreux visiteurs thaïlandais font ici le plein de spécialités locales pour les rapporter dans leur province d'origine.

Chinatown

Lhong 1919 CENTRE COMMERCIAL

(Carte p. 95 ; 248 Th Chiangmai, Khlong San ; 10h-22h ; bateau-navette depuis Sathorn/Central Pier, S Krung Thonburi sortie 1/3 et taxi). Ce centre commercial original, installé dans un ensembre d'entrepôts chinois remis à neuf sur la rive ouest du Chao Phraya, conjugue cadre du XIXe siècle et expérience "shopping" contemporaine, avec une succession de boutiques de créateurs. En prime, quelques bons restaurants vous attendent le long de la promenade bordant le fleuve.

Siam Square, Pratunam, Phloen Chit et Ratchathewi

Siam Discovery CENTRE COMMERCIAL

(Carte p. 92 ; www.siamdiscovery.co.th ; angle Rama I et Th Phayathai ; 10h-22h ; S Siam sortie 1). Avec une atmosphère évoquant presque un marché et un éventail impressionnant de produits allant des articles domestiques aux vêtements, le Siam Discovery est de loin le centre commercial le plus tourné vers le design. Les magasins de marque y côtoient des kiosques vendant les réalisations de créateurs locaux.

MBK Center CENTRE COMMERCIAL

(Carte p. 92 ; www.mbk-center.co.th/en ; angle Th Phra Ram I et Th Phayathai ; 10h-22h ; S National Stadium sortie 4). Cet immense centre commercial est l'une des attractions de Bangkok. Tous les week-ends, la moitié de la ville (et nombre de touristes) vient explorer les innombrables stands et boutiques répartis sur 8 étages.

Siam Square CENTRE COMMERCIAL

(Carte p. 92 ; Rama I ; 11h-21h ; S Siam sorties 2/4). Cet espace commercial en plein air est le terrain de prédilection des ados. La musique pop à plein volume se déverse depuis de minuscules enceintes, et des bandes de jeunes aux styles vestimentaires divers flânent entre les fast-foods et les boutiques. Un lieu idéal pour dénicher des pièces uniques, même si souvent les vêtements ne conviennent qu'aux petits gabarits.

Siam Paragon CENTRE COMMERCIAL

(Carte p. 92 ; www.siamparagon.co.th ; 991/1 Rama I ; 10h-22h ; S Siam sortie 3/5). Sorte de parc urbain climatisé, ce centre commercial compte des divertissements tels que Sea Life Ocean World (p. 83), **Major Cineplex** (02 129 4635 ; www.majorcineplex.com ; 5e ét) et Gourmet Paradise (p. 107), un gigantesque *food court* au sous-sol. Et bien sûr, des boutiques et encore des boutiques, vendant vêtements, souvenirs, accessoires, appareils électroniques et même des Rolls-Royce et des McLaren ! Kinokuniya, au 3e niveau, est la plus grande librairie anglophone de Thaïlande.

CentralWorld CENTRE COMMERCIAL

(Carte p. 92 ; www.centralworld.co.th ; Th Ratchadamri ; 10h-22h ; S Sky Walk via Chit Lom sortie 9/Siam sortie 6). L'un des plus grands centres commerciaux d'Asie du Sud-Est, avec 8 niveaux, plus de 500 magasins et une centaine de restaurants.

Central Embassy CENTRE COMMERCIAL

(Carte p. 92 ; www.centralembassy.com ; Th Phloen Chit ; 10h-22h ; S Phloen Chit sortie 5). L'un des centres commerciaux les plus huppés du centre de Bangkok, avec boutiques de créateurs et restaurants gastronomiques à gogo répartis sur 5 niveaux.

Siam Center CENTRE COMMERCIAL

(Carte p. 92 ; www.siamcenter.co.th ; Rama I ; 10h-21h ; S Siam sortie 1). Construit en 1976, Siam Center est le plus ancien centre commercial de Thaïlande. Mais grâce à un lifting récent,

LE QUARTIER DES TAILLEURS

Dans le tronçon de Th Sukhumvit compris entre les stations du BTS Nana et Asoke se concentrent d'innombrables tailleurs de réputation variable. Pour faire le bon choix :

Raja's Fashions (carte p. 88 ; ☎ 02 253 8379 ; www.rajasfashions.com ; 160/1 Th Sukhumvit ; ⏲ 10h30-20h lun-sam ; S Nana sortie 4). Très physionomiste et se souvenant des noms de chacun, Bobby vous traitera à l'égal des ambassadeurs, personnalités politiques et éminents dignitaires qui se sont succédé dans l'affaire familiale au fil des décennies.

Rajawongse (carte p. 88 ; ☎ 02 255 3714 ; www.dress-for-success.com ; 130 Th Sukhumvit ; ⏲ 10h30-20h lun-sam ; S Nana sortie 2). Un autre tailleur légendaire, installé à Bangkok de longue date ; les créations de Jesse et Victor sont particulièrement prisées des Américains, visiteurs et résidents.

Nickermann's (carte p. 88 ; ☎ 02 252 6682 ; www.nickermannstailors.com ; sous-sol, Landmark Hotel, 138 Th Sukhumvit ; ⏲ 11h-20h lun-sam ; S Nana sortie 2). Les femmes d'affaires sont emballées par les tailleurs sur mesure et robes de soirée de cette boutique.

l'endroit ne fait pas son âge. Le 3e niveau est l'un des meilleurs endroits en ville pour découvrir des marques locales réputées.

Central Chidlom CENTRE COMMERCIAL
(Carte p. 92 ; www.central.co.th ; 1027 Th Phloen Chit ; ⏲ 10h-22h ; S Chit Lom sortie 5). Considéré par beaucoup comme le meilleur grand magasin du pays en terme de qualité et de choix, Central possède 13 autres adresses à travers Bangkok.

Rives du fleuve, Silom et Lumphini

♥ **ICONSIAM** CENTRE COMMERCIAL
(Carte p. 95 ; www.iconsiam.com ; 299 Charoen Nakhon Rd ; ⏲ 10h-22h ; Sathorn/Central Pier et bateau-navette). Dressé au bord du Chao Phraya, un gigantesque centre commercial à 6 niveaux, entièrement dédié au luxe sous toutes ses formes. On y trouve également 2 aires de restauration pour tous les goûts et budgets, quelques restaurants de spécialités, un grand magasin japonais à plusieurs niveaux, un musée du Fleuve au 8e étage et un cinéma de 12 salles.

♥ **Asiatique** MARCHÉ
(Carte p. 74 ; Soi 72-76, Th Charoen Krung ; ⏲ 16h-minuit ; Sathorn/Central Pier et bateau-navette). Ce marché de nuit, l'un des plus populaires de Bangkok, est installé dans des entrepôts restaurés au bord du Chao Phraya. On y trouve vêtements, artisanat, souvenirs, restaurants, bars, et une grande roue de 60 m de hauteur. Des bateaux-navettes fréquents et gratuits partent du Sathorn (Central) Pier de 16h à 23h30.

King Power Mahanakhon CENTRE COMMERCIAL
(Carte p. 84 ; 114 Th Naradhiwas Rajanagarindra ; ⏲ 10h-minuit ; S Chong Nonsi sortie 3). Aménagé dans les 4 premiers niveaux du gratte-ciel Mahanakhon, ce centre commercial appartient à King Power, entreprise thaïlandaise de boutiques hors taxes qui possède également le club de Premier League anglaise Leicester City. Plus besoin d'attendre l'aéroport pour faire des folies au *duty-free* ! Il y a même un comptoir pour se faire rembourser la TVA au rez-de-chaussée.

Sukhumvit

Emquartier CENTRE COMMERCIAL
(Carte p. 88 ; www.theemdistrict.com ; 693-695 Th Sukhumvit ; ⏲ 10h-22h ; S Phrom Phong sortie 1). Cap sur l'un des centres commerciaux les plus clinquants de Bangkok pour découvrir des marques introuvables ailleurs et vous perdre dans l'Helix, une interminable spirale de restaurants et de boutiques.

Artbox MARCHÉ
(Carte p. 88 ; Soi 10, Th Sukhumvit, Chuvit Garden ; ⏲ 15h-1h ; S Nana sortie 4). Ce marché branché, aux étals installés dans des containers, attire la jeunesse de Bangkok le soir, notamment le week-end. On y trouve vêtements, accessoires, cuisine de rue et boissons.

Paya Shop ARTICLES DE MAISON
(Carte p. 88 ; ☎ 02 711 4457 ; www.payashop.net ; 203 Soi Ekamai 5 ; ⏲ 10h-18h lun-sam ; S Thong Lo sortie 1 et taxi). Tapis, poteries, meubles en bois de récupération, paniers tressés et bijoux fantaisie sont rassemblés et présentés dans cette boutique par un couple originaire

de Chiang Mai. La plupart des textiles colorés (coussins, sets de table, serviettes) sont faits main par des tribus des montagnes, et les vendeurs connaissent l'histoire de chaque article. Difficile de trouver souvenirs plus authentiques.

Nord de Bangkok

Talat Rot Fai MARCHÉ

(marché de nuit de Rot Fai ; carte p. 74 ; Esplanade Complex, 99 Th Ratchadaphisek ; 17h-1h ; Thailand Cultural Centre sortie 4). Pour une soirée amusante et légère, avec festin arrosé et shopping sans se ruiner, cap sur Talat Rot Fai, l'un des marchés de nuit les plus fréquentés de Bangkok. Installés sous des tentes, les étals sont disséminés sur un terrain derrière le centre commercial Esplanade, dans Th Ratchadaphisek. Le marché est particulièrement animé le week-end.

JJ Mall CENTRE COMMERCIAL

(Carte p. 74 ; Th Kamphaeng Phet 2 ; 10h-19h ; Kamphaeng Phet sorties 1 et 2, Chatuchak Park sortie 1, Mo Chit sortie 1). Dans ce centre commercial moderne jouxtant le marché du week-end de Chatuchak, on trouve de beaux souvenirs ainsi que des objets faits main et de petits meubles.

Le nom JJ Mall fait référence spécifiquement à cette sous-section de l'immense marché du week-end de Chatuchak, dont l'ensemble est parfois surnommé "JJ Market".

Renseignements

DÉSAGRÉMENTS ET DANGERS

En règle générale, Bangkok est une ville sûre, mais mieux vaut suivre les conseils suivants pour ne pas allonger la liste des nombreux touristes victimes d'arnaques.

Escroquerie aux pierres précieuses Nous vous en conjurons, si vous n'êtes pas un professionnel du milieu, n'achetez pas de pierres non serties en Thaïlande.

Fermé aujourd'hui Ignorez toute personne "amicale" qui vous assure qu'un site est fermé pour une fête bouddhiste ou pour nettoyage.

Circuit en tuk-tuk à 20 B Le "circuit" évitera tous les sites et vous entraînera vers les tailleurs et vendeurs de pierres précieuses qui leur versent des commissions.

Course de taxi au forfait Refusez toute course à prix fixe, habituellement trois fois supérieur au tarif affiché au compteur.

Aimables inconnus Ne vous fiez pas aux hommes bien habillés qui vous abordent et demandent d'où vous venez et où vous allez.

MÉDIAS

- Le **Bangkok Post** (www.bangkokpost.com) est le principal journal anglophone de Bangkok.
- **Bangkok 101** (www.bangkok101.com) est un magazine destiné aux touristes proposant adresses et activités mais les listings de magazine **BK** (bk.asia-city.com) sont plus complets.

POSTE

Poste centrale (carte p. 95 ; 02 105 7400 ; Th Charoen Krung ; 9h30-17h30 lun-ven ; Oriental Pier)

SERVICES MÉDICAUX

Bangkok Christian Hospital (carte p. 84 ; 02 625 9000 ; 124 Th Silom ; Si Lom sortie 2, Sala Daeng sortie 1). Hôpital moderne dans le centre de Bangkok.

BNH (carte p. 84 ; 02 022 0700 ; www.bnhhospital.com ; 9/1 Soi Convent ; Si Lom sortie 2, Sala Daeng sortie 2/4). Hôpital moderne et central.

Bumrungrad International Hospital (carte p. 88 ; 02 066 8888 ; www.bumrungrad.com ; 33 Soi 3, Th Sukhumvit ; 24h/24 ; Nana sortie 1). Hôpital internationalement reconnu.

Samitivej Hospital (carte p. 88 ; 02 022 2222 ; www.samitivejhospitals.com ; 133 Soi 49, Th Sukhumvit ; 24h/24 ; Phrom Phong sortie 3 et taxi). Hôpital moderne et réputé.

St Louis Hospital (carte p. 88 ; 02 838 5555 ; www.saintlouis.or.th ; 215 Th Sathon Tai/South ; Surasak sortie 4). Hôpital moderne apprécié de la population locale.

URGENCES

Le numéro d'appel de la police fonctionne de facto comme un numéro d'appel d'urgence universel en Thaïlande. Il sert aussi pour appeler une ambulance ou signaler un incendie.

Indicatif de Bangkok	02
Indicatif de la Thaïlande	66
Renseignements (gratuit)	1133
Code d'accès international	001, 007
Police	191

Depuis/vers Bangkok

AVION

L'aéroport international Suvarnabhumi (p. 122) est situé à 30 km à l'est du centre de Bangkok.

À 25 km au nord du centre de Bangkok, l'autre aéroport de la capitale, l'aéroport international Don Mueang (p. 122), est réservé aux compagnies à bas coût. Le terminal 1 prend en charge les vols internationaux (dont ceux d'Air

Asia), tandis que le terminal 2 est affecté aux destinations nationales.

BUS

Les bus qui partent des gares routières gouvernementales sont beaucoup plus fiables et moins sujets aux problèmes de vols à la tire que ceux des entreprises privées qui partent de Th Khao San ou d'autres lieux touristiques.

Le **Centre des transports publics de Suvarnabhumi** (☎02 132 1888) est situé à 3 km de l'aéroport international Suvarnabhumi. Départs fréquents pour des villes de l'Est et du Nord-Est, dont Aranya Prathet (à la frontière cambodgienne), Chanthaburi, Ko Chang, Nong Khai (à la frontière laotienne), Pattaya, Rayong, Trat et Udon Thani. Une navette gratuite s'y rend depuis l'aéroport.

Terminal des bus est (carte p. 88 ; ☎02 391 2504 ; Soi 40, Th Sukhumvit ; Ⓢ Ekkamai sortie 2). Point de départ des bus pour Pattaya, Rayong, Chanthaburi et d'autres destinations à l'est, sauf pour le poste-frontière d'Aranya Prathet. La plupart des habitants l'appellent *sà·tăh·ni èk·gà·mai* (gare d'Ekamai). Accessible par la station BTS Ekkamai.

TRAIN

Hua Lamphong (☎centre d'appel 1690 ; www.railway.co.th ; près de Rama IV ; Ⓜ Hua Lamphong sortie 2) est la gare principale de la ville. Ignorez tous les rabatteurs et évitez les agences de voyages. Pour consulter les horaires et tarifs, visitez le site Web officiel de **State Railway of Thailand** (www.railway.co.th/main/index_en.html).

ℹ Comment circuler

Bangkok peut sembler anarchique, mais son système de transport s'améliore peu à peu. Cela étant dit, les bouchons ont beau être moins importants qu'autrefois, même en utilisant au maximum les réseaux BTS, MRT ou de ferrys, attendez-vous à vous retrouver coincé dans un embouteillage au moins une fois. Consultez également la rubrique *Transports locaux*, p. 450.

Bus Bon marché mais lents, et il n'est pas facile de repérer leur itinéraire dans Bangkok. Les billets coûtent 10-25 B.

Ⓢ **BTS** Le Skytrain (métro aérien) dessert le "nouveau" Bangkok (Silom, Sukhumvit et Siam Sq). Ses deux lignes se croisent à la station Siam. Il circule de 6h à minuit. Les billets coûtent 16-52 B.

Ⓜ **MRT** Le métro (souterrain) circule de 6h à minuit. Les billets coûtent 16-42 B. Il s'avère très utile pour les personnes séjournant dans le quartier de Sukhumvit ou de Silom qui souhaitent gagner la gare ferroviaire de Hua Lamphong.

DEPUIS/VERS LES AÉROPORTS

Aéroport international Suvarnabhumi Airport Rail Link : BTS Phaya Thai jusqu'à Suvarnabhumi (45 B, 30 min, 6h-minuit). Bus climatisé de Suvarnabhumi à Th Khao San (60 B, 6h-20h). Taxi avec compteur (300-400 B plus suppl aéroport 50 B et péages autoroutiers éventuels).

Aéroport international Don Mueang 4 lignes de bus : A1 jusqu'au BTS Mo Chit (50 B, 7h30 à 23h30) ; A2 jusqu'au BTS Victory Monument (50 B, 7h30 à 23h30) ; A3 jusqu'à Lumphini Park (50 B, 7h30 à 23h30) ; A4 jusqu'à Sanam Luang (50 B, 7h30 à 23h30). Taxi avec compteur (300-350 B plus suppl aéroport 50 B).

Chao Phraya Express Boat Le principal service de ferry sur le Chao Phraya circule de 6h à 20h, tarif fixe 15 B. Croisière touristique : 50 B.

Klorng-taxi Les bateaux desservant les canaux de Bangkok circulent de 5h30 à 20h presque tous les jours. Les billets coûtent 9-19 B. Surtout fréquentés par des usagers locaux, ils ne s'arrêtent que quelques secondes. Tenez-vous prêt à sauter pour ne pas rester à quai.

Marche Chaleur, pollution, trottoirs irréguliers ou inexistants : la marche est l'un des moyens les moins pratiques de se déplacer à Bangkok.

Moto-taxi Dits aussi *motorsai*, ils démarrent souvent de l'extrémité d'un grand axe pour aller jusqu'au bout des *soi* qui en partent. À partir de 20 B ; jusqu'à 120 B pour traverser la ville.

Taxi En dehors des heures de pointe, les taxis de Bangkok, généralement récents et confortables, sont très bon marché. Prise en charge : 35 B. Les courses en ville reviennent entre 60 et 100 B. Les péages autoroutiers (25-120 B) sont à la charge du passager.

Tuk-tuk Ces emblématiques triporteurs motorisés sont utilisés par les habitants pour de courts trajets. Pour les étrangers, ils font partie de l'expérience touristique, malgré leur coût prohibitif (100 B, voire plus, pour le moindre court trajet ; essayez de négocier à 50 B environ pour une courte distance). Beaucoup de touristes les utilisent au moins une fois.

Vélo Le cyclisme s'est popularisé à Bangkok mais les dangers de la circulation, la chaleur, la pollution et le manque de pistes cyclables font de la capitale un endroit loin d'être sûr et pratique à vélo.

Ko Chang et la côte est

Dans ce chapitre ➡

Le top des restaurants

- Chanthorn (p. 145)
- Namchok (p. 147)
- Pan & David Restaurant (p. 129)
- Noochy Seafood (p. 164)
- Sketch Book Art Cafe (p. 133)

Le top des hébergements

- Baan Luang Rajamaitri (p. 144)
- Baan Rim Nam (p. 156)
- Bann Makok (p. 163)
- Paradise Cottage (p. 157)
- Rabbit Resort (p. 133)

Pourquoi y aller

Deux îles, Ko Samet et Ko Chang, attirent irrésistiblement les voyageurs vers la côte est. Le territoire continental ne manque cependant pas d'attraits, particulièrement à Trat et Chanthaburi, villes au charme suranné mais irrésistible, ainsi que dans l'enclave d'expatriés qu'est Pattaya.

Ko Samet, grande île la plus proche de Bangkok, est la préférée des baroudeurs avertis ; ici, on commande un seau de vodka (littéralement un seau vendu avec une bouteille d'alcool et du soda) tout en admirant des jongleries de feu, ou on explore les criques plus tranquilles du sud de l'île. En descendant la côte se trouve Ko Chang, deuxième île du pays par sa superficie. On y passe ses journées à plonger, à se détendre sur les plages de la côte ouest ou à randonner dans la jungle épaisse ; le temps de récupérer, et c'est reparti pour découvrir l'intense scène nocturne de l'île.

Si Racha et Bang Saen sont moins connues, leurs restaurants de fruits de mer et la longue plage de cette dernière valent le détour. Quant à la station survoltée de Pattaya, elle est beaucoup moins sereine, avec sa vie nocturne effrénée et ses nombreuses attractions familiales.

Quand partir

Déc-mars C'est la haute saison. L'affluence et les prix sont au plus haut à Ko Chang et Ko Samet. Temps sec, météo clémente et stable.

Avr Forte chaleur juste avant la mousson, mais la plupart des bateaux continuent de circuler. Une belle période, surtout pendant le Nouvel An thaïlandais.

Mai-sept La saison ralentit et parfois s'achève durant la mousson. Les bateaux pour Ko Kut, Ko Wai et Ko Mak restent au port.

Oct-nov Fin de la saison humide ; temps frais, paysage verdoyant et tarifs raisonnables.

À ne pas manquer

1 Une sortie de snorkeling et de randonnée dans la jungle à **Ko Chang** (p. 149), deuxième plus grande île de Thaïlande.

2 Le plaisir de passer une journée sur les merveilleuses plages de **Ko Kut** (p. 162), une île du Sud-Est.

3 Admirer les poissons de près dans les eaux transparentes de **Ko Wai** (p. 167), minuscule perle tout près de Ko Chang.

4 Les balades de crique en crique sur la superbe **Ko Samet** (p. 136).

5 Une promenade dans le vieux quartier au bord du fleuve, dans la ville historique de **Chanthaburi** (p. 130).

6 L'ambiance surannée du quartier des *shophouses* en bois de l'agréable ville de **Trat** (p. 146).

7 Une excursion d'une journée sur la paisible **Ko Si Chang** (p. 129) depuis la charmante Si Racha.

8 Les parcs aquatiques, les tyroliennes et autres bonnes surprises familiales dans la région de **Pattaya** (p. 130).

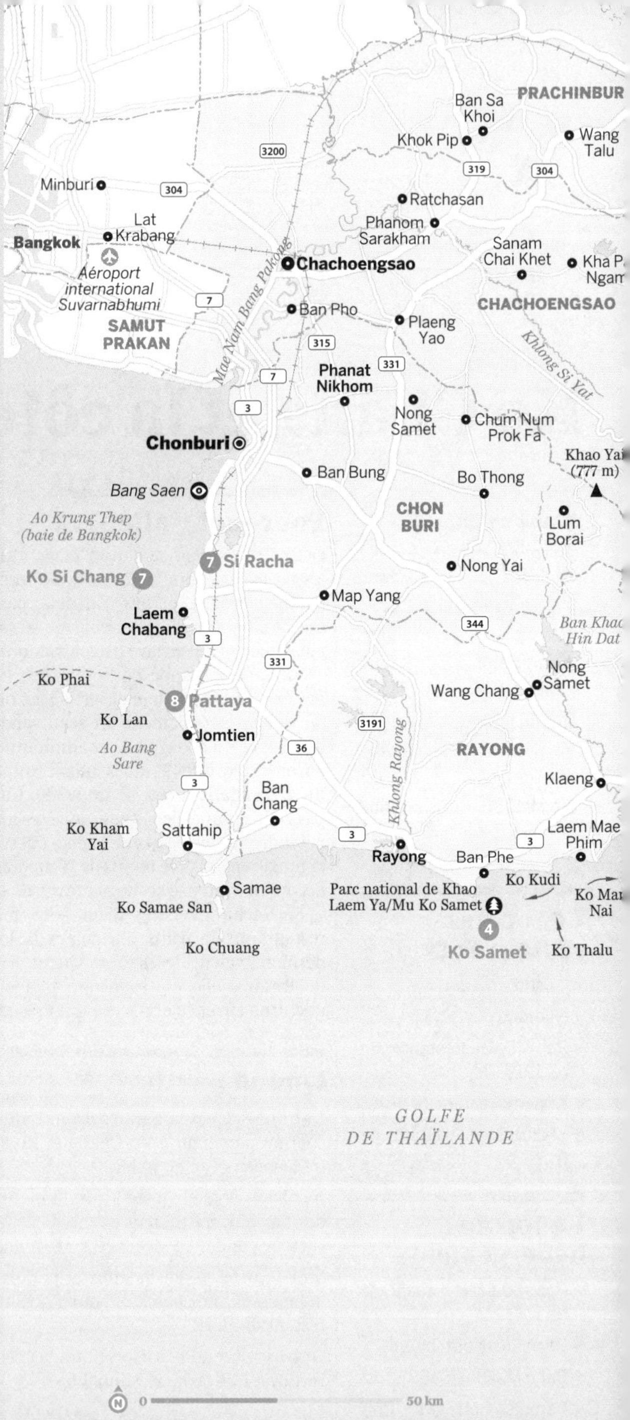

SA KAEO
Kabin Buri
Ta Phraya
33
348
Non Mak Mun
Ang Sila
Sa Kaew
Lam Prachinburi
Huay Jot
Aranya Prathet
Watthana Nakhon
Khao Chakan
Poipet
Sisophon
Sai Diaw
3395
Non Sao-Eh
317
Khlong Hat
Khao Takrup (660 m)
Wang Mai
CAMBODGE
Khao Daeng
Thun Khanan
Battambang
Khao Soi Dao Nua (1 566 m)
Tamun
Khao Chamao (1 024 m)
CHANTHABURI
Pung Ngon
Ban Pakard
Nong Chek Soi
Psar Pruhm
Nong Khla
Pong Nam Ron
Takra
Parc national de Khao Chamao-Khao Wong
Parc national de Khao Khitchakut
Pailin
Si Yaek Kong Din
Makham
Chang Thun
Khung Wiman
Tha Mai
Chanthaburi
Ban Pa-Ah
Laem Sadet
Parc national de Nam Tok Phlio
Chao Lao
Ta Chalap
Nong Sii
Chak Yai
Dan Chumpon
Laem Sing
Khlung
3157
Pong
Laem Ko Proet
Tha Chot
3271
TRAT
3394
Ban Noen Sung
Bang Kradan
Trat
3156
Laem Muang
Laem Ngop
Ao Trat
318
Tha Sen
CAMBODGE
Ko Chang
Laem Sok
Hat Mai Rut
Parc national maritime de Mu Ko Chang
Ko Khlum
Mai Rut
Hat Ban Chun
Ko Wai
Ko Kradat
Ko Ran
Ko Mak
Khlong Yai
Ko Mai Si
Ko Kut
Hat Lek
Koh Kong

Bang Saen บางแสน

038 / 45 000 HABITANTS

La proximité de la plage de Bang Saen avec Bangkok en fait une destination idéale pour échapper à la ville le temps d'un week-end. Transats et parasols se bousculent sur sa ravissante plage de 4 km, bordée de palmiers. Du bord de l'eau, on distingue les gratte-ciel de Pattaya au sud, mais Bang Saen est résolument une ville balnéaire à la thaïlandaise.

À l'instar d'Ang Sila, au nord, Bang Saen fait la part belle aux produits de la mer : nombre de restaurants et étals alimentaires font griller calmars, crevettes et poissons entiers. Près de la plage, les lieux d'hébergement bon marché ne manquent pas, mais il s'avère utile de savoir parler un peu le thaï.

À voir

Nezha Sathaizhu Temple TEMPLE BOUDDHIQUE
(ศาลเจ้าหน่าจาซาไท้จื้อ, Wihahn Tepsatit Pra Gitichairloem ; Ang Sila ; 8h-17h ; P). GRATUIT Ce somptueux temple chinois sur 4 niveaux, devant lequel se dresse un énorme pilier censé relier le ciel à la terre, est rempli de peintures finement ouvragées et de magnifiques sculptures. Dragons et chauves-souris (symboles de bonne fortune) sont omniprésents dans le décor. La population de l'île vient régulièrement y acquérir des mérites, et, si vous souhaitez faire une offrande, les bénévoles du temple se font un plaisir d'expliquer les rituels. Le temple est situé sur la route principale d'Ang Sila, à environ 5 km au nord de la plage de Bang Saen.

Mangrove Forest Conservation Centre RÉSERVE NATURELLE
(ศูนย์ศึกษาธรรมชาติและอนุรักษ์ป่าชายเลนเพื่อการท่องเที่ยว ; 038 398268 ; Ang Sila ; 8h30-18h30). GRATUIT Les mangroves qui s'étendent à Ang Sila sont un secret si bien gardé que nombre de gens du cru en ignorent l'existence. Une promenade de 2 km sur des planches permet de les explorer.

Où se loger et se restaurer

Song Row Guesthouse PENSION $
(038 193545 ; Soi 1, Bang Saen Sai 1 ; d sans/avec sdb 400/300 B). Premier établissement sur la gauche dans une rue foisonnant de pensions, juste derrière la plage. Pas de panneau en anglais, repérez les carreaux rouges et blancs. Cette famille loue des chambres soignées, avec salle de bains privative ou commune.

Film's House AUBERGE DE JEUNESSE $
(096-8489984 ; facebook.com/filmhousebangsaen ; dort/d 350/700 B). Une adresse bien située, à l'arrière d'un café prisé, près du principal rond-point de la plage. Chambres individuelles et dortoirs lumineux et spacieux, salles de bains collectives impeccables et cuisine bien équipée. Un cran au-dessus des pensions bon marché environnantes.

Andy's Seafood POISSON, FRUITS DE MER $$
(Bang Saen Sai 1 proche de Soi 1 ; plats 120-350 B ; 17h-minuit). Le plus fréquenté des restaurants de produits de la mer donnant sur cette rue, face à la plage. Admirant les palmiers ondoyant dans la brise, vous dégusterez un bar cuit entier à la vapeur, des palourdes sautées au piment et au basilic, ou de savoureuses nouilles transparentes, cuisinées avec des crevettes bien charnues.

Depuis/vers Bang Saen

Au départ de chaque côté de Th Sukhumvit, près de la principale bifurcation pour Bang Sae, des bus et minibus rejoignent les destinations suivantes :

Bangkok 80-110 B, 1 heure

Pattaya 40 B, 30 minutes

Aéroport Suvarnabhumi 110 B, 1 heure, 1/heure

Des *songthaew* rouges se rendent à Si Racha (15 B, 20 min, de 5h30 à 21h), les bleus de la ligne 1 relient Bang Saen à Ang Sila.

Si Racha ศรีราชา

038 / 24 000 HABITANTS

Point d'entrée à la petite île ravissante de Ko Si Chang, Si Racha est un curieux croisement entre tradition et modernité. Dans le port, les vieux bateaux de pêche colorés côtoient toujours les équipements pour la pêche aux calmars, mais ils partagent les eaux locales avec les porte-conteneurs géants de Laem Chabang, non loin. De même, les tours d'appartements qui se multiplient depuis quelque temps font de l'ombre aux petits immeubles traditionnels du centre.

Les restaurants de sushis et les bars à karaoké accueillent le grand nombre de Japonais travaillant dans les zones industrielles alentour, donnant au centre-ville des airs de petit Tokyo. Le typique front de mer est toutefois le véritable cœur de Si Racha, avec ses pensions sur pilotis bringuebalantes, son paisible parc et son quai animé.

Si Racha

Si Racha

À voir

1 Ko Loi ... A1

Où se loger

2 Samchai Resort ... B3
3 Seaview Sriracha Hotel ... B3

Où se restaurer

4 My One ... B3

Où prendre un verre et faire la fête

5 Common Room ... C3
6 Teab Ta ... B3

Transports

7 Bus pour Bangkok ... C4
8 Minibus pour Bangkok ... D3
9 Minibus pour Pattaya et Rayong ... D3
10 *Songthaew* pour Pattaya et Bang Saen ... B4

À voir

Ko Loi ÎLE

(เกาะลอย). Reliée au continent par une route longue de 800 m, cette île rocheuse réserve un temple sino-thaïlandais très ouvragé et décoré de couleurs vives. Ko Loi possède également un point d'observation qui permet d'admirer d'impressionnants couchers de soleil. D'ici, vous pourrez prendre le ferry pour vous rendre sur l'île de Ko Si Chang.

Où se loger

Samchai Resort PENSION, AUBERGE DE JEUNESSE $

(☎081 963 1855 ; Soi 10, Th Jermjompol ; d 350-900 B ; ❄ 📶). Auberge pleine de caractère qui s'étend sur la jetée. L'offre est large et va des chambres fonctionnelles sans fenêtre à des suites climatisées avec vue sur la mer. Choix par excellence des voyageurs à petit budget à Si Racha ; les chambres les moins chères ne sont équipées que de ventilateurs. Le propriétaire, très attentionné, parle anglais.

Seaview Sriracha Hotel HÔTEL $$
(☎038 325700 ; seaview_hotel@hotmail.com ; 50-54 Th Jermjompol ; d avec petit-déj 990-1 590 B ; ❄@🛜). Cet hôtel en plein centre, adossé au front de mer, bénéficie d'une équipe accueillante. Chambres grandes et confortables, avec climatisation et télévision. Restaurant sur place. Les chambres à l'avant souffrent du bruit de la rue ; celles à l'arrière, donnant sur la mer et les quais, sont bien plus paisibles. Pas d'ascenseur.

Où se restaurer et prendre un verre

My One VIETNAMIEN $
(☎089 693 3270 ; 14/10 Th Surasak 1 ; plats 50-160 B ; ⏲9h-21h). Ce restaurant sans prétention sert une cuisine vietnamienne et thaïlandaise ; choix de plats frais et équilibrés, notamment des rouleaux de printemps et des salades. Aucun panneau ne l'indique en anglais ; pour le trouver, cherchez le stand à café en face.

Mum Aroi POISSON, FRUITS DE MER $$
(☎038 771555 ; Soi 8, Th Jermjompol ; plats 160-550 B ; ⏲10h-23h ; 🛜). Comme son nom l'indique, Mum Aroi ("coin délicieux") est incontournable pour déguster des produits de la mer à proximité des bateaux utilisés pour la pêche au calmar. Sur les terrasses étagées, vous avez de bonnes chances d'apercevoir la mer. Les multiples aquariums de l'entrée exhibent poissons et fruits de mer vivants, et les plats sont vendus au poids. Sur le front de mer, 1 km au nord de Ko Loi.

Common Room CAFÉ
(☎089 777 6419 ; 73 Th Jermjompol ; ⏲9h-21h mar-dim). Intérieur en brique, canapés moelleux, bric-à-brac : un lieu apaisant pour s'offrir des gâteaux et un bon café corsé, à l'abri de la chaleur et de l'agitation des rues de Si Racha.

Teab Ta BIÈRES ARTISANALES
(facebook.com/teabtasriracha ; Soi 16, Th Jermjompol ; ⏲17h-minuit lun-ven, 16h-minuit sam-dim ; 🛜). Sur la longue jetée, cette adresse discrète offre une belle sélection de bières artisanales du monde entier dont des classiques nord-européens, mais le tout à prix fort. Bonne adresse pour un verre le soir en terrasse.

Renseignements

Bureau de l'immigration (☎038 312571 ; www.immchonburi.go.th ; 3/1 Th Jermjompol ; ⏲8h30-16h30 lun-ven)

Krung Thai Bank (www.ktb.co.th ; angle de Th Surasak 1 et Th Jermjompol ; ⏲8h30-16h30 lun-ven). Banque avec DAB et service de change.

Samitivet Sriracha Hospital (☎038 320300 ; www.samitivejhospitals.com ; Soi 8, Th Jermjompol)

Comment s'y rendre et circuler

Si Racha ne possède pas de véritable gare routière, des minibus, notamment vers **Bangkok**, **Pattaya** et **Rayong**, partent de Th Sukhumvit (Hwy 3), à côté du grand magasin Robinson, et des **bus** et minibus partent du centre commercial spécialisé en informatique Tuk Com, qui se trouve à côté.

Les *songthaew* (pick-up collectifs) blancs partent non loin de la **tour de l'Horloge** du Sud à destination du marché de Naklua de Pattaya (40 B, 45 min, 6h-18h) ; les *songthaew* orange vont à Bang Saen (20 B, 20 min, 6h-18h). Des motos-taxis parcourent la ville pour 30 à 40 B.

CORRESPONDANCES À SI RACHA

DESTINATION	BUS	MINIBUS	TRAIN
Bangkok – aéroport international Suvarnabhumi	110 B ; 1 heure ; ttes les heures ; 5h10-20h		
Bangkok – gare ferroviaire de Hua Lamphong			À partir de 30 B, 3 heures 15, 1/jour lun-ven
Bangkok – monument de la Victoire		100 B ; 1 heure 30 ; ttes les 30 min ; 5h-20h	
Bangkok – terminal Est des bus (Ekamai)	100 B ; 1 heure 30 ; ttes les heures ; 5h-20h		
Bangkok – terminal Nord des bus (Mo Chit)	110 B ; 2 heures ; ttes les heures ; 5h-19h30		
Pattaya		40 B ; 30 min ; fréquents	

Ko Si Chang เกาะสีชัง

☎038 / 5 000 HABITANTS

Jadis retraite balnéaire royale, Ko Si Chang jouit d'une atmosphère de village de pêcheurs, et ses curiosités valent bien une excursion à la journée depuis Si Racha, ou même d'y passer la nuit. L'île s'anime le week-end : on vient de Bangkok déguster des produits de la mer, poser face au golfe de Thaïlande et acquérir des mérites dans les temples.

L'unique petite agglomération de l'île est de plus en plus vivante. Face au continent, elle constitue le terminus du ferry venant de Si Racha. Une route goudronnée mais par endroits très escarpée traverse l'île et relie le village aux autres sites. Louer un scooter près du quai est idéal pour se déplacer, car très peu de voitures circulent sur Ko Chang.

À voir et à faire

De nombreux habitants proposent des sorties de naion vers Ko Khang Khao (Bat Island – "île aux chauves-souris") non loin, qui bénéficie d'une belle plage. Vous pouvez aussi prendre un *speedboat* (400 B) pour vous y rendre depuis le ponton principal, ou louer un kayak (200 B/jour) à Hat Tham, et suivre la côte jusqu'à Ko Khang Khao en pagayant environ 45 minutes.

Phra Chudadhut Palace SITE HISTORIQUE

(พระจุฑาธุชราชฐาน ; 9h-17h). GRATUIT Le roi Rama V (le roi Chulalongkorn ; r. 1868-1910) résidait dans cet ancien palais royal durant l'été. Le bâtiment fut abandonné lors de la brève occupation de l'île par la France en 1893. La grande galerie du trône – un superbe édifice en teck doré appelé le palais Vimanmek – fut transportée à Bangkok en 1910. Les vestiges actuels, entourés de jardins, gardent un style victorien peu prononcé. À 15 minutes à pied du ferry. Musée fermé le lundi.

San Chao Pho Khao Yai TEMPLE CHINOIS

(ศาลเจ้าพ่อเขาใหญ่). GRATUIT Le site le plus imposant de l'île : un temple chinois finement sculpté, remontant à l'époque où les négociants chinois venaient s'amarrer dans ces eaux abritées. En février, durant le Nouvel An chinois, l'île accueille une foule de touristes en provenance de Chine. On peut aussi admirer les grottes-sanctuaires, l'entrelacs de passerelles et la superbe vue sur l'océan. Le temple se situe au nord de l'agglomération.

Sichang Healing House MASSAGE

(☎081 572 7840 ; près de Th Makham Thaew ; massage 300-600 B ; 9h-16h jeu-mar). La charmante propriétaire de ce havre de paix verdoyant parle anglais. Elle propose toute une gamme de massages et vend des produits à usage thérapeutique faits maison. Elle loue aussi de modestes chambres en bambou (300 B).

Où se loger et se restaurer

Rim Talay Resort BUNGALOW $

(☎089 091 6974 ; Th Makham Thaew ; d 800-1 500 B). Derrière le Pan & David Restaurant, cette succession de solides chambres et de bungalows occupe un vaste terrain, parsemé de quelques bateaux de pêche en cale sèche pour plus de caractère.

Somewhere Ko Sichang BOUTIQUE-HÔTEL $$

(☎038 109400 ; www.somewherehotel.com ; 194/1 Mu 3, Th Thewawong ; d avec petit-déj 2 600-3 600 B ; P). Moderne et superbe, cet hôtel avec piscine et vue sur la mer est à la fois central et intimiste. Les chambres chics à l'ambiance marine sont spacieuses ; la plupart d'entre elles disposent d'un balcon et offrent une vue sur la mer. La partie restaurant est charmante et le personnel aux petits soins. Détente assurée.

Charlie's Bungalows PENSION $$

(☎061 749 4242 ; Th Makham Thaew ; d 1 000-1 100 B ; P). Frais, lumineux et tout blancs, ces bungalows installés autour d'un jardin disposent tous de télévision (avec lecteurs DVD). Personnel sympathique et serviable. Pensez à réserver pour les week-ends et les jours fériés.

FlowerBlue CAFÉ $

(☎081 305 5544 ; facebook.com/flowerblue.coffee ; plats 70-280 B ; 7h-22h ;). Aimé des habitants de Bangkok, appréciant la climatisation et les prix raisonnables, ce café branché est toujours plein. On y sert notamment des petits-déjeuners, des burgers et des cafés sélectionnés, dans une salle ornée de plantes et d'images botaniques.

♥ **Pan & David Restaurant** INTERNATIONAL, THAÏLANDAIS $$

(☎038 216629 ; www.ko-sichang.com ; 167 Mu 3, Th Makham Thaew ; plats 150-450 B ; 10h-22h30 lun-mar, jeu-ven, 8h30-22h sam-dim ;). Poulet fermier, excellents plats thaïlandais avec une touche italienne, glace maison et une carte des vins correcte : le menu est parfait. Les produits de la mer locaux (calmar, crabe, crevettes, poisson), tout frais pêchés, sont aussi une spécialité.

Renseignements

Le site Internet de Pan & David (www.ko-sichang.com) est une excellente source d'information.

Kasikornbank (99/12 Th Atsadang ; 8h30-15h30). DAB et service de change. Il existe aussi un DAB devant le 7-Eleven situé à l'entrée du quai.

Comment s'y rendre et circuler

Des bateaux partent pour Ko Si Chang depuis l'embarcadère Koi Loi à Si Racha (50 B l'aller, 45 min, toutes les heures entre 7h et 20h), contournant la foule de cargos qui déchargent leur marchandise dans la baie. Depuis Ko Si Chang, les ferrys repartent toutes les heures de 6h à 19h.

Les motos-taxis de Ko Si Chang attendent à l'embarcadère et vous emmènent n'importe où en ville pour 30 à 50 B, et des *săhm·lór* (ou *săamláw* ; cyclo-pousse) trafiqués effectuent la tournée des principaux sites pour 250 B.

On peut louer des motos sur l'embarcadère (80/250/300 B par heure/jour/24 heures).

Pattaya

เมืองพัทยา

038 / 320 000 HABITANTS

Même si vous savez à quoi vous attendre, Pattaya vous coupera le souffle. Multiculturelle et ultratouristique, la ville offre des adresses avantageuses où loger et se restaurer, ainsi qu'une côte parsemée de complexes hôteliers à l'ambiance (étonnamment) familiale. Néanmoins, Pattaya en elle-même n'a rien d'un paradis tropical. Elle mérite amplement sa réputation de capitale du tourisme sexuel, avec ses centaines de bars à bières, de go-go clubs et de salons de "massage". Pour le reste, la ville est surtout orientée vers le tourisme de masse en quête de soleil, dont beaucoup d'expatriés à la retraite, et vers les groupes en voyage organisé, dont le flux quasi constant traverse la ville. Pour un séjour relaxant à Pattaya, installez-vous en dehors de la zone centrale.

La ville est construite autour d'**Ao Pattaya**, une vaste baie en forme de croissant qui fut l'une des premières stations balnéaires de Thaïlande dans les années 1960, quand affluaient les G.I. américains en permission. Pattaya Neua (Pattaya-Nord) est un secteur plus haut de gamme, tandis que Pattaya Tai (Pattaya-Sud) est toujours au cœur de la vie nocturne.

À voir et à faire

Sanctuaire de la Vérité MONUMENT BOUDDHIQUE

(ปราสาทสัจธรรม ; 038 367 2229 ; www.sanctuaryoftruth.com ; Soi Naklua 12 ; adulte/enfant 450/225 B ; 8h-18h). Construit intégralement en bois finement sculpté, sans clous ni vis métalliques, le sanctuaire de la Vérité offre une vue extraordinaire sur la mer. C'est à la fois une œuvre d'art, un symbole religieux et un monument culturel. Composé de 4 ailes dédiées à l'iconographie religieuse thaïlandaise, khmère, chinoise et indienne.

Anek Kusala Sala (Viharn Sien) MUSÉE

(อเนกกุศลศาลา/วิหารเซียน, Viharn Sien ; 038 343555 ; en retrait de Th Sukhumvit, Sattahip ; 50 B ; 8h-17h30). Étape prisée des groupes, ce musée conserve plus de 300 remarquables œuvres d'art chinoises, essentiellement des statues en bronze et en laiton incarnant des personnages historiques, incluant des représentations bouddhiques, confucianistes et taoïstes. Fondé par Sanga Kulkobkiat, un Thaïlandais ayant grandi en Chine, le musée fut un projet visant à renforcer l'amitié entre les deux pays.

Le 1er niveau expose une foule de représentations d'immortels chinois, allant de Pangu, le géant cosmique, à Guanyin, la déesse de la Miséricorde. Le 2e niveau est très impressionnant, avec ses statues de moines Shaolin, plus grandes que nature, dans des positions d'arts martiaux. Juste à côté, une collection attendrissante de statues figure des personnages du quotidien (voyante, couturière, vendeur d'alcool), sur lesquels les visiteurs déposent une pièce de 1 B.

Le musée est à 16 km au sud du centre de Pattaya ; prendre un *songthaew* (25 B) effectuant le trajet Pattaya-Sattahip et descendre à l'embranchement allant au Wat Yangsangwaram. Il vous faudra héler une moto pour couvrir les 5 derniers kilomètres et demander au conducteur de vous attendre, car trouver quelqu'un pour vous ramener serait difficile. Le transport privé coûte 1 500 B.

Wat Phra Yai TEMPLE BOUDDHIQUE

(วัดพระใหญ่, Grand Bouddha). L'imposant bouddha doré du Wat Phra Yai trône au sommet d'une colline boisée entre Jomtien et Pattaya-Sud.

Ko Lan ÎLE

(เกาะล้าน). À 7 km au large du centre de Pattaya, cette petite île est prisée des excursionnistes à la journée. Le week-end, ses

Pattaya

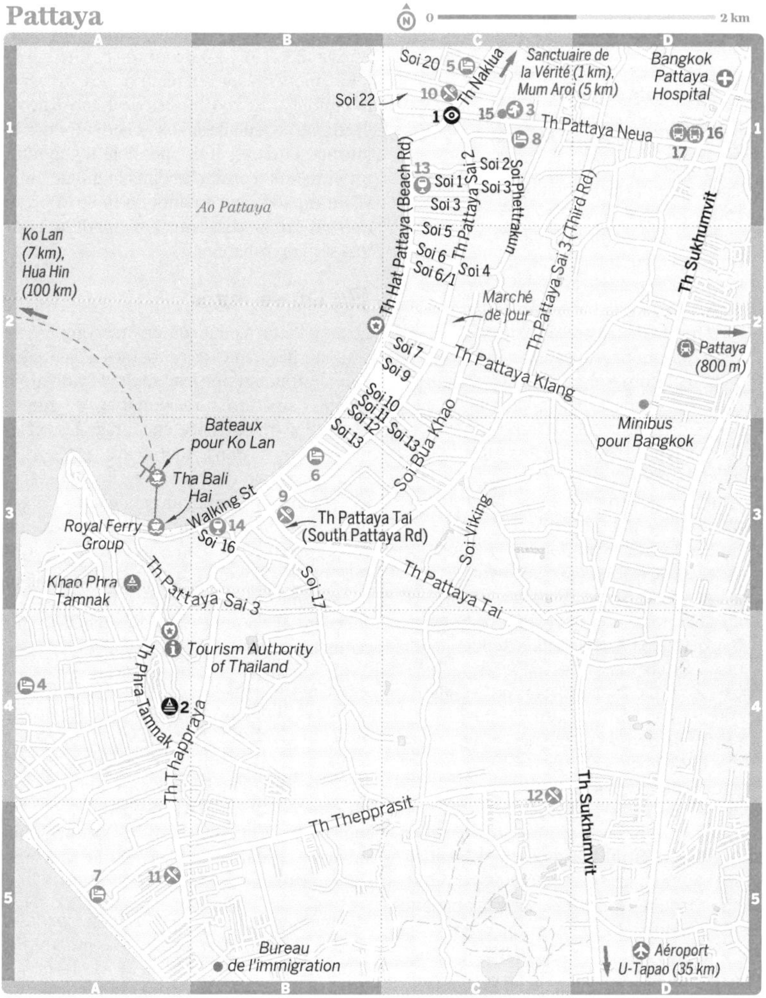

Pattaya

À voir
1 Dolphin Roundabout C1
2 Wat Phra Yai A4

Activités
3 Fairtex Sports Club C1

Où se loger
4 Birds & Bees Resort A4
5 Garden Lodge Hotel C1
6 Nonze Hostel B3
7 Rabbit Resort A5
8 Sleep Cafe Hostel C1

Où se restaurer
9 Five Star J B3
10 La Baguette C1
11 Sketch Book Art Cafe A5
12 Thepprasit Market C4

Où prendre un verre et faire la fête
13 Gulliver's C1
14 Hot Tuna B3

Transports
15 Bangkok Airways C1
16 Bell Travel Service D1
17 Gare routière D1

LES PLAGES DE PATTAYA

Ces dernières années, de nombreux efforts ont été entrepris pour nettoyer les plages de Pattaya : il est interdit d'y fumer et d'y laisser des détritus, et du sable a été ajouté afin de l'élargir... Une opération de réaménagement a coûté quelque 400 millions de bahts. Malheureusement, début 2019, un orage de mousson inhabituel pour la saison a emporté la moitié de la plage. Un nouveau projet ambitieux de réhabilitation a été lancé fin 2019.

Le mazout déversé par les centaines de bateaux amarrés à quelques mètres du rivage décourage les envies de baignade dans le centre. Rendez-vous plutôt à Jomtien, et à sa plage *gay-friendly* de Hat Dongtan. Dans les environs, l'ambiance générale est plus sobre – mais divertissante malgré tout – et adaptée aux familles. Au nord, le calme de Naklua est également attrayant. À environ 20 km au sud de Pattaya, admirez les paysages de Bang Sare, station balnéaire dotée d'une plage étroite mais très longue. On trouve les plus belles plages de la région à Ko Samae San, une île minuscule offrant de bons sites de snorkeling, et à Hat Nahng Ram. Les deux sont à 35 km au sud de Pattaya.

cinq plages attirent des milliers de visiteurs et ses eaux aux tons bleu vert sont continuellement troublées par des bateaux-bananes tractés et autres loisirs nautiques. Prenez un ferry depuis le ponton de Bali Hai, situé à l'extrémité sud de Walking Street. Certains s'arrêtent au village principal, d'autres à la plage de Tawaen. Vous pouvez aussi louer des *speedboats* le long de Beach Rd (comptez 2 500 B). Le dernier bateau quitte Ko Lan à 18h.

Ramayana Water Park PARC AQUATIQUE
(☎033 005929 ; www.ramayanawaterpark.com ; adulte/enfant 1 440/1 040 B ; ⏲10h-18h ; 👪). Ce parc aquatique de bonne taille divertira toute la famille avec ses toboggans, ses nombreux bassins, ses bars et ses restaurants avec buffet. À quelque 20 km au sud-est de Pattaya ; des forfaits avec transport inclus sont proposés sur le site Internet. Serviettes et casiers disponibles sur place.

Flight of the Gibbon TYROLIENNE
(☎053 010660 ; www.flightofthegibbon.com ; parcours 3 999 B). Ce parcours en tyrolienne de 3 km, ponctué de 26 plateformes, traverse la canopée du zoo ouvert de Khao Kheow entre Pattaya et Bangkok. L'activité dure la journée entière ; il est possible d'y ajouter un parcours d'obstacles dans la jungle ou la visite du zoo. Les enfants de moins de 1 m doivent être accompagnés d'un adulte pour utiliser la tyrolienne.

Où se loger

Loger à Pattaya peut coûter cher comparé au reste du pays, mais les auberges de jeunesse pour baroudeurs et les hôtels de milieu de gamme aux tarifs raisonnables se multiplient. La concurrence encourage les offres intéressantes dans toutes les catégories. Dans le centre de Pattaya et la partie sud, les chambres sont souvent moins chères mais plus proches des lieux de sorties, qui génèrent du bruit. Pattaya-Nord et certains secteurs de Naklua abritent les hôtels haut de gamme, tandis que Soi Bua Khao et Jomtien proposent des logements pour petits budgets.

Sleep Cafe Hostel AUBERGE DE JEUNESSE **$**
(☎063 360 0005 ; www.sleepcafehostel.com ; 78/84 Soi 1, Th Pattaya 2 ; dort/d 450/1 000 B ; ❄📶). Dans un coin tranquille de Pattaya-Nord (en face d'Art in Paradise), cette auberge ordonnée, sûre et très propre déploie un joli décor à la japonaise. Dortoirs non mixtes, climatisation et Wi-Fi partout. Café sur place.

Nonze Hostel AUBERGE DE JEUNESSE **$**
(☎038 711112 ; www.nonzehostel.com ; Th Hat Pattaya ; s/lits jum 600/1 300 B ; ❄📶). Le temps des dortoirs est révolu : dans ce bâtiment au style industriel très chic en bord de mer, on loge dans des capsules empilées les unes sur les autres, seul ou à deux. Elles garantissent une certaine intimité, et vous seront agréables si vous n'êtes pas claustrophobe. Chambres avec lits jumeaux plus spacieuses. Salles de bains communes convenables. La proximité avec Walking St conviendra aux amateurs de sorties nocturnes.

Garden Lodge Hotel HÔTEL **$$**
(☎038 429109 ; www.garden-lodge.tophotels-pattaya.com/fr ; angle Soi 20 et Th Naklua ; d/bung/ste 1 200/1 700/3 000 B ; P❄📶🏊). Ici, les chambres sont plutôt désuètes, mais disposées autour d'un jardin paysager et d'une

grande piscine. Dans la partie plaisante de Pattaya, l'hôtel, apprécié des touristes allemands, est une solution correcte en famille.

Rabbit Resort RESORT $$$
(038 251730 ; www.rabbitresort.com ; Hat Dongtan, Jomtien ; d avec petit-déj 3 000-9 000 B ;). Luxueux par rapport aux autres hébergements de Pattaya, le Rabbit Resort propose de superbes bungalows et pavillons qui sont de véritables vitrines de l'artisanat et du design thaïlandais. Disséminés sur le bord de mer paisible entre Jomtien et Pattaya Tai (Pattaya-Sud), ils bénéficient également d'un cadre verdoyant. Les deux piscines (l'une conçue pour les familles) et le service hors pair en font une excellente adresse haut de gamme. Les chambres à l'étage sont très lumineuses et agréables.

Birds & Bees Resort HÔTEL $$$
(038 250556 ; www.cabbagesandcondoms.com ; Soi 4, Th Phra Tamnak ; d 2 500-11 000 B ;). Ce *resort* au cœur d'un jardin tropical dispose de deux piscines et de chambres de bonne taille. Les bénéfices contribuent à financer l'œuvre de PDA, association caritative de développement rural. Les chambres les moins chères n'ont pas de vue. Le complexe en lui-même est charmant, avec ses sentiers onduleux parsemés de panneaux décalés invitant à la réflexion. Accès direct à la plage, et restaurant avec vue sur la mer.

Où se restaurer

La plupart des nombreux restaurants du quartier de la vie nocturne, incluant les marchés de produits de la mer, sont chers et décevants. Quelques excellentes adresses justifient le trajet vers d'autres quartiers et à l'extérieur de la ville.

Bang Sare, très fréquenté le week-end, propose une cuisine internationale et thaïlandaise très tendance.

Thepprasit Market MARCHÉ $
(angle Th Thepprasit et Th Sukhumvit ; en-cas 30-80 B ; 16h-22h ven-dim). Vous y trouverez des babioles intéressantes et une grande quantité de vêtements, mais ce florissant marché nocturne du week-end mérite aussi le détour pour ses smoothies, ses nouilles et ses en-cas thaïlandais très variés.

Sketch Book Art Cafe THAÏLANDAIS, INTERNATIONAL $$
(038 251625 ; 478/938 Mu 12, Th Tha Phraya ; plats 125-325 B ; 8h30-22h). Pour fuir l'agitation perpétuelle de Pattaya, il fait bon se perdre parmi les salles de ce très beau café bohème, entouré d'un vaste jardin. Les murs sont tapissés d'œuvres du propriétaire. Les smoothies sont délicieux, le café est bon et les plats thaïlandais fraîchement préparés. Les plats occidentaux dépassent souvent les 300 B. Du matériel de peinture est en vente si l'inspiration vous vient.

Glass House THAÏLANDAIS $$
(081 266 6110 ; www.glasshouse-pattaya.com ; Soi Najomtien 10, Hat Jomtien, Sattahip ; plats 120-650 B ; 11h-minuit ;). Une adresse sur la plage, largement vitrée, pour un repas aux chandelles romantique, installé dans un canapé ou les pieds dans le sable. On y déguste produits de la mer, pizzas et pièces de viande. La qualité des plats, surtout thaïlandais, est excellente. À 9 km au sud du centre de Pattaya : à moins de loger à Jomtien, vous devrez y venir spécialement.

Mum Aroi POISSON, FRUITS DE MER, THAÏLANDAIS $$
(038 414802 ; 83/4 Soi 4, Th Naklua ; plats 150-450 B ; 11h-23h). Ce restaurant établi de longue date, juché en bord de mer dans le village de pêcheurs de Naklua, est considéré comme l'un des meilleurs de Pattaya pour les produits de la mer. Tout en contemplant les vieilles barques de pêche chaloupant sur les vagues, vous vous régalerez d'une exquise cuisine thaïlandaise sous la caresse rafraîchissante des embruns. Goûtez le *sôm·đam pou* (salade de papaye épicée et crabe) et le *plah mèuk nêung ma-now* (poulpe cuit à la vapeur avec jus de citron).

Five Star J VÉGÉTARIEN $$
(www.fivestarj.com ; 313/37 Th Pattaya Tai ; plats 70-400 B ; 11h-23h ;). Dans un quartier animé, ce restaurant végétarien et végan ouvert depuis longtemps s'est constitué une clientèle fidèle. Tout petit et impeccable, l'endroit dispose de la climatisation et du Wi-Fi. Nouilles, currys, pizzas végétariennes, plats à base de tofu… La cuisine est invariablement bonne.

La Baguette CAFÉ, BOULANGERIE $$
(038 421707 ; www.labaguettepattaya.com ; 164/1 Mu 5, Th Naklua ; plats 260-340 B ; 8h-minuit ;). Tout de suite au nord du Dolphin Roundabout, ce café distingué à la française sert des préparations excellentes : salades, crêpes, croissants et – bien sûr – des baguettes. Large choix de thés et cafés. Quel plaisir de se détendre sur un canapé ancien dans la salle baignée de lumière ! Réservez

si vous venez le week-end. Il existe un autre établissement sur la route vers Jomtien.

Où prendre un verre et faire la fête

Malgré la profusion de bars à bières identiques, il est quand même possible de boire autre chose, notamment dans les bars des hôtels bordant la plage.

Walking St est un lieu de débauche, mais ses innombrables bars restent plus divertissants pour passer la soirée dehors que ceux du vrai quartier chaud, plus glauque, à une rue de la plage. Les bars à bières sordides sont encore plus nombreux dans Soi 6.

Hot Tuna BAR
(Walking St ; ⌚21h-tard). Parmi les quelques salles de concerts qui côtoient les pièges à touristes de Walking St, le Hot Tuna fait toujours jouer les meilleurs groupes de reprises. Toute la soirée, le public peut suggérer des classiques du rock, généralement interprétés avec brio.

Gulliver's BAR
(www.gulliverbangkok.com ; Th Hat Pattaya ; ⌚15h-2h ; 📶). Sur la route de la plage, derrière une façade plutôt imposante de style néocolonial et une statue de la Liberté miniature, on ne s'attend pas à trouver ce bar sportif, plutôt standard. Bière et service corrects, climatisation et absence d'hôtesses sont autant de points positifs.

Renseignements

DÉSAGRÉMENTS ET DANGERS

- La nuit, à Pattaya, on ne compte plus les incidents liés à l'excès d'alcool (rixes, vols à l'arraché, conduite dangereuse).
- Faites en sorte de rester toujours lucide, et laissez passeport et cartes bancaires à votre hôtel.
- Évitez de louer un Jet-Ski, car les escroqueries aux prétendus dommages sont fréquentes.

IMMIGRATION

Bureau de l'immigration (☎038 252750 ; www.immigration.go.th ; Soi 5, Hat Jomtien ; ⌚8h30-12h et 13h-16h30 lun-ven)

OFFICES DU TOURISME

Tourism Authority of Thailand (TAT ; ☎038 428750 ; www.tourismthailand.org ; 609 Th Phra Tamnak ; ⌚8h30-16h30). Situé en bordure nord-ouest du parc Rama IX. Brochures et cartes disponibles auprès d'un personnel serviable.

SITES INTERNET

Love Pattaya (lovepattayathailand.com). Tout ce que vous devez savoir sur ce qui se passe à Pattaya.

Pattaya Mail (www.pattayamail.com). L'hebdomadaire de la ville en anglais.

Pattaya One (www.pattayaone.news). Un fascinant aperçu de la face obscure de Pattaya.

URGENCES

Police touristique (☎ numéro d'urgence 1155 ; tourist@police.go.th). Le bureau principal se trouve à côté de la Tourism Authority of Thailand (TAT), sur Th Phra Tamnak, et des postes de police longent les plages de **Pattaya** et Jomtien.

Bangkok Pattaya Hospital (☎038 429999 ; www.bangkokpattayahospital.com ; 301 Mu 6, Th Sukhumvit, Naklua ; ⌚24h/24). Soins de première qualité.

Depuis/vers Pattaya

AVION

L'aéroport de Pattaya est U-Tapao, à 33 km au sud de la ville. Assurez-vous que le chauffeur de taxi a bien compris que vous vous rendez à ce petit aéroport et pas à celui de Bangkok.

Départs tous les jours vers des destinations nationales avec **Bangkok Airways** (☎038 412382 ; www.bangkokair.com ; Fairtex Arcade, Th Pattaya Neua), **Air Asia** (www.airasia.com) et **Lion Air** (lionairthai.com).

Vols internationaux proposés par AirAsia et quelques autres compagnies aériennes.

Des charters partent régulièrement de cet aéroport.

BATEAU

Un service de catamaran rapide traversant le golfe de Thaïlande relie Pattaya et Hua Hin. Les eaux capricieuses compliquent parfois la traversée, mais la liaison, assurée par **Royal Ferry Group** (☎038 488999 ; www.royalferrygroup.com) et désormais bien établie, est bien plus rapide que le trajet par voie terrestre. Vous débourserez 1 250 B en classe standard et 1 550 B en classe affaires. Au moment de nos recherches, il y avait une traversée par jour, à 13h.

À Pattaya, les bateaux pour **Ko Lan** (30 B, 45 min, 11/jour) partent du ponton Bali Hai, à l'extrémité sud de Walking St.

BUS ET MINIBUS

Depuis la principale **gare routière** (Th Pattaya Neua), vous pourrez prendre un bus vers Bangkok, y compris vers l'aéroport Suvarnabhumi (300 B, 1 heure 30-2 heures, 6 départs/jour), en utilisant les services de **Bell Travel Service** (☎084 427 4608 ; www.belltravelservice.com ;

CORRESPONDANCES À PATTAYA

DESTINATION	BUS	MINIBUS	TRAIN
Aranya Prathet (vers le Cambodge)	340 B, 5 heures, 5/jour	260 B, 5 heures, ttes les heures 4h-18h	
Bangkok – gare ferroviaire de Hua Lamphong			À partir de 31 B, 4 heures, 1/jour lun-ven
Bangkok – terminal Est des bus (Ekamai)	108 B, 2 heures, ttes les 30 min, 4h30-23h	160 B, 2 heures, fréquents	
Bangkok – terminal Nord des bus (Mo Chit)	117 B, 2 heures 30, ttes les 40 min, 4h30-21h	160 B, 2 heures 30, fréquents	
Bangkok – terminal Sud des bus	119 B, 3 heures, ttes les 2 heures, 6h-18h30	150 B, 2 heures 30, ttes les heures	
Ko Samet		160 B, 1 heure, ttes les heures	
Rayong		80 B, 1 heure 30, fréquents	
Si Racha		40 B, 50 min, fréquents	À partir de 5 B, 30 min, 1/jour lun-ven

Th Pattaya Neua), qui peut vous récupérer à votre hôtel sur réservation.

Les bus **Roong Reuang Coaches** (www.airportpattayabus.com), qui relient Th Tha Phraya à Jomtien, près du croisement avec Th Thep Prasit, et l'aéroport Suvarnabhumi, sont bien moins chers (120 B, 2 heures, 1/heure 7h-21h).

Des **minibus** partent vers le nord à destination de Bangkok depuis l'angle de Th Sukhumvit et de Th Pattaya Klang.

Des minibus partent pour la frontière cambodgienne au croisement de Th Sukhumvit et de Th Pattaya Tai.

Vous pouvez réserver des minibus vers Ko Chang (550 B), Ko Mak (750 B) et Ko Kut (800 B) dans les agences de voyages du centre-ville.

TRAIN

La **gare ferroviaire de Pattaya** (☎038 429285) se situe près de Th Sukhumvit, à l'est de la ville.

Comment circuler

Les *songthaew*, surnommés "*baht bus*", arpentent les routes principales. Il vous suffit de monter à bord et de payer 10 B en descendant. Si vous faites le trajet vers ou depuis Naklua, vous devrez peut-être changer de véhicule au **rond-point du Dauphin** (วงเวียนโลมา ; Th Naklua et Pattaya Neua), à Pattaya Neua. Vous pouvez aussi prendre, depuis le rond-point, un *baht bus* pour la gare routière. Si vous allez plus loin, vous pouvez louer un *baht bus*, mais négociez le prix avant. Possibilité de louer des motos en ville pour 200 B/jour.

Rayong et Ban Phe

ระยอง / บ้านเพ

☎038 / 70 000 HABITANTS

Il y a des chances que vous passiez par ces villes en vous dirigeant vers Ko Samet. Rayong, assez grande et étendue, est bien desservie par les bus. Le petit port de Ban Phe, 18 km à l'est, possède une plage correcte, et des ferrys le relient à Ko Samet.

Où se loger et se restaurer

Rayong offre une large gamme d'hôtels, même si la plupart des adresses ne sont pas particulièrement centrales. Ban Phe ne manque pas de pensions dont les chambres reviennent à moins de 700 B la nuit. Cela dit, les deux localités étant bien desservies par les transports, il n'y a pas vraiment de raison d'y loger.

La Paillote Guesthouse PENSION $
(☎038 651625 ; facebook.com/pages/La-Paillote-Guesthouse/757942567721231 ; Ban Phe ; d 700-900 B ; ❄ 📶). Une bonne adresse économique à Ban Phe, pratique pour se rendre sur les pontons et à la plage. Personnel accueillant. La pension dispose de chambres simples mais confortables, et d'équipements corrects, ainsi que d'un restaurant et d'un bar en extérieur. Bon choix pour les familles.

Rayong President Hotel HÔTEL $
(☎038 622771 ; www.rayongpresidenthotel.com ; Soi Klongkhud, près de Th Sukhumvit, Rayong ;

d 600-850 B ; P❄📶). Ce n'est pas le meilleur hôtel de Rayong, mais les autres sont tous assez éloignés du centre. Celui-ci est l'un des seuls accessibles à pied depuis la gare routière 1.

Tamnanpar THAÏLANDAIS **$$**
(☎038 652884 ; 167/6 Mu 7, Ban Phe ; plats 150-350 B ; ⏰12h-minuit ; 📶). Malgré les bus de visiteurs qui se succèdent sur le parking, cet impressionnant restaurant-*resort* au décor évoquant la forêt tropicale vaut le détour (même la décoration des salles de bains rappelle la jungle). La cuisine thaïlandaise est savoureuse. Situé à environ 750 m de la principale route entre Rayong et Ban Phe. Parc aquatique sur place (adulte/enfant 200/100 B).

Depuis/vers Rayong et Ban Phe

Rayong dispose de deux gares routières : la **gare routière 1**, centrale, et la nouvelle **gare routière 2**, 7 km au nord-ouest du centre-ville. Aujourd'hui, tous les bus longue distance s'arrêtent à la gare routière 2. Les deux gares sont reliées par des *songthaew* très fréquents (15 B, 20 min).

Les minibus au départ de la gare routière 2 de Rayong desservent les terminaux Est (Ekamai) et Nord (Mo Chit) de Bangkok (les deux 160 B, 3 heures 30, ttes les heures de 4h40 à 20h) ; ils peuvent vous déposer à la station Airport Rail Link, un arrêt avant l'aéroport Suvarnabhumi. Des minibus fréquents partent également pour Pattaya (100 B, 2 heures), Chanthaburi (150 B, 2 heures) et Trat (200 B, 3 heures).

Des bateaux et *speedboats* partent régulièrement de Ban Phe pour Ko Samet. Les bus en face de l'embarcadère Nuanthip de Ban Phe circulent depuis/vers Ekamai à Bangkok (170 B, 4 heures, ttes les 2 heures de 7h à 18h).

Des minibus quittent Ban Phe à destination de Laem Ngop (d'où partent les bateaux vers Ko Chang ; 250 B, 3 heures, 3 départs/jour) et du monument de la Victoire à Bangkok (200 B, 4 heures, ttes les 40 min). Pour Pattaya, il est plus avantageux d'attraper une correspondance à Rayong.

Comment circuler

Au départ de la gare routière 1 de Rayong, des *songthaew* réguliers vont vers Ban Phe (25 B, 30 min, ttes les 15 min). À Ban Phe, vous pourrez les prendre devant les principaux embarcadères.

Ko Samet เกาะเสม็ด

Ses plages de sable, ses criques isolées et ses eaux turquoise sont prises d'assaut par les habitants de Bangkok, venus faire la fête le week-end, tandis que la plage principale et de nombreux *resorts* sont prisés par des groupes (notamment thaïlandais ou chinois) en voyage organisé. Des spectacles de jongleurs de feu et des barbecues sont organisés chaque soir sur les plages du nord ; le sud de l'île est beaucoup plus isolé et tranquille.

Île touristique la plus proche de Bangkok, Ko Samet est pourtant restée relativement sauvage, avec une jungle intérieure luxuriante s'étendant jusqu'aux constructions peu élevées des hôtels. La plupart des criques du Sud ne comptent qu'un ou deux *resorts*.

À voir et à faire

Contrairement à d'autres îles où on se balade de plage en plage, à Ko Samet, on passe de crique en crique. Le sentier littoral traverse des promontoires rocheux, des forêts bruissant de cigales et d'innombrables criques magnifiques ; plus on se rapproche du sud de l'île, plus l'ambiance est détendue.

Diverses activités sont possibles sur l'île : kayak, parachute ascensionnel, plongée, snorkeling et paddle (SUP). Vous pouvez aussi pratiquer la pêche au calmar et la pêche à la ligne. Les circuits dans les îles affichent des tarifs entre 400 B et 1 500 B, selon le nombre d'îles incluses.

Où se loger

Même si les *resorts* remplacent les bungalows, la majorité des hébergements de Ko Samet sont simples et plutôt vieillots. Quelques chambres avec ventilateur coûtent moins de 700 B, mais les bungalows climatisés avec vue sur la mer se louent entre 1 000 et 1 500 B. Les plages au sud de Hat Sai Kaew sont pauvres en logements. Des réductions sont possibles en semaine et hors saison.

Attention : sur les plages très fréquentées de Hat Sai Kaew, Ao Hin Khok, Ao Phai et Ao Wong Deuan, de grandes fêtes bruyantes peuvent durer toute la nuit.

Hat Sai Kaew et Na Dan

Hat Sai Kaew, la "plage du village", se situe dans la partie nord-est de l'île, à côté du débarcadère du ferry, dans le prolongement de Na Dan. Adeptes du bronzage, vendeurs de sarongs, *speedboats*, Jet-Skis et restaurants occupent le moindre coin de cette étendue de sable – la plus large, la plus fréquentée et la plus agitée de Ko Samet –, parfois envahie de touristes en voyage organisé. L'endroit est très vivant le soir, car il y a toujours au moins deux jongleurs de feu pour attirer la foule.

Mossman House PENSION $
(☎038 644017 ; Hat Sai Kaew ; d 800-1 200 B ; ❄ 📶). Cette pension très correcte, avec jardin luxuriant et véranda, dispose de chambres spacieuses et confortables. Située dans la rue principale, juste avant la billetterie du parc national ; installez-vous à l'arrière pour plus de calme car le bar en face ferme tard.

Baan Minnie PENSION, APPARTEMENT $$
(☎086 691 9662 ; Silver Park Ave, Na Dan ; d 1 000-1 400 B, app à partir de 2 000 B ; P ❄ 📶). Plusieurs solutions s'offrent à vous dans ces rangées de logements mitoyens derrière la grand-route du village principal de Ko Samet. Dans les chambres, les matelas sont confortables et la décoration est moderne. Certaines disposent d'un patio où l'on peut s'asseoir. Les "*townhouses*" à louer sont des appartements bien entretenus, parfois en duplex, où l'on peut aller et venir librement.

Ao Hin Khok et Ao Phai

Moins frénétique que Hat Sai Kaew au nord, Ao Hin Khok est une magnifique baie fréquentée par une population plus jeune que Hat Sai Kaew. À une courte marche en direction de l'ouest, après une avancée rocheuse, la jolie baie d'Ao Phai, appréciée des baroudeurs, présente des bars et des restaurants dignes d'intérêt.

Silver Sand RESORT $$
(☎038 644300 ; www.silversandsamed.com ; Ao Phai ; d/tr/f avec petit-déj 2 500/3 500/4 500 B ; P ❄ 📶). Ce mini-*resort* en pleine expansion est doté d'un restaurant, de boutiques et d'un bar et boîte de nuit LGBTQ-*friendly*. L'établissement est un peu impersonnel, mais il est bien équipé, et les chambres sont correctes. Situé sur un superbe ruban de plage, proche des lieux d'activité.

Samed Pavilion Resort RESORT $$$
(☎089 097 1112 ; www.samedpavilionresort.com ; 89/1 Moo 4, Ao Phai ; d avec petit-déj 2 550-6 000 B ; P ❄ @ 📶 🏊). Ce *resort* sélect et plein de charme se démarque de ses voisins par ses chambres spacieuses et élégantes, partagées en deux niveaux et regroupées autour d'une piscine idéale pour sympathiser. Bonne adresse pour les familles, à l'écart de la route et avec un accès à la plage. Tarifs souvent plus avantageux en ligne, mais des promotions hors saison ou en semaine sont aussi proposées en direct.

UN ACCUEIL GIGANTESQUE

Difficile de ne pas remarquer la statue dorée imposante d'une géante dénudée près de l'embarcadère de Na Dan. Elle fait allusion au plus célèbre natif de Ko Samet, le poète Sunthorn Phu, et à son célèbre conte *Phra Aphaimani*. Dans cette histoire, un prince est exilé vers un royaume sous-marin où règne une géante éperdument amoureuse de lui. Une sirène aide le prince à fuir jusqu'à Ko Samet, où il terrasse la géante en jouant d'une flûte magique. Vous pouvez voir la statue de la sirène et du prince réunis à l'extrême sud de Hat Sai Kaew.

Ao Phutsa et Ao Nuan

Au sud d'Ao Hin Khok et d'Ao Phai, la jolie plage sablonneuse d'Ao Phutsa (Ao Tub Tim) est un bon compromis entre facilité d'accès et affluence généralement raisonnable. Séjourner ici permet de profiter de la plage aux meilleures heures (en début de matinée et de soirée).

♥ **Ao Nuan Bungalows** BUNGALOWS $$
(☎081 781 4875, 038 644334 ; Ao Nuan ; bung avec ventil 900-1 200 B, avec clim 1 500-3 000 B ; ❄ 📶). L'une des dernières baies paisibles de Samet se cache non loin de la route principale, au bout d'une piste de terre. Dans les arbres à flanc de colline descendant vers la mer, vous trouverez des bungalows en bois allant des plus sommaires avec ventilateur et salle de bains commune sans eau chaude jusqu'aux refuges romantiques avec climatisation et élégants meubles en teck. Bar et restaurant proposant une cuisine basique. En quête de plus d'animation ? Ao Phutsa est à quelques minutes à pied.

Tubtim Resort RESORT $$
(☎038 644025 ; www.samedtubtim.com ; 13/15 Moo 4, Ao Phutsa ; d avec petit-déj et ventil 630-1 050 B, avec clim 2 100-4 500 B ; P ❄ 📶). Implanté depuis longtemps à Ao Phutsa (Ao Tub Bim), cet établissement occupe

Ko Samet

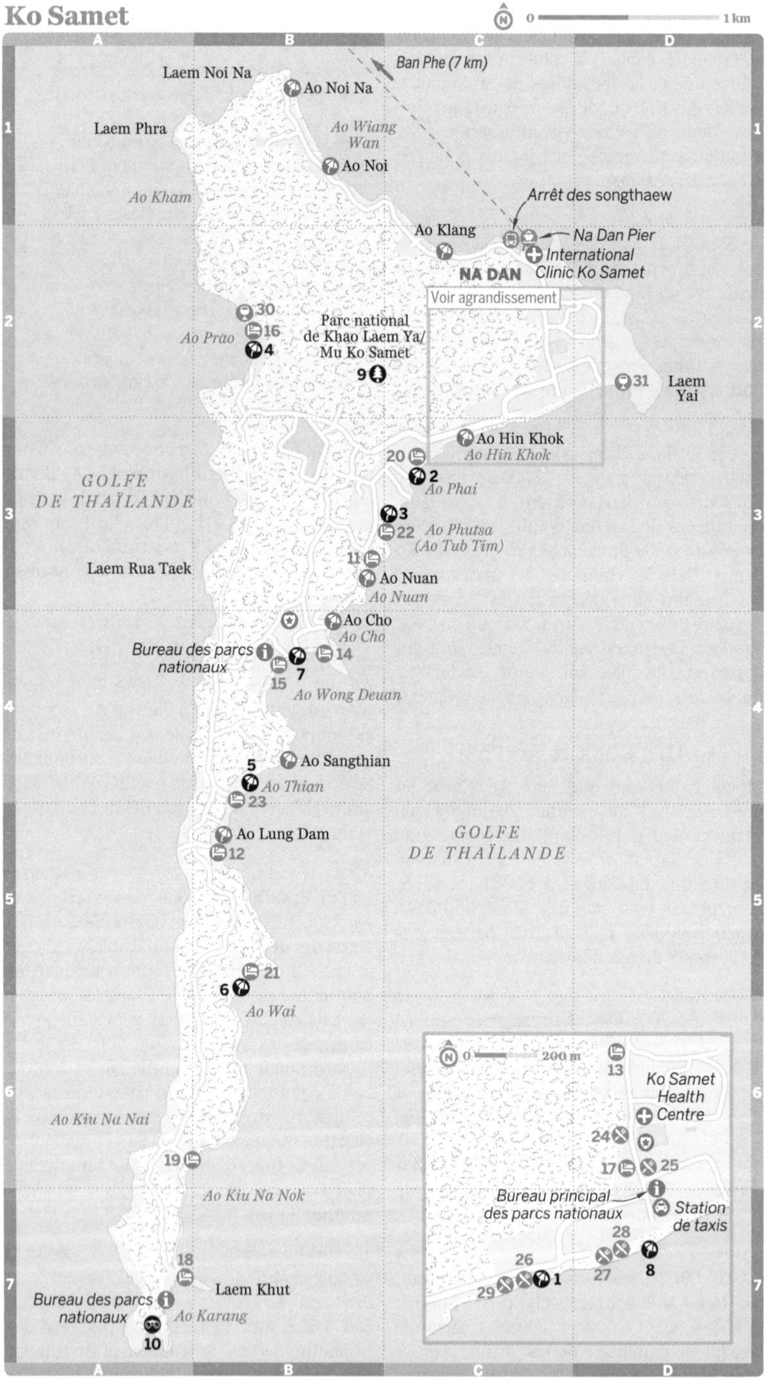

0
1 km
Ban Phe (7 km)
Laem Noi Na
Ao Noi Na
Laem Phra
Ao Wiang Wan
Ao Noi
Ao Kham
Arrêt des songthaew
Ao Klang
Na Dan Pier
International Clinic Ko Samet
NA DAN
Voir agrandissement
30
16
Ao Prao
4
Parc national de Khao Laem Ya/ Mu Ko Samet
9
31
Laem Yai
Ao Hin Khok
Ao Hin Khok
20
2
Ao Phai
GOLFE DE THAÏLANDE
3
22
Ao Phutsa (Ao Tub Tim)
11
Laem Rua Taek
Ao Nuan
Ao Nuan
Ao Cho
Ao Cho
Bureau des parcs nationaux
7
14
15
Ao Wong Deuan
5
Ao Sangthian
Ao Thian
23
Ao Lung Dam
12
GOLFE DE THAÏLANDE
21
6
Ao Wai
Ao Kiu Na Nai
19
Ao Kiu Na Nok
18
Laem Khut
Bureau des parcs nationaux
Ao Karang
10
0
200 m
13
Ko Samet Health Centre
24
17
25
Bureau principal des parcs nationaux
Station de taxis
28
26
8
27
29
1

Ko Samet

À voir

1 Ao Hin Khok C7
2 Ao Phai C3
3 Ao Phutsa C3
4 Ao Prao B2
5 Ao Thian B4
6 Ao Wai B5
7 Ao Wong Deuan B4
8 Hat Sai Kaew D7
9 Parc national de Khao Laem Ya/ Mu Ko Samet B2
10 Points de vue de la pointe sud A7

Où se loger

11 Ao Nuan Bungalows B3
12 Apaché B5
13 Baan Minnie D6
14 Blue Sky B4
15 La Lune Beach Resort B4
16 Lima Coco Resort B2
17 Mossman House D6
18 Nimmanoradee Resort A7
19 Paradee Resort A6
20 Samed Pavilion Resort C3
21 Samet Ville Resort B5
Silver Sand .... (voir 20)
22 Tubtim Resort C3
23 Viking Holidays Resort B4

Où se restaurer

24 Banana Bar D6
25 Funky Monkey D6
26 Jep's Restaurant C7
27 Kitt & Food D7
28 Ploy Talay D7
29 Sea Breeze C7

Où prendre un verre et faire la fête

Audi Bar .... (voir 25)
30 Breeze B2
31 Talay Bar D2

une bande de sable isolée, où est aménagé un large choix de bungalows en bois, des chambres économiques avec ventilateurs aux spacieux logements climatisés. Un lieu convivial avec barbecue tous les soirs, ainsi qu'un bon bar-restaurant de plage. Dans les meilleurs bungalows, en bord de plage, vous jouirez d'une belle vue depuis votre lit.

Ao Wong Deuan et Ao Thian

Ao Wong Deuan ("baie en croissant de lune") est la deuxième plage de Samet la plus animée après Hat Sai Kaew ; on y trouve un choix de *resorts* et de pensions plus modestes. Ce demi-cercle de plage large et plat, avec une faible pente, est adapté aux enfants. Le sable blanc est parsemé d'empreintes et de terriers de crabes. Des ferrys circulent entre Ao Wong Deuan et Ban Phe sur le continent (aller-retour 140 B ; 2-3/jour, service renforcé le week-end).

Ao Thian est une plage délicieuse, ponctuée de gros rochers faisant office d'abris sur le sable. D'une tranquillité agréable la semaine, elle demeure l'une des plus décontractées de Ko Samet. Le week-end, les étudiants des universités de Bangkok, guitare à la main, viennent chanter à la belle étoile. On y trouve quelques bungalows sans prétention. L'extrémité sud de la plage est aussi appelée Ao Lung Dam.

Apaché BUNGALOWS $
(☎ 081 452 9472 ; Ao Thian ; d 800-1 500 B ; ❄ 📶). Les décorations éclectiques et décalées, et un joyeux mélange de couleurs donnent du cachet à ce lieu très décontracté à l'extrême sud d'une route tranquille. Les bungalows sont sommaires mais convenables. Le restaurant sur pilotis vaut le détour.

Blue Sky BUNGALOWS $
(☎ 089 936 0842 ; Ao Wong Deuan ; d 800-1 200 B ; ❄ 📶). Le Blue Sky, l'une des rares adresses pour petits budgets sur Ao Wong Deuan, propose des bungalows vétustes posés sur un promontoire rocheux à l'extrémité nord de la plage. Le couple de gérants est sympathique, mais peu porté sur les réservations.

Viking Holidays Resort BUNGALOWS $$
(☎ 038 651126 ; www.vikingholidaysresort.com ; 101/4 Moo 3, Ao Thian ; ch avec petit-déj 1 500-1 800 B ; P ❄ 📶 🐾). C'est l'un des nombreux complexes de bungalows longeant cette plage paisible. Bien géré, il offre de jolies chambres compactes ornées de rideaux et de suspensions de coquillages. Le personnel est très sympathique et attentionné. Bon niveau d'anglais. Contrairement à beaucoup de bungalows de Ko Samet, on peut réserver (et choisir son emplacement) en ligne.

La Lune Beach Resort RESORT $$$
(☎ Ko Samet 089 892 9690, réservation à Bangkok 02 260 3592 ; www.lalunebeachresort.com ; Ao Wong Deuan ; d avec petit-déj 3 000-7 000 B ; P ❄ 📶 🏊). Oubliez les cabanes bas de gamme : ce *resort* chic et tendance, face à la plage, incarne le nouveau visage de Samet. Les 40 chambres – parquet et tons doux vert-gris-blanc – sont réparties sur 3 niveaux autour d'une piscine dans un bâtiment en U ouvert sur la mer. Télévision par câble, coffres-forts dans les chambres et service de sécurité 24h/24.

DROIT D'ENTRÉE À LA PLAGE

Ko Samet fait partie du **parc national maritime de Khao Laem Ya/Mu Ko Samet** (อุทยานแห่งชาติเขาแหลมหญ้า-หมู่เกาะเสม็ด ; ☎038 653034 ; www.dnp.go.th ; adulte/enfant 200/100 B) et vous devrez payer un droit d'entrée à votre arrivée. Si vous habitez et travaillez en Thaïlande, vous paierez 40 B, tarif réservé à la population thaïlandaise. On s'en acquitte au **bureau principal des parcs nationaux** (National Parks Main Office ; www.dnp.go.th ; Hat Sai Kaew ; 8h30-20h). Conservez bien votre ticket en cas de contrôle. Prenez un *songthaew* depuis l'embarcadère Na Dan à l'arrivée et faites-vous déposer à l'entrée pour régler. Un autre **bureau** (Ao Wong Deuan ; 8h30-16h30) se trouve à Ao Wong Deuan ; partout ailleurs, les gardiens vous feront payer l'entrée si vous arrivez en *speedboat*. L'accès à l'embarcadère de Na Dan revient à 20 B.

Ao Wai

La jolie plage d'Ao Wai, pourtant à 1,5 km d'Ao Thian, paraît loin de tout.

Samet Ville Resort RESORT $$
(☎038 651682 ; www.sametvilleresort.com ; Ao Wai ; d et bung 2 000-4 000 B, f 4 500-5 800 B ; P ❄ wifi ≋). À cheval sur deux baies – Ao Wai et Ao Hin Kleang –, ce *resort* verdoyant de 4,5 ha est aussi isolé qu'assoupi. Plusieurs types de chambres sont disponibles, toutes à quelques pas de la superbe plage. Au regard du prix, elles semblent toutefois un peu vétustes et étriquées, et le personnel manque d'expérience.

Ao Prao

Sur la côte ouest, Ao Prao est l'une des plus belles plages de l'île. Bien qu'isolée, elle est assez fréquentée, notamment par les Thaïlandais venus pour la journée, et comporte 3 *resorts* haut de gamme. Elle n'en est pas moins agréable pour un cocktail au coucher du soleil.

Lima Coco Resort RESORT $$$
(☎Bangkok 02 129 1140 ; www.limaresort.co.th ; Ao Prao ; d avec petit-déj 3 990-7 290 B ; ❄ wifi ≋). Le Lima Coco est l'un des 3 *resorts* haut de gamme d'Ao Prao, et le moins cher. Il offre plusieurs catégories de chambres compactes aux murs blanchis à la chaux, sur la colline derrière la plage. L'entretien n'est pas le point fort de cet établissement, mais le personnel est réactif et vous pouvez vous faire masser sur la plage, entre autres services.

Ao Pakarang et Ao Kiu

La pointe sud de l'île est empreinte d'un charme discret.

Nimmanoradee Resort RESORT $$
(☎038 644271 ; www.nimmanoradee.com ; Ao Pakarang ; d avec petit-déj 3 000-3 800 B ; P ❄ wifi). Nimmanoradee est le complexe hôtelier le plus au sud de l'île. Il offre du calme, beaucoup d'espace et des bungalows octogonaux aux couleurs gaies. Baignade agréable et petit promontoire. Des kayaks et tubas sont disponibles pour explorer les eaux alentour. Personnel aimable. Restaurant en plein air très agréable avec un bon menu et des prix raisonnables (plus élevés le week-end).

Paradee Resort RESORT $$$
(☎038 644284 ; www.samedresorts.com/paradee ; 76 Moo 4, Ao Kiu ; villa avec petit-déj 15 000-35 000 B, ste à partir de 70 000 B ; P ❄ wifi ≋). Prestigieux, fringant et éminemment intimiste, ce complexe hôtelier près de la pointe sud est parmi les plus luxueux de l'île. Les voiturettes de golf passent entre les villas au toit de chaume, dotées de Jacuzzi pour la plupart. La jolie plage est privée et, de l'autre côté de la route, vous pouvez profiter du coucher du soleil de la côte ouest de l'île depuis la terrasse d'un bar.

Où se restaurer

À Ko Samet, la cuisine est convenable, mais pas extraordinaire, et le service est loin d'être éblouissant. Les plages sont parsemées de restaurants et de bars qui feront l'affaire pour un gueuleton de cuisine thaïlandaise ou pour une bière fraîche. Bien des hôtels et des pensions sont pourvus de restaurants, qui organisent le soir des barbecues sur la plage avec toutes sortes de produits de la mer.

Pour une cuisine thaïlandaise bon marché (souvent orientée poisson et fruits de mer), essayez la route principale à Na Dan.

Banana Bar THAÏLANDAIS $
(☎038 644033 ; Na Dan ; plats 80-250 B ; 11h-23h30). Simple et décontracté, ce restaurant

un peu délabré sur la rue principale est une bonne adresse pour des plats thaïlandais à bon prix. Il sert des portions (plutôt petites) de currys thaïlandais, de salades et de plats de la région de l'Isan (Nord-Est).

Funky Monkey INTERNATIONAL **$$**
(Na Dan ; plats 70-450 B ; ⏲8h30-23h ; 📶). Au bout de la rue, jouxtant le guichet du parc national, le Funky Monkey a la réputation de préparer les meilleures pizzas de l'île. Quoi qu'il en soit, sa cuisine internationale est copieuse et honorable (petits-déjeuners anglais, burgers, mais aussi des classiques thaïlandais). Un bon endroit pour partager une bière fraîche avec d'autres voyageurs.

Kitt & Food POISSON, FRUITS DE MER, THAÏLANDAIS **$$**
(☎038 644087 ; Hat Sai Kaew ; plats 100-450 B ; ⏲9h-22h30). Meilleur que la plupart des restaurants en front de mer de cette plage populaire, Kitt & Food est une adresse romantique pour dîner, où l'on a presque les pieds dans l'eau. Ne vous attardez pas trop sur l'imposant menu : ici, on vient pour les produits de la mer. Faites votre choix parmi les poissons frais (d'élevage, pour la plupart) et les différents types de préparation.

Jep's Restaurant INTERNATIONAL **$$**
(☎038 644112 ; Ao Phai ; plats 150-450 B ; ⏲7h-23h). Sous la voûte végétale décorée de lanternes suspendues, cette adresse ravissante sur la plage propose une cuisine internationale variée, allant du Mexique à l'Italie en passant par les crêpes et quelques plats thaïlandais.

Ploy Talay POISSON, FRUITS DE MER, THAÏLANDAIS **$$**
(☎038 644212 ; Hat Sai Kaew ; plats 110-400 B ; ⏲11h-23h ; 📶). Ploy Talay est le plus fréquenté des restaurants médiocres donnant sur la plage à Hat Sai Kaew. Il se remplit avant les spectacles et jongleries de feu, à 20h30, qui vous en mettront plein les yeux (et les narines). Vous pouvez voir le spectacle depuis la plage, mais la plupart des gens aiment s'attabler tranquillement devant un plat de poisson ou de fruits de mer. On vient ici plus pour le cadre que la qualité.

Sea Breeze POISSON, FRUITS DE MER, THAÏLANDAIS **$$**
(Ao Phai ; plats 70-280 B ; ⏲11h-23h). La "brise marine" est en effet de la partie, puisque cette ample carte de produits de la mer est servie sur le sable de la jolie plage d'Ao Phai. Viandes au barbecue et plats occidentaux également.

Où prendre un verre et faire la fête

Le week-end, les nuits sont très agitées à Ko Samet. Des touristes thaïlandais en voyage organisé s'égosillent dans les spectacles de karaoké, et les jeunes s'abreuvent de bière au son des rythmes techno. L'ambiance se concentre généralement du côté de Hat Sai Khao, Ao Hin Khok, Ao Phai ou encore Ao Wong Deuan.

Audi Bar BAR
(☎084 418 8213 ; Na Dan ; ⏲16h-4h ; 📶). Ce bar, qui partage un espace à l'étage avec une salle de sport, se situe sur la rue principale. Il offre un parfait point d'observation sur les passants, mais il est aussi décoré de graffitis aux couleurs fluo typiques de Samet et dispose de quelques tables de ping-pong. Endroit très accueillant, et point de rendez-vous des fêtards pour un dernier verre après avoir passé la soirée sur les pistes de danse des plages.

Talay Bar BAR
(☎083 887 1588 ; Hat Sai Kaew ; ⏲14h-minuit ; 📶). Ce bar, clairement identifiable par ses torches enflammées et ses drapeaux thaïlandais à l'entrée, est situé à l'extrême est de la plage la plus fréquentée de l'île, dans une partie assez isolée. On y trouve un espace pour se poser sur le sable et se détendre devant un cocktail ou un duo bière-shot, choisi sur l'interminable carte. Ambiance sympathique et joyeuse.

VAUT LE DÉTOUR

VISITER LES ÎLES

Ko Samet constitue, avec 9 autres îles des alentours, le parc national de Khao Laem Ya/Mu Ko Samet. Le développement des îles voisines incite à y venir pour la journée. **Ko Kudi** possède une jolie plage de sable, des eaux claires où pratiquer le snorkeling et un agréable petit sentier de randonnée. Ko Man Nai abrite le **Centre de protection des tortues de Rayong**, site de nidification pour cette espèce menacée, qui compte un petit centre d'information.

Les compagnies de bateaux, présentes sur les plages fréquentées, offrent différents types d'excursions à partir de 500 B/pers.

Breeze BAR-RESTAURANT
(☎038 644100 ; Ao Prao Resort, Ao Prao ; ⏲7h-22h30 ; 📶). Face à l'ouest, ce charmant restaurant au bord de l'eau est idéal pour siroter un cocktail en regardant le soleil disparaître à l'horizon. Transport privé nécessaire – à défaut, il faudra faire 2,5 km à pied depuis Hat Sai Kaew.

Renseignements

L'île possède plusieurs DAB, notamment près du ponton de Na Dan, à l'extérieur du 7-Eleven derrière Hat Sai Kaew et à Ao Wong Deuan, Ao Thian et dans certains *resorts*.

International Clinic Ko Samet (☎038 644414, urgences 086 094 0566 ; Na Dan ; ⏲8h-20h, urgences jusqu'à minuit). Clinique privée, proche de l'embarcadère des ferrys. Personnel anglophone.

Ko Samet Health Centre (☎038 644123, 081 861 7922 ; ⏲24h/24 urgences). Sur la route principale entre Na Dan et Hat Sai Kaew.

Police touristique (☎24h/24 1155). Un poste se trouve sur la route principale entre Na Dan et Hat Sai Kaw, et un autre, plus petit, à Ao Wong Deuan.

Depuis/vers Ko Samet

On se rend à Ko Samet depuis les embarcadères de Ban Phe sur le continent. Toutes les compagnies de ferrys pratiquent des tarifs identiques (aller simple/aller-retour depuis le continent 70/100 B, aller simple depuis l'île 50 B, 40 min, ttes les heures de 8h à 17h). Les bateaux accostent à **Na Dan** (droit d'entrée 20 B), le principal embarcadère de Ko Samet, d'où le dernier ferry pour le continent repart à 18h.

Si vous logez à Ao Wong Deuan ou plus au sud, vous pourrez prendre un ferry ou un *speedboat* au départ du continent qui se rendra directement à votre plage (ferry/*speedboat* 90/300 B, 2 à 3 départs/jour).

Des *speedboats* vous déposeront sur la plage de votre choix (200 B à 500 B l'aller simple), mais, généralement, ils ne partent qu'avec un certain nombre de passagers. Sinon, vous pouvez en louer un pour environ 1 500 B.

Il est fort possible que les vendeurs de billets (ferry ou *speedboat*) sur les pontons de Ban Phe essaient de vous surfacturer. Ils insisteront par exemple pour que vous preniez un *speedboat* en affirmant qu'aucun autre bateau plus lent ne part dans les prochaines heures. Achetez vos billets aux guichets officiels, où les tarifs sont clairement affichés.

Depuis Bangkok, prenez la direction de Rayong. Vous arriverez à la gare routière 2 (bus) ; quelques minibus partent vers Ban Phe mais il est souvent plus rapide de monter dans un *songthaew* qui vous emmènera à la gare routière 1 (25 B), et d'en prendre un autre vers Ban Phe. Aucune ligne ne rallie Rayong depuis l'aéroport Suvarnabhumi ; il faut prendre la direction de Pattaya et changer de bus, ou se rendre au terminal Est (Ekamai) de Bangkok pour prendre un bus vers Rayong ou Ban Phe.

Au départ de Ko Samet, il est facile d'organiser un trajet en minibus vers Bangkok (250 B), vers l'aéroport Suvarnabhumi (500 B), les pontons de Ko Chang (250 B) et partout ailleurs. Les vendeurs de Bangkok (sur Khao San Rd, par exemple) proposent le même billet de minibus à destination de Ko Samet.

Comment circuler

D'une petite superficie, Ko Samet est une île qui se prête bien à la marche. Le réseau des routes permet de parcourir la majeure partie de l'île.

Les *songthaew* verts vous accueillent au débarcadère et vous déposent aux différentes

ALLER AU CAMBODGE : DE BAN PAKARD À PAILIN

Rejoindre la frontière Des **minibus** (☎092 037 6266) quittent Chanthaburi en direction de Ban Pakard (200 B, 1 heure 30, 10h et 12h). Ils partent d'un arrêt situé de l'autre côté du fleuve par rapport au River Guest House (p. 144), où vous pouvez réserver votre billet. Des *songthaew* partent aussi de la gare routière (100 B, 2 heures) ; ils ont tendance à partir tôt.

À la frontière Ce poste-frontière est moins fréquenté et plus agréable que Poipet, plus au nord. On vous demandera une photo d'identité et un droit de visa de 30 $US. Les visas électroniques cambodgiens ne sont pas officiellement acceptés ici, même si quelques voyageurs ont affirmé avoir réussi à passer. Il est presque d'usage pour les agents de demander 35 $US pour le visa.

Poursuivre son voyage Montez sur une moto-taxi pour Pailin au Cambodge, d'où vous pourrez prendre l'un des fréquents taxis collectifs (5 $US/pers, 1 heure 30) vers la jolie Battambang. Vous pourrez ensuite continuer vers Siem Reap en bateau ou vers Phnom Penh en bus.

plages (de 20 à 200 B selon l'arrêt et le nombre de passagers). Leur location coûte entre 150 et 700 B selon la grille de prix officielle, mais vous pouvez généralement négocier. Vous trouverez aussi beaucoup de taxis à un arrêt (Hat Sai Kaew) proche de l'entrée du parc national.

Des motos sont à louer un peu partout dans la moitié nord de l'île et sur les plages principales pour 100/300 B par heure/jour (jusqu'à 500 B/jour sur les plages plus à l'écart). Les routes sont en bon état, mais attention aux pentes raides. Il y a 7 km de route entre l'embarcadère des ferrys à Na Dan et l'extrême sud de l'île. Si vous préférez rouler sur 4 roues, il est possible de louer des voiturettes de golf.

Chanthaburi

จันทบุรี

039 / 126 000 HABITANTS

Traversée par un fleuve, Chanthaburi est une ville captivante où saphirs, émeraudes et autres pierres précieuses s'échangent chaque week-end sur un marché de rue bouillonnant. Non loin de là, les édifices superbement restaurés du quartier historique situé au bord de l'eau témoignent des influences chinoise, française et vietnamienne sur l'architecture et la vie de la petite cité.

C'est au XIXe siècle qu'arrivèrent à Chanthaburi des chrétiens vietnamiens fuyant les persécutions en Cochinchine (sud du Vietnam). La France occupa Chanthaburi de 1893 à 1905 en raison d'un désaccord sur la frontière entre le Siam et l'Indochine. D'autres Vietnamiens suivirent dans les années 1920 et 1940 pour échapper au régime colonial français, puis une troisième vague en 1975 après la victoire des communistes dans le Vietnam du Sud. Dans les environs, vous découvrirez des parcs naturels où les chutes d'eau abondent et de jolis villages de bord de mer.

À voir

Prenez le temps de baguenauder dans le quartier historique de Chanthaboon et le vaste parc King Taksin.

Chanthaboon Waterfront Community — SITE HISTORIQUE

(ชุมชนริมน้ำจันทบูร ; Th Sukhaphiban). Le long des berges de la Mae Nam Chanthaburi, s'étire un quartier plein de charme, aux maisons restaurées, où des personnes âgées bavardent tranquillement à l'extérieur. La **Chanthaboon Learning House** (ศูนย์เรียนรู้ประจำชุมชนริมน้ำจันทบูร ; 081 945 5761 ; 69 Th Sukhaphiban ; 10h-19h sam-dim) GRATUIT présente des photos du quartier, des peintures et des croquis architecturaux, notamment des dessins de panneaux de ventilation finement ouvragés, portant des mentions en caractères chinois et des fleurs de lys.

Il y a près de 300 ans, le commerce des berges fut développé par les marchands et les fermiers, facilitant ainsi les déplacements. Des commerçants et réfugiés chinois et vietnamiens s'établirent ensuite dans le secteur. Aujourd'hui, cette rue longue de 1 km est encore remplie de maisons de particuliers, mais les galeries d'art, les cafés et les étals à en-cas qui s'y installent séduisent les Thaïlandais venus pour le week-end.

Marché aux pierres précieuses — MARCHÉ

(Gem Market ; ตลาดพลอย ; Th Si Chan et Trok Kachang ; 9h-18h ven-dim). Pendant les week-ends, l'animation est à son comble dans les rues et ruelles à proximité – ordinairement calmes – de Th Si Chan (ou "rue des pierres précieuses"), où l'on vend et achète en négociant ferme. Il règne une atmosphère étrangement sereine quand on pense à la valeur de la marchandise concernée. Les gens s'agglutinent autour des tables artisanales, ou simplement autour de la paume ouverte d'un vendeur, pour observer à la loupe des petits tas de pierres brutes.

Cathédrale de l'Immaculée-Conception — ÉGLISE

(9h-12h et 13h-15h lun-sam, 11h-15h dim). GRATUIT La plus grande cathédrale de Thaïlande se dresse sur la rive est de la Mae Nam Chanthaburi. Fondée en 1711, c'était à l'origine une modeste chapelle, qui, par la suite, fut reconstruite à quatre reprises. De style gothique, la construction actuelle est ornée d'impressionnants vitraux. Une galerie à l'étage surplombe la nef. La statue de la Vierge Marie placée devant l'autel est incrustée de plus de 200 000 saphirs – établissant un lien entre la religion et le négoce des pierres précieuses qui a fait la renommée de la ville.

Wat Phai Lom — TEMPLE BOUDDHIQUE

(วัดไผ่ล้อม ; 086 794 8949 ; 8h-17h). GRATUIT Entamé au début du XVIIIe siècle, ce vaste ensemble comprend une haute salle des ordinations, très ornée et dotée de fresques, ainsi qu'un autre édifice recelant un énorme bouddha allongé.

Chanthaburi

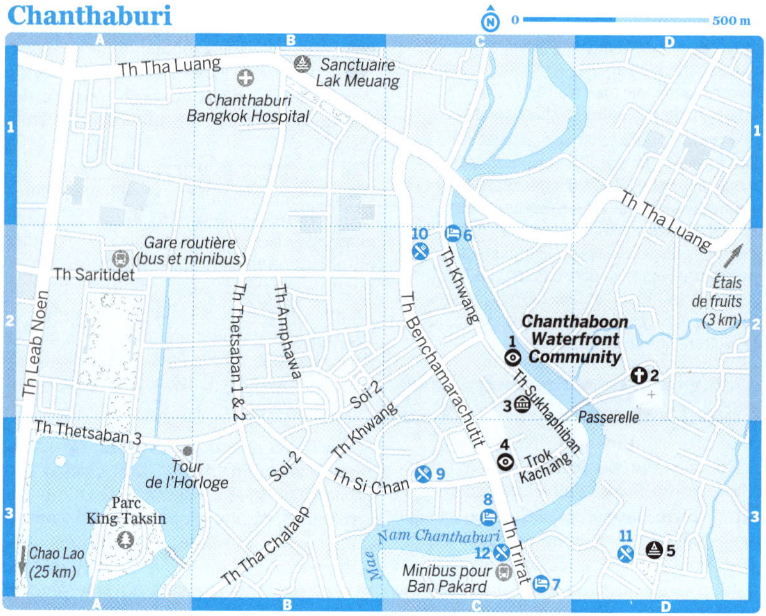

Chanthaburi

Les incontournables
1 Chanthaboon Waterfront Community C2

À voir
2 Cathédrale de l'Immaculée-Conception D2
3 Chanthaboon Learning House C2
4 Marché aux pierres précieuses C3
5 Wat Phai Lom D3

Où se loger
6 Baan Luang Rajamaitri C2
7 Chernchan Hostel C3
8 River Guest House C3

Où se restaurer
9 786 Muslim Restaurant C3
10 Chanthorn C2
11 Jay Pen Yentafo D3
12 Koff House C3

Où se loger

River Guest House PENSION $

(☎090 936 7499 ; facebook.com/theriverguesthouse ; 3/5-8 Th Si Chan ; d 450-700 B, tr/f 850/950 B ; ❄📶). Au bord de l'eau – et près d'un pont bruyant –, cette chaleureuse *guest-house* loue diverses chambres sommaires. Les meilleures font face au fleuve. Les lits sont durs, mais l'espace de détente sur les berges compense cette faiblesse. Les chambres les moins chères ont une salle de bains commune ; il faut ajouter un supplément pour l'eau chaude et la climatisation. Location de vélos et de mobylettes.

Chernchan Hostel AUBERGE DE JEUNESSE $$

(☎065 573 8841 ; facebook.com/chernchan2017 ; 43/11-13 Th Tirat ; dort 450 B, d 900-1 500 B ; ❄📶). Cette auberge, située sur une route calme proche du fleuve, propose des dortoirs et des chambres compacts mais confortables, au design moderne. Le café au rez-de-chaussée sert un petit-déjeuner copieux. Le personnel est serviable. Location de vélos sur place.

♥ **Baan Luang Rajamaitri** HÔTEL HISTORIQUE $$$

(☎088 843 4516 ; www.baanluangrajamaitri.com ; 252 Th Sukhaphiban ; ch avec petit-déj 1 690-1 990 B, ste 3 290-3 490 B ; ❄📶). Domaine communautaire baptisé en hommage à un philanthrope local, ce musée-hôtel historique parfaitement rénové propose des chambres élégantes de caractère au cœur du quartier bordant le fleuve. Meubles en bois foncé, plancher qui craque et jolie terrasse sur la berge créent une ambiance plaisante. Les chambres les moins chères, de taille modeste et avec lits superposés, ont une petite terrasse. L'hôtel regorge de curiosités.

Où se restaurer et prendre un verre

Spécialités locales : les nouilles au crabe et les feuilles de *chamung* au porc. Vous trouverez une enfilade de restaurants sur Th Sukhaphiban et beaucoup de choix autour du centre en général. De l'autre côté du fleuve, certains lieux en plein air donnent sur Chanthaboon. Th Sukhaphiban regroupe les cafés et les bars les plus séduisants, dotés de terrasses en bois donnant sur le fleuve.

786 Muslim Restaurant INDIEN $
(081 353 5174 ; Th Si Chan ; plats 50-110 B ; 9h30-18h mar-dim). Parmi les perles de Chanthaburi, ce restaurant géré par des Thaïlandais musulmans vaut le détour. *Paratha*, biryanis, currys et *chai* sont excellents.

Jay Pen Yentafo THAÏLANDAIS $
(039 325430 ; Wat Phai Lom ; nouilles 100 B ; 9h-15h30). La soupe rose de nouilles au crabe de ce restaurant, aménagé dans un temple de l'enceinte de Wat Phai Lom, est très réputée auprès des habitants.

Chanthorn THAÏLANDAIS $$
(102/5-8 Th Benchamarachutit ; plats 100-300 B ; 9h-21h ;). Un restaurant et magasin accueillant, tenu par une famille à une rue à l'ouest des berges, idéal pour goûter les spécialités locales. Tout est délicieux, en particulier les feuilles de *chamung* au porc et les nouilles au crabe de Chanthaburi. Le restaurant peut fermer assez tôt le soir.

Koff House INTERNATIONAL $$
(083 649 3395 ; Tambon Chanthanimit ; café 55-80 B, plats 160-890 B ; boulangerie 7h30-23h, restaurant 8h-minuit). Mi café-boulangerie, mi-restaurant huppé, le Koff est un lieu sophistiqué. Près du fleuve, il tranche nettement avec la vieille ville, sur la rive opposée. La clientèle la plus jeune apprécie son ample sélection de cafés, de thés et de petits-déjeuners, à déguster sur des canapés confortables, tandis que les plus mûrs s'offrent en général un repas international à côté, sur fond de musique live.

VAUT LE DÉTOUR

PARCS NATIONAUX DES ENVIRONS DE CHANTHABURI

Deux petits parcs nationaux sont facilement accessibles depuis Chanthaburi. Ce sont de belles excursions à faire à la journée. Attention, le paludisme étant présent dans les deux parcs, prenez vos précautions (antimoustique, manches longues et pantalon).

Le **parc national de Khao Khitchakut** (อุทยานแห่งชาติเขาคิชฌกูฏ ; 039 452074 ; nps.dnp.go.th ; 200 B ; 8h30-16h30), à 28 km au nord-est de la ville, est l'un des plus petits parcs nationaux de Thaïlande (59 km²), mais il est bordé de réserves naturelles et il abrite des éléphants sauvages. La cascade de Nam Tok Krathing n'est impressionnante qu'après la saison des pluies. Autre point d'intérêt : un temple au sommet d'une colline où le Bouddha aurait laissé une empreinte, auprès d'un énorme rocher. Pour rejoindre le Khao Khitchakut, prenez un *songthaew* à côté du bureau de poste de Chanthaburi, sur le côté nord du marché (35 B, 45 min). Il s'arrête à 1 km de l'accueil du parc, sur la Rte 3249, puis il faut marcher. Au retour, les transports étant rares, prévoyez d'attendre (nous vous déconseillons de faire du stop, car le risque n'est jamais nul).

Le **parc national de Namtok Phlio** (อุทยานแห่งชาติน้ำตกพลิ้ว ; 039 434528 ; nps.dnp.go.th ; 200 B ; 8h-18h), en retrait de la Hwy 3, est à 14 km au sud-est de Chanthaburi. Un sentier court et agréable fait une boucle autour des cascades, peuplées de carpes soro. Vous pouvez vous baigner et aller voir l'impressionnant stupa Phra Nang Ruar Lom (1876) couvert de mousse, et le *chedi* Along Khon (1881). Pour vous rendre au parc, prenez un *songthaew* sur le côté nord du marché de Chanthaburi jusqu'à l'entrée du parc (50 B, 30 min). Il vous déposera à environ 1 km de l'entrée. Le prix est de 1 500 B en transport privé.

Hébergement disponible dans les deux parcs, via le système de réservation des parcs (02 562 0760 ; www.dnp.go.th).

CORRESPONDANCES À CHANTHABURI

DESTINATION	BUS	MINIBUS
Bangkok – terminal Est des bus (Ekamai)	180 B, 4 heures, 25/jour	200 B, fréquent
Bangkok – terminal Nord des bus (Mo Chit)	180 B, 4 heures, 4/jour	200 B, fréquent
Khorat	280 B, 4 heures, ttes les 2 heures	
Rayong/Ban Phe		150 B, 2 heures, ttes les heures
Trat		70 B, 1 heure, fréquents

Renseignements

Chanthaburi Bangkok Hospital (☎ 039 319888 ; www.chanthaburihospital.com ; Th Tha Luang ; ⌚24h/24). Hôpital central disposant d'un service d'urgences.

Comment s'y rendre et circuler

La **gare routière** de Chanthaburi (Th Saritidet) est à l'ouest du fleuve. Des minibus partent de là également. Les motos-taxis demandent 20 à 40 B pour les trajets en ville.

Trat

ตราด

☎ 039 / 22 000 HABITANTS

Lieu de transit majeur pour Ko Chang et la côte cambodgienne, Trat mérite une halte pour son charme d'antan. Le quartier des pensions, avec ses *soi* (ruelles) tortueux, bordés de *shophouses* (maisons de négoce) en bois, dégage un charme unique. Il déborde de vie dans le plus pur style thaïlandais : enfants à vélo, ménagères portant leurs courses, petits bazars et boutiques d'articles divers.

À voir

En descendant Th Lak Meuang, vous verrez les étages supérieurs des *shophouses* transformés en aire de nidification pour des oiseaux (en réalité une espèce de martinet) qui fabriquent, à partir d'un mucus comestible, des nids considérés comme un mets raffiné en Chine. Autrefois, les nids d'hirondelles étaient plutôt rares (et chers), car ils ne pouvaient être récoltés que dans les grottes des falaises surplombant la mer par des grimpeurs entraînés et audacieux. Dans les années 1990, certains entrepreneurs parvinrent à reproduire l'habitat naturel des grottes dans des maisons de négoce à plusieurs étages, favorisant le développement d'une industrie clé pour la ville.

Pour une promenade courte mais pittoresque, Th Thana Charoen donne accès à une jolie petite **passerelle sur le canal**, pourvue de réverbères à la française et de bancs. Remarquez les canons à eau, installés en hauteur en cas d'incendie dans les *shophouses*.

Musée de Trat MUSÉE

(พิพิธภัณฑ์วัดบุปผาราม ; Th Santisuk ; adulte/enfant/étranger 5/10/30 B ; ⌚9h-16h mar-ven, 9h30-16h30 sam-dim). À l'emplacement de l'ancien hôtel de ville, dans un bâtiment en bois superbement restauré, le musée de Trat se compose de 6 salles, dont les expositions, les maquettes et les panneaux d'interprétation détaillent l'histoire de la province. Beaucoup d'aspects en sont évoqués : population, culture, patrimoine archéologique, mais aussi des événements importants, comme la bataille navale de Ko Chang.

Où se loger

Trat possède de nombreuses maisons traditionnelles en bois pleines de caractère converties en hôtels bon marché, dans et autour de Th Thana Charoen.

♥ **Ban Jai Dee Guest House** PENSION $

(☎ 083 589 0839, 039 520678 ; banjaideehouse@yahoo.com ; 6 Th Chaimongkol ; s/d 250/300 B ; wifi). Maison traditionnelle en bois un peu au nord du canal. Chambres basiques avec salles de bains communes (douches chaudes). Peintures et objets d'art réalisés par les propriétaires agrémentent les espaces communs. L'ambiance détendue est addictive et il n'y a que 7 chambres ; la pension se remplit donc assez vite. Les hôtes sont une mine d'informations.

Yotin Guest House PENSION $

(☎ 089 224 7817 ; Th Thana Charoen ; d 300-450 B ; clim, wifi). Derrière un bâtiment typique du ravissant vieux quartier de Trat, vous trouverez de jolies chambres rénovées avec draps colorés et matelas confortables. Les moins chères sont compactes et ont une salle de bains commune ou très petite. Le couple de gérants est aux petits soins.

Artist's Place PENSION $

(☎082 469 1900 ; pier.112@hotmail.com ; 132/1 Th Thana Charoen ; d avec petit-déj et ventil 350 B, clim 800-1 100 B ; P ❄ 📶). Les chambres sont toutes décorées différemment et les œuvres qui ornent le jardin adjacent sont réalisées par le propriétaire, M. Phukhao. Les chambres les moins chères disposent de ventilateur et d'une salle de bains commune.

♥ **Rimklong Boutique Hotel** BOUTIQUE-HÔTEL $$

(☎039 523388, 081 861 7181 ; 194 Th Lak Meuang ; d 950-1 180 B ; P ❄ 📶). Géré par le distingué et prévenant M. Tuu, cet hôtel offre 5 petites chambres impeccables au cœur de la vieille ville. Prix raisonnables au regard de la prestation, qui inclut des portes doublées pour l'insonorisation. Certaines chambres se trouvent dans une annexe un peu plus bas dans la rue. Véritables expressos et cocktails dans un café devant l'établissement.

Où se restaurer et prendre un verre

À Trat, rien de mieux que les marchés pour se sustenter : le **marché de jour** (ตลาด ; Th Tat Mai ; ⏲6h-17h) pour déguster un *gah·faa bohrahn* (café à l'ancienne), le **marché nocturne** (en retrait de Th Sukhumvit ; plats 10-100 B ; ⏲17h-21h) et le **marché couvert** (ตลาดกลาง ; Soi Sukhumvit ; ⏲6h-17h), pour un déjeuner de nouilles. La nuit, vous pourrez également vous procurer de la nourriture sur les étals qui longent Th Sukhumvit.

Cafe Haven INTERNATIONAL $

(Th Thana Charoen ; plats 60-250 B ; ⏲7h30-18h ; 📶). Accolé à la Sangjun Guesthouse, le Haven est un restaurant très bien équipé dans le vieux quartier des pensions. Mobilier en bois de formes irrégulières et une longue carte composée de plats thaïlandais, produits de la mer, pâtes et burgers.

♥ **Namchok** THAÏLANDAIS $$

(Th Wiwatthana ; plats 80-250 B ; ⏲10h-22h). Ce restaurant sans prétention est, à juste titre, l'une des adresses préférées des habitants. Au nord du centre, cet espace ouvert propose d'excellents plats de la mer. L'armée de jeunes serveurs se montre très attentionnée. Sur la carte en anglais

Province de Trat

figurent des plats intrigants : autruche sautée au poivre noir, crabes à carapace molle frits, etc. L'endroit, indiqué en thaï seulement, est repérable aux logos Coca-Cola et à ses bancs en béton.

Pier 112 THAÏLANDAIS $$

(132/1 Th Thana Charoen ; plats 80-200 B ; ⏲17h-22h ; 📶 ✍). Situé dans la vieille ville au bord de l'eau, Pier 112 offre une large sélection de plats végétariens et de bons currys. Possibilité de manger dehors dans un jardin orné de plantes. Ici, se trouve aussi le **Seahouse Cafe**, pour un café, une bière, un petit-déjeuner ou un en-cas à toute heure (dès 7h).

Cafe Oscar BAR

(Th Thana Charoen ; ⏲17h-tard). Une clientèle très éclectique, thaïlandaise et immigrée, fréquente ce bar aux allures de club, avec mobilier en bois et bande-son rétro des années 1970 et 1980. Un bon lieu de rendez-vous, parfois ouvert la journée en haute saison.

Renseignements

Vous trouverez la majorité des banques et des DAB sur Th Sukhumvit (appelée souvent Th Ratanuson), dont la **Krung Thai Bank** (Th Sukhumvit ; ⏲8h30-16h30 lun-ven).

Trat

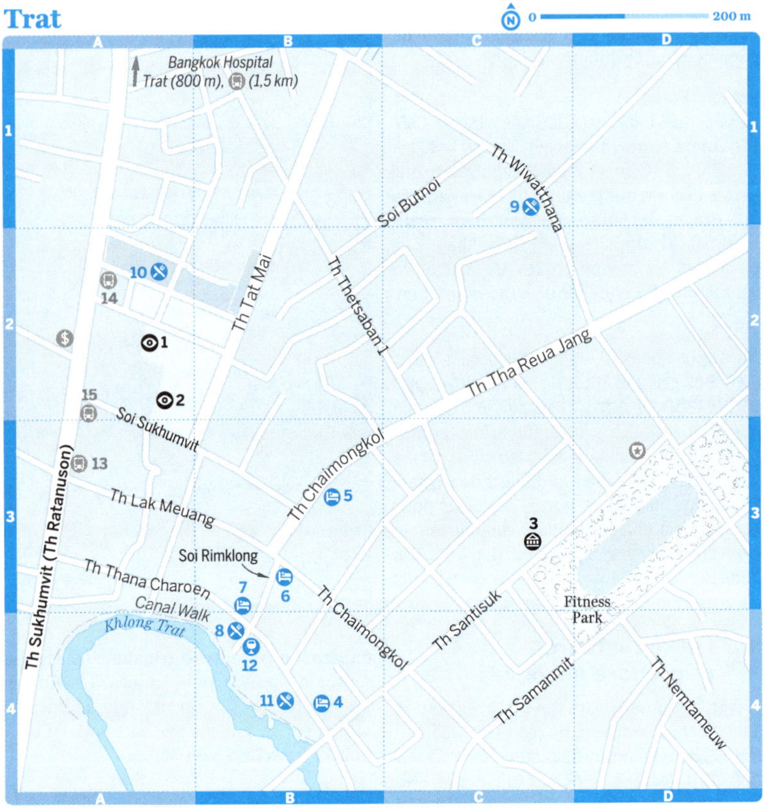

Trat

À voir

1 Marché de jour A2
2 Marché couvert A2
3 Musée de Trat C3

Où se loger

4 Artist's Place B4
5 Ban Jai Dee Guest House B3
6 Rimklong Boutique Hotel B3
7 Yotin Guest House B3

Où se restaurer

8 Cafe Haven B4
9 Namchok C1
10 Marché de nuit A2
11 Pier 112 .... B4

Où prendre un verre et faire la fête

12 Cafe Oscar B4

Transports

13 Family Tour A3
14 *Songthaew* pour la gare routière et Laem Sok A2
15 *Songthaew* pour les ferrys vers Ko Chang A2

Bangkok Hospital Trat (039 522555 ; www.bangkoktrathospital.com ; 376 Mu 2, Th Sukhumvit ; 24h/24). Situé à 400 m au nord du centre-ville, cet hôpital offre les meilleurs soins médicaux de la région.

Police (24h/24 1155 ; angle Th Santisuk et Th Wiwatthana). À quelques minutes à pied du centre de Trat.

Depuis/vers Trat

AVION

Bangkok Airways (039 525767 ; www.bangkokair.com ; aéroport de Trat ; 8h30-18h30) assure 3 vols quotidiens depuis/vers l'aéroport international de Bangkok Suvarnabhumi (1 heure) vers l'aéroport de Trat, à 35 km au nord-ouest de la ville. Un taxi

BUS ET MINIBUS AU DÉPART DE TRAT

Bus

DESTINATION	PRIX	DURÉE	DÉPARTS
Bangkok – aéroport international Suvarnabhumi	240 B	4 heures-4 heures 30	3/jour
Bangkok – terminal Est des bus (Ekamai)	230 B	4 heures 30	ttes les heures 7h-23h30
Bangkok – terminal Nord des bus (Mo Chit)	240 B	5 heures 30	2/jour
Chanthaburi	58 B	1 heure	6/jour

Minibus

DESTINATION	PRIX	DURÉE	DÉPARTS
Bangkok – terminal Est des bus (Ekamai)	280 B	4 heures	ttes les 2 heures 8h30-16h30
Bangkok – terminal Nord des bus (Mo Chit)	270 B	4 heures	ttes les 2 heures 8h30-16h30
Chanthaburi	70 B	50 min	fréquents 6h-18h
Hat Lek (frontière avec le Cambodge)	120 B	1 heure 30	ttes les heures 5h-18h
Pattaya	300 B	3 heures 30	ttes les 2 heures 8h-18h
Rayong/Ban Phe (vers Ko Samet)	200 B	3 heures 30	ttes les 2 heures 8h-18h

collectif ou un minibus pour rejoindre la ville coûte 500 B. Pour l'embarcadère des ferrys de Ko Chang, comptez 300 B.

BATEAU

Vers Ko Chang

Les embarcadères des bateaux depuis/vers Ko Chang se situent à Laem Ngop, à environ 30 km au sud-ouest de Trat. Il y a 3 quais, pour 3 compagnies différentes. Le meilleur service est assuré par Koh Chang Ferry (p. 161), depuis Tha Thammachat, et par Centrepoint Ferry (p. 161), depuis Tha Centrepoint.

Des **songthaew** (Th Sukhumvit) vers Laem Ngop et les embarcadères (50-80 B/pers, 300 B le véhicule entier ; 40 min) partent de Th Sukhumvit, juste après le marché. Ramassage possible à votre pension le matin. Le tarif devrait être le même si vous vous rendez directement à l'embarcadère depuis la gare routière de Trat.

Depuis Bangkok, vous pouvez prendre un bus au terminal Est (Ekamai) jusqu'à Tha Centrepoint (250 B, 5 heures, 3 départs le matin). Ce trajet prévoit un arrêt à la gare routière de l'aéroport Suvarnabhumi et à la gare routière de Trat. En sens inverse, il y a 2 départs dans l'après-midi depuis Laem Ngop.

Vers Ko Kut

Les ferrys vers Ko Kut partent de l'embarcadère de **Laem Sok** (Laem Sok Ferry Pier), à 22 km au sud-est de Trat, gare de correspondance des bus la plus proche. Si vous réservez votre billet, la compagnie vous offre le trajet entre le centre de Trat ou la gare routière (pas l'aéroport) et l'embarcadère. Il n'y a pas de transport public entre les embarcadères de Laem Ngop et Laem Sok ; prévoyez 400 B à 500 B pour un taxi.

En haute saison, vous pouvez voyager directement de Ko Chang à Ko Kut.

Vers Ko Mak

Les *speedboats* à destination de Ko Mak (aller simple 450 B, 1 heure, 6/jour) démarrent à Laem Ngop. Le bateau lent (200 B, 3 heures) part à 11h.

BUS ET MINIBUS

La **gare routière** de Trat est à 2 km de la ville.

Comment circuler

Comptez 20 à 30 B pour une course à moto-taxi dans le secteur.

Les *songthaew* locaux partent vers la gare routière depuis Th Sukhumvit, à côté du marché (entre 20 B et 60 B, selon le nombre de passagers). Louer un *songthaew* pour se rendre à l'aéroport coûte 600 B.

Pour 150-200 B la journée, il est possible de louer une moto le long de Th Sukhumvit, près du quartier des pensions, ou directement auprès de certaines pensions.

Ko Chang

เกาะช้าง

039 / 10 000 HABITANTS

Avec ses sommets escarpés recouverts de jungle, la pittoresque Ko Chang ("île éléphant") conserve son caractère isolé et sauvage, même si elle est devenue une destination prisée pour les voyages organisés. De vastes baies ponctuent la côte ouest ; certaines ont des plages de sable fin, d'autres sont composées de galets. Ko Chang n'est peut-être pas l'île idéale pour les amateurs de plages, mais elle combine nature facilement accessible et vie nocturne florissante.

En raison de son éloignement relatif, Ko Chang a mis plus de temps à attirer les touristes que les autres îles du golfe de Thaïlande et de la côte d'Andaman. Même s'il reste toujours assez compliqué de s'y rendre, le flot de visiteurs est continu : touristes en voyage organisé, voyageurs en route pour le Cambodge et couples voyageant vers les îles reculées du parc national maritime. En longeant la côte ouest, on tombe sur de petites villes tentaculaires dépassant à l'évidence les limites des infrastructures de l'île. Pour découvrir la Chang authentique, privilégiez les villages du sud-est et les forêts de mangroves de Ban Salak Phet et Ban Salak Kok.

À voir

Parc national maritime de Mu Ko Chang — PARC NATIONAL

(อุทยานแห่งชาติหมู่เกาะช้าง ; 039 510927 ; www.dnp.go.th ; entrée à la journée adulte/enfant 200/100 B). Ce parc national en partie maritime s'étend sur tout l'archipel et une bonne partie du centre de l'île. Sa politique de préservation manque de cohérence, mais vous devrez payer l'entrée au parc pour visiter certaines cascades (dont Khlong Phu, dotée d'un petit centre d'accueil des visiteurs). Les **bureaux** (039 555080 ; Ban Than Mayom ; 8h-17h) du parc sont installés du côté est de l'île, non loin de Nam Tok Than Mayom.

Le nudisme et le bronzage seins nus sont interdits dans le parc. Cela s'applique à toutes les plages de Ko Chang, Ko Kut, Ko Mak et Ko Wai.

Côte ouest

La côte ouest de Ko Chang, où s'étendent les plages et les baies, est de loin la partie la plus développée de l'île. Les *songthaew* collectifs, bon marché, permettent d'aller facilement d'une plage à l'autre. Certaines plages étant rocailleuses, il vaut mieux prévoir des sandales en plastique pour les enfants. La plupart du temps, la mer est calme et peu profonde, mais attention aux courants dangereux pendant les tempêtes et à la saison humide (de mai à octobre).

Ban Bang Bao — VILLAGE

(บ้านบางเบ้า). Bang Bao est un ancien village de pêcheurs construit sur le mode traditionnel des pontons interconnectés. Les habitants ont abandonné leurs filets pour louer une partie de leur maison à des boutiques de souvenirs et à des restaurants. La plupart des touristes viennent ici pour les excellents restaurants de produits de la mer et pour le shopping.

Hat Khlong Kloi — PLAGE

(หาดคลองกลอย). À l'extrémité est d'Ao Bang Bao, Khlong Kloi est une jolie plage de sable à l'écart des circuits des voyages organisés. Elle est populaire, mais conserve une atmosphère de plage sauvage, même si elle réunit toutes les commodités nécessaires (restauration, fruits, bière, massages) ainsi que quelques pensions. Il est possible de s'y faire déposer en camionnette ou de s'y rendre à pied depuis Bang Bao (1 km).

Ao Khlong Prao — PLAGE

(อ่าวคลองพร้าว ; Khlong Prao). La plage de Khlong Prao, une superbe bande de sable, est posée au pied d'imposantes falaises délimitées par deux estuaires. À marée basse, on s'y promène en quadrillant le sable en quête de petites créatures piégées par le reflux. Ici, les vastes *resorts* de luxe dominent, et prendre le soleil au bord de la piscine est le passe-temps le plus répandu à l'heure où la marée dévore une bonne partie de la plage. Le canal, bordé de *shophouses* sur pilotis, ainsi que de quelques pensions et restaurants de produits de la mer, est des plus charmants.

Hat Kaibae — PLAGE

(หาดไก่แบ้). La voisine de Khlong Prago est appréciée des familles et des couples trentenaires. Cette étroite langue de sable s'étire sur une baie ponctuée d'îles, relativement épargnée par les voyages organisés, mais qui ne manque pas pour autant de bons bars et restaurants le long de la route principale. On peut faire une excursion en kayak vers l'île solitaire de Ko Man Nai.

Lonely Beach — PLAGE

(หาดท่าน้ำ). Ce repaire de baroudeurs est le lieu le plus vivant de Ko Chang après la tombée de la nuit. Jusqu'à au moins 5h, les seaux de vodka circulent devant des haut-parleurs à plein volume. À l'extrémité sud et vers Bailan Bay, des galets recouvrent la plage, mais une bande de sable correcte se déploie au nord. Son nom d'origine, tombé dans l'oubli, est Hat Tha Nam.

ALLER AU CAMBODGE : DE HAT LEK À CHAM YEAM

Rejoindre la frontière Le passage le plus proche depuis Trat se trouve à Hat Lek, en direction de Cham Yeam, au Cambodge, puis de Ko Kong. Des minibus partent de la gare routière de Trat, pour Hat Lek (120 B, 1 heure 30, 1/heure 5h-18h). Les agences de Trat vendent des tickets de minibus à destination de Sihanoukville, Phnom Penh et Siem Reap pour 600 B, mais cela nécessite un changement de véhicule à la frontière.

À la frontière Il est fréquent que les agents tentent de faire payer le visa cambodgien plus cher (officiellement à 30 $US) ; ils pourront citer en exemple le tarif pour le visa électronique (37 $US) ou demander le paiement en bahts thaïlandais (1 200 B) à un taux qui les avantage. On vous demandera une photo d'identité. Pour éviter tout désagrément, vous pouvez décider d'acquérir un visa électronique à l'avance. Évitez toute personne qui exigerait un "certificat médical" ou tout autre document. Le bureau ouvre à 7h et ferme à 20h.

Les visas thaïlandais peuvent être renouvelés à ce poste-frontière, pour 30 jours. Notez que les visas délivrés aux frontières sont maintenant limités à deux par an.

Poursuivre son voyage Prenez un taxi (10 $US), un *tuk-tuk* (5 $US) ou une *moto* (moto-taxi ; 3 $US) pour Ko Kong, d'où vous pourrez prendre un autre moyen de transport jusqu'à Sihanoukville (4 heures, 1 ou 2 départs/jour) et Phnom Penh (5 heures, 2 à 3 départs jusqu'à 11h30).

White Sand Beach (Hat Sai Khao) PLAGE

(หาดทรายขาว). La plus longue et la plus belle étendue de sable de l'île est connue partout sous le nom de White Sand Beach (la "plage de sable blanc"). Assez développée, elle est couverte d'hôtels accueillant des groupes et des visiteurs avides de bronzage. Vous pouvez pousser au nord jusqu'à un site plus discret, prisé des voyageurs sac au dos. Le village, aux abords de la route principale, est très vivant.

Hat Kai Mook PLAGE

(หาดไข่มุก). Hat Kai Mook (la "plage aux perles") tient son nom des gros galets qui la jonchent, formant des monticules sous lesquels s'ébattent les poissons. Pas idéal pour nager et bronzer. En revanche, il y a de bonnes possibilités pour le snorkeling.

Côte est

Il est nécessaire d'avoir son propre moyen de transport pour découvrir la côte est, paisible et peu construite. Cette charmante succession de baies et de mangroves est constellée de collines ondoyantes couvertes de cocotiers et de palmiers, et de villages de pêcheurs discrets tout à fait au sud.

Ban Salak Phet VILLAGE

(บ้านสลักเพชร). Venir à Ban Salak Phet permet de découvrir la Ko Chang d'autrefois. Établi à l'extrémité sud-est de l'île, ce village assoupi vit de la pêche, d'où les nombreux bateaux ; c'est aussi le point de départ de belles randonnées.

Ao Salak Kok BAIE

(อ่าวสลักคอก). Cet enchevêtrement de mangroves est protégé par une communauté de pêcheurs consciente de leur importance écologique. Les mangroves sont les pépinières de l'océan, qui pourvoient aux besoins des prochaines générations d'espèces marines, de crustacés et d'oiseaux qui y nichent. Cette baie est d'ailleurs devenue le premier site d'écotourisme de Ko Chang. Les villageois gèrent un programme (primé) pour préserver l'environnement et le mode de vie traditionnel. Ils proposent des kayaks à la location via la Salak Kok Kayak Station (p. 154) et dirigent le restaurant qui y est affilié.

Nam Tok Than Mayom CASCADES

(น้ำตกธารมะยม ; entrée du parc 200 B ; ⏲ 8h-17h). Trois chutes d'eau se succèdent le long du Khlong Mayom. Il faut passer par le bureau du parc près de Tha Than Mayom pour les atteindre. La vue que l'on a d'en haut est spectaculaire. À proximité, des pierres gravées portent les initiales de Rama V, Rama VI et Rama VII.

Arrière-pays

L'arrière-pays montagneux de Ko Chang est en majeure partie protégé par son statut de parc national maritime (p. 259). Ses forêts verdoyantes, habitées par une faune nombreuse, sont semées de cascades argentées et parcourues d'itinéraires de trekking.

Ko Chang

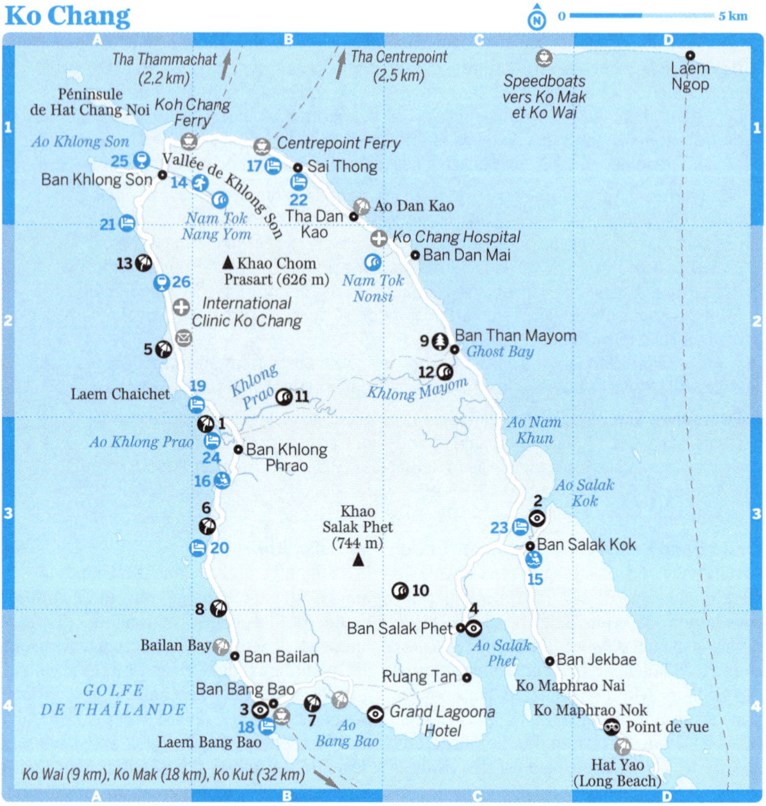

Nam Tok Khlong Plu CASCADE

(น้ำตกคลองพลู ; Khlong Prao ; entrée du parc adulte/enfant 200/100 B ; 8h-16h30). Cette cascade à trois niveaux est la plus imposante et la plus remarquable de l'île, et l'on peut nager dans son bassin parmi les poissons. Elle est facile d'accès depuis Khlong Prao : quittez la route principale pendant 1,5 km, payez l'entrée au parc national, puis empruntez le chemin forestier qui monte sur 600 m. La cascade est particulièrement saisissante à la fin de la saison des pluies, et plus agréable le matin avant l'arrivée des foules.

Nam Tok Khiri Phet CASCADE

(น้ำตกคีรีเพชร). Comptez 15 minutes de marche pour atteindre cette chute située à 2 km de Ban Salak Phet. Petit, mais profond, son bassin naturel récompensera vos efforts. Généralement moins fréquentée que la plupart de ses grandes sœurs des environs, elle est facile d'accès depuis la localité d'Ao Salak Phet.

Activités

De nombreuses compagnies proposent des croisières en bateau, souvent à fond de verre, et des haltes pour des séances de snorkeling. La plupart des bateaux partent de Bang Bao. Il est courant de visiter 3 îles sur une demi-journée (800 B en *speedboat*), ou 5 îles sur une journée complète (grand bateau/*speedboat* 700/1 000 B).

Bénévolat

Koh Chang Animal Project BÉNÉVOLAT

(089 042 2347 ; www.kohchanganimalproject.org ; Ban Khlong Son). Les animaux maltraités, blessés ou abandonnés reçoivent soins et abri dans ce complexe à but non lucratif. Le centre fait participer les populations locales aux soins vétérinaires de base. Bénévolat et dons sont les bienvenus. Les vétérinaires et auxiliaires vétérinaires en voyage viennent souvent donner un coup de main, et les bénévoles sans connaissance particulière peuvent effectuer toutes sortes de tâches.

Ko Chang

À voir

1	Ao Khlong Prao	B3
2	Ao Salak Kok	C3
3	Ban Bang Bao	B4
4	Ban Salak Phet	C4
5	Hat Kai Mook	A2
6	Hat Kaibae	B3
7	Hat Khlong Kloi	B4
8	Lonely Beach	B3
9	Parc national maritime de Mu Ko Chang	C2
10	Nam Tok Khiri Phet	C3
11	Nam Tok Khlong Plu	B2
12	Nam Tok Than Mayom	C2
13	White Sand Beach (Hat Sai Khao)	A2

Activités

	BB Divers	(voir 3)
	Chang Diving Centre	(voir 19)
14	Koh Chang Animal Project	B1
15	Salak Kok Kayak Station	C3
	Scubadawgs	(voir 3)
16	SEA Kayaking	B3
	SUP Adventure Ko Chang	(voir 7)
	SUP Station	(voir 1)

Où se loger

17	Amber Sands	B1
	Baan Rim Nam	(voir 1)
	Bang Bao Beach Resort	(voir 7)
	BB Lonely Beach	(voir 8)
	Buddha View	(voir 3)
	Chaipura Resort	(voir 7)
	Chill	(voir 6)
18	Cliff Cottage	B4
	Garden Resort	(voir 6)
	Green Resort	(voir 6)
	Independent Bo's	(voir 13)
	Little Eden	(voir 8)
	Mangrove Hideaway	(voir 4)
	Oasis Koh Chang	(voir 8)
19	Pajamas Hostel	B2
	Paradise Cottage	(voir 8)
20	Porn's Bungalows	B3
	Riverview Hostel	(voir 1)
21	Rock Sand Resort	A1
22	Serenity Resort	B1
23	Spa Koh Chang Resort	C3
	Starbeach Bungalows	(voir 13)
24	Tiger Huts	B3
	Warapura Resort	(voir 8)

Où se restaurer

	Barrio Bonito	(voir 6)
	Dang Seafood	(voir 8)
	Funky Monkey	(voir 6)
	Kung Kra Ta	(voir 6)
	Phu-Talay	(voir 1)
	Porn's Restaurant	(voir 20)
	Sleepy Owl	(voir 8)

Où prendre un verre et faire la fête

25	Shambhala	A1
	Ting Tong	(voir 8)
26	White Elephant	A2

Il est préférable d'appeler pour prendre rendez-vous.

La plupart des chauffeurs de *songthaew* (pick-up collectifs) savent comment s'y rendre. Dites-leur simplement que vous allez à "Ban Lisa" (la maison de Lisa) à Khlong Son. Si vous êtes à vélo, quittez la route principale à Ban Khlong Son au niveau du 7-Eleven, et roulez sur 1,5 km.

Boxe thaïlandaise

Le **Ko Chang Thai Boxing Camp** (Ban Bailan ; 600 B ; 17h) encadre des séances d'entraînement quotidiennes de 2 heures. Matériel inclus, et débutants acceptés. Le Sabay Bar, à White Sand Beach, possède un ring de *muay thai* et un stade où ont régulièrement lieu des combats nationaux.

Cours de cuisine

Plusieurs cours de cuisine thaïlandaise de qualité sont dispensés à Ko Chang. Réservez au moins la veille.

Kati Culinary Cooking School COURS DE CUISINE
(Khlong Prao ; 1500 B ; 11h-15h30 lun-sam). Ateliers de cuisine recommandés, avec dégustation et livre de recettes. Vous préférez goûter d'abord ? Direction l'excellent restaurant de l'école (p. 160).

Koh Chang Thai Cookery School COURS DE CUISINE
(039 557243 ; www.kohchangcookery.com ; Blue Lagoon Bungalows, Khlong Prao ; leçon 1 800 B). Halte au farniente ! Stimulez-vous le corps et l'esprit avec les cours de cuisine du Blue Lagoon, un établissement animé par une philosophie écologiste. Généralement, les cours durent 5 heures et comprennent 4 plats. Vous trancherez, découperez et ferez frire des aliments dans une cuisine de plein air, ombragée et en bordure d'estuaire. Réservez bien à l'avance.

Happy Turtle COURS DE CUISINE
(089 252 9287 ; 1 200 B ; 10h-13h). Ces cours de cuisine en petit groupe à Bailan Bay sont commodes si vous logez au sud de l'île. L'établissement propose également des cours de yoga sans réservation, des bungalows et un restaurant.

Kayak et SUP

Ko Chang révèle toute sa majesté et sa beauté naturelle depuis le large, à bord d'un kayak. Ses eaux sont généralement calmes et vous atteindrez les rares îles à proximité en quelques coups de pagaie. La plupart des hôtels louent des kayaks (à partir de 300 B/jour), très pratiques pour approcher les côtes les plus proches, et parfaitement adaptés aux débutants. Certains établissements les fournissent gratuitement. Contactez **SEA Kayaking** (☎092 4750444 ; southeastasia-kayaking.com ; Emerald Cove Resort, Khlong Prao ; excursion d'une journée 4 000 B) pour un équipement plus technique.

Au départ de Porn's Bungalows (p. 157), vous pourrez pagayer jusqu'à la petite Ko Man Nai et sa plage de sable. Location d'un kayak : 100/400 B par heure/jour.

Le paddle (SUP) gagne en popularité, surtout dans l'estuaire calme de Khlong Prao. On peut louer une planche auprès de **SUP Station** (Khlong Prao ; 500/800 B pour 1/2 heures ; ⏱10h-17h), de l'Iyasa Resort à Klong Prao (500/800 B pour 1/2 heures) et de **SUP Adventure Ko Chang** (☎064 7251636 ; Hat Khlong Kloi ; 300 B/heure), à Hat Khlong Kloi.

Salak Kok Kayak Station KAYAK
(Chang Spirit Club ; ☎087 748 9497 ; Baan Salak Kok ; kayak à partir de 200 B/heure). Explorez en kayak les mangroves d'Ao Salak Kok sur la côte est de l'île en soutenant un programme écotour primé. Salak Kok Kayak est un projet de village destiné à promouvoir le tourisme tout en préservant le mode de vie traditionnel. Possibilité d'hébergement dans le village et de circuits de randonnée avec un guide (200 B).

Plongée et snorkeling

Riches en coraux et en poissons, les sites de Ko Chang, dans des eaux peu profondes, comme souvent dans le golfe de Thaïlande, sont idéals pour s'initier à la plongée.

En 30 minutes de bateau, on accède aux pics sous-marins de la pointe sud de l'île, au cœur du parc national maritime de Mu Ko Chang. Parmi les sites les plus courus, **Hin Luk Bat** et **Hin Rap**, deux reliefs rocheux incrustés de corail, atteignent des profondeurs de 18 à 20 m, où évoluent des bancs de poissons et quelques tortues. En 2013, une canonnière de 30 m a été coulée près de Hin Rap, et repose sur son flanc.

De loin le site de plongée le mieux préservé de la zone, **Ko Rang** est une île inhabitée dont le statut de parc maritime interdit la pêche. La visibilité y est bien meilleure que près de Ko Chang : 10 à 20 m en moyenne. Le site de **Hin Gadeng** fait l'unanimité : ses récifs, couverts d'un corail visible jusqu'à 28 m environ de profondeur, sont spectaculaires. Sur la côte est de Ko Rang, **Hin Kuak Maa** (Three Finger Reef – le "récif aux 3 doigts") est un autre site incontournable. Connu pour sa paroi de corail dont la pente passe de 2 à 14 m, il foisonne de vie marine.

Ko Yak, **Ko Tong Lang** et **Ko Laun** permettent des plongées en eaux peu profondes, idéales pour débutants et confirmés. Autour de ces îlots rocheux abondent corail, bancs de poissons, poissons-boules, murènes, barracudas, raies et parfois des tortues.

À quelque 7 km au large de Ban Bang Bao, une plongée très prisée mène à l'épave du **HTMS Chang**, ancien navire de la marine thaïlandaise de 100 m de long, coulé intentionnellement en 2012. À 30 m de fond, il forme désormais un récif artificiel.

Frangée de récif, Ko Wai (p. 167) se caractérise par une grande variété de coraux durs et de coraux mous ; c'est un site très apprécié pour le snorkeling. On peut très bien passer la journée sur cette île, qui propose aussi des hébergements sommaires si vous souhaitez passer plus de temps sur les récifs. Le snorkeling sur Ko Mak n'est pas aussi intéressant qu'ailleurs, mais l'île permet des sorties de plongée correctes, même si les récifs ne sont pas spécialement poissonneux.

Le prix d'une excursion de plongée d'une journée commence généralement à 3 000 B. Un brevet PADI Open Water revient à 15 000 B/pers. De nombreux centres de plongée restent ouverts pendant la saison des pluies (de mai à octobre), même si la visibilité et les conditions en mer peuvent laisser à désirer. Nous conseillons les prestataires suivants :

BB Divers (☎086 129 2305 ; www.bbdivers-koh-chang.com ; Bang Bao ; 2 plongées du bateau 3 000 B). Basée à Bang Bao, cette entreprise de plongée bien gérée a des succursales à Lonely Beach et Hat Sai Khao, et des antennes à Ko Kut et Ko Mak (haute saison seulement).

Scuba Academy (☎039 611485 ; www.scubaacademykohchang.com ; Bang Bao ; snorkeling 800 B, plongée 2 bouteilles 2 500 B). Dernier-né des prestataires de plongée à Ko Chang. Moniteurs et professeurs expérimentés, et tarifs compétitifs.

Scubadawgs (☎080 038 5166 ; www.scubadawgs.com ; Bang Bao ; 2 plongées du bateau 3 000 B). Basée à Bang Bao, cette équipe dynamique est très attentive à sa clientèle. Brevets PADI et RAID.

Chang Diving Center (☎039 619022 ; www.changdiving.com ; Ban Khlong Prao). Centre professionnel de plongée à Ban Khlong Prao. Grand choix d'excursions et de cours.

Randonnée

Ko Chang n'a pas que des plages ; l'île est un lieu de trekking bien développé, où des itinéraires mènent aux forêts luxuriantes emplies d'oiseaux, de singes et de plantes. Quelques guides parlant anglais ont grandi près de la jungle et se feront un plaisir de vous en dévoiler les secrets. La carte du parc national est inexacte et indique un sentier de randonnée traversant l'île, embroussaillé depuis longtemps : ne vous y aventurez pas sans guide.

Tan Trekking RANDONNÉE
(☎089 645 2019 ; www.thailandadventureguide.com ; randonnées 600-1 100 B). M. Tan, jeune guide de randonnée parlant bien anglais, propose l'ascension du Khao Chom Prasat, des treks d'une journée vers les chutes de Khlong Prao et aux alentours, ainsi que des balades d'une demi-journée plus faciles et adaptées aux familles.

Mr Raht RANDONNÉE
(☎086 155 5693 ; kohchang_trekking@yahoo.com). Sorties d'une journée dans la forêt au sud et à l'est de l'île, et ascension du Salak Phet le vendredi. Possibilité de camper pour une nuit également. M. Raht demande 800-1 500 B par randonnée.

Yoga et bien-être

Certains complexes hôteliers de la côte ouest organisent des cours de yoga et de méditation, des cures de bien-être et d'autres programmes pour prendre soin de soi. Ceux-ci ne sont pas toujours réservés aux résidents : consultez les brochures.

Le BB Lonely Beach (p. 157) encadre des cours de yoga sans réservation (300 B) à 10h et 18h30 du lundi au samedi, et dispose d'une salle de sport tout équipée (accès simple 200 B). Des séances de yoga matinales (450 B) ont également lieu au Spa Koh Chang Resort (p. 159).

Sima Massage MASSAGES
(☎081 489 5171 ; Khlong Prao ; massage 250-400 B/heure ; ⏲8h-22h). Les meilleurs massages de l'île, d'après la population locale. Ce n'est pas un mince compliment, car la concurrence est rude. Le salon se trouve sur la route principale à Khlong Prao.

Où se loger

À Ko Chang, les voyages organisés ont fait grimper les tarifs des lieux d'hébergement, sans que suive forcément le niveau des prestations. Cela s'explique en partie par le fait que les hôtels accueillant de nombreux groupes n'ont nul besoin de maintenir leur qualité pour garder leur clientèle. La gamme de prix n'est pas large, laissant peu de choix.

Pour les baroudeurs, il existe encore des auberges de jeunesse au bon rapport qualité/prix (300 B ou moins) avec dortoirs et bungalows basiques, surtout à Lonely Beach.

Côte ouest

Sur la côte ouest, Lonely Beach reste l'endroit le plus compétitif, Hat Kai Bae présente le meilleur rapport qualité/prix, et White Sand Beach (Hat Sai Khao) est trop cher pour la qualité des prestations.

WHITE SAND BEACH

Officiellement appelée Hat Sai Khao mais connue partout sous le nom de White Sand Beach, la plus jolie plage de l'île est aussi la plus chère. Si vous souhaitez loger à proximité sans vous ruiner, quelques logements bon marché et milieu de gamme se tiennent aux extrémités nord et sud. Une halte tendance pour les baroudeurs est nichée au nord du KC Grande Resort. Accessible uniquement par la plage.

Independent Bo's PENSION $
(☎039 551165 ; White Sand Beach ; d 300-800 B ; 📶). Originale et empreinte d'un charme à l'ancienne, cette *guesthouse* bohème se trouve directement sur le sable. C'est un vrai régal pour les yeux : dédale de cabanes en bois flotté, espaces communs et panneaux décalés dans une ambiance communautaire, et la mer à vos pieds. Les chambres avec ventilateur sont basiques ; les différentes salles de bains varient du très sommaire au moderne. Pas de réservation. N'accepte pas les enfants. À l'instar d'autres hébergements du secteur, cette pension est accessible à pied par la plage, plus facilement depuis le KC Grande.

GRAND LAGOONA : L'HÔTEL FANTÔME

On croit facilement pouvoir faire le tour de Ko Chang par la route, mais la route au sud-ouest se termine brusquement devant les barrières du Grand Lagoona Hotel, une vaste propriété en bord de mer qui devait accueillir un complexe hôtelier grandiose. Le projet a été quasi abandonné et les installations sont relativement délabrées.

Le domaine, envahi par la végétation, reste néanmoins accessible (100 B). Les explorateurs y découvriront une lagune, une piscine et un restaurant encore ouverts, ainsi qu'une plage privée correcte, un espace d'accueil et quelques bungalows à louer... Mais la place d'honneur revient à l'imposant "Galaxy", une aile d'hôtel à plusieurs étages en forme de navire (surnommée "le vaisseau fantôme" par les gens du coin), désormais complètement décrépite. Si les propriétaires semblent déterminés à relancer l'établissement, celui-ci fait pour l'instant plutôt office de curiosité vaguement fantasmagorique. Le temps d'une baignade ou d'une balade à pied, vous rêverez à ce que le Grand Lagoona aurait pu devenir (et deviendra peut-être).

Starbeach Bungalows PENSION $

(☎ 089 574 9486 ; www.starbeach-kohchang.com ; White Sand Beach ; bung 500-750 B ; wifi). Située sur la meilleure portion de la plage, cette pension à l'aspect vétuste est une bonne adresse à bas prix. Chambres basiques avec ventilateurs et vue sur la mer. Bar et restaurant agréables sur place. Pas de réservation : envoyez un texto ou appelez pour savoir s'il y a de la place. Dirigez-vous vers la plage à côté du 7-Eleven et tournez à droite.

Rock Sand Resort PENSION $$

(☎ 084 781 0550 ; www.rocksand-resort.com ; White Sand Beach ; d avec petit-déj et ventil/clim à partir de 800/2 700 B ; P clim wifi). Présenté comme un logement pour baroudeurs férus de style, le Rock Sand est le plus haut de gamme des établissements bon marché rassemblés au nord de White Sand Beach, mais les prix semblent excessifs en haute saison. Les chambres avec vue sur la mer sont très correctes et partagent un balcon. Sous le restaurant, les vagues battent les fondations : préparez-vous à patauger à marée haute.

AO KHLONG PRAO

Les *resorts* haut de gamme ne sont pas rares à Ao Khlong Prao. Cela laisse peu de choix aux voyageurs à petit budget, qui se rabattront sur les bonnes affaires de la route principale, suffisamment proches de la plage pour s'y rendre à pied.

♥ **Pajamas Hostel** AUBERGE DE JEUNESSE $

(☎ 039 510789 ; www.pajamaskohchang.com ; Khlong Prao ; dort 480-630 B, d/f 2 430/4 410 B ; P clim wifi piscine). À quelques kilomètres au nord de la principale route de Khlong Prao et proche du bord de l'eau, cette superbe auberge respire le calme avec un espace détente ouvert et un bar surplombant la piscine. Les dortoirs modernes et climatisés sont situés à l'étage. Les chambres individuelles disposent de lits plateformes, d'une terrasse ou d'un balcon privé. Impeccable et très bien géré.

Riverview Hostel AUBERGE DE JEUNESSE $

(☎ 096 765 7669 ; www.riverviewkohchang.com ; Khlong Prao ; dort/d 500/900 B ; clim wifi). Dans une charmante maison surplombant le canal, non loin de la plage, cette auberge offre des dortoirs climatisés et impeccables, mixtes ou réservés aux femmes, ainsi qu'une chambre double soignée à l'étage (sans salle de bains). Un balcon-terrasse donne sur la rivière où volettent les lucioles la nuit et où l'on prend son petit-déjeuner le matin.

Tiger Huts BUNGALOWS $

(☎ 089 833 1503 ; Khlong Prao ; d 500-1 000 B ; wifi). Coiffés de chaume, ces bungalows à l'ancienne sont assez sommaires (ventilateurs uniquement), mais ils sont installés au plus près de la grève, parmi les palmiers d'une des plages les plus tranquilles de Ko Chang. Restaurant et bar décontractés.

♥ **Baan Rim Nam** PENSION $$

(☎ 087 005 8575 ; www.iamkohchang.com ; Khlong Prao ; d 1 000-1 400 B, f 1 900 B ; clim wifi). Cette maison de pêcheur merveilleusement réhabilitée se trouve juste au-dessus de l'estuaire bordé de mangroves. C'est un lieu extrêmement paisible. Les 5 chambres fraîches et attrayantes donnent sur une terrasse au bord de l'eau. Les propriétaires sont une mine d'informations. Kayaks disponibles sur place (gratuit) – en pagayant, on atteint la plage en 3 minutes.

Blue Lagoon Bungalows BUNGALOWS $$

(089 515 4617 ; www.kohchang-bungalows-blue-lagoon.com ; Ban Khlong Phrao ; bung avec ventil 500-1 500 B, clim 1 100-3 700 B ; P ❄ wifi). Situé près d'un joli estuaire, le Blue Lagoon offre un choix éclectique de bungalows et de chambres de style rustique dans la mangrove. Une passerelle mène à la plage. Chaque logement a son propre style ; jetez un coup d'œil au salon fait en bouse d'éléphant ! Promotion du respect de l'environnement et agréable ambiance bohème.

Nombreuses activités, dont des cours de yoga et de cuisine (p. 155), encadrées par une excellente équipe. Wi-Fi près de l'accueil seulement.

HAT KAIBAE

L'un des plus grands choix de l'île en matière de logements – des boutiques-hôtels aux bungalows de moyenne gamme ou paillotes bon marché. Attention, une partie seulement de la plage est composée de sable.

Porn's Bungalows BUNGALOWS $

(080 613 9266 ; www.pornsbungalows-kohchang.com ; Hat Kaibae ; d 500-1 200 B ; P wifi). Un lieu particulièrement tranquille à l'extrémité ouest de la plage, connu pour son **restaurant** (Hat Kaibae ; plats 80-220 B ; 9h30-23h ; wifi) en bord de mer. Les bungalows en bois sont simplement pourvus de ventilateurs, mais ceux donnant sur la plage, plus spacieux, ont une vue superbe et valent leur prix (autour de 1 000 B). Pas de réservations. L'établissement affiche parfois complet en période d'affluence. Location de kayaks.

Garden Resort HÔTEL $$

(039 557260 ; www.gardenresortkohchang.com ; 98/22 Mu 4, Hat Kaibae ; d avec petit-déj 2 500-2 400 B ; P ❄ @ wifi piscine). À un jet de pierre de la route principale et pourtant isolé à l'ombre des palmiers, le Garden Resort propose de grands et ravissants bungalows disséminés dans un jardin, de part et d'autre d'un sentier menant à une agréable piscine. Proche de plusieurs bars fréquentés et aussi à une courte marche d'une portion de plage de sable.

Green Resort BUNGALOWS $$

(097 110 7094 ; www.thegreen-kohchang.com ; 51/3 Mu 4, Hat Kaibae ; d 900-1 500 B ; P ❄ wifi). Tout près de la route à Hat Kaibae, le Green est de toute évidence plus bas de gamme que certains de ses voisins, et ses bungalows verts, disposés sur une calme pelouse, sont assez économiques. Chambres climatisées, bien équipées avec bonne connexion Wi-Fi, TV par câble et réfrigérateurs.

Chill RESORT $$$

(039 552555 ; www.thechillresort.com ; Hat Kaibae ; d avec petit-déj 6 500-14 500 B, ste à partir de 12 750 B ; P ❄ @ wifi piscine). De conception ingénieuse, ce complexe hôtelier propose des chambres de plain-pied ouvrant chacune sur l'une des 3 magnifiques piscines. Modernité, luminosité, espace et quantité de services sont au rendez-vous (spa, salle de sport, café de plage, équipements pour les familles). Donne directement sur la plage. Personnel serviable.

LONELY BEACH

Territoire des baroudeurs et des rave partys, Lonely Beach pratique les tarifs d'hébergement les moins chers de l'île. Les voyageurs à petit budget ne trouveront toutefois pas toujours à se loger sur la plage. Ici, pas de spas ou d'instituts de beauté : les rues sont bordées de bars douteux et de pensions bon marché.

♥ **Paradise Cottage** BUNGALOWS $

(081 773 9337 ; www.paradisecottageresort.com ; 104/1 Mu 1, Lonely Beach ; d avec ventil 400-1 400 B, clim 1 200-2 500 B ; P ❄ wifi piscine). Le jardin de ce refuge relaxant et bien tenu est parsemé de pavillons avec hamacs face à la mer ou à la piscine, et de chambres aussi gracieuses que compactes. Les chambres avec vue sur la mer sont climatisées. Les moins chères ont des ventilateurs. À marée basse, on peut atteindre un banc de sable situé juste après les rochers. Assez éloigné des discothèques pour ne pas être dérangé la nuit.

Little Eden BUNGALOWS $

(084 867 7459 ; www.littleedenkohchang.com ; Soi 3, Lonely Beach ; d avec ventil/clim 950/1 500 B ; P ❄ wifi). Sur la colline escarpée qui se dresse du côté calme de la route principale, le Little Eden déploie une série de jolis bungalows en bois, reliés entre eux par un lacis de passerelles en bois. Les chambres sont confortables avec parquet, moustiquaires et terrasse. Le bruit des criquets de la forêt est omniprésent. Bons petits-déjeuners et agréable espace commun. Personnel sympathique.

BB Lonely Beach AUBERGE DE JEUNESSE $

(089 504 0543 ; www.bblonelybeach.com ; Lonely Beach ; dort 250-350 B, d avec ventil/clim à partir de 550/1 000 B ; ❄ wifi piscine). Le BB demeure sur cette plage le meilleur établissement polyvalent adressé aux baroudeurs. Dortoirs ventilés ou climatisés (celui avec la clim comprend des cabines individuelles) et quelques chambres séparées. Également un café et une piscine surélevée où les voyageurs se rafraîchissent dans la bonne humeur. À l'écart de la plage, mais au cœur de l'animation.

Oasis Koh Chang BUNGALOWS **$$**
(☎081 721 2547 ; www.oasis-kohchang.com ; 4/28 Mu 1, Lonely Beach ; d 750-1 400 B ; P ❄ ᯤ). La vedette de Lonely Beach, en grande partie grâce à son emplacement à flanc de colline. Belle vue sur la mer depuis la cabane vertigineuse construite dans un arbre à 12 m de hauteur, qui s'élève au-dessus du restaurant. Géré par un couple néerlandais sympathique, l'endroit propose de spacieux bungalows de milieu de gamme en bois et en pierre, classés en 4 catégories. Les chambres les moins chères n'ont que des ventilateurs, les meilleures ont vue sur la mer.

Warapura Resort HÔTEL **$$**
(☎039 558123 ; www.warapuraresort.com ; 4/3 Mu 1, Lonely Beach ; d avec petit-déj 1 700-3 300 B ; P ❄ @ ᯤ ≋). Au bord de la mer, le Warapura offre plusieurs bungalows design ravissants, finement décorés de meubles rustiques et de tons blanc et turquoise. Les chambres les plus chères sont plus grandes et plus proches de l'eau. Le bar-restaurant, plutôt sélect, se prête aux rencontres. La baignade est impossible sur cette partie de la plage, mais la piscine est là pour compenser.

BAN BANG BAO ET SES ENVIRONS

Malgré ses apparences touristiques, Ban Bang Bao est un endroit charmant pour se loger, avec des hébergements constitués en majorité de maisons sur pilotis au-dessus de la mer, donnant sur les embarcadères des ferrys. La jolie Hat Khlong Kloi est immédiatement à l'est. Si vous êtes noctambule, préférez le deux-roues ou demeurez sur place, car les *songthaew* sont rares et chers après l'heure du dîner.

Cliff Cottage PENSION **$**
(☎080 823 5495 ; www.cliff-cottage.com ; Ban Bang Bao ; tente/d/bung 560/730/840 B ; ❄ ᯤ). Situées sur une colline verdoyante à l'ouest de l'embarcadère, quelques dizaines de paillotes en chaume confortables, en partie cachées, surplombent une crique rocheuse ; on trouve aussi quelques chambres climatisées. La plupart donnent sur la mer et certaines offrent de superbes vues. En haute saison, on peut loger dans de grandes tentes de luxe. L'école de plongée Scubadawgs (p. 155) possède une antenne ici.

♥ **Bang Bao Beach Resort** BUNGALOWS **$$**
(☎093 327 2788 ; www.bangbaobeachresort.com ; Hat Khlong Koi ; d 1 500-2 300 B ; ❄). Installé le long d'une pelouse donnant sur la plage de Khlong Koi, à l'est de Bang Bao, ce complexe bénéficie d'un cadre magnifique. Anciens ou récents, les bungalows en bois sont climatisés. Gestion efficace. Accès facile aux bars sur la plage et aux restaurants. Promenez-vous le long de la plage depuis le pont sur le canal ou faites le grand tour en voiture.

♥ **Buddha View** PENSION **$$**
(☎039 558157 ; www.thebuddhaview.com ; Ban Bang Bao ; d 800-1 400 B ; ❄ ᯤ). Cette *guesthouse* suisse près de l'embarcadère propose 7 chambres en bois, savamment conçues, dont 4 avec salle de bains (agréables salles de bains communes également). Bon restaurant : installez-vous à une table en verre et laissez pendre vos pieds au-dessus de l'eau et des sculptures immergées.

Chaipura Resort BUNGALOWS **$$**
(☎039 558090 ; www.chaipura.com ; 222 Mu 1, Klong Koi ; d/f 2 800/3 500 B ; P ❄ ᯤ). Logements élégants et tout confort superbement conçus, lambrissés et hauts de plafond, dans le style des bungalows du nord de la Thaïlande. Ils occupent le flanc d'une colline aménagée, au-dessus d'un petit lac, à quelques pas de Bang Bao et de son adorable plage. Personnel efficace. Bon restaurant.

Intérieur nord et côte est

Le nord et l'est de l'île sont moins construits et plus isolés que la côte ouest. Il faut prévoir son propre moyen de transport pour éviter le sentiment de solitude ici, mais, en contrepartie, on bénéficie d'un calme absolu.

♥ **Mangrove Hideaway** PENSION **$$**
(☎080 133 6600 ; www.themangrovehideaway.com ; Ban Salak Phet ; d 1 930-3 640 B ; ⊙fermé juin et sept ; ❄ ᯤ). Face à la mangrove, cette pension écoresponsable est une adresse formidable. Les chambres, jolies et propres, donnent sur le jardin verdoyant à l'avant, tandis que les somptueuses suites ont un beau parquet et surplombent le coin repas et l'estuaire bordé de mangroves. Jacuzzi et massages en plein air à l'étage. La pension a été construite avec du bois des environs et elle emploie des habitants du village.

Serenity Resort HÔTEL $$

(☎088 092 4452 ; www.serenity-koh-chang.com ; Ao Dan Kao ; d 3250, villa 2/3 chambres 6 000/ 7 900 B ; P ❄ 📶 🏊). Non loin des ferrys (à 1,5 km de Centrepoint) et dans la partie nord-est et paisible de l'île, ce complexe élégant possède un bar et une piscine. Les chambres blanches, à l'ambiance sereine, donnent sur la plage. Kayaks et planches de paddle sont disponibles. La proximité avec certains *resorts* huppés apporte un peu d'animation, mais l'atmosphère de retraite est globalement préservée.

Spa Koh Chang Resort RESORT $$

(☎083 115 6566 ; www.thespakohchang.com ; Ao Salak Kok ; d avec petit-déj 2 050-3 700 B ; P ❄ 📶 🏊). Spécialisé dans les séjours bien-être (détox, yoga, méditation...), cet hôtel de la côte est s'étend au cœur d'un jardin luxuriant et paisible courant presque jusqu'aux forêts de mangroves. Perchés dans la colline et noyés sous les fleurs, les jolis bungalows offrent un cadre idéal pour décompresser. Le restaurant sert notamment des plats végans et végétariens. Les chambres "côté colline" sont plus lumineuses que celles "côté oriental". Pas d'accès à la plage. Séances de méditation et de yoga (450 B) ouvertes aux visiteurs chaque matin.

Amber Sands HÔTEL $$$

(☎039 586177 ; www.ambersandsbeachresort.com ; Ao Dan Kao ; d 5 100-7 650 B ; ⏲mi-oct à août ; P ❄ 📶 🏊). Situé sur une bande de sable tranquille aux tons ocre, cet hôtel très bien géré s'articule autour d'un jardin soigné. Les chambres, élégamment meublées, possèdent un plancher en bois et offrent une vue idéale pour se détendre. On a l'impression d'être loin de tout, mais les ferrys sont proches. La réception organisera votre transfert entre le débarcadère et l'hôtel.

Où se restaurer

À quelques exceptions près, tous les hébergements de l'île disposent d'un restaurant abordable. Peu de visiteurs s'éloignent de la plage où ils séjournent, mais un repas à l'extérieur est souvent apprécié. La côte ouest présente des établissements convenables, et l'embarcadère de Bang Bao d'excellents restaurants de poisson.

Funky Monkey CAFÉ $

(☎087 180 4828 ; Hat Kaibae ; gâteaux et glaces 80-120 B ; ⏲11h-23h ; 📶). Ce petit café sympathique, bardé de canapés et d'œuvres d'art rétro, est aussi propice à un cocktail qu'à une tasse de thé ou un repas copieux. Ses *ice cream rolls* (glaces roulées), réputées dans les environs, sont préparées à la main et sur demande, sur une plaque réfrigérante à l'avant. Cheesecakes et brownies gourmands, et longue carte de thés.

Rasta View THAÏLANDAIS $

(Ban Bang Bao ; plats 80-240 B ; ⏲9h-minuit ; 📶). Décor vert jaune rouge, ambiance rustique et musique reggae pour ce restaurant haut en couleur, en bordure de route, avec vue appréciable sur Bang Bao. Menu surtout thaïlandais, avec currys et plats de nouilles au bon rapport qualité/prix. On s'y arrête pour une bière fraîche et pour l'ambiance.

♥ **Barrio Bonito** MEXICAIN $$

(☎080 092 8208 ; Hat Kaibae ; plats 250-320 B ; ⏲17h-22h juil-fin mai ; 📶 🖉). Un charmant couple franco-mexicain sert de fabuleux fajitas, burritos, tacos, ainsi que des cocktails dans cette cantine en bord de route, au cœur de Kaibae. Cuisine authentique, délicieuse et bien présentée, servie dans un cadre raffiné : une des meilleures tables pour dîner.

♥ **Phu-Talay** POISSON, FRUITS DE MER $$

(☎039 551300 ; 4/2 Mu 4, Khlong Prao ; plats 90-300 B ; ⏲10h-22h). Un superbe restaurant sur le canal. Parquet, décoration en bleu et blanc, jolie terrasse... Le Phu-Talay possède son propre bateau (pour aller chercher ses clients à leur hôtel). Sa spécialité : les produits de la mer (crabe à carapace molle, crevettes et autres plats de poisson). Tarifs raisonnables par rapport à la concurrence.

Dang Seafood POISSON, FRUITS DE MER $$

(Lonely Beach ; plats 50-300 B, poisson vendu au poids ; ⏲9h-22h30). Aménagé comme un étal du marché, avec des tables et des chaises en plastique installées à l'ombre, ce restaurant de poisson sur la rue principale de Lonely Beach est très couru. Les poissons entiers, pêchés le jour même, reposent sur leur lit de glace. Pesés pour la vente, ils sont cuisinés avec adresse et en un rien de temps.

Sleepy Owl PIZZAS $$

(☎088 525 5575 ; Lonely Beach ; plats 80-120 B, pizzas 195-350 B ; ⏲10h-22h ; 📶). Derrière sa devanture vitrée, ce café moderne et apprécié prépare divers repas thaïlandais, mais il est surtout connu pour ses pizzas, qui le distinguent des autres restaurants thaïlandais du village. Bonne adresse pour un petit-déjeuner tardif également.

Kung Kra Ta BARBECUE $$
(☎091 738 7429 ; Hat Kaibae ; buffet à volonté 229 B ; ⏲18h-23h). Habitants et touristes convergent à cette table à ciel ouvert pour sa fondue chinoise et son barbecue à volonté. Après vous être servi en ingrédients, il ne vous reste qu'à les tremper dans le bouillon ou à les faire griller. La qualité n'atteint pas des sommets, mais vous y apprécierez un repas abondant sans casser votre tirelire.

Kati Culinary THAÏLANDAIS $$
(☎081 903 0408 ; www.facebook.com/katikhrua-thai ; Khlong Prao ; plats 120-580 B ; ⏲11h-22h lun-sam, 17h-22h dim ; 📶). Le restaurant sert du poisson, des fruits de mer, quelques plats de l'Isan et une fameuse sauce curry maison. On peut y goûter des smoothies innovants, comme celui de litchi, citron et menthe poivrée. Menu enfants. Nous recommandons ses cours de cuisine (p. 153).

Où prendre un verre et faire la fête

Les fêtes sur la plage sont monnaie courante, et il y en a pour tous les goûts. Celles de White Sand Beach attirent un public plus âgé que celui, jeune et déjanté, qui enflamme Lonely Beach. Kai Bae abrite une sorte de Walking Street miniature avec quelques bars qui s'animent le soir.

♥ **Shambhala** BAR
(☎098 579 4381 ; Siam Royal View, Ao Khlong Son ; ⏲11h-22h minimum jeu-mar). Perché au nord de l'île, après le clinquant port de plaisance, ce bar au bord d'une piscine donne sur une pelouse verdoyante et une plage de sable doré délicieusement isolée. Un endroit idéal pour un cocktail en fin de journée. Cuisine thaïlandaise et internationale de qualité. Pour y accéder, prendre l'entrée de la "Marina" la plus au sud vers le complexe Siam Royal View.

White Elephant BAR SPORTIF
(☎039 612211 ; www.whiteelephantbar.com ; 9/22/6-8, Moo 4, White Sand Beach ; ⏲7h30-2h). C'est le bar sportif le plus couru des expatriés à White Sand Beach. Outre des concerts le vendredi et un quiz bimensuel, le football y est toujours à l'honneur. Bel éventail de bières internationales, et ambiance conviviale de bar sous les tropiques.

Ting Tong CLUB
(☎091 705 7857 ; Soi Tian Chai 1, Lonely Beach ; ⏲17h-4h). C'est généralement d'ici que provient la musique obsédante qui retentit dans les ruelles de Lonely Beach. Cette institution à Ko Chang organise régulièrement des soirées avec des DJ étrangers et des concerts. En théorie ouvert 24h/24, le Ting Tong est souvent calme en début de soirée, mais gagne en animation jusqu'à l'aube.

Renseignements

AGENCE DE VOYAGES

Nuttakit Tour (☎092 647 3009 ; nuttakittour@gmail.com ; Bang Bao). Première agence sur la droite en pénétrant sur la jetée de Bang Bao. Le personnel parle bien anglais et peut organiser des excursions en bateau, classiques ou sur mesure.

ARGENT

Vous trouverez des banques avec DAB et des bureaux de change tout le long de la côte ouest.

DÉSAGRÉMENTS ET DANGERS

- Faites preuve de beaucoup de prudence lorsque vous conduisez entre le sud de Ban Khlong Son et White Sand Beach (Hat Sai Khao), car la route est escarpée et certains virages en épingle à cheveux la rendent très dangereuse. C'est encore pire pendant les tempêtes, qui provoquent parfois des coulées de boue. Si vous louez un deux-roues, soyez très vigilant entre Hat Kaibae et Lonely Beach, surtout durant la saison humide. Portez une tenue protectrice et un casque.
- La police mène des opérations antidrogue fréquentes dans les hébergements de l'île. Si l'on vous trouve en possession de stupéfiants, vous risquez une lourde amende, voire la prison.
- Méfiez-vous des tickets de minibus vendus à bas prix entre Siem Reap et Ko Chang. Ce sont en général des contrefaçons.
- Ko Chang est considérée comme une zone de paludisme de faible risque. Par précaution, protégez-vous contre les moustiques.

INFORMATIONS TOURISTIQUES

- Le magazine gratuit *Koh Chang Guide* (www.koh-chang-guide.com) est disponible partout sur l'île et comprend des cartes très pratiques.
- Le site Internet *I Am Koh Chang* (www.iamkohchang.com), très complet, est un hommage à l'île de la part d'un Britannique irrévérencieux.

POSTE

Poste de Ko Chang (☎039 551240 ; White Sand Beach). À l'extrémité sud de White Sand Beach (Hat Sai Khao).

SERVICES MÉDICAUX

Bang Bao Health Centre (039 558086 ; Ban Bang Bao ; 8h30-16h). Pour les soins de base. Sur la jetée.

Ko Chang Hospital (039 586131 ; Ban Dan Mai). Hôpital public de bonne réputation et soins à prix abordables ; au sud du terminal des ferrys.

International Clinic Ko Chang (039 551555 ; bth.co.th/en/136-clinic-international-koh-chang-en.html ; White Sand Beach ; 24h/24). Affiliée au groupe Bangkok Hospital. La plupart des assurances santé y sont acceptées. Tarifs élevés.

URGENCES

Police touristique (1155 ; Khlong Prao). Très efficace.

Depuis/vers Ko Chang

Que l'on vienne de Bangkok ou du Cambodge, il faut une journée de route pour rallier l'île de Ko Chang. N'hésitez pas à passer une nuit à Trat pour couper agréablement le trajet.

Depuis le continent (Laem Ngop), les ferrys de **Koh Chang Ferry** (039 555188 ; www.kohchangferries.com ; adulte/enfant/voiture aller simple 80/30/120 B ; 6h30-19h) partent de Tha Thammachat, et ceux de **Centrepoint Ferry** (039 538196 ; www.kohchangferries.com ; Tha Centrepoint ; adulte aller simple/aller-retour 80/150 B, enfant aller simple/aller-retour 40/70 B, voiture aller simple/aller-retour 100/180 B ; ttes les heures 6h-19h30, 19h mai-oct) de Tha Centrepoint. Les bateaux en provenance de Tha Thammachat accostent à Tha Sapparot et les ferrys de Centrepoint sur un débarcadère à 3 km au sud de la ville. Ceux de Koh Chang Ferry sont plus rapides et un peu plus confortables.

Les agences de voyages de Ko Chang vendent des billets permettant de rejoindre le Cambodge en bateau et en minibus (Siem Reap 650 B ; Phnom Penh 900 B), mais cela implique un changement de bus à la frontière.

Il existe une liaison entre Ko Chang et le terminal Est (Ekamai) des bus de Bangkok, via Chanthaburi et Trat, ainsi que des **services directs de bus et minibus** (083-794 2122 ; www.bussuvarnabhumikohchang.com) depuis l'aéroport international Suvarnabhumi de Bangkok.

L'aéroport le plus proche se trouve à Trat. La compagnie **Koh Chang Minibus** (087 785 7695 ; www.kohchangminibus.com) circule entre l'aéroport et les plages (plusieurs forfaits).

Bang Bao Boat (039 558046 ; www.kohchangbangbaoboat.com ; Ban Bang Bao ; nov-avr) exploite un ferry qui navigue entre les îles et relie Ko Chang à Ko Mak et Ko Wai (liaison en *speedboat* de ce point jusqu'à Ko Kut) en haute saison. Les bateaux partent de Bang Bao, au sud-ouest de l'île.

Des *speedboats* circulent entre les îles depuis Bang Bao et Hat Kaibae en haute saison.

CORRESPONDANCES À KO CHANG

DÉPART	DESTINATION	BATEAU	BUS
Bangkok – terminal Est des bus (Ekamai)	Tha Thammachat (Laem Ngop)		280 B, 6 heures, 2/jour
Ko Chang	Bangkok – aéroport international Suvarnabhumi		aller simple/aller-retour 600/900 B, 6-7 heures, 2-3/jour
Ko Chang	Ko Kut	*speedboat* 900 B, 2 heures 30, 3/jour ; bateau en bois et *speedboat* 700 B, 5 heures, 1/jour	
Ko Chang	Ko Mak	*speedboat* 600 B, 1 heure, 3/jour ; bateau en bois 400 B, 2 heures, 1/jour	
Ko Chang	Ko Wai	*Speedboat* 400 B, 30 min, 3/jour ; bateau en bois 300 B, 1 heure, 1/jour	
Tha Centrepoint (Laem Ngop)	Ko Chang	80 B, 40 min, ttes les heures 6h-19h30	
Tha Thammachat (Laem Ngop)	Ko Chang	80 B, 30 min, ttes les 45 min 6h30-19h	

Comment circuler

Les *songthaew* viennent à la rencontre des bateaux pour emmener les passagers aux différentes plages :

Khlong Prao 150 B

Lonely Beach 200 B

White Sand Beach 100 B

Comptez 50 à 200 B pour un saut de puce entre 2 plages, mais les prix flambent à la nuit tombée : une course de Bang Bao à White Sand Beach peut coûter 500 B.

Des boutiques sur la côte ouest font payer environ 150 B pour une location de moto à la journée. Les routes vallonnées et sinueuses de Ko Chang sont assez dangereuses. Assurez-vous que la moto est en bon état de marche.

Louer une voiture est une bonne solution. **Sawadee Koh Chang Travel** (☎086 712 6804 ; sawadeekohchang@hotmail.co.th ; Hat Kaibae ; voiture à partir de 1 200 B/jour ; ⏲8h30-20h30) est l'une des seules agences à proposer ce service sur l'île.

Ko Kut

เกาะกูด

☎039 / 2 100 HABITANTS

Ko Kut, aussi appelée Ko Kood, est souvent qualifiée d'île paradisiaque, et avec raison : son sable est ultradoux, ses eaux sont limpides et l'on y croise plus de cocotiers que d'êtres humains.

Oubliez l'agitation nocturne de l'île voisine, Ko Chang : Ko Kut est plus petite, mais aussi plus calme, en dépit d'une petite scène musicale entraînante en saison. Contrairement à Ko Wai ou Ko Mak, elle est assez vaste pour ceux qui aiment s'éloigner de la plage. Au programme à Ko Kut : kayak, snorkeling et découverte des cascades.

Deux fois plus petite que Ko Chang, et quatrième île de Thaïlande par la taille, Ko Kut a longtemps été la chasse gardée de grands *resorts* et d'une élite recherchant l'isolement. Pourtant, l'île semble s'ouvrir un peu plus aux voyageurs indépendants, aux familles, aux couples et aux randonneurs, qui y trouveront un point de chute idéal.

À voir et à faire

Avec ses paisibles criques rocheuses et ses estuaires dans la mangrove, Ko Kut est idéale pour le snorkeling et le kayak. La plupart des *resorts* louent du matériel. Pour le SUP, adressez-vous à View Point Cafe (location 200/800 B heure/jour). La côte ouest compte une bonne dizaine de sites de plongée, et les prestataires locaux peuvent vous conduire à ceux de Ko Rang ou de Ko Mak.

Nam Tok Khlong Chao CASCADES

(น้ำตกคลองเจ้า). Deux cascades sur l'île méritent une randonnée. Nam Tok Khlong Chao, la plus importante et la plus connue, se déverse dans une vaste piscine naturelle, avec un fort débit au début de la saison sèche. Vous parvenez à sa base en marchant depuis la fin de la route ou en remontant le Khlong Chao en kayak. L'autre chute, **Nam Tok Khlong Yai Ki**, au débit moindre mais avec un grand bassin, se situe plus au nord.

Paradise Divers PLONGÉE

(☎087 144 5945 ; www.kohkood-paradisedivers.com ; Ban Khlong Chao ; 2 plongées du bateau 3 000 B, snorkeling 1 000 B). Le plus ancien prestataire de plongée de Ko Kood encadre des sorties plongée et snorkeling en petit groupe vers divers sites, dont Ko Rang. Cours de plongée certifiés PADI à partir de 11 000 B et programme Discover Scuba à 4 500 B. À environ 700 m au sud de Hat Khlong Chao.

Où se loger

Chaque plage du sud-ouest de l'île possède quelques logements. Hat Khlong Chao compte des hébergements design coûteux, mais aussi des pensions bon marché, cachées derrière la principale route de la plage. Les chambres de catégorie moyenne ou inférieure à Ao Ngam Kho conviendront aux familles ; une petite plage de sable s'étale dans le recoin nord-est de la baie, mais le reste du secteur n'est que rochers et vieux récif corallien.

Happy Days PENSION $

(☎065 6097835 ; happydayskohkood@hotmail.com ; Ban Khlong Chao ; d avec ventil/clim 600/1 000 B). Derrière Paradise Divers, cette pension simple est un excellent choix si votre budget est limité. Neuf chambres propres, réparties sur deux étages, café-bar, blanchisserie et forfaits avantageux plongée-hébergement.

Cozy House PENSION $

(☎089 094 3650 ; www.kohkoodcozy.com ; Hat Khlong Chao ; bung avec ventil/clim 700/1 200 B, d 1 000 B, avec petit-déj ; ❄📶). Gérée par une famille, une valeur sûre pour les voyageurs, à seulement 10 minutes à pied de la charmante Hat Khlong Chao. Bungalows avec ventilateur ou air conditionné à prix doux, ou chambres type hôtel avec télévision, climatisation et véranda face aux mangroves.

Ko Mak et Ko Kut

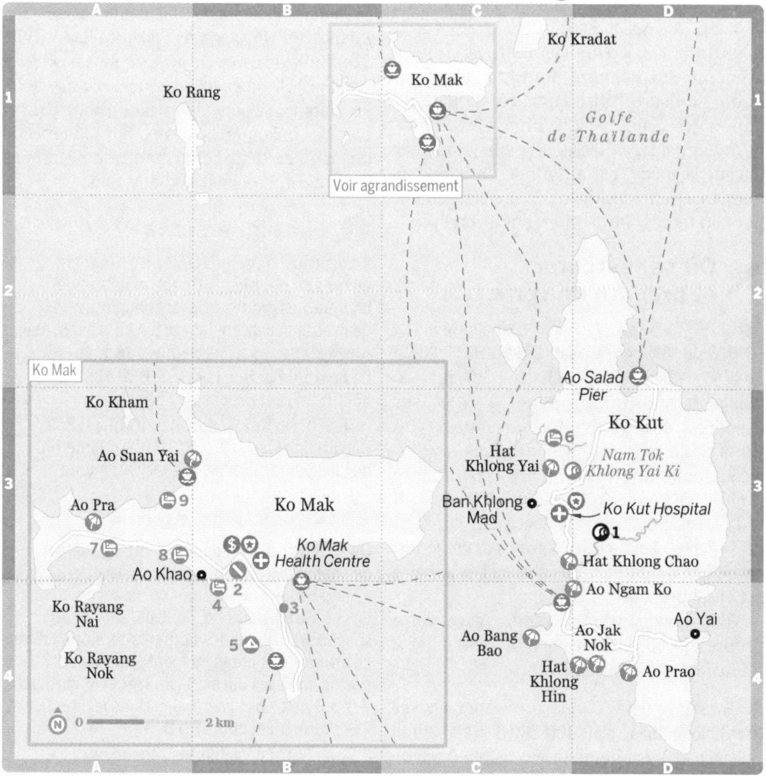

Ko Mak et Ko Kut

À voir
1 Nam Tok Khlong Chao D3

Activités
2 Koh Mak Divers B3
3 Smile Ko Mak Cooking School B4

Où se loger
4 Ao Kao White Sand Resort B4
5 Banana Sunset B4
6 Bann Makok C3
7 Big Easy A3
8 Monkey Island A3
9 Seavana A3

Cuisine collective, terrasse donnant sur la rivière, et kayaks à disposition gratuitement.

♥ Bann Makok HÔTEL $$
(☎088 203 0699 ; www.bannmakok.com ; 10 Moo 4, Khlong Yai Ki ; d avec petit-déj 3 200-3 800 B ; P ❄ @ 📶). Cet *ecoresort* de charme composé de 8 chambres est niché dans la mangrove. Il utilise du bois recyclé peint dans des couleurs vintage pour recréer un village traditionnel de pêcheurs, avec son entrelacs de pontons. Terrasses communes et coins lecture fournissent l'espace idéal pour écouter le chant des oiseaux ou se plonger dans un bon livre.

Suan Maprao Ko Kut Resort BUNGALOWS $$
(☎086 833 7999 ; Ao Ngam Kho ; d 1 500-1 800 B ; P ❄ 📶). On est accueilli chaleureusement dans cet établissement avec jardin, juste à côté de la route au sud de la plage. Les excellentes paillotes de style moderne sont simples et élégantes, avec un revêtement en bois et un intérieur en béton lissé. À une courte distance de marche de la plage, parmi les cocotiers, le lieu est charmant. Restaurant correct sur place.

Dusita Resort BUNGALOWS $$

(☎081 707 4546 ; www.dusitakohkood.net ; 45 Moo 2, Ao Ngam Kho ; d/tr/f 3 090/4 390/5 390 B ; P ❄ 📶). Un lieu tenu avec style, arborant des pelouses impeccables et un jardin topiaire saisissant. Sa popularité auprès des familles est légitime : les enfants ne manquent pas d'espace pour gambader devant la mer. C'est aussi une oasis endormie, un rien surannée et délicieusement hors du temps. Tarifs intéressants en ligne.

Où se restaurer et prendre un verre

♥ **Noochy Seafood** POISSON, FRUITS DE MER $$

(☎086 113 3379 ; Ao Yai ; plats 150-600 B ; ⏲9h30-21h30). Pénétré d'un charme désuet, le village de pêcheurs sur pilotis d'Ao Yai, sur la côte est, abrite plusieurs excellents restaurants de la mer aux produits frais du jour et étonnamment variés. Le Noochy a notre préférence pour son personnel à l'écoute. Il séduit aussi par son emplacement, au bout de la jetée. Au menu : pétoncles, crevettes, crabe, cigale de mer et calmar. De la bière est aussi proposée.

Vous devrez vous y rendre avec votre propre moyen de transport, ou demander à un taxi de vous y attendre.

Ra Beang Mai THAÏLANDAIS $$

(Hat Khlong Chao ; plats 100-380 B ; ⏲9h-21h tlj sauf mer ; 📶). Facilement accessible à partir des logements proches de Hat Khlong Chao, ce restaurant familial dégage une atmosphère plaisante. Il offre une partie couverte, ainsi qu'un espace à l'extérieur avec tables et chaises en bois. Au menu : salades de grosses crevettes, currys de la mer et plats internationaux. Les saveurs sont au rendez-vous.

View Point Cafe BAR

(☎081 004 4233 ; Hat Khlong Chao ; ⏲9h-21h). Moins douteux que la concurrence locale, le View Point est magnifiquement situé, et comporte une terrasse pour laisser pendre ses jambes au-dessus de la rivière. Bon expresso, cuisine correcte (plats 90-150 B), carte de bar complète et location de paddles (200/800 B par heure/jour).

Sunset Bar BAR

(Hat Khlong Chao ; ⏲16h-tard). Sur la rive opposée à Hat Khlong Chao, le Sunset est chéri par les habitants et les expatriés à partir du coucher du soleil. Un bar rustique avec vue sur la rivière et la pointe nord de la plage.

☆ Où sortir

Fisherman Hut Music Station MUSIQUE LIVE

(☎092 639 1469 ; près de Bang Bao Bay ; ⏲19h-22h). Salle de concerts avec scène à moitié en plein air. Groupes locaux ou de passage tous les soirs en saison. Une belle initiative de la part des mélomanes locaux. Bar et barbecue de temps en temps, mais l'endroit ne fait pas restaurant. Proche d'Ao Bang Bao.

ℹ Renseignements

Il existe au moins deux DAB à Ko Kut (dont un près de Hat Khlong Chao), mais aucune banque. Les grands *resorts* changeront vos devises et acceptent les cartes bancaires, mais prévoyez des espèces en quantité suffisante.

Le **poste de police** (☎1155, 039 525745 ; ⏲24h/24) est proche de l'hôpital.

Le petit **Ko Kut Hospital** (☎039 521 852 ; Ban Khlong Mad ; ⏲24h/24), dans l'intérieur de l'île, peut traiter les urgences mineures.

ℹ Depuis/vers Ko Kut

On se rend à Ko Kut depuis l'embarcadère de Laem Sok (p. 149), sur le continent, à 22 km au sud-est de Trat, le point de correspondance des bus le plus proche. Trois bateaux et un *speedboat* partent des embarcadères adjacents. Les trajets en bateau incluent le transport gratuit entre les pensions de Trat et le terminal des bus, mais pas l'aéroport. Dans la direction inverse, le trajet coûte 50 B.

Quand c'est possible, les *speedboats* vous déposent à votre hôtel. Si vous prenez les autres bateaux, à votre arrivée à **Ao Salad Pier**, à la pointe nord-est de l'île, le transport terrestre jusqu'à votre destination est compris. Quelques compagnies :

Boonsiri (☎085 921 0111 ; www.boonsiriferry.com)

Koh Kood Princess (☎0861 267860 ; www.kohkoodprincess.com)

Ko Kut Express (☎09 05060020 ; www.kokutexpress.in.th)

Deux compagnies exploitent des *speedboats* de Ko Chang à Ko Kut (900 B, 2 heures 30) via Ko Wai et Ko Mak. La solution la plus économique est de réserver un trajet entier auprès de **Bang Bao Boat** (☎084 567 8765 ; www.kohchangbangbaoboat.com ; Ao Bang Bao), en passant par Ko Mak, et de faire la première portion sur un bateau en bois et la seconde sur un *speedboat* (700 B).

ℹ Comment circuler

Escarpées, les routes de Ko Kut découragent les cyclistes, sauf ceux d'un haut niveau. On peut louer des motos pour 200 à 300 B/jour.

BATEAUX À DESTINATION DE KO KUT

Les liaisons suivantes partent de Laem Sok pour accoster à l'embarcadère d'Ao Salad, à Ko Kut.

COMPAGNIE	BATEAU	PRIX	DURÉE	DÉPARTS
Koh Kood Princess	bateau climatisé	350 B	1 heure 45	12h30 tlj
Ko Kut Express	ferry express climatisé	500 B	1 heure 15	13h tlj
Ko Kut Express	*speedboat*	600 B	1 heure	10h et 15h tlj nov-avr, retour à 10h, 11h et 13h*
Boonsiri	catamaran	500 B	1 heure 15-1 heure 45	10h45 (direct) et 14h20 (via Ko Mak et Ko Chang) tlj**

* week-end seulement et quand la météo le permet en basse saison. Retour de Ko Kut à 10h et 12h30 en basse saison.

** de mi-mai à mi-octobre, un seul départ quotidien (13h30) et pas de liaison avec Ko Mak ; autre départ à 10h45 le vendredi. Des transports existent depuis Bangkok (900 B) et l'aéroport de Trat (800 B).

Ko Mak

เกาะหมาก

☎ 039 / 600 HABITANTS

La jolie Ko Mak ne fait que 16 km² et ne connaît ni embouteillages, ni enfilade de bâtiments, ni bars à bières bruyants, ni plages bondées. Les vagues viennent délicatement lécher les baies ourlées de palmiers de cette île, dont une famille avait jadis la propriété tout entière. Ko Mak est animée d'une volonté locale de limiter l'incidence du tourisme afin qu'il reste viable. Le paysage intérieur est composé de plantations de cocotiers et de ficus. Malgré la faible taille de l'île, se prélasser sur la plage n'est pas la seule activité : des restaurants et des bars corrects officient près d'Ao Khao, et quelques prestataires de plongées ou d'excursions en bateau permettent de rejoindre les îles voisines.

Visiter l'île en haute saison (décembre à mars) est plus facile ; en basse saison (mai à septembre), la plupart des bateaux ne circulent plus.

À voir et à faire

La plus belle plage est **Ao Pra**, à l'ouest de l'île, mais le Mira Montra Resort en occupe la majeure partie. Pour le moment, c'est à **Ao Suan Yai** que baignade et balades en bord de plage sont les plus agréables : cette vaste anse sablonneuse aux eaux transparentes est moins infestée de mouches des sables que les plages du côté sud. Elle est facilement accessible à vélo ou à moto si vous séjournez ailleurs.

Au large se trouve l'île privée de **Ko Kham**, vendue en 2008 pour – dit-on – la rondelette somme de 200 millions de bahts. Bien qu'elle ait été transformée en complexe touristique, sa plage reste prisée pour une excursion à la journée. Les bateaux en provenance de Ko Mark partent à 10h30, 13h30 et 15h (300 B, accès à l'île et transport inclus). Des bateaux quittent également Ao Khao pour l'île de **Rayang Nok** (350 B, 10h-16h), qui réserve une plage agréable, ainsi qu'un *resort* proposant des activités aquatiques.

Koh Mak Divers PLONGÉE

(☎ 083 297 7724 ; www.kohmakdivers.com ; 59/4 Wong Si Ri Rd, Ao Khao ; 2 sorties plongée à partir de 2 500 B). Sorties plongée dans le parc national maritime de Mu Ko Chang, à environ 45 minutes de trajet, et divers cours proposés (Discover Scuba 3 500 B). Il y a un second centre sur la route à côté de Baan Koh Mak.

Smile Ko Mak Cooking School COURS DE CUISINE

(www.smilekohmak.com ; Ban Ao Nid ; leçon 1 200-1 300 B ; ⏲ 10h-14h et 15h-19h). Dans sa petite cuisine près de l'embarcadère d'Ao Nid, Leng anime des cours de cuisine matin et soir. Préparation, puis dégustation de 4 plats (végétariens si vous le souhaitez), et un livre de recettes offert.

Où se loger et se restaurer

Outre les nombreux restaurants de plage accolés à presque toutes les pensions et *resorts*, une série de restaurants familiaux existe sur la route principale entre le Monkey Island et le Makathanee Resort. On y découvre notamment une boulangerie allemande et un bar à glaces italiennes. Quelques adresses sont rassemblées au carrefour voisinant l'Ao Kao Resort et sur la route conduisant à l'embarcadère d'Ao Din.

Banana Sunset CAMPING
(☎087 416 2026 ; www.bananasunset.com ; tentes 200 B, bung d 800-1 000 B ;). Cet ensemble de bungalows isolés plaira aux voyageurs à petit budget, qui pourront loger dans le jardin sous des tentes igloo avec ventilateur et matelas pour 200 B. Les bungalows avec salle de bains attenante sont plus confortables et restent d'un bon rapport qualité/prix. Restaurant rustique, et terrasse sur l'eau équipée de coussins et de tables basses : un excellent lieu de rendez-vous au coucher du soleil.

Monkey Island BUNGALOWS $
(☎089 501 6030 ; www.monkeyislandkohmak.com ; Ao Khao ; d sans/avec sdb 500/700 B, avec clim et petit-déj 1 200-2 000 B ;). Une adresse de référence pour les voyageurs à petit budget. Trois sortes de bungalows en terre ou en bois aux noms originaux – Baboon (babouin), Chimpanzee (chimpanzé) et Gorilla (gorille) –, du plus rudimentaire à la villa chic face à la mer. Tous portent la patte d'un design innovant. Le restaurant en front de mer, très branché, propose une cuisine thaïlandaise de qualité. Possibilité de louer des motos.

Big Easy BUNGALOWS $$
(☎098 575 7427 ; www.bigeasykohmak.com ; Ao Khao ; bung avec petit-déj 2 700-3 200 B ;). À l'extrémité nord d'Ao Khao, sur un coin de plage ravissant, le Big Easy présente 7 bungalows en bois au milieu des palmiers, bien espacés pour un maximum d'intimité. Spacieux, ils disposent à l'arrière de salles de bains en ardoise.

Seavana RESORT $$
(☎090 864 5646 ; www.seavanakohmak.com ; Ao Suan Yi ; d 3 000-5 500 B ;). Dans ce *resort* haut de gamme situé à côté de la jetée nord, les bâtiments chics rouge foncé donnent sur le jardin, les cocotiers et le sable blanc. Personnel cordial et compétent. Excellent choix de chambres. Celles de l'étage sont équipées d'un Jacuzzi avec vue sur la mer. Kayaks et vélos à disposition pour partir à l'aventure.

Ao Kao White Sand Resort BUNGALOWS $$$
(☎083 152 6564 ; www.aokaoresort.com ; Ao Khao ; d avec petit-déj 5 000 B ;). Le meilleur *resort* de l'île, niché dans un joli renfoncement de la baie. Plusieurs bungalows élégants en béton avec de superbes toits-terrasses offrant l'ombre d'un toit de chaume, des hamacs et une vue sur la mer. Accès facile à la plage. Beaucoup de services disponibles, comme des activités sportives, piscine, yoga et un pavillon de massage.

Little Red Oven PIZZAS $$
(☎062 651 9605 ; 97 Soi Sodsai ; bases de pizza à partir de 200 B ; 12h-21h). Sans rivales sur l'île, ces pizzas au feu de bois sont servies dans une grande salle à moitié ouverte, agrémentée d'ombrelles chinoises. Commencez par une base de *margherita* à pâte fine, puis choisissez vos garnitures (20-30 B). Vin au verre à partir de 150 B. Situé à près de 1,5 km à l'est de la plage d'Ao Kao.

Renseignements

Le bureau du gouvernement (près du poste de police) est muni d'un **DAB** international, mais il n'est pas fiable : prévoyez des espèces. La plupart des complexes hôteliers acceptent la carte bancaire. Un point d'information pratique existe au **Koh Mak Resort** (☎089 6009597 ; www.kohmakresort.com ; Ao Suan Yai ; d avec petit-déj 2 800-6 400 B ;).

Un petit **poste de police** (☎1155) se trouve au centre de l'île.

Ko Mak Health Centre (8h30-16h30). Centre de soins et poste d'urgence. Près d'Ao Nid Pier, sur la route qui traverse l'île.

Depuis/vers Ko Mak

Les *speedboats* (450 B aller simple, 1 heure) de Laem Ngop arrivent à l'embarcadère sur Ao Suan Yai ou Ao Nid. Le ferry Boonsiri qui fait la liaison avec Ko Kut (p. 164) s'arrête une fois par jour en haute saison (400 B depuis le continent). Un bateau lent en bois quitte Laem Ngop à 11h.

SPEEDBOATS AU DÉPART DE KO MAK

DESTINATION	PRIX (ALLER)	DURÉE	DÉPARTS
Ko Chang	600 B	1 heure	3/jour
Ko Kut	400 B	45 min	3/jour
Ko Wai	400 B	30 min	3/jour
Laem Ngop (embarcadère principal)	450 B	1 heure	6/jour

SPEEDBOATS AU DÉPART DE KO WAI

DESTINATION	PRIX (ALLER SIMPLE)	DURÉE	DÉPARTS
Ko Chang	400 B	30 min	3/jour
Ko Kut	700 B	1 heure	3/jour
Ko Mak	400 B	30 min	3/jour
Laem Ngop (embarcadère sur le continent)	450 B	50 min	3/jour

Il y a seulement 1 ou 2 départs par jour en basse saison depuis le centre. Les transferts sont assurés par les pensions (*guesthouses*) et les hôtels sans supplément.

Au départ de Ko Chang, des *speedboats* (page ci-contre) se rendent à Ko Wai, puis à Ko Mak et Ko Kut. Le ferry en bois de Bang Bao (p. 161 ; 400 B, 2 heures, 1/jour) effectue l'aller-retour avec Ko Mak en passant par Ko Wai (300 B).

Comment circuler

Sur l'île, vous pourrez vous déplacer à vélo (40 B/heure) ou à moto (200-250 B/jour). Beaucoup de logements en proposent à la location.

Ko Wai

เกาะหวาย

039

La splendide et minuscule Ko Wai est peu construite, mais ses plages, ses eaux claires et ses récifs coralliens intacts et étincelants sont idéals pour le snorkeling. La vue sur Ko Chang est saisissante. Si l'on oublie les nombreux excursionnistes à la journée croisés dans l'après-midi, loger dans les bungalows sommaires de l'un des 5 *resorts* de l'île est la garantie d'un séjour au calme.

Comme vous ne trouverez ni banque ni DAB sur l'île, prévoyez des espèces.

Où se loger

Deux complexes hôteliers et trois établissements louent des bungalows à Ko Wai. Tous ferment de mai à septembre.

Ko Wai Paradise BUNGALOWS $
(081 762 2548 ; d 400-800 B ; oct à mi-mai). Bungalows en bois simples et rustiques avec salle de bains commune sur une plage paradisiaque, vers l'ouest de la côte nord. C'est le principal repaire des baroudeurs à Ko Wai. Vous partagerez le récif corallien à l'avant avec les excursionnistes à la journée.

Good Feeling BUNGALOWS $
(081 850 3410 ; d 400-600 B ; oct à mi-mai). Douze bungalows en bois avec (à une exception près) salle de bains individuelle, éparpillés sur un promontoire rocheux, dans le nord-ouest de l'île, parmi les criques sablonneuses et solitaires. Donne sur une jolie plage propice au snorkeling.

Koh Wai Beach Resort BUNGALOWS $$
(081 306 4053 ; www.kohwaibeachresort.com ; d avec petit-déj 2 100-3 400 B ; oct à mi-mai ;). Bungalows haut de gamme spacieux et maisons tout confort en teck du côté sud de l'île. Accessible par bateau uniquement.

Depuis/vers Ko Wai

- Les bateaux rallient Ko Wai de novembre à avril. En dehors de cette période (lorsque la plupart des hébergements ferment), le bateau qui rejoint de temps en temps Ko Mak peut vous déposer à Ko Wai sur demande.
- Les *speedboats* depuis Laem Ngop vous déposeront à l'embarcadère le plus proche de votre hôtel ; autre option : marcher 15 à 30 minutes dans la forêt sur un sentier étroit depuis la jetée principale de Pakarang.
- Des *speedboats* circulent de Ko Chang à Ko Wai, puis relient Ko Mak, et enfin Ko Kut avant de faire demi-tour.
- Le ferry en bois de Bang Bao (p. 161 ; 300 B, 1 heure, 1/jour) quitte Ko Chang pour Ko Wai, et pousse jusqu'à Ko Mak (200 B) avant de revenir.

Hua Hin et le nord du golfe de Thaïlande

Dans ce chapitre ➡

Le top des restaurants

- Cicada Market (p. 178)
- In Town Seafood (p. 193)
- Jek Pia (p. 183)
- Koti (p. 184)
- Sôm·đam Tanontok 51 (p. 184)

Le top des hébergements

- Baan Bayan (p. 183)
- Centara Grand Beach Resort & Villas (p. 183)
- La a natu Bed & Bakery (p. 190)
- Salsa Hostel (p. 198)
- The Theatre Villa (p. 196)

Pourquoi y aller

Le nord du golfe de Thaïlande est depuis longtemps le terrain de jeu favori de l'élite thaïlandaise, notamment grâce à sa proximité avec Bangkok. Depuis le règne de Rama IV, au XIXe siècle, tous les monarques thaïlandais y ont passé leurs étés dans différentes demeures royales. Dans leur sillage, les touristes thaïlandais affluent sur cette côte à la recherche de plaisirs et de délicieux produits de la mer.

Culture et activités de plein air sont associées ici aux plaisirs balnéaires, avec des sites historiques, des parcs nationaux et de longues plages de sable idéales pour les balades (la baignade y est souvent peu adaptée). Les expatriés sont de plus en plus nombreux à être séduits par un littoral préservé et le rythme paisible de la vie provinciale. Si les possibilités de plongée et de snorkeling sont limitées, la région est le paradis des kitesurfeurs et, de loin, le meilleur endroit du golfe pour sauter au-dessus des vagues.

Quand partir

Jan-mars La période est idéale pour l'apprentissage du kitesurf, la mer étant généralement calme.

Oct Le mois le plus arrosé, mais qui reste plus sec que dans le reste du pays ; une visite n'est donc pas à exclure.

Nov-mars C'est la période la plus fraîche – ne manquez pas la "mer de brume" dans le grand parc national de Kaeng Krachan.

À ne pas manquer

1 Les éléphants sauvages du **parc national de Kuiburi** (p. 188).

2 Le pèlerinage au sanctuaire troglodytique de Tham Phraya Nakhon, dans le **parc national de Khao Sam Roi Yot** (p. 189).

3 Le palais perché sur la colline et les grottes de **Phetchaburi** (p. 170), à explorer en tentant d'échapper aux singes chapardeurs.

4 Une balade à moto entre les baies ondulantes et les pics calcaires de **Prachuap Khiri Khan** (p. 190).

5 Une escapade au cœur du **parc national de Kaeng Krachan** (p. 170) pour apercevoir des oiseaux tropicaux, des gibbons et une "mer de brume".

6 Un dîner dans l'un des nombreux restaurants de **Hua Hin** (p. 178), pour goûter à de délicieuses spécialités thaïlandaises.

7 Un moment de détente dans un coin tranquille des plages de **Ban Krut et Bang Saphan Yai** (p. 195).

Phetchaburi เพชรบุรี

☎032 / 26 000 HABITANTS

Facilement accessible depuis Bangkok, Phetchaburi devrait figurer sur l'itinéraire culturel de tout voyageur en Thaïlande. L'endroit abrite des temples, palais et sanctuaires troglodytiques, et, atout non négligeable, Phetburi, comme on l'appelle communément, demeure une ville de province peu visitée, avec ses marchés au bord de la rivière éponyme et ses *shophouses* (maisons de négoce) en teck. Idéale pour flâner au hasard, la ville constitue en outre une halte pratique sur le chemin de la plage.

Phetchaburi témoigne des royaumes qui se sont succédé en Asie du Sud-Est. L'Empire khmer en prit le contrôle au XIe siècle, mais sa suprématie fut relativement courte. Alors que la puissance khmère déclinait, Phetchaburi devint une forteresse royale stratégique durant les royaumes thaïs de Sukhothai et d'Ayutthaya. Au XVIIe siècle, elle était un florissant comptoir de commerce entre le Myanmar (Birmanie) et Ayutthaya. La ville est d'ailleurs souvent surnommée l'"Ayutthaya vivante" car elle conserve de nombreux vestiges rappelant ceux détruits dans l'ancienne capitale.

À voir

♥ Parc national de Kaeng Krachan — PARC NATIONAL

(อุทยานแห่งชาติแก่งกระจาน ; ☎032 772311 ; www.thainationalparks.com/kaeng-krachan-national-park ; Rte 3432, centre d'accueil des visiteurs ; entrée 300 B, droit de camping 30 B/nuit, tente 2 pers 120 B, sac de couchage 30 B ; 8h-16h30). Étonnamment proche de la civilisation et peu visité par les touristes, le plus grand parc national du pays protège une nature sauvage et dense. On y vient principalement pour les papillons et les oiseaux. Le parc compte plus de 400 espèces de ces derniers, car il occupe un biotope mixte privilégié par l'avifaune : c'est à la fois l'endroit le plus méridional pour les espèces septentrionales et le plus septentrional pour les espèces méridionales. Le parc ferme d'août à octobre, hormis la **cascade de Pa La-U** (น้ำตกป่าละอู ; parc national de Kaeng Krachan ; 8h-16h30), but d'excursion apprécié depuis Hua Hin.

Le secteur de Ban Krang, qui abrite une faune et une flore d'une grande richesse, possède un joli sentier naturel de 2,5 km. Panoen Thung est un point de vue superbe au bout d'une route réservée aux 4x4 – vérifiez que celle-ci est bien ouverte avant de partir. Vous vous éveillerez au son étrange d'un chœur de gibbons dans la brume matinale, au camping de Ban Krang et à celui proche de la cascade de Pa La-U.

Vous pouvez rejoindre le centre d'accueil des visiteurs par minibus depuis Phetchaburi et Bangkok, mais précisez au chauffeur que vous allez au parc national de Kaeng Krachan et non dans la ville éponyme.

♥ Parc historique de Phra Nakhon Khiri — SITE HISTORIQUE

(อุทยานประวัติศาสตร์พระนครคีรี ; ☎032 401006 ; 150 B, funiculaire aller-retour 50 B ; parc et funiculaire 8h30-16h30, musée 9h-16h). Ce parc national historique trône au sommet de Khao Wang (colline du Palais) et domine la ville avec une opulence discrète. Rama IV (roi Mongkut) fit construire le palais et la dizaine de bâtiments alentour en 1859 en tant que résidence secondaire. L'emplacement sur la colline permettait au roi d'assouvir sa passion pour l'astronomie. Une partie du palais, qui mêle les styles européen, thaïlandais et chinois, a été transformée en musée.

Des chemins pavés traversent la colline boisée jusqu'à 3 sommets, chacun coiffé d'un stupa. La flèche blanche du **Phra That Chom Phet** s'élance à 40 m depuis le sommet central et est accessible par l'intérieur jusqu'à mi-hauteur. Le sommet occidental abrite le **Wat Phra Kaew Noi** ("petit Wat Phra Kaew"), petit bâtiment qui n'est pas sans rappeler l'un des principaux temples de Bangkok, ainsi que le stupa de **Phra Prang Daeng** de style khmer.

Le site compte deux entrées. Pour parvenir à l'entrée **est** (Th Khiriataya), ou à l'avant, en face de Th Ratwithi, vous devrez grimper un sentier sans difficulté majeure. À l'entrée **ouest** (Th Rim Khao Wang), de l'autre côté de la colline, un **funiculaire** (fermé 10 jours en juin pour l'entretien courant et quelques jours dans l'année pour changer le câble) monte au sommet. À l'une comme à l'autre, gardez un œil vigilant sur des hordes de singes imprévisibles (p. 174). Le parc est une destination prisée des groupes scolaires, et vous risquez d'être autant photographié que les édifices historiques.

♥ Wat Mahathat Worawihan — TEMPLE BOUDDHIQUE

(วัดมหาธาตุวรวิหาร ; Th Damnoen Kasem ; lever-coucher du soleil). GRATUIT Central et d'un blanc éclatant, ce temple est très impressionnant. Sa pièce maîtresse, un *prang* (stupa en forme d'épi de maïs) de 42 m de haut sur 5 niveaux, est ornée de reliefs en stuc, une spécialité des artisans de Phetchaburi que l'on retrouve partout en ville. L'intérieur du *wihăan* (sanctuaire) est orné de grandes peintures murales, quoique très endommagées, du début du XXe siècle.

En arrivant au temple ou en le quittant, suivez **Thanon Suwanmunee**, qui traverse le vieux quartier semé de maisons en teck abritant désormais des vendeurs de billets de loterie, pour une vue ravissante du *prang* depuis le pont. Des panneaux signalent certains édifices notables, tout comme dans Th Klongkrachang.

Tham Khao Luang — GROTTE

(ถ้ำเขาหลวง ; 8h-16h lun-ven, 8h-17h sam-dim). GRATUIT À quelque 4 km au nord de la ville, cette grotte spectaculaire, remplie de stalactites, est l'un des plus importants sanctuaires troglodytiques du pays, et le favori du roi Rama IV lorsqu'il était moine. Accessible par un escalier abrupt, il est éclairé, si les nuages le permettent, par une lueur céleste tous les matins, quand les rayons du soleil filtrent à travers le puits de lumière naturel.

Ce phénomène varie selon l'époque de l'année, mais a généralement lieu entre 9h et midi ; mieux vaut y aller tôt. Vous devrez en outre vous tenir au bon endroit pour le voir. De février à avril, la lumière illumine la principale représentation du Bouddha.

En s'enfonçant plus avant, la grotte recèle d'autres salles et sanctuaires, bien que la sortie arrière ne soit plus utilisée. Rama IV aurait fait construire le portail en pierre qui sépare la salle principale des autres pour protéger un couple qui vivait dans la grotte.

La grotte se situe sur le flanc d'une colline pentue. Il faut faire une partie du chemin à pied ou en véhicule. Une fois au temple, un camion pourra vous emmener jusqu'à la grotte et vous ramener à l'entrée (15 B).

Attendez-vous à rencontrer des singes effrontés (p. 174) quémandant de la nourriture, même s'ils ne pénètrent pas dans la grotte.

Parfois, des guides non officiels proposent de vous accompagner. Leur aide n'est pas nécessaire, et ils s'attendront à recevoir un pourboire.

Phra Ram Ratchaniwet — SITE HISTORIQUE

(พระรามราชนิเวศน์, palais Ban Peun ; 032 428506 ; Th Damnoen Kasem ; 100 B ; 8h30-16h). La construction de cet élégant palais d'été, une remarquable réalisation Art nouveau, débuta en 1910 sur l'ordre de Rama V (qui mourut peu après) et s'acheva en 1916. Conçu par des architectes allemands, le lieu réunit toutes sortes d'objets venus d'Europe que la famille royale affectionnait tant : une statue de Poséidon, des angelots en céramique de chaque côté du double escalier en colimaçon et une douche réglable, innovation de l'époque, dans la salle de bains du roi.

L'absence de meubles et, le plus souvent, d'autres visiteurs, donne à la visite une atmosphère étrange. Le palais se trouve sur une base militaire ; normalement, aucune pièce d'identité n'est requise, mais mieux vaut vous munir de votre passeport.

Wat Khao Bandai-It — GROTTE

(ถ้ำเขาบันไดอิฐ ; Rte 3171 ; 8h-17h). GRATUIT Ce monastère à flanc de colline, à 2 km à l'ouest de la ville, s'étend dans plusieurs grandes grottes transformées en sanctuaires bouddhiques et en salles de méditation. On y découvre des formations naturelles et des puits de lumière, et l'une des salles abrite quelques chauves-souris, mais l'ensemble est moins impressionnant que Tham Khao Luang. Le lieu étant bien éclairé et le sol bétonné, les jeunes qui proposent de vous guider ne sont pas indispensables et ils attendront un pourboire s'ils vous accompagnent.

Wat Yai Suwannaram — TEMPLE BOUDDHIQUE

(วัดใหญ่สุวรรณาราม ; Th Phongsuriya ; bòht 7h-18h, săh·lah 8h-17h). GRATUIT Ce vaste temple, fondé à la fin de la période Ayutthaya, est d'une grande richesse historique. On retrouve notamment à l'intérieur du *bòht* (salle des ordinations), qui date d'environ 1700, des fresques aux couleurs passées, l'une des plus anciennes séries de peintures murales de temples thaïlandais encore visibles. Elles représentent essentiellement une succession de divinités, mais on voit clairement sur le mur d'entrée le démon Mara et son armée essayant d'empêcher le Bouddha d'atteindre l'Éveil.

Wat Phra Phuttaya Saiyat (Wat Phra Non) — TEMPLE BOUDDHIQUE

(วัดพระพุทธไสยาสน์/วัดพระนอน ; Th Khiriataya ; lever-coucher du soleil). GRATUIT La principale curiosité de ce temple, aussi connu sous le nom de Wat Phra Non (temple du Bouddha couché), mesure 43 m de long, soit presque autant que le célèbre bouddha couché du Wat Pho de Bangkok… la foule en moins.

Phetchaburi (Phetburi)

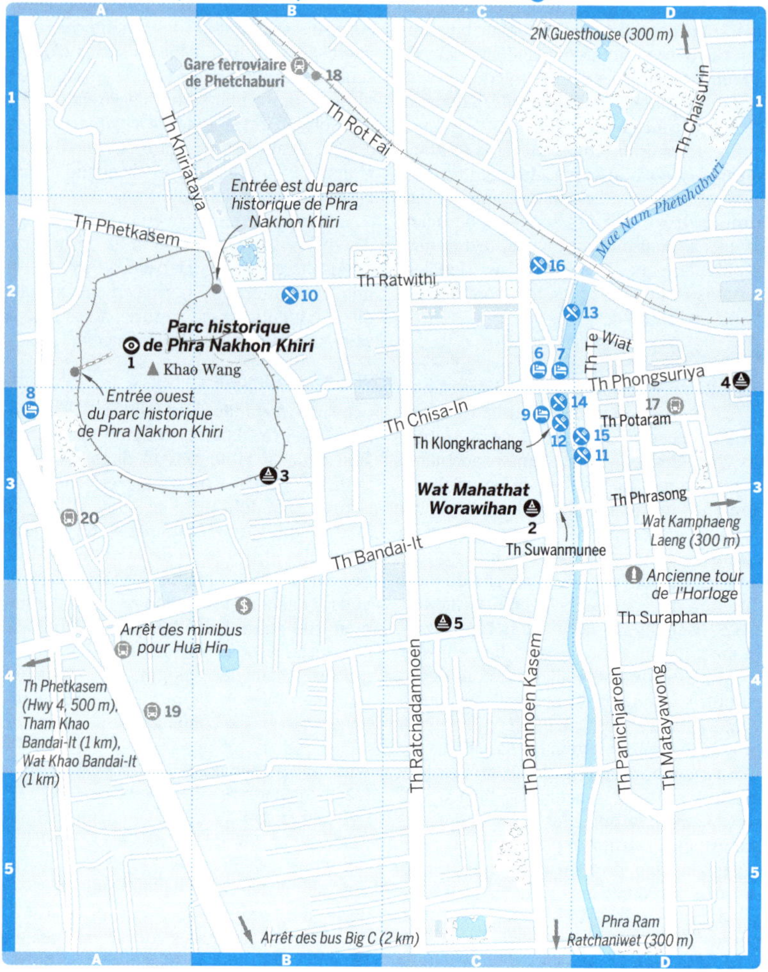

Wat Yang TEMPLE BOUDDHIQUE

(วัดยาง ; Th Ratchadamnoen ; heures du jour). GRATUIT À l'ouest du centre-ville, ce temple possède un *hŏr đrai* (dépôt de manuscrits) centenaire, édifié sur pilotis dans un bassin pour protéger son contenu des termites. Il n'est plus utilisé, mais reste en bon état.

Wat Kamphaeng Laeng TEMPLE BOUDDHIQUE

(วัดกำแพงแลง ; Th Phokarang ; heures du jour). GRATUIT Vestige de l'époque où le royaume khmer d'Angkor s'étendait du Cambodge actuel à la péninsule malaise, au XIIIe siècle, ce sanctuaire fut construit en latérite par le roi Jayavarman VII, l'un des rares rois khmers à avoir fait du bouddhisme la religion d'État. Le *prang* principal, privé de sa partie supérieure, est doté d'une entrée sur ses quatre flancs et entouré de quatre édifices plus petits et de sections du mur d'enceinte en latérite, le tout à divers stades de délabrement.

Fêtes et festivals

Foire de Phra Nakhon Khiri CULTUREL

(févr). Centrée sur Khao Wang, cette fête provinciale se tient pendant 10 jours généralement en février. Le parc historique de Phra Nakhon Khiri est orné de lumières

Phetchaburi (Phetburi)

Les incontournables
1 Parc historique de Phra Nakhon Khiri... A2
2 Wat Mahathat Worawihan C3

À voir
3 Wat Phra Phuttaya Saiyat (Wat Phra Non) B3
4 Wat Yai Suwannaram D2
5 Wat Yang C4

Où se loger
6 J.J. Home C2
7 Sabaidee Resort....................................... C2
8 Sun Hotel A3
9 White Monkey Guesthouse C3

Où se restaurer
10 JM Cuisine B2
11 Kow Chae Mae Awn D3
12 Pagoda Cafe.. C3
13 Phetchaburi Walking Street.................. C2
14 Rabieng Rimnam C3
15 Rim Nam Market D3
16 Talat Taa Rot Tua C2

Transports
17 Arrêt des bus pour Cha-am et Hua Hin D3
18 Gare ferroviaire de Phetchaburi............ B1
19 Arrêt des bus à destination du Sud A4
20 Station de minibus Wat Tham Kaew A3

multicolore. Au programme : danses traditionnelles, présentation d'artisanat et de spécialités culinaires, et feux d'artifice.

Où se loger

2N Guesthouse PENSION $
(☎085 366 2451 ; www.2nguesthouse.blogspot.com ; 98/3 Mu 2, Tambol Bankoom ; d et lits jum 600 B, qua 1 000 B, avec petit-déj ; P ❄ 📶). Installée dans un quartier assez calme à 1,5 km au nord du centre-ville, cette *guesthouse* comprend 6 chambres grandes, lumineuses et bon marché. Anglophones et très attentionnées, les sœurs propriétaires s'occupent de tout et pourront vous aider pour la suite de votre voyage. Prêt de vélos.

White Monkey Guesthouse PENSION $
(☎090 325 3885 ; whitemonkey.guesthouse@gmail.com ; 78/7 Th Klongkrachang ; dort/lits jum/d/f avec petit-déj 350/600/700/1 400 B ; P ❄ 📶). Cette excellente *guesthouse* comprend des chambres lumineuses, spacieuses et impeccables (les moins chères avec sdb commune et sans clim) très bien situées. Vue sur le parc historique de Phra Nakhon Khiri et le Wat Mahathat Worawihan depuis le toit-terrasse. Le personnel parle anglais et peut organiser des excursions dans la région. Prêt de vélos.

Sabaidee Resort PENSION $
(☎086 344 4418 ; sabai2505@gmail.com ; 65-67 Th Klongkrachang ; ch 350-500 B ; ❄ 📶). Si l'endroit peut paraître assez quelconque, l'intérieur réserve de belles chambres autour d'un petit jardin et d'une terrasse ombragée donnant sur la rivière. Bungalows en bambou et chambres modernes en béton avec, pour certaines, une salle de bains privative. Les sympathiques propriétaires organisent des cours de cuisine thaïlandaise et proposent la location de vélos (50 B) et de scooters (300 B).

J.J. Home PENSION $
(☎081 880 9286 ; www.jjhomephetchaburi.com ; 2 Th Chisa-In ; ch 200-600 B ; ❄ 📶). Les chambres sont propres et d'un rapport qualité/prix convenable, et les propriétaires serviables vous feront bon accueil. Toutefois, la rue est très bruyante et l'entretien laisse un peu à désirer. Les chambres les moins chères sont assez sommaires ; les plus onéreuses, situées dans un bâtiment plus récent de l'autre côté de la rue, sont climatisées et disposent de salles de bains privatives et de balcons partagés.

Sun Hotel HÔTEL $
(☎032 400000 ; www.sunhotelthailand.com ; Th Rim Khao Wang ; ch avec petit-déj 850-950 B ; P ❄ 📶). Le Sun fait face à l'entrée du funiculaire du Phra Nakhon Khiri. Personnel serviable et grandes chambres sans âme, correctes mais un peu chères. Café plaisant au rez-de-chaussée et vélos mis à disposition gratuitement. L'hôtel est en réalité assez loin de tout à l'exception du parc historique.

Où se restaurer

Entourée de plantations de palmiers à sucre, Phetchaburi est renommée pour ses douceurs, dont le *kà·nŏm môr gaang* (crème aux œufs) et divers desserts "dorés", composés de jaune d'œuf et de sucre. On les trouve, tout comme le sucre brut, dans la plupart des marchés. Aux alentours, des vergers produisent des *chom·pôo phet* (jamalacs de Phetchaburi – le fruit qui orne nombre de plaques de rue), des ananas et des bananes *nám wáh*.

LES SINGES DE PHETCHABURI

Phetchaburi est envahie de macaques effrontés. Cantonnés jadis sur la colline Khao Wang dans le parc historique de Phra Nakhon Khiri (p. 170), ils se sont répandus dans les bâtiments alentour, ainsi qu'à Tham Khao Luang (p. 171) et Wat Khao Bandai-It (p. 171), parmi d'autres sites boisés. Ils rôdent autour des stands de restauration et surveillent les piétons, victimes potentielles de leurs chapardages. Ces singes visent les sacs en plastique, souvent remplis de nourriture et de boissons. Faites attention ! Tenez aussi fermement vos sacoches d'appareil photo ou de caméra. Il ne suffit pas de respecter les règles de sécurité (éviter de leur donner à manger ou de les attirer), il faut être constamment sur ses gardes : les morsures ne sont pas rares.

Talat Taa Rot Tua MARCHÉ $
(Th Ratwithi ; 16h-21h). Très animé dès la fin de l'après-midi, ce vaste marché de nuit couvert vend tous les grands classiques thaïlandais, ainsi que le fameux *kà·nŏm jin tôrt man* de Phetchaburi (nouilles de riz fraîches et galettes de poisson frites au curry). Nombreuses tables.

Rabieng Rimnam INTERNATIONAL $
(098 051 5636 ; rabieng@gmail.com ; 1 Th Chisa-In ; plats 45-120 B ; 8h-minuit ;). Ce restaurant offre l'atmosphère d'une maison en bois de 1897 perchée au-dessus de l'eau et concocte une bonne cuisine – essayez le curry de fruits de palmier à sucre aux crevettes. Nid et Tom, les propriétaires anglophones, se joignent souvent à leurs hôtes pour partager des conseils de voyage.

Kow Chae Mae Awn THAÏLANDAIS $
(ข้าวแช่แม่อร ; Th Panichjaroen ; 20 B ; 9h-16h ;). Mae Awn sert son fameux *kôw châe* (riz gluant froid) avec un choix de poissons, de crevettes ou de radis daikon marinés. Situé sur le passage à l'extrémité sud-est du marché Rim Nam. Quelques tables seulement, mais il y a des plats à emporter.

Pagoda Cafe CAFÉ, BOULANGERIE $
(95 Th Klongkrachang ; thé et café à partir de 35 B ; 9h-18h mar-dim ;). Fréquenté par des étudiants, ce petit café est un sympathique refuge climatisé quand le soleil est brûlant.

Marché Rim Nam MARCHÉ $
(Th Panichjaroen ; 5h-11h). Vous trouverez ici de quoi constituer un repas matinal varié, notamment du *kà·nŏm jin tôrt man* (nouilles de riz fraîches et galettes de poisson frites au curry) et des fruits. Nombre de marchands commencent à fermer vers 8h.

Phetchaburi Walking Street MARCHÉ $
(Th Chaisurin ; 16h-21h sam). Contrairement aux marchés de rue piétonniers habituels, tous les étals ici ou presque vendent de la nourriture, ce qui permet facilement de repartir le ventre plein.

JM Cuisine THAÏLANDAIS $
(www.jm-cuisine.com ; 85 Th Ratwithi ; plats 50-100 B ; 7h-17h). À courte distance à pied de l'entrée est du Phra Nakhon Khiri, cette gargote, meilleure que la moyenne, propose des soupes et des plats sautés délicieux.

Renseignements

S'il n'y a pas d'office du tourisme officiel en ville, les différentes pensions sauront vous transmettre des conseils et informations récentes. Le bureau de la Tourism Authority of Thailand de Cha-am renseigne sur toute la province de Phetchaburi.

Kasikorn Bank (Th Bandai-It ; 11h-19h), dans le centre commercial de Phetpaiboon Plaza, est l'agence bancaire aux horaires prolongés la plus proche du centre-ville.

Depuis/vers Phetchaburi

Le train est généralement le moyen de transport le plus pratique et le plus confortable ; la **gare ferroviaire** (032 425211 ; Th Rot Fai) est à quelques minutes à pied de la plupart des pensions.

Aucun bus ne relie Bangkok et Phetchaburi. Ils ont été remplacés par des minibus, qui transitent par la **station de minibus Wat Tham Kaew** (Th Bandai-It ; *sà·tăh·ni bor kŏr kŏr wát tâm gâaou*), tout comme les minibus à destination du parc national de Kaeng Krachan.

Les **minibus** (Phetkasen Hwy) pour Hua Hin, Cha-am et Prachuap Khiri Khan sont à 500 m au sud de la station de minibus, le long de la route, à côté de l'hôpital Phetcharat. Ils s'arrêtent aussi plus au sud, devant le **centre commercial Big C** (Phetkasem Hwy). Certains bus longue distance traversant la ville (vers le nord ou le sud) s'arrêtent eux aussi devant le Big C, mais l'attente peut être longue. Pour Chumphon et les villes du Sud, l'**arrêt des bus à destination du Sud** (Phetkasem Hwy) est situé à 300 m au sud de l'hôpital. Autre possibilité pour Hua Hin et Cha-am, les **bus ordinaires**, qui partent du centre-ville à côté du Wat Potaram.

TRANSPORTS DEPUIS/VERS PHETCHABURI

DESTINATION	BUS	MINIBUS	TRAIN
Bangkok – gare ferroviaire de Hua Lamphong			34-1 933 B, 3-3 heures 30, 12/jour
Bangkok – terminaux Sud et Nord des bus (Mo Chit)		100 B, 2 heures, fréquents 3h30-19h30	
Bangkok – Thonburi			31-136 B, 4 heures, 7h16, 12h56
Cha-am	30 B, 1 heure, 1/heure 5h40-16h30 (depuis Wat Potaram)	50 B, 45 min, fréquents 5h-18h20	8-368 B, 40 min, 5/jour
Chumphon	328-500 B, 6 heures, 1/heure 6h30-20h, fréquents 20h-22h		58-2 102 B, 5 heures 30-6 heures 30, 13/jour
Hua Hin	40 B, 1 heure 30, 1/heure 5h40-16h30 (depuis Wat Potaram)	80 B, 1 heure, fréquents 5h-18h20	14-1 839 B, 1 heure, 15/jour
Kaeng Krachan National Park		120 B, 1 heure, 1/heure 7h30-18h30	
Prachuap Khiri Khan	150-200 B, 2 heures 30, 1/heure 6h30-20h, fréquents 20h-22h	150 B, 2 heures 30, 1/40 min 5h-18h20	31-1 460 B, 2-3 heures, 12/jour

Comment circuler

Une course à moto-taxi dans le centre-ville coûte de 20 à 40 B. Les *tuk-tuk* à 4 roues de Phetchaburi (qu'on appelle ici *rót léng*) sont légèrement plus chers. On peut aussi les louer à la journée (environ 700-800 B).

Toutes les pensions louent vélos (50 B/jour) et motos (150-250 B/jour) ; Rabieng Rimnam (p. 169) étant la plus économique. Réservez une moto en même temps que votre chambre : de nombreuses pensions les réservent ailleurs et, si vous en faites la demande à votre arrivée, vous devrez peut-être attendre avant d'en obtenir une.

Cha-am ชะอำ

032 / 35 600 HABITANTS

Bon marché et accueillante, Cha-am est depuis longtemps une escapade balnéaire prisée des familles modestes et des étudiants de Bangkok. Le week-end et les jours fériés, des bus fluo (appelés *chìng·chàp tua*) aux sonos tonitruantes transportent des groupes de vacanciers. L'ambiance est typiquement thaïlandaise : on mange et on boit attablés sous des parasols en regardant les bateaux gonflables qui vont et viennent sur l'eau. La mer peu profonde invite plutôt aux promenades et aux bains de soleil qu'à la baignade.

La Phetkasem Hwy traverse le centre animé de Cha-am, à 1 km environ de la plage via Th Narathip. Les banques, le marché, la gare ferroviaire et la plupart des arrêts de bus se situent dans le centre-ville. Nombreux DAB et bureaux de change aux horaires prolongés le long de Th Ruamjit.

Parc forestier de Cha-am PARC

(วนอุทยานชะอำ ; Phetkasem Hwy ; lever-coucher du soleil). À la périphérie de la ville et facilement accessible à vélo depuis la plage, ce parc n'est pas connu pour sa beauté mais pour ses gibbons à mains blanches. Ceux-ci fréquentent habituellement le centre du parc (prenez tout droit à l'entrée, traversez le pont, puis tournez à gauche), et sont presque toujours visibles. S'ils ne craignent pas les humains, ils ne sont pas apprivoisés – gardez vos distances.

Fêtes et festivals

Festival international de cerfs-volants de Thaïlande ART

(mars). Presque chaque année, des cerfs-volants artistiques venus du monde entier évoluent au-dessus de la plage le temps d'un long week-end.

Gin Hoy, Do Nok, Tak Meuk CUISINE

(sept). “Manger des coquillages, regarder les oiseaux, pêcher des calmars”, le nom de cette fête annuelle correspond parfaitement aux distractions et aux traditions de Cha-am.

Essentiellement culinaire, avec divers poissons et fruits de mer, elle comprend des démonstrations de pêche, des excursions d'observation des oiseaux dans les réserves proches et des concerts en soirée.

Où se loger

Cha-am compte encore des pensions bon marché – sans charme particulier, mais propres pour la plupart –, installées dans d'étroites *shophouses* en béton près de la plage ; il existe néanmoins un nombre croissant d'adresses plus haut de gamme. Ne séjournez pas à proximité de la gare routière Soi, à moins de ne pas avoir envie de dormir. Des réductions importantes (de 30 à 60%) s'appliquent en semaine, et certaines pensions ont des chambres pour 300 B (avec ventilateur) et 400 B (climatisées).

Cha Inn @ Cha-Am HÔTEL **$$**

(☎032 471879 ; www.chainn-chaam.com ; 274/34 Th Ruamjit ; ch avec petit-déj 1200-2 000 B ; P ❄ 📶). Les propriétaires ont superbement réhabilité cet ancien bâtiment, devenu un hôtel élégant et original pour Cha-am. Restaurant au rez-de-chaussée et salon aéré à l'étage. Quant aux 17 chambres, elles sont grandes, confortables et offrent les mêmes touches subtiles qui caractérisent les espaces communs.

Pa Ka Ma PENSION **$$**

(☎081 986 4060 ; Soi Cay-ben Tee-wee ; ch 1000 B ; ❄ 📶). Probablement la meilleure pension à petit prix de Cha-am, un peu plus chère seulement que la moyenne. L'endroit est bien conçu – chaque chambre a son propre style et celles à l'arrière ont un petit balcon. Les salles de bains sont agréables, mais l'eau chaude tarde à arriver. On y parle peu anglais. Situé dans un *soi* non numéroté entre Soi 1 et Soi 2 Nord. Si c'est complet, on trouve des logements corrects à proximité.

Bann Pantai Resort HÔTEL **$$**

(☎032 470155 ; www.bannpantai.com ; 261/2 Th Ruamjit ; ch avec petit-déj 2 300-3 500 B ; P ❄ 📶 🏊). Plus haut de gamme que la plupart des hôtels de Cha-am, ce bel établissement familial, face à la plage de l'autre côté de la route, possède une grande piscine et un petit centre de remise en forme. Ses chambres spacieuses offrent de grands lits et une terrasse.

Dream Boutique Hotel HÔTEL **$$**

(☎032 470896 ; tonypresnell@gmail.com ; 235/35 Soi Anatachai ; d 800-1 400 B, f 2 000 B ; ❄ 📶). Cet hôtel, parfaitement tenu et très propre, n'est pas spécialement un "boutique-hôtel". Sans être luxueuses, les chambres sont bien équipées et agrémentées de balcons ; les clients peuvent se prélasser sur le toit-terrasse. Location de vélos et de motos.

Entre les Soi 1 et 2 Sud, troisième *soi* au sud de Th Narathip.

Raya Resort RESORT **$$$**

(☎032 472 6412 ; www.rayaresortchaam.com ; 264/2 Th Raumjit ; ch avec petit-déj 5 500-25 000 B ; P ❄ 📶 🏊). Un lieu luxueux au cœur de Cha-am. Installé dans un parc paysager verdoyant, il ne compte que 12 chambres et 2 villas occupant des maisons en bois d'inspiration traditionnelle. La décoration et les installations sont assez sommaires, mais la taille du domaine et l'atmosphère intimiste, notamment grâce aux petits jardins privés, justifient les prix élevés. Minibar gratuit.

Où se restaurer et prendre un verre

De votre transat, vous pouvez faire signe aux marchands ambulants qui vendent des repas emballés, ou passer commande à l'un des nombreux restaurants en bord de plage, qui vous livreront.

Les meilleurs restaurants de poisson et fruits de mer se trouvent à l'extrémité nord de la plage, près du quai de pêche, où votre dîner a peut-être été débarqué.

Principale enclave des expatriés – avec bière fraîche, tables de billard et sports télévisés –, la gare routière Soi est située dans la première rue au sud de Th Narathip. Vous pouvez également suivre l'exemple de certains visiteurs thaïlandais et rester dans votre transat sur la plage avec une boisson, même après le coucher du soleil.

Chong Heang THAÏLANDAIS **$**

(Th Ruamjit ; plats 40-350 B ; ⏲7h-20h). Ce restaurant bleu et blanc n'est pas très attirant, mais la cuisine est d'un niveau bien supérieur à la moyenne. Plats thaïlandais classiques, notamment des currys, des plats sautés et du poisson pêché localement.

Krua Medsai Seafood THAÏLANDAIS **$$**

(près de Th Ruamjit ; plats 40-450 B ; ⏲10h-22h ; P). Cet établissement fait partie des dizaines de restaurants de poisson à proximité du port de pêche de Cha-am. Certains, parmi les plus petits, ont peut-être plus de caractère, mais quelques-uns seulement offrent un choix aussi large et fournissent un menu (correctement) traduit en anglais.

Raya Coffee CAFÉ

(☎032 472570 ; 246/2 Th Ruamjit ; 7h-20h ; wifi). Tout près de la plage, le Raya Coffee est un havre climatisé idéal pour échapper à la chaleur et se régaler de jolies pâtisseries et boissons glacées. Les décorations florales et les éléments peints en gris-vert donnent une ambiance raffinée.

Gravity Sky Bar BAR SUR LE TOIT

(☎032 708300 ; www.novotelhuahin.com/hua-hin-restaurants/hua-hin-rooftop-bar/ ; 854/2 Th Burirom, Novotel Hua Hin Cha Am Beach Resort & Spa ; 16h-23h ; wifi). Au 24e étage du Novotel, le Gravity Sky Bar jouit d'une impressionnante vue à 360 degrés sur Hua Hin et la côte. Les fresques façon graffitis d'artistes de rue bangkokiens, les sièges à motifs géométriques et la musique pop en fond sonore contribuent à l'atmosphère enjouée. On y sert surtout des cocktails classiques et de la bière. Une boisson achetée, une offerte pendant l'happy hour (17h-19h).

Renseignements

Le bureau de la **Tourism Authority of Thailand** (TAT ; ☎032 471005 ; tatphet@tat.or.th ; Th Phetkasem ; 8h30-16h30) se trouve sur Phetkasem Hwy, à 500 m au sud de la ville. Certains membres du personnel parlent anglais.

Only Chaam (www.onlychaam.com) est un site Internet pratique si vous visitez Cha-am.

Depuis/vers Cha-am

Une petite **station de minibus** (Soi Bus Station) pour **Hua Hin-Pran Tour** (☎085 933 8840 ; Th Sasong) se trouve dans la gare routière Soi, avec départ pour Bangkok (terminal Sud et terminal Mo Chit) toutes les 30 minutes de 7h à 17h30. Tous les autres transports publics s'arrêtent à l'intersection de **Phetkasem Hwy** et **Th Narathip**. Il s'agit surtout de minibus, très peu de bus en provenance de Hua Hin ou d'autres villes du Sud prennent des passagers à Cha-am. Le bus de l'aéroport de Hua Hin (p. 186), qui relie Hua Hin à l'aéroport Suvarnabhumi de Bangkok, s'arrête devant la Government Savings Bank au même titre que les bus Shinnakeart Korat, à destination de Bangkok et Nakhon Ratchasima (388 B, 6 heures, 6/jour).

La **gare ferroviaire** (☎032 471159 ; Th Narathip) est située à l'ouest de Phetkasem Hwy, au bout de Th Narathip et n'est desservie par aucun train express. À noter que, sur l'horaire des trains, Cha-am porte le nom de “Ban Cha-am”.

On peut trouver un taxi (ou une voiture privée disponible à la location) le long de la plage. Comptez 400 B pour rejoindre Hua Hin.

Comment circuler

Du centre-ville à la plage, le court trajet à moto revient à 40 B ou 100 B en taxi.

Vous pouvez louer un vélo (100 B/jour) et une moto (200-250 B/jour) dans Th Ruamjit.

TRANSPORTS DEPUIS/VERS CHA-AM

DESTINATION	BUS	MINIBUS	TRAIN
Bangkok – aéroport international Don Mueang		180 B, 4 heures, 1/heure 6h30-18h30	
Bangkok – aéroport international Suvarnabhumi	294 B, 4 heures, 1/heure 6h20-18h20		
Bangkok – gare ferroviaire de Hua Lamphong			40-473 B, 4-4 heures 30, 1h40, 4h55, 14h33
Bangkok – terminaux Sud et Nord des bus (Mo Chit)	241 B, 4 heures 30, peu fréquent	160 B, 3 heures 30, fréquents 4h30-19h30	
Bangkok – Thonburi			38-87 B, 4 heures, 6h41, 12h13
Hua Hin	30 B, 30 min, 1/30 min 6h30-17h30	50 B, 30 min, fréquents 6h-19h30	6-363 B, 30 min, 5/jour
Kanchanaburi		200 B, 3 heures 30, 1/heure 6h40-17h40	
Phetchaburi	50 B, 1 heure, 1/30 min 6h30-16h30	50 B, 45 min, fréquents 6h-19h30	8-368 B, 40 min, 5/jour

Hua Hin

หัวหิน

032 / 63 100 HABITANTS

La plus ancienne station balnéaire de Thaïlande n'est pas sur une île déserte bordée de palmiers et c'est mieux ainsi. Elle offre un cocktail rafraîchissant de ville et de bord de mer, avec des marchés animés, de bons parcours de golf et parcs aquatiques, d'excellents hébergements et une ambiance tendance et cosmopolite. Nombre de visiteurs ne vont même jamais à la plage. Au milieu des années 1920, Hua Hin était devenue une ville de villégiature prisée par la noblesse de Bangkok – les rois Rama VI et VII y ont même installé des palais d'été. Si l'argent coule à flots à Hua Hin et dans les environs, la ville reste une destination abordable ; les produits de la mer abondent et les transports publics sont pratiques. De Bangkok, il est plus facile (et moins cher) de s'y rendre que dans les îles au sud.

À voir

Ancien village de pêcheurs, la vieille ville de Hua Hin conserve un quartier de *shophouses* (maisons de négoce) en teck quadrillé de *soi* étroits et sinueux, des maisons sur pilotis transformées en restaurants ou pensions, et un port de pêche toujours en activité. Au-delà, surtout vers le nord, de nombreuses résidences historiques d'été en bois sont encore visibles le long du rivage ; repérez-les en vous promenant sur la plage.

Cicada Market — MARCHÉ

(ตลาดจักจั่น ; 080 650 4334 ; www.cicadamarket.com ; Soi Hua Thanon 23, Th Phetkasem, Hua Hin Sud ; 16h-23h ven-dim). GRATUIT Bien plus agréable que le marché nocturne du centre-ville de Hua Hin (p. 185), le Cicada s'étend à 3,5 km au sud. Il regroupe alimentation, artisanat et spectacle vivant, mais on y vient plus pour l'ambiance décontractée que pour faire des achats. De nombreux artistes et artisans y vendent leurs articles de décoration et vêtements faits à la main, et on y trouve de la nourriture thaïlandaise et d'ailleurs. Spectacle dès 20h30 et musiciens de rues tout autour. Le dernier *songthaew* vert revient en ville vers 21h.

Centre de soins pour animaux sauvages et refuge pour éléphants de la Wildlife Friends Foundation Thailand — SANCTUAIRE ANIMALIER

(มูลนิธิเพื่อนสัตว์ป่า ; 032 458135 ; www.wfft.org ; entrée et visite avec déj demi-journée/journée 1100/1600 B). Ce centre, situé à 45 km au nord-ouest de Hua Hin, s'occupe de plus de 700 animaux, incluant des ours, tigres, gibbons, macaques, loris et oiseaux. Le site compte un refuge pour éléphants, qui peuvent vivre sans être enchaînés. Visiter ce centre est bien plus gratifiant que de participer aux circuits d'observation des tigres et des éléphants proposés au départ de Hua Hin, véritables pièges à touristes. Le centre pour animaux sauvages donne accès à toutes les installations et permet de découvrir les pensionnaires et l'histoire de leur sauvetage. Le forfait journée inclut une rencontre avec les éléphants. Visite libre non autorisée.

L'une des associations les plus actives en faveur du bien-être animal dans le pays, la Wildlife Friends Foundation Thailand, gère ce centre, qui recueille et soigne les animaux blessés, abandonnés et victimes de cruauté ne pouvant retourner à la vie sauvage.

Comptez 200 B par personne pour le transfert depuis un hôtel de Hua Hin ou Cha-am ; petit lodge (4 000 B/nuit, repas compris) sur place. Les personnes intéressées par une découverte plus approfondie peuvent travailler au centre comme bénévoles (page ci-contre).

Parc Ratchaphakdi — MONUMENT

(อุทยานราชภักดิ์ ; Hwy 4 ; 8h-18h). GRATUIT Hautes de 14 m et pesant chacune 30 tonnes, de belles statues en bronze représentant les rois les plus révérés de Thaïlande dominent ce parc, avec en arrière-plan d'impressionnantes montagnes. Situé au sud de la ville, le projet de 22 millions de dollars US a été commandité par le gouvernement militaire après le coup d'État de 2014, afin d'inspirer la loyauté envers la monarchie.

Baan Silapin — GALERIE D'ART

(บ้านศิลปิน ; 086 162 0162 ; www.huahinartistvillage.wordpress.com ; Th Hua Hin-Pa Lu-U ; 10h-17h mar-dim). GRATUIT Peintre local, Tawee Kasangam a installé cette coopérative d'artistes dans un site ombragé, à 4 km à l'ouest de la ville. Les galeries et ateliers exposent les œuvres de plusieurs artistes, qui ont délaissé l'effervescence de Bangkok pour l'atmosphère plus paisible et les paysages montagneux et marins de Hua Hin.

Ne manquez pas de visiter les huttes de terre à l'arrière, qui abritent des sculptures ludiques. D'informels **ateliers artistiques** (adulte/enfant 150/100 B par heure) sont proposés le week-end. Café très relaxant.

Wat Huay Mongkol TEMPLE BOUDDHIQUE
(วัดห้วยมงคล ; Tambon Thap Tai ; heures du jour). GRATUIT Surnommée le "moine à grosse tête", cette statue de 12 m du révéré Luang Phor Thad est un lieu de pèlerinage bouddhique très prisé. Ce moine du sud du pays aurait accompli des miracles, changeant notamment l'eau de mer en eau douce. Les Thaïlandais y viennent pour prier. La tête et les oreilles surdimensionnées de la statue représentent en fait son Éveil.

Hat Hua Hin PLAGE
(หาดหัวหิน). La plage de Hua Hin est plaisante sans être exceptionnelle. Recouverte de sable blanc, elle est bordée par des eaux calmes gris-vert. Étonnamment peu profonde, elle se prête davantage à la promenade et aux bains de soleil qu'à la baignade. Attention aux méduses, en particulier lors de la saison humide.

Le secteur le plus animé est celui situé devant les hôtels Hilton et Centara Grand. Les restaurants livrent des plats aux personnes installées sur des transats à l'ombre (sauf le mercredi, lorsque ces derniers sont retirés pour embellir la plage) et les balades à poney sont très prisées.

Gare ferroviaire de Hua Hin SITE HISTORIQUE
(สถานีรถไฟหัวหิน ; Th Liap Thang Rot Fai). Cette gare rouge et blanche, probablement la plus belle de Thaïlande, fut construite en 1926 pour remplacer la gare d'origine. De style victorien *gingerbread*, elle compte un grand nombre de piliers en bois sculpté et d'ornements. Hua Hin doit sa prospérité au train et la gare est devenue une véritable icône, dont le style architectural est copié un peu partout dans la ville.

Activités

Projets de bénévolat de la Wildlife Friends Foundation Thailand BÉNÉVOLAT
(032 458135 ; www.wildlifevolunteer.org). Si vous aimez les animaux et que le travail ne vous fait pas peur, vous pouvez envisager un séjour au centre de soins pour animaux sauvages de la Wildlife Friends Foundation Thailand (page ci-contre), qui s'occupe d'une ménagerie de créatures sauvées des spectacles animaliers et des propriétaires qui les exploitaient. Vos tâches incluront peut-être le nourrissage des éléphants ou la construction d'un enclos pour les macaques.

Les bénévoles doivent avoir au moins 18 ans, s'engager pour une semaine minimum et faire un don obligatoire (à partir de 350 $US/10 500 B par sem) au centre. Le prix inclut le logement et 3 repas par jour.

Monsoon Valley Vineyard EXPLOITATION VITICOLE
(081 701 0222 ; www.monsoonvalley.com ; 1 Mu 9 Baan Khork Chang Pattana, Nong Plub ; visite 100 B, dégustation à partir de 240 B ; 9h-18h30 avr-oct, 9h-20h nov-mars ;). Monsoon Valley, l'une des rares exploitations viticoles

KITESURF EN FOLIE

Le spectacle des kitesurfeurs s'élevant au-dessus de l'océan ne fait que rehausser la beauté de la plage de Hua Hin. Des vents forts, une eau peu profonde et une longue étendue sablonneuse en font la capitale thaïlandaise du kitesurf.

De Hua Hin jusqu'à Pranburi, les vents soufflent du nord-est d'octobre à décembre générant de nombreuses vagues, puis du sud-est, de janvier à mai avec des eaux plus calmes. Même pendant la saison des pluies, nombreux sont les jours où le vent permet de sauter au-dessus des vagues.

C'est aussi l'un des meilleurs endroits du pays pour s'initier à cette discipline grâce aux nombreuses écoles sur place. En général, on peut se lancer seul après 3 jours de cours. La meilleure période s'étend de janvier à mars, car la mer est moins agitée. Les écoles proposent aussi des cours avancés jusqu'au niveau instructeur.

North Kiteboarding Club (083 438 3833 ; www.nkbclub.com ; 113/5 Th Phetkasem, au niveau de Soi 67, Hua Hin Sud ; cours débutant 3 jours 11 000 B ; 8h-18h mar-dim). Basé à Hua Hin, mais avec des points de vente à Chumphon et à Phuket, ce prestataire réputé possède de vastes locaux et un café.

Kiteboarding Asia (081 683 1683 ; www.kiteboardingasia.com ; 143/8 Soi 75/1, Th Phetkasem, Hua Hin Sud ; cours débutant 3 jours 11 000 B ; 8h30-19h). Ce prestataire établi de longue date compte 3 magasins de plage qui proposent des cours et louent du matériel de kitesurf.

Hua Hin

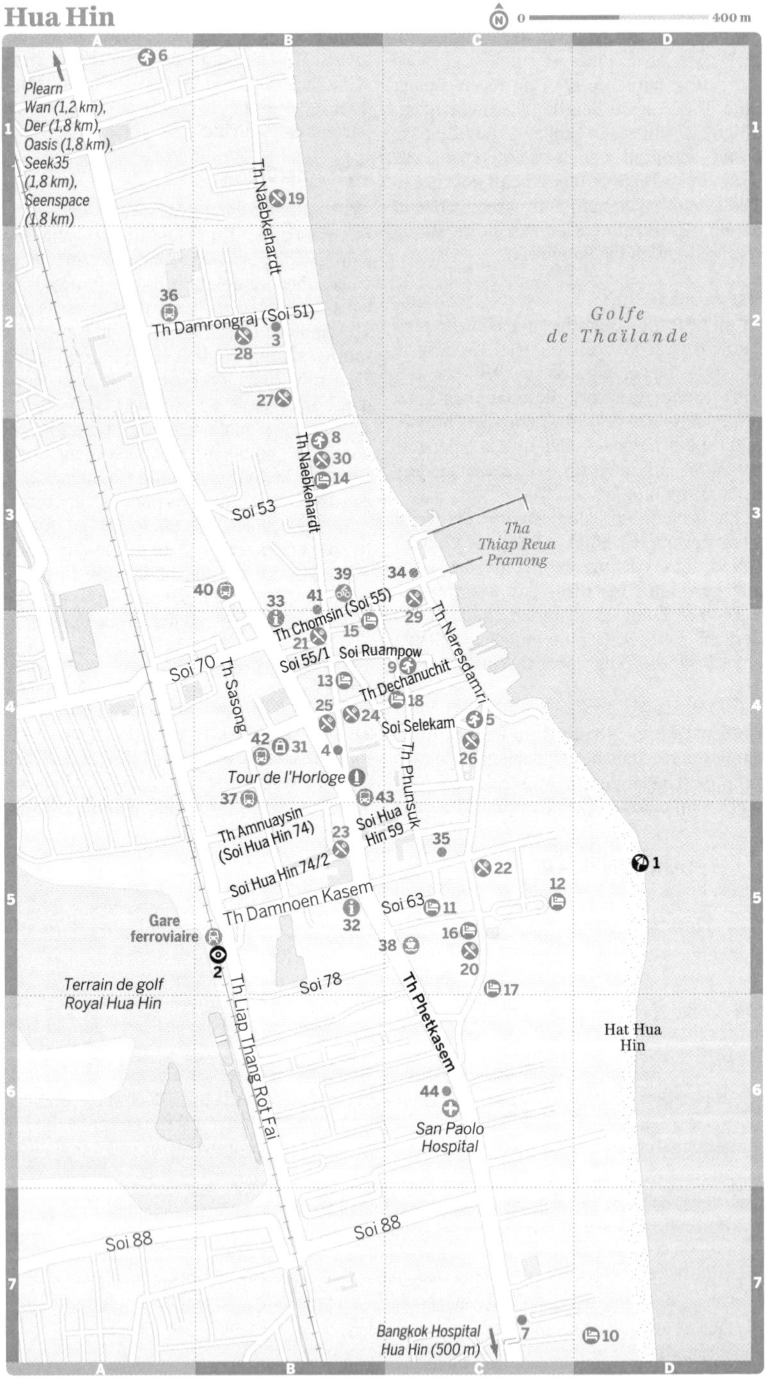
0
400 m
A
B
C
D
1
2
3
4
5
6
7
Plearn Wan (1,2 km), Der (1,8 km), Oasis (1,8 km), Seek35 (1,8 km), Seenspace (1,8 km)
Th Naebkehardt
Th Damrongraj (Soi 51)
Golfe de Thaïlande
Soi 53
Tha Thiap Reua Pramong
Th Chomsin (Soi 55)
Soi 55/1
Soi Ruampow
Soi 70
Th Sasong
Th Dechanuchit
Th Naresdamri
Soi Selekam
Th Phunsuk
Tour de l'Horloge
Th Amnuaysin (Soi Hua Hin 74)
Soi Hua Hin 59
Soi Hua Hin 74/2
Th Damnoen Kasem
Soi 63
Gare ferroviaire
Terrain de golf Royal Hua Hin
Soi 78
Th Liap Thang Rot Fai
Th Phetkasem
Hat Hua Hin
San Paolo Hospital
Soi 88
Soi 88
Bangkok Hospital Hua Hin (500 m)

Hua Hin

À voir

1 Hat Hua Hin D5
2 Gare ferroviaire de Hua Hin B5

Activités

3 Feast Thailand B2
4 Hua Hin Adventure Tour B4
5 Hua Hin Golf Centre C4
6 Hua Hin Golf Tours A1
7 North Kiteboarding Club C7
8 Thai Massage by the Blind B3
9 Thai Thai Massage C4

Où se loger

10 Baan Bayan D7
11 Baan Somboon C5
12 Centara Grand Beach Resort & Villas C5
13 Cloud9 Hotel B4
14 Hua Hin Place B3
15 King's Home B4
16 La Maison C5
17 Laksasubha C5
18 Love Sea House C4

Où se restaurer

19 Baan Gliwang B1
20 Carlo C5
21 Stands de rue à l'angle Chomsin-Naebkehardt B4
22 Hagi C5
23 Hua Hin Vegan Cafe B5
24 Jek Pia B4
25 Koti B4
26 Pa Jua C4
27 Ratama B2
28 Sôm·đam Tanontok 51 .... B2
29 The Social Salad C3
30 Velo Cafe B3

Achats

31 Marché nocturne de Hua Hin B4

Renseignements

32 Office du tourisme municipal B5
33 Tourism Authority of Thailand (TAT) B4
34 Tuk Tours C3

Transports

35 Aeknarin Huahin Car Rental C5
36 Gare des minibus de Hua Hin A2
37 Hua Hin-Pran Tour B4
38 Lomprayah C5
39 Lub Sabai Hostel Bike Hire B3
40 Bus pour Phetchaburi et Cha-am B3
41 Pook Chomsin B3
42 Bus et *songthaew* pour Pranburi B4
43 Gare routière de Hua Hin B4
44 Thai Rent A Car C6

thaïlandaises, constitue une bonne étape pour les adultes comme pour les plus jeunes. Visites du vignoble, dégustations et activités pour enfants (peinture, VTT...). Le bistrot propose de nombreux plats thaïlandais et internationaux.

Le vignoble est à environ 45 km de Hua Hin, et des navettes font l'aller-retour deux fois par jour depuis le Hua Hin Hills Bistro & Wine Cellar du Villa Market (300 B).

Le circuit "Wine Safari" comprend une journée complète de visite de l'exploitation et du parc national de Kuiburi (p. 188) en 4x4 (7 000 B/2 pers).

Velo Thailand VÉLO

(☎ 032 900392 ; www.velothailand.com ; 123/50 Th Hua Tanun ; circuit 1 journée à partir de 3 850 B ; ⌚ 8h-18h lun-jeu, 8h-19h ven-dim). Cette succursale de l'agence éponyme proposant des circuits à vélo à Bangkok organise diverses balades aux alentours de Hua Hin, dont un circuit VTT d'une demi-journée pour dévaler les collines à l'ouest de la ville. Comptez 300 B par jour pour la location d'un VTT de bonne qualité (réductions pour les locations plus longues).

Thai Massage by the Blind MASSAGE

(☎ 081 944 2174 ; Th Naebkehardt ; massage thaïlandais 200 B ; ⌚ 7h-21h). Massages traditionnels de la tête, des pieds et du corps par des masseuses aveugles ; autres soins possibles, comme des enveloppements à base de plantes. Deux autres adresses disponibles, à l'écart du centre-ville.

Thai Thai Massage MASSAGE

(☎ 084 318 2451 ; www.thaithaimassagehuahin.com ; 20/1 Th Dechanuchit ; massage thaïlandais à partir de 250 B ; ⌚ 11h-22h). Tarifs plus abordables que les luxueux spas des hôtels haut de gamme. Meilleures que la moyenne, les masseuses de ce lieu respectable sont bien formées, accueillantes et très appréciées.

Hua Hin Golf Centre GOLF

(☎ 032 530476 ; www.huahingolf.com ; Th Selakam ; ⌚ 12h-21h). Le personnel aimable de ce centre professionnel géré par **Hua Hin Golf Tours** (☎ 032 530 119 ; www.huahingolf.com ; Soi 41 ; ⌚ 6h-22h) vous indiquera les terrains les plus abordables et les mieux entretenus, où les singes ne volent pas les balles. Le centre organise des tournois et loue des clubs de golf de qualité (500-700 B/jour).

Cours

Thai Cooking Course Hua Hin CUISINE

(☎081 572 3805 ; www.thai-cookingcourse.com ; 19/95 Th Phetkasem, Soi Hua Hin 19 ; cours 1 500 B). Le cours d'une journée inclut la visite au marché, un menu de 4 plats et l'élaboration d'une pâte de curry, ainsi qu'un livre de recettes. Trois personnes minimum et transport depuis votre hôtel inclus.

Circuits organisés

Feast Thailand CUISINE

(☎032 510207, 095 461 0557 ; www.feastthailand.com ; 10 Th Naebkehardt, dans le marché Raruk de Hua Hin ; à partir de 1 350 B ; ⏲8h30-16h lun-sam). Cette petite société propose des circuits gastronomiques très appréciés à la demi-journée. Vous choisissez une visite – découverte des bases de la cuisine thaïlandaise ou de spécialités culinaires plus élaborées – et on vient vous chercher à votre hôtel. Il est parfois possible de rejoindre un groupe par affinités.

Hua Hin Bike Tours À VÉLO

(☎081 173 4469 ; www.huahinbiketours.com ; 8/12 Takiab 6 ; circuits d'une journée à partir de 3 250 B ; ⏲10h-20h). Cette agence tenue par un couple organise des circuits à vélo d'un ou plusieurs jours à la découverte de divers sites de Hua Hin et des environs, y compris un circuit de 4 jours de Bangkok à Hua Hin. Location de vélos (500 B/jour, dégressif selon la durée) pour cyclistes individuels. Des conseils peuvent être fournis sur les itinéraires. Également le **Tour de Thailand** (☎081 173 4469 ; www.tourdethailand.com) : des circuits caritatifs à vélo à travers la Thaïlande.

Hua Hin Adventure Tour CIRCUITS AVENTURE

(☎032 530314 ; www.huahinadventuretour.com ; 69/7 Th Naebkehardt ; ⏲9h-18h lun-sam). Ce tour-opérateur propose diverses excursions, dont des circuits en kayak dans le parc national de Khao Sam Roi Yot et l'observation de la faune dans le parc national de Kaeng Krachan.

Festival

Festival de jazz de Hua Hin MUSIQUE

(⏲juin ; 📶). En raison de l'intérêt que portait le défunt roi Rama IX à ce genre musical, Hua Hin accueille chaque année un festival de jazz où se produisent des musiciens thaïlandais et étrangers. Tous les concerts sont gratuits. La manifestation se déroule généralement en juin.

Où se loger

Cette ville ancienne et touristique compte des hébergements pour tous les goûts. Les meilleurs sont à l'extérieur du centre, réservé aux fêtards. Au nord de Th Chomsin, l'ambiance devient soudain plus locale et moins bruyante. Quant au quartier autour de Th Naebkehardt et de Soi 51, il est le fief de la jeunesse branchée de Bangkok. Sinon, allez vers le sud : la plage est assez calme et peu fréquentée par les rabatteurs.

King's Home PENSION $

(☎089 052 0490 ; www.huahinkingshome.blogspot.com ; près de Th Phunsuk ; ch 750-950 B ; ❄📶🏊). Cette *guesthouse* gérée en famille a beaucoup de caractère et pratique des tarifs très raisonnables. La maison possède une décoration assez hétéroclite, mais les 6 petites chambres d'hôtes, mélange de meubles anciens et d'objets kitsch, créent une véritable atmosphère cosy.

Love Sea House PENSION $

(☎080 079 0922 ; siamozohlie@hotmail.com ; 35 Th Dechanuchit ; ch 700-900 B ; ❄📶). Cette agréable pension familiale est bien située et joliment décorée sur le thème nautique en bleu et blanc. Les propriétaires, âgés et anglophones, entretiennent parfaitement des chambres de bonne taille. Très proche du quartier festif de Hua Hin, l'endroit n'est toutefois pas approprié si vous voulez faire la fête.

Baan Somboon PENSION $

(☎032 511538 ; baansomboon@gmail.com ; 13/4 Soi Hua Hin 63, Th Damnoen Kasem ; ch 700 B ; ❄📶). Avec ses photos de famille sur les murs, son parquet et son petit jardin, cette pension, dans un *soi* calme et central, donne l'impression de séjourner chez un membre de sa famille. Malgré des chambres petites et un peu vieillottes, cette adresse est l'une des plus accueillantes de Hua Hin.

La Maison BOUTIQUE-HÔTEL $$

(☎032 533007 ; www.lamaison-huahin.com ; 172/6 Th Naresdamri ; ch avec petit-déj 3 200 B ; P❄📶🏊). Son emplacement central mais calme et sa piscine sont les deux grands atouts de ce boutique-hôtel. Les intérieurs sobres et modernes sont décorés dans des tons naturels. Le petit-déjeuner continental est servi dans le restaurant au bord du bassin. Agréable café à l'avant.

Cloud9 Hotel HÔTEL $$

(☎093 394 4499 ; www.cloud9hotel.com ; 71 Th Naebkehardt ; dort 500-600 B, ch 1 820-2 520 B, f 4 200 B ; ❄📶). Ouverte en 2019, cette adresse simple et moderne bénéficie d'un emplacement très central. Elle compte des dortoirs mixtes ou réservés aux femmes, et des chambres privatives pour couples et familles. Le toit-terrasse équipé de fauteuils poire est parfait pour un cocktail au coucher du soleil ou sous une nuit étoilée.

Hua Hin Place PENSION $$

(☎032 516640 ; www.huahin-place.com ; 43/21 Th Naebkehardt ; ch 600-1 000 B, f 1 300 B ; ❄📶). Entre hôtel et pension, cet établissement assez spacieux possède un salon aéré au rez-de-chaussée, décoré de coquillages, photos et bibelots, où l'on peut bavarder avec le charmant propriétaire et les hôtes.

Les chambres sont bien équipées (le mobilier en osier ajoute une touche de charme) et la plupart ont un petit balcon avec une vue limitée sur mer. Les chambres climatisées (600 B), situées au rez-de-chaussée, sur le côté, sont assez sombres, mais d'un bon rapport qualité/prix. C'est l'une des meilleures adresses à petit prix de la ville.

♥ **Baan Bayan** HÔTEL $$$

(☎032 533 5404 ; www.baanbayan.com ; 119 Th Phetkasem, Hua Hin Sud ; ch avec petit-déj 4 500-13 500 B ; P❄📶🏊). Jolie propriété en teck du début du XXe siècle, le Baan Bayan est parfait pour un séjour luxueux dans un cadre cosy : chambres spacieuses, hautes de plafond, personnel attentif et emplacement en bord de plage. La plupart des chambres sont plus récentes, mais conservent le caractère des 3 chambres d'origine. Piscine.

Laksasubha HÔTEL $$$

(☎032 514525 ; www.laksasubhahuahin.com ; 53/7 Th Naresdamri ; ch avec petit-déj 3 600-14 500 B ; P❄📶🏊). Ce remarquable ensemble hôtelier, propriété d'un membre de la famille royale, compte 16 villas très recherchées (soit 45 chambres au total). Décoration sobre et impeccable ; service excellent. Tout est agencé au fil d'une sinueuse allée de jardin menant à la plage, et il y a de nombreuses activités pour enfants et adultes.

Centara Grand Beach Resort & Villas HÔTEL $$$

(☎032 512021 ; www.centarahotelsresorts.com ; 1 Th Damnoen Kasem ; ch avec petit-déj 10 000-15 000 B ; P❄@📶🏊). L'hôtel historique du chemin de fer a ouvert ses portes en 1922 et fut le premier hôtel de Hua Hin. Rénové et agrandi au fil des décennies, il n'a rien perdu de son charme et aucun autre complexe hôtelier des environs ne saurait rivaliser avec son ambiance raffinée. Les chambres sont grandes, les prestations irréprochables et le personnel est réactif. Vastes jardins paysagers plantés de frangipaniers.

Cet hôtel est particulièrement adapté aux enfants, avec un programme d'activités bien fourni. Rendez-vous au café The Museum pour admirer des photographies et des équipements authentiques datant des premières années.

Où se restaurer

La scène culinaire de Hua Hin est exceptionnelle. Elle est réputée pour ses produits de la mer, que la plupart des habitants préfèrent savourer dans les restaurants sans fioritures de Ban Takiab, au sud de la ville – dont certains avec buffet (400 B).

♥ **Jek Pia** THAÏLANDAIS $

(51/6 Th Dechanuchit ; plats 80-200 B ; ⏲6h30-12h30 et 17h30-19h30). Ce qui était autrefois un simple café est devenu au fil des décennies l'une des meilleures surprises culinaires de Hua Hin. La mère du propriétaire actuel eut un jour l'idée d'inviter ses cuisiniers préférés à la rejoindre et c'est ainsi que son établissement devint un *food court* gastronomique, proposant un choix très vaste, détaillé dans les cartes qu'on vous présente à votre arrivée.

Tout est délicieux, et il n'existe sans doute pas en Thaïlande de meilleur *gŏoay đĕeo đôm yam* (soupe aigre et épicée aux nouilles) au poisson et fruits de mer.

Pa Jua CUISINE DE RUE $

(Th Naresdamri, en face du Hilton Hua Hin ; riz gluant à la mangue 120 B ; ⏲9h-16h). Véritable institution locale, ce stand de riz gluant à la mangue est en activité depuis près de 50 ans. Vous pouvez acheter des mangues seules ou incorporées à un dessert thaïlandais traditionnel composé de riz gluant, mangue et lait de coco, saupoudré de haricots mungos jaunes croustillants. Il n'y a que quelques sièges ; la plupart des clients achètent à emporter.

Baan Gliwang THAÏLANDAIS $

(☎032 531260 ; www.baan-gliwang.business.site ; Th Naebkehardt ; plats 65-285 B ; ⏲9h-18h ; 📶). Les palmiers, le jardin fleuri, l'ambiance des anciennes maisons de plage en bois et le bruit des vagues font de cette "maison près du palais" un cadre idyllique. Beaucoup viennent s'y prélasser devant un café et un gâteau à la noix de coco, mais un modeste menu est aussi proposé : cari *massaman*, riz frit au crabe, *kôw châe* (riz gluant froid) et *wrap* garni de salade César. Très petites portions.

Stands de rue à l'angle Chomsin-Naebkehardt CUISINE DE RUE $

(angle Th Chomsin et Th Naebkehardt ; 6h-minuit). Dans ces stands de rue bien connus, on savoure d'excellents plats thaïlandais même si le cadre est modeste. La journée commence tôt chaque matin dans Th Naebkehardt, à environ 50 m au sud de Chomsin ; les stands ouvrent les uns après les autres, à la fois ici et de l'autre côté de la rue, à l'angle. Les deux sites sont couverts et on peut y manger confortablement tout au long de la journée.

Aux alentours de 17h, le *dtôo rûng lék* ("petit marché nocturne") envahit Soi 55/1 jusque tard dans la soirée. Même nourriture, plus des plats de l'Isan (nord-est du pays).

Sôm-đam Tanontok 51 THAÏLANDAIS $

(Th Damrongraj/Soi 51 ; plats 40-190 B ; 10h-22h ;). Cet établissement hors pair de l'excellent quartier des restaurants sert une authentique cuisine de l'Isan, préparée par une famille de Khorat. Vous y trouverez sûrement votre bonheur : poissons-chats grillés, *gaang orm* (curry aux herbes sans lait de coco) et nombreuses versions de *sôm-đam* autres que la papaye, notamment aux pousses de bambou et concombre. L'établissement propose aussi un *lâhp* de calmars.

Enseigne en thaï ; repérez le gril fumant.

Velo Cafe CAFÉ $

(032 900392 ; Th Naebkehardt ; café à partir de 50 B ; 7h30-17h30 ven-mer ;). Il y a des cafés partout à Hua Hin, mais peu sont aussi professionnels que ce petit café-torréfacteur. Excellents sandwichs.

Koti CHINOIS, THAÏLANDAIS $$

(095 860 5364 ; 61/1 Th Dechanuchit ; plats 150-500 B ; 11h-23h ;). Ouvert depuis 1932, ce restaurant sino-thaïlandais est connu dans tout le pays. Les Thaïlandais apprécient les huîtres frites à la farine et aux œufs, tandis que les étrangers choisissent souvent les *đôm yam gûng*. Tous plébiscitent la *yam tá-lair* (salade de fruits de mer épicée) et le curry vert traditionnel. Attente à prévoir.

The Social Salad INTERNATIONAL $$

(081 809 5083 ; www.thesocialsalad.org ; 1/8 Th Chomsin ; plats 100-350 B ; 8h-22h ;). Cet endroit tout simple mais joliment décoré attire de nombreux clients fidèles aux salades à composer soi-même (209 B) – ingrédients bio frais à choisir parmi une longue liste. On y sert également des plats thaïlandais et des pâtes. Alors que la majeure partie de la Thaïlande utilise encore des pailles en plastique, celles de ce restaurant sont en métal. Dix pour cent des recettes vont à des programmes de plantation d'arbres.

Der THAÏLANDAIS $$

(13/14 Soi 35, Seenspace 2e ét ; plats 95-210 B ; 12h-21h ;). Dans le centre commercial Seenspace (page ci-contre) face à la plage, le Der sert une cuisine isan (du Nord-Est) épicée et aux saveurs très marquées, comme il se doit. Le cadre moderne s'agrémente de touches traditionnelles comme les serviettes à carreaux et les plats servis dans des paniers d'osier et des feuilles de bananier. Goûtez le cou de porc grillé avec sauce au tamarin et la salade *lâhp* à la poitrine de bœuf.

Hua Hin Vegan Cafe THAÏLANDAIS $$

(092 536 6241 ; Th Phetkasem ; plats 100-250 B ; 9h30-21h ;). Cet établissement moderne apporte une touche de fraîcheur au *jae* (régime végétalien) typique thaïlandais : il y a du vin, de l'ail et des ingrédients bio, la cuisine est créative, la salle climatisée et on écoute du jazz en fond sonore. Nombreux plats thaïlandais, traditionnels ou non (*lâhp* de quinoa, notamment), et le menu ne connaît pas de frontières : burgers à l'effilochée de jacque au barbecue, potiron façon carbonara et soupe aux arachides d'Afrique de l'Ouest.

Ratama THAÏLANDAIS $$

(12/10 Th Naebkehardt ; plats 60-200 B ; 8h-16h30). Au menu, omelettes thaïlandaises et un délicieux curry panang. Mais c'est le canard, servi sous différentes formes, qui fait la réputation de l'établissement, incluant soupe aux nouilles et becs frits. Goûtez le *sùpêr đin gài* (*đôm yam* de pattes de poulet), qui remplacera, si vous le demandez, les pattes de canard.

Enseigne en anglais difficile à repérer ; cherchez plutôt la statue de canard géant.

Carlo ITALIEN $$$

(032 511348 ; www.carlo-huahin.com ; 174/1 Th Naresedamri ; plats 150-990 B ; 12h-22h30 ; P). Hua Hin compte nombre d'établissements italiens, mais la plupart ne vendent

que des pizzas et des pâtes bon marché. Pour un excellent repas et une soirée agréable, cette adresse aux tables nappées de blanc, située côté sud de la zone touristique, est authentiquement italienne, du chef à la carte des vins en passant par le bar à la milanaise et les côtelettes d'agneau grillées.

Le Carlo est ouvert au déjeuner, mais il y fait très chaud car il n'est pas climatisé ; préférez le dîner.

Hagi JAPONAIS **$$$**

(Th Damnoen Kasem ; plats 140-2 500 B ; 17h-23h, cuisine 17h-22h ; P). Charmant établissement de plein air à côté du Centara Grand, considéré comme le meilleur restaurant japonais de Hua Hin – même si la concurrence est limitée. Des tables avec *teppanyaki* (plaque chauffante) sont proposées aux adeptes du dîner-spectacle.

Où prendre un verre et faire la fête

Vana Nava Sky BAR SUR LE TOIT

(032 809999 ; www.vananavasky.com ; 129/129 Th Phetkasem, Holiday Inn ; 17h-minuit lun-sam, 9h-minuit dim ;). Le Vana Nava Sky est le bar à cocktails le plus chic de Hua Hin. Ouvert en 2018, ce superbe toit-terrasse au 27e étage s'agrémente de sols en marbre et de grandes baies ponctuées de montants métalliques. Sirotez un verre au bar ou sur la terrasse d'observation au sol vitré. Les cocktails inventifs, concoctés à partir de spiritueux infusés et d'ingrédients frais, ne vous décevront pas. Code vestimentaire chic et décontracté.

Un menu façon tapas de saveurs thaïlandaises, japonaises et méditerranéennes est aussi proposé. Le brunch dominical (888 B) donne accès à la piscine à débordement du Holiday Inn.

Airspace CAFÉ

(063 916 0999 ; www.airspacehuahin.com ; 12/399 Soi Ao Hua Dorn ; 9h-20h, restaurant 11h-23h ;). Le superbe Airspace, près de Khao Takiab, est un excellent endroit où venir s'abriter du soleil ou même travailler sur son ordinateur portable. D'une belle hauteur sous plafond, l'espace associe le verre, le fer forgé et les plantes vertes pour une atmosphère tantôt douillette, tantôt romantique selon l'heure. Outre des cafés revigorants, l'Airspace sert le petit-déjeuner en continu, ainsi que des plats thaïlandais et internationaux.

McFarland House SALON DE THÉ

(032 521234 ; www.thebarai.com/mcfarland-house-must-visit-hua-hin ; 91 Th Khao Takiap, Hyatt Regency ; thé gourmand 2 600 B/2 pers, brunch dominical à partir de 1 499 B ; 6h30-22h30, thé gourmand 14h-16h30 lun-sam, buffet-brunch 11h30-15h dim ;). L'heure du thé et le style tropical se conjuguent dans ce vénérable pavillon thaïlandais face à la plage. Construit au XIXe siècle, ce havre de paix en teck porte le nom de l'ancien propriétaire, un médecin américain élevé au Siam par des parents missionnaires.

Achats

Seenspace CENTRE COMMERCIAL

(092 350 0035 ; www.seenspace.com/huahin ; 13/14 Soi 35 ; horaires variables). Seenspace, le premier centre commercial de Thaïlande installé face à la plage, vient d'ouvrir. Espace tendance associant murs de béton et zones ouvertes, il abrite des kiosques culinaires et des repaires climatisés comme le restaurant Der (page ci-contre) de cuisine isan. La plupart des visiteurs convergent sur le club de plage **Oasis** (12h-23h lun-ven, 11h-23h sam, 11h-22h dim), avec ses fauteuils poire et sa photogénique piscine à débordement.

Le centre compte actuellement plus d'établissements de restauration que de magasins, à l'exception de la boutique de créateur chic **Seek35** (064 962 3635 ; seek35.seenspace@gmail.com ; 12h-21h lun-ven, 11h-21h sam-dim). Un boutique-hôtel est installé à l'étage.

Plearn Wan MARCHÉ

(032 520311 ; www.plearnwan.com ; Th Phetkasem, entre Soi 38 et Soi 40 ; 10h-20h). Parmi les sites préférés des voyageurs thaïlandais, le marché de Plearn Wan ("plongée dans le passé") est consacré au design rétro. Les petites échoppes sont conçues pour ressembler aux *shophouses* (maisons de négoce) des quartiers sino-thaïlandais de Bangkok et de Hua Hin. On y trouve quantité de vieilles photos et de meubles vintage. Des Thaïlandais viennent aussi poser pour un portrait.

Marché nocturne de Hua Hin MARCHÉ

(Th Dechanuchit ; 17h-minuit). Tout aussi fréquenté que la plage, ce marché nocturne s'étend sur deux pâtés de maisons et est pris d'assaut tous les soirs. On y trouve les habituelles contrefaçons de vêtements et des souvenirs de pacotille, mais aussi de nombreux rabatteurs, qui agitent sous vos yeux le menu des restaurants au beau milieu de la rue.

Renseignements

On trouve à proximité du centre touristique des DAB et bureaux de change, en particulier dans Th Naresdamri et Th Damnoen Kasen. Pour les autres services bancaires, rendez-vous dans Th Phetkasem ; les banques des centres commerciaux restent ouvertes les soirs et week-ends.

Bangkok Hospital Hua Hin (032 616800 ; www.bangkokhospital.com/huahin ; Th Phetkasem, au niveau de Soi 94, Hua Hin Sud). Cet établissement de la chaîne d'hôpitaux nationale a bonne réputation. À Hua Hin Sud.

Bureau de l'immigration de Hua Hin (032 905111 ; Th Phetkasem, au niveau de Soi 100, Hua Hin Sud ; 10h-17h lun-ven, 10h-12h30 sam). Pour proroger les visas touristiques ; au sous-sol du centre commercial Bluport.

Office du tourisme municipal (032 511047 ; angle Th Phetkasem et Damnoen Kasem ; 8h30-16h30 lun-ven). Bon plan de la ville et des environs (gratuit) ; utile pour les questions basiques.

Police touristique (032 533440 ; Soi Hua Hin 21). À côté de l'Imperial Hua Hin Beach Resort.

San Paolo Hospital (032 532576 ; www.sanpaulo.co.th ; 222 Th Phetkasem, Hua Hin Sud). Petite clinique privée au sud de la ville, au niveau de Soi 86 ; bien adaptée aux maux du quotidien et blessures sans gravité.

Tourism Authority of Thailand (TAT ; 032 513885 ; www.tourismthailand.org/hua-hin ; 39/4 Th Phetkasem, au niveau de Soi 55 ; 8h30-16h30). Le personnel est serviable et parle anglais ; le bureau ouvre rarement à l'heure.

Tuk Tours (080 544 2465, 032 514281 ; www.tuktours.net ; 2/1 Th Chomsin ; 8h30-20h). Pas de pression dans cette agence serviable qui peut organiser des activités et des déplacements dans toute la Thaïlande.

Depuis/vers Hua Hin

Si le train est le moyen le plus agréable pour rejoindre ou quitter Hua Hin, le minibus reste le plus emprunté. Si vous préférez relier Hua Hin à Bangkok aussi rapidement et confortablement que possible, une voiture particulière vous coûtera au moins 1 600 B (3 heures seulement). Vous pouvez louer un taxi depuis Bangkok pour environ le même prix, mais soyez prêt à marchander.

AVION

À 6 km au nord de la ville, l'**aéroport** (032 520180 ; Th Phetkasem) accueille uniquement des vols charters et privés. Les tentatives d'établissement de lignes commerciales par le passé ont toujours été de courte durée, même si le sujet est régulièrement évoqué.

BATEAU

Lomprayah (032 532761 ; www.lomprayah.com ; Th Phetkasem ; 8h-minuit) assure une liaison en bus et bateau entre Hua Hin et Ko Tao (1 050 B, 6 à 9 heures), ainsi que vers Ko Pha Ngan (1 300 B, 9 à 12 heures) et Ko Samui (1 400 B, 10 à 13 heures). Départ devant leur bureau à 8h45 et 23h30.

Un **ferry de passagers** (093 495 9499 ; www.royalferrygroup.com ; Soi Ao Hua Don 3 ; business 1 550 B, VIP 7 000-14 000 B ; départ de Pattaya/Hua Hin 13h/16h) relie Hua Hin à Pattaya, sans passer par Bangkok.

BUS ET MINIBUS

Des minibus à destination du Nord (notamment vers Phetchaburi, Kanchanaburi et de nombreux sites à Bangkok) transitent par la **Hua Hin Minivan Station** (Soi 51), tandis que les minibus (et quelques bus) desservant le Sud s'arrêtent à côté de la tour de l'Horloge (Th Phetkasem). Pour la plupart des destinations, services fréquents à partir de 6h environ (4h pour Bangkok et Phetchaburi) jusqu'en début de soirée.

La petite **gare routière de Hua Hin** (Th Phetkasem, au niveau de Soi 96, Hua Hin Sud), au sud de la ville, accueille quelques bus desservant Bangkok, Chiang Mai, Nakhon Ratchasima (Khorat), Phuket et Ubon Ratchathani, bien que la plupart de ceux qui relient Bangkok au Sud n'entrent pas dans la ville. Achetez vos billets la veille.

Pour rejoindre Bangkok (terminal Sud), il est plus pratique de passer par Hua Hin-Pran Tour (p. 177) à proximité du marché nocturne, même si les bus sont vieux. On peut aussi prendre le **bus de l'aéroport de Hua Hin** (084 697 3773 ; www.airporthuahinbus.com ; Th Phetkasem, à côté de l'aéroport de Hua Hin) qui relie l'aéroport de Hua Hin à l'aéroport international Suvarnabhumi de Bangkok et Pattaya. Si vous empruntez ce bus, on peut vous déposer à votre hôtel (100 B), ce qui est plus avantageux qu'un *tuk-tuk* jusqu'au centre-ville. Les *songthaew* verts ne vont pas aussi loin.

Des bus ordinaires (avec ventilateur) desservent **Pranburi** – au départ de Th Sasong à côté du marché nocturne –, ainsi que **Cha-am et Phetchaburi** (Th Phetkasem) ; départ toutes les heures environ (en journée) de Th Phetkasem en face de la station-service Esso.

TRAIN

La **gare ferroviaire de Hua Hin** (032 511073 ; Th Liap Thang Rot Fai) est bien située à l'extrémité ouest de Th Damnoen Kasem. Les différentes lignes desservent notamment les gares de Hualamphong et Thonburi à Bangkok (42-96 B, 4 heures 30, 2/jour), Cha-am (6-363 B, 30 min, 5/jour), Chumphon

TRANSPORTS DEPUIS/VERS HUA HIN

DESTINATION	BUS	MINIBUS	TRAIN
Bangkok – aéroport international Don Mueang		200 B, 4 heures 30, ttes les 40 min	
Bangkok – aéroport international Suvarnabhumi	269 B, 4 heures 30, 1/90 min 6h-18h		
Bangkok – gare ferroviaire de Hua Lamphong			44-1 982 B, 3 heures 30-4 heures 30, 12/jour
Bangkok – terminal Est des bus (Ekamai)		200 B, 4 heures 30, 1/heure	
Bangkok – terminal Nord des bus (Mo Chit)	263 B, 4 heures 30, 9h, 12h, 13h30, 15h	180 B, 4 heures, fréquents	
Bangkok, terminal Sud des bus	155 B, 4 heures 30, 3h, 10h, 12h tlj et 16h, 21h ven-sam	180 B, 4 heures, fréquents	
Bangkok – Thonburi			42-96 B, 4 heures 30, 2/jour
Cha-am	20-30 B, 30-45 min, 1/heure 6h-16h	40 B, 30 min, fréquents	6-363 B, 30 min, 5/jour
Chiang Mai	735-980 B, 13 heures, 17h30, 18h, 18h15		
Chumphon	351 B, 5 heures, 10h		49-2 006 B, 4-5 heures, 12/jour
Kanchanaburi		220 B, 4 heures, 1/heure	
Nakhon Ratchasima (Khorat)	347-518 B, 6-7 heures, 10h, 18h, 21h, 23h		
Pattaya	389 B, 5 heures, 11h		
Phetchaburi	40 B, 1 heure 30, 1/heure 6h-16h	100 B, 1 heure, fréquents	14-1 339 B, 1 heure, 12/jour
Phuket	637-840 B, 10-11 heures, 10h, 12h30, 19h, 20h30, 21h, 22h30, minuit		
Prachuap Khiri Khan		80 B, 1 heure 30, fréquents	19-1 403 B, 1-1 heure 30, 11/jour
Pranburi	20 B, 30 min, ttes les 30 min, 7h-15h	30 B, 30 min, fréquents	5-361 B, 30 min, 3/jour
Ubon Ratchathani	683-868 B, 12-13 heures, 18h, 21h, 23h		

(49-2006 B, 4-5 heures, 12/jour), Phetchaburi (14-1 339 B, 1 heure, 12/jour), Prachuap Khiri Khan (19-1 403 B, 1 heure-1 heure 30, 11/jour) et Pranburi (5-361 B, 30 min, 3/jour).

Comment circuler

Des *songthaew* verts (10 B) partent de l'angle de Th Sasong et de Th Dechanuchit, près du marché nocturne. Ils circulent de 6h à 21h sur Th Phetkasem au sud de Khao Takiab (prenant la direction est sur Th Damnoen Kasem) et vers le nord jusqu'à l'aéroport.

Les tarifs des *tuk-tuk* à 4 roues sont exagérés, à partir de 100 B pour un court trajet. Ceux des motos-taxis sont bien plus sages (30-50 B) pour les courts trajets, et en général les chauffeurs n'essaient pas d'escroquer les étrangers.

De nombreuses boutiques en ville louent des motos (200 à 250 B/jour) et vélos pour certaines (environ 100 B/jour) ; essayez **Lub Sabai Hostel Bike Hire** (☎087 142 4224 ; huahinlubsabaihotel@gmail.com ; 136 Th Chomsin ; vélo/moto 70/200 B par jour ; ⏲8h-21h), **Aeknarin Huahin Car Rental** (☎081 940 0072 ; www.thaicarrenthuahin.com ; Soi 61 ;

Sud de Hua Hin

moto 250 B/jour, voiture à partir de 1 500 B/jour ; ⏲8h-21h30) ou **Pook Chomsin** (☎092 828 6002 ; 142/2 Th Chomsin ; moto 200 B/jour ; ⏲8h-21h). Les rues de Damnoen Kasem, Naebkehardt et Chomsin en comptent plusieurs chacune. Hua Hin Bike Tours (p. 182) et Velo Thailand (p. 181) louent des vélos de qualité.

Tout autour du centre-ville, on trouve des tables sur le bord de la route où louer un taxi (soit n'importe quel véhicule, y compris camionnettes et *tuk-tuk*). Les tarifs sont plus ou moins fixes, mais n'hésitez pas à négocier. Ne vous engagez pas avant de savoir précisément quel véhicule vous est loué. La réservation via votre hébergement ou un tour-opérateur vous coûtera sans doute un peu plus cher, mais elle est plus fiable.

Thai Rent A Car (☎083 887 5454 ; www.thairentacar.com ; Th Phetkasem au niveau de Soi 84, Hua Hin Sud ; ⏲8h30-18h30), agence de location de voitures thaïlandaise, propose des tarifs compétitifs et une flotte en bon état ; on peut vous déposer le véhicule à votre hôtel et il est possible de louer pour un aller simple. À côté du Villa Market.

Pranburi et ses environs

ปราณบุรี

☎032 / 24 800 HABITANTS

À une demi-heure au sud de Hua Hin, sur la côte, la "banlieue" bucolique du district de Pranburi (ปราณบุรี) constitue une alternative calme. Le secteur recèle plusieurs complexes hôteliers raffinés, idéals pour échapper à la foule sans être trop isolé.

Au cœur de cette région se trouve la petite ville de **Pak Nam Pran** (à l'embouchure de la rivière Pranburi), qui compte les plus grands *resorts*, mais peu de plages. Bien que le tourisme se développe, la pêche reste le secteur clé de l'économie ; chaque matin, les bateaux s'amarrent sur le fleuve, débarquent leurs prises et font sécher les calmars sur de grands étendoirs – d'où l'odeur âcre.

Au sud de Pak Nam Pran, le rivage sablonneux est longé par une agréable route côtière qui mène rapidement à **Khao Kalok** ("montagne du Crâne" ; le panneau indique parc forestier de Thao Kosa), imposant promontoire étrangement érodé qui abrite la plus belle plage de la région.

À voir

Pranburi est la porte d'accès à une nature généreuse. Les forêts de mangroves toutes proches permettent de se mettre au vert ; à 40 km s'étend le parc national de Khao Sam Roi Yot, paradis des ornithologues, et à 66 km, le paisible parc national de Kuiburi, où l'on aperçoit souvent des éléphants.

L'agence responsable **Exo Travel** (www.exotravel.com) possède une base de données de tour-opérateurs couvrant les parcs nationaux de Khao Sam Roi Yot et de Kuiburi.

♥ **Parc national de Kuiburi** PARC NATIONAL
(อุทยานแห่งชาติกุยบุรี ; ☎081 776 2410 ; Rte 4024 ; adulte/enfant 200/100 B, circuit observation de la faune 850 B/véhicule ; ⏲circuit 14h-18h). Qui ne rêve pas de voir des troupeaux d'éléphants sauvages parcourant la forêt ou de se baigner en soirée ? Dans l'unité *hôoay léuk* du parc national de Kuiburi, près de la frontière avec le Myanmar et à 66 km de Pranburi, vous êtes presque sûr de voir des pachydermes. On traverse la forêt et les champs (rachetés aux paysans), où vivent les éléphants, qui, ayant l'habitude de voir des véhicules, ne prêtent plus attention à leur passage. On croise souvent aussi de nombreux gaurs (bétail sauvage). Un circuit aux allures de safari africain !

La plupart des guides ne parlent pas anglais, mais connaissent quelques mots de vocabulaire utiles. Évitez si possible le samedi, jour le plus fréquenté au parc. À 45 minutes à l'ouest du parc national de Khao Sam Roi Yot ; suivez les indications pour les circuits d'observation de la faune. Visitez si possible les deux sites.

Parc national de Khao Sam Roi Yot PARC NATIONAL
(อุทยานแห่งชาติเขาสามร้อยยอด ; ☎032 821568 ; www.thainationalparks.com/khao-sam-roi-yot-national-park ; Rte 1020, Bang Pu ; entrée 200 B, droit de camping 30 B/nuit, tente 2 pers 150 B, sac de couchage 30 B ; ⏲8h-16h30). De hauts éperons calcaires composent le paysage morcelé et en dents de scie du parc national de Khao Sam Roi Yot ("montagne des 300 Pics"), situé à environ 40 km de Pranburi. Tous ou presque viennent ici pour voir **Tham Phraya Nakhon**, l'une des grottes les plus impressionnantes et les plus célèbres de Thaïlande. Cette grotte révérée abrite le **pavillon Khuha Kharuehat**, une *săh·lah* royale, aménagée pour Rama V en 1890, baignée dans la lumière du matin (généralement à partir de 10h30 environ).

Dans le parc, vous pourrez louer un bateau couvert au **Wat Khao Daeng** pour une jolie croisière d'une heure le long de la Khlong Khao Daeng. Il y a un superbe panorama sur les montagnes et vous pourrez aussi observer des oiseaux, des macaques, des varans malais et des poissons amphibiens (*Oxudercinae*).

Les ornithologues viennent durant la saison fraîche, de novembre à mars, pour observer certaines des 300 espèces migratoires et résidentes du parc. Au carrefour des routes migratoires est-asiatique et australienne, Khao Sam Roi Yot accueille notamment des blongios de Chine, talèves sultanes, sittelles à poitrine rousse, jacanas bronzés, ibis à tête noire, aigles à tête noire, aigles criards et rousserolles d'Orient.

La majorité des voyageurs visitent le parc en une journée depuis Hua Hin ou Prachuap Khiri Khan, à environ 50 km de là. En l'absence de transports publics, il faut être motorisé : la location d'une voiture avec chauffeur coûte entre 1 800 et 2 000 B environ au départ des deux villes, carburant compris. Si vous choisissez de passer la nuit, Khao Daeng compte des bungalows, mais la plupart des visiteurs préfèrent séjourner en dehors du parc, à la plage de Hat Sam Roi Yot. Depuis la gare ferroviaire ou l'arrêt de bus à Pranburi, la course en taxi jusqu'à Hat Sam Roi Yot coûte 400 B (tarif fixe).

Le village de pêcheurs de Bang Pu est le principal point d'accès pour visiter Tham Phraya Nakhon. Aucune route ne mène à la grotte, mais vous pouvez vous rendre en bateau (aller simple 200 B) à Laem Sala Beach (on vous débarque dans l'eau peu profonde), puis gravir un sentier pentu avec escaliers sur 430 m pour gagner la grotte. Les restaurants de Bang Pu sont ouverts de 6h à 18h.

Parc forestier de Pranburi RÉSERVE NATURELLE
(วนอุทยานปราณบุรี, Wana-Utthayan Pranburi ; ☎032 621608 ; ⏲6h-18h). Immédiatement au nord de la rivière Pranburi se trouve une vaste mangrove naturelle. Une passerelle de 1 km, avec des panneaux explicatifs (en anglais pour certains), permet d'en avoir une vision au plus près du sol, tandis qu'une tour d'observation offre une vue à vol d'oiseau. À marée haute, les pêcheurs emmènent les visiteurs en bateau (40 min, 500 B) à travers la rivière et les canaux.

Vous verrez des centaines de crabes et un grand nombre d'oiseaux, de poissons amphibiens (*Oxudercinae*) et de varans malais. Par endroits, vous entendrez le claquement des crevettes *Alpheidae*. Cette forêt est très variée et l'écosystème est assez différent de la jeune mangrove replantée de l'autre côté de la rivière, au **Sirinart Rajini Mangrove Ecosystem Learning Center** (ศูนย์ศึกษาเรียนรู้ระบบนิเวศป่าชายเลนสิรินาถราชินี ; Pak Nam Pran ; ⏲8h-17h), GRATUIT très apprécié également des amoureux de la nature.

À 14 km de Pak Nam Pran via la Rte 1019, qui passe tout près de **Hat Sai Noi** (หาดทรายน้อย). Un itinéraire beaucoup plus direct est indiqué sur la plupart des cartes, mais n'est plus ouvert à la circulation.

Où se loger et se restaurer

Thongsuk Mini Resort HÔTEL $$
(☎098 423 2661 ; jamsawang38@gmail.com ; ch 850 B ; P❄📶). Cette adresse n'est pas la moins chère de Pak Nam Pran, mais pour un surcoût d'environ 100 B, ces 9 bungalows de couleur blanche constituent un bon choix pour les petits budgets. Les propriétaires sont serviables mais parlent peu anglais. Vélos gratuits. À quelques pas du rond-point des calmars où se trouve l'arrêt des minibus.

La a natu Bed & Bakery BOUTIQUE-HÔTEL $$$
(032 689 9413 ; www.laanatu.com ; au sud de Khao Kalok ; ch 5 500-16 000 B, f 11 000 B, avec petit-déj et thé gourmand ;). Transformer un hameau de riziculteurs en un complexe hôtelier haut de gamme est un projet que le La a natu a réalisé ici avec panache. Délicieusement cachées, ces villas sur pilotis et toit de chaume arborent une touche de luxe à l'intérieur. Sublime vue sur des rizières en contrebas.

Dolphin Bay Resort RESORT $$$
(032 825190 ; www.dolphinbayresort.com ; Th Liap Chai Tale, Hat Sam Roi Yot ; ch 1 690-2 790 B, f 4 590-7 690 B ;). Ce complexe hôtelier auquel l'endroit doit sa réputation de destination familiale offre une ambiance paisible de camp de vacances et un choix de chambres et de villas standards à prix modérés. Il y a deux grandes piscines, une aire de jeux et une salle de jeux. Les enfants peuvent vadrouiller en toute sécurité dans le grand domaine. Plage de l'autre côté de la route.

Krua Renu THAÏLANDAIS $
(Th Pak Nam Pran ; plats 40-120 B ; 8h-23h ven-lun ;). Des restaurants très abordables ou bien très chics bordent la route côtière, mais peu peuvent rivaliser avec l'excellente cuisine de cet établissement de Pak Nam Pran, 200 m à l'est du rond-point des calmars. Vous ne serez pas déçu par le *đôm yam* (soupe pimentée) ou le *gaang þàh hâang* ("jungle" ; curry séché). Enseigne en thaï ; repérez les murs de brique marron et les frangipaniers.

Chicken and Bee THAÏLANDAIS $$$
(092 054 5645 ; chickenandbee@gmall.com ; Sam Roi Yot ; plats 100-1 000 B ; 10h-18h jeu-mar ;). Avec pour toile de fond le vert luxuriant du parc national de Khao Sam Roi Yot, le Chicken and Bee est une ferme bio assortie d'un accueillant restaurant semi-ouvert. Les pâtes épicées au poisson et fruits de mer, les jus de fruits fraîchement pressés aux fleurs comestibles et le curry thaïlandais sont parmi les points forts d'une carte nature constamment renouvelée. Promenez-vous dans le jardin et la ferme paisibles après le repas.

Boutique Farmers INTERNATIONAL $$$
(081 266 7800 ; www.theboutiquefarmers.com ; Pak Nam Pran ; plats 400-550 B ; 17h-22h ven, 11h-15h et 17h-22h sam, 10h-16h dim ;). Le chef James Noble réalise ici le rêve de toute une vie. Son restaurant aéré aux airs de cottage prône une véritable cuisine "de la ferme à l'assiette" ; légumes et plantes aromatiques biodynamiques sont cultivés à l'arrière du restaurant, et viande et poisson sont issus de petits producteurs locaux. Le menu aux influences culinaires diverses change tous les jours selon les arrivages de produits frais. Paiement en espèces uniquement.

Depuis/vers Pranburi et ses environs

Pak Nam Pran est située à environ 25 km au sud de Hua Hin. Des bus ordinaires (30 B, 30 min, ttes les 30 min de 7h à 15h), des minibus (30 B, 30 min, fréquents entre 6h et 19h) et des trains (5-361 B, 30 min, 11h47, 17h50, 20h10) vous déposeront dans la ville de Pranburi, à 10 km de Pak Nam Pran, que vous pourrez rejoindre en taxi (200 B). Des minibus (60 B, 1 heure, fréquents de 5h à 18h40) et des trains (14-62 B, 1 heure, 4h51, 10h03, 14h26) partent également de Prachuap Khiri Khan.

Une ligne directe de minibus part de Pak Nam Pran (au rond-point des calmars, au sud de la ville) toutes les 30 minutes, du début de la matinée à la fin de l'après-midi à destination du terminal de Mo Chit et du terminal Sud (200 B, 5 heures) de Bangkok. Ces minibus s'arrêtent à Phetchaburi (140 B, 2 heures), mais pas à Hua Hin.

Comment circuler

Faute de transports publics, vous devrez louer une moto pour explorer la région. Adressez-vous à **Luang Utane** (084 080 4023 ; Th Pak Nam Pran ; 7h-18h, 250 B/jour) ou à de nombreux hôtels (250 B/jour). On peut aussi louer dans tous les hôtels une voiture avec chauffeur, et **Cosmo Car** (080 139 6665 ; en face de Tesco Lotus) à Pranburi est fiable et abordable (le personnel parle peu anglais).

Prachuap Khiri Khan ประจวบคีรีขันธ์

032 / 33 500 HABITANTS

Ville assoupie en bord de mer, Prachuap Khiri Khan est un endroit délicieusement détendu, aux antipodes de Hua Hin. La large baie d'un bleu turquoise, ponctuée de bateaux de pêche, est surplombée de montagnes calcaires constellées d'anfractuosités, un paysage typique du sud de la côte d'Andaman.

Depuis quelques années, les visiteurs étrangers découvrent cette ville pleine de charme, et certains résidents de Bangkok viennent y passer des week-ends (en nombre très restreint toutefois par rapport à d'autres destinations plus connues). La place ne manque pas sur les plages, dans les temples aux sommets des collines et dans les nombreux et excellents restaurants de poisson et fruits de mer.

À voir et à faire

Située au sud du marché municipal 1, Th Suseuk présente de nombreuses maisons traditionnelles en bois, pour une belle balade en journée ou en soirée. Le **Suseuk Culture and Fun Street Market** s'y tient le premier week-end de chaque mois, avec au programme cuisine, artisanat et musique.

Ao Prachuap BAIE
(อ่าวประจวบ). Joyau de la ville, Ao Prachuap (Prachuap Bay) est une jolie baie incurvée, bordée d'une esplanade et encadrée par des promontoires spectaculaires de part et d'autre. Le lever du soleil y est magnifique et, en soirée, la promenade et le quai offrent un cadre paisible.

Au nord du Khao Chong Krajok, juste après le pont, la baie s'étire paisiblement jusqu'à un piton appartenant au **parc forestier de Khao Ta Mong Lai** (วนอุทยานเขาตาม่องล่าย ; ☎081 378 0026 ; ⏲lever-coucher du soleil). La longue plage de sable parallèle à la route, avant le parc forestier, est peu fréquentée, y compris le week-end, ce qui en fait un endroit idéal pour se prélasser sur le sable. La baignade est possible, mais l'eau n'est pas très propre.

Khao Chong Krajok POINT DE VUE
(เขาช่องกระจก). À la périphérie nord de la ville, Khao Chong Krajok ("mont du Tunnel miroir", en raison de la trouée naturelle dans un versant qui semble refléter le ciel) offre une vue panoramique sur le littoral et les montagnes à la frontière avec le Myanmar, à quelque 15 km de là. Il vous faudra éviter les singes effrontés en gravissant les 396 marches menant au stupa édifié au sommet par le roi Rama VI.

Wat Ao Noi TEMPLE BOUDDHIQUE
(วัดอ่าวน้อย ; ⏲lever-coucher du soleil). GRATUIT En quittant Ao Prachuap, dirigez-vous vers le nord sur 2,5 km, puis traversez le village de pêcheurs de **Ban Ao Noi**, où les plus gros bateaux accostent et déchargent, pour arriver à ce grand temple situé entre deux baies : Ao Noi et Ao Khan Kradai. Il est composé d'un superbe *bòht* (salle des ordinations) entièrement en teck et bâti sans clous ; les fresques murales, qui relatent essentiellement l'histoire de la vie du Bouddha, sont constituées de sculptures sur bois peintes et encadrées. L'étang en face est rempli de poissons nourris par des fidèles.

Ao Manao PLAGE
(อ่าวมะนาว ; ⏲zone de la plage 5h-19h, zone de la montagne 6h-18h). Le week-end, les habitants convergent vers Ao Manao, une baie parsemée d'îles, entourée d'une plage sinueuse à l'intérieur de la base aérienne thaïlandaise Wing 5 – seule plage où les habitants peuvent se baigner car l'eau comme le sable sont propres. On y retrouve les habituels restaurants, transats, parasols et bouées géantes, ainsi qu'une ferme pédagogique. Des balades en quad sont aussi proposées. Si le lieu est pris d'assaut les week-ends, c'est loin d'être le cas en semaine.

Tout visiteur doit s'inscrire à l'entrée de la base, au bout de Th Salacheep. Normalement, aucun passeport n'est exigé, mais il est préférable de l'apporter. La plage se situe à 2,5 km de là. **Khao Lom Muak** (เขาล้อมหมวก ; ⏲6h-18h, musée 9h-15h sam-dim), colline calcaire et lieu de mémoire, se trouve en face de la plage publique, de l'autre côté de la baie.

Sunset Cruise CROISIÈRE
(☎097 982 8795 ; www.samaowtour.com ; Th Chai Thaleh ; 300 B). Sam Aow Princess Tour propose une courte croisière au coucher du soleil à Prachuap Bay. Départ vers 17h30 tous les soirs, s'il y a assez de passagers.

Où se loger

Pour tirer le meilleur parti de votre visite, il faut absolument séjourner non loin de la plage. Ici, point de grands complexes hôteliers chics. La ville compte quelques établissements de milieu de gamme corrects… ne cherchez pas plus luxueux. Il y a néanmoins de nombreuses petites pensions dans le centre-ville, près de la mer. Inutile de réserver, hormis les week-ends en haute saison.

Safehouse Hostel AUBERGE DE JEUNESSE $
(☎087 909 4770 ; r_jularat@hotmail.com ; 28 Soi 6, Th Salacheep ; dort 280 B, ch 450-800 B ; ❄📶). Des chambres quelconques mais impeccablement tenues, et une gérante, Sherry, à l'origine du succès de cette petite auberge de jeunesse. Aux petits soins pour ses clients, elle propose notamment d'intéressants circuits dans le parc national de Kuiburi (p. 188). Cuisine commune à disposition.

Prachuap Khiri Khan

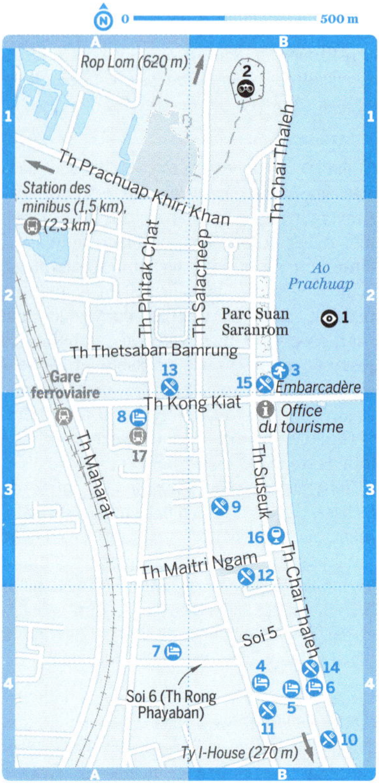

Prachuap Khiri Khan

À voir
1 Ao Prachuap....B2
2 Khao Chong Krajok....B1

Activités
3 Sunset Cruise....B2

Où se loger
4 De Boutique Hotel....B4
5 Grandma's House....B4
6 Prachuap Beach Hotel....B4
7 Safehouse Hostel....A4
8 Yutichai Hotel....A3

Où se restaurer
9 Dtom Leuat Mu....B3
Grandma's House....(voir 5)
10 In Town Seafood....B4
11 Krua Chaiwat....B4
12 Marché municipal 1....B3
13 Marché nocturne....A2
14 Pizza Khirikhan....B4
15 Marché Rim Taley....B2

Où prendre un verre et faire la fête
Cro-magnon....(voir 4)
16 Top Deck....B3

Achats
Hachi Coffee & Bike Shop....(voir 10)

Transports
17 Arrêt des bus pour Bangkok et Phetchaburi....A3

Grandma's House
BOUTIQUE-HÔTEL $

(☎0895266896 ; grandmaprachuap@gmail.com ; 238 Th Suseuk ; ch avec petit-déj 690-890 B ; ❄ 📶). Au-dessus du café rétro très prisé de l'établissement, ces 3 chambres en bois (deux petites et une grande) sont pourvues de meubles anciens et partagent deux salles de bains modernes. Vous devrez supporter le bruit de la rue, mais le niveau sonore n'est généralement pas trop élevé la nuit.

Khao Ta Mong Lai Forest Park Campsite
CAMPING $

(☎093 014 9919 ; avec tente 100 B, location tente 3 pers 300 B). Ce parc dispose d'un terrain de camping ombragé et d'installations parmi les plus propres de Thaïlande. Il y a toutefois des bungalows rudimentaires, réservés aux grands groupes. Installé de l'autre côté de la baie par rapport au centre-ville, il permet d'admirer de superbes couchers de soleil.

Yutichai Hotel
HÔTEL $

(☎032 611055 ; yutichai_hotel@hotmail.com ; 115 Th Kong Kiat ; ch avec ventil 220-350 B, clim 500 B ; ❄ 📶). À proximité immédiate de la gare, cet hôtel historique en bois est bien entretenu et pratique des tarifs honnêtes. La plupart des chambres (notamment celles avec climatisation, salle de bains et eau chaude) se trouvent dans un bâtiment plus moderne à l'arrière, en béton, mais dans le même esprit. Si vous avez le sommeil léger, choisissez une chambre à l'arrière.

♥ Prachuap Beach Hotel
HÔTEL $$

(☎032 601288 ; www.prachuapbeach.com ; 123 Th Suseuk ; d et lits jum 1 000 B, tr 1 200 B ; P ❄ 📶). L'hôtel le mieux situé et peut-être le plus calme de la ville se trouve à proximité de nombreux bons restaurants ; il donne sur la promenade et offre une vue imprenable depuis les étages supérieurs. Les chambres du 1er étage sont les moins chères, mais n'hésitez pas à payer le supplément de 100 B pour être un peu plus haut (bâtiment sur 5 niveaux).

De Boutique Hotel HÔTEL $$
(☎032 611888 ; www.deboutiquehotel.com ; 141 Th Salacheep ; d/lits jum/f avec petit-déj 1 800/2 500/2 690 B ; P ❄ wifi). Ces deux bâtiments jaune vif comptent des chambres modernes et confortables à la décoration soignée, même si les fresques qui ornent les murs ne suffisent pas à en faire un boutique-hôtel. Un bon choix, bien situé, si cela ne vous dérange pas d'être à deux rues de la mer.

Où se restaurer

Les restaurants de Prachuap sont bon marché et servent d'excellents plats de poisson, ainsi qu'un grand nombre de plats occidentaux. Au **marché municipal 1** (Th Maitri Ngam ; 4h-16h), vous pourrez acheter des ananas fraîchement cueillis ; demandez au vendeur de vous les découper. Le centre-ville compte deux petits **marchés nocturnes** (Th Kong Kiat ; 16h30-2h).

Marché Rim Taley MARCHÉ $
(Th Chai Thaleh ; 16h-20h30 lun-jeu, 16h-21h ven-sam). Ce "marché près de l'océan" n'est pas très grand, mais permet de se restaurer sur la promenade et le quai. Les vendredis et samedis, les dizaines de vendeurs habituels sont rejoints par 200 autres : le marché devient alors **Walking Street**, même si les objets d'art ou d'artisanat sont rares.

Ty I-House BOULANGERIE $
(235 Th Suseuk ; boulangerie 30B ; 8h-15h lun-sam ; wifi). Après une retraite anticipée, Khun Suchada a fait de sa passion son nouveau métier. Elle prépare, selon l'envie du moment, quelques pâtisseries (muffins, cake...) qu'elle vend ensuite sur une petite table. Délicieux brownies.

Dtom Leuat Mu THAÏLANDAIS $
(Th Salacheep ; soupe 40 B, riz 5 B ; 6h-12h). Cette échoppe à l'angle d'une rue ne sert qu'un seul plat, la soupe au sang de porc, qui lui a donné son nom – un bouillon piquant contenant de nombreuses parties du cochon en plus du sang coagulé. L'endroit est constamment bondé et des marchands ambulants vendent des en-cas comme les *kà·nŏm krók* (gâteaux chauds à la noix de coco) devant l'échoppe, qui ferme quand il n'y a plus de soupe.

Krua Chaiwat THAÏLANDAIS $
(Th Salacheep ; plats 40-240 B ; 9h-15h et 16h30-20h lun-sam ; wifi). Avec sa très bonne cuisine et ses prix attractifs, ce petit restaurant attire une clientèle mêlant expatriés et habitants. Bien qu'essentiellement thaïlandais – le *đôm yam* (soupe) et les currys sont assez bons –, l'établissement propose aussi un choix de steaks et quelques plats fusion, spaghettis sautés au maquereau salé, notamment.

Grandma's House CAFÉ $
(238 Th Suseuk ; plats 39-159 B, café à partir de 35 B ; 7h30-18h lun-sam, 7h30-20h dim ; wifi). Ce sympathique café est situé au rez-de-chaussée d'une maison en bois rénovée, vieille d'un siècle. Tenu par des artistes, c'est un bon endroit où prendre le petit-déjeuner, un café, un smoothie ou un chocolat chaud.

Rap Lom POISSON, FRUITS DE MER $
(Th Suanson ; plats 60-260 B ; 10h-21h ; P wifi). Le Rap Lom reste le restaurant favori des habitants. Le *pàt pŏng gà·rèe Ɓou* (curry de crabe) est préparé avec de gros morceaux de crabe et la *yam tà·lair* (salade de poisson) est épicée et acidulée. Côté terre, goûtez la salade de fleurs de bananier.

♥ Pizza Khirikhan ITALIEN $$
(☎081 199 0861 ; 117 Th Susek ; plats 120-200 B ; 16h-22h ; wifi). Bong, le propriétaire, a mis tout son cœur dans ce restaurant d'inspiration "tiki". L'ancien établissement, une cabane de plage, a été recréé avec des feuilles de palmier et du bois dans ce repaire tropical en plein centre-ville. Bong sert ses clients et prépare lui-même les savoureuses pizzas sur fond de musique reggae. Le service n'est pas rapide, mais il est sympathique et personnalisé.

♥ In Town Seafood THAÏLANDAIS $$
(Th Chai Thaleh ; plats 50-400 B ; 15h-23h ; P). "L'endroit où aller", disent les habitants avisés. On dîne sous un chapiteau en toile, face à la baie et aux bateaux de pêche aux calmars. Si vous ne connaissez pas le nom des poissons ou fruits de mer au menu, il suffit de pointer du doigt ce que vous désirez parmi le vaste choix présenté – barracuda, crabe, mollusques, etc. Service assez lent.

Où prendre un verre et faire la fête

La route de la plage est incontournable en soirée et compte quelques bars tranquilles au nord du Prachuap Beach Hotel ; on est bien loin de l'ambiance festive et bruyante de Hua Hin.

Top Deck BAR

(www.top-deck.co ; 56 Th Chai Thaleh ; bières/cocktails à partir de 65/130 B ; 13h30-23h30 jeu-mar ;). Vous pouvez siroter un verre jusqu'à une heure assez tardive sur le balcon, à l'étage du Top Deck, en regardant les lumières clignotantes des bateaux de pêche dans la baie. Il sert aussi de réconfortants plats thaïlandais et quelques plats occidentaux (80 à 310 B).

Cro-magnon CAFÉ

(087 664 9514 ; mangpor99@hotmail.com ; Th Salacheep ; 10h-20h ;). L'"Espresso Studio", comme il se nomme lui-même, ne fait pas que du café – il y a aussi des sundaes et des *kakigōri*, un dessert japonais à la glace râpée. Si cela ne suffit pas à vous rafraîchir, la puissante climatisation le fera sûrement.

Achats

Hachi Coffee & Bike Shop VINTAGE

(065 434 4694 ; Th Suseuk ; 10h30-19h30 dim-ven ;). Ce café et boutique vintage recèle un trésor de chemises hawaïennes, vinyles et autres articles originaux qui pourraient faire de sympathiques souvenirs. Commandez un café et prenez place à l'un des comptoirs en bois face à la rue. La propriétaire, qui a baptisé l'endroit du nom de sa fille, se fera un plaisir de vous donner des conseils de voyage et de vous louer des vélos (100 B).

Renseignements

Le centre-ville ne manque pas de banques et de DAB. Des agences ouvertes les soirs et week-ends sont situées dans le centre commercial Tesco-Lotus, 3 km à l'ouest du centre-ville.

TRANSPORTS DEPUIS/VERS PRACHUAP KHIRI KHAN

DESTINATION	BUS	MINIBUS	TRAIN
Ban Krut	70 B, 1 heure, 3/jour (vers la ville)	70-90 B, 1 heure, 1/30 min 5h40-19h (vers la Hwy)	13-339 B, 1 heure, 8/jour
Bang Saphan Yai	80 B, 1 heure 30, 10/jour (vers la ville)	100 B, 1 heure 30, 1/30 min 5h40-19h (8 vers la ville, les autres vers la Hwy)	16-347 B, 1 heure 15, 9/jour
Bangkok – gare ferroviaire de Hua Lamphong			168-455 B, 4 heures 30-5 heures 30, 9/jour
Bangkok – terminal Nord des bus (Mo Chit)	240 B, 6-7 heures, 15h30	220 B, 5 heures, 1/45 min 1h30-19h30	
Bangkok – terminal Sud des bus	200 B, 5 heures, 9h, 11h, 13h, 1h	200 B, 5 heures, 1/45 min 3h-19h	
Bangkok – Thonburi			56-130 B, 6 heures, 4h50, 10h
Cha-am		120 B, 2 heures, fréquents 5h-18h40	24-415 B, 2 heures, 4/jour
Chumphon	220 B, 4 heures, 1/heure 11h-minuit	180 B, 3 heures 30, 1/40 min 6h-19h	78-1 473 B, 2 heures 30-3 heures, 10/jour
Hua Hin		80 B, 1 heure 30, fréquents 5h-18h40	19-1 363 B, 1-1 heure 30, 11/jour
Phetchaburi	150 B, 2 heures 30, 1/heure 7h30-21h	150 B, 2 heures 30, 1/40 min 3h-19h	31-1 460 B, 2-2 heures 30, 11/jour
Phuket	587-913 B, 9-10 heures, 11h et 1/30 min 20h-minuit		
Pranburi		60 B, 1 heure, fréquents 5h-18h40	14-392 B, 1 heure, 3/jour
Ranong		250 B, 4 heures 30, 8h, 10h, 13h, 15h30	

Agence consulaire française (☎ 08 05 984420 ; agenceconsulairehuahin@gmail.com ; 59/154 Sanuk Residence, Soi 112 Hua Na 1 ; ⏲ 9h-12h mer sur rdv).

Office du tourisme (☎ 032 604143 ; Th Chai Taley ; ⏲ 8h30-12h et 13h-16h30 lun-ven). Plans de la ville gratuits, à proximité immédiate du quai. Le personnel parle anglais.

Depuis/vers Prachuap Khiri Khan

La plupart des bus n'entrent pas dans la ville, ils se garent sur la Phetkasem Hwy (Hwy 4), dans une aire appelée **sà·tăh·nee dern rót** (Phetkasem Hwy), à 4 km au nord-ouest du centre-ville. Les billets sont en vente sur le côté nord de la route. Pour être sûr d'avoir une place assise, achetez votre billet la veille, car les bus sont souvent déjà pleins lorsqu'ils arrivent à Prachuap. Exceptions, les 4 bus climatisés quotidiens qui vont vers le terminal Sud de Bangkok (200 B, 9h, 11h, 13h, 1h) et ceux pour Phetchaburi (150 B, ttes les heures) utilisent un petit **arrêt de bus** dans Th Phitak Chat. Les minibus constituent l'essentiel des transports à Prachuap et partent tous de la station de minibus **kew rót đôo** (Th Prachuap Khiri Khan/Rte 326) à l'intersection de la Rte 326 et de la Hwy 4, près de l'arrêt de bus principal. La **gare ferroviaire** (☎ 032 611175 ; Th Maharat) est à 15 minutes à pied du principal quartier des hébergements.

Comment circuler

Prachuap est assez compacte pour s'y déplacer à pied. Une course à moto-taxi revient à 30 B en ville, et à 60 B jusqu'à l'arrêt de bus ou à la station des minibus. La plupart des hôtels louent des motos (200-250 B/jour) et des vélos (50 B).

Ban Krut et Bang Saphan Yai บ้านกรูด / บางสะพานใหญ่

☎ 032 / 4 200/15 100 HABITANTS

Si les plages de Ban Krut et de Bang Saphan Yai ne méritent pas forcément les superlatifs qu'on leur attribue souvent, elles n'en restent pas moins fort agréables. Respectivement à 65 km et 90 km au sud de Prachuap Khiri Khan, elles attirent la plupart des visiteurs plus pour l'isolement que pour la découverte de paysages. Pas de hauts immeubles, pas de discothèques ouvertes toute la nuit et pas de circulation effrénée pour vous déranger dans vos activités : lire, nager, manger et se balader à vélo. Bien que Ban Krut soit de plus en plus fréquentée par les familles thaïlandaises, elle reste une alternative bien plus tranquille que Hua Hin. Pendant ce temps, à Bang Saphan Yai, on est souvent seul à se reposer ou à se promener sur le long littoral sablonneux entre cocotiers et mer bleue cristalline. La haute saison court de novembre à mars mais, dans l'ensemble, le lieu reste largement épargné par la foule.

À voir

Ban Krut PLAGE

La plage de Ban Krut est désormais une vraie destination touristique, dotée d'un chapelet de complexes hôteliers, restaurants et magasins de location de bouées géantes – et même d'un 7-Eleven – face à la mer, de l'autre côté de la route. Les familles se garent et passent la journée à se détendre et à regarder leurs enfants s'éclabousser. Malgré tout, l'endroit reste nettement plus tranquille que les habituelles plages touristiques et vous n'aurez pas besoin de vous éloigner bien loin pour avoir un peu d'espace, même lors des week-ends de vacances.

Ban Krut offre davantage d'occasions d'exploration que Bang Saphan Yai. La route frangée de cocotiers allant vers le sud, où résident fermiers et pêcheurs, se prête à une balade à vélo ou à moto ; au nord, le **Phra Mahathat Chedi Phakdi Praka** (พระมหาธาตุเจดีย์ภักดีประกาศ ; Rte 1029, Hat Ban Krut ; ⏲ 8h-17h) GRATUIT compte un magnifique stupa.

Bang Saphan Yai PLAGE

Bang Saphan Yai ressemble encore au cliché qu'on se faisait de la Thaïlande il y a 30 ans, avant que les villas avec piscines et les groupes en voyage organisé n'envahissent les plages. Les logements sont en grande partie sur la plage elle-même (Hat Suan Luang) et les marchands ambulants sont rares.

Les îles au large de la côte, notamment **Ko Thalu** avec son arche rocheuse naturelle, offrent de belles occasions de pratiquer le **snorkeling** et la **plongée** (de mars à octobre, et en particulier en mars et avril). Bien qu'elles soient proches de Bang Saphan Yai, des excursions vers ces îles peuvent également être organisées depuis Ban Krut.

Où se loger

Les deux plages disposent d'hébergements à tous les prix, même si l'offre est assez limitée. Presque tous sont vides la semaine et ne font réellement le plein que lors des longs week-ends, lorsque les habitants de Bangkok prennent le temps d'aller au-delà de Hua Hin. La plupart des hôtels et complexes n'augmentent pas leurs prix (ou peu) les week-ends ordinaires.

Ban Krut

La plupart des établissements se trouvent dans un secteur très animé, à 1 km du petit village, qui semble être resté figé dans le temps avec ses anciennes *shophouses* (maisons de négoce) en bois. Au nord du cap surmonté d'un temple (cette partie de plage se nomme Hat Sai Kaew) et au sud, la plage devient rapidement déserte, avec quelques hôtels seulement, disséminés entre les cocoteraies.

Siripong Guesthouse PENSION $
(☎032 695070 ; Hat Ban Krut ; ch avec ventil 250-300 B, clim 500 B ; P ❄ 📶). Cet hébergement, le moins cher de la région, est très rudimentaire. Les chambres sont en réalité assez agréables même si l'extérieur paraît plus ou moins délabré. L'établissement est bien situé, légèrement à l'écart des parties les plus fréquentées de la plage. Les chambres avec ventilateur ont des toilettes avec seau ou des salles de bains communes. Le personnel parle un peu anglais, et des réductions sont proposées pour les séjours plus longs. S'il n'y a personne, allez à l'épicerie familiale située de l'autre côté de la route.

Proud Thai Beach Resort PENSION $
(☎089 682 4484 ; www.proudthairesort.com ; Hat Ban Krut ; ch 800 B ; P ❄ 📶). Ces 8 bungalows en bois avec terrasse sont installés à l'ombre des arbres, de l'autre côté de la route de la plage. Assez vieillots, ils sont bien tenus par le propriétaire (qui parle anglais).

Ban Krut Resort RESORT $$
(☎0814211186 ; www.bankrutresort.com ; 212 Tambon Thongchai ; ch 1 000-5 400 B ; P ❄ 📶 🏊). Les chambres de cet établissement, simplement décorées, disposent de balcons, mais les murs sont assez minces. Petite piscine, zone privée avec chaises longues sur la plage et vélos gratuits pour la clientèle.

♥ **Baan Grood Arcadia Resort & Spa** RESORT $$$
(☎032 695095 ; www.bgaresort.com ; Ban Krut ; ch avec petit-déj 1 400-3 700 B, ste 3 700 B, f 7 000-11 000 B ; P ❄ 📶 🏊). Ce complexe hôtelier apporte une touche de luxe à la station décontractée de Ban Krut. Toutes les chambres sur jardin et les villas sont décorées dans le style thaïlandais. Les installations, telle la piscine étincelante, et les vastes balcons donnent à l'Arcadia une atmosphère de bout du monde malgré son emplacement sur la route principale longeant la plage. Le logement le plus luxueux est une villa de 4 chambres sur deux niveaux avec piscine privée.

Bang Saphan Yai

La plage se trouve à 6 km au sud de la ville de Bang Saphan Yai. Vous y trouverez une poignée de petits complexes hôteliers tape-à-l'œil, mais aussi une rangée de bungalows très basiques pour petits budgets avec accès direct à la plage, au nord du Why Not Bar. On peut aussi loger dans les terres, mais cela n'a guère d'intérêt si l'on vient pour la plage.

Ploy Bungalows BUNGALOWS $
(☎032 817119 ; Hat Bang Saphan Yai ; ch 500-700 B ; P ❄ 📶). Un endroit calme et décontracté avec des bungalows en béton de couleurs vives. Atout pour les moins argentés, les bungalows situés sur la plage sont moins chers (500 B, avec ventilateur). Plusieurs autres adresses comparables à celle-ci jalonnent la route. Pas de cuisine, il faut marcher un peu pour se restaurer.

♥ **The Theatre Villa** HÔTEL $$
(☎085 442 9150 ; www.thetheatrevilla.com ; Hat Bang Saphan Yai ; ch avec petit-déj 1 350-2 100 B ; P ❄ 📶). Très tranquille, même pour Bang Saphan, ce petit hôtel situé sur une grande plage est particulièrement soigné. Les chambres, lumineuses et très confortables, se déclinent en 3 catégories : chambres d'hôtel à l'arrière, bungalows plus chers au milieu et 2 chambres avec vue sur la mer à l'avant. À l'ouest de la route principale.

Où se loger et se restaurer

À Ban Krut, les restaurants bordant la route de la plage sont essentiellement axés sur les produits de la mer, sauf quelques exceptions. Les habitants mangent presque exclusivement dans les restaurants (standards) le long de la route qui mène à la ville. Il y a aussi des cafés et un mini-marché nocturne (15h-21h) près du Tesco-Lotus Express. Bang Saphan Yai compte quelques restaurants banals de cuisine internationale, éparpillés entre les hébergements, mais il n'y a rien de réellement local.

Il y a des bars dans les deux endroits. Les bières les moins chères de Ban Krut sont vendues le long de la plage en face de la pension Siripong Guesthouse – un lieu de rendez-vous des habitants et expatriés. Kasama's a une carte d'alcools bien fournie.

Bang Saphan Yai comprend quelques troquets appréciés des expatriés : le **Why**

Not Bar, installé sur la plage, et le **Blue Bar**, avec table de billard, situé tout près de l'intersection avec la route principale. Musique live fréquente dans ces deux bars.

Kasama's Pizza ITALIEN $$
(☎081 139 0220 ; www.kasamapizza.com ; Rte 1029, Hat Ban Krut ; plats 50-355 B ; ⏲10h-22h, horaires réduits en basse saison ; 🅿📶). Ce sympathique restaurant, l'un des plus anciens de Ban Krut, propose des sandwichs copieux, des petits-déjeuners servis toute la journée, des pizzas et des milk-shakes au chocolat. L'établissement peut livrer, même à la plage. Situé à l'écart de la route d'accès, derrière le 7-Eleven.

Renseignements

Pour des informations locales sur la région, visitez www.bankrutinfo.com et www.bangsaphanguide.com.

Bankrut Tour & Travel (☎081 736 3086 ; www.bankrut.co.th ; Hat Ban Krut ; ⏲8h-20h). Cette agence de voyages professionnelle et accueillante est installée dans l'enceinte du Na Nicha Bankrut Resort, juste avant la plage. Le personnel peut organiser des excursions à la journée, notamment une sortie snorkeling à Ko Thalu, et s'occuper, par exemple, de vos billets de ferry pour les îles du Sud.

Depuis/vers Ban Krut et Bang Saphan Yai

Les deux villes possèdent chacune une gare routière. Les 11 trains en provenance de la gare ferroviaire Hualamphong de Bangkok et à destination du Sud s'arrêtent tous à la **gare ferroviaire de Bang Saphan Yai** (☎032 691552 ; Soi Bang Saphan ; 69-1 667 B, 5 à 7 heures), et 7 d'entre eux s'arrêtent aussi à la **gare ferroviaire de Ban Krut** (☎032 695 004) ; arrivée très tard le soir pour la plupart. Un train ordinaire part également à 7h30 de la gare Thonburi de Bangkok (67-316 B, 7 heures 30). On peut aussi rejoindre ces deux villes par le train au départ de Prachuap Khiri Khan (16-1 355 B, 1 heure), Chumphon (20-1 406 B, 1 heure 30-2 heures) et Hua Hin (33-1 469 B, 2 heures).

Du terminal Sud de Bangkok, un bus part pour **Bang Saphan Yai** (Soi Bang Saphan ; 275 B, 6 heures) environ toutes les 1 ou 2 heures entre 7h30 et minuit, avec un premier arrêt à **Ban Krut**. En direction du nord, ils s'arrêtent à Prachuap Khiri Khan (90 B, 1 heure) et Phetchaburi (193 B, 3 heures 30), mais pas à Hua Hin. Les arrêts de bus se trouvent dans les deux cas à quelques minutes à pied au sud des gares. On peut se procurer les billets auprès de son hôtel ou de Bankrut Tour & Travel, moyennant une participation modique.

Les **minibus** (Rte 3169) depuis Bang Saphan Yai partent de la route devant Sweet Home Bakery, en plein centre-ville, à destination de Prachuap Khiri Khan (100 B, 1 heure, 8/jour de 6h20 à 16h50) et de Chumphon (80 B, 2 heures, 8h45). Ceux pour Chumphon ne s'arrêtent pas en principe à Ban Krut, sauf à la demande de Bankrut Tour & Travel (mais le coût grimpe à 400 B).

D'autres bus et minibus s'arrêtent sur la grand-route, à environ 10 km à l'ouest des deux villes, plutôt que d'entrer dans la ville. La plupart des bus qui circulent sur cet itinéraire s'arrêtent à Bang Saphan Yai ; peu en revanche s'arrêtent à Ban Krut et vous risquez d'attendre longtemps si vous essayez de partir de cette ville. Dans les deux cas, comptez environ 100 B à moto-taxi jusqu'à la ville, davantage si vous allez à la plage.

Il n'y a pas de minibus entre Ban Krut et Bang Saphan Yai.

Comment circuler

Tous les hébergements, à l'exception des moins chers, assurent des transferts gratuits depuis/vers la ville. Tous vous factureront le trajet jusqu'à la Phetkasem Hwy.

La plage de Bang Saphan Yai est à 6 km au sud de la ville via la Rte 3374 – l'embranchement est inratable grâce aux nombreux panneaux signalant les complexes hôteliers. Ban Krut est, quant à elle, à 1 km de la plage, mais la plupart des hébergements sont en retrait, loin de l'embranchement. À moto-taxi, comptez 100 B entre Bang Saphan Yai et la plage, 20 à 30 B depuis Ban Krut.

À Ban Krut, Siripong Guesthouse (page ci-contre) et Bankrut Tour & Travel louent des motos (200 B/jour), comme plusieurs autres boutiques à proximité de l'embranchement. De nombreux magasins vers la plage de Bang Saphan Yai louent également des motos (250-350 B). Autre possibilité, vous en procurer une en ville auprès de **Tae's Restaurant** (☎087 919 2910 ; Soi Bang Saphan ; 200-250 B ; ⏲14h-2h), tout près de la gare ferroviaire (200-250 B) ; appelez avant.

Chumphon ชุมพร

☎077 / 33 500 HABITANTS

Ville de transit depuis/vers Ko Tao ou, vers le sud, jusqu'à Ranong ou Phuket, Chumphon est l'endroit où commence le sud du pays ; le foulard islamique est largement porté.

S'il n'y a pas grand-chose à faire en ville en attendant votre ferry, il reste d'agréables plages alentour, loin des autres baroudeurs. **Hat Thung Wua Laen** ("plage de la vache rapide"), une belle plage à 15 km au nord-est de la ville, possède de bonnes infrastructures et reste presque déserte en semaine, à l'inverse des week-ends.

À voir

Musée national de Chumphon MUSÉE
(พิพิธภัณฑสถานแห่งชาติชุมพร ; 077 504105 ; 100B ; 9h-16h mer-dim). Sans être le meilleur ni le plus grand musée de Thaïlande, il présente des objets préhistoriques, poteries, haches et bijoux trouvés dans la province de Chumphon qui séduiront les passionnés d'histoire. Sont également exposés des modèles de maisons locales de styles divers et des clichés du typhon Gay, qui frappa Chumphon en novembre 1989. Malheureusement, le musée se situe à 3 km au nord du centre-ville et ferme tôt en cas de pluie ; mieux vaut appeler avant de s'y rendre.

Marché de produits frais de Chumphon MARCHÉ
(ตลาดสดชุมพร ; Th Pracha Uthit ; minuit-15h). Le principal marché de produits frais de Chumphon s'étale sous un immense toit. Il fournit les restaurants de la ville en viande, fruits et légumes. Les premières heures du jour sont les plus fréquentées.

Fêtes et festivals

Festival marin de Chumphon CULTUREL
(mars). Ce festival se déroule habituellement à la mi-mars dans la ville côtière de Paknam, à 13 km au sud-est de Chumphon pendant 4 jours consacrés à la mer : croisières, sculpture sur sable et ramassage de déchets sous-marins.

Course de bateaux traditionnels de Chumphon CULTUREL
(oct). Pour marquer la fin du carême bouddhique (Ork Phansaa), généralement en octobre, des *long-tail boats* traditionnels font la course sur le Mae Nam Lang Suan, à 60 km au sud de Chumphon. Contrairement aux autres courses de *long-tail boats*, ici, quelqu'un s'installe à la proue du bateau et doit s'emparer d'un drapeau pour gagner.

Où se loger

La plupart des voyageurs qui passent la nuit à Chumphon sont de jeunes voyageurs et le choix de logements est vaste. **Th Tha Taphao** est une mini-version de Th Khao San – la célèbre rue de Bangkok où transitent d'innombrables voyageurs –, avec quantité de pensions (*guesthouses*) bon marché assez datées. Quelques auberges de jeunesse plus pimpantes se sont récemment installées à l'est de la gare ferroviaire, dans Th Krumluang Chumphon. Si vous préférez la mer à la ville, **Hat Thung Wua Laen** vous attend à 15 km au nord-est de la ville.

Villa Varich HÔTEL $
(081 543 0344 ; www.villavarich.com ; 56/1 Mu 3, Th Poraminmanka Soi 24 ; ch 700-920 B, ste 1 600 B, avec petit-déj ; P). À seulement 4 km de Chumphon, en pleine campagne, Villa Varich ne ressemble à aucun autre hôtel de Chumphon. Les chambres spacieuses, dont la moitié donnent sur la jungle et la rivière Tha Taphao, sont aussi ravissantes que confortables, et on se réveille au chant des oiseaux. Certains balcons s'agrémentent de hamacs. Tang et Khom sont des hôtes charmants. Vélos et kayaks gratuits, motos à partir de 200 B. Le trajet en *tuk-tuk* depuis la gare ferroviaire ou routière organisé par Choke Anan Tour (p. 202), ainsi que le transfert en voiture depuis l'aéroport, coûtent 200 B. Réservation recommandée.

Salsa Hostel AUBERGE DE JEUNESSE $
(077 505005 ; www.salsachumphon.com ; 25/42 Th Krumluang Chumphon ; dort/d 250/650 B ;). Située à l'est de la gare ferroviaire, non loin du marché nocturne, c'est l'une des meilleures adresses de Chumphon. De taille modérée, propre et chaleureuse, l'auberge propose des chambres de qualité à des tarifs très attractifs. Informations et conseils touristiques (le personnel parle anglais).

Fame Guesthouse PENSION $
(077 571077 ; www.chumphon-kohtao.com ; 188/20-21 Th Sala Daeng ; ch sdb commune/privative 250/350 B ;). Repaire des *farang*, le Fame propose de multiples services – des chambres sommaires mais propres pour la nuit (ou un moment de repos dans la journée entre 2 bus) à la réservation de billets et à la location de motos. Le restaurant attenant est très apprécié des baroudeurs.

Chalicha Resort RESORT $$
(077 502888 ; www.chalicha.com ; 185 Mu 9 Tumbon Takdad ; ch 550-1 200 B, ste 1 500 B ; P). Même les chambres les moins chères sont spacieuses dans cet établissement d'un bon rapport qualité/prix, proche de la gare ferroviaire de Chumphon. Places de parking devant, café confortable et climatisé, piscine, vélos gratuits. Par rapport aux chambres standards, les supérieures disposent en plus d'une bouilloire et d'un sèche-cheveux.

Chumphon

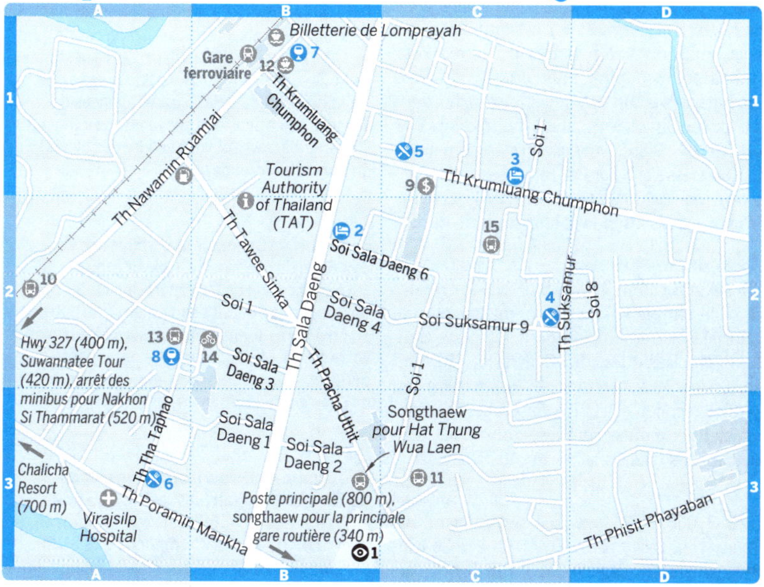

Chumphon

À voir

1 Marché de produits frais B3

Où se loger

2 Fame Guesthouse B2
3 Salsa Hostel C1

Où se restaurer

4 Kook Noy Kitchen C2
5 Marché nocturne C1
6 Prikhorm A3

Où prendre un verre et faire la fête

7 Aeki's Bar B1
8 Farang Bar A2

Renseignements

9 Centre commercial Ocean C1

Transports

10 Arrêt des minibus pour Bang Saphan Yai A2
11 Choke Anan Tour C3
12 KP Ferry Ticket and Services B1
13 Arrêt des minibus pour Ranong A2
14 San Tavee New Rest House B2
15 Arrêt des minibus pour Surat Thani et Prachuap Khiri Khan C2

Chumphon Cabana Resort & Diving Centre HÔTEL $$
(☎089 724 9319 ; www.chumphoncabanaresort.com ; Hat Thung Wua Laen ; ch avec petit-déj 1 000-1 500 B ; P❄📶🏊). En retrait de la route, sur une vaste étendue de sable, voici l'endroit où vous poser à Hat Thung Wua Laen si vous ne recherchez pas le luxe à tout prix. Les chambres sont pourvues de terrasses couvertes et, si une mise au goût du jour est prévue, elles restent très confortables. L'hôtel peut organiser votre transfert privé depuis Chumphon (350 B).

L'établissement met en œuvre quelques pratiques écologiques ; des produits frais sont cultivés sur place pour le restaurant **Banana Cabana**, qui vaut le détour même si vous ne séjournez pas à l'hôtel.

Où se restaurer et prendre un verre

Avec son ambiance animée et ses multiples stands de restauration, le **marché nocturne** (Th Krom Luang Chumphon ; ⏲16h-minuit) de Chumphon est formidable. D'autres stands sont installés à la pointe sud de Th Tha Taphao et au sud de la gare ferroviaire.

Le **Farang Bar** (☎077 501003 ; 69/36 Th Tha Taphao ; bières à partir de 80 B, cocktails à partir de 100 B ; ⏲13h-minuit ; 📶) est l'un des lieux classiques où venir boire un verre. Pour une ambiance plus thaïlandaise, préférez les bars et restaurants à ciel ouvert bordant Th Tawee Sinka Soi 1, non loin. L'**Aeki's Bar** (☎089 185 5485 ; www.aekis-bar-aeksiam-muay-thai.business.site ; Soi Rot Fai 1 ; bières/cocktails à partir de 65/100 B ; ⏲15h-tard ; 📶) accueille les voyageurs attendant leur train de nuit.

Kook Noy Kitchen THAÏLANDAIS $

(Th Suksamur ; plats 40-400 B ; ⏲17h-4h lun-sam ; 📶). Un simple sol en béton, un toit en tôle ondulée et une cuisine dont les plats thaïlandais classiques du Centre et du Sud sont délicieux, comme le *đôm yam* au poulet fermier et riz frit au crabe. D'autres spécialités moins connues, comme les becs de canards frits ou les escargots de rivière.

Pirates Terrace INTERNATIONAL $

(☎083 066 6772 ; www.piratesterrace.com ; Hat Thung Wua Laen ; plats 60-400 B ; ⏲7h30-22h ; P 📶). Installé au niveau du centre de la plage, c'est un lieu apprécié pour un petit-déjeuner, un café en journée ou un verre le soir. La carte mélange plats thaïlandais classiques, pizzas et pâtes. Également réservation de billets et location de motos (200 B/jour).

Prikhorm THAÏLANDAIS $$

(32 Th Tha Taphao ; plats 85-480 B ; ⏲11h-23h ; P 📶 ✍). Ce restaurant, qui se veut élégant, prépare des spécialités de tout le royaume, du curry de poisson du Sud (*gaang sôm*) au *lâhp* de champignons du Nord-Est, parmi de nombreux plats végétariens.

Renseignements

Bureau de l'immigration (☎077 630282 ; www.chumphonimmigration.go.th ; 23/11 Mu 1 Tombon Kunkrating ; ⏲8h30-12h et 13h-16h30 lun-ven). Prorogation de visas touristiques. Près de la gare routière.

Centre commercial Ocean (Th Krumluang Chumphon). Il compte plusieurs agences bancaires ouvertes le soir et le week-end.

Tourism Authority of Thailand (TAT ; ☎077 502 7756 ; tatchumphon@tat.or.th ; 111/11-12 Th Tawee Sinka ; ⏲8h-17h). Vous pourrez sans doute obtenir des renseignements touristiques auprès de votre hôtel, mais, dans le cas contraire, ce bureau pourra vous aider. Bon plan de la ville gratuit.

Virajsilp Hospital (☎077 542555 ; www.virajsilp.com ; Th Poramin Mankha). Hôpital privé avec service d'urgences.

Depuis/vers Chumphon

Pour un centre de transit, Chumphon est étonnamment peu pratique – il n'y a pas de gare routière et l'embarcadère des ferrys à destination de Ko Tao, Ko Pha Ngan et Ko Samui est à une certaine distance de la ville. Les agences de voyages et les pensions peuvent vous indiquer l'itinéraire à suivre et vous vendre des billets de ferry, d'avion et de bus.

AVION

L'aéroport de Chumphon se trouve à près de 40 km du centre-ville. Nok Air propose un vol à destination de l'aéroport Don Mueang de Bangkok en début de matinée et un autre en fin d'après-midi. AirAsia assure aussi un vol le matin. La plupart des hébergements peuvent vous réserver un siège dans la navette de l'aéroport (150 B/pers).

BATEAU

Deux compagnies permettent de rejoindre Ko Tao : **Lomprayah** (☎ville 081 956 5644, embarcadère 077 558214 ; www.lomprayah.com ; Th Krumluang Chumphon ; ⏲4h-18h) et **Songserm** (☎077 506205 ; www.songserm.com ; Pak Nam) assurent des liaisons en journée à bord de ferrys modernes. Lomprayah est la meilleure et la plus souvent utilisée ; Songserm n'est pas toujours fiable et n'effectue pas les transferts prévus (il n'y a cependant pas de problème pour les billets combinés bus-bateau depuis Chumphon). Ces bateaux relient aussi Ko Pha Ngan et Ko Samui.

Autre possibilité, les bateaux de nuit de diverses compagnies. Du lundi au samedi, des car-ferrys proposent des chambres climatisées (ressemblant à des dortoirs), tandis que le bateau de pêche du dimanche, en bois, est équipé de matelas à même le sol et de ventilateurs. **KP Ferry Ticket and Services** (☎094 221 5896 ; www.chumphon-nightboat.com ; ⏲3h-21h), en face de la gare ferroviaire, peut réserver des billets pour les traversées de nuit ou des transferts vers des lieux proches comme Hat Thung Wua Laen.

Les bateaux partent de différents embarcadères, et le transfert coûte entre 50 et 100 B. Les billets sont parfois vendus transfert compris – assurez-vous que votre billet comprend le trajet en bateau et en bus.

BUS

À Chumphon, la principale **gare routière** (☎077 576796 ; Rte 41) se trouve sur la grand-route, à 12 km de Chumphon, ce qui explique qu'elle est peu fréquentée – la plupart des guichets sont laissés sans personnel une grande partie de la journée, les principales compagnies ayant leurs propres arrêts en ville.

TRANSPORTS DEPUIS/VERS CHUMPHON

DESTINATION	BATEAU	BUS	MINIBUS	TRAIN	AVION
Bang Saphan Yai			80 B, 2 heures, 14h, 15h30	20-1 406 B, 1 heure 30-2 heures ; 12/jour	
Bangkok – aéroport international de Don Mueang					À partir de 700 B, 1 heure ; 3/jour
Bangkok – gare ferroviaire de Hua Lamphong				82-2 224 B, 6 heures 30-8 heures ; 11/jour	
Bangkok – Terminal Sud des bus		358 B, 8 heures, 14/jour			
Bangkok – Thonburi				80-383 B, 9 heures 30, 7h01	
Chiang Mai		235 B, 18 heures, 18h			
Hat Yai		355 B, 7 heures, 8/jour 7h-minuit		79-2 205 B, 8-10 heures 30 ; 7/jour	
Hua Hin				49-2 006 B, 4-5 heures ; 12/jour	
Ko Phangan (Lomprayah)	1 000 B, 3 heures 15-3 heures 45, 7h, 13h				
Ko Pha Ngan (Songserm)	900 B, 4 heures 30 ; 7h				
Ko Samui (Lomprayah)	1 100 B, 3 heures 45-4 heures 15, 7h, 13h				
Ko Samui (Songserm)	1 000 B, 6 heures 15, 7h				
Ko Tao (car-ferry)	400 B, 6 heures, 22h30 ou 23h lun-sam				
Ko Tao (Lomprayah)	600 B, 1 heures 45, 7h, 13h				
Ko Tao (Songserm)	500 B, 2 heures 45, 7h				
Ko Tao (bateau du dim soir)	450 B, 6 heures, 22h dim				
Nakhon Si Thammarat			300 B, 5 heures 30 ; ttes les 2 heures 8h-14h		

DESTINATION	BATEAU	BUS	MINIBUS	TRAIN	AVION
Phetchaburi		358 B, 6 heures ; 14/jour		58-2 102 B, 5 heures 30-6 heures 30 ; 12/jour	
Phuket		370-699 B, 6-7 heures ; 5/jour			
Prachuap Khiri Khan		220 B, 4 heures ; 1/heure	229 B, 3 heures ; 1/45 min	34-1 473 B, 2 heures 30-3 heures ; 11/jour	
Ranong		110 B, 2 heures 30 ; 5/jour	350-400 B, 2 heures 30 ; 1/heure		
Surat Thani		166 B, 3 heures ; 11/jour	699 B, 3 heures 30 ; 1/heure	34-1 933 B, 2-3 heures ; 13/jour	

Choke Anan Tour (☎ 077 511480 ; www.chokeanantour.com ; près de Soi 1, Th Pracha Uthit ; ⏲ 4h30-21h), proche du principal marché, propose le plus grand nombre de bus depuis/vers Bangkok (via Phetchaburi et Prachuap Khiri Khan), Phuket (via Ranong) et Surat Thani (1 départ). Des **minibus pour Ranong** (Th Tha Taphao) partent de Th Tha Taphao, tandis que des **minibus pour Surat Thani et Prachuap Khiri Khan** (Th Krumluang Chumphon) partent du marché nocturne de Chumphon, dans Th Krumluang Chumphon, à 500 m de la gare ferroviaire, près de l'auberge de jeunesse Salsa Hostel (p. 198).

D'autres lignes passent par Th Nawamin Ruamjai au sud de la gare ferroviaire : **Suwannatee Tour** (☎ 077 504901 ; Th Nawamin Ruamjai), à environ 1 km sur l'autre rive, assure 5 liaisons en bus vers Bangkok (notamment un bus 2e classe bon marché), ainsi que des **minibus pour Nakhon Si Thammarat** (☎ 077 506326 ; Th Nawamin Ruamjai). Les **minibus pour Bang Saphan Yai** (Th Nawamin Ruamjai) sont au départ de l'arrêt de minibus couvert affichant un panneau jaune, 400 m au sud de la **station-service** (Th Tawee Sinka).

Pour les lignes qui passent par la gare routière, notamment la ligne pour Chiang Mai, les billets sont en vente dans les pensions et agences de voyages. Attention, il n'y a pas de desserte directe pour Hua Hin, il faut prendre une correspondance à Prachuap Khiri Khan.

TRAIN

Des trains fréquents assurent la liaison entre Bangkok et l'extrême Sud, via **Chumphon** (Th Krumluang Chumphon). Réservez dès que possible. Des couchettes 2e classe sont souvent disponibles le jour du départ, ce qui est rarement le cas en 1re classe.

Comment circuler

Les motos-taxis (20-30 B la course) sont omniprésentes en ville, au détriment des *tuk-tuk*, plus onéreux et moins fréquents, que l'on trouve parfois stationnés devant la gare ferroviaire.

Les pensions proposent souvent des motos à louer (200-300 B/jour). **San Tavee New Rest Home** (☎ 089 011 1749 ; Th Tha Taphao 4 ; vélo/moto 150/250 B) loue aussi des vélos (150 B).

Des *songthaew* jaunes desservent Hat Thung Wua Laen (30 B, 30 min, fréquents de 5h30 à 18h) au départ du **marché de produits frais de Chumphon** (Th Pracha Uthit) avant d'emprunter Th Sala Daeng vers le nord. Des petits *songthaew* blancs mènent à la principale gare routière et aux bureaux de l'immigration (25 B, 30-45 min, fréquents de 7h à 17h) depuis **Th Phinit Khadi** jusqu'au sanctuaire du pilier de la ville (City Pillar Shrine). Depuis le centre-ville, comptez au minimum 300 B pour rejoindre la gare routière en *tuk-tuk*. Il existe aussi une navette pour l'aéroport (150 B/pers) ; on peut venir vous chercher à votre pension sur demande.

Ko Samui et le sud du golfe de Thaïlande

Dans ce chapitre ➡

Le top des restaurants

- Dining on the Rocks (p. 218)
- Marché alimentaire de Chaloklum (p. 239)
- Chana Masala (p. 239)
- Pepenero (p. 219)

Le top des hébergements

- Six Senses Samui (p. 215)
- Four Seasons (p. 209)
- Kupu Kupu Phangan Beach Villas & Spa by l'Occitane (p. 236)
- Jamahkiri Resort & Spa (p. 254)
- Ban Nai Nakhon Boutique Hotel (p. 270)

Pourquoi y aller

Les trois plus belles îles du pays, Ko Samui, Ko Pha Ngan et Ko Tao forment un croissant dans le golfe de Thaïlande. Des millions de touristes s'y rendent chaque année, attirés par les plages de sable fin et les eaux couleur émeraude. Sur Ko Samui, les établissements cossus sont réglés comme des coucous suisses. Ko Pha Ngan, moins touristique, attire les visiteurs privilégiant les fêtes jusqu'au bout de la nuit. Enfin, l'îlot de Ko Tao offre un vaste choix d'activités, comme d'inoubliables circuits de plongée et de snorkeling.

La côte de la partie continentale, bien plus authentique, reste peu fréquentée par les étrangers. La paisible région d'Ao Khanom réserve dauphins roses, plages désertiques et cascades, tandis que le patrimoine thaïlando-musulman s'illustre à Singha Nakhon et Pattani. Vous adopterez le style de vie méridional en flânant sur la plage de Songkhla, mais vous découvrirez aussi le tumulte des villes telles que Nakhon Si Thammarat ou Surat Thani.

Quand partir

Fév-avr Après la mousson, le soleil brille continuellement.

Juin-août La période, qui coïncide avec les vacances d'été de l'hémisphère Nord, est l'une des plus agréables, avec de courts épisodes de bruine.

Oct-déc Pluies torrentielles de la mousson. Les tarifs des chambres baissent de manière significative (sauf à Noël).

À ne pas manquer

1 Le royaume de Némo, en direct et en technicolor, dans les eaux de **Ko Tao** (p. 244).

2 Les sublimes plages secrètes du **parc national maritime d'Ang Thong** (p. 259).

3 Une sieste dans un hamac, au bord de l'eau, sur une plage isolée de la côte est de **Ko Pha Ngan** (p. 225).

4 Les vestiges oubliés du sultanat de Singora, cachés parmi les lianes et le feuillage épais de la jungle de **Singha Nakhon** (p. 269).

5 Un cocktail au soleil couchant et la cuisine internationale raffinée des 5-étoiles de **Ko Samui** (p. 206).

6 Les transes de la **fête de la pleine lune** de Hat

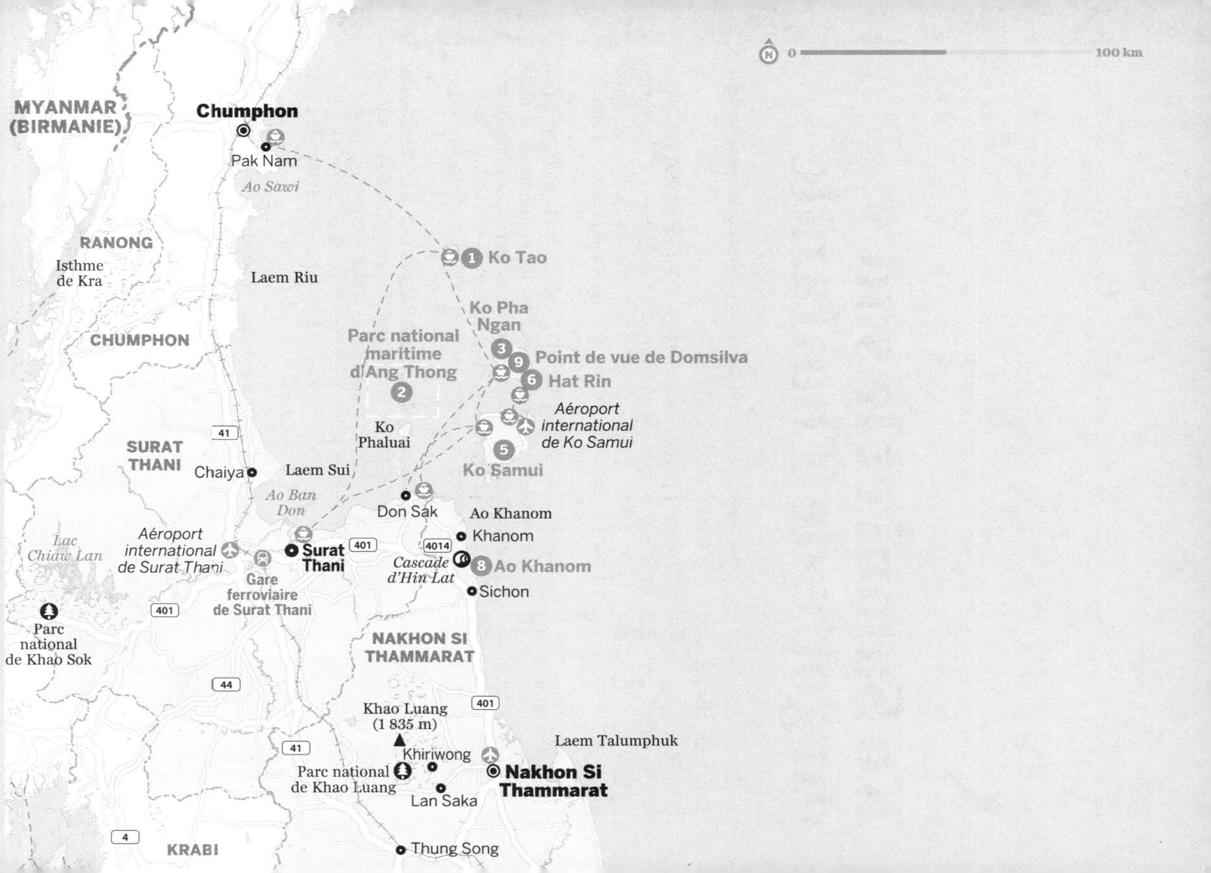

Rin, à Ko Pha Ngan (p. 234).

7 Les maisons traditionnelles chinoises et sino-portugaises en bois de la **vieille ville de Songkhla** (p. 269), la plus belle du sud du pays.

8 Le spectacle des dauphins roses le long des côtes peu touristiques d'**Ao Khanom** (p. 264).

9 Une randonnée dans une forêt ponctuée de cascades jusqu'au **point de vue de Domsila** (p. 228), dominant tout Ko Pha Ngan.

LES ÎLES DU GOLFE DE THAÏLANDE

Ko Samui เกาะสมุย

62 500 HABITANTS

Que vous souhaitiez faire bronzette, paresser dans un hamac, déguster une cuisine du monde entier, faire la fête sur la plage ou prendre soin de vous dans un spa de luxe, vous trouverez votre bonheur à Ko Samui.

À voir

Cascade n°1 de Na Muang CASCADES

(น้ำตกหน้าเมือง 1 ; carte p. 208 ; P). GRATUIT Ces cascades jumelles, dont les eaux dégringolent depuis les points les plus élevés de l'île, sont très spectaculaires lorsque le débit est maximal et que l'eau glacée coule dans des bassins naturels pour se jeter dans la mer azur. La première, et la plus haute (18 m), mais aussi la plus connue de Samui, est au centre de l'île. Durant la saison des pluies, l'eau dévale des roches violettes jusqu'au bassin, idéal pour la baignade.

Fisherman's Village QUARTIER

(หมู่บ้านชาวประมงบ่อผุด ; carte p. 214 ; Bo Phut). Ce "village du pêcheur" se compose d'étroites *shophouses* (maisons de négoce) chinoises transformées en boutiques-hôtels et en restaurants, bars et cafés tendance. La plage, assez exiguë, présente un sable grossier côté est ; elle s'éclaircit et s'affine vers l'ouest. L'ensemble – ancien village réhabilité et jolies plages – est une réussite, qui attire les foules en période touristique. L'endroit est tranquille et agréable hors saison.

Mae Nam Viewpoint POINT DE VUE

(จุดชมวิว ; carte p. 208 ; 50 B). Y accéder à pied n'est pas de tout repos, mais une partie de la montée peut être parcourue à scooter. Entre les arbres, juste avant la **cascade de Tan Rua** (น้ำตกตันเรือ ; carte p. 208), ce point d'observation offre une vue splendide sur le golfe jusqu'à Ko Pha Ngan. Si vous êtes à scooter, les lacets qui continuent de monter en direction de Na Thon débouchent sur un panorama éblouissant. Relâchez vos freins de temps à autre à la descente pour éviter la surchauffe, comme indiqué sur les panneaux.

Wat Plai Laem TEMPLE BOUDDHIQUE

(วัดปลายแหลม ; carte p. 208 ; près de Chaweng Choengmon Rd ; lever-coucher du soleil). GRATUIT Cette statue de Guanyin (Kwan Im) est la plus remarquable de l'île. Sur le site de ce temple terminé autour de 2004, le bodhisattva de la Compassion, théoriquement pourvu de mille bras, est représenté avec 18 bras déployés en éventail. L'ouvrage coloré se dresse sur une île au milieu d'un lac, à côté d'un bâtiment surplombant également l'eau. Au nord, on peut voir une statue du jovial Maitreya, le bouddha du Futur. Le cadre est très photogénique.

Ban Hua Thanon QUARTIER

(บ้านหัวถนน ; carte p. 208 ; Ban Hua Thanon). Ce petit quartier plein de charme accueille la communauté musulmane historique de Ko Samui, au sein de laquelle on porte le foulard et le *pâh sîn* (sarong masculin). Couleur locale et authenticité sont au rendez-vous, surtout le vendredi après-midi, lorsque les habitants, tirés à quatre épingles, s'amassent dans la belle mosquée du village pour la prière. Les rues environnantes bourdonnent du bavardage des habitants qui s'y retrouvent, tandis que le délicieux parfum d'une cuisine de rue halal emplit l'air.

Mosquée centrale de Ko Samui MOSQUÉE

(มัสยิดนูรุ้ลเอียะห์ซาน ; carte p. 208 ; Ban Hua Thanon ; lever-coucher du soleil). Les dômes vert et or de cette ravissante mosquée de style moghol se dressent au cœur du vieux village musulman de Ko Samui. En dehors des heures de prière, vous pourrez franchir le portail surmonté de 5 dômes pour entrer dans sa grande salle tapissée, où un ample mihrab vert pastel indique la direction de La Mecque. Deux colonnes corinthiennes et les inscriptions "Allah" et "Mohamed" en arabe décorent le mihrab, qui présente le plus bel élément de cette mosquée : un minbar (chaire) sculpté dans un bois sombre. Tenue décente exigée : vêtements couvrants pour tous et foulard pour les femmes.

Église orthodoxe de l'Ascension ÉGLISE

(โบสถ์ออร์โธดอกซ์แห่งสวรรค์ ; carte p. 213 ; 081 423 1041 ; www.churchsamui.com ; près de la Rte 4169 ; 9h-20h ; P). GRATUIT Cette église orthodoxe russe bleu ciel possède un charme fou. Ses bulbes dorés (semblables à ceux de la mosquée voisine) se tiennent à mi-hauteur d'une colline parsemée d'habitations. Sa petite salle principale comporte plusieurs particularités intrigantes, dont un pupitre en bois paré de dorures et de motif thaïlandais, un remarquable chandelier à deux étages, plusieurs bibles ornées de couvertures en métal doré et une série de fresques murales dont une figurant le Christ à l'entrée, au-dessus de l'escalier.

100% LOCAL

LES PLAGES DE KO SAMUI

L'île est suffisamment petite pour passer d'une plage à l'autre sans trop de difficulté, et ses étendues de sable sont d'une diversité remarquable. **Chaweng**, la plus longue, réserve des ambiances très variées : la portion rocheuse au nord est plutôt tranquille, la partie centrale est très fréquentée et vivante, et **Chaweng Noi** est plus paisible. À **Hat Lamai**, le milieu de la plage est plus propice à la baignade, mais la partie sud, dotée de gros rochers, est plus pittoresque.

Entre juillet et octobre, la mer est plus calme, mais le vent du nord-est fouette le sable. La houle déferle de décembre à avril, et les courants d'arrachements peuvent rendre la baignade dangereuse à Chaweng et Lamai, même pour les nageurs entraînés.

Mae Nam est la meilleure plage de la côte septentrionale pour se baigner. Sur la côte est, celles de **Taling Ngam** et **Lipa Noi** sont aussi agréables pour la baignade. À **Bo Phut**, le sable est assez rugueux et l'eau plus trouble. Au nord-est de l'île, **Ao Thong Sai** est ravissante. Pour une véritable escapade, cap sur **Ao Phang Ka**, dans le Sud-Ouest.

La pudeur est de règle au même titre que dans un temple ou une mosquée.

Magic Alambic Rum Distillery DISTILLERIE
(Carte p. 208 ; ☎080 092 0035 ; Ban Bang Kao ; dégustation 100 B ; ⊙9h-20h). L'une des rares distilleries de rhum en Thaïlande produit un rhum agricole de type antillais (à partir de jus de canne mis à fermenter), décliné dans une gamme de parfums naturels et variés, dont un délicieux rhum obtenu à partir de la macération de la chair de la noix de coco dans l'alcool durant plusieurs mois. Vidéo sur le procédé de fabrication, salle de dégustation, excellent restaurant de cuisine française et thaïlandaise et boutique dans le cadre d'une cocoteraie.

Musée de la Noix de coco MUSÉE
(บ้านมะพร้าว ; carte p. 208 ; ☎077 421211 ; www.samuirenong.com ; Na Thon ; ⊙12h30-16h30 lun-sam). GRATUIT Ce tout petit musée se concentre sur un fruit dont Ko Samui est historiquement l'un des plus grands producteurs en Thaïlande. Vous vous instruirez sur l'histoire de l'île liée à la noix de coco, apprendrez comment grimper à un cocotier, et pourrez assister à des cours sur la cuisine à base de noix de coco (350 B), ou encore la fabrication d'huile à partir de ce fruit (790 B). La boutique propose une étonnante gamme de produits élaborés par les habitants à partir des noix de coco locales.

Activités

Aventure

♥100 Degrees East PLONGÉE
(Carte p. 214 ; ☎077 423936 ; www.100degreeseast.com ; Hat Bang Rak ; ⊙9h-18h30 déc-oct). Nous recommandons vivement cette agence, dont l'équipe de permanents, très professionnels, organise d'excellentes sorties plongée et snorkeling, notamment dans le parc national maritime d'Ang Thong, à Ko Tao et à Sail Rock.

Blue Stars KAYAK
(Carte p. 210 ; ☎081 894 5032 ; www.bluestars.info ; 82/33 Mu 2, Chaweng Lake Rd ; circuits adulte/enfant 2 600/1 700 B ; ⊙10h30-21h). Ko Samui n'est pas avare en circuits de kayak et de snorkeling à destination du parc national maritime d'Ang Thong, mais Blue Stars, en plus d'être le prestataire le plus réputé, possède le bateau le plus pittoresque de Chaweng. L'équipe, très agréable, se démènera pour vous trouver l'offre la plus intéressante.

Kiteboarding Asia KITESURF
(Carte p. 208 ; ☎083 643 1627 ; www.kiteboardingasia.com ; 310/10 Mu 3, Na Thon ; stage de 1/3 jours 4 000/11 000 B ; ⊙9h-18h avr-oct). Très professionnel, le personnel de ce club vous enseignera le kitesurf en un clin d'œil, sur des eaux calmes et peu profondes. Le site de Na Thon, du côté ouest, sert d'avril à octobre, tandis que vous profiterez des bourrasques de Hua Thanon, dans le Sud-Est, de novembre à mars.

Muay thai (boxe thaïlandaise)

Lamai Muay Thai Camp BOXE THAÏLANDAISE
(Carte p. 213 ; ☎087 082 6970 ; www.lamaimuaythaicamp.com ; 82/2 Mu 3, Lamai Beach Rd ; stage d'une journée/sem 300/1 500 B ; ⊙7h-19h). Le meilleur centre d'entraînement de *muay thai* de l'île ne s'adresse qu'aux plus motivés, qu'ils débutent ou veuillent parfaire leur technique. Salle de gym bien équipée

Ko Samui

à disposition si vous souhaitez seulement faire de l'exercice. Également : séjours avec logement et pension complète.

Croisières

Red Baron CROISIÈRE

(Carte p. 214 ; ☎083 172 8792 ; www.redbaron-samui.com ; Hat Bang Rak ; à partir de 2 500 B). Red Baron est une jonque amarrée à Bang Rak. On peut y faire des croisières d'une journée autour de Ko Samui le mardi à 9h30 et vers le parc d'Ang Thong le jeudi à 8h30, mais aussi des excursions-brunch à Ko Pha Ngan le mercredi et le dimanche à 10h, ainsi que des dîners-croisières au coucher du soleil à Ko Som les lundis, mercredis et vendredis à 16h30. Transport, repas et boisson compris ; possibilité d'organiser une croisière privée.

Chantara Junk Boat CROISIÈRE

(Carte p. 214 ; ☎087 064 3126 ; www.junk-chantara.com ; Bang Rak ; à partir de 3 100 B/pers). Le temps d'une journée, d'un coucher de soleil ou d'une croisière privée, le Chantara et le Simatara (deux jonques traditionnelles) vous emmènent vous détendre, pêcher, faire du snorkeling, ou simplement profiter d'une plage accessible uniquement en bateau. Les tarifs incluent le trajet depuis votre hôtel, des boissons sans alcool, le déjeuner, un en-cas et le matériel nécessaire aux loisirs.

Santé et bien-être

Samahita Retreat YOGA

(Carte ci-dessus ; ☎077 920090 ; www.samahita-retreat.com ; Laem Sor Beach ; ⏲7h-21h). Bien caché sur la côte sud, Samahita Retreat offre un personnel dévoué pour répondre à la demande croissante de vacances thérapeutiques, de détoxication et de quête de bien-être. Les chambres sont situées dans la même rue dans un logement confortable ; les salles de yoga, les centres de bien-être et le restaurant (nourriture saine) sont au bord de l'eau.

Ko Samui

Absolute Sanctuary SPA
(Carte page ci-contre ; ☎077 601190 ; www.absolutesanctuary.com ; Choeng Mon). Programmes détox, yoga, Pilates, jeûne, art de vivre ou nutrition, et retraites dans un lieu charmant, au décor d'inspiration marocaine. Sérénité garantie.

Tamarind Springs MASSAGES
(Carte p. 213 ; ☎085 926 4626 ; www.tamarindsprings.com ; 205/7 Th Takian, près de la Rte 4169 ; package spa à partir de 1 500 B ; ⌚9h-20h). À l'écart de la plage, nichées au cœur d'une paisible plantation de cocotiers, ces quelques villas et salons de massage semblent avoir poussé tout seuls : roche granitique incorporée aux murs et aux sols, bassins privés ou originales salles de bains de plein air. Excellent restaurant diététique et possibilité d'opter pour un forfait hébergement.

Spa at the Four Seasons SPA
(Carte page ci-contre ; ☎077 243000 ; www.fourseasons.com/kohsamui/spa ; Bang Po ; à partir de 2 900 B ; ⌚9h-21h). Le spa de l'hôtel de luxe **Four Seasons** (villa 22 000-160 000 B ; P ❄ ᯤ ≋), perché sur une péninsule rocheuse à l'extrémité nord-ouest de Ko Samui, est l'un des meilleurs sur l'île. Il propose une vaste gamme de soins pour le corps et l'esprit : activation des chakras, enveloppements corporels, soins des pieds à la noix de coco, etc. Effet garanti.

Cuisine

Samui Institute of Thai Culinary Arts CUISINE
(SITCA ; carte p. 210 ; ☎077 413172 ; www.sitca.com ; Chaweng Beach Rd ; cours 1 850 B). Cours de cuisine thaïlandaise dispensés chaque jour par des chefs locaux passionnés, qui

Hat Chaweng

ne manquent jamais de présenter l'histoire et les traditions liées à chaque plat. Vous apprendrez toutes les subtilités de la cuisine au curry, notamment avec le *massaman* et le *chu chi*. Les cours, d'une durée de 3 heures, débutent à 11h et 16h. Vous pourrez même inviter un ami pour partager un dîner de votre cru (250 B).

Cours de langue

Mind Your Language THAÏ
(Carte p. 208 ; ☎077 962088 ; www.mindyourlanguagethailand.com ; 142/7 Mu 1, Bo Phut). Grâce à des forfaits accessibles (à partir de 7 900 B les 15 leçons), cette école de langue professionnelle à Bo Phut est idéale pour apprendre les bases de la langue thaïe. Cours particuliers à partir de 700 B/heure.

Koh Samui Tutor & Vocational School THAÏ
(KSTVS ; carte p. 208 ; ☎077 248228, 086 279 1617 ; www.kstvs.com ; Rte 4169). Cours et programmes pour maîtriser le thaï assortis d'un visa étudiant permettant de prolonger votre séjour à Ko Samui. Pour une véritable immersion linguistique, consultez le site Internet de l'école, très détaillé. Cours en groupe à partir de 200 B/heure et individuels à partir de 600 B.

Bénévolat

Samui Dog & Cat Rescue Centre BÉNÉVOLAT
(Carte ci-dessus ; ☎081 893 9443, 077 413490 ; www.samuidog.org ; Soi 3, Chaweng Beach Rd ; ⏲9h-18h). Cette association exemplaire a contribué à maîtriser la reproduction des chiens à Ko Samui grâce à des actions de stérilisation. Elle en a aussi vacciné une grande partie, notamment contre la rage. Les dons de temps ou d'argent sont toujours bienvenus : amis des animaux, n'hésitez pas à contacter le centre ou à vous porter volontaire dans ses chenils-dispensaires à Ban Taling Ngam (mais pas dans son antenne plus petite de Hat Chaweng). Pour savoir comment vous y rendre, consultez le site Internet.

Hat Chaweng

Où se loger

Hat Chaweng

Toujours animée, la plage de Chaweng ne manque pas d'hébergements de toutes catégories, depuis les repaires de routards jusqu'aux villas futuristes avec piscine privée, souvent juste en face les unes des autres. Elle manque cependant de charme : les établissements de sa moitié nord (la plus prisée pour la fête) souffrent du bruit de l'Ark Bar (p. 220), foyer de l'agitation nocturne. Les couche-tôt choisiront donc un hôtel du secteur sud ou recourront aux bouchons d'oreille.

Samui Hostel AUBERGE DE JEUNESSE $
(Carte page ci-contre ; 089 874 3737 ; Suan Uthit Rd ; dort 200-300 B, d 850 B ;). L'extérieur ne paie pas de mine, mais cette auberge soignée, ordonnée et accueillante est appréciée et très bien placée. Dortoirs propres avec ventilateurs et climatisation, et chambres doubles de l'autre côté de Chaweng Beach Rd par rapport à la plage. Salle à l'avant pour se détendre et bavarder autour de tables en bois. Service un cran au-dessus de la moyenne.

Pott Guesthouse PENSION $
(Carte page ci-contre ; 084 184 3084 ; Suan Uthit Rd ; ch avec ventil/clim 300/600 B ;). Dans un immeuble résidentiel quelconque, ces vastes chambres claires en béton, avec balcon, qui disposent toutes d'une salle de bains avec eau chaude, sont une affaire. L'équipe est extrêmement sympathique et serviable. Emplacement très commode, parfait pour les baroudeurs et les voyageurs en solo.

Jungle Club BUNGALOWS $$
(Carte p. 208 ; 081 891 8263 ; www.jungleclubsamui.com ; bung 1 550-2 100 B, maisons 2 400-6 200 B, ste 4 600-6 500 B, villa 4 400-11 500 B ;). La montée périlleuse qui mène à cette adresse prisée en vaut la peine, car la vue est magnifique. Le restaurant et le bar, tous deux excellents, rencontrent aussi un franc succès. Ambiance détendue, au plus proche de la nature. La clientèle flâne autour de la superbe piscine à débordement, ou se repose sous l'auvent d'un *săh·lah* (ou *sala* ; pavillon) en plein air.

Ark Bar Beach Resort RESORT $$
(Carte page ci-contre ; 077 961333 ; www.ark-bar.com ; Chaweng Beach Rd ; d 1 530-2 520 B ;). Des fêtards de tout poil se croisent dans ces logements propres et bien tenus liés à l'Ark Bar (p. 220), face à une plage fréquentée. Les chambres, modernes, peintes de couleurs vives et dotées de balcons, sont à un jet de pierre du bar, qui déverse des flots de musique toute la journée et jusqu'à tard dans la nuit… vous voilà prévenu ! Les chambres du rez-de-chaussée sont plus bruyantes et offrent moins d'intimité.

Tango Beach Resort RESORT $$
(Carte page ci-contre ; 077 300451 ; www.tangosamui.com ; 119 Mu 2, Chaweng Beach Rd ; d 1 000-1 400 B, ste 2 000-3 400 B ;). Les rénovations du Tango en 2018 ont été une réussite : la réception, colorée et lumineuse, ouvre sur un chapelet de bungalows disposés autour d'une petite piscine, elle-même

bordée d'une terrasse en bois sombre. Bon rapport qualité/prix, avec des chambres fraîches dans un style thaïlandais moderne, près d'une portion animée de la plage. Personnel aimable.

Baan Haad Ngam Boutique Resort & Villas RESORT $$
(Carte p. 210 ; ☎077 332950-7 ; www.baanhaad-ngam.com ; Chaweng Beach Rd ; d 2 500-8 100 B, villa 3 500-4 500 B ; P ❄ @ ✆ ≋). Un hébergement moderne et stylé, avec une vaste gamme de chambres et de villas autour d'un jardin botanique aménagé. Dans ce dernier, mini-cascades et ruisseaux s'écoulent vers la petite piscine à débordement, donnant sur une mer turquoise. Le parfait refuge mêlant intimité et tranquillité après une soirée dans le secteur animé, tout proche, de Chaweng. Transfert gratuit à l'aéroport, sur demande.

♥ The Library RESORT $$$
(Carte p. 210 ; ☎077 422767 ; www.thelibrarysa-mui.com ; 14/1 Mu 2, Chaweng Beach Rd ; studio 11 000-13 500 B, ste 12 500-29 000 B, villa 26 000-63 000 B ; P ❄ @ ✆ ≋). Créé par des amoureux du livre, cet hôtel design comporte une charmante bibliothèque (*library*). L'endroit dans son ensemble est d'un blanc étincelant, rehaussé de parements noirs et de rideaux à lattes, et l'imposante piscine rectangulaire est entourée d'une œuvre murale monochrome. L'allure minimaliste et moderne s'étend à ses chambres, qui inspirent un sentiment d'espace et de lumière.

Hat Lamai et le Sud-Est

Sur le sable blanc et poudreux de la partie centrale de Hat Lamai, une foule de vacanciers rôtit au soleil sur des chaises longues. Ce secteur rassemble la plupart des principaux *resorts*. Mieux vaut s'éloigner vers l'extrémité nord ou sud où le sable est plus granuleux, tout y est plus tranquille et moins cher. Plus au sud se cachent des complexes hôteliers de luxe, mais les logements à la couleur locale plus prononcée ne manquent pas non plus. Les prix y sont plus bas, mais il est indispensable d'être véhiculé pour se déplacer.

Ananas Samui Hostel AUBERGE DE JEUNESSE $
(Carte p. 208 ; ☎081 567 6650 ; www.ananashos-tels.com ; près de Laem Set ; dort/lits jum/tr/bung 190/590/790/1 200 B ; P ❄ ✆ ≋). Cette charmante petite auberge de jeunesse, adossée à une montagne tapissée de jungle, est tenue par une dame âgée et follement attachante. Assez éloignée de toute route principale ou de tout centre de village, mais d'un rapport qualité/prix admirable pour ceux qui disposent d'un véhicule. Grâce aux faibles tarifs, la location d'un scooter (possible sur place) devrait rentrer dans votre budget.

New Hut BUNGALOWS $
(Carte page ci-contre ; ☎077 230437 ; www.newhutbungalow.com ; Lamai North ; bungalows 300-800 B ; ❄ ✆). Plantés sur la grève, ces bungalows simples et colorés en forme de A donnent sur les eaux azur du golfe. Le restaurant est très animé, le personnel sympathique : c'est l'une des meilleures adresses à Lamai pour les baroudeurs, à la fois simple et joyeuse. Les bungalows les moins chers ont seulement un ventilateur et pas de salle de bains, mais la vue depuis votre porte vous le fera vite oublier.

Amarina Residence HÔTEL $$
(Carte page ci-contre ; ☎077 418073 ; facebook.com/pages/category/Hotel/Amarina-Residence-Samui-243016743104509/ ; Lamai ; studio/d 1 500/2 000 B ; ❄ ✆ ≋). À deux minutes à pied de la plage, ce petit hôtel loue des chambres carrelées spacieuses et décorées avec goût, disposées sur 2 niveaux autour du hall d'entrée et de la petite piscine. Excellent rapport qualité/prix.

Samui Jasmine Resort RESORT $$$
(Carte page ci-contre ; ☎077 232446 ; www.samuijasmineresort.com ; 131/8 Mu 3, Lamai ; d 3 800-4 085 B, villa 4 560 B ; P ❄ ✆ ≋). Installé au beau milieu de Hat Lamai, ce *resort* à la décoration traditionnelle offre un rapport qualité/prix remarquable. Choisissez les chambres les moins chères – la plupart ont une belle vue sur la mer et la piscine cristalline. Bassin pour les enfants, service de baby-sitting… Un lieu idéal pour les familles.

♥ Rocky's Resort RESORT $$$
(Carte page ci-contre ; ☎077 332888 ; www.rockyresort.com ; près de la Rte 4169 ; d 3 000-5 450 B, ste 4 220-9 275 B, villa 10 450-15 400 B ; P ❄ ✆ ≋). Avec son espace d'accueil particulièrement calme et ses deux piscines, l'établissement bénéficie d'une ambiance est à la fois chic et sans prétention. Vue sur la mer et chambres (certaines avec piscine) meublées d'objets d'inspiration thaïlandaise mâtinée d'une touche de modernité. Prix très intéressants en basse saison.

Hat Lamai

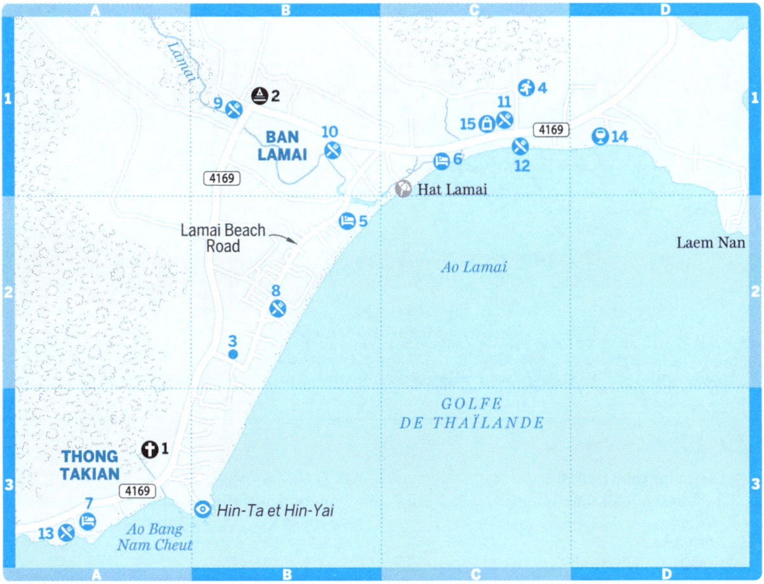

Hat Lamai

À voir

1 Église orthodoxe de l'Ascension A3
2 Wat Lamai B1

Activités

3 Lamai Muay Thai Camp B2
4 Tamarind Springs C1

Où se loger

5 Amarina Residence B2
6 New Hut C1
7 Rocky's Resort A3
Samui Jasmine Resort ..... (voir 5)

Où se restaurer

8 Kangaroo B2
9 La Fabrique B1
10 Marché de jour de Lamai B1
11 Pad Thai C1
12 Radiance C1
13 The Dining Room A3

Où prendre un verre et faire la fête

14 Beach Republic D1
Lava Lounge ..... (voir 8)

Achats

15 Island Books C1

Bo Phut et le Nord-Est

Les *resorts* chics et design encadrent Fisherman's Village, et plusieurs hébergements de catégorie moyenne occupent la très passante rue centrale. L'Us Hostel étant quasiment le seul logement du coin pour petits budgets, vous devrez vous éloigner si vous voulez faire des économies. Autrement, optez pour Chaweng, repaire des voyageurs en solo. Les familles affectionnent Bo Phut, et les chambres se louent vite en haute saison : pensez à réserver.

Us Hostel AUBERGE DE JEUNESSE $

(Carte p. 214 ; 098 696 6358 ; facebook.com/ushostelsamui ; près de la Rte 4169 ; dort/d 250/800 B ; P ✱ ☜ ≋). Cette auberge décontractée fait le bonheur des baroudeurs. La grande piscine est entourée de conteneurs reconvertis et empilés formant un établissement branché et moderne, avec un grand hall ouvert où l'on sert une cuisine thaïlandaise et un bon café. Chambres propres et spacieuses. Le personnel est bien renseigné et affable. Possibilité de louer un scooter et de se procurer toutes sortes de billets pour continuer votre voyage.

Bo Phut

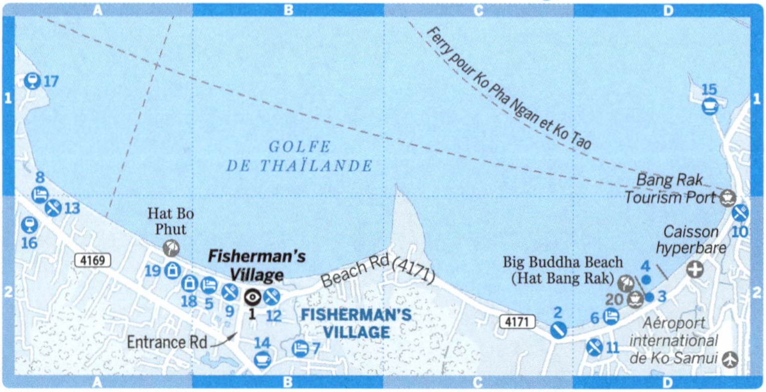

Bo Phut

Les incontournables
1 Fisherman's Village B2

Activités
2 100 Degrees East C2
3 Chantara Junk Boat D2
4 Red Baron D2

Où se loger
5 Eden B2
Hacienda .... (voir 1)
6 Secret Garden Beach Resort D2
7 Us Hostel B2
8 Zazen A1

Où se restaurer
9 2 Fishes B2
10 Bootlegger Gourmet Burgers D2
11 Boy Thai Food D2
Karma Sutra .... (voir 9)
12 The Hut B2
13 Zazen Restaurant A2

Où prendre un verre et faire la fête
14 Cafe K.O.B. B2
15 Chez Isa D1
16 Jack Doyle's Irish Pub A2
17 Woobar A1

Achats
Baan Ngurn .... (voir 1)
18 Marché nocturne du Fisherman's Village A2
19 Wharf A2

Transports
20 Big Buddha Pier D2

Eden BUNGALOWS $$
(Carte ci-dessus ; ☎077 427645 ; www.eden-bungalows.com ; Fisherman's Village ; d/bung 1500/1900 B ; ❄📶🏊). Les 10 bungalows et les 5 chambres sont installés dans un joli jardin avec une petite piscine. Les logements les moins chers sont assez tristounets, mais un supplément vous ouvrira les élégantes suites au mobilier en bois rustique. Les familles opteront pour l'appartement de 100 m² avec kitchenette. À deux pas de la plage.

Secret Garden Beach Resort BUNGALOWS $$
(Carte ci-dessus ; ☎077332661 ; www.secretgarden-samui.com ; Beach Rd ; lits jum 1800 B, bung 2100-4360 B ; ❄📶🏊). Propriété d'un Néerlandais, le Secret Garden dispose d'un restaurant de plage et d'un bar, tous deux excellents. Bungalows frais et bien équipés dans le jardin et autour de la piscine. Le dimanche, habitants, expatriés et touristes viennent se détendre en écoutant des musiciens.

Hacienda PENSION $$
(Carte ci-dessus ; ☎077 960827 ; www.samui-hacienda.com ; Fisherman's Village ; d 1860-2350 B, ste 3160 B ; Ⓟ❄📶🏊). L'arche et la couleur ocre donnent à l'entrée de l'Hacienda une allure espagnole. Un décor semblable agrémente les chambres adorables, pourvues de murs de salle de bains en galet ou de lampes en bambou translucides. Si la *guesthouse* est complète, Hacienda Suites, située un peu plus loin, dispose de chambres "éco" moins chères. Minuscules et sans fenêtres pour la plupart, elles sont néanmoins propres et

confortables. La petite piscine sur le toit-terrasse offre une vue splendide sur la mer.

Six Senses Samui RESORT $$$
(Carte p. 208 ; ☎077 245678 ; www.sixsenses.com/resorts/samui ; Samrong ; villa 13 830-32 600 B ; P ❄ @ ᯤ ≋). Ce paradis secret où le bambou domine est une parfaite raison de faire des folies. Aménagé sur un promontoire accidenté de 8 ha, le Six Senses atteint l'équilibre parfait entre opulence et charme rustique. La majorité des 66 villas sont dotées d'une magnifique piscine en béton et ménagent une vue splendide sur la baie silencieuse en contrebas. Spa haut de gamme et deux restaurants de première classe.

Zazen RESORT $$$
(Carte page ci-contre ; ☎077 425085 ; www.samui-zazen.com ; Bo Phut ; bung 3 850-9 450 B, villa 5 100-7 290 B ; P ❄ @ ᯤ ≋). Bienvenue dans l'un des luxueux *resorts* de Samui : rigueur et créativité caractérisent la conception de cette charmante oasis jusque dans ses moindres recoins, pour une rencontre entre minimalisme asiatique et rococo moderne, saupoudrée d'une belle pincée de bon goût et d'élégance. Les clients se délassent près de la piscine, ou sur des chaises longues installées sur la meilleure portion de la plage.

Mae Nam et la côte nord

Mae Nam possède d'excellentes adresses, en particulier pour les voyageurs aisés, mais les voyageurs à petit budget trouveront aussi des bungalows d'un bon rapport qualité/prix.

Indy Hostel AUBERGE DE JEUNESSE $
(Carte p. 208 ; ☎089 724 6832 ; facebook.com/indyhostelmaenam/ ; Mae Nam ; dort/s/d 280/350/450 B ; ❄ ᯤ). Nous avons adoré le thème oriental de cette petite auberge de jeunesse à croquer, adossée à la plage, au cœur de Mae Nam. Tenue par un personnel chaleureux et sympathique, c'est le logement parfait pour les baroudeurs. Nous sommes moins convaincus par la minuscule douche commune pour les chambres les moins chères : si vous en avez les moyens, préférez la super chambre double, avec baignoire.

Shangri-La BUNGALOWS $
(Carte p. 208 ; ☎077 425189 ; plage de Mae Nam ; bung avec ventil/clim à partir de 600/1 300 B ; P ❄ ᯤ). Une option haut de gamme pour les baroudeurs, avec des bungalows à prix très compétitifs sur une délicieuse portion de la plage ; certains sont adaptés aux familles. L'aménagement paysager fait défaut, mais même les bungalows basiques sont bien entretenus. Personnel agréable. Piscine avec belle vue sur la mer.

Farmer's Boutique Resort BOUTIQUE-HÔTEL $$
(Carte p. 208 ; ☎077 447222 ; Mae Nam ; bung 1 900-2 900 B ; P ❄ ᯤ ≋). Derrière une entrée flanquée de bambous s'étend un ensemble de spacieuses villas traditionnelles tenu par une famille, avec une verte colline en arrière-plan. Les rizières et étendues d'eau naturelles environnantes renforcent l'atmosphère rurale. Piscine commune et très bon restaurant sur place (p. 219). Les villas les plus chères ont la meilleure vue et jouissent de piscines privées.

Belmond Napasai RESORT $$$
(Carte p. 208 ; ☎077 429200 ; www.belmond.com ; Bang Po ; villa 8 000-40 000 B ; P ❄ @ ᯤ ≋). Passé les buffles en pâturage et leurs gardiens, les voyageurs sont accueillis dans ce vaste domaine soigneusement entretenu. Il est parsemé de nombreux pavillons au style très traditionnel, avec ornements en bois finement sculptés, superbes ouvrages locaux en soie et intérieurs en bambou. Nombre d'entre eux offrent une vue somptueuse sur le bleu du golfe et la plage privée.

Na Thon et l'Ouest

Avant tout point d'accès pour les visiteurs qui se rendent au nord ou sur la côte est, Na Thon compte peu d'hôtels intéressants. Plus au sud, sur la côte, vous attendent deux des meilleurs établissements de l'île, qui offrent une superbe vue sur les 5 îles au sud-ouest et de splendides couchers du soleil.

Chytalay Palace Hotel HÔTEL $$
(Carte p. 208 ; ☎077 421079 ; 152 Nathon Mu 3 ; d 400-850 B, tr 1 000-1 300 B ; ❄ ᯤ). Sur la route du front de mer, pas très loin à pied au sud de la jetée, cet hôtel tranquille possède des chambres très correctes et spacieuses, dont le balcon donne sur l'océan et le soleil couchant. Celles du niveau inférieur ont la vue en partie cachée par des câbles électriques, mais coûtent moins cher que les chambres plus récentes au-dessus. Les doubles les moins chères n'ont que des ventilateurs. Toutes sont équipées de douches.

Conrad Koh Samui RESORT $$$
(Carte p. 208 ; ☎077 915888 ; www.conradkoh-samui.com ; villa 18 400-43 850 B ; P ❄ ᯤ ≋). Épousant gracieusement la côte ouest, les

81 villas exceptionnelles de ce somptueux *resort* de style contemporain possèdent toutes leur propre piscine à débordement dominant la mer azur. Tout ici respire le luxe sans tomber dans l'excès. Chaque soir, le coucher du soleil est un spectacle magique. Quatre restaurants, une cave à vin et un superbe spa achèveront de vous convaincre.

Le Sud

Sunset Beach Resort & Spa RESORT $$

(Carte p. 208 ; ☎077 428200 ; www.thesunsetbeachresort.com ; Ban Taling Ngam ; ch 1 850-2 600 B, villa à partir de 3 350 B ; P ❄ wifi ≋). L'attrait de ce complexe hôtelier est bien sûr lié à sa vue sur les îles de la côte ouest, à sa plage tranquille de galets, au luxe de ses chambres et à ses villas en bord de plage, mais c'est le service souriant et dévoué qui le fait véritablement sortir du lot. VTT gratuits pour se rendre au calme village voisin, mais mieux vaut avoir une voiture pour aller plus loin.

Avani Plus Samui RESORT $$$

(☎077 485299 ; www.avanihotels.com ; Ao Phang Ka ; ch 5 860-7 080 B, villa 9 900-27 450 B ; ❄ @ wifi ≋). L'ex-Elements est situé sur une bande de sable isolée plantée de palmiers, avec une vue époustouflante sur les Five Sister Islands. C'est un refuge idéal pour les adeptes de la méditation ou les couples romantiques. Les chambres élégantes se trouvent dans des bâtiments séparés, tandis que les pavillons discrets longent le chemin menant à la zone de détente en bord de mer.

Où se restaurer

Hat Chaweng

À Chaweng, il y a toujours du monde en train de faire la tournée des bars. Aussi, les fast-foods pullulent sur les rues principales : beaucoup préparent de savoureux burgers, kebabs et (évidemment) plats thaïlandais. Hors de la rue principale, plusieurs *resorts* cachent de très bons restaurants gastronomiques, comme le Tree Tops Sky Dining.

Marché de Laem Din MARCHÉ $

(Carte p. 210 ; Chaweng ; plats à partir de 40 B ; ⏲4h-minuit). Marché animé le jour, Laem Din regorge d'étals proposant des fruits frais, des légumes et de la viande. Achetez des oranges vertes sucrées ou flânez au milieu des étals pour tenter de reconnaître les ingrédients du curry de la veille. Pour dîner, allez au marché nocturne, à côté, et savourez du poulet frit du Sud et des currys.

Marché alimentaire nocturne de Chaweng MARCHÉ $

(Carte p. 210 ; Chaweng Beach Rd ; plats à partir de 60 B ; ⏲17h-23h). Les tarifs de ce marché sont un peu plus élevés que dans les autres marchés de Ko Samui, mais l'ambiance est particulièrement sympathique quand arrivent les fêtards, venus trinquer à la bière et se repaître d'un large choix de plats locaux ou occidentaux, avant de poursuivre leur soirée dans la rue animée de Chaweng.

Tuk Tuk Backpackers CAFÉ $

(Carte p. 210 ; ☎087 268 2575 ; Chaweng Beach Rd ; plats à partir de 120 B ; ⏲10h-2h ; wifi). Ce vaste café/restaurant/bar à l'occidentale, qui évoque un pub, s'étale au bord de Chaweng Beach Rd. Les petits-déjeuners sont parfaits pour soigner une gueule de bois. Nombreux écrans TV, tables de billard...

Khaw Glong THAÏLANDAIS $$

(Carte p. 210 ; ☎089 154 4560 ; www.khawglong.com ; 200/12, Mu 2, Chaweng Beach Road ; plats 200 B ; ⏲15h-22h mar-dim). Près de la grand-rue, ce restaurant thaïlandais très prisé élabore de remarquables plats locaux qui font toujours mouche. Ambiance cosy avec mobilier en bois sombre et touches décoratives traditionnelles. Le personnel est très avenant. Arrivez tôt, car les clients affluent à l'heure du dîner.

♥ **Tree Tops Sky Dining** FUSION $$$

(Carte p. 210 ; ☎077 960333 ; www.anantara.com ; 92/1 Mu 2, Chaweng Choengmon Rd ; plats 1 000 B, menu à partir de 4 550 B ; ⏲18h-23h dim-ven, à partir de 12h sam). Le top du romantisme à Chaweng. Formant un réseau dans les arbres à l'arrière du *resort* Anantara, ces jolies plateformes perchées se disputent la meilleure vue sur la mer (notre préférence va à la table n°7). Menu ultramoderne : les plats sont présentés par des listes d'ingrédients, ils n'ont pas de noms.

Dr Frogs ITALIEN $$$

(Carte p. 208 ; ☎077 448505 ; www.drfrogs.com ; 103 Mu 3, Rte 4169 ; plats 400 B ; ⏲7h-minuit ; wifi 👪). Juché sur un surplomb rocheux, le Dr Frogs allie une vue splendide sur les flots à une délicieuse carte de produits de la mer et des classiques thaïlandais ou italiens. Cadre romantique et aire de jeux dans un jardin à l'avant. Concerts à 19h30, les lundis, mercredis, vendredis et samedis. Personnel sympathique.

VAUT LE DÉTOUR

BELLES ÉCHAPPÉES INSULAIRES

Envie de jouer les naufragés ? Mettez le cap sur les îles au large de Ko Samui. Semez la foule de la côte est en vous rendant près de Thong Krut, au sud-ouest de Samui, et embarquez sur un *long-tail boat* de pêche. Vous bondirez alors sur les vagues jusqu'aux îles quasi désertes de **Ko Taen** (ou Ko Tan) et **Ko Mat Sum**.

Avec ses 7,5 km², Ko Taen est la plus grande des deux. Elle est propice au snorkeling et compte quelques pensions, dont Koh Tan Village Bungalows sur la plage principale, ainsi que plusieurs restaurants. Environ 1 km à l'est de Ko Taen, Ko Mat Sum est plus petite et bien moins habitée. Elle ne comporte qu'une simple pension et un bar.

À Thong Krut, des panneaux font la promotion des circuits en bateau. Vous pourrez aussi vous adresser à une pension ou à un des restaurants de la plage, comme le Hemingway's on the Beach (p. 220). Ces excursions durent 4-5 heures et coûtent entre 1 500 et 2 500 B par bateau (jusqu'à 5 pers).

Hat Lamai et le Sud-Est

Deuxième plage la plus fréquentée de Samui, Hat Lamai rattrape lentement son retard culinaire sur ses semblables, comme sa voisine Hat Chaweng. Les lieux de restauration adressés aux touristes se multiplient dans le secteur ; au sud, vous découvrirez d'excellentes saveurs locales en déambulant dans les marchés, comme celui de **Hua Thanon** (carte p. 208 ; Ban Hua Thanon ; plats à partir de 30 B ; 6h-18h). Ou prenez une chaise au Melayu Samui Seafood (ci-dessous), adresse très locale au cœur du village musulman.

Marché de jour de Lamai MARCHÉ $
(Carte p. 213 ; Lamai ; plats à partir de 30 B ; 6h-20h). Entre vente de produits indispensables et nourriture à emporter, le marché de Lamai bourdonne tel un essaim. Dans la partie couverte, vous pourrez vous procurer des fruits frais ou observer les commerçants râpant des noix de coco pour en extraire du lait. Sinon, guettez le glacier (à côté d'une station-service) et ses préparations maison à la noix de coco.

Pad Thai THAÏLANDAIS $
(Carte p. 213 ; 077 458560 ; www.manathai.com ; Rte 4169 ; plats 140 B ; 12h30-21h30 ;). Situé à l'angle de l'immense hôtel Manathai, cet élégant restaurant partiellement en terrasse offre un choix formidable, et abordable, de nouilles sautées ou en soupe, à faire suivre d'une glace à la noix de coco.

Melayu Samui Seafood POISSON, FRUITS DE MER $
(Carte p. 208 ; 081 397 4090 ; Hat Ban Hua Thanon ; plats 150 B ; 10h-22h). Menu thaïlandais éclectique pour cette adresse halal admirable, avec des produits de la mer frais, achetés au marché de Ban Hua Thanon (p. 206), non loin. Le propriétaire appartient à l'une des plus vieilles familles musulmanes de Ko Samui, d'origine malaise et du sud du continent, d'où l'abondance de plats épicés et sucrés. Bungalows sommaires en location sur place.

Kangaroo INTERNATIONAL $
(Carte p. 213 ; 099 403 1984 ; 101/4 Mu 3, Lamai Beach Rd ; plats à partir de 150 B ; 13h-23h). Un accueil chaleureux et une équipe attentive vous attendent dans ce restaurant chamarré où l'on savoure d'excellentes recettes thaïlandaises et occidentales. Vaste choix de spécialités de la mer (darne de requin ou de barracuda, crabe bleu) et la gamme habituelle de currys de poulet, d'assiettes de riz frit et de pâtes.

La Fabrique BOULANGERIE $$
(Carte p. 213 ; 089 951 7559 ; Rte 4169 ; formule petit-déj à partir de 160 B ; 6h30-20h ;). Cette vaste boulangerie-pâtisserie à la française, au personnel serviable, est à l'écart de la rue principale près du **Wat Lamai** (carte p. 208 ; près de la Rte 4169 ; lever-coucher du soleil) GRATUIT. Au choix : baguette et autres pains frais, croissants, meringues, pâtisseries, yaourts ou l'exceptionnelle formule petit-déjeuner avec des fruits frais.

Radiance INTERNATIONAL $$
(Carte p. 213 ; 077 230985 ; près de la Rte 4169 ; plats 200 B ; 7h-22h ;). Ce pavillon en bord de plage fournit un cadre calme et détendu pour une cuisine plutôt légère. Variantes saines de mets traditionnels thaïlandais, italiens et mexicains, avec aussi des plats végétariens, végans ou sans produits cuits. Goûtez le délicieux *tom kha* (soupe de noix de coco au curry vert) cru.

Dining Room FRANÇAIS **$$$**
(Carte p. 213 ; ☎077 332888 ; www.rockyresort.com ; 438/1 Mu 1, Rocky's Boutique Resort, près de la Rte 4169 ; plats 300-950 B ; ⏲10h-23h). Le tournedos Rossini de Dining Room est cuisiné à la perfection. Merveilleusement situé, sur la plage, le restaurant du Rocky's Resort (p. 212) présente aussi une admirable carte des vins, et la vue est splendide à toute heure... Un choix évident pour un dîner gastronomique et romantique !

Bo Phut et le Nord-Est

Fisherman's Village réunit certains des plus agréables restaurants de bord de plage à Ko Samui, et les produits de la mer y sont souvent excellents. À Bo Phut, les prix sont rarement bas, sauf au marché du samedi soir, où l'on déguste une cuisine de rue savoureuse. La route conduisant au nord peut révéler de bonnes surprises, notamment parmi les restaurants et cafés corrects avoisinant Big Buddha Beach, à l'ouest de Choeng Mon.

Boy Thai Food THAÏLANDAIS **$**
(Carte p. 214 ; ☎083 508 6579 ; Beach Rd (4171) ; plats 50 B ; ⏲15h-tard). Cette cahute, un peu à l'écart des coins touristiques, sert en toute simplicité de délicieux plats thaïlandais jusqu'à tard le soir, après la fermeture des autres adresses de Beach Rd, à l'est de Bo Phut. Vous partagerez sans doute une table avec des gens de l'île. Mention spéciale à la soupe de la mer *đôm yam*.

The Hut THAÏLANDAIS **$**
(Carte p. 214 ; ☎077 938029 ; Fisherman's Village ; plats 60-550 B ; ⏲13h-22h ; 📶). Dans cette cabane, des spécialités thaïlandaises simples à des prix raisonnables côtoient des produits de la mer frais, plus onéreux. Les tables se remplissent vite : pour éviter l'attente, venez assez tôt, ou assez tard. La cuisine est savoureuse et le service rapide, mais le personnel est parfois un brin revêche.

Bootlegger Gourmet Burgers BURGERS **$$**
(Carte p. 214 ; ☎092 559 5085 ; 30/44 Mu 4, Chaweng Choengmon Rd ; burgers à partir de 360 B ; ⏲8h-22h30 ; 📶). À cette petite adresse gourmande, une multitude de bières artisanales accompagnent des burgers nommés Firestarter, Hot Chick ou Gangnam Style. Un lieu agréable et vivant. Situé face à l'embarcadère de Bang Rak, c'est un bon endroit pour prendre un en-cas ou un verre en attendant le ferry.

2 Fishes ITALIEN **$$**
(Carte p. 214 ; ☎077 901009 ; facebook.com/2fishessamui ; 79/5 Mu 1, Fisherman's Village ; plats à partir de 250 B ; ⏲17h30-tard mar-dim). Ce restaurant italien plein de personnalité est une bouffée d'air frais. Menu savoureux et appétissant, riche en produits de la mer. Les portions sont peu abondantes, mais, sous la houlette de Leando, propriétaire poli et accueillant, le service est efficace.

Karma Sutra INTERNATIONAL **$$**
(care p. 214 ; ☎088 751 8674 ; www.karmasutra-samui.com ; Fisherman's Village ; plats 190-690 B ; ⏲8h-1h ; 📶). Ce restaurant tendance et confortable sur le carrefour situé au cœur de Fisherman's Village sert de remarquables mets de Thaïlande et d'ailleurs. On peut s'attabler à l'extérieur en bord de route pour regarder les allées et venues ou jouir d'une superbe vue sur l'océan au premier étage.

Zazen Restaurant FUSION ASIATIQUE **$$$**
(Carte p. 214 ; ☎077 425085 ; Rte 4169 ; plats 270-550B, menu fixe à partir de 1 300 B ; ⏲18h30-23h ; 📶). Ce superbe restaurant romantique au sein du Zazen (p. 215) offre une belle vue sur la mer. Lumière tamisée, musique douce et danses traditionnelles thaïlandaises le jeudi et le dimanche soir à partir de 20h. Réservation recommandée.

♥ **Dining on the Rocks** FUSION **$$$**
(Carte p. 208 ; ☎077 245678 ; www.sixsenses.com/resorts/samui/dining ; Choeng Mon ; menu à partir de 2 800 B ; ⏲18h-minuit ; 📶🍷). Dans le cadre intimiste du complexe Six Senses Samui (p. 215), le nec plus ultra en matière de cuisine fusion se trouve dans ces 9 vérandas en teck et bambou qui donnent sur le golfe. Après le coucher du soleil (et un peu de vin), les clients ont l'impression d'être embarqués sur un bateau dérivant sur une mer étoilée. Chacun des plats du menu est concocté par des cuisiniers qui ne cessent d'innover en combinant de nouvelles saveurs, textures et modes de cuisson.

Mae Nam et la côte nord

Mae Nam ne manque pas d'adresses où se restaurer, des cabanes de plage au toit en chaume proposant des plats thaïlandais, occidentaux ou de fruits de mer aux restaurants plus raffinés qu'on déniche le long des routes à l'intérieur des terres. Ne manquez pas de goûter la cuisine de rue du **marché nocturne de Mae Nam** (carte p. 208 ; Mae Nam ; ⏲17h-23h jeu).

Homemade Burgers BURGERS $

(Carte p. 208 ; ☎ 085 788 4162 ; Rte 4169, Mae Nam ; burgers à partir de 80 B ; ⏲ 9h30-22h ; 📶). Dans cette petite cahute en bord de route, on compose des burgers et des sandwichs maison aussi gourmands qu'excellents. Outre les viandes habituelles, on y propose certaines recettes végétariennes et véganes. À déguster avec une bière fraîche (à partir de 70 B) dans l'agréable jardin à l'arrière, décoré de meubles en bambou.

Pepenero ITALIEN $$

(Carte p. 208 ; ☎ 077 963353 ; www.pepenerosamui.com ; Rte 4169, Mae Nam ; plats à partir de 280-520 B ; ⏲ 18h-22h lun-sam ; 📶). Le succès du Pepenero ne faiblit pas, et on comprend aisément pourquoi. Cet excellent restaurant italien, au décor élégant, a un bel espace jardin pour dîner et propose un menu formidable (avec notamment des plateaux de fromage et de charcuterie). Mais si l'on y revient, c'est surtout grâce à ses hôtes chaleureux, qui travaillent dur et entourent leurs clients de toutes les attentions.

Pas de cartes bancaires, mais règlement possible en diverses devises et par PayPal.

Bang Po Seafood POISSON, FRUITS DE MER $$

(Carte p. 208 ; ☎ 077 602208 ; Rte 4169, Bang Po ; plats 200 B ; ⏲ 10h-22h). Un repas au Bang Po Seafood régalera vos papilles. Un des seuls restaurants servant des plats traditionnels de Ko Samui, avec des ingrédients incluant oursins crus, jeunes poulpes, eau de mer, noix de coco et curcuma d'origine locale. Établissement au décor délicieusement typique, donnant sur la plage.

Gaon Korean Restaurant CORÉEN $$

(Carte p. 208 ; Mae Nam ; plats 250-500 B ; ⏲ 15h-23h sam-jeu ; 📶). En plein quartier chinois de Mae Nam, cet excellent restaurant propose viandes au barbecue, poisson grillé et fruits de mer à la vapeur, ainsi que des spécialités coréennes comme un succulent *bulgogi* (bœuf mariné, champignons et carottes, servis sur un plat grésillant), des pancakes au kimchi et des glaces coréennes. Menu enfant et plats végétariens.

John's Garden Restaurant THAÏLANDAIS $$

(Carte p. 208 ; ☎ 077 247694 ; facebook.com/johnsgardenth ; Mae Nam ; plats à partir de 130 B ; ⏲ 13h-22h ; 📶). Dans ce joli jardin aménagé, les tables sont disposées dans des petites cabanes intimistes, en bambou et en feuilles de palmier. Le cadre est particulièrement romantique le soir à la lueur des lanternes. Réservez, et emportez de l'anti-moustique, même si on vous en fournit. Carte thaïlando-européenne, comprenant la spécialité maison, l'éblouissant poulet *massaman* (un plat thaïlando-musulman).

Farmer's Boutique Restaurant INTERNATIONAL $$$

(Carte p. 208 ; ☎ 077 447222, 098 655 5314 ; www.farmersboutiqueresort.com/restaurant ; Mae Nam ; plats 290-890 B ; ⏲ 7h-22h30 ; ❄📶). Au milieu d'une rizière, le cadre magique du Farmer's – au sein du *resort* (p. 215) éponyme – est digne d'une carte postale quand scintillent les bougies dans la nuit étoilée. La cuisine, d'inspiration essentiellement européenne, est délicieuse et bien présentée. Service attentif ; l'établissement passe prendre gratuitement les clients des plages voisines.

Na Thon et l'Ouest

Dans le calme de la côte ouest, on trouve de bons restaurants de poisson, et un ou deux établissements offrant une vue superbe, surtout au coucher du soleil. À Na Thon, en revanche, aucune adresse ne sort du lot. Le **marché alimentaire nocturne** (carte p. 208 ; Th Chonwithi, Na Thon Pier ; plats 70 B ; ⏲ 17h-22h) est remarquable, et tout à fait propice à une petite collation avant de quitter l'île en ferry.

Hippocampe French Bakery BOULANGERIE $

(Carte p. 208 ; gâteaux/sandwichs 50/100 B ; ⏲ 6h-18h lun-sam ; 📶). On salive devant les délicieux pains complets tout juste sortis du four de ce petit café français donnant sur la populaire Th Angthong. Menu déjeuner bon et léger, et gâteaux et café délicieux.

Phootawan Restaurant THAÏLANDAIS $$

(Carte p. 208 ; ☎ 081 978 9241 ; plats 150 B ; ⏲ 10h-20h). Gravir la colline à scooter ou en voiture pour atteindre ce restaurant n'est pas toujours une partie de plaisir, mais le jeu en vaut la chandelle : un panorama exceptionnel vous attend au-delà les arbres. Rien de miraculeux côté cuisine, mais, au coucher du soleil, le Phootawan se change en un lieu romantique et enchanteur.

Lucky INTERNATIONAL $$

(Carte p. 208 ; ☎ 077 420392 ; Na Thon ; plats 100-420 B ; ⏲ 8h-21h lun-sam, 12h-21h dim ; 📶). Face à la mer, ce restaurant sert une cuisine occidentale et thaïlandaise copieuse et savoureuse. Si vous venez au bon moment, vous dînerez devant un magnifique coucher de soleil. Pratique, le Lucky est proche de l'embarcadère. Steve, le propriétaire originaire de la région de Liverpool, est aussi aimable que bien renseigné sur les environs.

Le Sud

Ging Pagarang POISSON, FRUITS DE MER $

(Carte p. 208 ; ☎081 691 2114 ; Thong Krut ; plats 50 B ; ⏲11h30-20h). Les habitants de l'île le savent : le Ging Pagarang est une adresse à connaître pour déguster d'authentiques produits de la mer à la mode de Ko Samui. L'établissement est simple, géré en famille, mais la vue et la cuisine sont fantastiques. Goûtez la salade d'algues marines au crabe, le poulpe séché et frit à la noix de coco, le poisson frit ou les crevettes à la citronnelle.

Sweet Sisters Cafe CAFÉ $

(Carte p. 208 ; ☎086 470 8631 ; Bang Kao ; ⏲9h-21h ; wifi). Ce café en bord de route possède un intérieur agréablement cosy. Idéal pour un café, un jus ou un en-cas en découvrant les baies, plages et pagodes du littoral méridional. Dans la paisible partie sud de Ko Samui, juste avant la bretelle pour Ao Bang Kao.

♥ Hemingway's on the Beach THAÏLANDAIS $$

(Carte p. 208 ; ☎088 452 4433 ; www.hemingwaysonthebeach.com ; près de la Rte 4170, Ao Thong Krut ; plats 225 B ; ⏲10h-20h lun-sam ; wifi). Prétexte rêvé pour une virée dans le sud-ouest de Ko Samui, le Hemingway's concocte des plats thaïlandais appétissants, sur la plage. Régalez-vous des produits de la mer et de la vue, spectaculaire au soleil couchant. Le Hemingway's organise aussi des croisières autour de l'île en *long-tail boat* et en *speedboat*, et héberge l'école de cuisine Jaa's Cooking School (1 500 B/pers). Massages relaxants proposés après les repas.

Où prendre un verre et faire la fête

Les bars de Ko Samui sont tenus de fermer à 1h, mais cette règle n'est pas toujours appliquée sur l'impétueuse et bruyante Hat Chaweng, haut lieu festif de l'île. Lamai, puis Bo Phut viennent ensuite, tandis que le reste de l'île est généralement calme, les vacanciers préférant se détendre en buvant un verre dans les bars d'hôtel. Pour des cocktails au soleil couchant, cap sur la côte ouest et certaines portions du littoral nord. De plus en plus d'établissements servent un très bon café un peu partout sur l'île.

Hat Chaweng

♥ Warm White BAR

(Carte p. 210 ; Chaweng Lake ; ⏲17h-2h ; wifi). Repaire tendance à Ko Samui, ce bar local diffuse de la bonne musique urbaine thaïlandaise et l'on peut s'y rafraîchir avec une bière ou un cocktail à prix raisonnable. Le soir, si vous vous offrez un verre sur la terrasse prisée de la jeunesse hipster locale, vous serez peut-être le seul étranger.

Green Mango BAR

(Carte p. 210 ; ☎077 300672 ; www.thegreenmangoclub.com ; Soi Green Mango ; ⏲21h-2h). Ce bar-discothèque a donné son nom au *soi* tout entier. Véritable institution à Ko Samui, le Green Mango est immense, tapageur et... très *farang* (nom donné aux Occidentaux). Lumières flamboyantes, boissons chères et foule en sueur ondulant au rythme de la *dance music* en deuxième partie de soirée : il n'est pas rare que l'endroit soit l'étape finale d'une tournée des bars à Chaweng.

Bees Knees Brewpub BRASSERIE

(Carte p. 210 ; ☎085 537 2498 ; www.samuibrew.pub ; 83/3, Mu 2, Chaweng Lake Rd ; ⏲15h-minuit). Certes, l'intérieur manque de charme, mais la bière (à partir de 120 B) brassée sur place est appréciée de tous, et mérite amplement le détour. Il y en a 5 sortes ("wheaty bee", "summer bee", "black bee", "bitter bee" et "black-and-tan"), toutes très savoureuses. La brasserie, située derrière le bar, est visible à travers des panneaux en verre.

Ark Bar BAR

(Carte p. 210 ; ☎077 961333 ; www.ark-bar.com ; 159/89, Mu 2, Hat Chaweng ; ⏲7h-2h). Ici, la fête bat son plein de jour comme de nuit dans une ambiance très jeune. Le bar, très bariolé, est souvent pris d'assaut, tandis que la clientèle se détend sur des chaises longues en bord de mer. Des spectacles de feu illuminent la plage à la nuit tombée, au son des DJ qui mixent dès l'après-midi.

Hat Lamai et le Sud-Est

Lava Lounge BAR

(Carte p. 213 ; ☎080 886 5035 ; Mu 3, Hat Lamai ; ⏲16h-2h). Parmi les bars les plus en vue à Lamai, le Lava Lounge, à l'ambiance détendue, propose un vaste choix de cocktails (99-150 B) et des happy hours de 16h à 21h. Menu d'en-cas correct, avec des classiques thaïlandais et occidentaux.

Beach Republic BAR

(Carte p. 213 ; ☎077 458100 ; www.beachrepublic.com ; 176/34 Mu 4, Hat Lamai ; ⏰7h-23h ; 📶). Reconnaissable à ses auvents en chaume, ce bar est idéal pour se prélasser en bord de mer. On y trouve une piscine, des fauteuils de plage accueillants, une longue liste de cocktails et même un hôtel si vous n'arrivez pas à partir. Les brunchs du dimanche (de 11h30 à 15h30) sont incontournables.

Bo Phut et le Nord-Est

Woo Bar BAR

(Carte p. 214 ; ☎077 915999 ; www.wkohsamui.com ; Bo Phut ; ⏰11h-23h ; 📶). Avec son décor éblouissant et son panorama étonnant, le bar du W Retreat est tout indiqué pour un cocktail au coucher du soleil. Arrivez tôt pour trouver de la place sur les banquettes qui semblent flotter sur l'envoûtante piscine à débordement. DJ tous les soirs, et consommation minimum de 1 000 B.

Jack Doyle's Irish Pub PUB IRLANDAIS

(Carte p. 214 ; ☎087 689 9417 ; Mu 181/6, Rte 4169 ; ⏰11h-2h ; 📶). Ce pub irlandais ne manque pas d'ambiance. Parfait pour déguster des pizzas délicieuses devant un événement sportif en direct, ou savourer une bière à l'occasion d'une partie de billard contre les expatriés britanniques locaux.

Chez Isa CAFÉ

(Carte p. 214 ; ☎082 423 9221 ; Wat Phra Yai ; ⏰9h30-19h ; 📶). Ce charmant petit café haut en couleur ne sert pas d'alcool (il jouxte Wat Phra Yai) et ferme tôt, mais allez-y pour un cocktail sans alcool au coucher du soleil ou un café au bord de la mer en journée.

Cafe K.O.B. CAFÉ

(King of Bread ; carte p. 214 ; ☎081 829 9045 ; ⏰8h-17h ; 📶). Café, pâtisseries et pains artisanaux (cuits sur place) de premier ordre pour ce petit café dans l'air du temps, habillé de charmants bois sombres. Les menus petit-déjeuner et déjeuner sont extras.

Mae Nam et la côte nord

Tree Bridge Coffee CAFÉ

(Carte p. 208 ; ⏰9h-18h ; 📶). Si vous bravez le pont de corde menant à cette plateforme dans les arbres, vous entendrez les cris d'étonnement des autres visiteurs bien avant d'accéder à sa vue imprenable sur le golfe. Le café n'est pas mal non plus. L'étape idéale en route vers la cascade de Tan Rua (p. 206).

About Cafe CAFÉ

(Carte p. 208 ; ☎077 938 167 ; 160/1, Mu 1, Mae Nam ; ⏰7h30-17h sam-lun ; 📶). Nous sommes tombés amoureux de ce café en plein milieu de Mae Nam. Les objets vintage donnent un look chic et décalé à la petite salle. L'équipe réduite de l'About Cafe est parfois débordée, mais soyez patient : le café et les petits-déjeuners en valent la peine.

Beryl Bar BAR

(Carte p. 208 ; Hat Laem Yai ; ⏰18h-tard ; 📶). Ce bar décrépit et agréablement reculé séduit les couples en quête de tranquillité et de couchers de soleil divins. Le Beryl et son ambiance rasta, face à une baie dentelée, donnent l'impression d'être au bout du monde. D'humeur aventurière ? Une grotte au nord dissimule un temple exhibant un bouddha en méditation. Sinon, installez-vous sur une chaise longue et profitez !

Na Thon et l'Ouest

Air Bar BAR

(Carte p. 208 ; ☎077 429100 ; www.samui.intercontinental.com/air-bar ; Intercontinental Samui Baan Taling Ngam Resort, Taling Ngam ; ⏰17h-minuit ; 📶). Vous admirerez le soleil plongeant dans les reflets dorés du golfe depuis le splendide bar en plein air de ce **luxueux resort** (carte p. 208 ; ☎077 429100 ; www.samui.intercontinental.com ; Taling Ngam ; d 7 500-11 500 B, ste 11 500 B, villa 15 000-21 500 B ; P ❄ 📶 🏊) perché au sommet d'une falaise. Excellentes tapas, ainsi que des en-cas. Difficile de trouver plus romantique à Na Thon.

Coffee Island CAFÉ

(Carte p. 208 ; ☎081 656 3399 ; Th Chonwithi ; ⏰7h-21h ; 📶). Ce lieu parfaitement situé, avec ravissante vue sur la mer et jusqu'à l'embarcadère, est le dernier arrêt idéal avant le départ de votre ferry. Le café est très bon, tout comme les petits-déjeuners et déjeuners légers. Le signal Wi-Fi est puissant : c'est donc aussi un excellent endroit pour vous organiser à votre arrivée sur l'île.

Le Sud

Buffalo Baby BAR

(Carte p. 208 ; Ao Bang Kao ; ⏰9h-21h ; 📶). Situé tout au sud de la côte à Ao Bang Kao, ce sympathique bar de plage prend vie le samedi à 17h, lorsque les DJ (et parfois un spectacle de feu) font l'animation sur le sable.

Où sortir

Paris Follies Cabaret CABARET

(Carte p. 210 ; 087 030 8280 ; Chaweng Beach Rd ; 20h-minuit ;). Ce cabaret très divertissant propose des spectacles de *gà·teu·i* (parfois épelé *kàthoey*), d'une heure, avec artistes travestis et trans, tous les soirs à 20h, 21h, 22h et 23h devant une clientèle mixte. Entrée gratuite et consommation obligatoire (à partir de 300 B environ).

Achats

Marché nocturne de Fisherman's Village MARCHÉ

(Carte p. 214 ; Fisherman's Village ; 17h-23h ven). Tous les vendredis soir, près du parking de **The Wharf** (carte p. 214 ; 077 425500 ; Fisherman's Village ; 11h-23h), cette rue de Fisherman's Village se transforme en une forêt aussi animée que chamarrée d'étals de marché, d'échoppes de cuisine de rue et de cocktails à bas prix, ainsi que de stands d'artisanat ou de T-shirts. Régulièrement, des groupes de musique apportent le fond sonore idéal pour déguster un *satay* (brochette de viande), une mangue et un en-cas au riz gluant.

Baan Ngurn BIJOUX

(House of Silver ; carte p. 214 ; 085 797 9630 ; Entrance Rd, Fisherman's Village ; 11h-22h). Cette ravissante petite bijouterie déploie un large éventail de bracelets, de colliers et de boucles d'oreilles en argent savamment confectionnés. Les prix débutent à 30 B pour une paire de boucles d'oreilles, et montent jusqu'à 8 000 B. En général, le propriétaire n'a rien contre un peu de marchandage.

Island Books LIVRES

(Carte p. 213 ; 061 193 2132 ; www.island-books-samui.com ; Tapee Bungalows, près de la Rte 4169 ; 11h-19h). Paul Wotham, natif de la région de Liverpool, appartient à l'époque où les gens aimaient lire et fureter dans les rayons d'une bonne librairie. Bien qu'il s'agisse d'une espèce en voie de disparition, les irréductibles lecteurs en visite à Ko Samui se passionneront pour son ample sélection de livres d'occasion (surtout en anglais), dont une impressionnante section voyages. Indiqué depuis la grand-rue après Lamai.

Thanon An Thong RUE

(Carte p. 208 ; Th Anthong, Na Thon). À seulement une rue du quai, cette jolie artère est jalonnée de maisons de négoce en bois, de lampions chinois et d'oiseaux gazouillant dans leurs cages. Les boutiques de souvenirs vendent des objets en tous genres (qui vous coûteront moins cher à Chaweng) dans une cohue infernale.

Central Festival CENTRE COMMERCIAL

(Carte p. 210 ; 077 913 000 ; Chaweng Beach Rd ; 11h-23h ;). Ce centre commercial étincelant et lumineux abonde en boutiques de marques internationales, en cafés et en restaurants. Très bon espace restauration climatisé proposant des plats façon cuisine de rue, et installations idéales pour occuper les petits (dont une aire de jeux). Un bon endroit pour échapper à la chaleur en journée.

Renseignements

ACCÈS INTERNET

Le Wi-Fi est disponible gratuitement dans tous les hébergements, restaurants et bars.

ARGENT

Nombreux DAB. La plupart des restaurants et hôtels acceptent les paiements par carte bancaire.

DÉSAGRÉMENTS ET DANGERS

Routes Le va-et-vient incessant des ambulances filant sirènes hurlantes sur les routes de Ko Samui témoigne de la fréquence des accidents. Un grand nombre de touristes inexpérimentés loue des motos avant de se rendre compte que les routes sinueuses, les averses tropicales soudaines, le sable sur la route et la circulation frénétique peuvent être dangereux, voire fatals.

Verre sur les plages Faites très attention aux tessons de verre (provenant surtout de bouteilles, notamment de bière) sur les plages les moins fréquentées – notamment sur certaines portions de la plage de Na Thon et sur la bande de sable menant à Ko Ma, au nord-ouest de l'île. Certains éclats de verre sont là depuis si longtemps qu'ils ont été polis par les vagues, mais d'autres sont très coupants.

Courants forts La mer est souvent forte à Samui, même pour les bons nageurs, et il y a parfois des noyades, notamment à Chaweng et Lamai, où courants et contre-courants sont particulièrement violents. Les hôtels installent des panneaux ou des drapeaux en bord de plage pour annoncer les conditions de baignade et éventuels dangers. Si un courant d'arrachement (puissant courant de surface en direction du large) vous emporte, nagez parallèlement à la plage pour vous en libérer, ou bien laissez-vous porter jusqu'à des eaux plus profondes où le courant se dissipera. Ne tentez de rejoindre la plage qu'une fois sorti du courant, car nager contre ce dernier vous épuiserait très rapidement.

Chiens Les chiens sont omniprésents sur l'île. Leur taux de reproduction est élevé et ils peuvent mordre. La tâche ingrate consistant à stériliser les innombrables chiens errants revient au Samui Dog & Cat Rescue Centre (p. 210), qui veille aussi à éviter la propagation de la rage (si la maladie est largement sous contrôle, consultez néanmoins un professionnel de santé en cas de morsure). Près des temples et de certaines plages, vous rencontrerez parfois des meutes de chiens agressifs : soyez prudent, et évitez de les caresser ou même de les approcher.

Vendeurs insistants Les vendeurs de plage sont enregistrés et doivent porter une veste affichant leur numéro. Aucun vendeur ne doit devenir une gêne – demandez de l'aide si c'est le cas.

EXTENSIONS DE VISAS

Le **bureau de l'immigration** (carte p. 208 ; ☎ 077 423440 ; www.suratimmigration.go.th ; Soi 1 Mu 1, Mae Nam ; ⏲ 8h30-12h et 13h-16h30 lun-ven) situé au sud de la Rte 4169, à Mae Nam, peut prolonger votre visa.

Il peut être utile de vous inscrire à un cours de thaï de 3 mois à 1 an auprès d'une des écoles de l'île ; vous serez alors éligible pour un visa étudiant valable pour toute la durée des cours.

INFORMATIONS TOURISTIQUES

Il n'y a aucun office du tourisme officiel sur l'île ; les touristes se tournent essentiellement vers les hôtels et agences de voyages.

La **Siam Map Company** (www.siammap.com) publie des brochures trimestrielles, notamment le *Spa Guide*, le *Dining Guide* et un annuaire annuel citant des milliers de compagnies et d'hôtels sur l'île. Son *Samui Guide Map* est complet, gratuit, et disponible sur toute l'île.

POSTE

Dans de nombreuses parties de l'île sont installées des postes privées facturant une petite commission. On peut presque toujours laisser son courrier timbré à son hôtel.

PROBLÈMES JURIDIQUES

La police thaïlandaise laisse généralement les étrangers tranquilles, mais les lois sur les stupéfiants sont parfois appliquées à la lettre, et les sanctions sont sévères.

Si l'on vous arrête pour quelque motif que ce soit, vous aurez le droit à un appel téléphonique. En cas d'arrestation, un comportement agressif ne fera qu'empirer votre situation.

Ayez toujours avec vous une copie de votre passeport ou de votre pièce d'identité, au cas où un membre de la police demande à les voir.

De nombreuses personnes conduisent des deux-roues sans casque, même si le port du casque est obligatoire à moto comme à scooter.

SERVICES MÉDICAUX

Ko Samui compte 4 hôpitaux privés, tous près du supermarché Tesco-Lotus de Chaweng sur la côte est, fréquentés par la plupart des touristes. L'hôpital public (Samui Hospital) de Na Thon s'est beaucoup amélioré ces dernières années, mais le service laisse à désirer, car le financement est fondé sur le nombre d'habitants de Samui (qui ne prend pas en compte le grand nombre de travailleurs illégaux).

Bandon International Hospital (carte p. 208 ; ☎ 077 332706 ; près de la Rte 4169 ; ⏲ 24h/24). Hôpital privé avec soins correspondant aux standards internationaux.

Bangkok Hospital Samui (carte p. 210 ; ☎ 077 429500, urgences 1719 ; www.bangkokhospitalsamui.com ; Rte 4169). Hôpital accrédité au niveau international, au centre de Chaweng. La meilleure référence quel que soit votre souci de santé.

Ko Samui Hospital (carte p. 208 ; ☎ 077 913200 ; www.samuihospital.go.th/weben ; Na Thon ; ⏲ 24h/24). Hôpital gouvernemental public situé au sud de Na Thon.

Samui International Hospital (carte p. 210 ; ☎ 077 300394 ; www.sih.co.th ; 90/2 Mu 2, Chaweng Beach Rd ; ⏲ 24h/24). Hôpital international à Chaweng. Service d'ambulances d'urgence, 24h/24, cartes bancaires acceptées.

URGENCES

Police touristique (carte p. 208 ; ☎ 077 430018). Renseignements et assistance en cas d'arrestation.

ℹ Depuis/vers Ko Samui

AVION

L'aéroport de Ko Samui (p. 444) se situe dans le nord-est de l'île, juste au nord de Chaweng.

Bangkok Airways (www.bangkokair.com) propose des vols (1 heure 05) entre Samui et l'aéroport international Suvarnabhumi de Bangkok toutes les 30 minutes. Bangkok Airways assure des vols directs de Ko Samui vers Phuket, Pattaya, Chiang Mai, Singapour, Kuala Lumpur, Hong Kong et d'autres villes en Asie du Sud-Est. Bangkok Airways dessert également Chéngdū et Guǎngzhōu, en Chine. Une **agence Bangkok Airways** (carte p. 210 ; ☎ 077 601300 ; www.bangkokair.com ; ⏲ 8h-17h30) est ouverte à Hat Chaweng et une autre à l'aéroport (☎ 0 7742 5011). Le premier vol et le dernier sont toujours les moins chers.

En haute saison, réservez votre vol longtemps à l'avance car les sièges partent vite. Si les vols pour Samui sont complets, essayez d'aller en avion jusqu'à Surat Thani depuis Bangkok, puis en ferry jusqu'à Samui. Les vols vers Surat Thani sont toujours moins chers que les vols directs vers l'île.

BATEAU

Sur le continent, les principaux embarcadères pour rejoindre Ko Samui sont Tha Thong (Tapee), Don Sak et Chumphon. Sur Samui, les 3 ports les plus fréquentés sont Na Thon, Mae Nam et Bang Rak. À votre arrivée en ferry à grande vitesse, des minibus vous emmèneront partout sur l'île pour 150 B.

Vers le continent

Pour les bateaux à destination du continent, le choix est vaste.

Les bateaux rapides de **Lomprayah** (☎ 077 200932 ; www.lomprayah.com ; Tapee Pier) partent de Na Thon (600 B ; 1 heure 40 ; 8h, 12h45 et 15h15) ralient Tapee Pier ; certains assurent des correspondances avec des trains pour Surat Thani à la gare ferroviaire de Phun Phin (700 B).

Plus lent, mais plus confortable et plus économique, le car-ferry **Seatran** (carte p. 208 ; ☎ 077 426001 ; www.seatranferry.com ; près de Chonwithi Rd ; à partir de 250 B ; ⏱ 4h-19h) part de Bang Rak pour rejoindre Don Sak (400 B ; 1 heure 30), et de Na Thon pour rallier Surat Thani via Don Sak (avec correspondance en car 230 B ; 3 heures).

Fréquents, les ferrys de **Raja** (Lipa Noi ; carte p. 208 ; ☎ 092 274 3423-5, 022 768211-2 ; www.rajaferryport.com ; Lipa Noi Pier ; billet ferry adulte 130-210 B) se rendent à Don Sak (130 B ; 1 heure 30) au départ de Lipa Noi. Le lent bateau de nuit pour Samui (300 B) part du centre de Surat Thani tous les soirs à 22h, arrivant à Na Thon vers 6h. Il repart de Na Thon à 22h, pour arriver vers 4h. Attention à vos bagages sur ce bateau.

Les ferrys de Lomprayah partent également du **Pralan Pier** (carte p. 208 ; ☎ 077 950700 ; www.lomprayah.com ; 26/6 Mu 1), à Mae Nam, vers Chumphon (1 100 B ; 3 heures 45 ; 8h et 12h30). Une liaison légèrement moins coûteuse vers Chumpon est assurée par Songserm (www.songserm.com) au départ du Na Thon Pier (900 B ; 6 heures 30).

Depuis/vers Ko Pha Ngan et Ko Tao

Une dizaine de bateaux relient tous les jours Ko Samui et Thong Sala sur la côte ouest de Ko Pha Ngan, beaucoup poursuivant jusqu'à Ko Tao. Ils partent du port des ferrys de Raja, de Na Thon, du Pralan Pier et de Bang Rak ; pour Ko Pha Ngan, comptez 20 min-1 heure 30 de trajet et 150-300 B, en fonction de votre bateau.

On peut rejoindre directement Hat Rin avec le *Haad Rin Queen*, qui fait la navette entre Hat Rin et **Big Buddha Pier** (carte p. 214 ; Beach Rd (4171) ; billets 200 B ; ⏱ 10h30-18h30) 4 fois par jour. Le premier bateau quitte Hat Rin à 9h30 et repart de Big Buddha Pier à 10h30. Le jour qui suit la fête de la pleine lune, le nombre de liaisons double et un départ supplémentaire a lieu à 7h30 le jour même.

Le *Thong Nai Pan Express*, plus petit et bringuebalant, rallie aussi Hat Rin et les plages plus éloignées de la côte est de Ko Pha Ngan. Il quitte (peu fréquemment) Mae Nam (Ko Samui) vers 12h pour Hat Rin, puis dessert toutes les plages de la côte est jusqu'à Thong Nai Pan Noi (200-400 B, selon la destination). Pas de départ en cas de mauvais temps.

Bus ou train et ferry combinés

Le bus-ferry est plus pratique qu'une formule train-ferry, car vous n'avez pas besoin de changer de moyen de transport à Phun Phin (petite ville près de Surat Thani). Cependant, les trains sont bien plus spacieux et confortables – surtout de nuit. Si vous préférez le train, vous pouvez descendre à Chumphon et prendre le service de catamaran de Lomprayah pour le reste du voyage.

Plusieurs agences proposent des billets combinés bus-ferry. Le service le plus rapide et le plus confortable est celui de Lomprayah, avec 2 départs quotidiens : de Bangkok pour Samui (6h et 21h) et de Samui pour Bangkok (8h et 12h30) (1 300-1 450 B ; 11-12 heures).

ESCROQUERIES À LA LOCATION DE VÉHICULE

Même si vous revenez, vous et le véhicule, indemnes d'une balade à moto (ou en voiture), certaines agences de location prétendront que vous avez abîmé quelque chose, espérant ainsi vous extorquer une belle somme en liquide. Le meilleur moyen d'éviter cela est de prendre des photos détaillées du véhicule lors de la location sans vous cacher du loueur (s'il sait que vous avez pris des photos, il hésitera à porter de fausses accusations contre vous).

Toutefois, si cela vous arrive, gardez votre sang-froid. Céder à la colère ne vous aidera pas à prouver votre bonne foi et risque même d'empirer les choses.

Si les choses s'enveniment, appelez la police touristique (p. 223), et non la police régulière.

Comment circuler

Notez que sur les routes de Ko Samui, vous verrez constamment des panneaux pour divers bars, restaurants ou hôtels, précisant la distance à parcourir. Une conversion s'impose : 300 m correspondant généralement à 1 km !

Bus (*songthaew*). Seuls transports en commun de l'île, ils circulent régulièrement et relient les pôles importants.

Scooter Tarifs raisonnables, et points de location répandus. La meilleure solution pour des visites à votre rythme.

Taxi Outre les taxis locaux, vous pouvez passer par Grab (www.grab.com). Les deux pratiquent des prix souvent élevés.

Voiture En location partout sur l'île, mais privilégiez les loueurs internationaux à l'aéroport. À Ko Samui, on roule à droite.

Ko Pha Ngan

เกาะพะงัน

12 500 HABITANTS

À la fin des années 1970, Ko Pha Ngan était encore un paradis pour voyageurs intrépides. Ces jours paraissent désormais bien loin, mais ce n'est pas une raison pour éviter cette belle île du golfe, qui a bien plus à offrir que les fêtes de la pleine lune (*Full Moon Parties*) qui l'ont rendue célèbre.

Choisissez d'autres dates du calendrier lunaire, ou la période relativement plus calme des fêtes de demi-lune, et le charme singulier de l'île vous sautera aux yeux. On y trouve facilement à se loger, les tarifs sont plus abordables et il y a bien moins de monde qu'ailleurs dans le Sud ; vous jouirez donc aisément de calme et de solitude. Même Hat Rin, au centre de la fête lors de la pleine lune, est paisible le reste du temps, et les plages sont rigoureusement nettoyées.

Avril et juin sont les mois les moins turbulents : une période idéale pour profiter de logements bon marché, de kilomètres de sable où poser sa serviette et de routes plus sûres.

À voir

Outre ses fêtes de la pleine lune, cette grande île exhibe nombre de particularités naturelles saisissantes et pourtant ignorées, dont des reliefs tapissés de forêt vierge et des cascades, ainsi qu'un parc national et des plages aussi secrètes que splendides.

De retour de la plage, n'oubliez pas de vous changer avant de visiter un des *wat* de Ko Pha Ngan : il y en a une vingtaine, avec chacun leur caractère propre. Côté lieux de culte remarquables, ne manquez pas non plus la mosquée en bois centenaire près de Ban Khai.

♥ Hat Than Sadet — PLAGE

(หาดธารเสด็จ ; carte p. 226 ; P). Cette plage adorable, avec ses cocotiers penchés, porte littéralement le sceau d'approbation royal : afin d'immortaliser l'affection portée à cette crique de rêve, à l'embouchure du Than Sadet, les rois thaïlandais Rama V, VII et IX ont gravé leurs insignes sur des rochers (indiqués par des panneaux) situés derrière les cabanes bordant la grève et les flots bleus. À l'extrémité sud, après les cabanes sur pilotis, un pont en bois permet d'accéder à Hat Thong Reng (p. 227). Les deux plages se prêtent parfaitement à la baignade.

Hat Rin — PLAGE

(หาดริ้น, Hat Rin Nok ; carte p. 232 ; Baan Haad Rin). Également appelée Sunrise Beach ou encore Full Moon Party Beach, cette plage est étonnamment l'une des plus propres et des plus agréables de Ko Pha Ngan. Chaque mois, une grande partie de l'argent collecté auprès des fêtards est réinvesti dans le nettoyage du sable (nécessaire après les fêtes). Et comme beaucoup de visiteurs l'évitent à cause de sa réputation, la plage est souvent assez calme.

Hat Khuat — PLAGE

(หาดขวด, Bottle Beach ; carte p. 226). Cette charmante crique isolée, idéale pour une journée relaxation, baignade et snorkeling, affiche une étendue de sable doux surplombée de collines verdoyantes. On s'y sent vraiment privilégié, car la plage n'est desservie par aucune véritable route. La plupart des visiteurs arrivent de **Hat Khom** (หาดขอม ; carte p. 226 ; P) par bateau-taxi, ou s'arment de réserves d'eau, d'une paire de chaussures de marche et d'un chapeau pour effectuer la randonnée de Chalok Lam à Bottle Beach (p. 230) à travers la forêt.

Wat Samai Kongka — TEMPLE BOUDDHIQUE

(วัดสมัยคงคา ; carte p. 226 ; ☎094 603 3651 ; ⏲lever-coucher du soleil ; P). GRATUIT Un beau portail vert, rouge et doré arborant une roue du dharma vous accueille dans ce temple, célèbre pour ses représentations en argile terrifiantes de l'enfer bouddhique. La plus frappante montre plusieurs pêcheurs plongés dans une énorme marmite d'eau bouillante décorée de squelettes. L'un des malheureux possède une tête de coquelet, tandis qu'un gardien pique de sa lance le postérieur d'un autre. Le temple encadre aussi des séances de méditation : adressez-vous aux moines qui parlent anglais.

Ko Pha Ngan

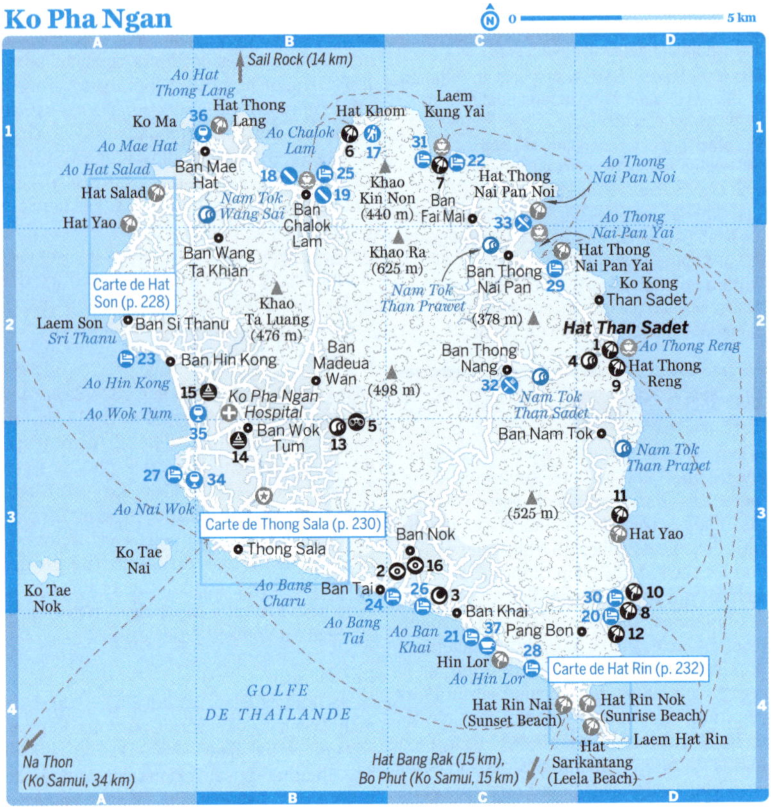

Mosquée Bulao Malayu

MOSQUÉE

(มัสยิดบูเลามะลายู ; carte ci-dessus ; Taladkao Rd, Ban Khai ; ⏲ lever-coucher du soleil). Dotée d'un charme désuet, cette sombre mosquée en bois sur pilotis ressemble à une maison chinoise. Elle aurait plus de 100 ans et aurait été financée par le *waqf* (fonds fiduciaire) d'une des premières familles musulmanes de Ko Pha Ngan. Renfermant une collection de tapis de prière orientés vers un minbar en bois ancien et très orné, la mosquée est rarement utilisée, et vous l'aurez certainement pour vous tout seul. Venez avec une tenue pudique (foulard indispensable pour les femmes) et retirez vos chaussures. À mi-hauteur de Hat Rin.

Chedi Wat Nai

PAGODE

(เจดีย์วัดใน ; carte ci-dessus ; Ban Nok ; 🅿). Les sculptures de cette jolie pagode en pierre du XIXe siècle représentent des moines, des démons, des éléphants, des nagas, mais aussi Garuda et un curieux personnage en costume chinois. L'endroit héberge aussi, sur les côtés, des porcelaines chinoises des dynasties Ming et Qing. Un bouddha doré debout a été placé dans l'une des niches, tandis que la partie inférieure de deux autres bouddhas a été envahie, comme à Angkor Vat, par deux arbres de la Bodhi géants, drapés de soieries colorées. Le Chedi Wat Nai se trouve dans le village tranquille de Ban Nok, à côté d'un temple coiffé d'un toit rouge.

Hat Wai Nam

PLAGE

(หาดหวายน้ำ ; carte ci-dessus). Cette petite plage de sable blanc, coincée entre Hat Thian et Hat Yao sur la côte orientale, plus isolée, est accessible à pied depuis Hat Rin par un sentier gravissant la montagne, mais ce n'est pas une mince affaire (comptez au moins 4 heures). Mieux vaut s'y rendre en *long-tail boat*. La crique est isolée, la plage presque déserte et les eaux délicieuses.

Ko Pha Ngan

Hat Thian PLAGE

(หาดเทียน ; carte page ci-contre). On peut rejoindre cette jolie plage de l'est de l'île, sauvage et peu fréquentée, en bateau ou par une randonnée depuis Hat Rin – le sentier de montagne part vers le nord (comptez environ 2 heures et emportez beaucoup d'eau car il peut faire très chaud). On peut également l'atteindre en moins de 10 minutes depuis **Hat Yuan** (หาดยวน ; carte page ci-contre) en passant par le promontoire rocheux.

Hat Yao (Est) PLAGE

(หาดยาว (ตะวันออก) ; carte page ci-contre). On ne peut aller sur cette plage de sable blanc qu'à pied ou en bateau, d'où une sensation d'isolement exceptionnelle. La plupart des visiteurs optent pour le bateau, car les 7 km du sentier de montagne depuis Hat Rin prennent entre 4 et 5 heures (à parcourir le matin de préférence).

Hat Sareekantang PLAGE

(หาดศรีกันตัง, Leela Beach ; carte p. 232). Cette plage charmante à la pointe sud-est de l'île, au sud de Hat Rin, offre des couchers de soleil splendides. À son extrémité sud, une promenade en bois épouse la côte rocheuse jusqu'aux Lighthouse Bungalows (p. 122).

Hat Thong Reng PLAGE

(หาดท้องเหรง ; carte page ci-contre). Cette plage très solitaire est accessible par Hat Than Sadet, à qui elle ressemble, en plus petit : il faut traverser le pont en bois branlant situé à son extrémité sud, puis passer sous plusieurs cabanes sur pilotis (et non contourner le promontoire). Cette jolie crique se prête à la baignade, mais son allure de paradis caché est un peu gâchée par les cabanes à l'abandon et les détritus entassés en bord de plage. Suivez la piste tracée par les autres visiteurs, et prenez garde à ne pas trébucher.

Cascade de Deang CASCADE

(น้ำตกแดง ; carte page ci-contre). Than Sadet compte une série de cascades dévalant vers la plage d'Ao Thong Reng, et celle-ci est la plus belle, avec plusieurs chutes d'eau, un bassin où se baigner et de nombreux

Hat Son

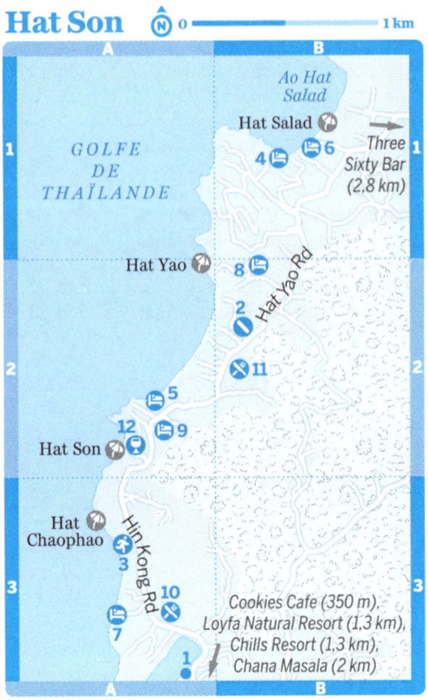

rochers où crapahuter. On peut même s'asseoir sous la cascade principale pour un délicieux massage naturel à l'eau fraîche. Le site (indiqué par des panneaux) est moins impressionnant à la saison sèche (mars-juin).

Arbre Yang Na Yai ARBRE
(ต้นยางนาใหญ่ ; carte p. 226 ; Ban Nok). Une vision stupéfiante au cœur du village de **Ban Nok** (ตำบล บ้านนอก ; carte p. 226). S'élançant vers les cieux depuis le Wat Pho (p. 231) et culminant à 54 m, l'arbre le plus haut de Ko Pha Ngan est un Yang Na Yai (*Dipterocarpus alatus*). Ce gracieux géant de la nature, qui aurait plus de 400 ans, est sacré pour les villageois, d'où la présence de petits autels à sa base. Il n'est pas rare que l'arbre soit aussi paré de rubans colorés.

Wat Phu Khao Noi TEMPLE BOUDDHIQUE
(วัดภูเขาน้อย ; carte p. 226 ; Ban Wok Tum ; lever-coucher du soleil ; P). GRATUIT Le plus ancien temple de l'île, près de l'hôpital de Thong Sala. On pense que le Wat Phu Khao Noi (ou "temple de la petite montagne") fut érigé par des moines bouddhistes au XVe siècle. Il a conservé sa pagode blanche et les 8 pagodes mineures qui l'entourent, dont la partie inférieure est décorée d'inscriptions attribuées à Bouddha. Le site est ouvert toute la journée, mais les moines n'y viennent que le matin.

Hat Son

Activités

1 C&M Vocational School ...A3
2 Haad Yao Divers ...B2
3 Samma Karuna ...A3

Où se loger

4 Cookies Salad ...B1
5 High Life Bungalows ...A2
6 Salad Hut ...B1
7 Seetanu Bungalows ...A3
8 Shiralea Backpackers Resort ...B2
9 Tantawan Bungalows ...A2

Où se restaurer

10 Art in Chai Cafe ...A3
Fruitarian Experience ...(voir 3)
11 Pura Vida ...B2

Où prendre un verre et faire la fête

Bubba's Roastery ...(voir 11)
12 Secret Beach Bar ...A2

Nam Tok Phaeng CASCADE
(น้ำตกแพง ; carte p. 226 ; P). Nam Tok Phaeng, protégée par un parc national, constitue une belle récompense après une marche courte mais ardue. Après la cascade (asséchée hors saison), une exaltante grimpée de 15 minutes le long d'un sentier envahi de racines (le sentier nature de Phaeng-Domsila) mène au formidable **point de vue de Domsila** (จุดชมวิวโดมศิลา ; carte p. 226). Parcourir cette boucle à travers la jungle prend entre 2 et 3 heures. Le sentier passe par d'autres cascades où les plus vigilants pourront apercevoir sangliers sauvages, serpents, cerfs et singes.

Activités

Cuisine

The Phangan Thai Cooking Class CUISINE
(Carte p. 226 ; 087 278 8898 ; 101/13 Mu 1, Thong Sala ; cours 1 200-1 500 B). Cette école de cuisine est supervisée par le chef Oy, un personnage affable et décontracté. Vous irez d'abord au marché faire le plein de produits crus et locaux, puis apprendrez non sans vous amuser les rudiments de l'art culinaire thaïlandais dans une cuisine accueillante.

Plongée et sports nautiques

S'il y a moins d'agences de plongée à Ko Pha Ngan qu'à Ko Tao, on trouve sans peine des centres de plongée professionnels à des tarifs abordables, qui proposent des cours allant des niveaux débutant à moniteur, ainsi que des cours de plongée en apnée.

Avec la baisse récente de ses tarifs, le brevet PADI Open Water y est assez compétitif comparé à Ko Tao. Le nombre de participants par groupe est aussi réduit en raison du plus petit nombre de plongeurs sur cette île. Parmi les agences recommandées, citons Haad Yao Divers (ci-contre), Lotus Diving (p. 230), Chaloklum Diving (ci-contre), et, pour la plongée en apnée, Apnea Koh Pha Ngan.

Comme ailleurs dans l'archipel de Samui, Ko Pha Ngan compte de nombreux petits récifs dispersés autour de l'île. Le site de snorkeling le plus prisé est **Ko Ma**, petite île au nord-ouest, reliée par un joli banc de sable. Quelques récifs rocheux intéressants sont à noter à l'est de l'île.

Avantage de taille à Ko Pha Ngan, la proximité avec **Sail Rock** (Hin Bai), peut-être le meilleur site de plongée du golfe de Thaïlande et un véritable lieu de rassemblement des requins-baleines. Il est situé à environ 14 km au nord de l'île. On y voit une abondance de coraux et de gros poissons tropicaux à des profondeurs de 10 à 30 m, et un passage vertical surnommé la "**cheminée**". Les centres de plongée de Ko Tao vont aussi à Sail Rock, bien que la majorité aille dans des récifs peu profonds (pour les débutants) et les eaux peuplées de requins de Chumphon Pinnacle. Les expéditions les plus populaires depuis Ko Pha Ngan parcourent 3 sites en une journée : Chumphon Pinnacle, Sail Rock et un autre excellent site. Ces 3 excursions coûtent environ 4 000 B, déjeuner compris. Comptez entre 2 500 et 3 000 B pour un circuit de 2 plongées à Sail Rock.

Sail Rock Divers PLONGÉE
(Carte p. 226 ; ☎077 374321 ; www.sailrockdivers-resort.com ; 15, Mu 7, Ban Chalok Lam ; snorkeling/plongée à partir de 1 000/1 200 B ; ⏲6h30-20h). Ce centre de plongée de Chalok Lam, doté d'un bassin de plongée de 3 m de profondeur, est aussi très apprécié pour son professionnalisme. Cours pour débutants et plongeurs expérimentés. Hébergement en bungalow et restaurant sur place.

Apnea Koh Pha Ngan PLONGÉE
(Carte p. 226 ; ☎092 380 1494 ; www.apneakohphangan.com ; Chalok Lam ; plongée à partir de 1 600 B ; ⏲8h-19h). La plongée en apnée est à la mode sur Ko Pha Ngan, et cette agence, la plus réputée de l'île, propose des cours autour de Sail Rock. Une séance d'initiation d'une journée coûte 4 000 B (profondeur max 12 m), un cours standard de 2 jours 7 000 B (profondeur max 20 m). Un cours niveau moniteur coûte 35 000 B.

Chaloklum Diving PLONGÉE
(Carte p. 226 ; ☎077 374025 ; www.chaloklum-diving.com ; plongée près de la plage 1 000 B ; ⏲6h-20h). Située sur l'artère principale de Ban Chalok Lam, cette agence, l'une des plus anciennes sur l'île, dispose d'un matériel de qualité et offre des standards élevés pour toutes ses sorties, qu'il s'agisse de snorkeling ou de plongée avec bouteille, en apnée ou de nuit.

Haad Yao Divers PLONGÉE
(Carte page ci-contre ; ☎086 279 3085 ; www.haadyaodivers.com ; Hat Yao Rd ; snorkeling/plongée à partir de 1 200/1 400 B). Ce club de plongée établi en 1997 s'est forgé une belle réputation grâce à ses standards internationaux en termes de sécurité et de service à la clientèle. Les tarifs débutent à 1 400 B pour une plongée sur la plage de Hat Yao, mais de très nombreux cours et excursions sont proposés, dont des sorties snorkeling moins chères.

MÉDUSES-BOÎTES

Les eaux autour de Ko Pha Ngan, Ko Samui et Ko Tao abritent plusieurs espèces de méduses venimeuses, dont des scyphozoaires, des hydrozoaires et des méduses-boîtes. Le venin de la méduse-boîte s'attaque au système nerveux, au cœur et aux cellules de la peau, et peut causer la mort. Cet invertébré cnidaire, qui peut mesurer 3 m de long, doit son nom à son ombrelle en forme de cube. Sa piqûre est si douloureuse qu'elle provoque parfois un état de choc chez la personne qui se baigne. Elle peut se noyer avant d'atteindre le rivage. La méduse-boîte est particulièrement abondante dans les eaux de baignade après la pluie.

Ko Pha Ngan et Ko Samui comptent le plus grand nombre de cas de piqûres mortelles ou quasi mortelles de toute la Thaïlande. Certaines plages, comme celle de Hat Rin Nok, sont dotées de stations qui avertissent du danger lié aux méduses et fournissent des cylindres contenant du vinaigre, à appliquer 30 secondes sur la zone touchée par la piqûre. Évitez de frotter ou de gratter cette zone. Voir également l'encadré p. 457.

Thong Sala

Thong Sala

Activités
1 The Phangan Thai Cooking Class B2

Où se loger
2 Asia Blue - Beach Hostel Hacienda B2
3 B52 Beach Resort B2
4 Baan Manali Resort A1
5 Charu Bay Villas C2
6 Coco Garden C2
7 Lime n Soda B2
8 Milky Bay Resort D2
9 V-View Beach Resort C2

Où se restaurer
10 Ando Loco B2
11 Baraka Phangan A1
12 Fat Cat A2
13 Nira's A1
14 Marché alimentaire de Phantip A1
15 Vintage Burgers A1

Où prendre un verre et faire la fête
Hub .... (voir 13)

Achats
16 Phanganer A1
17 Rue piétonne de Thong Sala A2

Transports
18 Bureau de Lomprayah A1

Lotus Diving PLONGÉE
(Carte p. 226 ; ☎077 374142 ; www.lotusdiving.com ; Ban Chalok Lam ; ⏲7h-18h). Un des plus anciens clubs de plongée de Ko Pha Ngan, avec plus de 20 ans d'expérience, dont le professionnalisme et l'approche conviviale déçoivent rarement. Les débutants peuvent s'entraîner dans la piscine du club, et les cours vont jusqu'au niveau Divemaster.

Wake Up SPORTS NAUTIQUES
(Carte p. 226 ; ☎087 283 6755 ; www.wakeupwakeboarding.com ; 71/3 Mu 7, Chalok Lam ; cours 1 200-3 000 B ; ⏲jan-oct). Jamie partage ses connaissances approfondies sur le wakeboard avec les débutants dans cette petite école de sports nautiques de Chalok Lam. Une leçon de 15 minutes coûte 1 200 B, ce qui est une affaire pour un cours particulier. Également, des séances de kneeboard, kitesurf, wakeskate, wakesurf et ski nautique.

Randonnée

♥ **De Chalok Lam à Hat Khuat** RANDONNÉE
(Carte p. 226). Indiqué par des flèches bleu et jaune, ce parcours de 5 km, moyennement exigeant et très gratifiant, traverse la jungle clairsemée qui enjambe la crête du promontoire nord de l'île. Par moments, la cime des arbres laisse place à des vues splendides sur le golfe, notamment sur un affleurement rocheux d'où l'on admire des collines tapissées de jungle descendant jusqu'à une mer azurée. Certaines portions de l'itinéraire étant difficiles, prévoyez des chaussures solides, de l'eau et un chapeau. Partez d'ailleurs tôt le matin ou en fin d'après-midi pour éviter le soleil de midi ; par temps humide, mieux vaut renoncer. Cette randonnée bien indiquée vous prendra 1 heure-1 heure 30. Si vous l'effectuez seul, pensez à informer quelqu'un de votre départ. Quel que soit votre sens de marche, vous pourrez revenir

en *long-tail boat.* Le début du chemin à Chalok Lam est repérable à un panneau marron "Thansadet Ko Pha-Ngan National Park", au bout de la route qui monte la colline. De l'autre côté, le chemin aboutit, derrière des cabanes, à la lisière ouest de Hat Khuat (Bottle Beach). Une fois à Bottle Beach, vous pouvez également rejoindre Thong Nai Pan en bateau.

Santé et bien-être

Wat Pho Sauna SANTÉ ET FITNESS

(ซาวน่าวัดโพธิ์ ; carte p. 226 ; Wat Pho, Ban Tai ; sauna 110 B ; 12h-19h). En plus de son portail éblouissant et de son vaste domaine, le Wat Pho, près du village de Ban Nok, est renommé pour ses saunas aux herbes (110 B). On y emploie une méthode traditionnelle locale, vantée pour ses bienfaits pour la santé, qui consiste à placer des feuilles de citronnelle et de tamarin au-dessus d'un feu de bois. Massages thaïlandais : 300 B. Le sauna se trouve face au temple principal, et l'intégralité des recettes est destinée à l'entretien du *wat.*

Samma Karuna YOGA

(Carte p. 228 ; 077 377049 ; www.sammakaruna.org ; Hin Kong Rd ; 8h-20h). Dans ce lieu serein, un jardin aménagé et bercé par le murmure de l'eau descend jusqu'à une plage privée, ponctuée d'espaces ouverts face aux flots bleus. C'est dans ces derniers, comme le Buddha Hall et l'Osho Hall, qu'ont lieu quotidiennement des séances (parfois gratuites) de yoga, de tantra, de taï-chi, de reiki et d'un éventail d'autres pratiques alternatives liées au bien-être. Des stages plus longs avec hébergement sont également possibles.

L'excellent café Fruitarian Experience se situe à l'entrée, derrière l'accueil.

Cours

C&M Vocational School LANGUE

(Koh Phangan Vocational School ; carte p. 230 ; 089 487 6207 ; www.thaiculture.education ; 84/4 Mu 8, Ban Sri Thanu ; 9h-17h). Dotée de vastes locaux, cette école professionnelle met en avant la culture traditionnelle thaïlandaise avec des cours de thaï, de cuisine, de yoga et de massages.

Où se loger

Hat Rin

L'étroite péninsule de Hat Rin présente 3 plages distinctes : Hat Rin Nok (aussi appelée Sunrise Beach, ou simplement Hat Rin), avec son sable blond étincelant, est l'épicentre des folies nocturnes à la pleine lune ; Hat Rin Nai (Sunset Beach), au bout du petit promontoire, est la langue de sable la moins spectaculaire. Hat Sarikantang (aussi appelée Leela Beach), juste au sud de Hat Rin Nai, est la plus petite et la plus intime, et d'une blancheur immaculée. Les 3 plages sont reliées par Ban Hat Rin (village de Hat Rin), constitué de restaurants et de bars en retrait de la plage. Quelques minutes à pied suffisent pour passer de l'une à l'autre.

Durant les fêtes de la pleine lune, Hat Rin reçoit un nombre démesuré de visiteurs comparé au reste de la Thaïlande. Les propriétaires de bungalows imposent alors une durée minimale de séjour (généralement 5 jours). Si vous envisagez d'arriver le jour de la fête (ou la veille), réservez bien à l'avance, ou vous devrez dormir sur la plage (ce qui arrivera peut-être de toute façon).

Un nouveau type de dortoir a vu le jour : dans de petites chambres obscures (qui partagent de rares WC) s'entassent un nombre incalculable de lits. Pour y coucher, vous débourserez autour de 200 B, sauf à l'approche d'une fête de la pleine lune : les tarifs montent alors parfois à 650 B ou plus. Ces sinistres hébergements ont multiplié le nombre de lits disponibles, mais le village affiche souvent complet, et de nouveaux établissements ouvrent sans cesse pour satisfaire à la demande. En période de pleine lune, attendez-vous à une hausse de 20 à 300% !

Same Same Lodge & Restaurant PENSION $

(Carte p. 232 ; 077 375200 ; www.same-same.com ; Ban Hat Rin ; dort 500 B, d/lits jum ventil/clim 550/850 B ;). Cette adresse conviviale, tenue par Christina et Heidi, deux femmes Danoises compétentes, dispose de chambres basiques et lumineuses. Idéal pour se mettre dans l'ambiance avant les festivités sur la plage, et plus calme une fois retombée la fièvre lunaire. Bar et restaurant fiables pour des pizzas au feu de bois et de bonnes bières.

Jungle Gym & Ecolodge RESORT $

(Carte p. 232 ; 077 375115 ; www.junglegymandecolodge.com ; 110/9 Mu 6, Hat Rin ; dort/d 500/1 000 B ; P). Cette auberge de jeunesse offre 4 dortoirs dotés de terrasses, des chambres doubles avec vue sur le jardin, un vaste espace extérieur et une salle de sport orientée santé (la salle d'entraînement est entièrement équipée). Cours de *muay thai* et grande piscine.

Hat Rin

Hat Rin

À voir
1 Hat Rin B1
2 Hat Sareekantang C3

Activités
3 Fête de la pleine lune (Full Moon Party) B1

Où se loger
4 Coast A1
5 Delight Resort B1
6 Jungle Gym & Ecolodge B2
7 Lighthouse Bungalows C3
8 Palita Lodge B1
9 Paradise Bungalows B2
10 Pha-Ngan Bayshore Resort B1
11 Same Same Lodge & Restaurant B2
12 Sarikantang Resort & Spa C3
13 Sea Breeze Bungalow B2
14 Seaview Sunrise B1
Tommy Resort .... (voir 10)

Où se restaurer
15 Monna Lisa B2
16 Om Ganesh B2
17 Palita Lodge B1

Où prendre un verre et faire la fête
18 Cactus Bar B2
Chillin Beachclub .... (voir 10)
19 Rock C2
Sunrise .... (voir 3)
Tommy .... (voir 10)

Achats
Fusion Fashion .... (voir 16)

Paradise Bungalows AUBERGE DE JEUNESSE $
(Carte ci-dessus ; ☎077 375244 ; www.paradise-haadrin.com ; 130/4 Mu 6, Hat Rin ; dort/lits jum/tr 360/540/720 B, bung 595-1 085 B ;). Les fêtes de la pleine lune, célèbres dans le monde entier, sont nées sur cette propriété (l'une des 3 gérées par Paradise). Ici, vous logerez au cœur de l'action, mais il faut réserver bien à l'avance. L'hôtel se tient sur la plage même. La franchise possède aussi quelques hébergements sans charme à flanc de colline et des blocs à deux niveaux.

Lighthouse Bungalows BUNGALOWS $
(Carte ci-dessus ; ☎077 375075 ; Hat Sareekantang ; bung 480-1 350 B ;). Perchés en avant-poste sur les rochers au sud de Hat Rin, ces bungalows tout simples avec ventilateur, ou climatisés, jouissent d'une superbe vue sur la mer et offrent un excellent rapport qualité/prix. Il y a sur place un restaurant/espace détente pourvu de coussins et, en haute saison, des cours de yoga. Pour s'y rendre, suivez la promenade au sud-est de Hat Leela. À moins d'avoir envie d'y

participer, vérifiez si votre séjour ne coïncide pas avec la fête mensuelle.

Seaview Sunrise BUNGALOWS $$
(Carte page ci-contre ; ☎077 375160 ; www.seaviewsunrise.com ; 134 Mu 6, Hat Rin Nok ; d avec ventil/clim 700/800 B, bung 1 500-2 000 B ; P❄📶). Plébiscité des amateurs de la fête de la pleine lune qui souhaitent dormir au son des vagues pour un budget raisonnable (séjour minimum de 5 nuits pendant la fête). Certains logements à l'arrière, dans la jungle, sont sombres et humides, mais les bungalows en dur sur la plage sont clairs avec un intérieur en bois poli et une vue sur les cocotiers et la mer.

Sea Breeze Bungalow BUNGALOWS $$
(Carte page ci-contre ; ☎077 375162 ; www.seabreezekohphangan.com ; 94/11 Mu 6, Ban Hat Rin ; bung 1 250-6 000 B ; P❄📶🏊). Cet agréable labyrinthe de bungalows isolés, adossés à une colline, est parsemé de hamacs. De conception traditionnelle élégante, les logements plairont à tous les types de voyageurs. Plusieurs d'entre eux, juchés sur leur pilotis, permettent d'admirer Hat Rin et la mer. Il y en a pour presque tous les budgets, et le ravissant cadre boisé ajoute à l'attrait du lieu. Restaurant sur le toit avec vue imprenable. Réservation de 5 nuits minimum lors de la pleine lune.

Palita Lodge BUNGALOWS $$
(Carte page ci-contre ; ☎077 375170, 077 375172 ; www.palitalodge.com ; 119 Mu 6, Hat Rin ; bung 2 000-5 500 B ; P❄📶🏊). Cet établissement familial au cœur des festivités est notable pour son service accueillant. Ses bungalows en béton spacieux peuvent sembler décrépits, mais leur intérieur, entre touches boisées et éléments design modernes, les rend bien plus attrayants. Sur une bande de sable idéale pour parfaire son bronzage.

Tommy Resort RESORT $$
(Carte page ci-contre ; ☎077 375215 ; www.tommyresort.net ; 90/13 Mu 6, Hat Rin Nok ; d 2 000 B, villa 2 650-6 000 B ; P❄📶🏊). Cette adresse branchée au cœur de Hat Rin a su trouver le juste milieu entre l'élégance d'un boutique-hôtel et la décontraction d'un repaire pour baroudeurs aisés. La piscine trône au milieu d'un jardin arboré menant à une jolie bande de sable blanc. Personnel serviable et efficace. Chambres avec clim, réfrigérateur et coffre.

Delight Resort PENSION $$
(Carte page ci-contre ; ☎077 375527 ; www.delightresort.com ; Ban Hat Rin ; d 1 300-1 600 B, tr 2 500 B ; ❄📶🏊). Au centre de Hat Rin, le sympathique Delight propose des chambres impeccables dans un bâtiment de style thaïlandais, ornées de détails subtils (telles les fresques de paons), entre une belle piscine et un lagon ponctué de nénuphars.

Le Palais Hotel BOUTIQUE-HÔTEL $$$
(Carte p. 226 ; ☎077 375558 ; www.lepalaishotel.com ; 117/9 Mu 6, Hat Rin ; d 9 000-25 000 B ; P❄📶🏊). L'hôtel le plus spectaculaire (une reconstitution d'Angkor Vat) de Ko Pha Ngan réserve de vastes chambres au mobilier distingué de style khmer aux accents royaux, ainsi qu'un excellent restaurant et deux piscines d'“eau de mer” près de la plage. Le domaine qui dégringole la colline en direction de l'ouest est féerique au soleil couchant.

Coast RESORT $$$
(Carte page ci-contre ; ☎077 951567 ; www.thecoastphangan.com ; 117/21 Mu 6, Hat Rin Nai ; d 4 300-13 000 B, villa 21 500 B ; P❄📶🏊). Ce complexe gris sombre à angles droits se dresse sur une plage étroite, mais il est agréable car situé un peu à l'écart de la fête. Intérieur chic en béton poli, piscine à débordement face à la mer et service impeccable. Minimaliste, branché et agréable : une adresse de choix pour un public mûr.

Sarikantang Resort & Spa RESORT $$$
(Carte page ci-contre ; ☎077 375055, 086 789 9541 ; www.sarikantang.com ; 129/3 Mu 6, Hat Sareekantang ; bung à partir de 4 400 B ; P❄📶🏊). Sur l'une des plus belles portions de plage de Hat Rin, ces cabanes couleur crème sont encadrées par des colonnes et portiques en teck, le tout au milieu des palmiers. Spa en bord de mer, très agréable au coucher du soleil. Les prix comprennent un cours de cuisine, l'accès au club des enfants, des kayaks, des séances de yoga et le transfert depuis l'embarcadère de Hat Rin.

Plages du Sud

Sur les plages du Sud, vous apercevrez les îles du parc national maritime d'Ang Thong (p. 259), mais vous pouvez faire une croix sur les eaux turquoise de carte postale et le sentiment d'isolement. Cette portion commence à Ban Kai et suit la côte vers l'ouest en direction de Thong Sala.

♥ **Infinity Beach Hostel** AUBERGE DE JEUNESSE $
(Carte p. 226 ; ☎062 323 3357 ; www.facebook.com/InfinityHostelkohphangan ; 17/3 Mu 4 Baan Tai ;

100% LOCAL

FÊTES DE LA PLEINE LUNE DE KO PHA NGAN

Personne ne sait exactement quand ou comment ont commencé les **fêtes de la pleine lune** (carte p. 232 ; Hat Rin ; 100 B ; pleine lune, lever-coucher du soleil). Si un consensus se dégage pour l'année 1998, différentes versions existent quant aux circonstances de la première de ces *Full Moon Parties* endiablées. Certains affirment qu'elle eut lieu à l'occasion du départ de quelque baroudeur australien, d'autres que l'on doit la première édition à un groupe de hippies cherchant à échapper aux "fêtes électriques" de Samui. Quoi qu'il en soit, des milliers de corps presque nus convergent aujourd'hui tous les mois sur le sable imbibé de kérosène de Hat Rin (ou Sunrise Beach) pour une nuit de danse, le tout à grand renfort d'alcool.

La fête bat son plein à partir de 22h. Sunrise Beach, au cœur des festivités, accueille alors jusqu'à 40 000 fêtards en haute saison, et pas moins de 8 000 pèlerins en extase en basse saison. Besoin de souffler un peu ? Direction l'excellent bar Rock (p. 240), au sud de la plage. Tout le long de la plage, des stands proposent des seaux d'alcool (vodka, gin, rhum, whisky, avec Coca-Cola et Red Bull pour les mélanges). Allez-y mollo : nombreux sont les touristes qui boivent plus qu'ils n'imaginent. Commencez à boire le plus tard possible.

Dans un délire de basses assourdissantes et de néons clignotants, des cordes enflammées invitent les danseurs à sauter à la corde (les brûlures sont fréquentes).

Certains regrettent le charme naguère insouciant de ces fêtes et leur reprochent de devenir commerciales. Cela paraît pourtant inévitable. Des bagarres y éclatant parfois, le gouvernement fait désormais payer 100 B l'entrée sur le site (l'argent est utilisé pour assurer la sécurité des fêtards et nettoyer la plage). Une chose est sûre : ces soirées ne sont plus dominées par la musique trance. À présent, les DJ se concentrent aussi sur la musique urbaine, la dance, l'afrobeat et la drum and bass, dans l'espoir d'attirer un public plus large et plus divers.

Réservez un hébergement longtemps à l'avance : en haute saison, vous ne trouverez rien à Hat Rin si vous débarquez le jour même. Vous pourrez vous rabattre sur Ko Samui, mais sachez que les tarifs des navettes explosent pendant la fête. Le ferry coûte 500-1 000 B dans chaque sens, et opter pour un *long-tail boat* vous fera débourser autour de 3 000 B minimum.

dort 220 B ; P). On ne saurait rêver cadre plus spectaculaire pour une auberge destinée aux baroudeurs, avec des dortoirs spacieux, au rapport qualité/prix exceptionnel. Ceux-ci sont disposés, ainsi que le restaurant et le bar, en fer à cheval autour d'une grande piscine bleue, à quelques mètres d'une plage dorée, ponctuée de palmiers qui se balancent, de parasols en chaume et de chaises longues. Seul bémol : l'emplacement à mi-distance entre Thong Sala et Hat Rin.

Asia Blue – Beach Hostel Hacienda
BUNGALOWS $

(Carte p. 230 ; 098 032 8649 ; www.asiablue-hostels.com ; 100/3 Mu 1, Thong Sala ; dort 235 B, d 940-1 060 B, tr 430-1 450 B ; P). De jolis bungalows peints en bleu et blanc, puis des chambres dans des bâtiments sur 2 niveaux et, devant la plage, des dortoirs climatisés : l'Hacienda joue la pluralité et l'efficacité. Son bar au bord de la piscine peut être bruyant le soir. Dortoirs un peu exigus, mais il y a un espace sportif de plein air et un centre de plongée.

Coco Garden
BUNGALOWS $

(Carte p. 230 ; 086 073 1147, 077 377721 ; www.cocogardens.com ; 100/7 Mu 1, Thong Sala ; bung 500-1 350 B ; P). L'une des meilleures adresses bon marché de la côte sud mérite amplement le succès qu'elle remporte auprès des baroudeurs de tout poil. Coco Garden n'a rien à envier aux autres *resorts* du coin grâce à ses jardins soignés servant de cadre à 25 bungalows impeccables, à son fantastique bar de plage (avec hamacs) et à son restaurant servant petit-déjeuner, déjeuner et dîner face à la mer.

Boom's Cafe Bungalows
BUNGALOWS $

(Carte p. 226 ; 081 979 3814 ; www.boomscafe.com ; 32 Mu 4, Ban Khai ; bung 600-1 000 B ;). Séjourner au Boom's, c'est comme rendre visite à un membre de sa famille. Chaleureux et serviables, les propriétaires veillent attentivement sur tous leurs hôtes sans exception. Personne ne semble se soucier de l'absence de piscine, puisque les vagues viennent jusqu'à votre seuil. Le Boom's est situé tout à l'est de Ban Khai, près de Hat Rin.

Lime n Soda RESORT **$$**
(Carte p. 230 ; ☎077 239520 ; www.limesoda-thailand.com ; 31/10 Mu 1, Thong Sala ; bung 500-2 200 B ; P❄📶🏊). Bungalows carrelés, propres et simples, à l'ombre de bambous et de cocotiers, au long d'une digue surplombant la plage.

Baan Manali Resort BUNGALOWS **$$**
(Carte p. 230 ; ☎077 377917 ; www.baan-manali.com ; 210/20 Mu 1 Ao Nai Wok, Thong Sala ; bung 1 150-2 200 B, tr/f 1 700/2 000 B ; P❄📶🏊). Bénéficiant d'un joli emplacement au calme au milieu des cocotiers, ces 14 bungalows sont très propres. Une adresse commode, relaxante et bien tenue, avec piscine à débordement et excellent restaurant surplombant une crique abritée.

V-View Beach Resort BUNGALOWS **$$**
(Carte p. 230 ; ☎089 606 2027 ; www.v-viewbeachresort.com ; 100/60 Mu 1 ; d 810-2 100 B, bung 2 100-3 900 B ; P❄📶🏊). Une ambiance relax règne sur cette plage très correcte et calme, et si la mer est parfois un peu boueuse, il y a de nombreux hamacs et une jolie piscine. Bungalows simples et traditionnels, mais soignés et ultrapropres. Propriétaire serviable, aux petits soins avec ses hôtes.

Bay Lounge & Resort RESORT **$$**
(Carte p. 218 ; ☎077 377892 ; www.thebayphangan.com ; 32/6 Mu 4, Ban Khai ; bung avec petit-déj 1 800-3 200 B ; P❄📶🏊). Ce complexe élégant et intimiste occupe une petite pépite de sable privée sur un socle de rochers couronné de jungle. Les bungalows qui se fondent dans la nature arborent un intérieur urbain en béton assorti d'œuvres modernes. À mi-chemin de la fête de la pleine lune (*Full Moon Party*) de Hat Rin et de celle de la demi-lune (*Half Moon Party*) de Ban Khai – navette gratuite.

Divine Comedie RESORT **$$**
(Carte p. 218 ; ☎091 851 8402 ; www.divinecomedyhotel.com ; 14/8 Mu 1, Ban Tai ; d et bung 2 200-4 300 B ; P❄📶🏊). L'étonnant mélange architectural entre la Chine des années 1920 et une hacienda mexicaine, dans une palette vert menthe et ocre, de ces 10 bungalows et 5 chambres, est une réussite. Les suites juniors possèdent un toit-terrasse et les chambres standards un petit balcon. Une longue piscine borde l'étroite plage. Ce *resort* n'accepte pas les moins de 12 ans.

B52 Beach Resort BUNGALOWS **$$$**
(Carte p. 230 ; ☎077 377927 ; www.b52resort.com ; 31/22 Mu 1, San Chao Road, Thong Sala ; bung 1 150-1 910 B, villa 1 800-3 200 B, f 2 700-3 600 B ; P❄📶🏊). B52 est un ensemble de bungalows à toit de chaume et sol en béton poli, depuis lesquels on descend vers la plage sur des troncs d'arbres tropicaux. Superbe piscine à débordement et personnel charmant.

Milky Bay Resort RESORT **$$**
(Carte p. 230 ; ☎077 332762 ; www.milkybaythailand.com ; 103/4 Mu 1, Ban Tai ; d/bung/studio à partir de 1 100/1 200/2 400 B ; P❄📶🏊). À Ban Tai, un sentier couvert de copeaux d'écorce de bois conduit à ces bungalows d'un chic minimaliste et pourvus de vitres teintées, à l'ombre d'imposants bosquets de bambou. Parmi les équipements : piscine couverte, sauna, tennis de table et salle de sport.

Charu Bay Villas VILLAS **$$$**
(Carte p. 230 ; ☎084 242 2299 ; www.charubayvillas.com ; Ao Bang Charu ; villa et studio 1 500-10 000 B ; P❄📶). Sur la baie d'Ao Bang Charu, au sud-est de Thong Sala, ces villas entièrement équipées offrent un excellent rapport qualité/prix (notamment pour les groupes). Côté jardin se trouve également un studio moderne donnant sur la mer, ainsi qu'une villa (2 chambres) avec un toit-terrasse et vue sur le jardin. La Beachfront Villa, qui possède un Jacuzzi, compte 3 chambres et peut loger jusqu'à 10 personnes.

Plages de la côte ouest

Thong Sala et Chalok Lam étant désormais reliées par deux routes bien lisses, la côte ouest a connu beaucoup de changements. Ici, règne un agréable mélange entre ambiance New Age (yoga, méditation) et atmosphère reculée de la côte est. Certaines plages (surtout au sud-ouest) sont cependant moins pittoresques qu'ailleurs sur l'île.

Shiralea Backpackers Resort BUNGALOWS **$**
(Carte p. 228 ; ☎077 349217 ; www.shiralea.com ; 58/18 Mu 8, Hat Yao ; dort 275 B, bung 645-1 400 B ; P❄📶🏊). Pimpants, les bungalows face à la piscine sont basiques mais équipés d'une nouvelle climatisation. Un rendez-vous pour les baroudeurs, avec une ambiance

sympathique et conviviale, ainsi qu'un agréable bar où l'on sert de la bière pression. À une centaine de mètres de la plage, l'établissement est occupé régulièrement par des étudiants en voyage organisé.

Seetanu Bungalows BUNGALOWS $$
(Carte p. 228 ; ☎ 077 349113 ; www.seetanu.com ; 81/3 Mu 8, Ban Sri Thanu ; bung 700-4 000 B ;). Quentin, propriétaire du Belgian Beer Bar, à côté, loue ici 17 bungalows avec accès à une plage ravissante. Autour de la jolie piscine, le choix est large (des chambres ventilées aux villas avec 3 lits), mais il faut réserver. Au soleil couchant, les hébergements en bord de la plage sont aux premières loges.

Salad Hut BUNGALOWS $$
(Carte p. 228 ; ☎ 081 173 4992 ; 61/3 Mu 8, Hat Salad ; bung 2 200-4 000 B ;). Cette adresse très modeste partage une plage avec des hébergements haut de gamme. Ce petit ensemble d'une douzaine de bungalows de style thaïlandais est installé à quelques mètres de l'eau. La piscine est assez petite, mais vous n'y penserez plus lorsque, installé sur votre véranda en teck laqué ou au bar de plage, vous verrez le soleil descendre sur la mer dorée.

Loyfa Natural Resort BUNGALOWS $$
(Carte p. 226 ; ☎ 077 377319, 077 349022 ; www.loyfanaturalresort.com ; 14/1 Mu 8, Ao Sri Thanu ; d/bung/ste 1 250/1 800/2 200 B ;). Le personnel est très amical. Les jardins et les huttes robustes ont une vue imprenable sur l'océan. Il y a 2 piscines – l'une pour voir le soleil se lever, l'autre pour le voir se coucher. Les bungalows modernes sur le promontoire mènent à un coin de sable couleur cendre que vous aurez pour vous seul ou presque. Les chambres les moins chères sont installées dans un bâtiment à part.

Chills Resort RESORT $$
(Carte p. 226 ; ☎ 089 875 2100 ; 14/12 Mu 8, Ao Sri Thanu ; d 1 000-2 500 B ;). Perchée sur un spectaculaire affleurement rocheux au nord d'Ao Hin Kong, cette adresse offre des chambres simples mais modernes. Chacune profite d'une belle vue sur la mer, et les fenêtres laissent entrer des flots de lumière et une délicieuse brise marine.

Cookies Salad RESORT $$
(Carte p. 228 ; ☎ 077 349125, 083 181 7125 ; www.cookies-phangan.com ; Hat Salad ; d 870-1 900 B, app 900 B, bung 1 200-2 500 B ;). Qui n'a jamais rêvé se détendre dans un hamac devant son bungalow ? De style balinais, ceux-ci sont perchés sur une colline abrupte, autour d'une grande piscine sur 2 niveaux déclinant plusieurs nuances de bleu. Les toits de chaume et le feuillage dense donnent au lieu un caractère tropical et rustique. Très accueillant et couru, il affiche vite complet. Transfert depuis Thong Sala pris en charge pour toute réservation directe.

High Life Bungalows BUNGALOWS $$
(Carte p. 228 ; ☎ 077 349114 ; www.highlifebungalows.com ; 59/2 Mu 8, Hat Yao ; bung 1 300-2 750 B ;). Outre la superbe vue depuis la piscine à débordement, High Life dispose de 25 bungalows de formes et de tailles variées, à l'ombre de feuilles de palme sur un imposant promontoire de granit dominant la mer. Personnel poli et attentionné. Séjour minimum de 4 nuits pendant les fêtes de la pleine lune, pour Noël et le jour de l'An.

Tantawan Bungalows BUNGALOWS $$
(Carte p. 228 ; ☎ 077 349108 ; www.tantawanbungalow.com ; 51/8 Mu 8, Hat Son ; bung 900-3 800 B ;). De ce bel ensemble de 11 bungalows en teck (avec ventilateurs et climatisation) nichés dans la verdure, assorti d'une belle piscine, émane une atmosphère détendue. L'ascension est rude, surtout avec des bagages, mais le panorama en vaut la peine.

♥ **Kupu Kupu Phangan Beach Villa & Spa by l'Occitane** RESORT $$$
(Carte p. 226 ; ☎ 077 377384 ; www.kupuphangan.com ; Ao Nai Wok ; ste/villa à partir de 5 000/5 800 B ;). Ce superbe *resort* à la balinaise est irrésistible : ses bassins de nénuphars, ses hauts palmiers et sa piscine semblent sortis d'un magazine de luxe. L'endroit comporte aussi un spa, et chacun de ses spacieux et élégants pavillons en bois est doté d'une petite piscine. Il est situé sur la plage, près des rochers de la côte ouest ouvrant sur un magnifique coucher de soleil.

Plages du Nord

La remarquable côte nord, qui s'étire sur 8 km entre Chalok Lam et Thong Nai Pan, est une jungle sauvage entrecoupée de plages splendides et isolées : c'est le littoral le plus pittoresque de Ko Pha Ngan.

Fantasea Resort BUNGALOWS $
(Carte p. 226 ; ☎ 089 443 0785 ; www.fantasea-resort-phangan.info ; Chalok Lam ; bung avec ventil/clim à partir de 600/1 200 B ;).

À l'extrémité nord de l'île, ces agréables bungalows familiaux comptent parmi les meilleurs qui s'égrènent sur cette partie calme de Chalok Lam. Les hébergements font face à une étroite plage où l'on peut se baigner. Un restaurant de style thaïlandais, avec terrasse surélevée, invite à la détente.

Smile Bungalows BUNGALOWS $

(Carte p. 226 ; ☎085 429 4995 ; facebook.com/pages/Smile-Bungalows-Bottle-Beach/108086634054231 ; 74/9 Mu 7, Hat Khuat (Bottle Beach) ; bung 520-920 B ; ⏲fermé nov). Difficile de trouver plus tranquille et reculé que ces bungalows installés à l'extrémité ouest de Hat Khuat (Bottle Beach). L'assortiment de huttes spartiates en bois tenues par une famille s'accroche à une colline boisée. Les bungalows sur deux niveaux (920 B) sont nos préférés.

Bottle Beach II BUNGALOWS $

(Carte p. 226 ; Hat Khuat ; bung 850 B ; wi-fi). Ces deux rangées de bungalows rudimentaires turquoise alignés à l'extrémité est de Hat Khuat (Bottle Beach) sont un havre de paix si vous pouvez vous passer de confort.

Longtail Beach Resort BUNGALOWS $$

(Carte p. 226 ; ☎077 445018 ; www.longtailbeachresort.com ; 2/5 Mu 5, Thong Nai Pan ; bung avec ventil/clim à partir de 1 050/1 200 B ; P ❄ wi-fi piscine). Nichées à l'orée de la forêt dans le cadre enchanteur de l'extrémité sud de Thong Nai Pan, à l'écart des trépidantes fêtes de la pleine lune de Ko Pha Ngan, ces charmantes huttes en bambou et toit de palmes sont idéales pour les baroudeurs, les groupes et les familles. Le tout avoisine une superbe plage lovée dans un écrin de verdure.

Mandalai BOUTIQUE-HÔTEL $$

(Carte p. 226 ; ☎077 374316 ; www.mandalaihotel.com/web2014 ; 2/3 Mu 7, Chalok Lam ; d/ste 1 700/2 200 B ; ❄ wi-fi piscine). Ce petit boutique-hôtel avec spa surplombe les maisons basses de Chalok Lam. Des portes-fenêtres donnent sur les bateaux couleur mandarine de la baie, et une charmante petite piscine dans la principale cour intérieure vous invite à barboter, à quelques mètres de la plage.

Plages de la côte est

Robinson Crusoé n'a qu'à bien se tenir, car la côte est incarne l'ermitage idéal. Pour atteindre certaines plages isolées, vous devrez louer un bateau (ou bien randonner). Les *long-tail boats*, notamment à Thong Sala et Hat Rin, font office de taxis.

Le *Thong Nai Pan Express* part tous les jours à 12h de Hat Mae Nam (Ko Samui). Il s'arrête à Hat Rin et sur les plages de la côte est jusqu'à Thong Nai Pan Noi. Ce simple et frêle bateau de pêche ne circule pas quand la météo se gâte.

Bamboo Hut BUNGALOWS $

(Carte p. 226 ; ☎098 536 2915 ; Hat Yuan ; bung 500-1 000 B ; wi-fi). Sur le promontoire rocheux qui surplombe Hat Yuan, ce "village" hippie, adossé à la jungle, jouit d'un emplacement sublime, parfait pour une retraite de yoga, de méditation ou simplement pour se détendre. Les petits bungalows en bois foncé disposent d'une terrasse. Le restaurant sert une cuisine correcte et la vue est superbe.

Sanctuary BUNGALOWS $$

(Carte p. 226 ; ☎081 271 3614 ; www.thesanctuarythailand.com ; Hat Thian ; dort/bung 350/950 B, villa 1 900-6 000 B ; ❄ wi-fi). Ce sympathique sanctuaire boisé se cache sur la plage de Hat Thian, délicieusement reculée et inaccessible (à part en bateau). Les chambres, éparpillées dans un entrelacs de sentiers à flanc de colline, vont du dortoir bon marché à la villa de luxe. L'établissement propose des forfaits séjours yoga ou détox. Paiement en espèces uniquement.

Pariya Resort & Villas RESORT $$

(Carte p. 226 ; ☎087 623 6678 ; www.pariyahaadyuan.com ; 153/2 Mu 6, Hat Yuan ; villa 1 800-3 200 B ; ❄ wi-fi piscine). Ce splendide complexe au bord de l'eau est l'adresse la plus chic de Hat Yuan. Il propose, à condition d'y mettre le prix, une gamme de villas spacieuses et confortables. Calme et à l'écart, il occupe une plage accessible seulement en bateau, et l'électricité est fournie par un générateur. L'endroit n'est pas très pratique pour explorer l'île, mais ce n'est pas ce qui fait son intérêt.

Mai Pen Rai BUNGALOWS $$

(Carte p. 226 ; ☎093 959 8073 ; www.thansadet.com ; Than Sadet ; bung 683-1 365 B ; wi-fi). Ce refuge reculé, au bord de la rivière à l'extrémité sud de Than Sadet, est une bonne affaire. Bungalows façon île déserte, avec des toits de chaume et à pignon (quelques-uns sont perchés au bord de rochers dominant la mer) ; certains sont conçus pour les familles. Restaurant convivial.

Où se restaurer

Hat Rin

Hat Rin offre la plus forte concentration de bars et de restaurants de l'île, mais beaucoup sont quelconques : ne venez pas seulement pour manger.

Om Ganesh INDIEN $
(Carte p. 232 ; ☎077 375123 ; Mu 6, Hat Rin Nai ; plats 130 B ; 9h-23h ; wifi). Le vénérable Om Ganesh attire depuis longtemps un flot régulier de clients venus pour ses currys du nord de l'Inde, son riz biryani, ses *roti* et ses lassis, plus quelques plats chinois pour faire bonne mesure. Menu fixe à partir de 300 B.

Palita Lodge POISSON, FRUITS DE MER $$
(Carte p. 232 ; ☎077 375170 ; www.palitalodge.com ; 119 Mu 6, Hat Rin ; plats 150 B). Le restaurant à l'avant du Palita Lodge (p. 233), ensemble de bungalows sur la plage, mitonne des produits de la mer thaïlandais et des menus savoureux. Vue sur une plage plutôt paisible en dehors des fêtes de la pleine lune.

Monna Lisa ITALIEN $$
(Carte p. 232 ; ☎084 441 5871 ; www.monnalisa-thailand.com ; 110/7 Mu 6, Hat Rin ; plats 230 B ; 15h-23h ; wifi). On raconte que le personnel, venu d'Italie, a ramené avec lui son four du *bel paese*... Rien d'étonnant, donc, à ce que les visiteurs continuent de faire l'éloge des pizzas du Monna Lisa. Les pâtes al dente ont aussi du succès. À Ko Pha Ngan, il n'y a pas plus authentique. Ces Italiens sont très aimables, et l'endroit est sympathique. Agréable salle ouverte face à la rue.

Plages du Sud

Ces dernières années, d'excellents restaurants ont ouvert à Thong Sala : il serait dommage de passer à côté. Il y a également des cafés établis de longue date très appréciés, notamment pour leurs délicieux petits-déjeuners. Arpentez la route reliant Thong Sala et Hat Rin, jalonnée de superbes cafés et restaurants.

Le samedi soir de 16h à 22h, une petite rue de l'est de Thong Sala se transforme en **marché de rue**, une zone piétonne animée où des marchands viennent vendre leurs produits à une clientèle majoritairement locale. Vous y trouverez toutes sortes de choses, allant des vêtements à la nourriture.

Fat Cat CAFÉ $
(Carte p. 230 ; ☎087 622 0541 ; Taladkao Rd, Thong Sala ; plats 90-195 B ; 8h30-15h lun-sam ; wifi). Petit, charmant, coloré et animé, ce café à la direction portugaise propose des petits-déjeuners sains, comprenant un muesli maison et un excellent café. Un bon endroit pour prendre des forces avant de partir explorer l'île.

Nira's BOULANGERIE $
(Carte p. 230 ; ☎081 535 5215 ; Taladkao Rd, Thong Sala ; petit-déj à partir de 80 B ; 7h-19h ; wifi). Deux grandes salles lumineuses au mobilier tendance, un service impeccable, des gâteaux et autres mets savoureux, un excellent café : il n'y a pas mieux pour le petit-déjeuner à Thong Sala, voire dans toute l'île. Musique d'ambiance jazzy et relax. Autre adresse (plus petite) à Hat Rin.

Marché alimentaire de Phantip MARCHÉ $
(Carte p. 230 ; Mu 1, Thong Sala ; plats 60 B ; 13h-23h). Le marché alimentaire de Thong Sala est un régal pour les amateurs de culture locale et de cuisine de rue bon marché. Saucisses épicées, kebabs façon satay, rouleaux de printemps, riz au poulet hainanais ou glace à la noix de coco : se perdre parmi les étals est l'occasion de s'offrir une myriade de petits plaisirs. Pour les végétariens et les envies de cuisine italienne, c'est à l'arrière qu'il faut se rendre.

Ando Loco MEXICAIN $
(Carte p. 230 ; ☎085 791 7600 ; www.andoloco.com ; Mu 1, Taladkao Rd, Ban Tai ; plats 120 B ; 14h-23h jeu-mar). Ce restaurant mexicain en plein air a la cote. Après une généreuse Margarita accompagnée d'une fajita et d'une ou deux quesadillas, le billard vous attend. Impossible de s'ennuyer !

Fisherman's Restaurant POISSON, FRUITS DE MER $$
(Carte p. 226 ; ☎084 454 7240 ; www.fishermans-phangan.com ; 30/6 Mu 1 Ban Tai ; plats 250 B ; 13h30-22h ; wifi). Un restaurant dans un *long-tail boat* avec vue sur le coucher du soleil et la digue en pierre. Illuminé la nuit, il offre le plus beau cadre de l'île. La cuisine – du savoureux crabe au curry jaune à l'imposant plateau de fruits de mer – est aussi fabuleuse que l'ambiance. Réservation nécessaire, surtout durant les festivités.

Baraka Phangan MOYEN-ORIENTAL $$
(Carte p. 226 ; ☎094 797 3675 ; facebook.com/barakaphangan ; Thong Sala ; plats 80-280 B ;

19h-23h ;). Si les mots *chakchouka* et *zaatar* vous sont familiers, ne manquez pas de franchir la porte de ce spacieux restaurant kasher au centre de Thong Sala. Le houmous accompagné d'agneau façon *chawarma* est à se damner. Les adeptes du fitness y trouveront un menu protéiné.

Vintage Burgers BURGERS $$
(Carte p. 230 ; 099 347 1983 ; Thong Sala ; plats 250 B ; 17h-22h ;). Tenu par des Portugais, ce remarquable petit restaurant gourmand vise juste : 6 types de steaks excellents, dont des variantes végétariennes, véganes, au thon et pour les enfants, à accompagner de succulentes frites maison au sel et à l'origan, le tout servi dans une atmosphère conviviale. La carte est complétée par des paninis grillés. Dommage qu'il ne soit ouvert que le soir !

Fabio's ITALIEN $$
(Carte p. 228 ; 077 377180 ; facebook.com/fabiocolapietro66 ; 10/1 Mu 4, Taladkao Rd, Ban Khai ; plats 150-400 B ; 9h-22h lun-sam ;). Une adresse italienne authentique et intimiste aux murs mordorés, aux nappes crème et au mobilier en bambou. Les spécialités, aussi savoureuses qu'originales dans leur présentation, sont le risotto aux fruits de mer, la pizza et le *limoncello* servi glacé. Réservez bien à l'avance l'une des 7 tables.

Côte ouest

Chana Masala INDIEN $
(081 622 3374 ; Ban Hin Kong ; plats 120 B ; 11h-22h dim-ven ;). Dans une salle spacieuse habillée de teck indien, les dieux hindous Kali et Baghavan vous toisent de leur regard de bois sur fond de tubes de Bollywood. On déguste ici la meilleure cuisine végétarienne de Ko Pha Ngan. S'ils ne sont pas épuisés, optez pour les *thali* (plateaux-repas), d'un excellent rapport qualité/prix ; si vous êtes arrivé trop tard, les *dosa* (crêpes de riz) feront un excellent substitut.

Art in Chai Cafe VÉGÉTARIEN $
(Carte p. 228 ; plats 90 B ; 9h-21h ;). Nous avons adoré le *chai* indien frais et parfumé de ce petit café dans le vent, très décontracté, où l'on propose aussi de délicieux plats thaïlandais végétariens. L'Art in Chai est situé sur la très passante route principale, qui accueille la plupart des centres de méditation New Age : vous serez donc peu surpris de trouver à ce café, tenu par un Thaïlandais portant des dreadlocks, un air de centre de yoga indien.

Fruitarian Experience VÉGAN $
(Carte p. 228 ; 096 875 8699 ; Hin Kong Rd ; plats 120 B ; 8h-22h ;). Blotti dans le Samma Karuna (p. 231), ce lieu déploie une carte végane savoureuse, fraîche et merveilleusement parfumée à base de plantes. On déguste ces plats sains et rafraîchissants (gnocchis de banane à l'aubergine, nouilles de courgette, riz aux champignons et aux mûres) dans un cadre paisible aux couleurs légères, installé sur des coussins.

Pura Vida CAFÉ $
(Carte p. 228 ; 094 827 7641 ; Hat Yao Rd ; petit-déj à partir de 70 B ; 8h30-17h lun-sam ;). Ce café portugais, sympathique et lumineux, est une escale de choix en remontant vers la côte ouest. Il sert d'excellents petits-déjeuners (goûtez les pancakes au yaourt ou le petit-déjeuner complet) et de délicieux burgers, ainsi que des sandwichs et des paninis. Admirez le graffiti *Eat Well, Travel Often* ("mangez bien, voyagez souvent") ornant le petit camping-car.

Cookies Cafe CAFÉ $
(Ban Sri Thanu ; plats 90 B ; 8h30-18h ;). Une bonne adresse pour boire un café en remontant la côte ouest, accompagné de cookies à la noix de coco, de dattes, de biscuits à l'avoine et de glaces pour les petites faims.

Ailleurs sur l'île

Marché alimentaire de Chaloklum MARCHÉ $
(Carte p. 226 ; Chaloklum Pier ; plats 40 B ; 16h-23h dim). Le marché local le plus authentique de Ko Pha Ngan se trouve tout au nord. Tous les dimanches, devant l'embarcadère du village, on installe des tables et des chaises rouges près d'une scène où se produisent les musiciens du coin. Les étals qui les entourent servent des produits introuvables dans les "marchés nocturnes" de l'île. Poisson en galette frite ou à la noix de coco et aux épices (grillé dans un tube en feuille de bananier) : oubliez vos idées reçues et lancez-vous. Pour un en-cas sucré fondant et délicieux, testez le *nám chah* (noix de coco fraîche au sucre, emballée dans des feuilles de palmier et passée au barbecue). Une fois servi, imitez les habitants et allez vous installer sur une natte (20 B) près de l'embarcadère pour regarder le ballet des passants. Pendant les

chaudes soirées d'été, ce tableau de la vie locale est un pur bonheur.

Crepe's Corner CRÊPES $
(Carte p. 226 ; Thong Nai Pan ; à partir de 70 B ; 11h-22h). Ce sympathique petit stand de crêpes fait le bonheur des petits et des grands. Choisissez-la sucrée ou salée (les choix sont nombreux).

Big Bang Art Cafe CAFÉ $
(Carte p. 226 ; 082 813 5376 ; plats 60-220 B ; 9h-18h ;). Tenu par l'infatigable Gil (un artiste suisse) et sa femme Na (thaïlandaise), cet endroit situé juste avant le rond-point conduisant à Than Sadet est ravissant et relaxant. À l'occasion de votre traversée des collines de l'intérieur, vous pourrez y prendre un café ou un en-cas bien mérité. Charmant jardin avec superbe vue à l'arrière ; vente de T-shirts étonnants.

Bamboo Hut THAÏLANDAIS $$
(Carte p. 226 ; Hat Yuan ; plats 100-300 B ; 8h-22h ;). Ce restaurant décontracté est relié aux bungalows du même nom, sur la discrète Hat Yuan. Assis à une table en teck ou installé sur des coussins à la thaïlandaise, vous profiterez de la brise le regard perdu dans le bleu infini de la mer. La carte, variée, propose aussi bien des spécialités végétariennes et jus de fruits frais – idéals pour qui vient de terminer un jeûne ou une session détox – que des classiques thaïlandais réussis.

Cucina Italiana ITALIEN $$
(Jenny's ; carte p. 226 ; 081 594 5682 ; Chalok Lam ; pizzas 180-200 B ; 17h-minuit jeu-mar). Une version thaïlandaise de la campagne italienne, le sable et les *long-tail boats* en plus. Le chef, un Italien affable et passionné, concocte lui-même chaque jour la totalité du menu, des pâtes au tiramisu. Ses pizzas à pâte fine sont succulentes.

Où prendre un verre et faire la fête

Chaque mois, à la pleine lune, les pèlerins rendent hommage aux dieux de la fête. Ils entrent en transe, hurlent sauvagement et dansent badigeonnés de peinture fluorescente. Ceux qui rêvent de calme préféreront la côte ouest, qui compte plusieurs excellents bars où siroter des cocktails au sommet d'une colline ou au bord de la mer à l'ombre de la mangrove, avec en toile de fond le ciel en fusion au coucher du soleil. Thong Sala possède aussi une poignée de bars convenables. Le café de l'île est excellent : guettez les agréables cafés branchés présents un peu partout sur l'île.

Hat Rin

Chillin Beachclub BAR
(Carte p. 232 ; 077 375227 ; www.phanganbayshore.com ; 141 Mu 6, Hat Rin Nok ; 16h-23h ;). Allongé sur des coussins triangulaires orange disposés autour de tables basses, laissez-vous bercer par un concert de musique décontractée. Ce lieu relaxant est accolé au **Bayshore Resort** (d/tr/ste à partir de 4 050/7 800/9 000 B ;), sur la plage de Hat Rin. Avec le clapotis des vagues à quelques mètres, les excellents cocktails semblent encore meilleurs.

Rock BAR
(Carte p. 232 ; 093 725 7989 ; 130/4 Mu 6, Hat Rin Nok ; 8h-tard ;). À l'extrémité sud de la plage de Hat Rin, cette terrasse surélevée offre une vue imprenable sur la fête (et le paysage le reste du temps). Superbes cocktails à des tarifs raisonnables, même en période de pleine lune.

Sunrise BAR
(Carte p. 232 ; 077 375144 ; www.sunrisephangan.com ; 136 Mu 6, Hat Rin Nok ; 8h-2h ;). La musique trance fait trembler les murs recouverts de graffitis de ce bar avec piscine donnant sur une ravissante étendue de sable. Durant les fêtes de la pleine lune, la drum and bass rencontre aussi un grand succès. Un excellent endroit pour commencer sa soirée en douceur.

Cactus Bar CLUB
(Carte p. 232 ; 146/9 Mu 6, Hat Rin Nok ;). Restaurant la journée et bar-discothèque tonitruant le soir, le Cactus est réputé pour ses jongleries de feu, ainsi que pour sa clientèle jeune et survoltée. Hors période de pleine lune, c'est la meilleure adresse pour faire la fête sur la plage.

Tommy BAR
(Carte p. 232 ; 077 375215 ; www.tommyresort.net ; Hat Rin ; 8h-2h ;). Un des plus grands clubs de Hat Rin. La foule prend d'assaut ses transats et ses tables basses baignés de lumière noire pour profiter de sa piscine et de sa musique à plein volume lors de la pleine lune. Le bar a des airs d'arche de Noé, et son balcon VIP (accessible moyennant supplément) offre une excellente vue.

Plages du Sud

Bubba's Coffee Bar CAFÉ

(Carte p. 226 ; 099 164 3478 ; www.bubbascoffee.com ; Mu 1, Ban Tai ; 7h-18h ;). Dans cet établissement, la Bubba's Roastery écoule son célèbre café thaïlandais, torréfié dans le secteur, accompagné d'un excellent petit-déjeuner. Atmosphère détendue et hipster, d'où sa popularité auprès des expatriés.

Hub PUB

(Carte p. 228 ; 088 825 4158 ; Thong Sala ; 8h-23h ;). Très bien situé à l'angle de la jetée de Thong Sala, ce grand bar au sol en bois, tenu par un personnel affable, est le rendez-vous des passionnés de matchs sportifs, des amateurs de bière pression et de cidre. Excellente cuisine de pub. Location de scooters et de motos.

Viewpoint Cafe CAFÉ

(Carte p. 226 ; Ban Khai ; 8h-minuit ;). Si vous êtes sur la route entre Hat Rin et Thong Sala ou Ban Tai, garez votre scooter et faites une halte dans le café du Viewpoint Hotel pour un smoothie aux fruits, un café ou un en-cas léger. C'est un superbe endroit, surplombant le golfe. La nourriture et le service sont médiocres, mais c'est pour la vue que l'on s'y arrête.

Ailleurs sur l'île

Jam Bar BAR

(Carte p. 226 ; Hin Kong ; 19h-2h dim et jeu). Prenez place sous les étoiles dans ce bar avec scène éphémère, un lieu nocturne accueillant sur la côte ouest où tous ceux qui le souhaitent peuvent se joindre aux musiciens. Vous serez accueilli par Robert, qui ouvre généralement les soirées avec quelques classiques du rock. Le Jam Bar a désormais la faveur des touristes.

Bubba's Roastery CAFÉ

(Carte p. 228 ; 099 0784805 ; www.bubbascoffee.com ; 56/4 Mu 8, Hat Yao ; 8h-16h ;). Les connaisseurs se passionneront pour la maison de torréfaction du Bubba's Coffee Bar, par ailleurs la seule de l'île à produire du café de spécialité. Les grains, cultivés dans les montagnes du nord du pays, donnent un café excellent. On peut le consommer sur place, ou acheter un paquet à emporter.

Secret Beach Bar BAR

(Carte p. 228 ; 084 754 7183 ; Hat Son ; 9h-19h). Difficile de trouver meilleure manière d'achever une journée à Ko Pha Ngan qu'en s'installant tranquillement dans ce bar de plage du nord-ouest de l'île. Commandez un mojito, asseyez-vous et regardez le soleil se coucher entre les feuilles des palmiers. Hors saison, mieux vaut téléphoner pour s'assurer que le bar est ouvert.

Three Sixty Bar BAR

(Carte p. 226 ; 086 789 7870 ; Ban Mae Hat ; 8h-minuit ;). Tout en haut d'une route filant à l'est de Ko Ma, ce bar offre un panorama à 360° (*three-sixty* en anglais), vraiment spectaculaire au coucher du soleil. Belle carte de plats thaïlandais.

Amsterdam BAR

(Carte p. 226 ; 095 018 4891 ; Ao Plaay Laem ; 12h-1h ;). Perché sur le flanc d'une colline de la côte ouest, ce bar prisé a pour atout majeur une piscine sur le toit, d'où l'on admire de magnifiques couchers de soleil. Arrivez tôt pour plus de calme et prenez votre maillot de bain. Glissez-vous dans l'eau tiède, offrez-vous une bière (Chang 70 B), puis savourez le spectacle du soleil écarlate de Ko Pha Ngan déclinant.

Achats

Fusion Fashion VÊTEMENTS

(Carte p. 232 ; 089 868 1938 ; 94/17, Hat Rin Nai ; 11h-22h). Cette petite boutique à croquer est l'une des rares qui méritent le coup d'œil sur la grand-rue de Hat Rin : la propriétaire, suédoise, importe tous ses articles d'Inde. Dans ce local ouvert en 2003 se bousculent chemisiers, jupes, mini-shorts, sacs et bijoux de toutes les couleurs, aussi bohème qu'accrocheurs.

Phanganer VÊTEMENTS

(Carte p. 230 ; 080 534 5075 ; Taladkao Rd, Thong Sala ; 10h-19h). À la limite sud de la **rue piétonne de Thong Sala** (carte p. 230 ; Taladkao Rd, Thong Sala ; 16h-22h sam), près du virage en direction de la mer, ce petit magasin présente un florilège sympathique et coloré de vêtements de l'île : T-shirts, shorts cargo, ceintures, portefeuilles, et pantalons thaïlandais (800 B les deux).

Renseignements

ARGENT

Thong Sala, "capitale" de Ko Pha Ngan, compte de nombreuses banques, des bureaux de change et plusieurs agences de transfert d'argent. Hat Rin possède un grand nombre de DAB et quelques banques au niveau de l'embarcadère. Des DAB sont aussi installés à Hat Yao, à Chalok Lum et à Thong Nai Pan.

DÉSAGRÉMENTS ET DANGERS

Ko Pha Ngan vous offrira certains de vos meilleurs souvenirs de vacances. Soyez sur vos gardes si vous vous trouvez devant l'une des situations suivantes pour qu'il n'y ait aucune ombre au tableau.

Drogues Il arrive parfois que des gens du coin proposent aux touristes de la drogue à des prix très tentants, qu'ils s'empressent de baisser encore en cas de refus. Une fois la transaction effectuée, le vendeur prévient la police, qui arrête alors les acheteurs et leur fait payer au poste une amende conséquente. Si l'on vous propose de la drogue, opposez un refus ferme et définitif. Ce type d'arnaque est très fréquent à Ko Pha Ngan, où il faut redoubler de vigilance.

Assurance et drogues Votre assurance ne couvre pas les blessures ou traitements liés à l'usage de drogue. Les accidents arrivent ; on nous a raconté des épisodes de délire prolongé, occasionnés par l'usage de drogue. L'hôpital psychiatrique Suan Saranrom (jardin des Joies) de Surat Thani doit renforcer ses effectifs lors des festivités (celles de la pleine lune et d'autres) pour gérer le nombre de *farang* (Occidentaux) qui paniquent ou délirent après avoir consommé des champignons, de l'acide ou d'autres hallucinogènes facilement accessibles.

Femmes voyageant seules La prudence est de mise lors des fêtes sur l'île. Après une consommation d'alcool et de drogue, les viols sont fréquents (et ces situations ne se limitent pas aux fêtes de la pleine lune). Plusieurs femmes se sont plaintes d'avoir subi les attouchements de leurs chauffeurs de taxi ; en 2019, l'un d'entre eux a été arrêté pour avoir violé une Norvégienne qu'il transportait après une fête de la demi-lune.

Moto et scooter Ko Pha Ngan compte plus d'accidents de moto que tout autre incident lié à la fête de la pleine lune. Aujourd'hui, il existe un système de rues goudronnées praticables (étendu jusqu'à Than Sadet), mais certaines demeurent des pistes de terre et de boue. L'île est aussi très vallonnée, avec parfois des pentes très raides. Ko Pha Ngan dispose d'une ambulance spéciale qui vient en aide aux motards blessés.

Chiens sauvages Vous serez peut-être la cible de grognements menaçants des chiens qui rôdent dans certaines zones résidentielles et près d'un ou deux temples. Ils se déplacent aussi en meute sur certaines plages reculées. Soyez sur vos gardes : évitez de les approcher, et n'essayez en aucun cas de les caresser.

Noyade Les courants sont particulièrement dangereux. Les noyades sont fréquentes ; pour nager, mieux vaut avoir la tête claire et ne pas plonger dans la mer après avoir bu de l'alcool.

Alcool frelaté Une escroquerie courante concerne les échoppes de boisson installées sur la plage et le long de la route durant les fêtes de la pleine lune. Le whisky vendu en seau peut n'être qu'un alcool de riz distillé clandestinement et faiblement alcoolisé, et il est possible qu'un alcool maison soit vendu dans une bouteille de marque récupérée. Outre les risques évidents pour la santé, l'alcool frelaté est aussi pour beaucoup dans les problèmes qui surgissent lors de la pleine lune, qu'il s'agisse d'accidents de moto, de noyades, de bagarres ou de brûlures en pratiquant le saut à la corde enflammée.

Morceaux de verre sur la plage Attention aux coupures particulièrement mauvaises que provoque le verre cassé sur les plages, surtout lors des fêtes de la pleine lune – portez de bonnes chaussures. Lors de notre dernière visite, le sud de la plage de Thong Sala était jonché de bouteilles cassées.

INFORMATIONS TOURISTIQUES

Comme il n'y a pas de bureau de la TAT à Ko Pha Ngan, la majorité des voyageurs s'informent auprès des agences de voyages locales, en lisant des brochures ou auprès de leur hébergement. La plupart des agences se trouvent à Hat Rin et à Thong Sala ; elles prennent une petite commission sur chaque vente. Il y a un consensus et les prix sont relativement stables et normalisés. Optez pour une agence à laquelle vous faites confiance si vous dépensez beaucoup d'argent. Vous risquez en effet de vous faire escroquer, d'autant plus qu'il n'y a pas de police touristique sur l'île. Sinon, demandez à votre hôtel de réserver pour vous.

De nombreux mini-magazines proposent des renseignements complets sur l'hébergement de l'île, les activités et les festivités de la pleine lune. Notre préféré est Phangan Info (www.phangan.info), également disponible sous forme d'une appli bien pratique.

Phanganist (www.phanganist.com) est un excellent site pour découvrir des conseils d'initiés sur Ko Pha Ngan.

LAVERIE

Si pendant la fête de la pleine lune vos vêtements sont tachés de peinture fluo, ne vous embêtez pas à les envoyer au nettoyage, ça ne partira pas. Nous l'avons testé pour vous ! Pour le reste, il existe une foule de laveries. Les tarifs tournent autour de 40 B/kg, et le nettoyage express ne devrait pas dépasser 60 B/kg.

POSTE

Poste principale (carte p. 230 ; ☎077 377118, centre d'appel 1545 ; www.thailandpost.co.th ; Taladkao Rd, Thong Sala ; ⊙8h30-16h30 lun-ven, 9h-12h sam)

Bureau de poste de Hat Rin (carte p. 232 ; ☎centre d'appel 1545 ; www.thailandpost.co.th ; Hat Rin ; ⊙8h30-16h30 lun-ven, 9h-12h sam)

SERVICES MÉDICAUX

Méfiez-vous des cliniques privées de Ko Pha Ngan, et attendez-vous à des tarifs instables. Les cliniques demandent un droit d'entrée de 600 B à 3 000 B avant tout traitement. Mieux vaut aller à Ko Samui, qui offre de meilleures infrastructures pour les problèmes médicaux graves, ainsi que pour tous les traitements dentaires.

Ko Pha-Ngan Hospital (carte p. 226 ; ☎077 377034 ; www.kpho.go.th ; 6 Mu 4, Ban Wok Tum ; ⊙24h/24). À environ 2,5 km au nord de Thong Sala ; service d'urgences 24h/24 dans cet hôpital gouvernemental.

URGENCES

Police de Ko Pha Ngan (carte p. 226 ; ☎077 377114, 191 ; www.suratthani.police.go.th). Environ 2 km au nord-est de Thong Sala. C'est ici qu'il faut se rendre pour déposer plainte ; la police peut vous demander 110-200 B, mais vous ne regretterez pas d'avoir accepté si vous effectuez une déclaration de sinistre. Refuser de payer peut entraîner des complications. En cas d'arrestation, vous avez le droit à un appel téléphonique à l'ambassade ; vous pouvez refuser les services de l'"interprète" que la police vous propose. Si l'on vous accuse d'un délit grave, ne signez aucun papier écrit uniquement en thaï, ou écrivez sur ce document que vous ne comprenez pas la langue et qu'on vous a fait signer sous la contrainte.

Depuis/vers Ko Pha Ngan

La seule voie d'accès à Ko Pha Ngan est maritime. Des bateaux du continent, de Ko Samui et de Ko Tao arrivent tous les jours aux embarcadères de Thong Sala, et certains relient directement Ko Samui à Haad Rin Pier.

BANGKOK, HUA HIN ET CHUMPHON

Les services **Lomprayah** (carte p. 230 ; ☎087 887 9791, 07742 3761 ; www.lomprayah.com ; ⊙7h-22h) et **Seatran Discovery** (www.seatrandiscovery.com) proposent des forfaits bus-bateau (Lomprayah à partir de 1 200 B, Seatran à partir de 1 000 B), qui partent de Bangkok, quartier de Th Khao San, et passent par Hua Hin et Chumphon. Le voyage complet dure entre 10 heures et 17 heures 30.

Il est aussi assez simple de prendre le train de Bangkok ou de Hua Hin (bien que les pannes ne soient pas rares) jusqu'à Chumphon, où attend le ferry. De Bangkok à Chumphon, vous paierez dans les 300 B en 2e classe (environ 8 heures 30) ; la traversée de Chumphon à Ko Pha Ngan avec Lomprayah dure entre 2 heures 30 et 3 heures 45 et coûte 1 000 B.

KO SAMUI

On compte presque une dizaine de départs quotidiens entre Thong Sala et Ko Samui. Ces bateaux partent toute la journée de 7h à 18h et mettent entre 20 min et 1 heure 30 (150-300 B selon le bateau).

Le *Haad Rin Queen* fait la navette 4 fois par jour entre **Haad Rin Pier** (carte p. 232 ; Hat Rin) et Big Buddha Pier (premier départ de Hat Rin à 9h30 ; de Big Buddha Pier à 10h30) ; cette fréquence double les lendemains de fête de la pleine lune, et il y a un départ supplémentaire le jour de la fête à 7h30. La traversée dure 50 minutes et coûte 200 B ; le dernier bateau part de Big Buddha Pier à 18h30.

Le **Thong Nai Pan Express** (carte p. 232), un vieux bateau de pêche branlant (mieux vaut avoir le cœur bien accroché), part une fois par jour de Mae Nam (Ko Samui) pour Hat Rin (Ko Pha Ngan), avant de remonter la côte est desservant toutes les plages jusqu'à l'**embarcadère** (carte p. 226 ; Hat Thong Nai Pan ; à partir de 600 B) de Thong Nai Pan Noi (200-400 B selon la destination). Il ne prend pas la mer par mauvais temps.

KO TAO

Les ferrys Lomprayah pour Ko Tao (500-600 B) partent de Thong Sala à Ko Pha Ngan à 8h30, 13h et 18h15. Ils arrivent à destination à 9h30, 14h15 et 19h15. Le Seatran (500 B, 1 heure 30) quitte Thong Sala chaque jour à 8h30, 13h30 et 17h. Les taxis partent de Hat Rin vers Thong Sala une heure avant le départ du bateau. Le Songserm (350 B), moins onéreux mais plus lent, part de Ko Pha Ngan à 12h45 et arrive à 14h30, avant de continuer jusqu'à Chumphon.

SURAT THANI ET LA CÔTE D'ANDAMAN

Il y a 4 bateaux quotidiens de Lomprayah (700 B, 2 heures 30) pour Tapee Pier et Surat Thani, via Ko Samui. Ils partent de Thong Sala à 7h20, 12h et 14h30. Deux bateaux de Seatran partent à 8h et 10h30 tous les jours de Thong Sala (5 500 B) vers Donsak et Surat Thani, où une correspondance en bus vers la gare ferroviaire de Phun Phin, en lisière de la ville (750 B), est possible. La nuit, si la météo le permet, un bateau part de Surat Thani (400 B, 7 heures) à 22h. Dans l'autre sens, le bateau quitte Ko Pha Ngan à 21h.

Des billets combinant bateau et bus sont disponibles dans toutes les agences de voyages ; donnez-leur simplement votre destination. La plupart des voyageurs passent par Surat Thani en allant d'une côte à l'autre.

Comment circuler

Il est préférable d'éviter le vélo, à moins d'avoir suivi un entraînement poussé.

Les pick-up et les *songthaew* sillonnent les routes principales de l'île. Le tarif double la nuit. Votre hébergement peut tout à fait vous proposer une course gratuite ou à prix réduit lors de votre départ. Comptez 100 B pour aller de Thong Sala à Hat Rin et environ 150 à 200 B pour les distances plus longues. À Hat Rin, les **songthaew** (carte p. 232) pour Thong Sala partent de l'ouest de Hat Rin Nok.

Des *long-tail boats* partent de Thong Sala, Chalok Lam (carte p. 226) et Hat Rin vers des destinations lointaines comme **Hat Khuat** (carte p. 226 ; Hat Khuat/Bottle Beach ; à partir de 600 B) et **Hat Than Sadet** (carte p. 226 ; à partir de 600 B). Dans un sens comme dans l'autre, comptez au moins 50 B pour un court trajet et jusqu'à 300 B pour aller plus loin. Vous pouvez louer un bateau privé pour voyager de plage en plage pour environ 150 B par tranche de 15 minutes.

VOITURE ET MOTO

Louer une moto ou un scooter est le meilleur moyen d'explorer Ko Pha Ngan. Les tarifs en vigueur vont de 150 B à 300 B par jour (ils sont dégressifs pour des locations plus longues). Vous devrez le plus souvent laisser votre passeport en gage de garantie (vous en aurez besoin si vous changez d'hôtel, donc soyez prévoyant). Des vendeurs ambulants proposent de l'essence en bouteille à 40 B/litre, mais faire le plein revient bien moins cher dans les stations-service.

Si vous louez une moto/scooter, portez un casque et exigez qu'il ait une visière en plastique. Ne partez pas à Ko Pha Ngan sans votre permis : les loueurs ne demandent pas à le voir, mais un permis de conduire international est requis par la loi, et vous pourriez avoir des ennuis avec la police en cas de contrôle, ou avec votre assurance en cas d'accident. Si vous souhaitez emprunter des chemins de terre cahoteux, nous vous conseillons de louer un modèle de type Honda MTX125, car les scooters ne suffisent pas. Évitez de conduire sur les routes pendant les fêtes de la pleine lune.

Ko Tao

เกาะเต่า

3 000 HABITANTS

Si elle est bien plus petite que Ko Samui et Ko Pha Ngan, Ko Tao n'a pas à rougir : devenue une mecque pour les plongeurs du golfe, elle connaît une popularité croissante et se tourne chaque année davantage vers le tourisme haut de gamme. Cette petite perle couverte de jungle tient de Samui par son caractère animé et de Pha Ngan par sa décontraction.

Mais Ko Tao possède un atout que n'ont pas ses voisines : la facilité d'accès à divers sites de plongée magnifiques à proximité de ses côtes. Vous pourrez vous ébattre avec les requins et les raies au milieu des coraux chatoyants, paresser sur une plage immaculée et, au coucher du soleil, trinquer à cette parfaite journée qui s'achève, avant de recommencer le lendemain.

Et les charmes de Ko Tao ne s'arrêtent pas là. Les randonneurs et les ermites pourront rejouer un épisode de *Lost* au cœur de la jungle qui longe la côte. Et, quand la solitude commence à peser, direction les bars animés qui restent ouverts jusqu'à l'aube.

À voir

♥ Ao Tanot — PLAGE

(อ่าวโตนด ; carte p. 246 ; P). La belle plage d'Ao Tanot, sur la côte est, est bordée d'eaux cristallines idéales pour le snorkeling, tandis que l'énorme rocher dressé dans la baie constitue un plongeoir de choix. Sous l'eau, on peut voir poissons-anges, truites de corail et poissons-cochers, ainsi qu'un catamaran naufragé dans la baie. Si vous souhaitez passer la nuit sur place et admirer un sublime lever de soleil, vous aurez le choix entre plusieurs *resorts* et bungalows prisés des familles.

♥ Ko Nang Yuan — ÎLES

(เกาะนางยวน ; carte p. 246 ; 100 B ; 10h-17h). Ces trois jolies îles au large de la côte nord-ouest de Ko Tao, reliées par une langue de sable, offrent de superbes vues depuis leurs hauteurs. Elles font une destination parfaite pour une excursion d'une journée : des bateaux s'y rendent depuis l'embarcadère de Lomprayah, à Mae Hat.

Laem Thian Beach — PLAGE

(หาดแหลมเทียน ; carte p. 246). Cette petite plage de sable blanc reculée, au milieu de la côte est (côté venteux de la langue de terre au nord d'Ao Tanot), est parfaite pour le snorkeling. Les intrépides pourront plonger depuis les rochers. Le sentier qui y mène est assez long (1 heure 30 depuis Sairee Village) ; mieux vaut arriver en *long-tail boat*. Au bord de la plage se dresse un *resort* à l'abandon, aux ruines couvertes de graffitis.

Si vous venez à pied malgré tout, prévoyez beaucoup d'eau, un chapeau, des chaussures adaptées et de la crème solaire.

Activités

Plongée

Si vous n'avez jamais plongé, Ko Tao est le meilleur endroit de Thaïlande pour un baptême. Ses baies peu profondes sont idéales pour les débutants ; les eaux sont transparentes, les récifs miroitants et la température de l'eau très agréable. Vu le nombre de sites bien abrités, on peut plonger toute l'année, sauf parfois un jour ou deux en période de mousson quand les eaux sont trop agitées, mais c'est rare.

Les meilleurs sites de plongée se concentrent autour des pics du large dans un rayon de 20 km autour de l'île. La faune marine locale comprend mérous, murènes, cochers, barracudas, balistes, scalaires, poissons-clowns, raies mantas, requins gris de récif, et les imposants requins-baleines font des visites fréquentes.

À terre, quantité de centres de plongée peuvent vous équiper et vous enseigner les ficelles de ce sport dans le cadre d'un brevet PADI Open Water de 3 jours et demi. La compétition farouche entre écoles de plongée signifie que les prix du brevet PADI sont imbattables – tout comme la qualité. Une foule de clubs lorgnent vos bahts, à vous de comparer. Ko Tao est le site qui délivre le plus de brevets de plongée au monde.

Ocean Republic Diving PLONGÉE

(Carte p. 250 ; ☎ 061 462 7661 ; www.oceanrepublicdiving.com ; Mae Hat ; programme de plongée basique 3 500 B ; ⏲ 8h30-20h). Une des écoles de plongée les plus accueillantes de l'île, et la seule à être affiliée à l'association Sea Shepherd. Elle encourage et participe donc activement à la protection de l'environnement marin. Excellents cours éthiques en petits groupes (4 pers maximum).

CHOISIR UNE ÉCOLE DE PLONGÉE À KO TAO

La popularité de ce terrain de jeu subaquatique auprès des plongeurs débutants n'a rien de surprenant. Mais avant de vous jeter à l'eau, il est important de faire le tour des diverses écoles de plongée de l'île.

Dès que vous débarquez sur l'embarcadère de Mae Hat, des armées de rabatteurs se précipitent pour vous amener à choisir le centre de plongée qui les commissionne en vous promettant un tarif spécial. Comme il y a des dizaines de clubs sur Ko Tao, mieux vaut arriver avec les adresses de quelques bonnes écoles en tête (telles celles indiquées dans ce guide). Donnez-vous le temps de prendre une décision éclairée : si possible, passez d'abord un ou deux jours à vous détendre sur l'île – vous rencontrerez sûrement des foules de moniteurs et de plongeurs qui vous conseilleront.

Souvenez-vous que le succès de votre expérience (surtout si c'est la première fois) dépendra en grande partie de la confiance que vous accorderez à votre moniteur. Considérez aussi la taille du groupe, l'état de l'équipement, les conditions de plongée sur les sites où vous irez, etc.

En général, les tarifs de plongée sont standardisés dans toute l'île, il est donc inutile de passer son temps à la chasse aux meilleurs prix. Les brevets Open Water Diver (OWD) **PADI** (www.padi.com) et **SSI** (www.divessi.com) se monnaient à 10 000-11 000 B. De plus en plus prisé sur l'île, le cours **RAID** (www.diveraid.com) OWD coûte 9 500 B. Un brevet Advanced (OWD) vous coûtera 10 000 B, un brevet de sauvetage 10 000 B, et le programme Divemaster la coquette somme de 30 000-35 000 B (pack Divemaster, requis pour tous, compris). Les plongées de loisir sont à 1 000 B la descente, ou 7 000 B les 10. Ces tarifs incluent le matériel, le bateau, les moniteurs et des en-cas. Apporter son propre équipement assure souvent une réduction. Attention aux centres de plongée proposant trop de rabais – la sécurité passe avant tout, et des centres offrant des tarifs trop alléchants font souvent des économies indues. Aucune condition n'est en effet nécessaire pour ouvrir un centre, et des agences bon marché et mal gérées en profitent pour proposer des tarifs imbattables. Tenez-vous-en aux centres bien établis.

La plupart des écoles de plongée vous trouveront un hébergement pas cher ou même gratuit – presque tous les centres fournissent gratuitement une chambre avec ventilateur à quiconque s'inscrit à une session de cours pour débutant. Il y a beaucoup de monde et les hébergements sont souvent complets en décembre, janvier, juin, juillet et août. On constate un pic de fréquentation des aspirants plongeurs tous les mois après chaque fête de la pleine lune à Ko Pha Ngan, toute proche.

Ko Tao

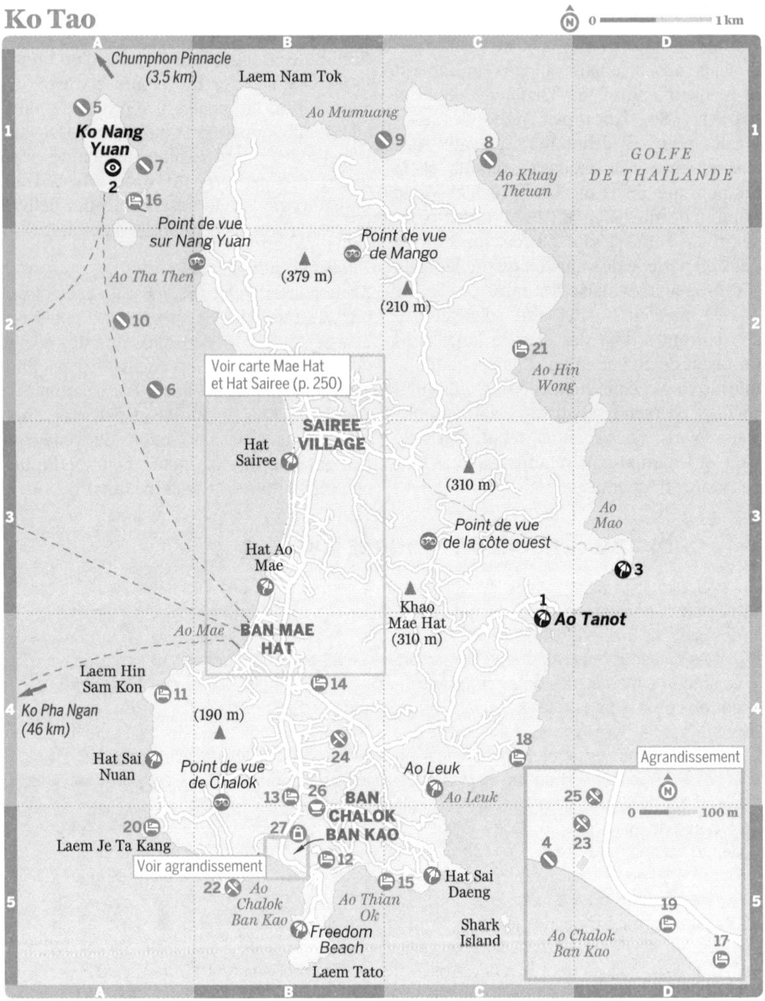

Ban's Diving School PLONGÉE
(Carte p. 250 ; ☎077 456466 ; www.bansdivingresort.com ; Hat Sairee ; ⏰8h-19h). Une machine bien huilée, installée depuis 1993 dans le **resort** (d 1 110-3 500 B ; P ❄ @ 📶 🏊) homonyme. Ce centre a délivré plus de brevets de plongée que tout autre à Ko Tao. Les cours sont dispensés en grands groupes, mais, dans l'eau, l'attention donnée à titre individuel est suffisante.

Big Blue Diving PLONGÉE
(Carte p. 250 ; ☎077 456050 ; www.bigbluediving.com ; 15/3 Mu 1, Sairee Beach ; ⏰8h-19h). Ni trop grand ni trop petit, Big Blue est apprécié pour son ambiance conviviale et la grande qualité de ses prestations. Côté hébergement, tous les budgets trouveront leur compte dans le *resort* de l'école, des modestes dortoirs aux luxueuses villas familiales.

Calypso Diving PLONGÉE
(Carte ci-dessus ; ☎084 841 5166 ; www.diving-calypso.com ; 40/20 Mu 3, Ao Tanot ; plongées à partir de 800 B ; ⏰8h-18h). Professionnel, sympathique et décontracté, ce prestataire allemand près de la plage est un excellent choix. Divers cours (niveaux débutant à professionnel) à partir de 800 B pour plonger sur la plage. Loue aussi du matériel de snorkeling.

Ko Tao

Les incontournables
1 Ao Tanot C4
2 Ko Nang Yuan A1

À voir
3 Hat Laem Thian D3

Activités
4 Buddha View C5
Calypso Diving .... (voir 1)
5 Green Rock (site de plongée) A1
6 HTMS Sattakut A2
7 Japanese Gardens (site de plongée) A1
8 Lighthouse Bay C1
9 Mango Bay C1
10 White Rock (site de plongée) A2

Où se loger
Buddha View Dive Resort .... (voir 4)
11 Charm Churee Villa A4
12 Chintakiri Resort B5
13 Dearly Koh Tao Hostel B4
14 Earth House B4
15 Jamahkiri Resort & Spa C5
16 Ko Nangyuan Dive Resort A1
17 Ko Tao Resort D5
Montalay Beach Resort .... (voir 1)
18 Moondance Magic View Bungalow C4
19 New Heaven Resort D5
20 Tao Thong Villa A5
21 View Rock C2

Où se restaurer
22 Cape Restaurant B5
23 I (Heart) Salad D5
24 Lung Pae B4
25 South Beach Cafe D4

Où prendre un verre et faire la fête
Earth House .... (voir 14)
26 Natural High Cafe B5

Achats
27 Hammock Cafe Plaeyuan B5

Crystal Dive PLONGÉE
(Carte p. 250 ; ☎077 456106 ; www.crystaldive.com ; 7/1 Mu 2, Mae Hat ; cours à partir de 2 500 B ; ⏲8h-18h). Cette école de plongée (et *resort*) primée est l'un des plus grands clubs de l'île (et du monde), mais ses excellents moniteurs et ses cours en petits groupes lui donnent un vrai cachet. Personnel polyglotte, classes climatisées et deux piscines sur site comme cerise sur le gâteau. Crystal s'investit également dans des projets de protection des écosystèmes marins à Ko Tao. Vivement recommandé.

Également des cours spécialisés : plongée en apnée, photo et vidéo sous-marine, plongée nocturne, recherche et récupération, etc.

Roctopus Dive PLONGÉE
(Carte p. 250 ; ☎077 456611, 090 863 1836 ; www.roctopusdive.com ; 17 Mu 1, Sairee Village ; cours à partir de 1 900 B ; ⏲9h-18h). En plein milieu de Sairee Beach, cette école pétillante et appréciée est portée par une excellente équipe. Elle est bien équipée, et satisfera aux besoins des plongeurs de tous les niveaux. Baptêmes de plongée d'une demi-journée, cours Open Water pour débutants, modules spécialisés et niveaux avancés... Un *speedboat* (qu'il est aussi possible de privatiser) vous emmènera faire du snorkeling ou sauter des falaises.

Snorkeling

Très apprécié, le snorkeling est une bonne alternative à la plongée. Vous trouverez aisément le moyen d'organiser votre propre circuit, car les baies de la côte est possèdent toutes de petits bungalows louant du matériel (100-200 B/jour).

La plupart des adeptes choisissent de plonger seuls et se dirigent vers les baies au large de Ko Tao à la nage, ou en *longtail boat* pour atteindre les sites les plus éloignés. Vous pouvez aussi participer à une excursion guidée en réservant dans une agence de voyages locale. Les prix varient entre 500 et 800 B (ce qui comprend en général matériel, repas et guide/capitaine de bateau) avec des arrêts dans plusieurs bons sites autour de l'île.

Laem Thian est prisé pour ses petits requins, **Shark Island** est peuplée d'une myriade de poissons (mais il n'y a curieusement pas de requins – *sharks* en anglais), **Ao Hin Wong** est réputé pour la transparence de ses eaux et Lighthouse Bay (p. 249), au nord, abrite une multitude d'anémones de couleurs vives. Ao Tanot (p. 244) est un autre spot de snorkeling très apprécié.

Les écoles de plongée acceptent de prendre à bord de leur bateau des adeptes de snorkeling aux mêmes tarifs que les autres plongeurs, mais cela ne vaut le coup que si le site est propice au snorkeling, comme Japanese Gardens (p. 249). Les bateaux se rendent dans les sites les moins profonds l'après-midi.

Plongée en apnée

Ces dernières années, la plongée en apnée a immensément gagné en popularité, que ce soit auprès des novices ou des plongeurs expérimentés.

Grâce à la présence de nombreux plongeurs en apnée certifiés sur l'île, plusieurs agences traditionnelles proposent désormais des séances de plongée en apnée. Quelques prestataires spécialisés méritent toutefois d'être mentionnés : Apnea Total a remporté plusieurs titres mondiaux et sait très bien mettre à l'aise les débutants de ce sport exaltant. Dans cet établissement de première classe, la limite de 3 élèves par moniteur assure sécurité et enseignement personnalisé. Blue Immersion vaut aussi le détour. Les tarifs sont standardisés sur toute l'île. Un stage SSI de 2 jours et demi pour débutant coûte 6 000 B.

Blue Immersion PLONGÉE

(Carte p. 250 ; ☎081 188 8488 ; www.blue-immersion.com ; 136 Mu 1, Sairee Beach ; cours à partir de 3 000 B ; ⏲12h-20h). Fondée par Akim Ladhari, l'une des premières personnes au monde à plonger en apnée à plus de 100 m de profondeur, cette école est géniale pour les plongeurs, quel que soit leur niveau. Ses 9 moniteurs chevronnés encadrent des cours à partir de 3 000 B pour une séance d'initiation (jusqu'à 10 m) et grimpant jusqu'à 76 000 B pour une formation de moniteur en 3 mois. Dortoirs de 12 lits (490 B) sur place.

Apnea Total PLONGÉE

(Carte p. 250 ; ☎081 956 5720, 081 956 5430 ; www.apneatotal.com ; 9/224 Mu 1, Sairee Beach ; cours 1 000-40 000 B ; ⏲8h30-20h). Compétente, enthousiaste et sympathique, l'équipe d'Apnea Total, plusieurs fois primée dans le monde de la plongée en apnée, est particulièrement douée pour initier les débutants à ce sport fascinant. Chaque moniteur n'est chargé que de 3 élèves maximum pour une sécurité optimale. Grand nombre de cours adressés à chaque public, des débutants aux aspirants moniteurs.

Plongée technique et plongée souterraine

Les plongeurs endurcis et les aspirants Cousteau contacteront **Tech Dive Thailand** (carte p. 250 ; ☎077 456604 ; www.techdivethailand.com ; 14/102 Mu 2, Sairee Beach ; ⏲8h-18h) ou une autre école de plongée technique (peu nombreuses), s'ils veulent pousser leurs explorations sous-marines plus loin et tenter une plongée technique. Cette discipline dépasse le simple cadre de la plongée commerciale ou récréative : on y dépasse régulièrement les 40 m de profondeur, ce qui demande des paliers de décompression, et un mélange de gaz est souvent utilisé pour une seule plongée. Pour participer à ces plongées, il faut posséder un certificat de plongée technique ; de nombreuses écoles de l'île proposent des formations et délivrent différents certificats de plongée technique.

Le golfe de Thaïlande, depuis longtemps une route commerciale importante, est très propice à l'exploration d'épaves, et l'on ne cesse d'y découvrir de nouveaux navires engloutis – dont des *marus* (bateaux marchands) japonais – ou leur chargement (tel que des poteries chinoises anciennes). Le *HTMS Sattakut* (page ci-contre) est une des épaves les plus accessibles et les plus visitées, mais vous en trouverez des dizaines sur le site Internet de Tech Dive Thailand, qui tient une liste complète des sites du secteur.

Récemment, la plongée souterraine (*cave diving* en anglais) a suscité un véritable engouement à Ko Tao. Les passionnés s'y pressent pour passer une demi-journée au parc national de Khao Sok. Les fonds du lac principal abritent un monde époustouflant : grottes secrètes, rochers calcaires et poissons-chats furtifs. Les plongeurs peuvent explorer des eaux où reposent des villages submergés lors de l'inondation provoquée pour créer un réservoir et un barrage. La plupart des excursions commencent l'après-midi par un trajet en bateau depuis Ko Tao et se terminent le lendemain après-midi. L'hébergement pour la nuit se fait dans le parc ou tout près.

Photo et vidéo sous-marines

Si vous avez déjà obtenu vos brevets PADI (Association professionnelle des moniteurs de plongée), vous pouvez louer un appareil photo sous-marin ou vous inscrire à un cours de vidéo. De nombreuses écoles de plongée emploient des spécialistes pour filmer les certifications Open Water. Si cela vous intéresse, vous pouvez suivre un stage. Les moniteurs de plongée peuvent vous mettre en contact avec l'une des équipes de l'île. Le cours de base (caméra, plongée et instruction comprises) coûte environ 5 000 B et peut être utilisé dans le cadre du brevet Advanced PADI. **Crystal Images** (carte p. 250 ; ☎092 476 4110 ; www.crystalimageskohtao.com ; Mae Hat ;

100% LOCAL

TOUR D'HORIZON DES SITES DE PLONGÉE

En général, les plongeurs ne choisissent pas eux-mêmes les sites à explorer. Chaque école choisit une poignée de sites pour la journée selon les conditions météorologiques et marines. L'exploration des sites les plus profonds, tels Chumphon Pinnacle, se fait généralement le matin. Les bateaux de l'après-midi partent vers les moins profonds, comme Japanese Gardens. Deux grands navires ont été coulés au large de la côte, offrant aux plongeurs des épaves à explorer.

Pour admirer les requins-baleines de Sail Rock, nous vous conseillons d'embarquer sur un des bateaux qui partent de Ko Pha Ngan tous les jours.

Chumphon Pinnacle (profondeur maximale 36 m), à 11 km au nord-ouest de Ko Tao, offre une variété d'anémones colorées le long de ses 4 pics. Des bancs de carangues à grosse tête, de thons et de gros requins gris de récif fréquentent les environs. On note parfois l'apparition d'un requin-baleine.

Green Rock (carte p. 246 ; profondeur maximale 25 m) est une jungle sous-marine pourvue de cavernes, de grottes et de petits passages, visitée par des raies, des mérous et des balistes. Fabuleux pour la plongée nocturne.

Japanese Gardens (carte p. 246 ; profondeur maximale 16 m), entre Ko Tao et Ko Nang Yuan, est un spot tranquille, idéal pour les débutants ou le snorkeling. Les coraux colorés abondent, et tortues, pastenagues et poissons-globes passent souvent par là.

Mango Bay (carte p. 246 ; profondeur maximale 16 m) pourrait être votre premier site si c'est votre baptême de plongée. Des poissons de récifs nagent paresseusement pendant que les débutants s'entraînent sur le sol sablonneux.

Lighthouse Bay (Gluay Teun Bay ; carte p. 246 ; profondeur maximale 14 m) est un site en eau peu profonde à la pointe nord-est de l'île. Autour de coraux superbes, également excellent pour le snorkeling, on peut observer barracudas à queue jaune, poissons-perroquets et poissons-cochers.

Sail Rock (profondeur maximale 40 m), près de Ko Pha Ngan, se caractérise par une imposante cheminée de pierre dotée d'un passage vertical. On y croise barracudas et thazards. C'est l'un des meilleurs endroits d'Asie du Sud-Est pour apercevoir des requins-baleines. Ces dernières années, on a pu en voir à toutes les saisons.

Southwest Pinnacle (profondeur maximale 28 m) offre aux plongeurs une petite collection de pics servant d'habitat à des mérous géants et à des barracudas. Requins-baleines et requins-léopards apparaissent parfois.

Ao Tanot (p. 246 ; profondeur maximale 18 m) est adaptée à tous les niveaux. On se régale en snorkeling dans ses eaux peu profondes, qui hébergent des scalaires, des truites de corail, des poissons-cochers et une épave de catamaran.

White Rock (carte p. 246 ; profondeur maximale 29 m) arbore des coraux bariolés, des scalaires, des poissons-clowns et des balistes. Spot apprécié pour la plongée de nuit.

Le **navire HTMS Sattakut** (carte p. 246), coulé en 2011 au sud-est de Hin Pee Wee à une profondeur de 30 m, est devenu l'un des sites de plongée sur épave les plus populaires.

⌚6h-17h) et **Oceans Below** (carte p. 250 ; ☎086 060 1863 ; www.oceansbelow.net ; Sairee Village) proposent des cours de vidéo et des stages, chacun avec ses spécificités.

Randonnée

Un itinéraire fréquenté traverse l'île via le point de vue de la côte ouest. Tout de suite au sud du Monsoon Gym, vous grimperez sur une route, puis un chemin de terre jusqu'à une bifurcation appelée Two Views. Prenez alors à gauche pour rejoindre le point de vue de la côte ouest et admirer un panorama splendide sur la partie occidentale de l'île. Revenu sur vos pas, vous pourrez prendre l'autre direction à l'intersection et descendre jusqu'à Ao Tanot en passant près du réservoir. Au total, l'itinéraire représente près de 4,5 km, pour environ 1 heure 30 de marche.

Mae Hat et Hat Sairee

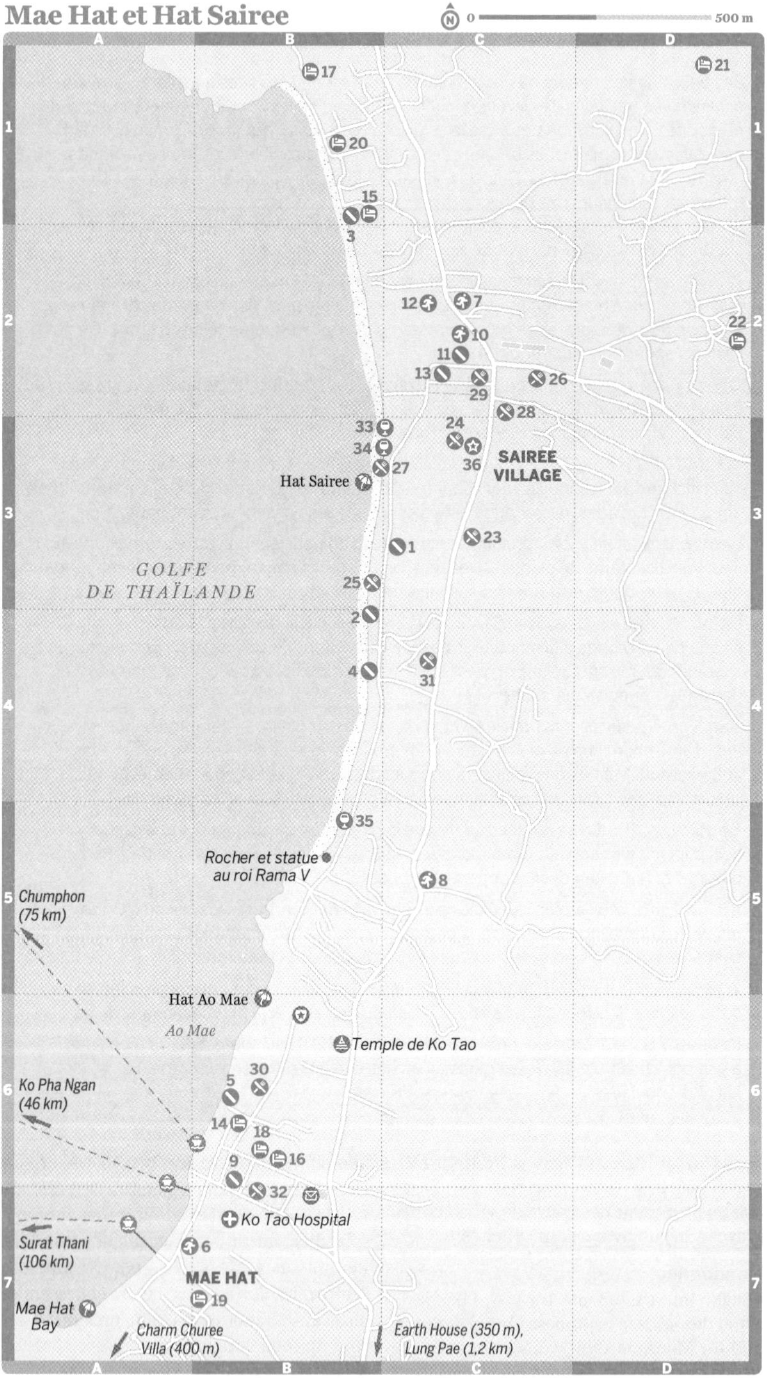

Mae Hat et Hat Sairee

Activités

1 Apnea Total C3
2 Ban's Diving School B4
3 Big Blue Diving B1
4 Blue Immersion B4
5 Crystal Dive B6
6 Crystal Images A7
7 Goodtime Adventures C2
8 Monsoon Gym & Fight Club C5
9 Ocean Republic Diving B6
10 Oceans Below C2
11 Roctopus Dive C2
12 Shambhala C2
13 Tech Dive Thailand C2

Où se loger

14 Ananda Villa B6
Ban's Diving Resort .... (voir 2)
15 Big Blue Resort B1
16 Captain Nemo Guesthouse B6
Crystal Dive Resort .... (voir 5)
Indie Hostel Koh Tao .... (voir 13)
17 Ko Tao Cabana B1
18 Ko Tao Central Hostel B6
19 Moov Inn Garden Hostel B7
20 Palm Leaf Resort B1
21 Place D1
22 Spicytao Backpackers D2

Où se restaurer

995 Roasted Duck .... (voir 26)
Bam Bam .... (voir 19)
23 Bang Burgers C3
24 Barracuda Restaurant & Bar C3
25 Cafe Culture B3
Cappuccino .... (voir 9)
26 Gallery C2
Pranee's Kitchen .... (voir 14)
27 Seashell Restaurant B3
28 Shalimar Indian Restaurant C2
29 Su Chili C2
30 This is a Book Cafe B6
31 Vegetabowl C4
Whitening .... (voir 4)
32 Zest Coffee Lounge B7

Prendre un verre et faire la fête

Chopper's Sports Bar .... (voir 29)
Fishbowl Beach Bar .... (voir 2)
33 Fizz beachlounge C3
34 Lotus Bar C3
35 Maya Beach Club B5

Où sortir

36 Queen's Cabaret C3

Une autre belle randonnée emprunte un chemin côtier longeant plusieurs plages au sud de Mae Hat et autour du cap jusqu'à Ao Chalok Ban Kao. Elle débute à la Charm Churee Villa et progresse sur un sentier bétonné jusqu'à Hat Sai Nuan, au sud. Sur la colline menant au cap de Laem Je Ta Kang, le béton laisse place à la terre. Avant d'atteindre Laem Je Ta Kang, prenez en direction de l'est vers Ao June Juea, dépassez la Tao Thong Villa, puis descendez jusqu'à Ao June Juea. Vous pourrez ensuite pousser jusqu'à Ao Chalok Ban Kao.

Autres activités

Goodtime Adventures SENSATIONS FORTES
(Carte page ci-contre ; ☎087 275 3604 ; www.goodtimethailand.com ; 14/2 Mu 1, Sairee Beach ; ⏲9h-19h). Découvrez la jungle à pied, évoluez sur les rochers lors d'une séance d'escalade et de rappel, déchaînez-vous en sautant dans l'eau du haut d'une falaise, essayez-vous à plusieurs sports ou apprenez à piloter un hors-bord (15 000 B). Ou mieux, essayez plusieurs activités lors d'une journée complète "Koh Tao Adventure". Le prestataire, qui dispose d'un café et d'un bar sur le sable à Sairee, dirige aussi une auberge de jeunesse avec dortoirs et chambres doubles.

Monsoon Gym & Fight Club ARTS MARTIAUX
(Carte page ci-contre ; ☎086 271 2212 ; www.monsoongym.com ; 41/4 Mu 1, Sairee Beach ; cours 300 B, 6 séances 1 500 B, mensuel illimité 7 000 B ; ⏲7h-21h). Ce club populaire de Sairee Beach propose à la fois des stages de boxe thaïlandaise (*muay thai*) et de MMA (arts martiaux mixtes) et l'hébergement en dortoir (300 B). De quoi passer un excellent et passionnant séjour à Ko Tao quand on ne fait pas de plongée. Le gymnase en béton, bien équipé, jouxte le ring de *muay thai*.

Shambhala YOGA
(Carte page ci-contre ; ☎084 440 6755 ; www.shambhalayogakohtao.com ; 14/2 Mu 1, Sairee Beach ; ⏲10h-12h et 18h-19h30 lun-sam, 10h-12h dim). Le principal centre de yoga de Ko Tao (on y forme des yogis depuis une vingtaine d'années) se trouve dans une superbe *săh·lah* en bois, dans le domaine arboré du Blue Wind Resort. Les cours de 2 heures, dispensés par des professeurs expérimentés, coûtent 300 B (10 cours 2 500 B). Inutile de réserver.

Où se loger

Si vous souhaitez faire de la plongée durant votre séjour, les moniteurs vous proposeront probablement un hébergement gratuit ou à prix réduit. Certaines écoles permettent de se loger sur place, d'autres ont passé des accords avec les bungalows voisins. Sachez que vous ne bénéficierez de cette réduction que les jours où vous plongerez.

Hat Sairee

L'immense Hat Sairee, plus communément appelée Sairee Beach, est la plus longue plage de l'île et la plus développée. Elle est bordée par toute une série de centres de plongée, bungalows, agences de voyages, supérettes et cafés-bars. L'extrémité nord est la plus belle et la plus calme. La fête a lieu plus au sud. C'est la plage préférée de nombreux voyageurs en raison de sa variété de paysages, de son animation, et de ses beaux couchers du soleil.

Indie Hostel Koh Tao AUBERGE DE JEUNESSE $
(Carte p. 250 ; ☎ 077 332 524 ; facebook.com/IndieKohTao/ ; 14/143 Mu 1, Sairee Beach ; dort/d 500/1 170 B ; ❄📶). Comme beaucoup de voyageurs à petit budget, optez pour les petits dortoirs de cette auberge de jeunesse propre et bon marché, près de Sairee Beach. Personnel très serviable. Bon restaurant sur place.

Spicytao Backpackers AUBERGE DE JEUNESSE $
(Carte p. 250 ; ☎ 088 777 9224 ; 35/23 Mu 1, Sairee Village ; dort 250 B ; ❄📶). Prix très bas et pas de chichis : les baroudeurs adorent ce repaire à l'ambiance conviviale, niché dans un jardin rustique, en retrait de l'artère principale. Le personnel organise des activités régulièrement. Réservez bien à l'avance, car le Spicytao est pris d'assaut en haute saison.

Big Blue Resort BUNGALOWS $
(Carte p. 250 ; ☎ 077 456050 ; www.bigbluediving.com ; 15/3 Mu 1, Sairee Beach ; dort/d/bung à partir de 300/600/800 B ; P❄📶≋). L'ambiance de ce complexe centré sur la plongée est celle d'un camp de vacances – les cours de plongée dominent la journée, et on passe les soirées autour d'une table ou à regarder des jongleries de feu. Il y a 6 chambres toutes simples avec ventilateurs, des bungalows climatisés et des villas (dont des luxueuses pour les familles). Certains hébergements sont réservés aux élèves de l'école de plongée de Big Blue Diving (p. 246).

Palm Leaf Resort BUNGALOWS $$$
(Carte p. 250 ; ☎ 077 456731 ; www.palmleafkohtao.com ; 15/2 Mu 1, Sairee Beach ; bung 2 000-4 500 B ; P❄📶≋). Ces bungalows traditionnels jalonnent une portion tranquille et soyeuse de Sairee Beach, à l'écart de la foule. Le décor de jungle ajoute au sentiment de sérénité, et beaucoup de bungalows ouvrent directement sur la plage pour une ambiance d'île tropicale parfaite.

Ko Tao Cabana BUNGALOWS $$$
(Carte p. 250 ; ☎ 077 456504 ; www.kohtaocabana.com ; 16 Mu 1, Sairee Beach ; bung 5 000-16 700 B ; P❄📶≋). Cette propriété tranquille en bord de plage est constituée de villas à la structure en bois et de cabanes en adobe blanc, toutes coiffées de toits tressés. Parmi les rochers qui ponctuent le sable, des sentiers sinuent à travers une jungle structurée et plantée de fougères. Les villas privées figurent parmi les logements les plus chics de l'île.

Mae Hat

Tous les ferrys arrivent à l'embarcadère de ce village animé. Sur la plage, presque tous les *resorts* sont avec vue, mais leur quiétude est troublée par les allées et venues constantes des bateaux. Ce n'est donc pas l'endroit rêvé pour se reposer, mais vous serez au cœur de l'action si c'est la plongée qui vous amène. Des hébergements se trouvent un peu partout, mais les plus charmants s'étendent le long de la plage de sable, au nord et au sud de l'embarcadère.

Moov Inn Garden Hostel AUBERGE DE JEUNESSE $
(Carte p. 250 ; ☎ 086 064 8226 ; facebook.com/pages/Moov-Inn-Garden-Hostel/179712105944116 ; 25/18 Mu 3, Mae Hat ; dort/d 350/415 B ; ❄📶). Proche de l'embarcadère, cette petite adresse sympathique baigne dans une atmosphère superbement décontractée. Dortoirs propres et agréables. Le bar accueille un événement festif chaque semaine.

Ko Tao Central Hostel AUBERGE DE JEUNESSE $
(Carte p. 250 ; ☎ 077 456925 ; www.kohtaohostel.com ; 9/21 Mu 2, Mae Hat ; dort 300 B ; ❄📶). Centrale et repérable à son logo imitant celui du métro de Londres, cette auberge de jeunesse sympathique et propre, ornée de fresques de Banksy, propose des dortoirs de 14 lits parfaits pour loger près de l'embarcadère. Réception en face du Reef Bar. Pas de serviettes de toilette, apportez les vôtres.

Crystal Dive Resort BUNGALOWS $
(Carte p. 250 ; ☎ 077 456106 ; www.crystaldive.com ; 7/1 Mu 2, Mae Hat ; bung/d 400/800 B ; ❄📶≋). D'ordinaire, le Crystal réserve ses bungalows et chambres de motel aux

clients qui participent à ses cours de plongée. Ceux-ci bénéficient d'ailleurs de tarifs largement préférentiels. L'établissement est associé au Koh Tao Regal (www.kohtaoregal.com) et au Beach Club (www.thebeachclub-kohtao.com) pour l'hébergement des clients.

Ananda Villa HÔTEL **$$**
(Carte p. 250 ; ☎077 456478 ; www.anandavilla.com ; Mae Hat ; d 1 650-1 800 B, bung 500-1 000 B ; ❄📶). Cet hôtel blanc et crème sur 2 niveaux, à une courte marche de l'embarcadère, est convivial et a des airs de villa coloniale avec ses porches flanqués de palmiers et de frangipaniers. Les bungalows les moins chers, à l'opposé du jardin par rapport à la route, disposent d'eau chaude mais n'ont que des ventilateurs.

Captain Nemo Guesthouse PENSION **$$**
(Carte p. 250 ; ☎092 364 1031 ; www.captain-nemoguesthouse.com ; 9/37 Mu 2, Mae Hat ; d 950-1 750 B, f 1 500-2 300 B ; ❄📶). À quelques pas de l'embarcadère, cette petite *guesthouse* très cotée propose 5 types de chambres et elle affiche presque toujours complet ; réservez. Propriétaires accueillants et serviables. Tout est impeccable.

Charm Churee Villa RESORT **$$$**
(Carte p. 246 ; ☎077 456393 ; www.charmchuree-villa.com ; 30/1 Mu 2, Jansom Bay, Mae Hat ; d 3 600-4 600 B, bung 5 600-39 100 B ; P❄📶🏊). Nichées sous de hauts palmiers, à l'écart du tohu-bohu de l'embarcadère, les luxueuses villas de Charm Churee cultivent le thème de l'Extrême-Orient flamboyant sur une étendue de 48 ha. Des escaliers sculptés dans la façade rocheuse dévalent une pente semée de palmiers révélant des "huttes" en teck au milieu des rochers. Toutes les villas jouissent d'une vue dégagée sur la mer.

Chalok Ban Kao et le Sud

Ao Chalok Ban Kao, à 1,7 km au sud de Mae Hat par la route, est la troisième plus grande concentration d'hôtels sur Ko Tao. Un étroit ruban de sable frange une jolie baie en croissant surplombée de rochers à ses deux extrémités. Peu profondes, les eaux bleu clair laissent apparaître à marée basse un banc de sable, qu'il est amusant de rejoindre en barbotant pour s'y étendre au soleil. Bien qu'il s'agisse de la plus paisible des plages principales, Chalok Ban Kao réserve une belle sélection de restaurants et une vie nocturne décontractée mais sympathique. De plus, les occasions de plonger y sont légion.

Dearly Koh Tao Hostel AUBERGE DE JEUNESSE **$$**
(Carte p. 246 ; ☎077 332494 ; www.thedearlykoh-taohostel.com ; 14/55 Mu 3, Chalok Ban Kao ; dort 600-700 B, d et tr 2 400-3 000 B avec petit-déj ; ❄📶🏊). Cette nouvelle auberge de jeunesse, située sur la route filant depuis Chalok Ban Kao vers l'intérieur des terres, a tout ce qu'il faut : chambres propres et confortables, avec des touches contemporaines et traditionnelles, mobilier en rotin et terrasse sur le toit, le tout géré par un personnel accueillant. Dortoirs et chambres privées disponibles, ainsi qu'une piscine.

Le Dearly peut envoyer un véhicule vous chercher à l'embarcadère (25 min à pied) contre un petit supplément.

Ko Tao Resort RESORT **$$**
(Carte p. 246 ; ☎077 456133 ; www.kotaoresort.com ; 19/1 Mu 3, Chalok Ban Kao ; d et bung 1 275-4 860 B ; ❄📶🏊). Les chambres, toutes joliment meublées, sont réparties en 2 catégories : "côté piscine" et "paradis". Location de matériel pour pratiquer des sports nautiques. Plusieurs bars servent des cocktails aux fruits. Vue splendide sur la mer.

Buddha View Dive Resort BUNGALOWS **$$**
(Carte p. 246 ; ☎077 456074 ; www.buddha-view-diving.com ; 45/1 Mu 3, Chalok Ban Kao ; d 400-1 600 B ; P❄@📶🏊). À l'instar de beaucoup de grands prestataires de plongée à Ko Tao, **Buddha View** (cours à partir de 2 500 B) propose aux plongeurs de loger sur place à prix réduit, dans une ambiance très conviviale.

Tao Thong Villa BUNGALOWS **$$**
(Carte p. 246 ; ☎077 423809 ; facebook.com/taothongvilla2 ; 33/2 Mu 2, Ao Sai Nuan ; bung 600-2 000 B ; ❄📶). Très appréciés par les vacanciers au long cours recherchant paix et tranquillité, ces charmants bungalows sans prétention offrent une vue époustouflante. Le Tao Thong chevauche deux minuscules plages sur un cap escarpé à mi-chemin de Mae Hat et de Chalok Ban Kao. Court trajet en bateau-taxi depuis l'embarcadère de Mae Hat.

Chintakiri Resort RESORT **$$**
(Carte p. 246 ; ☎077 456391 ; Chalok Ban Kao ; d 2 500 B ; P❄📶🏊). Haut perché au-dessus des eaux du golfe et dominant Chalok Ban Kao, le Chintakiri est l'un des domaines les plus chics de Ko Tao. Les chambres, disséminées dans la jungle, arborent des murs blancs aux ornements de laque.

New Heaven Resort BUNGALOWS $$
(Carte p. 246 ; ☎077 456045 ; www.newheavendiveschool.com ; 48 Mu 3, Chalok Ban Kao ; bung 1 500-2 500 B ; ❄📶). Le centre de plongée New Heaven propose ici des cabanes colorées, juchées sur une colline qui domine des eaux délicieusement limpides, mais aussi des bungalows avec vue sur la mer et des tentes de luxe à partir de 800 B.

♥ Jamahkiri Resort & Spa RESORT $$$
(Carte p. 246 ; ☎077 456400 ; www.jamahkiri.com ; 21/1 Mu 3, Ao Thian Ok ; bung 10 400-12 400 B ; P❄📶≋). Des masques de bois et des déesses de la fertilité abondent au milieu des jolies mosaïques et des statues à plusieurs bras de ce domaine blanchi à la chaux. Les cris des singes dans le lointain renforcent le thème de la jungle, tout comme les toits de chaume et les soirées à la torche. Les escaliers sont nombreux, mais la vue est somptueuse, le spa haut de gamme et le centre de plongée excellent.

Plages de la côte est

Plutôt tranquille, la côte est est, sans aucun doute, l'un des meilleurs coins de la région pour réaliser votre fantasme de séjour sur une île paradisiaque. La vue y est magnifique, les plages tranquilles, et toutes les commodités sont à moins de 10 minutes.

View Rock BUNGALOWS $
(Carte p. 246 ; ☎077 456548 ; Hin Wong ; bung 500-1 000 B ; 📶). Le fatras de huttes en bois (basiques mais assez propres), qui ressemble à un village de pêcheurs, est bâti sur des rochers escarpés et offre une superbe vue sur la baie. En descendant la route de terre jusqu'à Hin Wong, suivez les panneaux au nord après les Hin Wong Bungalows.

Moondance Magic View Bungalow BUNGALOWS $$
(Carte p. 246 ; ☎089 909 0083 ; www.moondancemagicviewbungalow.com ; Ao Leuk ; bung avec ventil/clim 1 250/2 500 B ; ❄📶). Pour les véritables envies d'évasion, ces bungalows spartiates au charme désuet, haut perchés sur les falaises au nord-est d'Ao Leuk, sont parfaits. Un doux sentiment de solitude et la vue exceptionnelle sur le golfe vous envoûteront. Aucune route n'y mène : vous devrez arriver par le chemin de terre en mobylette ou demander que l'on vienne vous chercher.

Montalay Beach Resort RESORT $$
(Carte p. 246 ; ☎077 456488 ; www.montalayresort-kohtao.com ; Ao Tanote Beach ; bung 1 440-2 250 B ; P❄📶≋). Populaire auprès des familles, ce complexe hôtelier de la plage d'Ao Tanote, loin de l'agitation, offre des petits bungalows simples, posés çà et là dans un jardin aux airs de jungle. Très bon restaurant et petite piscine, avec une étendue de sable blanc en contrebas.

Intérieur de l'île

The Earth House BUNGALOWS $
(Carte p. 246 ; ☎086 069 9244 ; facebook.com/TheEarthHouse/ ; 2/35 Mu 3 ; bung 350-600 B ; 📶). À côté du **bar** (⏲12h-minuit lun-sam) du même nom, ces bungalows en bambou échappent en toute élégance à la banalité. Certes, il n'y a pas de plage, mais le bar est superbe, et le cadre (en pleine jungle) est tout bonnement ravissant. Ces logements en bambou (pour 1 pers seulement) sont agréablement propres et rustiques.

The Place RESORT $$$
(Carte p. 250 ; ☎087 887 5066 ; www.theplace-kohtao.com ; villa 8 000-9 000 B ; P❄📶). Ce petit établissement de charme compte 9 luxueuses villas nichées dans la verdure avec une vue splendide sur la mer. Idéal pour un voyage de noces : chaque villa a sa piscine privée et le chef accepte de servir les repas en chambre.

Ko Nang Yuan

Très photogénique, Ko Nang Yuan, au large de la côte nord-ouest de Ko Tao, est facilement accessible en bateau-taxi au départ de Mae Hat et de Sairee (150 B l'aller). En période d'affluence, elle est parfois très fréquentée. Taxe de 100 B appliquée à chaque visiteur.

Ko Nangyuan Dive Resort BUNGALOWS $$
(Carte p. 246 ; ☎081 958 1766 ; www.nangyuan.com ; 46 Mu 1, Ko Nangyuan ; bung 2 500-6 000 B ; ❄📶). Les robustes bungalows de bois et d'aluminium sont disposés sur 3 îles coniques reliées par un banc de sable idyllique. Ces îles sont des paradis privés, mais très fréquentés par les excursionnistes. Le complexe se targue de posséder le meilleur et l'unique restaurant de l'île. Le tarif inclut le trajet depuis/vers Ko Tao.

Où se restaurer

Hat Sairee

995 Roasted Duck CHINOIS $
(Carte p. 250 ; Sairee Village ; plats à partir de 70 B ; 9h-21h). Si on fait la queue pour obtenir une place dans cette gargote améliorée, au service rapide, c'est pour son excellent canard rôti servi sous la forme d'un bol fumant de canard aux nouilles (à partir de 70 B), ou entier (700 B). Incontournable.

Vegetabowl VÉGÉTARIEN $
(Carte p. 250 ; 084 692 7749 ; facebook.com/vegetabowl ; 9/5 Island Plaza, Sairee Beach ; bolée à partir de 120 B ; 11h30-20h ;). De délicieux bols végétariens frais déploient leurs saveurs et leurs propriétés détoxifiantes dans ce petit endroit aussi plaisant que coloré, niché dans une ruelle en face d'un 7-Eleven. Ces bols "Mexicain", "Japonais", "Bien-être" ou "Force" figurent parmi les meilleures créations végétariennes de l'île.

Bang Burgers BURGERS $
(Carte p. 250 ; 081 136 6576 ; Sairee Village ; burgers à partir de 100 B ; 10h-22h ;). Prévoyez un peu d'attente pour accéder à ce bar à burgers de Sairee. Le menu compte une demi-douzaine de burgers (cheese, double cheese, cheese-piments rouges), dont une option végétarienne.

Barracuda Restaurant & Bar FUSION ASIATIQUE $$
(Carte p. 250 ; 080 146 3267, 077 457049 ; www.barracudakohtao.com ; 9/9 Mu 1, Sairee Village ; plats 250 B ; 16h-22h30 ;). On dit que le chef Ed Jones cuisine pour la famille royale quand elle séjourne sur l'île. Sans vous ruiner, vous pourrez goûter ses chefs-d'œuvre de cuisine fusion, où n'entrent que des produits locaux. Essayez le plateau de fruits de mer, le filet de barracuda à la poêle ou l'assiette de falafels, et terminez par un mojito aux fruits de la passion. Une succursale plus tranquille à 5 minutes à pied.

Cafe Culture CAFÉ $$
(Carte p. 250 ; 077 456808 ; Sairee Beach ; plats 160 B ; 8h30-21h30 ;). Délicieusement charmant, ce café ouvert toute la journée commence sur la toute petite promenade en retrait de Sairee Beach et descend doucement jusqu'au sable qui borde la mer. Sur un fond sonore relaxant, les clients savourent des déjeuners légers et des petits-déjeuners délicieux devant un horizon radieux, encadré par un pin incliné et les *long-tail boats* qui tanguent sur les vagues.

Shalimar Indian Cuisine INDIEN $$
(Carte p. 250 ; 089 217 7220 ; facebook.com/shalimarkohtao ; 17/59 Mu 1, Sairee Village ; thali à partir de 250 B ; 14h-23h ;). Ici, le *thali* est à l'honneur. La version végétarienne (250 B) de ce repas indien est ultraconsistante, et d'un excellent rapport qualité/prix. Les gros mangeurs et amateurs de viande ne reculeront pas devant la version carnée (pour seulement 20 B de plus). Lieu ouvert et spacieux, décor indien sobre, et remarquable portail blanc orné d'arabesques.

Seashell Restaurant POISSON, FRUITS DE MER $$
(Carte p. 250 ; Sairee Beach ; plats 250 B ; 7h-22h ;). Un lieu idéal pour le dîner : excellents produits de la mer cuisinés avec brio, et couchers de soleil d'exception depuis des tables placées stratégiquement sur un beau coin de plage. Le Seashell vaut même le détour pour un cocktail ou une bière.

The Gallery THAÏLANDAIS $$
(Carte p. 250 ; 077 456547 ; www.thegallerykohtao.com ; 10/46 Mu 1, Sairee Village ; plats 240 B ; 12h-22h ;). Sur la plage, ce restaurant jouit du plus beau cadre, en harmonie avec sa formidable cuisine. Sa spécialité est le *hor mok maprao on* (curry de poulet, crevettes et poisson présenté dans une noix de coco), mais le filet de vivaneau au curry rouge est aussi un régal. Choix de plats végétariens. Vous êtes indécis ? Laissez le chef, à l'écoute de vos inclinations culinaires et de vos préférences en matière d'épices, vous cuisiner un assortiment de hors-d'œuvre et de plats de son choix (900 B).

Su Chili THAÏLANDAIS $$
(Carte p. 250 ; 090 141 1577 ; Sairee Village ; plats 180 B ; 10h-22h30 ;). Une chaleureuse animation règne au Su Chili, qui sert une cuisine thaïlandaise fraîche et savoureuse. Le personnel aimable vous demande toujours si vous préférez épicé ou pas trop, et la cuisine suit. Essayez les délicieuses spécialités du nord de la Thaïlande ou les currys de Penang. Quelques plats occidentaux réconforteront les nostalgiques.

Mae Hat

Bam Bam THAÏLANDAIS $
(Carte p. 250 ; plats 70 B ; 10h-22h). Tout le monde dans le coin adore le Bam Bam.

Ses plats bon marché, qui peuvent être livrés à votre auberge, exhalent des parfums typiques de la cuisine d'une grand-mère thaïlandaise réussie. Seul bémol : le personnel de cette cabane d'angle à ciel ouvert, si bien intentionné soit-il, se laisse parfois un peu déborder.

Pranee's Kitchen THAÏLANDAIS $

(Carte p. 250 ; Mae Hat ; plats 120 B ; 7h-22h ;). Vieille adresse de Mae Hat, le Pranee propose des currys succulents et d'autres mets thaïlandais dans un pavillon ouvert avec sièges-coussins, tables en bois et TV. Projection de films en anglais le soir à 18h.

Zest Coffee Lounge CAFÉ $

(Carte p. 250 ; 077 456178 ; Mae Hat ; plats 120 B ; 6h-16h ;). Tout en brique et en bois, le Zest sort le grand jeu avec un café et des petits-déjeuners excellents, parfaits remèdes pour un lendemain difficile. Œufs Bénédicte pour démarrer la matinée en beauté, ou sandwichs *ciabatta* et délicieux bagels aux céréales garnis pour un casse-croûte.

Cappuccino CAFÉ $

(Carte p. 250 ; 077 456870 ; Mae Hat ; plats à partir de 70 B ; 8h-23h ;). Avec ses tables en marbre, ses murs couverts de miroirs et son ambiance détendue, l'intérieur enjoué du Cappuccino évoque un mélange de *deli* new-yorkais et de brasserie parisienne. Un lieu idéal pour commencer sa journée avec un croissant et un cappuccino.

This is a Book Cafe CAFÉ $

(Carte p. 250 ; 089 041 2020 ; Mae Hat ; en-cas 70-180 B ; 7h-21h ;). Livres sur les étagères, quelques meubles tendance éparpillés entre de jolis murs blancs, canapé floral... Cette adresse charmante et très calme se prête volontiers à un café, une glace ou une pâtisserie.

Whitening INTERNATIONAL $$

(Carte p. 250 ; 077 456199 ; facebook.com/WHITENING-BAR-RESTAURANT-110334805646894/ ; Mae Hat ; plats 200 B ; 13h-1h ;). D'un blanc éclatant, entre le restaurant et le bar de plage chic, cette adresse propose aux gourmets une cuisine thaïlandaise ou internationale revisitée, dont d'excellentes pâtes. On y dîne les pieds dans le sable, au milieu d'illuminations de Noël. Cerise sur le gâteau : des prix plutôt raisonnables.

Chalok Ban Kao et le Sud

South Beach Cafe CAFÉ $

(Carte p. 246 ; 094 369 1979 ; Chalok Ban Kao ; plats 140 B ; 8h-22h ;). Nous raffolons du café avec mousse à motifs servi dans ce lieu moderne et rafraîchissant. Le South Beach Cafe propose des burgers saisissants et des petits-déjeuners sains, des paninis, des salades, des pizzas, des plats végans, sans oublier les cheesecakes et le vin maison (99 B).

I (Heart) Salad CAFÉ $$

(Carte p. 246 ; 087 088 6319 ; Chalok Ban Kao ; plats à partir de 120 B ; 8h-14h et 16h-21h ;). Une adresse rustique où l'on mange sain avec un choix varié de salades à base d'ingrédients frais, une bonne sélection de plats végétariens et végans, ainsi que des desserts bien sucrés. Également, des jus de fruits frais et un petit-déjeuner pour lequel on n'a gardé que le blanc des œufs (pour les protéines). Idéal pour une cure détoxifiante.

Cape Restaurant INTERNATIONAL $$$

(Carte p. 246 ; 077 456444 ; Viewpoint Resort, 27 Mu 3, Chalok Ban Kao ; plats 250-1 100 B ; 7h30-22h). Cette belle terrasse en bois surplombant Ao Chalok Ban Kao offre l'un des cadres les plus romantiques de l'île. La cuisine, haut de gamme, est digne des meilleurs restaurants de Samui, tel le porc grillé ou le thon entier cuit au four. À part les plats de bœuf australien, les prix sont raisonnables.

Ailleurs sur l'île

Lung Pae STEAKS $$

(Carte p. 246 ; 086 287 1039 ; plats à partir de 160 B ; 10h-minuit ;). Hors circuit touristique, l'"oncle Pae" est installé dans des collines couvertes de jungle, et sa terrasse a vue sur les flots bleus en contrebas. Sa spécialité ? Les steaks, idéalement accompagnés d'un joli choix de hors-d'œuvre panasiatiques. Par temps dégagé, venez pour le coucher du soleil, mais si le vent souffle, accrochez-vous à votre serviette !

Où prendre un verre et faire la fête

Outre un nombre surprenant d'excellents bars où l'on peut danser toute la nuit, Ko Tao comporte un bel éventail d'établissements qui ont su tirer profit de sa côte ouest, face au soleil couchant. Ceux-ci sont en majorité rassemblés à Mae Hat et Sairee Beach, les deux plus importantes plages. Citons également les cafés extrêmement sympathiques qui se déploient sur les plages chaque matin.

Lotus Bar
BAR

(Carte p. 250 ; 077 456 272 ; Sairee Beach ; 8h-2h ;). Le bar le plus prisé de la partie nord de Sairee offre des places aux premières loges pour contempler les couchers de soleil les plus spectaculaires de Ko Tao. Les boissons sont démesurément grandes et des jongleurs de feu y pratiquent leur art.

Maya Beach Club
BAR

(Carte p. 250 ; 080 578 2225 ; www.maya-beachclubkohtao.com ; Sairee Beach ; 10h-20h ;). Maya rivalise avec Fizz pour la vue au coucher du soleil et accueille des DJ tous les soirs. Si vous trouvez un transat, ne le lâchez plus !

Fishbowl Beach Bar
BAR

(Carte p. 250 ; 062 046 8996 ; facebook.com/fishbowlbeachbar ; Sairee Beach ; 12h-2h ;). Ce bar toujours animé fait face à une vue fabuleuse au soleil couchant ; spectacles de feu, musique live et DJ à partir de 20h.

Natural High Cafe
CAFÉ

(Carte p. 246 ; 077 056 342 ; 10h30-minuit ;). Un café qui invite à se laisser vivre, avec jolie terrasse surélevée, panorama sur la jungle verdoyante de Ko Tao, hamacs et ambiance sonore détendue. Il y a même une piscine pour buller. Le lieu est indiqué en haut d'une colline sur la route menant à Hat Sai Daeng.

Chopper's Sports Bar
BAR SPORTIF

(Carte p. 250 ; 077 456641 ; www.choppers-koh-tao.com ; 14/43 Mu 1, Sairee Village ; 9h-minuit ;). Ce rendez-vous de la tournée des bars à Ko Tao est un lieu bruyant et souvent bondé. On trouve, sur ses deux niveaux, concerts, retransmissions sportives, billards, salle de cinéma et cuisine de pub convenable (plats 220 B). Happy hour : 17h-20h.

FIZZ Beachlounge
BAR

(Carte p. 250 ; 086 278 7319 ; Sairee Beach ; 12h-1h ;). Pour un moment détente optimal, enfoncez-vous dans un pouf vert quand le soleil décline, commandez un cocktail design, puis laissez-vous hypnotiser par les vagues et la musique d'ambiance. Un des meilleurs bars de Sairee Beach.

Où sortir

Queen's Cabaret
CABARET

(Carte p. 250 ; 087 677 6168 ; Sairee Village ; 21h-minuit ;). Dans ce bar intimiste, le spectacle est chaque soir différent : hommage vibrant à Abba, danseuses... Attention, les hommes assis au premier rang risquent de se retrouver sur scène. Spectacle gratuit (à partir de 22h15), et consommation obligatoire et chère – mais ça vaut le coup.

Achats

Hammock Cafe Plaeyuan
HAMACS

(Carte p. 246 ; 082 811 4312 ; facebook.com/hammockcafekohtao ; 22/5 Mu 3, Ban Ko Tao ; 9h-18h dim-ven ;). Ce petit établissement franco-thaïlandais sur la route de Chalok Ban Kao sert un excellent café. Il se double d'une boutique de hamacs, avec un formidable choix de hamacs mlabri aux couleurs vives, faits à la main. Les prix vont de 1 700 B environ pour un hamac chaise, à 5 000 B pour les plus élaborés. Vend aussi de jolis bijoux.

Renseignements

ARGENT

Il y a plusieurs banques à Mae Hat, tout au bout de la ville au bord de la grand-route de l'île. La plupart des clubs de plongée acceptent les cartes bancaires (frais de 3%).

Des DAB fonctionnent 24h/24 à Mae Hat, au village de Sairee et sur toute la côte ouest, surtout à proximité des supérettes 7-Eleven de l'île. Retirez-y des espèces avant de vous rendre dans des secteurs plus reculés (de modestes frais de retrait sont souvent à prévoir).

DÉSAGRÉMENTS ET DANGERS

S'il est fort pratique de louer un scooter, ce n'est pas le bon endroit pour apprendre à conduire. Les routes de Ko Tao sont de plus en plus goudronnées, mais certaines demeurent dangereuses. Les collines abruptes et les trous sur les chemins de gravier ne sont pas rares sur l'île ; si vous êtes à scooter, ne restez que sur les bonnes routes, et si vous ne vous sentez pas à l'aise, faites demi-tour. Même si vous ne vous blessez pas, une agence de location mal intentionnée pourrait prétendre que vous avez endommagé son matériel et essayer de vous extorquer des sommes exorbitantes (inspectez bien votre deux-roues avant de quitter la boutique, et prenez toute bosse ou rayure en photo). Portez toujours un casque.

INFORMATIONS TOURISTIQUES

Il n'y a pas de bureau de la TAT à Ko Tao. La plupart des magasins de plongée et les nombreuses agences de voyages proposent un service de réservation pour le transport et l'hébergement, et prélèvent une commission peu élevée.

Koh Tao Complete Guide (www.kohtaocompleteguide.com). Site Internet pratique, de même que l'excellent guide papier trimestriel gratuit.

Koh Tao Online (www.kohtaoonline.com). Version numérique de la brochure *Koh Tao Info*, très pratique.

POSTE

Poste (carte p. 250 ; ☎ 077 456861 ; www.thailandpost.co.th ; Mae Hat ; ⏲ 9h-17h lun-ven, 9h-12h sam). À 10-15 minutes à pied de l'embarcadère, à l'angle de la route principale intérieure vers la plage de Ko Tao et de la rue du "bas" de Mae Hat.

SERVICES MÉDICAUX

Mae Hat et Sairee comptent plusieurs cliniques et petits hôpitaux qui reçoivent sans rendez-vous. Pour tout problème médical sérieux, mieux vaut se rendre à Ko Samui.

Ko Tao Hospital (carte p. 250 ; ☎ 077 456490 ; ⏲ 24h/24). Médecine générale et soins dentaires.

URGENCES

Police (carte p. 250 ; ☎ 077 456631). Située entre Mae Hat et Sairee Beach.

ℹ Depuis/vers Ko Tao

AVION

Nok Air (www.nokair.com) assure la liaison entre l'aéroport Don Mueng à Bangkok et Chumphon, 2 fois/jour dans les deux sens. Si vous réservez au bon moment, vous trouverez des billets depuis/vers Bangkok à partir de 650 B. À Chumphon, il est facile de prendre un catamaran vers Ko Tao.

BATEAU

Le transport en bateau est rarement perturbé par la météo, mais les départs sont parfois annulés pendant la mousson (septembre-novembre) lorsque la houle est trop forte.

Ko Pha Ngan

Le catamaran de **Lomprayah** (carte p. 250) assure une traversée 3 fois/jour (500 B à 600 B), au départ de Ko Tao à 6h, 9h30 et 15h, arrivée à Ko Pha Ngan autour de 7h10, 10h45 et 16h10. Le **Seatran Discovery Ferry** (carte p. 250 ; 500 B) effectue un trajet similaire à 6h30 et 9h. Le bateau express de **Songserm** (carte p. 250 ; 350 B) part tous les jours à 10h et arrive à Ko Pha Ngan à 12h. Le transfert depuis votre hôtel est compris dans les tarifs.

Ko Samui

Le catamaran de Lomprayah assure 2 liaisons/jour (600 B), au départ de Ko Tao à 9h30 et 15h, arrivée à Mae Nam sur Samui (via Ko Pha Ngan) autour de 11h20 et 16h40. Il y a aussi un départ à 6h (700 B) avec arrivée à Na Thon, sur Samui, à 7h50. Une liaison comparable est assurée par le Seatran Discovery Ferry (600 B), avec départ à 6h30, 9h et 15h. Le bateau express de Songserm (500 B) part tous les jours à 10h et arrive à Samui (aussi via Ko Pha Ngan) à 13h15. Transfert compris dans les tarifs.

Surat Thani et la côte d'Andaman

De nombreux voyageurs rejoignent Surat Thani via Ko Pha Ngan ou Ko Samui. Vous pouvez aussi prendre un catamaran depuis Lomprayah (900-1 000 B), puis un bus à Surat Thani.

Chumphon

Des bateaux partent de Songserm pour Chumphon (500 B) à 15h et arrivent à 18h. Des catamarans démarrent de Lomprayah (600 B) pour Chumphon à 10h15 et 14h45, arrivant respectivement à 11h45 et 16h15.

BUS

Des billets bus-bateau depuis/vers Bangkok (dans les 1 100 B) sont en vente dans toutes les agences de voyages de Bangkok et du Sud ; le trajet dure un peu plus de 10 heures. On quitte le bus pour le bateau à Chumphon, et les voyageurs à destination de Bangkok peuvent descendre à Hua Hin (même prix que le billet Ko Tao-Bangkok).

TRAIN

Vous pouvez prévoir votre propre itinéraire et prendre le bateau pour Chumphon, puis rejoindre le centre-ville afin de prendre le train pour Bangkok (ou toute autre ville dans la partie haute du golfe de Thaïlande). Idem dans la direction opposée. Un billet de 2e classe pour Bangkok coûte environ 300 B (environ 8 heures 30).

Depuis Ko Tao, le catamaran rapide de Lomprayah part pour Chumphon à 10h15 et 14h45 (600 B, 1 heure 30), et un bateau express de Songserm effectue le même trajet à 15h (500 B, 3 heures), arrivée à 18h. Les départs peuvent être moins fréquents si la mer est agitée.

ℹ Comment circuler

Nous vous conseillons fortement de demander que l'on vienne vous chercher à votre hébergement si vous avez réservé. De nombreuses écoles de plongée organisent un service gratuit de transfert entre l'embarcadère et l'hébergement.

BATEAU-TAXI

Les bateaux-taxis partent de Mae Hat, de Chalok Ban Kao et du nord de Sairee Beach (près du bar Vibe). Comptez 100 B minimum pour aller à Ko Nang Yuan. Vous pouvez louer un *long-tail boat* pour environ 1 500 B par jour ; cela varie selon le nombre de passagers.

MOTO

Louer une moto est risqué si vous ne vous contentez pas de circuler sur les routes principales pavées. Des écorchures (ou pire) peuvent facilement gâcher votre sortie plongée.

Comptez au moins 150 B la journée pour la location d'un scooter et 350 B pour les plus gros modèles. Réductions possibles pour les locations à la semaine ou au mois. Réfléchissez avant de louer des quads ou des Jet-Skis : les accidents sont fréquents. Les bouteilles d'essence en vente au bord de la route coûtent généralement 50 B (contre 40 B à Ko Samui et Ko Pha Ngan).

SONGTHAEW

Des *songthaew* se rassemblent autour de l'embarcadère de Mae Hat à mesure que les passagers descendent. Si vous voyagez en solo, vous paierez 200 B pour aller à Sairee Beach et à Chalok Ban Kao. Les groupes à partir de 2 personnes paient 100 B/pers. Les trajets de Sairee à Chalok Ban Kao coûtent 150 B/pers, ou 300 B pour les touristes en solo. Les tarifs sont rarement négociables. Il faut attendre que le taxi soit plein pour éviter de payer entre 200 et 300 B en sus. Comptez le double pour aller à l'est. Le prix augmente si la route est difficile en cas de précipitations.

Parc national maritime d'Ang Thong

อุทยานแห่งชาติหมู่เกาะอ่างทอง

Les 42 îles aux rives irrégulières et couvertes de jungle du **parc national maritime d'Ang Thong** (parc national maritime de Mu Ko Ang Thong ; ☎077 280222 ; www.thainationalparks.com/mu-ko-ang-thong-national-park ; adulte/enfant 300/150 B) s'étend sur une mer bleu azur, tel un collier d'émeraudes cassé – chaque joyau arborant de hautes falaises calcaires, des lagons cachés et des plages de sable fin. Ces îlots de rêve ont inspiré le film *La Plage*, de Danny Boyle, tiré du roman d'Alex Garland.

Février, mars et avril sont les meilleurs mois pour visiter cette sublime réserve où dominent le bleu et le vert ; les énormes vagues de la mousson obligent le parc à rester presque toujours fermé en novembre et décembre.

À voir

Tous les circuits s'arrêtent au bureau du parc, à **Ko Wua Talap**. Cette île, la plus grande de l'archipel, offre aussi le plus beau point de vue. Les arches de pierre naturelles de **Ko Samsao** et de **Ko Tai Plao** sont visibles selon les marées et les conditions météo. Étant donné que la mer est assez peu profonde autour de cet archipel (10 m au maximum), les récifs de corail ne sont pas très développés, excepté dans quelques poches protégées au sud-ouest et au nord-est.

Un récif corallien peu profond près de Ko Tai Plao et de Ko Samsao permet de pratiquer le snorkeling, mais le site n'est pas extraordinaire. Les plongeurs débutants peuvent explorer des grottes peu profondes et des jardins de coraux colorés, et admirer des serpents de mer et des tortues. Des plages de sable doux bordent Ko Tai Plao, Ko Wuakantang et Ko Hintap.

Ko Wua Talap POINT DE VUE

(จุดชมวิว). Le point de vue de cette île pourrait bien être le plus éblouissant de toute la Thaïlande. Le sommet offre une vue dégagée sur les îles voisines qui jaillissent des eaux turquoise, formant des motifs anthropomorphes. La promenade jusqu'au point de vue s'effectue sur un sentier abrupt de 450 m, et prend environ 1 heure. Prévoyez de bonnes chaussures, un chapeau et beaucoup d'eau. Marchez avec précaution sur les affleurements anguleux de calcaire.

Un deuxième sentier mène à Tham Bua Bok, une grotte aux stalagmites et aux stalactites en forme de lotus.

Emerald Lake LAC

(เกาะแม่เกาะ ; Ko Mae Ko). Le lac d'Émeraude (également appelé lagune bleue ou mer Intérieure) de Ko Mae Ko est un grand lac (250 x 350 m) aux teintes vertes éthérées s'étendant au milieu de l'île. On peut regarder mais pas toucher, car il est interdit d'altérer la pureté du lagon. Un autre point de vue impressionnant culmine non loin, au sommet d'une série de marches.

Circuits organisés

La meilleure manière de découvrir Ang Thong consiste à participer à l'un des nombreux circuits organisés au départ de Ko Samui et de Ko Pha Ngan. Ils comprennent généralement le déjeuner, le matériel de snorkeling, les transferts d'hôtel et (croisez les doigts) un guide d'expérience. Si vous séjournez dans un hôtel de luxe, il y a de fortes chances pour qu'il possède un bateau privé pour les circuits organisés. Certains complexes de catégorie moyenne et petits budgets ont aussi leurs propres bateaux et, dans le cas contraire, ils vous orienteront vers un tour-opérateur. Les centres de plongée de Ko Samui et de Ko Pha Ngan proposent des expéditions de plongée au parc, mais Ang Thong n'offre pas les mêmes spots de réputation internationale que l'on peut trouver à proximité de Ko Tao et Ko Pha Ngan.

Les agences de circuits organisés apparaissent et disparaissent comme un rien. Renseignez-vous à votre hôtel pour obtenir une liste à jour.

Normalement, les frais d'entrée au parc sont inclus dans le prix des circuits (si un doute subsiste, posez la question). Vous pouvez aussi louer un bateau, mais cela vous coûtera cher à cause du prix de l'essence.

Où se loger et se restaurer

Des repas sont généralement fournis dans le cadre des circuits menant au parc national maritime, et il y a un restaurant au bureau principal du parc.

Ang Thong Bungalows BUNGALOWS $
(077 280 222 ; nps.dnp.go.th ; Ko Wua Talap ; bung 600-1 500 B). Très propres, ces bungalows en bois sur pilotis sont assez spartiates et sommaires, en accord parfait avec cet endroit sauvage. Pas d'eau chaude, et le générateur s'éteint à 23h, mais vous ne logeriez pas là si vous étiez attaché à ce genre de confort. Les bungalows, qui existent en version 2, 6 et 8 couchettes, sont réservables en ligne.

Si vous réservez par Internet, vous devrez régler par virement sous 2 jours, ou votre réservation sera annulée. Le seul autre moyen de passer la nuit dans le parc national est de camper aux emplacements prévus à cet effet. Le bureau du parc vous louera une tente pour 250 B.

Renseignements

Bureaux du parc national d'Ang Thong
(077 280222 ; nps.dnp.go.th ; Ko Wua Talap). Centre d'accueil des visiteurs, restaurant, boutique et dispensaire. Bungalows sommaires à louer et camping.

Depuis/vers le parc national maritime d'Ang Thong

La meilleure manière d'atteindre le parc consiste à participer à un circuit privé d'une journée à partir de Ko Samui ou de Ko Pha Ngan (à 28 km et 32 km, respectivement). Les îles s'étendent entre Ko Samui et la principale jetée de Don Sak, mais aucun ferry ne s'y arrête en passant.

PROVINCE DE SURAT THANI

Surat Thani สุราษฎร์ธานี

077 / 129 500 HABITANTS

Cette ville bien connue en Thaïlande est surnommée la "ville des bonnes gens". Jadis, Surat Thani était le siège de l'empire antique Srivijaya. Aujourd'hui, ce carrefour animé est devenu une plateforme de transit aussi bien pour les bateaux de marchandises que pour les touristes. Les voyageurs en chemin vers les îles de Ko Samui, Ko Pha Ngan et Ko Tao s'y attardent rarement. Toutefois, si vous appréciez les stands de bonne cuisine du Sud, les boutiques chinoises et les temples très colorés, cela vaut la peine de s'y arrêter. Vous découvrirez l'atmosphère authentique d'une ville ouvrière thaïlandaise.

À voir

La majorité des visiteurs ne fait que traverser la ville en chemin d'une côte à l'autre, mais ceux qui s'y attardent y trouveront de petites merveilles locales. Citons l'excellent **marché flottant de Pra Cha Rat** (ตลาดน้ำประชารัฐ บางใบไม้ ; Bang Bai Mai ; 8h-17h mar-dim ; P) sur les berges de la Mae Nam Bang Bai Mai, le Wat Sai et son petit **musée** (082 239 4695 ; 192 Th Na Meung ; 16h-20h30) GRATUIT pittoresque, installé dans un bâtiment traditionnel en bois du début du XXe siècle. Citons également les deux gigantesques bouddhas assis du **Wat Tridhammaram** (วัดไตรธรรมาราม ; 11 Th Na Mueng ; lever-coucher du soleil) GRATUIT et le ravissant **parc** (สวนสาธารณะเกาะลำพู ; Ko Lamphu ; 4h-23h ; P) de l'île de Ko Lamphu.

Où se loger

Logez dans le centre et vous découvrirez une ville thaïlandaise bouillonnante, à l'authenticité appréciable après avoir visité les îles du golfe, très apprêtées pour les touristes. Les prix sont bas, mais si vous cherchez seulement à rejoindre les îles avec un budget très serré, filez à l'embarcadère du ferry de nuit : un bateau traditionnel en bois vous amènera à destination en une nuit dans des conditions spartiates.

Port Hostel AUBERGE DE JEUNESSE $
(086 595 4444 ; Th Preedarit ; dort 250 B ;). Près du ferry de nuit (p. 263) et du marché nocturne (p. 262) avoisinant le centre historique, cette auberge de jeunesse

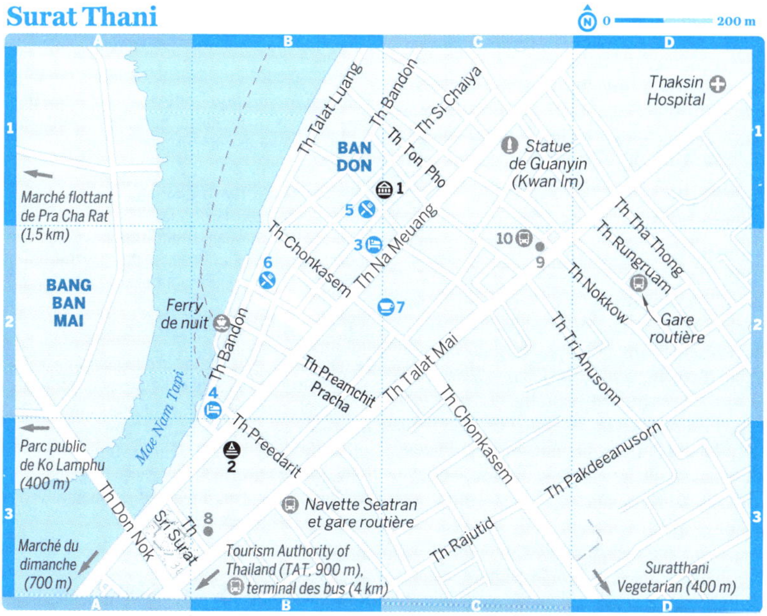

Surat Thani

À voir
1 Wat Sai Museum C1
2 Wat Tridhammaram B3

Où se loger
3 My Place @ Surat Hotel B2
4 Port Hostel B2

Où se restaurer
5 Marché nocturne B1
6 Sweet Kitchen B2

Où prendre un verre et faire la fête
7 Cafeteria Co-working Space C2

Transports
8 Motorbike Rentals Surat Thani B3
9 Phanthip C2
10 Gare routière de Talat Kaset 1 .... C2

accueillante propose les lits les plus avantageux de la ville. Dormir dans ces spacieuses capsules en dortoir revient moins cher qu'un lit superposé dans d'autres établissements. Douches et toilettes un brin exiguës, mais les chambres sont d'une grande propreté, et la vue sur le fleuve est superbe depuis le toit-terrasse. Pratique pour une étape à Surat grâce à sa consigne à bagages, ses douches et toilettes accessibles à moindre coût. On peut vous aider à réserver vos billets pour poursuivre votre voyage.

My Place @ Surat Hotel HÔTEL $

(☎ 077 272288 ; www.myplacesurat.com ; 247/5 Th Na Muang ; s 229 B, d 299-650 B ; ❄ 📶). Que des sourires et pas un grain de poussière : cet excellent hôtel central offre des chambres spacieuses, propres, décorées d'art moderne et équipées de douches puissantes. Cet hôtel pour petits budgets peut convenir à tous. Petit-déjeuner servi dans le petit café voisin.

Où se restaurer et prendre un verre

Surat Thani est un paradis de la cuisine de rue. Marché nocturne (p. 262) mis à part, on trouve des étals près des docks du ferry de nuit. Un **marché du dimanche** (près de la Route 401 ; ⏲ 16h-21h dim) se tient l'après-midi près du bureau de la TAT. Les étals de la gare routière située dans le centre vendent un délicieux *kôw gài òp* (riz et poulet mariné cuit au four). Si vous avez le temps, rien de tel qu'une virée culinaire dans l'excellent marché flottant de Pra Cha Rat.

Marché nocturne MARCHÉ $
(Sarn Chao Ma ; Th Ton Pho ; plats à partir de 35 B ; 18h-23h). Un déluge de produits alimentaires : brochettes de viande marinée ultrafondante, jus de fruits frais, plats de nouilles, desserts, et d'autres délices qu'il faut prendre le temps de découvrir. Un marché authentique à la clientèle surtout locale.

Suratthani Vegetarian VÉGÉTARIEN $
(084 737 5011 ; près de Karunrat ; plats 60 B ; 7h-17h30 lun-sam ;). Le murmure apaisant de la fontaine représentant Bouddha et la devise offrant un repas aux nécessiteux ("pas d'argent, pas de problèmes") donnent le ton. Ce restaurant adorable et bien caché est un lieu serein où l'on concocte sur demande des plats végétariens délicieux et sains, à des tarifs dignes de la cuisine de rue. Thé au ginseng et eau filtrée disponibles gratuitement.

Nous saluons le soutien alimentaire apporté aux écoliers du coin grâce à la vente (à bas prix) d'objet d'artisanat en matières recyclées.

Sweet Kitchen INTERNATIONAL $
(062 239 4470 ; Th Bandon ; plats à partir de 80 B ; 12h-21h30 ;). Ce restaurant a plusieurs atouts : musique sympa, intérieur paisible et charmant, bon menu et service impeccable. On y mange une excellente soupe de poisson, des pâtes, du bœuf Stroganoff et une myriade de spécialités thaïlandaises. Nombreux plats végétariens.

Cafeteria Co-working Space CAFÉ
(077 205206 ; www.cafeteriathailand.com ; 82-86 Th Chomkasen ; 7h-23h30 ;). À la fois café et bar à vins, ce petit établissement raffiné possède une salle lambrissée de bois, bercée de musique urbaine branchée, où les clients s'assoient sur des chaises rétro tendance. Café excellent et très bon menu. Un présentoir exhibe, du sol au plafond, une remarquable gamme de vins et de bières.

Renseignements

Vous n'aurez aucun mal à trouver un DAB dans le centre-ville, et plusieurs banques jalonnent Th Na Meuang.

Agence consulaire française (094 8034415 ; suratthani.agence.consulaire@gmail.com ; 142/99 Moo 4, Tambon Maret, Lamai Beach ; 9h-13h lun et mer ou sur rdv)

Thaksin Hospital (077 278777 ; www.thaksinhospital.com ; Th Talat Mai ; 24h/24). Le plus professionnel des 3 hôpitaux de Surat se situe au nord-est du centre-ville.

Tourism Assistance Center (077 310870 ; gare ferroviaire de Surat Thani ; 7h-21h). Tout indiqué pour vous organiser à votre arrivée en train.

Tourism Authority of Thailand (TAT ; 077 288817 ; www.tourismthailand.org ; 5 Th Talat Mai ; 8h-17h). Sympathique bureau dans le sud-ouest de la ville. Propose des brochures et des cartes utiles. Personnel anglophone.

Depuis/vers Surat Thani

Le bus est le meilleur moyen de rejoindre ou de quitter la ville, car celle-ci a pour seul grand pôle de transports intra-muros une gare routière. La gare ferroviaire et l'aéroport se situent à plusieurs kilomètres de Surat Thani. Le **ferry nocturne** et le Songserm (plus lent) sont les seuls autres moyens de transport depuis/vers le centre-ville.

AVION

L'**aéroport international de Surat Thani** (www.suratthaniairport.com), à 18 km vers l'ouest depuis le centre, propose des vols quotidiens depuis/vers Bangkok avec Air Asia (www.airasia.com), Thai Smile (www.thaismileair.com), Thai Lion Air (www.lionairthai.com), Thai Airways (www.thaiairways.com) et Nok Air (www.nokair.com). Ces vols sont très avantageux pour une correspondance vers Samui, bien que rejoindre les îles du golfe puisse être un peu plus compliqué depuis l'aéroport. **Phanthip** (077 272230 ; www.phantiptravel.com ; Th Talat Mai ; 8h-19h) et certaines compagnies aériennes assurent des navettes directes en bus et en bateau. Les tarifs sont très raisonnables, et cela vaut la peine de réserver.

BATEAU

Diverses compagnies de ferry relient les îles, et certaines proposent de venir vous chercher à votre hôtel. Essayez Lomprayah (p. 224), **Seatran Discovery** (077 372824 ; www.seatrandiscovery.com ; 17/1 Mu 8, Th Donsak ; 5h-21h) ou **Songserm** (02 629 3415 ; www.songserm.com ; Tapee Pier).

Billets bus-bateau

Des liaisons bus-bateau directes à destination de Ko Samui et Ko Pha Ngan partent du centre-ville de Surat Thani, de la gare ferroviaire et de l'aéroport, notamment avec la compagnie Phanthip. Ces liaisons ne coûtent pas plus cher que de réserver à Surat Thani, et peuvent vous simplifier grandement les choses.

De nombreux ferrys et *speedboats* relient Surat Thani et Ko Tao, Ko Pha Ngan et Ko Samui. La plupart des bateaux partent de l'embarcadère de Don Sak (à 1 heure de Surat ; transfert en bus inclus dans le prix du ferry). Les bus effectuant la correspondance avec le ferry Seatran partent du **terminal** (077 275063 ; www.seatrandiscovery.com ; 19 Th Talad Mai ; 7h-18h) de la compagnie, en ville. Le ferry Songserm part du cœur de Surat Thani, tout comme les ferrys nocturnes (bien plus lents). Pour tous ces trajets, la plupart des hébergements peuvent se charger de réserver vos billets, pour des prix à peine plus chers qu'en réservation directe.

Ferry de nuit

Des ferrys de nuit partent du centre de Surat quotidiennement aux alentours de 22h en direction de Ko Tao (500 B, 8 heures), Ko Pha Ngan (400 B, 7 heures) et Ko Samui (300 B, 6 heures). Sur ces cargos, vous devrez vous contenter d'un matelas et d'un oreiller sommaires, installés sur le pont supérieur couvert. Pensez à emporter nourriture et eau, et surveillez vos bagages.

BUS ET MINIBUS

C'est le moyen de transport le plus pratique dans le Sud. Des bus et minibus partent fréquemment de la principale **gare routière** (Th Tha Thong) de la ville, près de Th Talat Mai (rue principale) : service rapide vers Nakhon (120 B, 1 heure 30), Phuket (200 B, 6 heures) et Hat Yai (270 B, 5 heures), ainsi que de fréquents minibus pour Khanom (100 B, 1 heure 30, ttes les heures). Les bus pour la gare partent de **Talat Kaset 1**.

Le "nouveau" (il existe en réalité depuis des années) **terminal des bus** (Bangkok Terminal ; 5h30-21h) est situé à 7 km au sud de la ville en direction de la gare ferroviaire. Les bus y circulent depuis/vers Bangkok (500-800 B, 9-14 heures).

TRAIN

En train, vous arrivez à Phun Phin, une ville quelconque à environ 15 km à l'ouest de Surat, où se situe la **gare ferroviaire de Surat Thani** (077 311213, centre d'appel 1690 ; www.railway.co.th). De Phun Phin, des bus partent pour Phuket, Ko Pha-Ngan et Krabi – certains via Takua Pa, carrefour pour le parc national de Khao Sok. Vous pourrez vous procurer des billets auprès de n'importe quel vendeur ou petite agence de voyages comme **Phantip** (077 272230 ; www.phantiptravel.com ; gare ferroviaire de Surat Thani ; 7h-21h), près des restaurants au nord de l'entrée de la gare.

Nous vous conseillons le train express pour circuler la journée et les couchettes climatisées pour voyager de nuit. Les trains passant par Surat en direction de la capitale s'arrêtent à Chumphon et à Hua Hin. Dans l'autre sens, ils desservent Trang, Hat Yai et Sungai Kolok avant de traverser la frontière avec la Malaisie. La gare ferroviaire de Surat Thani dispose d'une salle de consigne 24h/24 facturant 40 B/jour, et le guichet de prévente est ouvert en continu. Le voyage jusqu'à Bangkok dure plus de 8 heures 30. Cela revient à 608 B pour une place assise, et 808 B pour une couchette, mais les billets pour ces dernières partent très vite.

Comment circuler

Les minibus climatisés Phanthip (p. 262) circulant depuis/vers l'aéroport de Surat Thani (100 B/pers) peuvent, sur réservation, vous déposer à votre hôtel.

En ville, se déplacer en *songthaew* coûte 15-30 B (environ 30 B pour rejoindre Tesco-Lotus à partir du centre). Vous pouvez demander un taxi grâce à l'app Grab (www.grab.com) ; comptez 90 B environ pour une petite course.

Des bus orange climatisés circulent entre la gare de Surat Thani et le centre-ville toutes les 10 minutes (15 B, 25 min). Prévoyez la coquette somme de 200 B pour un trajet en taxi à 4 pers au maximum, et 100 B/pers pour un taxi collectif. D'autres compagnies de taxis sont installées au nord de la gare ferroviaire (près du pont pour piétons en fer).

Il est également possible de louer un scooter (250 B/jour) auprès de **Motorbike Rentals Surat Thani** (081 164 6865 ; 8h-19h), près du pilier de la ville.

DESTINATIONS AU DÉPART DE SURAT THANI

DESTINATION	PRIX	DURÉE
Bangkok	500 B	9 heures
Hat Yai	270 B	5 heures
Khanom	100 B	1 heure 30
Krabi	150 B	2 heures 30
Phuket	200 B	6 heures
Trang	180 B	2 heures 10

PROVINCE DE NAKHON SI THAMMARAT

Nakhon Si Thammarat (นครศรีธรรมราช), où culmine le plus haut sommet du sud de la Thaïlande, Khao Luang (1 835 m), entouré des majestueuses forêts du parc national de Khao Luang, est avant tout connue pour le remarquable Wat Phra Mahathat Woramahawihan, dans la ville du même nom. Avec ses intéressants marché nocturne et musée, c'est un endroit très agréable, surtout si les îles du golfe ont aiguisé votre soif d'authenticité.

Ao Khanom, sur la côte est, est une ravissante succession de plages qui s'étirent devant des eaux étincelantes où s'ébattent les dauphins roses. D'un attrait certain, ces mammifères aquatiques n'en sont pas moins protégés. Les Jet-Skis sont pour cela interdits dans le secteur, ce qui fait d'Ao Khanom une destination bien plus calme et attirante que Ko Samui, tout en offrant de belles plages et de majestueux couchers du soleil.

Ao Khanom อ่าวขนอม

La ravissante et paisible Ao Khanom est située entre Surat Thani et Nakhon Si Thammarat, le long des eaux bleu azur du golfe de Thaïlande. Dédaignée par les touristes étrangers qui affluent sur les îles non loin, cette région virginale est un bon choix pour qui cherche des plages tranquilles, épargnées par le développement. Les Jet-Skis ont été interdits, ce qui garantit un calme bienvenu.

Le quartier côtier est très étendu et comprend en réalité deux plages : la longue Hat Nadan, et la plus petite et plus isolée Hat Nai Plao. Après Hat Nai Plao, au bout de la route, se trouve la plage reculée de Hat Thong Yi. Celle-ci vaut amplement le détour pour son atmosphère solitaire, et marque le début d'un remarquable itinéraire sur la route côtière (en cours de construction) rejoignant Sichon. La zone entourant la ville de Khanom compte aussi de superbes sites géologiques, dont plusieurs cascades et grottes.

À voir

Khanom a pour particularité la cinquantaine de dauphins roses qui peuplent les eaux environnantes. Cette espèce de mammifères albinos à l'admirable teinte rosée est rare et menacée. Pour en apercevoir, vous devrez monter à bord d'un *long-tail boat* ou opter pour un circuit d'une demi-journée (plusieurs *resorts* en proposent à partir de 1 200 B pour jusqu'à 6 pers). Vous aurez aussi de maigres chances d'en observer depuis la jetée de la centrale électrique ou du vieil embarcadère de Thong Niem, un village de pêcheurs situé 20 km environ au nord de Khanom.

♥ Hat Thong Yi PLAGE

(หาดท้องหยี ; P). Pour une échappée digne de ce nom, descendez la route de la plage, puis prenez à gauche sur la Rte 4073 et longez la côte vers le sud. Dépassez Hat Nai Plao et continuez jusqu'au bout de la route, qui s'achève sur la superbe plage de Hat Thong Yi, souvent déserte et offrant une vue imprenable sur la baie. Un restaurant de plage convenable vend boissons et nourriture locale.

Samet Chun CASCADE

(น้ำตกเสม็ดชุน). Cette cascade dévalant une colline se jette dans un grand bassin turquoise. Elle en alimente aussi de plus petits, tout aussi charmants et dont les eaux limpides appellent à la baignade (attention : l'eau est très froide !). Dans cette jungle superbe, la vue exceptionnelle et l'absence de touristes évoquent un paradis secret. Au sommet d'une montée raide (20 min) partant du chemin de terre. Venir à scooter vous permettra peut-être de vous approcher davantage.

Khao Wang Thong GROTTE

(ถ้ำเขาวังทอง ; près de la Hwy 4014 ; 9h-16h ; P). Cet étonnant réseau de 17 grottes reliées par des passages étroits s'enfonce jusqu'à 150 m sous terre. Les visiteurs y observent une série de formations calcaires naturelles, semblant représenter des dinosaures, des pagodes ou des fleurs de lotus, ainsi que de remarquables stalactites. Éclairé par une succession de lampes, le site héberge aussi des chauves-souris. Prévoyez des chaussures solides et une lampe frontale. Près de la Hwy 4014, entre Khanom et Don Sak.

Khao Dat Fa POINT DE VUE

(เขาดาดฟ้า ; près de la Rte 4014). Admirez les magnifiques ondulations du littoral au mont Dat Fa (732 m), à environ 5 km à l'ouest de la côte sur la Rte 4014 (cherchez le panneau). Ce secteur, qui n'a pas été développé pour le tourisme, est peu fréquenté, ce qui permet de prendre de jolies photos.

Hin Lat
CASCADE

(น้ำตกหินลาด ; P). La pittoresque Hin Lat, au sud-ouest de Hat Nai Plao, est la plus petite cascade de la région et la plus facile à atteindre. On y trouve des bassins de baignade et plusieurs huttes fournissant de l'ombre.

Activités

Route côtière de Thong Yi
ROUTE TOURISTIQUE

(Thong Yi ; lever-coucher du soleil). Débutant près du *resort* Racha Kiri pour se terminer au niveau du Moon Coffee & Roti, 10 km plus loin, cet itinéraire côtier sinue par monts et par vaux autour d'un cap. Bordé par la jungle d'un côté et les eaux miroitantes et azurées de l'autre, il est ponctué de plateformes d'observation dévoilant des horizons exceptionnels.

Lors de nos recherches, la portion reliant Hat Thong Yi à Sichon était encore en chantier, mais praticable à scooter sans danger.

Où se loger

Les plages de Khanom sont un secret bien gardé. Les nombreux *resorts* n'accueillent qu'une poignée de clients, et certaines chambres rarement occupées peuvent sembler un peu humides. Il est préférable de louer un bungalow près de la plage. En outre, Khanom n'est pas Ko Samui : les hébergements sont éloignés les uns des autres, et une voiture s'avère indispensable.

Suchada Villa
BUNGALOWS $

(075 300213 ; Hat Naiplau ; bung 800-1 000 B ; P). Au bord de la route principale, à 5 minutes à pied de la plage, le Suchada dissimule dans un petit cadre soigné des bungalows aux couleurs vives, très mignons quoique basiques.

Hallo Villa
BUNGALOWS $$

(082 413 3338 ; www.hallovillakhanom.com ; bung à partir de 1 100 B ; P). En retrait de la plage, ces bungalows sur pilotis tenus en famille sont un excellent choix pour loger plus près de la ville. Agréablement spacieux, ils disposent tous d'une salle de bains attenante, d'une kitchenette et d'une petite terrasse privée. Jardin aménagé autour d'une piscine sympathique. Prix très raisonnable en raison de l'emplacement.

Sea Breeze House
BUNGALOWS $$

(081 276 1457 ; www.naiplao.com ; 58/2 Mu 8, Hat Nai Plao ; d 850-1 400 B ; P). Cet ensemble de bungalows tenu par des Suisses propose de jolies chambres en bord de plage, dont une vaste suite. Ce havre de paix offre une vue imprenable sur le lever du soleil et la possibilité d'apercevoir les célèbres dauphins roses de la région à quelques mètres de votre chambre, mais vous aurez besoin d'un véhicule pour vous déplacer.

Khanom Hill Resort
BUNGALOWS $$$

(081 956 3101 ; www.khanom.info ; 60/1 Mu 8, Hat Naiplau ; bung 2 900-3 900 B ; P). Les voyageurs ne tarissent pas d'éloges sur cette adresse au sommet d'une minuscule colline surplombant une plage en croissant. Choisissez entre des villas modernes en béton coiffées de chaume, des pavillons moins chers de style thaïlandais ou de grands appartements familiaux ; tous les hébergements sont propres et confortables.

Racha Kiri
RESORT $$$

(075 300245 ; www.rachakiri.com ; 99 Mu 8 ; ste 2 655-6 255 B ; P). Avec ses élégantes chambres avec terrasse, son spa et sa piscine, cette retraite haut de gamme est composée de splendides pavillons. Les prix élevés découragent nombre de visiteurs, garantissant la tranquillité des lieux.

Où se restaurer et prendre un verre

Pour vous restaurer à prix doux, rendez-vous près du fleuve Mae Nam Khun Nom, au nord de la ville de Khanom : le secteur fourmille de stands de cuisine de rue, ainsi que de cabanes servant des plats locaux bien chauds et savoureux. Des marchés s'installent dans les terres les mercredis et dimanches. Pour déguster des mets un peu plus raffinés, essayez la route côtière, jalonnée de restaurants thaïlandais et occidentaux donnant sur la mer.

Tea Roti Mataba Restaurant
THAÏLANDAIS $

(080 884 6144 ; plats 30 B ; 7h-23h). Le succès de ce restaurant tenu par des musulmans experts en *roti* (sorte de crêpe) est visible depuis la route : tous les soirs, ses tables et ses chaises sont prises d'assaut par les gens du cru qui s'installent jusque sur le trottoir. Ses spécialités : des *roti* sucrés et croustillants, ainsi que des *má·dà·bà* (*roti* fourrés au hachis de viande épicée) salés. Des recettes excellentes, inspirées par la cuisine musulmane méridionale, à accompagner d'un thé sucré à l'indienne.

CC Beach Bar & Bungalows INTERNATIONAL $$

(☎087 893 8745 ; www.ccbeachbar.com ; 28/1 Mu 6, Khanom Beach ; plats 100-300 B ; ⏲8h-minuit ; 📶). Offrant un panorama splendide sur la baie, ce restaurant de plage propose un bon menu mi-thaïlandais mi-occidental (copieux petits-déjeuners anglais, *fish and chips*, currys de légumes, pizzas, salade de poisson-chat frit, etc.). Le soir, l'établissement devient un bar sympathique qui attire quelques-uns des rares expatriés de la région.

Le Petit Saint-Tropez INTERNATIONAL $$

(☎093 727 0063 ; 52/14 Mu 5 ; plats à partir de 300 B ; ⏲8h-21h30 ; 📶). Ce joli restaurant, spacieux, aéré et donnant sur la mer, sert une délicieuse cuisine française et thaïlandaise, ainsi que d'excellents pizzas et burgers.

Renseignements

Il y a des DAB près des deux 7-Eleven de la ville de Khanom, au nord et au sud.

Le commissariat est situé au sud de Ban Khanom, au carrefour qui mène à Hat Kho Khao.

L'**hôpital** (☎075 529033 ; www.khanom.org ; 91 Mu 3), situé au carrefour qui mène à Hat Kho Khao, n'est en réalité guère plus équipé qu'un dispensaire. Les plus proches hôpitaux dignes de ce nom sont à Surat Thani et Nakhon Si Thammarat.

Depuis/vers Ao Khanom

Chaque jour, des minibus partent de Surat Thani (100 B) et de Nakhon Si Thammarat (80 B) environ toutes les heures, une fois complets, de 5h à 17h. Ils déposent leurs passagers n'importe où dans la ville de Khanom, qui se trouve à plusieurs kilomètres de la mer. Dans le sens inverse, ces minibus partent de l'**arrêt des minibus de Khanom**.

Un taxi depuis/vers l'embarcadère de Don Sak pour les îles du golfe coûte 1 000 B et une moto-taxi environ 300 B.

Comment circuler

Depuis Khanom, prenez une moto-taxi jusqu'aux plages (25 à 100 B selon la distance). Si vous avez réservé l'hébergement, vos hôtes vous proposeront sans doute de venir vous chercher gratuitement à Khanom.

Une fois à votre hôtel, vous n'aurez pas de moyen de transport, à moins d'en louer un ou de vous inscrire à un circuit proposé sur place ; le plus commode est de louer un scooter. Le prestataire près de l'arrêt des minibus facture autour de 200 B la journée. Autrement, contactez **14 Khanom** (☎095 069 0670, 083 551 3795 ; the-14-khanom-rent-motorbike-and-car.business.site ; ⏲8h-22h), près de l'intersection au sud de la ville. Le propriétaire parle français, anglais et thaï.

Nakhon Si Thammarat นครศรีธรรมราช

☎075 / 103 200 HABITANTS

Cité historique abritant l'un des plus importants temples du royaume, Nakhon Si Thammarat (souvent abrégée “Nakhon”) constitue une intéressante étape entre Hat Yai et Surat Thani.

Il y a des siècles, la voie de communication qui reliait le port de Trang sur la côte est et celui de Nakhon Si Thammarat sur la côte ouest constituait un axe commercial majeur entre la Thaïlande et le reste du monde. Cet apport cosmopolite est toujours visible aujourd'hui, tant dans la cuisine locale que dans les temples et les musées de la ville.

En arrivant du nord, vous constaterez en vous promenant à Nakhon que les mosquées sont plus visibles ici, car la communauté musulmane de Thaïlande s'y affiche plus ouvertement.

À voir

Pour une initiation à la culture et à l'histoire de Nakhon, cap sur le Musée national, très enrichissant. Direction ensuite le nord pour admirer le remarquable Wat Phra Mahathat. Ce *wat* jouxte les vestiges des anciens murs en brique rouge de la ville, près du parc et de la place **Sanam Na Meuang** (สนามหน้าเมือง ; Th Ratchadamnoen). Remarquez aussi les sculptures dorées des 12 animaux du zodiaque thaïlandais qui surmontent les lampadaires le long de Th Ratchadamnoen ; chacun représentant l'une des 12 cités-États qui étaient tributaires du royaume de Nakhon Si Thammarat. Enfin, ne manquez pas la **Masjid Salah Ud Din** (มัสยิดซอลาฮุดดีน ; Th Panead ; ⏲lever-coucher du soleil), une mosquée au cœur de la ville que visita jadis Rama IX.

♥ **Wat Phra Mahathat Woramahawihaan** TEMPLE

(Th Si Thamasok ; ⏲8h30-16h30). GRATUIT Appelé simplement Mahathat, le plus important *wat* du sud de la Thaïlande est doté d'un imposant *chedi* (stupa) blanc, haut de 77 m, couronné d'une flèche en or semblant transpercer le ciel. La légende raconte qu'il y a plus de 1 000 ans, la reine Hem Chala et le prince Thanakuman apportèrent des reliques à Nakhon et érigèrent une petite pagode pour les abriter. Le temple s'est agrandi jusqu'à devenir un vaste ensemble. Aujourd'hui, les visiteurs affluent pour acheter les populaires amulettes Jatukham.

Dans la cour, une foule de *chedi* gris s'élève autour du plus grand. Jetez un œil au pavillon qui révèle un très bel escalier rouge, vert et or. Ne manquez pas non plus les musées, qui présentent des statues de toutes les époques et de toutes les régions de Thaïlande, dont un bouddha allongé du XVIIIe siècle. Souvent rempli d'écoliers venus appliquer de la feuille d'or sur les statues, le *wat* est accessible depuis le centre-ville en *songthaew* (10 B).

Musée national — MUSÉE

(พิพิธภัณฑสถานแห่งชาติ นครศรีธรรมราช ; ☎075 341 075 ; Th Ratchadamnoen ; 150 B ; ⏲9h-16h mer-dim ; P). Cette enfilade de salles renferme les clés pour vraiment comprendre Nakhon et sa région. Les étonnants objets présentés sont assortis d'explications détaillées en thaï et en anglais ; ils sont exposés chronologiquement – de l'âge de pierre à nos jours – et culturellement – des rituels régionaux liés aux naissances jusqu'aux rites funéraires. Parmi les pièces mémorables, citons un beau tambour Mahorethuek à motifs datant de la préhistoire, ainsi qu'un Vishnu en pierre trouvé dans le Ho Phra Narai, non loin. Datant du Ve ou VIe siècle, il est la plus ancienne représentation de cette divinité dans la province de Nakhon.

Remparts de la ville — RUINES

(กำแพงเมืองเก่า จังหวัดนครศรีธรรมราช ; Th Ratchadamnoen). On peut voir plusieurs sections bien entretenues des étonnants remparts en brique rouge de la ville, le long du canal Khlong Na Meuang, près du parc et de la place Sanam Na Meuang, des deux côtés de Th Ratchadamnoen.

Théâtre d'ombres — MUSÉE

(บ้านหนังตะลุงสุชาติทรัพย์สิน ; Th Si Thamasok Soi 3 ; ⏲9h-16h30). GRATUIT Il existe deux types de spectacles de théâtre d'ombres : *năng đà·lung* et *năng yài*. Dans le premier cas, les marionnettes mesurent un peu moins de 1 m de haut, avec appendices et parties amovibles (dont les parties génitales). Dans le second, elles sont presque de taille humaine et n'ont pas de parties amovibles. Les unes et les autres sont taillées dans de la peau de vache. La maison des marionnettes de Suchart Subsin comporte un petit musée où le personnel propose des démonstrations de découpe et des spectacles (50 B).

Ne manquez pas les silhouettes pour ombres chinoises du XVIIIe siècle à l'étage supérieur, ainsi que celles datant de la Seconde Guerre mondiale, plus petites que leurs équivalents traditionnels, qui comprennent notamment un biplan.

Où se loger

Si cette authentique ville thaïlandaise déploie un charme particulier, la qualité de l'hébergement n'est pas dans ses priorités. Nakhon est moins fréquentée par les étrangers que d'autres grandes villes de Thaïlande, et ses lieux d'hébergement sont, dans les meilleurs des cas, corrects et fonctionnels. Beaucoup rappellent les établissements d'avant la véritable explosion du tourisme.

Thai Hotel — HÔTEL $

(Fax 075 314872 ; 1375 Th Ratchadamnoen ; d avec ventil/clim 350/450 B ; P ❄ 📶). L'hôtel le plus central de la ville, pas loin de la gare ferroviaire, n'est pas si mal pour le prix. Certes, les cloisons sont fines et le Wi-Fi est capricieux, mais les chambres sont propres et correctes, toutes avec TV, et celles des étages supérieurs jouissent de la vue sur l'animation urbaine. Personnel adorable.

V House Nakhon — HÔTEL $

(☎075 314777 ; vhouse-nakhon.business.site ; 1209/30 Yomaraj Road ; d 350 B ; P ❄ 📶). Cet endroit résume tout à fait les hôtels de Nakhon : démodé et vétuste, mais fonctionnel, (relativement) propre et bon marché. Le clou de votre séjour ne sera pas votre logement, et encore moins ce bloc aux allures de prison. Le personnel est aimable et serviable, mais ne parle pas anglais.

Twin Lotus Hotel — HÔTEL $$

(☎075 323777 ; www.twinlotushotel.net ; 6 Th Phattanakan Khukhwang ; d/lits jum 1 300-1 600 B, ste 2 700-3 150 B ; P ❄ 📶 🏊). Pour un séjour à Nakhon Si Thammarat un peu plus haut de gamme, louez l'une des 401 chambres réparties sur 16 niveaux du Twin Lotus, spacieuses quoique plus toutes jeunes. Salle de sport, spa, piscine extérieure et restaurant chinois satisfaisant sur place. Transport gratuit jusqu'à l'aéroport pour les clients. Le personnel parle anglais.

Où se restaurer

Nakhon est le lieu idéal pour goûter une cuisine mâtinée de saveurs du Sud. Le meilleur endroit pour se restaurer à moindre coût est le **marché nocturne** (Rte 4016 ; plats 30 B ; 16h-21h), près de la rivière et des voies ferrées. Là-bas, les musulmans du coin vendent de délicieux *kôw mòk gài* (poulet biryani), *roti* et *má·dà·bà* (*roti* indien farci à la viande ou aux légumes). Th Neramit, à proximité de la gare ferroviaire, est envahie tous les soirs par des étals alimentaires.

Chaba Restaurant and Cafe CAFÉ $
(098 670 6536 ; Th Ratchadamnoen ; plats 100 B ; 9h-minuit ;). Ce joli petit café à l'intérieur chargé mais coquettement décoré, proche du Musée national (p. 267), est parfait pour reprendre des forces après une visite. Fauteuil et canapés confortables pour se délasser et carte proposant déjeuners légers, salades et bon café.

Hao Coffee CAFÉ $
(075 346563 ; Rte 4012 ; plats 30-60 B ; 7h-16h ;). Ce charmant café, bien doté en personnel, est décoré d'objets et de bibelots en tous genres allant des céramiques antiques aux horloges murales. C'est un lieu agréable pour prendre un petit-déjeuner avec des œufs brouillés, un vrai repas ou juste un café.

Krua Talay THAÏLANDAIS $
(075 346724 ; 1204/29-30 Th Pak Nakhon ; plats 120 B ; 16h-22h). Supervisé par une matriarche affable, ce restaurant excelle dans les produits de la mer. Les effigies de Bouddha et les statues de Ganesh se bousculent dans la salle. Attablé dans le charmant jardin, on se régale de poisson-chat croustillant, accompagné d'une salade épicée ou de légumes sautés à la sauce d'huître.

Pixzel Caffe CAFÉ $$
(086 682 5471 ; facebook.com/pixzelcaffe ; 558, Th Ratchadamnoen ; pizzas à partir de 120 B ; 9h-19h jeu-mar ;). Ce repaire arty pour les connaisseurs en matière de café et où l'on sert des pizzas à pâte fine occupe une superbe maison en bois de style traditionnel face au Wat Phra Mahathat (p. 266). Un lieu apprécié et très cosy, parfait pour une halte après une longue matinée passée à explorer les temples.

Achats

Sip Song Naksat CADEAUX ET SOUVENIRS
(The Twelve Kingdom ; 075 311680 ; 895 Th Tachang ; 8h30-18h). Dans la partie inférieure d'une belle et ancienne maison en bois ouverte aux visiteurs, ce magasin de souvenirs se distingue de ses concurrents bordant Th Tachang par son vaste choix d'objets d'artisanats et de tissus authentiques, de confection locale, dont des silhouettes pour ombres chinoises en cuir réalisées à la main et des vêtements en soie de Thaïlande. Pour tous les budgets.

Renseignements

Il y a plusieurs banques et DAB à la lisière nord du centre-ville dans Th Ratchadamnoen.

Police (075 341054, 1155 ; 1019/24 Th Ratchadamnoen)

Poste (075 356135 ; www.thailandpost.co.th ; 724/5 Th Ratchadamnoen ; 8h30-16h30 lun-ven ; 9h-12h sam-dim)

Tourism Authority of Thailand (TAT ; 075 346 515, assistance touristique 1627 ; www.tourismthailand.org ; Th Na Meuang ; 8h30-16h30). Dans un immeuble de 1926 au nord de Sanam Na Muang (parc municipal). Il propose des brochures utiles, mais personne ne parle vraiment anglais.

Depuis/vers Nakhon Si Thammarat

AVION

De petits transporteurs tels que Thai Lion Air (www.lionairthai.com), Air Asia (www.airasia.com) et Nok Air (www.nokair.com) proposent des vols quotidiens depuis l'aéroport international Don Mueang de Bangkok vers l'**aéroport Nakhon Si Thammarat** (075 450545 ;), 12 km au nord du centre-ville. Il y a environ 6 vols quotidiens (1 heure). Aller simple autour de 1 500 B.

BUS

Les bus ordinaires pour Bangkok partent de la **gare routière** principale (près de la Rte 4016), à l'ouest de la ville (comptez 25 min de marche depuis le centre). Le voyage prend 12 heures (426-851 B, selon le confort). Des minibus partent également de la gare pour Hat Yai (140 B, 3 heures), Surat Thani (120 B, 2 heures 30) et Khanom (80 B, 1 heure 30), et des bus pour Phuket (350 B, 6 heures).

Si vous cherchez les arrêts de minibus pour quitter Nakhon, guettez les petits bureaux sur le côté des routes du centre-ville (il se peut qu'il y ait des minibus et des passagers qui attendent). Mieux vaut se renseigner, car chaque destination possède son propre point de départ. Les minibus pour Krabi et Don Sak sont regroupés – assurez-vous de monter à bord du bon véhicule.

TRAIN

Deux trains quotidiens partent vers Bangkok (133-652 B ; 13h et 15h, 15 heures), et s'arrêtent à Hua Hin, Chumphon et Surat Thani. Des départs pour Hat Yai (24 B) ont lieu tous les jours à 6h et à 9h58. Celui de 6h poursuit jusqu'à Sungai Kolok (60 B).

Comment circuler

Des *songthaew* sillonnent Th Ratchadamnoen et Th Si Thammasok du sud au nord pour 10 B (un peu plus la nuit). Pour une course à moto-taxi, comptez au minimum 30 B, jusqu'à 50 B pour de plus longues distances. Rallier la gare routière depuis le centre de la ville à moto vous coûtera 40 B. Vous pourrez demander un taxi grâce à l'app Grab (www.grab.com) ; tablez sur environ 60 B pour une petite course.

PROVINCE DE SONGKHLA จังหวัดสงขลา

Les deux grands centres de la province, Hat Yai et Songkhla, sont moins affectés par les turbulences politiques que les villes situées plus au sud, même si certains avis gouvernementaux dissuadent les voyageurs de se rendre dans la région. Si les baroudeurs étrangers ne se bousculent pas, vous croiserez cependant bon nombre de touristes venus se promener dans les marchés locaux, explorer les ruines de l'ancien sultanat musulman, se régaler d'une cuisine fusion thaïlando-musulmane, se détendre sur les plages caressées par la brise et goûter à l'ambiance urbaine éclectique de Hat Yai.

Songkhla et Singha Nakhon สงขลา/สิงหนคร

074 / 163 000 HABITANTS

Séparées par le majestueux lac de Songkhla, les villes de Songkhla et Singha Nakhon ont un passé indissociable. Établie au XVIIe siècle par le sultanat musulman de Singora, Singha Nakhon est l'ancêtre de Songkhla, la capitale actuelle de cette province. Les deux font partie des villes du sud du pays aux plus remarquables patrimoines.

Cette agglomération est surtout prisée des touristes originaires de la région. L'influence de la population thaïlandaise, chinoise et malaise est visible partout, des superbes vestiges ramenant les visiteurs à l'époque du sultanat à l'architecture sino-portugaise de la vieille ville de Songkhla. Cette fusion culturelle se reflète aussi dans des mets locaux délicieux, qui marient les épices de la cuisine thaïlando-musulmane méridionale aux saveurs de la cuisine chinoise. On trouve en outre un grand nombre de lieux dédiés à la culture arty et modernes, qui ont contribué à donner à Songkhla et Singha Nakhon le titre de capitale artistique du Sud.

À voir

Les passionnés d'histoire fileront à Singha Nakhon : sur la trace du sultanat oublié de Singora, ils découvriront le **tombeau** (สุสานสุลต่านสุไลมาน ; près de la Hwy 408 ; 8h-minuit) de son plus célèbre sultan, Sulaiman Shah, ainsi que quelques vestiges des remparts de la ville et plus d'une dizaine de **forts** (ป้อมหัวเขาแดง ; Fort Khao Daeng ; Rte 4222 ; P) GRATUIT éparpillés partout dans les contreforts. Les plus férus pourraient passer des jours à tous les localiser.

Vous trouverez à Songkhla les meilleures plages, et la **vieille ville de Songkhla** (Nang Ngam) est l'une des plus belles du sud du pays : les édifices historiques chinois et sino-portugais qui n'ont pas été superbement restaurés sont devenus le support de remarquables œuvres de *street art*. Beaucoup de bâtiments ont été transformés en centres culturels, comme le vieux moulin à riz près des docks. Le mélange architectural éclectique apparaissant sur certains bâtiments anciens comme la **Masjid Asassul** (มัสยิดอุสาสนอิสลาม ; Th Phattalung ; lever-coucher du soleil) témoigne de l'influence euro-indo-thaïlandaise sur la communauté musulmane locale.

Musée national MUSÉE

(พิพิธภัณฑสถานแห่งชาติสงขลา ; 074 311728 ; 13 Th Wichianchom ; 150 B ; 9h-16h mer-dim, fermé les jours fériés). Ce superbe manoir de style chinois fut bâti en 1878 pour Phraya Sundranurak, vice-gouverneur de Songkhla. Il possède 12 salles où l'histoire de la ville prend vie à travers des présentations en anglais et en thaï. Photos en noir et blanc, poteries, objets retrouvés sur des épaves, etc. L'exposition répertorie tous les forts du sultanat de Singora encore debout.

VAUT LE DÉTOUR

PARC NATIONAL DE KHAO LUANG

Connu pour ses beaux chemins de randonnée, ses cours d'eau rafraîchissants, ses cascades et les espèces qui le peuplent, le **parc national de Khao Luang** (อุทยานแห่งชาติเขาหลวง ; ☎075 300494 ; www.dnp.go.th ; près de la Rte 4015 ; adulte/enfant 400/200 B ; P) est une haute chaîne de montagnes recouverte de conifères, et doit son nom à la plus haute montagne du sud du pays. Il fournit un habitat à une faune et une flore abondantes et uniques au monde, puisqu'il totalise 327 espèces d'animaux et d'orchidées endémiques. Le camping est autorisé, et il est possible de réserver des bungalows rudimentaires sur le site Internet (à partir de 600 B). Un restaurant se tient également près des bureaux du parc.

Parmi les animaux arpentant ce parc, on peut rencontrer le tapir de Malaisie, très discret, le saro du Sumatra, le macaque à queue de cochon, la panthère nébuleuse, le tigre ou encore le semnopithèque obscur. Les ornithologues amateurs s'amuseront à tenter de repérer aigles noirs, coqs dorés et certains calaos (reconnaissables à leur bec imposant), notamment le calao largup, le calao à casque rond et le calao coiffé.

Pour rejoindre le parc, prenez un *songthaew* à Nakhon Si Thammarat et descendez à Lan Saka (40 B), sur la Rte 4015 ; les chauffeurs vous conduiront généralement jusqu'aux bureaux du parc, 10 km plus loin (soit près de 30 km à l'ouest du centre de Nakhon).

Circuits organisés

Singora Tram Tour CIRCUIT EN TRAMWAY

(☎074 312025 ; Th Jana ; ⏲9h-15h). GRATUIT Ce circuit de 90 minutes à bord d'un tramway découvert part à côté de Th Jana. Il n'y aura sans doute pas de commentaires en anglais, mais vous découvrirez la vieille ville, la mosquée, un temple thaïlandais, un temple chinois, et poursuivrez jusqu'à Hat Samila.

Où se loger et se restaurer

Sook Som Boon 2 Hotel HÔTEL $

(☎099 472 1648 ; 14 Th Saiburi ; d 550-650 B ; ❄📶). Un hôtel au bon rapport qualité/prix, bien situé car proche de nombreuses curiosités comme le **marché de la vieille ville** (Th Chana ; ⏲16h-22h ven-sam). Les chambres sont propres, bien qu'elles sentent un peu le renfermé. Le propriétaire connaît bien la ville et parle anglais. Location de vélos.

♥ **Ban Nai Nakhon Boutique Hotel** BOUTIQUE-HÔTEL $$

(☎095 438 9323 ; dntche@hotmail.com ; 166 Th Nang Ngam ; d 1 500 B ; ❄). Ce superbe boutique-hôtel est tenu par Abdu'r Rahman, un grand amateur d'histoire. Les curiosités et objets anciens liés à l'histoire de Songkhla ou qu'il a rapportés de ses voyages se bousculent dans le salon, lui donnant un air de petit musée. Cette personnalité marque aussi les chambres, dotées de grands lits et de meubles thaïlandais traditionnels, avec également une mosaïque réalisée par Rahman lui-même. Vélos à disposition gratuitement.

♥ **Songkhla Station** CAFÉ $

(☎093 771 1181 ; 10/8 Th Nakhonnok ; plats 70 B ; ⏲8h-19h ; ❄📶👪). Dans un vieux bâtiment restauré, ce café-restaurant mitonne des mets traditionnels thaïlandais, dont des ailes de poulet frites avec riz gluant et du *sôm·đam* (salade épicée à la papaye), mais aussi des plats occidentaux. Spacieux et de belle conception, l'intérieur est adapté aux enfants (nombreux jeux et activités). La galerie du 1er étage mérite le coup d'œil.

♥ **Books and Cafe** CAFÉ

(☎094 396 4179 ; Th Ramvithi ; ⏲8h30-23h ; 📶). Nous avons adoré cette petite oasis nichée à quelques mètres de la vieille ville de Songkhla. Le lieu rêvé pour une pause après une matinée d'exploration. Installé dans un fauteuil ou un canapé confortable, vous dégusterez un excellent café au milieu des livres en thaï et en anglais, sur fond de musique relaxante.

Renseignements

On trouve des banques et des DAB partout à Songkhla.

Consulat d'Indonésie (☎074 311544 ; www.kemlu.go.id/songkhla ; 19 Th Sadao ; ⏲8h30-16h lun-ven)

Consulat de Malaisie (☎074 311062 ; www.kln.gov.my/web/tha_songkhla ; 4 Th Sukhum ; ⏲8h15-12h et 13h-16h15 lun-jeu, 8h15-12h et 14h-16h15 ven)

Police (☎074 321878 ; www.songkhlapolice.com ; Th Laeng Phra Ram)

Poste (☎074 312982 ; www.thailandpost.co.th ; Th Wichianchom ; ⏲8h30-16h lun-ven et 8h30-12h sam)

Comment s'y rendre et circuler

BUS

La principale gare routière se trouve sur Songkhla Plaza Alley (en retrait de Nakhonnok St), à 1,5 km au sud de la vieille ville. Trois bus de 2e classe partent tous les jours pour Bangkok (865 B), via Nakhon Si Thammarat, Surat Thani et d'autres localités. De l'arrêt de **Th Ramwithi** (Th Ramwithi ; ⏲6h-20h), des bus (21 B) et minibus (30 à 40 B) rejoignent Hat Yai en 40 minutes environ. Des *songthaew* pour Ko Yo démarrent du même endroit.

FERRY

Sur le lac de Songkhla, un ferry transporte passagers (gratuit), deux-roues (3 B) et voitures (20 B) de **Singha Nakhon** (Rte 4222 ; ⏲5h-22h) à **Songkhla** (Laem Son On).

TRAIN

Il faut aller à Hat Yai pour pouvoir prendre les trains longue distance qui desservent la plupart des destinations du Sud, car ils ne s'arrêtent plus à Songkhla.

Hat Yai

หาดใหญ่

☎074 / 156 601 HABITANTS

Bienvenue dans le carrefour urbain du sud de la Thaïlande, où les centres commerciaux à la mode occidentale côtoient une abondance d'étals servant une cuisine de rue cantonaise. L'odeur du curry flotte entre les stands animés, tandis que de vieux Chinois regardent défiler le monde, assis sur leurs chaises usées devant les brocantes. Conjuguant l'ambiance d'une ville affairée et une décontraction toute tropicale, Hat Yai est depuis longtemps prisée des Malaisiens pour des virées débridées le week-end. Dans les endroits touristiques, vous remarquerez que ces derniers sont nombreux, même si on aperçoit de temps à autre quelques expatriés occidentaux.

En explorant Hat Yai, vous découvrirez l'une des meilleures cuisines de la région et le dynamisme d'une grande ville du sud de la Thaïlande, éminemment cosmopolite comparée aux autres agglomérations de la province.

À voir

Parc municipal de Hat Yai PARC

(สวนสาธารณะเทศบาลนครหาดใหญ่ ; ☎074 211 898 ; www.hatyaipark.com ; Rte 407 ; ⏲9h-20h ; P). Situés 7 km au nord-est de Hat Yai, les jardins paysagers et vallonnés de cette immense oasis verdoyante recèlent plusieurs temples magnifiques, mais aussi le plus haut **bouddha doré** (พระพุทธมงคลมหาราช) GRATUIT de Thaïlande, un observatoire et un plan d'eau où l'on peut canoter, avec une cascade artificielle. Sillonné par un réseau de pistes cyclables, le parc est aussi parsemé de cafés et d'étals de nourriture. Exploration des temples, tour en **téléphérique** (เคเบิ้ลคาร์ หาดใหญ่ ; adulte/enfant 200/100 B ; ⏲9h-16h lun-jeu et 9h-17h ven-dim), paysages spectaculaires… C'est une excellente occasion d'échapper, le temps d'une journée au grand air, à l'atmosphère souvent étouffante de Hat Yai.

Marché flottant de Khlong Hae MARCHÉ

(ตลาดน้ำคลองแห ; Ban Khlong Hae ; ⏲13h-21h ven-dim ; P). Partout à Hat Yai, chauffeurs de *tuk-tuk* et tour-opérateurs proposent de visiter ce marché flottant trépidant et haut en couleur qui se tient le week-end sur la rivière Mae Nam Toei, 5 km au nord de la ville. La rive opposée au *wat* est envahie par une rangée de bateaux, mais la meilleure nourriture et les plus beaux souvenirs se cachent souvent dans les étals devant eux. Bien que très fréquenté, ce marché fait une parfaite excursion dans le milieu rural de la province de Songkhla. Modestes frais de parking (30 B).

Où se loger

Hat Yai n'est pas avare en lieux d'hébergement. Le centre regroupe des dizaines d'hôtels d'affaires accessibles à pied depuis la gare ferroviaire, ainsi que plusieurs auberges de jeunesse pour les baroudeurs de passage.

Hatyai Dee Hostel AUBERGE DE JEUNESSE $

(☎091 049 2737 ; 194 Nipat Uthit 1 ; d 250 B ; ❄ 📶). Tenue par des musulmans, cette auberge de jeunesse soignée et tranquille est commodément proche de la gare. Bon restaurant sur place et location de scooters à partir de 300 B. Dortoirs propres et spacieux. Pas d'eau chaude dans les douches, mais des prix raisonnables toute l'année.

Hat Yai Backpackers AUBERGE DE JEUNESSE $

(☎080 396 4621 ; 226 Th Niphat Uthit 1 ; dort 240 B ; P ❄ 📶). Ces dortoirs pour femmes à 4 lits et dortoirs mixtes à 8 lits sont propres, ordonnés, bon marché et pratiques par leur proximité avec la gare ferroviaire. Le personnel saura vous donner des conseils sur la ville.

Centara HÔTEL $$

(☎074 352222 ; www.centarahotelsresorts.com ; 3 Th Sanehanusorn ; d/app à partir de 1 550/2 850 B, ste 5 550 B ; P ❄ 📶 🏊). Cet hôtel de Hat Yai est élégant. Il propose 244 chambres de très bonne facture, ainsi qu'une vue superbe depuis les étages supérieurs et une grande piscine. Le service est impeccable. Le soir, les musiciens de jazz en font un endroit agréable, dans cette ville où les bars sont rares. L'hôtel est installé au-dessus du grand magasin central. Spa, salle de sport et navettes depuis/vers l'aéroport.

Red Planet HÔTEL $$

(☎074 261011 ; www.redplanethotels.com ; 152-156 Th Niphat Uthit 2 ; d 900-1 700 B ; P ❄ 📶). Cet hôtel offre des chambres modernes, fonctionnelles, propres et abordables, ainsi qu'un service correct. Comme dans bien des grandes chaînes, l'atmosphère est plutôt insipide, et le Red Planet s'adresse surtout aux voyageurs d'affaires. Le personnel se montre toutefois avenant et l'hôtel dispose d'un spa.

Où se restaurer et prendre un verre

Capitale gastronomique officieuse du sud du pays, la ville est réputée pour ses *roti* et ses currys, ses nouilles chinoises, son canard au riz et ses *dim sum*, ainsi que pour ses poissons et fruits de mer tout frais pêchés dans le golfe de Thaïlande ou la mer d'Andaman. Les étals de rue abondent à Hat Yai, surtout le long de Th Supasarnrangsan, où l'on vous sert des repas pour 25 à 80 B.

♥ **Marché de nuit** MARCHÉ $

(Th Montri 1 ; 🕘17h-21h30). Le marché de nuit propose une multitude de mets locaux. Plusieurs étals vendent le fameux poulet frit à la Hat Yai et les *kà·nŏm jin* (nouilles fraîches au riz et curry). On y déniche aussi des produits de la mer grillés, ainsi que des *roti* fourrés, incontournables dans le Sud. Installez-vous sur une chaise en plastique et régalez-vous !

Daothiam CAFÉ $

(☎074 243268 ; facebook.com/pg/daothiamhadyai ; 79/3 Thammanoonvithi Rd ; plats à partir de 60 B ; 🕘7h-19h ; 📶). Ce café traditionnel chinois, aux murs ornés de billets de banque, sert une clientèle locale depuis 1959. Sa solide carte se compose de plats sino-thaïlandais et de bons petits-déjeuners. En face du centre commercial Odean.

Mata Coffee 9 CAFÉ

(☎062 280 1717 ; Th Manasruedee ; 🕘9h-19h ; 📶). Une bonne adresse aussi proche de la gare est une aubaine. Parfait refuge pour faire une pause et se remettre les idées en place après un long voyage en train, ce lieu climatisé est loin du brouhaha des chauffeurs de *tuk-tuk* et de moto-taxi cherchant à attirer les clients. Vous pourrez y organiser la suite de votre voyage sur de confortables canapés en cuir, et compter sur un café excellent, ainsi qu'un bon Wi-Fi.

Renseignements

DÉSAGRÉMENTS ET DANGERS

On dit souvent que Hat Yai échappe à la violence touchant l'extrême Sud. La ville n'a pourtant pas été épargnée par le passé. Une bombe a explosé, le 31 mars 2012, dans le Lee Gardens Plaza Hotel, faisant 4 morts et 400 blessés dans un incendie. En 2014, 3 bombes ont explosé à Hat Yai, et blessé 8 personnes. Dans les années précédentes, des bars, des centres commerciaux, des grands magasins et des hôtels ont également été la cible d'attaques, mais la ville n'a connu aucun incident majeur depuis 2014, et la sécurité a très visiblement été renforcée autour des pôles de transports comme la gare ferroviaire ou l'aéroport).

Les étrangers considèrent Hat Yai comme une ville sûre, comme en témoigne l'affluence de touristes non thaïlandais. Si vous ne faites qu'y passer, vous n'avez presque rien à craindre. Si vous comptez y séjourner un moment, soyez simplement sur vos gardes et tenez-vous au courant des actualités locales.

EXTENSIONS DE VISA

Bureau de l'immigration (Th Phetkasem). Près du pont ferroviaire, ce bureau de l'immigration thaïlandais s'occupe notamment des prorogations de visa.

OFFICE DU TOURISME

Tourism Authority of Thailand (TAT ; www.tourismthailand.org/hatyai ; 1/1 Soi 2, Th Niphat Uthit 3 ; 🕘8h30-16h30). Ses employés, très serviables, sont anglophones.

Dee Travels Hat Yai (Cathay Tour ; ☎074 815 400 ; www.cathaytourthailand.com ; 190 Th Niphat Uthit 1 ; 🕘8h-18h). La meilleure des agences de voyages du centre-ville.

URGENCES

Police touristique (1er ét, Hat Yai Plaza 3, Th Niphat Uthit 3 ; 🕘24h/24)

BUS AU DÉPART DE HAT YAI

Le bureau d'information de la principale gare routière est ouvert de 4h30 à 21h30. La gare est bien organisée et un guichet est attribué à chaque destination. Parmi les destinations principales :

DESTINATION	PRIX	DURÉE
Bangkok	698-1 086 B	13 heures
Krabi	253-507 B	5 heures
Nakhon Si Thammarat	140 B	3 heures
Ko Samui	404 B	7 heures
Phuket	355 B	7 heures
Songkhla	34 B	1 heure 30
Sungai Kolok	270 B	4 heures
Surat Thani	240 B	5 heures
Trang	120 B	2 heures

Depuis/vers Hat Yai

AVION

L'aéroport international de Hat Yai est à 14 km au sud-ouest de la ville. **Air Asia** (www.airasia.com), **Nok Air** (www.nokair.com) et **Thai Lion Air** (www.lionairthai.com) font quotidiennement la navette depuis/vers l'aéroport Don Mueang de Bangkok. **Thai Airways** (074 233433 ; www.thaiairways.com ; Community Mall, 206-207 Th Prachayindee ; 8h-17h lun-ven) et **Thai Smile** (www.thaismileair.com) desservent l'aéroport de Bangkok-Suvarnabhumi.

Un **Airport Taxi Service** (099 478 2592 ; 194 Nipat Uthit 1 ; 100 B/pers ; 7h-17h15) assure le trajet depuis l'aéroport 6 fois par jour pour 100 B (7h, 10h15, 12h15 et 17h15). En taxi, comptez 320 B, ou environ 250 B si vous utilisez **Grab** (www.grab.com).

BUS

La plupart des bus interrégionaux et des minibus vers le sud partent du **terminal de Hat Yai** (73 Th Chotevittayakul) qui se situe à 2 km au sud-est du centre-ville de Hat Yai. Le départ des minibus pour le nord s'effectue du **terminal** (Rte 4), à 5 km à l'ouest de la ville. Vous pouvez le rejoindre en *tuk-tuk* pour 80 B depuis le centre-ville. Les bus relient Hat Yai à presque toutes les villes du sud du pays.

Dee Travels Hat Yai peut aussi organiser des trajets en minibus vers un grand nombre de destinations du Sud.

TRAIN

Il y a 4 trains de nuit quotidiens depuis/vers Bangkok (259-1794 B, 16 heures) depuis la **gare ferroviaire de Hat Yai** (1690 ; www.railway.co.th ; Th Rotfai). Des trains s'y rendent via Surat Thani (105 B). Sept trains quotidiens longent la côte est vers Sungai Kolok (92 B). Deux autres descendent la côte ouest jusqu'à Padang Besar (50 B), en Malaisie.

Un bureau de réservation (7h-17h) permet de se procurer des billets jusqu'à 90 jours à l'avance. Vous pourrez aussi acheter vos billets par téléphone 3 jours avant le départ en composant le 1690, ou 5 jours à l'avance sur www.railway.co.th. Une consigne (5h-18h) peut stocker vos bagages pour 30-50 B par tranche de 24 heures.

Comment circuler

Des *songthaew* roulent sur Th Phetkasem (20 B/pers). Prendre un *tuk-tuk* ou une moto-taxi revient à 30-60 B/pers. Vous pourrez héler les taxis qui passent régulièrement, ou passer par l'application Grab (www.grab.com) avec laquelle une petite course revient à environ 70 B.

Pour découvrir la ville à votre rythme, envisagez de louer un scooter auprès de **JA Mobile** (086 285 5533 ; Th Rotfai, gare ferroviaire de Hat Yai ; 300 B/jour ; 9h-20h), à la gare ferroviaire de Hat Yai, ou un vélo chez **Tyro Bike** (092 628 2415 ; facebook.com/tyrobike ; Th Rajyindee ; 9h-18h lun-sam ;).

EXTRÊME SUD

Les provinces de Pattani, Yala et Narathiwat, les plus méridionales de Thaïlande, ont une identité à part. Au fil des siècles, elles ont été profondément marquées par la culture, la langue et la religion des musulmans malaisiens, notamment au XVIe siècle par le sultanat de Pattani, dont le domaine s'étendait sur cette partie du sud de la Thaïlande et certaines terres du nord de la Malaisie. Ethniquement plus proches des Malaisiens que des Thaïlandais, les habitants y parlent un dialecte malais.

Largement sous-exploité, le remarquable potentiel touristique de cette région est

FAUT-IL SE RENDRE DANS L'EXTRÊME SUD ?

Lors de la rédaction de ce guide, les attaques et les bombes continuaient de faire des dégâts dans l'extrême Sud, et de nombreux gouvernements occidentaux déconseillaient tout voyage pour motif non essentiel dans les provinces de Pattani, Yala et Narathiwat. Pourtant, l'immense majorité des habitants de ces régions sont ravis de voir des *farang* (Occidentaux), et prêtent beaucoup d'attention aux visiteurs étrangers, car ils sont extrêmement rares. À ce jour, les touristes (Occidentaux compris) n'ont jamais été pris pour cible par les insurgés.

Cependant, par nature, les insurrections sont imprévisibles et des frappes peuvent avoir lieu n'importe où. Une tactique souvent utilisée par les séparatistes consiste à dissimuler un engin explosif sur une moto garée devant une boutique, des écoles ou sur les marchés, comme ce fut le cas à plusieurs reprises dans le centre de Yala, de Pattani, de Narathiwat et de Sungai Kolok.

Il est préférable de ne pas s'attarder en ville, pour ne pas être au mauvais endroit au mauvais moment. Il est déconseillé aussi de se déplacer dans la campagne tôt le matin ou le soir, surtout la nuit, et de voyager à moto de location si vous n'êtes pas identifiable comme étranger.

Toutefois, l'inconvénient majeur est que l'insurrection a tellement paralysé le tourisme que les infrastructures se font désormais très rares. Vous ne pourrez utiliser les transports en commun qu'entre les grandes villes ; ailleurs, il vous faudra votre propre véhicule. Il n'y a quasiment pas d'hôtels ou de restaurants, et guère plus d'animation nocturne. Les superbes plages sont complètement dépourvues d'installations... ce qui ravit certains. Sachez que de nombreux points de contrôle jalonnent ces provinces et leurs villes, et que s'y déplacer peut être très laborieux. Si vous envisagez tout de même un voyage vers l'extrême Sud, informez-vous avec soin sur la sécurité dans la région auprès de votre ambassade.

pénalisé par le conflit couvant depuis longtemps entre État et séparatistes ethniques et religieux. En conséquence, la région reçoit peu de visiteurs et manque d'infrastructures touristiques. Ceux qui la traversent le font en majorité pour accéder à la Thaïlande – ou, plus rarement, la quitter – via Sungai Kolok.

Yala

ยะลา

073 / 63 000 HABITANTS

Sans accès à la mer, la province de Yala, la plus méridionale de Thaïlande, s'étend jusqu'à la frontière avec la Malaisie. La capitale éponyme ne ressemble à aucune autre ville du pays. Ses larges boulevards et son quadrillage de rues régulier, qui s'organisent autour d'un parc central, lui confèrent un air occidental. C'est une ville universitaire, principal centre d'enseignement de l'extrême Sud. La population est aux trois quarts musulmane.

À voir

La principale curiosité de Yala est le **Wat Kuhapimuk** (วัดคูหาภิมุข, Wat Na Tham ou temple devant la grotte ; Na Tham, près de la Rte 409), l'un des principaux lieux de pèlerinage du Sud.

Plus au sud, Betong accueille la plus grande boîte aux lettres de Thaïlande, élevée en 1924.

La plupart de ses hôtels bon marché sont également des bordels clandestins. Le choix d'hébergement est mince ; nous recommandons le **Yala Rama** (073 212815 ; 15-21 Th Sri Bamrung ; ch 650 B ;).

Renseignements

Betong, tout près de la frontière, est un point de passage légal, mais peu pratique, vers la Malaisie. Contactez le **bureau de l'immigration** (073 231292 ; Betong ; 8h30-16h30) de Yala.

Depuis/vers Yala

Le terminal des bus de Yala se situe au sud du centre-ville. Trois bus quotidiens circulent depuis/vers le terminal Sud des bus de Bangkok (783 à 1 422 B, 15 heures). Chaque jour, 4 trains circulent entre Bangkok et Yala (18 heures) et 2 trains effectuent le trajet entre Yala et Sungai Kolok (3-4 heures). Des bus pour Hat Yai (160 B, 2 heures 30) s'arrêtent plusieurs fois par jour dans Th Sirirot, devant le bureau de Prudential TS Life.

Des minibus pour Betong et Sungai Kolok (100 B, 2 heures 30) partent toutes les heures en face de la gare ferroviaire.

Pattani ปัตตานี

073 / 43 700 HABITANTS

Jadis le centre d'une vaste principauté musulmane qui englobait les provinces voisines de Yala, de Narathiwat et certaines parties du nord de la Malaisie, Pattani ne s'est jamais vraiment soumise au pouvoir thaïlandais. Si la situation politique actuelle freine le développement de la région, la ville de Pattani a commercé pendant 500 ans avec les plus grandes puissances impériales. Les Portugais y ont créé un comptoir marchand en 1516, les Japonais sont arrivés en 1605, les Hollandais en 1609 et les Britanniques ont tenté d'imposer leur pouvoir colonial en 1612.

Malgré son intéressant passé, Pattani n'a pas grand-chose à offrir si ce n'est un accès aux plages des environs. À cause de l'insurrection qui y sévit, la plupart ne sont pas sûres pour les voyageurs isolés.

Matsayit Klang (Th Yarang), l'une des plus vastes mosquées du pays (et la plus importante du Sud), est un édifice traditionnel de couleur verte construit dans les années 1960.

Comme dans d'autres villes de la région, l'offre en lieux d'hébergement est restreinte. Le **CS Pattani Hotel** (073 336090 ; www.cspattanihotel.com ; 299 Mu 4, Th Nong Jik ; ch à partir de 900 B ; ❄@📶🏊) offre toutefois un confort satisfaisant.

Renseignements

Plusieurs banques sont situées à l'extrémité sud-est de Th Pipit, près de l'intersection avec Th Naklua Yarang.

Police (073 348555 ; 62 Th Pattani Phirom)

Pattani Hospital (073 711010 ; www.pattanihos.com ; 2 Th Nong Jik)

Depuis/vers Pattani

Bus et minibus partent de la gare routière de Pattani à la lisière ouest de la ville. Départs fréquents vers Hat Yai (120 B, 1 heure 30), Narathiwat (120 B, 1 heure 30) et Sungai Kolok (160 B, 2 heures 30).

Il y a 2 bus quotidiens depuis/vers le terminal Sud des bus de Bangkok (765-1 250 B, 14 heures).

Comment circuler

Les motos-taxis (30 B), qui circulent en ville et aux alentours, se font rares à la nuit tombée.

Sungai Kolok สุไหงโกลก

073 / 78 500 HABITANTS

Principal point de passage entre la Thaïlande et la Malaisie, Sungai Kolok (สุไหงโกลก) n'est pas l'endroit le plus attirant pour quitter ou arriver au "pays du sourire". Peu reluisante, cette ville frontalière est surtout connue pour la contrebande et la prostitution. Moins ciblée par les attentats que les autres grandes villes de la région, elle n'en est pas moins affectée par le conflit de l'extrême Sud. Les Malais qui venaient ici il y a quelques années encore se livrer à des week-ends de débauche préfèrent aujourd'hui Hat Yai, plus sûre. Si les voyageurs se font rares à emprunter ce passage pour quitter

SE RENDRE EN MALAISIE : DE SUNGAI KOLOK À RANTAU PANJANG

Rejoindre la frontière Le poste-frontière thaïlandais (ouvert de 5h à 21h) est à 1,5 km du centre de Sungai Kolok ; comptez autour de 30 B à moto-taxi.

Arrivé à la frontière Une fois les formalités douanières terminées, traversez à pied le Harmony Bridge pour rejoindre le poste-frontière malaisien.

Et ensuite ? Pour gagner Kota Bharu, la capitale de l'État de Kelantan en Malaisie, vous pourrez attraper un taxi collectif ou un bus, 200 m après le poste-frontière malaisien. Comptez 10 RM (75 B) par personne pour un taxi collectif et 50 RM (370 B) pour le véhicule complet. Le trajet dure environ 40 minutes ; des bus l'effectuent en 1 heure pour 5,10 RM (38 B).

Vous pourrez poursuivre en direction du sud grâce au "jungle train", mais la gare la plus proche est à Pasir Mas, située sur l'itinéraire emprunté par les taxis et les bus ralliant Kota Bharu.

Les étrangers sont autorisés à traverser la frontière à Tak Bai (province de Narathiwat) et Betong (plus au sud, dans la province de Yala), mais Sungai Kolok est de loin le point de passage le plus commode.

la Thaïlande, ils sont plus nombreux venant de Malaisie, la plupart montant immédiatement à bord du train qui se dirige vers le nord.

Où se loger

La plupart des hôtels de Sungai Kolok affichent les mêmes tarifs et qualité de service, c'est-à-dire plutôt bas.

Merlin Hotel HÔTEL **$**
(073 611003 ; 68 Th Charoenkhet ; ch 600-700 B ;). Équipements et mobilier d'un autre âge, mais le lieu est propre et facile d'accès depuis la gare.

Renseignements

Des DAB et des guichets de change existent près de la gare ferroviaire.

On trouve un bureau de la police touristique à la frontière.

En face du Merlin Hotel se trouve un **bureau de l'immigration** (073 611231 ; www.narathiwatimmigration.go.th ; 70 Th Charoenkhet ; 8h-17h lun-ven), géré par un personnel anglophone serviable.

Comment s'y rendre et circuler

La **gare routière** (Th Asia 18, près de 4056) des bus longue distance est à 2 km à l'ouest du centre sur Th Asia 18. Quatre bus par jour circulent depuis/vers le terminal Sud des bus de Bangkok (707 à 1 414 B, 17-20 heures), ainsi que des minibus à destination de Hat Yai (270 B, 4 heures).

On prend les minibus vers le nord pour Narathiwat (70 B, 1 heure), Pattani (160 B, 2 heures 30) et Yala (110 B, 2 heures 30) près du **Genting Hotel** (073 613231 ; 250 Th Asia 18 ; ch 690-790 B ;), en face de la gare ferroviaire.

Deux trains quotidiens relient Sungai Kolok à Bangkok (23h30 et 14h20, 18-23 heures). Dans l'extrême Sud, les trains sont souvent retardés et soumis à des contrôles de police ou de l'armée.

Des motos-taxis vous transporteront en ville pour un tarif fixe de 30 B.

Phuket et la côte d'Andaman

Dans ce chapitre ➡

Le top des restaurants

- Eat Bar & Grill (p. 333)
- Efe (p. 360)
- Krua Thara (p. 353)
- One Chun (p. 312)
- Pad Thai Shop (p. 331)
- Marché nocturne de Trang (p. 375)

Le top des hébergements

- Rayavadee (p. 350)
- Castaway Resort (p. 390)
- Elephant Hills (p. 292)
- Fin Hostel (p. 328)
- Amanpuri Resort (p. 335)

Pourquoi y aller

La côte d'Andaman est la Thaïlande des cartes postales, ce lieu idyllique pour lequel on rêverait de quitter son travail et de vivre toute l'année en tongs. La région, éblouissante, regroupe plages de sable blanc immaculé, eaux turquoise et imposantes falaises de karst. Ses îles couvertes de jungle percent la mer d'Andaman jusqu'aux frontières du Myanmar et de la Malaisie. Phuket en est le symbole tape-à-l'œil, mais en allant plus au nord, vous découvrirez des sites de plongée exceptionnels, des îles peu visitées et les grottes et cascades des parcs nationaux de Phang-Nga. Au sud, vous pourrez caboter d'île en île jusqu'à la frontière malaisienne.

Malheureusement, la côte d'Andaman, victime de son succès, est prise d'assaut par une foule croissante de visiteurs, entre jeunes voyageurs au porte-monnaie serré, riches jet-setteurs et touristes en circuit organisé. Les complexes hôteliers rutilants remplacent progressivement les cabanes en bambou et les bars rastas thaïlandais, et il faut s'éloigner de plus en plus des sentiers battus pour retrouver une certaine authenticité. Pourtant, le rêve de carte postale est toujours là si on sait le chercher.

Quand partir

Mai-sept La saison des pluies, qui s'étend sur cinq mois, correspond à la basse saison touristique. Les hôtels ferment ou baissent considérablement leurs tarifs.

Sept-oct À Phuket et Trang, le Festival végétarien permet de déguster d'excellents mets et de croiser des fidèles au visage percé.

Déc-avr La haute saison touristique offre des conditions idéales pour la plongée et le snorkeling.

À ne pas manquer

1. Les eaux couleur jade et les plages de sable blanc des **îles de Trang** (p. 376).
2. Le snorkeling parmi les récifs coralliens multicolores au large de **Ko Lipe** (p. 389).
3. Le surprenant décalage entre les hôtels de luxe et les stands de cuisine de rue de **Phuket** (p. 304).
4. Une randonnée dans la jungle sauvage du **parc national de Khao Sok** (p. 290).
5. L'escalade des falaises calcaires surplombant les plages splendides de **Railay** (p. 346).
6. Une baignade dans la mer bleue, puis la fête jusqu'à l'aube sur **Ko Phi Phi** (p. 354).

7 Une plongée parmi les raies mantas et les requins-baleines dans les **îles Surin** (p. 289) et **Similan** (p. 297).

8 La richesse culturelle de la vieille ville de **Ko Lanta** (p. 361) et les plages décontractées de l'île.

9 Une sortie en kayak dans les grottes spectaculaires semi-immergées du **parc national maritime d'Ao Phang-Nga** (p. 299).

10 L'atmosphère détendue des bars de plage de **Ko Phayam** (p. 285).

PROVINCE DE RANONG

จังหวัดระนอง

La province la plus septentrionale d'Andaman, avec ses forêts luxuriantes et ses jolies îles peu visitées – Ko Chang, à ne pas confondre avec l'île homonyme du golfe de Thaïlande, et Ko Phayam en particulier – est bien différente des paradis balnéaires aux eaux turquoise et au sable blanc que l'on voit sur les brochures touristiques. Région la plus faiblement peuplée de Thaïlande, c'est aussi la plus humide – et de loin – avec 8 mois de pluie par an. La côte est en outre pauvre en plages. La plupart des visiteurs qui passent par cette province le font pour traverser la frontière avec le Myanmar.

Ranong-ville ระนอง

077 / 24 561 HABITANTS

Sur la rive orientale de l'estuaire boueux de la Mae Nam Pak Chan, la bourgade de Ranong n'est qu'à 45 minutes de bateau du Myanmar. Ville frontière et port fluvial fréquenté, elle accueille une population croissante originaire du Myanmar (repérez les femmes au visage couvert de *thanaka*, une pâte cosmétique) et abrite sources chaudes bouillonnantes, bâtiments historiques restaurés et cuisine de rue sensationnelle.

Autrefois un coin perdu, Ranong tire aujourd'hui profit des échanges commerciaux frontaliers, du passage des visiteurs se rendant à Ko Phayam et Ko Chang ainsi que de la relative stabilité politique du Myanmar. Les boutiques-hôtels fleurissent et les établissements deviennent plus tendance, toutes proportions gardées. Des centres de plongée spécialisés dans les croisières aux îles Surin et aux îles Mergui (Myanmar), ont ouvert leurs portes, attirant une petite communauté d'expatriés.

À voir

Parc national de la cascade de Ngao PARC NATIONAL

(อุทยานแห่งชาติ น้ำตกหงาว ; 077 848181 ; adulte/enfant 100/50 B ; 8h30-16h30). À 12 km au sud de Ranong, ce parc de 668 km² comprend une forêt tropicale et une cascade à plusieurs niveaux (300 m de haut). Un court sentier mène à l'un de ces niveaux où il est possible de se baigner. La zone abrite aussi des crabes pandas : ces crabes d'eau douce au corps blanc et à la bouche violette sont célèbres dans la région. Le billet que l'on achète aux **sources chaudes de Pornrang** (บ่อน้ำร้อนพรรั้ง ; 077 862103 ; adulte/enfant 100/50 B ; 6h-17h30) donne accès au parc.

Wat Ban Ngao TEMPLE BOUDDHIQUE

(วัดบ้านหงาว ; 7h-18h). Ce joli refuge au pied d'une colline était à l'origine un lieu de repos pour les pèlerins bouddhistes. Un temple fut construit sur le site en 1987. Montez les marches en béton à l'arrière pour une belle vue sur la vallée. Non loin, d'énormes poissons protégés nagent dans les eaux sombres d'un étang. Le temple, à environ 13 km au sud de Ranong, est proche du parc national de la cascade de Ngao ; les deux sites peuvent se visiter ensemble.

Activités

Spas et sources chaudes

Namnong Hot Spa SPA

(084 625 3444 ; 73/3 Th Phetkasem ; soins 400-1 000 B ; 11h-20h). Cette adresse chaudement recommandée est plus chic que les sources chaudes publiques juste en face. Glissez-vous dans un Jacuzzi privatif, puis offrez-vous un gommage au sel ou un massage thaïlandais.

Rakswarin Hot Springs SOURCES CHAUDES

(Th Phetkasem ; 5h-21h). Les eaux curatives de Ranong, au sud-est de la ville, jaillissent d'une source sacrée suffisamment chaude pour faire cuire des œufs (65°C). Les bassins en bord de rivière sont partiellement gratuits et décorés de carreaux en mosaïque. Douches, serviettes et transats sont disponibles. Allongez-vous et laissez la chaleur opérer. Une partie payante du site est gérée par une entité privée (40 B) ; elle est plus propre et moins fréquentée.

Ranong-ville

Activités
1 Andaman International Dive Center A3
2 A-One-Diving B2
3 Rakswarin Hot Springs D4

Où se loger
4 Galla Hotel A2
5 Madinah Hostel Ranong D3
6 Rueangrat Hotel B2
7 Savika Guesthouse B2
8 Tinidee A3

Où se restaurer
9 Marché nocturne B3
10 Marché de jour B4
11 Ranong Hideaway B2

Plongée

Andaman International Dive Center PLONGÉE
(☎089 814 1092 ; www.aidcdive.com ; 41/115 Thamuang ; ⏲oct-avr). Propose principalement de longues croisières (6-14 jours) dans les îles Mergui (Myanmar), mais aussi quelques excursions vers les îles Surin. Comptez 20 000 B pour une croisière de 4 jours.

A-One-Diving PLONGÉE
(☎077 832 984 ; www.a-one-diving.com ; 256 Th Ruangrat ; ⏲oct-avr). Spécialiste des sorties de plongée à destination des îles Surin et des îles Mergui au Myanmar (à partir de 34 900 B). Préparation aux brevets PADI.

Où se loger

Tinidee HÔTEL $
(www.tinidee-ranong.com ; 41/144 Th Tamuang ; ch 570 B ; ❄). Les clients du Tinidee Inn, annexe aux chambres propres et calmes du bien plus grand Tinidee Hotel voisin, ont accès à ce dernier ainsi qu'à ses excellents bains chauds et sa piscine. Il n'y a pas d'ascenseur : vous devrez monter vos bagages par les escaliers.

Rueangrat Hotel HÔTEL $
(☎092 279 9919 ; rueangratranong@gmail.com ; 240/10 Th Ruangrat ; ch 700 B ; ❄📶). Cet établissement proche des restaurants et boutiques loue des chambres claires et impeccables, en retrait de la rue, toutes avec réfrigérateur, télévision et salle de bains correcte. Café gratuit dans le hall, bon Wi-Fi à la réception et personnel aimable.

Savika Guesthouse PENSION $
(☎082 217 5483 ; savikaranong@gmail.com ; 240/14 Th Ruangrat ; ch 1 080 B). La situation de cette pension conviviale, gérée par un couple américano-thaïlandais, est idéale, au cœur du quartier des voyageurs de Ranong. Chambres bien équipées (réfrigérateur, télévision et bouilloire pour

Ranong-ville

préparer thé et café). Fournissant d'excellentes informations aux plongeurs, les propriétaires peuvent aussi aider à la réservation de billets de bateau et de bus. Petit-déjeuner de style américain, au bon rapport qualité/prix.

Madinah Hostel Ranong AUBERGE DE JEUNESSE **$**
(☎081 416 0825 ; madinahhostel_ranong@yahoo.com ; Th Kamlangsap ; dort/ch 360/600 B ; ❄📶). Cet établissement tenu par une famille, à quelques pas des sources chaudes de la ville, offre des chambres simples mais impeccables. Le personnel anglophone très serviable répond à toutes vos questions et peut réserver vos billets pour la suite de votre voyage. Bon choix au petit-déjeuner.

Galla Hotel HÔTEL **$$**
(☎077 880 8989 ; Th Mung ; ch 1 800 B ; ❄📶🏊). Ce nouveau venu à Ranong propose des chambres impeccables à la décoration chic, rehaussée de luxueux détails (Jacuzzis dans les suites, etc.). Restaurant coréen, agréable café servant des boissons glacées, salle de sport et grande piscine extérieure sur place. Le petit-déjeuner mêlant saveurs est-asiatiques, thaïlandaises et occidentales est remarquable. Aimable direction anglophone.

Où se restaurer

Marché nocturne MARCHÉ **$**
(près de la Hwy 4 ; plats 30-70 B ; ⏲14h-19h). Excellents plats thaïlandais à très bon prix. À côté du pont franchissant le Klong Hat Sompaen.

Marché de jour MARCHÉ **$**
(Th Ruangrat ; plats 40-70 B ; ⏲5h-minuit). Un marché animé et merveilleusement pittoresque où prendre de délicieux repas thaïlandais et birmans à petits prix.

Ranong Hideaway THAÏLANDAIS, INTERNATIONAL **$$**
(☎077 832 730 ; 323/7 Th Ruangrat ; plats 110-480 B ; ⏲10h-23h ; 📶). Prisé des expatriés et des hommes d'affaires, ce petit restaurant sert pâtes correctes, pizzas, plats de viande, currys thaïlandais et petits-déjeuners internationaux. Également bières et alcools étrangers.

Renseignements

Les DAB sont regroupés à l'intersection de Th Ruangrat et Th Tha Meuang. Beaucoup acceptent les cartes étrangères.

AGENCE DE VOYAGES

Pon's Place (☎081 597 4549 ; www.ponplace-ranong.com ; Th Ruangrat ; ⏲8h-19h30 ; 📶). L'agence du sympathique Pon est incontournable pour à peu près tout à Ranong : Wi-Fi, petits-déjeuners européens, location de motos (200-250 B), réservation de vols, excursions expresses de l'autre côté de la frontière (“*visa runs*” ; 1 300 B), transferts depuis l'aéroport ou encore horaires des bus. Peut aussi fournir un chauffeur pour une excursion à la journée dans le parc national de Laem Son (2 000 B aller-retour).

IMMIGRATION

Bureau de l'immigration de l'Andaman Club (près de la Rte 4004 ; ⏲7h-17h). Bureau d'immigration thaïlandais au sein de l'Andaman Club, à 8 km au nord-est de la ville.

Bureau de l'immigration de Ranong (Th Chalerm-prakiat ; ⏲8h30-17h). Principal bureau d'immigration, à 4 km au sud-ouest de la ville. Gère les prolongations de visa.

Comptoir de l'immigration de Ranong (Tha Saphan Plaa ; ⏲8h-17h). Si vous faites une visite éclair à Kawthoung (Myanmar), passez par ce petit comptoir de l'immigration, à 5 km au sud-ouest de la ville. Les questions administratives y sont traitées avec efficacité.

URGENCES

Police (Th Dap Khadi). Principal poste de police de Ranong.

Depuis/vers Ranong

AVION

L'aéroport de Ranong est à 22 km au sud de la ville. Nok Air assure 2 vols quotidiens vers l'aéroport international Don Mueang de Bangkok.

BATEAU

Depuis Tha Ko Phayam (p. 288), à 6 km au sud-ouest du centre-ville, 2 *long-tail boats* quotidiens partent pour Ko Chang (200 B, 2 heures, 9h30 et 14h). En haute saison, ils s'arrêtent sur les plages de la côte ouest et font le trajet retour vers 8h30 et 13h. Durant la mousson, seul le bateau de 14h circule ; il s'arrête sur le quai principal, sur la côte nord-est. Pendant la haute saison, de novembre à avril, 2 *speedboats* relient chaque jour Tha Ko Phayam à l'embarcadère de la côte nord-est de Ko Chang (350 B, 30 minutes) ; un seul circule en basse saison.

Deux ferrys quotidiens rallient Ko Phayam depuis Tha Ko Phayam (200 B, 2 heures, 9h30 et 14h) ; ils repartent pour Tha Ko Phayam à 8h30 et 15h. Pendant la haute saison, des *speedboats* (350 B, 35 minutes) effectuent ce trajet presque

ALLER AU MYANMAR (BIRMANIE) : DE RANONG À KAWTHOUNG (VICTORIA POINT)

La manière la plus simple de renouveler votre visa thaïlandais consiste à choisir l'un des "circuits visa" (*visa run*, 1 300 B) proposés par les agences de voyages de Ranong, notamment Pon's Place (page ci-contre). Vous pouvez aussi le faire relativement facilement par vous-même.

Rejoindre la frontière Lorsque la frontière entre la Thaïlande et le Myanmar est ouverte, des bateaux pour Kawthoung partent du Tha Saphan Plaa, à 5 km au sud-ouest de Ranong. Le *songthaew* n°4, de couleur rouge, va de Ranong à l'embarcadère (20 B). Là, les capitaines de *long-tail boats* vous dirigeront vers le comptoir de l'immigration, puis vers leur bateau (aller simple/aller-retour 100/200 B par pers). Vérifiez si les prix sont par personne ou par trajet et s'ils comprennent le retour. Vous aurez besoin d'une photocopie de votre passeport, que vous pourrez faire à l'embarcadère (5 B).

À la frontière À la frontière de Kawthoung, vous devez préciser aux autorités que vous êtes un visiteur à la journée et régler des frais de 10 $US (billet en parfait état uniquement – les capitaines de *long-tail boats* peuvent s'en procurer un auprès des rabatteurs du port pour 500 B). Côté Myanmar, vous serez certainement sollicité par du "personnel" qui vous proposera par exemple de transporter votre sac ou d'aller chercher les formulaires pour vous... avant de demander un pourboire. Ces individus sont cependant globalement plus sympathiques qu'agaçants.

Si vous souhaitez simplement renouveler votre visa pour la Thaïlande, la procédure dure 2 heures. N'oubliez pas qu'avec le décalage horaire, le Myanmar a 30 minutes de retard sur la Thaïlande. Certains voyageurs franchissent l'immigration du Myanmar avant sa fermeture pour trouver ensuite porte close au comptoir de l'immigration thaïlandaise (page ci-contre). Vérifiez les heures de fermeture de ce dernier avant de sortir du pays ; si vous n'obtenez pas votre tampon, vous devrez retourner au Myanmar le lendemain.

Une solution plus rapide, plus facile et beaucoup plus chic (bien que quelque peu aseptisée et moins intéressante) consiste à passer par l'hôtel-casino Andaman Club (page ci-contre), sur l'île birmane de Pulo. À l'embarcadère situé à 8 km au nord-ouest de Ranong, sur la Route 4004, votre passeport sera tamponné immédiatement. Un *speedboat* à destination de l'île (950 B aller-retour, 15 minutes aller), située au Myanmar, part toutes les heures entre 8h30 et 15h30 pour accoster près du clinquant Andaman Club. Le voyage prend 1 heure au total.

Se déplacer Il est possible de passer la nuit dans l'un des coûteux hôtels de Kawthoung, mais mieux vaut éviter. Si vous détenez un visa valide pour le Myanmar, qu'il vous faudra demander auparavant à l'ambassade du Myanmar à Bangkok (ou dans un autre pays), vous serez autorisé à rester jusqu'à 28 jours et à quitter le pays par le poste-frontière de votre choix. Il y a des vols quotidiens entre Kawthoung et Yangon.

toutes les heures de 7h30 à 17h30 ; ils regagnent le continent entre 8h et 16h30.

Tha Saphan Plaa, à 5 km au sud-ouest de la ville, propose des bateaux pour Kawthoung, au Myanmar.

BUS

Le **terminal des bus** (Th Petchkasem) est situé à 1 km au sud-est du centre-ville. Le *songthaew* (ou *sŏrng tăa ou*) n°2 bleu passe par le terminal. De là, des minibus rallient Chumphon (160 B, 2 heures, ttes les heures 7h-17h), Surat Thani (200 B, 3 heures 30, 6h et 14h) et Krabi (210 B, 7 heures, 7h, 10h et 14h).

Comment circuler

Des **motos-taxis** (Th Ruangrat) peuvent vous emmener presque n'importe où en ville pour 50 B, notamment à Tha Ko Phayam, d'où partent les bateaux pour Ko Chang et Ko Phayam, et à Tha Saphan Plaa, où sont amarrés les bateaux pour Kawthoung, au Myanmar. Le **songthaew n°4** (Th Ruangrat), rouge, s'arrête près des quais (20 B).

Pon's Place (page ci-contre), qui loue motos et voitures, opère aussi des navettes pour les quais (depuis son bureau/l'aéroport 70/200 B).

BUS AU DÉPART DE RANONG

DESTINATION	PRIX	DURÉE	DÉPARTS
Bangkok	510-627 B	9-10 heures	7h30, 8h10, 10h30, 13h30, 15h30, 19h30, 20h (VIP) et 20h30 (VIP)
Chumphon	150 B	2 heures	ttes les heures 7h-17h
Hat Yai	380 B	7 heures	6h, 10h et 20h
Khao Lak	175 B	3 heures 30	ttes les heures 6h30-17h45
Krabi	210 B	6 heures	7h, 10h et 14h
Phang-Nga	180 B	5 heures	7h, 10h et 14h
Phuket	245 B	5-6 heures	ttes les heures 6h30-17h45
Surat Thani	190 B	4-5 heures	ttes les heures 6h-16h

Ko Chang เกาะช้าง

La petite île peu visitée de Ko Chang offre un visage bien différent de son homonyme de la province de Trat. Sa particularité ? Un mode de vie rudimentaire où l'électricité et le Wi-Fi sont limités. Sur Ko Chang, le calme est partout et le clapotis des vagues remplace le vacarme de la vie moderne. En basse saison (de mai à octobre), l'île est complètement assoupie et de nombreux établissements ferment.

Sur la côte ouest, la plage d'Ao Yai s'orne au sud d'un sable marbré noir et blanc, qui assombrit l'eau claire. Les inconditionnels du sable blanc trouveront leur bonheur à l'extrémité nord d'Ao Yai. Un sentier mène à Ao Tadaeng, une plage couverte de rochers de l'autre côté du promontoire, au sud : c'est le meilleur endroit de l'île où admirer le soleil couchant.

Dans les terres, on découvre un minuscule village, ainsi que des plantations de noix de cajou et d'hévéas. En parcourant les pistes qui sillonnent l'île et en font le tour, vous aurez peut-être la chance d'apercevoir pygargues, serpentaires des Andaman et calaos voletant au-dessus de la mangrove.

Activités

Aladdin Dive Safari PLONGÉE

(087 274 7601 ; www.aladdindivesafari.com ; Cashew Resort, Ao Yai ; 2 plongées 5 800 B ; 10h-18h nov-mai). Cette agence de croisières de plongée établie de longue date organise des sorties d'une journée vers les îles Surin et Similan, des cours pour l'obtention du brevet Open Water (18 700-19 800 B) et des croisières de plongée dans les îles Mergui (Myanmar), Surin et Similan, ainsi qu'à Ko Phi Phi, Hin Daeng et Hin Muang (15 800-19 800 B).

Om Tao YOGA

(085 470 9312 ; www.omtao.net ; Ao Yai ; cours 300 B). Ce studio géré par des Allemands propose des cours de yoga tous les jours à 8h30 de novembre à avril. Cours organisés à la demande le reste de l'année.

Où se loger et se restaurer

Ici, les bungalows rudimentaires en bambou sont la norme, offrant rarement plus qu'un lit, une moustiquaire, une salle de bains rudimentaire, un hamac et un petit balcon. La plupart ouvrent seulement de novembre à mi-avril. L'accès à l'électricité est limité ; certains établissements ont recours à l'énergie énergie solaire ou éolienne. Presque tous les hébergements se trouvent à Ao Yai ou Ao Tadaeng, un peu plus au sud. Pour s'isoler, mieux vaut opter pour les plages du nord. Les seuls restaurants de l'île sont ceux des *resorts*.

Sangsuree Bungalows BUNGALOWS $

(081 2517726 ; bungalow.sangsuree@gmail.com ; Ao Takien ; bung 300-500 B ;). Surplombant l'une des baies qui jalonnent la côte nord-ouest, ces 7 bungalows rudimentaires offrent une belle vue sur la mer. Les repas sont pris en commun dans la *guesthouse* thaïlandaise à l'ancienne, à l'ambiance décontractée, tenue par un couple charmant. La plage de sable à 10 minutes à pied est adaptée à la baignade.

Crocodile Rock PENSION $

(080 533 4138 ; tonn1970@yahoo.com ; Ao Yai ; bung 400-700 B ; oct-avr ;). Le Crocodile, perché sur le promontoire sud d'Ao Yai, propose des bungalows en bambou tout simples, avec toit de métal, hamacs et superbe vue sur la baie. Le restaurant sert plats végétariens, fruits de mer ainsi

que bon expresso, yaourts, pain et cookies maison. L'adresse est très populaire ; pensez à réserver.

Little Italy BUNGALOWS $
(☎ 084 851 2760 ; daniel060863@yahoo.it ; Ao Yai ; ch 400-500 B ; 📶). L'établissement compte seulement 3 bungalows impeccables, rattachés à un restaurant italo-thaïlandais, au milieu des arbres d'Ao Yai. Deux d'entre eux sont des constructions en bois et béton à deux niveaux, installées sur pilotis et entourées d'une véranda. Le 3e bungalow en béton, sur la terre ferme, dispose d'une salle de bains carrelée.

Eden BUNGALOWS $
(☎ 080 628 7590, 061 212 9328 ; Ao Yai ; ch 300 B). À l'extrémité nord d'Ao Yai, l'établissement propose des bungalows très simples (les salles de bains n'ont pas de portes) et des chambres sans prétention avec douches communes, entretenus par une famille accueillante qui prépare un sensationnel curry *massaman*. Les visiteurs qui y ont déjà séjourné y retournent volontiers. Bar-restaurant convivial donnant sur la plage ; électricité entre 18h et 23h.

Renseignements

Le DAB le plus proche se trouve à Ko Phayam qui est difficilement accessible ; mieux vaut donc prévoir assez d'espèces pour le séjour.

Quelques établissements ont désormais le Wi-Fi, mais le signal est faible.

Depuis/vers Ko Chang

Depuis le centre de Ranong, les *songthaew* (20 B) et motos-taxis (50 B) partent de Th Ruangrat pour la jetée de Tha Ko Phayam, près de Saphan Plaa. De là, 2 *long-tail boats* (200 B, 2 heures) se rendent quotidiennement à Ko Chang (départs à 9h30 et 14h). En haute saison, ils desservent les plages de la côte ouest, et reviennent vers 8h30 et 13h. Pendant la mousson, un unique bateau fait la traversée à 14h et accoste à l'embarcadère principal, sur la côte nord-est.

Pendant la haute saison qui s'étend de novembre à avril, 2 *speedboats* (350 B, 30 minutes, 8h30 et 10h30) naviguent chaque jour entre Tha Ko Phayam, à Ranong, et l'embarcadère de la côte nord-est de Ko Chang. En basse saison, un *speedboat* dessert l'île à 13h30.

En haute saison, les *speedboats* Ko Phayam-Ranong déposent et récupèrent souvent des passagers à la demande à Ko Chang (350 B), mais on ne peut s'y fier – demandez à votre *resort* d'effectuer (et de confirmer !) la réservation. On peut louer des *long-tail boats* pour Ko Phayam (2 000 B) par l'intermédiaire du Koh Chang Resort.

Les motos-taxis attendent près des bateaux et demandent 100 B pour un trajet entre l'embarcadère de la côte nord-est et Ao Yai.

Ko Phayam เกาะพยาม

L'île de Ko Phayam, qui fait partie du **parc national de Laem Son** (อุทยานแห่งชาติแหลมสน ; ☎ 077 861431 ; www.dnp.go.th ; adulte/enfant 200/100 B ; ⏲ 8h-16h30), est bordée de belles plages de sable blanc. C'est une destination de plus en plus prisée des familles. Son atmosphère sauvage et assoupie change agréablement de Phuket et Ko Phi Phi : ses spectaculaires côtes nord-ouest et sud-ouest sont émaillées de bungalows rustiques, de *resorts* à taille humaine, d'agréables restaurants en bord de mer et de bars de plage plantés dans le sable. Côté faune, on croise des cochons sauvages, des singes et une riche avifaune (aigles de mer, hérons, calaos).

Ko Phayam ne compte qu'un seul village, peuplé de touristes, où est installé l'embarcadère principal. Si vous venez durant une fête (comme la fête des Noix de cajou en février), vous verrez cependant que les habitants sont toujours bien présents. D'étroites voies pour les motos, des routes en béton et des pistes traversent l'intérieur boisé de l'île, dont certaines sont défoncées au point d'en être dangereuses : conduisez lentement.

À voir et à faire

Ko Phayam abrite de magnifiques plages de sable blond, mais vous serez loin d'être seul entre novembre et avril.

Les plus saisissantes sont **Ao Yai** (Long Beach), au sud-ouest, et **Ao Khao Kwai** (Buffalo Bay) au nord-ouest ; **Ao Mea Mai**, sur la côte est, au sud de la jetée, est également agréable. Des détritus s'entassent sur Ao Yai pendant la mousson.

La côte est est plus paisible, et on y est proche du village, mais les plages n'y sont pas aussi belles. Des tempêtes frappent la côte ouest pendant la mousson. Ao Khao Kwai est un peu plus abritée et la côte est s'avère encore plus protégée des vents.

Ko Phayam n'est pas un bon site pour le snorkeling, les courants chauds ayant tué tout le corail – c'est son principal inconvénient. En revanche, elle est proche des îles Surin qui sont accessibles par des croisières de plongée ou des trajets en *speedboat*.

Ko Phayam

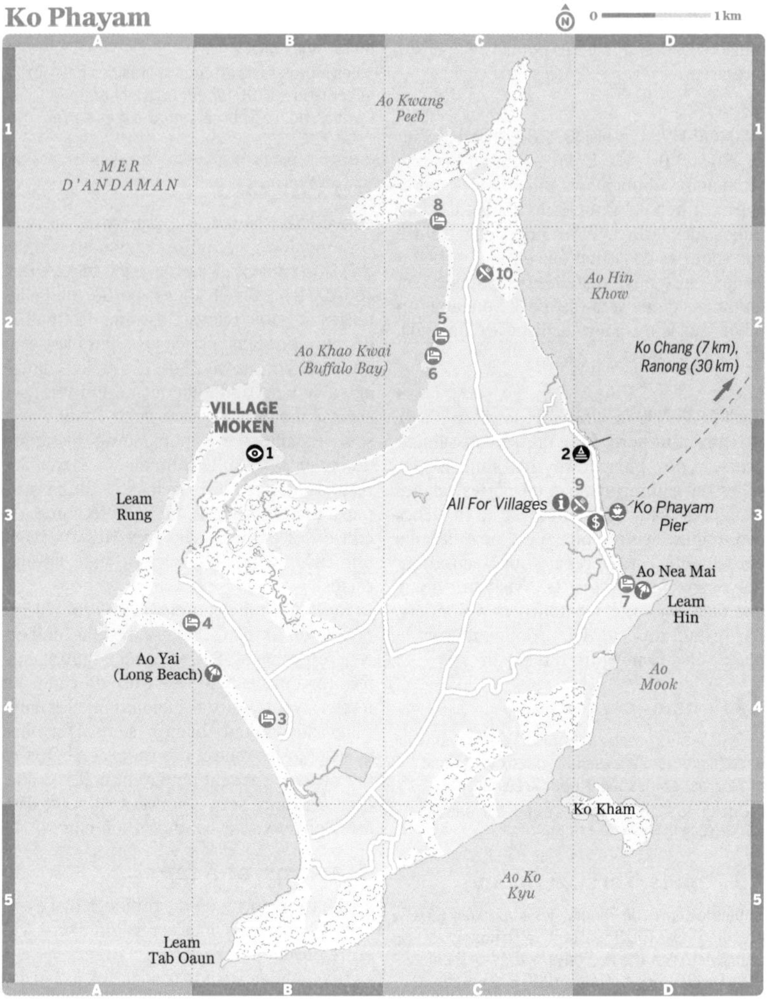

Ko Phayam

À voir

1 Village moken B3
2 Wat Phayam D3

Où se loger

3 Bamboo Bungalows B4
4 Frog Beach House A4
5 Heaven Beach C2
6 Mr Gao C2
7 Sabai Sabai D3
8 Sun Bungalows & Resort C1

Où se restaurer

9 Fan's Homemade D3
10 Flower Power C2

Wat Phayam TEMPLE BOUDDHIQUE
(วัดเกาะพยาม ; lever-coucher du soleil). GRATUIT Immédiatement au nord du quai principal, sur la côte est de Ko Phayam, un majestueux bouddha doré flanqué d'un naga (serpent mythique) à trois têtes se dresse dans la jungle.

Village moken VILLAGE
(หมู่บ้านชาวเลทะเล). Un village moken (les Moken sont des nomades de la mer) se situe à l'ouest de la baie d'Ao Khao Kwai. Arrivé à la fin de la route, vous devrez marcher dans le sable puis traverser une rivière sur un ponton, en vous aidant de la corde. Le village est aussi accessible depuis

l'extrémité nord d'Ao Yai (45 minutes de marche). Sur place, des panneaux rappellent aux touristes de s'habiller convenablement (pas de bikinis). Mieux vaut visiter les lieux avec Fiona, directrice australienne de l'ONG locale All For Villages (p. 288), dont l'un des bureaux est installé près de la jetée principale.

La plupart des villageois adultes refusent d'être pris en photo, mais on peut photographier les enfants (demandez l'autorisation au préalable).

Où se loger et se restaurer

De nombreux complexes hôteliers sont ouverts toute l'année et la plupart ont l'électricité 24h/24. Les hébergements des plages de l'ouest sont les plus prisés en haute saison.

On trouve une poignée de restaurants de poisson et fruits de mer dans le village, sur la côte est, et quelques établissements le long de la côte ouest. Tous les *resorts* ont leurs propres restaurants.

Ao Yai

Frog Beach House HÔTEL $

(083 542 7559 ; www.frogbeachhouse.com ; Ao Yai ; bung 500-1 400 B ;). Ces bungalows traditionnels en bois bien tenus, de style thaïlandais, avec plancher, salles de bains extérieures, vasques en verre et moustiquaires sont alignés en retrait d'un beau bout de plage, à côté d'un ruisseau, à l'extrémité nord d'Ao Yai.

Bamboo Bungalows BUNGALOWS $$

(081 273 3437 ; www.bamboo-bungalows.com ; Ao Yai ; bung 750-2 600 B ;). Disséminés dans un jardin arboré vers le milieu de la belle Ao Yai, ces élégants bungalows rustiques, décorés simplement, ont une salle de bains ouverte sur l'extérieur et un balcon avec hamac. Le restaurant, face à la mer, est plutôt bon. Location de kayaks et de bodyboards. Électricité 24h/24 en haute saison.

Ao Khao Kwai

Heaven Beach BUNGALOWS $$

(082 806 0413 ; heavenbeachfamilyresort.com ; Ao Khao Kwai ; ch 2 000-2 500 B ;). Ce charmant *resort*, installé sur un site idyllique en bord de mer, propose de jolis bungalows arborant tons pastel, motifs floraux et sol carrelé. Pleins de cachet, très spacieux et confortables, ils disposent de salles de bains en plein air, eau chaude, électricité toute la journée et vastes terrasses avec mobilier en rotin. Ateliers artistiques et fabrication de bijoux proposés aux enfants et adultes. Bon choix pour les familles.

Mr Gao BUNGALOWS $$

(086 266 0223 ; www.mr-gao-phayam.com ; Ao Khao Kwai ; bung 1 000-1 800 B ;). Ces bungalows en brique et bois verni ou en bambou sont prisés des couples sportifs et des familles. De bonne taille, ils sont dotés de moustiquaires, salles de bains carrelées et terrasses à l'avant. Le propriétaire, M. Gao, est une mine d'informations sur la région. Il propose d'excellentes excursions à travers l'île ainsi que des locations de kayaks, sorties snorkeling et séjours de plusieurs jours aux îles Surin.

Sun Bungalows & Resort BUNGALOWS $$

(093 132 3655 ; www.thesunatranong.com ; Ao Khao Kwai ; bung 1 200-3 900 B ;). À l'extrémité nord d'Ao Khao Kwai, ce *resort* accueillant comprend des bungalows en bois à deux niveaux, très élégants, avec lits confortables, véritables salles de bains et grandes terrasses à l'étage, ainsi que des bungalows en bambou plus simples et des chambres, encore moins chères, dans un bâtiment situé à l'arrière. On y voit souvent des calaos.

Flower Power ITALIEN $$

(095 882 5573 ; www.flowerpowervillage.com ; plats 150-300 B ; 8h-21h30 ;). Une expérience italienne vous attend au Flower Power, où les énergiques Marco et Simona servent une incroyable diversité de plats maison, tels que gnocchis, raviolis, pizzas et formidables spaghettis aux palourdes, ainsi que des spécialités thaïlandaises et birmanes. Café et véritables desserts italiens.

Ao Mea Mai

Sabai Sabai BUNGALOWS $

(063 142 4507 ; www.sabai-bungalows.com ; Ao Mea Mai ; bung 400-1 000 B ;). À 5 minutes à pied au sud de l'embarcadère de la côte est, ce repaire convivial de voyageurs, établi de longue date, loue des bungalows propres, avec ventilateur, à petits prix. Les chambres doubles avec salles de bains ont vue sur la mer et affichent un certain style. La chambre à 2 niveaux, de style loft avec balcon, est la meilleure. Bar décontracté, hamacs et soirées cinéma.

Fan's Homemade INTERNATIONAL $ (repas 120-200 B ; 7h30-17h30 ;). Dans ce restaurant coloré de la rue principale du village de Ko Phayam, Fan et ses filles préparent de délicieux sandwichs, cafés glacés, salades et autres repas légers. Goûtez absolument leurs fantastiques milk-shakes aux fruits avant de quitter l'île !

Renseignements

Le village possède un **DAB**. Certains *resorts* vous fourniront des espèces contre un paiement par carte et 3% de commission.

All For Villages (061 192 1322 ; www.allforvillages.org ; horaires variables). Dispense des services médicaux, sanitaires et éducatifs au village moken de Ko Phayam. Vous y trouverez des informations sur ce dernier.

Depuis/vers Ko Phayam

Chaque jour à 9h30 et 14h, 2 ferrys assurent la traversée entre **Tha Ko Phayam**, à 6 km au sud-ouest de Ranong-ville, et Ko Phayam (200 B, 2 heures) ; ils font le trajet inverse à 8h30 et 15h. En haute saison (nov-avr), des *speedboats* (350 B, 35 minutes) effectuent la traversée presque une fois par heure entre 7h30 et 17h30 pour regagner le continent entre 8h et 16h30.

Les *speedboats* qui naviguent en haute saison relient Ko Phayam à Ko Chang (350 B, 20 minutes) en chemin pour Ranong à 8h30, 9h, 12h, 12h30, 15h et 15h30. Sachez toutefois qu'ils ne sont pas fiables à 100%.

Comment circuler

Des motos-taxis assurent le transport entre l'embarcadère et Ao Khao Kwai/Ao Yai (50/70 B). Les trajets à pied prennent du temps : prévoyez 45 minutes entre l'embarcadère et Ao Khao Kwai, la baie la plus proche. Vous trouverez des motos à louer (environ 250 B) dans le village, de même que dans la plupart des grands *resorts* – elles vous permettront d'explorer librement l'île.

PROVINCE DE PHANG-NGA จังหวัดพังงา

Les montagnes couvertes de jungle de Phang-Nga sont creusées de cours d'eau boueux menant à des baies turquoise émaillées de formations karstiques. On trouve dans cette région certains des plus beaux trésors sous-marins du pays.

La province réunit, sur un territoire relativement restreint, quatre des plus beaux parcs nationaux du pays. Les eaux des îles Similan (p. 297) et Surin (p. 289) cachent certains des sites de plongée et de snorkeling les plus célèbres de Thaïlande. Sur la terre ferme, le parc national de Khao Sok (p. 290), l'une des plus anciennes forêts tropicales du monde, abrite de nombreuses espèces rares parmi ses grottes et cascades. Et si vous souhaitez simplement paresser sur le sable, vous trouverez des plages autour de Khao Lak (p. 293) et sur les quelques îles voisines encore peu visitées.

Phang-Nga est rythmée par les saisons touristiques. De mi-octobre à mi-avril, elle est prise d'assaut par les visiteurs qui apprécient ses eaux limpides, ses plages de sable blanc et ses récifs coralliens colorés. On y est bien plus tranquille de mai à octobre, les touristes se faisant rares pendant la mousson.

Khuraburi คุระบุรี

076 / 3 480 HABITANTS

On passe facilement à côté de cette attrayante petite ville poussiéreuse qui s'étend de part et d'autre de la Hwy 4. C'est pourtant un point d'accès aux îles Surin et l'une des meilleures destinations du sud de la Thaïlande pour le tourisme communautaire. Des centaines de pêcheurs de calmars dépendent par ailleurs de son marché.

Avant que les autorités thaïlandaises ne s'engagent activement contre le trafic de migrants, la région était également tristement connue comme point de passage majeur entre la Thaïlande et le Myanmar.

Activités et circuits organisés

Pour des informations touristiques, contactez **Tom & Am Tour** (086 272 0588 ; 298/3 Mu 1, Th Phetkasem ; 24h/24), en face de la route de la gare routière.

Andaman Discoveries CIRCUITS (087 917 7165 ; www.andamandiscoveries.com ; 120/2 Mu 1, Th Phetkasem ; excursion 3 jours 6 000 B/pers ; 8h30-17h30 lun-ven). Circuits communautaires d'un ou plusieurs jours comprenant promenades à vélo, activités culturelles et artisanales, snorkeling avec les *chow lair* (ou *chao leh*, des "nomades de la mer") dans les îles Surin, séjours chez l'habitant ou encore circuits écotouristiques au parc national de Khao Sok. Certains projets communautaires font appel à des bénévoles. Locations de vélos possible (150 B/jour).

Où se loger et se restaurer

Khuraburi compte seulement deux pensions simples, toutes deux près de la gare routière, sur la route principale qui traverse la ville.

Un bon **marché du matin** (Th Phetkasem ; plats 20-40 B ; 6h-10h) se tient à l'extrémité nord de la ville et un petit **marché nocturne** (Th Phetkasem ; plats à partir de 30 B ; 15h-19h30) à la périphérie sud. On trouve aussi quelques restaurants le long de la route principale (la plupart ferment avant 21h).

Boon Piya Resort PENSION $$
(081 752 5457 ; 175/1 Th Phetkasem ; bung 650 B ;). Sur une propriété verdoyante juste à côté de la route principale, à l'extrémité nord de Khuraburi, ces bungalows en béton modernes, spacieux et propres, avec sols carrelés, salles de bains alimentées en eau chaude et petits balcons, sont étonnamment plaisants. Le propriétaire, serviable, peut organiser votre transport depuis/vers les îles Surin et Ko Phra Thong.

Depuis/vers Khuraburi

La plupart des bus reliant Ranong (110 B, 2 heures) à Phuket (165 B, 4 heures) s'arrêtent à Khuraburi. Prenez un bus en direction de Phuket et arrêtez-vous à Takua Pa (75 B, 1 heure 15), à 55 km au sud, pour prendre une correspondance vers différentes destinations telles que le parc national de Khao Sok. L'embarcadère pour les îles Surin et Ko Phra Thong se trouve à 9 km au nord-ouest de la ville. Le prestataire chargé de réserver votre place sur le bateau organisera également un transfert gratuit vers l'embarcadère.

Parc national maritime des îles Surin

อุทยานแห่งชาติหมู่เกาะสุรินทร์

Les cinq superbes îles qui composent le **parc national maritime des îles Surin** (076 491 378 ; www.dnp.go.th ; adulte/enfant 500/300 B ; mi-oct à mi-mai) se trouvent à 60 km de la côte, et à 5 km de la frontière maritime entre la Thaïlande et le Myanmar. Ces îles granitiques ornées de promontoires rocheux sont couvertes d'épaisses forêts tropicales et festonnées de baies aux superbes plages de sable blanc.

Les eaux cristallines abritées, aux teintes jade et turquoise, où la visibilité porte à 30 m en dehors des périodes de mousson, se prêtent idéalement à l'observation de la vie sous-marine. Elles attirent des *chow lair* ou "nomades de la mer", un groupe ethnique d'origine malaise qui vit sur Ko Surin Tai pendant la mousson de mai à novembre. Dans la région, ils sont connus sous le nom de Moken, terme dérivé du mot local *oken*, qui signifie "eau salée".

Ko Surin Tai (au sud) et Ko Surin Neua (au nord) sont les deux plus grandes îles. Le bureau du parc (p. 290) et toutes les infrastructures destinées aux visiteurs sont installés à Ao Chong Khad dans la partie sud-ouest de Ko Surin Neua.

À voir

Ban Moken VILLAGE
(Ao Bon, Ko Surin Tai). Ban Moken, dans l'est de Ko Surin Tai, accueille les visiteurs. Après le tsunami du 26 décembre 2004, les Moken se sont réinstallés dans cette baie abritée, où une importante cérémonie de culte des ancêtres, **Loi Reua**, se déroule chaque année en avril. Les mâts en bambou, colorés et sculptés, représentent les ancêtres moken. Aucune victime ne fut à déplorer parmi les Moken lors du tsunami, malgré la destruction complète de leur village. En effet, les habitants avaient reconnu les signes avant-coureurs de la catastrophe et s'étaient réfugiés au sommet de la colline.

Le parc national maritime des îles Surin organise des excursions de 2 heures de Ko Surin Neua à Ban Moken (150 B/pers, 5 pers minimum). Vous vous promènerez dans le village sur pilotis, où vous pourrez demander l'autorisation et des instructions pour parcourir le **sentier Chok Madah** (800 m), qui traverse les collines couvertes de jungle jusqu'à une plage déserte. L'artisanat en vente sur place permet de soutenir l'économie locale. Les dons de vêtements sont bienvenus, mais n'apportez ni alcool ni bonbons – l'alcoolisme est en effet un problème croissant chez les Moken.

Activités

En explorant la lisière de la forêt autour du bureau du parc, vous rencontrerez peut-être des macaques crabiers ou certaines des 57 espèces d'oiseaux locales, comme le nicobar à camail, un pigeon endémique des îles d'Andaman, et le rare œdicnème des récifs. Le long de la côte, vous verrez sans doute des milans sacrés (à dos rouge) et des aigrettes sacrées. Douze espèces de chauves-souris peuplent également le parc, dont la roussette de Malaisie qui se nourrit de fruits.

Plongée et snorkeling

Ko Surin Tai, **Ko Torinla** (au sud) et **HQ Channel**, entre les deux îles principales, figurent parmi les sites de plongée du parc. **Richelieu Rock**, un mont sous-marin à 14 km au sud-est, est aussi situé dans les limites du parc. C'est l'un des plus beaux sites de plongée de la côte d'Andaman. On y croise des raies mantas, et parfois des requins-baleines en mars-avril.

Le parc ne possédant aucune infrastructure de plongée, les circuits (4 jours de croisière à partir de 20 000 B) se réservent auprès des agences de Khao Lak, Phuket et Ranong. Les transferts sont généralement inclus. Comptez 200 B/jour pour les frais de plongée dans le parc, auxquels s'ajoute le droit d'entrée du parc national (adulte/enfant 500/300 B), valable 5 jours.

En raison du blanchissement des coraux durs, le snorkeling n'est plus aussi intéressant que par le passé, mais l'on observe encore nombre de coraux mous et de poissons colorés. Les plus beaux coraux mous que nous ayons vus sont ceux d'**Ao Mai Yai**, au large de Ko Surin Neua. Le snorkeling est également agréable à **Ao Tao** (Ko Surin Tai) et **Ao Pak Kaad** (Ko Surin Tai), au large de Ko Surin Tai côté est et sud respectivement, car on y aperçoit parfois des tortues. Il y a des poissons au large de la minuscule **Ko Pajumba**, mais les coraux ne sont pas très beaux. **Ao Suthep** (Ko Surin Tai), au nord de Ko Surin Tai, est peuplé de nombreux poissons colorés.

Le caisson de recompression le plus proche se trouve à Phuket. En cas d'accident, les agences de plongée contactent la SSS Ambulance (p. 297), basée à Khao Lak, qui vient à la rencontre des bateaux et achemine rapidement les plongeurs blessés au sud, au Phuket International Hospital.

Les sorties de snorkeling d'une demi-journée (150 B/pers, location de matériel de snorkeling 160 B) partent du bureau du parc à 9h et 14h. Vous serez surtout en compagnie de Thaïlandais, qui ont l'habitude de nager avec un gilet de sauvetage. Si vous cherchez une expérience de snorkeling plus calme, louez votre propre *long-tail boat* auprès du parc national (3 000 B/jour) ou, mieux encore, directement auprès des Moken à Ban Moken (p. 289).

Les tour-opérateurs de Khuraburi et Khao Lak organisent des excursions de snorkeling d'une journée dans le parc (adulte/enfant 3 700/2 500 B).

Greenview Tour ACTIVITÉS DE PLEIN AIR
(☎081 895 6186 ; www.toursurinislands.com ; 140/89 Mu 3, Khuraburi ; ⏲7h30-21h). Impressionnante par son niveau de sécurité, de service et son rapport qualité/prix, l'agence Greenview organise d'excellents circuits de snorkeling à la journée (adulte/enfant 3 500/2 100 B) dans les îles Surin en compagnie de guides expérimentés. Les prix incluent transfert, en-cas, matériel et délicieux déjeuner. Des séjours de plusieurs nuits dans les îles Surin sont également proposés.

Où se loger et se restaurer

Ko Surin Neua est la seule île sur laquelle il est possible de séjourner. Les **bungalows du parc national maritime des îles Surin** (☎076 472145 ; www.dnp.go.th ; ch 2 000-3 000 B, empl camping 80 B/pers, avec location tente 300 B ; ⏲mi-oct à mi-mai ; ❄), bien qu'agréables, ne valent pas leur prix, et le lieu est bondé quand ils sont tous complets (environ 300 clients). La clientèle, majoritairement thaïlandaise, donne au site une ambiance de camp de vacances. On peut aussi camper (et louer une tente). Réservez bien à l'avance.

Les deux restaurants du parc, où se trouvent les hébergements, servent une cuisine thaïlandaise correcte.

Renseignements

Bureau du parc national maritime des îles Surin (Ko Surin Neua ; ⏲7h30-20h30 mi-oct à mi-mai). Renseignements sur les îles et réservation d'hébergement.

Depuis/vers le parc national maritime des îles Surin

Les *speedboats* des tour-opérateurs (aller-retour 1 800 B, 1 heure 15 dans chaque sens) acceptent les voyageurs indépendants et partent chaque matin aux alentours de 9h, revenant entre 13h et 16h. Le retour se fait à la date de votre choix, mais confirmez votre billet la veille au soir auprès du bureau du parc de Ko Surin Neua.

Parc national de Khao Sok

อุทยานแห่งชาติเขาสก

Si après quelques jours de plage vous ressentez l'envie de vous dégourdir les jambes, aventurez-vous jusqu'au merveilleux **parc national de Khao Sok** (☎077 395 154 ; www.khaosok.com ; Khao Sok ; adulte/enfant 300/150 B ; ⏲6h-18h), qui se déploie sur 738 km² dans l'intérieur des terres. Cette jungle de plaine (l'endroit le plus arrosé de Thaïlande), parsemée de cascades et de grottes, serait vieille de plus de 160 millions d'années, ce qui en ferait l'une des forêts tropicales les plus anciennes au monde.

La vaste superficie de Khao Sok permet aux grands mammifères d'y trouver l'un des derniers habitats viables du pays. Durant les mois les plus humides, ours, gaurs, sangliers, tapirs, gibbons, rennes, chats marbrés, éléphants sauvages et même tigres sortent de leur tanière. Le parc abrite aussi plus de 300 espèces d'oiseaux, 38 variétés de chauves-souris et la rarissime *Rafflesia kerrii*, une fleur géante que l'on ne peut voir nulle part ailleurs en Thaïlande.

La meilleure période pour l'observation des animaux court de décembre à avril, durant la saison sèche. Pendant la saison des pluies (juin-octobre), les sentiers peuvent être très glissants et les sangsues pullulent, mais c'est la période où le débit des cascades est le plus fort.

À voir et à faire

Lac Chiaw Lan LAC
(เขื่อนเชี่ยวหลาน ; circuit journée/nuit sur place 1 500/2 500 B). Ce magnifique lac artificiel de 165 km² se trouve à 65 km (1 heure de route) à l'est du bureau du parc national de Khao Sok (p. 292). Il fut créé en 1982 en même temps que l'immense barrage de schiste argileux Ratchaprapha (Kheuan Ratchaprapha ou Chiaw Lan). Les affleurements calcaires qui émergent du lac peuvent atteindre 960 m de hauteur, soit plus du triple des formations géologiques de Phang-Nga. La plupart des visites du lac comprennent un circuit d'un ou deux jours (transferts, bateaux et guides inclus).

On peut louer des bateaux (2 000 B/jour) aux pêcheurs à l'entrée du barrage pour explorer les criques, canaux et grottes qui jalonnent les berges du lac.

Deux grottes sont accessibles à pied depuis la rive sud-ouest. Celle de **Tham Nam Thalu** GRATUIT contient d'étonnantes concrétions calcaires et des cours d'eau souterrains. Il est déconseillé de la visiter à la saison des pluies car des accidents mortels se sont déjà produits. Quatre galeries souterraines qui servaient d'abri secret aux insurgés communistes entre 1975 et 1982 convergent également dans la grotte de **Tham Si Ru** GRATUIT.

Randonnée

Khao Sok se prête idéalement à la randonnée. La plupart des pensions et agences organisent des randonnées guidées (journée complète 1 200-2 000 B) ; vérifiez que votre guide est certifié (il aura un badge officiel). Le bureau du parc peut aussi vous trouver un guide fiable (1 200 B/jour).

Le bureau du parc national (p. 292) distribue des cartes de randonnée sommaires. Il sert de point de départ pour la marche jusqu'à la cascade de **Wing Hin** (2,8 km). Les randonnées jusqu'aux cascades de **Bang Hua Rad** (3 km), **Sip-Et Chan** (4 km), qui comprend 11 niveaux, **Than Sawan** (6 km), la plus spectaculaire et la moins fréquentée, et **Than Kloy** (7 km) nécessitent un guide.

Où se loger et se restaurer

Khao Sok Jungle Hostel AUBERGE DE JEUNESSE $
(☎096 142 6539 ; www.khaosokcentertour.net ; dort 250 B). Cette auberge de jeunesse parfaitement bien gérée et entretenue est si petite (6 lits seulement) que son propriétaire, Sunny, accorde une attention particulière à chaque pensionnaire, proposant transferts, excursions et conseils pour la suite de votre voyage.

Khao Sok Hostel 1 AUBERGE DE JEUNESSE $
(☎089 971 8794 ; nidmorningmist@gmail.com ; 53/7 Mu 6, Khao Sok ; dort 200 B ; ❄📶🏊). Ici, les lits sont confortables et séparés par des rideaux pour un peu d'intimité. Chambres climatisées, eau chaude, petits casiers, terrasse, accès à une piscine hors établissement et buffet petit-déjeuner gratuit, mais pas d'espace commun.

Jungle Huts BUNGALOWS $
(☎096 654 4163 ; www.khaosokjunglehut.com ; 242 Mu 6, Khao Sok ; ch avec ventil/clim 400/1 200 B ; ❄📶). Cette adresse propose des bungalows corrects avec salles de bains et vérandas. Choisissez entre des huttes en bambou ordinaires sur pilotis, des huttes plus spacieuses en bois, des bungalows en béton rose, ou des chambres desservies par des passerelles vertigineuses.

Art's Riverview Jungle Lodge PENSION $$
(☎090 167 6818 ; www.artsriverviewlodge.com ; 54/3 Mu 6 ; ch 1 200-2 400 B ; 📶). Tapie dans une jungle fourmillant de singes, au bord d'une rivière comprenant une piscine naturelle entourée de formations calcaires, cette *guesthouse* est la plus joliment située de Khao Sok. Sur pilotis, les bungalows en brique, en bardeaux ou tout en bois sont spacieux, douillets et dotés d'un balcon, beaucoup avec vue sur la rivière.

Nombreuses activités adaptées aux familles. En sortant de l'autoroute, suivez la route principale du village sur 1,5 km, repérez le panneau indiquant l'hôtel et roulez encore 700 m.

Elephant Hills RESORT $$$
(076 381 703 ; www.elephanthills.com ; 170 Mu 7 Tambon Klong Sok ; 3 jours tout compris à partir de 20 300 B ;). Voyageurs solo, familles et couples d'aventuriers : ce complexe hôtelier plaît à tous. Installé près de la rivière Mae Nam Sok, au pied de montagnes calcaires drapées d'une jungle brumeuse, l'unique camp de tentes haut de gamme de la région permet de se ressourcer dans le luxe. Meubles en bois, grande salle de bains équipée, puits de lumière et hamac sur la véranda : ces tentes fastueuses sont la quintessence du glamping (camping glamour).

Tout est inclus dans le prix, y compris les repas, les randonnées guidées à travers la jungle et la descente de la rivière en canoë pour passer une nuit dans un camp d'éléphants où 12 adorables pachydermes sont traités avec soin. Vous pourrez les nourrir et les laver. Une autre option consiste à passer une des nuits dans le **Rainforest Camp** (lac Chiaw Lan ; 3 jours en pension complète à partir de 20 323 B), un camp de tentes flottant sur le lac Chiaw Lan.

Pawn's Restaurant THAÏLANDAIS $$
(Khao Sok ; plats 110-250 B ; 9h-22h ;). Une sympathique équipe 100% féminine tient cet humble restaurant semi-ouvert au succès bien mérité. C'est une excellente adresse pour des currys délicieusement épicés : curry rouge très pimenté à la courge et aux légumes, tofu crémeux, poulet *massaman* – et des petits-déjeuners très copieux. À 500 m au sud-ouest du bureau du parc.

Chao Italian Restaurant ITALIEN $$
(087 264 2106 ; Khao Sok ; plats 100-320 B ; 12h-22h ;). La meilleure adresse pour de bonnes pizzas au feu de bois préparées par l'un des précurseurs de la cuisine italienne dans la région. On y déguste aussi pâtes, salades et les habituels currys thaïlandais, servis par un personnel souriant sous un haut toit de chaume.

Renseignements

On trouve plusieurs DAB le long de la route menant au bureau du parc national.

Bureau du parc national de Khao Sok (077 395 154 ; www.khaosok.com ; 6h-18h). À 1,8 km au nord-est de la Rte 401, sortie proche de la borne du Km 109. Cartes utiles et renseignements.

Depuis/vers le parc national de Khao Sok

À Surat Thani, montez dans un bus en direction de Takua Pa ; depuis la côte d'Andaman, prenez un bus pour Surat Thani. Arrêtez-vous sur la Route 401, à 1,8 km au sud-ouest du centre d'information des visiteurs. Si les rabatteurs de votre hébergement ne viennent pas vous chercher, vous devrez vous y rendre à pied (de 50 m à 2 km). La plupart des minibus vous déposeront à votre hébergement.

Chaque jour, un bus part pour Bangkok (1 000 B, 11 heures) à 18h. Les minibus desservent chaque jour les destinations suivantes, entre autres :

DESTINATION	TARIF	DURÉE	DÉPARTS
Khao Lak	200 B	1 heure 15	ttes les heures, 8h30-18h30
Ko Lanta	800 B	5 heures	8h30
Ko Tao	1 000 B	8 heures	6h30 et 11h
Krabi	350 B	3 heures	8h30
Phang-Nga	250 B	2 heures	8h30
Surat Thani	200 B	1 heure	ttes les heures, 6h30-16h

Ko Phra Thong et Ko Ra

เกาะพระทอง/เกาะระ

Une légende raconte qu'il y a plusieurs siècles, des pirates qui avaient leur repaire sur Ko Phra Thong y enterrèrent dans le sable un bouddha d'or. Celui-ci ne fut jamais retrouvé, mais le sable étincelant des plages de l'"île au Bouddha d'or", ses mangroves, sa riche faune aviaire et ses orchidées rares sont bel et bien des trésors.

Sur cette île longue, étroite et boisée d'environ 30 habitants, la nuit est aussi calme qu'en pleine mer. La pêche (calmars, crevettes, méduses) demeure l'activité principale et la spécialité locale est le piquant *gà·bì* (pâte de crevettes fermentée). Dans la partie sud de la côte ouest, une mer bleue embrasse une plage vierge où le sable doré s'étend sur 10 km.

Immédiatement au nord, Ko Ra est une petite île montagneuse, couverte de jungle et bordée de plages dorées et de mangroves. Elle abrite une faune abondante composée d'une centaine d'espèces d'oiseaux et de chats-léopards, lémurs volants, pangolins, loris grêles, cochons sauvages ou encore varans.

Où se loger et se restaurer

Mr Chuoi's BUNGALOWS $

(☎087 898 4636, 084 855 9886 ; www.mrchuoi-barandhut.com ; Ko Phra Thong ; bung 500-750 B ; wifi). Sur la côte nord-ouest de l'île, ces jolis bungalows en bois et en bambou tout simples sont alimentés en électricité le soir. Le bar et le restaurant sont animés par M. Chuoi. Appelez-le pour votre transport jusqu'à Ko Phra Thong.

Horizon BUNGALOWS $$

(☎081 894 7195 ; www.horizonecoresort.com ; Ko Phra Thong ; bung 1 300-1 900 B). Les 7 spacieux bungalows en bois et bambou de cet écolodge, installé sur la plage nord-ouest, sont fabriqués à partir de matériaux naturels locaux (autant que possible issus de sources renouvelables). Uniquement équipés de ventilateurs, ils accueillent 2 ou 4 personnes. Horizon organise des excursions de randonnée sur l'île voisine de Ko Ra (1 600 B, 3 pers minimum) et gère l'unique école de plongée de l'île, **Blue Guru** (☎096 284 8740 ; www.blue-guru.org ; 2 plongées 4 500-6 500 B ; oct-mai), idéalement située pour des explorations sous-marines dans les îles Surin voisines.

Golden Buddha Beach Resort BUNGALOWS $$$

(☎081 892 2208, 081 895 2242 ; www.goldenbuddharesort.com ; Ko Phra Thong ; bung 3 500-8 500 B ; oct-mai ; wifi). Le *resort* le plus cossu des environs attire amateurs de yoga, couples et familles en quête de solitude. L'hébergement est composé de maisons de bois privatives, au design unique et au chic naturel, ainsi que d'hébergements spacieux de type familial. Les chambres à l'intérieur en bois sculpté sont dotées de salles de bains à ciel ouvert et on y entraperçoit la splendide plage de 10 km à travers la forêt et les jardins environnants. Le **bar-restaurant** (plats 220-400 B ; 7h30-21h30 ; menu) est aménagé dans un *club-house* au sol couvert de mosaïques.

Depuis/vers Ko Phra Thong et Ko Ra

Vous pouvez essayer de louer un *long-tail boat* pour Ko Ra à l'embarcadère de Khuraburi (environ 1 500 B l'aller, 1 heure 30), mais leurs capitaines sont parfois difficiles à trouver. Pour le même prix, votre hôtel sur Ko Phra Thong ainsi que certains tour-opérateurs et *pensions* de Khuraburi organiseront votre transfert.

Khao Lak et ses environs

เขาหลัก

À 70 km au nord de Phuket, Khao Lak pourrait être décrit comme un chapelet de plages embrassant la côte ouest de Phang-Nga. La région constitue une base pratique pour des excursions aux îles Similan et Surin, dans les parcs nationaux de Khao Sok et Khao Lak/Lam Ru, à Phuket et dans tout le nord de la côte d'Andaman.

Tout au sud, **Hat Khao Lak** regroupe plusieurs *resorts* et restaurants. De là, la grand-route serpente à travers les collines à proximité du parc national de Khao Lak/Lam Ru pour rejoindre le centre-ville. Sa place principale, **Hat Nang Thong**, est accessible à pied depuis les petits hôtels, restaurants, bars, boutiques et centres de plongée bordant la Hwy 4.

À 2,5 km au nord, **Hat Bang Niang** compte des plages paisibles et plus étroites. **Hat Pakarang** et **Hat Bang Sak**, à 13 km au nord de Hat Khao Lak, forment une étendue sablonneuse ininterrompue, entourée d'épaisses mangroves et de plantations d'hévéas. Ici, vous aurez vraiment l'impression d'être retiré du monde.

À voir

Parc national de Khaọ Lak/Lam Rụ PARC NATIONAL

(อุทยานแห่งชาติเขาหลัก-ลำรู่ ; ☎076 485 243 ; www.dnp.go.th ; adulte/enfant 200/100 B ; 8h-16h30). Au sud de Hat Khao Lak, le vaste parc national de Khao Lak/Lam Ru, d'une superficie de 125 km², protège un ensemble de falaises au bord de la mer, des collines hautes de 1 000 m, des plages, des estuaires, des chutes d'eau, des vallées boisées et des mangroves. On y croise singes, calaos, drongos, tapirs, ours noirs d'Asie, saros et varans du Bengale.

Le centre d'information des visiteurs, non loin de la Hwy 4, à 3 km au sud de Khao Lak, n'a pas beaucoup de cartes et de brochures touristiques à fournir mais il gère un ravissant **restaurant** (Khao Lak ; plats 130-250 B ; 8h30-19h) en plein air, perché sur un versant de colline ombragé surplombant la mer. De là, vous pourrez emprunter un sentier assez facile (3 km aller-retour), qui longe le cap pour rejoindre la plage de **Hat Lek**, souvent déserte.

Khao Lak

À voir
1 Parc national de Khao Lak/Lam Ru ...A5

Activités
2 Fantastic ...A4
3 Hat Khao Lak ...A5
4 Hat Nang Thong ...A3
5 Khao Lak Land Discovery ...B3
Pa-kin-na-ka Thai Cooking School ...(voir 8)
6 Sea Bees ...B3
7 Sea Dragon Dive Center ...B2

Où se loger
Fasai House ...(voir 8)
8 Les Fleurs House ...B2
9 Nangthong Bay Resort ...A3
10 The Sands ...A2
11 Walker's Inn ...B4

Où se restaurer
12 835 Street Food ...B3
13 Coconuts ...A4
14 Go Pong ...B2
15 Restaurant du parc national Khao Lak/Lam Ru ...A5
16 Nangthong Supermarket ...B3

Transports
17 Arrêt de bus (vers le nord) ...B3
18 Arrêt de bus (vers le sud) ...B3
19 Cheaper Than Hotel ...B4

Khao Lak

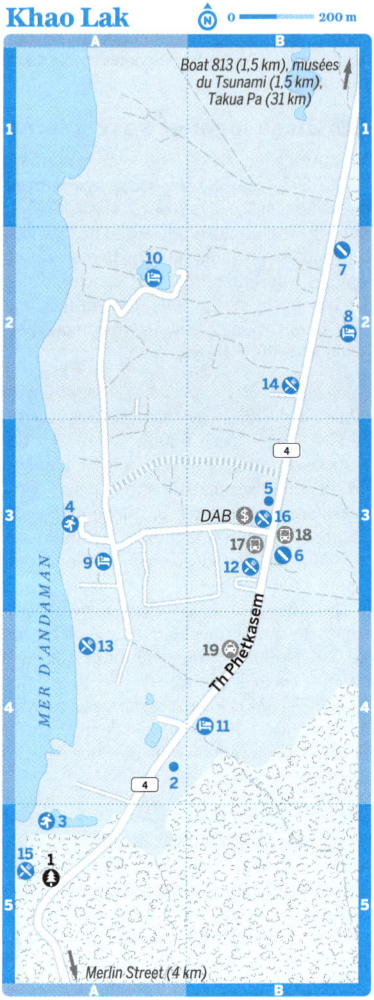

Activités et circuits organisés

Les excursions de plongée ou de snorkeling à la journée aux îles Similan et Surin sont particulièrement prisées, mais préférez si possible une croisière avec nuit à bord. Les îles étant à 70 km du rivage (environ 1 heure 30 en *speedboat*), vous profiterez mieux du séjour et éviterez la foule. Les centres de plongée proposent des croisières à partir de 19 000 B pour 3 jours et 35 000 B pour 6 jours, et des excursions à la journée pour 5 000-6 000 B.

Une sortie d'une journée inclut habituellement deux plongées. Lors des excursions de plusieurs jours, on s'immerge jusqu'à quatre fois par jour dans ce qui est généralement considéré comme l'un des dix meilleurs sites de plongée du monde. Bien que les îles Similan et Surin aient subi un important blanchissement corallien ces dernières années, Richelieu Rock (p. 290), dans le parc national maritime des îles Surin, est toujours classé comme le meilleur spot de plongée de la région. Il est fréquenté par des requins-baleines de mars à avril. Ko Bon (p. 297) et Ko Tachai (p. 297), parmi les îles Similan, sont très appréciées pour leurs nombreuses raies mantas.

Les centres de plongée acceptent souvent les snorkeleurs sur leurs excursions et croisières tandis que les tour-opérateurs proposent des sorties de snorkeling à partir de 3 700 B. Les brevets Open Water coûtent de 10 500 à 16 650 B selon le lieu de plongée. Les débutants peuvent participer à une journée d'initiation aux îles Similan (sorties Discover Scuba) moyennant 6 000 B. Les prix ne comprennent pas le droit de plongée dans le parc national (700 B).

100% LOCAL

SYSTÈME D'ALERTE AU TSUNAMI

Le 26 décembre 2004, un tremblement de terre au large des côtes de Sumatra provoqua un raz-de-marée qui balaya la côte d'Andaman, en Thaïlande. La catastrophe fit près de 5 400 morts (beaucoup plus d'après certaines estimations) et des dégâts considérables. Depuis, la vie et les affaires dans les îles et sur la côte ont repris, mais le tsunami n'a pas été oublié, donnant lieu à des mesures pour prévenir de nouvelles catastrophes.

En 2005, la Thaïlande a ainsi inauguré un système national d'alerte pour répondre au manque de préparation du pays face aux tsunamis. Le centre, basé à Bangkok, prévoit qu'une alerte soit émise au plus tard 15 minutes après la détection d'un tsunami par les systèmes internationaux existants.

La population sera alors prévenue par les radios nationales, par plusieurs chaînes de télévision et par des messages SMS. Pour les étrangers ne parlant pas le thaï, des tours d'alerte sur les plages à haut risque diffuseront des messages en plusieurs langues, assortis de signaux lumineux. Par ailleurs, de nombreux panneaux ont été installés sur les îles et le long de la côte pour signaler les zones d'évacuation à l'intérieur des terres.

Le **parc-mémorial du Tsunami** (ศูนย์อนุสรณ์สึนามิบ้านน้ำเค็ม ; Ban Nam Khem ; 24h/24) GRATUIT, en forme de vague, est installé à Ban Nam Khem, un village de pêcheurs à 26 km au nord de Hat Khao Lak qui fut quasiment rayé de la carte. Le **Boat 813** (Bang Niang) est resté échoué à 1 km de Hat Bang Niang, à l'intérieur des terres, là où la vague l'avait déposé. Les **musées du Tsunami** (พิพิธภัณฑ์สึนามิ ; Hwy 4, Bang Niang ; 100-300 B chaque musée ; 9h-21h) se trouvent près du bateau. Ces mémoriaux officialisent ce qui fut pendant des années un lieu de recueillement officieux.

La saison de la plongée dans les îles Similan et Surin va de mi-octobre à mi-mai, lorsque le parc national est ouvert. En avril et en mai, les sorties se font en fonction des conditions météorologiques.

Fantastic SNORKELING
(076 485 998 ; www.fantasticsimilan.com ; adulte/enfant 3 200/2 200 B ; mi-oct à mi-mai). Fantastic propose des excursions de snorkeling exubérantes dans les îles Similan, guidées par des acteurs du cabaret de travestis local. L'expérience est unique en son genre, et les sites de snorkeling sont de premier ordre. Le prix inclut le transport depuis votre hôtel de Phuket ou Khao Lak. Réservation indispensable.

Sea Dragon Dive Center PLONGÉE
(076 485420 ; www.seadragondivecenter.com ; 5/51 Mu 7, Khao Lak ; 2 plongées 6 000 B ; 9h-21h). Ce club ultra-efficace, le plus ancien de Khao Lak, maintient année après année des standards élevés. Il organise des sorties de snorkeling à la journée (3 500 B), des plongées sur épave (2 600 B), des formations Open Water (10 500-15 000 B) et différentes croisières de plongée dans les îles Similan et Surin (3 jours à partir de 10 500 B). L'adresse est repérable à la petite piscine devant l'entrée.

Sea Bees PLONGÉE
(076 485 174 ; www.sea-bees.com ; Th Phetkasem, Khao Lak ; 2 plongées 2 900-4 900 B ; 11h-19h). Au programme de ce centre de plongée sérieux tenu par des Allemands : excursion de 2 plongées sur une journée dans les îles Similan, initiation d'une journée (8 500 B), stages Open Water (16 650 B), cours pour plongeurs confirmés et croisières de plongée avec nuit à bord dans les îles Similan (à partir de 17 500 B).

Khao Lak Land Discovery CIRCUITS AVENTURE
(076 485 411 ; www.khaolaklanddiscovery.com ; 21/5 Mu 7, Th Phetkasem, Khao Lak ; 6h-21h30). Cette agence multilingue, l'une des plus fiables de Khao Lak, organise des circuits de sports d'aventure à la journée (adulte/enfant 3 000/2 450 B) au parc national de Khao Lak/Lam Ru, ainsi que des excursions d'un ou deux jours dans le parc national de Khao Sok (circuit 2 jours adulte/enfant 7 500/6 800 B) et des sorties de snorkeling dans les îles Similan (3 700/2 450 B).

Cours

Pa-kin-na-ka Thai Cooking School CUISINE
(088 760 0767 ; www.pakinnakacookingschool.com). Les cours de cette école, gérée par la sympathique Wandee Rathanapan (anglophone), sont l'occasion de découvrir et

d'apprendre à préparer des plats thaïlandais. Les leçons (1 500 B) comprennent le déjeuner et une visite du marché.

Où se loger

Les hébergements bon marché sont majoritaires dans le centre-ville congestionné de Khao Lak tandis que les *resorts* 3 ou 4 étoiles dominent la côte. Hat Pakarang et Hat Bang Sak sont émaillées d'hôtels haut de gamme. Si vous prévoyez d'y séjourner entre novembre et avril, pensez à réserver.

Fasai House PENSION **$**
(☎076 485 867 ; www.fasaihouse.com ; 5/54 Mu 7, Khao Lak ; ch 950 B ; ❄@≋). L'une des meilleures adresses pour petits budgets de Khao Lak, la Fasai House se distingue par son personnel adorable et ses chambres de motel simples, climatisées et impeccables, installées dans un bâtiment jaune surplombant une petite piscine. Idéal pour se reposer après la plongée.

Walker's Inn PENSION **$**
(☎084 840 2689 ; www.walkersinn.com ; 26/61 Mu 7, Th Phetkasem, Khao Lak ; dort/ch 250/600 B ; ❄📶). Établie de longue date, cette *guesthouse* prisée des voyageurs à petit budget commence à faire son âge. Ses chambres désuètes sont simples quoique vastes et ses dortoirs sont seulement équipés de ventilateurs, mais le prix reste correct. Le pub au rez-de-chaussée sert petits-déjeuners copieux et classiques thaïlandais et occidentaux. Location de motos (200 B/jour).

Les Fleurs House PENSION **$$**
(☎076 485166 ; www.lesfleurskhaolak.com ; 5/53 Mu 7, Khao Lak ; ch 800-1 200 B ; ❄📶). On se sent comme à la maison dans ce petit hôtel agrémenté d'un jardin et de plantes en pot. Les chambres, décorées de couleurs pastel, impeccables et lumineuses, comprennent climatiseur, télévision et réfrigérateur. Wandee, l'aimable hôtesse anglophone, propose des cours de cuisine d'une demi-journée ou plus (p. 295). Dans une ruelle tranquille, à environ 100 m de la Hwy 4.

Nangthong Bay Resort RESORT **$$**
(☎076 485088 ; www.nangthong.com ; 13/5 Mu 7, Hat Nang Thong ; ch 1 800-3 000 B ; ❄@📶≋). Dans ce *resort* abordable et sans prétention, installé en bord de mer, une grande piscine turquoise domine un parc luxuriant qui s'étend jusqu'au sable. Les grands bungalows indépendants, avec lits confortables, balcons et douches en plein air, affichent un style minimaliste chic noir et blanc. Les chambres les moins chères sont en retrait de la plage.

The Sands RESORT **$$$**
(www.thesandskhaolak.com ; Khao Lak ; ch 6 100-12 000 B ; ❄📶≋). Ce vaste complexe hôtelier comprend un fabuleux parc aquatique, plusieurs piscines (dont une réservée aux adultes) et des aires de jeux qui enchanteront les enfants. Nombreuses activités proposées, notamment des cours de *muay thai* (boxe thaïlandaise). Buffet petit-déjeuner inclus.

Où se restaurer

La gastronomie n'étant pas le fort de Khao Lak et des plages environnantes, les voyageurs se rassemblent dans les mêmes restaurants pour échanger sur leurs exploits sous-marins. Les plongeurs matinaux auront du mal à dénicher un lieu où petit-déjeuner avant 8h30 : approvisionnez-vous la veille au **Nangthong Supermarket** (⏲8h30-22h).

Go Pong THAÏLANDAIS **$**
(Th Phetkasem, Khao Lak ; plats 50-140 B ; ⏲10h-23h). Initiez-vous aux saveurs locales dans ce petit snack de rue qui concocte des plats de nouilles et de riz épicés sautés, ainsi qu'une soupe de nouilles parfumée, appréciée des habitués.

835 Street Food CUISINE DE RUE **$**
(Th Phetkasem, Khao Lak ; plats à partir de 30 B ; ⏲12h-22h). Des restaurateurs de rue nichés derrière une étroite cour proposent sautés, nouilles, soupes thaïlandaises, crêpes et autres en-cas.

Coconuts THAÏLANDAIS, INTERNATIONAL **$$**
(plats 250-360 B ; ⏲12h-20h30). Ce joli restaurant de plage propose un excellent choix de plats occidentaux et thaïlandais, notamment un appétissant plateau de fruits de mer grillés pour 2 personnes, un délicieux vivaneau aigre-doux et quelques plats de pâtes. Une paillote propose des massages et une bande de sable se prête à une promenade digestive. Confortables chaises longues inclinables à disposition.

Merlin Street PRODUITS DE LA MER **$$**
(plats 200-400 B ; ⏲12h-22h). Plusieurs restaurants de poisson et fruits de mer jalonnent cette portion de route près du Khao Lak Merlin Hotel. Au coucher du soleil, les

barbecues commencent à fumer et il ne vous reste qu'à choisir un mets. Barracuda, calmars, moules et crevettes sont particulièrement prisés ; nombreux plats européens, thaïlandais et indiens également.

Renseignements

On trouve de nombreux DAB le long de la côte, ainsi que des banques et bureaux de change. Le centre-ville de Khao Lak compte un DAB.

SSS Ambulance (076 209347, urgences 081 081 9000 ; 24h/24) gère les urgences liées à la plongée. La SSS Ambulance rapatrie très rapidement les blessés au Phuket International Hospital (p. 308) et intervient également en cas d'accident de la route (voiture et moto).

Comment s'y rendre et circuler

Les bus qui relient Takua Pa (70 B, 45 minutes) à Phuket (150 B, 2 heures) s'arrêteront à Hat Khao Lak si vous le demandez. Les bus en direction du nord et du sud prennent et déposent des passagers sur la Hwy 4.

Des minibus partent quotidiennement pour Ko Samui (850 B, 8 heures) à 9h. Les minibus pour Krabi (350 B, 3 heures 30) démarrent toutes les heures entre 8h et 16h. Ils passeront vous chercher à votre hébergement. Les minibus de Khao Lak Land Discovery (p. 295) vont à l'aéroport international de Phuket (600 B, 1 heure 15). Il est également possible de prendre un taxi **Cheaper Than Hotel** (086 276 6479, 085 786 1378 ; cheaperkhaolak1@gmail.com ; Hwy 4) pour l'aéroport de Phuket (1 000 B) et quelques localités au sud. Sinon, le trajet en taxi de Khao Lak à l'aéroport coûte 1 200 B. Enfin, vous pouvez monter dans un bus pour Phuket et demander au chauffeur de vous déposer à l'aéroport. Il vous laissera à une intersection où des motos-taxis vous prendront en charge (100 B, 10 minutes).

Nombre d'agences de voyages et *guesthouses* louent des motos (200-250 B/jour).

Parc national maritime des îles Similan

อุทยานแห่งชาติหมู่เกาะสิมิลัน

Connu des plongeurs du monde entier, le **parc national maritime des îles Similan** (076 453272 ; www.similan-islands.com ; adulte/enfant 500/300 B ; mi-oct à mi-mai) s'étend à 70 km au large des côtes de la province de Phang-Nga. Couvertes de forêts tropicales, bordées de plages de sable blanc et entourées de récifs de corail, ces îles de granit d'une superficie de 70 km² sont aussi impressionnantes au-dessus de l'eau qu'en dessous. Si le blanchissement corallien a eu raison de bon nombre de coraux durs, les coraux mous demeurent intacts et la faune abondante. Les îles Similan sont toutefois une destination touristique : les plages et sites de snorkeling sont pris d'assaut par les excursionnistes à la journée. Les îles ferment donc au public pendant la mousson pour permettre à l'environnement de se régénérer.

Il est possible de séjourner à Ko Miang (île 4) et Ko Similan. Le centre d'information des visiteurs du parc (p. 299) et la plupart des infrastructures se trouvent sur Ko Miang. Les îles ont un nom, mais sont communément désignées par leur numéro.

Hat Khao Lak est le point d'accès au parc. L'embarcadère et le bureau du parc (p. 299) sur le continent sont installés à Thap Lamu, à 12 km au sud (Hwy 4, puis Rte 4147).

Activités

Plongée et snorkeling

Les îles Similan permettent d'effectuer des plongées pour tous les niveaux, à des profondeurs allant de 2 à 30 m. Préparez-vous à découvrir des récifs à **Ko Hin Pousar** (เกาะหินพูซา, île 7) et des tunnels à **Hin Pousar** (หินพูซา, le rocher "tête d'éléphant"), ainsi qu'une vie sous-marine variée, allant des serpules aux coraux mous, en passant par de rares requins-baleines, des raies mantas et des bancs de poissons. **Ko Bon** (เกาะบอน) et **Ko Tachai** (เกาะตาชัย) sont deux des meilleurs spots de plongée et de snorkeling. On trouve des spots de plongée près de chacune des 6 îles au nord de **Ko Miang**. La partie sud du parc (îles 1, 2 et 3), site de ponte des tortues, est interdite aux plongeurs.

Aucune infrastructure de plongée n'étant disponible dans le parc national, il faut participer à un circuit spécialisé. Les clubs de Hat Khao Lak proposent des excursions à la journée (2 plongées 5 000 B) et des croisières de plongée (3/6 jours à partir de 19 000/35 000 B), de même que les agences de Phuket (excursion 2 plongées à partir de 5 600 B, croisière de 3 jours à partir de 18 900 B).

Les agences de Khao Lak proposent des circuits de snorkeling à la journée qui permettent généralement d'explorer trois à quatre sites (à partir de 2 900 B environ).

Parc national maritime des îles Similan

Observation de la faune et randonnée

La forêt qui s'étend aux abords du centre d'information des visiteurs du parc, sur Ko Miang, compte quelques sentiers et une faune exceptionnelle, comprenant 39 espèces d'oiseaux. Le merveilleux nicobar à camail, au plumage gris-vert, y est commun. Dans la forêt, on aperçoit souvent crabes aux pattes poilues, chauves-souris frugivores (renards volants) ou écureuils volants.

Un petit sentier de plage jalonné de panneaux d'information mène à une minuscule baie propice au snorkeling, à 400 m à l'est du centre d'accueil des visiteurs. Quittez le sentier pour emprunter le **Viewpoint Trail** (Ko Miang/île 4), un raidillon de 500 m (30 minutes de montée), en haut duquel se déploie un beau panorama. Une marche de 500 m (20 minutes) à travers la forêt, à l'ouest du centre d'accueil des visiteurs, conduit au **Sunset Point** (แหลมซันเซ็ท ; Ko Miang/île 4), une plateforme de granit orientée à l'ouest.

Sur Ko Similan, une randonnée en forêt de 2,5 km mène à un **point de vue** (จุดชมวิวเกาะสิมิลัน ; Ko Similan/île 8) tandis qu'une ascension plus courte mais raide part de la plage de la côte nord pour rejoindre le **Sail Rock** (หินเรือใบ, Balance Rock ; Ko Similan/île 8) dont le sommet est noir de monde en journée.

Où se loger et se restaurer

Le **restaurant** (Ko Miang/île 4 ; plats 120-150 B, buffet déj 230 B ; 7h30-20h30 mi-oct à mi-mai) à côté du bureau du parc sur Ko Miang sert une cuisine thaïlandaise sans prétention. Ceux qui passent la nuit sur Ko Similan trouveront un autre restaurant là-bas. Pour une excursion d'une journée, approvisionnez-vous à Khao Lak.

Bungalows du parc national maritime des îles Similan BUNGALOWS $$
(076 453272, à Bangkok 02 562 0760 ; www.dnp.go.th ; Ko Miang/île 4 ; ch ventil/clim 1 000/2 000 B,

camping avec location tente 570 B ; ⏲mi-oct à mi-mai ; ❄). Sur Ko Miang, vous aurez le choix entre 20 bungalows (les meilleurs ont un balcon) et des tentes. On paie pour le cadre plus que pour l'hébergement, plutôt simple. De nombreux groupes de touristes s'arrêtent ici en journée et l'électricité fonctionne de 18h à 6h. Réservez en ligne, par téléphone ou auprès du bureau du parc sur le continent, à Thap Lamu. Si vous campez, prévoyez du répulsif : les moustiques sont redoutables.

Renseignements

Bureau du parc national maritime des îles Similan (☎076 453 272 ; www.dnp.go.th ; 93 Mu 5, Thap Lamu ; ⏲8h-17h). Ce bureau au sud de Khao Lak permet de réserver son hébergement dans les Similan à l'avance.

Centre d'information des visiteurs du parc national maritime des îles Similan (Ko Miang/île 4 ; ⏲7h30-20h mi-oct à mi-mai). Cartes et informations sur les îles du parc.

Depuis/vers le parc national maritime des îles Similan

Aucun transport public ne dessert les îles Similan. Il est techniquement possible de réserver un transfert en *speedboat* (aller-retour 2 000 B, aller 1 heure 30) auprès de l'un des prestataires de Khao Lak, mais ceux-ci découragent généralement les voyages indépendants. La plupart organiseront votre transfert depuis Hat Khao Lak ; si vous réservez via le parc national, vous devrez vous rendre par vos propres moyens jusqu'au bureau de Thap Lamu et attendre un transfert à l'embarcadère.

Les centres de plongée et les agences de Hat Khao Lak et Phuket organisent des circuits de 1/2 jours (à partir de 5 000/8 500 B), des croisières de plongée (3 jours à bord 18 900 B) et des circuits de plusieurs jours incluant le transport au parc, la nourriture et l'hébergement. Ils ne coûtent guère plus que si vous organisiez tout par vous-même.

Parc national maritime d'Ao Phang-Nga

อุทยานแห่งชาติอ่าวพังงา

Le **parc national maritime d'Ao Phang-Nga** (☎076 481 188 ; www.dnp.go.th ; adulte/enfant 300/100 B ; ⏲8h-16h30) et son paysage karstique typique de la région apparaissent dans le film de James Bond *L'Homme au pistolet d'or*. De gigantesques falaises à pic encadrent 42 îles, dont certaines cachent des grottes uniquement accessibles à marée basse. La baie elle-même se compose de chenaux de toutes tailles, dont les principaux traversent dans le sens nord-sud la plus grande forêt de mangrove primaire du pays.

Ao Phang-Nga est peuplé de reptiles incluant varans du Bengale, varans malais, lézards volants, cobras de mer, vipères de mangroves et vipères de Malaisie. Des mammifères y vivent également, notamment des saros, macaques crabiers, gibbons à mains blanches et semnopithèques obscurs.

Durant la haute saison (nov-avr), le défilé des touristes venus visiter la baie sur une journée est incessant, mais si vous l'explorez au petit matin (le mieux étant de commencer par les îles Ko Yao), ou que vous y restez jusqu'à tard, la plage, la mer et les formations karstiques seront à vous seul. Un circuit en kayak est la meilleure façon de découvrir le parc.

> **100% LOCAL**
>
> **ART RUPESTRE PRÉHISTORIQUE**
>
> Dans de nombreuses îles calcaires d'Ao Phang-Nga, des gravures et peintures préhistoriques ornent les parois et voûtes des grottes, les abris-sous-roche, les falaises et les massifs. On peut les admirer à Khao Khian, Ko Panyi, Ko Raya, Tham Nak et Ko Phra At Thao. À **Khao Khian** (le site le plus visité) sont représentés des hommes, des poissons, des crabes, des crevettes, des chauves-souris, des oiseaux et des éléphants, ainsi que des bateaux, des armes et des ustensiles de pêche, qui semblent évoquer la place centrale de la mer dans le fonctionnement des communautés de l'époque. Si la plupart des peintures sont monochromes, certaines sont peintes en jaune orangé, bleu, gris et noir.

À voir et à faire

On peut louer un bateau pour explorer les grottes et les îles au départ de Tha Dan, à 9 km au sud du centre de Phang-Nga. Comptez entre 1 500 et 2 000 B pour une excursion d'une demi-journée.

Des circuits de 2 à 3 heures (1 000 B/pers) conduisent au très visité **Ko Khao Phing Kan** (เกาะเขาพิงกัน, île de James Bond), à **Ko Panyi** (เกาะปันหยี) et ailleurs dans le parc. À l'embarcadère de Tha Surakul, à 13 km au sud-ouest de la ville de Phang-Nga, dans le district de Takua Thung, des bateaux privés

Ao Phang-Nga

sont à louer pour le même prix qu'un circuit. On peut aussi louer des bateaux (1 400 B, 4 passagers maximum) auprès du bureau du parc national pour des circuits de 3 heures dans les îles. À Phuket-ville, John Gray's Seacanoe (p. 310) est l'adresse de choix pour découvrir Ao Phang-Nga en kayak.

Où se loger et se restaurer

Les tour-opérateurs de Phang-Nga peuvent organiser des nuits chez l'habitant sur Ko Panyi. Des hébergements simples sont également installés près du bureau du parc national, sur le continent, mais la plupart des visiteurs viennent dans le cadre d'un circuit d'une journée depuis les îles Ko Yao, Phuket ou Phang-Nga.

Bungalows du parc national d'Ao Phang-Nga BUNGALOWS $
(☎076 481188, à Bangkok 02 562 0760 ; www.dnp.go.th ; Rte 4144 ; bung 800-1 000 B ; ❄). Ces bungalows climatisés mais simples logent 2 ou 3 personnes dans un cadre paisible et ombragé, à 8,5 km au sud du centre-ville de Phang-Nga.

Depuis/vers le parc national

Depuis le centre-ville de Phan-Nga, suivez la Hwy 4 vers le sud sur 7 km, puis empruntez la Route 4144 sur la gauche : le bureau du parc est situé à 2,6 km, à Tha Dan. En face, on trouve une jetée où louer des bateaux pour explorer le parc. Si vous n'êtes pas motorisé, prenez un *songthaew* jusqu'à Tha Dan (30 B). Si vous avez réservé une excursion, on viendra vous chercher à votre hôtel.

Phang-Nga พังงา

☎076 / 10 800 HABITANTS

Phang-Nga, petite ville méconnue, jouit d'un cadre fabuleux dans une vallée surplombée par de sublimes falaises calcaires. On y vient principalement pour visiter le parc national maritime voisin, mais son marché, ses sites bouddhiques et ses grottes valent également le détour, de même que sa fantastique Fête végétarienne, organisée chaque année à la fin du mois de septembre ou en octobre. La plupart des hôtels et services se trouvent dans Th Phetkasem.

À voir

Temple Thamtapan SITE BOUDDHIQUE
(สำนักสงฆ์ถ้ำตาปาน ; ⏲lever-coucher du soleil). Ensemble bouddhique peu commun, le "temple du paradis et de l'enfer" comprend des grottes troglodytiques, un tunnel dragon et une série de personnages grotesques illustrant la vie des pécheurs en enfer. Les enfants pourraient être perturbés par ces représentations parfois violentes rappelant celles des maisons hantées. Au bout d'un escalier raide, un pavillon dévoile une vue impressionnante sur la vallée. Si les statues – destinées à rappeler aux Thaïlandais les peines auxquelles les exposent leurs mauvaises actions – peuvent choquer les Occidentaux, l'endroit offre une occasion unique de mieux comprendre la culture et la philosophie thaïlandaises.

Grotte de Phung Chang GROTTE
(ถ้ำพุงช้าง ; 500 B ; ⏲8h30-17h). L'installation d'un barrage à l'entrée de cette grotte a créé une rivière artificielle que les visiteurs peuvent explorer en kayak, puis en radeau de bambou quand la grotte se rétrécit. Des lampes frontales sont fournies mais les photos sont interdites. La visite de la grotte, qui contient de merveilleuses formations calcaires, nécessite d'entrer dans l'eau jusqu'aux genoux : prévoyez des chaussures adaptées.

Circuits organisés

Sayan Tours SORTIES EN BATEAU
(☎090 708 3211, 076 430348 ; www.sayantour.com ; 269 Th Phetkasem ; demi-journée/journée

DEPUIS/VERS PHANG-NGA

DESTINATION	PRIX	DURÉE	DÉPARTS
Bangkok (1ère classe)	533-622 B	12 heures	8h40, 15h, 16h30, 17h30, 18h30 et 19h30
Bangkok (VIP)	829 B	12 heures	16h, 17h, 19h et 20h
Hat Yai	275 B	6 heures	8h50, 9h50, 10h50, 12h50 et 13h50
Krabi	100 B	1 heure 30	ttes les heures 7h30-18h
Phuket	100 B	1 heure 30	ttes les heures 5h30-17h30
Ranong	170 B	5 heures	10h15
Surat Thani	150 B	4 heures	9h30, 11h30, 13h30 et 15h30
Trang	175 B	3 heures 30	ttes les heures 8h-16h20

800/1 100 B ; ⏲7h-21h) Cette agence établie de longue date sur Ao Phang-Nga propose des excursions à Ko Panyi, Ko Phing Kan et Tham Lod, et des circuits de 2 jours sur Ko Panyi (1 950 B).

Où se loger et se restaurer

Quelques pensions sont installées le long de Th Phetkasem, également bordée d'étals vendant de délicieux *kà·nŏm jin* (nouilles fines de blé) avec du poulet au curry, du *nám yah* (curry de poisson épicé) ou du *nám prík* (sauce épicée). On y trouve aussi un petit **marché nocturne** (Th Phetkasem ; plats à partir de 30 B ; ⏲16h-21h).

Thaweesuk Hotel PENSION $

(☎076 412100 ; www.thaweesuk.com ; 79 Th Phetkasem ; ch avec petit-déj et ventil/clim 450-800 B ; ❄📶). Dans la partie nord de Th Phetkasem, cette accueillante *guesthouse* tenue par une famille occupe un bâtiment historique au hall d'entrée orné de carrelage coloré. Les chambres avec ventilation/climatisation et eau froide du rez-de-chaussée sont simples, compactes et propres. Les chambres avec climatisation et eau chaude du 1er étage ont plus de style avec leur parquet ciré. Chambre familiale de 4 lits disponible et petit-déjeuner servi dans le lounge-hall d'entrée.

♥ **Genesis Garden** INTERNATIONAL $

(☎089 919 3326 ; 154 Th Phetkasem ; plats 50-150 B ; ⏲10h-20h ; 📶). Le personnel anglophone de ce café bon marché, caché en retrait de la route principale, sert de délicieux repas sains et l'un des meilleurs smoothies que nous ayons goûtés en Thaïlande. La carte, essentiellement thaïlandaise (plusieurs versions du *pàt tai*, spaghettis, soupes, currys, eaux pétillantes aromatisées, etc.), est adaptée aux palais occidentaux.

ℹ Depuis/vers la ville de Phang-Nga

L'aéroport le plus proche est celui de Phuket, à 1 heure 30 de route.

La **gare routière** de Phang-Nga (dans Th Phetkasem) se trouve à 4 km au sud du centre-ville. Comptez 50 B en moto-taxi depuis/vers la gare routière (prix fixe).

Des minibus partent pour le parc national de Khao Sok (250 B, 2 heures) à 8h30, 10h30, 12h, 14h, 15h30 et 17h30. Ils vous déposeront à votre hébergement.

Des bus partent à 8h, 10h, 11h, 12h, 14h et 17h20 pour Takua Pa (150 B, 1 heure 30), où l'on peut prendre une correspondance pour Khao Lak, Ranong et le parc national de Khao Sok.

Îles Ko Yao เกาะยาว

Véritables paradis pour les oiseaux, Ko Yao Yai (Grande île longue) et Ko Yao Noi (Petite île longue) sont des îles-montagnes ceintes de plages intactes, où vit une sympathique communauté de pêcheurs musulmans. On s'y relaxe en s'imprégnant des merveilleux paysages d'Ao Phang-Nga. Intégrées au parc national maritime d'Ao Phang-Nga (p. 299), ces îles sont facilement accessibles de Phuket et d'ailleurs.

La plus petite des Ko Yao est aussi la plus peuplée. Toute l'année, la pêche, la culture de la noix de coco et le tourisme font vivre ses habitants. Ici, les plages ne ressemblent pas aux clichés des cartes postales : sur la côte est, où l'on trouve la plupart des hébergements, les baies laissent place à des étendues de vase à marée basse. Toutefois, **Hat Pasai**, sur la côte sud-est, et **Hat Paradise**, sur la côte nord-est, sont magnifiques.

Ko Yao Yai est deux fois plus grande que Yao Noi, et plus sauvage. Les plages les plus accessibles sont **Hat Lo Pared**, sur la côte sud-ouest, et Hat Laem Haad, une plage de sable blanc sur la côte nord-est.

À voir et à faire

On peut organiser facilement des circuits snorkeling à Ao Phang-Nga (1 jour, 3 îles, 2 000 B) via les *guesthouses* ou sur les embarcadères.

Amazing Bike Tours (p. 310) propose des excursions en petits groupes de Phuket à Ko Yao Noi. Si vous avez envie d'explorer les nombreux chemins de terre de Ko Yao Noi et Ko Yao Yai, la plupart des *guesthouses* louent des VTT (250 B/jour) – en particulier sur Ko Yao Noi.

Ko Yao Noi

Six Senses Spa SPA

(076 418500 ; www.sixsenses.com ; 56 Mu 5, entre Hat Khlong Jark et Hat Tha Khao, Ko Yao Noi ; soins 4 200-25 000B ; 8h-21h). Peu d'enseignes de luxe atteignent l'élégance de ce village thermal sur pilotis, qui cultive un esprit "retour à la nature". Des professionnels y prodiguent massages et soins bio de Chine, d'Inde et de Thaïlande. Le divin "Signature Yao Noi Ritual" (3h30) associe gommage, massage et soin du visage.

Island Yoga YOGA

(087 387 9475 ; www.thailandyogaretreats.com ; 4/10 Mu 4, Hat Tha Khao, Ko Yao Noi ; cours 600 B). Cette école de yoga propose chaque jour des cours sans réservation à 10h, des cours sur inscription à 7h30 et 16h30 ainsi que des retraites de yoga et tai-chi de plusieurs jours.

Mountain Shop Adventures ESCALADE

(083 969 2023 ; www.themountainshop.org ; Tha Khao, Ko Yao Noi ; demi-journée 3 200 B ; 9h-19h). On trouve plus de 150 voies d'escalade sur Ko Yao Noi, la plupart équipées par Mark, le patron de Mountain Shop. Les circuits, de débutant à chevronné, incluent souvent le transport en bateau vers les falaises de calcaire les plus reculées. L'agence, délabrée, se situe sur la route, tout près de l'embarcadère de Tha Kao.

Ko Yao Yai

Hat Laem Haad PLAGE

(Ko Yao Yai). Cette superbe bande de sable blanc s'étire dans une péninsule en forme de palmier, à 1,2 km de la route principale en venant de la jetée. Une petite cabane à proximité vend des boissons et propose douches et toilettes. Essayez de venir ici à marée haute.

Elixir Divers PLONGÉE

(087 897 0076 ; www.elixirdivers.com ; 2/3 Mu 3, Ko Yao Yai ; 2 plongées 2 900-3 900 B ; oct-avr). L'unique club de plongée de Ko Yao Yai propose un choix de cours PADI, des sorties de plongée (2 plongées), des séjours en mer à Hin Daeng, Hin Muang et dans les îles Similan (22 900 B) ainsi que des sorties de snorkeling à Ao Phang-Nga, Krabi et Ko Phi Phi. Possibilité de transfert si vous logez sur Ko Yao Noi.

Où se loger

Presque tous les hébergements de Ko Yao Noi se situent sur la côte est. En allant vers le nord, les routes sont de moins en moins entretenues et les magasins et restaurants de plus en plus rares. Les possibilités d'hébergement sont plus limitées à Ko Yao Yai et se limitent essentiellement aux *resorts*.

Ko Yao Noi

Pasai Cottage BUNGALOWS $

(089 240 8326 ; www.pasaicottage.blogspot.com ; Hat Pasai, Ko Yao Noi ; bung avec petit-déj 800 B ;). Les bungalows en bambou tout simples (ventilateur uniquement) de cet établissement tenu par une famille occupent le côté d'un jardin face à Hat Pasai. L'hébergement n'est pas luxueux, mais les salles de bains sont correctes et toutes les chambres disposent de balcons spacieux. Agréable espace commun/restaurant (fermé mai-octobre). Magasins, restaurants et bars à proximité.

Sabai Corner Bungalows PENSION $$

(076 597 497 ; www.sabaicornerbungalows.com ; Hat Khlong Jark, Ko Ya Noi ; bung 1 000- 1 900 B). Perchés sur un promontoire rocheux, ces bungalows équipés de ventilateurs et moustiquaires ne sont pas particulièrement sophistiqués mais leurs terrasses avec hamacs bénéficient d'une vue splendide sur la mer. Curieusement, il faut passer par l'extérieur pour accéder aux salles de bains. Le **restaurant** (076 597497 ; plats 95-300 B ; 8h-22h ;) au bord de l'eau sert une bonne cuisine. Location de kayaks possible.

Suntisook BUNGALOWS $$

(089 781 6456, 075 582750 ; www.facebook.com/suntisookkoyaonoi ; 11/1 Mu 4, Hat Tha Khao, Ko Ya Noi ; ch 2 000-2 200 B ;). Ces bungalows en bois verni, disséminés dans un agréable jardin à seulement quelques

mètres d'une plage paisible, ne sont pas grands, mais tous sont pourvus de vérandas avec hamacs, réfrigérateurs et plantes en pots. L'établissement est géré par une famille thaïlandaise serviable, qui parle anglais. Bon **restaurant thaïlandais** (☎089 781 6456 ; plats 60-150 B ; ⏲7h30-21h ; 📶) et location de kayaks sur place. L'établissement ferme parfois en partie en basse saison (mai-octobre).

♥ **Six Senses Hideaway** RESORT $$$
(☎076 418500 ; www.sixsenses.com ; 56 Mu 5, entre Hat Khlong Jark et Hat Tha Khao, Ko Yao Noi ; villa avec petit-déj 35 000-66 000 B ; ❄📶🏊). 🍃 Cet élégant cinq-étoiles, composé de 56 villas avec piscine installées à flanc de colline et d'un splendide spa construit dans une plantation de caoutchouc, dépasse toutes les attentes : coucher de soleil sur Ao Phang-Nga à couper le souffle, enchanteresse piscine à débordement perchée sur une falaise, bar lounge et plage de sable blanc dignes du beau monde qui les fréquente – et engagement en faveur de la durabilité sans égal parmi les hôtels haut de gamme de la planète.

Ko Yao Yai

Thiwson Beach Resort BUNGALOWS $$
(☎081 956 7582 ; www.thiwsonbeach.com ; 58/2 Mu 4, Hat Chonglard, Ko Yao Yai ; ch avec petit-déj 2 000-3 600 B ; ❄📶🏊). Sans doute les bungalows les plus humblement charmants de Ko Yao Yai, ces constructions en bois sont dotées de salles de bains extérieures et de vastes terrasses donnant sur la plus jolie plage du nord-est de l'île. Les bungalows sur la plage sont plus spacieux, mais les chambres avec ventilateur affichent un excellent rapport qualité/prix en basse saison.

Koh Yao Yai Village RESORT $$$
(☎076 363 700 ; www.kohyaovillage.com ; 78 Mu 4, Ko Yao Yai ; ch 4 300-10 200 B ; ❄📶🏊). Ce *resort* haut de gamme, respectueux de l'environnement, applique des tarifs corrects. Perchées dans les arbres, les grandes "villas" avec salle de bains sont lumineuses, décorées avec goût et offrent une superbe vue sur Phuket. Immense piscine à débordement, spa, restaurant et accès facile à Hat Laem Haad.

Où se restaurer

Tous les *resorts* et pensions ont un restaurant, mais certains ferment de mai à octobre. On trouve aussi quelques restaurants le long de la côte est de Ko Yao Noi, moins sur Ko Yao Yai.

Chaba Café INTERNATIONAL $
(☎087 887 0625 ; Hat Khlong Jark, Ko Ya Noi ; plats 80-220 B ; ⏲9h-17h lun-sam ; 🥗). À la fois ravissant et rustique, ce café-galerie sert pâtes, plats thaïlandais et boissons bio à la mode (jus de fruits sucrés au miel, milk-shakes lait de coco/avocat, thé au chrysanthème, etc.). L'établissement se trouve après Hat Khlong Jark.

Pizzeria La Luna ITALIEN $$
(☎085 068 9326 ; entre Hat Khlong Jark et Hat Tha Khao, Ko Yao Noi ; plats 170-320 B ; ⏲15h-22h ; 📶🥗). En bord de route, ce restaurant semi-ouvert à l'ambiance décontractée sert un grand choix de pizzas au feu de bois, dont certaines végétariennes, ainsi que des pâtes faites maison, salades, pâtisseries et antipasti en haute saison (octobre-mai). Le bar en bois est agréable pour déguster un cocktail. Tables de billard à l'arrière.

♥ **Rice Paddy** THAÏLANDAIS, INTERNATIONAL $$$
(☎082 331 6581, 076 410233 ; www.ricepaddy.website ; Hat Pasai, Ko Yao Noi ; plats 180-890 B ; ⏲12h-22h nov-avr, 18h-22h mai-oct ; 📶🥗). Cette charmante table tenue par des Allemands est unique en son genre. On y déguste *sôm·đam* poêlés à la minute, remarquables falafels et houmous, currys épicés aux fruits servis dans des plats en terre cuite, salades fraîches, excellents plats végétariens et bons cocktails. Sur une colline, dans la partie sud de l'île.

Renseignements

On trouve des DAB à Ta Khao, la plus grande localité de Ko Yao Noi, quelques-uns le long de la côte est ainsi qu'à l'embarcadère de **Tha Bang Rong** (carte p. 306) à Phuket, d'où partent les bateaux pour Ko Yao Noi et Ko Yao Yai.

Ko Yao Yai compte quelques DAB, mais mieux vaut arriver avec des espèces ; autrement, il faudra sûrement retourner en retirer à Tha Bang Rong.

Depuis/vers les îles Ko Yao

DEPUIS/VERS KRABI

Chaque jour, de 9h à 17h30, des *long-tail boats* (150 B) fréquents naviguent entre Tha Khao, à Ko Yao Noi, et Tha Len, à Krabi (33 km au nord-ouest de la ville de Krabi). Des *songthaew* (100 B) circulent entre Tha Len et Th Maharat, à Krabi, via le terminal des bus de Krabi.

DEPUIS/VERS PHANG-NGA

Depuis Tha Dan, à Phang-Nga, un ferry part à 13h pour Ko Yao Noi (200 B, 1 heure 30). Il fait le trajet inverse à 7h30.

DEPUIS/VERS PHUKET

Depuis Tha Bang Rong, à Phuket, des *speedboats* quotidiens (300 B, 30 minutes) rallient Ko Yao Noi presque toutes les heures de 7h50 à 17h40. Des *long-tail boats* (120 B, 1 heure) partent à 9h15, 12h30 et 17h. Certains s'arrêtent en chemin à Tha Klong Hia sur Ko Yao Yai (300 B, 25 minutes). Les bateaux reviennent à Phuket entre 6h30 et 16h40.

Des taxis (600-800 B) relient Tha Bang Rong à la zone des *resorts* de Phuket, et des *songthaew* (40 B) partent pour Phuket-ville tous les jours deux fois par heure.

DEPUIS/VERS KO PHI PHI ET KO LANTA

Trois *speedboats* hebdomadaires assurent le trajet depuis/vers Ko Phi Phi (600 B) et Ko Lanta (600 B), d'octobre à avril.

DEPUIS/VERS AO NANG

De novembre à avril, un *speedboat* part à 11h de l'embarcadère de Hat Noppharat Thara pour Ko Yao Noi et Ko Yao Yai (les deux 650 B, 45 minutes). Il poursuit son parcours jusqu'à Tha Bang Rong, à Phuket, et revient à 15h.

Comment circuler

Des bateaux-navettes circulent entre Tha Manok, à Ko Yao Noi, et Tha Klong Hia, à Ko Yao Yai (50 B). Sur les îles, vous pourrez vous déplacer en *tuk-tuk* pour environ 150 B la course ou louer une moto auprès d'une *guesthouse* pour 250-300 B/jour. Le trajet en *songthaew* vers votre hôtel vous coûtera 100 B.

PHUKET

ภูเก็ต

525 700 HABITANTS

Des vagues aux tons jade, où s'ébattent des poissons multicolores, lèchent des plages blanches au riche passé : la plus grande île de Thaïlande est si diverse et éblouissante qu'on voudrait ne jamais la quitter.

À voir et à faire

La plongée est l'activité phare de Phuket, mais on peut aussi y pratiquer snorkeling, kitesurf, équitation, kayak de mer, navigation de plaisance, surf et divers sports extrêmes.

Plongée et snorkeling

Phuket jouit d'une position idéale pour rejoindre les meilleurs sites de plongée de la côte d'Andaman. Les îles Similan (p. 297) s'étendent à une centaine de kilomètres au nord-ouest, tandis que des dizaines de spots vous attendent au sud, autour de Ko Phi Phi (p. 354) et Ko Lanta (p. 361), à 40 km et 72 km respectivement au sud-est ; naturellement, vous paierez un peu plus cher le trajet en bateau jusqu'à ces sites spectaculaires que si vous vous y rendiez depuis des sites plus proches. La plupart des centres de plongée de Phuket emmènent les plongeurs vers 9 spots corrects, bien que moins extraordinaires, autour de l'île, comme **Ko Raya Noi** (ou Ko Racha Noi) et **Ko Raya Yai** (ou Ko Racha Yai). Le récif au large de la pointe sud de Raya Noi, habituellement réservé aux plongeurs expérimentés, est le plus intéressant, avec ses coraux mous et ses poissons pélagiques. Les raies mantas et torpilles marbrées sont également fréquentes dans cette zone où, avec de la chance, on peut parfois apercevoir un requin-baleine.

Une journée commence à environ 3 800 B pour 2 plongées près de l'île. On peut généralement se joindre à une expédition à plus bas prix si l'on ne plonge pas ou pour faire du snorkeling. Les brevets Open Water reviennent à environ 11 000-21 000 B les 3 jours. Certains clubs facturent un supplément pour le matériel.

Depuis Phuket, on peut participer à de nombreuses croisières de plongée dans les îles Similan, ou encore les îles Mergui (Myanmar).

Le snorkeling n'est pas particulièrement marquant au large de Phuket même. On peut toutefois louer masque, tuba et palmes pour 200 B/jour. Comme pour la plongée, les abords des petites îles telles que Ko Raya Yai et Ko Raya Noi offrent une meilleure visibilité et une faune marine plus variée. Certains centres de plongée organisent des excursions de snorkeling.

Comme ailleurs en mer d'Andaman, la période la plus propice à la plongée s'étend de novembre à avril : il fait alors beau, et la mer est calme et claire. Certains sites de plongée peuvent fermer pendant la mousson (mai-octobre) pour permettre la régénération écologique, mais la plupart des centres de plongée restent actifs (quand le temps le permet) en basse saison. On trouve de bonnes écoles de plongée ici et là sur l'île, notamment à Kata, Karon et Patong.

100% LOCAL

QUELLE PLAGE DE PHUKET EST FAITE POUR VOUS ?

La plupart des visiteurs se précipitent vers les aimants touristiques que sont les plages de Hat Kata (p. 326), Hat Karon (p. 330) et la quelque peu sordide **Hat Patong** (p. 321) sur la côte ouest : ces longues bandes de sable sont bordées de *resorts*, de restaurants, de bars et de toutes les commodités dont vous rêvez. Si vous aspirez à plus de solitude et de tranquillité, recherchez les criques rocheuses près des routes côtières quelconques, entre les plages principales, ou dirigez-vous vers la côte nord-ouest de l'île, moins touristique, où le parc national de Sirinat (p. 340) protège les plages de Hat Mai Khao (p. 340), Hat Nai Yang (p. 340) et Hat Nai Thon (p. 340). Pour profiter d'un luxe cinq étoiles loin de l'agitation, gagnez **Hat Surin** (หาดสุรินทร์) et Ao Bang Thao (p. 336). À l'extrême sud, Rawai, où se trouve la plage de Hat Nai Harn (p. 317), garantit une ambiance tranquille.

Surf

Phuket est une destination de surf méconnue. Avec la houle de la mousson, la mer forme d'impressionnants rouleaux, notamment entre juin et septembre, lorsque des compétitions se tiennent à Hat Kata Yai (p. 326), spot le plus connu de Phuket, et à Hat Kalim, au nord de Patong. Nautilus Dive & Surf Shop (p. 327) est basé à Kata Yai, à l'extrémité sud de la baie, à proximité du meilleur *break* qui atteint souvent les 2 m. À Hat Nai Harn (p. 317), les vagues mesurent jusqu'à 3 m près du club de plaisance. Attention toutefois, les courants sous-marins peuvent être très forts (entraînant parfois des accidents mortels) à Hat Katai Yai et Hat Nai Harn.

Hat Kalim est abritée et son *break* constant (une vague creuse, considérée comme la meilleure de l'île) peut atteindre les 3 m. Le lieu accueille également une compétition annuelle. La partie la plus septentrionale de Hat Kamala (p. 332), où se déroule un tournoi de surf, possède un bon *beach break* avec des rouleaux atteignant 3 m. À **Laem Singh** (แหลมสิงห์ ; carte p. 334 ; P), à 1 km au nord, les vagues sont très fortes et rapides – de plus, la plage est protégée du vent par un grand promontoire. Hat Surin (p. 334) reçoit les vagues les plus exigeantes de Phuket. À Hat Nai Yang (p. 340), une vague douce mais régulière se brise à plus de 200 m du bord. La forme des vagues à Hat Nai Thon (p. 340) est plus intéressante et la houle y monte jusqu'à 3 m à différentes périodes de l'année. En basse saison, on peut louer des planches de surf (200-300 B/heure) sur la plupart de ces plages ; certaines proposent aussi des cours (à partir de 1 200 B).

Kayak de mer

Plusieurs prestataires installés à Phuket organisent des circuits en kayak vers la spectaculaire Ao Phang-Nga (p. 299), où de hautes formations karstiques émergent de la mer au nord-est de Phuket, non loin du continent. Vous pénétrerez dans des grottes en partie immergées, inaccessibles en *long-tail boat* et en *speedboat*. Les prix pour une excursion d'une journée commencent autour de 4 000 B/pers (repas, équipement et transfert inclus). John Gray's Seacanoe (p. 310) est le tour-opérateur le plus prisé de l'île. Il propose des excursions d'une journée et des circuits tout compris en kayak et camping à Ao Phang-Nga et au parc national de Khao Sok (3-4 jours, à partir de 26 750 B).

Kitesurf

En plein essor dans le monde, le kitesurf est aussi l'une des grandes passions à Phuket. Hat Nai Yang (p. 340), de mai à octobre, et Rawai (p. 317), de novembre à mars, font partie des meilleurs sites. Les prestataires fiables sont affiliés à l'International Kiteboarding Organization (www.ikointl.com).

Navigation de plaisance

Phuket est l'une des principales destinations d'Asie du Sud-Est pour les plaisanciers. Toutes sortes d'embarcations sont ancrées le long du littoral, depuis les sloops en bois, vieux de 80 ans, jusqu'aux yachts dernier cri. Plusieurs zones de l'île comptent des installations de style marina avec possibilité d'amarrage à l'année. Elles pourront vous renseigner sur les formalités administratives. Comptez à partir de 9 000 B/jour la location d'un bateau sans équipage (*bareboat charter*) en haute saison.

Sports extrêmes

Du saut à l'élastique aux tyroliennes, Phuket a de quoi satisfaire les amateurs de sensations fortes. La qualité du matériel et le niveau de sécurité varient d'un lieu à l'autre, et des accidents graves, voire fatals, ont déjà eu lieu. Demandez conseil autour de vous et faites demi-tour au moindre doute.

Province de Phuket

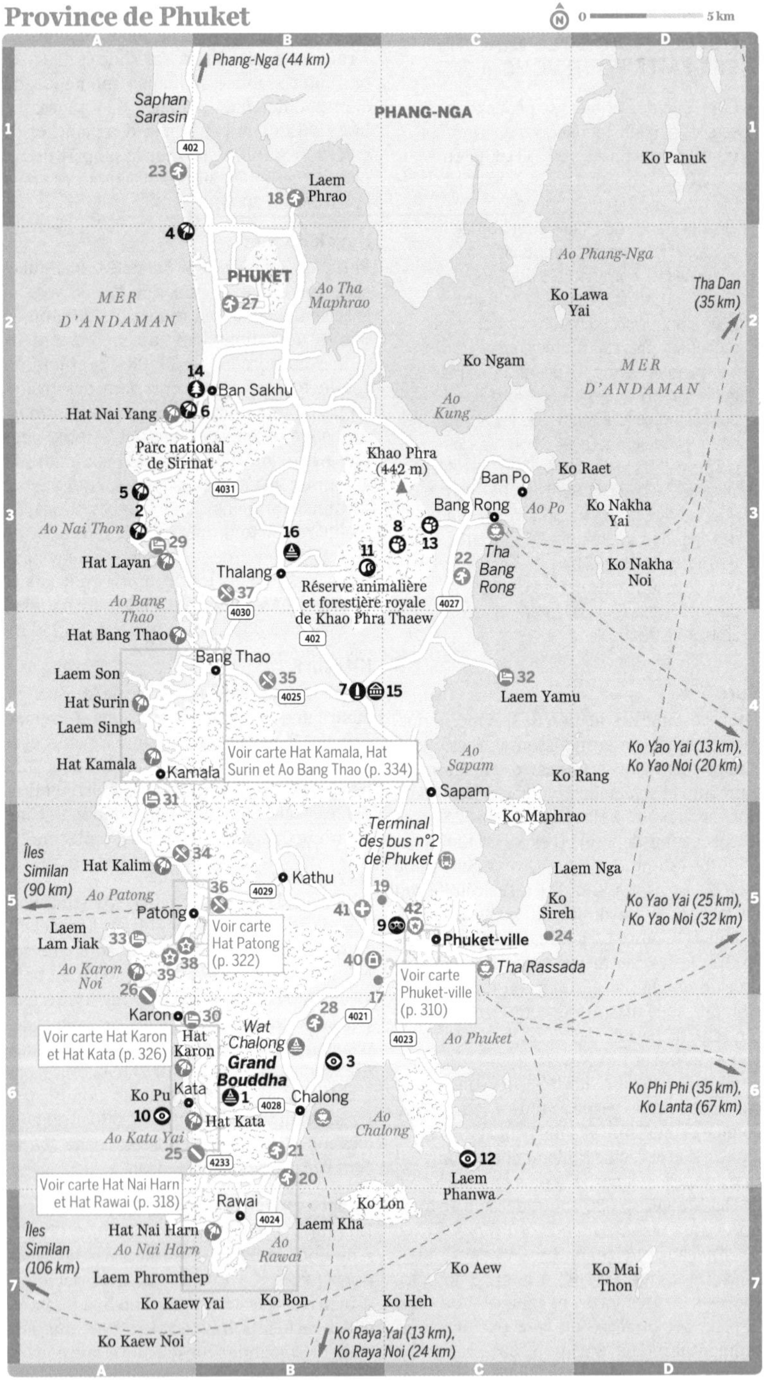

Province de Phuket

Cours

Des cours de cuisine thaïlandaise prisés sont proposés par la Boathouse Cooking Class (p. 327) à Kata, la Blue Elephant Cooking School (p. 311) à Phuket-ville, la **Phuket Thai Cookery School** (carte p. 306 ; ☎082 474 6592 ; www.phuketthaicookery.com ; Hat Pleum Suk ; cours d'une journée 2 900 B ; ⏱8h-15h jeu-mar) à Ko Sireh et la Pum Thai Cooking School (p. 321) à Patong.

Fêtes et festivals

Fête végétarienne FÊTE RELIGIEUSE
(⏱fin sept-oct). Au cours de cette fête, l'une des plus colorées de Phuket, les habitants d'origine chinoise ne mangent aucune viande pendant 9 jours pour se purifier spirituellement. Au programme : processions, scènes de transe et d'auto-mutilations (âmes sensibles, s'abstenir !). Pour plus de détails, voir l'encadré p. 314.

Renseignements

DÉSAGRÉMENTS ET DANGERS

- Chaque année, des milliers de personnes sont blessées ou tuées sur les routes de Phuket.
- Soyez particulièrement vigilant sur les routes reliant Patong à Karon et Kata à Rawai/Hat Nai Harn : des motocyclistes se sont déjà fait agresser voire même poignarder en pleine nuit.

LES TAXIS DE PHUKET

Malgré les mesures prises par l'armée thaïlandaise pour lutter contre la "mafia des taxis" de Phuket, les courses restent très coûteuses sur l'île. Un trajet de 15 minutes de Hat Karon à Hat Patong, par exemple, vous coûtera 400 B. Les tableaux des prix indiquent les tarifs *maximaux*, mais les chauffeurs descendent rarement en dessous.

Pour échapper à la surfacturation, procurez-vous le numéro d'un chauffeur de taxi avec compteur et faites appel à lui durant tout votre séjour. Le plus simple est de prendre un taxi avec compteur à l'aéroport (l'endroit où on les trouve le plus facilement) à votre arrivée. Ces taxis stationnent à 50 m sur la gauche en sortant du hall des arrivées internationales. La course coûte 50 B pour les 2 premiers kilomètres, 12 B/kilomètre pour les 15 kilomètres suivants, et 10 B/kilomètre au-delà, plus 100 B de "taxe d'aéroport". La course entre l'aéroport et n'importe quelle destination dans l'île ne doit normalement pas dépasser 700 B.

De plus en plus populaire en Thaïlande, l'application Grab (www.grab.com) est très pratique à Phuket. Elle permet de réserver des taxis avec compteur moyennant un petit supplément pour le déplacement. Cela ne revient néanmoins pas toujours moins cher que les taxis hélés dans la rue. Les chauffeurs Grab ne comprennent pas forcément l'anglais, mais votre hébergement peut vous aider à réserver et à expliquer quelle est votre destination.

- Le bronzage seins nus est totalement proscrit en Thaïlande.
- Des noyades se produisent chaque année au large des plages de Phuket ; restez prudent.
- La possession de drogue est passible d'un an ou plus d'emprisonnement. La contrebande de drogue expose à des condamnations bien plus lourdes, allant jusqu'à la peine de mort
- Avant de louer un jet-ski, inspectez-le ; les arnaques sont courantes à Phuket.
- De graves accidents de bateau se sont déjà produits. Assurez-vous que le vôtre est équipé en matériel de sécurité/urgence ; en cas de doute, cherchez un autre prestataire.

OFFICES DU TOURISME

On trouve des offices du tourisme à Phuket-ville.

Tourism Authority of Thailand (TAT ; carte p. 306 ; ✆ 076 211036 ; www.tourismthailand.org/Phuket ; 191 Th Thalang ; ⏲ 8h30-16h30)

Tourist Information Centre (carte p. 306 ; Th Thalang ; ⏲ 9h-22h)

SERVICES MÉDICAUX

La plupart des urgences liées à la plongée sont prises en charge par le **Phuket International Hospital** (Siriroj International Hospital ; carte p. 310 ; ✆ 098 024 9400, 076 361818 ; www.phuketinternationalhospital.com ; 44 Th Chalermprakiat ; ⏲ 24h/24) où se trouve un caisson hyperbare, à 3,5 km au nord-ouest de Phuket-ville. Le **Bangkok Hospital Phuket** (carte p. 310 ; ✆ 076 254425 ; www.phukethospital.com ; 2/1 Th Hongyok Uthit ; ⏲ 24h/24), à 3 km au nord de Phuket-ville, est également fiable.

Depuis/vers Phuket

VOIE AÉRIENNE

L'**aéroport international de Phuket** (✆ 076 632 7230 ; www.phuketairportonline.com) est à 30 km au nord-ouest de Phuket-ville.

THAI (carte p. 310 ; www.thaiairways.com ; 78/1 Th Ranong ; ⏲ 8h-16h30), la compagnie aérienne nationale, assure des vols depuis/vers Bangkok-Suvarnabhumi. **AirAsia** (www.airasia.com), **Nok Air** (www.nokair.com) et **Bangkok Airways** (carte p. 310 ; ✆ 076 225033 ; www.bangkokair.com ; 158/2-3 Th Yaowarat ; ⏲ 8h-17h30 lun-sam) desservent aussi Bangkok, de même que d'autres destinations thaïlandaises comme Chiang Mai, Hat Yai et Ko Samui. Des liaisons internationales directes existent notamment avec Dubai, Abu Dhabi, Hong Kong, Kuala Lumpur, Singapour, Pékin, Shanghai, Séoul, Delhi.

VOIE MARITIME

Tha Rassada (carte p. 306 ; Tha Rassada), à 3 km au sud-est de Phuket-ville, est l'embarcadère principal pour Ko Phi Phi, Krabi, Ao Nang, Ko Lanta, les îles de Trang, Ko Lipe, et même Pulau Langkawi en Malaisie (d'où d'autres ferrys rallient Penang). Des bateaux assurent aussi un service vers Krabi et Ao Nang via les îles Ko Yao au départ de **Tha Bang Rong** (p. 303), à 26 km au nord de Tha Rassada.

VOIE TERRESTRE

Les bus longue distance (p. 315) partent du **terminal des bus n°2** (carte p. 306 ;

Th Thepkrasattri), à 4 km au nord de la ville. Ils desservent entre autres Bangkok, Chiang Mai, Chiang Rai, Hat Yai, Ko Samui, Ko Pha Ngan et Surat Thani.

Les agences de voyages de Phuket vendent des billets pour des trajets en minibus climatisé (ferry compris) à destination du sud de la Thaïlande, en particulier Krabi, Ranong, Trang, Surat Thani, Ko Samui, Ko Pha Ngan et Hat Hai. Les minibus, généralement un peu plus chers que les bus, partent souvent du **terminal des bus n°1** (carte p. 310 ; Th Phang-Nga) à Phuket-ville.

Comment circuler

Les transports à Phuket sont notoirement médiocres, mais la situation s'améliore peu à peu. Des *songthaew* circulent entre Phuket-ville et les plages de la côte ouest, et le nouveau Phuket Smart Bus permet enfin de se rendre directement d'une plage à l'autre. En revanche, les taxis et *tuk-tuk* restent très chers.

BATEAU

L'embarcadère de Chalong (carte p. 306 ; Chalong) est principalement utilisé par les plaisanciers et les bateaux des centres de plongée.

BUS

Le **Phuket Smart Bus** (086 306 1257 ; www.phuketsmartbus.com), bleu ciel, relie l'aéroport international de Phuket à Rawai (2 heures) toutes les heures de 6h à 20h15 en passant par Ao Bang Thao, Surin, Kamala, Patong, Karon et Kata. Le trajet coûte de 50 à 170 B, selon l'endroit où vous descendez. Des pass permettent de faire des trajets illimités pendant 3 jours (500 B). On peut aussi acheter à bord des cartes à puce prépayées (300 B), rechargeables en des endroits dédiés de l'île. N'oubliez pas de valider votre carte à la descente du bus.

SONGTHAEW ET TUK-TUK

Des **songthaew** (carte p. 310 ; Th Ranong) de la taille d'un bus circulent fréquemment entre Phuket-ville (Th Ranong) et la plupart des plages de l'île (30-40 B/personne, 30 minutes-1 heure 30) de 7h à 17h ou 18h. Les *tuk-tuk* sont un autre moyen de se déplacer.

VOITURE ET MOTO

On peut louer des motos partout sur l'île pour environ 250 B par jour. Les locations de voiture sont aussi possibles un peu partout, notamment à l'aéroport et à Phuket-ville (à partir de 1 000 B/jour environ).

Phuket-ville เมืองภูเก็ต

076 / 79 300 HABITANTS

Bien avant d'être envahie par les tongs, les *resorts* glamour et les perches à selfie, l'île de Phuket vivait de ses plantations d'hévéas et de ses mines d'étain. Des marchands venus de la péninsule Arabique, de Chine, d'Inde et du Portugal y cohabitaient harmonieusement.

Vestige de ce passé, le vieux Phuket est aujourd'hui le centre branché et embourgeoisé de l'île où se pressent artistes et musiciens. Les maisons et les *hôrng tăa·ou* (*shophouses*) centenaires y sont en cours de restauration, le street art y est florissant et des cafés modernes en béton poli semblent occuper un bâtiment sur deux.

La ville offre une bouffée de culture entre deux journées sur les plages de l'île, (auxquelles elle est reliée par de nombreux *songthaew*). Vous pourrez vous y promener dans des rues bordées de bâtiments sino-portugais uniques, de cafés bohèmes, de galeries expérimentales, de boutiques-hôtels et de sanctuaires taoïstes chinois parfumés par l'encens – et découvrir la cuisine phuketoise la plus authentique et les bars de la vieille ville.

À voir

Phuket Thaihua Museum MUSÉE
(พิพิธภัณฑ์ภูเก็ตไทยหัว ; carte p. 310 ; 076 211224 ; 28 Th Krabi ; 200 B ; 9h-17h). Cette ancienne école de chinois fondée en 1934, devenue un musée clinquant, est remplie de photos, vidéos et autres collections légendées en anglais. Les expositions couvrent différents thèmes relatifs au patrimoine de Phuket comme l'immigration chinoise (la Chine est le pays d'origine de plusieurs familles locales influentes), l'exploitation des mines d'étain, la Fête végétarienne ou encore la cuisine, la mode et la littérature locales. Le bâtiment lui-même est un saisissant mélange de styles architecturaux chinois et européens incluant Art déco, palladianisme, stuc et toit à pignon chinois ou encore porte en fer britannique.

Sanctuaire de la Lumière sereine SANCTUAIRE
(ศาลเจ้าแสงธรรม, Saan Jao Sang Tham ; carte p. 310 ; Th Phang-Nga ; 8h30-12h et 13h30-17h30). GRATUIT Plusieurs temples chinois colorent la ville, mais ce sanctuaire restauré, niché dans une ruelle de 50 m de long ornée de

Phuket-ville

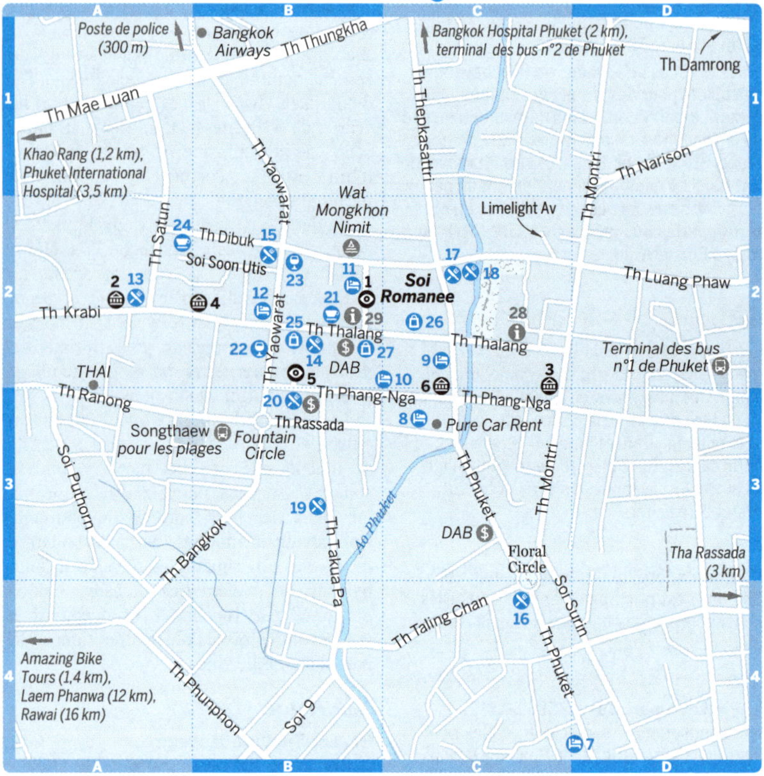

peintures murales modernes, est particulièrement pittoresque avec ses murs décorés de gravures taoïstes, son plafond voûté taché par les volutes d'encens et son autel toujours fraîchement fourni en fleurs et bougies. Il aurait été construit par une famille locale en 1889. Remarquez les bâtiments sino-portugais environnants, magnifiquement repeints.

Khao Rang POINT DE VUE
(เขารัง, colline de Phuket ; carte p. 306 ; P). Pour voir Phuket d'en haut, grimpez (à pied ou en voiture) au sommet du Khao Rang, à 2,5 km au nord-ouest du centre-ville. Une plate-forme en surplomb dévoile une vue sur la ville à 270 degrés, jusqu'à la baie de Chalong, à Laem Phanwa et au Grand Bouddha. Le lieu est plus tranquille en semaine. On y trouve quelques restaurants et cafés, ainsi que des singes. Le **Wat Khao Rang**, sur le chemin, mérite un arrêt. À pied, comptez 1 heure jusqu'au sommet.

Activités

John Gray's Seacanoe KAYAK
(Carte p. 306 ; ☎076 254 505 ; www.johngray-seacanoe.com ; 86 Soi 2/3, Th Yaowarat ; adulte/enfant à partir de 3 950/1 975 B). La plus ancienne et la plus réputée des agences de l'île est aussi la plus attentive à l'environnement. Le circuit "Hong by Starlight" permet de dîner au coucher du soleil et de découvrir les eaux illuminées de plancton bioluminescent de la baie d'Ao Phang-Nga, à l'écart de la foule. Comme tous les prestataires de qualité en Thaïlande, John Gray's Seacanoe a souvent été copié (tant son nom que son offre). À 3,5 km au nord-ouest de Phuket-ville.

Amazing Bike Tours VÉLO
(Carte p. 306 ; ☎087 263 2031 ; www.amazingbiketoursthailand.asia ; excursion demi-journée/journée 1 900/3 200 B ; ⏲9h-20h). Cette agence de sports d'aventure très appréciée propose des circuits à vélo d'une

Phuket-ville

Les incontournables		15 Lock Tien	B2
1 Soi Romanee	B2	16 Mee Ton Poe	C4
		17 One Chun	C2
À voir		18 Raya	C2
2 Maison Chinpracha	A2	19 Suay	B3
3 Phuket Philatelic Museum	C2	20 Tu Kab Khao	B3
4 Phuket Thaihua Museum	B2		
5 Sanctuaire de la Lumière sereine	B2	**Où prendre un verre et faire la fête**	
6 Standard Chartered Bank	C2	21 Bookhemian	B2
		22 Club No 43	B2
Activités		23 Dibuk House	B2
Blue Elephant Cooking School	(voir 13)	DouBrew	(voir 11)
		24 Shelter Coffee	A2
Où se loger		**Achats**	
7 Art-C House	D4	Ban Boran Textiles	(voir 22)
8 Borbaboom Poshtel	C3	25 Oldest Herbs Shop	B2
9 Casa Blanca Boutique Hotel	C2	Pink Flamingo	(voir 23)
10 Neighbors Hostel	C2	26 Ranida	C2
11 RomManee	B2	27 Walking Street	B2
12 RomManee Classic	B2		
		Renseignements	
Où se restaurer		28 Tourism Authority of Thailand	C2
13 Blue Elephant	A2		
14 Kopitiam by Wilai	B2	29 Office du tourisme	B2

demi-journée en petit groupe à travers les villages au nord-est de Phuket, de très belles excursions d'une journée sur Ko Yao Noi et des balades à vélo plus difficiles de 3 jours dans le parc national de Khao Sok (14 900 B). Les prix comprennent les vélos, les casques, les repas et l'eau.

Cours

Blue Elephant Cooking School CUISINE
(Carte page ci-contre ; ☎076 354355 ; www.blueelephant.com ; 96 Th Krabi ; cours d'une demi-journée 3 296 B ; ⊙9h30-16h30). Initiez-vous à l'art subtil de la cuisine royale thaïlandaise à l'occasion d'un cours collectif d'une demi-journée dans une demeure sino-portugaise remarquablement restaurée. Les séances du matin comprennent la visite du marché, tandis que celles de l'après-midi incluent aussi le dessert. Réservation recommandée.

Où se loger

Les hébergements abordables ne manquent pas à Phuket. Au cours des dernières années, les pensions, boutiques-hôtels et auberges de jeunesse ont fleuri dans la vieille ville. La réservation est conseillée pour les meilleures adresses. Les établissements haut de gamme sont rares ; optez plutôt pour un boutique-hôtel de caractère.

Borbaboom Poshtel AUBERGE DE JEUNESSE $
(Carte page ci-contre ; ☎096 634 5025 ; www.facebook.com/borbaboomphuket ; 73/1 Th Rassada ; dort 300-450 B, d 1 200 B ; ❄📶🏊). Ce lieu à l'ambiance jeune, au personnel anglophone serviable et équipé d'une petite piscine sur le toit séduit par ses dortoirs modernes et bien entretenus (6 lits superposés, les meilleurs étant de type capsule). Tous les lits sont dotés de lampes, rideaux, étagères, casiers et prises. Chambres privées plutôt élégantes au décor bleu également disponibles, avec sèche-cheveux, salles de bains et terrasses communes.

Neighbors Hostel AUBERGE DE JEUNESSE $
(Carte page ci-contre ; ☎094 343 3399 ; 93 Th Phang-Nga ; dort 300-340 B, d 600-750 B ; ❄📶). Installée dans un bâtiment sino-portugais jaune pâle avec un petit café, cette adresse contemporaine centrale et accueillante propose 2 dortoirs mixtes (8 lits), simples mais impeccables, ainsi qu'un dortoir pour femmes (6 lits), tous pourvus de casiers, lampes, prises et rideaux individuels. Les 2 petites chambres privées ont un peu plus de couleur et de caractère.

Art-C House PENSION $
(Carte page ci-contre ; ☎082 420 3911 ; www.facebook.com/artchouse ; 288 Th Phuket ; d 800 B ; 📶). Rares sont les *guesthouses* qui, comme la chaleureuse Art-C House, sont dotées

d'un mur d'escalade (ouvert aux non-pensionnaires pour 150 B/jour) ! L'auteur des peintures murales décorant les couloirs et les 13 chambres, d'un bon rapport qualité/prix, est le propriétaire en personne. Seules les chambres du dernier étage disposent de fenêtres sur l'extérieur. Personnel avenant et café au rez-de-chaussée. Pas d'ascenseur.

Casa Blanca Boutique Hotel BOUTIQUE-HÔTEL **$$**

(Carte p. 310 ; 076 219 019 ; www.casablancaphuket.com ; 26 Th Phuket ; ch 2 300-2 800 B ;). Le charme de ce bijou sino-portugais élégamment restauré, décoré dans les tons blancs et pastel, est encore augmenté par des éléments décoratifs espagnols. Des œuvres modernes ornent les chambres élégantes aux subtiles teintes vertes et bleu pâle. Les chambres *deluxe* ont des balcons avec vue sur la ville, et les *superior* donnent sur la piscine. Personnel charmant et petit café dans le hall carrelé.

RomManee BOUTIQUE-HÔTEL **$$**

(Carte p. 310 ; 089 728 9871 ; Soi Romanee ; d 1 200 B ;). Dans la plus jolie rue de la ville, cette pension de charme ne manque pas de style avec sa façade sino-portugaise turquoise, son sol en béton verni et son excellent petit café **DouBrew** (www.facebook.com/DouBrewCoffee ; 8h-19h lun-sam, 8h-21h dim). Parquet, murs colorés et éclairage élégant donnent un air bohème et contemporain aux 4 chambres spacieuses. Excellent rapport qualité/prix et équipe accueillante, mais pas d'ascenseur et escaliers raides.

À un pâté de maisons, la pension-sœur **RomManee Classic** (carte p. 310 ; 092 218 9292 ; www.facebook.com/TheRomManeeClassic ; 4-6 Th Krabi ; d 1 000-1 200 B ;) a moins de caractère.

Où se restaurer

La ville compte d'excellentes tables thaïlandaises et internationales où les repas coûtent bien moins cher que sur les plages. Il n'y a pas meilleur endroit sur l'île pour goûter la cuisine sud-thaïlandaise, en particulier la cuisine peranakan propre à Phuket, qui mêle saveurs thaïlandaises, chinoises et malaises. Des cafés et restaurants sont disséminés dans toute la vieille ville.

Kopitiam by Wilai THAÏLANDAIS **$**

(Carte p. 310 ; 083 606 9776 ; www.facebook.com/kopitiambywilai ; 14 et 18 Th Thalang ; plats 95-180 B ; 11h-17h et 18h30-21h lun-sam ;). Dans une *shophouse* ancienne et pittoresque, ce restaurant tenu par une famille sert de fabuleuses spécialités locales telles qu'un inoubliable *pàt tai* phuketois, un *chai chae* relevé (salade de nouilles à la vinaigrette pimentée) et un fantastique *mèe sua* (nouilles sautées avec œuf, légumes, crevettes, bar et calmars). Côté boisson, laissez-vous tenter par un jus de chrysanthème ou un jus de fruits de la passion frais. Il y a 2 annexes (dont une climatisée), de part et d'autre de l'**Oldest Herbs Shop** (carte p. 310 ; Th Thalang ; 8h-18h).

Lock Tien CUISINE DE RUE **$**

(Carte p. 310 ; angle Th Dibuk et Th Yaowarat ; repas 35-100 B ; 9h-17h). Des tables communes sont rassemblées sous des ventilateurs vrombissants dans cet espace de restauration proposant un vaste choix de classiques locaux appétissants à prix modestes tels que *popiah sod hokkien* (rouleaux de printemps fujianais frais aux crevettes ou aux légumes), soupe de nouilles hokkien aigre-épicée et *lobha* (joue et abats de porc).

Mee Ton Poe NOUILLES **$**

(Carte p. 310 ; Th Phuket ; repas 50-80 B ; 8h-20h ;). Sur le rond-point de l'Horloge, parmi des tables en bois et des tabourets en plastique rouge, ce restaurant tenu par la même famille depuis 1946 (trois générations) attire les Phuketois avec ses superbes plats de nouilles, dont un *mèe nam tom poe* (soupe de nouilles hokkien) et un emblématique *mèe pad hokkien* (nouilles sautées au porc, crevettes, boulettes de poisson et légumes dans un bouillon).

One Chun THAÏLANDAIS **$$**

(Carte p. 310 ; 076 355909 ; 48/1 Th Thepkasattri ; plats 100-370 B ; 10h-22h ;). Les plats sont ici moins chers qu'à **Raya** (carte p. 310 ; 076 218155 ; rayarestaurant@gmail.com ; 48/1 Th Dibuk ; plats 180-650 B ; 10h-22h), l'adresse sœur bien établie, ce qui explique pourquoi Phuketois et Thaïlandais de passage s'y pressent. Les plats de fruits de mer sont délicieux : le curry de crabe au lait de coco est sans doute le meilleur de la ville tandis que le canard rôti au curry rouge et le *pàk miang* (sorte de sauté aux épinards) sont aussi excellents. Le cadre, une *shophouse* décorée dans le style des années 1950 avec des volets peints en vert et un carrelage à motifs, est pittoresque.

À NE PAS MANQUER

ARCHITECTURE SINO-PORTUGAISE

Les plus beaux vestiges de l'architecture sino-portugaise de Phuket-ville sont à découvrir en flânant le long des rues (Th) Thalang, Dibuk, Yaowarat, Ranong, Phang-Nga, Rassada et Krabi. Au fil de vos balades, ne manquez pas la **Standard Chartered Bank** (ธนาคารสแตนดาร์ดชาร์เตอร์ด ; carte p. 310 ; Th Phang-Nga ; musée 9h-16h30 mar-dim), banque étrangère la plus ancienne de Thaïlande ; l'agence de la THAI (p. 308) ; et l'**ancienne poste**, qui abrite aujourd'hui le **musée de la Philatélie de Phuket** (พิพิธภัณฑ์ตราไปรษณียากรภูเก็ต ; carte p. 310 ; 158 Th Montri ; 9h-17h30 mar-sam) GRATUIT. Le **Soi Romanee** (ถนนรมณีย ; carte p. 310), près de Th Thalang, cache des édifices colorés qui servaient autrefois de maisons de passe, de tripots et de fumeries d'opium.

Les résidences les mieux rénovées bordent Th Thalang, Th Dibuk et Th Krabi, notamment la **Maison Chinpracha** (บ้านชินประชา, Baan Chinpracha ; carte p. 310 ; 076 211167, 076 211281 ; 98 Th Krabi ; 200 B ; 9h-16h30 lun-sam). La fabuleuse **Demeure Phra Pitak Chinpracha**, qui date de 1903, a été réaménagée pour devenir l'école de cuisine (voir p. 311) et restaurant haut de gamme **Blue Elephant** (carte p. 310 ; 076 354355 ; www.blueelephant.com ; 96 Th Krabi ; plats 350-1 000 B, menus dégustation 1 600-2 400 B ; 11h30-14h30 et 18h30-22h ;).

Tu Kab Khao THAÏLANDAIS $$
(Carte p. 310 ; 076 608888 ; www.facebook.com/tukabkhao ; 8 Th Phang-Nga ; plats 160-290 B ; 11h30-minuit ;). Des lanternes rouges décorent la façade de cet attrayant bâtiment sino-portugais vieux de 130 ans, transformé en restaurant spécialisé dans la cuisine phuketoise et particulièrement prisé des Bangkokiens en week-end. Sol en béton verni, canapés et mur de miroirs composent un cadre au charme suranné où déguster des spécialités locales. Les plats phares – *mŏo hong*, curry de chair de crabe – sont préparés suivant les recettes de la mère du propriétaire.

Suay FUSION $$$
(Carte p. 310 ; 087 888 6990 ; www.suayrestaurant.com ; 50/2 Th Takua Pa ; plats 400-1 000 B ; 17h-23h). Dans cette maison reconvertie au sud de la vieille ville, on sert d'excellents vins et la fabuleuse cuisine fusion du grand chef Noi Tammasak. Salades d'aubergines épicées, nouilles de Shanghai au basilic, *massaman* de joue de bœuf braisée et côtelettes d'agneau à la citronnelle grillée et à la sauce papaye ne sont que quelques-uns des délices proposés. Un nouveau bar à cocktails et une carte de tapas thaïlandaises étaient en préparation lors de nos recherches.

Où prendre un verre et faire la fête

À Phuket-ville, vous ferez la fête avec les habitants : fréquentés essentiellement par des Thaïlandais et des expatriés, les bars restent animés jusque tard dans la nuit. Cocktails artisanaux et café ont connu un engouement ces dernières années : on trouve ici certains des meilleurs cafés de l'île.

Bookhemian CAFÉ
(Carte p. 310 ; 098 090 0657 ; 61 Th Thalang ; 9h-19h lun-ven, 9h-20h30 sam-dim ;). Briques et béton donnent à ce café hautement branché, sur deux niveaux, des airs de galerie d'art. Des livres d'occasion (à vendre) sont exposés dans la salle à l'avant, des vélos sont suspendus au mur et un roman de Gabriel García Márquez sert de poignée de porte. Excellent café (50-90 B), jus, gâteaux et petits-déjeuners toute la journée (120-150 B).

Shelter Coffee CAFÉ
(Carte p. 310 ; www.facebook.com/thesheltercoffeephuket ; 97 Th Dibuk ; 8h30-18h jeu-mar ;). Les cafés (55-150 B) de cet établissement expérimental et décontracté, récompensé par un prix national, comptent parmi les meilleurs de Phuket. Le café infusé à froid durant 72 heures est le produit phare, mais tous les classiques (dont le café AeroPress et la spécialité du jour) sont soigneusement présentés. Également tisanes thaïlandaises, réconfortants chocolats chauds, petits-déjeuners toute la journée et plats thaïlandais (90-160 B).

Dibuk House BAR À COCKTAILS
(Carte p. 310 ; 086 796 4646 ; www.facebook.com/dibukhouse ; 39/2 Th Dibuk ; 19h-2h). Bougies et sol carrelé décorent le bar à cocktails artisanaux le plus en vue de la

100% LOCAL

FÊTE VÉGÉTARIENNE : MUTILATIONS, PÉTARDS ET PROCESSIONS

Des bruits d'explosions résonnent, l'air est chargé d'une fumée gris brunâtre. Des hommes et des femmes déambulent dans les rues fermées à la circulation, les joues transpercées par des broches et des couteaux, voire par des pieds de lampe et des branches d'arbres. Certains ont le dos ou le torse ruisselant de sang. Non, ce n'est pas une scène de guerre ! C'est la **Fête végétarienne** (www.phuketvegetarian.com ; ⌚fin sept-oct), l'une des plus importantes fêtes traditionnelles de l'île, qui bat son plein à Phuket-ville.

Pendant les neuf premiers jours du neuvième mois lunaire du calendrier chinois, les habitants célèbrent le début du jeûne taoïste, que respectent certains Chinois croyants en s'abstenant de manger viande, laitages et alcool. Des processions quotidiennes parcourent la ville avec une foule d'enfants et de *gà·teu·i* (ou *kàthoey* ; transsexuels et travestis), aux costumes élaborés, des armées de jeunes portant des drapeaux, et, surtout, des hommes et des femmes pratiquant de terrifiants actes d'automutilation (âmes sensibles s'abstenir). Les commerçants du centre de Phuket-ville élèvent des autels devant leurs boutiques, offrant aux neuf dieux-empereurs invoqués durant la fête neuf petites tasses de thé, de l'encens, des fruits, des bougies et des fleurs.

Parmi les participants, ceux qui jouent le rôle de médium appellent les neuf dieux à descendre sur terre : entrés en transe, ils se percent les joues avec toutes sortes d'objets improbables, se tailladent la langue ou se flagellent avec des boules d'acier hérissées de pointes. Au fil de la procession, ces médiums s'arrêtent aux autels dressés devant les boutiques, ramassent les fruits offerts, boivent le thé et bénissent l'édifice. Les marchands et leurs familles joignent alors les deux mains, dans un geste de respect, le *wâi*. Au-delà de tout ce spectacle, des stands bon marché vendent de délicieux mets végétariens dans les petites rues, et de nombreux restaurants ne servent plus de viande.

Irréel, déroutant, fou... il n'existe pas de mot pour décrire ce spectacle. La Tourism Authority of Thailand (p. 308) à Phuket publie le calendrier des festivités. La fête a également lieu à Trang, Krabi, Phang-Nga et dans d'autres villes du sud du pays.

ville, un espace sombre et élégant dans une *shophouse* sino-portugaise relookée. Derrière le comptoir dominé par des miroirs, les barmans en gilet préparent avec art des cocktails puissants et avant-gardistes (250-350 B). Le délicat Wynn de Fleur associe gin, infusion de fruits rouges, aloès, citron et jasmin.

Club No 43 BAR À COCKTAILS
(Carte p. 310 ; ☎099 305 6333 ; 43 Th Yaowarat ; ⌚18h-tard ; 📶). Roses rouges dans des bouteilles Hendrick's et bar en briques où s'alignent des objets anciens soulignent la créativité de ce bar-lounge expérimental servant des cocktails artisanaux. Des herbes thaïlandaises infusent dans des mélanges (300-380 B) comme le "43 Old Town", un cocktail maison à base de vodka aux épices, inspiré du *dôm yam* et servi dans une théière.

Achats

Des boutiques bohèmes-chics vendant bijoux, vêtements, étoffes et souvenirs sont dispersées un peu partout dans la vieille ville au côté de nombreuses galeries d'art et d'antiquaires. Phuket-ville accueille par ailleurs plusieurs marchés de qualité, dont l'immense **marché du week-end** (Naka Market ; carte p. 306 ; près de Th Chao Fa West ; ⌚16h-22h sam-dim) et le **Sunday Walking Street** (carte p. 310 ; Th Thalang ; ⌚16h-22h dim).

Ranida ANTIQUITÉS, MODE
(Carte p. 310 ; 119 Th Thalang ; ⌚10h-20h lun-sam). Cette élégante galerie d'antiquités vend bouddhas et sculptures, textiles bio et audacieux vêtements féminins haut de gamme inspirés d'anciens habits et tissus thaïlandais.

Pink Flamingo MODE, ACCESSOIRES
(Carte p. 310 ; 39/12 Th Yaowarat ; ⌚10h-20h). Dans un vieux bâtiment à arcades élégamment restauré, ce "tropical concept-store" autoproclamé vend robes, caftans et accessoires artisanaux balinais conçus avec des tissus légers, colorés et brodés. Le bar-restaurant à l'étage sert tapas, salades et pâtes (105-345 B) au milieu de superbes peintures murales.

Ban Boran Textiles TEXTILES

(Carte p. 310 ; 51 Th Yaowarat ; ⌚10h30-18h30 lun-sam). Les rayonnages de cette minuscule boutique de mode débordent de foulards en soie de grande qualité, objets laqués du Myanmar, sarongs, chemises en lin, ravissants sacs colorés, étoffes de coton de Chiang Mai et tissus fabriqués par des communautés ethniques d'Asie du Sud-Est.

Renseignements

Vous trouverez de nombreux DAB dans Th Phuket, Th Ranong, Th Montri et Th Phang-Nga.

Comment s'y rendre et circuler

AVION

L'aéroport international de Phuket est à 30 km au nord-ouest de la ville. THAI (p. 310), la compagnie aérienne nationale, assure des vols depuis/vers Bangkok-Suvarnabhumi. Bangkok Airways (p. 308), AirAsia et Nok Air rallient aussi Bangkok, de même que d'autres destinations thaïlandaises comme Chiang Mai, Hat Yai et Ko Samui. Les liaisons internationales directes comprennent notamment Dubai, Abu Dhabi, Hong Kong, Kuala Lumpur, Singapour, Pékin, Shanghai.

BUS

Le terminal des bus n°1 de Phuket (p. 309) est utilisé par les minibus et la **navette officielle de l'aéroport** (www.airportbusphuket.com), de couleur orange vif, qui effectue 12 allers-retours par jour (100 B, 1 heure) via le monument aux Héroïnes ; la navette part entre 8h et 20h30 de l'aéroport, entre 6h et 18h30 de Phuket-ville. Un bus local (30 B) et des minibus (50 B) circulent depuis/vers Patong entre 7h et 17h.

Les bus interprovinciaux partent du terminal de bus n°2 de Phuket (p. 308), à 4 km au nord de Phuket-ville. Un *songthaew* rose relie les deux terminaux toutes les 20 minutes (50 B) ; le trajet coûte 100 B en moto-taxi, 300 B en taxi.

MINIBUS

Du terminal des bus n°1 de Phuket (p. 309), à 500 m à l'est du centre-ville, des minibus partent pour Patong (50 B, 7h-17h) et diverses destinations du sud de la Thaïlande.

SONGTHAEW ET TUK-TUK

Partant d'un arrêt (p. 308) situé près du marché de jour, des *songthaew* de la taille d'un bus desservent de manière régulière les plages de Phuket (30-40 B/pers, 30 minutes-1 heure 30) entre 7h et 17h ou 18h. On peut aussi rejoindre les plages en *tuk-tuk*

BUS AU DÉPART DU TERMINAL DES BUS N°2 DE PHUKET

DESTINATION	TARIF	DURÉE	DÉPARTS	TYPE DE BUS
Bangkok	920 B	12 heures	16h, 17h, 17h20, 18h, 18h20, 18h30 et 19h	VIP
	590-685 B	12 heures	6h30, 13h30, 15h, 15h30, 16h30, 17h, 17h30, 18h et 18h30	climatisé
Chiang Mai	1 650 B	24 heures	12h30	VIP
Chiang Rai	1 750 B	26 heures	15h	climatisé
Hat Yai	510 B	7 heures	21h45	VIP
	255 B	7 heures 30	ttes les heures 7h-22h	climatisé
Khao Sok	180 B	4 heures	5h, 6h, 7h30, 8h30, 9h30, 11h, 12h30, 13h40 et 15h	climatisé
Ko Pha Ngan	550 B	9 heures 30 (bus/bateau)	9h	climatisé
Ko Samui	450 B	7 heures 30 (bus/bateau)	9h	climatisé
Krabi	145 B	3 heures	environ ttes les heures 4h50-19h, 20h50	climatisé
Phang-Nga	80-100 B	2 heures	environ ttes les heures 4h50-20h15	climatisé
Ranong	225 B	5 heures	5h30, ttes les heures 7h10-18h10	climatisé
Satun	340 B	8 heures	8h15, 10h15, 12h15 et 20h15	climatisé
Surat Thani	195-200 B	5 heures	8h, 10h, 11h, 12h et 14h	climatisé
Trang	230 B	5 heures	environ ttes les heures 4h50-19h, 20h50	climatisé

MINIBUS AU DÉPART DE LA VIEILLE VILLE DE PHUKET

DESTINATION	PRIX	DURÉE	DÉPARTS
Hat Yai	370 B	7 heures	ttes les 2 heures 8h-18h
Ko Lanta	280 B	5 heures	ttes les heures 8h30-11h30, 13h30 et 15h30
Krabi	140 B	3 heures	18/jour 6h35-17h55
Phang-Nga	100 B	2 heures	17/jour 5h40-17h20
Surat Thani	200 B	4-5 heures	ttes les heures 7h-17h

(à partir de 400 B pour Rawai, Kata et Ao Bang Thao, 500 B pour Patong, Karon et Surin, 600 B pour Kamala).

Pour un trajet en ville, comptez 100-200 B en *tuk-tuk* et environ 50 B en moto-taxi.

TAXI

Un taxi depuis/vers l'aéroport coûte 550 B. Contrairement à ce qui est souvent affirmé, le taxi n'est pas le seul moyen de gagner les plages, toutefois il reste une possibilité : comptez environ 500 B depuis/vers Patong, 600 B depuis/vers Kata et 700 B depuis/vers Surin.

VOITURE ET MOTO

On trouve des agences de location à bas prix dans Th Rassada, notamment **Pure Car Rent** (carte p. 310 ; ☎076 211002 ; www.purecarrents.com ; 73 Th Rassada ; ⏲9h-19h), bonne option dans le centre, et d'autres à proximité. Une voiture coûte environ 1 200 B/jour (assurance incluse). Les loueurs internationaux présents à l'aéroport international de Phuket pratiquent des prix plus ou moins équivalents.

Vous pouvez louer des motos dans Th Rassada, ainsi que chez Pure Car Rent et ailleurs en ville pour 200 à 250 B/jour.

Laem Phanwa แหลมพันวา

Laem Phanwa, un cap étiré couvert de jungle au sud de Phuket-ville, offre l'occasion d'un véritable retour à la nature. Selon certains, c'est le dernier vestige de la Phuket d'autrefois. La partie la plus développée se situe près du port, à la pointe du cap (à 12 km au sud de Phuket-ville). On y trouve quelques complexes hôteliers de luxe et l'aquarium de Phuket.

De part et d'autre du port, plages et criques sont restées relativement sauvages. Protégées par des promontoires rocheux et des mangroves, elles sont accessibles grâce à une belle route côtière en lacets. On vient ici pour trouver calme et tranquillité.

À voir et à faire

Aquarium de Phuket AQUARIUM

(สถานแสดงพันธุ์สัตว์น้ำภูเก็ต ; carte p. 306 ; ☎076 391406 ; www.phuketaquarium.org ; 51 Th Sakdidej ; adulte/enfant 180/100 B ; ⏲8h30-16h30 ; Ⓟ). Découvrez le merveilleux monde sous-marin de la Thaïlande à l'aquarium de Phuket, installé près du port, à la pointe de Laem Phanwa (à 12 km au sud de Phuket-ville). Les espèces présentées ne sont pas d'une immense diversité, mais les panneaux et légendes en anglais sont intéressants. Cherchez le requin à pointes noires, le silure-tigre aux airs de zèbre des mers et l'anguille électrique, capable d'électrocuter avec une puissance de 600 V. L'Aqua Dome, une coûteuse infrastructure multimédia, a été inaugurée en 2018.

♥ **Cool Spa** SPA

(Carte p. 306 ; ☎076 371000 ; www.coolspaphuket.com ; Sri Panwa, 88 Mu 8, Th Sakdidej ; soins à partir de 4 500 B ; ⏲10h-21h). Cette élégante merveille aux délicats carreaux bleus, l'un des meilleurs spas de Phuket, comprend piscines à flanc de colline avec vue sur la mer et six salles équipées de cascades où sont dispensés soins du visage, gommages et enveloppements aux fruits. Le cadre, sur Laem Phanwa, la pointe la plus méridionale de Phuket, est littéralement paradisiaque. Les soins mêlent techniques thaïlandaises, indiennes, balinaises et suédoises ; les massages thaïlandais, la spécialité, sont prodigués sur un matelas de sol, comme le veut la tradition.

Où se restaurer et prendre un verre

♥ **Baba Nest** BAR À COCKTAILS

(Carte p. 306 ; ☎076 371000 ; www.babaphuket.com ; Sri Panwa, 88 Mu 8, Th Sakdidej ; ⏲17h-21h ; 📶). Frangé de miroirs d'eau scintillants, eux-mêmes entourés par la mer d'Andaman et ses îles, le bar lounge installé sur le toit du **Sri Panwa** (www.sripanwa.com ; avec petit-déj ste

13 700-24 000 B, villa 1 chambre 21 300-31 000 B ; P ❄ 📶 🏊) est absolument magique – c'est l'un des meilleurs endroits de l'île (et du pays) où admirer le soleil couchant en dégustant des cocktails classiques (500-1 000 B) élégamment préparés et des tapas d'inspiration mexicaine (350 B). Réservez plusieurs semaines à l'avance (une dépense minimale de 2 000 B minimum est requise, facturée dès la réservation).

À l'extrémité sud de Laem Phanwa, à 12 km au sud de Phuket-ville.

Depuis/vers Laem Phanwa

Entre 8h et 17h30, des *songthaew* desservent Laem Phanwa depuis Th Ranong, à Phuket-ville (30 B), avec pour terminus l'aquarium de Phuket. En taxi, comptez 400 B.

Rawai ราไวย์

Cette étendue tranquille de la côte sud de Phuket attire en nombre retraités, artistes et entrepreneurs thaïlandais et expatriés. Le secteur des services y est en plein essor, et l'on y trouve d'innombrables cafés décontractés promouvant un mode de vie sain, ainsi que de nombreux cours de yoga et de *muay thai* (boxe thaïlandaise).

La région se caractérise autant par ses belles plages de sable blanc que par ses luxuriantes collines côtières, dressées abruptement. En redescendant vers la mer d'Andaman, elles forment Laem Phromthep, le magnifique point le plus méridional de Phuket. Les collines de Rawai, parcourues de hameaux reliés par une poignée de routes, sont très convoitées des promoteurs et l'on craint déjà que la frénésie immobilière ne chasse tous les grills de poisson et les petits bars de plage – espérons que cela ne se produira pas trop vite. En attendant, la nature reste reine, en particulier sur la plage.

À voir

♥ Hat Nai Harn PLAGE
(หาดในหาน ; carte p. 318). Demandez à un Phuketois ou un expatrié de nommer sa plage préférée et il vous répondra certainement Hat Nai Harn. Du côté ouest de Laem Phromthep, ce magnifique croissant blanc, baigné par des eaux turquoise et bordé par des filaos et un *wat*, reste l'un des meilleurs endroits de Rawai où se baigner et prendre le soleil (attention cependant aux courants d'arrachement en basse saison).

♥ Laem Phromthep POINT DE VUE
(แหลมพรหมเทพ ; carte p. 318 ; Rte 4233). Gagnez le point le plus méridional de l'île pour voir l'étincelante mer d'Andaman épouser le littoral. Le cap est couronné d'un phare moderne évoquant un crabe de béton et d'un bel autel dont les statues d'éléphants sont parées de guirlandes de fleurs ; prévoyez d'y passer un moment. Les bus touristiques s'y déversent au coucher du soleil ; pour plus de tranquillité, arrivez à 16h ou descendez le sentier des pêcheurs, assez mal défini. Vous rejoindrez ainsi une péninsule rocheuse où vous pourrez admirer le soleil couchant en paix.

Chalong Bay Rum DISTILLERIE
(ฉลองเบย์รัม ดิสทิลเลอรี่ ; carte p. 306 ; ☎093 575 1119 ; www.chalongbayrum.com ; 14/2 Mu 2, Soi Palai 2, près de Th Chao Fa East ; visite guidée 450 B ; ⏲11h-22h, visites guidées ttes les heures 14h-18h ; P). Chalong, à 9 km au nord de Rawai, accueille la seule distillerie en activité de Phuket, lancée par Marine Lucchini et Thibault Spithakis, un couple français partageant une passion pour le rhum. Lorsque vous arriverez pour la visite de 30 minutes, on vous offrira un mojito concocté à partir de ce délicieux breuvage. La distillerie accueille aussi des ateliers cocktails de 2 heures (lundi et jeudi ; 1 700 B). Réservation recommandée, surtout pour connaître le chemin. À 3 km au nord-est du Chalong Circle. Prenez à droite (vers l'est) aux panneaux indiquant le zoo de Phuket ; la distillerie est signalée peu après.

Activités

Circuit privé en bateau BATEAU
(Carte p. 318 ; Hat Rawai). Le front de mer de Hat Rawai est un lieu pratique où trouver un bateau pour les îles au large (plutôt populaires de nos jours), notamment la proche Ko Bon (*long-tail boat/speedboat* 1 200/2 400 B) et Coral Island (1 800/3 500 B), un site de snorkeling tranquille ; 8 passagers maximum. Les prix dépendront de vos talents de négociateur.

Muay thai

Épicentre de la boxe thaïlandaise à Phuket, Rawai abrite une demi-douzaine d'écoles de *muay thai* où les étudiants (hommes et femmes) s'entraînent avec des combattants professionnels. Les écoles les plus prisées incluent **Kingka Muay Thai** (carte p. 318 ; ☎076 226495 ; www.kingkamuaythai.com ; 43/42 Mu 7, Soi Sai Yuan, Th Viset ; par session/

Hat Nai Harn et Hat Rawai

sem 600/3 000 B ; ⏲7h-19h), **Sinbi Muay Thai** (carte ci-dessus ; ☎093 690 3322 ; www.sinbi-muaythai.com ; 100/15 Mu 7, Th Sai Yuan ; par session/sem 400/3 000 B ; ⏲7h30-18h lun-sam, 9h-18h dim) et, à Chalong, **Tiger Muay Thai** (carte p. 306 ; ☎076 367071 ; www.tigermuaythai.com ; 7/35 Mu 5, Soi Taiad, Chalong ; par session/sem 500/3 500 B ; ⏲7h-19h lun-sam).

Kitesurf

Rawai est appréciée des kitesurfeurs de novembre environ à avril. **Kite Zone** (carte p. 306 ; ☎083 395 2005 ; www.kitesurfthailand.com ; Hat Friendship ; cours 1 heure 1 600 B, cours 3 jours 10 000-15 000 B ; ⏲horaires variables) et **Kiteboarding Asia** (carte p. 306 ; ☎081 591 4594 ; www.kiteboardingasia.com ; 26/4 Th Viset ; cours 1/3 jours 4 000/11 000 B ; ⏲9h-18h nov-avr) comptent parmi les prestataires fiables. Pendant la mousson, d'avril à octobre, de nombreuses écoles locales donnent leurs cours sur Hat Nai Yang, au nord-ouest de Phuket.

Yoga

La paisible Rawai compte certaines des écoles de yoga les mieux établies de Phuket, dont **Ganesha Yoga Shala** (carte ci-dessus ; ☎089 868 2639 ; www.ganeshayogaphuket.com ; 25/7 Soi Salika, Th Viset ; cours 350 B ; ⏲dim-ven).

Où se loger

Good 9 at Home PENSION $

(Carte ci-dessus ; ☎081 834 3898 ; www.good9athome.com ; 62 Mu 6, Soi Wassana, Hat Rawai ; d 800 B ; ❄📶). À côté d'un joli patio, dans une rue verdoyante à 300 m au nord de Hat Rawai, ces chambres de style contemporain, dotées de salles de bains aux murs carrelés colorés et rehaussées de touches artistiques, offrent un bon rapport qualité/prix. La maison, peinte en gris et vert citron, est propre et confortable, avec un petit coin salon pour boire le café. Vélos à louer.

Hat Nai Harn et Hat Rawai

Rawai Beach Resort HÔTEL $$
(Carte page ci-contre ; ☎081 311 8189 ; www.rawaibeachresort.com ; 42 Mu 6, Th Viset, Hat Rawai ; d 1 150-2 500 B ; P❄📶🏊). Un complexe hôtelier contemporain blanchi à la chaux à deux pas du centre de Hat Rawai, dans un magnifique parc verdoyant. D'un bon rapport qualité/prix, les chambres sobres et lumineuses, avec bouilloire, réfrigérateur et balcon, sont réparties dans 3 maisons autour d'une piscine. Les "Cosy" sont tout à fait spacieuses et les immenses "Suites" comprennent un salon. Personnel serviable et petite bibliothèque.

Vijitt RESORT $$$
(Carte page ci-contre ; ☎076 363600 ; www.vijittresort.com ; 16 Mu 2, Th Viset, Hat Friendship ; villas avec petit-déj 6 500-30 450 B ; P❄📶🏊). Sans conteste la plus élégante propriété de Rawai, ce paisible *resort* est émaillé de frangipaniers et de villas dotées de grandes baignoires, douches extérieures et terrasses privatives avec vue splendide sur la mer (certaines ont leur propre piscine). L'incroyable piscine à débordement carrelée de noir, sur plusieurs niveaux, donne sur Hat Friendship.

Où se restaurer

Une dizaine de restaurants le long de la route à Hat Rawai proposent toute la journée de délicieuses grillades de poisson et de fruits de mer (plats 90-300 B). On s'assoit sur des chaises en plastique ou à des tables basses sur des couvertures au sol. Le poisson est frais, tout comme les crabes, palourdes, moules, calmars, homards et crevettes tigrées.

German Bakery EUROPÉEN $
(Carte page ci-contre ; Th Viset ; plats 80-200 B ; ⌚7h30-16h30). Adresse prisée pour le petit-déjeuner, ce sympathique restaurant semi-extérieur élabore les meilleures viennoiseries de Rawai. Pain complet, crêpes à l'ananas, pain perdu, saucisses et choucroute sont aussi excellents.

Number 1 Thai Food THAÏLANDAIS $
(Carte page ci-contre ; www.facebook.com/Number-1-Restaurant-818810614824135, 83/40 Mu 2, Th Viset ; plats 100-150 B ; ⌚16h-minuit). Ce charmant café-restaurant installé dans le jardin du chef sert une délicieuse cuisine thaïlandaise comprenant curry *pá·naang* très épicé riche en crème de coco, crevettes au tamarin, soupe de poisson épicée et poisson frais du jour, grillé, frit ou cuit à la vapeur.

Natural Efe Macrobiotic World VÉGÉTARIEN $$
(Carte page ci-contre ; ☎076 390301 ; www.macrobioticworld.com ; 14/93-94 Mu 1, Th Viset ; plats 140-300 B ; ⌚9h-21h ; 📶✎). Les délices véganes bio et sans sucre (sandwichs au tofu, salade de quinoa et de fruits secs, soupe de lentilles, bols petit-déjeuner, etc.) sont servis à des tables en bois disposées autour d'une piscine dans une arrière-cour verdoyante. Buffet bio à volonté les samedis et dimanches (300 B) en haute saison, ainsi que thés, jus fraîchement pressés et autres boissons (lait de chanvre notamment).

Delish Cafe CAFÉ $$
(Carte page ci-contre ; ☎076 388149 ; www.facebook.com/DelishCafePhuket ; 5/30 Th Viset ; repas 140-210 B ; ⌚7h30-17h lun-sam ; 📶). Les fantastiques petits-déjeuners maison, comprenant café et avocats de Chiang Rai, confitures

VAUT LE DÉTOUR

ESCAPADE PHUKET-NATAI

Officiellement dans la province de Phang-Nga, **Natai**, à 26 km au nord de l'aéroport international de Phuket, immédiatement à l'ouest de la ville de Khok Kloi, reste assez proche de Phuket pour se visiter en une journée. Sa vaste plage de sable blanc est sublime, mais on s'y rend avant tout pour échapper à la foule de Phuket et goûter à une relative solitude. Vous y trouverez plusieurs établissements où passer la nuit. Certains d'entre eux fournissent des vélos, excellent moyen d'explorer la région.

Natai est surtout connue pour ses *resorts* de luxe ultra-sélect, affichant tous des prix exorbitants, mais des adresses de catégorie moyenne sont aussi disséminées dans la région. Affaire familiale, la **Lantala Residence** (☎083 421 0803 ; Khok Kloi ; ch à partir de 1 600 B) loue plusieurs bungalows sur pilotis au-dessus d'un étang, dont le parquet sombre est assorti au mobilier et aux grands balcons. Les sympathiques propriétaires vous prêteront des vélos pour faire le court trajet jusqu'à la plage ou jusqu'au supermarché Tesco voisin. Le boutique-hôtel **Aleenta** (☎à Bangkok 02 514 8112 ; www.aleenta.com ; 33 Mu 5, Ban Natai ; ch avec petit-déj à partir de 9 400 B ; ❄📶🏊) propose d'élégantes chambres de style loft avec des baies vitrées donnant sur des piscines à débordement.

Les complexes hôteliers de Natai sont assortis de fantastiques restaurants. Les voyageurs avec un budget plus modeste trouveront néanmoins des tables moins chères comme le **Rabiang Lay Seafood Restaurant** (☎061 238 2065 ; plats 150-400 B ; ⏲11h-22h ; 📶), établissement en bord de mer à l'ambiance décontractée dont la vaste carte comprend croquettes de crevettes, salades de fruits de mer, poisson vapeur à la sauce citron, *fish and chips* et boissons à prix raisonnable. C'est aussi un endroit parfait pour admirer le soleil couchant. Espèces uniquement.

Un taxi depuis/vers l'aéroport de Phuket coûte 700 B. On peut également louer une voiture à l'aéroport (à partir de 1 000 B/jour) pour rejoindre Natai par ses propres moyens.

artisanales, bols de muesli aux fruits, croissants garnis et pain perdu à la mangue, sont le grand attrait de ce lieu accueillant géré par des Australiens. Installez-vous sur la terrasse fleurie donnant sur la rue ou dans la salle climatisée.

Rock Salt INTERNATIONAL $$$

(Carte p. 318 ; ☎076 380200 ; www.thenaiharn.com ; 23/3 Mu 1, Th Viset, Hat Nai Harn ; plats 500-850 B ; ⏲7h30-10h et 12h30-23h ; 📶🖉). La terrasse de ce charmant restaurant domine le nord de Hat Nai Harn, et les vagues viennent taquiner les rochers en contrebas. La carte méditerranéo-thaïlandaise inventive joue avec les produits de saison bio et les saveurs internationales (pâtes au pesto de pois, bouillabaisse aux produits de la mer de Rawai ou encore poisson du jour, cuit à la vapeur ou au feu de bois). La charcuterie, les fromages, les pains et les yaourts sont faits maison, et l'impressionnante carte des vins comprend des rosés thaïlandais. C'est aussi un excellent endroit pour boire un café, cocktail ou jus de fruits. L'établissement fait partie du luxueux *resort* de Nai Harn.

🍷 Où prendre un verre et faire la fête

Nikita's BAR

(Carte p. 318 ; ☎076 288703 ; www.nikitas-phuket.com ; Hat Rawai ; ⏲9h30-23h ; 📶). Ce bar en plein air établi de longue date ouvre sur la mer, immédiatement à l'ouest de l'embarcadère de Rawai. On y sirote cocktails et bières à prix raisonnables ainsi que café, thé vert et milk-shakes variés. On pourra aussi vous servir pizzas au feu de bois, plats internationaux et fruits de mer.

Reggae Bar BAR

(Carte p. 318 ; Th Viset ; ⏲12h-tard). Autour d'un vieux hangar en bois, cette adresse décorée d'un joyeux fatras vibre au rythme du reggae. Maroquinerie le jour, le lieu accueille le soir sessions de musique improvisées, concerts plus ou moins organisés, barbecues et fêtes, avec des groupes de reggae locaux et, parfois, des célébrités rastas de Thaïlande. Les murs sont couverts d'œuvres d'art et de graffitis. Horaires d'ouverture variables.

Sur la rive nord du lac de Nai Harn.

Depuis/vers Rawai

Le Phuket Smart Bus (p. 309) relie la jetée de Rawai à l'aéroport international de Phuket (p. 308 ; 2 heures) toutes les heures environ, entre 6h et 20h15 via Kata, Karon, Patong, Kamala, Surin et Ao Bang Thao ; le trajet coûte de 50 à 170 B selon la distance parcourue.

Comptez 30 B pour rejoindre Rawai en *songthaew* depuis Th Ranong à Phuket (7h-17h30). Certains continuent jusqu'à Hat Nai Harn (40 B, 8h-18h), mais pas tous – renseignez-vous avant de partir.

De Rawai/Hat Nai Harn, des taxis vous emmèneront à l'aéroport international de Phuket (1 000 B), Patong (700 B) ou Phuket-ville (500 B). Un taxi entre Rawai et Nai Harn revient à 200 B.

Hat Patong ป่าตอง

076 / POP 20 900 HABITANTS

La destination la plus connue de Phuket est également la plus controversée. Dans cet univers de béton, de silicone et de débauche, tout ou presque peut se monnayer. C'est le cas en d'autres lieux de Thaïlande, mais à Patong, on ne s'en cache pas. Certains voyageurs évitent d'ailleurs complètement cette partie de Phuket.

Il n'est pas certain que vous aimerez Hat Patong, mais en voyant cette longue plage de sable blanc longeant une baie en demi-lune, vous comprendrez l'origine de son succès. On trouve ici un nombre infini de clubs de plongée, spas, restaurants gastronomiques, stands de poissons grillés, cabarets exubérants, combats de boxe thaïlandaise, boutiques d'antiquités poussiéreuses et – l'attrait principal pour beaucoup – des fêtes qui durent du crépuscule à l'aube.

Sur place, les visiteurs rougis par le soleil et habillés de grossière contrefaçon, les groupes de touristes qui déambulent sans fin, les étrangers dont la crise de la quarantaine alimente une industrie à part entière et le développement immobilier anarchique donnent à Patong un caractère tragi-comique.

À voir et à faire

Sea Fun Divers PLONGÉE

(Carte p. 306 ; 081 367 4542 ; www.seafundivers.com ; 29 Soi Karon Nui ; excursion 2/3 plongées 3 900/4 400 B ; 9h-18h). Excellent centre de plongée (un peu plus cher que les autres), installé au Méridien, juste au-delà de l'extrémité sud de Patong. Les prestations sont de qualité et les moniteurs enthousiastes et professionnels. Les adeptes du snorkeling peuvent participer aux excursions pour 2 900 B. Le brevet PADI Open Water coûte entre 18 400 et 21 400 B.

Une succursale est présente à Kata (p. 327).

Let's Relax SPA

(Carte p. 322 ; 076 366800 ; www.letsrelaxspa.com ; 184/14 Th Pangmuang Sai Kor ; massage/soin 300-4 000 B ; 10h-minuit). Dans l'ambiance feutrée et parfumée d'eucalyptus de ce spa d'une chaîne nationale reconnue, choisissez votre programme. Réflexologie, puis gommage corporel aux fleurs ? Bain de vapeur thaïlandais aux herbes suivi d'un massage aux pierres chaudes et d'un soin du visage ? Ou forfait complet d'une demi-journée Day Dream (4 000 B) ?

Autres succursales à l'extrémité sud de la ville et à Karon.

Nicky's Handlebar MOTO

(Carte p. 322 ; 084 824 7777 ; www.nickyhandlebars.com ; 41 Th Rat Uthit ; circuit 1/2 jours avec location de moto à partir de 9 000/21 000 B ; 7h-1h). Les grosses cylindrées louées sont destinées aux initiés. Nicky organise des circuits en Harley-Davidson sur Phuket et Phang-Nga depuis plus de 10 ans avec des itinéraires de 2 jours dans les provinces de Phang-Nga et Ranong. Locations de Harley également possibles pour des explorations indépendantes (à partir de 4 800 B/jour). Permis moto obligatoire.

Pum Thai Cooking School CUISINE

(Carte p. 322 ; 076 346269 ; www.pumthaifoodchain.co.th ; 204/32 Th Rat Uthit ; cours 3/5 heures 1 700/3 700 B ; cours 11h, 16h et 18h). Ce restaurant doublé d'une école de cuisine (avec des adresses en Thaïlande, en France et au Royaume-Uni) propose plusieurs cours par jour en petits groupes. Le cours de 4 heures "Little Wok" (2 400 B), très prisé, inclut un tour au marché et un livre de recettes à emporter chez soi. On peut aussi apprendre à préparer un plat unique lors d'un cours de 30 minutes (500 B).

Fêtes et festivals

Phuket Pride Week LGBT

(www.phuket-pride.org ; avr). Les Prides de Bangkok et Pattaya drainent plus de monde, mais celle de Phuket est souvent considérée comme la meilleure de Thaïlande, voire d'Asie du Sud-Est. Les dates ont changé

Hat Patong

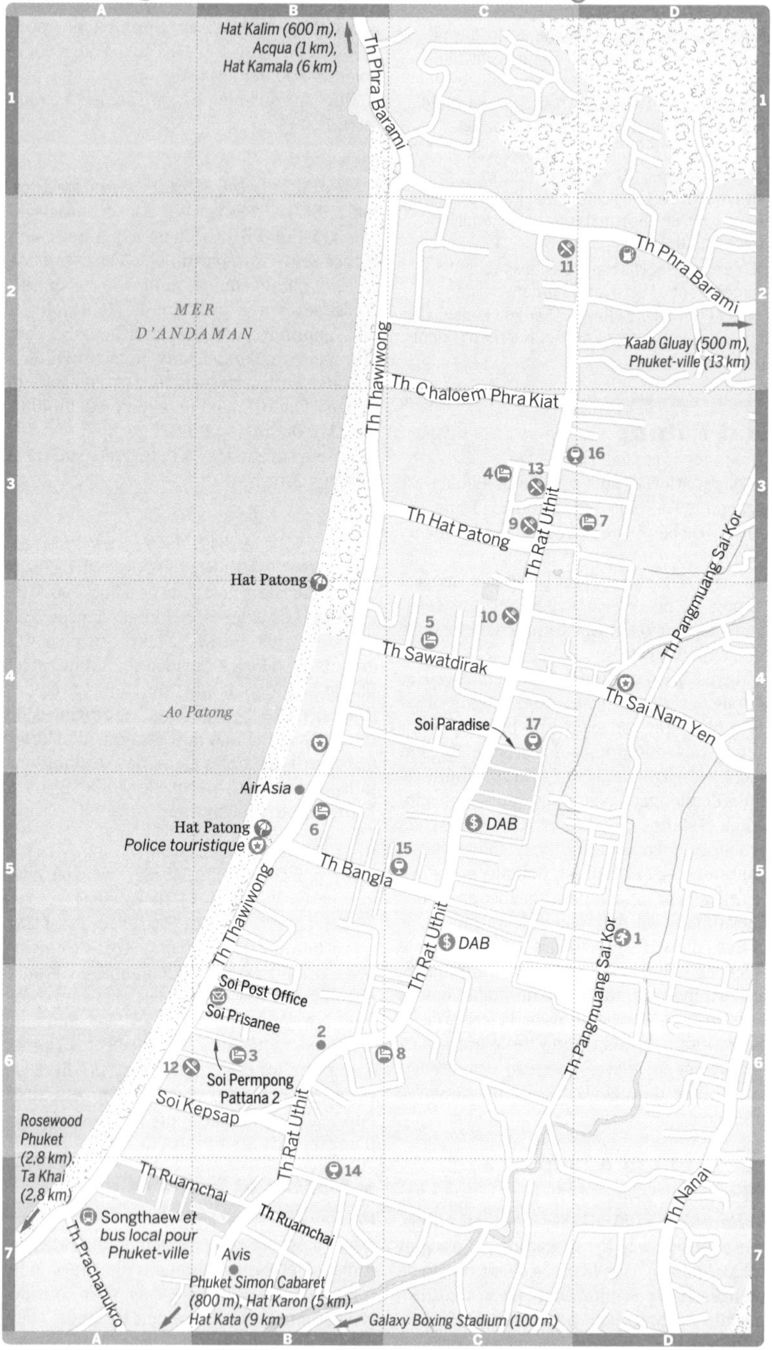

0 200 m
Hat Kalim (600 m), Acqua (1 km), Hat Kamala (6 km)
Th Phra Barami
MER D'ANDAMAN
Th Phra Barami
Kaab Gluay (500 m), Phuket-ville (13 km)
Th Thawiwong
Th Chaloem Phra Kiat
Th Hat Patong
Th Rat Uthit
Hat Patong
Th Sawatdirak
Th Pangmuang Sai Kor
Th Sai Nam Yen
Ao Patong
Soi Paradise
AirAsia
Hat Patong
Police touristique
DAB
Th Bangla
Th Thawiwong
Th Rat Uthit
DAB
Th Pangmuang Sai Kor
Soi Post Office
Soi Prisanee
Soi Permpong Pattana 2
Soi Kepsap
Th Rat Uthit
Rosewood Phuket (2,8 km), Ta Khai (2,8 km)
Th Ruamchai
Th Ruamchai
Th Nanai
Songthaew et bus local pour Phuket-ville
Th Prachanukro
Avis
Phuket Simon Cabaret (800 m), Hat Karon (5 km), Hat Kata (9 km)
Galaxy Boxing Stadium (100 m)

Hat Patong

plusieurs fois depuis la création de la manifestation en 1999 (elle n'a pas eu lieu du tout en 2018), mais elle se déroule généralement fin avril. Les fêtards, pour la plupart des hommes, viennent du monde entier, et séjournent en particulier à Patong.

Où se loger

L'offre d'hébergement, très variée, va des festives auberges de jeunesse aux luxueux *resorts* en front de mer en passant par de chaleureuses pensions. Entre novembre et avril, si vous ne trouvez pas de lit en auberge de jeunesse (il y en a d'excellentes, mais la réservation est nécessaire), vous aurez du mal à dénicher une chambre en dessous de 1 000 B. En dehors de cette période, les prix baissent considérablement.

Lub d AUBERGE DE JEUNESSE $

(Carte page ci-contre ; 076 530100 ; www.lubd.com ; 5/5 Th Sawatdirak ; avec petit-déj dort 650 B, d 2 600-3 200 B ;). Le hall aux allures d'entrepôt de cette auberge de jeunesse animée comprend un espace de coworking, un ring de *muay thai*, un bar et une piscine. Les dortoirs de 4 lits sont modernes et impeccables avec casiers individuels, étagères, lampes et prises. Les chambres individuelles avec salle de bains sont lumineuses et élégantes, en particulier les "Deluxe" blanc et bleu, dotées de salles de bains carrelées et d'œuvres murales inspirées de l'ambiance des îles ; les meilleures ont un balcon avec hamac.

Slumber Party AUBERGE DE JEUNESSE $

(Carte page ci-contre ; 076 620414 ; www.slumberpartyhostels.com ; près de Th Rat Uthit ; dort 300-450 B ;). Élégamment rénovée, cette auberge de jeunesse appartenant à une chaîne se remplit vite (réservez !). Les dortoirs dépouillés et propres, avec salle de bains, rassemblent 4, 6 ou 10 lits superposés dotés de rideaux, lampes, étagères et prises, mais les voyageurs viennent surtout ici pour l'ambiance festive et les animations (bière-pong, happy hour, *ladies' night*, tournées des bars, etc.).

Patong Backpacker Hostel AUBERGE DE JEUNESSE $

(Carte page ci-contre ; 076 341196 ; www.patong-backpacker.thailandhotels.site ; 140 Th Thawiwong ; dort 350-550 B ;). Idéalement située en face de la plage, cette adresse très simple reste tout à fait correcte pour une ville onéreuse comme Patong. Salon commun, personnel accueillant et dortoirs (4-10 lits) pourvus de bons matelas avec casiers à la réception.

Priew Wan Guesthouse PENSION $$

(Carte page ci-contre ; 076 344441 ; 83/9 Th Rat Uthit ; d 1 200 B ;). À 10 minutes à pied de l'extrémité nord de Hat Patong, dans un *soi* (petite rue) essentiellement résidentiel comptant quelques stands de nourriture, cette pension familiale bien établie, à la façade jaune, semble un peu vieillotte, mais ses chambres spacieuses et bien entretenues (équipées de balcon, coffre-fort, réfrigérateur et télévision) sont d'un prix correct et le personnel est aimable. Importantes réductions en basse saison (avril-octobre).

Armoni Patong Beach Hotel HÔTEL $$

(Carte page ci-contre ; 076 345727 ; armonihotel8@gmail.com ; 92/12 Soi Permpong Pattana 3 ; d 1 170-1 800 B ;). Cet hôtel au personnel serviable est installé au bout d'un *soi* assez tranquille, à quelques minutes à pied de la plage et de Th Bangla. Si les chambres n'ont pas le caractère du hall (rempli d'œuvres d'art), elles sont grandes, lumineuses et propres, et comprennent toutes bons lits, salle de bains moderne, télévision, réfrigérateur et coffre-fort. Les meilleures ont un petit balcon.

BYD Lofts APPARTEMENTS $$$
(Carte p. 322 ; 076 343024 ; www.bydlofts.com ; 5/28 Th Hat Patong ; app 1 ch 5 400-11 200 B ;). Occupant 4 édifices, le BYD semble tout droit sorti des pages d'un magazine de décoration intérieure haut de gamme. À quelques minutes à pied de la plage, ses appartements chics et confortables avec balcon affichent murs blancs, lignes épurées et œuvres d'art colorées. Certains ont une piscine privative et tous ont accès à la piscine turquoise sur le toit ainsi qu'à l'élégant café lounge.

Où se restaurer

Patong dispose d'une multitude de restaurants pour tous les budgets, mais nombre d'entre eux servent une cuisine thaïlandaise édulcorée et des plats internationaux mal exécutés. Les restaurants les plus chics sont réunis à l'extrémité nord de la ville et au-delà, autour de Hat Kalim, où se tient un marché nocturne. Des stands de nourriture à petits prix fleurissent le soir, notamment au **Patong Food Park** (carte p. 322 ; Th Rat Uthit ; plats 50-200 B ; 16h30-minuit) et dans les *soi* autour de Th Bangla.

Chicken Rice Briley THAÏLANDAIS $
(Carte p. 322 ; Th Rat Uthit, Patong Food Park ; plats 50-200 B ; 6h-21h). Voici l'un des rares lieux de restauration du Patong Food Park ouverts le jour : il est presque toujours plein. Les plats comprennent filets de poulet à la vapeur servis sur du riz et accompagnés d'un bouillon de poulet parfumé à la viande, fantastique sauce au piment, porc rôti sur du riz ou encore riz gluant à la mangue.

No 9 2nd Restaurant INTERNATIONAL $$
(Carte p. 322 ; 076 624445 ; 143 Th Phra Barami ; plats 165-800 B ; 11h30-23h30 ;). Derrière une décoration très simple (tables en bois et murs couverts de photos) se cache l'un des meilleurs restaurants de Patong, mais aussi l'un des plus fréquentés pour ses plats thaïlandais, japonais et occidentaux aussi délicieux qu'inventifs. Peu d'établissements sont capables de cuisiner à la fois d'authentiques sushis, des currys thaïs végétariens et des viandes telles que le jarret d'agneau avec une qualité aussi constante.

Kaab Gluay THAÏLANDAIS $$
(Carte p. 306 ; 076 346832 ; 58/3 Th Phra Barami ; plats 135-250 B ; 11h-2h ;). Au bord de la route, à l'extrémité nord de la ville, ce restaurant semi-ouvert sans prétention rencontre un succès fou grâce à ses plats thaïlandais authentiques (crevettes au curry rouge, *satay* de poulet, poisson à l'aigre-douce, poulet frit au miel, nouilles et légumes sautés ou encore salades thaïlandaises) à prix abordables. Vous serez servi par un personnel branché sous un immense toit pourvu de ventilateurs.

Orchids THAÏLANDAIS $$
(Carte p. 322 ; 076 340462 ; 78/3-4 Soi Permpong Pattana 3 ; plats 85-380 B ; 10h-23h). Ici, vous trouverez un cadre accueillant, un personnel attentionné et une cuisine thaïlandaise fantastique. Outre un délicieux *larb gai* (salade de poulet émincé au piment, à la menthe et à la coriandre), on y prépare tous les plats de nouilles, riz, currys et soupes classiques, notamment le *đôm yam gûng* (soupe de crevettes très épicée). Sur place ou à emporter.

Acqua ITALIEN $$$
(Carte p. 306 ; 076 618127 ; www.acquarestaurantphuket.com ; 324/15 Th Phra Barami, Hat Kalim ; plats 400-2 000 B, menu dégustation 8 plats 2 500-3 500 B ; 17h-23h mi-juin à fin mai ;). Le meilleur restaurant italien de Phuket affiche un élégant décor monochrome où se délecter de focaccias maison, mozzarella de bufflonne délicieusement crémeuse et cappellettis maison farcis de potiron et nappés de délicate sauce au gorgonzola. De la pizza aux pâtes en passant par les fruits de mer, toute la cuisine du chef sarde Alessandro Frau est parfaitement exécutée et extrêmement raffinée. La plupart des produits, accompagnés de plus de 400 vins, sont importés d'Italie.

Ta Khai THAÏLANDAIS $$$
(Carte p. 306 ; 076 356888 ; www.rosewoodhotels.com ; Rosewood Phuket, Th Muen-Ngern, Hat Tri-Trang ; plats 290-900 B, menus dégustation 950-2 200 B ; 18h-minuit ;). Avec son architecture traditionnelle inspirée des villages de pêcheurs, ses étangs parsemés de lotus, son pavillon vitré et ses talentueux chefs originaires de Trang, le restaurant sud-thaïlandais du **Rosewood Phuket** (villa avec petit-déj 24 000-59 600 B ; P), en bord de mer, se démarque des autres adresses gastronomiques de la région. Les ingrédients frais du *sôm·đam* sont pilés à votre table tandis que les currys de légumes verts, rouleaux de printemps à la phuketoise, currys jaunes à la chair de crabe ou encore *mŏo hong* (porc braisé au poivre et à l'ail) sont superbement épicés et les cocktails

signature infusés aux herbes maison. À 2,5 km à l'ouest de l'extrémité sud de Hat Patong.

Naughty Nuri's in the Forest VIANDES $$$
(Carte p. 322 ; ☎061 173 0011 ; www.facebook.com/nnphuket ; 112 Th Rat Uthit ; plats 250-2 000 B ; 12h-minuit). Les amateurs de viande se pressent dans cet immense restaurant semi-ouvert, succursale phuketoise d'une chaîne originaire de Bali, gérée par des Australo-Indonésiens. Attablé dans l'une des salles éclairées par des lampes en rotin, on déguste les incontournables côtelettes de porc au barbecue (1 995 B). Le cochon de lait épicé rencontre aussi un grand succès et la carte indonéso-internationale propose un alléchant *nasi goreng* végétarien.

Où prendre un verre et faire la fête

Certains considèrent que la vie nocturne de Patong est plutôt de mauvais goût, mais si vous êtes d'humeur pour des basses assourdissantes, des néons scintillants et des vêtements minimalistes, c'est une expérience à tenter.

Patong est aussi au cœur de la scène LGBT+ de Phuket, concentrée entre le Soi Paradise et le Royal Paradise Complex.

On trouve à **Th Bangla** bière, clubs et go-go bars où des jeunes femmes tournoient devant un public masculin au rythme de la musique techno, dans un décor dominé par des images phalliques. Dans cette atmosphère presque carnavalesque, il faut souvent jouer des coudes pour atteindre le bar.

Zag Club GAY
(Carte p. 322 ; www.facebook.com/phuket.zagclub ; 123/8-9 Royal Paradise Complex ; 20h-4h). Toujours bondée, cette boîte de nuit de Soi Paradise organise des spectacles de cabaret LGBT+ scintillants, à minuit et 1h30 (un ou deux autres ont lieu à d'autres moments). Entre-temps, la foule boit et danse sur les tubes du moment. C'est habituellement le bar gay le plus fréquenté de Patong.

Illuzion CLUB
(Carte p. 322 ; www.illuzionphuket.com ; 31 Th Bangla ; 21h-tard). Le méga-club le plus tendance de Patong est un établissement rutilant, aménagé sur plusieurs niveaux. Il accueille démonstrations de danse et de gymnastique, DJ internationaux, soirées *reggaeton*, soirées tout électro, et plus de bars qu'il n'est possible d'en compter.

Nicky's Handlebar BAR
(Carte p. 322 ; ☎084 824 7777 ; www.nickyhandlebars.com ; 41 Th Rat Uthit ; 7h-1h ;). Ce sympathique bar de *bikers* est ouvert à tous, motards ou non. Autrefois un peu sordide, il n'a jamais eu meilleure mine qu'aujourd'hui. Belle sélection de bières et plats occidentaux et thaïlandais, dont un burger présenté comme le plus épicé du pays. Organisation de circuits en Harley et location (p. 321).

Craft Beer Lounge BIÈRE ARTISANALE
(Carte p. 322 ; www.grandmercurephuketpatong.com ; Grand Mercure Phuket Patong, Soi Rat Uthit ; 10h-23h). La mode de la bière artisanale s'est emparée de ce bar élégant et design, qui sert plus de 100 marques internationales, essentiellement américaines, mais aussi locales. Les barmans élaborent de bons cocktails, dont des mojitos au Chalong Bay Rum. Happy hour de 18h à 20h. Au fond du hall de l'hôtel Grand Mercure.

Où sortir

Phuket Simon Cabaret CABARET
(Carte p. 306 ; ☎087 888 6888 ; www.phuket-simoncabaret.com ; 8 Th Sirirach ; adulte 800-1 000 B, enfant 600-800 B ; spectacles 18h, 19h30 et 21h). Les spectacles colorés du Simon, à environ 500 m au sud de Patong, sont très appréciés des groupes de touristes (pour lesquels ils ont été légèrement adaptés). Le théâtre de 600 places est grandiose avec des costumes tout de plumes et de paillettes et des artistes LGBT+ convaincants.

Galaxy Boxing Stadium BOXE THAÏLANDAISE
(Carte p. 306 ; Th Phra Metta/Rte 4055 ; gradins/près du ring 1 700/2 000 B ; 21h mar). Ce stade accueille des combats de *muay thai* au cours desquels s'affrontent boxeurs thaïlandais et étrangers.

Depuis/vers Patong

On trouve à Patong un bureau **AirAsia** (carte p. 322 ; www.airasia.com ; 39 Th Thawiwong ; 11h-21h30).

Le nouveau Phuket Smart Bus (p. 309) relie Patong à Karon, Kata, Rawai, Kamala, Surin, Ao Bang Thao et l'aéroport international de Phuket (environ ttes les heures 6h41-21h18, 50-170 B). Il s'arrête à côté de la plage à l'extrémité ouest de Th Bangla en direction de l'aéroport et devant Jung Ceylan en venant de celui-ci.

Un minibus collectif circule aussi entre l'aéroport et Patong (180 B, 11 pers minimum).

Des **songthaew** (carte p. 322 ; Th Thawiwong) partent de Th Ranong, à Phuket-ville, et se rendent à l'extrémité sud de Hat Patong (30 B) entre 7h30 et 18h. De là, on peut au choix marcher, prendre une moto-taxi (30 B la course) ou un *tuk-tuk*.

Un **bus local** (carte p. 322 ; Th Thawiwong ; 30 B) et des minibus (50 B) circulent entre le terminal des bus n°1 de Phuket-ville (p. 309) et le sud de Patong de 7h à 17h.

La course en taxi depuis/vers l'aéroport coûte 800 B. La nuit, louer un *tuk-tuk* au départ de Phuket-ville revient à 500 B.

Comment circuler

Des *tuk-tuk* font le tour de Patong pour environ 200 B le trajet.

De nombreux établissements louent des motos (250 B/jour) ; Nicky's Handlebar (p. 321) propose même des Harley-Davidson (à partir de 4 800 B/jour). Le port du casque obligatoire est strictement appliqué à Patong, où barrages de police et check-points sont susceptibles d'être dressés sur la route à tout moment. **Avis** (carte p. 322 ; ☎062 604 0361 ; www.avisthailand.com ; Baumanburi Hotel, 239/1 Th Rat Uthit ; ⏲7h30-21h) loue des voitures à l'extrémité sud de Patong. À son extrémité nord, on trouve une **station-service** (carte p. 322 ; Th Phra Barami ; ⏲24h/24).

Hat Kata หาดกะตะ

Plus chic que sa voisine Karon et moins débauchée que Patong, Hat Kata attire toutes sortes de voyageurs sur ses belles plages jumelles animées. Vous n'y serez pas au calme, mais vous pourrez pratiquer nombre d'activités, à commencer par du surf pendant la saison intermédiaire et la saison humide. Vous trouverez également de superbes spas, de bonnes tables, un studio de yoga très réputé et un excellent choix d'hébergements. Un promontoire rocheux sépare la plage de sable blanc en deux parties, **Hat Kata Yai** (หาดกะตะใหญ่ ; carte ci-contre) au nord et **Hat Kata Noi** (หาดกะตะน้อย ; carte ci-contre), plus tranquille, au sud. La route entre les deux plages traverse le quartier historique des millionnaires de Phuket.

La principale artère, Th Kata, est parallèle à la plage. Th Thai Na regroupe restaurants, bars et *guesthouses* bon marché. Elle bifurque vers l'intérieur des terres au sud de l'endroit où Th Kata grimpe la colline pour rejoindre Karon.

À voir et à faire

Les deux plages de Kata sont propices au surf d'avril à novembre ; les cours privés d'une heure coûtent 1 200 B et la location de planche 200/800 B par heure/jour.

Hat Karon et Hat Kata

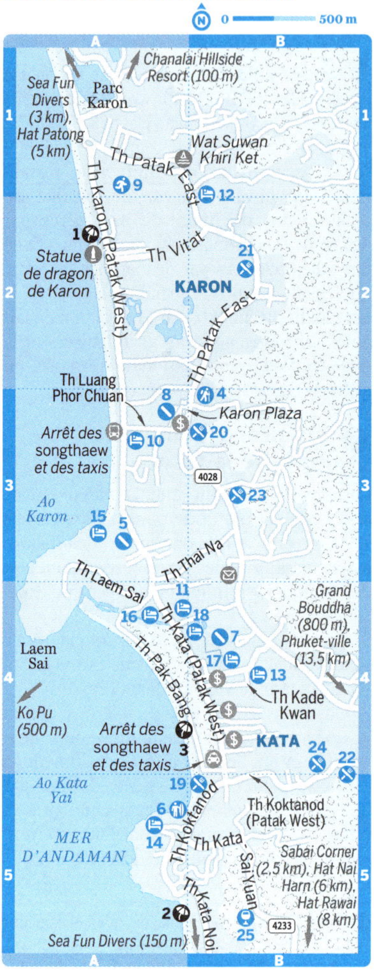

On peut aussi louer du matériel de paddle (SUP) ou des kayaks pour 300/900 B par heure/jour.

Méfiez-vous des courants d'arrachement, soyez attentif aux drapeaux rouges et ne dépassez pas la barre des vagues pendant la saison des pluies, à moins d'être un nageur très expérimenté.

Ko Pu ÎLE

(เกาะปู ; carte p. 306). Cet îlot inhabité couvert de jungle scintille au-delà des vagues, au large de Hat Kata Yai, dessinant un superbe paysage au coucher du soleil.

Hat Karon et Hat Kata

Sea Fun Divers PLONGÉE

(Carte p. 306 ; ☎076 330124 ; www.seafundivers.com ; Katathani, 14 Th Kata Noi ; excursion 2/3 plongées 3 900/4 400 B ; ⌚9h-18h). Le professionnalisme de cet excellent centre de plongée justifie ses prix plus élevés que ceux de la concurrence : un haut niveau d'exigence, des prestations de qualité et des instructeurs enthousiastes et expérimentés. Le brevet PADI Open Water coûte entre 18 400 et 21 400 B. Les snorkeleurs peuvent participer aux excursions d'une journée (2 900 B).

Rumblefish Adventure PLONGÉE

(Carte page ci-contre ; ☎095 441 8665 ; www.rumblefishadventure.com ; 98/79 Beach Centre, Th Kata/Patak West ; excursion 2 plongées 3 500-4 500 B ; ⌚9h-19h). Situé dans le Beach Centre de Kata, cet excellent club de plongée propose cours classiques, excursions d'une journée et croisières de plongée. Le PADI Discover Scuba coûte 4 500 B et les cours pour le brevet PADI Open Water commencent à 10 900 B. Les plongeurs peuvent séjourner à prix très réduit, voire parfois gratuitement, dans la petite **auberge de jeunesse** (dort 350 B, d 800-950 B ; ❄📶) attenante, très prisée. Réservation recommandée.

Baray Spa SPA

(Carte page ci-contre ; ☎076 330979 ; www.phuketsawasdee.com ; Sawasdee Village, 38 Th Kade Kwan ; massage/soin 1 200-5 000 B ; ⌚10h-22h). Ce spa de qualité, à l'ambiance raffinée et romantique, est niché dans un jardin tropical luxuriant aux canaux entrelacés et aux cascades grondantes. Optez pour un massage thaïlandais traditionnel ou pimentez l'expérience avec un gommage du corps au café, un soin raffermissant aux algues ou un soin du visage hydratant.

Nautilus Dive & Surf Shop SURF, KAYAK

(Carte page ci-contre ; ☎076 330229 ; www.phuketsurfing.com ; 186/1 Th Kata Noi, Hat Kata Yai ; cours 1 200 B, location planche par heure/jour 200/800 B ; ⌚9h-18h). Installé dans le sud de Hat Kata Yai, le Nautilus donne des cours de surf privés d'une heure et loue des planches. Il propose aussi cours de paddle (SUP), location de kayaks (par heure/jour 300/900 B) et excursions de plongée dans les îles voisines et dans la région de Ko Phi Phi (excursions 2 plongées 2 900 B). Informations sur les *breaks* locaux sur le site Internet.

Boathouse Cooking Class CUISINE

(Carte page ci-contre ; ☎076 330015 ; www.boathouse-phuket.com ; 182 Th Koktanod ; cours 2 570-4 450 B ; ⌚horaires variables). Le meilleur restaurant gastronomique de Kata propose de fabuleux cours de cuisine thaïlandaise (1-2 jours), comprenant une visite du marché local et la préparation d'un repas de quatre plats.

Où se loger

Kata dispose d'un bon choix d'adresses pour tous les goûts et budgets. De bonnes auberges de jeunesse et *guesthouses* sont regroupées près de son extrémité nord, là où Kata rejoint Karon. Les hôtels et *resorts* haut de gamme se situent plus au sud, débordant sur Hat Kata Noi.

Si vous n'avez nulle part où loger, vous trouverez probablement une chambre au **Beach Center**, un ensemble de maisons abritant des *guesthouses*. Au départ de Th Kata, bifurquez en direction de l'intérieur des terres, immédiatement au sud du croisement avec Th Thai Na – l'endroit est indiqué.

Fin Hostel AUBERGE DE JEUNESSE $

(Carte p. 326 ; 088 753 1162 ; www.finhostel-phuket.com ; 100/20 Th Kata/Patak West ; dort 300-600 B, capsule 300-1 000 B, d 1 500-3 000 B ;). En retrait de la route, cette auberge de jeunesse dynamique ayant pour thème le surf occupe deux bâtiments. Les dortoirs (certains réservés aux femmes), avec matelas confortables, lampes et prises individuelles, sont impeccables ; les capsules simples ou doubles avec rideaux affichent un standing légèrement plus élevé. Les chambres privatives colorées comprennent poufs et réfrigérateur. Espace commun/coworking et petite piscine sur le toit. À quelques minutes à pied des plages de Kata.

Kata Beach Homestay AUBERGE DE JEUNESSE $

(Carte p. 326 ; 089 189 9066 ; www.kata-beach-homestay-th.book.direct ; 9 Th Kade Kwan ; dort 350 B, d 600-900 B ;). Cette auberge de jeunesse-*guesthouse* est accueillante mais plutôt impersonnelle. Les petites chambres doubles propres (certaines plus lumineuses que d'autres), aux coussins et murs colorés, et avec salle de bains commune ou privative, ont un peu plus de caractère que les dortoirs de 8 lits bon marché qui se partagent 2 salles de bains. Grand salon commun avec thé et café gratuits. Entrée par l'agence de voyages du rez-de-chaussée.

OZO Phuket HÔTEL $$

(Carte p. 326 ; 076 563600 ; www.ozohotels.com ; Hat Kata ; ch 3 250 B ;). Ouvert en 2019, ce bâtiment respirant la modernité dispose d'une grande réception en plein air et de chambres confortables affichant simplicité scandinave et détails pratiques comme des prises USB dans les murs. Paisible espace jardin, piscine avec toboggan, salle de sports et aire de jeux pour enfants. Situation parfaite, à 2 minutes à pied de la plage et à proximité des boîtes de nuit et des restaurants animés de Kata.

Sugar Ohana PENSION $$

(Carte p. 326 ; 083 696 9697 ; 88/5 Th Kata/Patak West ; d 2 500-3 000 B). Des chambres fraîches et contemporaines au café carrelé à l'élégance discrète, cette chaleureuse petite *guesthouse* installée sur la route principale du centre de Kata a tous les attributs d'un boutique-hôtel de luxe. Spacieuses, impeccables, dotées de carrelage blanc et baignées de lumière naturelle, les chambres disposent pour certaines d'un balcon privatif. Chaussons à disposition.

Kata Rocks HOTEL DESIGN $$$

(Carte p. 326 ; 076 370777 ; www.katarocks.com ; 186/22 Th Koktanod ; d 21 400-33 200 B ;). Ce joyau contemporain tout blanc, posé sur les falaises entre les deux plages de Kata, est connu pour son rassemblement annuel de yachts de luxe. Les appartements au chic minimaliste, comprenant œuvres d'art contemporain, sonos contrôlées à distance par iPad, cuisines tout équipées et machines à café à capsules, disposent de piscines privatives. Des chaises longues sont installées dans la piscine à débordement avec vue sur la mer. Le Infinite Luxury Spa, novateur, allie soins traditionnels et technologie dernier cri tandis que le **restaurant** (plats 350-1 600 B ; 6h30-10h30, 11h-17h30 et 18h-minuit ;) est excellent.

Les visiteurs extérieurs peuvent réserver des cartes journalières (haute/basse saison 5 000/3 500 B, réservation nécessaire) comprenant l'accès à la piscine et au centre de fitness, 2 repas et une réduction sur les boissons.

Sawasdee Village RESORT $$$

(Carte p. 326 ; 076 330979 ; www.phuketsawasdee.com ; 38 Th Kade Kwan ; d 4 000-15 000 B ;). Ce somptueux complexe hôtelier abritant l'éblouissant Baray Spa marie style thaïlandais classique et ornements à la marocaine, au cœur d'un paysage tropical luxuriant : canaux, piscines, cascades, art bouddhique... Malgré leur taille modeste, les bungalows ont beaucoup de cachet avec leurs lits extrêmement confortables, leur plancher et leurs poutres apparentes. Les villas, des demeures à deux niveaux dotées de bains à remous, bénéficient en outre d'un accès direct à l'une des deux charmantes piscines.

Où se restaurer

Kata BBQ THAÏLANDAIS $

(Carte p. 326 ; www.facebook.com/katabbq ; Hat Kata Yai ; repas 80-350 B ; 8h-22h30 ;). Avec ses nappes rose vif, ses chaises en plastique blanc et son équipe souriante, le Kata BBQ, l'un des nombreux restaurants thaïlandais bon marché de fruits de mer au sud de Hat Kata Yai, reste dans la simplicité. Bercé par le bruit des vagues, on y déguste savoureuses nouilles sautées aux légumes, crabe au curry jaune, crevettes frites au gingembre et currys *massaman*.

Istanbul Restaurant TURC $$

(Carte p. 326 ; 091 820 7173 ; www.istanbulrestaurantphuket.com ; 100/87 Th Koktanod ; repas 120-320 B ; 9h-22h mar-sam). Cette charmante affaire familiale est, à juste titre, le restaurant étranger le plus prisé de Kata. La cuisine est à tomber, des petits-déjeuners copieux – à l'occidentale ou à la turque – aux plats principaux authentiques et savoureux, comme le *hünkar beğendi* (ragoût de bœuf sur une purée d'aubergine), en passant par les brochettes et les *pide* (pizzas turques).

Red Duck THAÏLANDAIS $$

(Carte p. 326 ; 084 850 2929 ; www.facebook.com/redduckrestaurant ; 88/3 Th Koktanod ; plats 240-380 B ; 12h-23h, fermé lun mai-sept ;). Cette adresse cachée, dotée d'une toute petite terrasse, est plus chère que d'autres restaurants thaïlandais de Kata, mais ses plats sont délicieux, cuisinés sans glutamate avec des produits de première fraîcheur. Les currys et soupes aux fruits de mer sont particulièrement bons. De nombreux classiques thaïlandais peuvent être préparés en version végane, notamment le *larb* et le *massaman* plein de légumes, parfaitement épicé. Excellent service. À 600 m en retrait de l'extrémité sud de Hat Kata Yai.

Sabai Corner THAÏLANDAIS, INTERNATIONAL $$

(Carte p. 318 ; 089 875 5525 ; www.sabaicornerphuket.com ; Soi Laem Mum Nai, près de la Rte 4233 ; plats 160-490 B ; 10h-22h ;). Difficile de trouver meilleure vue à Phuket que celle qu'offre la vaste terrasse du Sabai Corner : elle s'étend jusqu'à Karon d'un côté et donne sur un horizon de mer bleue infinie de l'autre. La nourriture (riz sauté, poisson grillé, curry thaïlandais piquant, salades, pâtes et populaires pizzas au feu de bois) n'est pas mal non plus. Depuis Kata, suivez la Rte 4233 sur 3 km vers le sud en direction de Rawai/Hat Nai Harn, prenez la route qui descend juste après le Karon Viewpoint et roulez encore sur 1,5 km.

Boathouse INTERNATIONAL $$$

(Carte p. 326 ; 076 330015 ; www.boathousephuket.com ; 182 Th Koktanod ; plats 250-1 500 B ; 12h-23h). Tout est très glamour dans ce restaurant luxueux en bord de mer, l'un des plus renommés de Phuket. La cuisine méditerranéo-thaïlandaise (crevettes tigrées grillées à l'ail, *massaman* de jarret d'agneau, carpaccio de filet de bœuf australien, etc.) est fabuleuse, la carte des vins est réputée pour sa richesse, le service est attentif et la vue sur la mer est sublime. Assiettes spéciales à partager (préparées à votre table) et menus différents chaque jour.

Où prendre un verre et faire la fête

Art Space Cafe & Gallery BAR

(Carte p. 326 ; 090 156 0677 ; Th Kade Kwan ; 12h-minuit). Cet espace polyvalent est de loin le bar le plus extravagant de Phuket : dans une explosion de couleurs, tableaux et sculptures originaux célèbrent tout particulièrement le corps féminin. Ils sont l'œuvre de M. Pan et de sa femme, tatoueuse ; tous deux élaborent cocktails et repas végétariens (160-400 B). Des musiciens se produisent généralement vers 20h.

Ska Bar BAR

(Carte p. 326 ; www.skabar-phuket.com ; 186/12 Th Koktanod ; 13h-2h). Niché dans les rochers de la crique la plus méridionale de Hat Kata Yai, ce bar à l'ambiance rasta semble avoir fusionné avec le tronc d'un vénérable banian. C'est notre adresse de prédilection pour un apéritif au bord de la mer, servi par des barmans thaïlandais accueillants. Bouées, lanternes en papier et drapeaux sont suspendus à la canopée, et il y a souvent des spectacles de feu.

After Beach Bar BAR

(Carte p. 326 ; 084 745 9365 ; Rte 4233 ; 11h-22h). On ne saurait exagérer la splendeur de la vue à 180° dont profite ce bar reggae sur pilotis avec toit de palmes, accroché à une falaise au-dessus de Kata entre mer ondulante, collines couvertes de palmiers et une péninsule rocheuse. Ajoutez-y un peu de Bob Marley et voilà le lieu parfait pour admirer le soleil couchant. Lorsque l'astre solaire disparaît enfin, les lumières des bateaux de pêche illuminent l'horizon. Ne manquez pas le savoureux *pàt tai* (plats 100-400 B).

À NE PAS MANQUER

LE GRAND BOUDDHA

Statue d'albâtre birman haute de 45 m, le **Grand Bouddha** (พระใหญ่ ; carte p. 306 ; www.mingmongkolphuket.com ; près de la Rte 4021 ; 6h-19h ; P) GRATUIT occupe avec majesté le meilleur point de vue de Phuket. Perché sur les collines de Nakkerd, au nord-ouest de Chalong Circle, il est visible depuis la moitié de l'île. Si le site est quelque peu touristique, le tintement des clochettes et le claquement des drapeaux dégagent une énergie singulière. Après avoir contemplé le sanctuaire doré, montez sur le plateau d'où l'on a une vue merveilleuse embrassant la superbe baie de Kata, le sable doré de Karon et, au sud-est, les petites îles de la baie de Chalong, semblables à des galets.

Entièrement financée par des dons, la construction du Grand Bouddha, qui débuta en 2007, coûta au total quelque 100 millions de bahts.

Depuis la Rte 4021, suivez les panneaux à 1 km au nord de Chalong Circle pour emprunter une route de campagne sinueuse qui monte sur 5,5 km. En chemin, vous longerez des bananeraies en terrasse et une végétation enchevêtrée de jungle. Il est aussi possible de randonner jusqu'au Grand Bouddha depuis Karon : la superbe mais éprouvante ascension de 2,5 km à travers la jungle part de Soi Patak 14 et prend 1 heure environ. Emportez beaucoup d'eau et partez tôt.

Comment s'y rendre et circuler

Des minibus desservent Kata au départ de l'aéroport international de Phuket (200 B, 11 personnes minimum).

Le Phuket Smart Bus (p. 309) relie le nord de Kata à Karon, Patong, Rawai, Kamala, Surin, Ao Bang Thao et l'aéroport (environ ttes les heures 6h20-20h35, 50-170 B).

Des **songthaew** (carte p. 326 ; angle Th Kata et Th Pak Bang) circulent entre Kata et Th Ranong, à Phuket-ville (40 B) de 7h à 17h environ.

Les taxis partent de Kata pour l'aéroport de Phuket (1 200 B), Phuket-ville (600 B), Patong (500 B) et Karon (300 B).

Vous trouverez sans peine une moto à louer (250 B/jour). Un taxi entre Kata Yai et Kata Noi coûte 200 B.

Hat Karon หาดกะรน

Malgré ses complexes hôteliers, la plage de Karon est moins bondée que celles de Patong ou Kata et reste populaire auprès des familles. Plus on va vers le nord, plus la large étendue de sable doré est belle. À l'extrême nord, accessible par une piste cabossée après le rond-point, l'eau est turquoise.

Karon tient à la fois de Patong et Kata : un lieu décontracté et glamour, avec quelques coins plus douteux, parsemé de restaurants locaux, de bars à hôtesses, de vendeurs de T-shirts et de panneaux en russe. Vers l'extrémité nord de la ville, où séjournent les touristes en circuit organisé, le parc Karon dévoile un lac artificiel et un temple sur fond de montagnes. Le sud de Karon se fond dans Kata, plus sophistiquée.

À voir et à faire

Hat Karon PLAGE
(Carte p. 322). Cette bande de sable fin qui crisse sous vos pas s'étend sur 4 km le long de la côte ouest. Bien qu'elle soit appréciée des familles et relativement fréquentée, on y trouve toujours largement assez de place pour étendre sa serviette.

En basse saison (avril-octobre), on peut prendre des cours de surf (1 200 B l'heure) et louer des planches de surf/bodyboards (250/100 B l'heure) à l'extrémité sud.

Randonnée du Grand Bouddha RANDONNÉE
(Carte p. 322 ; Soi Patak 14). Depuis le Soi Patak 14 de Kata (en face de Karon Plaza), un itinéraire éprouvant mais intéressant de 2,5 km (1 heure) grimpe à travers la jungle luxuriante jusqu'à la route principale sous le Grand Bouddha (ci-dessus). Suivez les panneaux rouge et blanc ; immédiatement après la bifurcation, un chemin de terre monte en pente raide puis zigzague à l'ombre des arbres, avec des cordes pour vous aider. Emportez de l'eau et partez tôt pour éviter la chaleur.

Dive Asia PLONGÉE
(Carte p. 322 ; 076 330598 ; www.diveasia.com ; 23/6 Th Karon/Patak West ; excursion 2/3 plongées 3 400/3 900 B ; 10h-21h). Ce centre de plongée bien établi propose divers cours pour les brevets PADI (cours Open Water Diver de

3 jours 9 900 B), ainsi que des excursions à Ko Phi Phi et des croisières aux îles Similan et Surin (à partir de 23 000 B).

Sunrise Divers PLONGÉE

(Carte p. 322 ; ☎084 626 4646, 076 398040 ; www.sunrise-divers.com ; 269/24 Th Patak East ; 3 plongées 3 700 B, croisière de plongée à partir de 4 900 B/jour ; ⏲10h-18h tlj nov-avr, 10h-16h lun-ven mai-oct). Gérée par le blogueur local Jamie Monk, la plus grande agence de séjours de plongée de Phuket organise des circuits de plusieurs jours (aussi bien de luxe que pour petits budgets) à Ko Phi Phi, dans les îles Similan et Surin, les îles Mergui au Myanmar ainsi qu'à Komodo et Raja Ampat en Indonésie. Sorties d'une journée possibles, notamment à Ko Phi Phi et dans les îles Similan.

The Spa SPA

(Carte p. 322 ; ☎076 396139 ; www.movenpick.com ; Mövenpick Resort, 509 Th Karon/Patak West ; massage/soin 1 500-2 000 B ; ⏲9h-21h). Dans ce spa, l'un des plus pittoresques de Karon, les salles sont installées dans un jardin tropical ombragé et des bols garnis de fleurs de frangipanier sont posés çà et là. Régénérez corps et esprit avec un gommage au tamarin, un enveloppement à la noix de coco ou un soin aux sels de la mer Morte. Forfaits de 2 heures 30 (6 700 B) pour les couples.

Où se loger

Doolay Hostel AUBERGE DE JEUNESSE $

(Carte p. 322 ; ☎062 451 9546 ; www.doolayhostel.com ; 164 Th Karon/Patak West ; dort 600 B ; ❄📶). Dans cet établissement moderne et accueillant, juste en face de la plage, les petits dortoirs (4, 6 ou 8 lits), dont un pour femmes, comprennent bons matelas, casiers, prises et étagères. Espace commun lumineux, cuisine, café ouvert toute la journée et terrasse semée de poufs à l'étage avec vue sur le front de mer. Réservation recommandée.

Chanalai Hillside Resort HÔTEL $$

(Carte p. 306 ; www.chanalai.com ; 10 Th Patak ; ch 2 400 B ; ❄📶🏊). Où que l'on se trouve dans ce haut bâtiment installé autour d'une grande piscine, la vue sur la mer est superbe, mais elle est particulièrement remarquable depuis la petite piscine sur le toit. Chambres propres et modernes, équipées de salle de bains vitrée, douche à effet pluie et lit king-size. L'emplacement, proche des restaurants, reste légèrement en retrait de la plage, assurant ainsi des nuits tranquilles. Personnel serviable et attentionné. Réductions importantes en basse saison.

Karon Sino House HÔTEL $$

(Carte p. 322 ; ☎089 726 4990 ; www.karonsinohouse.com ; 448/1 Th Patak East ; d 1 600 B). Cet hôtel moderne à quelques pas du Wat Suwan Khiri Ket affiche un style sino-portugais simple avec des chambres dépouillées, propres et confortables comprenant réfrigérateur et petit balcon. Des carreaux colorés égaient les sols en béton et les portes sont teintées de rouge orangé. Service convivial et efficace. Malgré l'absence de vue, cette adresse d'un bon rapport qualité/prix a plus de caractère que ses voisines. Motos à louer.

Marina Phuket RESORT $$$

(Carte p. 322 ; ☎076 330625 ; www.marinaphuket.com ; 47 Th Karon ; d 6 500-22 000 B ; P❄📶🏊). Des passerelles en bois sur pilotis sillonnent des jardins luxuriants pour rejoindre des chambres confortables et isolées, donnant sur la jungle ou la mer. Aménagées dans un style thaïlandais classique, toutes bénéficient de vastes terrasses, mobilier en teck et jetés de lit en soie. Les villas sont équipées de Jacuzzi. Grande piscine alimentée par des cascades, spa et quatre restaurants sur place. Service courtois.

Où se restaurer

Quelques restaurants de poisson, fruits de mer et spécialités thaïlandaises corrects mais assez quelconques sont installés à l'extrémité nord de Hat Karon et sur la route du front de mer, vers le sud. Pour les meilleures tables de Karon, rejoignez plutôt Th Patak East, à l'intérieur des terres. Les restaurants de Hat Kata sont aussi facilement accessibles.

♥ **Pad Thai Shop** THAÏLANDAIS $

(Carte p. 322 ; Th Patak East ; plats 50-80 B ; ⏲8h-18h sam-jeu). Cette cabane réputée en bord de route propose un délicieux ragoût de poulet, du *kôw pàt bou* (riz frit au crabe), des *pàt si·éw* (nouilles frites) et de la soupe aux nouilles, ainsi qu'un des meilleurs *pàt tai* au tofu que nous ayons goûtés. Ne manquez pas les sauces au piment maison.

♥ **Highway Curry** INDIEN DU NORD $$

(Carte p. 322 ; ☎083 024 3015 ; www.highway-curry.com ; 375/2 Th Patak East ; plats 180-320 B ; ⏲11h-23h ; 📶🍷). Pour changer des saveurs thaïlandaises, installez-vous à une table en bois et dégustez un *nan* trempé dans un curry d'Inde du Nord délicatement épicé. Vous trouverez ce restaurant simple aux murs orange, tenu par un Indien, le long de la route. Choix végétarien impressionnant (samosas, pakoras, *jeera aloo, shahi paneer, chana masala*). Personnel serviable et plats à emporter.

Eat Bar & Grill GRILL **$$$**
(Carte p. 322 ; 085 292 5652 ; www.eatbargrill.com ; 250/1 Th Patak East ; plats 200-900 B ; 11h-22h lun-sam ;). De fabuleux burgers et de superbes steaks, sans doute les meilleurs de Phuket, sont à dévorer entre les murs en béton de ce grill pourvu d'un bar en bois. La carte comprend d'autres plats (pâtes, jarret d'agneau), mais le bœuf est en vedette : pour un prix raisonnable compte tenu de sa qualité, il sera préparé à votre convenance et présenté avec élégance. Le lieu est fréquenté et les places limitées ; réservation recommandée. Bons cocktails et café.

Comment s'y rendre et circuler

Le nouveau Phuket Smart Bus (p. 309) marque l'arrêt à Karon Circle et au sud de Karon/nord de Kata, reliant ainsi Karon à Kata, Patong, Rawai, Kamala, Surin, Ao Bang Thao et l'aéroport international de Phuket (p. 308) ; environ toutes les heures de 6h28 à 20h43 (50-170 B).

Des minibus desservent aussi Karon au départ de l'aéroport (200 B, 11 pers minimum).

Des **songthaew** (carte p. 322 ; Th Hat Kata/Patak West) fréquents circulent entre Hat Karon et Th Ranong, à Phuket-ville, de 7h30 à 18h (40 B). Les taxis au départ de Karon pourront vous emmener à l'aéroport de Phuket (1 000 B), Phuket-ville (550 B), Patong (400 B) et Kata (300 B). Des motos sont à louer (250 B/jour) auprès des tour-opérateurs.

Hat Kamala หาดกมลา

À mi-chemin entre Karon, plus brute, et Surin, plus glamour, cette localité à l'importante population musulmane attire les visiteurs de plus longue durée, tels que familles, retraités et jeunes couples. La vaste baie dorée, magnifique et paisible, mêle palmiers et pins à son extrémité nord rocheuse où l'eau d'un vert émeraude est propice au snorkeling autour du récif. La plage, que borde un chemin asphalté, longe des collines verdoyantes peu à peu gagnées par le développement immobilier : des *resorts* clinquants sont creusés dans les falaises du sud, des jet-skis font leur apparition et l'arrivée de deux nouveaux clubs de plage chics à l'extrémité nord de la baie annonce une montée en gamme. Kamala est néanmoins relativement tranquille pour Phuket – du moins pour le moment.

À voir et à faire

Pendant la saison de la mousson, de mai à octobre, on peut louer planches de surf (300 B/heure) et de paddle (400 B/heure) et prendre des cours de surf (1 500 B) à Hat Kamala.

Mémorial du Tsunami MÉMORIAL
(อนุสรณ์สถานสึนามิ ; carte p. 334). Kamala fut l'une des zones les plus durement touchées par le tsunami du 26 décembre 2004. Le "Cœur de l'Univers" (2006), structure métallique ronde évoquant une vague, est un émouvant hommage aux victimes conçu par le célèbre artiste thaïlandais Udon Jiraksa. Il s'élève dans un petit parc parsemé de palmiers.

Mala Spa SPA
(Carte p. 306 ; 076 358777 ; www.keemala.com ; 10/88 Mu 6, Th Nakasud ; massage 2 900-5 500 B ; 9h-21h). Dans le fabuleux spa du Keemala, un *resort* aux airs de conte de fées à 2 km de Kamala, à l'intérieur des terres (vers le sud), des thérapeutes experts utilisent des produits bio non testés sur les animaux pour des soins sensationnels (massages, soins du visage, gommages, enveloppements, aromathérapie et cures), entre tradition et innovation. Les soins sont prodigués dans de grandes cabanes en bambou semblables à des nids, avec douches extérieures. Essayez l'enveloppement aux algues bio détoxifiantes (1 heure 30).

Où se loger

Baan Kamala AUBERGE DE JEUNESSE, PENSION **$**
(Carte p. 334 ; 076 279053 ; www.baankamalaphuket.com ; 74/42 Soi Pajak, Mu 3 ; dort 450-550 B, d 2 000 B ;). Cet établissement accueillant, entre *guesthouse* et auberge de jeunesse, loue des dortoirs de 6 lits, vastes et lumineux (draps et serviettes fournis) ainsi que de grandes chambres privées, toutes aménagées différemment, avec tableaux et peintures sur les murs en béton, lits confortables et salles de bains exiguës. Le salon commun est décoré d'un *long-tail boat* chargé de coussins.

Kamala Resotel BOUTIQUE-HÔTEL $$
(Carte p. 334 ; 063 464 6409 ; www.kamala-resotel.com ; 68/16 Mu 3 ; ch 1 700-2 200 B ;). Cet immeuble Art déco dont les balcons arrondis débordent de vigne est installé sur une route étroite. Sur son toit, une merveilleuse piscine offre une vue imprenable sur Kamala. Chambres avec mobilier moderne, salle de bains en verre dépoli et lits flottants, que certains peuvent trouver trop durs. Le personnel accueillant sert un petit-déjeuner où les fruits abondent.

Keemala RESORT $$$
(Carte p. 306 ; 076 358777 ; www.keemala.com ; 10/88 Mu 6, Th Nakasud ; villas avec petit-déj 22 200-31 600 B ;). Construit à flanc de colline au cœur d'une végétation luxuriante, à 2 km de Kamala, ce *resort* à la beauté apaisante, soucieux de l'environnement, compte parmi les plus originaux, les plus prisés et les plus photographiés sur Instagram de Phuket. Il s'en dégage une magie à la Tolkien. Séjournez dans un cottage en argile avec piscine, semblable à un cocon, une tente de luxe avec salle de bains en plein air, un refuge aux allures de nid d'oiseau ou encore une maison qu'on croirait suspendue dans les arbres. L'excellent **Mala Restaurant** (plats 300-800 B ; 7h-22h ;) utilise des produits frais du jardin et le Mala Spa est divin.

Où se restaurer et prendre un verre

Isaan Popeye Thai Food THAÏLANDAIS $
(Carte p. 334 ; 74/43 Mu 3 ; plats 80-250 B ; 9h30-22h ;). Ses authentiques plats épicés du Nord-Est, fruits de mer frais, plats sautés et nouilles plus classiques (dont un *pàt tai* enveloppé dans une omelette) font de l'Isaan Popeye l'un des rares restaurants de Kamala fréquentés par les habitants du coin. Ce lieu simple et accueillant prépare aussi des petits-déjeuners à l'occidentale. À 500 m (5 minutes à pied) de la plage.

Mam's Restaurant THAÏLANDAIS, INTERNATIONAL $$
(Carte p. 334 ; 089 032 2009 ; 32/32 Soi 8, Th Hua Khuan Tai ; plats 100-350 B ; 12h-22h ;). Il ne donne pas sur la plage, mais les expatriés ne jurent que par ce restaurant simple et tranquille dont les quelques tables sont disséminées sur la terrasse d'une maison familiale. On y sert des versions savoureuses de classiques thaïlandais à la viande, aux crevettes ou aux légumes (dont d'excellents currys *massaman*), ainsi que des burgers, pâtes, brochettes et même *fish and chips*. À 400 m à l'est (vers l'intérieur des terres) de la route principale.

Taste Bar & Grill CUISINE VARIÉE $$$
(Carte p. 334 ; 087 886 6401 ; www.tastebargrill.com ; Th Rim Hat ; plats 290-590 B ; 6h-tard ;). Parsemé de tableaux colorés sur lesquels les spécialités sont inscrites à la craie, cet élégant restaurant avec terrasse sert des galettes de pain tout droit sorties du four à pizzas, délicieusement garnies d'ingrédients variés comme les aubergines grillées au basilic thaïlandais et à la mozzarella fondue, ainsi que des plats originaux tels que le vivaneau blanc glacé au tamarin ou la salade de fromage de chèvre aux amandes fumées. Les assiettes de style tapas (99-199 B) incluent bruschetta aux champignons et riz gluant à la mangue.

936 Coffee CAFÉ
(Carte p. 334 ; 081 256 7071 ; 93/6 Mu 3 ; 8h30-22h ;). Ce tout petit café sur l'artère principale propose boissons glacées, smoothies aux fruits frais, petits-déjeuners légers, sandwichs et délicieux desserts dans une atmosphère sympathique, mais ce sont les tasses de café chaud ou froid préparées à la perfection qui justifient vraiment la visite : elles satisferont même les plus exigeants. Arrivez tôt pour être sûr d'avoir une table.

Café del Mar LOUNGE
(Carte p. 334 ; 081 188 1230 ; www.cafedelmarphuket.com ; 118/19 Mu 3 ; 11h-2h). Le mythique café d'Ibiza, connu pour ses couchers de soleil, a transporté son ambiance glamour et décontractée à Phuket avec cet audacieux club de plage en béton patiné au nord de Hat Kamala. Parasols orange et banquettes blanc chic sont disposés autour d'une piscine scintillante. Une terrasse à plusieurs niveaux accueille DJ et brunchs le dimanche (à partir de 1 860 B). À la carte : plateaux de charcuterie, pâtes aux crevettes tigrées et currys *massaman* (290-900 B).

Comment s'y rendre et circuler

Le Phuket Smart Bus (p. 309) relie Kamala (arrêt au supermarché Big C sur la route principale) à Patong, Karon, Kata, Rawai, Surin, Ao Bang Thao et l'aéroport international de Phuket (environ ttes les heures 6h46-21h16 ; 50-70B).

Hat Kamala, Hat Surin et Ao Bang Thao

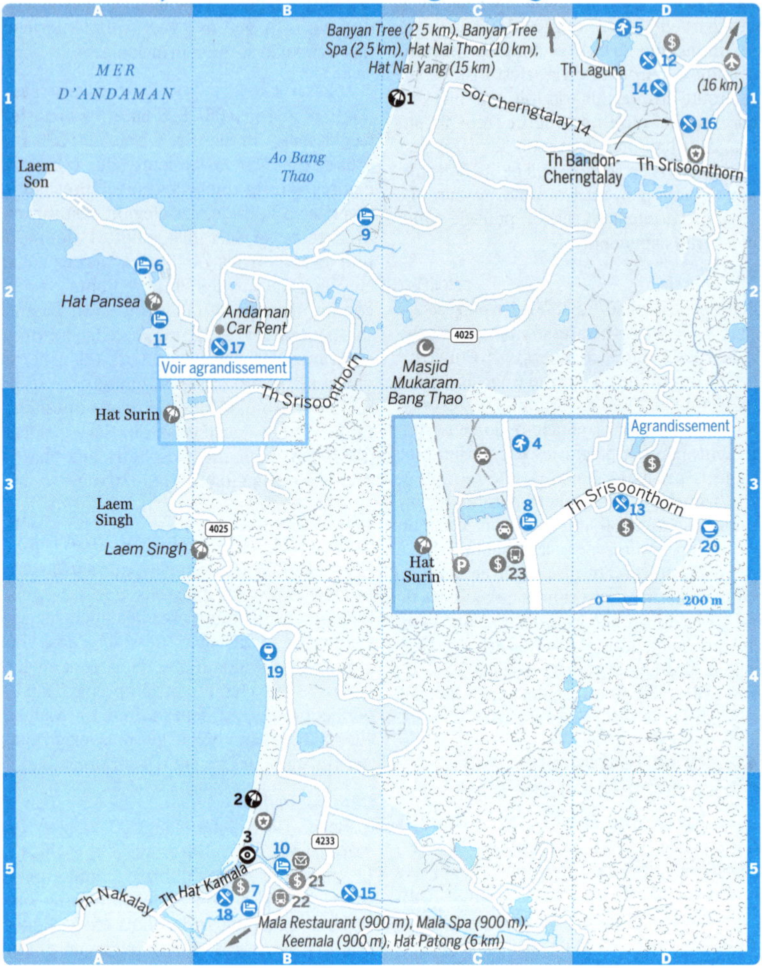

Des **songthaew** (carte ci-dessus ; Rte 4233) circulent entre Th Ranong, à Phuket-ville, et Kamala (40 B), de 7h à 17h. Ils assurent aussi la liaison de Kamala à Hat Surin (20 B).

Un taxi depuis/vers l'aéroport coûte 700 B et depuis/vers Surin environ 200 à 300 B.

Hat Surin หาดสุรินทร์

Avec sa vaste plage blonde, ses eaux turquoise qui virent au bleu profond en se fondant dans l'horizon et ses promontoires rocheux à la végétation luxuriante, Surin compte parmi les lieux les plus attrayants de Phuket. Cette destination très huppée qui attire étrangers et Thaïlandais fortunés (mais pas exclusivement) rassemble *resorts*-spas cinq étoiles, superbes galeries d'art et boutiques.

Surin a été particulièrement touchée par la grande opération de nettoyage menée contre les bars et restaurants installés illégalement sur les plages de Phuket. Tous les établissements construits sur le sable ont été démantelés ; certains se sont déplacés sur la route d'Ao Bang Thao (p. 336), d'autres ont fermé. Comme il y a moins de bars et de restaurants qu'ailleurs sur la côte ouest de l'île, la plage est assez calme – ce qui déplaît à certains visiteurs et séduit les autres.

Hat Kamala, Hat Surin et Ao Bang Thao

À voir
1 Hat Bang Thao C1
2 Hat Kamala B5
3 Mémorial du Tsunami B5

Activités
4 Sun Spa C3
5 Thai Carnation D1

Où se loger
6 Amanpuri Resort A2
7 Baan Kamala B5
8 Benyada Lodge C3
9 ChillHub Phuket Hostel B2
10 Kamala Resotel B5
11 Surin Phuket A2

Où se restaurer
12 Bampot D1
13 Blue Lagoon D3
14 Marché nocturne de Boat Avenue D1
Isaan Popeye Thai Food .... (voir 7)
15 Mam's Restaurant B5
16 Pesto D1
17 Surin Chill House B2
18 Taste Bar & Grill B5

Où prendre un verre et faire la fête
936 Coffee .... (voir 18)
Beach Bar .... (voir 11)
19 Café del Mar B4
20 Phuket Coffee Lab D3

Renseignements
21 ATM B5

Transports
22 *Songthaew* pour Hat Surin et Phuket-ville B5
23 *Songthaew* pour Phuket-ville et Kamala C3

À voir et à faire

Sun Spa SPA

(Carte page ci-contre ; ☎076 316500 ; www.twin-palms-phuket.com ; Twin Palms, 106/46 Mu 3 ; massage/soin 1 500-3 900 B ; ⊙11h-20h30). Dans ce luxueux hôtel-spa en retrait de la plage, offrez-vous un soin du visage “Travellers' Revival”, un enveloppement à l'argile blanche, un bain aux herbes thaïlandaises et/ou la spécialité, le massage de Surin. Également massages pour femmes enceintes et divers soins esthétiques. Les manucures et pédicures deluxe sont vivement recommandées.

Où se loger

Benyada Lodge HÔTEL **$$**

(Carte page ci-contre ; ☎081 889 4173 ; www.benyadalodge-phuket.com ; 106/52 Mu 3 ; d avec petit-déj 2 800-4 500 B ; ❄@☮). Cette adresse accueillante affiche des prix raisonnables dans un quartier dominé par les *resorts* haut de gamme, à quelques minutes à pied de la plage. Les 29 grandes chambres confortables avec réfrigérateur et service thé/café sont décorées dans un style moderne, parsemé de touches de couleur. Les meilleures sont dotées de petits balcons et/ou de lits à baldaquin.

♥ **Surin Phuket** HÔTEL DE LUXE **$$$**

(Carte page ci-contre ; ☎076 316400 ; www.thesurinphuket.com ; 118 Mu 3, Hat Pansea ; d avec petit-déj 11 000-40 000 B ; P❄☮≋). Tout établissement bordant une plage aussi magnifique et isolée serait déjà une adresse de choix, mais le Surin Phuket place la barre encore plus haut. Ses “cottages” et suites d'un luxe sobre se fondent dans la végétation, sur le flanc d'une colline dominant Hat Pansea, et sa piscine hexagonale au carrelage noir, délicieusement abstraite, donne sur la mer. Restaurant thaïlando-méditerranéen (plats 320-1 200 B), spa, yoga et bar en bord de mer.

♥ **Amanpuri Resort** HÔTEL DE LUXE **$$$**

(Carte page ci-contre ; ☎076 324333 ; www.aman.com ; Hat Pansea ; villas 1 ch avec petit-déj 1 200-4 000 $US ; P❄☮≋). Discret, luxueux et infiniment paisible, cet hôtel sélect est un vivier de célébrités. Les gracieuses villas au design traditionnel tirent parti de leur emplacement face à la mer et s'agrémentent d'une décoration en bois blond, de gigantesques salles de bains, et certaines d'une piscine privée. Grand choix d'activités (yoga, kayak, surf), spa et piscine carrelée de noir. Service sensationnel.

Où se restaurer et prendre un verre

Depuis la fermeture ou le déménagement des bars, clubs et restaurants de bord de mer, l'offre de restauration de Surin est assez limitée. La plupart des établissements se trouvent dans la rue principale, Th Srisoonthorn, dans les hôtels ou dans le *soi* en retrait de la plage. Quelques stands de nourriture sont regroupés sur le parking à côté de la plage.

Blue Lagoon THAÏLANDAIS $

(Carte p. 334 ; 087 923 8235 ; Th Srisoonthorn ; plats 120-200 B ; 9h-23h). Cette gargote familiale semi-ouverte, l'un des rares restaurants ayant survécu à la lutte contre les constructions de bord de mer, sert de savoureux classiques thaïlandais tels que *sôm·đam* (salade de papaye verte épicée), currys et soupes de nouilles, ainsi que des petits-déjeuners occidentaux. Avec ses nappes à carreaux, ses lanternes et sa terrasse ouverte sur la route, elle reste plus authentique que la plupart des tables de Surin.

Surin Chill House INTERNATIONAL $$

(Carte p. 334 ; 076 636254 ; 107/3 Mu 3 ; plats 130-450 B ; 8h30-16h et 18h-22h mar-dim ;). Plébiscité pour ses cafés, gâteaux et petits-déjeuners (salade de fruits, omelettes, gaufres), cet espace de béton poli aux allures de café décontracté propose aussi salades et currys thaïlandais épicés, fruits de mer, excellentes pizzas et plats internationaux plus élaborés. Les ingrédients sont frais, l'équipe accueillante et les familles absolument bienvenues.

Phuket Coffee Lab CAFÉ

(Carte p. 334 ; 080 534 5512 ; www.facebook.com/phuketcoffeelab ; 116/4 Mu 3, Th Srisoonthorn ; 8h-16h mar-dim ;). Dans cet établissement de style industriel, au sol en béton, à 700 m de Hat Surin vers l'intérieur des terres, les baristas experts préparent des cafés artisanaux (65-120 B) et proposent également des sessions de formation. En-cas de type brunch (165-220 B) pour les petits creux, du toast à l'avocat à l'omelette aux courgettes et à la feta.

Beach Bar BAR

(Carte p. 334 ; 076 316400 ; www.thesurinphuket.com ; Surin Phuket, 118 Mu 3, Hat Pansea ; 9h-minuit ;). Sur le sable blanc, à l'extrémité sud de la belle Hat Pansea, le bar de plage discret du luxueux Surin Phuket, semblable à une pagode, bénéficie d'un cadre fantastique, particulièrement idyllique au coucher de soleil lorsque les lanternes sont allumées et que l'horizon se teint de rose et d'orange. Les cocktails (180-250 B) y sont joyeusement tropicaux. Happy hour avant et après le dîner.

Comment s'y rendre et circuler

Le Phuket Smart Bus (p. 309) relie Surin à Kamala, Patong, Karon, Kata, Rawai, Ao Bang Thao et l'aéroport international de Phuket (environ ttes les heures 6h37-21h25, 50-170 B).

Des *songthaew* vont de Phuket-ville (Th Ranong) à Hat Surin (40 B), entre 7h et 17h, et continuent jusqu'à Hat Kamala (20 B).

Les taxis se regroupent devant le Twin Palms (carte p. 334 ; Soi Hat Surin 8) et près du 7-Eleven (carte p. 334 ; Soi Hat Surin 8), tous deux sur la route côtière principale de Surin.

Depuis/vers Phuket-ville, un *tuk-tuk* coûte 500 B et un taxi 700 B. Un taxi depuis/vers l'aéroport revient entre 500 et 700 B. Basé à Surin, **Andaman Car Rent** (carte p. 334 ; 076 621600 ; www.andamancarrent.com ; 112/12 Mu 3 ; 9h-19h) est une compagnie de location de voitures fiable.

Ao Bang Thao et Cherngtalay อ่าวบางเทา / เชิงทะเล

Somptueuse plage de 8 km de sable blanc, **Hat Bang Thao** (carte p. 334) relie les différentes parties du fourmillant district de Cherngtalay, ancienne zone d'extraction d'étain du nord-ouest de l'île.

Délimitée par Ao Bang Thao, l'extrémité sud de ce secteur compte des *resorts* de catégorie moyenne et un ou deux clubs de plage. Dans les terres, vous trouverez un ancien village de pêcheurs parcouru de canaux, plusieurs lotissements en construction et quelques excellents restaurants. En plein centre de la baie, le Laguna Phuket rassemble plusieurs complexes hôteliers luxueux autour d'un lac artificiel. À l'extrémité nord de la baie, où Dame Nature reprend ses droits, sable blanc et mer bleue tropicale forment le paradis paisible dont vous rêviez.

Cherngtalay est de plus en plus populaire auprès des expatriés. Aussi, plus que toute autre zone de Phuket, ce quartier majoritairement musulman est-il en pleine transformation.

À voir et à faire

Thai Carnation SPA

(Carte p. 334 ; 076 325565 ; 64 Th Laguna ; massage/soin 500-1 400 B ; 11h-22h30). À la fois délicieusement sobre et incroyablement professionnel, ce spa d'un fantastique rapport qualité/prix est une merveille avec salles de massages privées, thérapeutes bien formés et ambiance locale. Apaisez vos tensions à l'aide d'un massage thaïlandais classique, d'un massage indien de la tête ou d'un gommage asiatique. À 1,5 km à l'est de

Hat Bang Thao (vers l'intérieur des terres), près de l'entrée du complexe Laguna Phuket.

Où se loger

Le complexe Laguna Phuket d'Ao Bang Thao comprend sept *resorts* de luxe, un parcours de golf de 18 trous et plus de 30 restaurants. De fréquentes navettes et barges motorisées (via les lagunes reliées) font le tour des hôtels. On trouve des *resorts* de plage plus abordables et l'attrayante auberge de jeunesse **ChillHub Phuket Hostel** (carte p. 334 ; chillhub-hostel.hotelsofphuket.com ; 082 291 1925 ; 69/140-142 Mu 3, Hat Bang Thao ; dort 500-600 B ;) dans le sud d'Ao Bang Thao, ainsi que l'**Anantara Phuket Layan** (carte p. 306 ; 076 317200 ; www.anantara.com ; 168 Mu 6, Soi 4, Hat Layan ; avec petit-déj d 10 140-15 780 B, villa 1 chambre 11 820-38 450 B ; P), un fabuleux établissement haut de gamme, à l'extrémité nord de la baie.

Où se restaurer

Cherngtalay attire les gastronomes avertis depuis quelques années. Certains des meilleurs restaurants internationaux de Phuket sont en effet regroupés à l'entrée du Laguna Phuket ou à l'intérieur de ses *resorts* de luxe (réservation nécessaire en haute saison). On peut manger pour bien moins cher au **marché nocturne de Boat Avenue** (carte p. 334 ; Boat Avenue, 49/14 Th Bandon-Cherngtalay ; repas 50-100 B ; 16h-tard ven) et dans les restaurants plus modestes installés à l'extrémité sud d'Ao Bang Thao et dans la rue principale qui traverse Cherngtalay.

Gallery Cafe CAFÉ $$

(Carte p. 306 ; 089 103 7000 ; 122/4 Th Srisoonthorn ; repas 140-350 B ; 8h-20h ;). Petit-déjeunez à toute heure dans ce café-restaurant au chic minimaliste qui propose omelettes aux épinards, smoothies multicolores (notamment mangue-fruit de la passion), pains et bagels cuits sur place, écrasé d'avocat à la feta ou encore cafés servis sur des plateaux en bois, accompagnés de mignardises. Il fait bon s'attarder dans ce lieu raffiné avec sol en béton, tables communes, fenêtres aux allures de hublots et terrasse bien exposée.

Pesto THAÏLANDAIS ET INTERNATIONAL $$

(Carte p. 334 ; 082 423 0184 ; Th Bandon-Cherngtalay ; plats 140-500 B ; 11h30-23h dim-ven, 17h-23h sam ;). Dans cet espace semi-ouvert tout simple, donnant sur la rue, un chef thaïlandais formé à Paris prépare une délicieuse cuisine thaïlandaise et internationale à prix doux. Voyagez en Méditerranée avec les penne au pesto de basilic et les tagliatelles de crevettes, ou restez local avec un steak de saumon servi sur une salade de mangue verte, un *đôm yam gûng* (soupe de crevettes aigre-piquante), le poisson frit du jour ou un curry classique tel que le très prisé *massaman*.

Suay FUSION $$$

(Carte p. 306 ; 093 339 1890 ; www.suayrestaurant.com ; 177/99 Wana Park, Mu 4, Th Srisoonthorn ; plats 350-650 B ; 16h-23h ;). Dans une élégante salle vitrée, cette succursale locale et récente du célèbre restaurant de Noi Tammasak, chef vedette de Phuket, est sensationnelle. Les merveilleuses créations comprennent carpaccio de champignons, côtelettes d'agneau grillées à la citronnelle, nouilles de Shanghai au pesto et steak de tofu arrosé de sauce *kôw soy*. Ne manquez pas le riz gluant à la mangue réinventé avec de la glace au sésame.

Végétariens, une délicieuse carte vous est dédiée ! Le Suay d'origine (p. 313), à Phuket-ville, est toujours aussi couru.

Bampot INTERNATIONAL $$$

(Carte p. 334 ; 093 586 9828 ; www.facebook.com/Bampot.co ; 19/1 Mu 1, Th Laguna ; plats 550-1 200 B ; 18h-minuit, fermé lun mai-nov ;). Banquettes bleues, cuisine ouverte et murs de briques blanches couverts d'œuvres d'art composent le cadre de l'ambitieuse gastronomie contemporaine d'inspiration européenne proposée par le chef Jamie Wakeford. Risotto au pesto de noix de cajou, saumon à la peau croustillante et au fenouil braisé ou encore tempura de chou-fleur arrosé de mayonnaise à la truffe côtoient des cocktails préparés d'une main experte (essayez le BGT à base de gin) et d'excellents vins. Service à la fois jovial et professionnel pour l'un des meilleurs restaurants internationaux de Phuket.

Project Artisan CUISINE VARIÉE $$$

(Carte p. 306 ; 093 790 9911 ; www.theprojectartisan.com ; 53/17 Mu 6, Rte 4018 ; repas 200-600 B ; 8h30-23h ;). Des portes en bois sculpté rose pêche et jaune ananas encadrent le jardin décoré de lanternes et d'attrape-rêves de ce lieu créatif polyvalent du nord de Cherngtalay, au style bohème-chic inspiré de Bali. Après un petit-déjeuner à base d'ingrédients locaux (viennoiseries fraîches, smoothies tropicaux, petits burgers artisanaux, œufs bio de Phang-Nga, etc.), laissez-vous bercer par la musique live, faites-vous masser au Saparod Spa (900-1 800 B) ou sirotez un cocktail et une bière artisanale thaïlandaise au Tipsy Bar, rappelant un stand de rue.

Le lieu est plébiscité par les expatriés et les familles pour ses menus pour enfants et ses massages. Boulangerie sur place. Le site Internet explique comment rejoindre l'endroit.

Comment s'y rendre et circuler

Le Phuket Smart Bus (p. 309) depuis/vers Surin, Kamala, Patong, Karon, Kata, Rawai et l'aéroport international de Phuket (ttes les heures environ 6h25-21h37, 50-170 B) marque plusieurs arrêts à Ao Bang Thao/Cherngtalay, notamment au Tesco Lotus sur la Rte 4025.

Des *songthaew* circulent entre Th Ranong à Phuket-ville et Hat Bang Thao (35 B) de 7h à 17h ; louer un *tuk-tuk* revient à 450 B.

Un taxi coûte 700 B depuis/vers l'aéroport et environ 900 B depuis/vers les plages du sud-ouest de Phuket.

Nord-est de Phuket

La luxuriante partie nord-est de l'île, dont les plus belles zones sont protégées par la réserve de Khao Phra Thaew, abrite cascades, temples, gibbons chantants et collines enveloppées de jungle.

À l'écart des plages dorées de Phuket, la peu visitée Thalang (ถลาง) se déploie autour et au nord du **monument aux Héroïnes** (อนุสาวรีย์ท้าวเทพกษัตรีท้าวศรีสุนทร ; carte p. 306 ; Hwy 402), à 13 km au nord de Phuket-ville. S'il n'est pas exactement au centre de l'île, ce monument (au sujet des héroïnes qu'il célèbre, voir la notice *Musée national de Thalang*, ci-dessous) fait office de carrefour central de Phuket : les routes en partent dans toutes les directions. La plupart des visiteurs se contentent de traverser ce secteur pour rejoindre au nord-est le sanctuaire des éléphants (p. 340) et le plus petit centre de réadaptation pour gibbons de Phuket (page ci-contre), à la popularité méritée. D'intéressants sites culturels, à l'instar du Wat Phra Thong, sont pourtant installés à Thalang.

À voir et à faire

Wat Phra Thong TEMPLE BOUDDHIQUE

(วัดพระทอง ; carte p. 306 ; près de la Hwy 402 ; lever-coucher du soleil ; P). GRATUIT À environ 7 km au nord du monument aux Héroïnes, le paisible "temple du Bouddha d'or" de Phuket, vieux de 250 ans, est aménagé autour d'une statue semi-enterrée, dont seules la tête et les épaules sont visibles. Selon la légende, le bouddha émergea un jour du sol et ceux qui tentèrent de l'excaver tombèrent malades ou subirent de graves accidents. Le temple est particulièrement vénéré par les Sino-Thaïlandais qui pensent que la statue vient de Chine. Pendant le Nouvel An chinois, les pèlerins affluent de Phang-Nga, Takua Pa et Krabi.

Musée national de Thalang MUSÉE

(พิพิธภัณฑสถานแห่งชาติถลาง ; carte p. 306 ; Th Srisoonthorn/Rte 4027 ; adulte/enfant 200/100 B ; 9h-16h ; P). Le musée de Thalang (explications en thaï et anglais) retrace l'histoire de Phuket, des habitants préhistoriques d'Andaman à l'époque des mines d'étain. On y découvre les différentes ethnies du sud de la Thaïlande et leurs dialectes, ainsi que la légende des "deux héroïnes" (immortalisées par le monument aux Héroïnes) qui auraient repoussé une invasion birmane au XVIIIe siècle en menant les femmes de l'île au combat habillées en hommes. Lors de nos recherches, le musée venait de rouvrir partiellement après plusieurs années de rénovation : les tarifs et horaires pourraient être amenés à changer. À 200 m au nord-est du monument aux Héroïnes, près de la Rte 4027.

Où se loger et se restaurer

Point Yamu by Como RESORT $$$

(Carte p. 306 ; 076 360100 ; www.comohotels.com ; 225 Mu 7, Paklok, Laem Yamu ; d avec petit-déj 10 600-32 200 B ; P). Entrez dans le vaste hall, où des piliers en mosaïque blanche encadrent des bassins reflétant les palmiers alentour, et vous tomberez sous le charme. Cette splendeur cinq étoiles marie influences thaïlandaises (couleur orange, comme la robe des moines, lampes inspirées des pièges à homard, symboles bouddhiques) et design italien contemporain. Le bleu roi et le turquoise des villas avec piscine ainsi que des immenses chambres (certaines avec piscine privative) rendent le panorama sur la mer et la baie d'Ao Phang-Nga encore plus stupéfiant.

Relaxez-vous dans la piscine bleu pâle, le spa au carrelage bleu-vert et le club de plage privé ou participez aux activités gratuites (yoga, Pilates, taï-chi, excursions à vélo) et vous ne voudrez plus jamais repartir. Les villas de 2 et 3 chambres accueillent les familles, auxquelles un service de baby-sitting est proposé. Le complexe abrite deux fantastiques restaurants : **La Sirena** (plats 430-750 B ; 8h-23h ;) propose des saveurs italiennes, l'autre des plats sud-thaïlandais raffinés. À 20 km au nord-est de Phuket-ville.

Monkeypod CAFÉ **$$**
(Carte p. 306 ; 087 909 5252 ; www.facebook.com/monkeypodcoffeehouse ; Rte 4027 ; plats 140-200 B ; 8h30-20h30 mar-dim ;). Remarquable création contemporaine d'un blanc minimaliste, doté de baies vitrées et entouré de végétation, ce café tenu par une famille est une agréable surprise, à proximité du sanctuaire des éléphants et du centre de réadaptation pour gibbons de Phuket. Délicieux café, smoothies et plats maison (classiques de l'île, salades, pâtes, roulés et gâteaux) à prix raisonnables. À 6 km au nord-est du monument aux Héroïnes.

Depuis/vers le nord-est de Phuket

Une grande partie de ce secteur n'est accessible qu'en véhicule privé ou taxi.

Les *songthaew* qui relient Phuket-ville à Hat Surin et Ao Bang Thao entre 7h et 17h passent par le monument aux Héroïnes (30 B). Des *songthaew* circulent aussi entre Phuket-ville et Tha Bang Rong (40 B) plusieurs fois par jour entre 8h et 15h30.

Un taxi entre Phuket-ville et le sanctuaire des éléphants coûte environ 700 B. La course entre Tha Bang Rong et les plages de la côte ouest de l'île revient de 600 à 900 B.

Les ferrys depuis/vers Ko Yao Noi et Ko Yao Yai, certains continuant jusqu'à Krabi et/ou Ao Nang, desservent Tha Bang Rong (p. 303), sur la côte nord-est de Phuket.

Réserve animalière et forestière royale de Khao Phra Thaew
อุทยานสัตว์ป่าเขาพระแทว

Contrairement aux idées reçues, Phuket n'est pas que sable, soleil et mer. Occupant le nord-est de l'île, la **réserve animalière et forestière royale de Khao Phra Thaew** (carte p. 306 ; près de la Rte 4027 et de la Hwy 402 ; adulte/enfant 200/100 B ; 9h-17h) protège 23 km² de forêt tropicale insulaire vierge (forêt de mousson sempervirente), culminant à 442 m à Khao Phra. Elle abrite sangliers, singes, loris lents, langurs, gibbons, daims, civettes, renards volants, cobras, pythons, écureuils et autres créatures plus petites, ainsi que le rare palmier *langkow* (*Kerriodoxa elegans*), dont le dessous des feuilles est blanc et qui atteint 3 à 5 m de haut. On y trouve aussi plusieurs cascades pittoresques (à voir surtout pendant la mousson) et le centre de réadaptation pour gibbons de Phuket (ci-dessous). Le parc ne comprend aucun hébergement, mais il est facile de rejoindre les autres parties de l'île en taxi, voiture ou moto.

Du côté de Bang Pae et du centre pour gibbons, une cantine sert des plats thaïlandais simples (150 B) tandis qu'un bon restaurant est installé au bord du lac, juste à côté de la barrière d'entrée du parc. Vous pouvez aussi rejoindre le Monkeypod (ci-contre) sur la Rte 4027 pour déjeuner et boire un bon café.

À voir et à faire

La réserve offre de belles possibilités de randonner dans les collines et abrite des cascades photogéniques, notamment **Nam Tok Ton Sai** (น้ำตกโตนไทร ; carte p. 306 ; près de la Hwy 402 ; adulte/enfant 200/100 B ; 9h-17h) et **Nam Tok Bang Pae** (น้ำตกบางแป ; carte p. 306 ; près de la Rte 4027 ; adulte/enfant 200/100 B ; 9h-17h). Reliées par un sentier de randonnée de 8 km (vous aurez probablement besoin de l'aide d'un guide du parc), les chutes d'eau sont particulièrement impressionnantes pendant la mousson, de juin à novembre.

Les garde-forestiers guident *parfois* les randonneurs : renseignez-vous à votre arrivée aux points d'accès du parc (attendez-vous à payer 1 500 B environ).

Centre de réadaptation pour gibbons RÉSERVE ANIMALIÈRE
(โครงการคืนชะนีสู่ป่า ; carte p. 306 ; 076 260492 ; www.gibbonproject.org ; près de la Rte 4027 ; don attendu ; 9h-16h30 dim-ven, 9h-15h sam ; P). Financée par les dons (parrainer un gibbon pendant un an coûte 2 100 B), cette petite réserve prend soin des gibbons ayant vécu en captivité et travaille à leur réintroduction dans la nature. Visitez le centre vers 9h pour entendre leur chant matinal. Il n'est pas possible d'approcher véritablement les animaux, ce qui pourra décevoir les enfants, mais le travail des bénévoles est remarquable : vous pourrez d'ailleurs vous engager comme volontaire pour donner des explications aux visiteurs, nettoyer les cages, nourrir les animaux ou assurer le suivi des singes relâchés.

À NE PAS MANQUER

SANCTUAIRE DES ÉLÉPHANTS DE PHUKET

Le **sanctuaire des éléphants de Phuket** (carte p. 306 ; ☎ 088 752 3853 ; www.phuketelephantsanctuary.org ; 100 Mu 2, Paklok, Rte 4027 ; adulte/enfant 3 000/1 500 B ; ⏲ 9h30-13h et 14h-17h30 ; 👪) est le seul véritable refuge de l'île accueillant les pachydermes qui furent maltraités pendant des décennies au nom de l'exploitation forestière ou de l'industrie du tourisme. La visite du matin vous permettra de les nourrir puis de les suivre à distance tandis qu'ils se promènent dans la forêt, mangent des pastèques ou se baignent. Cette occasion unique (et écoresponsable) d'approcher des éléphants est particulièrement appréciée des visiteurs.

Ce sanctuaire, apparenté au renommé Elephant Nature Park de Chiang Mai, hébergeait, au moment de nos recherches, huit éléphants femelles. Si vous voulez passer plus de temps auprès des éléphants, le sanctuaire accueille des volontaires ; les frais (1/3/7 jours 4 500/8 000/16 000 B), qui incluent les repas végétariens et, le cas échéant, l'hébergement, financent les soins des éléphants.

Le sanctuaire est uniquement accessible au public dans le cadre d'un circuit (réservation nécessaire) comprenant un savoureux déjeuner végétarien ou un thé dans l'après-midi. On passe prendre les visiteurs au bureau du sanctuaire, à proximité, où ils sont raccompagnés après la visite. Les circuits de l'après-midi, moins interactifs, permettent seulement d'observer les éléphants comme dans un safari. Méfiez-vous des autres établissements se présentant comme des sanctuaires et des chauffeurs de taxi qui vous y emmènent pour toucher une commission.

Le braconnage des gibbons est un problème majeur à Phuket, et le tourisme y contribue largement. Sur les plages et dans les bars fréquentés par les touristes, on propose à ces derniers d'être pris en photo avec ces singes : refusez pour contribuer à la préservation de l'espèce. Le dernier gibbon à mains blanches sauvage de Phuket a été braconné au début des années 1980.

ℹ Depuis/vers la réserve animalière et forestière royale de Khao Phra Thaew

On peut accéder à Khao Phra Thaew depuis l'est et l'ouest. Arrivé au monument aux Héroïnes, prenez la Rte 4027 sur 9 km vers le nord-est et tournez à gauche (vers l'ouest) en direction de Nam Tok Bang Pae (indiqué). Après 1 km, vous atteindrez le centre de réadaptation pour gibbons. Depuis le monument, on peut aussi prendre la route 402 sur 6 km vers le nord-ouest, puis tourner vers l'est pour rejoindre Nam Tok Ton Sai. Les transports en commun ne desservent pas la zone.

Plages du Nord

La côte nord-ouest est l'un des endroits les plus agréables de Phuket : si vous recherchez des plages isolées et tranquilles, où la nature et le tourisme parviennent encore (plus ou moins) à coexister, c'est là qu'il faut aller. Trois des plages les plus idylliques et les moins construites de Phuket, relativement peu fréquentées par les touristes et généralement calmes, se situent à moins de 15 minutes de route de l'aéroport. Il s'agit de la décontractée **Hat Nai Thon** (หาดในทอน ; carte p. 306), de la festive **Hat Nai Yang** (หาดในยาง ; carte p. 306) et de la splendide **Hat Mai Khao** (หาดไม้ขาว ; carte p. 306), qui s'étend sur 10 km. Toutes trois sont protégées par le parc national de Sirinat (dont le bureau se trouve à Nai Yang).

Les kitesurfeurs affluent à Nai Yang de mai à octobre, mais cette partie de Phuket reste plutôt calme en basse saison.

À voir et à faire

Pendant la mousson, de mai à octobre, Hat Nai Yang se prête idéalement à la pratique du kitesurf. On compte plusieurs bonnes écoles, dont **Kiteboarding Asia** (carte p. 306 ; ☎ 081 591 4594 ; www.kiteboardingasia.com ; 116 Mu 1, Hat Nai Yang ; cours 1 heure 1 300 B, cours IKO 3 jours 11 000 B ; ⏲ 9h-18h mai-oct) et Kite Zone (p. 318), basée à Rawai.

Parc national de Sirinat PARC NATIONAL
(อุทยานแห่งชาติสิรินาถ ; carte p. 306 ; ☎ 076 327152, 076 328226 ; www.portal.dnp.go.th ; 89/1 Mu 1, Hat Nai Yang ; adulte/enfant 200/100 B ; ⏲ 6h-18h). Englobant Nai Thon, Nai Yang et Mai Khao, les splendides plages du nord-ouest, l'ancien parc national de Nai Yang et

la réserve naturelle de Mai Khao, le parc national de Sirinat couvre 22 km² de côte et 68 km² de mer depuis l'extrémité nord d'Ao Bang Thao jusqu'à la pointe septentrionale de l'île. Le bureau du parc, comprenant des hébergements, un centre d'accueil des visiteurs très simple et un restaurant, se situe à l'extrémité nord de Hat Nai Yang.

Tout le secteur, situé pourtant à seulement 15 minutes de l'aéroport international de Phuket, est relativement paisible.

Banana Beach PLAGE

(หาดหินกล้วย, Hat Hin Gluai ; carte p. 306 ; près de la Rte 4018). Si elle n'est plus aussi secrète qu'autrefois, cette petite plage cachée à 2 km au sud de Hat Nai Thon donne l'occasion d'une escapade délicieusement rustique. Depuis le tout petit parking installé sur le côté ouest de la sinueuse route côtière 4018, on descend à travers une jungle de cocotiers pour gagner une étendue de sable doux, merveilleusement calme et parsemée de rochers. On y trouve un seul restaurant.

Sea Bees PLONGÉE

(Carte p. 306 ; 076 327006 ; www.sea-bees.com ; Slate, 116 Mu 1, Hat Nai Yang ; excursion 2 plongées 3 500 B ; horaires variables). La succursale de Nai Yang de ce prestataire phuketois efficace est spécialisée dans les excursions aquatiques d'une demi-journée (2 plongées) dans le parc national de Sirinat ; les snorkeleurs sont bienvenus pour la moitié du prix environ. Le club propose aussi divers cours, notamment pour l'Open Water Diver SSI (3 jours, 16 000 B).

Asia Marine BATEAU

(Carte p. 306 ; 076 397934 ; www.asia-marine.net ; 141/2 Mu 2, Phuket Yacht Haven Marina, Laem Phrao ; horaires variables). La première agence de location de voiliers de Phuket dispose d'une flotte variée, de la jonque en bois à l'élégant catamaran en fibre de verre. En haute saison, la location d'un bateau sans équipage commence à environ 9 000 B/semaine.

Coqoon Spa SPA

(Carte p. 306 ; 076 327006 ; www.theslatephuket.com ; Slate, 116 Mu 1, Hat Nai Yang ; massage/soin 2 200-7 000 B ; 10h-20h). Installées dans le très chic *resort* Slate (p. 342), les salles de ce fantastique spa sont entourées de jardins luxuriants. Les soins proposés incluent gommages aux fleurs de frangipanier, enveloppements au charbon de bambou, soins du visage Anne Semonin et détox dans une suite "nid" suspendue.

Phuket Riding Club ÉQUITATION

(Carte p. 306 ; 081 787 2455 ; www.phuketriding-club.com ; 60/9 Th Thepkasattri, Mu 3, Mai Khao ; 1/2 heures 1 200/2 200 B ; 8h-18h30). Vous rêvez d'une chevauchée sous les tropiques ? Ce centre équestre établi de longue date propose de sympathiques balades de 1 à 2 heures sur les plages et dans les terres du nord de Phuket. Réservez un jour avant.

Soi Dog BÉNÉVOLAT

(Gill Daley Foundation ; carte p. 306 ; 076 681029 ; www.soidog.org ; 167/9 Mu 4, Soi Mai Khao 10 ; don à l'entrée ; 9h-12h et 13h-15h30 lun-ven, 9h-12h sam, visites 9h30, 11h, 13h30 et 14h30 lun-ven, 9h30 et 11h sam). À 2 km de Hat Mai Khao vers l'intérieur des terres, cette fondation à but non lucratif s'occupe de centaines de chats et chiens (beaucoup ont été sauvés du commerce illégal de viande canine). L'établissement travaille à la stérilisation, la castration et l'adoption des animaux tout en sensibilisant le public à leur bien-être. Une visite guidée détaillée permet de découvrir les lieux. L'enclos des "vieux chiens" émeut, mais sachez que ces derniers sont bien traités. Les visiteurs peuvent jouer avec les animaux, s'engager comme bénévoles à plus long terme ou se porter volontaires pour transporter chiens et chats jusqu'à leurs nouvelles familles à l'étranger.

Où se loger

La région compte aussi bien des *resorts* haut de gamme que des hébergements plus abordables, mais pour les adresses les moins chères, il faudra réserver bien à l'avance. Mai Khao comprend surtout des complexes hôteliers de luxe, tandis que Nai Yang propose la meilleure offre pour petits budgets ; Nai Thon dispose d'établissements des deux catégories.

Pensiri House PENSION $

(Carte p. 306 ; 081 895 9489 ; www.pensiriho-use.com ; 112 Mu 5, Hat Nai Yang ; d 800-1 200 B ;). À 300 m en retrait de Hat Nai Yang (à côté de l'entrée du somptueux Slate), cette *guesthouse* accueillante et bien gérée est la meilleure adresse pour petits budgets de la région. Le lieu étant prisé des bénévoles intervenant à long terme dans les associations locales, il vous faudra réserver bien à l'avance. Dans un nouveau bâtiment élégant, les chambres parfaitement entretenues avec balcon, télévision, réfrigérateur et coffre-fort sont spacieuses, contemporaines et baignées de lumière naturelle.

Les propriétaires gèrent aussi le Phen's Restaurant sur la plage voisine.

Slate RESORT $$$
(Carte p. 306 ; 076 327006 ; www.theslatephuket.com ; 116 Mu 1, Hat Nai Yang ; avec petit-déj d 8 200-24 300 B, villas 44 900-62 000 B ;). Ce gigantesque complexe hôtelier, l'un des plus originaux de Phuket, s'inspire du passé minier de l'île. La décoration raffinée est ponctuée d'équipements de mineurs et les portes des chambres et villas élégamment contemporaines sont faites de métal patiné. Les meilleures chambres disposent d'une piscine et d'une salle de bains extérieure. Le complexe abrite aussi le fantastique restaurant thaïlandais Black Ginger, le sublime Coqoon Spa (p. 341) et 3 piscines (dont une réservée aux adultes).

On peut y pratiquer Pilates, yoga, paddle (SUP) et kayak, et des vélos sont à disposition. Les villas et les suites de 2 chambres accueillent les familles, qui profitent aussi d'un club pour enfants.

Pullman RESORT $$$
(Carte p. 306 ; 076 303299 ; www.pullmanphuketarcadia.com ; 22/2 Mu 4, Hat Nai Thon ; d 6 000-12 000 B, villas 29 000-32 000 B ;). Perché sur de hautes falaises surplombant le nord de Hat Nai Thon, ce *resort* tentaculaire offre un impressionnant panorama sur la mer dès le pont menant à la réception. Surplombant la mer, un réseau de miroirs d'eau est dominé par l'excellent restaurant **Elements** (plats 300-1 300 B ; 12h-22h30 ;). Les 227 chambres et villas avec piscine sont toutes spacieuses, contemporaines (tons neutres), particulièrement confortables et dotées de balcons.

Où se restaurer et prendre un verre

Hat Nai Yang et Hat Nai Thon offrent le meilleur choix de restaurants à prix abordables, situés pour beaucoup en bord de mer (mais pas toujours directement sur la plage), et plusieurs stands de nourriture bon marché sont installés au bord de la route. Pour un dîner plus chic, les *resorts* de luxe de la région proposent de bons restaurants haut de gamme.

Phen's Restaurant THAÏLANDAIS $$
(Carte p. 306 ; 081 895 9489 ; www.facebook.com/phensrestaurant ; Hat Nai Yang ; plats 130-450 B ; 10h-23h ;). Nappes blanches et turquoise et personnel attentionné font du Phen's une adresse de plage prisée. C'est l'un des rares endroits de l'île où l'on peut encore manger les pieds dans le sable. Outre un vaste choix de poissons et fruits de mer au barbecue (crabe frit au citron, vivaneau au curry rouge, crevettes fumées au piment), la carte comprend des classiques de Phuket tels que *pàk miang* (sorte d'épinards) à la coco et *gaang sôm pla* (curry de poisson à la façon du Sud).

L'équipe gère aussi la populaire pension Pensiri House, un peu plus loin dans les terres.

Mr Kobi THAÏLANDAIS $$
(Carte p. 306 ; Hat Nai Yang ; plats 180-300 B ; 10h-23h). L'enseigne annonce : “Ici, on parle parfaitement un mauvais anglais.” En réalité, le bien-aimé M. Kobi s'exprime très bien dans la langue de Shakespeare. Dans un cadre sans prétention décoré de drapeaux du monde entier, il s'occupe des boissons tandis que Malee cuisine poissons, fruits de mer et classiques thaïlandais. L'histoire du tsunami de 2004 est racontée sur l'un des murs.

Coconut Tree THAÏLANDAIS $$
(Carte p. 306 ; Rte 4018, Hat Nai Thon ; plats 100-500 B ; 10h-22h ;). Vers l'extrémité sud de Hat Nai Thon, cette adresse décontractée sert d'excellents fruits de mer – crabe poêlé au poivre noir, crevettes tigrées sous toutes leurs formes (au curry jaune, au gingembre amer...) – ainsi que des nouilles, currys et sautés dans une véranda ouverte de style rustique, ornée de plantes en pot. La mer d'Andaman scintille derrière les palmiers et les filaos au-delà de la route.

Black Ginger THAÏLANDAIS $$$
(Carte p. 306 ; 076 327006 ; www.theslatephuket.com ; Slate, 116 Mu 1, Hat Nai Yang ; plats 280-675 B ; 18h-23h ;). Uniquement accessible par une barge que l'on déplace le long d'une corde, ce restaurant ouvert sur le lagon est un lieu magique, illuminé de torches et pourvu d'une *săh·lah* de style traditionnel aux cloisons en bois. La carte raffinée, entièrement thaïlandaise avec de nombreuses options végétariennes, met l'accent sur les classiques du Sud avec notamment un *pàk miang* sauté, un savoureux curry *massaman* et un curry de crabe servi sur des nouilles de riz. Ne manquez pas la superbe glace aux noix de cajou.

NY Beach Republic LOUNGE
(Carte p. 306 ; www.facebook.com/nybeachrepublic ; Hat Nai Yang ; 15h-1h30 ;). À Nai

Yang, il n'y a pas plus animé le soir que cet élégant bar lounge doublé d'un restaurant, installé en retrait de la plage, où banquettes en bambou, hautes tables en bois, coussins rayés et table de billard sont disséminés sur le sable parmi les palmiers. Le bar sert des mojitos fruités au Chalong Bay Rum (250 B) et des pichets de bière (200 B) tandis que la carte thaïlandaise (150-450 B) propose fruits de mer, soupes, nouilles et currys.

Depuis/vers les plages du Nord

Selon la plage, un taxi coûte de 300 à 600 B depuis/vers l'aéroport de Phuket (p. 308), environ 900 B depuis/vers Patong et 800 à 1 000 B depuis/vers Phuket-ville.

PROVINCE DE KRABI

จังหวัดกระบี่

Quand les voyageurs évoquent la beauté d'Andaman, ils pensent généralement à Krabi. Là, des formations karstiques contournent la côte telle une immense forteresse calcaire ou s'élèvent au-dessus de plages de sable blanc paradisiaques. Les grimpeurs trouveront leur paradis à Ton Sai et Railay, les fêtards à Ko Phi Phi et les Robinson en herbe à Ko Lanta, Ko Jum ou sur l'une des 150 autres îles éparpillées au large des 120 km de littoral.

Ville de Krabi กระบี่

075 / POP 52 867 HABITANTS

Majestueusement entourée de formations karstiques dont les angles improbables surgissent de la mangrove, la ville animée de Krabi est un important carrefour des transports, doté d'innombrables pensions et agences de voyages. Elle fait ainsi un excellent point de départ pour les circuits en kayak, les randonnées dans la jungle ou les excursions d'un jour vers les bassins émeraude et les sources chaudes toutes proches. Sa vie nocturne naissante, avec des bars corrects et une profusion de restaurants, vous permettra de passer quelques jours agréables.

À voir et à faire

Plusieurs tour-opérateurs organisent des excursions d'une journée à Khlong Thom, à 45 km au sud-est de Krabi sur la Hwy 4, comprenant des haltes près des sources thermales et des bassins d'eau douce. Comptez de 1 200 à 2 000 B, transport, guide, déjeuner et boissons compris (emportez de bonnes chaussures). Des "circuits dans la jungle", et des excursions vers les îles et les mangroves sont également proposés.

Wat Tham Seua TEMPLE BOUDDHIQUE

(วัดถ้ำเสือ, temple de la Grotte du tigre ; lever-coucher du soleil). Ce vaste ensemble de temples troglodytiques à flanc de colline constitue l'occasion d'une excursion d'une journée aussi belle que facile, à 9 km au nord de Krabi. À l'entrée du parc, un escalier escarpé de 1 260 marches mène en haut d'un pic karstique de 600 m. Après une éreintante ascension de 30 à 40 minutes, les plus courageux découvriront des bouddhas dorés, un stupa et une vue spectaculaire sur la mer au-delà d'Ao Nang. Partez tôt et emportez de l'eau. Des robinets d'eau potable sont installés au sommet.

Un sentier dessine une boucle à travers une petite vallée boisée, derrière la crête où est situé le *bòht* (sanctuaire central). Il vous permettra de découvrir les plus belles parties du reste du domaine, dont plusieurs grottes calcaires abritant des images et des statues de Bouddha ainsi que des autels lui étant dédiés. Cette zone étant sacrée, il vous faudra porter une tenue couvrante des épaules aux genoux et éviter les vêtements moulants.

Le trajet en moto-taxi depuis Krabi coûte 200 B aller-retour. En *songthaew*, de Th Utarakit à Krabi, comptez 70 B.

Sea Kayak Krabi KAYAK

(075 680382, 089 724 8579 ; www.seakayak-krabi.net). Cette agence organise toute une gamme d'intéressants circuits en kayak de mer, notamment à Ao Tha Len (demi-journée/journée 900/1 500 B), dominée par des falaises vertigineuses, à Ko Hong (journée 2 200 B), renommée pour sa lagune émeraude, et à Ban Bho Tho (journée 2 200 B), où des formations karstiques et des grottes marines s'ornent de peintures pariétales vieilles de 2 000 à 3 000 ans. Les tarifs comprennent guide, déjeuner, fruits et eau.

Où se loger

Pak-Up Hostel AUBERGE DE JEUNESSE $

(075 611 955 ; www.pakuphostel.com ; 87 Th Utarakit ; dort/ch 380/850 B ;). Toujours incontournable à Krabi, le Pak-Up propose plusieurs dortoirs contemporains (certains réservés aux femmes) avec

Ville de Krabi

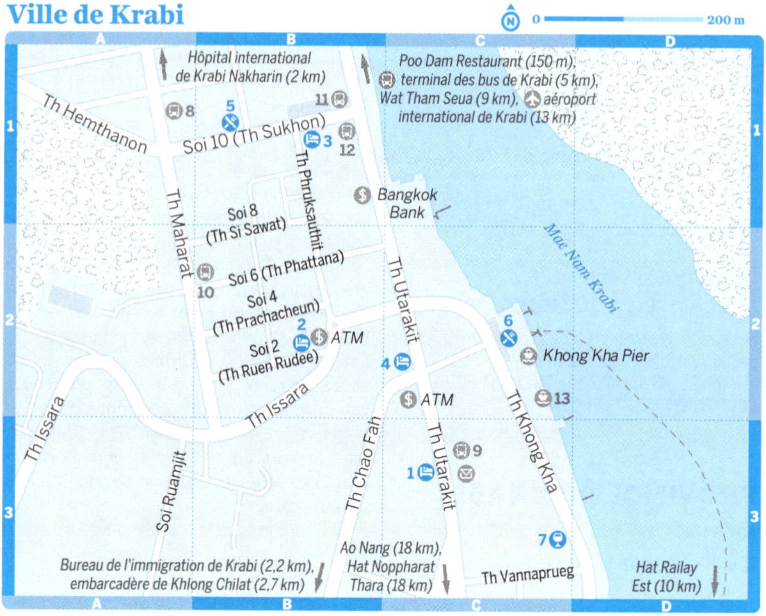

climatisation et grands lits superposés en bois équipés de casiers personnels. Les dortoirs et les 2 chambres doubles se partagent de vastes salles de bains modernes alimentées en eau chaude. Bar animé sur place, à l'ambiance jeune et festive.

Hometel PENSION $

(☎075 622301 ; chaoguai_2504@hotmail.com ; 7 Soi 10, Th Maharat ; dort 250 B, ch 650-990 B ; ❄📶). L'accueil est chaleureux dans cet établissement à l'aspect délabré avec chambres petites et sommaires, mais convenables (demandez-en une avec fenêtre). Le dortoir (4 lits) n'a pas de casiers mais dispose de sa propre salle de bains. Le café, très apprécié des gens du quartier, sert un excellent *pàt tai*.

Family Tree Hotel BOUTIQUE-HÔTEL $$

(☎087 499 4544, 075 612562 ; krabi.familytree@gmail.com ; Soi 2, 6 Th Maharat ; d 1 900-2 400 B ; ❄📶). Cet élégant boutique-hôtel, géré en famille, loue des chambres spacieuses et lumineuses, toutes dotées de télévision, réfrigérateur, café à moudre et, curieusement, lavabos directement dans la chambre plutôt que dans la salle de bains. Au rez-de-chaussée, le **restaurant** (☎075 612562, 087 499 4544 ; Soi 2, 6 Th Maharat ; plats 85-350 B ; ⌚7h30-17h ; 📶) est réputé pour ses cafés du monde entier et ses délicieuses pâtisseries maison.

Chan Cha Lay PENSION $$

(☎075 620952 ; www.lovechanchalay.com ; 55 Th Utarakit ; ch 400-1 400 B ; ❄@📶). Dans cette charmante *guesthouse*, les chambres sont décorées dans des tons bleus et blancs méditerranéens avec salles de bains à ciel ouvert en béton poli et galets blancs. Des chambres moins chères, rudimentaires mais impeccables, avec salle de bains commune et climatisation, sont également disponibles.

Où se restaurer et prendre un verre

Marché nocturne MARCHÉ $

(Th Khong Kha ; plats 30-70 B ; ⌚16h-22h). Ce marché jouxtant Tha Khong Kha est très fréquenté au dîner. On y savoure toutes sortes de délices : authentiques *sôm·đam* (salade de papaye verte épicée), nouilles sautées, *đôm yam gûng* (soupe de crevettes à la citronnelle), vivaneau grillé, grande variété de satay, desserts thaïlandais crémeux et jus de fruits pressés. Menus en anglais.

Poo Dam Restaurant PRODUITS DE LA MER $

(☎081 700 6590 ; Th Utarakit ; plats 80-120 B ; ⌚15h-23h) Prisé des Thaïlandais comme des voyageurs, ce restaurant sans prétention sert quantité de fruits de mer et cuisine le poisson à votre goût, épicé ou non. En face de la statue du crabe noir, sur l'esplanade.

Ville de Krabi

Où se loger

1 Chan Cha Lay C3
2 Family Tree Hotel B2
3 Hometel B1
4 Pak-Up Hostel C2

Où se restaurer

Family Tree Restaurant ....(voir 2)
5 May & Mark's B1
6 Marché nocturne C2

Où prendre un verre et faire la fête

7 Booze Bar C3

Transports

8 *Songthaew* pour Ao Luk A1
9 *Songthaew* pour Ao Nang et Hat Noppharat Thara C3
10 *Songthaew* pour Ao Nang et Hat Noppharat Thara B2
11 *Songthaew* pour Ban Laem Kruat B1
12 *Songthaew* pour le terminal des bus de Krabi B1
13 Tha Khong Kha C2

May & Mark's THAÏLANDAIS, INTERNATIONAL $$
(083 716 2488 ; 34 Th Sukhon ; plats 75-250 B ; 7h-21h ;). Indémodable lieu de rencontre des voyageurs, May & Mark's est toujours bondé. On y déguste un fantastique pain au levain maison, un excellent café préparé à partir de grains du monde entier fraîchement moulus ainsi que des repas thaïlandais, salades, sandwichs, plats occidentaux, nombreux mets végétariens et plats fusion comme la pizza garnie d'un curry thaïlandais épicé.

Booze Bar BAR
(095 037 2474 ; Th Khong Kha ; 15h-1h ;). Cet accueillant bar reggae avec billard organise des concerts tous les soirs et s'anime vraiment à partir de 22h. Installez-vous au comptoir en bois et admirez les portraits accrochés aux murs couverts de graffitis.

Renseignements

Bangkok Bank (Th Utarakit ; 8h30-15h30). Change les espèces et les chèques de voyage. Équipée de DAB.

Bureau de l'immigration de Krabi (075 611 097 ; 382 Mu 7, Saithai ; 8h30-16h30 lun-ven). Prorogation de visas. À 4 km au sud-ouest de Krabi.

Hôpital international de Krabi Nakharin (075 626555 ; www.krabinakharin.co.th ; 1 Th Pisanpob). À 2 km au nord-ouest de Krabi.

Depuis/vers Ville de Krabi

AVION

L'aéroport est à 14 km au nord-est de Krabi sur la Hwy 4. La plupart des compagnies nationales relient Bangkok à Krabi. Ko Samui est desservie quotidiennement par **Bangkok Air** (www.bangkokair.com) et Chiang Mai par **Air Asia** (www.airasia.com).

Un taxi entre l'aéroport et la ville de Krabi coûte 350 B contre 200 B pour un moto-taxi. Des agences et le Pak-Up Hostel (p. 343) peuvent réserver votre place dans le bus de l'aéroport (90 B). Plusieurs agences internationales de location de voiture disposent de comptoirs à l'aéroport (à partir de 1 100 B/jour).

BATEAU

Les ferrys pour Ko Phi Phi et Ko Lanta partent de l'**embarcadère de Khlong Chilat** (Tha Khlong Chilat), à 4 km au sud-ouest de Krabi. Les agences vendant des billets de ferrys offrent le transfert gratuit à leurs clients.

Hat Railay Est Des *long-tail boats* (150 B, 45 minutes) partent de **Tha Khong Kha**, à Krabi, entre 7h45 et 18h. Les capitaines de bateaux attendent de réunir 8 personnes avant de lever l'ancre, mais vous pouvez aussi louer le bateau entier (1 200 B). Les embarcations pour Hat Railay Ouest partent d'Ao Nang.

Ko Jum De novembre à fin avril, les bateaux pour Ko Lanta desservent Ko Jum (450 B, 1 heure), avec l'aide de *long-tail boats* qui, au niveau de l'île, assurent le transfert jusqu'au rivage.

Ko Lanta De novembre à fin avril, un bateau pour Ko Lanta (450 B, 2 heures) part chaque jour à 11h30. Pendant la saison des pluies, l'île n'est raccordée au continent que par les fréquents minibus climatisés (250-300 B, 2 heures 30), qui circulent aussi en haute saison.

Ko Phi Phi Des bateaux (300-350 B, 1 heure 30-2 heures) rejoignent Ko Phi Phi toute l'année, à 9h, 10h30, 13h30 et 15h. Ils en repartent à 9h, 10h, 13h30 et 15h30. Entre mai et octobre, les ferrys ne circulent pas toujours quotidiennement.

Phuket et îles de Ko Yao Le trajet le plus rapide est la liaison directe depuis l'embarcadère de Hat Noppharat Thara, à 19 km au sud-ouest de Krabi. Des *songthaew* (50 B) relient Tha Khong Kha et Hat Noppharat Thara – en taxi, comptez 600 B. Des bateaux se rendent aussi plusieurs fois par jour à Ko Yao Noi depuis Tha Len (150 B), à 33 km au nord-ouest de Krabi.

BUS

Terminal des bus de Krabi (075 663 503 ; angle Th Utarakit et Hwy 4). Situé à 4 km au nord du centre de Krabi, à Talat Kao.

BUS DEPUIS/VERS KRABI

DESTINATION	TARIF	DURÉE	DÉPARTS
Bangkok (bus VIP)	892 B	12 heures	17h
Bangkok (bus climatisé)	587 B	12 heures	8h, 8h20, 16h et 17h
Hat Yai	260 B	4 heures 30	ttes les heures, 8h30-19h20
Phuket	140 B	3 heures	ttes les 30 minutes, 8h30-19h20
Ranong	250 B	5 heures	8h et 12h
Satun	350 B	5 heures	11h, 13h, 14h et 15h
Surat Thani	180 B	2 heures 30	ttes les heures 4h30-16h30
Trang	180 B	2 heures	ttes les 30 minutes 7h30-17h

MINIBUS

Des agences de voyages proposent des minibus climatisés et des bus VIP pour les destinations touristiques du Sud, mais vous risquez de vous retrouver entassés avec d'autres voyageurs. La plupart des agences offrent aussi des billets combinés minibus/bateau pour Ko Samui (650 B, 5 heures) et Ko Pha Ngan (750 B, 7 heures). D'autres minibus (souvent moins chers) partent du terminal des bus. Quelques destinations au départ de Krabi :

DESTINATION	TARIF	DURÉE
Hat Yai	240 B	4 heures
Ko Lanta	250-300 B	2 heures 30
Phuket	140 B	2-3 heures
Satun	350 B	4 heures
Surat Thani	180 B	2 heures 30
Trang	240 B	2 heures

SONGTHAEW

Des *songthaew* relient le terminal des bus et le centre-ville de Krabi (25 B), puis continuent jusqu'à Hat Noppharat Thara (60 B), Ao Nang (60 B) et le cimetière de coquillages d'Ao Nam Mao (70 B). Ils circulent entre 6h et 19h, prenant des passagers en chemin.

Dans le centre-ville, le plus pratique pour trouver un *songthaew* est de se rendre dans Th Utarakit et Th Maharat, notamment pour rejoindre Ao Luk (Th Maharat ; 80 B, 1 heure, 6h-15h), Ao Nang et Hat Noppharat Thara (Th Maharat ou Th Utarakit) et Ban Laem Kruat (Th Utarakit). En sens inverse, Th Utarakit est le meilleur endroit pour prendre un *songthaew* en direction du terminal des bus.

En haute saison, les *songthaew* circulent jusqu'à 22h. Après 19h, ils sont moins fréquents et demandent un supplément.

Comment circuler

Les *songthaew* qui relient le terminal des bus à Krabi (25 B) s'arrêtent dans Th Utarakit, devant le River View Hotel. La plupart des agences et *pensions*, dont le Pak-Up Hostel, louent des motos (150 B/jour).

Railay อ่าวไร่เลย์

Railay (ou Rai Leh) est une destination incontournable pour les passionnés d'escalade. C'est ici en effet que le spectacle féerique des reliefs karstiques de Krabi atteint son paroxysme. Sur ces splendides rochers escarpés, les singes s'ébattent autour des grimpeurs, tandis qu'en contrebas, une véritable jungle borde certaines des plus belles plages de Thaïlande.

Accessibles uniquement en bateau, à 15 minutes à peine d'Ao Nang, les zones les plus visitées de Railay se situent entre Hat Railay Est, une plage médiocre peu propice à la baignade, et les complexes hôteliers de luxe installés près du magnifique sable blanc de Hat Railay Ouest et Hat Tham Phra Nang.

Bien plus peuplée qu'autrefois, Railay est fréquentée par de nombreux excursionnistes et sillonnée par une multitude de bateaux bruyants, mais elle reste beaucoup moins développée que Ko Phi Phi. Près de là, **Ton Sai**, plus sauvage, possède un site d'escalade dédié. Bars rastas et bungalows y sont nichés dans la jungle et les baroudeurs au long cours aiment toujours y poser leurs valises.

À voir

Hat Tham Phra Nang PLAGE

(หาดถ้ำพระนาง) Candidate sérieuse au prix de la plus belle plage de Thaïlande, Hat Tham Phra Nang est située au sud-ouest du cap. Son croissant de sable clair et doré est encadré par des falaises karstiques trouées de grottes tandis que les îles de Ko Kai (Chicken Island) et Ko Poda semblent flotter sur la mer bleu azur. Le Rayavadee (p. 350), *resort* le plus sélect de la péninsule, est le seul endroit où vous pourrez passer la nuit à proximité.

Tham Phra Nang GROTTE

(ถ้ำพระนาง, grotte de la Princesse ; Hat Tham Phra Nang). À l'extrémité est de la plage de Hat Tham Phra Nang, ce sanctuaire est très fréquenté par les pêcheurs locaux (bouddhistes comme musulmans), qui y déposent des phallus en bois dans l'espoir que l'esprit de la princesse indienne qui y habite leur accorde une pêche abondante. Selon la légende, une barge royale transportant cette princesse sombra ici au IIIe siècle av. J.-C. Son esprit se réfugia dans la grotte, réalisant les vœux de ceux qui lui rendent hommage.

Sa Phra Nang BASSIN

(สระพระนาง, bassin sacré de la Princesse). À mi-chemin entre Hat Railay Est et Hat Tham Phra Nang, un sentier grimpe le long de la falaise couverte de jungle jusqu'à une lagune cachée. La première partie est une montée abrupte de 10 minutes, équipée de cordes sur lesquelles on peut s'appuyer. Tournez à droite pour la lagune, accessible après une descente escarpée, ou à gauche pour rejoindre rapidement un point de vue à flanc de falaise. La montée est exténuante mais brève.

Activités

Vous pouvez louer des kayaks à Hat Railay Ouest (demi-journée/journée 300/500 B).

Freebird Paddle KAYAK

(☎061 953 9913 ; www.gofreebird.com ; Walking St ; circuit en kayak par pers jour/nuit 800/1 800 B ; ⏲10h-21h). Installez-vous dans un kayak à fond transparent et, lors des circuits nocturnes, admirez le plancton bioluminescent. Possibilité de circuits en paddle (journée/nuit 800/1 800 B).

Escalade

Avec leurs imposantes falaises calcaires frangées d'une jungle luxuriante et leurs idylliques plages de sable blanc, Railay et Ton Sai figurent sans surprise parmi les meilleurs sites d'escalade au monde. On pourrait passer des mois à grimper et explorer leurs falaises. Les voies pour grimpeurs débutants sont plus nombreuses à Railay qu'à Ton Sai.

La plupart des grimpeurs commencent par le **Muay Thai Wall** et le **One, Two, Three Wall**, à la pointe sud de Hat Railay Est, qui compte au moins 40 voies graduées de 4b à 8b selon la cotation française. À l'extrémité sud de Hat Railay Ouest, l'extrême **Thaiwand Wall**, une falaise calcaire abrupte, est sillonnée des voies de varappe les plus difficiles, graduées de 6a jusqu'à 7c+.

Parmi les principaux parcours d'escalade figurent le **Hidden World**, comprenant des voies classiques pour grimpeurs intermédiaires, le **Wee's Present Wall**, une voie intéressante mais méconnue, cotée 7c+, et la **Diamond Cave**, pour grimpeurs débutants et intermédiaires. Le site www.railay.com fournit des renseignements en anglais sur ces voies.

Les agences d'escalade de Railay proposent des cours aux tarifs standards, soit 1 200 B la demi-journée et 2 000 B la journée. Un cours particulier revient à 3 500 B la demi-journée et 5 000 la journée. Les cours de 3 jours (6 500 B) vous feront pratiquer l'escalade en tête : vous vous attacherez aux pitons de la paroi au fil de l'ascension. Les grimpeurs chevronnés peuvent louer du matériel (de qualité variable) pour 2 personnes dans toutes les écoles d'escalade moyennant environ 1 200 B la journée – l'équipement standard comprend 60 m de corde, 2 harnais et des chaussons d'escalade. Si vous prévoyez d'organiser votre escalade vous-même, mieux vaut apporter votre propre matériel, incluant un grand nombre d'anneaux de corde et de dégaines, de la magnésie (la transpiration au niveau des paumes est inévitable sous les tropiques) et une petite réserve de bicoins et autres coinceurs de secours pour les voies faiblement protégées. Si vous oubliez quelque chose, certaines écoles d'escalade vendent une gamme (limitée) de matériel importé.

Real Rocks ESCALADE

(☎080 718 1351 ; www.realrocksclimbing.com ; Hat Railay Est ; demi-journée/journée 1 200/2 000 B, cours 3 jours 6 500 B ; ⏲8h-22h). Cette école d'escalade américano-thaïlandaise, gérée avec efficacité, est appréciée de ses élèves.

Hot Rock ESCALADE

(☎085 641 9842 ; www.railayadventure.com ; Hat Railay Est ; demi-journée/journée 1 200/2 000 B, cours de 3 jours 6 500 B ; ⏲9h-20h). Tenu par l'un des pionniers de l'escalade à Railay, Hot Rock jouit d'une solide réputation.

Railay

Railay

À voir
1 Hat Tham Phra Nang C4
2 Sa Phra Nang D4
3 Tham Phra Nang C4

Activités
4 Diamond Cave D2
Freebird Paddle .... (voir 21)
5 Hidden World D4
6 Highland Rock Climbing D2
7 Hot Rock C3
8 King Climbers C2
9 Muay Thai Wall D3
10 One, Two, Three Wall D3
Railay Dive Center .... (voir 8)
11 Real Rocks D2
12 Thaiwand Wall C3
13 Wee's Present Wall C2

Où se loger
14 Anyavee Railay Resort D2
Blanco Hideout @ Railay .... (voir 17)
15 Railay Garden View D2
16 Railei Beach Club C2
17 Rapala Rockwood Resort D2
18 Rayavadee C3
19 Sand Sea Resort C3
20 Sunrise Tropical Resort C3

Où se restaurer
21 Kohinoor C3
Mangrove Restaurant .... (voir 21)
Sunset Restaurant .... (voir 19)
22 The Terrace C4

Où prendre un verre et faire la fête
Highland Rock Climbing .... (voir 6)

Transports
23 Embarcadère des ferries D3
Long-tail boats pour Ao Nam Mao .... (voir 23)
24 *Long-tail boats* pour Ao Nang C3
Long-tail boats pour Krabi .... (voir 23)

King Climbers ESCALADE
(☎081 797 8923 ; www.railay.com ; Walking St ; demi-journée/journée 1 200/2 000 B, cours 3 jours 6 500 B ; ⏲8h30-21h lun-ven, 8h30-18h sam-dim). L'une des plus grandes, plus anciennes et plus fiables écoles de Railay.

Highland Rock Climbing ESCALADE
(☎084 443 9539 ; www.highlandrockclimbing-thailand.weebly.com ; promontoire de Railay ; demi-journée/journée 1 000/1 800 B, cours 3 jours 6 000 B ; ⏲8h-22h). Cette école d'escalade est proche des meilleures voies de l'île et compte un bon **café** (☎084 443 9539 ; promontoire de Railay ; ⏲8h-20h ; 📶) lambrissé de bois flotté.

Plongée et snorkeling

Les centres de plongée de Railay organisent des sorties sur les sites environnants. Comptez 3 700 B pour 2 plongées et 14 500 B pour les cours Open Water. Des excursions de plongée à Ko Phi Phi et sur l'épave du *King Cruiser* (p. 356) sont aussi proposées pour 4 900 B. La plupart des agences d'Ao Nang, où le choix est plus large, passeront vous chercher à Railay. Vous devrez payer l'entrée pour le parc national (adulte/enfant 400/200 B) valable 3 jours ainsi qu'un droit de plongée (200 B/jour).

Hôtels et agences peuvent organiser une journée de snorkeling autour de plusieurs îles, notamment Ko Poda, Ko Hong, Ko Kai et au-delà, à partir de 1 200 B. Il est également possible de louer un *long-tail boat* (demi-journée/journée 1 800/2 800 B) au départ de Hat Railay Ouest. La journée de snorkeling à Ko Phi Phi coûte 2 400 B. Si vous restez dans la baie de Railay, la plupart des hôtels louent masque et palmes (environ 150 B chacun).

Railay Dive Center PLONGÉE
(☎075 819417 ; www.railay-divecenter.com ; Walking St ; 2 plongées 3 700 B) Le seul centre de plongée de Railay propose toutes sortes d'activités : plongées d'exploration, cours Open Water (14 900 B), excursions de plongée à Ko Phi Phi ou encore excursions guidées de snorkeling (à partir de 1 500 B). Les tarifs n'incluent pas le droit d'entrée pour le parc national.

Où se loger et se restaurer

Hat Railay Ouest et Hat Tham Phra Nang abritent des *resorts* hauts de gamme tandis que de nombreux hébergements milieu de gamme sont installés autour de Hat Railay Est. Pour des établissements ciblant les petits budgets, les jeunes voyageurs et les grimpeurs, optez pour Hat Ton Sai, à 10-15 minutes de marche de l'autre côté du promontoire. Les bungalows y sont très simples.

Les propriétaires de bateaux peuvent vous organiser une excursion d'un jour et une nuit sur une île déserte ; vous devrez prévoir la nourriture et le matériel de camping.

Hat Railay Ouest

♥ **Railei Beach Club** VILLAS $$$
(☎086 685 9359 ; www.raileibeachclub.com ; Hat Railay Ouest ; maison 2 900-28 800 B ; ❄📶). À l'extrémité nord de la plage, un terrain boisé s'étend jusqu'aux falaises, cachant un ensemble de maisons de style thaïlandais (6-8 personnes), toutes différentes, avec patio, cuisine et divers équipements. Quelques maisons en bois sombre, plus petites mais très élégantes, logent 2 personnes. La climatisation n'est pas toujours disponible.

Sand Sea Resort RESORT $$$
(☎075 819463 ; www.krabisandsea.com ; Hat Railay Ouest ; bung avec petit-déj 5 000-10 500 B ; ❄📶🏊). L'un des rares *resorts* sur cette plage sublime, cet établissement propose confortables bungalows, cottages originaux et chambres élégantes et contemporaines tout confort. Les 2 paisibles piscines entourées par la végétation, dont l'une avec vue sur les reliefs karstiques, font du lieu une assez bonne affaire pour un tel emplacement.

Hat Railay Est

Blanco Hideout @ Railay AUBERGE DE JEUNESSE $
(☎064 314 3922 ; www.blancothailand.com ; Hat Railay Est ; dort 500-650 B ; ❄📶🏊). Ouverte en 2018, la seule auberge de jeunesse de Railay se rejoint par un escalier raide et jouit d'un panorama époustouflant. Les dortoirs avec salles de bains, grands lits superposés et matelas corrects sont installés autour d'une vaste et belle piscine, idéale pour faire la fête. L'auberge organise tournées des bars et fêtes sur des bateaux.

Anyavee Railay Resort RESORT $$
(☎075 819437 ; www.anyaveerailay.com ; Hat Railay Est ; ch 3 050-3 600 B ; ❄📶🏊). L'Anyavee demeure l'un des meilleurs établissements milieu de gamme de cette île hors de prix. Le *resort* loue des bungalows spacieux avec grands balcons, télévision, réfrigérateur et coffre-fort, le tout au milieu d'une véritable jungle fréquentée par des singes. La jolie piscine donne sur les falaises karstiques.

Railay Garden View BUNGALOWS $$

(☎088 765 0484 ; www.railaygardenview.com ; Hat Railay Est ; bung avec petit-déj 1 650-2 450 B ;). Grimpez un escalier raide pour accéder à cet ensemble de bungalows simples mais spacieux en bambou tressé, bois luisant et toit de tôle, rafraîchis par des ventilateurs. Installés au calme, à l'extrémité nord-est de la plage, ils sont perchés sur des pilotis au milieu de jardins tropicaux dominant la mangrove ; les meilleurs bénéficient d'une remarquable vue sur la mer. Prévoyez antimoustique et lampe torche pour les promenades nocturnes.

Rapala Rockwood Resort BUNGALOWS $$

(☎080 973 7778 ; www.rapalarockwood.com ; Hat Railay Est ; bung 600-1 200 B ;). L'emplacement de ce *resort,* au sommet d'une colline boisée, permet de profiter de la visite des animaux sauvages, de la brise et de la vue sur la mer. Accrochez votre hamac dans la véranda des bungalows en bois : simples et équipés de ventilateurs, ils sont prisés des grimpeurs. Vous pouvez aussi choisir l'un des bungalows modernes en béton, verre et bois, de style thaïlandais (les plus chers sont climatisés). L'escalier d'accès au site est un peu raide. Minuscule bassin pour enfants.

Railay Great View Resort RESORT $$$

(☎075 819472 ; www.railaygreatview.com ; Hat Railay Est ; bung avec petit-déj 6 300-7 700 B ;). Suivez le sentier jusqu'à l'extrême nord de Hat Railay Est pour accéder à ce refuge en pleine nature. Dans ce paradis boisé, de romantiques cottages en bois et bambou avec toit de chaume dévoilent un chic tropical fait de têtes de lit en bois tressé, baies vitrées et vastes fenêtres ouvertes sur l'extérieur dans les salles de bains. Petite plage privée et piscine à débordement sur place. On rejoint Hat Railay Est par des navettes *long-tail boat* gratuites ou par une marche de 20 à 30 minutes.

Sunrise Tropical Resort RESORT $$$

(☎075 819 418 ; www.sunrisetropical.com ; Hat Railay Est ; bung avec petit-déj 3 900-6 300 B ;). Ces "chalets" et "villas" chics rivalisent avec les meilleurs établissements de Hat Railay Ouest, aux prix de Hat Railay Est, ce qui en fait une excellente affaire. Cadre élégant et apaisant avec lits à baldaquin ou lits-plates-formes en bois, belles salles de bains au sol carrelé de bleu, balcon ou patio privé.

Hat Tham Phra Nang

Rayavadee HÔTEL $$$

(☎075 817630 ; www.rayavadee.com ; Hat Tham Phra Nang ; pavillon 15 900-51 500 B, villa 58 500-138 000 B, petit-déj inclus ;). Sans doute l'un des plus beaux domaines en bord de mer de Thaïlande, ce luxueux complexe hôtelier possède un immense terrain envahi de banians, de fleurs et de bassins sinueux. Les pavillons à deux niveaux ont tout ce qu'il faut : meubles anciens, produits pour le corps fabriqués localement, équipements modernes, service de majordome voire parfois piscine privée. Le *resort* comprend aussi un spa et une salle de sport de premier ordre ainsi que 4 restaurants.

The Terrace ASIATIQUE $$$

(Hat Tham Phra Nang ; plats 450-1 890 B ; 11h-23h ;). La carte haut de gamme inclut spécialités japonaises, vietnamiennes, indiennes et thaïlandaises, servies sur une terrasse surplombant Hat Tham Phra Nang.

Walking Street

Kohinoor INDIEN $$

(☎081 654 8100 ; Walking St ; plats 100-350 B ; 11h-23h ;). Ce restaurant indien vivement recommandé propose une carte variée, comprenant la spécialité du chef, le *palak paneer* (plat végétarien à base d'épinards et fromage frais), et de bonnes pizzas.

Mangrove Restaurant THAÏLANDAIS $$

(Walking St ; plats 80-350 B ; 10h-22h ;). Installé entre les plages est et ouest de Railay, ce modeste établissement dans le style local, sur pilotis avec toit de chaume, est généralement bondé. On y sert les plats phares de la cuisine thaïlandaise (salade aux vermicelles de riz et noix de cajou sautées, currys, *sôm·đam* épicé ou encore merveilleux riz gluant aux œufs).

Où prendre un verre et faire la fête

Tew Lay Bar BAR

(Hat Railay Est ; 11h-minuit ;). Détendez-vous dans ce bar en plein air avec plateformes accrochées aux arbres, hamacs, coussins moelleux et guirlandes électriques. L'emplacement face à la mer, superbe et isolé en haut d'un promontoire rocheux, offre une vue paisible sur Hat Railay Est. Idéal pour fuir l'agitation.

Renseignements

Vous trouverez des informations locales sur www.railay.com.

La **clinique** (☎ 084 378 3057 ; Railay Bay Resort, Hat Railay Ouest ; ⊙ 8h-minuit) traite les problèmes médicaux mineurs. Pour les cas plus sérieux, allez à Krabi ou Phuket.

Comment s'y rendre et circuler

Des *long-tail boats* rejoignent Railay depuis Tha Khong Kha à Krabi et depuis le front de mer d'Ao Nang et Ao Nam Mao. Les *long-tail boats* pour Krabi partent de Hat Railay Est. Dans les deux sens, les bateaux quittent leur embarcadère entre 7h45 et 18h quand ils ont réuni 8 passagers (150 B, 45 minutes). Louer un bateau entier revient à 1 200 B.

Les bateaux pour Hat Railay Ouest partent de l'extrémité sud-est d'Ao Nang (15 minutes, 100 B entre 8h et 18h, 150 B entre 18h et minuit), quand ils ont réuni 8 passagers – la location d'un bateau entier coûte 1 200 B. De mai à octobre, ils cessent de circuler dès 17h. Les mêmes horaires s'appliquent aux *long-tail boats* (⊙ 8h-18h) ralliant Ao Nang depuis Hat Railay Ouest.

Lors des très grandes marées, les bateaux en provenance d'Ao Nang et Krabi ne circulent plus mais vous pourrez encore aller de Hat Railay Est à Ao Nam Mao (100 B, 15 minutes) en *long-tail boat* (Hat Railay Est ; ⊙ 8h-18h), pour ensuite prendre un *songthaew* (50 B) jusqu'à Krabi ou Ao Nang.

Toute l'année, un ferry rejoint Ko Phi Phi (450 B, 1 heure 15). En haute saison, d'octobre à avril, il part de Hat Railay Ouest à 9h45 et 14h45 ; il vous faudra embarquer à bord d'un *long-tail boat* pour le rejoindre. En basse saison, il part de l'embarcadère des ferrys (Hat Railay Est) à Hat Railay Est, à 9h45. Les bateaux pour Ko Lanta (550 B, 2 heures, 10h45 tlj) ne circulent que pendant la haute saison. Un ferry pour Phuket (650 B, 2 heures 15) part toute l'année à 15h15. Certains ferrys prennent des passagers à Hat Railay Ouest.

Ao Nang อ่าวนาง

Nichée au pied d'un fabuleux paysage karstique, Ao Nang est une succession chaotique et bruyante de bars, de restaurants et d'hôtels. Un flux incessant de véhicules circule sur l'esplanade en bord de plage tandis que la mer aux eaux turquoise vient lécher une bande de sable doré. L'endroit n'est toutefois pas idéal pour se baigner, la surface de l'eau étant polluée par l'huile des moteurs des *long-tail boats*.

Rejoignez les petites îles éparpillées à l'horizon pour pratiquer le snorkeling dans des eaux plus claires ou profitez des intéressants sites de plongée à proximité. De manière générale, Ao Nang reste une destination touristique simple, compacte et sans grande originalité : elle sert surtout de point de départ vers la plage de Railay et les îles au-delà.

Activités

Vélo

Faites un tour des environs à vélo en vous joignant à l'un des circuits de **Krabi Eco Cycle** (☎ 081 607 4162, 075 656508 ; www.krabiecocycle.com ; 309/5 Mu 5 ; circuit demi-journée/journée 1 500/3 000 B). Nous recommandons le parcours de 15,5 km (une journée) qui traverse des plantations d'hévéas, des villages et des sources thermales et se termine au bien nommé bassin d'Émeraude pour une baignade rafraîchissante. Tous les circuits incluent le déjeuner, à l'exception des excursions d'une demi-journée.

Plongée et snorkeling

Les écoles de plongée proposent des excursions vers 15 îles voisines, dont Ko Si, Ko Ha, Ko Poda, Yava Bon et Yava Son. Avec ses deux tunnels sous-marins tapissés de coraux mous et durs, Ko Mae Urai est l'un des meilleurs sites. Comptez environ 3 200 B pour 2 plongées.

D'autres sorties plus lointaines mènent notamment à l'épave du *King Cruiser* (p. 356) ou à Ko Phi Phi pour 3 500-3 900 B ainsi qu'à Hin Daeng, Hin Muang et Ko Haa (p. 363) au sud de Ko Lanta, pour 5 300-6 600 B. Les cours Open Water débutent à 14 900 B. La plupart des agences organisent également des excursions de snorkeling à partir de 1 500 B.

Vous devrez payer un droit d'entrée pour le parc maritime (400 B) valable 3 jours ainsi qu'un droit de plongée (200 B/jour) en plus des tarifs de plongée.

Où se loger

♥ **Glur** GUESTHOUSE, AUBERGE DE JEUNESSE $
(☎ 075 695297, 089 001 3343 ; www.krabiglurhostel.com ; 22/2 Mu 2, Soi Ao Nang ; dort 600 B, d avec petit-déj 1 200-1 500 B ; P ❄ @ ☎ ≋). Conçu, construit et géré par un talentueux architecte thaïlandais et sa femme, Glur est un fabuleux mélange de *guesthouse* et d'auberge de jeunesse. Ce complexe au calme

utilise des conteneurs maritimes, du verre et du béton coulé et poli pour créer de somptueuses chambres dont les lits sont surélevés sur des plateformes ainsi que des dortoirs aux lits superposés turquoise, séparés par des rideaux. Cuisine en plein air et joli jardin avec petite piscine.

Mini House BOUTIQUE-HÔTEL **$$**
(075 810678 ; www.minihouseaonang.com ; 675 Mu 2 ; ch avec petit-déj 1 850-2 500 B ;). Peintures murales représentant la vie locale, meubles en bois chaleureux, réception spacieuse et joli bassin donnent un certain caractère à ce refuge paisible installé au bout d'une allée. Toutes les chambres sont dotées d'un balcon. Près d'un 7-Eleven, à environ 1 km de la plage.

Ban Sainai RESORT **$$$**
(075 819333 ; www.bansainairesort.com ; 11/1 Mu 2, Soi Ao Nang ; bung avec petit-déj 6 000-12 500 B ; P). À l'écart de l'artère principale (une navette rejoint quotidiennement la plage), Ban Sainai loue des bungalows douillets en faux adobe et aux toits de chaume, disséminés au milieu des palmiers. Les falaises karstiques sont si proches qu'on pourrait les étreindre. Chambres très confortables, avec Jacuzzi pour les plus chères et grands balcons. Superbe piscine.

Où se restaurer et prendre un verre

Krua Ao Nang Cuisine PRODUITS DE LA MER **$$**
(075 695 260 ; Soi Sunset ; plats 150-400 B ; 10h-22h). Dans une ruelle piétonne à l'extrémité ouest de la plage, ce restaurant de poisson et fruits de mer, l'un des meilleurs (et des plus fréquentés) des environs, jouit d'une vue magnifique sur la mer. À l'entrée, les prises du jour sont exhibées sur un comptoir de glace et vendues au kilo. Les prix sont un peu plus élevés qu'ailleurs dans Ao Nang : vous payez pour la vue.

Thailandia Bar & Restaurant THAÏLANDAIS **$$$**
(089 455 6853 ; 198 Mu 2 ; plats 120-500 B ; 14h-23h ;). Ambiance de safari tropical, décoration thaïlandaise de bon goût, fauteuils en rotin garnis de coussins, concerts et éclairage tamisé : vous savez dès votre arrivée que vous payez autant pour l'atmosphère que pour les plats. La carte variée comprend plats thaïlandais épicés et curry *massaman* à goûter absolument. En face du McDonald's.

Last Fisherman BAR
(081 267 5338 ; 266 Mu 2 ; 10h-minuit). Assis à l'une des tables extérieures donnant sur la plage ou accoudé au bar en forme de *long-tail boat*, admirez le coucher du soleil dans ce lieu fréquenté mais paisible, à l'extrémité sud d'Ao Nang.

Renseignements

De nombreuses banques sont équipées de DAB et de guichets de change (ouverts approximativement de 10h à 20h).

Comment s'y rendre et circuler

AVION

L'aéroport de Krabi se trouve à 14 km au nord-est de Krabi-ville par la Hwy 4 (et à 24km au nord-est d'Ao Nang). La plupart des compagnies nationales relient Bangkok à Krabi. **Bangkok Air** (www.bangkokair.com) et **AirAsia** (www.airasia.com) assurent des vols fréquents jusqu'à Chiang Mai.

Les bus blancs de l'aéroport (150 B) circulent toutes les heures, de 9h à 17h, et s'arrêtent devant le McDonald's sur la route de Krabi. Des taxis (600 B) et minibus (150 B) font également la navette entre Ao Nang et l'aéroport.

BATEAU

Les bateaux à destination de Hat Railay Ouest (100-150 B/pers, 15 minutes) sont gérés par la société **Ao Nang Long-Tail Boat Service** (extrémité nord-ouest de Hat Ao Nang ; 8h-16h nov-avr, 8h-14h mai-oct) et la société **Ao Nang Long-Tail Boat Service Club** (extrémité sud-est de Hat Ao Nang ; 8h-minuit, 8h-20h mai-oct). Les capitaines lèvent l'ancre lorsqu'ils ont réuni 8 passagers ; vous pouvez louer le bateau entier en payant pour les 8 places.

MINIBUS, SONGTHAEW ET LOCATION DE VÉHICULE

Des *songthaew* circulent régulièrement entre Krabi et Ao Nang (60 B, 30 minutes). Au départ du terminal des bus de Krabi, ils passent par Th Maharat, Tha Khong Kha, Hat Noppharat Thara, Ao Nang et le cimetière des coquillages. D'Ao Nang jusqu'à Hat Noppharat Thara ou au cimetière des coquillages, comptez 30 B.

Des dizaines de boutiques de la promenade louent des motos (150-250 B/jour). Plusieurs agences louent des voitures à partir de 1 100 B/jour. **Budget Car Hire** (www.budget.co.th), qui dispose d'un comptoir à l'aéroport, facture la location de voiture 1 200 B/jour minimum.

Les minibus quotidiens desservent plusieurs destinations du Sud (un billet combiné bus-bateau est généralement proposé).

DESTINATION	PRIX	DURÉE
Khao Sok	400 B	3 heures
Ko Lanta	400 B	3 heures
Ko Lipe	1 000 B	6 heures
Ko Pha Ngan	750 B	5 heures
Ko Samui	650 B	4 heures
Ko Tao	900 B	7 heures
Phuket	450 B	3 heures

Hat Noppharat Thara

หาดนพรัตน์ธารา

Le chapelet de bars, de restaurants et d'hôtels d'Ao Nang se poursuit vers le nord sans interruption jusqu'à Hat Noppharat Thara. Jadis paisible, cette cité balnéaire est devenue une localité animée, prisée des Thaïlandais en vacances. La longue plage de sable se fait plus sauvage sur les 4 km qui longent le promontoire. La mer débouche ensuite dans un lagon naturel, au niveau du bureau du parc national de Hat Noppharat Thara-Mu Ko Phi Phi.

À voir

Parc national de Hat Noppharat Thara-Mu Ko Phi Phi PARC NATIONAL
(อุทยานแห่งชาติหาดนพรัตน์ธารา-หมู่เกาะพีพี ; ☎075 661145 ; www.dnp.go.th ; adulte/enfant Ko Phi Phi 400/200 B, autres îles 200/100 B). Ce parc protège 397 km², incluant une portion du littoral et des îles de la province de Krabi, dont Ko Phi Phi, Ao Nam Mao et le **cimetière des coquillages** (สุสานหอย, Gastropod Fossil Site, Su-San Hoi ; adulte/enfant 200/100 B ; ⏲8h-18h).

Où se loger et se restaurer

Hébergements du parc national Hat Noppharat Thara-Mu Ko Phi Phi BUNGALOWS, CAMPING $$
(☎075 661145 ; www.dnp.go.th ; empl 30 B/pers, bung 1 000 B ; ❄). Au-dessus de la route venant de la plage, ces bungalows rudimentaires et bien entretenus disposent de la climatisation et de l'électricité 24h/24, mais pas du Wi-Fi. On peut aussi camper juste derrière le bureau du parc, mais aucun service de location de tentes n'étant plus proposé, il vous faudra apporter la vôtre. Réservez en ligne ou au **centre d'information des visiteurs** (☎075 661145 ; www.dnp.go.th ; ⏲8h-16h30).

Sabai Resort BUNGALOWS $$
(☎075 637791 ; www.sabairesort.com ; 79/2 Mu 3 ; bung 1 200-3 000 B ; ❄📶🏊). Géré avec professionnalisme, cet établissement loue des bungalows vert pâle coiffés de tuiles, avec ventilateur ou climatisation. Les patios donnent sur une piscine ombragée de palmiers et des jardins fleuris. Chambres familiales disponibles pour 4 personnes.

♥ **Holiday Inn Resort** RESORT $$$
(☎075 810888 ; www.holidayinnresorts.com ; 123 Mu 3 ; 2 800-6 500 B ; P❄📶🏊). Cet hôtel ne ressemble pas aux autres établissements, manquant souvent de personnalité, de la chaîne Holiday Inn. Blotti dans un immense domaine, de l'autre côté de la route venant de la plage, il est doté de jardins parfaitement entretenus, d'un restaurant spacieux et de deux piscines (l'une avec bar dans l'eau). Les chambres décorées avec goût arborent neuf styles différents, toutes avec balcon et belle vue ; certaines ont un accès direct à la piscine. Tarifs intéressants pour les familles.

♥ **Krua Thara** PRODUITS DE LA MER $$
(☎075 661166 ; 82 Mu 5 ; plats 150-350 B ; ⏲11h-22h). Ce grand établissement au toit de tôle est particulièrement apprécié pour ses fruits de mer. En toute simplicité, on y sert poissons, crabes, palourdes, huîtres, homards, calmars et crevettes de première fraîcheur, accommodés de dizaines de manières. Le vivaneau frit au curry rouge est l'un des meilleurs plats de poisson que nous ayons goûtés en Thaïlande (et nous en avons mangé un bon nombre !). Service extrêmement efficace pour un lieu rapidement bondé.

Si vous n'êtes pas porté sur les fruits de mer, le restaurant propose de savoureux classiques thaïlandais.

Renseignements

Le centre d'information des visiteurs du parc national de Hat Noppharat Thara-Mu Ko Phi Phi fournit des renseignements sur le parc et peut réserver votre hébergement.

Depuis/vers Hat Noppharat Thara

Le *songthaew* entre Krabi (60 B) et Ao Nang (30 B) s'arrête à Hat Noppharat Thara.

Les bateaux au départ de l'embarcadère de Hat Noppharat Thara desservent les destinations suivantes.

Ko Lanta À 10h30, un bateau *Ao Nang Princess* part pour Ko Lanta (550 B, 2 heures 45).

Ko Phi Phi Un bateau *Ao Nang Princess* (450 B, 2 heures) navigue tous les jours de novembre à avril, et les mercredis, vendredis et dimanches de mai à octobre. Il part à 9h30 et revient de Ko Phi Phi à 15h30, via Railay.

Phuket De novembre à avril, le moyen le plus rapide de gagner Phuket est le *speedboat* **Green Planet** (☎075 637 488 ; www.krabigreenplanet.com) desservant Tha Bang Rong (1 200 B, 1 heure 15), via Ko Yao Noi et Ko Yao Yai (tous deux 650 B, 45 minutes). Le bateau part de la jetée de Hat Noppharat Thara à 11h et repart de Phuket à 15h. Le transport jusqu'à votre hôtel à Phuket est compris. Un bateau *Ao Nang Princess* part également pour Phuket à 16h (700 B, 3 heures ; service réduit de mai à octobre).

Ko Phi Phi

Plages blanches en arc de cercle et jungle époustouflante en arrière-plan : Phi Phi Don (เกาะพีพีดอน) et Phi Phi Leh (เกาะพีพีเล) – appelées collectivement Ko Phi Phi – sont les coqueluches de la côte d'Andaman. Ko Phi Phi Don est un paradis hédoniste où les touristes barbotent dans l'eau azur et font la fête toute la nuit sur le sable fin. Ko Phi Phi Leh, quant à elle, est une petite île sans hôtel où de hautes falaises dentelées surplombent l'eau cristalline et les récifs coralliens. On ne peut s'y rendre qu'à la faveur de croisières organisées dans la journée ou au crépuscule.

L'urbanisation galopante a fait du centre de Ko Phi Phi Don et des deux baies qui l'encadrent un enchevêtrement chaotique et bruyant d'hôtels, de restaurants, de bars et de boutiques. Pour trouver plus de tranquillité, rendez-vous sur la côte est et ses splendides criques de sable blanc ou, au sud, sur la plage moins développée de Hat Yao.

N'attendez pas trop de votre escapade insulaire : alors seulement, Ko Phi Phi pourra vous séduire, comme tant de personnes avant vous... mais vous voudrez peut-être aussi en partir au plus vite !

À voir

Point de vue de Phi Phi PANORAMA
(จุดชมวิวเกาะพีพีดอน ; carte p. 355 ; Ko Phi Phi Don ; 30 B). La randonnée de 20 à 30 minutes jusqu'au point de vue de Phi Phi vous fera gravir des centaines de marches et des sentiers tortueux, pour une ascension éreintante mais gratifiante. Depuis le village de Ton Sai, empruntez la route vers le nord-est et suivez les panneaux. Beaucoup de marcheurs ont besoin de faire une pause en chemin – n'oubliez pas votre bouteille d'eau. Au sommet, le panorama est fantastique. De là, redescendez la montagne à travers la jungle jusqu'aux plages tranquilles de l'est de l'île.

Activités

Phi Phi Pirate Boat CIRCUIT EN BATEAU
(Carte p. 357 ; ☎092 710 6807 ; www.phiphipirate.com ; Ton Sai Village, Ko Phi Phi Don ; 1 200 B/pers ; circuit à 12h). Pendant cette fantastique croisière qui dure jusqu'au crépuscule, vous flotterez aux abords de Phi Phi Leh sur un bateau à deux étages, rythmé par la musique. Au programme : snorkeling et kayak entre les falaises vertigineuses d'Ao Pileh, puis dîner de riz frit près de la plage de Maya. La croisière est animée par une équipe enthousiaste et organisée ; le prix inclut l'entrée du parc national.

Plongée

L'eau cristalline et l'abondante faune marine font de Ko Phi Phi un endroit rêvé pour la plongée.

Les tarifs sont identiques partout. Le brevet Open Water PADI/SSI coûte 13 800/12 900 B, le circuit 2 plongées 2 500-3 400 B, et le cours d'initiation Discover Scuba 3 400 B. Hin Daeng et Hin Muang, à environ 60 km au sud, sont des destinations coûteuses (5 500 B) depuis Ko Phi Phi – elles reviennent un peu moins cher avec une agence de Ko Lanta. En général, les tarifs ne comprennent pas le droit d'entrée du parc national (adulte/enfant 400/200 B), valable 3 jours, ni le droit de plongée quotidien de 200 B.

Princess Divers PLONGÉE
(Carte p. 357 ; ☎088 768 0984 ; www.princess-divers.com ; Ton Sai Village, Ko Phi Phi Don ; 9h30-22h). On parle plusieurs langues dans ce centre de plongée que nous recommandons. Princess Divers utilise de grands bateaux plutôt que des *long-tail boats* ou des *speedboats*. Il propose des stages Discover Scuba (3 400 B) et des cours SSI/PADI Open Water (12 900/13 800 B).

Blue View Divers PLONGÉE
(Carte p. 355 ; ☎094 592 0184 ; www.blueviewdivers.com ; Phi Phi Viewpoint Resort, Ao Lo Dalam, Ko Phi Phi Don ; 2 plongées 2 500 B ; 10h-20h). Ce centre professionnel bien organisé s'investit localement, notamment pour le nettoyage des plages et la préservation de l'environnement. Circuits 2 plongées (2 500 B), plongées

Ko Phi Phi Don

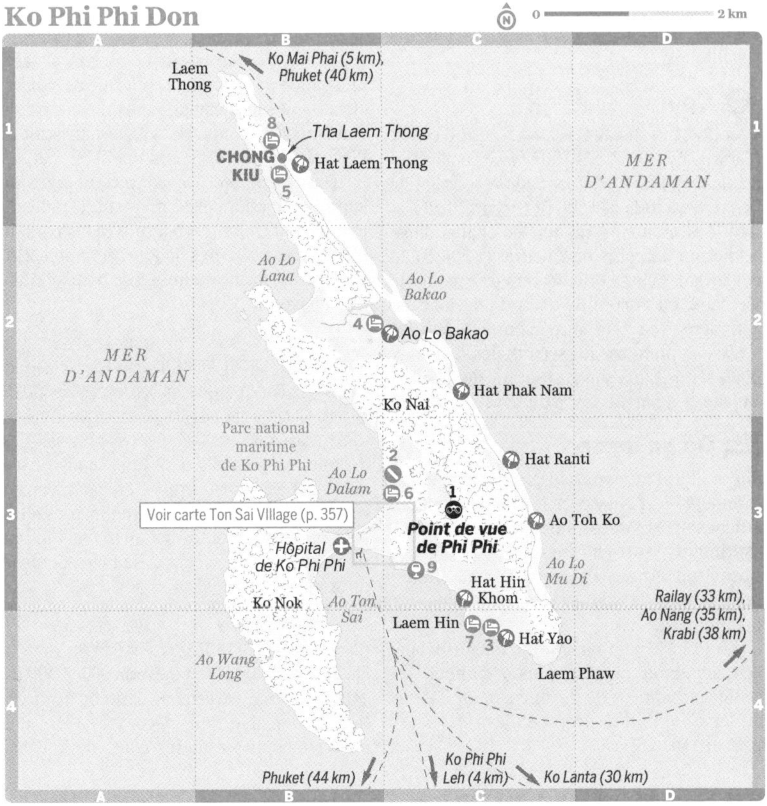

Ko Phi Phi Don

Les incontournables
1 Point de vue de Phi Phi C3

Activités
2 Blue View Divers C3

Où se loger
3 Paradise Pearl Bungalow C4
4 Phi Phi Island Village B2
5 PP Erawan Palms Resort B1
6 Sunflower Boathouse C3
7 Viking Natures Resort C4
8 Zeavola B1

Où se restaurer
Paradise Pearl Bungalow .... (voir 3)

Où prendre un verre et faire la fête
Apache Beach Club .... (voir 6)
9 Hippie's Bar C3
Sunflower Bar .... (voir 6)

nocturnes (1 900 B), écocircuits de snorkeling pour observer les requins (1 000 B) ou encore cours Open Water (13 800 B) et Discover Scuba (3 400 B).

Snorkeling

Ko Mai Phai (Bamboo Island ; Ko Phi Phi Don), à 6 km au nord de Phi Phi Don, est un site de snorkeling apprécié et peu profond, où l'on peut observer de petits requins. La côte est de **Ko Nok** (près d'Ao Ton Sai), ainsi que la côte est de **Ko Nai** et le littoral de **Hat Yao** sont également de bons spots. La plupart des hôtels louent tuba, masque et palmes pour 200 B/jour.

Une excursion de snorkeling coûte entre 600 et 1 500 B (sans compter le droit d'entrée du parc national), selon l'embarcation (*long-tail boat* ou *speedboat*). Les amateurs de snorkeling peuvent se joindre aux excursions de plongée, mais de nombreuses agences de plongée organisent des circuits spécifiques.

Cours

Pum Restaurant & Cooking School CUISINE
(Carte p. 357 ; ☎081 521 8904 ; www.pumthaifoodchain.com ; 125/40 Mu 7, Ton Sai Village ; Ko Phi Phi Don ; cours à partir de 1 500 B ; ⏲cours 11h, 16h et 18h). Les amateurs de cuisine thaïlandaise adoreront les cours de 2 heures (1 500 B), le cours de 5 heures orienté vers un "mode de vie sain", ou encore le cours d'une journée complète avec Pum en personne (7 500 B). Vous y apprendrez les secrets des délicieux plats servis dans son restaurant du Ton Sai Village et repartirez avec un livre de cuisine.

Où se loger

Sur Ko Phi Phi Don, veillez à réserver suffisamment à l'avance : les hébergements affichent très vite complet et les prix sont exorbitants, surtout durant la très haute saison touristique. Tout est bien plus simple hors saison (de mai à octobre), lorsque les prix chutent.

Ko Phi Phi Leh ne compte aucun hébergement et on ne peut plus y camper. La seule solution est de dormir sur un bateau au large, comme le propose Maya Bay Sleepaboard (p. 359).

Ao Ton Sai et Ao Lo Dalam

Entre Ao Ton Sai et Ao Lo Dalam s'étend une bande de terre plate en forme de sablier, envahie par les hébergements. Le centre de Ton Sai est surnommé le "village touristique". Plage prisée des voyageurs à petit budget, Ao Lo Dalam compte beaucoup d'auberges de jeunesse fonctionnelles, mais elle grouille de monde et de *long-tail boats* avec ses bars de plage et ses visiteurs à la journée. Après 21h, elle se transforme en immense boîte de nuit à ciel ouvert.

Blanco Beach Bar AUBERGE DE JEUNESSE $
(Carte p. 357 ; ☎061 231 4101 ; www.blancothailand.com ; Ao Lo Dalam, Ko Phi Phi Don ; dort 500-600 B ; ❄📶). Cette auberge de jeunesse rudimentaire mais moderne et festive propose des dortoirs exigus de 4 à 12 lits – mais on ne vient pas ici pour dormir ! Préparez-vous à rester debout jusqu'au petit matin : des fêtes sont organisées toutes les nuits dans le bar très convivial, à deux pas de la folie nocturne de la plage.

Rock Backpacker AUBERGE DE JEUNESSE $
(Carte p. 357 ; ☎081 607 3897 ; Ton Sai Village, Ko Phi Phi Don ; dort 300 B, ch ventil/clim 900/2 000 B ; ❄📶). Si vous parvenez à ignorer la direction désagréable, vous découvrirez l'un des établissements les moins chers de Ton Sai

SITES DE PLONGÉE À KO PHI PHI

Requins-léopards et tortues imbriquées fréquentent régulièrement les sites de plongée de Phi Phi. Des requins-baleines font parfois des apparitions à proximité de Hin Daeng, Hin Bida et Ko Bida Nok en février et mars. La période de novembre à février offre une excellente visibilité. Les plus beaux sites de plongée de Ko Phi Phi incluent notamment :

SITE DE PLONGÉE	PROFONDEUR (m)	CARACTÉRISTIQUES
Anemone Reef (p. 363)	17-26	Récif de corail dur avec quantité d'anémones et de poissons-clowns.
Épave du *King Cruiser* (Ko Phi Phi Don)	12-30	Épave de car-ferry (1997) peuplée de vivaneaux, requins-léopards, barracudas, rascasses, poissons-diables et tortues.
Épave du Kledkaeo (Ko Phi Phi Don)	14-26	Navire de la marine thaïlandaise sabordé en 2014, avec poissons-diables, vivaneaux, mérous et barracudas.
Hin Bida Phi Phi (Ko Phi Phi Don)	5-30	Pic submergé avec corail dur, tortues, requins-léopards ; occasionnels requins-baleines et raies mantas.
Ko Bida Nok (Ko Phi Phi Don)	18-22	Massif karstique avec gorgones, requins-léopards, barracudas, et occasionnels requins-baleines et raies mantas.
Phi Phi Leh	5-18	Les abords de l'île sont couverts de coraux et d'huîtres, et comportent des corridors, avec des murènes, pieuvres et hippocampes.

Ton Sai Village

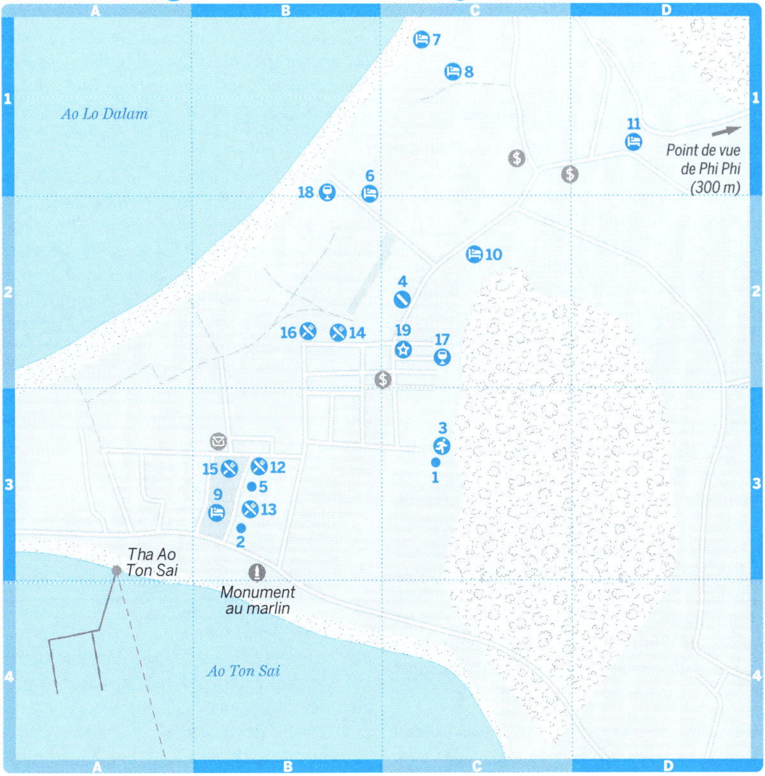

Ton Sai Village

Activités
1 Maya Bay Sleepaboard C3
2 Phi Phi Pirate Boat B3
3 Plankton Sunset Cruise C3
4 Princess Divers C2
5 Pum Restaurant & Cooking School B3

Où se loger
6 Anita Resort B1
7 Blanco Beach Bar C1
8 Ibiza House C1
9 Panmanee Hotel B3
10 Rock Backpacker C2
11 Up Hill Cottage D1

Où se restaurer
12 Aroy Kaffeine B3
13 Efe B3
14 Esan Ganeang B2
15 Marché alimentaire B3
16 Only Noodles B2
Unni's .... (voir 13)

Où prendre un verre et faire la fête
17 Banana Bar C2
18 Slinky B1

Où sortir
19 Kong Siam C2

sur la colline du village, avec dortoirs, petites chambres privées, bar-restaurant et façade couverte de graffitis. Pas de réservation.

Up Hill Cottage BUNGALOWS **$$**
(Carte p. 357 ; ☎075 601 124 ; www.phiphiuphillcottage.com ; 140 Mu 7, Ton Sai Village, Ko Phi Phi Don ; ch 2 000-2 500 B ; ❄📶🏊). Les tons crème et pastel de ces bungalows lambrissés contrastent avec leurs chemins de lit colorés et leurs salles de bains au carrelage élégant. La plupart jouissent d'une vue (plus ou moins belle) sur l'île depuis un balcon privé. Petite piscine également. À l'extrémité est

de la rue principale, en partant vers le nord depuis Ton Sai Village. Attention : beaucoup d'escaliers.

Anita Resort RESORT $$
(Carte p. 357 ; ☎ 075 601282 ; www.phiphianitaresort.com ; Ao Lo Dalam, Ko Phi Phi Don ; ch avec petit-déj 2 500-3 500 B ;). Ce complexe hôtelier, très proche d'Ao Lo Dalam, se trouve dans la zone festive (comprenez "la plus bruyante"), mais il affiche l'un des meilleurs rapports qualité/prix de Ko Phi Phi. Les chambres sont grandes, avec bonne literie et salles de bains contemporaines tandis que les bungalows entourant la piscine sont rénovés avec goût (lampes en bois sculpté en forme d'éléphant, têtes de lit allant du sol au plafond et terrasses privées).

Panmanee Hotel HÔTEL $$
(Carte p. 357 ; ☎ 075 819379 ; www.panmaneehotel.com ; 287 Mu 7, Ton Sai Village, Ko Phi Phi Don ; ch avec petit-déj 2 200 B ;). Blotti en bordure du marché, à l'écart du bruit des bars (mais vous serez peut-être réveillé par l'appel à la prière du muezzin, dans la mosquée toute proche), cet hôtel propose des chambres confortables de taille correcte, assez ordinaires, avec salles de bains contemporaines. Près de l'embarcadère et de diverses plages : idéal pour explorer les environs.

Ibiza House AUBERGE DE JEUNESSE, BUNGALOWS $$
(Carte p. 357 ; ☎ 075 601274, 080 537 1868 ; www.ibizahouse-phiphiisland.com ; Ao Lo Dalam, Ko Phi Phi Don ; dort 450-680 B, ch avec petit-déj 2 000 B, villas 3 200-5 000 B ;). Les dortoirs sont quelconques, et certains n'ont pas de fenêtre, mais Ibiza House est avant tout connue pour les fêtes qu'elle organise dans sa vaste piscine, éternellement populaire, ouverte sur la plage et stratégiquement bordée par un bar animé. Les chambres et villas sont grandes, propres et d'un meilleur rapport qualité/prix que le dortoir – n'espérez cependant pas vous endormir tôt.

Sunflower Boathouse PENSION $$
(Carte p. 355 ; ☎ 080 038 3374 ; sunflowerboathouse@hotmail.com ; Ao Lo Dalam, Ko Phi Phi Don ; ch 1 500-3 000 B ;). Les charmantes chambres, en bois sombre verni, sont assez spacieuses et ont du caractère avec leurs généreux jetés de lit colorés. L'établissement, installé confortablement tout contre le Sunflower Bar (p. 361) merveilleusement décontracté, à l'extrémité nord d'Ao Lo Dalam, a la forme d'un bateau coiffé d'un toit de chaume. Simple et accueillant.

Hat Hin Khom

À 15 minutes de marche à travers la jungle ou sur la plage à l'est d'Ao Ton Sai, ce secteur comprend quelques petites plages de sable blanc dans des criques rocheuses et plusieurs *resorts* de gamme moyenne.

Viking Natures Resort BUNGALOWS $$
(Carte p. 355 ; ☎ 075 819399 ; www.vikingnaturesresort.com ; Hat Hin Khom, Ko Phi Phi Don ; bung avec petit-déj 1 750-4 500 B ;). Si vous recherchez un endroit de caractère, vous avez sonné à la bonne porte. Ces bungalows en bois, chaume et bambou, décorés de bois flotté, de rideaux de coquillages et d'œuvres d'art bariolées sont installés dans un jardin dans la jungle escarpée (souvent fréquentée par les singes), descendant jusqu'à une charmante petite plage. Les hamacs accrochés dans les espaces détente jouissent d'une vue sublime sur Phi Phi Leh.

Faites-vous plaisir en choisissant les grandes chambres lodge en bois, ouvertes sur d'accueillantes vérandas.

Hat Yao

Sur la côte sud, cette plage de sable blanc animée est idéale pour nager, mais ne vous attendez pas à être seul : le secteur abrite des *resorts* de milieu de gamme. Depuis Ton Sai, vous pouvez marcher 30 minutes pour rejoindre Hat Yao via Hat Him Khom, ou prendre un *long-tail boat* (100-150 B) à l'embarcadère.

Paradise Pearl Bungalow RESORT $$$
(Carte p. 355 ; ☎ 075 601248 ; www.phiphiparadisepearl.com ; Hat Yao, Ko Phi Phi Don ; ch avec petit-déj 3 000-5 000 B ;). Cet ensemble de chalets thaïlandais en bois sombre, ornés d'objets d'art, est blotti au cœur du promontoire rocheux dans la partie nord de la charmante plage de Hat Yao. Les "maisons" en bois face à la mer sont délicieusement désuètes, avec lits à baldaquin, rideaux en dentelle et coin thé/café. Le **restaurant** (plats 120-400 B ; 7h30-22h ;), souvent rempli de jeunes couples, s'étend jusqu'au sable.

Ao Lo Bakao

Au nord-est, le beau ruban de sable d'Ao Lo Bakao est ourlé de palmiers et entouré de collines spectaculaires. C'est l'une des plages les plus charmantes de Phi Phi, avec vue sur Ko Phai (Bamboo Island) et Ko Yung

100% LOCAL

LA PLAGE DE MAYA

Depuis le tournage du film *La Plage* (2000) de Danny Boyle, Phi Phi Leh est devenue un lieu de pèlerinage. En 2017, la **plage** (อ่าวมาหยา, baie de Maya ; Ko Phi Phi Leh) autrefois immaculée et isolée, installée dans l'éblouissante baie filmée par Boyle, accueillait chaque jour jusqu'à 5 000 touristes et 2 000 bateaux. Malheureusement, ce tourisme de masse a ravagé l'écosystème de Phi Phi Leh : environ 80% des coraux d'Ao Maya ont été détruits à cause du mouillage irresponsable des bateaux, de la fréquentation démesurée et du ruissellement des détritus et des résidus de crème solaire. La plage a finalement été fermée en 2018.

Depuis, la baie semble cicatriser. Les requins à pointes noires sont revenus et un projet de restauration des coraux a obtenu des résultats prometteurs. La plage idyllique de Maya ne devrait pas rouvrir avant 2021 : les autorités thaïlandaises ont d'ores et déjà annoncé que la circulation de bateaux et le nombre de visiteurs seraient alors limités afin de protéger la baie. Vous pouvez toutefois admirer son sable blanc somptueux depuis le pont d'un bateau et, sans les hordes de touristes envahissant la plage, la vue est tout simplement à couper le souffle.

Camper à Maya Beach, n'est plus autorisé, mais on peut passer la nuit au large avec **Maya Bay Sleepaboard** (carte p. 357 ; ☎090 570 9204 ; www.mayabaytours.com ; Ton Sai Village, Ko Phi Phi Don ; 3 500 B/pers). Le tarif inclut repas, sac de couchage et droit d'accès au parc national. Le bateau part à 15h et revient à 10h le lendemain. La même équipe organise la très prisée **Plankton Sunset Cruise** (carte p. 357 ; www.mayabaytours.com ; Ton Sai Village, Ko Phi Phi Don ; 2 000 B/pers) pour admirer le plancton au crépuscule à Phi Phi Leh.

(Mosquito Island) au large. La location d'un *long-tail boat* à Ao Ton Sai revient à 1 000 B.

Phi-Phi Island Village RESORT $$$
(Carte p. 355 ; ☎075 628900 ; www.phiphiisland-village.com ; Ao Lo Bakao, Ko Phi Phi Don ; ch avec petit-déj 9 200-26 400 B ;). Cet immense *resort* est une destination en lui-même, avec spa, restaurant, café, magasin, centre de plongée, courts de tennis et 2 piscines. Ses 201 bungalows en bois et béton, séparés par d'ondulants palmiers, sont installés pour la plupart à deux pas de la plage de sable blanc. Le complexe organise les transferts en *long-tail boat* depuis/vers Ton Sai.

Hat Laem Thong

Malgré une offre hôtelière haut de gamme, cette plage de sable blanc au nord-est est très fréquentée (les excursions au départ de Phuket y font étape), et le petit campement de *chow lair* à la pointe nord est jonché de détritus. La location d'un *long-tail boat* depuis Ao Ton Sai coûte 1 200 B – les hôtels organisent le transfert.

Zeavola BUNGALOWS $$$
(Carte p. 355 ; ☎075 627 000 ; www.zeavola.com ; Hat Laem Thong, Ko Phi Phi Don ; bung avec petit-déj 11 800-22 600 B ;). Des chemins bordés d'hibiscus mènent à d'élégants bungalows en teck de plain-pied, de style asiatique. Chacun comporte des baies vitrées sur trois côtés, de superbes éléments des années 1940, des meubles anciens, une douche dedans/dehors et un coin thé et café sur une terrasse privée. Les villas les plus cossues ont leur propre piscine à débordement, et le fabuleux spa est pensé pour les couples. Service irréprochable.

PP Erawan Palms Resort RESORT $$$
(Carte p. 355 ; ☎075 627 500 ; www.pperawan-palms.com ; Hat Laem Thong, Ko Phi Phi Don ; ch avec petit-déj 4 800-9 300 B ;). Oubliez tout stress en suivant le chemin qui mène à travers les jardins jusqu'à des cottages modernes, spacieux et lumineux, avec ce qu'il faut de charme traditionnel. Des chambres plus petites sont décorées d'art et d'artisanat thaïlandais. Formidable emplacement, avec attrayant bar en bord de piscine et service convivial.

Où se restaurer

À Ko Phi Phi Don, la plupart des *resorts* et bungalows disposent de restaurants : sur la côte est, vous dépendrez largement d'eux pour vous restaurer. À Ao Ton Sai, la qualité des restaurants s'est améliorée récemment et d'innombrables options s'offrent à vous (fruits de mer, cuisine thaïlandaise ou internationale), mais ne vous attendez pas à des repas gastronomiques ! Il n'y a pas de restaurants à Ko Phi Phi Leh.

Esan Ganeang THAÏLANDAIS $
(Carte p. 357 ; Ton Sai Village, Ko Phi Phi Don ; plats 70-150 B ; 10h-minuit). Dans une ruelle où s'alignent des bouis-bouis prisés des Thaïlandais, cette affaire familiale sert d'excellents et authentiques plats de l'Isan (région du Nord-Est) tels que salades et soupes très relevées ou currys et nouilles moins pimentés mais pleins de saveurs. Accompagnez votre plat de riz gluant.

Only Noodles THAÏLANDAIS $
(Carte p. 357 ; Ton Sai Village, Ko Phi Phi Don ; plats 70-150 B ; 10h30-22h30 ;). Comme son nom l'indique ("seulement des nouilles"), cet établissement populaire et discret sert un *pàt tai* simple mais plein de saveurs (à la viande, aux fruits de mer ou végétarien), à déguster sur l'une des deux tables installées dans la rue.

Marché alimentaire MARCHÉ $
(Carte p. 357 ; Ton Sai Village, Ko Phi Phi Don ; repas 60-80 B ; 7h-22h). Le marché, proche de la jetée, propose les repas les moins chers et les plus authentiques de Phi Phi. Quelques gargotes sympathiques servent de savoureux *pàt tai*, riz sautés, *sôm·đam* (salade de papaye verte épicée) et du poisson-chat fumé.

Aroy Kaffeine INTERNATIONAL, VÉGÉTARIEN $$
(Carte p. 357 ; 095 257 5452 ; www.facebook.com/AroykaffeinePhiphiIsland ; Ton Sai Village, Ko Phi Phi Don ; plats 130-250 B ; 9h-21h ;). Dans ce café branché, les spécialités sans gluten, véganes et végétariennes présentés avec art vous feront saliver. Baies d'açaï, spiruline, chlorelle et curcuma comptent parmi les ingrédients garnissant la carte et votre assiette. Ici, des currys aux pancakes, tous les plats sont savoureux. Service impeccable et fantastique café.

Efe TURC $$
(Carte p. 357 ; 095 150 4434 ; www.facebook.com/eferestaurant ; Ton Sai Village, Ko Phi Phi Don ; plats 170-600 B ; 12h-22h30 ;). La carte de ce restaurant méditerranéen fréquenté, installé au cœur du "village", affiche une fantastique sélection de kebabs servis dans des assiettes brûlantes. Les salades, roulés, burgers et pizzas sont également délicieux. Ce lieu intime dispose de peu de place à l'intérieur et la terrasse est minuscule ; au dîner, il faut souvent attendre pour avoir une table.

Unni's INTERNATIONAL $$
(Carte p. 357 ; 091 837 5931 ; www.facebook.com/unnis.phiphi ; Ton Sai Village, Ko Phi Phi Don ; plats 140-600 B ; 8h-23h ;). Plébiscité par les expatriés, ce restaurant agréable et lumineux, aux airs de café, prépare petits-déjeuners maison, bagels (garnis notamment au saumon fumé et aux boulettes de viande) et autres spécialités internationales réussies (toast à l'avocat et à la feta, copieuse salade grecque, pâtes, *burritos* et *nachos*, burgers ou encore tapas). Les cocktails, l'ambiance et la carte valent les louanges, même si les prix sont un peu trop élevés.

Où prendre un verre et faire la fête

Phi Phi est continuellement envahie par la musique des fêtes. Les autorités font des efforts pour calmer un peu le jeu, mais l'entreprise pourrait encore prendre un certain temps et en attendant, des flots de whisky bon marché, de boissons énergisantes et de cocktails écœurants transforment l'île en royaume des jeunes gens alcoolisés et des gueules de bois carabinées.

Méfiez-vous des personnes proposant de la drogue sur la plage, qui travaillent parfois en fait pour la police.

Hippie's Bar BAR
(Carte p. 355 ; 085 476 1761 ; Hat Hin Khom, Ko Phi Phi Don ; 7h-minuit ;). Cet immense bar-restaurant décontracté, installé directement sur la plage, change du chaos de Ton Sai Village : ambiance romantique avec tables éclairées aux chandelles, lanternes dans les arbres, musique reggae tranquille et feu d'artifice tous les soirs.

Apache Beach Club CLUB
(Carte p. 355 ; 081 535 4613 ; www.facebook.com/apachebeachclub ; Ao Lo Dalam, Ko Phi Phi Don ; 21h-tard ;). Rivalisant avec Slinky pour le titre de meilleure boîte de nuit sur la plage de Ko Phi Phi, Apache est le club parfait pour qui cherche alcool coulant à flots, corps tournoyants, feux d'artifice et basses assourdissantes.

Banana Bar BAR
(Carte p. 357 ; 087 330 6540 ; www.facebook.com/BananaBarPhiPhi ; Ton Sai Village, Ko Phi Phi Don ; 11h-2h ;). Voici *le* bar alternatif de Ton Sai. Situé dans les terres et réparti sur plusieurs étages, il vous permettra d'échapper à la house et à la techno qui font trembler la plage. Profitez du toit, ou

DEPUIS/VERS KO PHI PHI DON

DESTINATION	TARIF	DURÉE	VERS KO PHI PHI	DEPUIS KO PHI PHI
Ao Nang	450 B	1 heure 45	9h30	15h30
Ko Lanta	350-600 B	1 heure 30	8h, 11h30, 13h et 16h	11h30, 15h et 15h30
Krabi	350 B	1 heure 30-2 heures	9h, 10h30, 13h30 et 15h30	9h, 11h, 14h et 15h30
Phuket	350 B	1 heure 45-2 heures	9h, 11h, 13h, 13h30 et 15h	9h, 11h, 14h, 14h30 15h30
Railay	450 B	1 heure 15	9h45 et 14h45	15h30

détendez-vous sur les coussins des terrasses surélevées aménagées autour du bar. La musique est bonne et la clientèle branchée. Sert aussi de la cuisine mexicaine.

Slinky CLUB

(Carte p. 357 ; www.facebook.com/slinkybeachbarofficial ; Ao Lo Dalam, Ko Phi Phi Don ; ⏲21h-tard ; 📶). Slinky assure toujours les meilleurs spectacles de feu pour les fêtes de plage les plus branchées. On y trouve seaux de cocktail (à partir de 350 B) et foules de touristes dansant et flirtant au rythme des basses puissantes.

Sunflower Bar BAR

(Carte p. 355 ; ☎080 038 3374 ; Ao Lo Dalam, Ko Phi Phi Don ; ⏲11h-2h ; 📶). Ce joyau branlant est l'un des bars les plus décontractés de Phi Phi, idéal pour regarder le soleil disparaître dans la mer. Détruit par le tsunami de 2004, il a été reconstruit avec du bois recyclé. Les tables installées dans des coques de *long-tail boats* portent le nom des proches que le propriétaire a perdus dans la catastrophe.

☆ Où sortir

Kong Siam MUSIQUE LIVE

(Carte p. 357 ; www.facebook.com/Kongsiam-Live-Bar-Phi-Phi ; Ton Sai Village, Ko Phi Phi Don ; ⏲18h-1h ; 📶). Tous les soirs, les concerts attirent ici une foule de Thaïlandais et de *fa·ràng* (Occidentaux). Les musiciens talentueux jouent tous les styles, des reprises de classiques aux airs plus modernes.

ℹ Renseignements

On trouve de nombreux DAB dans le "village touristique" de Ko Phi Phi Don, mais aucun sur les plages de la côte est ni sur Ko Phi Phi Leh.

Hôpital de Ko Phi Phi (carte p. 355 ; ☎086 476 9420, 075 622151 ; Ao Ton Sai, Ko Phi Phi Don). Soins d'urgence à l'extrémité ouest d'Ao Ton Sai. Pour tout problème sérieux, prenez le premier bateau pour Krabi ou, mieux, Phuket.

ℹ Depuis/vers Ko Phi Phi

Ko Phi Phi Don est accessible depuis Ao Nang, Krabi, Phuket, Railay et Ko Lanta. La plupart des bateaux accostent à **Tha Ao Ton Sai** (carte p. 357 ; Ton Sai Village, Ko Phi Phi Don), mais quelques-uns en provenance de Phuket utilisent l'embarcadère isolé de **Tha Laem Thong** (carte p. 355 ; Ko Phi Phi Don), au nord. Les ferrys circulent toute l'année.

Des formules combinant bateau et minibus permettent de rejoindre diverses destinations du pays, notamment Bangkok (850 B, 11 heures, 15h30), Ko Samui (500 B, 6 heures 30, 10h30) et Ko Pha Ngan (600 B, 7 heures, 10h30).

On peut se rendre sur Ko Phi Phi Leh dans le cadre d'un circuit organisé, en *long-tail boat* (600-800 B) ou en *speedboat* (2 500 B).

ℹ Comment circuler

Il n'y a pas de vraies routes sur Ko Phi Phi Don, et si les habitants circulent parfois à moto, les étrangers ne sont pas autorisés à en louer. On s'y déplace essentiellement à pied, mais vous pouvez louer un *long-tail boat* à Ao Ton Sai pour de courts trajets autour des deux îles.

Des *long-tail boats* partent de l'embarcadère d'Ao Ton Sai pour Hat Yao (100-150 B), Hat Ranti (700 B), Hat Phak Nam et Ao Lo Bakao (1 000 B), Laem Thong (1 200 B) et la grotte du Viking (sur Ko Phi Phi Leh ; 1 000 B). Louer un *long-tail boat* pour 3/6 heures coûte 1 500/3 000 B et louer un *speedboat* pour une demi-journée 5 000 B.

Ko Lanta

เกาะลันตาใหญ่

☎075 / 10 830 HABITANTS

Jadis domaine des nomades de la mer et séduisante île perdue, Lanta est aujourd'hui une destination pour touristes du monde entier, attirés par ses interminables plages paradisiaques et ses excellents sites de plongée.

Le tourisme, encore confidentiel, se développe lentement sur les plages de la côte ouest et les fêtes organisées pour les jeunes

Ko Lanta

voyageurs ne sont pas difficiles à trouver, mais Lanta est parvenue à conserver son charme naturel. En raison de l'interdiction de pratiquer les sports nautiques motorisés, seul le bruissement des feuilles de palmier rompt le silence reposant d'une journée à la plage, en particulier sur la côte sud, plus spectaculaire et moins développée.

À l'exception d'une sorte de crête, Lanta est assez plate. La route principale truffée d'ornières, s'étendant du nord au sud sur 22 km, peut se parcourir à moto, tout comme les deux routes traversant l'intérieur de l'île couvert de jungle pour rejoindre les villages sur pilotis des nomades de la mer, sur la côte est.

Ko Lanta (qui s'appelle en réalité Ko Lanta Yai), a donné son nom à la célèbre émission de téléréalité française *Koh-Lanta*, dont la première saison a été tournée sur l'île.

Les bateaux accostent à Ban Sala Dan, une bourgade de deux rues à la pointe nord de l'île.

À voir

Ban Si Raya VILLAGE

(บ้านศรีรายา, vieille ville de Lanta ; carte p. 366). Au milieu de la côte est de Lanta, Ban Si Raya fut le premier port de l'île et son centre commerçant. Il servait autrefois d'abri aux navires marchands arabes et chinois qui naviguaient entre Phuket, Penang et Singapour. Les habitants l'appellent la "vieille ville de Lanta", et l'atmosphère y est bien différente de celle du reste de l'île. Certaines des maisons et boutiques en bois sur pilotis, vieilles de plus d'un siècle, ont été reconverties en pensions pleines de caractère. Dans les restaurants du port, on savoure la pêche du jour avec vue sur la mer. Quelques jolies boutiques sont disséminées dans les alentours.

Chaque samedi après-midi, de novembre à avril, l'artère principale est bordée de stands de rue et animée par des DJ, des concerts et des danses thaïlandaises traditionnelles.

Tham Khao Maikaeo GROTTES

(ถ้ำเขาไม้แก้ว ; carte p. 366 ; ☎089 288 8954 ; visite 300 B). Ce réseau de grottes et de tunnels a été créé par les pluies de mousson qui se sont déversées dans les fissures et crevasses calcaires pendant des millions d'années. On y trouve des grottes aussi grandes que des cathédrales, constellées de stalactites et de stalagmites, des passages si petits qu'il faut s'y glisser à quatre pattes et même un bassin souterrain. Une famille locale propose des randonnées d'une heure jusqu'aux grottes (avec lampes frontales). Le circuit complet dure 2 heures et des chaussures adaptées sont indispensables. L'endroit est indiqué sur la route principale partant de Hat Khlong Tob vers la côte est. Téléphonez pour connaître les horaires.

Activités

Plongée et snorkeling

Certains des plus beaux sites de plongée de Thaïlande ne sont qu'à quelques brasses de Lanta. Les meilleurs se situent au niveau des pics sous-marins de Hin Muang et Hin Daeng, à environ 2 heures en bateau. Ces affleurements coralliens isolés au milieu de l'océan constituent d'importantes réserves de nourriture pour les grands poissons pélagiques, tels que requins, thons, barracudas et, parfois, requins-baleines et raies mantas. Hin Daeng est considéré comme le meilleur site de plongée de Thaïlande après Richelieu Rock (p. 290), près de la frontière avec le Myanmar.

Autour de Ko Haa, les sites bénéficient en permanence d'une bonne visibilité, avec des profondeurs de 18 à 34 m, une faune abondante (y compris des tortues) et une grotte de trois salles appelée "la Cathédrale". Les centres de plongée de Lanta organisent aussi des sorties jusqu'à l'épave du *King*

Cruiser (p. 356), **Anemone Reef** (Ko Phi Phi Don) et d'autres sites de Ko Phi Phi.

La saison de la plongée à Lanta court de novembre à avril, mais certains centres proposent aussi des excursions en basse saison si la météo est favorable. Les excursions à Hin Daeng et Hin Muang sont facturées au minimum 4 000 B, et les plongées à Ko Haa coûtent de 3 100 à 4 000 B. Comptez entre 13 700 et 15 900 B pour le brevet PADI Open Water. En général, les tarifs excluent le droit d'entrée du parc national (adulte/enfant 400/200 B), valable 3 jours, ainsi que le droit de plongée journalier de 200 B. De mi-octobre à avril, les agences de Lanta organisent pour 1 200-1 900 B des circuits snorkeling (avec 4 îles au programme) et des sorties en kayak vers Ko Rok Nok, les îles de Trang et d'autres îles avoisinantes.

Scubafish PLONGÉE

(Carte p. 366 ; ✆075 665095 ; www.scubafish.com ; Ao Kantiang ; 2 plongées 3 500 B ; ⌚8h-20h). Ce centre établi de longue date s'investit dans la sensibilisation et la participation à des projets environnementaux. À la tête du projet de transplantation corallienne de Ko Lanta, il organise des ateliers de transplantation de coraux (5 900 B) ainsi qu'un cours de certification de 3 jours (15 900 B). Également cours de photographie sous-marine "Liquid Lense", plongées d'observation des requins, forfaits plongée très appréciés de 3 jours (9 975 B), Discover Scuba (1 jour, 5 200 B) et certifications Open Water (15 900 B).

Lanta Diver PLONGÉE

(Carte p. 364 ; ✆075 668 058 ; www.lantadiver.com ; 197/3 Mu 1, Ban Sala Dan ; 2 plongées 3 600 B ; ⌚8h-21h haute saison, 10h-18h basse saison). Fondé par des Scandinaves, ce club très sérieux, installé près de l'embarcadère, dispose d'agences dans plusieurs *resorts*. Les circuits 2 plongées à Hin Daeng et Hin Muang coûtent entre 4 000 et 4 900 B. Les 2 plongées du Discover Scuba reviennent à 4 500 B et le brevet Open Water à 14 400 B.

Blue Planet Divers PLONGÉE

(Carte p. 364 ; ✆075 668165 ; www.blueplanetdivers.net ; 3 Mu 1, Ban Sala Dan ; 2 plongées 3 300 B ; ⌚8h30-21h). Première école de Lanta spécialisée dans la plongée en apnée (cours à partir de 2 700 B), Blue Planet propose également des cours Open Water (13 700 B) et Discover Scuba (4 300 B) et des sorties snorkeling (1 500 B).

Yoga

Oasis Yoga (carte p. 364 ; ✆085 115 4067 ; www.oasisyoga-lanta.com ; Hat Khlong Dao ; ⌚oct-mai) anime des cours sans réservation (250-400 B). Le Sri Lanta (p. 366) dispense des cours moyennant 550 B.

Bénévolat

Lanta Animal Welfare BÉNÉVOLAT

(Carte p. 364 ; ✆084 304 4331 ; www.lantaanimalwelfare.com ; 629 Mu 2, Ban Phra Ae ; visite sur don ; ⌚9h-17h). Ce refuge pour animaux doublé d'une clinique vétérinaire prend soin depuis longtemps des chiens et chats errants et blessés : il les nourrit, les

VAUT LE DÉTOUR

PARC NATIONAL MARITIME DE MU KO LANTA

Ce **parc maritime national** (อุทยานแหงชาติหมูเกาะลันตา ; carte p. 366 ; ✆075 660711, à Bangkok 02 561 4292 ; www.dnp.go.th ; adulte/enfant/moto 200/100/20 B ; ⌚8h-18h) créé en 1990, protège 16 îles de l'archipel de Lanta, y compris la pointe sud de Ko Lanta Yai. Il est de plus en plus menacé par le développement effréné de la côte ouest de Ko Lanta Yai. Les autres îles de l'archipel connaissent un sort un peu meilleur.

Ko Rok Na (เกาะรอกใน) reste splendide, avec une baie en forme de croissant adossée à des falaises, de beaux récifs coralliens et une plage de sable d'un blanc étincelant. Muni d'un permis du bureau du parc, vous pouvez camper sur **Ko Rok Nok** (เกาะรอกนอก). À l'est de Ko Lanta Yai, **Ko Talabeng** déploie de spectaculaires grottes calcaires, que vous pourrez visiter lors d'un circuit en kayak de mer (1 300 B). Vous devrez vous acquitter d'un droit d'accès au parc pour toutes ces îles. Ko Rok Nai, Ko Rok Nok et **Ko Haa** sont fermées aux visiteurs du 16 mai au 31 octobre.

Le bureau du parc national (p. 370) et le centre d'information des visiteurs (p. 370) sont installés à Laem Tanod, à la pointe sud de Ko Lanta Yai, accessible par une piste asphaltée escarpée. L'endroit comprend quelques chemins de randonnée, deux plages jumelles, un phare, un camping aménagé et des bungalows dans un environnement sauvage.

stérilise, les reloge, les vaccine et mène des campagnes de sensibilisation locales. Les visites de 40 minutes organisées toutes les heures (toutes les 2 heures, mai-octobre) permettent de jouer avec les chatons. Vous pourrez vous porter volontaire pour promener ponctuellement les chiens ou pour du bénévolat de plus longue durée.

Cours

Time for Lime CUISINE
(Carte ci-contre ; ☎075 684590 ; www.timeforlime.net ; Hat Khlong Dao ; ⏲cours 16h). Au sud de Hat Khlong Dao, cet établissement populaire en bord de plage, à la fois école et restaurant, organise d'excellents cours de cuisine (2 000 B) et d'amusantes sessions de préparation de cocktails (440 B). En haute saison, venez avec un ami au "cours de cuisine et de cocktail" (4 000 B/2 personnes). Les bénéfices de l'école financent le Lanta Animal Welfare. Réservation nécessaire. Le restaurant propose un menu dégustation du lundi au samedi (540 B).

Où se loger

Les innombrables plages de sable doré de Ko Lanta, belles et immenses, sont situées pour la plupart sur la côte ouest. Votre lieu d'hébergement déterminera la facette de l'île que vous découvrirez. En basse saison (de mai à octobre), certains *resorts* ferment ; les autres baissent leurs tarifs de 50%. En haute saison, il faut impérativement réserver.

Ban Sala Dan

La Chambre HÔTEL $$
(Carte ci-contre ; ☎087 887 5191 ; www.lachambre.in.th ; Ban Sala Dan ; ch 800-1 200 B ; 📶). Si ça ne vous dérange pas de ne pas vous réveiller près de la plage, testez ce petit hôtel près de la route menant à l'embarcadère de Sala Dan et assez proche de la plupart des centres de plongée. Les chambres sont plutôt confortables, avec literie et salles de bains correctes ; les moins chères n'ont pas de fenêtre.

Hat Khlong Dao

Lanta Island Resort BUNGALOWS $$
(Carte ci-contre ; ☎075 684124 ; www.lantaislandresort.com ; 10 Mu 3, Hat Khlong Dao ; bung 1 800-5 500 B ; P ❄ @ 📶 🏊). Disséminés dans un jardin arboré et ombragé, ces modestes bungalows sont équipés de meubles défraîchis mais ils sont propres et spacieux.

Nord de Ko Lanta

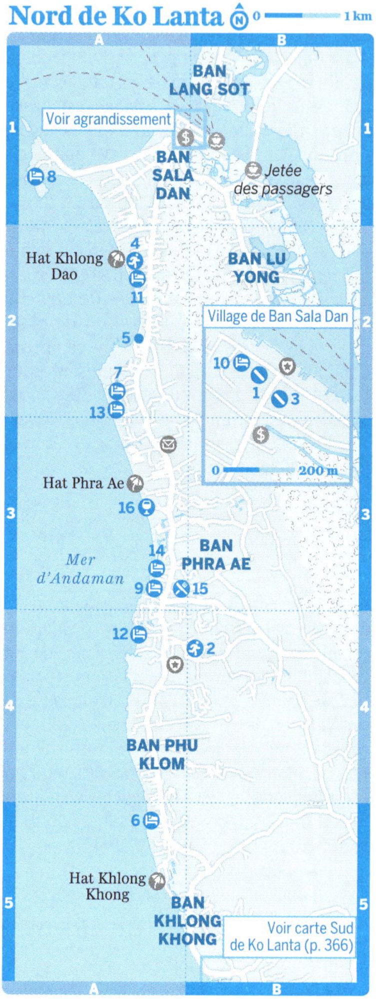

L'emplacement près de la plage est idéal et l'endroit possède une piscine. L'**Island Bar** (⏲12h-tard ; 📶), sur place, est prisé des visiteurs pour un verre en fin de soirée et accueille des concerts en haute saison (novembre à avril).

♥ **Crown Lanta Resort & Spa** RESORT $$$
(Carte ci-dessus ; ☎075 626999 ; www.crownlanta.com ; Hat Khlong Dao ; d avec petit-déj 5 800-22 000 B ; ❄@📶🏊). Superbement situé, le luxueux Crown Lanta se dresse à l'arrière de sa plage de sable blanc privée, à la pointe nord de Khlong Dao. Chambres et villas sont organisées autour

Nord de Ko Lanta

Activités

Où se loger

Où se restaurer

Où prendre un verre et faire la fête

de deux piscines, deux restaurants, un excellent spa et, assez étonnamment, un bar reggae. La plage est à 3 minutes de marche mais si cela vous semble un peu trop loin, le personnel vous y conduira en voiturette de golf.

Hat Phra Ae

Chill Out House AUBERGE DE JEUNESSE $

(Carte page ci-contre ; 082 183 2258 ; www.chillouthouselanta.com ; Hat Phra Ae ; dort 220 B, d 280-320 B ; sept-avr ;). Cette cabane dans les arbres, construite en bois flotté en retrait de la plage, propose trois dortoirs simples avec salles de bains communes, ainsi que des chambres doubles défraîchies avec salles de bains. L'ensemble est assez rudimentaire, mais vous ne trouverez pas meilleure ambiance (ou plus bas prix). La décontraction est partout grâce aux balançoires installées au bar, au dock iPod en libre accès et au fantastique espace détente rempli de hamacs. Tout le monde est traité comme un membre de la famille.

Thai House Beach Resort BUNGALOWS $$

(Carte page ci-contre ; 075 684289 ; www.thaihousebeachresort.net ; Hat Phra Ae ; bung 900-2 500 B ; P). En retrait de la plage, ces agréables bungalows se déclinent en d'innombrables variantes adaptées à tous les budgets. Les maisons thaïlandaises traditionnelles en bois sont spacieuses, avec climatisation, grands réfrigérateurs et douches chaudes tandis que les bungalows en bambou, plus simples, sont équipés de ventilateurs et moustiquaires. Entre les deux, vous trouverez des bungalows en béton fonctionnels et propres. Fantastique emplacement.

Le *resort* est situé juste derrière l'élégant Fat Turtle Beach Bar and Restaurant (p. 369).

Hutyee Boat BUNGALOWS $$

(Carte page ci-contre ; 083 633 9723 ; Hat Phra Ae ; bung 600-1 200 B ;). Ce paradis pour hippies propose de grands bungalows sur pilotis, tout simples, avec salle de bains carrelée, mini-réfrigérateur et ventilateur. Des hamacs se balancent dans une forêt de palmiers et de bambous. Situé à deux pas de la plage, l'établissement est géré par une famille musulmane chaleureuse dont le patriarche excentrique parle anglais.

Somewhere Else BUNGALOWS $$

(Carte page ci-contre ; 081 536 0858 ; Hat Phra Ae ; bung 800-1 700 B ; nov-avr ;). Choisissez entre les cabanes simples en bambou et toit de chaume avec salle de bains carrelée de terre cuite, et les bungalows octogonaux en béton poli. Tous sont dressés sur une pelouse ombragée donnant sur Long Beach. Le restaurant, très apprécié, offre une belle sélection de spécialités thaïlandaises.

Lazy Days BUNGALOWS $$$

(Carte page ci-contre ; 075 656291 ; www.lantalazydays.com ; Hat Phra Ae ; bung avec petit-déj 4 400-5 200 B ; oct-août ;). De beaux jours de détente vous attendent dans ce lieu isolé, tout au bout de Hat Phra Ae. Les 9 bungalows en bambou et toit de chaume, très confortables, sont dotés d'un balcon, un grand lit, un réfrigérateur et une salle de bains élégante. Restaurant sur place.

Hat Khlong Khong

Isara Lanta BUNGALOWS $

(Carte page ci-contre ; 088 823 2184 ; www.isaralanta.com ; Hat Khlong Khong ; bung 500-1 100 B ; oct-avr ;). Isara Lanta forme un petit ensemble très couru de bungalows soignés, aux teintes pastel et toit de tôle, agrémentés de bambou tressé. Bordant un chemin fleuri tout simple, ils sont disséminés à l'arrière d'un bar-restaurant rustique bleu et blanc.

Sud de Ko Lanta

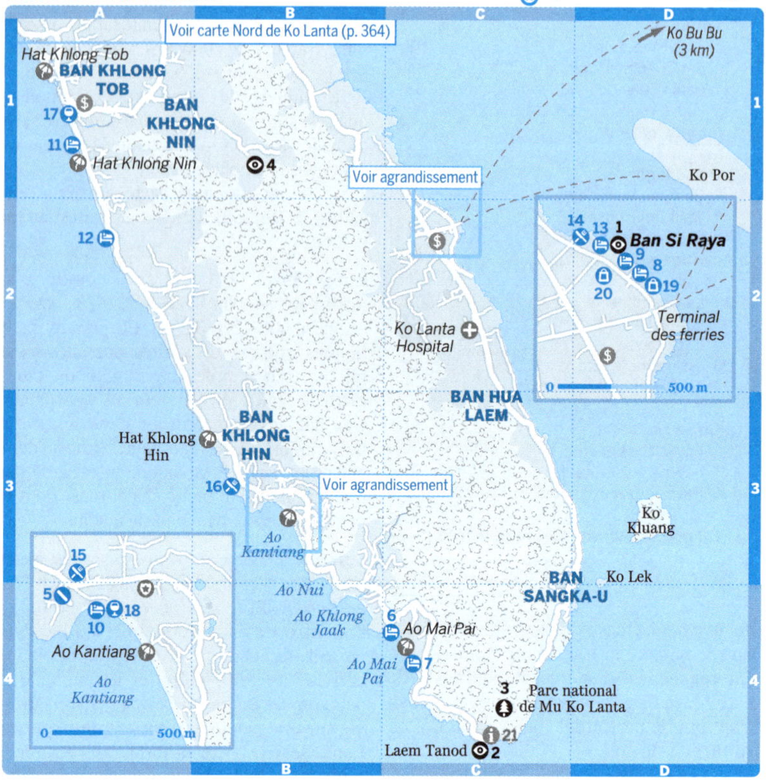

Bee Bee Bungalows
BUNGALOWS $$

(Carte p. 364 ; ☎081 537 9932 ; Hat Khlong Khong ; bung 700-1 000 B ; 📶). Le Bee Bee, géré par un personnel particulièrement sympathique, possède une douzaine de bungalows en bambou, tous décorés différemment, dont quelques-uns perchés dans les arbres. Le restaurant est doté d'une bibliothèque et l'endroit est apprécié des jeunes voyageurs.

Hat Khlong Nin

Round House
BUNGALOWS $$

(Carte ci-dessus ; ☎086 950 9424 ; www.lantaroundhouse.com ; Hat Khlong Nin ; bung sans/avec sdb 300-900 B/1 200-2 200 B, maison 3 000 B ; ❄📶). À l'extrémité nord de la plage, ce charmant établissement propose différents types d'hébergements. Juste derrière le restaurant de plage balayé par la brise, les bungalows sur pilotis en bois et bambou avec ventilateur sont aménagés simplement (les moins chers se partagent des salles de bains avec eau chaude). Autrement, on peut loger dans une agréable maison ronde en adobe pour 2 personnes, dans des chambres en béton avec véranda, ou dans une maison climatisée sur la plage, idéale pour les familles. Réductions jusqu'à 20% pour les personnes seules.

Sri Lanta
BOUTIQUE-HÔTEL $$$

(Carte ci-dessus ; ☎075 662688 ; www.srilanta.com ; Hat Khlong Nin ; ch avec petit-déj 3 400-7 400 B ; P❄📶🏊). Implanté à l'extrême sud de la plage, ce complexe écoresponsable apprécié des touristes asiatiques se compose de suites confortables et de villas en bois réparties sur un coteau boisé. De l'autre côté de la route, une zone de la plage frangée de fleurs est dotée de deux piscines, un restaurant et quelques pavillons de massage. Vous serez loin de tout : préparez-vous à passer des nuits paisibles. L'endroit accueille aussi toute l'année cours de yoga (550 B) et retraites spirituelles.

Sud de Ko Lanta

Les incontournables
1 Ban Si Raya ... D2

À voir
2 Laem Tanod ... C4
3 Parc national de Mu Ko Lanta ... C4
4 Tham Khao Maikaeo ... B1

Activités
5 Scubafish ... A4

Où se loger
6 Baan Phu Lae ... C4
7 La Laanta ... C4
8 Mango House ... D2
Hébergements du parc national de Mu Ko Lanta ... (voir 21)
9 Old Times ... D2
10 Phra Nang Lanta ... A4
11 Round House ... A1
12 Sri Lanta ... A2
13 Sriraya ... D2

Où se restaurer
14 Beautiful Restaurant ... D2
15 Drunken Sailors ... A3
La Laanta ... (voir 7)
16 Phad Thai Rock'n'Roll ... B3

Où prendre un verre et faire la fête
17 Rasta Baby ... A1
18 Why Not Bar ... A4

Achats
19 Hammock House ... D2
20 Malee Malee ... D2

Renseignements
21 Bureau du parc national de Mu Ko Lanta ... C4
Centre d'information des visiteurs du parc national de Mu Ko Lanta ... (voir 21)

Ao Kantiang

Phra Nang Lanta HÔTEL $$$

(Carte page ci-contre ; 075 665025 ; www.vacationvillage.co.th ; Ao Kantiang ; ch avec petit-déj 4 800-9 600 B ;). Ces 15 studios de style mexicain, dont le revêtement rappelle l'adobe, semblent tout droit sortis d'un magazine de décoration d'intérieur (lignes claires, bois et tons blancs rehaussés de couleurs vives, coussins moelleux et lavabo en céramique). Dehors, des fleurs et des plantes grimpent sur les auvents en bambou ; la piscine et le bar-restaurant donnent sur la plage. Excellents tarifs en basse saison.

Ao Mai Pai

La Laanta BOUTIQUE-HÔTEL $$

(Carte page ci-contre ; 087 883 9977, 087 883 9966 ; www.lalaanta.com ; 188 M5 Bamboo Beach, Ao Mai Pai ; bung avec petit-déj 2 800-6 200 B ;). Tenu par un jeune couple thaïlando-vietnamien qui parle anglais, La Laanta est l'un des établissements les plus intéressants de Lanta. Ses bungalows à toit de chaume agrémentés de sols en ciment poli, lits plateforme, motifs floraux et terrasse dominent une belle plage de sable et de rochers avec terrain de volley-ball. Le **restaurant** (carte page ci-contre ; 087 883 9977 ; Ao Mai Pai ; plats 120-350 B ; 8h-21h ;) décontracté concocte un savoureux menu thaïlandais riche en plats végétariens. Pour vous y rendre, prenez le dernier embranchement avant le parc national de Mu Ko Lanta.

Lits d'appoint disponibles pour les enfants ainsi qu'une piscine. Fortes réductions en basse saison.

Baan Phu Lae BUNGALOWS $$

(Carte page ci-contre ; 075 665100, 085 474 0265 ; www.baanphulaeresort.com ; Ao Mai Pai ; bung 1 800-2 400 B ; oct-avr ;). Perchés sur des rochers isolés au nord de la dernière plage avant la pointe sud de Lanta, ces romantiques bungalows en béton jaune canari, coiffés de chaume, sont dotés de lits en bambou, ventilateurs ou climatisation, et agrémentés de tableaux colorés et vérandas privées. Juste derrière se trouvent des bungalows climatisés en bois et sur pilotis. L'hôtel peut aussi réserver pour vous transports, cours de cuisine, massages, et sorties plongée et snorkeling.

Laem Tanod

Hébergements du parc national de Mu Ko Lanta BUNGALOWS, CAMPING $

(Carte page ci-contre ; 075 660711, à Bangkok 02 561 4292 ; www.dnp.go.th ; Laem Tanod ; bung 1 500-3 000 B, empl 40 B/pers, avec tente 300 B). Entouré d'affleurements rocheux où viennent se briser les vagues, le terrain isolé du bureau du parc national est un endroit

100% LOCAL

OÙ SE LOGER À KO LANTA ?

Ban Sala Dan On trouve des hôtels pour petits budgets corrects dans cette bourgade pleine de caractère. Vous serez proche des restaurants locaux de poisson et des embarcadères, mais loin de la plage.

Hat Khlong Dao (หาดคลองดาว). Jadis une splendide étendue de sable blanc, idéale pour la baignade, cette plage de 2 km s'est tellement érodée qu'elle disparaît à marée haute. Tout le nord de Lanta est concerné par ce grave problème.

Hat Phra Ae Un grand village de voyageurs (avec restaurants servant des plats occidentaux, bars de plage et agences de tourisme) s'est développé sur la sablonneuse Hat Phra Ae, à 3 km au sud de Ban Sala Dan. La plage s'est érodée ces dernières années, mais une belle étendue subsiste du côté nord.

Hat Khlong Khong (p. 365). À 9 km au sud de Ban Sala Dan, ce rendez-vous des jeunes voyageurs cumule toits de chaume, bars rastas, sessions de beach-volley et fêtes de la Pleine Lune. L'endroit est encore assez tranquille mais les soirées festives sont plus fréquentes qu'auparavant. La plage, large bande de sable qui se rétrécit progressivement, s'étend à perte de vue de chaque côté, léchée par des eaux turquoise peu profondes.

Hat Khlong Nin (p. 366). À 13 km au sud de Ban Sala Dan, la route principale vers le sud se divise après Hat Khlong Tob. L'embranchement de gauche rejoint la côte est ; celui de droite accompagne le littoral sur 14 km jusqu'à la pointe sud de Ko Lanta. En allant sur la droite, la première plage de sable blanc que vous rencontrez est la ravissante Hat Khlong Nin. Son extrémité nord abrite de nombreuses petites pensions pour voyageurs aisés. Vous aurez l'embarras du choix.

Ao Kantiang (p. 367). Au sud-ouest, cette superbe étendue de sable surplombée par les montagnes accueille un village autonome, avec supérettes, restaurants et loueurs de motos. Le lieu est cossu et loin de tout. Ne comptez pas trop bouger.

Ao Mai Pai (p. 367). Crique verdoyante nichée dans la courbe sud-ouest précédant le cap, Ao Mai Pai abrite l'une des meilleures plages de l'île. Elle est bordée d'élégantes palmeraies, avec un récif au nord, un promontoire enveloppé par la jungle au sud et des eaux vert jade entre les deux.

Laem Tanod (แหลมโตนด ; carte p. 366). La pointe sud de l'île, sauvage, montagneuse et couverte de jungle cache des falaises escarpées et des panoramas extraordinaires.

paisible où passer la nuit. Les bungalows et tentes sans prétention accueillent entre 4 et 8 personnes. Le camping comprend toilettes, eau courante et une boutique, mais il faut apporter sa nourriture. C'est ici qu'on demande les autorisations pour camper sur Ko Rok.

Ban Si Raya

Sriraya PENSION $

(Carte p. 366 ; ☎075 697045 ; punpun_3377@hotmail.com ; Ban Si Raya ; ch avec sdb commune 600 B ; wi-fi). Séjournez dans cette *shophouse* chinoise aux poutres épaisses, simple mais magnifiquement restaurée. Les chambres basiques sont décorées dans un style industriel chic, et les balcons surplombent l'eau. Un lieu pittoresque et charmant.

♥ Old Times PENSION $$

(Carte p. 366 ; ☎081 854 6000 ; www.facebook.com/theoldtimeslantabnb ; Ban Si Raya ; ch 500-1 700 B ; clim, wi-fi). Un excellent choix, cette *guesthouse* est installée dans deux élégantes maisons en teck centenaires se faisant face dans la rue (elles ont été récemment rénovées). Chambres élégantes au style impeccable, variant en prix et taille. Les meilleures, lumineuses et ornées de photos en noir et blanc, s'avancent sur la jetée où se trouve un espace détente couvert de coussins. L'endroit est charmant, romantique et amusant.

♥ Mango House PENSION $$

(Carte p. 366 ; ☎089 867 1067 ; www.mango-houses.com ; Ban Si Raya ; ste 1 650-3 000 B, villa 5 800 B ; wi-fi). Vieilles de 100 ans, ces maisons chinoises en teck sur pilotis, au-dessus du port, sont d'anciennes fumeries d'opium. Les planchers d'origine, polis par le temps, sont intacts et les 3 suites immenses et hautes de plafond sont chacune équipées d'une télévision (réception satellite) et de ventilateurs. Construites dans le style de la vieille ville, les villas en bord de mer peuvent accueillir de 2 à 6 personnes. Environ 50% de réduction en basse saison.

Où se restaurer

Pour déguster des fruits de mer au meilleur rapport qualité/prix, dirigez-vous vers les restaurants de poisson qui bordent la lisière nord de Ban Sala Dan. Dotés de vérandas donnant sur l'eau, ils servent les prises du jour, facturées au poids. De nombreux restaurants thaïlandais et internationaux sont disséminés sur l'île et la plupart des *resorts* possèdent leurs propres établissements.

Shanti Shanti Beach House THAÏLANDAIS $
(084 324 6941 ; www.facebook.com/shantishantibeachhouse ; Ban Khlong Tob ; plats 70-150 B ; 12h-22h ;). En plein air, surplombant la plage, ce charmant endroit de style shabby chic agrémenté de bois flotté a tout pour plaire : emplacement idyllique, brise marine fraîche, carte des vins correcte et spécialités de fruits de mer, françaises et thaïlandaises préparées et présentées de manière exquise. À l'extrême nord de Khlong Tob.

Phad Thai Rock'n'Roll THAÏLANDAIS $
(Carte p. 366 ; 080 784 8729 ; www.facebook.com/phadthairock77 ; Ao Kantiang ; plats 90-150 B ; 11h-21h). On n'a pas tous les jours l'occasion de savourer un *pàt tai* épicé à souhait préparé par un guitariste. Six recettes au choix (riz frit "jazz" ou nouilles sautées "blues", au poulet, porc, fruits de mer ou légumes), concoctées avec maestria, dans un cadre simple et moderne. Comptant à peu près autant de tables que de plats, l'endroit est victime de son succès et l'on doit parfois patienter.

Patty's Secret Garden THAÏLANDAIS $$
(Carte p. 364 ; 092 843 5740 ; www.pattyssecretgarden.com ; 278 Mu 2, Hat Phra Ae ; plats 120-320 B ; 9h-23h ;). Ce restaurant décontracté où les familles sont les bienvenues est installé dans un agréable jardin ombragé débordant de fleurs. Ici, les plats thaïlandais et occidentaux sont toujours bons, et l'on propose aussi des menus enfants et un bon petit-déjeuner.

Un autre établissement, Patty's Secret Garden by the Sea, est installé dans un cadre charmant en bord de mer, à Hat Khlong Khong.

Beautiful Restaurant PRODUITS DE LA MER $$
(Carte p. 366 ; 086 282 1777 ; Ban Si Raya ; plats 80-350 B ; 10h-21h ;). Les tables de ce restaurant situé à l'extrémité nord-ouest de la vieille ville sont disposées sur quatre embarcadères qui s'avancent dans la mer. La carte propose tous les plats phares de la cuisine thaïlandaise, mais le poisson reste la spécialité. Vivement conseillé.

Drunken Sailors THAÏLANDAIS, INTERNATIONAL $$
(Carte p. 366 ; 075 665 076 ; www.facebook.com/drunkensailors ; Ao Kantiang ; plats 130-200 B ; 9h-15h et 18h-22h juil-avr ;). Les poufs, hamacs et tables basses de la salle très décontractée sont disséminés jusque sur la terrasse. Le menu international préparé avec des ingrédients de qualité met l'eau à la bouche avec ses pâtes maison, sandwichs, burgers, mais aussi délices thaïlandais, comme le sauté au gingembre et le curry rouge, épicés et cuits à votre goût.

Fat Turtle Beach Bar & Restaurant THAÏLANDAIS, INTERNATIONAL $$$
(Carte p. 364 ; 092 612 0953 ; www.facebook.com/FatTurtleLanta ; Hat Phra Ae ; plats 120-400 B ; 8h-22h ;). Installé sur une plateforme en bois, ce bar-restaurant raffiné domine les rochers à l'extrémité sud de Long Beach. C'est l'endroit parfait pour un dîner aux chandelles. La carte très inventive mêle plats thaïlandais et internationaux (goûtez le risotto crémeux) ; les portions généreuses, l'ambiance détendue et la vue majestueuse justifient tout à fait les prix.

Où prendre un verre et faire la fête

Si vous rêvez de clubs bondés, choisissez une autre île. Si vous préférez les bars plus tranquilles, où la musique égaie de longues soirées, Lanta a ce qu'il vous faut sur la plupart des plages, en particulier autour de Hat Phra Ae. La programmation de chaque établissement varie d'un jour à l'autre, mais des posters disséminés sur l'île vous informent des événements à venir. La basse saison (mai à octobre) est très calme.

Pangea BAR

(Carte p. 364 ; www.facebook.com/pangeabeachbar ; Hat Phra Ae ; 11h-minuit). Détendez-vous dans les cabanes au toit de chaume ou paressez sur les coussins surélevés de ce bar installé au beau milieu de la plage de Long Beach. Au coucher du soleil, les DJ résidents prennent place sur la plage pour des soirées très appréciées.

Why Not Bar BAR

(Carte p. 366 ; 083 644 1333 ; www.facebook.com/WhyNotBarKohLanta ; Ao Kantiang ; 11h-1h ;). Ce bar en bois flotté très fréquenté applique sans complexe une formule gagnante : spectacle de feu, cocktails robustes, barmans pleins d'entrain et bons concerts, que l'on peut écouter depuis la terrasse surélevée, assis à l'une des tables basses en bois.

Rasta Baby BAR

(Carte p. 366 ; www.facebook.com/RastaBabyBar ; Hat Khlong Nin ; 9h-tard ;). On passerait facilement des heures à se délasser dans ce bar reggae ouvert sur la plage. Le décor est planté avec du bois flotté poli, des coussins de sol, des cordages et des coquillages suspendus au plafond. À l'avant, une boutique vend des vêtements faits main. Concerts et feux d'artifice.

Achats

Malee Malee MODE ET ACCESSOIRES

(Carte p. 366 ; 084 443 8581 ; 55/3 Mu 2, Ban Si Raya ; 9h-21h). Une caverne d'Ali Baba bohème, pleine d'articles excentriques faits main : T-shirts peints à la main, foulards en soie, jouets, vêtements pour bébé, peintures, bijoux et sacs à main. Les prix sont bas et fouiner ici est très divertissant. Un joli café (environ 80 B/café) est installé à l'entrée.

Hammock House DÉCORATION

(Carte p. 366 ; 082 262 9566 ; www.jumbo-hammock.com ; Ban Si Raya ; 10h-18h). Ne manquez pas ce magasin vendant des hamacs uniques, colorés et de qualité, fabriqués par des villageois et des Mlabri, minorité ethnique du nord de la Thaïlande dont la population diminue dangereusement. L'endroit ferme parfois pendant la basse saison (mai à octobre).

Renseignements

ARGENT

Des DAB acceptant les cartes étrangères sont installés dans le nord (carte p. 364 ; Ban Sala Dan), sur la côte est (carte p. 366 ; Ban Si Raya) et sur la côte ouest (carte p. 366 ; Hat Khlong Nin). On trouve aussi des DAB ailleurs le long de la côte ouest.

INFORMATION TOURISTIQUE

Lanta Pocket Guide (www.lantapocketguide.com). Une source utile de renseignements, en anglais.

Bureau du parc national de Mu Ko Lanta (carte p. 366 ; 075 660711, à Bangkok 02 561 4292 ; www.dnp.go.th ; Laem Tanod ; 8h-16h). À la pointe sud de Lanta.

Centre d'information des visiteurs du parc national de Mu Ko Lanta (carte p. 366 ; 081 090 1466, 082 816 6885 ; Laem Tanod ; 8h-18h). À la pointe sud de Lanta.

SERVICES MÉDICAUX

Ko Lanta Hospital (carte p. 366 ; 075 697 017 ; Ban Si Raya). À 1 km environ au sud de la vieille ville de Ban Si Raya.

URGENCES

On trouve des postes de police sur la **côte ouest** (carte p. 364 ; Hat Phra Ae) et dans le **nord** (carte p. 364 ; 075 668192 ; Ban Sala Dan), ainsi qu'un **service de police** (carte p. 366 ; Ao Kantiang) au sud de Lanta.

Depuis/vers Ko Lanta

La plupart des visiteurs arrivent à Ko Lanta en bateau ou en minibus climatisé. Si vous organisez vous-même votre voyage, vous devrez prendre l'un des **car-ferrys** (moto/piéton/voiture 20/20/200 B ; 6h-22h) qui circulent fréquemment entre Ban Hua Hin, Ban Khlong Mak (Ko Lanta Noi) et Ko Lanta Yai.

BATEAU

Ban Sala Dan compte deux embarcadères. La **jetée des passagers** (carte p. 364 ; Ban Sala Dan) est à 300 m de la principale rue commerçante. Les **car-ferrys** (carte p. 364 ; Ban Sala Dan) accostent à une jetée à 2 km à l'est.

De novembre à avril, un ferry express de Tigerline (p. 377) relie Phuket à Ban Sala Dan (Ko Lanta ; 1 500 B, 2 heures), puis continue jusqu'à Ko Lipe (1 700 B, 5 heures), via Ko Ngai (750 B, 1 heure), Ko Kradan (850 B, 1 heure 30) et Ko Muk (850 B, 2 heures). Le ferry part de Ko Lanta pour le sud vers 10h et revient de Lipe le lendemain à 10h également, marquant une halte à Ko Lanta autour de 15h, avant de poursuivre vers le nord.

Ko Lanta Noi Un car-ferry et un ferry relient Ko Lanta Noi à Ko Lanta Yai.

Ko Phi Phi Les ferrys reliant Ko Lanta à Ko Phi Phi circulent toute l'année. Ils quittent Lanta à 8h et 13h (350 B, 1 heure 30), et repartent de Phi Phi à 11h30 et 15h. Des *speedboats* font le même trajet en haute saison (700-800 B, 1 heure).

Krabi De novembre à fin avril, des bateaux relient Ko Lanta à l'embarcadère de Khlong Chilat à Krabi à 8h30 et 11h30 (450 B, 2 heures). Ils reviennent de Krabi à 11h30. En haute saison, ils marquent l'arrêt à Ko Jum (400 B, 1 heure).

Phuket Les ferrys pour Phuket partent toute l'année à 8h (800 B) – 13h en basse saison–, avec, généralement, un changement de bateau à Ko Phi Phi.

Îles de Trang De mi-octobre à fin avril, plusieurs *speedboats* raccordent Ko Lanta aux îles de Trang, notamment ceux de Satun Pak Bara Speedboat Club (p. 377) et de Bundhaya Speedboat (p. 377). Ils desservent Ko Ngai (650 B, 30 minutes), Ko Muk (900 B, 1 heure), Ko Kradan (1 150 B, 1 heure 15), Ko Bulon Leh (1 600 B, 2 heures) et Ko Lipe (1 900 B, 3 heures).

MINIBUS

Les minibus circulent toute l'année et restent le mode de transport le plus pratique depuis le continent. Ils sont cependant particulièrement bondés dans cette région et les embouteillages liés aux car-ferrys peuvent causer des retards. La plupart des minibus viennent chercher les passagers dans leurs hôtels. Leur fréquence de circulation diminue en basse saison.

Des minibus desservent l'aéroport de Krabi (350 B, 2 heures 30) et la ville de Krabi (350 B, 3 heures) toutes les heures, de 6h à 16h, dans les deux sens. Depuis Krabi, d'autres destinations sont accessibles, comme Khao Lak et Bangkok. Depuis Ko Lanta, vous pourrez également rejoindre les destinations suivantes.

DESTINATION	TARIF	DURÉE	DÉPARTS
Ko Pha Ngan	1 100 B	8 heures 30	8h
Ko Samui	1 000 B	6 heures 30	8h
Trang	450 B	3 heures	8h, 9h, 10h30 et 13h

Comment circuler

La plupart des hôtels envoient des véhicules à l'arrivée des ferrys et transportent gratuitement leurs clients. Pour le retour, comptez de 100 à 400 B. Vous pouvez également prendre une moto-taxi à l'extérieur du 7-Eleven à Ban Sala Dan – le tarif varie de 50 à 400 B selon la distance.

Mun Lanta (089 971 7792, 093 576 2637 ; www.munlanta.com) propose des circuits privés en anglais et des services de taxi dans des 4x4 climatisés (demi-journée/journée 1 500/2 500 B).

Les motos (250 B/jour, sans assurance) se louent partout ainsi que les vélos (150 B/jour). Plusieurs agences de Ban Sala Dan louent des petits 4x4 (1 300 B/jour).

Ko Jum et Ko Si Boya

เกาะจำ / เกาะศรีบอยา

Au nord de Ko Lanta, Ko Jum et sa voisine Ko Si Boya ne comptent étonnamment que de rares constructions cachées parmi les arbres et semblent la plupart du temps quasiment désertes. On y vient surtout pour flâner sur les longues plages de sable doré de Ko Jum (celle de Ko Si Boya est moins impressionnante) et s'imprégner de sa beauté bucolique. Ko Jum mesure 12 km de long et ne compte que trois petits villages de pêcheurs abritant une population totale d'environ 1 500 habitants. Dans ce joyau tropical, la jungle couvre l'intérieur des terres d'un tapis dense, les jardins débordent de vie et l'atmosphère est tranquille et enchanteresse. Les habitants désignent seulement la partie sud et plane de Ko Jum par ce nom, bien qu'il s'agisse techniquement du nom de l'île. La partie vallonnée au nord est appelée Ko Pu.

Où se loger et se restaurer

La plupart des *resorts* de Ko Jum bordent la côte ouest et ses kilomètres de plages de sable doré. Les infrastructures touristiques se sont développées lentement et de nouveaux complexes hôteliers s'implantent progressivement le long de la côte nord-ouest. Sur Ko Jum, une poignée de restaurants sont ouverts hors des *resorts*, la plupart dans le village de pêcheurs de Ban Ko Jum. Sur Ko Si Boya, vous vous restaurerez à Siboya Bungalows.

Ko Jum

Bodaeng BUNGALOWS $

(081 494 8760 ; Hat Yao, Ko Jum ; bung 200-400 B ; oct-avr). Installé parmi les arbres derrière Hat Yao, ce repaire de hippies à l'ancienne loue des bungalows simples en bambou et deux cabanes en bois plus récentes avec salle de bains. Pas de ventilateur (juste la brise marine) ni de Wi-Fi, toilettes à la turque dans les salles de bains communes et électricité limitée, mais la plage est juste à côté et la propriétaire, toujours souriante, est adorable.

Jungle Hill Beach Bungalows BUNGALOWS $$
(☎081 968 9457 ; www.junglehillbungalow.com ; Ban Ting Rai ; bung 500-2 500 B ; 📶) Perchés au sommet d'une colline spectaculaire, ces bungalows en bois au toit rouge, dotés de balcons et de hamacs, surplombent une plage rocheuse isolée, et jouissent d'une jolie vue sur la mer vers Ko Phi Phi. Des bungalows moins chers sont installés plus en hauteur, dans un jardin visité par des singes curieux (et affamés). Vous paierez plus cher pour les bungalows sur le front de mer.

Woodland Lodge BUNGALOWS $$
(☎081 893 5330 ; www.woodland-koh-jum.com ; Hat Yao, Ko Jum ; bung 1 300-1 700 B ; 📶). Les cabanes en bambou au toit de chaume, dispersées sur un immense domaine boisé, sont propres, décorées avec goût et pourvues de ventilateurs, de parquet poli et d'une véranda. Les bungalows familiaux en béton et bois peuvent accueillir 3 personnes. Des sorties en bateau sont organisées par les sympathiques propriétaires, un Britannique et une Thaïlandaise. Sur place, le **Fighting Fish Restaurant** (Hat Yao ; plats 100-300 B ; ⏱7h-21h ; 📶) est d'un bon rapport qualité/prix.

♥ **Koh Jum Beach Villas** VILLAS $$$
(☎086 184 0505 ; www.kohjumbeachvillas.com ; Hat Yao, Ko Jum ; villa avec petit-déj 13 000-35 000 B ; 📶🏊). 🍃 Envahis par les frangipaniers et les bougainvillées, ces jardins qui s'étendent jusqu'à une ravissante plage dorée abritent de spacieuses villas en bois avec salon, cuisine et vue sur la mer. Quelques-unes disposent même d'une romantique piscine à débordement privée. Le *resort* assure une gestion environnementale aussi responsable que possible et propose circuits de snorkeling, de randonnée et cours de cuisine thaïlandaise. Charmant **restaurant** (Hat Yao ; plats 250-900 B ; ⏱7h30-22h ; 📶) sur place.

Les plus grandes villas, parfaites pour les familles, comptent jusqu'à 5 chambres.

Koh Jum Lodge RESORT $$$
(☎089 921 1621 ; www.kohjumlodge.com ; Hat Yao, Ko Jum ; bung avec petit-déj 4 500-8 000 B ; ⏱nov-avr ; 📶🏊). Cet écolodge a du style avec ses 19 cottages spacieux en bois dur et bambou, décorés de moustiquaires vaporeuses, couvre-lits en soie, palmes de cocotier, orchidées en pot et gravures thaïlandaises. Le *resort* dispose également d'un jardin soigné, de pavillons de massage et de hamacs sur une plage de sable blanc. Un équilibre parfait entre authenticité et confort. Séjour minimal de 3 nuits en haute saison.

Ko Si Boya

Siboya Bungalows BUNGALOWS $
(☎081 979 3344 ; www.siboyabungalows.com ; Ko Si Boya ; bung 350 B, maison 500-1 800 B ; 📶). La plage de Ko Si Boya n'est pas très spectaculaire, mais ses mangroves forment un cadre exubérant et plein de vie. Ces bungalows en bambou, tout simples, sont nichés dans des jardins bien entretenus et certains sont équipés de baies vitrées. Les maisons particulières sont vastes et élégantes. Excellent rapport qualité/prix, surtout si vous cherchez à buller dans un hamac.

ℹ Depuis/vers Ko Jum et Ko Si Boya

De novembre à mai, le bateau qui relie Krabi et Ko Lanta peut vous déposer à Ko Jum, mais vous paierez le prix total (450 B, 1 heure, à 11h30) – il revient de Lanta à 8h30. En haute saison, un bateau quotidien va de Ko Jum à Ko Phi Phi (600 B, 1 heure 30) à 8h30 et passe chercher les clients des *resorts* de Hat Yao – il revient de Phi Phi à 14h.

Toute l'année, des *long-tail boats* desservent Ko Jum au départ de Ban Laem Kruat, à 38 km au sud-est de Krabi, au bout de la Rte 4036 (qui vient de la Hwy 4). Ils partent (100 B, 30 minutes) à 9h, 10h, 11h30, 12h, 13h, 14h30, 16h, 17h30 et 18h15, et reviennent à 6h30, 7h15, 7h40, 8h, 8h30, 10h30, 13h30, 14h30 et 16h.

Si vous rejoignez Ko Jum via Laem Kruat, sachez que les bateaux partent de 3 embarcadères différents : Ban Ko Jum et Mu Tu sont les plus pratiques. Les hôtels organiseront le transfert depuis le quai si vous les prévenez. Autrement, vous devrez compter sur la gentillesse de quelqu'un.

Chaque jour, des bateaux partent de Laem Kruat pour Ko Si Boya (50 B, 15 minutes) toutes les heures entre 8h et 17h30. Dans l'autre sens, ils circulent toutes les heures de 6h15 à 17h. Appelez Siboya Bungalows pour organiser le transfert depuis l'embarcadère.

Des *songthaew* attendent les bateaux à Laem Kruat et reviennent à Krabi (100 B), via l'aéroport de Krabi et Nua Khlong (où vous pouvez descendre pour aller à Ko Lanta).

ℹ Comment circuler

Plusieurs boutiques de Ban Ko Jum et quelques *guesthouses* de Ko Jum louent vélos (100 B) et motos (250 B).

Province de Trang

PROVINCE DE TRANG

จังหวัดตรัง

Donnant sur la mer d'Andaman au sud de Krabi, le littoral calcaire de la province de Trang compte quelques îles extraordinaires qui attirent un peu moins de visiteurs que leurs voisines plus connues. L'arrière-pays luxuriant offre de nombreux sites naturels à explorer, notamment des dizaines de cascades et de grottes. Trang étant moins touristique que Krabi, vous apercevrez davantage de plantations d'hévéas que de boutiques de T-shirts. Les possibilités de transports sont bonnes et, en haute saison (de novembre à avril), il est possible d'aller d'île en île jusqu'en Malaisie.

Trang

ตรัง

075 / 60 700 HABITANTS

Trang est une charmante ville à l'ambiance thaïlandaise un peu désuète. La plupart des visiteurs la traversent pour accéder aux paradis tropicaux au large de la côte mais elle est bien plus qu'un simple nœud des transports. Si la culture, la cuisine thaïlandaise et les marchés vous intéressent, prévoyez d'y faire une halte d'un jour ou plus pour flâner dans ses marchés d'alimentation et de produits frais ou ses cafés chinois. Presque toute l'année, on y croise des fêtes locales hautes en couleur. Trang est aussi un formidable point de départ pour des excursions d'une journée à la découverte des grottes, des cascades ou de la jungle des parcs nationaux tout proches.

La plupart des services touristiques bordent Th Praram VI, entre la tour de l'horloge et la gare ferroviaire.

À voir et à faire

Trang tient plus du centre commerçant que de la ville touristique. Ne manquez pas l'exploration des grands marchés de produits

Trang

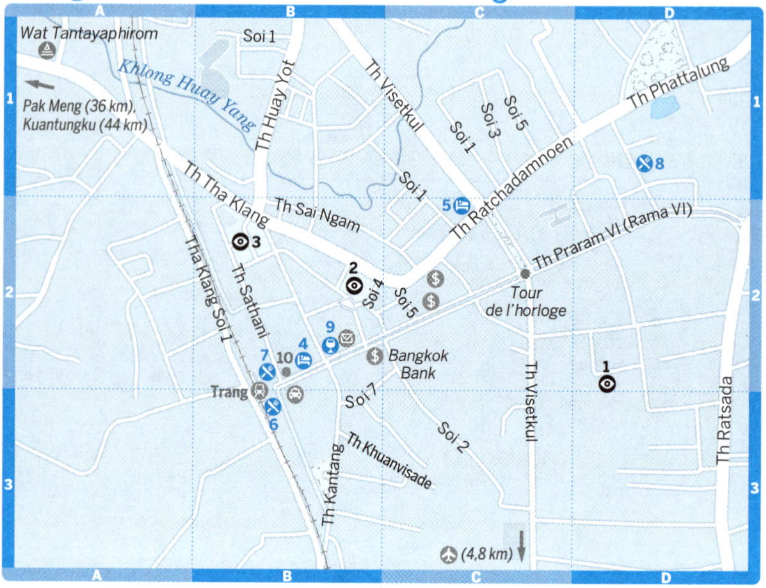

Trang

À voir
1 Sanctuaire Meunram D2
2 Marché de produits frais et secs B2
3 Marché de produits frais et secs B2

Où se loger
4 Mitree House B2
5 Yamawa Guesthouse C2

Où se restaurer
6 Kopi B3
7 Marché nocturne B2
8 Marché nocturne D1
Wine Corner Bar & Bistro ....(voir 6)

Où prendre un verre et faire la fête
9 92 Bar & Studio B2

Renseignements
10 Trang Happy Trip & Tour B2

frais et secs, aussi colorés qu'animés, dans **Th Ratchadamnoen** (horaires variables) et **Th Sathani** (horaires variables).

Les agences touristiques vers la gare ferroviaire et Th Praram VI organisent des circuits en bateau dans le parc national de Hat Chao Mai et les îles de Trang (850 B, plus le droit d'accès au parc), des sorties snorkeling à Ko Rok (1 700 B/pers) et des excursions en voiture aux grottes et cascades des environs (2 000 B, 4 pers maximum).

Sanctuaire Meunram TEMPLE
(ศาลเจ้าพ่อหมื่นราม ; entre Th Visetkul et Th Ratsada ; lever-coucher du soleil) GRATUIT Derrière une façade quelconque, ce sanctuaire chinois enveloppé de fumée d'encens dissimule un intérieur étonnamment raffiné. Il accueille parfois un théâtre d'ombres de Thaïlande du Sud.

Fêtes et festivals

Fête végétarienne CULTURE
(oct). Cette superbe fête bouddhique est un paradis pour les végétariens – les participants prouvent leur vertu en se privant de viande. Pendant 9 jours, toute la ville célèbre l'événement, qui a lieu, comme à Phuket (p. 306), les deux premières semaines d'octobre.

Où se loger

Yamawa Guesthouse PENSION $
(075 290477 ; yamawagh@outlook.com ; 94 Th Visetkul ; ch avec ventil/clim 350/450 B ;). Avec ses chambres à l'ancienne, simples et propres, équipées de réfrigérateur et de ventilateur ou de climatiseur, cette pension d'un rapport qualité/prix

correct est souvent oubliée car elle n'a rien de chic et se trouve à 1 km de marche de la gare ferroviaire (où sont situées la plupart des agences de voyages). Pourtant, les adorables propriétaires thaïlandais fournissent des cartes détaillées de Trang et des conseils fiables. Ils louent aussi des motos (250 B/jour).

Mitree House PENSION **$$**
(☎075 212292 ; mitreehouse.trang@gmail.com ; 6-8 Th Sathani ; ch avec petit-déj 750-1 050 B ; ❄📶). Idéalement située près de la gare ferroviaire, cette *guesthouse* propose des chambres modernes impeccables, avec lits confortables et salles de bains de taille correcte – les moins chères sont sans fenêtre, les plus chères, à l'étage, sont vastes et lumineuses. Espace commun à chaque étage, petit-déjeuner simple inclus et personnel serviable. Possibilité de louer des motos (250 B/jour).

Rua Rasada Hotel HÔTEL **$$$**
(☎075 214 230 ; www.ruarasadahotel.com ; 188 Th Phattalung ; ch avec petit-déj 2 280-50 780 B ; ❄📶🏊). Hôtel le plus chic de Trang, cet immeuble massif est commodément situé face au terminal des bus, à 10 minutes en *tuk-tuk* (40 B) au nord-est de la gare ferroviaire. De l'extérieur, il ressemble à un hôtel d'affaires classique mais ses chambres sont immenses et confortables et sa piscine imposante. En basse saison, on peut bénéficier de réductions de 40% à 50%.

Où se restaurer et prendre un verre

Trang abrite deux marchés alimentaires nocturnes populaires.

La ville est réputée pour son *mŏu yâhng* (porc grillé croustillant), ses gâteaux spongieux, ses petits-déjeuners de *dim sum* et ses *ráhn go·pii* (cafés). Certains cafés offrent du *mŏu yâhng* le matin, ou vous pouvez en acheter au poids au marché des produits frais de Th Ratchadamnoen.

♥ Marché nocturne MARCHÉ **$**
(entre Th Praram VI et Th Ratchadamnoen ; plats à partir de 40 B ; ⏲16h-21h). Cet incontournable marché nocturne traditionnel vend, entre autres, alléchants currys, légumes, poulet, poisson et tofu frits, *pàt tai* et différents desserts thaïlandais. Allez-y l'estomac vide et l'esprit ouvert ! Un autre **marché nocturne** (plats à partir de 40 B ; ⏲18h-22h jeu-dim), tout aussi remarquable, s'installe devant la gare tous les week-ends.

Kopi THAÏLANDAIS **$**
(☎075 212516 ; Th Sathani ; plats 25-200 B ; ⏲7h-17h ; 📶). Vieilles tables couvertes de marbre et ventilateurs au plafond : ce sympathique café sino-thaïlandais à l'ancienne existe depuis plus de 60 ans. Les soupes sont excellentes, le canard rôti et le porc croustillant, délicieux et quelques plats occidentaux sont proposés. Le café traditionnel (appelé ici *kopi*), noir et sucré, est servi avec du lait concentré.

♥ Wine Corner Bar & Bistro THAÏLANDAIS, INTERNATIONAL **$$**
(☎075 290192 ; www.facebook.com/pg/winecornertrang ; 25-31 Th Sathani ; plats 120-360 B ; ⏲17h-minuit ; 📶). Assez inattendue à Trang, cette cave à vins de qualité doublée d'un restaurant est gérée par un spécialiste diplômé en œnologie. Les vins importés sont conservés à température contrôlée et l'établissement propose une impressionnante carte thaïlandaise et internationale. Le mobilier en bois rustique et les tables en fût de vin créent une ambiance plaisante, souvent agrémentée de concerts.

92 Bar & Studio BAR
(www.facebook.com/92BarAndStudio ; 93 Th Kantang ; ⏲17h-minuit ; 📶). En entrant dans ce petit bar soigné, on pourrait se croire dans un appartement branché de New York. Le long bar en bois, les tabourets en cuir noir, l'éclairage d'ambiance et la musique jazz raffinée accompagnent l'impressionnante carte de bières artisanales.

Renseignements

Bangkok Bank (Th Praram VI ; ⏲8h30-15h30). Dispose d'un DAB acceptant les cartes étrangères.

Trang Happy Trip & Tour (☎075 219757 ; www.facebook.com/tranghappytrip&tour ; 22 Th Sathani ; ⏲6h30-22h). À la tête de cette agence fiable près de la gare ferroviaire, Sai et Jip connaissent bien la région (Jip parle très bien anglais). Ils vous réserveront une voiture avec chauffeur ou une place de minibus ou de bateau, vous loueront des motos et vous organiseront des circuits à la journée dans les îles de Trang.

Depuis/vers Trang

AVION

L'aéroport se situe à 5 km au sud de Trang. **Air Asia** (www.airasia.com) et **Nok Air** (www.nokair.com) assurent des vols quotidiens entre Bangkok (Don Mueang) et Trang.

BUS AU DÉPART DE TRANG

DESTINATION	TARIF	DURÉE	DÉPARTS
Hat Yai	120 B	3 heures	ttes les 30 minutes 5h30-17h30
Krabi	110 B	2 heures	ttes les heures 5h30-18h30
Phang-Nga	170 B	4 heures	ttes les heures 5h30-18h30
Phuket	230 B	5 heures	ttes les heures 5h30-18h30

Des minibus pour le centre-ville (90 B) attendent les passagers à l'arrivée des vols. En sens inverse, comptez de 100 à 120 B en taxi, moto-taxi, ou *tuk-tuk*. À l'aéroport, des agences vendent des billets combinant taxi et bateau jusqu'aux îles de Trang, dont Ko Ngai (1 000 B).

BUS

Les bus partent du nouveau terminal des bus (Th Phattalung), à 3,5 km au nord-est du centre-ville. Des bus climatisés de 1re classe rejoignent Bangkok (583 B, 12 heures) à 9h30, 16h30, 17h et 17h30. Les bus VIP de 24 places, plus confortables, partent à 17h et 17h30 (907 B). Depuis Bangkok, les bus VIP/climatisés partent entre 18h30 et 19h30.

MINIBUS ET TAXIS COLLECTIFS

Les minibus partent du nouveau terminal des bus de Trang. Si vous achetez votre billet en agence, on passera vous prendre en ville.

Les trajets locaux se font en minibus climatisés. De 7h30 à 16h, des minibus circulent régulièrement entre le terminal des bus et Pak Meng (80 B, 1 heure), Hat Chao Mai (100 B, 1 heure) et Kuantungku (100 B, 1 heure), faisant parfois halte en ville, immédiatement à l'est du croisement entre la voie ferrée et Th Tha Klang.

Autres départs :

DESTINATION	TARIF	DURÉE	DÉPARTS
Hat Yai	120 B	2 heures	ttes les heures 6h-18h
Ko Lanta	250 B	2 heures 30	5/jour 9h50-16h30
Krabi	100 B	2 heures	ttes les heures 7h-17h
Satun	120 B	2 heures	ttes les 40 minutes 6h-18h
Surat Thani	160 B	3 heures	ttes les heures 7h-17h

TRAIN

Seuls 2 trains circulent entre Bangkok et Trang : l'express n°83 et le rapide n°167, qui partent tous les deux de la gare Hualamphong à Bangkok à 17h05 et 18h30, et arrivent à Trang le lendemain matin à 8h05 et 10h30 respectivement.

De Trang, les trains partent à 13h30 et 17h25, et arrivent à Bangkok à 5h35 et 8h35 le lendemain matin. Les prix vont de 245 B pour une couchette en 3e classe à 1 480 B en 1re classe climatisée.

Comment circuler

Les *tuk-tuk* et motos-taxis se rassemblent à la station de taxis et près de la gare ferroviaire ; ils facturent 40 B pour les courses locales. Les agences de voyages louent des motos (250 B/jour) et parfois des voitures (1 200 B/jour). Des voitures de location sont aussi disponibles à l'aéroport.

Un "bus local" bleu raccorde la gare ferroviaire au nouveau terminal des bus (12 B) via Th Sathani.

Îles et plages de Trang

Les paysages entourant les plages de Trang sont somptueux, entre falaises karstiques surgissant de la mer et vallées brumeuses ponctuées de palmiers. Le parc national de Hat Chao Mai couvre une grande partie du littoral de Trang, deux des îles de Trang, Ko Muk et Ko Kradan, ainsi que de nombreux îlots. Ce sont les îles de Trang qui attirent les visiteurs ici : tapissées d'une jungle verdoyante et ourlées de plages de sable d'un blanc immaculé, elles sont moins développées que les autres îles de la mer d'Andaman et bien moins peuplées. Dans ce paradis pour jeunes mariés, la vie nocturne est pratiquement inexistante – évitez donc la région si vous souhaitez faire la fête jusqu'à l'aube. On ne s'arrête généralement sur les plages de Trang, peu attrayantes, qu'en route vers les îles de Trang.

Depuis/vers les îles et plages de Trang

Les bateaux pour les îles de Trang partent de 3 embarcadères (Hat Yao, Kuantungku et Pak Meng) situés à 1 heure de Trang. Des minibus relient régulièrement l'embarcadère de Pak Meng (80 B, 1 heure, 7h30-17h) mais le service est moins fréquent vers les deux autres embarcadères. Si vous réservez votre place de bateau auprès d'une agence de voyages à Trang, elle organisera votre transfert jusqu'à l'embarcadère.

D'octobre à avril, des *speedboats* affrétés par **Tigerline** (☎081 358 8989, 075 590490 ; www.tigerlinetravel.com), **Bundhaya Speedboat** (☎075 668043 ; www.bundhayaspeedboat.com) et **Satun Pak Bara Speedboat Club** (☎085 670 2282 ; www.spcthailand.com) relient Ko Muk, Ko Kradan et Ko Ngai ainsi que Phuket, Ko Phi Phi, Ko Lanta et Ko Lipe. Les *speedboats* et les ferrys partent rarement aux horaires annoncés et prennent en général plus de temps qu'annoncé pour rallier leur destination. Les dates du début de la haute saison varient d'une année à l'autre et dépendent aussi de la météo. Consultez les sites des exploitants pour connaître les horaires à jour.

Des minibus circulent régulièrement entre Trang et le parc national de Hat Chao Mai (100 B, 1 heure, 7h30-16h).

SUPPLÉMENT DE 50 B

Les ferrys et *speedboats* Tigerline s'arrêtent souvent au large des îles de Trang et de Satun plutôt que d'accoster. Un supplément de 50 B vous sera réclamé, une fois que vous serez à bord de l'embarcation, pour les transferts en *long-tail boat* depuis/vers les îles ; le capitaine refuse habituellement de partir tant que vous ne vous en acquittez pas. Oui, c'est agaçant mais ce supplément ne gâchera pas vos vacances alors restez calme et gardez des espèces à portée de main.

Hat Pak Meng et Hat Chang Lang

หาดปากเมง/หาดฉางหลาง

Le spectaculaire paysage karstique de Hat Pak Meng égale ceux, plus connus, de Railay et Ko Phi Phi, mais en dehors de cette merveille naturelle, l'endroit n'est guère plus qu'une plage négligée et un point de transit vers la charmante Ko Ngai. Immédiatement au sud et bordée de filaos, Hat Chang Lang est plus jolie, mais sans commune mesure avec les plages des îles avoisinantes. Le bureau du parc national de Hat Chao Mai se trouve à l'extrémité sud de la plage.

Même si l'embarcadère de Pak Meng est plus proche des plages, il vaut mieux passer la nuit à Trang : les hébergements et les restaurants sont en effet limités sur place, tout comme les transports sillonnant cette portion de route. Il est bien plus commode (et économique) d'acheter des billets de ferry auprès des hôtels et agences de voyages de Trang car le transfert jusqu'à l'embarcadère est alors compris dans le tarif.

À voir et à faire

Les agences touristiques de Pak Meng organisent des circuits d'une journée à Ko Muk, Ko Cheuk, Ko Ma et Ko Kradan, ainsi que des sorties snorkeling d'une journée, repas compris (750 B/pers, plus entrée au parc national de Hat Chao Mai).

Parc national de Hat Chao Mai — PARC NATIONAL

(อุทยานแห่งชาติหาดเจ้าไหม ; ☎075 203308 ; ☎075 203308 ; www.dnp.go.th ; adulte/enfant 200/100 B ; ⏲9h-16h). Ce parc, d'une superficie de 231 km², couvre la côte de Hat Pak Meng à Laem Chao Mai, les îles Ko Muk, Ko Kradan et Ko Cheuk, ainsi que de nombreux îlots. En parcourant le littoral et les îles, on peut observer des dugongs, une espèce menacée, de rares jabirus d'Asie et des espèces plus courantes telles que muntjacs (cerfs aboyeurs), loutres de mer, macaques, entelles, sangliers, pangolins, petits hérons, aigrettes des récifs, pygargues blagres et varans.

Le **bureau du parc national** (☎075 210099 ; www.dnp.go.th ; Hat Chang Lang ; ⏲8h-16h) est situé à l'extrémité sud de Hat Chang Lang, là où la route de la plage bifurque vers l'arrière-pays.

Où se loger et se restaurer

On trouve quelques hôtels à Hat Chang Lang et des bungalows modestes ainsi qu'un camping (location de tentes possible) dans le parc national de Hat Chao Mai.

Plusieurs restaurants de fruits de mer basiques, appréciés des Thaïlandais qui viennent ici en excursion d'une journée ou en escapade le week-end, sont ouverts à Pak Meng, où la Rte 4162 rejoint la côte.

Hébergements du parc national de Hat Chao Mai — CAMPING, BUNGALOWS $

(☎075 203308 ; www.dnp.go.th ; Hat Chang Lang ; bung 800 B, empl 30 B/pers, avec tente 225 B ; ⏲mi-oct à mi-mai). Ces cabanes basiques mais abordables (2-6 personnes), avec ventilateur, sont un bon choix si vous décidez d'explorer cette région. On peut aussi camper sous les filaos. Restaurant sur place.

Depuis/vers Hat Pak Meng et Hat Chang Lang

De 7h30 à 16h, des minibus climatisés relient régulièrement le nouveau terminal des bus de Trang (p. 376) à Hat Pak Meng (80 B, 1 heure) et Hat Chao Mai (100 B, 1 heure). En taxi la course depuis Trang coûte 1 000 B.

Des bateaux relient Pak Meng à Ko Ngai tous les jours à 12h (350 B, 1 heure). Ils rentrent à Pak Meng à 9h (350 B, 1 heure). Louer un *long-tail boat* revient à 1 500 B. Le bureau du parc national de Hat Chao Mai est à 1 km de la route principale, au bout d'un sentier clairement marqué.

Ko Kradan เกาะกระดาน

Ko Kradan est tout simplement sublime, avec ses plages de sable blanc et doux, ses eaux turquoise peu profondes et ses palmiers se balançant sous le vent. La poignée de *resorts* blottis à l'ombre des arbres, le long d'une langue de sable de la côte est, offre des vues paradisiaques sur Ko Muk, Ko Libong et les reliefs karstiques spectaculaires qui surgissent de la mer. Les flots sont clairs, propres et invitent à la baignade tandis qu'une poche de jungle luxuriante habille l'intérieur des terres.

Malheureusement, les voyageurs se sont donné le mot et ce secret autrefois bien gardé est devenu un spot de snorkeling très couru des visiteurs à la journée. En haute saison, l'île est noire de monde de la fin de matinée jusqu'au milieu de l'après-midi, mais après le départ des excursionnistes, elle redevient un havre de paix.

À voir et à faire

Hat Sunset PLAGE

(หาดพระอาทิตย์ตก). À l'extrémité sud de la plage principale, un court chemin marqué d'un panneau conduit à la pension Paradise Lost puis, au-delà de la crête, à Hat Sunset, une étendue de sable humide et rocheuse, qui s'ouvre sur le large et les couchers de soleil incandescents. Notez toutefois que la côte ouest de l'île est jonchée de plastique et de détritus rejetés par la mer.

Hat South SNORKELING

Le récif corallien de Kradan a été décimé, mais le large de Hat South reste un bon site de snorkeling lorsqu'il n'y a pas de vent. On accède à la plage en suivant pendant 10 minutes un sentier dans la jungle au départ du Paradise Lost, indiqué à la pointe sud de la plage principale.

Où se loger et se restaurer

Vous ne trouverez pas de restaurants indépendants par ici mais tous les *resorts* disposent de restaurants (de qualité variable). Les spécialités italiennes sont courantes car quelques complexes hôteliers sont gérés par des Italiens.

Kalume BUNGALOWS $$

(☎099 195 7340 ; www.kalumekradan.com ; bung avec petit-déj 2 600-2 900 B ; 📶). Le *resort* pratiquant les prix les plus bas (mais encore trop élevés) du bord de mer loue des bungalows en bambou ou en bois installés dans un jardin. Sommaires mais charmants, ils sont équipés de moustiquaires, ventilateurs et douches avec eau froide dans les salles de bains dedans/dehors. La superbe plage de Ko Kradan est toute proche des cabanes du front de mer (idéales pour le farniente et la lecture) ainsi que du restaurant décontracté de Kalume et de son bar tropical.

Paradise Lost BUNGALOWS $$

(☎080 146 7152 ; dort 300 B, bung 700-1 800 B). Situé dans les terres, accessible à pied depuis les trois principales plages, c'est l'un des plus anciens établissements de Kradan. Le dortoir de 5 lits avec ventilateur est spacieux, mais les bungalows sont rudimentaires, les moins chers se partageant des salles de bains. Les bungalows plus grands et plus chers ont une salle de bains privative ; ils restent cependant très simples. Fermé hors saison.

Dans la **cuisine** (☎080 146 7152 ; plats 140-350 B ; ⏲8h-21h) ouverte sont préparés de délicieux et copieux plats maison.

Seven Seas Resort RESORT $$$

(☎082 490 2442 ; www.sevenseasresorts.com ; ch avec petit-déj 6 000-12 000 B ; ❄📶🏊). Ce *resort* intimiste est de loin l'hébergement le plus luxueux de Ko Kradan. Les chambres ultrachics, avec salles de bains dedans/dehors qui se fondent dans les jardins tropicaux, immenses lits d'inspiration japonaise et, pour quelques-unes, kiosque privatif, attirent une clientèle scandinave. Jouxtant la piscine à débordement noire, le **restaurant** (☎075 203389 ; plats 200-1 000 B ; ⏲7h-22h ; 📶) sert de coûteux plats occidentaux et thaïlandais. Localisation idéale, au milieu de la plage principale de Kradan.

Depuis/vers Ko Kradan

De novembre à avril, des bateaux partent quotidiennement pour Kuantungku, sur le

BATEAUX AU DÉPART DE KO KRADAN

DESTINATION	COMPAGNIE	TARIF	DURÉE	DÉPARTS
Hat Yao (pour Trang)	Tigerline	1 050 B	1 heure	11h30
Ko Lanta	Tigerline	950 B	1 heure 30	10h45 et 13h30
	Bundhaya Speedboat/Satun Pak Bara Speedboat Club	1 150 B	1 heure 15	10h45/10h50
Ko Lipe	Tigerline	1 600 B	3 heures 30	11h30
	Bundhaya Speedboat/Satun Pak Bara Speedboat Club	1 400 B	2 heures	11h35/11h40
Ko Muk	Tigerline	300 B	15 minutes	11h30 et 14h30
	Bundhaya Speedboat/Satun Pak Bara Speedboat Club	300 B	15 minutes	10h45/10h50
Ko Ngai	Tigerline	750 B	30 minutes	10h45 et 13h30
	Bundhaya Speedboat/Satun Pak Bara Speedboat Club	400 B	45 minutes	10h45/10h50

continent, à 8h30 et 13h – le billet inclut le minibus jusqu'à Trang (450 B) ou son aéroport (600 B). Depuis Trang, la liaison combinée minibus-bateau pour Kradan part à 11h et 16h. Location possible de *long-tail boats* depuis/vers Kuantungku (1 500 B, 45 minutes-1 heure), Ko Muk (800 B, 30 minutes) et Ko Ngai (1 500 B, 45 minutes).

D'octobre à avril, les *speedboats* Bundhaya Speedboat (p. 377) et Satun Pak Bara Speedboat Club (p. 377) ainsi que le ferry Phuket-Ko Lipe géré par Tigerline (p. 377) relient Ko Kradan aux autres îles. Les *speedboats* et les ferrys partent rarement aux horaires annoncés et prennent en général plus de temps qu'annoncé pour rallier leur destination.

Ko Muk เกาะมุก

L'arrivée à Ko Muk, tapissée de jungle, est inoubliable, que vous accostiez à l'est sur la bande de sable doux de **Hat Sivalai** (หาดศิวลัย), sur celle, plus humble et à l'atmosphère plus locale de **Hat Lodung** (หาดลอด) ou sur celle, au sud-ouest, de **Hat Farang** (หาดฝรั่ง), où la mer vert jade vient lécher la plage de sable doré.

Ko Muk ne demande qu'à être explorée – à pied, à vélo, à moto ou en kayak – entre deux journées de farniente à la plage. Le village principal, près de l'embarcadère, est plus authentique que ceux de nombreuses îles touristiques, et vous rencontrerez des voyageurs privilégiant le calme plutôt que les fêtes endiablées. Ko Muk n'est qu'à quelques encablures de la plupart des autres îles de la province, et un flot incessant de touristes arpentent Hat Sivalai ou viennent visiter la grotte de Tham Morakot depuis Ko Lanta.

À voir et à faire

Entre Ko Muk et Ko Ngai, les îlots karstiques de **Ko Cheuk** (เกาะเชือก) et **Ko Waen** (เกาะแหวน) sont ourlés de petites plages de sable propices au snorkeling.

Beaucoup de *resorts* louent des vélos (100-150 B/jour), motos (250 B/jour) et parfois même kayaks (100-300 B/heure). Vous pourrez aussi parcourir à pied les plantations d'hévéas et les villages de fortune peuplés de fervents musulmans (portez une tenue couvrante).

Tham Morakot GROTTE
(ถ้ำมรกต, grotte d'Émeraude). Ce splendide tunnel calcaire de 80 m conduit à une grotte sur la côte ouest de Ko Muk, où des pirates auraient caché jadis leurs trésors. Vous devrez nager à travers le tunnel, en partie dans l'obscurité, pour ressortir sur une plage de sable blanc entourée de hautes parois calcaires : un puits de lumière éclaire la plage vers midi. Il faut payer l'entrée du parc national (adulte/enfant 200/100 B). La grotte, qui figure en bonne place sur la plupart des circuits touristiques des environs, est incroyablement bondée en haute saison. Mieux vaut donc louer un *long-tail boat* (800-1 000 B) ou un kayak et la visiter à l'aube ou en fin d'après-midi quand vous l'aurez pour vous seul. Sachez toutefois que vous ne pourrez pas en explorer l'intérieur à marée haute.

Où se loger

Hat Sivalai concentre les établissements les plus huppés tandis que Hat Lodung propose des adresses meilleur marché (mais sa plage est moins belle).

La mer est plus propre à Hat Farang, une plage en forme de croissant. Les bungalows du front de mer y sont un peu surcotés mais en marchant quelques minutes vers l'intérieur de l'île, vous trouverez des hébergements d'un bon rapport qualité/prix – les *resorts* s'y sont multipliés récemment. La course en moto-taxi depuis/vers l'embarcadère prend 10 minutes (50 B).

Koh Mook Hostel AUBERGE DE JEUNESSE $
(089 724 4456 ; dort/d 400/1 300 B, petit-déj inclus ;). L'unique auberge de jeunesse des îles de Trang est tenue par une sympathique famille musulmane. Elle comprend 3 dortoirs propres et assez grands (l'un réservé aux femmes), peints dans des teintes gaies, ainsi qu'une chambre double privée avec salle de bains attenante. La boulangerie-café de l'auberge sert pains, pâtisseries et pizzas maison. À 10 minutes à pied de Hat Sivalai.

Nature Hill @ Koh Mook BUNGALOWS $$
(089 014 1614 ; www.naturehillkohmook.com ; bung 2 000 B ;). Implantés sur une colline boisée à seulement 5 minutes de marche de la plage de Hat Farang, ces splendides bungalows sont un excellent choix. Conçus dans un style rustique avec du bois patiné, du béton poli et du verre recyclé, ils sont dotés de salles de bains dedans/dehors dont le sol des douches est recouvert de galets. Les bungalows, hauts de plafond, sont équipés de ventilateurs et les lattes de bois aux murs permettent de conserver la fraîcheur. La moustiquaire au-dessus des lits, installés sur des palettes, a le charme romantique de la jungle. Quelques bungalows peuvent accueillir les familles (4 000 B). Wi-Fi disponible uniquement au restaurant.

Koh Mook Garden Beach Resort BUNGALOWS $$
(081 748 3849 ; kohmookgarden@gmail.com ; Hat Lodung ; ch 1 000-1 500 B ;). Avec son charme décati et très décontracté, le Garden Beach Resort se distingue par son atmosphère familiale et son hôte très serviable. Les bungalows, aussi bien ceux en bambou, simples et plus anciens, que ceux en béton, plus récents et plus confortables, sont éparpillés dans un jardin luxuriant, mais la plage n'est pas aussi belle qu'ailleurs dans l'île. Le restaurant sert de savoureux plats thaïlandais.

Sivalai RESORT $$$
(089 723 3355 ; www.komooksivalai.com ; Hat Sivalai ; bung avec petit-déj 5 500-8 500 B ;). Chevauchant une péninsule de sable en forme de flèche, donnant sur les îles karstiques et le continent, le Sivalai remporte la palme du plus bel emplacement de Ko Muk. Les bungalows en bois sombre sont élégants et de belle dimension ; certains sont entourés d'une véranda. Également 2 piscines, un spa (massages à partir de 700 B) et un restaurant situé sur la pointe de la péninsule. Location de kayak pour 300 B/heure.

Où se restaurer

De plus en plus de restaurants ouvrent dans le village près de l'embarcadère principal et quelques-uns s'implantent même dans les terres, en retrait de la plage de Hat Farang. La plupart des *resorts* disposent de restaurants ouverts à tous.

Ko Yao THAÏLANDAIS $
(062 485 4591 ; Hat Farang ; plats 80-120 B ; 8h-21h ;). Surplombant les rochers, à la pointe sud de Hat Farang, ce bar-restaurant accroché à la falaise offre un panorama époustouflant sur la mer. Des tables en bois et des chaises dépareillées sont installées sur une terrasse en planches brutes, cramponnée à la paroi rocheuse. Emplacement superbe et plats thaïlandais généralement bons, mais service parfois lent.

Hilltop Restaurant THAÏLANDAIS $$
(084 847 9133 ; plats 100-300 B ; 9h-22h). Considéré comme l'un des meilleurs restaurants de l'île, cet établissement familial sert toutes les spécialités thaïlandaises phares, préparées avec des produits bio cultivés localement. À l'intérieur des terres, dans un jardin plein de poésie masqué par la jungle, à environ 800 m de Hat Farang.

Depuis/vers Ko Muk

Les bateaux et *long-tail boats* pour Ko Muk (120-250 B, 30 minutes) partent quotidiennement de l'embarcadère de Kuantungku à 12h, 13h et 16h de novembre à avril, et repartent pour le continent à 8h, 9h et 14h. Les liaisons se réduisent en novembre et avril. Des billets comprenant bateau et minibus couvrent le voyage depuis/vers Trang (350 B, 1 heure 30) et l'aéroport de Trang (500 B, 1 heure 30). La location d'un *long-tail boat* depuis/vers Kuantungku coûte 800 B (30 minutes).

D'octobre à avril, le ferry Tigerline (p. 377) ainsi que les *speedboats* **Bundhaya Speedboat** (☎ 074 750388, 074 750389 ; www.bundhayaspeedboat.com) et Satun Pak Bara Speedboat Club (p. 377) font escale à Ko Muk depuis Ko Lanta (950 B, 1 heure), Ko Ngai (350-750 B, 30 minutes) et Ko Lipe (1 400 B-1 600 B, 2 heures). Les *speedboats* et les ferrys partent rarement aux horaires annoncés et prennent en général plus de temps que prévu pour rallier leur destination.

Vous pourrez facilement louer un *long-tail boat* à l'embarcadère de Ko Muk ou auprès de votre hébergement pour rejoindre Ko Kradan (800 B, 30 minutes), Ko Ngai (1 500 B, 1 heure) et Pak Meng (1 500 B, 45 minutes-1 heure).

Ko Ngai เกาะไหง

Encerclée par des coraux et une mer cristalline, l'île densément boisée de Ko Ngai (Ko Hai) rivalise avec l'éblouissante Ko Kradan pour le titre d'île la plus paradisiaque du sud de la côte d'Andaman. Le long de la plage de sable blond balayée par le vent, sur sa côte est, l'eau est d'un bleu turquoise, jusqu'à un tombant corallien parfait pour le snorkeling. Ce lieu romantique est apprécié par les jeunes mariés que l'on voit se promener nombreux sur la plage main dans la main. Avec seulement une poignée de *resorts* et aucune population autochtone, l'île peut être très calme, surtout la nuit.

Administrativement, Ko Ngai fait partie de la province de Krabi mais sa liaison avec le continent se fait à Pak Meng, à 16 km au nord-est. En haute saison, c'est une destination prisée des excursionnistes à la journée – attendez-vous à croiser du monde.

Ko Ngai compte deux centres de plongée (à partir de 1 300 B). Les hôtels louent des sets masque, tuba et palmes (300 B/jour), et des kayaks de mer (100 B/heure). Il est également possible de faire un circuit de snorkeling d'une demi-journée dans les îles voisines (à partir de 600 B).

Où se loger et se restaurer

Les *resorts* chics foisonnent mais deux ou trois hébergements pour petits budgets ont été récemment inaugurés. Les hébergements sont tous alignés le long de la principale plage sur la côte est. Les *resorts* ne restent pas tous ouverts toute l'année : certains ferment au moins un mois en basse saison. Il n'y a pas de restaurants indépendants mais tous les complexes hôteliers ont le leur.

Sea Camp by Sea Open Diving CAMPING $
(☎ 065 265 6255 ; dort 300 B, tente 950 B ; ⏲ oct-avr ; ❄ 📶). Apprécié des petits budgets, Sea Camp offre des tentes climatisées avec moustiquaire, salles de bains communes et douches alimentées à l'eau froide, dans un emplacement sensationnel sur la splendide plage principale. Le dortoir de 8 lits superposés pourrait difficilement être plus rudimentaire : son sol est celui de la plage de sable. Restaurant, centre de plongée et **bar** très couru (⏲ 10h-tard ; 📶) sur place.

Ko Ngai Seafood Bungalows BUNGALOWS $$
(☎ 095 014 1853 ; kob_1829@hotmail.com ; bung 1 500-1 800 B ; 📶). Au beau milieu de la plage principale, organisés dans un style familial et convivial, ces bungalows au sol en pierre, simples mais bien tenus, avec ventilateur et vue sur la mer, sont les meilleurs hébergements du front de mer de Ko Ngai. Le **restaurant** attenant spécialisé dans les fruits de mer (☎ 081 367 8497 ; plats 170-300 B ; ⏲ 7h-21h ; 📶) mérite une visite.

Coco Cottage BUNGALOWS $$$
(☎ 089 724 9225 ; www.coco-cottage.com ; bung avec petit-déj 3 300-7 900 B ; ⏲ juil-août et oct à mi-mai ; ❄ 📶). Ces cottages au toit de chaume répartis dans un jardin luxuriant ont des murs en bois de cocotier et des lanternes en noix de coco. Dans les bungalows avec vue sur la mer, la baie vitrée offre un panorama imprenable sur la scintillante mer d'Andaman. Chaises longues en bambou, pavillons de massage et bon **restaurant-bar** (plats 170-260 B ; ⏲ 7h-21h30 ; 📶) thaï-fusion sur la plage.

Thanya Resort BUNGALOWS $$$
(☎ 075 206967, 086 950 7355 ; www.kohngaithanyaresort.com ; bung avec petit-déj 5 250-6 900 B ; ❄ @ 📶 🏊). Les bungalows en teck de style balinais, sombres mais chics et spacieux, comprennent une douche d'intérieur alimentée en eau chaude et une douche avec seau d'eau à l'extérieur (essayez avant de rejeter l'idée !). Profitez de la somptueuse piscine en bord de plage ou admirez depuis votre terrasse la pelouse envahie de frangipaniers qui court jusqu'au sable. **Centre de plongée** (☎ 085 056 3455 ; 1 plongée 1 300-1 500 B ; ⏲ 9h-19h nov-avr) et **restaurant thaïlandais** (☎ 094 583 2888 ; plats 150-300 B ; ⏲ 7h-20h ; 📶) abordable sur place. À l'extrémité sud de la plage principale.

BATEAUX AU DÉPART DE KO NGAI

DESTINATION	COMPAGNIE	TARIF	DURÉE	DÉPARTS
Ko Kradan	Tigerline	750 B	30 minutes	11h15 et 14h15
	Bundhaya Speedboat/Satun Pak Bara Speedboat Club	400 B	25 minutes	11h10/11h
Ko Lanta	Tigerline	750 B	1 heure	11h et 13h45
	Bundhaya Speedboat/Satun Pak Bara Speedboat Club	650 B	30 minutes	11h20/11h30
Ko Lipe	Tigerline	1 600 B	4 heures	11h15
	Bundhaya Speedboat/Satun Pak Bara Speedboat Club	1 600 B	2 heures 30	11h10/11h
Ko Muk	Tigerline	750 B	1 heure	11h15 et 14h15
	Bundhaya Speedboat/Satun Pak Bara Speedboat Club	350 B	30 minutes	11h10/11h
Ko Phi Phi	Tigerline	1 200 B	2 heures 30	11h et 13h45
	Bundhaya Speedboat/Satun Pak Bara Speedboat Club	1 350 B	2 heures	11h20/11h30
Phuket	Tigerline	1 800	3 heures 30	11h et 13h45
	Bundhaya Speedboat/Satun Pak Bara Speedboat Club	1 800	3 heures	11h20/11h30

Depuis/vers Ko Ngai

Un bateau quotidien circule de Ko Ngai à Pak Meng (350 B, 1 heure) à 9h, avec retour à 12h. Vous pouvez aussi louer un *long-tail boat* depuis/vers Pak Meng (1 500 B), Ko Muk (1 500 B), Ko Kradan (1 800 B) et Ko Lanta (2 000 B) ; adressez-vous à Ko Ngai Seafood Bungalows. La majorité des *resorts* s'occupent du transfert vers le continent.

D'octobre à avril, les bateaux de Tigerline (p. 377), Satun Pak Bara Speedboat Club (p. 377) et Bundhaya Speedboat s'arrêtent au large de Ko Ngai quand ils assurent la liaison entre Phuket et Ko Lipe. Les embarcations partent rarement aux horaires annoncés et prennent en général plus de temps que prévu pour rallier leur destination.

L'embarcadère se trouve au Koh Ngai Resort, mais la plupart des *long-tail boats* (100 B) vous déposeront à votre hôtel.

PROVINCE DE SATUN

จังหวัดสตูล

Région la plus au sud de la côte d'Andaman, Satun a longtemps été ignorée des visiteurs, mais les choses ont changé récemment grâce aux plages de sable blanc de Ko Lipe, jadis secret bien gardé des voyageurs au long cours et devenu depuis très touristique. En dehors de Ko Lipe, la province est essentiellement un lieu de transit pour Ko Lanta au nord ou Pulau Langkawi, en Malaisie, au sud. Les visiteurs passent ainsi à côté des plages désertes et des grottes marines de Ko Tarutao, des sentiers escarpés et des cascades de Ko Adang, de la beauté rustique de Ko Bulon Leh, et de l'animation urbaine décontractée de Satun elle-même.

Largement musulmane, Satun a échappé aux troubles politiques qui affectent les régions voisines de Yala, Pattani et Narathiwat et leurs habitants musulmans. Environ 60% des habitants ont pour langue maternelle le yawi, dialecte malais, et les humbles *wát* de la région sont largement moins nombreux que les mosquées.

Satun

สตูล

074 / 23 800 HABITANTS

Isolée dans une vallée de jungle vaporeuse, entourée de falaises calcaires et bordée par une rivière boueuse, Satun est une petite ville animée, centre d'une province de plus de 300 000 habitants. Les rares visiteurs qui s'y rendent ne font souvent que transiter depuis ou vers la Malaisie, et seuls les plaisanciers venus faire réparer leur bateau au chantier naval, bon marché mais réputé, semblent s'attarder ici. Si vous séjournez un peu à Satun, vous découvrirez pourtant une

KO SUKORN

Peu visitée, Ko Sukorn (เกาะสุกร) est un paradis de plages cuivrées baignées par une mer vert clair, de sombres promontoires rocheux entourés de jungle, et de villages sur pilotis où vivent quelque 2 600 habitants musulmans. Des rizières, des champs de pastèques et des plantations d'hévéas bordent les étroites routes en béton. Ici, vous passerez devant des champs occupés seulement par des buffles d'eau, vous traverserez des villages aux teintes pastel où les habitants sont sincèrement heureux de vous rencontrer et vous profiterez de nuits profondes et silencieuses. Le calme de Sukorn est incroyable et son authenticité tonifie l'âme lasse des voyageurs endurcis.

Avec peu de collines, des paysages splendides, beaucoup d'ombre et de multiples occasions de rencontrer les habitants, l'île s'explore idéalement à vélo. Par respect pour les habitants, couvrez-vous en quittant la plage.

Où se loger Sukorn ne dispose que de quelques hébergements, la plupart situés en bordure de l'agréable plage principale de la côte sud-ouest : **Yataa Island Resort** (089 647 5550 ; www.yataaresort.com ; plage d'Ao Lo Yai ; bung avec petit-déj 1 400-6 500 B ;) propose des bungalows climatisés en béton, entourant une jolie piscine bleue. Dotés de toits verts et de vérandas en bois vernis, ils sont décorés de couleurs pastel. Le personnel fournit des cartes de l'île de Sukorn, organise des circuits guidés de l'île et loue des vélos/motos (100/250 B). On peut profiter d'une superbe et longue plage à l'avant et le restaurant est d'un bon rapport qualité/prix.

Sur le domaine paysager pentu et ponctué de papayers, frangipaniers et bougainvillées de **Sukorn Cabana** (089 724 2326 ; www.sukorncabanaresort.com ; bung avec petit-déj 1 200-1 800 B ; fermé en mai ;), de grands bungalows aux toits de chaume, propres, bien gérés mais un peu vieux, sont dotés d'un réfrigérateur, d'un intérieur en bois vernis et d'une luxueuse véranda.

Où se restaurer L'île dispose de quelques restaurants indépendants, principalement à Ban Saimai près de l'embarcadère, mais tous ferment vers 20h. Tous les *resorts* possèdent un restaurant.

Depuis/vers Ko Sukorn Le moyen le plus simple de rejoindre Sukorn est de demander à votre hôtel d'organiser un transfert privé à partir de Trang (1 900 B/pers). Le moins cher consiste à prendre un *songthaew* entre Trang et Yan Ta Khao (80 B, 40 minutes), où l'on change ensuite pour Ban Ta Seh (50 B, 45 minutes). Là, des *long-tail boats* en direction de Ban Saimai (50 B), principal village de Sukorn, partent de la jetée une fois pleins. Les pensions et agences de voyages de Trang peuvent organiser le transport en *songthaew* et bateau (250-350 B) jusqu'à Ban Saimai via Ban Ta Seh : départs de Trang tous les jours à 11h.

Un taxi de Trang à Ban Ta Seh coûte 900 B. Les *resorts* sont à 3 km à pied de Ban Saimai ; en moto-taxi le trajet revient à 100 B. On peut louer un *long-tail boat* jusqu'aux hôtels situés sur la plage (400 B).

architecture sino-portugaise et religieuse intéressante, une cuisine savoureuse, des habitants souriants, un charme authentique et une jolie campagne qui ne demande qu'à être explorée.

À voir et à faire

Musée national de Satun MUSÉE
(พิพิธภัณฑสถานแห่งชาติสตูล, Kuden Mansion ; Soi 5, Th Satun Thani ; 50 B ; 9h-16h mer-dim). L'excellent musée national de Satun occupe une demeure sino-portugaise restaurée, construite en 1902 pour loger le roi Rama V lors d'une visite officielle. Elle servit également de quartier général à l'armée japonaise pendant la Seconde Guerre mondiale et abrite aujourd'hui des expositions sur l'histoire, les coutumes et le quotidien des musulmans de Thaïlande du Sud. Les explications en anglais sont de bonne qualité.

Khao Takiab RANDONNÉE
(Monkey Mountain). Laissez-vous charmer par la beauté dépenaillée mais rafraîchissante de Satun en randonnant sur cette butte calcaire recouverte de jungle et fourmillant

Satun

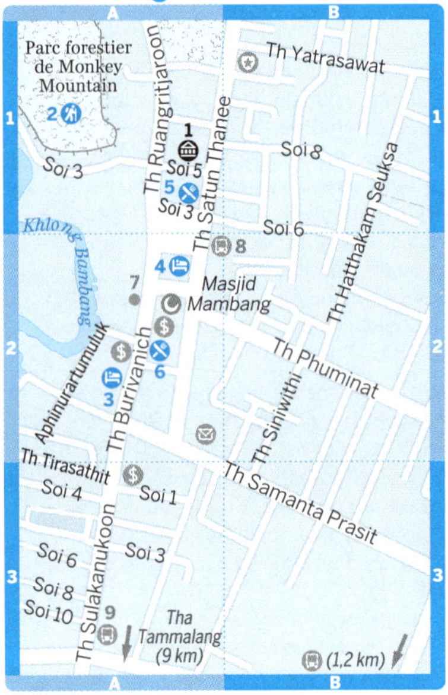

de macaques. Sinon, traversez un pont pour visiter un village de pêcheurs sur pilotis, à 1 km à l'ouest de la ville.

Où se loger et se restaurer

Des restaurants musulmans et chinois bon marché ponctuent Th Burivanich et Th Samanta Prasit. Les stands de nourriture chinoise sont spécialisés dans le *kôw mŏo daang* (porc laqué au riz), et les restaurants musulmans dans les *roti* au curry de poulet à la mode du Sud ainsi que dans la version locale du biryani. Il y a aussi un bon **marché nocturne** (près de Th Satun Thani ; plats à partir de 40 B ; 17h-21h).

On's Guesthouse PENSION $

(081 097 9783 ; onmarch13@hotmail.com ; 17 et 36 Th Burivanich ; dort 250 B, ch 250-600 B ;). On, matriarche dynamique du tourisme de Satun, a légèrement transformé sa pension bien établie, de sorte qu'elle s'étend désormais sur deux bâtiments face à face comportant un bar et un restaurant. Le dortoir est un vaste espace ouvert avec casiers, mais vous pouvez aussi opter pour des chambres privées avec ventilateur et climatisation qui deviennent plus grandes et plus lumineuses à mesure que les prix grimpent. Toutes partagent des salles de bains.

Satun

À voir
1 Musée national de Satun A1

Activités
2 Khao Takiab (Monkey Mountain) A1

Où se loger
3 On's Guesthouse A2
4 Satun Tanee Hotel A2

Où se restaurer
5 Marché nocturne A1
6 On's Living Room A2

Renseignements
7 Bureau de l'immigration A2

Transports
8 Bus et minibus pour Trang et Hat Yai A2
9 Songthaew to Tha Tammalang A3

Satun Tanee Hotel PENSION $

(074 712309, 074 711010 ; www.satuntaneehotel.com ; 90 Th Satun Thani ; ch avec petit-déj 300-800 B ;). La façade orange et vert clair cache des chambres modernes de taille raisonnable, avec parquet et lits confortables. Moins chères, celles du dernier étage sont défraîchies et équipées seulement de ventilateurs (pas d'ascenseur ni de petit-déjeuner). L'endroit est un peu austère, mais l'accueil est chaleureux.

On's Living Room THAÏLANDAIS, INTERNATIONAL $$

(081 097 9783 ; 17 Th Burivanich ; plats 70-250 B ; 8h-20h ;). Dans la minuscule ville de Satun, On est une légende. Son restaurant et son bar de style occidental sont installés au rez-de-chaussée d'une *shophouse* reconvertie (l'étage accueille une partie de la pension On's Guesthouse). Les spécialités thaïlandaises sont épicées mais une bonne sélection de plats occidentaux est aussi proposée. Établissement confortable, avec mobilier en bois et en rotin et hauts tabourets de bar.

Renseignements

Bangkok Bank (Th Burivanich ; 8h30-13h30 lun-ven). Bureau de change et DAB.

Bureau de l'immigration (074 711080 ; info@satunimmigration.go.th ; Th Burivanich ; 8h30-16h30 lun-ven). Face à la tour de l'horloge, ce bureau gère les questions de visa et délivre des prolongations. Il est cependant plus facile pour les touristes de sortir de Thaïlande et d'y revenir par le poste-frontière de Tha Tammalang.

BUS AU DÉPART DE SATUN

DESTINATION	TARIF	DURÉE	DÉPARTS
Bangkok (bus climatisés)	736 B	14 heures	7h, 14h30, 15h et 16h30
Bangkok (bus VIP)	1 331 B	14 heures	16h
Krabi	200 B	5 heures	8h15, 10h15, 12h15 et 20h
Phuket	358	8 heures	8h15, 10h15, 12h15 et 20h

Poste de police (Th Satun Thani). Poste de police principal de Satun.

Depuis/vers Satun

L'aéroport le plus proche se trouve à Hat Yai, à 2 heures de route.

BATEAU

Depuis Tha Tammalang (à 10 km au sud de Satun), 2 ferrys rallient quotidiennement Pulau Langkawi (9h et 15h30, 350 B) en Malaisie. En sens inverse, des ferrys pour Satun partent chaque jour de Pulau Langkawi à 10h30 et 17h15 (36 RM).

BUS

Les bus partent du terminal des bus de Satun, à 2 km au sud de la ville. Les bus pour Trang (120 B, 2 heures, ttes les heures, 5h-16h30) prennent aussi des passagers dans Th Satun Thani, près du 7-Eleven. Ils passent par La-Ngu (50 B), où l'on peut prendre un *songthaew* pour Pak Bara (20 B) et, de là, un bateau vers Ko Lipe et d'autres îles.

MINIBUS

Au départ du terminal des bus de Satun, des minibus desservent Krabi (200 B, 5 heures, 7h et 14h), Trang (120 B, 2 heures, ttes les heures 5h-17h), Hat Yai (100 B, 2 heures, 6h-17h) et l'aéroport de Hat Yai (300 B, 2 heures 30, 6h-17h). Les minibus pour Hat Yai prennent aussi des passagers dans Th Satun Thani, près du 7-Eleven. D'autres minibus vont jusqu'à Kuala Perlis en Malaisie (400 B) mais ils ne circulent pas tous les jours ; ils vous récupéreront à votre hébergement. On's Guesthouse peut s'occuper de votre réservation.

Comment circuler

On peut aisément parcourir le centre de Satun à pied, ou bien louer un vélo (150 B/jour) ou une moto (250 B/jour) auprès de On's Guesthouse.

Un *songthaew* jusqu'au terminal des bus revient à 40 B/personne. Les *songthaew* orange menant à l'embarcadère Tha Tammalang (Th Sulakanukoon) récupèrent les passagers au 7-Eleven de Th Sulakanukoun. Une course en moto-taxi dans la ville coûte 50 B.

Pak Bara ปากบารา

☎ 074 / 3 000 HABITANTS

Pak Bara, à 60 km au nord-ouest de Satun, est le principal point de départ pour les splendides îles du parc national maritime de Ko Tarutao (p. 386). Les infrastructures touristiques s'améliorent lentement et Pak Bara accueille un nombre croissant de visiteurs, principalement en transit vers ces îles. Néanmoins, cette ville de pêcheurs paisible ne propose pas d'hébergements mémorables et hormis d'excellents fruits de mer, rien ne vous incite à y rester.

La route principale en provenance de La-Ngu (Rte 4052) aboutit à l'embarcadère, sorte de salle d'attente géante pour les *speedboats* à destination de Lipe et Tarutao, où s'agglutinent agences de voyages, restaurants bon marché, DAB et stands de rue vendant du matériel de plage. Le centre d'information des visiteurs du parc national maritime de Ko Tarutao jouxte l'embarcadère et vous aidera à organiser votre séjour sur place. Des agences de voyages locales proposent également des circuits d'une journée vers les îles du parc national (2 000 B).

Renseignements

Vous trouverez plusieurs DAB près de l'embarcadère et vous pourrez changer de l'argent dans les nombreuses agences de voyages.

Le très utile **centre d'information des visiteurs du parc national maritime de Ko Tarutao** (☎ 074 783485 ; embarcadère de Pak Bara ; ⏲ 8h-17h), juste à côté de l'embarcadère, pourra réserver votre hébergement et vos billets de *speedboat* pour Ko Tarutao et Ko Adang. Il fournit aussi des permis pour camper dans le parc national.

Depuis/vers Pak Bara

BATEAU

De mi-octobre à mi-mai, des *speedboats* Satun Pak Bara Speedboat Club (p. 377) partent du

MINIBUS DEPUIS/VERS PAK BARA

DESTINATION	TARIF	DURÉE	DÉPARTS
Hat Yai	150 B	2 heures	11h30, 13h30 et 15h30
Aéroport de Hat Yai	250 B	2 heures	11h30, 13h30 et 15h30
Ko Lanta	450 B	3-4 heures	11h30
Krabi	450 B	4 heures	11h30
Phuket	650 B	6 heures	11h30
Trang	200 B	2 heures	11h30

terminal des ferrys de Pak Bara pour Ao Pante Malacca sur Ko Tarutao (450 B, 30 minutes) et continuent vers Ko Lipe (650 B, 1 heure 30) à 11h30. Pour Ko Tarutao (450 B), il n'y a qu'un départ, à 11h30 (de mi-octobre à mi-mai). Des *speedboats* desservent directement Ko Lipe à 9h30, 11h30, 13h30 et 15h30. Les bateaux reviennent de Lipe à 9h30, 11h30, 13h30 et 16h. Pendant la basse saison, les services pour Ko Lipe sont moins fréquents, mais un bateau part généralement tous les jours de Pak Bara à 11h30, avec un retour à 9h30 (lorsque la météo le permet).

Pour Ko Bulon Leh (450 B, 30 minutes), des bateaux partent à 13h, puis continuent jusqu'à Ko Lipe. Si vous arrivez trop tard, vous pouvez louer un *long-tail boat* auprès des pêcheurs locaux (2 000 B, 1 heure 30).

BUS

En venant de Satun, vous pouvez prendre un bus ordinaire vers Trang et descendre à La-Ngu (50 B, 30 minutes), puis un *songthaew* jusqu'à Pak Bara (20 B, 20 minutes). Quelques minibus font ce trajet quotidiennement (60 B). Prenez les bus et minibus devant le 7-Eleven dans Th Satun Thani.

MINIBUS

Des minibus climatisés relient Hat Yai à l'embarcadère de Pak Bara toutes les 45 minutes (120 B, 2 heures) de 7h30 à 18h30.

Parc national maritime de Ko Tarutao

อุทยานแห่งชาติหมู่เกาะตะรุเตา

L'une des régions les plus belles et les mieux préservées de Thaïlande, le **parc national maritime de Ko Tarutao** (☎074 783 485 ; www.dnp.go.th ; adulte/enfant 200/100 B ; ⏰mi-oct à mi-mai) englobe quelque 51 îles couvertes de jungle et entourées de plages de sable blanc splendides et de récifs coralliens florissants. Une faune abondante y vit : semnopithèques obscurs, macaques crabiers, chevrotains, sangliers, loutres de mer, chats pêcheurs, pythons verts, varans malais, milans sacrés, aigles de mer, calaos, aigrettes des récifs et martins-pêcheurs peuvent être aperçus ici.

Parc national maritime de Ko Tarutao et ses environs

À voir
1 Ao Molae E2
2 Parc national maritime de Ko Tarutao D3
3 Tham Jara-Khe F2

Activités
4 Ko Gai D1
Ko Ma .... (voir 4)
5 Ko Sarang A4
6 Stonehenge C4
White Rock .... (voir 4)

Où se loger
Hébergements du parc national d'Ao Molae .... (voir 1)
7 Bulone Resort E1
Chaolae Homestay .... (voir 7)
Pansand Resort .... (voir 7)

Où se restaurer
Cantine d'Ao Molae .... (voir 1)
Restaurant du Bulone Resort .... (voir 7)

Où prendre un verre et faire la fête
Hug Bulon .... (voir 7)

Renseignements
8 Gardes forestiers d'Ao Molae E3
9 Gardes forestiers d'Ao Son E3
10 Gardes forestiers d'Ao Taloh Waw F3
11 Centre des visiteurs du parc national maritime de Ko Tarutao G1

Transports
12 Terminal des ferries de Pak Bara F1
13 Satun Pak Bara Speedboat Club F1
14 Vedettes pour Pak Bara et Ko Lipe E1

Parc national maritime de Ko Tarutao et ses environs

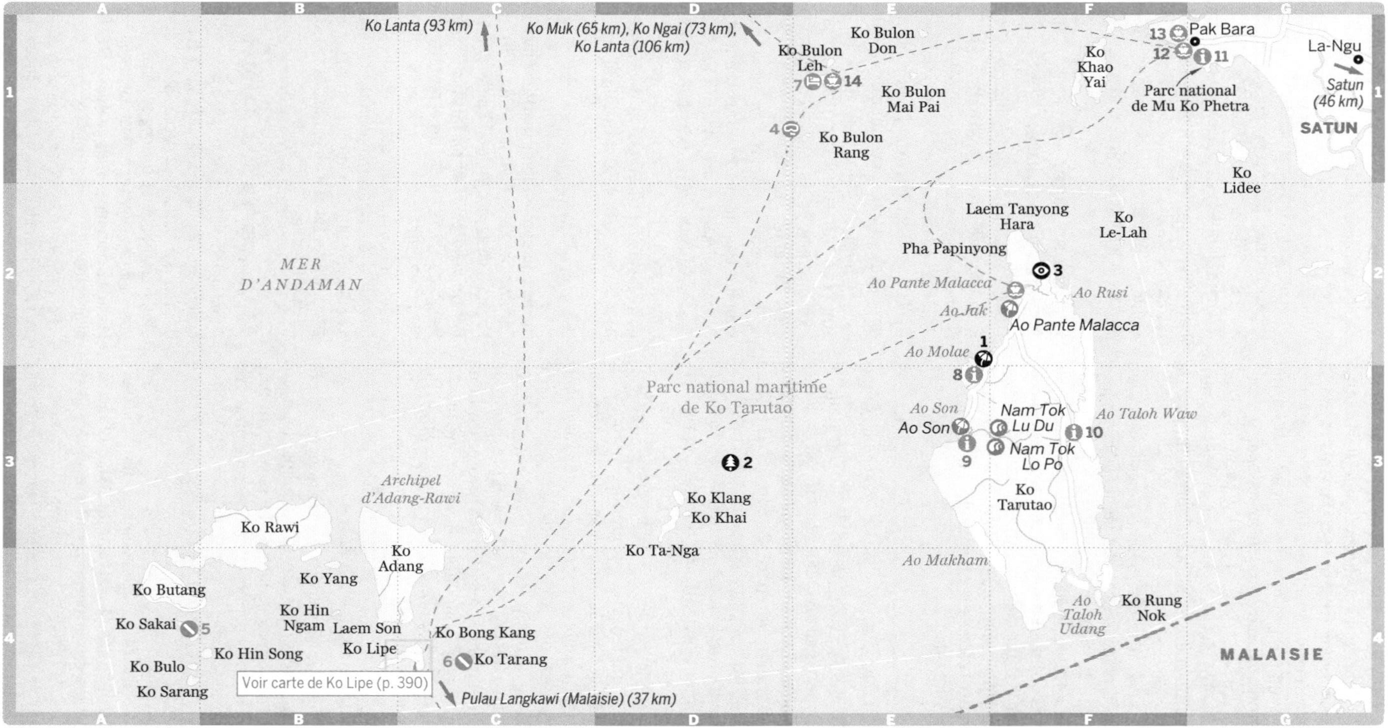

Voir carte de Ko Lipe (p. 390)

La plupart des voyageurs séjournent à Ko Lipe, qui est devenue une destination touristique très prisée. En raison de la présence de communautés *chow lair*, l'île échappe en effet à la réglementation qui protège le parc des constructions.

Les seules autres îles sur lesquelles il est possible de se loger sont la plus grande, Ko Tarutao, qui abrite le bureau du parc, et Ko Adang.

Les détritus abandonnés sont un problème important : veillez à minimiser votre impact sur la nature. À l'exception de Ko Lipe, le parc ferme officiellement de mi-octobre à mi-mai. Prévoyez des espèces sur Ko Tarutao ou Ko Adang, car il n'y a ni DAB ni bureau de change. En revanche, vous en trouverez beaucoup sur Ko Lipe et à Pak Bara.

Ko Tarutao เกาะตะรุเตา

La plus grande partie de Ko Tarutao, île d'une superficie de 152 km^2, est couverte d'une jungle qui grimpe jusqu'au point culminant du parc (713 m). C'est l'une des îles les plus sauvages de Thaïlande. Marais de mangrove et falaises calcaires forment l'essentiel du littoral. Des sentiers escarpés et des routes de terre traversent l'intérieur pour le plus grand bonheur des amateurs de randonnée et de VTT, mais les plages sont peu attrayantes : la mer trouble y charrie des détritus. Pour trouver des plages idylliques ou faire du snorkeling, mieux vaut aller sur Ko Adang ou Ko Rawi. Le sombre passé de Ko Tarutao, ancienne île-prison, explique en partie son faible développement. De mi-mai à mi-octobre, l'île est officiellement fermée.

À voir et à faire

Avec sa rivière navigable et ses longues routes asphaltées, Tarutao se prête parfaitement à l'exploration solitaire. Le bureau du parc (ci-contre), de même que certains postes de garde-forestiers, louent kayaks (200/500 B par heure/jour) et VTT (50/250 B).

Ao Molae PLAGE
(อ่าวเมาะและ) Silencieuse, merveilleusement isolée et couverte de sable blanc, Ao Molae est la perle des plages de Ko Tarutao. À l'arrière se trouvent un **poste de garde-forestiers** (8h-17h mi-oct à mi-mai), des bungalows et un camping. Tous sont à 4 km à pied ou à vélo par un chemin (très) accidenté au sud d'Ao Pante Malacca.

Tham Jara-Khe GROTTE
(ถ้ำจระเข้, grotte des Crocodiles). Au nord-ouest de Ko Tarutao, la large rivière qui sinue dans les terres depuis Ao Pante Malacca mène à Tham Jara-Khe, autrefois habitée par de redoutables crocodiles marins. La grotte est navigable sur 1 km à marée basse et peut se visiter en prenant un *long-tail boat* (500 B) depuis la jetée d'Ao Pante Malacca.

Où se loger et se restaurer

Des hébergements rudimentaires gérés par le gouvernement se trouvent à **Ao Pante Malacca** (www.dnp.go.th ; ch 600-1 200 B ; mi-oct à mi-mai) et **Ao Molae** (www.dnp.go.th ; ch 600 ; mi-oct à mi-mai). L'eau y est rationnée et l'électricité fonctionne de 18h30 à 6h. Le camping est autorisé à Ao Molae et Ao Son. Les infrastructures disponibles sont très basiques et les singes entrent souvent dans les tentes : fermez-les bien.

Vous pouvez réserver en ligne ou, plus simplement, auprès du centre d'information des visiteurs du parc (p. 299), à Pak Bara.

Des cantines servent des plats thaïlandais simples à **Ao Pante Malacca** (plats 80-180 B ; 7h30-14h30 et 17h-20h30) et **Ao Molae** (plats 70-140 B ; 7h30-14h30 et 17h-20h30).

Renseignements

Bureau du parc national maritime de Ko Tarutao (Ao Pante Malacca ; 8h-17h) Location de kayaks et de VTT possible.

Centre de kitesurf de Ko Tarutao (Ao Pante Malacca ; 8h-17h). Cartes et renseignements sur les environs.

L'île compte plusieurs postes de garde-forestiers : à Ao Molae (ci-contre) au nord-ouest, à **Ao Son** (8h-17h mi-oct à mi-mai) sur la côte ouest et à **Ao Taloh Waw** (8h-17h mi-oct à mi-mai) dans l'est.

Depuis/vers Ko Tarutao

De mi-octobre à mi-mai, un *speedboat* quitte chaque jour Pak Bara à 11h30 pour le terminal des ferrys à Ao Pante Malacca sur Ko Tarutao (450 B, 30 minutes). Un *long-tail boat* privé venant de Pak Bara et pouvant accueillir jusqu'à 8 personnes vous coûtera 4 500 B aller-retour.

Pour rejoindre Ao Molae, un minibus collectif part d'Ao Pante Malacca à 11h et 13h tous les jours (50 B/pers ; en fonction de la demande).

Ko Lipe เกาะหลีเป๊ะ

Jadis paisible paradis tropical, Ko Lipe (เกาะหลีเป๊ะ) est devenue le symbole des ravages de l'urbanisation touristique anarchique. Dotée de deux belles plages de sable blanc bordant des collines couvertes de jungle, toute proche de récifs coralliens protégés, l'île a vu son centre transformé en un dédale tentaculaire d'hôtels, restaurants, cafés, agences de voyages et boutiques. Le développement touristique a provoqué de nombreux problèmes liés à la gestion des déchets, la pollution sonore et l'approvisionnement en énergie. Les grands perdants sont les quelque 700 villageois de la communauté *chow lair*, dont les ancêtres avaient reçu Lipe en cadeau sur décision du roi Rama V en 1909 et qui la vendirent dans les années 1970.

Malgré ce développement effréné, la beauté de Lipe reste éblouissante entre plages somptueuses, sites de plongée exceptionnels, jungle luxuriante, ambiance conviviale contagieuse et communautés d'habitants désireux de réduire leur impact sur l'environnement. L'île est toujours plus reposante que festive mais elle n'est plus le refuge isolé qu'elle était autrefois.

À voir et à faire

Prenez garde aux *long-tail boats* lorsque vous nagez, surtout en basse saison. Ne comptez pas sur eux pour vous voir : il y a déjà eu des collisions avec des nageurs.

Évitez aussi de vous baigner dans l'étroit détroit entre Lipe et Adang : les courants sont puissants et dangereux à toute époque de l'année.

Plongée

La majeure partie de l'année, il serait exagéré de qualifier cet endroit de site de classe mondiale mais la plongée est exceptionnelle quand la visibilité est optimale, soit – contre toute attente – au début de la saison des pluies (mi-avril à mi-juin). On y trouve de très bonnes possibilités de plongée dérivante et deux sites phares.

Eight Mile Rock, un pic submergé, attire des diables des mers (raies) et de très rares requins-baleines. C'est le seul site de la région où l'on peut voir des poissons pélagiques. **Stonehenge** est réputé pour ses splendides coraux mous, ses hippocampes, ses rares requins-léopards et les gros rochers surmontant le récif qui lui ont donné son nom. **Ko Sarang** est un autre magnifique site doté de superbes coraux mous et de bancs de poissons scintillants, ce qui en fait l'un des spots préférés de nombreux visiteurs. Tous les plongeurs doivent débourser 200 B pour plonger dans le parc national maritime de Ko Tarutao.

Ko Lipe Diving PLONGÉE
(☎087 622 6204, 088 397 7749 ; www.kolipediving.com ; Walking St ; 1/2 plongée 1 700/2 800 B ; ⏲8h-22h). Cette agence sérieuse et bien organisée reçoit régulièrement des avis élogieux pour ses cours spécialisés et ses plongées divertissantes et pédagogiques. Les 2 plongées Discover Scuba reviennent à 2 800 B et la certification SSI Open Water à 14 500 B. Le droit de plongée dans le parc national maritime (200 B) n'est pas compris.

Davy Jones' Locker PLONGÉE
(☎062 963 4425 ; www.scubadivekohlipe.com ; Hat Pattaya ; plongées à partir de 3 000 B). L'initiation Discover Scuba, qui comprend une plongée, coûte 2 500 B, et le brevet PADI Open Water, avec l'hébergement gratuit au Koh Lipe Backpackers Hostel, revient à 14 500 B. Les tarifs ne comprennent pas le droit de plongée dans le parc national maritime (200 B).

Castaway Divers PLONGÉE
(☎083 138 7472 ; www.kohlipedivers.com ; Castaway Resort, Hat Sunrise ; 1/2 plongées 2 500/3 800 B ; ⏲8h-18h). Éventail de cours spécialisés (plongée de nuit, photographie sous-marine), certification PADI Open Water (13 500 B), excursions de snorkeling (700 B) et plongées plus intimistes près des *long-tail boats*. Les tarifs ne comprennent pas le droit de plongée dans le parc national maritime (200 B).

Snorkeling

On trouve de jolis récifs coralliens le long de la côte sud et aux abords de **Ko Kra** (เกาะกระ) et **Ko Usen**, les îlots face à Hat Sunrise (attention aux *long-tail boats* qui naviguent ici). La plupart des hôtels louent masques, palmes et tubas (100-200 B). Les agences de voyages et certains opérateurs de plongée peuvent organiser des circuits de snorkeling sur quatre sites, comprenant Ko Adang, Ko Rawi et d'autres îles auréolées de coraux (à partir de 450 B/pers).

Yoga

En haute saison, le Castaway Resort propose des cours de yoga face à la mer (400 B ; 7h, 9h et 16h30).

Ko Lipe

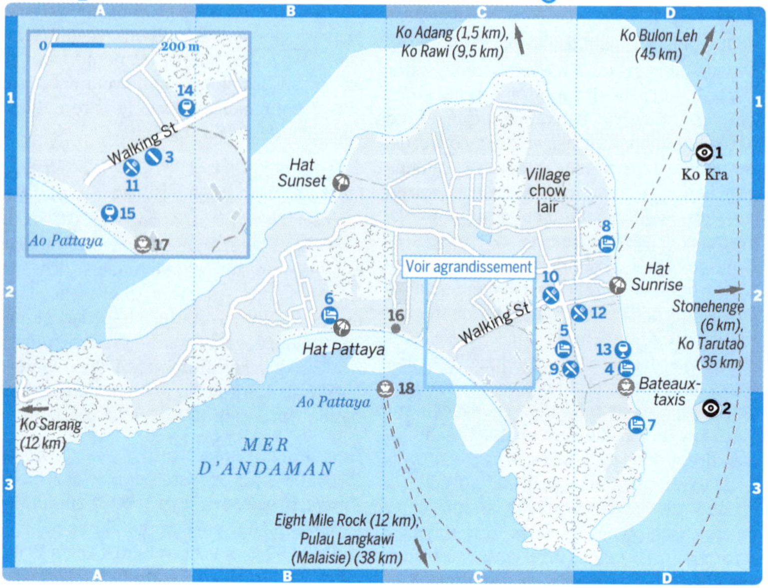

Où se loger

Un nombre croissant d'hôtels de Ko Lipe restent ouverts toute l'année. Quelques bungalows en bambou résistent encore, mais les *resorts* prospèrent, notamment à Hat Pattaya. Hat Sunset, moins animée, offre un cadre plus tranquille. Réservez bien à l'avance en haute saison et pendant les fêtes thaïlandaises, car les prix s'envolent.

Chic Lipe AUBERGE DE JEUNESSE $
(090 767 6763 ; www.thechiclipe.com ; 447 Mu 7 ; dort avec/sans sdb 650/750 B, ch 1 200-2 500 B ;). Se présentant comme une auberge de jeunesse de luxe, Chic Lipe cache des chambres tout simplement extraordinaires, de conception contemporaine, en béton poli et bois patiné. Ses dortoirs, décorés avec goût, sont équipés de grands lits superposés ou de lits doubles et ses chambres doubles privées feraient rougir bien des hôtels. Bibliothèque chaleureuse, coin café, restaurant, bar, réception chic et lustres en fer forgé font de cette auberge de jeunesse/hôtel un lieu résolument élégant et sélect.

Koh Lipe Backpackers Hostel AUBERGE DE JEUNESSE $
(062 963 4425 ; www.kohlipebackpackers.com ; Hat Pattaya ; dort 500 B, ch 2 500-3 000 B ;). La seule auberge de jeunesse de Ko Lipe face à la mer est un bloc de béton de style contemporain, à l'ouest de Hat Pattaya. Douches communes, casiers privés, Wi-Fi, école de plongée Davy Jones' Locker sur place (les plongeurs ont droit à une remise) et emplacement exceptionnel. À l'étage, 6 chambres privées climatisées, simples mais confortables avec salle de bains attenante.

Castaway Resort HÔTEL $$
(081 170 7605, 083 138 7472 ; www.castaway-resorts.com ; Hat Sunrise ; bung 2 700-4 750 B ;). Cet accueillant complexe hôtelier fait aussi partie de ceux qui respectent le plus l'environnement. Ses chaleureux bungalows en bois sombre, avec hamacs sur les terrasses, ventilateurs au plafond et splendides salles de bains au design à la fois moderne et naturel, représentent le meilleur de Ko Lipe. Café et **bar** (089 724 2604 ; www.facebook.com/cornerbarlipe ; 15h-2h ;) très décontractés en bord de plage, cours quotidiens de méditation et de yoga (400 B) et bonne école de plongée.

Wapi Resort BUNGALOWS $$
(089 464 5854 ; www.wapiresortkohlipe.com ; Hat Sunrise ; bung avec petit-déj 2 800-4 800 B ;). Ces jolis bungalows gérés par des Français en plein milieu de Hat Sunrise sont extrêmement courus. Ceux du bord de

Ko Lipe

À voir
1 Ko Kra D1
2 Ko Usen D3

Activités
Castaway Divers .... (voir 4)
Davy Jones' Locker .... (voir 6)
3 Ko Lipe Diving A1

Où se loger
4 Castaway Resort D2
5 Chic Lipe C2
6 Koh Lipe Backpackers Hostel B2
7 Serendipity D3
8 Wapi Resort D2

Où se restaurer
9 Barracuda C2
10 Café Tropical C2
11 Elephant Coffee House & Bar A1
12 Nee Papaya D2

Où prendre un verre et faire la fête
13 Castaway D2
14 Maya Bar A1
15 Reggae Bar A2

Renseignements
16 Bureau de l'immigration C2

Transports
17 Bundhaya Speedboat A2
18 Embarcadère flottant des ferries C2

mer disposent de salles de bains modernes et de grandes vérandas mais même les bungalows dans le jardin sont proches de la plage sablonneuse. Dans le bungalow familial (6 800 B), les lits sont placés côte à côte. Propre, simple et d'un bon rapport qualité/prix.

Serendipity BUNGALOWS $$$
(☎088 395 5158 ; www.serendipityresort-kohlipe.com ; Hat Sunrise ; bung avec petit-déj 6 000-14 400 B ;). Ce complexe hôtelier isolé, accroché parmi les rochers qui émaillent la pointe sud de Hat Sunrise, est accessible par une passerelle en bois. Ses bungalows spacieux, en bois sombre et à toit de chaume, disposent d'une terrasse privée avec superbe vue, d'une excellente literie et de salles de bains élégantes. Les plus chers ont une petite piscine.

Où se restaurer et prendre un verre

On trouve ici d'excellents produits de la mer ; les meilleurs restaurants sont dans les terres. Les stands de *roti* et petits cafés thaïlandais le long de Walking St permettent de se restaurer à bas prix. Divers complexes hôteliers et restaurants sont équipés de fontaines à eau pour remplir bouteilles et gourdes : veillez à les utiliser pour réduire les déchets.

Nee Papaya THAÏLANDAIS $
(☎087 714 5519 ; plats 80-150 B ; 9h-23h). La sympathique Nee sert du poisson grillé à prix abordable tous les soirs, des currys classiques (dont un *pá·naang* de bœuf très épicé), des nouilles et plats sautés (au bœuf, poulet, poisson ou légumes), ainsi qu'un choix de plats *isan* relevés. Elle réalise des préparations moins épicées sur commande, mais sa cuisine est meilleure lorsqu'elle est relevée à la mode locale, comme en atteste la présence de nombreux clients thaïlandais.

Café Tropical INTERNATIONAL $$
(☎083 169 1216 ; www.tropicalkohlipe.com ; Walking St ; plats 80-400 B ; 7h-23h ;). Les savoureux burgers et salades colorés, sans gluten, véganes et végétariens, sont servis en portions généreuses, tout comme les plats au bœuf et au poulet. Ingrédients frais et sains : le café peut être servi avec du lait d'amande, de riz ou de soja et les jus au chou kale et au gingembre redynamiseront votre journée.

Barracuda PRODUITS DE LA MER $$
(☎089 739 3940 ; plats 80-250 B ; 9h-22h). La moitié des restaurants de Lipe servent des grillades de poissons et des fruits de mer frais, mais celui-ci est le préféré des habitants. Les autres plats proposés sont aussi savoureux, notamment les salades. Légèrement à l'écart, dans un bâtiment quelque peu branlant.

Elephant Coffee House & Bar INTERNATIONAL $$
(☎089 657 2178 ; www.facebook.com/ElephantKohLipe ; Walking St ; plats 120-420 B ; 7h-1h). Livres d'occasion, murs placardés de photos noir et blanc illustrant la vie quotidienne locale et bar creusé dans un *long-tail boat* : bienvenue à l'Elephant ! Ce café contemporain sert de délicieux

petits-déjeuners toute la journée, un bon café et un müesli maison riche en fruits tropicaux. On peut aussi opter pour des salades fraîches, sandwichs, burgers et autres pizzas. Très animé la plupart des soirs, notamment par des concerts.

Reggae Bar BAR

(Hat Pattaya ; 16h-1h). Au coucher du soleil, la lueur vacillante des bougies projette une lumière ravissante sur les matelas et coussins de plage éparpillés sur le sable, devant ce bar reggae très décontracté de Hat Pattaya, l'un des meilleurs bars de plage de l'île : sirotez-y des cocktails, contemplez les étoiles ou admirez un feu d'artifice improvisé.

Maya Bar BAR

(www.facebook.com/mayabarkohlipe ; Walking St ; 17h-1h). Voici le bar le plus branché de Walking St, avec ses slogans "love", ses mobiles fabriqués à partir d'objets trouvés, ses coussins disposés sur des plateformes en bois surélevées, ses attrayants divans, ses bougies tremblotantes, son "mur" de bambou et son sol en sable. À la nuit tombée, des DJ mixent des rythmes dance/électro et les cocktails (à partir de 200 B) coulent à flots.

Renseignements

Le **bureau de l'immigration** (8h-16h) dispose de son kiosque officiel à Hat Pattaya, près du Bundhaya Resort.

Depuis/vers Ko Lipe

De la mi-octobre à la mi-mai, des *speedboats* partent de Pak Bara pour Ko Lipe (certains via Ko Tarutao) à 9h30, 11h30, 13h30 et 15h30 (650 B, 1 heure 30). Ils repartent pour Pak Bara à 9h30, 11h30, 13h30 et 16h. En basse saison, les liaisons dépendent de la météo, mais un bateau quotidien relie généralement Pak Bara à Lipe à 11h30 et repart à 9h30.

De novembre à fin avril, le ferry express Tigerline (p. 377) quitte Ko Lipe à 10h pour Phuket (2 100 B, 8 heures) via Ko Phi Phi (1 750 B, 7 heures), Ko Lanta (1 700 B, 5 heures), Ko Muk (1 400 B, 3 heures 30), Ko Kradan (1 400 B, 3 heures 30) et Ko Ngai (1 600 B, 4 heures 30).

De mi-octobre à fin avril, les *speedboats* Bundhaya Speedboat (p. 377) et Satun Pak Bara Speedboat Club (p. 377) partent de Ko Lipe à 9h pour Ko Lanta (1 900 B, 3 heures), via Ko Bulon Leh (600 B, 1 heure), Ko Kradan (1 400 B, 2 heures), Ko Muk (1 400 B, 2 heures) et Ko Ngai (1 600 B, 2 heures 30). Ils reviennent de Lanta à 10h30.

ALLER EN MALAISIE

La Malaisie est en avance d'une heure sur l'heure thaïlandaise.

DE KO LIPE À PULAU LANGKAWI

De mi-octobre à mi-avril, Tigerline (p. 377), Bundhaya Speedboat (p. 377) et Satun Pak Bara Speedboat Club (p. 377) relient quotidiennement Ko Lipe à Pulau Langkawi en Malaisie (1 000 B, 1 heure 30). Leurs bateaux partent à 10h30, 11h et 16h. Rendez-vous au bureau de l'immigration dans le centre de Hat Pattaya 2 heures auparavant pour faire tamponner votre passeport. Dans le sens inverse, les bateaux quittent Pulau Langkawi pour Lipe à 9h30 et 14h30 (heure malaisienne).

DE SATUN À KUALA PERLIS OU PULAU LANGKAWI

Depuis Tha Tammalang (10 km au sud de Satun), deux ferrys rallient chaque jour Pulau Langkawi, en Malaisie (9h et 15h30, 350 B). Dans le sens inverse, les ferrys partent quotidiennement de Pulau Langkawi vers Satun à 10h30 et 17h15.

Au moment de la rédaction de ce guide, aucun *speedboat* ou *long-tail boat* ne partait de Satun pour Pulau Langkawi.

Un minibus circule entre Satun et Kuala Perlis (400 B) en Malaisie en passant par le poste-frontière de Wang Prajan/Wang Kelian, mais il ne circule pas tous les jours. L'On's Guesthouse (p. 384) de Satun vous vendra des billets.

À LA FRONTIÈRE

Aucun visa n'est nécessaire, pour un séjour de moins de 90 jours, pour les ressortissants de l'Union européenne, de la Suisse et du Canada notamment. Il faut néanmoins présenter un passeport valable au moins 6 mois après la date de départ du pays prévue. Assurez-vous lors du passage de la frontière que l'officier d'immigration appose un cachet sur votre passeport.

Les *speedboats* et ferrys partent rarement aux horaires annoncés et prennent en général plus de temps qu'annoncé pour rallier leur destination.

Des bateaux relient également Ko Lipe à Pulau Langkawi (1 000 B, 1 heure 30) en Malaisie de mi-octobre à fin avril.

Quel que soit le bateau sur lequel vous embarquez, vous devrez payer 50 B pour prendre une navette *long-tail boat* qui vous permettra d'accéder et de repartir de l'embarcadère des ferrys flottant au large de Hat Pattaya. Il vous faudra aussi verser un droit d'entrée de 200 B au parc national ainsi qu'un "droit d'accès" de 20 B (résultant d'un accord local). Il peut arriver que des *speedboats* vous déposent directement à Hat Pattaya. En basse saison (mai-octobre), la plupart des bateaux accostent à Hat Sunrise, et il n'y a pas de droit d'accès à payer.

Comment circuler

Quoi de plus apaisant que de sillonner les eaux baignant les joyaux couverts de jungle que sont Ko Rawi, Ko Adang et les îlots voisins ? La meilleure façon de découvrir l'archipel consiste à engager un bateau-taxi dirigé par un capitaine *chow lair* à la station de Hat Sunrise. On peut aussi louer des kayaks (250 B/heure) sur tout Lipe.

Ko Bulon Leh เกาะบุโหลนเล

La sensationnelle Ko Bulon Leh, à 23 km à l'ouest de Pak Bara, est baignée par des eaux limpides, typiques de la mer d'Andaman. Bordée par des plages d'un blanc d'albâtre immaculé et par des filaos oscillant sous le vent, cette somptueuse île est à son point d'équilibre : assez développée pour être dotée de quelques infrastructures, elle conserve néanmoins encore une atmosphère sereine et isolée à la Robinson Crusoé.

Une plage exceptionnelle, aussi blanche que le sel, s'étire le long de la côte est, entre les deux principaux *resorts* de l'île, Bulone Resort et Pansand Resort. Elle s'étrécit un peu par endroits, particulièrement là où elle se fond avec la mangrove, jonchée de rondins blanchis par le soleil. Il n'est ainsi pas difficile de trouver un coin secret et ombragé où profiter d'une vue splendide.

Sur cette île minuscule, l'électricité n'est disponible qu'en soirée dans les *resorts* et il n'y a pas de DAB (les plus proches sont à Pak Bara ; prévoyez des espèces). C'est aussi une destination très saisonnière sans aucune offre touristique en basse saison. Son charme fait pourtant inlassablement revenir les voyageurs sur ses sublimes rivages.

Activités

Se dorer au soleil, se baigner ou simplement admirer la principale plage de Bulon, splendide ruban de sable blanc ourlé d'eaux turquoise calmes, sont autant de raisons de visiter ce joyau isolé. L'intérieur des terres, luxuriant, de Bulon est également sillonné de pistes et de sentiers plaisants à explorer, bien que le rocher tapissé de jungle qui compose la moitié occidentale de l'île reste inaccessible à pied.

Vous découvrirez la beauté sauvage de l'île sur la côte nord à **Ao Panka Yai**, une baie léchée par une eau azur et couverte de graviers de corail, où la pratique du snorkeling est agréable. Cette baie est reliée par un petit chemin asphalté à **Ao Panka Noi**, un village de pêcheurs offrant une belle vue sur les reliefs karstiques. Des *long-tail boats* y sont amarrés à une plage de gravier et une poignée de restaurants, simples mais servant de bons plats, occupe la moitié est de la côte nord. Suivez le chemin signalé un peu plus à l'ouest pour traverser les vestiges de jungle et les plantations d'hévéas – en gardant les yeux grands ouverts sous peine de manquer l'un des énormes varans de Bulon – puis rejoignez **Ao Muang** (Baie des Mangues), un campement de pêcheurs *chow lair*.

Vous trouverez de jolis coraux au large de **Laem Son** sur la rive nord-est de l'île et en redescendant sur le littoral est. Le Bulone Resort et le Pansand Resort louent des kayaks (200 B/heure). Le snorkeling est meilleur à marée basse.

Les hôtels peuvent organiser des excursions guidées de snorkeling (2 000 B, 4 heures, 8 pers maximum) vers les autres îles de l'archipel de Ko Bulon. Des circuits conduisent en général vers les eaux émeraude transparentes de **Ko Gai** (เกาะไก่) et **Ko Ma** (เกาะแม), dont les rochers tourmentés ont été érodés par le vent et le temps. Le **White Rock** est le point d'orgue du circuit : de hautes flèches rocheuses, blanchies par le guano, surgissent de la mer et sous la surface, le récif rocheux couvert de moules est peuplé de poissons multicolores.

Où se loger et se restaurer

La plupart des établissements ferment de mi-avril à novembre ; le Pansand Resort reste ouvert jusqu'à fin mai. Pour vous restaurer, dirigez-vous vers Ao Panka Noi. Le village musulman entre Ao Panka Noi et Ao Panka Yai compte quelques gargotes et boutiques. Tous les *resorts* ont leurs propres restaurants.

Chaolae Homestay BUNGALOWS $

(☎086 290 2519, 086 967 0716 ; Ao Panka Yai ; bung 700 B ; ⏰nov-avr). Ces bungalows tout simples en bambou et en bois sont dotés de douches froides et de toilettes à la turque. L'endroit agréablement calme et ombragé, près du village, est tenu par une famille *chow lair* accueillante. Le site de snorkeling d'Ao Panka Yai, plutôt agréable, est à deux pas. Restaurant convenable. Pas de Wi-Fi.

Pansand Resort BUNGALOWS $$$

(☎081 693 3667 ; www.pansand-resort.com ; plage principale ; bung avec petit-déj 1 600-3 500 B ; ⏰mi-oct à mai). Cet ensemble de cottages en bois et aux toits rouges est niché parmi des arbres majestueux, dressés à l'arrière d'un splendide ruban de sable blanc immaculé. Mobilier minimaliste et démodé mais cottages spacieux, suffisamment éloignés les uns des autres pour préserver l'intimité. Le restaurant sur le front de mer sert de savoureux plats thaïlandais et internationaux. C'est le seul *resort* de Bulon à rester ouvert jusqu'à fin mai.

Bulone Resort HÔTEL $$$

(☎095 041 6211 ; www.bulone-resort.com ; plage principale ; bung avec petit-déj 3 000-4 500 B ; ⏰nov-avr ; ❄📶). Perché sur le cap nord-est de Bulon et donnant accès à deux étendues de sable blanc, le Bulone Resort a accaparé le plus bel emplacement de l'île. Les bungalows en bois chaulé, dotés de lits *queen size*, sont rafraîchis par la brise marine. Derrière, de vastes chambres climatisées installées dans des sortes de chalets alpins sur pilotis jouissent d'une vue imprenable. Le *resort* comprend aussi un **restaurant** (plats 180-350 B ; ⏰7h30-10h et 18h-22h nov-avr ; 📶) thaïlandais/international ainsi qu'un coin café. Des excursions de snorkeling peuvent être organisées sur demande.

Hug Bulon BAR

(plage principale ; ⏰10h-tard nov-avr) Dans ce bar (et restaurant) jovial donnant sur le front de mer, juste à côté du Pansand Resort, vous pourrez profiter d'une musique relaxante et de cocktails en soirée. La cuisine (à la fois thaïlandaise et internationale) est chaudement recommandée.

ℹ Depuis/vers Ko Bulon Leh

De mi-octobre à fin avril, des *speedboats* pour Ko Bulon Leh (450 B, 30 minutes) partent tous les jours de Pak Bara à 13h. Le transfert du bateau à la plage en *long-tail boat* coûte 50 B : demandez que l'on vous dépose à la plage la plus proche de votre hôtel. En sens inverse, le *speedboat* s'arrête dans la baie en face du Pansang Resort à 9h. Vous pouvez louer un *long-tail boat* depuis/vers Pak Bara pour 2 000 B (1 heure 30).

De mi-octobre à fin avril, des *speedboats* (600 B, 1 heure) partent tous les jours de Ko Bulon Leh pour Ko Lipe à 14h, s'arrêtant en face du Pansand Resort. Au départ de Ko Lanta (1 600 B, 2 heures), les bateaux font escale à Ko Ngai (1 050 B, 1 heure 30), Ko Muk (900 B, 1 heure) et Ko Kradan (900 B, 1 heure), puis repartent de Lipe à 9h.

Comprendre les îles et plages de Thaïlande

Histoire et politique

L'histoire de la Thaïlande commence au néolithique, se poursuit durant l'avènement des civilisations hindoue et bouddhique, puis est marquée par des vagues d'immigrations majeures, des guerres et l'existence de divers royaumes. Si le pays est officiellement devenu une démocratie en 1932, de fréquents coups d'État n'ont presque jamais laissé la place à des gouvernements réellement démocratiques.

Histoire

La Thaïlande en tant que nation fut fondée au XIIIe siècle, quand des groupes thaïs provenant de Chine méridionale s'établirent dans des territoires contrôlés par les Empires indiens ou khmers. Le pays naissant se forgea une identité nationale autour d'une langue, d'une religion et d'une monarchie. Alors que les rois résistèrent aux visées colonialistes des puissances occidentales, ils durent renoncer à exercer un pouvoir absolu, du fait de remises en cause intérieures au pays. Depuis l'instauration d'une monarchie constitutionnelle en 1932, l'armée a presque toujours gouverné le pays, à quelques intermèdes démocratiques près.

À lire

Le Siam, de Michel Jacq-Hergoualc'h (Les Belles Lettres, 2004)

Thaïlande, les Larmes de Bouddha, collectif, hors-série n°43 (Autrement, 1990)

Retour à la rivière Kwaï, de L. Velmans (Phébus, 2005)

Les origines

Il reste peu de traces des civilisations présentes en Thaïlande avant le milieu du Ier millénaire. Les fossiles d'*Homo erectus* découverts dans la province septentrionale de Lampang datent d'au moins 500 000 ans. Le plus important site archéologique du pays, Ban Chiang, près d'Udon Thani, témoigne de l'existence de l'une des plus anciennes sociétés agraires du monde. On pense que la vallée du Mékong et le plateau de Khorat étaient habités il y a 10 000 ans par des agriculteurs et des artisans maîtrisant le travail du bronze. Dans le parc national de Pha Taem, près d'Ubon Ratchathani, des peintures rupestres datent de quelque 3 000 ans.

Les premiers empires

Vers le Xe siècle, des "Thaïs", les ancêtres des Thaïlandais d'aujourd'hui, commencèrent à émigrer du sud de la Chine dans l'actuel Sud-Est asiatique. Ces immigrants parlaient le thaï-kadai, appartenant au groupe

CHRONOLOGIE

4000-2500 av. J.-C.

Au néolithique, des populations pratiquent la poterie, la culture du riz et le travail du bronze dans le nord-est de la Thaïlande.

VIe-XIe siècle

Civilisation de Dvaravati : fondation de cités-États dans le centre de la Thaïlande, création de routes commerciales, culture môn et pratique du bouddhisme Theravada.

IXe-XIIIe siècle

Depuis Angkor, les Khmers étendent leur domination en Thaïlande et érigent des sanctuaires hindou-bouddhiques.

ethnolinguistique le plus important d'Asie du Sud-Est. Certains s'établirent dans les vallées fluviales de l'actuelle Thaïlande, d'autres dans des régions du Laos contemporain et dans l'actuel État shan du Myanmar (Birmanie).

Ils s'installèrent dans des villages en tant que fermiers, chasseurs et commerçants et s'organisèrent en *meu ang* – des unités administratives dirigées par un seigneur –, qui devinrent le socle de l'État thaï. Au fil du temps, les Thaïs s'établirent des vallées montagneuses du Nord jusqu'aux plaines centrales et au plateau du Nord-Est, où existaient plusieurs grands centres marchands aux mains d'empires locaux et "étrangers", notamment môn-Dvaravati, khmer (Cambodge) et Srivijaya (malais).

La civilisation de Dvaravati

Les Môn dominaient une partie du Myanmar (Birmanie), l'ouest de la Thaïlande et les plaines centrales. Du VIe au IXe siècle émergea une civilisation bouddhique spécifique, associée aux Môn et connue sous le nom de Dvaravati. On sait peu de chose de cette période, mais on pense que Nakhon Pathom en était le centre. La découverte d'effigies de Bouddha et de temples de style Dvaravati, ainsi que de stèles gravées d'inscriptions en môn prouve l'existence de routes marchandes jusqu'au Myanmar, au Cambodge, à Chiang Mai et au Laos.

Dvaravati fut l'une des nombreuses civilisations aux influences indiennes qui s'établirent en Asie du Sud-Est, mais elle se distingue par son patrimoine artistique et par les routes marchandes qui ont probablement constitué la toute première charpente de la future Thaïlande.

Le royaume khmer

Les Khmers furent l'équivalent des Romains pour l'Europe en Asie du Sud-Est. Leur royaume devint célèbre pour la splendeur de sa sculpture et de son architecture et influença profondément l'art et la religion de la région. Fondé au IXe siècle, le royaume khmer construisit sa capitale à Angkor (Cambodge) et s'étendit vers l'ouest dans le centre et le nord-est de l'actuelle Thaïlande. Des centres administratifs autour de temples comme à Angkor furent édifiés à Lavo (aujourd'hui Lopburi), Sukhothai et Phimai (près de Nakhon Ratchasima) et reliés par la route à la capitale.

Les constructions monumentales des Khmers constituaient un symbole de la puissance impériale dans les régions frontalières, mettant en œuvre les technologies avancées de l'époque. Les éléments d'inspiration religieuse – hindouisme, brahmanisme, bouddhisme theravada ou mahayana – caractérisent la production culturelle de cette période en Thaïlande.

Confédération de Srivijaya et péninsule malaise

Alors que la Thaïlande continentale était sous l'influence du nord, de l'ouest et de l'est, notamment des Thaïs, des Môns et des Khmers, la péninsule

Grands sites sacrés

Tham Phraya Nakhon, parc national de Khao Sam Roi Yot

Sanctuaire de la Vérité, Pattaya

Wat Phra Mahathat Woramahawihaan, Nakhon Si Thammarat

Temples khmers, Phetchaburi

Grand Bouddha, Phuket

Des reliefs d'Angkor Wat représentent des mercenaires thaïs servant dans les armées khmères. Les Khmers les appelaient "Syam", nom qui fut transcrit en "Siam" par le marchand anglais James Lancaster en 1592.

Xe siècle Arrivée estimée des peuples thaïs.

Environ 1240-1438 Royaume de Sukhothai.

1283 Le roi Ramkhamhaeng de Sukhothai invente la première écriture thaïe.

1351-1767 Règne d'Ayuthaya et essor du royaume du Siam.

LA MONARCHIE THAÏE

Le dernier souverain absolu de la Thaïlande fut le roi Prajadhipok (Rama VII), qui se soumit à la Constitution de 1932 avant d'abdiquer et de partir en exil. En 1935, le nouveau gouvernement élu restaura la monarchie, choisissant comme souverain le neveu du roi, Ananda Mahidol (Rama VIII), alors âgé de 10 ans et résidant en Europe. En 1946, à sa majorité, le roi fut assassiné par balle dans de mystérieuses circonstances. En 1950, son jeune frère fut couronné : le roi Bhumibol (Rama IX) régna sur la Thaïlande jusqu'à sa mort, en 2016.

Au début de son règne, Bhumibol est avant tout le symbole de l'unité nationale, un rôle que le dictateur militaire Sarit (1958-1963) contribue à renforcer. Le roi forme alors avec son épouse Sikirit un couple glamour aussi séduisant que celui de John et Jackie Kennedy, comme en témoignent leurs photographies officielles ou leur rencontre avec Elvis Presley. Par ses programmes de développement des campagnes, le roi se taille également une image de défenseur des pauvres. La Royal Project Foundation, créée en 1969, participe à l'éradication de la culture de l'opium dans les régions montagneuses du Nord. Lors des mouvements de contestation des années 1970, le roi se mue en médiateur, appelant à la paix entre l'armée et les groupes pro-démocratie. En 1992, lors d'une nouvelle crise politique, il convoque dans son palais les leaders des différents mouvements pour tenter d'apaiser les manifestations de rue.

Mais lors de la dernière crise politique de son règne, dans les années 2000, le roi vieillissant a perdu de son influence. Si les manifestants royalistes et anti-Thaksin portent ses couleurs, les pro-démocratie, partisans de Thaksin, considèrent la monarchie avec méfiance. Le roi décède le 13 octobre 2016, laissant son épouse et ses enfants désormais adultes, dont le nouveau roi, Maha Vajiralongkorn.

malaise était économiquement et culturellement liée au sud. Entre le VIIIe et le XIIIe siècle, elle fut sous l'emprise de la confédération de Srivijaya, qui contrôlait le commerce maritime entre la mer de Chine méridionale et l'océan Indien. La capitale de Srivijaya aurait été à Palembang (Sumatra).

Parmi les cités-États de Srivijaya qui prirent de l'importance dans la péninsule malaise, Tambralinga établit sa capitale près de l'actuelle Nakhon Si Thammarat et adopta le bouddhisme au XIIIe siècle. Les États plus au sud se convertirent à l'islam, créant une frontière religieuse qui perdure aujourd'hui. Des vestiges de la civilisation de Srivijaya restent visibles autour de Chaiya et de Nakhon Si Thammarat. Nombre de traditions artistiques du royaume de Srivijaya, comme le *năng đà·lung* (théâtre d'ombres) et le *lá·kon* (théâtre classique dansé), sont vivaces.

La naissance des royaumes thaïs

Le XIIIe siècle vit le déclin des empires régionaux et l'émergence de prospères cités-États thaïes rivales, imposant localement leur puissance militaire. Elles finirent par s'unir en divers royaumes (Lanna, Sukhothai et Ayuthaya notamment) qui formèrent la base de l'identité thaïlandaise.

1511
Les Portugais fondent une mission à Ayuthaya, suivis par d'autres nations européennes.

1688
La mort du roi Narai, favorable aux étrangers, est suivie d'une révolution de palais et de l'expulsion des Français. Les liens de la Thaïlande avec l'Occident restent quasi inexistants jusqu'aux années 1800.

1700
Ayuthaya atteint probablement 1 million d'habitants, ce qui en fait sans doute à l'époque la plus grande cité au monde.

1782
Fondation de la dynastie Chakri, avec Bangkok pour capitale.

Lanna

Le royaume de Lanna fut fondé au milieu du XIIIe siècle dans la ville de Chiang Saen, dans le haut Mékong (nord de la Thaïlande), par le roi Mengrai, qui s'imposa aux cités locales rivales. Il s'installa ensuite plus au sud, faisant de Chiang Mai ("nouvelle cité") sa capitale en 1296. Fin diplomate, le souverain noua des alliances avec de potentiels adversaires, tels le roi Ngam Muang de Phayao et le roi Ramkhamhaeng de Sukhothai ; un bronze commémorant cette confédération se dresse à Chiang Mai. Le roi Mengrai repoussa des invasions mongoles au début du XIVe siècle et instaura des relations diplomatiques afin d'éviter d'autres attaques.

Le royaume de Lanna favorisa la tradition cinghalaise du bouddhisme theravada, largement pratiqué aujourd'hui en Thaïlande, et la culture des Thaïs du Nord, toujours présente dans la région. Le royaume ne connut jamais de forte expansion, car il fut miné par des luttes intestines et des guerres, notamment contre Sukhothai et Ayuthaya.

Le roi Naresuan, présenté comme un héros national, est devenu un personnage culte, en particulier pour l'armée thaïlandaise. Son histoire a inspiré une série de films à succès, *The Legend of King Naresuan*, réalisés par Chatrichalerm Yukol et financés en partie par le gouvernement.

Sukhothai et Ayuthaya

Le déclin de Srivijaya s'amorça au XIIIe siècle, et plusieurs principautés des plaines du centre s'unirent pour supplanter l'Empire khmer agonisant. Elles établirent leur capitale à Sukhothai, créant le premier véritable royaume thaï. Roi révéré, Ramkhamhaeng inventa la graphie thaïe moderne, et fit du bouddhisme theravada la religion officielle. À son apogée, le royaume s'étendait jusqu'à Nakhon Si Thammarat au sud, à la haute vallée du Mékong dans le Laos, et à Bago (Pegu) dans le sud de la Birmanie. Entre 1448 et 1486, la capitale fut transférée à Phitsanulok alors que le royaume d'Ayuthaya gagnait en puissance pour dominer le centre de la Thaïlande et le bassin du Chao Phraya, devenant le plus important du Siam.

En 1569, Ayuthaya tomba aux mains du grand roi birman Bayinnaung, puis regagna son indépendance sous le règne de Naresuan. En 1765, la nouvelle et ambitieuse dynastie birmane de Kongbaung poussa à nouveau vers l'est pour écraser son rival politique et commercial. Ses troupes assiégèrent Ayuthaya pendant un an, avant de la mettre à sac en 1767, détruisant ses bâtiments et massacrant ses habitants.

L'ère de Bangkok

Avec Ayuthaya en ruine, la lignée royale fut interrompue et le chaos s'instaura. Un ancien général, Taksin, fit valoir des droits sur le pouvoir, écarta ses rivaux et installa sa capitale à Thonburi, en aval d'Ayuthaya et plus facilement accessible pour le commerce. Devenu roi en 1768, Taksin, fils d'un Chinois et d'une Thaïe, favorisa les échanges avec la Chine. Taksin fut renversé par des militaires en 1782, après 15 années de règne.

Monuments de l'ère de Bangkok

- *Wat Arun*
- *Wat Phra Kaew et Grand Palais*
- Parc du palais Dusit

1826
La Thaïlande s'allie à la Grande-Bretagne lors de la première guerre anglo-birmane.

1851-1868
Règne de Mongkut (Rama IV) et période d'influence occidentale.

1855
Le traité de Bowring entre le Siam et la Grande-Bretagne stimule l'économie thaïlandaise en accordant des droits extraterritoriaux aux résidents britanniques.

1868-1910
Règne de Chulalongkorn (Rama V) et renforcement de l'impérialisme européen dans les pays voisins.

L'un des organisateurs du coup d'État, Chao Phraya Chakri, monta sur le trône sous le nom de Yot Fa (Rama Ier) et fonda la dynastie Chakri, qui règne toujours aujourd'hui. Le monarque déplaça la capitale sur l'autre rive du Mae Nam Chao Phraya, à l'emplacement actuel de Bangkok. Le premier siècle de l'ère de Bangkok fut consacré à la restauration de la puissance culturelle, politique et militaire d'Ayuthaya, et les nouveaux maîtres du Siam étendirent peu à peu leur influence dans toutes les directions. Ayant détruit les capitales du Laos et du Cambodge, le Siam contint l'agression birmane et asservit Chiang Mai. Les populations vaincues furent déplacées et jouèrent un rôle important dans l'accroissement de la production rizicole du Siam, dont l'essentiel était exporté en Chine.

En 1868, le roi Mongkut (Rama IV) abolit le droit des époux à vendre leur femme, ou leurs enfants, sans sa permission. L'ancienne loi, disait-on, traitait la femme "comme si elle était un buffle".

Au contraire des rois d'Ayuthaya, qui s'identifiaient au dieu hindou Vishnu, les monarques Chakri se firent les défenseurs du bouddhisme. Ils entreprirent la compilation et la traduction en thaï des textes bouddhiques essentiels et construisirent de nombreux temples royaux.

Dans le même temps, un nouvel ordre social se dessinait dans le monde au milieu du XIXe siècle avec l'essor de l'économie de marché. Le Siam se tourna vers l'Occident pour ses idées scientifiques et technologiques et des réformes dans l'éducation, les infrastructures et le système juridique. L'un des grands modernisateurs du pays, le roi Mongkut (Rama IV ; r. 1851-1868) n'avait jamais envisagé de monter sur le trône : avant d'accéder au pouvoir, il avait passé 27 ans dans un monastère où il avait fondé l'ordre Thammayut, régi par les principes stricts des moines môn.

Sous son règne, le Siam signa des traités avec les puissances occidentales qui intégraient le royaume dans le système mondial de marché, céda des monopoles royaux et octroya des droits extraterritoriaux aux sujets britanniques.

Le roi Chulalongkorn (Rama V) fait l'objet d'un véritable culte, dû en partie à ses émouvants portraits en costume européen, en tenue de paysan ou en uniforme militaire. Il défia la tradition en se permettant d'apparaître à ses sujets et en laissant largement propager ses photographies.

Le fils de Mongkut, le roi Chulalongkorn (Rama V ; r. 1868-1910), poursuivit ses réformes en supprimant l'ancien ordre politique et en adoptant le modèle de l'État-nation. Il abolit l'esclavage et les corvées, qui perduraient depuis la période d'Ayuthaya. Chulalongkorn supervisa la création d'une bureaucratie salariée, d'une police et d'une armée permanente. Ses réformes uniformisèrent le code juridique, les tribunaux et les services fiscaux. Les progrès des techniques d'irrigation et l'accroissement de la population paysanne permirent d'améliorer la production agricole. Des écoles furent créées sur le modèle européen.

Chulalongkorn s'appuya sur des conseillers étrangers, notamment britanniques. À la cour royale, la plupart des protocoles multiséculaires furent abandonnés et remplacés par des pratiques occidentales. L'architecture et la décoration des espaces officiels, comme les nouvelles salles du trône, furent confiées à des artistes italiens.

Considéré comme un diplomate tout aussi habile que son père, Chulalongkorn joua une partition habile avec les puissances européennes

1874
L'esclavage est aboli.

1902
Le Siam confisque Yala, Pattani et Narathiwat à l'ancien sultanat de Pattani.

1909
Le traité anglo-siamois définit les frontières du Siam.

1913
Le roi Vajiravudh (Rama VI) demande à tous ses sujets d'adopter un nom de famille.

de manière à éviter la colonisation. Pour conserver son indépendance, la Thaïlande céda le Laos (en 1893) et le Cambodge (en 1907) à l'Indochine française, et trois États malais à la Birmanie britannique (1909).

Rompant tout comme son père avant lui avec la tradition, Chulalongkorn faisait des apparitions publiques, se laissait photographier en habit de paysan et acceptait que son portrait soit reproduit sur la monnaie, les timbres et les cartes postales. C'était aussi un grand voyageur, qui visita l'Europe, Singapour, Java, la péninsule malaise, la Birmanie et l'Inde. Collectionneur, il fit ériger des palais fantaisistes inspirés de ses voyages.

Le Siam devint un pays aux contours définis, au sens moderne. En 1902, il se dénommait non plus Siam, mais Prathet Thai (le pays des Thaïs) ou Ratcha-anachak Thai (le royaume des Thaïs). En 1913, tous ceux qui vivaient à l'intérieur de ses frontières étaient des "Thaïlandais".

L'unification des États du Sud

À partir du XVIIIe siècle, les provinces de la péninsule malaise et de la côte orientale tombèrent peu à peu sous la coupe de Bangkok et du Siam, non sans accrocs. La France occupa la province de Chanthaburi de 1893 à 1905, puis régna brièvement sur la province voisine de Trat. Dès 1907, le Siam contrôlait de nouveau les deux provinces, et le pays accueillit plusieurs vagues de réfugiés vietnamiens fuyant l'Indochine française.

L'ancien royaume de Pattani, remis en 1902 aux Britanniques alors aux commandes en Malaisie, revint dans le giron de la Thaïlande cinq ans plus tard. Nombre d'habitants de l'extrême Sud continuent de considérer la Thaïlande comme une puissance coloniale occupant leur territoire.

Phuket et Ko Samui

Des siècles durant, des "nomades des mers", d'origine malaise, aujourd'hui appelés *chao lair* (p. 413), ont écumé le littoral des îles de la mer d'Andaman, dont Phuket ; ils naviguaient de crique en crique dans des bateaux-maisons rompus aux mers les plus agitées, se nourrissant de crustacés et de soupe à la tortue et récoltant des perles.

Phuket vit débarquer ses premiers Européens au XVIe siècle, l'industrie de l'étain attirant Hollandais, Portugais, Français puis Britanniques. Dans la seconde moitié du XIXe siècle, des milliers d'ouvriers chinois vinrent profiter d'un véritable boom de l'étain. Apportant avec eux traditions culinaires et spirituelles, ils donnèrent peu à peu naissance à la culture baba de Phuket en se mariant avec des résidentes locales. Au tournant du XXe siècle, les Babas (ou Peranakans) fondèrent la ville de Phuket, érigeant de somptueuses demeures mêlant styles portugais et chinois.

Jusqu'à la seconde moitié du XXe siècle, Ko Samui ne comptait qu'une succession de villages de pêcheurs. La population de l'île se résumait alors à deux familles originaires de Nakhon Si Thammarat, quelques marchands

1916
Création de la première université thaïlandaise, l'université Chulalongkorn.

1917
Le Siam envoie des troupes au côté des Alliés pendant la Première Guerre mondiale.

1932
Un putsch sans effusion de sang met fin à la monarchie absolue.

1935
Prajadhipok (Rama VII) est le premier roi de Thaïlande à abdiquer. Le gouvernement choisit le prince Mahidol, son neveu, pour lui succéder.

de Chine méridionale et une poignée de musulmans de la péninsule malaise. La rude traversée pour rejoindre l'île isolait sa population, tandis que les montagnes escarpées et le manque de routes praticables entre les villages maintenaient les différentes communautés de l'île séparées. La route qui fait le tour de l'île (route 4169) ne fut achevée qu'en 1973.

Époque moderne

Depuis le coup d'État de 1932, qui signa la fin de la monarchie absolue, remplacée par une monarchie constitutionnelle en Thaïlande, le pays oscille entre dictature militaire et démocratie balbutiante. Il a connu 13 coups d'État (et d'autres ayant échoué). Le dernier remonte à 2014.

Armée contre Démocratie

En 1932, un groupe de jeunes officiers et de fonctionnaires se faisant appeler Khana Ratsadon (Parti du peuple) organisa un coup d'État qui mit fin sans effusion de sang à la monarchie absolue et instaura une monarchie constitutionnelle. Les dirigeants du mouvement s'inspiraient de l'idéologie démocratique qu'ils avaient découverte pendant leurs études en Europe.

Pendant les années suivantes, des factions rivales (royalistes, militaires, civils) luttèrent pour le contrôle du nouveau régime. Même le Parti du peuple était divisé dans sa vision d'une Thaïlande démocratique et, avant la tenue des élections générales, l'aile militaire du parti s'empara du pouvoir. Le dirigeant de l'aile civile du Parti du peuple, Pridi Phanomyong, un juriste qui avait fait ses études en France, fut contraint à l'exil en 1933 après avoir mis en place un plan économique d'inspiration socialiste qui déplut aux généraux. Les premières élections populaires de Thaïlande eurent lieu en 1937 afin de désigner la moitié

UN CONTREPOIDS LIBÉRAL

Juriste formé en France, Pridi Phanomyong (1900-1983) fut l'un des dirigeants civils de la révolution de 1932 et du Parti du peuple. Son travail pour des réformes démocratiques en Thaïlande s'appuyait sur des mesures constitutionnelles et des initiatives afin de limiter l'intrusion de l'armée dans la vie politique. Partisan du travail et de la nationalisation des terres, il soutenait l'industrialisation conduite par l'État et la protection des travailleurs. Il fonda en 1934 l'université de Thammasat. Figure de proue du Seri Thai, mouvement de résistance à l'occupation japonaise durant la Seconde Guerre mondiale, il devint Premier ministre en 1946.

Reconnu comme un homme d'État d'envergure, Pridi Phanomyong était un personnage controversé et un ennemi déclaré de Phibul Songkhram et des régimes militaires. Ses détracteurs le déclaraient communiste et il dut quitter le pays, soupçonné de régicide. Depuis la fin de la guerre froide, son parcours a été réexaminé et il est aujourd'hui reconnu pour son action en faveur de la démocratie et son rôle de contrepoids face aux intérêts militaires.

1939
Le nom du pays, "Siam", est remplacé par "Thaïlande".

1941
Les troupes japonaises entrent en Thaïlande.

1945
Fin de la Seconde Guerre mondiale ; la Thaïlande cède des territoires pris au Laos, au Cambodge et en Malaisie.

1946
Le roi Bhumibol Adulyadej (Rama IX) monte sur le trône ; la Thaïlande entre à l'ONU.

des parlementaires de la toute nouvelle Assemblée du peuple. Le général Phibul Songkhram, l'un des leaders militaires, devint Premier ministre, une fonction qu'il occupa de 1938 à 1944, puis de 1948 à 1957.

Le gouvernement de Phibul coïncida avec la Seconde Guerre mondiale et fut marqué par une politique nationaliste exacerbée, axée sur l'"identité thaïe" et la nation. Il collabora avec le Japon, lui permettant d'utiliser son territoire comme base pour envahir d'autres pays d'Asie du Sud-Est. Le gouvernement espérait récupérer les territoires perdus lors de l'expansion de l'Indochine française. La Thaïlande comptait déclarer la guerre aux États-Unis et au Royaume-Uni, mais son ambassadeur à Washington, Seni Pramoj, qui était membre du Seri Thai (Mouvement thaïlandais de libération), refusa de remettre la déclaration de guerre officielle, sauvant le pays des conséquences du statut de nation vaincue. Contraint à la démission en 1944, le général Phibul fut jugé pour crimes de guerre.

La démocratie s'épanouit brièvement après la guerre : des élections furent organisées pour désigner l'Assemblée du peuple, et la Constitution de 1946 visait à fournir plus de droits démocratiques et limiter le rôle des militaires. Mais la mort du roi Ananda servit de prétexte aux militaires pour revenir au pouvoir avec Phibul à leur tête.

Dans une initiative clairement nationaliste visant à rassembler toutes les populations de langue thaïe, le Premier ministre Phibul Songkhram changea le nom du pays en 1939 : le "Siam" devint le "Prathet Thai" ("Pays des Thaïs", ou "Thailand" en anglais, sur lequel le nom français est calqué).

Les dictatures militaires

Après avoir écarté Phibul du pouvoir en 1957, le général Sarit Thanarat instaura une dictature militaire : il abolit la Constitution, procéda à la dissolution du Parlement et interdit les partis politiques. Dans les années 1950, les États-Unis collaborèrent avec Sarit et ses successeurs : Thanom Kittikachorn et Praphat Charusathien (à la tête du pays de 1964 à 1973). Ils installèrent des bases militaires en Thaïlande pendant la guerre du Vietnam en échange d'aides financières.

En 1973, des opposants de gauche, essentiellement des intellectuels et des étudiants, organisèrent des manifestations, réclamant une Constitution au régime militaire. Le 14 octobre, l'armée intervint lors d'un rassemblement à Bangkok, faisant 77 morts et plus de 800 blessés. Un monument dans Th Ratchadamnoen Klang, près du monument de la Démocratie, commémore ce massacre. Refusant de cautionner un autre bain de sang, le roi Bhumibol obligea Thanom et Praphat à quitter le pays.

Les années suivantes, le mouvement étudiant se radicalisa, et la peur de l'apparition d'un communisme local gagna les classes ouvrière et moyenne. En 1976, Thanom revint en Thaïlande (officiellement pour devenir moine) et fut accueilli chaleureusement par la famille royale. En réaction, des manifestations furent organisées à l'université Thammasat contre celui qu'ils tenaient pour responsable du massacre du 14 octobre. Des affrontements éclatèrent entre les étudiants et des groupes de droite anticommunistes. Contraints à la clandestinité, de nombreux intellectuels

Lors de la bataille navale de Ko Chang, en janvier 1941, opposant la Thaïlande et la France, deux navires thaïlandais furent coulés au large de l'île de Ko Chang.

1957
Le coup d'État de Sarit Thanarat inaugure une longue période de régimes militaires qui durera jusqu'en 1973.

1965
Selon un accord, la Thaïlande accueille des bases militaires américaines pendant la guerre du Vietnam.

1968
La Thaïlande est un membre fondateur de l'Association des nations du Sud-Est asiatique (Anase, ou Asean).

1973
Manifestations étudiantes, ouvrières et paysannes pour le retour à la démocratie.

et étudiants rejoignirent les insurgés communistes de l'Armée populaire de libération de la Thaïlande (PLAT) dans les jungles du Nord et du Sud.

Le pays resta aux mains des militaires tout au long des années 1980. Le gouvernement du "soldat politique", le général Prem Tinsulanonda, fut une période de stabilité. Prem démantela l'insurrection communiste en combinant action militaire et programmes d'amnistie. Mais l'embellie économique fit émerger des rivaux de taille : des grands patrons mécontents du poids de l'armée au sein du pouvoir et de sa mentalité obsolète, datant de la guerre froide. Les communistes, affirmaient-ils, devaient être des partenaires commerciaux et non des ennemis.

Le monde des affaires au pouvoir

En 1988, le Premier ministre Prem Tinsulanonda fut remplacé à l'issue d'élections régulières par Chatichai Choonhavan, le dirigeant du parti Chart Thai qui forma un gouvernement dominé par d'influents hommes d'affaires provinciaux. Il ôta le pouvoir aux bureaucrates et entreprit de transformer le pays en un "tigre asiatique". La politique et les affaires faisant rarement bon ménage, Chatichai fut renversé par l'armée sous prétexte de corruption aggravée. Ce coup d'État marqua l'émergence d'une nouvelle tendance dans la politique thaïlandaise : le monde des affaires et les élites de Bangkok alliés aux militaires contre ses entrepreneurs-politiciens provinciaux et leur "politique de l'argent".

En 1992, le général Suchinda Kraprayoon, à la tête de l'armée royale de Thaïlande, s'imposa comme Premier ministre, déclenchant une protestation populaire qui se heurta à la répression de l'armée. En mai, quelque 200 000 manifestants défilèrent dans les rues de Bangkok derrière l'ancien gouverneur de la ville, Chamlong Srimuang. Les "manifestants aux téléphones portables" (désignation représentant leur appartenance aux classes urbaines prospères) affrontèrent l'armée durant trois nuits. La nuit du 20 mai, le roi Bhumibol demanda l'arrêt de la répression.

Après les événements du "Mai noir", une nouvelle vague de militants démocrates réclama des réformes constitutionnelles. Pendant la majeure partie des années 1990, le Parti démocrate, représentant les classes

LE PARLEMENT THAÏLANDAIS

La plupart des crises politiques en Thaïlande sont liées à un débat de longue date sur l'organisation de l'organe législatif du pays. La Constitution thaïlandaise a été réécrite à 20 reprises lors des 80 dernières années. À chaque changement constitutionnel, les cartes sont rebattues entre assemblée élue et assemblée nommée. Le Parlement actuel compte à peu près 750 membres, dont 500 représentants élus et 250 sénateurs (chambre haute) nommés par l'armée.

1976
Violente répression du mouvement étudiant par l'armée.

1979
Après 3 ans de régime militaire, des élections ont lieu et le Parlement est restauré.

1980
Le gouvernement de Prem Tinsulanonda s'emploie à juguler le mouvement communiste d'insurrection, avant d'y mettre fin par une solution politique.

1988
Chatichai Choonhavan devient le premier chef du gouvernement élu depuis 1976.

moyennes urbaines et les intérêts économiques, fut majoritaire au Parlement. Il était notamment soutenu par les populations des villes du Sud, d'anciennes cités portuaires dont l'économie dépendait du tourisme et des exportations (caoutchouc, étain et pêche). À l'autre extrémité du spectre : les anciens hommes politiques promilitaires des plaines centrales et les habitants des nouvelles villes du Nord-Est agricole, désireux d'obtenir une part du budget national. Ces fractures politiques perdurent encore.

Mais tout fut bouleversé par la crise économique asiatique de 1997. L'économie thaïlandaise fut alors plombée par la dette, l'explosion de la bulle immobilière et la dévaluation de la monnaie. En quelques mois, le baht plongea de 25 B à 56 B pour 1 $US. Le FMI imposa des réformes financières et juridiques et une libéralisation de l'économie, contre une aide de plus de 17 milliards de dollars pour stabiliser la devise thaïlandaise.

La crise et ses conséquences ramenèrent les démocrates au pouvoir, mais ils perdirent leur crédibilité avec l'aggravation de la situation économique.

Le Parti démocrate (Phak Prachathipat), fondé en 1946, est aujourd'hui le plus vieux parti politique de Thaïlande.

L'ère Thaksin

Les élections de 2001, qui suivaient une récession économique, furent remportées par Thaksin Shinawatra (cet ancien policier avait fait fortune dans l'industrie des télécommunications) et son parti, le Thai Rak Thai (TRT ou "des Thaïs qui aiment les Thaïs"). Il tint rapidement ses promesses concernant le développement rural, dont des financements pour les villages, des soins de santé bon marché et l'allègement des dettes agraires.

Les réformes constitutionnelles de 1997, qui avaient renforcé le rôle du Premier ministre, permirent à son gouvernement d'être l'un des plus stables de l'histoire de la démocratie thaïlandaise. L'essor de l'économie et sa gouvernance audacieuse et ferme lui valurent de remporter la majorité absolue lors des élections de 2005, permettant au TRT de gouverner seul. Sa popularité était immense parmi la classe ouvrière et les paysans.

En 2006, Thaksin fut accusé d'abus de pouvoir et de conflit d'intérêts, plus particulièrement en raison de la vente par sa famille de la Shin Corporation au gouvernement de Singapour pour 73 milliards de bahts (1,88 milliard de dollars), une transaction non taxée en vertu de la législation qu'il avait aidé à rédiger. Des manifestations eurent lieu à Bangkok pour demander sa démission, et le 19 septembre 2006, l'armée organisa un coup d'État sans violence, forçant Thaksin à s'exiler. Mais les élections de décembre 2007 virent la victoire des héritiers politiques de Thaksin qui formèrent un gouvernement mené par Samak Sundaravej.

Ce fut une désillusion pour l'armée et l'organisation anti-Thaksin "Alliance du peuple pour la démocratie" (PAD), dont les militants étaient pour la plupart issus des élites urbaines et surnommés les "Chemises jaunes" parce qu'ils manifestaient en jaune, couleur associée à l'anniversaire du roi. En effet, de nombreux Thaïlandais soupçonnaient

Le 26 décembre 2004, le pire tsunami documenté déferla sur l'océan Indien et fit quelque 5 000 morts et 9 000 blessés dans le sud de la Thaïlande. La région a depuis retrouvé son équilibre. Seuls des panneaux d'évacuation installés sur les plages en cas de tsunami constituent des rappels tangibles de la tragédie.

1991-1992
Le général Suchinda tente de s'emparer du pouvoir ; le roi Bhumibol intervient pour calmer l'agitation après les manifestations du "Mai noir".

1997
Crise économique asiatique ; adoption historique de la "Constitution du peuple".

2001
Thaksin Shinawatra, magnat des télécommunications, devient Premier ministre.

2004
Un tsunami dans l'océan Indien fait plus de 5 000 morts en Thaïlande et met à mal les industries de la pêche et du tourisme ; l'insurrection musulmane se rallume dans le Sud.

Thaksin de vouloir abolir la monarchie. Face à eux, un contre-mouvement émergea, le Front uni pour la démocratie contre la dictature (UDD). Surnommés “Chemises rouges”, ses sympathisants venaient pour l’essentiel du Nord et du Nord-est du pays et comprenaient des opposants au coup d’État, des militants pro-démocratie, des antiroyalistes et des partisans de Thaksin. Les tensions entre les deux mouvements reflétaient une forme de lutte des classes, beaucoup de Chemises rouges, issues de la classe ouvrière, exprimant une forte animosité envers les aristocrates.

Les manifestations les plus enflammées des Chemises rouges intervinrent en 2010, quand la Cour suprême ordonna la saisie de 46 milliards de dollars sur les avoirs de Thaksin après l’avoir déclaré coupable d’abus de pouvoir lorsqu’il était Premier ministre. Les protestataires occupèrent le principal quartier commerçant de Bangkok pendant deux mois, exigeant

LE SUD SOUS TENSION

Depuis 2001, des séparatistes musulmans d’origine malaise entretiennent une opposition récurrente dans les provinces méridionales de Pattani, Narathiwat et Yala. Ces trois provinces faisaient jadis partie du sultanat de Pattani, jusqu’à sa conquête par les rois Chakri. Sous le roi Chulalongkorn, l’élite dirigeante traditionnelle fut remplacée par des envoyés du gouvernement central et des fonctionnaires de Bangkok. Pendant la Seconde Guerre mondiale, une politique nationaliste fut instaurée, visant à transformer la société multiethnique en une nation unifiée et homogène bouddhiste thaïe. Cette politique suscita une résistance dans les provinces du Sud. Un mouvement séparatiste puissant apparut, luttant pour l’indépendance de Pattani. La politique d’assimilation fut abandonnée dans les années 1980 et 1990, et le Premier ministre Prem Tinsulanonda promit de soutenir les droits culturels et la liberté religieuse des musulmans. Il offrit aussi l’amnistie aux insurgés et mit en œuvre un plan de développement économique dans la région historiquement défavorisée.

Le régime de Thaksin adopta une autre approche. Il renforça le contrôle du gouvernement central, ce qui fut perçu comme une tentative d’affaiblir ce bastion du Parti démocrate. Cette politique négligeait la culture musulmane tenace des provinces du Sud. En 2002, le gouvernement limogea le bureau de sécurité des frontières (comprenant civils-police-armée), une unité souvent félicitée pour le maintien de la paix et de la stabilité, et servant d’interface entre le gouvernement thaï et les musulmans du Sud. Il fut remplacé par la police thaïlandaise provinciale, redoutée et méprisée par la population. En 2004, le gouvernement répondit brutalement à des manifestations, qui virent la mort de 180 musulmans (civils non armés pour la plupart). En 2005, la loi martiale fut déclarée dans la région.

Après plus d’une décennie de violences, rien n’indique la fin du conflit. Des pourparlers de paix sont tenus sporadiquement, toutefois, vu la méfiance et le refus de compromis de part et d’autre, les observateurs restent sceptiques. Accorder une forme d’autonomie à l’extrême Sud pourrait constituer un pas en avant, mais les gouvernements thaïlandais successifs ont toujours refusé l’idée d’affaiblir leur emprise sur la région.

2006

Le roi Bhumibol célèbre le 60e anniversaire de son accession au trône ; le gouvernement de Thaksin est renversé par un coup d’État et le Premier ministre, contraint à l’exil.

2009

À Pattaya, les “Chemises rouges” – des militants pro-Thaksin –, parviennent à faire annuler le quatrième Sommet de l’Asie orientale. L’état d’urgence est déclaré à Bangkok.

2010

Les Chemises rouges occupent le centre de Bangkok durant 2 mois ; la répression militaire fait 91 morts.

2011

Yingluck Shinawatra est la première femme à accéder au poste de Premier ministre ; des inondations dévastatrices frappent une région industrielle du pays.

la dissolution du gouvernement et l'organisation de nouvelles élections. En mai 2010, l'armée évacua le quartier par la force. Les affrontements firent 91 morts, et plusieurs centres commerciaux furent incendiés (le coût des dégâts fut estimé à 1,5 milliard de dollars US).

Lors des élections de 2011, le parti Pheu Thaï, allié à Thaksin, remporta la majorité au Parlement, et la sœur de Thaksin, Yingluck Shinawatra, fut élue Premier ministre – première femme (et plus jeune personne de l'histoire) à accéder à ce poste. Mais tout au long de son mandat, elle se vit accusée de n'être qu'un pantin contrôlé par son frère, qui avait fui le pays pour échapper à des poursuites après le coup d'État de 2006.

Thaksin a été le premier Premier ministre thaïlandais à achever son mandat de 4 ans. Sa sœur Yingluck est restée Premier ministre 3 ans avant d'être renversée par un coup d'État.

Le retour de l'armée

Le 22 mai 2014, l'armée thaïlandaise, dirigée par le général Prayut Chan-o-cha, renversa le gouvernement élu, mettant fin à des mois de crise politique. Selon Prayut, le putsch était nécessaire à la stabilité du pays.

Le gouvernement militaire de Prayut, appelé Conseil national pour la paix et le maintien de l'ordre (NCPO), déclara la loi martiale. Il ordonna aux médias de s'abstenir de tout commentaire négatif et aux fournisseurs Internet de bloquer tout contenu décriant les décisions de la junte.

La répression n'épargna pas la société civile, et plus de 1 000 personnes (opposants politiques, universitaires, journalistes, blogueurs et étudiants) furent emprisonnées ou jugées par des tribunaux militaires. En mars 2015, le Haut-Commissaire des Nations Unies aux droits de l'homme reprocha à l'armée de se servir de la loi martiale pour réduire l'opposition au silence, et appela de ses vœux le retour de la "liberté d'expression afin de garantir un vrai débat démocratique".

À l'approche de l'inévitable succession au trône, l'armée durcit un peu plus les sanctions déjà strictes pour les crimes de lèse-majesté. En août 2015, un homme qui avait posté un article de presse sur sa page Facebook fut condamné à 30 ans de prison pour insulte à la monarchie. En 2016, la BBC thaïlandaise fit également l'objet d'une enquête pour diffamation après la diffusion d'un portrait du nouveau monarque.

Occupé à museler l'opposition, le NCPO ignora les problèmes économiques du pays, notamment la chute des investissements étrangers, des exportations et du PIB suite au coup d'État. En 2016, un plan d'investissement dans les infrastructures fut annoncé afin de redresser l'économie. Si l'industrie du tourisme n'a pas faibli, la croissance économique était en 2019 à son plus bas niveau depuis le putsch.

Une fois au pouvoir après son putsch de 2014, la junte annonça un renforcement de la lutte contre le crime et la corruption. À Phuket, cela s'est traduit par le déploiement de centaines de soldats pour chasser des plages stands de restauration, centres de massage et vendeurs ambulants sans licence. L'activité commerciale a diminué sur les plages de Phuket pendant un certain temps, mais nombre de vendeurs ont contourné l'obligation de fermeture en changeant simplement d'emplacement.

L'impasse politique

En mars 2019, après 5 ans d'attente et une nouvelle modification de la Constitution, les premières élections générales depuis le coup d'État de

2012

En mars, une série d'attaques à la voiture piégée à l'extrême Sud fait 16 morts et plus de 300 blessés.

2013

Des pourparlers de paix commencent, puis s'enlisent, avec les militants du Sud.

2014

Pour la 13e fois depuis 1932, l'armée prend le pouvoir par la force, renversant le gouvernement de Yingluck Shinawatra et du parti Pheu Thaï.

2015

Un attentat terroriste à la bombe au sanctuaire d'Erawan, à Bangkok, fait 20 morts.

LES MÉDIAS

Si les gouvernements d'Asie du Sud-Est n'apprécient guère les médias libres, la Thaïlande a souvent lutté contre cette tendance dans les années 1990, garantissant même la liberté de la presse dans sa Constitution de 1997, avec cependant quelques lacunes notables. Cette époque a pris fin avec l'ascension de Thaksin Shinawatra au début du XXIe siècle. Quand il est devenu Premier ministre et que son parti a acquis une position majoritaire, la presse a subi une censure et une intimidation judiciaire jamais connues depuis les dictatures militaires des années 1970. Le gouvernement a multiplié les plaintes pour diffamation contre des particuliers, journaux et groupes de presse ayant publié des révélations gênantes sur le régime.

Après l'éviction de Thaksin en 2006, les médias ont obtenu que les garanties concernant la liberté de la presse restent inscrites dans la nouvelle Constitution, mais cette "promesse sur le papier" ne les a pas sauvés de manœuvres d'intimidation, de procès et d'attaques physiques. Des pouvoirs élargis pour garantir la sécurité nationale, souvent invoquée contre la presse, s'ajoutèrent aux lois de l'état d'urgence, institué après le coup d'État.

Le coup d'État de 2014 a été suivi d'une répression à grande échelle des médias et de la liberté d'expression : très rapidement, 15 stations de radio et de télévision ont été fermées, 100 sites Internet ont été bloqués et quelque 1 000 personnes – universitaires, blogueurs, journalistes, étudiants et membres de l'opposition – ont été emprisonnées pendant des périodes plus ou moins longues. Actuellement, les médias locaux pratiquent l'autocensure pour éviter les ennuis et certains sites Internet, comme la section thaïlandaise de Human Rights Watch, sont souvent bloqués dans le pays.

On note également une forte augmentation du nombre de personnes poursuivies en vertu du des lois sur la cybercriminalité, auxquelles le gouvernement recourt de plus en plus pour museler médias, opposants politiques et détracteurs de la monarchie. Le chef du Parti du nouvel avenir, très populaire, a par exemple été mis en examen pour publication de fausses informations sur la junte militaire *via* sa page Facebook.

2014 ont enfin été organisées. La junte et son chef, l'ancien général Prayut Chan-o-cha, ont fait campagne au nom du parti Palang Pracharath.

Malgré les pressions sur les médias et les soupçons d'irrégularités lors de l'élection, le Palang Pracharath n'a pas obtenu la majorité au Parlement. C'est le parti Pheu Thaï du clan Shinawatra qui a remporté le plus de sièges, le récemment créé "Parti du nouvel avenir" arrivant troisième. Pourtant, la nouvelle Constitution a permis aux 250 sénateurs, nommés par l'armée, de peser dans le choix du Premier ministre, et c'est finalement Prayut qui a repris les rênes du pouvoir en juin 2019 à la tête d'un gouvernement de coalition.

Pheu Thaï, le Parti du nouvel avenir et d'autres partis antimilitaristes s'opposent à la coalition, qui peine à gouverner et ne possède qu'une faible majorité au Parlement. La Thaïlande s'enfonce donc à nouveau dans une impasse politique.

2016

Mort du roi Bhumibol Adulyadej (Rama IX). Une Constitution soutenue par l'armée est adoptée par référendum.

2017

Yingluck Shinawatra, Première ministre de 2011 et 2014, s'exile pour échapper à son inculpation pour corruption.

2019

Premières élections générales en Thaïlande depuis le coup d'État de 2014. L'ancien général Prayuth Chan-o-cha est nommé Premier ministre de la coalition gouvernementale.

2019

Couronnement officiel du roi Vajiralongkorn (Rama X) ; la cérémonie dure trois jours.

Culture et société

Un fort sentiment d'identité nationale estompe les différences ethniques et régionales qui ont évolué au fil des migrations et des affinités géographiques avec les peuples voisins.

Mosaïque ethnique

La religion, la monarchie et la tradition constituent les piliers de la société thaïlandaise. Le fait que leur pays a été le seul d'Asie du Sud-Est à n'avoir jamais été colonisé procure aux Thaïlandais un sentiment de fierté. Toutefois, la nation n'est pas homogène : dans le Sud prévaut une identité culturelle solidement enracinée, plus proche de la culture musulmane de la Malaisie voisine.

Quelque 75% des Thaïlandais sont d'origine thaïe, mais sous une apparente homogénéité, de subtiles différences existent au niveau régional. Le dialecte des Thaïs du Sud (*ɓàk đâi* ; souvent écrit *pàk tâi*) se parle plus rapidement que le thaï standard, leurs currys sont plus épicés et la culture régionale populaire comprend plus de croyances musulmanes. La culture chinoise est aussi tangible dans le Sud, comme en témoignent les multiples temples et maisons de clan, ainsi que les enseignes en caractères chinois sur les devantures des magasins. Ce mélange d'influences culturelles est caractéristique du sud du pays.

Les Malais, qui résident majoritairement dans les provinces du Sud, représentent 3% de la population thaïlandaise. Avant la division de la péninsule malaise entre deux pays, les cités-États, sultanats et villages faisaient partie de l'Empire indonésien de Srivijaya, avec des coutumes et langues entremêlées, et tous rivalisant pour le contrôle des routes maritimes. Beaucoup de villes thaïlandaises et noms de lieux du sud du pays rappellent la langue bahasa. De même, certaines traditions villageoises sont d'emblée familières à un habitant de Sumatra et totalement étrangères à un Thaïlandais du Nord.

Parmi les autres minorités du Sud figurent les Moken (*chow lair* ou *chao leh* ; peuple de la mer ou "nomades de la mer" ; p. 413), qui ne parlent pas thaï. De plus en plus d'Européens et d'autres populations non asiatiques s'installent en Thaïlande.

La population en bref

69,3 millions d'habitants

Taux de fécondité : 1,5

Pourcentage de plus de 65 ans : 11%

Taux d'urbanisation : 52%

Espérance de vie : 76,9 ans

Il n'existe pas de méthode de transcription officielle du thaï vers le français ; les transcriptions des mots et des noms de lieux sont donc variables.

Sino-thaïlandais

Les Thaïlandais d'origine chinoise – la deuxième ou troisième génération de Hakka, Teochew, Hainanais ou Cantonais – constituent 14% de la population, soit la plus importante communauté chinoise expatriée au monde. Nombre d'immigrants chinois se sont installés à Bangkok et dans les proches régions littorales, attirés par les opportunités économiques dans la première moitié du XXe siècle. Historiquement, les Chinois fortunés introduisaient leurs filles à la cour royale comme épouses, favorisant ainsi les liens avec la monarchie et créant une lignée chinoise qui perdure jusqu'au roi actuel.

LES MIGRANTS INVISIBLES

D'innombrables Birmans se sont réfugiés en Thaïlande pendant les années les plus brutales de la dictature militaire au Myanmar (Birmanie). Près de 150 000 sont entrés dans le royaume en tant que réfugiés politiques ou ethniques, mais la grande majorité sont des migrants économiques (estimés entre 2 et 3 millions). Ils occupent des emplois peu qualifiés – bâtiment, transformation du poisson, usines, domestiques –, auparavant réservés aux ouvriers non spécialisés du nord-est de la Thaïlande. Dans le Sud, le personnel des hôtels et des restaurants vient généralement du Myanmar.

Nombre de Thaïlandais pensent que leur pays, dont le taux de natalité est bas, a besoin de cette main-d'œuvre ; d'autres voient ces immigrants d'un mauvais œil. Quant aux Birmans installés dans le sud de la Thaïlande, ils se plaignent de conditions de travail désastreuses, notamment dans le domaine de la pêche, et d'être injustement accusés de tous les crimes.

Les centres marchands de la plupart des villes thaïlandaises sont gérés par des familles sino-thaïes et les fêtes chinoises sont célébrées dans nombre de localités, tel le Festival végétarien annuel.

Les temples bouddhiques chinois, souvent colorés et conformes au folklore et aux rites de la Chine méridionale, sont répandus, surtout dans le Sud. Les temples consacrés à Mazu (ou Tianhou), déesse du ciel et protectrice des marins, sont typiques des provinces maritimes du sud de la Chine, d'où sont venus les ancêtres de la plupart des Thaïlandais d'origine chinoise. Quantité de temples sont dédiés à Guandi, dieu de la Guerre souvent représenté avec un visage rouge et fortement lié au culte taoïste. Guanyin, déesse bouddhique chinoise de la Miséricorde, est vénérée par les Sino-Thaïlandais, au même titre que d'autres bodhisattvas adorés en Chine. On ne compte plus les salles de réunion et les temples d'ancêtres chinois.

Thaïlandais musulmans

Représentant environ 5% de la population, les musulmans sont la plus importante minorité religieuse du pays et cohabitent avec la majorité bouddhiste. Si beaucoup d'entre eux vivent dans le Sud, un nombre encore plus grand est réparti dans toute la nation. La plupart des musulmans du Sud sont d'origine malaise et parlent malaisien ou yawi (un dialecte malais utilisant l'alphabet arabe) en plus du thaï.

Mode de vie

La vie des Thaïlandais du Sud diffère selon qu'ils habitent la ville ou la campagne.

Ceux des campagnes côtières vivent principalement de la production du caoutchouc et de la pêche, bien que l'élevage et la riziculture soient aussi des activités importantes. Les paysans qui récoltent le latex résident dans des petits villages de l'intérieur des terres, reconnaissables aux rangées d'arbres et aux bandes de caoutchouc séchant à l'air libre ; nombre d'îles de la côte d'Andaman sont parsemées de ces forêts d'hévéas. Les villages musulmans traditionnels sont construits sur l'eau et se composent d'une série de maisons sur pilotis reliées entre elles. La mer d'Andaman étant traditionnellement calme, personne ne redoutait la colère de l'océan, une idée préconçue douloureusement bouleversée par le tsunami de 2004.

Dans les villes, l'ambiance est affairée et moderne, comme dans le reste du pays, mais la présence des marchands chinois et indiens leur confère ce caractère spécifique aux cités du Sud. Les bourgs marchands, où les bateaux de pêche aux couleurs vives viennent décharger leurs prises, sont des centres de commerce.

Valeurs familiales

L'importance de la famille dans la société thaïlandaise saute aux yeux des visiteurs. De nombreux commerces et entreprises sont gérés en famille, et il n'est pas rare de voir trois générations tenir une pension ou partager la même habitation. Les plus âgés ont leur part de travail, vendant par exemple des bonbons aux gamins du quartier ou louant des motos aux touristes. Certes, le tourisme a considérablement modifié le mode de vie des insulaires, mais les emplois qu'il procure retiennent de nombreux jeunes d'aller chercher du travail sur le continent, ce qui contribue à la cohésion de l'unité familiale.

Religion

Bouddhisme

Environ 93% des Thaïlandais pratiquent le bouddhisme theravada, également appelé hinayana ou "petit véhicule" pour le distinguer du bouddhisme mahayana ou "grand véhicule". La principale différence entre ces deux courants est la croyance que chaque individu est responsable de son propre éveil dans le bouddhisme theravada, alors que les bouddhistes mahayana privilégient le salut des autres avant le leur.

Salutation thaïe traditionnelle, le *wâi* – mains jointes à hauteur de la poitrine – remplace la poignée de main.

Le but de toutes les formes de bouddhisme est l'atteinte du *nibbana* (nirvana en sanskrit) qui, au sens littéral, signifie l'extinction de tous les désirs et donc de toute *dukkha* (souffrance). C'est aussi la fin du cycle des renaissances et l'entrée dans la spiritualité. En fait, la plupart des bouddhistes thaïlandais aspirent à une renaissance dans une existence meilleure plutôt que de s'efforcer d'atteindre le *nibbana* (nirvana). Dans ce but, ils effectuent des actions méritoires (*tam bun*) telles que nourrir les moines, faire des dons aux temples et prier régulièrement au *wat* (temple) local. La théorie bouddhiste du karma est bien exprimée dans le proverbe thaïlandais *tam di, dâi di* ; *tam choûa, dâi choûa* (faites le bien et recevez le bien ; faites le mal et recevez le mal).

Il n'existe pas de jour particulier pour les dévotions dans le bouddhisme thaïlandais ; les fidèles viennent au temple pour certaines fêtes religieuses, quand cela leur convient ou pour un événement familial. La plupart des visites ont lieu lors des *wan phrá* (jours sacrés), qui interviennent quatre fois par mois selon les phases de la lune. D'autres pratiques comprennent les offrandes de nourriture à la *sangha* (moines et nonnes du temple), la méditation, l'écoute des moines psalmodiant des *sutta* (discours de Bouddha) ou de conférences sur le *dhamma* (juste comportement).

SAUVER LA FACE

Les Thaïlandais cherchent en toutes circonstances à "sauver la face". Ils évitent la confrontation et s'efforcent de ne pas provoquer de situations embarrassantes, tant pour eux que pour les autres (sauf quand c'est *sà·nùk* – "amusant" – de le faire). Il convient ainsi de ne pas aborder de sujets négatifs dans la conversation, de ne pas exprimer de convictions ou d'opinions tranchées, et de ne pas prétendre avoir raison. L'accord et l'harmonie sont considérés comme les qualités sociales les plus importantes.

Si les Occidentaux apprécient les discussions passionnées, les Thaïlandais les évitent et considèrent qu'élever la voix est impoli et futile. Perdre son sang-froid revient à faire perdre la face aux personnes présentes, et les Thaïlandais offensés réagissent souvent de façon extrême. Un incident mineur, comme trébucher ou tomber, peut susciter des rires. Ce n'est pas pour se réjouir de votre infortune mais pour vous aider à sauver la face.

PRÉNOMS ET SURNOMS

À la naissance, les petits Thaïlandais reçoivent un prénom, souvent choisi par le patriarche ou la matriarche de la famille. Ces noms poétiques sont ensuite relégués aux formulaires administratifs et aux papiers d'identité, puisque l'enfant sera présenté sous un surnom monosyllabique. Ces surnoms ne sont généralement pas dénués d'humour ; ils peuvent faire référence à l'apparence physique de l'enfant (par exemple Mou, "cochon", s'il est potelé) ou à son passe-temps favori (Toon, abréviation de "cartoon", pour un fan de dessins animés). Beaucoup de filles sont surnommées Lek ou Noi ("petite").

Islam

Quelque 3,3 millions de Thaïlandais sont musulmans, et la majorité d'entre eux est regroupée dans le sud du pays. Pour la plupart d'origine malaise, ils pratiquent une version modérée de l'islam sunnite, mêlée d'animisme préislamique.

Depuis une dizaine d'années, un mouvement de renouveau a engendré une pratique religieuse plus stricte assortie d'une méfiance envers les influences étrangères. En raison d'une interprétation plus étroite de l'islam, nombre de coutumes populaires ont disparu des rites quotidiens et les habitants de la région considèrent le gouvernement et le système éducatif, essentiellement bouddhistes, comme intolérants envers leur mode de vie. Les écoles et infrastructures du Sud sont nettement sous-financées, le programme scolaire, qui est le même dans tout le pays, comprend des cours obligatoires sur le bouddhisme, et la frustration à l'encontre du gouvernement de Bangkok est parfois définie comme une lutte religieuse plutôt que politique.

S'il existe des mosquées dans tout le sud du pays, peu d'entre elles présentent un intérêt architectural et la plupart sont interdites aux femmes. Lors de la visite d'une mosquée, pensez à vous couvrir la tête et à ôter vos chaussures.

Livres sur l'art

Thai Cinema, le Cinéma thaïlandais, dirigé par B. Meiresonne, S. Ariyavicha, G. Boutigny, A. Chaiworaporn et al. (Asiexpo Association, 2006)

Jim Thompson : la maison sur le Klong, de William Warren et Jean-Michel Beurdeley (Les Éditions du Pacifique, 2004)

Thaïlande, Trésors d'une civilisation ancienne, de Nicoletta Celli (Les Éditions du Pacifique, 2004)

Autres religions

Les chrétiens, principalement des peuples montagnards convertis par des missionnaires et des immigrants vietnamiens, représentent 1,2% de la population, de même que les confucianistes, taoïstes, bouddhistes mahayana et hindouistes réunis. On dénombre également près de 70 000 sikhs. Des croyances animistes, largement antérieures au bouddhisme et à l'hindouisme, perdurent comme en témoignent notamment les "maisons des esprits" – des sanctuaires qui abritent les *prá poum* (esprits gardiens) d'un terrain –, mais aussi des fêtes telles que Loi Krathong, qui honore l'esprit de l'eau.

Arts

L'essentiel de l'énergie créatrice de la Thaïlande s'est exprimé dans l'art religieux et cérémoniel. Peinture, sculpture, musique et théâtre jouent toujours un rôle majeur dans les rites, et l'art religieux est bien vivant.

Architecture

Les temples bouddhiques (*wat*), souvent magnifiques, constituent l'aspect le plus frappant du patrimoine architectural thaïlandais. Comme pour de nombreuses pagodes chinoises, l'un des éléments caractéristiques du temple bouddhique est le *chedi* (stupa), un monument en forme de montagne qui évoque aux fidèles les grandes vérités du bouddhisme. Il renferme souvent des reliques de rois importants, de Bouddha ou de moines et nonnes notables. Les temples thaïlandais mêlent librement diverses influences étrangères, du stupa en épis de maïs hérité de l'Empire khmer à celui en forme de cloche du Sri Lanka.

L'iconographie hindoue-bouddhiste prédomine dans les temples. Le naga, le serpent mythique de l'hindouisme et du bouddhisme, orne souvent les balustrades d'entrée et les pignons des toits. Au bout du toit de la salle du temple se tient le *chôr fáh*, la silhouette dorée d'un oiseau qui suggère l'envol.

Autre symbole bouddhique vénéré, le bouton de lotus est un motif sacré qui décore souvent le sommet des portes des temples, les colonnes des galeries et les flèches des *chedi* de la période Sukhothai. Des effigies de Bouddha le représentent fréquemment en train de méditer sur un piédestal de lotus, un rappel des principes du bouddhisme. Le lotus, qui peut fleurir dans une mare boueuse et polluée, illustre la possibilité de perfection religieuse dans un milieu impur.

Les Thaïlandais ont commencé à mêler architecture traditionnelle et styles européens à la fin du XIXe et au début du XXe siècle. Les cités portuaires, dont Bangkok et Phuket, possèdent de beaux exemples d'architecture sino-portugaise – des bâtiments en brique décorés de stuc avec une façade ouvragée –, un style qui suivit les marchands portugais durant l'époque coloniale. Il est localement appelé "vieux Bangkok" ou "Ratanakosin".

Littérature

Œuvre la plus connue et influente de la littérature thaïlandaise classique, le *Ramakien* est inspiré de l'épopée hindoue du *Ramayana*, transmise en Asie du Sud-Est par des marchands indiens et introduite en Thaïlande par les Khmers il y a environ 900 ans. Si le thème central reste le même, les Thaïlandais ont ajouté des détails biographiques au roi-démon Ravana (Thótsàkan dans le *Ramakien*) et à son épouse Montho. Hanuman, le dieu-singe, est transformé en une sorte de séducteur.

Le *Phra Aphai Mani*, un poème épique composé par Sunthorn Phu (1786-1855), a pour cadre Ko Samet. Œuvre majeure de la littérature classique, il conte l'épopée d'un prince exilé.

Chef de file des écrivains contemporains, Prabda Yoon a remporté le SEA Write Award en 2002 pour son recueil de nouvelles *Probability*

Romans

Jours tranquilles à Bangkok, de Lawrence Osborne (2009). La vie à Bangkok vue par un Anglais, dans un style à la fois élégant et drôle

Bangkok 8 (10-18, 2005), *Bangkok Tattoo* (10-18, 2009) et *Bangkok Psycho* (10-18, 2011), de John Burdett

Café Lovely, de Rattawut Lapcharoensap (Points, 2009)

Les Cafards, de Jo Nesbø (Gallimard, 2006)

La Plage, d'Alex Garland (1998)

Le Pont de la rivière Kwaï, de Pierre Boulle (1952)

LES CHOW LAIR

Le sud de la Thaïlande abrite l'un des plus petits groupes ethniques du pays, les *chow lair* (ou *chao leh*), littéralement "peuple de la mer". Également appelés Moken (*mor·gaan*), ou "nomades de la mer", les *chow lair* sont une ethnie d'origine malaise présente le long des côtes, du Myanmar au nord jusqu'à Bornéo au sud. Constituées de chasseurs-cueilleurs, les communautés qui subsistent sont reconnues comme l'un des rares groupes humains à vivre essentiellement sur la mer ; cependant, ces dernières années, beaucoup se sont installés dans des campements de misère sur les îles. Peut-être en raison d'une habitude acquise au fil des siècles, de nombreux *chow lair* peuvent retenir leur souffle très longtemps et ont une étonnante faculté à voir sous l'eau. Lors du tsunami de 2004, presque aucun *chow lair* n'a perdu la vie ; les contes et légendes transmis oralement de génération en génération les ont alertés des dangers d'une mer se retirant brusquement et ils ont su se mettre à l'abri.

Les *chow lair* sont restés quasiment ignorés jusque dans les années 1980, quand leurs îles sont devenues une ressource pour le tourisme. Des entrepreneurs ont acheté de larges bandes de terre en bord de plage, les obligeant à déménager sur des îles plus petites, de moindre valeur. Ces pressions rendent sans doute inévitable la lente disparition de la culture *chow lair*. Nombre des nomades de la mer vivent aujourd'hui en transportant les touristes d'île en île ou en pêchant des poissons pour les buffets des complexes hôteliers. Survivance de la vie *chow lair* traditionnelle, la cérémonie du "bateau flottant" a lieu deux fois par an, en mai et novembre : une maquette élaborée de bateau est lancée à la dérive, emportant au large le mauvais sort.

FICTION THAÏLANDAISE TRADUITE

Voici quelques ouvrages de la littérature thaïe disponibles en français :

Plusieurs vies (Kukrit Pramoj, Langues et Monde-L'Asiathèque 2003). Un naufrage et onze corps qui racontent chacun un destin. Recueil de nouvelles dressant un tableau saisissant de la société thaïe dans les années 1950.

La Chute de Fak Chart Korbjitti (Seuil, 2003).

Terre de mousson (Pira Sudham, Picquier Poche, 1988). Peinture brillante des antagonismes entre tradition et modernité.

Plusieurs romans et recueils de nouvelles traduits du thaï par Marcel Barang, en français et en anglais, dont des œuvres de Chart Korbjitti et du double vainqueur du SEA Write Award Win Lyovarin, peuvent être téléchargés sur www.thaifiction.com.

(2000, non traduit) ; il a également écrit les scénarios de *Last Life in the Universe* et de *Vagues invisibles* réalisés par Pen-ek Ratanaruang, et a lui-même réalisé un film. En 2004, le ministère de la Culture thaïlandais lui a commandé un ouvrage sur le tsunami. Le livre, *Where We Feel: A Tsunami Memoir by an Outsider*, illustré par Yuree Kensaku, a été distribué gratuitement sur la côte d'Andaman.

Musique

La musique thaïlandaise traditionnelle peut dérouter le visiteur, car l'octave à 8 notes respecte des césures différentes de celles de l'octave européenne. Les gammes thaïlandaises furent transcrites pour la première fois par le compositeur germano-thaïlandais Phra Chen Duriyanga (Peter Feit), qui composa l'hymne national en 1932.

L'orchestre classique, le *Ƀèe·pâht*, comprend de 5 à 20 musiciens. Instrument à cordes le plus populaire, le *ja·kêh* (ou *jakhe*) est une sorte de luth étroit que l'on pose sur le sol pour en jouer à l'horizontale. Parmi les instruments à vent en bois figurent le *klòu·i*, une simple flûte, et le *Ƀèe*, une sorte de hautbois avec une anche en roseau. Vous entendrez jouer du *Ƀèe* si vous assistez à un match de boxe thaïe. L'instrument peut-être le plus familier est le *khĭm*, que l'on entend en fond sonore dans les restaurants thaïlandais du monde entier.

La scène musicale contemporaine est dynamique et variée. Le *lôuk tûng* est sans conteste le genre le plus populaire ; analogue à la musique country américaine, il séduit principalement les classes populaires. Les années 1970 ont vu naître un nouveau style appelé *pleng pêu·a chi-wít* (littéralement "musique pour la vie"), inspiré du rock politiquement engagé des États-Unis et d'Europe. Les trois plus grandes icônes de la musique thaïlandaise contemporaine sont le groupe de rock Carabao, la pop-star Thongchai "Bird" MacIntyre, la chanteuse souvent controversée Tata Young et la reine du *lôuk tûng*, Pumpuang Duangchan, morte tragiquement en 1992.

Aujourd'hui, des centaines de groupes thaïlandais destinés aux jeunes, des boys-bands et girls-bands aux groupes de rock metal, produisent une musique facile à chanter mais affreusement difficile à s'ôter de la tête !

Peinture

À l'exception des peintures rupestres préhistoriques et historiques découvertes dans des grottes du sud du pays, il subsiste peu de peintures anciennes en Thaïlande, en partie à cause de l'invasion birmane dévastatrice de 1767. Celles qui existent sont pour la plupart religieuses, réalisées dans les temples et illustrant les vies de Bouddha.

Depuis le boom des années 1980, la sculpture et la peinture profanes ont bénéficié d'une reconnaissance internationale croissante, avec quelques artistes inspirés par l'impressionnisme parmi les plus réputés.

Vinrent ensuite les artistes de l'école "Fireball" (Boule de feu), tel Manit Sriwanichpoom, spécialisés dans les installations multimédias et engagés politiquement. Ces dernières années, des artistes se sont éloignés des influences traditionnelles et des commentaires politiques pour se tourner vers l'art contemporain et des thèmes plus personnels, tels que l'exploration du corps féminin par Pinaree Sanpitak ou les œuvres liées à l'identité de Maitree Siriboon.

Cinéma

Le cinéma thaïlandais comporte deux courants concurrents : les films à succès et les films d'auteurs. Il est rare que les deux courants se confondent.

Le cinéma populaire thaïlandais a explosé dans les années 1960 et 1970, surtout après l'instauration d'une taxe sur les films hollywoodiens qui a relancé l'industrie nationale. La production se composait principalement de films d'action à petit budget surnommés *nám nôw* (eau puante), mais les intrigues fantastiques (parfois incompréhensibles) et les couleurs chatoyantes ont fortement marqué les réalisateurs thaïlandais contemporains.

Le cinéma thaïlandais a fait son entrée dans les cercles internationaux à la fin des années 1990 et au début des années 2000, en partie grâce au réalisateur et scénariste (formé à l'institut Pratt) Pen-Ek Ratanaruang et à ses œuvres brutes et captivantes. Son dernier film, *Samui Song* (2017), raconte l'histoire d'une actrice de soap opera dont le mari, un riche Français, a rejoint une secte. Avec trois films primés au Festival de Cannes, dont la Palme d'Or 2010 pour *Oncle Boonmee, celui qui se souvient de ses vies antérieures*, Apichatpong Weerasethakul est le grand réalisateur du cinéma thaïlandais contemporain. Ses œuvres suivantes, comme le drame teinté d'horreur *Cemetery of Splendour* (2015), sont davantage tournées vers le grand public.

Les festivals de films internationaux accueillent aujourd'hui une nouvelle génération de metteurs en scène expérimentaux thaïlandais. Nawapol Thamrongrattanarit a été acclamé pour le scénario de *Bangkok Traffic Love Story* (2009), sur les déboires d'une jeune citadine, puis pour son premier film, *36* (2012), composé de 36 plans fixes explorant les thèmes de l'amour et des souvenirs perdus. Présenté dans de nombreux festivals, *Mary Is Happy, Mary Is Happy* (2013) est une adaptation fictionnelle de 400 tweets d'une adolescente thaïlandaise. Parmi ses dernières œuvres figurent *Heart Attack* (2015) et le documentaire *The Master* (2014).

L'enthousiasme des festivals a été soutenu par des ciné-clubs indépendants et l'autopromotion sur les réseaux sociaux. C'est ainsi que les réalisateurs parviennent à contourner les gros studios, les censeurs vigilants et les cinémas allergiques aux controverses. En 2009, la Commission nationale du cinéma a introduit un système de classification comprenant sept catégories, dont une équivalant à l'interdiction. Si la censure peut sembler un arrêt de mort, elle garantit souvent le succès d'un film indépendant et son statut d'œuvre culte. En 2013, deux documentaires politiques ont heurté la sensibilité de la commission : Pen-Ek a dû couper des dialogues répréhensibles dans son film historique *Paradoxocracy*, tandis que *Boundary* de Nontawat Numbenchapol a d'abord été interdit, puis autorisé en appel. Le film d'horreur *Arbat* a été censuré en 2015 car il décrivait l'inconduite des moines, ce qui a été considéré comme une insulte au bouddhisme.

Les grands studios préfèrent les histoires de fantômes, les films d'horreur, les épopées historiques, les bluettes et les comédies. Les fresques historiques servent un double but : elles sont lucratives et elles promeuvent l'identité nationale. Critiqué comme outil de propagande, *The Legend of King Naresuan* raconte l'histoire d'un roi d'Ayuthaya qui repoussa une invasion birmane. Chaque volet (six ont été réalisés jusqu'à présent) s'est retrouvé en tête du box-office.

Théâtre et danse

Le théâtre traditionnel comprend quatre formes principales : le *khŏn*, un théâtre dansé et masqué classique, traditionnellement réservé à la royauté, qui représente des scènes du *Ramakien* ; le *lá·kon*, un théâtre dansé pour le peuple ; le *lí·gair*, un théâtre populaire en partie improvisé, souvent paillard, qui mêle danse, comédie, mélodrame et musique ; le *hùn lŏu·ang* (*lá·kon lék*), le théâtre de marionnettes traditionnel qui met en scène des légendes religieuses ou des contes folkloriques.

Vous pouvez découvrir ces différentes formes à Bangkok, dans les dîners-spectacles pour touristes ou lors de représentations théâtrales classiques. Il existe aussi quelques formes théâtrales spécifiques au Sud, antérieures à l'arrivée de l'islam dans la péninsule malaise. La plus connue, le *má·noh·rah*, est également la plus ancienne pièce de théâtre dansée ; elle raconte l'histoire du prince Suthon qui partit secourir Manohraa, une princesse *kinari* (mi-cygne, mi-femme) enlevée. Comme dans le *lí·gair*, les acteurs ajoutent des répliques improvisées, comiques et rimées. La province de Trang possède aussi une forme distincte de *lí·gair*, qui décrit des marchands indiens emmenant leur épouse thaïlandaise en Inde pour une visite.

Autre ancien style théâtral du Sud (également présent en Indonésie et en Malaisie), le théâtre d'ombres utilise des marionnettes plates en cuir de buffle, manipulées contre un écran de tissu éclairé. Capitale du théâtre d'ombres, Nakhon Si Thammarat offre des spectacles lors de ses fêtes. Les marionnettes restent des souvenirs prisés des touristes.

Économie

Grâce au tourisme, à la pêche, à l'élevage de crevettes et au caoutchouc, le Sud est la région la plus prospère du pays. La plupart des saigneurs de caoutchouc le sont de génération en génération. L'élevage de crevettes et de poissons est en revanche une industrie relativement récente, créée dans le cadre d'un programme de développement économique pour les communautés rurales concurrencées par la pêche commerciale. L'entreprise s'est révélée rentable, et la Thaïlande est actuellement l'un des premiers exportateurs de crevettes d'élevage. Toutefois, la pisciculture est restée non réglementée jusque récemment, provoquant de nombreux problèmes écologiques, comme la pollution de l'eau et la destruction des mangroves (p. 424).

Le tourisme a eu sans conteste l'impact le plus tangible sur l'économie de la région, transformant de petits villages en entreprises bilingues. Des femmes qui, autrement, vendraient des produits sur les marchés ont appris le massage thaïlandais traditionnel. D'autres activités indépendantes, prolifiques dans le pays, ont été adaptées aux touristes : des échoppes le long des plages vendent crèmes solaires et cartes postales plutôt qu'alcool de riz et poisson grillé, des marchands ambulants proposent sarongs et tatouages au henné plutôt que plumeaux et balais en paille, et des pêcheurs abandonnent parfois leurs filets pour organiser des sorties de snorkeling.

La classe moyenne thaïlandaise est en forte croissance, même si l'écart entre riches et pauvres reste élevé. Le pourcentage de personnes vivant sous le seuil de pauvreté est passé de 67% en 1986 à un peu plus de 10% en 2017 ; le revenu annuel moyen, lui, a augmenté pour atteindre 4 900 $US.

La Thaïlande ne souffre pas de misère au sens classique du terme ; même le Thaïlandais le plus démuni possède un toit et peut se nourrir. En revanche, ceux au bas de l'échelle sociale n'ont pas les moyens d'offrir une éducation digne de ce nom à leurs enfants, d'acheter des biens matériels ou de se soigner.

L'industrie du sexe en Thaïlande

Anciens et complexes, les liens de la Thaïlande avec l'industrie du sexe demeurent d'actualité. Malgré les nombreux atouts touristiques du pays, la Thaïlande est toujours associée au tourisme sexuel, et ce, depuis la guerre du Vietnam. Le commerce du sexe ciblant les étrangers est très visible (la ville de Bangkok à elle seule comprend plusieurs quartiers chauds), mais il se pratique aussi sous une forme plus discrète, dédiée à la clientèle locale, et d'innombrables canaux informels offrent du sexe tarifé.

Histoire et aspects culturels

À travers l'histoire de la Thaïlande, le commerce du sexe a toujours fait partie de la vie, même s'il n'a jamais été cautionné par la société dans son ensemble. Avec l'arrivée des troupes américaines en Asie du Sud-Est pendant la guerre du Vietnam, le marché de la prostitution s'est adapté à cette nouvelle clientèle, donnant naissance à l'industrie du sexe.

En 1960, sous la pression de l'ONU, la Thaïlande interdit le commerce du sexe. Cependant, c'est une autre législation votée en 1966 qui régit go-go bars, bars à bières, salons de massage, karaokés et hammams. Sous couvert d'une licence les autorisant à offrir des services tels que danses privées, massages et escortes, nombre de ces établissements proposent des prestations sexuelles, profitant d'une législation floue et du fait que le sexe n'est officiellement pas leur activité principale.

En 1998, l'Organisation internationale du travail (OIT) a conseillé aux pays du Sud-Est asiatique, y compris la Thaïlande, de reconnaître le commerce du sexe comme un secteur économique et une source de revenus. On estime qu'environ un tiers des établissements proposant une forme ou une autre de prestation sexuelle est enregistré auprès du gouvernement, et la plupart paient un "impôt" non officiel sous la forme de pots-de-vin.

Coalition Against Trafficking in Women (CATW ; www.catwinternational.org) lutte contre la prostitution et le trafic de femmes et d'enfants à l'échelle internationale.

Un comportement suspect suggérant du tourisme sexuel pédophile peut être signalé à une permanence téléphonique (☎1300) ou directement à l'ambassade de la personne concernée.

Facteurs économiques

Quelles que soient leurs origines sociales, les femmes qui se prostituent le font généralement pour des raisons économiques. Beaucoup considèrent ce travail comme le mieux rémunéré eu égard à leur niveau d'instruction et ont des obligations financières (personnes à charge ou dettes).

En 2019, une étude financée par l'ONU a conclu que les travailleurs du sexe gagnent entre 2 et 10 fois le salaire minimum de 325 B (environ 9 €) par jour. Ces facteurs économiques incitent fortement les femmes des campagnes sans qualifications (et dans une moindre mesure les hommes) à s'engager dans cette voie.

Comme beaucoup de Thaïlandais, les travailleurs du sexe envoient une grande partie de leurs gains à leur famille restée au village (parents, frères, sœurs et enfants).

Ecpat (ecpat-france.fr) lutte contre la prostitution enfantine et le trafic d'êtres humains.

Une industrie vaste, mais illégale

Créé par un groupe de défense des prostitués, le musée This Is Us (www.empowerfoundation.org/index_en.html) présente l'histoire et les conditions de travail des travailleurs du sexe en Thaïlande.

Le commerce du sexe sous quelque forme que ce soit est en théorie illégal en Thaïlande. Pourtant, la législation reste floue et n'est souvent pas appliquée. Certains analystes prétendent que la forte demande en services sexuels rend peu probable la limitation de cette activité ; le principal objectif de nombreux activistes et agences gouvernementales est donc de faire disparaître les pratiques abusives.

Il est difficile d'estimer le nombre de travailleurs du sexe en Thaïlande, ainsi que d'étudier la démographie de cette industrie ou sa portée économique. Cela s'explique par les nombreuses formes indirectes de cette activité, le fait qu'elle s'exerce dans l'illégalité, et par les différentes méthodes utilisées pour recueillir les données. En 2003, un rapport favorable à la légalisation de la prostitution évaluait le revenu de l'industrie du sexe thaïlandaise à 4,3 milliards de dollars US (soit 3% du PIB) et le nombre de travailleurs de ce secteur à 200 000. Une étude conduite par l'université Chulalongkorn en 2003 dénombrait 2,8 millions de travailleurs du sexe, dont 1,98 million de femmes, 20 000 hommes et 800 000 mineurs. Un rapport de 2007 publié par l'université Mahidol estimait qu'entre 200 000 et 300 000 femmes se prostituaient en Thaïlande, tandis qu'une étude de 2019 financée par l'ONU estimait à 300 000 le nombre total de travailleurs du sexe dans le pays.

Prostitution enfantine et trafic d'êtres humains

Dans un dossier intitulé "Le tourisme sexuel en Thaïlande : une prostitution entre misère et mondialisation" (journals.openedition.org/teoros/1822, publié en 2003), Franck Michel, anthropologue spécialisé sur le tourisme, dresse un tableau utile de la situation.

Les grands centres urbains comme Bangkok regroupent des populations déplacées ou marginalisées (membres des tribus montagnardes du Nord, ruraux thaïs démunis). Les enfants de ces familles brisées mendient souvent dans la rue, devenant des proies faciles pour les gangs qui organisent le trafic sexuel. Des études menées par divers organismes estiment qu'entre 60 000 et 800 000 enfants y sont impliqués.

En 1996, la Thaïlande a voté une loi afin de traiter le problème du trafic sexuel des enfants. Deux catégories ont été définies : mineurs de plus de 15 ans et enfants de moins de 15 ans, avec des sanctions plus lourdes pour ceux coupables de relations sexuelles avec ces derniers. Amendes et peines de prison punissent les clients, les propriétaires d'établissement et même les parents compromis. Certains pays ont adopté une législation extraterritoriale qui leur permet de poursuivre leurs ressortissants pour des crimes sexuels perpétrés en Thaïlande. Ainsi, la loi pénale française s'applique aux crimes et aux délits commis par des citoyens français en dehors du territoire national. Ces délits incluent notamment les crimes sexuels perpétrés contre des enfants en Thaïlande ou ailleurs.

La Thaïlande est également une destination de la traite d'êtres humains (y compris d'enfants) en provenance du Myanmar, du Laos,

VIH/SIDA

En 2016, la Thaïlande a été le premier pays d'Asie à éradiquer la transmission du VIH de la mère à l'enfant grâce au dépistage systématique et à la fourniture d'antirétroviraux. Cependant, malgré ce progrès, on estime que 7 000 personnes sont encore contaminées en Thaïlande chaque année, dont un bon nombre de touristes. La baisse est pourtant significative puisque à la fin des années 1990, le chiffre s'élevait à 24 000 personnes. Aujourd'hui, environ 440 000 personnes vivent avec le VIH/sida en Thaïlande et une nette augmentation de nouvelles infections a été constatée parmi la communauté gay et transgenre et les prostitués de sexe masculin. Ces trois groupes représentaient 41% des nouveaux cas de sida en 2013 et, selon certaines estimations, 30% des hommes qui ont des relations homosexuelles à Bangkok sont séropositifs.

PROTECTION DES DROITS DES FEMMES : DEUX APPROCHES

Les groupes de défense des droits des femmes ont des approches différentes de la prostitution. Les abolitionnistes la considèrent comme une exploitation et une atteinte aux droits les plus élémentaires de la personne. D'autres, moins radicaux, reconnaissent l'existence de l'offre et de la demande, et tentent de réduire les risques associés à cette activité par des programmes de prévention du VIH/sida et d'éducation (en particulier pour les migrants économiques). Des organisations de travailleuses du sexe affirment que la prostitution constitue un travail légitime et que le meilleur moyen d'aider les femmes est d'aborder le problème sous l'angle du droit du travail, en exigeant des salaires corrects, un recours judiciaire, des arrêts maladie et des congés payés. Par ailleurs, les syndicats de travailleuses du sexe soulignent le fait que les établissements proposant des services sexuels de façon quasi légale dans le pays emploient également des personnels dont le travail n'a aucun caractère sexuel (cuisiniers, plongeurs, agents d'entretien), qui bénéficieraient d'une protection sociale s'ils travaillaient pour un hôtel ou un restaurant.

du Cambodge et de la Chine voisins. L'ONU considère le trafic d'êtres humains comme un crime contre l'humanité et le définit comme le recrutement, le transport, l'hébergement ou l'accueil de personnes par le recours à la force, à la fraude ou à toute forme de contrainte, à des fins d'exploitation. En 2015, le département d'État des États-Unis a classé la Thaïlande parmi les pays qui ne prennent pas les mesures minimales pour lutter contre le trafic de personnes.

Environnement

Délimité à l'est par le golfe de Thaïlande et à l'ouest par la mer d'Andaman, une extension de l'océan Indien, le sud de la Thaïlande possède un littoral parmi les plus beaux du monde, avec des formations calcaires finement sculptées qui émergent de l'eau et de splendides récifs coralliens sous sa surface. Des centaines d'îles tropicales de toutes formes et tailles s'égrènent au large, du banc de sable plat couvert de mangroves aux imposants massifs karstiques frangés de plages de sable blanc et d'une mer bleu azur.

Géographie et géologie

La côte d'Andaman et celle du golfe de Thaïlande comportent de vastes récifs coralliens, notamment autour des îles granitiques Surin et Similan dans la mer d'Andaman. D'autres récifs et les îles calcaires les plus spectaculaires du pays se situent à Ao Phang-Nga, près de Phuket. La côte d'Andaman est particulièrement intéressante pour les plongeurs en raison de ses eaux translucides et de la richesse de la vie marine.

De part et d'autre de la partie de la Thaïlande appartenant à la péninsule malaise, bordée à l'ouest par le Myanmar et au sud par la Malaisie, sont dispersées des centaines d'îles, regroupées pour certaines en archipels. La plus grande est Phuket, suivie de Ko Samui et Ko Chang. Les paysages, essentiellement plats, incluent plaines côtières, denses forêts tropicales, falaises calcaires et chaînes de montagnes de faible altitude.

Faune et flore

Avec une telle diversité climatique et topographique, il n'est pas étonnant que le sud de la Thaïlande abrite une faune et une flore aussi variées. Plus surprenant, l'environnement reste relativement préservé malgré le développement économique des îles et des plages. Toutefois, certaines espèces sont menacées et certains écosystèmes fragilisés.

Animaux

Les animaux qui vivent sur les côtes et les îles thaïlandaises doivent s'adapter aux mouvements des marées et au mélange d'eau douce et saumâtre. Outre les plus impressionnants tel le varan malais – lézard de 3,50 m qui nage aussi bien qu'il grimpe –, tentez d'apercevoir des créatures plus petites comme les étonnants oxudercinae, des petits poissons s'aventurant hors de l'eau à marée basse pour se nourrir dans les vasières.

Vous apercevrez immanquablement quelques représentants de la fabuleuse avifaune de la région – la Thaïlande abrite 10% des espèces d'oiseaux du monde. Vous verrez des chevaliers guignettes et des gravelots dans les vasières, des hérons et des aigrettes dans les marais. Dans le ciel, observez le milan sacré au plumage marron et blanc, ou scrutez les branches basses pour repérer l'un des nombreux martins-pêcheurs aux couleurs vives. Vous pourrez sans doute observer une troupe bruyante de macaques mangeurs de crabe, et ne soyez pas surpris de les voir s'éloigner du rivage à la nage. Avec un peu de chance, une civette palmée, drôle de créature au pelage marbré ressemblant à un chat, acceptera de se montrer ; un saro (ou capricorne de Sumatra), farouche antilope asiatique qui bondit entre des failles calcaires inaccessibles, fera peut-être de même.

Les océans de part et d'autre de la péninsule thaïlandaise recèlent des centaines d'espèces de coraux. Les récifs constituent un habitat idéal pour d'innombrables espèces de poissons, de crustacés et de minuscules invertébrés. On y trouve l'un des plus petits poissons du monde (le gobie pygmée de 1 cm de long), ainsi que le plus grand poisson cartilagineux (le requin-baleine de 12 m de long), et d'autres habitants caractéristiques tels le poisson-clown, le poisson-perroquet, la girelle, le scalaire, le baliste et le poisson-lion. Dans les profondeurs évoluent des espèces plus imposantes – mérous, barracudas, requins, raies mantas, marlins et thons. Vous pouvez aussi croiser des tortues, des baleines et des dauphins.

Quiconque croise un éléphant blanc doit le signaler au bureau de la Maison Royale. Le roi décide ensuite s'il possède les caractéristiques d'un éléphant blanc royal.

Espèces menacées

La Thaïlande est signataire de la Convention sur le commerce international des espèces de faune et de flore sauvages menacées d'extinction (CITES, cites.org), mais l'application des interdictions de ce commerce pâtit d'un laxisme notoire. En raison de la pollution, du braconnage et de la disparition des habitats naturels, le nombre d'animaux menacés ne cesse de croître. Même les populations d'espèces jadis courantes déclinent à une vitesse alarmante. De nombreuses espèces menacées (mammifères, oiseaux, reptiles, insectes, coquillages et poissons) font l'objet d'un trafic juteux en direction de collectionneurs du monde entier, ou sont tuées pour devenir des souvenirs vendus aux touristes.

Nombre d'animaux marins sont menacés, dont le requin-baleine, bien que plus fréquemment observé dans les eaux thaïlandaises récemment, et la tortue marine, chassée pour ses œufs, sa chair et sa carapace. Beaucoup d'autres espèces de requins sont massacrées jusqu'à l'extinction pour leurs ailerons, très convoités en cuisine. La Thaïlande est le premier exportateur mondial d'ailerons de requins, principalement vers Hong Kong.

Le dugong (proche du lamantin et parfois appelé vache marine), que l'on pensait autrefois disparu de Thaïlande, survit dans quelques endroits, principalement autour de Trang, dans le sud du pays. Toutefois, la disparition de son habitat naturel et les hélices meurtrières des bateaux de tourisme le menacent chaque jour davantage.

Le gouvernement thaïlandais reconnaît lentement l'importance de la conservation. Nombre de zoos du royaume participent désormais à des programmes de reproduction et de préservation. Des organisations dédiées à la vie sauvage, telles que le Sanctuaire pour éléphants et le projet de réadaptation pour les gibbons, tous les deux basés à Phuket, éduquent le public au respect de la faune indigène et ont lancé plusieurs projets de sauvetage et de réhabilitation des animaux.

En 2014, plus de 7 000 objets en ivoire ont été confisqués sur les marchés de Bangkok ; en juin 2016, ce nombre est passé sous la barre des 300.

Plantes

Grâce à deux moussons par an, le Sud abrite une végétation luxuriante. La majorité des forêts éloignées de la côte sont des forêts tropicales humides, avec des arbres à feuillage persistant. Au bord de l'océan ou sur les formations calcaires, les arbres sont rabougris en raison du manque d'eau douce et de leur exposition aux minéraux durs.

Les plus beaux végétaux sur le littoral sont les nombreuses espèces de palmiers, dont certaines endémiques. Tous sont dotés de petites feuilles résistantes, aux formes caractéristiques d'éventail ou de plume qui les aident à dissiper la chaleur et retenir l'eau. Repérez l'élégant sagoutier sur les falaises calcaires : il pousse dans les crevasses malgré l'absence de sol. Plante ornementale convoitée par les collectionneurs, il disparaît peu à peu de son milieu naturel.

La Thaïlande compte aussi près de 75 sortes de mangrove, une formation forestière qui prospère le long des côtes dans les zones tropicales. Sa fonction écologique est essentielle en retenant sédiments et nutriments et elle protège la côte de la puissance érosive des moussons. Cet habitat sert d'incubateur aux œufs et aux petits d'innombrables espèces marines. Pourtant, la Thaïlande a détruit au moins 50% de ses mangroves pour laisser place aux élevages de crevettes et aux complexes hôteliers. Des projets de restauration de la mangrove tentent de compenser ces pertes massives.

Parcs nationaux

La Thaïlande compte 127 parcs nationaux (y compris maritimes) et 44 réserves naturelles qui couvrent environ 13% du territoire et attirent d'innombrables visiteurs. Parmi les secteurs protégés, 18 parcs sont constitués d'îles et de mangroves.

Dans le golfe de Thaïlande, les îles de Ko Chang (près de la frontière du Cambodge) et Ko Samet, prisées des touristes, abritent deux des parcs nationaux les plus facilement accessibles. Ao Phang-Nga, au nord de Phuket, est fabuleusement photogénique avec des falaises calcaires qui surgissent d'une eau aigue-marine, tandis que les racines noueuses des mangroves s'accrochent à d'épaisses vasières. Les parcs nationaux maritimes des îles Surin et Similan, dans la mer d'Andaman, offrent des sites sous-marins parmi les plus beaux du monde.

En dépit des promesses, le statut officiel de parc national ou de réserve naturelle ne garantit pas toujours la protection des habitats et de la vie sauvage. Agriculteurs locaux, promoteurs et autres intérêts financiers prévalent souvent, légalement ou non, sur la protection environnementale. Des îles officiellement non constructibles sont parfois urbanisées et le gouvernement n'essaie même pas de faire respecter la loi.

Écologie

La Thaïlande est plus prospère et développée que certains pays voisins, et le niveau d'instruction y est plus élevé, d'où une prise de conscience des problèmes écologiques plus vive qu'au Cambodge ou au Myanmar, par exemple, où elle n'en est qu'à ses balbutiements. Cette préoccupation, quoique croissante, reste malheureusement souvent limitée.

Seuls les problèmes les plus palpables – pollution, urbanisation massive et manque de planification adéquate – sautent aux yeux du visiteur. Mais à y regarder de plus près, on découvre en quoi l'environnement a souffert de la rapide modernisation du pays. Nombre de Thaïlandais ne voient pas l'intérêt de protéger une mangrove lorsque l'on peut installer une unité de production d'élevages de crevettes. Souvent, l'énergie nécessaire au développement est obtenue grâce aux barrages hydroélectriques au Laos et à l'exploitation du gaz au Myanmar (exporté vers la Thaïlande selon des accords conclus avec l'ancien gouvernement militaire birman), quitte à fragiliser la nature.

De nombreuses lois en faveur de l'environnement peuvent laisser penser que la Thaïlande penche vers une réelle prise de conscience écologique, mais la corruption et le manque de volonté politique entravent sérieusement les efforts pour appliquer ces lois. Dans le contexte actuel d'instabilité politique, la situation ne risque pas de changer à court terme. Ironiquement, cette même instabilité, en décourageant certains investisseurs, a pu être bénéfique à l'environnement.

Parmi les mesures récentes pour protéger les îles touchées par le tourisme de masse, la plage de Maya Bay, sur Phi Phi Leh, a été fermée jusqu'à nouvel ordre, l'escalade a été interdite sur Ko Phi Phi, et l'accès à Ko Tachai, dans le parc national de Similan, ainsi qu'à plusieurs petites îles au large de Phuket, a été interdit.

PRINCIPAUX PARCS NATIONAUX DU SUD DE LA THAÏLANDE

PARCS	CARACTÉRISTIQUES	ACTIVITÉS
Parc national maritime de Mu Ko Chang	archipel avec forêts tropicales vierges, cascades, plages et récifs coralliens	snorkeling, plongée, rencontres avec des éléphants, randonnée
Parc national de Khao Laem Ya/Mu Ko Samet	plages, récifs coralliens proches du rivage	snorkeling, plongée, excursions en bateau, planche à voile
Parc national de Kaeng Krachan	sur le continent ; cascades et forêts, oiseaux et mammifères de la jungle	observation des oiseaux
Parc national de Khao Sam Roi Yot	parc côtier ; grottes, montagnes, falaises et plages ; saros, dauphins de l'Irrawaddy et 300 espèces d'oiseaux	kayak, observation des oiseaux, visite des grottes
Parc national maritime d'Ang Thong	40 îles tropicales avec récifs coralliens, lagons et falaises calcaires	kayak de mer, randonnée, snorkeling
Parc national de Khao Luang	sur le continent ; montagnes boisées, pics, cours d'eau et cascades ; mammifères de la jungle, oiseaux et orchidées	randonnée
Parc national maritime d'Ao Phang-Nga	baies avec falaises calcaires, îles et grottes ; récifs coralliens et mangroves	kayak de mer, snorkeling, plongée
Parc national de Khao Lak/Lam Ru	parc côtier avec falaises et plages ; calaos, singes et ours	randonnée, excursions en bateau
Parc national de Khao Sok	sur le continent ; forêt tropicale, cascades et rivières ; tigres, singes, rafflésies et 180 espèces d'oiseaux	randonnée, rencontres avec des éléphants, *tubing* (bouée)
Parc national de Laem Son	parc côtier et marin avec 100 km de mangroves ; jungle et oiseaux migratoires	observation des oiseaux, excursions en bateau
Parc national maritime des îles Similan	parc marin avec îles granitiques, récifs coralliens, oiseaux de mer et grottes sous-marines	snorkeling, plongée
Parc national de Sirinat	parc côtier aux plages bordées de filaos ; tortues et récifs coralliens	marche, snorkeling, plongée
Parc national maritime des îles Surin	îles granitiques ; récifs coralliens, requins-baleines et raies mantas	snorkeling, plongée
Parc national de Hat Chao Mai	parc côtier avec plages de sable, mangroves, lagons et îles de corail ; dugongs et oiseaux de mangrove	kayak de mer, snorkeling, plongée
Parc national de Khao Phanom Bencha	sur le continent ; jungle montagneuse avec cascades ; singes	randonnée
Parc national maritime de Ko Phi Phi	archipel avec plages, lagons et falaises ; récifs coralliens et requins-baleines	kayak de mer, snorkeling, plongée
Parc national maritime de Ko Tarutao	archipel reculé avec jungle et plages tropicales ; singes, oiseaux et mammifères de la jungle	snorkeling, randonnée, plongée
Parc national maritime de Mu Ko Lanta	archipel avec plages superbes ; récifs coralliens et requins gris de récif	kayak de mer, randonnée, snorkeling, plongée
Parc national maritime de Mu Ko Phetra	archipel rarement visité ; dugongs, oiseaux et récifs coralliens	kayak de mer, snorkeling
Parc national de Tharnbok Korannee	parc côtier avec forêts de mangrove et grottes calcaires ; oiseaux de mer, singes, orchidées	kayak de mer

Environnement terrestre

La National Forest Policy, lancée par le gouvernement en 1985, préconisait le maintien d'une couverture forestière sur 40% du territoire et l'interdiction totale de l'exploitation en 1989 fut une avancée notable. Selon la loi, 25% du territoire est réservé aux "forêts protégées", mais l'interdiction de l'abattage a simplement déplacé le problème. Si l'abattage illégal perdure dans le pays à une échelle relativement réduite, il bat son plein dans les pays voisins, au Cambodge, au Laos et surtout au Myanmar, depuis l'interdiction, et nombre de grumes passent frauduleusement la frontière.

Bien que la Thaïlande soit signataire de la CITES, toutes sortes d'animaux font l'objet d'un trafic illégal et sont exportés vivants ou en "pièces détachées" pour la médecine traditionnelle chinoise. Si les tigres sont officiellement protégés, le royaume reste l'un des plus grands exportateurs mondiaux d'organes de tigre vers la Chine. D'autres espèces sont chassées (souvent illégalement) pour fabriquer des souvenirs destinés aux touristes, notamment des éléphants, des mygales, des insectes géants, des papillons de la jungle et, sur la côte, des palourdes, des coquillages et des poissons-lunes.

Un groupe de moines bouddhistes défenseurs de l'environnement, appelés les Thai Ecology Monks, soutient pacifiquement des communautés locales dans leur lutte contre la déforestation et contre d'autres formes d'exploitation environnementale.

Le gouvernement a sévi contre les restaurants proposant de l'*ah·hăhn pàh* (nourriture de la jungle), qui comprend des espèces menacées comme le cerf aboyeur, l'ours, le pangolin, le gibbon, la civette et le gaur. Les employés des parcs nationaux, sous-payés et mal formés, sont censés s'opposer à des braconniers et mercenaires armés, financés par de riches et puissants parrains.

Dans certains cas, le tourisme a eu un impact positif. L'expansion des parcs nationaux lui est due en grande partie. Dans le parc national de Khao Yai, tous les hôtels et parcours de golf ont été supprimés pour réduire les dégâts environnementaux.

Toutefois, le tourisme a aussi des effets pervers. Le développement massif aux abords des parcs nationaux ou à l'intérieur s'est fait au détriment de l'environnement, dans la hâte de fournir aux touristes bungalows, hôtels de luxe, bars de plage et services de bateaux. Dans les parcs nationaux de Ko Phi Phi et de Ko Samet, les intérêts financiers l'ont clairement emporté sur l'environnement. Dans ces deux parcs, l'urbanisation a débuté dans des secteurs réservés aux *chow lair* (nomades de la mer). Ko Lipe, dans le parc national maritime de Ko Tarutao, et Ko Muk, dans le parc national de Hat Chao Mai, semblent suivre la même voie.

Les déchets et les eaux usées constituent un problème croissant dans tous les secteurs peuplés, et plus encore dans les zones très touristiques, où l'afflux de visiteurs pèse sur les infrastructures locales. Fait encourageant, le vote d'une loi sur l'environnement en 1992 a établi des standards de qualité environnementale, désigné des secteurs de conservation et de contrôle de la pollution, et alloué le financement du nettoyage par l'État. Pattaya a construit sa première usine de traitement des eaux usées en 2000, et depuis la situation s'est améliorée.

Environnement marin

Les récifs coralliens thaïlandais, y compris le long de la côte d'Andaman, de Ranong au nord de Phuket et autour des îles Surin et Similan, comptent parmi les plus divers au monde. Quelque 600 espèces de poissons de récif, des tortues marines menacées et d'autres animaux rares vivent le long du littoral.

La majorité des industries manufacturières bordant la côte orientale et le nord du golfe de Thaïlande, les régions côtières ont connu une croissance démographique et économique plus élevée que le reste du pays, ce qui n'est pas sans conséquences sur les écosystèmes marins et les récifs coralliens.

L'érosion du plancher océanique est la plus grande menace pour les coraux, la concentration de sédiments dans l'eau freinant leur croissance. Environ 30% du littoral thaïlandais est menacé par l'érosion, qui rogne jusqu'à 5 m de côte par an à certains endroits, d'après une étude menée en 2018 par l'université Chulalongkorn. L'érosion est due à la construction d'infrastructures (jetées, digues, hôtels de front de mer et routes), à l'affaissement des sols (conséquence de l'assèchement des nappes phréatiques) et à la montée du niveau des océans. L'augmentation de la température des eaux est également un facteur de risque, provoquant le blanchissement et la mort des coraux. En 2010, des températures particulièrement élevées ont provoqué le blanchissement de vastes récifs dans la mer d'Andaman et le golfe de Thaïlande, dont certains ont retrouvé leur vigueur depuis.

Parmi les autres problèmes courants figurent la pollution provoquée par les bateaux de tourisme au mouillage et par d'autres activités aquatiques, les déchets et les égouts déversés directement dans la mer, et les rejets de l'agriculture et de l'industrie. On manque de données précises sur la qualité des eaux côtières, mais il est avéré que les infrastructures de traitement des eaux usées peinent à suivre l'accroissement de la population, et que les eaux usées industrielles sont bien souvent insuffisamment traitées. Même les nageurs qui urinent dans l'eau abîment les coraux. On estime qu'environ 25% des récifs de Thaïlande ont succombé à la pollution industrielle, et que ce phénomène va s'accélérer.

Comparés à la dégradation environnementale liée à l'industrialisation du pays, même les dégâts causés par le tsunami de 2004, qui a touché 13% des récifs coralliens de la mer d'Andaman, peuvent être considérés comme mineurs. Les tsunamis n'occasionnent que des dégâts temporaires aux coraux ; dans la mer d'Andaman, la régénération des récifs coralliens était visible seulement 2 à 3 ans après le tsunami.

Le tsunami a suscité une prise de conscience de l'importance des forêts de mangrove, qui protègent les côtes des ondes de tempête. Auparavant considérées comme terrains vagues, les mangroves ont été abattues sans discernement. On estime qu'environ 80% des forêts de mangrove bordant le littoral du golfe de Thaïlande et 20% de celles de la côte d'Andaman ont été détruites pour laisser la place à des élevages de poissons et de crevettes, des infrastructures touristiques, ou pour faire du charbon de bois. Les élevages de crevettes représentent la plus grande menace car la Thaïlande est le premier producteur mondial de crevettes tigrées. Très polluants, les élevages sont construits dans des zones à mangrove et leur coût environnemental est effarant. L'élevage de crevettes est une affaire juteuse (la production annuelle avoisine les 300 000 tonnes) et les grandes exploitations travaillent souvent au mépris des lois de protection de l'environnement. Les protestations locales sont rarement entendues.

Les fermes d'élevage ont produit en 2016 quelque 300 000 tonnes de crevettes, dont deux tiers sont destinés à l'exportation.

Les industries de pêche intensive de Thaïlande et des pays voisins, fréquemment surnommées "écumeurs de la mer", contribuent grandement à la détérioration de l'océan. Les prises ont baissé de 33% dans la région Asie-Pacifique ces 25 dernières années, et la partie supérieure du golfe de Thaïlande est quasiment vide de poissons. La plupart des prises sont envoyées sur les marchés étrangers et apparaissent rarement sur une table thaïlandaise. Les produits de la mer vendus dans le pays proviennent généralement d'élevages.

Contribuer à la préservation

Malgré cet ensemble de risques écologiques, les voyageurs peuvent minimiser l'impact de leur visite, ou même avoir un effet positif. La façon dont vous dépensez votre argent influe grandement sur l'économie du pays et sur la rentabilité des entreprises individuelles. N'hésitez pas à poser des questions et à aller voir ailleurs si les réponses ne vous satisfont pas. Par exemple, plusieurs complexes hôteliers dépourvus de routes d'accès transportent leurs clients dans des tracteurs qui traversent les vasières, détruisant ces écosystèmes fragiles ; lors de la réservation, renseignez-vous sur le transport jusqu'à l'hôtel. La fondation Green Leaf a été créée pour inciter les hôtels à recourir à des pratiques respectueuses de l'environnement.

Le fameux sable blanc des plages thaïlandaises est constitué de minuscules particules de corail digérées puis rejetées par les poissons.

Parmi les innombrables centres de plongée dans la région, certains veillent à minimiser l'impact de leurs clients sur les récifs ; si un prestataire entraîne des plongeurs inexpérimentés au-dessus de coraux vivants, il risque fortement d'endommager l'écosystème local. Demandez si le centre de plongée participe à des projets de protection de l'environnement. Ne touchez pas les coraux et ne marchez pas dessus, contrôlez vos mouvements afin de ne pas les frôler par inadvertance, et ne perturbez pas les animaux marins (des centres de plongée responsables vous donneront de telles consignes). L'organisation Green Fins délivre des certificats aux centres de plongée qui respectent les normes de protection des récifs coralliens.

Des spécialistes des éléphants affirment, preuves à l'appui, que les promenades ou les spectacles sont nocifs pour ces aimables géants, souvent maltraités et forcés à se produire devant les visiteurs. Un nombre restreint mais croissant de réserves proposent des interactions plus respectueuses, comme marcher au côté d'éléphants âgés ou rescapés et les baigner. Nous déconseillons fortement les promenades à dos d'éléphant et les spectacles d'éléphants. Méfiez-vous des organismes qui se présentent comme des réserves mais utilisent les animaux comme argument commercial.

Autre approche : **Trash Hero** (trashhero.org) est une organisation internationale de nettoyage qui opère sur la plupart des principales îles et plages de Thaïlande. Dans le Sud, elle compte 25 sections entre Bangkok, Pattani et Ko Chang, et recrute des bénévoles pour ses opérations de nettoyage de plages, généralement hebdomadaires.

Le massage thaïlandais

Pour nombre de voyageurs, le massage thaïlandais n'est qu'un moyen de se détendre ou de soulager des muscles endoloris après un long voyage en train ou en bus. En fait, cet art complexe constitue un élément majeur de la médecine thaïlandaise traditionnelle, et ses racines spirituelles et thérapeutiques remontent à l'époque du Bouddha historique. Les massages sont souvent réalisés par des femmes, mais il existe aussi des masseurs.

Origines spirituelles et philosophiques

La forme thaïlandaise du massage provient des enseignements du bouddhisme vajrayana, ou tantrique, qui prospéra en Inde et au Tibet entre le VIe et le XIe siècle. Traduit du sanskrit, *vajrayana* signifie "véhicule du Diamant" ou "véhicule de la Foudre", et marque une transition dans le bouddhisme mahayana, quand des pratiques plus ritualisées supplantèrent la méditation abstraite pour atteindre le nirvana. Entre autres choses, cette école de pensée introduisit les concepts de mantra (un symbole, un mot ou un groupe de mots favorisant la transformation spirituelle) et de mandala (un symbole, souvent artistique, qui représente l'Univers). En Thaïlande, le vajrayana modifia principalement la médecine traditionnelle.

À l'instar de la culture thaïlandaise, la médecine subit diverses influences, notamment d'Inde, de Chine et d'autres contrées du Sud-Est asiatique. Les médecines ayurvédique et traditionnelle chinoise sont les racines du massage thaïlandais. Les praticiens suivent généralement les dix lignes *sen* (voir page ci-contre), des canaux qui traversent le corps avec des points de pression spécifiques, semblables aux méridiens chinois et aux *nadi* indiens. Dans la théorie thaïlandaise, ces lignes transportent plusieurs types de "vent" (selon la ligne *sen*) provenant de l'air inhalé. Une ligne bloquée ou déséquilibrée annonce une maladie ou des troubles. Parallèlement, les étirements du yoga asana sont utilisés pour ouvrir les articulations, aidés par des basculements assouplissants, des pressions du pouce et des compressions rythmiques.

Le massage thaïlandais est souvent appelé l'"expression de la gentillesse", car la compassion du masseur constitue le cœur de la pratique. Dans la forme authentique du soin, le masseur nouera des liens avec le patient par la méditation et tous deux expérimenteront une sensibilité accrue grâce à l'humilité et la concentration.

Les praticiens recommandent de boire beaucoup d'eau ou de thé vert après un massage afin de chasser les toxines déplacées.

Histoire

Jivaka Komarabhacca, le médecin du Bouddha historique, est considéré comme le père du massage thaïlandais et de la médecine thaïlandaise traditionnelle. Bien que peu mentionné dans les écritures bouddhiques, il occupe une place prépondérante dans la culture thaïlandaise : une statue du médecin se tient dans le Grand Palais à Bangkok, et vous verrez souvent son effigie à côté des statues de Bouddha, tel un protecteur. Komarabhacca aurait enseigné la pratique du massage dans les monastères afin de soulager les moines après les longues heures de méditation. Aujourd'hui, les masseurs pratiquent toujours le *wâi krou* (la tradition de dédier des prières et de faire des offrandes à un enseignant) en hommage au médecin révéré, en psalmodiant son nom.

Le roi Rama V commanda un manuel de médecine thaïlandaise traditionnelle, achevé en 1900, qui comprenait l'art du massage.

Les connaissances et techniques du massage se transmettaient au fil des générations de maître à disciple dans les monastères. Avec le soutien de la royauté et la dévotion des praticiens, les techniques évoluèrent pour soigner les malades et blessés de la communauté. La transmission fut uniquement orale jusqu'à l'agrandissement du Wat Pho dans les années 1830, avec des stèles gravées et des statues expliquant l'art du massage ; il ne devint une profession qu'à partir des années 1920.

LES DIX *SEN*

Le massage thaïlandais est fondé sur ces dix canaux d'énergie, qu'un bon praticien cherchera à équilibrer et/ou à débloquer.

SEN	LIGNES	PRINCIPALES INDICATIONS
Sen Sumana	du bout de la langue à la région du plexus solaire	système digestif, asthme, maladie cardiaque, bronchite
Sen Ittha	de la narine gauche, au-dessus de la tête et le long du dos jusqu'au genou gauche	céphalée, problèmes de sinus, appareil urinaire, mal de dos
Sen Pingkhala	identique au *sen* Ittha, mais du côté droit	identiques à celles du *sen* Ittha, plus maladies du foie et de la vésicule biliaire
Sen Kalathari	deux lignes forment un X à travers le corps, du bout des orteils aux épaules et au bout des doigts	système digestif, hernie, arthrite, problèmes mentaux
Sen Sahatsarangsi	de l'œil gauche, descend sur le côté gauche jusqu'à l'arrière de la jambe gauche, passe sous le pied et remonte par l'avant de la jambe gauche jusqu'au nombril	mal de dents, fonctionnement oculaire, dépression, troubles gastro-intestinaux
Sen Thawari	identique à celle du *sen* Sahatsarangsi, mais du côté droit	identiques à celles du *sen* Sahatsarangsi, plus appendicite et jaunisse
Sen Lawusang	de l'oreille gauche au sein gauche et au milieu du plexus solaire	troubles des oreilles, toux, mal de dents, troubles gastro-intestinaux
Sen Ulangwa	identique à celle du *sen* Lawusang, mais du côté droit	identiques à celles du *sen* Lawusang, plus démangeaisons cutanées et insomnie
Sen Nanthakrawat	deux lignes partant chacune du nombril : l'une jusqu'à l'urètre, l'autre jusqu'à l'anus	stérilité, impuissance, diarrhée, règles irrégulières
Sen Kitchanna	du nombril au pénis chez l'homme, du nombril à l'utérus chez la femme	identiques à celles du *sen* Nanthakrawat, plus troubles de la libido

Se faire masser

Où et combien

Tout secteur touristique dans le sud de la Thaïlande offre de nombreuses possibilités de massage. La plupart des établissements sont des salons climatisés de type institut de beauté, avec de grands fauteuils inclinables pour le massage des pieds et les séances de manucure/pédicure, et un autre espace avec une ou deux rangées de matelas séparés par un rideau pour les massages complets. Certains salons proposent également des gommages et d'autres prestations de spa. Le long des plages, des plates-formes surélevées et abritées, avec des rangées de matelas, permettent de se faire masser en maillot de bain tout en contemplant la mer. Il peut n'y avoir qu'une ou deux masseuses dans des endroits plus isolés, mais ces praticiennes indépendantes sont souvent plus compétentes que celles des grands salons.

Les massages sont généralement plus chers près des hôtels haut de gamme, mais ce n'est pas toujours le cas. S'écarter de l'artère principale ou aller plus loin sur la plage peut suffire à bénéficier de tarifs plus bas. Comptez de 200 à 500 B pour 1 heure de massage, du corps ou des pieds. Les prix augmentent avec des suppléments tels que l'huile, l'aloès pour les coups de soleil, l'aromathérapie ou les compresses d'herbes chaudes.

Un massage des pieds commence par un bain de pieds et un soin hydratant avant que le praticien ne travaille vigoureusement les points de pression.

Vous pouvez aussi choisir un massage plus sélect dans un spa indépendant ou un complexe hôtelier. Si les praticiens sont habituellement plus diplômés que les masseuses des échoppes ou de la plage, ils ne sont pas forcément meilleurs. Le cadre luxueux constitue le principal avantage, avec éventuellement une belle vue, des meubles en teck, une musique relaxante, des senteurs plaisantes et plus d'intimité. Les spas proposent également nombre d'autres prestations, des enveloppements corporels aux bains de fleurs et au gommage des pieds. Prévoyez à partir de 500 B pour un massage.

Ne pas se tromper

Lorsque les employé(e)s sont vêtus de manière professionnelle (généralement en uniforme) et que les soins disponibles sont affichés à l'entrée, il s'agit généralement d'un salon de massage standard. Si les masseuses sont très jeunes, peu vêtues ou très maquillées, et qu'il y a des rabatteurs à l'entrée, attention : c'est généralement le signal que d'autres services sont en fait dispensés.

LA MÉDECINE THAÏLANDAISE TRADITIONNELLE

À l'instar d'autres écoles asiatiques, la médecine thaïlandaise traditionnelle adopte une approche holistique de la santé qui comprend le corps physique, le cœur, la pensée, l'esprit, et la circulation de l'énergie à travers les *sen*. Elle se fonde principalement sur les 4 éléments – feu, eau, air et terre –, qui régissent chacun des parties et des fonctions du corps : la terre gouverne les organes, l'air le "vent" (généralement la respiration et la digestion), l'eau les liquides organiques, et le feu quatre types de chaleur corporelle (dont la circulation). Vivre en harmonie avec la nature, bien s'alimenter et être au diapason de ses propres cycles naturels (jour/nuit ou encore vieillissement) sont les clés de la santé selon les canons de la médecine traditionnelle.

L'importance des saveurs dans la cuisine s'étend au domaine de la médecine. Le goût d'un remède à base de plantes détermine la façon dont il équilibre les éléments et l'affection qu'il peut traiter. Par exemple, le sucré soigne la fatigue, le salé est bon pour la constipation et l'amer aide à combattre l'infection. Les soins comprennent généralement des remèdes composés de plantes, des massages et des changements de style de vie.

LE WAT PHO

Le Wat Pho, à côté du Palais royal à Bangkok, est l'épicentre du massage thaïlandais. Centre de médecine thaïlandaise traditionnelle avant que Rama Ier ne le restaure et l'agrandisse à la fin du XIXe siècle, le *wat* intégra ce passé en accueillant la première école officielle de massage thaïlandais ; des tablettes gravées des lignes *sen* ornent les murs intérieurs du temple. Aujourd'hui, l'école reste la plus réputée du pays, et les visiteurs peuvent y suivre des formations ou simplement se faire masser. En 2008, le Wat Pho a été reconnu par l'Unesco dans son programme Mémoire du monde. Khun Serat, le directeur de l'école, est le petit-fils du fondateur, et nombre des instructeurs sont des descendants des premiers enseignants.

Consultez le site watpomassage.com pour des informations sur les cours et formations proposés (à partir de 9 500 B les 5 jours). Le *wat* dispense des massages traditionnels d'une demi-heure ou d'une heure pour 260 à 420 B.

Autre élément suggérant que l'établissement propose en réalité des prestations sexuelles : des cabines de massage à l'arrière du salon, plutôt que simplement séparées par des rideaux. Lorsqu'un homme demande un "massage à l'huile", le massage peut souvent dériver vers des techniques ne figurant pas sur la carte, même dans des salons d'apparence élégante. Si le massage vous semble prendre cette direction, levez-vous et sortez.

Le massage

Le massage thaïlandais est vigoureux. La séance commence d'ordinaire par un pétrissage relaxant du dos, des bras et des jambes, et le praticien vous demandera souvent si la pression est légère ou assez forte. Ensuite, les choses se corsent. Vient d'abord le déblocage des articulations – essentiellement les doigts et les orteils, mais parfois les jambes et les bras, ainsi que le dos et le cou. Puis, même la plus menue des masseuses vous imposera des postures de yoga qui cambrent le dos, étirent les jambes et les bras. Vous débuterez la séance sur le dos, serez retourné sur le ventre vers le milieu de la séance, puis finirez la tête dans le giron du praticien pour un dernier massage de la tête et un étirement du dos. Si le soin lui-même n'est pas très relaxant, vous serez prodigieusement bien après. Indiquez au praticien au préalable si vous êtes blessé et n'hésitez pas à lui demander d'être plus doux lors d'un étirement ou d'un déblocage d'articulation. Comme pour tout exercice physique, connaissez vos limites.

Toutefois, le massage thaïlandais est devenu bien plus doux dans de nombreuses zones touristiques, parfois même sans contorsions ni craquements. Si les masseuses âgées effectuent souvent les manipulations les plus vigoureuses et bénéfiques, vous ne saurez pas quelle sorte de torture thérapeutique vous infligeront les plus jeunes tant que votre nez ne touchera pas vos genoux !

Si cela vous paraît trop effrayant, d'autres types de massages tels que le massage suédois sont souvent proposés, mais vous passerez à côté d'une grande expérience culturelle, voire spirituelle. Un massage des pieds (dispensé dans presque tous les salons) constitue un bon début si vous n'avez jamais essayé le massage professionnel ou si vous appréhendez cette pratique.

Îles et plages de Thaïlande pratique

Carnet pratique

Achats

Des stands de rue aux immenses marchés et centres commerciaux, le commerce est omniprésent en Thaïlande et le pays est une destination intéressante pour faire des emplettes.

Les affaires ne manquent pas en Thaïlande mais ne faites pas vos achats en compagnie de vendeurs insistants, de guides ou d'étrangers prétendument amicaux. Ils percevront inévitablement une commission sur tout ce que vous achetez, dont le prix se trouvera donc augmenté.

Antiquités

Les vraies antiquités sont de plus en plus rares. Aujourd'hui, la plupart des marchands vendent des reproductions d'antiquités ou des articles du Myanmar. Bangkok et Chiang Mai sont les deux centres du commerce des antiquités et de leurs reproductions.

Vous ne pouvez exporter les véritables antiquités de Thaïlande sans autorisation. Aucune image du Bouddha, récente ou ancienne, ne peut être exportée sans l'autorisation du **bureau du Musée national** (Carte p. 80 ; 4 Th Na Phra That, Musée national ; 9h-16h mar-ven ; Chang Pier, Maharaj Pier).

Céramiques

Vous trouverez dans le royaume beaucoup de poterie tournée à la main, ancienne comme récente. Bangkok regorge de céramiques modernes alors que Chiang Mai perpétue les styles traditionnels. Ko Kret, en périphérie de Bangkok, et Dan Kwian, dans la province de Nakhon Ratchasima, sont deux villages connus pour leur poterie traditionnelle.

Contrefaçons

À Bangkok, Chiang Mai et dans d'autres lieux touristiques prospère dans les rues un marché noir où sont vendues sous le manteau des contrefaçons de produits de grande marque. Les vendeurs ne prétendent pas que ceux-ci sont authentiques. En théorie, il est illégal de les fabriquer et de les vendre. Les organismes chargés du respect de la propriété intellectuelle ont souvent fait pression sur la Thaïlande pour qu'elle interdise ce trafic. Depuis peu, les contrefaçons sont importées de Chine ou produites par des usines dont la licence de copyright n'est plus à jour. La police sévit lorsque le gouvernement intervient ou quand les vendeurs ne paient pas les pots-de-vin exigés. Après quoi, ces derniers mettent souvent en place des systèmes de distribution encore plus clandestins.

Laques

Chiang Mai est célèbre pour ses objets en laque dorée sur fond noir. Traditionnellement, les meubles et objets décoratifs en laque étaient fabriqués en bambou et en teck mais actuellement, ils peuvent être réalisés à partir de bois de manguier. Si l'article est de grande qualité, seul le cadre est en bambou et des crins de cheval ou d'âne sont enveloppés tout autour. Les laques de moindre qualité sont entièrement constitués de bambou : la laque est appliquée sur le cadre et laissée à sécher. Après plusieurs jours, elle est poncée avec de la cendre de balle de riz puis recouverte d'une autre couche de laque. Un article de haute qualité peut avoir sept couches de laque. Il est ensuite gravé, peint et poli de façon à éliminer toute la peinture sauf sur les zones gravées. Un objet en laque multicolore est produit en répétant les applications de laque.

Il faut parfois cinq ou six mois pour fabriquer un objet en laque de haute qualité, pouvant comporter jusqu'à cinq couleurs. Un objet en laque de qualité se distingue par son élasticité : on peut appuyer sur les bords d'un bol jusqu'à faire toucher ses côtés sans qu'il ne s'abîme. Veillez aussi à la qualité et à la précision de la gravure.

Meubles

Les meubles en rotin ou en bois dur sont souvent de bons achats et peuvent être fabriqués sur commande. Chiang Mai est le principal producteur de meubles du pays mais on trouve beaucoup de magasins de détail à Bangkok. Du fait de l'interdiction d'abattre le teck et la disparition progressive du teck recyclé qui en résulte, 70 % des meubles produits en Thaïlande exportés sont fabriqués avec du bois d'hévéa ne pouvant plus être utilisé pour la production de latex.

Pierres précieuses et bijoux

La Thaïlande est l'un des premiers exportateurs mondiaux de pierres précieuses et de joaillerie, avec l'Inde et le Sri Lanka. Bien que les gisements en pierres brutes aient fortement diminué dans le pays, des pierres sont aujourd'hui importées du Cambodge, du Myanmar, du Sri Lanka et d'autres pays pour être taillées, polies et échangées.

Malgré le grand nombre de bijouteries en Thaïlande, il est devenu tellement difficile d'échapper aux escrocs que le pays n'est plus un endroit sûr ni plaisant pour acheter ce type de marchandise. Alors à moins de vous y connaître vraiment, contentez-vous de faire du lèche-vitrine !

Textiles

Le nord-est du pays est connu pour son *mát·mèe*, tissu épais en coton ou en soie, tissé avec des fils noués et teints, similaire à l'ikat indonésien. La province de Surin est réputée pour sa soie *mát·mèe*, dont les couleurs et les motifs géométrique sont issus des traditions khmères.

Dans le Nord, la soie reflète l'influence des traditions de tissage du Lanna, introduites à Chiang Mai et dans les montagnes environnantes par les divers peuples thaïs.

Vous trouverez du batik assez joli dans le Sud, arborant des motifs plus semblables à ceux trouvés en Malaisie qu'en Indonésie.

Toutes les minorités ethniques vivantes dans les montagnes du nord de la Thaïlande perpétuent une tradition de broderie qui a été adaptée au marché contemporain sous la forme de sacs et de bijoux. Une grande partie des articles vendus sur les marchés a été brodée à la machine mais de nombreuses ONG coopératives aident les villageois à vendre leurs produits faits main. Chiang Mai et Chiang Rai foisonnent de boutiques d'artisanat.

Vêtements

En général, les vêtements ne coûtent pas cher en Thaïlande mais les pièces de prêt-à-porter ne sont généralement pas adaptées aux morphologies des Occidentaux. De plus en plus, des articles de tailles plus grandes sont vendus dans les centres commerciaux des grandes villes ou dans les zones touristiques. Trouver des chaussures pour de grandes pointures pose aussi problème. Comme la pratique des retours n'est pas très répandue en Thaïlande, soyez sûr de vos achats avant de quitter le magasin. Les marchés proposent des vêtements et des articles courants à des prix modiques mais à Bangkok, vous trouverez des grandes griffes de Thaïlande et du monde entier.

Le métier de tailleur en Thaïlande perpétue une longue tradition, principalement du fait de familles sikhes indo-thaïlandaises. Mais ce secteur est gangrené par des entreprises à bas prix et des escrocs recourant à des commissions. Méfiez-vous des échoppes de tailleur qui proposent de réaliser une commande en 24h : elles utilisent souvent des tissus de qualité inférieure et sont généralement de confection médiocre. Mieux vaut demander à des étrangers résidant de longue date en Thaïlande de vous conseiller et prendre le temps de faire deux ou trois essayages.

Activités

Les îles et les plages de Thaïlande sont célèbres pour leurs spots de plongée et de snorkeling mais il y a plein d'autres activités aussi bien sur terre que sur mer, dont certains des meilleurs sites d'escalade d'Asie du Sud-Est.

Cuisine thaïe

Apprendre à cuisiner des plats thaïlandais authentiques constitue une expérience incontournable pour beaucoup de visiteurs. La plupart des îles et des plages proposent au moins un cours de cuisine (parfois le choix est très vaste) qui comprennent bien souvent une expédition sur les marchés locaux pour y trouver ingrédients et épices locaux.

Bangkok abrite le plus large éventail d'écoles de cuisine thaïlandaise, comme **Amita Thai Cooking Class** (carte p. 74 ; ☎02 466 8966 ; www.amitathaicooking.com ; 162/17 Soi 14, Th Wutthakat, Thonburi ; cours 3 000 B ; ⏲9h30-13h jeu-mar ; klorng-taxi depuis Maharaj Pier). On trouve aussi de nombreux cours de cuisine appréciés sur les plages populaires de Phuket. Testez le **Boathouse Cooking Class** (☎076 330015 ; www.boathouse-phuket.com ; 182 Th Koktanod ; cours 2 570-4 450 B ; ⏲horaires variables) à Hat Kata. Sur la côte ouest de Ko Chang (p. 153), vous trouverez un large panel de cours à la journée.

Escalade

Avec leurs falaises calcaires escarpées, Railay et Ton Sai sont les deux grands sites d'escalade du sud de la Thaïlande. L'escalade est actuellement interdite sur Ko Phi Phi et Ko Yao Noi pour des raisons environnementales.

Ses rochers en calcaire escarpés émergeant d'une mer bleu azur et sa plage idyllique font de Railay (p. 346) le meilleur spot d'escalade de Thaïlande et une destination idéale pour les débutants. Seul ou avec l'aide d'un guide, partez à l'assaut des nombreuses voies équipées – plus de 700.

Renommées dans le monde de l'escalade, les superbes falaises calcaires de Ton Sai (p. 346) pourraient disputer à Railay le titre de meilleur site d'escalade de Thaïlande. Plus de 1000 voies y sont réparties sur 51 secteurs, couvrant tous les niveaux, de débutant à confirmé. Toutes offrent des panoramas sans égal au sommet des falaises.

Muay thaï (boxe thaïlandaise)

Vous caressez le rêve de devenir un champion de boxe thaïlandaise ? Les stages de muay thaï (ou *moo·ay tai*) vous permettront de progresser grâce à des programmes incluant de la mise en condition physique et de l'entraînement sur le ring. Des combats de démonstration sont aussi régulièrement organisés.

La capitale de la Thaïlande abrite un grand nombre d'écoles pour tous niveaux. Les débutants sont particulièrement bien accueillis dans des salles de sports comme **Jaroenthong Muay Thai Gym** (carte p. 80 ; 02 629 2313 ; www.jaroenthongmuaythaikhaosan.com ; Th Phra Athit ; leçons à partir de 600 B ; accueil 10h-11h30 et 14h-20h ; Phra Athit/Banglamphu Pier). À Pattaya, le **Fairtex Sports Club** (038 253888 ; www.fairtexpattaya.com ; 179/185-212 Mu 5, Th Pattaya Neua ; séances 800 B) est doté d'excellents équipements permettant aux visiteurs étrangers de s'entraîner, quel que soit leur niveau ou leur expérience en matière de combat. Des champions nationaux et des adeptes des arts martiaux mixtes (MMA) viennent aussi s'y entraîner. **Tiger Muay Thai** (076 367071 ; www.tigermuaythai.com ; 7/35 Mu 5, Soi Taiad, Chalong ; séance/semaine 500/3 500 B ; 7h-19h lun-sam) est un grand centre d'entraînement de muay thaï réputé, en périphérie de Phuket-ville.

Randonnée

Bien qu'elles ne soient pas autant développées que le nord du pays, les îles de Thaïlande offrent de multiples possibilités de randonner dans la jungle. Sur les îles de Phuket, Ko Samui, Ko Lanta, Ko Phi Phi, Ko Chang et dans de nombreux parcs nationaux, des randonnées courtes ou de durée moyenne vous conduiront vers des cascades, des piscines naturelles ou des points de vue. Les montagnes de Ko Chang (p. 155) et du parc national de Khao Sok (p. 291) sont équipées de bons sentiers de randonnée. En général, vous pouvez louer les services de guides locaux ; dans le cas des parcs nationaux, adressez-vous au bureau du parc.

Spas et yoga

Vous pourrez vous faire dorloter dans un grand nombre de spas de classe mondiale, souvent situés dans des endroits idylliques face à la mer ou dans des hôtels ou *resorts* 5 étoiles. Le yoga et le bien-être sont également un commerce florissant, qu'il s'agisse de simples cours sans rendez-vous ou de retraites sur de nombreuses îles et plages.

Phuket, qui possède la plus grande concentration de spas huppés de Thaïlande, occupe une place de premier plan sur la côte d'Andaman. **Cool Spa** (076 371000 ; www.coolspaphuket.com ; Sri Panwa, 88 Mu 8, Th Sakdidej ; soins à partir de 4 500 B ; 10h-21h) figure parmi les meilleurs centres mais il n'est pas le seul. Un grand nombre de cours de yoga sont proposés sur l'île.

Ko Samui (p. 209), avec ses innombrables spas exotiques, retraites de yoga et sanctuaires du bien-être, se classe en deuxième position derrière Phuket. L'île voisine de Ko Pha-Ngan (p. 231) accueille aussi quelques écoles de yoga remarquables.

Bangkok (p. 86) compte de nombreux étudiants en yoga ainsi que des spas hauts de gamme excellents – l'**Oriental Spa** (carte p. 95 ; 02 659 9000 ; www.mandarinoriental.com ; Mandarin Oriental ; forfaits massage et spa à partir de 2 900 B ; 9h-22h ; Oriental Pier et navette hôtel) est extrêmement renommé.

CONSEILS AUX VOYAGEURS

La plupart des gouvernements possèdent des sites Internet qui recensent les dangers possibles et les régions à éviter. Consultez notamment les sites suivants :

Ministère des Affaires étrangères français (www.diplomatie.gouv.fr)

Ministère des Affaires étrangères de Belgique (diplomatie.belgium.be/fr)

Département fédéral des Affaires étrangères suisse (www.eda.admin.ch/eda/fr/dfae.html)

Ministère des Affaires étrangères du Canada (voyage.gc.ca)

Surf et kitesurf

En milieu d'année, la mousson provoque des rouleaux propices à la pratique du surf à Phuket, et toute l'année des vents puissants attirent les kitesurfeurs sur la côte est.

Les plus belles vagues déferlent entre juin et septembre, période pendant laquelle se tiennent les compétitions annuelles de surf à Hat Kata Yai, spot le plus prisé de Phuket (p. 305) et à Hat Kalim, juste au nord de Patong.

Hua Hin, capitale thaïlandaise de kitesurf, (p. 176) bénéficie de vents puissants et soufflant en rafales, d'eaux peu profondes et d'une longue plage idéale pour s'entraîner.

UN FIL D'ARIANE EN VOYAGE

Le **portail Ariane** (pastel.diplomatie.gouv.fr/fildariane), mis en place par le Centre de crise du ministère des Affaires étrangères, est un service gratuit permettant au voyageur français à l'étranger d'être contacté par le service consulaire, sur son téléphone portable ou par e-mail, au cas où des événements graves (crise politique, catastrophe naturelle, attentat...) se produiraient dans le pays durant son séjour, ou de contacter rapidement sa famille ou ses proches en France en cas de besoin.

La procédure d'inscription se réalise en ligne, où vous donnez des informations sur votre voyage (date de départ, de retour, numéro de téléphone portable, coordonnées d'éventuels contacts sur place, adresses de séjour et itinéraire prévu, etc.).

Grâce à ce service, vous recevrez en outre, avant votre départ, des recommandations de sécurité par e-mail si la situation dans le pays le justifie.

Il existe une application pour les smartphones et les tablettes, intitulée *Conseils aux voyageurs.*

Ambassades et consulats

Le site www.thaiembassy.org répertorie les liens vers les missions diplomatiques thaïlandaises à l'étranger. Voici les coordonnées de quelques ambassades de Thaïlande :

France Ambassade (☎01 56 26 50 50 ; www.thaiembassy.fr ; 8, rue Greuze, 75116 Paris ; ⏲9h30-12h lun-ven). Consulat à Lyon (☎04 78 37 16 58 ; 40, rue du Plat, 69002 Lyon ; ⏲9h30-11h30 et 14h30-16h30 mar-mer).

Belgique (☎640 68 10 ; www.thaiembassy.be ; chaussée de Waterloo 876, 1000 Bruxelles ; ⏲9h30-12h et 14h-15h lun-ven).

Canada Ambassade (☎613 722 4444 ; www.thaiembassy.ca ; 180 Island Park Drive, Ottawa, Ontario K1Y 0A2 ; ⏲9h-12h et 13h-17h lun-ven). Consulat à Montréal (☎514 878 4466 ; info@thaiconmtl.com ; 1155 bd René-Lévesque Ouest, suite 2500, Montréal, Québec H3B 2K4 ; ⏲10h-12h mar et jeu). Autres consulats à Vancouver et Toronto.

Suisse Ambassade (☎031 970 30 30/34 ; www.thaiembassy.ch ; Kirchstrasse 56, 3097 Bern-Liebefeld ; ⏲9h-12h lun-ven). Consulat à Bâle (☎061 206 45 65 ; www.thaikonsulat.ch ; Aeschenvorstadt 71, 4051 Bâle ; ⏲9h-11h30 lun-ven). Consulat à Genève (☎022 311 07 23 ; thaiconsulate.ch ; rue Liotard 4, 1202 Genève ; ⏲9h15-11h45 lun et jeu).

Ambassades et consulats en Thaïlande

Les ambassades étrangères sont situées à Bangkok, et certains pays ont aussi des consulats à Chiang Mai, Pattaya, Phuket et Songkhla.

Belgique (☎02 108 1800 ; thailand.diplomatie.belgium.be/fr ; 16/F Sathorn Square, 98 North Sathorn Rd, Silom Sub-District, Bangrak District, Bangkok 10500 ; ⏲8h-midi et 13h-17h lun-jeu, 8h-midi et 13h-15h ven).

Cambodge (carte p. 74 ; ☎02 957 5851 ; 518/4 Th Pracha Uthit, Soi Ramkhamhaeng 39, Th Pracha Uthit, Bangkok ; ⏲8h30-12h et 14h-17h lun-ven ; Ⓜ Phra Ram 9 sortie 3 et taxi). Consulat à Sa Kaew.

Canada (carte p. 84 ; ☎02 646 4300 ; www.thailand.gc.ca ; 15e ét, Abdulrahim Pl, 990 Th Phra Rama IV, Bangrak District, Bangkok 10500 ; ⏲9h-midi lun-ven ; Ⓜ Si Lom sortie 2, Ⓢ Sala Daeng sortie 4). Consulat à Chiang Mai (☎05385 0147, 05324 2292 ; 151 Super Highway, Tambon Tahsala, Amphur Muang, Chiang Mai 50000 ; ⏲9h-midi lun-ven).

France (carte p. 95 ; ☎02 657 5100, 02 627 2100 ; th.ambafrance.org ; 35 rue de Brest, Charoen Krung, Soi 36, Bangrak, Bangkok 10500 ; ⏲8h30-midi lun-ven ; ⛴ Oriental Pier). Consulats à Chiang Mai, Chiang Rai, Hua Hin (☎080 598 44 20 ; agenceconsulairehuahin.fr ; Prachuap Khiri Khan, 59/154 Sanuk Residence, Soi 112 Hua Na 1, Th Phetkasem, Nong Kae, Hua Hin 77110 ; ⏲sur rdv), Khon Kaen, Phuket (☎076 304 050 ; www.agenceconsulairephuket.fr ; 96/15-16 Moo 1, Chalermprakiat Rama 9 Rd, the Royal Place, Kathu, Phuket 83120 ; ⏲10h-11h30 lun-ven) et Surat Thani (142/99 Moo 4, Tambon Maret, Lamai Beach, Koh Samui, Surat Thani 84310 ; ⏲9h-13h lun et mer).

Laos (carte p. 74 ; ☎02 539 6679 ; 502/1-3 Soi Sahakarnpramoon, Th Pracha Uthit/Soi Ramkhamhaeng 39, Bangkok 10310 ; ⏲8h-midi et 13h-16h lun-ven ; Ⓜ Phra Ram 9 sortie 3 et taxi).

Malaisie (carte p. 84 ; ☎02 629 6800 ; www.kln.gov.my/web/tha_bangkok ; 33-35 Th South Sathon, Tungmahamek, Bangkok 10120 ; ⏲8h-16h lun-ven ; Ⓜ Lumphini sortie 2). Consulat à Songkhla.

Myanmar (carte p. 84 ; ☎02 233 7250 ; mebangkok.org ; 132 Sathorn NUA Road, Bangkok 10500 ; ⏲9h-12h et 13h-15h lun-ven ; Ⓢ Surasak sortie 1/3).

Suisse (☎02 674 6900 ; www.eda.admin.ch/bangkok ; 35 Th Witthayu Neua/North Wireless Rd, Lumphini, Pathum Wan, Bangkok 10330 ; ⏲9h-11h30 lun-ven).

Argent

L'unité monétaire thaïlandaise est le baht ; elle circule sous la forme de billets de 20 B (vert), 50 B (bleu), 100 B (rouge), 500 B (violet) et 1 000 B (beige), ainsi que de pièces de 1 B, 2 B, 5 B et 10 B.

Change

Les banques et les bureaux de change privés – plus rares – proposent les meilleurs taux. Pour acheter des bahts, le dollar US est la devise la plus couramment acceptée, devant la livre sterling et l'euro. La plupart des banques prélèvent une commission sur chaque chèque de voyage changé.

TAUX DE CHANGE

Canada	1 C$	23 B
États-Unis	1 US$	31 B
Suisse	1 FS	34 B
Zone euro	1 €	37 B

Pour connaître les taux de change du moment, consultez le site www.xe.com.

Contrôle des changes

Les touristes sont tenus de déclarer toute somme en espèces supérieure à 20 000 $US à leur entrée et à leur sortie du pays. Les étrangers qui pénètrent en Thaïlande sont également soumis à certaines contraintes financières ; par exemple, apporter la preuve que l'on dispose de suffisamment d'argent ; la somme requise varie selon le type de visa, mais n'excède généralement pas le budget prévu pour le voyage entrepris. On vous demandera rarement de présenter cette somme d'argent, mais sachez que cela serait conforme à la loi. Le **ministère des Affaires étrangères thaïlandais** (carte p. 74 ; ☎02 203 5000 ; www.mfa.go.th ; 443 Th Si Ayuthaya) à Bangkok peut vous renseigner sur la question.

Vous pouvez légalement ouvrir un compte en devises étrangères dans n'importe quelle banque commerciale thaïlandaise. Dès lors que les fonds proviennent de l'étranger, vous le gérez comme bon vous semble et il n'existe pas de limitation de retrait.

Distributeurs automatiques de billets (DAB) et cartes bancaires

Les DAB distribuant des bahts sont répandus dans tout le pays, mais certaines îles, petites ou isolées (en général, celles n'étant pas raccordées au réseau électrique) n'en possèdent pas. Renseignez-vous donc avant de vous y rendre. Vous pourrez aussi recourir à vos cartes pour acheter des bahts aux guichets de change de certaines banques.

Retirer de l'argent dans un DAB avec une carte étrangère vous coûtera généralement 200 B ou 250 B, en plus des frais facturés par votre banque liés au taux de conversion ou au fait d'utiliser un réseau bancaire tiers. Avant de partir pour la Thaïlande, nous vous conseillons de vous renseigner auprès de différentes banques pour ouvrir un compte qui vous permette de ne pas payer de frais supplémentaires aux DAB à l'étranger et d'être remboursé des commissions lorsque vous utiliserez les DAB d'autres banques.

Aeon est une banque thaïlandaise qui facture des frais moins importants, s'élevant à 150 B pour les comptes internationaux, mais elle dispose de peu de distributeurs. Ils sont la plupart du temps situés dans les magasins Big C ou Tesco Lotus.

Les cartes bancaires peuvent être utilisées pour les achats dans un nombre croissant de magasins, hôtels et restaurants. Les cartes

PRATIQUE

Quotidiens Le *Bangkok Post* (www.bangkokpost.com) est un quotidien en langue anglaise – son concurrent *Nation* (www.nationthailand.com) est désormais diffusé en ligne uniquement. Pattaya et Phuket possèdent leurs propres quotidiens en anglais.

Radio Plus de 400 stations de radio FM et AM. En ligne, vous pourrez écouter beaucoup de stations plus modestes et de services internationaux.

Tabagisme Interdit dans les restaurants et les bars depuis 2008, il est encore toléré dans certains bars.

Télévision Six chaînes nationales de télévision. L'opérateur de télévision par câble TrueVision diffuse aussi des programmes internationaux.

Poids et mesures La Thaïlande utilise le système métrique international. L'or et l'argent se pèsent en *bàht* (15 g).

Visa et MasterCard sont les plus couramment acceptées. La carte American Express n'est généralement admise que par les plus grands hôtels et restaurants.

Taxes et remboursements

La Thaïlande applique une TVA de 7 % sur de nombreux biens et services. Les hôtels et restaurants de moyenne et haute gamme peuvent parfois facturer en sus une taxe de 10 % pour le service. Les deux taxes combinées sont appelées "plus plus" ou "++".

Quand vous quittez le pays, vous pouvez vous faire rembourser la TVA payée sur vos achats (sauf nourriture et hôtels). Pour plus de renseignements, consultez le site vrtweb.rd.go.th.

Assurance

Souscrire une police d'assurance qui couvre la perte, le vol et les frais médicaux est une sage précaution. Assurez-vous que le contrat inclut le transport en ambulance et le rapatriement d'urgence en avion.

Certains contrats excluent les "activités à risques", qui peuvent inclure la plongée, la moto, voire la randonnée. De même, un permis moto obtenu dans le pays visité peut ne pas être reconnu par votre assurance. Ne plongez pas sans une assurance qui couvre cette activité.

Si vous devez avancer des frais médicaux pour vous les faire rembourser ensuite par votre assurance, veillez à conserver tous les justificatifs nécessaires.

Voir aussi la rubrique *Assurance* du chapitre Santé (p. 453).

Bénévolat

Il existe un grand nombre d'excellentes organisations (p. 41) en Thaïlande qui œuvrent dans le domaine du bénévolat. Volunteer

Climat

Bangkok

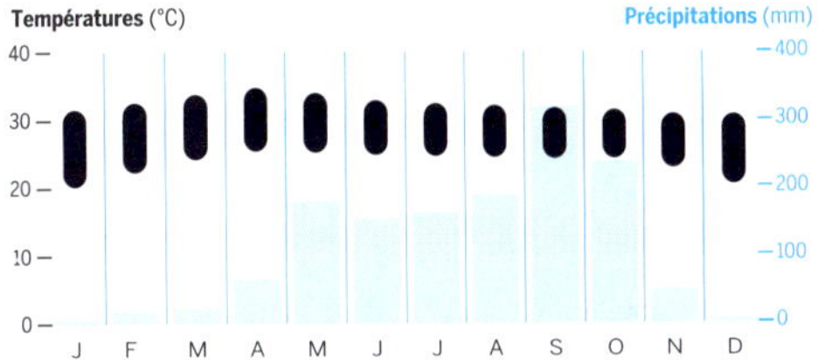

Phuket

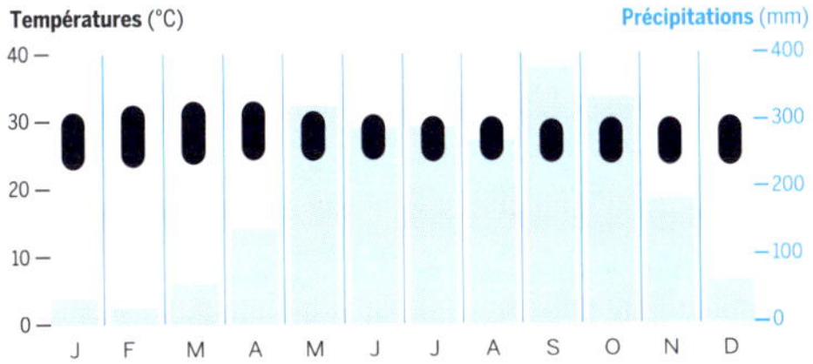

Surat Thani

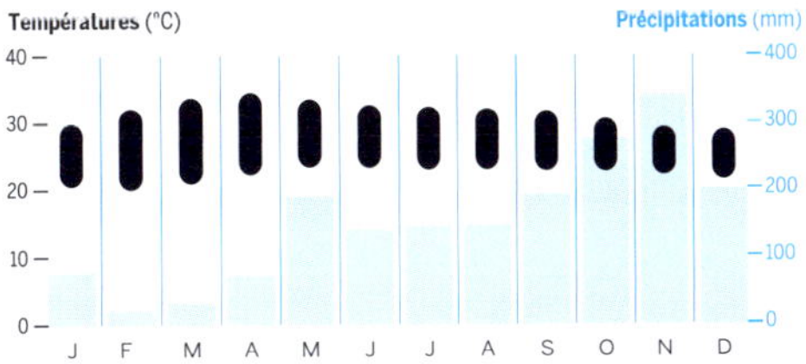

Work Thailand (www.volunteerworkthailand.org) gère une base de données sur ce sujet.

En France, quelques organismes offrent des opportunités de travail bénévole sur des projets de développement ou d'environnement, parfois sur des périodes courtes, de une à quatre semaines. Certaines associations s'adressent plus spécifiquement aux jeunes. Les chantiers proposés vont de la réfection d'une école aux travaux liés à l'environnement. Il s'agit d'une bonne formule pour s'immerger dans le pays, connaître l'envers du décor touristique et bénéficier d'une ambiance internationale (les volontaires viennent de divers pays en général). En revanche, les conditions de vie sur un chantier sont spartiates, et prenez garde au décalage fréquent entre le programme et la réalité. La fouille archéologique peut rapidement se transformer, une fois sur place, en coup de peinture donné à la maison des jeunes locale. Le matériel est parfois rudimentaire, et la réalité du terrain souvent plus dure qu'on ne l'imaginait.

Voici quelques organismes à connaître :

- **Comité de coordination du service volontaire international** (CCIVS ; ☎01 45 68 49 36 ; ccivs.org)
- **Maison de l'Unesco** (☎01 45 68 10 00 ; www.unesco.org ; 7 pl de Fontenoy, 75007 Paris)
- **Délégation catholique pour la coopération** (DCC ;

☎01 45 65 96 65 ; www.ladcc.org ; 106 rue du Bac, 75007 Paris)

➜ **Concordia** (☎01 45 23 00 23 ; www.concordia.fr ; 64 rue Pouchet, 75017 Paris)

➜ **Cotravaux** (☎01 48 74 79 20 ; www.cotravaux.org ; 11 rue de Clichy, 75009 Paris)

➜ **Jeunesse et Reconstruction** (☎01 47 70 15 88 ; www.volontariat.org ; 10 rue de Trévise, 75009 Paris) Cette association, créée après la Seconde Guerre mondiale pour la paix en Europe, propose de nombreux projets en Thaïlande.

➜ **Service civil international** (SCI, branche française ; ☎03 20 55 22 58 ; www.sci-france.org ; 75 rue du Chevalier-Français, 59800 Lille)

➜ **Solidarités Jeunesses** (☎01 55 26 88 77 ; www.solidaritesjeunesses.org ; 10 rue du 8-mai-1945, 75010 Paris)

Cartes et plans

L'IGN édite la carte *Thaïlande, Vietnam, Laos, Birmanie, Cambodge* (n°85110 ; 9 €), au 1/2 500 000.

ThinkNet édite des cartes bilingues (anglais-thaïlandais) du pays et des villes, de bonne qualité, ainsi que des CD interactifs sur Bangkok. Les GPS de la marque Garmin et leurs cartes, précises et détaillées, sont les plus réputés pour la Thaïlande. Google Maps est très fiable pour les zones développées, notamment les principales îles.

Désagréments et dangers

Bien que la Thaïlande ne soit pas un pays dangereux, mieux vaut être prudent, surtout lors de contacts avec des inconnus (Thaïlandais ou étrangers) et si vous voyagez seul.

Agressions

Les agressions de voyageurs sont relativement rares, mais possibles. Sachez que faire "perdre la face" à un Thaïlandais en public (en lui faisant ressentir embarras ou humiliation) peut entraîner de sa part une réaction démesurément violente. Bien souvent, l'alcool aggrave la situation.

Drogues

Les sanctions pour détention et trafic de stupéfiants sont sévères – 1 an de prison minimum pour détention de drogue – et ne sont en aucun cas adoucies pour les étrangers. Tout achat, vente ou détention d'opium, d'héroïne, de cocaïne, d'amphétamines, de méthamphétamine, d'ecstasy, de champignons hallucinogènes ou de marijuana est illégal en Thaïlande. Quant au trafic, c'est-à-dire une tentative de franchissement de la frontière en possession de stupéfiants, il est passible de sanctions beaucoup plus lourdes, allant jusqu'à la peine de mort.

MÉDICAMENTS SUR ORDONNANCE

Les voyageurs ont le droit d'entrer en Thaïlande avec la plupart des médicaments sur ordonnance, à l'exception de ceux contenant des narcotiques et des psychotropes. Vous ne pouvez transporter des médicaments que pour un maximum de 30 jours de traitement, dans leur emballage d'origine et accompagnés d'une lettre ou ordonnance de votre médecin. Pour plus de détails, consultez ce site Internet du ministère de la santé thaïlandais : permitfortraveler.fda.moph.go.th.

Les sites des ambassades thaïlandaises vous fourniront aussi des informations sur les médicaments autorisés dans le royaume.

Escroqueries fréquentes

Les Thaïlandais peuvent se montrer si gentils et détendus que certains voyageurs abandonnent toute méfiance et deviennent une proie facile pour les escrocs de tout poil. Bangkok est un haut lieu des fraudes complexes bien rodées (p. 121) qui font croire aux voyageurs qu'ils se sont fait des amis et qu'ils font une affaire alors qu'ils se font dépouiller.

Ignorez les inconnus qui offrent de vous faire gracieusement visiter la ville ou des magasins. Ils touchent systématiquement une commission sur vos achats.

Rabatteurs et commissions

Rabattre des clients est une pratique habituelle en Asie. Et si les rabatteurs ne sont pas aussi nombreux en Thaïlande qu'en Inde, par exemple, ils sont malgré tout bien présents. À Bangkok, les conducteurs de *tuk-tuk* et autres personnes se présentant comme vos nouveaux "amis" offrent souvent aux arrivants de les emmener découvrir la ville. Les visiteurs se retrouvent généralement invariablement dans une boutique de soie, de bijoux ou d'artisanat, très fortement incités à faire des achats.

Des rabatteurs dirigent aussi les clients vers certaines *guesthouses* qui les rémunèrent par commission. Les agences de voyages locales sont tristement célèbres pour inciter les touristes fraîchement arrivés à séjourner dans des hôtels mal situés et hors de prix, qui leur versent des commissions.

Plusieurs agences se font passer pour des bureaux de la TAT, l'office du tourisme du gouvernement. Les bureaux officiels ne prennent pas de réservation pour des hôtels ou des moyens de transport. Si l'on vous propose ces services, c'est que vous avez affaire à une agence de voyages, et non à un bureau de l'office du tourisme.

Troubles frontaliers et zones à risques

La Thaïlande entretient globalement de bonnes relations avec les pays voisins et les marchandises et les personnes peuvent transiter normalement par la plupart des frontières terrestres. Cependant, en raison de la violence persistante dans l'extrême sud de la Thaïlande, la traversée au niveau de Sungai Kolok vers la Malaisie est devenue potentiellement dangereuse. Les visiteurs doivent éviter la plupart des provinces à majorité musulmane (Yala, Pattani, Narathiwat et certaines zones de Songkhla).

Consultez les recommandations de votre ministère des Affaires étrangères au moment de votre voyage.

Vols et fraudes

Surveillez vos effets personnels et gardez toujours sur vous votre passeport, votre argent et votre carte de crédit. Assurez-vous également que la porte de votre chambre d'hôtel ferme correctement et soyez vigilant lorsque vous laissez des objets ou des papiers personnels dans le coffre de l'hôtel.

Suivez les mêmes principes lorsque vous vous déplacez, car un sac fermé ne découragera pas les voleurs lorsque vous dormirez durant de longs trajets en bus.

Quand vous payez par carte bancaire, ne laissez pas les vendeurs la manier hors de votre vue et assurez-vous que la transaction n'a bien été réalisée qu'une seule fois. Si vous le pouvez, vérifiez immédiatement la transaction via une application sur smartphone par exemple.

Douane

À votre arrivée, il n'est pas nécessaire de remplir le formulaire des douanes, sauf si vous avez des biens importés à déclarer. Si c'est votre cas, procurez-vous le formulaire adéquat auprès des fonctionnaires des douanes thaïlandais à votre arrivée sur le territoire. Sur le site Internet du **département des Douanes** (✆national 02 667 6000 ; www.customs.go.th), vous trouverez les informations spécifiques concernant les réglementations applicables aux voyageurs. La Thaïlande admet les produits suivants en franchise de droits de douane :

- une quantité raisonnable d'effets personnels (vêtements et affaires de toilette) ;
- les instruments à usage professionnel ;
- 200 cigarettes ;
- 1 litre de vin ou de spiritueux.

En revanche, le pays interdit l'importation des produits suivants :

- armes à feu et munitions (sauf si elles sont déclarées à l'avance auprès des services de police)
- drogues illicites
- médias à caractère pornographique.

Lorsque vous quittez la Thaïlande, vous devez être en possession d'un permis d'exportation pour toute antiquité et pour toute représentation du Bouddha (y compris récente). Pour l'obtenir, il faut présenter au **bureau du Musée national** (carte p. 80 ; 4 Th Na Phra That, Musée national ; 9h-16h mar-ven ; Chang Pier, Maharaj Pier), à Bangkok, deux photos de l'objet prises de face, une photocopie de votre passeport, ainsi que la facture et l'objet en question. Prévoyez un délai d'attente de 4 jours.

Électricité

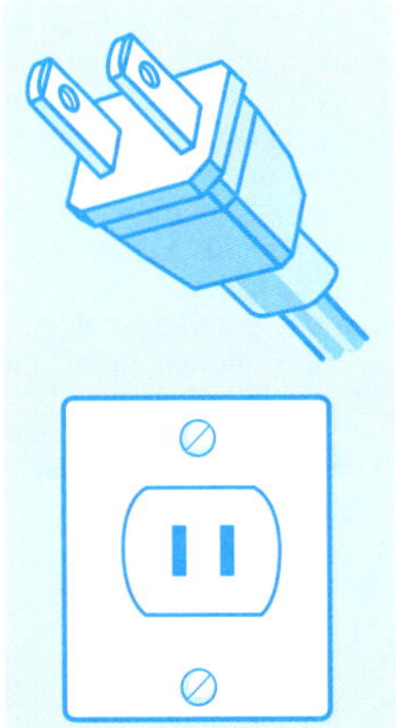

Type A
220 V/50 Hz

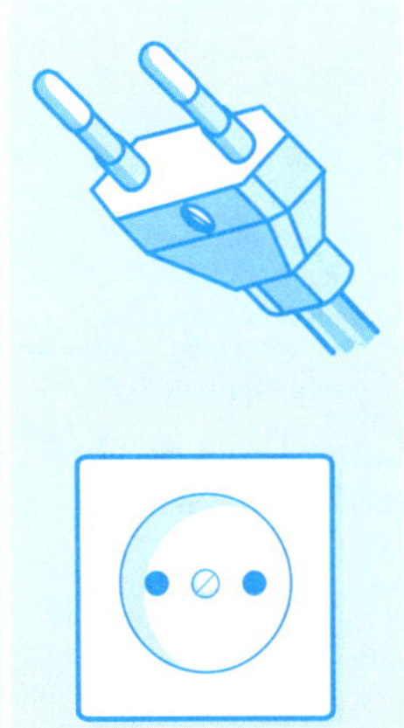

Type C
220 V/50 Hz

Formalités et visas

Les visas ne sont pas nécessaires pour les visiteurs venant de 64 pays (dont la France, la Suisse, la Belgique et le Canada), pour les séjours de 30 jours maximum.

Le **ministère des Affaires étrangères thaïlandais** (carte p. 74 ; ✆02 203 5000 ; www.mfa.go.th ; 443 Th Si Ayuthaya) supervise les questions liées à l'immigration et aux visas. La réglementation relative aux visas changeant fréquemment, consultez le site Internet du ministère ou rendez-vous dans l'ambassade ou le consulat le plus proche de chez vous pour connaître les procédures et les frais. Thaivisa (www.thaivisa.com)

est un bon guide en ligne sur ces questions.

Nous vous conseillons de scanner ou de photocopier tous vos documents importants (passeport, cartes de crédit, police d'assurance, permis de conduire, etc.), puis de conserver ces copies à part des originaux. Vous remplacerez ainsi plus aisément ces documents en cas de perte ou de vol.

Exemptions de visa et visas à l'arrivée

La Thaïlande a conclu des accords d'exemption de visa avec 64 pays. Les ressortissants de ces pays peuvent entrer en Thaïlande gratuitement sans démarche préalable pour un voyage de tourisme n'excédant pas 30 jours (c'est ainsi le cas pour la France, la Suisse, la Belgique et le Canada). Les ressortissants de certains pays se voient accorder une exemption de visa de 14 ou 90 jours. Certaines nationalités disposent de moins de temps (15 jours au lieu de 30) si les personnes arrivent par voie terrestre plutôt que par avion. Consultez le site Internet du **ministère des Affaires étrangères** (carte p. 74 ; ☎02 203 5000 ; www.mfa.go.th ; 443 Th Si Ayuthaya) pour de plus amples détails. Les ressortissants de 19 autres pays ont droit à des visas à l'arrivée, qui leur permettent de séjourner dans le pays pendant 15 jours.

Visa non-immigrant

Le visa "non-immigrant", valable de 90 jours à 1 an, est destiné aux étrangers de passage dans le pays pour affaires, études, retraite, ou visite familiale prolongée. Certains visas de cette catégorie peuvent donner droit à plusieurs entrées dans le pays. Si vous prévoyez de demander un permis de travail, vous devez d'abord obtenir un visa non-immigrant.

Visa de tourisme

Si vous prévoyez de rester plus de 30 jours, vous devrez demander un visa de tourisme valable 60 jours auprès d'une ambassade ou d'un consulat thaïlandais avant votre départ. Vous pouvez aussi demander un visa touristique à entrées multiples valable 6 mois, qui vous permet de rester jusqu'à 60 jours pour chaque entrée.

Prolongation de visa

Si vous souhaitez prolonger votre séjour au-delà de la durée consentie, vous pouvez faire une demande de prolongation de visa dans n'importe quel bureau de l'immigration en Thaïlande. Le tarif habituel est de 1 900 B. Les visas de 15 ou 30 jours peuvent être prolongés de 30 jours, à condition d'effectuer les démarches avant leur expiration. Le visa de tourisme de 60 jours peut être renouvelé jusqu'à 30 jours à la discrétion des autorités de l'immigration.

Pour renouveler votre visa, vous pouvez également franchir une frontière. Suivant votre nationalité, une nouvelle exemption de visa de 30 ou 15 jours sera délivrée à votre retour. Sachez que les autorités thaïlandaises voient d'un mauvais œil que l'on recoure de façon répétée à ce procédé pour prolonger son séjour. Votre entrée sera alors à la libre appréciation de l'agent.

Si vous dépassez la durée autorisée par le visa, vous êtes passible d'une amende de 500 B par jour d'infraction, plafonnée à 20 000 B. Le règlement s'effectue à l'aéroport, ou à l'avance dans un bureau de l'immigration. Si le dépassement se limite à une journée, vous n'aurez rien à payer. Les enfants de moins de 15 ans voyageant avec un parent sont exemptés d'amende.

Les étrangers résidant en Thaïlande doivent renouveler leur visa auprès du bureau de l'immigration le plus proche de leur domicile.

Handicapés

Le sud de la Thaïlande est peu facile d'accès pour les personnes handicapées. Bangkok en particulier n'est guère recommandée avec ses hauts trottoirs au revêtement inégal et sa circulation incessante ; de nombreuses rues se traversent au moyen de hautes passerelles, aux escaliers assez raides. Les bus et les bateaux s'arrêtent si brièvement que même les personnes non handicapées peinent pour monter à bord. Quant aux rampes d'accès pour les personnes en fauteuil roulant, elles sont quasi inexistantes. Les plages peuvent être difficiles d'accès, même si certaines, à Phuket, telles Patong et Karon, sont bordées de promenades accessibles en fauteuil roulant.

Dans l'aéroport Suvarnabhumi à Bangkok, les installations pour personnes à mobilité réduite sont de qualité. Fauteuils roulants et chariots électriques sont proposés, les ascenseurs desservent tous les étages et les toilettes pour handicapés sont propres et bien entretenues. De plus, la liaison ferroviaire jusqu'à la capitale est accessible aux voyageurs handicapés, avec notamment des ascenseurs à annonces vocales équipés des boutons en braille ainsi que des distributeurs de billets et des portails accessibles aux fauteuils roulants. La plupart des vols internationaux utilisent des passerelles aéroportuaires, ce qui n'est pas toujours le cas des vols intérieurs à l'aéroport Don Mueang de Bangkok ou dans les aéroports régionaux. Par conséquent, il est important d'informer votre compagnie aérienne, au moment de la réservation, que vous utilisez un fauteuil ou que vous aurez besoin d'aide.

Des taxis entièrement accessibles en fauteuil ne sont disponibles qu'à Bangkok et à Hua Hin et doivent être réservés.

Beaucoup d'hôtels de catégorie supérieure s'efforcent de réaliser les aménagements nécessaires à l'accueil de personnes handicapées. Dans certains établissements haut de gamme, le personnel nombreux permet de pallier l'absence d'installations appropriées. Ailleurs, vous serez livré à vous-même.

L'agence de voyages spécialisée **Phuket Access Travel** (www.phuketaccesstravel.com), fondée par une équipe ayant une expérience personnelle en matière de handicap, propose des transferts accessibles en fauteuil vers les aéroports et d'autres moyens de transport, ainsi que des fauteuils de plage, des conseils en matière de logement et des circuits adaptés (passant notamment par Grand Bouddha, Hat Nai Han et Laem Phromthep).

En France, l'**APF France Handicap** (☎01 40 78 69 00 ; www.apf-francehandicap.org ; 17 bd Auguste-Blanqui, 75013 Paris) peut fournir des informations utiles sur les voyages accessibles. **Yanous** (www.yanous.com), **Hizy** (hizy.org), **Handicap.fr** (www.handicap.fr) et **Tourisme et Handicaps** (www.tourisme-handicaps.org) constituent également de bonnes sources d'information.

Désormais, les principales plateformes d'hébergement que sont **Abritel** (www.abritel.fr), **Airbnb** (www.airbnb.fr), **Booking** (www.booking.com) et **Hotels.com** (fr.hotels.com) ont intégré des critères d'accessibilité à leur moteur de recherche. **Mobee Travel** (www.mobeetravel.com) est une start-up qui regroupe des hébergements accessibles et qui propose aussi des séjours sur mesure. Les agences de voyages **Yoola** (www.yoola.fr) et **Comptoir des Voyages** (www.comptoir.fr) organisent des voyages adaptés aux personnes à mobilité réduite.

Heure locale

La Thaïlande est en avance de 7 heures sur l'heure GMT. Quand il est 12h à Paris, il est 17h ou 18h à Bangkok, selon l'heure d'été ou d'hiver. Les heures sont souvent exprimées sous le format 24h.

Heures d'ouverture

Banques 9h30-15h30 lun-ven ; DAB 24h/24.

Bars 18h-minuit ou 1h ; de nombreux bars à touristes ouvrent dès 10h.

Clubs 20h–2h ou tard.

Administrations gouvernementales 8h30-16h30 lun-ven ; certains ferment de 12h à 13h tandis que d'autres sont ouverts le samedi (9h-15h).

Restaurants 10h-22h ; certains établissements ne servent que petits déjeuners et déjeuners et ferment vers 15h ; les restaurants touristiques peuvent ouvrir pour le petit déjeuner à partir de 7h.

Boutiques 9h-18h ; grands magasins 10h-22h ; 7-Elevens 24h/24 ; dans certaines petites villes, les magasins ferment le dimanche.

Homosexualité

La société thaïlandaise se montre relativement tolérante envers l'homosexualité masculine comme féminine. La communauté LGBT+ est assez importante à Bangkok, Pattaya et Phuket, où se tiennent tous les ans des Gay Pride. Attention toutefois, les démonstrations d'affection en public, qu'elles soient homo ou hétéro, sont en revanche mal vues.

Il est à noter toutefois que les lesbiennes se conforment à une répartition des rôles assez stricte : les *tom* (de "*tomboy*", garçon manqué) ont généralement les cheveux courts, dissimulent leur poitrine et portent des vêtements masculins, tandis que les *dêe* (de "*lady*") affichent leur féminité. Les lesbiennes de passage dans le pays qui n'entrent pas dans ces catégories pourront se heurter à une certaine incompréhension.

Le site Utopia (www.utopia-asia.com) diffuse de nombreuses informations destinées aux voyageurs LGBT en Thaïlande et publie un guide (en anglais) pour les homosexuels.

Internet (accès)

Le Wi-Fi est disponible dans quasiment tous les hôtels et *guesthouses*, ainsi que dans de nombreux cafés, restaurants et bars. Les cybercafés disparaissent peu à peu dans les grandes villes, mais on en trouve encore (beaucoup moins qu'avant toutefois) dans les destinations touristiques.

Jours fériés

1er janvier – Nouvel An

Février (dates variables) – Jour de Makha Bucha, fête religieuse bouddhiste

6 avril – Jour des Chakri, en l'honneur du fondateur de la dynastie Chakri, Rama Ier

13-15 avril – Fête de Songkran, célébration traditionnelle du Nouvel An thaïlandais et fête de l'Eau

1er mai – Fête du Travail

4 mai Jour du couronnement ; commémore le couronnement du roi en 2019

Mai (dates variables) Cérémonie du labour royal

Mai-juin (date variable) – Jour de Visakha Bucha, fête religieuse bouddhiste

3 juin Anniversaire de la reine Suthida

Juillet (date variable) – Jour d'Asahna Bucha, fête religieuse bouddhiste

28 juillet – Anniversaire du roi

12 août Anniversaire de la reine mère Sirikit et fête des Mères

13 octobre Anniversaire du décès du roi Bhumiphol

23 octobre – Jour de Chulalongkorn

5 décembre – Anniversaire du défunt roi

10 décembre – Jour de la Constitution

31 décembre – Réveillon du jour de l'An

Offices du tourisme

En Thaïlande

La **Tourism Authority of Thailand** (TAT ; ☎centre d'appels national 1672 ; www.tourismthailand.org) service d'État de promotion et d'information touristique, édite d'excellentes brochures sur les sites à visiter, l'hébergement et les transports. Le bureau principal de la TAT se situe à Bangkok mais de nombreux bureaux régionaux sont présents dans le sud du pays, notamment à Phuket, Ko Samui, Krabi, Surat Thani, Hat Yai et Pattaya.

À l'étranger

La TAT possède un certain nombre d'offices du tourisme à l'étranger. Il n'existe pas de bureau de la TAT en Belgique.
France (☎01 53 53 47 00 ; www.tourismethaifr.com, infosthailande@gmail.com ; 90, av. des Champs-Élysées, 75008 Paris).
Canada (☎164-7329-1000 ; www.thailandinsider.com, info@tatcan.com ; 130 King Street West, Exchange Tower, Suite 620, Toronto, ON, Canada M5X 2A2).
Suisse (☎031 300 30 88 ; www.tourismthailand.ch ; Zähringerstrasse 16, 3012 Berne).

Photographie

Utilisez votre appareil avec tact et demandez toujours l'autorisation avant de photographier une personne. Indiquez que vous souhaitez prendre une photographie et attendez-vous à un hochement de tête gêné. Les cartes mémoire pour appareil photo sont vendues dans les magasins d'appareils photo ou d'accessoires électroniques dans les villes et les zones touristiques.

Poste

➡ La Thaïlande possède un service postal (www.thailandpost.co.th) très efficace et bon marché. En province, les bureaux de poste ouvrent généralement de 8h30 à 16h30 en semaine et de 9h à 12h le samedi. Les postes centrales des capitales régionales sont parfois ouvertes une partie du dimanche.

➡ La plupart des postes de province vendent des boîtes standards pour les colis. N'envoyez pas d'argent ou d'objets de valeur par courrier.

➡ Le service de poste restante est généralement très fiable. Pour retirer du courrier, il faut présenter son passeport et remplir un formulaire.

Problèmes juridiques

En général, la police thaïlandaise n'importune pas les étrangers, surtout les touristes. Au contraire, elle a plutôt tendance à éviter d'avoir à parler anglais avec eux, surtout lorsqu'il s'agit d'une infraction mineure au code de la route. Cependant, les étrangers conduisant des motos sans casque peuvent se voir infliger des amendes immédiates (environ 200 B), en particulier à Phuket, Ko Samui et Ko Chang, où des barrages de police sont nombreux.

Cette mansuétude ne s'étend pas aux stupéfiants, que les policiers considèrent soit comme un fléau à combattre par tous les moyens légaux, soit comme l'occasion de percevoir un pot-de-vin.

Si l'on vous arrête pour un délit quelconque, la police vous autorisera à appeler votre ambassade ou votre consulat, ou, autrement, un parent ou un ami. Différentes dispositions légales régissent la durée de la détention et la manière dont elle doit se dérouler jusqu'à l'inculpation ou au procès, mais la police dispose d'une grande latitude en la matière.

La justice thaïlandaise ne présume pas de la culpabilité ou de l'innocence d'un prévenu, considéré plutôt comme "suspect". Le tribunal tranchera au cours d'un procès, souvent expéditif.

La **police touristique** (☎1155 ; 24h/24) peut se révéler d'un grand secours en cas d'arrestation. Bien qu'elle ne puisse généralement pas intervenir dans le processus judiciaire, elle peut aider les étrangers à trouver un interprète ou à contacter leur ambassade. N'hésitez pas à la contacter en cas de vol ou d'escroquerie à partir de n'importe quel téléphone du pays. Cette ligne reçoit les plaintes comme les demandes d'assistance en cas de danger.

Téléphone

L'indicatif de la Thaïlande est le ☎66. Tous les numéros thaïlandais commencent par 0 (mais ce 0 est omis pour les appels depuis l'étranger). Les 3 chiffres qui suivent correspondent à l'indicatif régional, qui fait partie intégrante du numéro. Si le 0 est suivi d'un 8 ou d'un 9, il s'agit d'un numéro de portable. Reportez-vous p. 19 pour les numéros utiles.

Appels internationaux

Lorsque vous appelez la Thaïlande depuis l'étranger, composez le code d'accès international (☎00 depuis la France, la Belgique ou la Suisse ; ☎011 depuis le Canada), suivi du ☎66, puis du numéro souhaité.

Pour appeler l'étranger depuis la Thaïlande, composez un code d'accès international, suivi de l'indicatif du pays (☎33 pour la France, ☎32 pour la Belgique, ☎41 pour la Suisse et ☎1 pour le Canada) et du numéro de votre correspondant.

En Thaïlande, il existe divers codes d'accès internationaux, avec des tarifs par minute variables. Le numéro direct standard, le 001, est géré par l'opérateur public CAT Telecom. Réputé avoir la meilleure qualité sonore, il permet d'appeler le plus grand nombre de pays mais il est aussi le plus cher. Un autre code, le 007, géré par la TOT, offre une qualité fiable et des tarifs légèrement moins chers. Différents opérateurs proposent des tarifs économiques ; faites quelques recherches sur Internet pour dénicher des promotions.

Téléphones portables

Le plus simple pour passer des appels en Thaïlande est d'acheter une carte SIM locale. Veillez à désimlocker votre téléphone portable avant votre voyage.

Vous pouvez vous procurer ces cartes SIM locales dans un magasin 7-Eleven ou dans les boutiques des opérateurs de téléphonie mobile. Les cartes SIM pour touristes coûtent seulement 49 B. Divers forfaits appels-données sont disponibles et les crédits des cartes SIM peuvent être rechargés. Présentez votre passeport au moment de l'achat d'une carte SIM afin qu'elle puisse être enregistrée à votre nom.

La Thaïlande est couverte par le réseau GSM. Les principaux opérateurs de téléphonie mobile sont AIS (www.ais.co.th), DTAC (www.dtac.co.th) et True Move (truemoveh.truecorp.co.th) et tous fonctionnent sur un réseau 4G. La couverture et la qualité des différents opérateurs varient en fonction des améliorations apportées et de la capacité du réseau. Les opérateurs proposent généralement différents forfaits appels-données en fonction de la consommation.

Toilettes

Les toilettes à la turque sont de moins en moins fréquentes en Thaïlande, en tout cas dans les zones touristiques des îles et des plages, où les toilettes à l'occidentale sont la norme.

L'installation septique n'est pas toujours adaptée au papier toilette, même lorsqu'il s'agit de toilettes à l'occidentale. Dans ce cas, utilisez la corbeille pour le papier (et dans tous les cas pour les produits d'hygiène féminine). Certaines toilettes modernes sont équipées de petits jets d'eau.

Travail

La Thaïlande est une destination très prisée des voyageurs souhaitant exercer un emploi temporaire, en particulier dans le domaine de l'enseignement de l'anglais. Pour travailler légalement dans le pays, vous aurez besoin d'un visa non-immigrant (p. 440) et d'un permis de travail – qui devrait pouvoir vous être délivré par les autorités compétentes. Le site Ajarn (www.ajarn.com) est une excellente source de renseignements en matière d'enseignement en Thaïlande et d'offres d'emploi.

Voyager seule

Les femmes rencontrent peu de problèmes en Thaïlande.

- Faites preuve de respect en optant pour une tenue couvrante si vous allez dans une communauté rurale, si vous entrez dans des temples ou vous promenez en dehors de la plage. Mais dans l'ensemble, les Thaïlandaises adoptent une grande diversité de styles vestimentaires, en particulier dans les villes. Vous pouvez donc porter des hauts à fines bretelles et des jupes courtes sans offenser les habitants.
- N'oubliez pas le savoir-vivre thaïlandais au cours des interactions sociales. Les femmes qui ne sont pas à la recherche d'une relation amoureuse ne doivent pas supposer que les Thaïlandais qu'elles rencontrent sont forcément animés de sentiments platoniques. Un homme thaïlandais pourrait avoir le sentiment de perdre la face si une conversation, un flirt ou toute autre attention dirigée vers lui pouvait ensuite se reporter sur une autre personne. Dans des cas extrêmes (ou en cas de consommation d'alcool), cela pourrait provoquer une situation déplaisante voire générer de la violence.
- Comme dans la plupart des pays, des agressions et des viols se produisent parfois et les femmes courent bien plus de risques lorsqu'elles sont seules la nuit ou dans des lieux isolés. Restez vigilante si vous rentrez seule d'un bar et n'acceptez pas d'être ramenée en voiture par des étrangers tard le soir. Voyagez dans des zones isolées au sein d'un groupe.

Transports

DEPUIS/VERS LA THAÏLANDE

Vols, circuits organisés et billets de train peuvent être réservés en ligne sur www.lonelyplanet.fr.

AVERTISSEMENT

Les informations contenues dans ce chapitre sont particulièrement susceptibles de changements. Vérifiez directement auprès de la compagnie aérienne ou de l'agence de voyages les modalités d'utilisation de votre billet d'avion. N'hésitez pas à comparer les prestations. Les détails fournis ici doivent être considérés à titre indicatif et ne remplacent en rien une recherche personnelle attentive.

Entrer en Thaïlande

Les formalités douanières sont simples : il vous suffit de présenter votre passeport, ainsi que les cartes d'arrivée et de départ dûment remplies. Celles-ci vous sont distribuées à bord des vols à destination de la Thaïlande ou, si vous arrivez par voie terrestre, au service de l'immigration.

Voie aérienne

Aéroports

Thai Airways est la compagnie nationale, et Bangkok le premier carrefour aérien national et international du pays. Les aéroports provinciaux de Thaïlande sont les nœuds d'un vaste réseau intérieur et de plus en plus international. Les aéroports suivants, notamment, assurent des liaisons internationales.

Aéroport international Suvarnabhumi (☎02 132 1888 ; www.airportthai.co.th). L'aéroport principal du pays (dont le nom se prononce *sù·wan·ná·poum*) se situe à Samut Prakan, à 30 km à l'est de Bangkok et à 110 km de Pattaya.

Aéroport international de Don Mueang (☎02 535 1192 ; www.airportthai.co.th). À 25 km au nord du centre de Bangkok, cet aéroport fut fermé en 2006 avant de rouvrir pour accueillir des vols intérieurs et à bas coût.

Aéroport international de Phuket (☎076 632 7230 ; www.phuketairportonline.com). Des destinations internationales comme Hong Kong, Singapour, Dubaï, Séoul et Shanghai.

Aéroport international de Hat Yai (☎074 227000 ; www.airportthai.co.th ; 📶). Singapour et d'autres destinations internationales desservies.

Aéroport de Ko Samui (www.samuiairportonline.com). Singapour et d'autres destinations internationales desservies.

Aéroport international de Krabi Des destinations internationales comme Chongqing (Chine), Hong Kong, Kuala Lumpur et Singapour.

Aéroport d'U-Tapao (UTP ; ☎038 245595 ; www.utapao.com). Parmi les destinations internationales : Singapour, Kuala Lumpur et plusieurs villes chinoises et russes.

Billets

Dans certains cas – par exemple pour un vol intérieur ou vers un pays voisin –, il est plus pratique de passer par une agence de voyages en Thaïlande. Le montant de la commission facturée par les agents pouvant varier, comparez les prix pratiqués avant de vous décider. Payer par carte bancaire offre généralement une assurance, car la plupart des fournisseurs de cartes garantissent un remboursement si vous n'obtenez pas ce pour quoi vous avez payé. Dans le cas d'une agence acceptant uniquement des espèces, veillez à ce qu'on vous remette les billets sur-le-champ, et qu'on ne vous demande pas de "revenir le lendemain". Après avoir fait une réservation ou payé un acompte, appelez la compagnie aérienne pour vous faire confirmer que vos billets sont bien réservés.

Durant la haute saison (de décembre à mars), les prix des billets peuvent augmenter.

Depuis la France

Un vol direct pour Bangkok depuis Paris (liaison assurée notamment par la compagnie nationale Thai Airways et par Air France) dure environ 11 heures 15. Au moment de la rédaction de ce guide, en réservant bien à l'avance, les tarifs les plus avantageux pour un aller-retour avec escale se situaient autour de 360 € ; pour un vol direct, il fallait plutôt compter à partir de 590 €.

Un aller-retour avec escales pour Phuket débutait à environ 480 €.

Pour des voyages et circuits organisés, voir p. 447.

Voici quelques agences et transporteurs :

Air France (☎36 54, 0,35 €/min ; www.airfrance.fr).

Les Connaisseurs du Voyage (Paris ☎01 53 95 27 00 ; Marseille ☎04 91 92 08 91 ; www.connaisseursvoyage.fr)

TUI (☎0825 000 825, 0,20 €/min ; www.tui.fr).

Thai Airways International (THAI ; ☎01 55 68 80 70 ; www.thaiairways.com).

Voyageurs du Monde (☎01 42 86 16 00 ; www.voyageursdumonde.fr).

Depuis la Belgique

Lors de nos recherches, un aller-retour Bruxelles-Bangkok avec escale commençait à environ 430 €.

Voici un transporteur et quelques agences utiles :

Airstop (☎070 233 188 ; www.airstop.be).

Connections (☎070 23 33 13, à partir de 0,30 €/min ; www.connections.be).

Gigatour Voyages Éole (☎02 672 35 03 ; www.voyageseole.be).

Thai Airways International (THAI ; ☎02 502 47 44 ; www.thaiairways.com ; avenue de la Toison d'or 21, 1050 Bruxelles).

Depuis la Suisse

En réservant bien à l'avance, vous pourrez trouver des vols aller-retour Genève-Bangkok à partir de 450 FS, avec escale.

Vous pouvez joindre :

STA Travel (☎058 450 49 49 ; www.statravel.ch).

Swiss (☎0848 700 700 ; www.swiss.com).

Thai Airways International (THAI ; ☎41-44 215 6565 ; www.thaiairways.com).

Depuis le Canada

Les premiers prix pour un aller-retour Montréal-Bangkok, avec escale, se situent autour de 1 150 $C.

Voici un transporteur et des agences à partir du Canada :

Air Canada (☎888 247 22 62 ; www.aircanada.com).

Expedia (☎800 469 1793 ; www.expedia.ca).

Orbitz (☎844 803 5576 ; www.orbitz.com)

Thai Airways International (THAI ; ☎767 3598 ; www.thaiairways.com).

Travelcuts (☎800 667 2887 ; www.travelcuts.com). L'agence de voyages des étudiants canadiens.

Travelocity (www.travelocity.com).

Voie terrestre

Le sud de la Thaïlande partage des frontières avec la Malaisie, le Cambodge et le Myanmar (Birmanie). Il est possible de circuler par voie terrestre entre tous ces pays en passant par des postes-frontières où vous serez contrôlé.

Passages de frontière

CAMBODGE

Des visas touristiques pour le Cambodge (30 $US) sont disponibles à la frontière. Munissez-vous d'une photo d'identité et ignorez les rabatteurs qui proposent de vous fournir un certificat médical ou autre papier moyennant des frais supplémentaires.

D'Aranya Prathet à Poipet
L'itinéraire terrestre le plus direct entre Bangkok et Siem Reap (pour Angkor Wat), assuré par un bus public direct.

VOYAGES ET CHANGEMENT CLIMATIQUE

Tous les moyens de transport fonctionnant à l'énergie fossile génèrent du CO_2 – la principale cause du changement climatique induit par l'homme. L'industrie du voyage est aujourd'hui dépendante des avions. Si ceux-ci ne consomment pas nécessairement plus de carburant par kilomètre et par personne que la plupart des voitures, ils parcourent en revanche des distances bien plus grandes et relâchent quantité de particules et de gaz à effet de serre dans les couches supérieures de l'atmosphère. De nombreux sites Internet utilisent des "compteurs de carbone" permettant aux voyageurs de compenser le niveau des gaz à effet de serre dont ils sont responsables par une contribution financière à des projets respectueux de l'environnement. Lonely Planet "compense" les émissions de tout son personnel et de ses auteurs.

De Hat Lek à Koh Kong Sur la côte, pour les voyageurs à destination/en provenance de Ko Chang/Sihanoukville.

De Ban Pakard à Psar Pruhm Route secondaire depuis Ko Chang vers Battambang et Angkor Wat (via Chanthaburi).

Les points de passage reculés comme celui de O Smach à Chong Chom (parfois fermé à cause des tensions entre la Thaïlande et le Cambodge) et celui de Choam à Chong Sa-Ngam ne sont pas aussi pratiques, car il faut louer un transport privé du côté cambodgien de la frontière.

AGENCES EN LIGNE

Vous pouvez réserver votre vol via une agence en ligne ou vous renseigner auprès d'un comparateur de vols :

- www.bourse-des-vols.com
- www.ebookers.fr
- www.expedia.fr
- www.govoyages.com
- www.illicotravel.com
- www.kayak.fr
- www.opodo.fr
- www.partirou.com
- www.skyscanner.fr
- voyages.kelkoo.fr

LAOS

Entrer au Laos depuis le nord et le nord-est de la Thaïlande est plutôt simple. On peut obtenir un visa touristique pour le Laos (35-42 $US) en arrivant dans le pays ; une photo d'identité est nécessaire et le mieux est de prévoir des billets propres et en bon état pour le paiement. Des bus directs rallient les villes principales des deux côtés de la frontière, et on ne s'arrête généralement aux villes frontières que le temps d'accomplir les formalités. Il arrive que des fonctionnaires laotiens demandent un supplément pour le travail fourni.

De Nong Khai à Vientiane Le premier pont de l'Amitié lao-thaïlandaise sur le Mékong est l'un des principaux points de passage depuis/vers le Laos. Nong Khai est facilement accessible en train ou en bus depuis Bangkok, ou en avion, depuis Udon Thani.

De Chiang Khong à Huay Xai Ce point de passage qui relie le nord de la Thaïlande à Luang Prabang a gagné en popularité depuis la construction du quatrième pont de l'Amitié lao-thaïlandaise. Les bus directs pour le Laos au départ de Chiang Mai et Chiang Rai l'empruntent.

De Mukdahan à Savannakhet Le deuxième pont de l'Amitié lao-thaïlandaise relie la Thaïlande, le Laos et le Vietnam.

De Nakhon Phanom à Tha Khaek Le troisième pont de l'Amitié lao-thaïlandaise relie le nord-est de la Thaïlande au sud du Laos.

De Chong Mek à Vangtao Pour atteindre ce point de passage pratique pour rejoindre Pakse (Laos), le mieux est de prendre le bus direct qui part d'Ubon Ratchathani (Thaïlande).

Au nord-est de la Thaïlande, il existe des postes-frontières plus reculés, notamment Bueng Kan-Paksan (il faut obtenir son visa laotien à l'avance) et Tha Li-Kaen Thao (la location d'un moyen de transport est nécessaire). Au nord de la Thaïlande, mentionnons le point de passage reculé entre Ban Huay Kon, à Nan, et Muang Ngeun.

MALAISIE

La Malaisie, en particulier la côte ouest, est facilement accessible par bus, train, ou même par bateau.

De Hat Yai à Butterworth L'embranchement ouest de la ligne ferroviaire qui part de Bangkok va jusqu'à Butterworth, point d'accès continental à Penang.

De Hat Yai à Padang Besar Les bus et les trains qui partent de Hat Yai, point de passage du sud de la Thaïlande, desservent diverses destinations en Malaisie. Les formalités s'effectuent à Padang Besar.

De Sungai Kolok à Rantau Panjang Nous déconseillons ce poste-frontière en raison des violences persistantes dans l'extrême Sud.

De Ko Lipe à Langkawi En haute saison, il est facile de passer en bateau de l'une à l'autre de ces deux îles de la mer d'Andaman. Des bateaux relient par ailleurs le port thaïlandais de Satun, sur le continent, à l'île de Langkawi et à la ville de Kuala Perlis.

Il existe quelques autres points de passage de moindre importance le long de cette frontière, mais un véhicule privé est nécessaire.

MYANMAR (BIRMANIE)

Il existe 4 postes-frontières entre la Thaïlande et le Myanmar.

De Mae Sai à Tachileik Un poste-frontière très fréquenté. L'animé marché frontalier peut se visiter lors d'une excursion à la journée depuis la Thaïlande, sans demande de visa préalable.

Pour se rendre au-delà, un visa doit être demandé à l'avance. Par voie terrestre, vous ne pourrez pas aller au-delà de Kyaingtong, au Myanmar ; pour poursuivre, un permis est nécessaire. Autrement, prenez l'avion pour Mandalay ou Rangoun (Yangon).

De Ranong à Kawthoung Ce point d'entrée/sortie pour le sud du Myanmar est souvent utilisé pour les renouvellements de visa dans le sud de la Thaïlande.

De Mae Sot à Myawaddy L'un des points de passage les plus pratiques pour se rendre dans les localités du cœur du Myanmar.

De Phu Nam Ron à Htee Khee Ce point de passage est isolé et peu fréquenté. Le visa électronique n'est pas accepté ici pour entrer au Myanmar, en revanche il est autorisé pour en sortir. Le gouvernement thaïlandais a l'intention de développer ce point de passage pour relier Bangkok et le port birman de Dawei, sur la mer d'Andaman.

Bus, moto et voiture

Des routes relient la Thaïlande à tous les pays limitrophes, qu'il est ainsi possible de rejoindre en bus, en moto, en taxi collectif ou en voiture individuelle. Parfois, il vous faudra prendre un bus jusqu'à la frontière, passer la douane, puis remonter dans un autre bus ou un taxi collectif de l'autre côté. Dans d'autres cas, notamment à la frontière avec le Cambodge et la Malaisie, vous pourrez prendre un bus qui s'arrêtera à la frontière pour les formalités avant de poursuivre jusqu'à sa destination finale.

Train

Vous pouvez accéder à plusieurs postes-frontières par le train avant de poursuivre votre voyage en voiture : c'est le cas à la frontière thaïlando-cambodgienne entre Aranya Prathet et Poipet, et à la frontière thaïlando-laotienne entre Nong Khai et Vientiane.

Des trains conduisent aussi à Sungai Kolok et Padang Besar, où l'on peut traverser la frontière avec la Malaisie ; mais en raison de violences persistantes dans le sud de la Thaïlande, nous déconseillons cet itinéraire aux voyageurs.

Voie maritime

Bangkok et les grandes îles sont des escales fréquentes pour les bateaux de croisière. Pendant la haute saison, des ferrys relient Ko Lipe à Pulau Langkawi en Malaisie. De Ranong, des bateaux partent pour Kawthoung, au Myanmar.

Rejoindre les îles ou le continent en bateau, y compris de plaisance, ne pose pas de problème. Tous les passagers et membres d'équipage doivent effectuer les formalités d'entrée en Thaïlande dans les 24 heures suivant leur arrivée dans le pays. Avant de quitter la Thaïlande en bateau, vous devez effectuer les formalités de sortie auprès des services de l'immigration, des douanes et de la capitainerie du port.

VOYAGES ORGANISÉS

Séjours

La Thaïlande figure au catalogue de nombreux tour-opérateurs, qui proposent des forfaits tout compris à des tarifs défiant toute concurrence. Beaucoup se limitent à Bangkok et aux destinations balnéaires les plus touristiques (Pattaya, Phuket...). On prêtera une attention particulière aux prestations hôtelières, de qualité très variable, tant du fait de l'emplacement des hébergements (éloignement des plages et des divers centres d'intérêt, système de transport...) que des activités proposées (sport, activités pour les enfants...) : la réalité est souvent très éloignée des belles images illustrant les brochures publicitaires.

TAXE DE DÉPART

La taxe de départ est comprise dans le prix des billets.

Circuits

Les meilleures agences de voyages établies hors de Thaïlande créent des circuits de A à Z, en sélectionnant leurs collaborateurs locaux en fonction de la qualité de leurs services. En voici quelques-unes, généralistes ou spécialisées dans les voyages axés sur la plongée ou le trek :

Agences généralistes

Asia (☎01 56 88 66 75, 01 44 41 50 10 ; 1, rue Dante, 75005 Paris ; www.asia.fr). Autres agences en France et à Genève.

Chen Voyages (☎01 45 70 76 08 ; www.chenvoyages.com ; 137 rue de Tolbiac, 75013 Paris)

Comptoir des Voyages (☎01 85 08 23 57 ; www.comptoir.fr ; 2-18 rue Saint-Victor, 75005 Paris). Un numéro de téléphone par destination pour parler à un spécialiste. Autres agences à Bordeaux, Lille, Lyon, Marseille, Nice et Toulouse.

Evaneos (www.evaneos.fr). Voyages sur mesure.

Huwans (www.huwans-clubaventure.fr) ; Paris (☎01 44 32 09 30 ; 18, rue Séguier, 75006 Paris) ; Lyon (☎04 96 15 10 52 ; 36 quai Arloing, 69009 Lyon) ; Marseille (☎04 96 15 10 20 ; 4, rue Henri-et-Antoine-Maurras, 13016 Marseille) ; Genève (☎022 320 50 80 ; rue Prevost Martin 51, CP 124-1211 Genève 4).

Ikhar (☎01 43 06 73 13 ; www.ikhar.com ; 23 rue Danielle-Casanova, 75001 Paris). Voyages individuels sur mesure.

Maisons du Voyage (☎01 84 25 43 20 ; www.maisonsduvoyage.com ; 76, rue Bonaparte, 75006 Paris).

Marco Vasco (☎01 76 64 74 97 ; www.marcovasco.voyage ; 36 rue Brunel, 75017 Paris)

Le Monde de l'Inde et de l'Asie (☎01 53 10 31 00 ; www.mondeasie.com ; 15 rue des Écoles, 75005 Paris)

Orients (☎01 45 61 90 90 ; www.orients.com ; 10, rue de Mézières, 75006 Paris).

Les Routes de l'Asie (☎01 42 60 60 90 ; www.lesroutesdelasie.fr ; 7 rue d'Argenteuil, 75001 Paris). Voyages individuels sur mesure.

TUI (☎0825 000 825, 0,20 €/min ; www.tui.fr).

Voyageurs du Monde (www.voyageursdumonde.fr) ; France (☎01 84 17 19 47 ; 55, rue Sainte-Anne, 75002 Paris) ; Belgique (☎02 543 95 50 ; 23, chaussée de Charleroi, 1060 Bruxelles) ; Suisse (☎022 519 12 10 ; 19, rue de la Rôtisserie, 1204 Genève) ; Canada (☎514 789 0101 ; 555, bd René-Lévesque, Montréal, QC OH2Z 1B1). Nombreuses autres agences. Un numéro de téléphone par destination pour parler à un spécialiste.

Plongée

Pour des séjours ou des croisières de plongée dans le Sud de la Thaïlande, contactez les prestataires ci-dessous.

Dive and Travel (☎026 301 20 40 ; www.diveand.travel).

H2O Voyage (☎02 41 24 69 00 ; www.h2ovoyage.com)

Océanes (☎04 42 52 82 40 ; www.oceanes.com ; 147 chemins des Ruches, Les Gardis, 13490 Jouques).

Subocéa (☎04 95 06 12 39 ; www.subocea.com)

Ultramarina (☎0825 02 98 02, 0,18 €/mn ; ultramarina.com) ; Nantes (2 ter, rue des Olivettes, CS 33221, 44032 Nantes Cedex 1) ; Paris (29, rue de Clichy, 75009 Paris) ; Marseille (27, rue de la Palud, 13001 Marseille) ; Lyon (4 rue Antoine-de-Saint-Exupéry, 69002 Lyon) ; Genève (☎022 786 14 86 ; rue de Montchoisy 21, 1207 Genève).

Trek, randonnée et multi-sports

Pour des circuits de randonnée ou multi-activités (marche, trek, vélo, kayak, snorkeling etc.) accompagnés, sur mesure, ou en famille dans le Sud de la Thaïlande, contactez les prestataires ci-dessous.

Allibert (www.allibert-trekking.com ; France ☎04 76 45 84 84, 04 76 45 50 50 ; 37 bd Beaumarchais, 75003 Paris ; Belgique ☎02 318 32 02 ; Suisse ☎022 519 03 23). Agences également à Chamonix, Chapareillan, Lyon, Toulouse et Villeneuve-Loubet.

Atalante (www.atalante.fr ; Paris ☎01 55 42 81 00, 18 rue Séguier, 75006 Paris ; Lyon ☎04 72 53 24 80, 36 quai Arloing, 69009 Lyon).

Nomade Aventure (☎01 46 33 71 71 ; www.nomade-aventure.com ; 40 rue de la Montagne-Sainte-Geneviève, 75005 Paris). Agences à Lyon, Marseille et Toulouse.

Terres d'Aventure (www.terdav.com ; France ☎01 70 82 90 90 ; 30 rue Saint-Augustin, 75002 Paris ; Belgique ☎02 543 95 60 ; Suisse ☎022 518 05 13).

COMMENT CIRCULER

Auto-stop

L'auto-stop ne constitue jamais un moyen de transport réellement sûr et recommandable. Les voyageurs qui se déplacent ainsi s'exposent à un risque limité mais réel.

L'auto-stop est peu répandu en Thaïlande et vous attendrez parfois longtemps pouce levé sur le bord de la route avant qu'un conducteur ne réalise votre intention. Pour héler une voiture, les Thaïlandais tendent le bras, main ouverte paume vers le bas ; comme le même geste sert à héler un taxi ou un bus, il se peut que des automobilistes s'arrêtent pour vous indiquer un arrêt de bus voisin.

Dans certains parcs nationaux non desservis par les transports publics, les conducteurs prennent souvent volontiers en stop les piétons sur le bord de la route.

Avion

Aller en avion d'un lieu du sud de la Thaïlande à un autre reste très accessible financièrement. La plupart des liaisons aériennes se font au départ de Bangkok, mais les aéroports de Ko Samui et de Phuket desservent également quelques autres villes thaïlandaises.

La compagnie nationale **Thai Airways** (THAI ; ☎01 55 68 80 00 ; www.thaiairways.fr) assure de nombreux vols intérieurs au départ de Bangkok vers les capitales provinciales. **Bangkok Airways** (☎centre d'appels national 1771 ; www.bangkokair.com) est une autre compagnie nationale bien établie. **AirAsia** (☎centre d'appels national 02 515 9999 ; www.airasia.com) et **Nok Air** (☎centre d'appels national 1318 ; www.nokair.com) sont les principales compagnies nationales à bas coût avec **Thai Lion Air** (☎centre d'appels national 02 529 9999 ; www.lionairthai.com) et **Thai Smile** (☎centre d'appels national 02 118 8888 ; www.thaismileair.com).

Billets pour les îles

Des compagnies aériennes à bas coût (principalement AirAsia) proposent des billets pour des îles qui n'ont pas d'aéroport, notamment Ko Phi Phi, Ko Lanta et Ko Ngai. Ces billets comprennent le vol jusqu'à l'aéroport le plus proche, puis le transport jusqu'à l'île en bus et en bateau. Si cela ne vous dérange pas d'être baladé ainsi en groupe, c'est une solution pratique, puisque le coût est à peu près le même qu'un transport terrestre que vous organiseriez vous-même, les tracas de la planification en moins.

Dans certains cas, des billets annonçant pour destination une île pourvue d'un aéroport (comme Ko Samui ou Ko Pha-Ngan), incluent en réalité non pas un vol direct mais le vol jusqu'à un aéroport proche, puis le transport terrestre et maritime. Vérifiez avant de réserver. Le prix de ces billets est généralement plus bas que celui d'un vol direct, mais le voyage est bien plus long.

Bateau

Les *long-tail boats* sont un moyen de transport courant sur les rivières et canaux à Bangkok et dans le Sud.

Entre le continent et les îles du golfe de Thaïlande ou de la mer d'Andaman, il se peut que vous voyiez également de longs bateaux en bois de 8 à 10 m, à moteur in-bord, avec un simple auvent pour abriter passagers et cargaison. Des hydroptères et des aéroglisseurs, plus rapides et plus chers, circulent dans les zones touristiques.

Bus et minibus

Le réseau de bus thaïlandais est dense et fiable. C'est un moyen de transport idéal pour voir le pays et se mêler aux habitants. Le gouvernement subventionne la Transport Company (*bò·rí·sàt kŏn sòng*), souvent abrégée en Baw Khaw Saw (BKS). Toutes les villes et les bourgades desservies par les bus disposent d'une gare BKS – parfois une simple cabane au bord de la route.

Les compagnies de bus les plus sûres, de loin, sont celles qui partent des gares routières d'État BKS. Certaines de ces compagnies appartiennent à l'État, d'autres sont des concessions privées.

Attention aux escroqueries. Nous déconseillons d'emprunter les bus qui opèrent directement depuis les centres touristiques tels que Th Khao San, à Bangkok, où des vols et des commissions abusives sont fréquemment signalés.

Les minibus correspondent de plus en plus à une option plus confortable. Ils sont gérés par des entreprises privées. Les véhicules étant plus petits, ils peuvent partir directement d'un marché (plutôt que d'une gare routière en dehors de la ville) et vous déposer directement à votre hôtel.

Classes

Les bus les moins chers et les plus lents sont les *rót tam·má·dah* (bus ordinaires, sans climatisation), qui s'arrêtent dans tous les villages et au moindre signe d'un piéton au bord de la route. Seuls quelques-uns continuent à circuler dans les régions rurales ou sur de courtes distances. Ils ont pour la plupart été remplacés par des véhicules climatisés.

La majorité des compagnies disposent de véhicules climatisés plus rapides et confortables. Ce sont les *rót aa* (bus climatisés). Sur les longs trajets, il existe au moins deux classes de bus climatisés (1re et 2de classes), la 1re étant dotée de toilettes. Les bus "VIP" et "Super VIP" (parfois appelés *rót norn* ou bus-couchettes) comptent moins de sièges, ce qui permet de les incliner davantage.

Prévoyez de quoi vous couvrir, surtout pour les longs trajets, car la climatisation rafraîchit parfois très sensiblement l'atmosphère.

Sur ces bus, le service est généralement de qualité et inclut le plus souvent boissons et vidéo.

Durant les trajets de nuit, la plupart des bus s'arrêtent pour un "*kôw đôm* de minuit" : les passagers sont invités à descendre pour déguster une soupe de riz (incluse dans le prix du billet).

Réservations

Vous pouvez réserver vos places dans un bus climatisé BKS dans tous les terminaux BKS. Les réservations ne sont en revanche pas possibles pour les bus ordinaires (sans climatisation). Les places dans les bus privés peuvent se réserver via la plupart des hôtels et auprès de tous les voyagistes, mais, pour être sûr d'obtenir la prestation correspondant à ce que vous souhaitiez, il est plus sûr de s'adresser directement à l'agence de la compagnie de bus concernée.

Train

Pour rejoindre les îles et les plages, outre les bus, les trains de la **State Railway of Thailand** (SRT ; ☎centre d'appels national 1690 ; www.railway.co.th) sont très pratiques pour les longs trajets entre Bangkok et Surat Thani et au-delà vers le sud, ou Pattaya vers le sud-est. Mais, sur de nombreuses lignes, les retards sont courants. Tous les trajets longue distance partent de la gare ferroviaire de Hualamphong à Bangkok.

Classes

Les trains de passagers de la SRT comptent en général trois classes, qui diffèrent énormément selon le type de train (ordinaire, rapide ou express).

Première classe – Les wagons de 1re classe sont équipés de cabines privées, disponibles seulement dans les trains rapides, express et express spéciaux.

Deuxième classe – Dans les wagons sans couchettes, les sièges rembourrés (généralement inclinables) sont disposés comme dans un bus, tournés dans le sens de la marche. Dans les wagons-couchettes, deux paires de fauteuils se font face et se transforment en couchettes superposées. La couchette inférieure offre plus de dégagement au niveau de la tête, ce qui explique son prix plus élevé. Les enfants sont toujours placés en couchette inférieure. Les voitures de 2ᵉ classe n'existent que sur les trains rapides et express. Certains wagons sont climatisés et d'autres sont équipés de ventilateurs.

Troisième classe – Un wagon de 3ᵉ classe typique compte deux rangées de banquettes qui se font face deux par deux. Chaque banquette est conçue pour deux ou trois passagers, mais, sur les lignes bondées des régions rurales, on tient peu compte de ces considérations.

Réservations

Vous pouvez réserver vos billets de train jusqu'à 60 jours avant la date de départ, en personne, depuis n'importe quelle gare ferroviaire. Les agences de voyages assurent également ce service, moyennant des frais. Si vous êtes à l'étranger et que vous organisez de longs trajets en train, envoyez un e-mail à l'agence gouvernementale State Railway of Thailand (info@thairailwayticket.com) au moins 15 jours avant votre séjour. Vous recevrez un message de confirmation de votre réservation. Vous pourrez retirer et payer ensuite vos billets en gare 1 heure avant le départ du train.

Les réservations sont recommandées pour les trains-couchettes au départ de Bangkok, surtout lors de la fête de Songkran en avril et durant la haute saison touristique (décembre et janvier).

Pour les trajets plus courts, achetez vos billets la veille pour obtenir des sièges plutôt que des couchettes.

Vous pourrez bénéficier d'un remboursement partiel si vous annulez votre billet, selon le nombre de jours restants avant le départ. Les remboursements sont à demander au guichet des réservations en gare.

Services en gare

Toutes les gares ferroviaires du pays sont équipées de consignes à bagages. On y trouve aussi des marchands de journaux, des vendeurs d'en-cas et des cafés. Le plus souvent, le guichet de vente de billets ouvre entre 15 et 30 minutes avant l'arrivée du train.

Vous pourrez vous procurer les horaires des trains imprimés en anglais dans la plupart des gares (mais pas toujours dans les petites). La gare de Hualamphong, à Bangkok, est un bon endroit pour se procurer les horaires des trains.

Tarifs

Les tarifs sont calculés en ajoutant des suppléments au prix de base, selon le type de train (express spécial, express, rapide, ordinaire), la classe choisie et la distance parcourue. Des frais supplémentaires sont ajoutés pour les wagons climatisés et les couchettes (basse ou haute).

Transports locaux

Bus urbains et songthaew

C'est à Bangkok que le réseau de bus urbains est le plus développé. Attendez à l'arrêt et hélez le bus en agitant le bras tendu, main ouverte paume vers le bas. Il faut généralement payer une fois assis ou à la descente.

Ailleurs dans le Sud, les transports publics sont assurés par des *songthaew* (pick-up équipés de deux rangées de sièges se faisant face pour le transport de passagers). Ces véhicules desservent parfois des itinéraires fixes, à la manière des bus, mais ils peuvent aussi fonctionner comme des taxis collectifs en prenant à leur bord plusieurs passagers allant grosso modo dans la même direction. Dans les centres touristiques, ils peuvent être loués comme un taxi ordinaire, mais vous devrez négocier le tarif avant de monter. Vous pouvez héler un *songthaew* sur la route et payer le trajet à la descente.

Dans certaines régions, il arrive aussi que les *songthaew* partent du centre-ville pour rejoindre des zones périphériques ou même des destinations plus lointaines dans la province en suivant un itinéraire fixe. Les *songthaew* sont parfois des véhicules plus gros, à six roues, appelés *rót hòk lór*.

Métro et Skytrain

Bangkok est la seule ville de Thaïlande à posséder à la fois un métro souterrain et un métro aérien, respectivement connus sous le nom de Métro et de Skytrain. Tous deux ont largement contribué à réduire les énormes embouteillages de la capitale. Les deux réseaux continuent à se développer ; de nouvelles lignes et stations devraient ouvrir dans les prochaines années.

Motos-taxis

Dans de nombreuses villes, on peut louer des *mor·đeu·sai ráp jâhng* (des motos de 100 à 125 cm^3), avec chauffeur, pour des petites courses. C'est la meilleure solution si vous vous déplacez sans vos bagages (ou avec un petit sac seulement).

Dans la plupart des villes, les chauffeurs de

motos-taxis disponibles se regroupent aux carrefours.

Ils portent généralement une sorte de gilet avec un numéro. Les tarifs démarrent à 20 B pour une brève course. Entendez-vous sur le prix avant de monter.

Săhm·lór et tuk-tuk

Les *săhm·lór* (ou *săamláw*), des cyclo-pousses à trois roues, ont quasiment disparu. La version moderne du *săhm·lór* à propulsion humaine est le *tuk-tuk* (prononcer *đúk đúk*), engin motorisé à trois roues. Ce sont de petits véhicules utilitaires, équipés d'un moteur deux temps (souvent alimenté au GPL), effroyablement bruyants – si le bruit et les vibrations ne vous abrutissent pas, les gaz s'en chargeront.

Dans les deux cas, le tarif doit être négocié avant le départ. Dans les centres touristiques, les conducteurs de *tuk-tuk* ont tendance à gonfler fortement les prix pour les étrangers. Renseignez-vous sur les tarifs usuellement pratiqués avant de héler un véhicule, par exemple auprès du personnel des hôtels.

Taxis

Si, à Bangkok, les taxis sont équipés de compteurs, dans les autres villes de Thaïlande, les taxis sont parfois des véhicules privés pratiquant des tarifs négociables. Il est possible de se rendre d'une ville à l'autre en taxi, mais il faut alors négocier le prix de la course au préalable avec le chauffeur, le compteur n'étant pas de mise pour ce type de trajet.

Des systèmes de réservation de taxis via des applications mobiles sont aussi disponibles, en particulier dans les grandes villes et les grandes destinations touristiques. Grab (www.grab.com), qui a racheté Uber en Asie du Sud-Est en 2018, est le plus populaire. All Thai Taxi (www.allthaitaxi.com) en est un autre.

Vélo

Le vélo est idéal pour circuler à peu près partout en dehors de Bangkok. C'est un moyen de transport économique, non polluant et qui, par sa lenteur, permet au voyageur d'apprécier pleinement les lieux qu'il traverse. On trouve facilement des vélos à louer, en particulier dans les *guesthouses*, souvent dès 100 B/jour, mais ils ne sont pas toujours de très bonne qualité. Aucune caution n'est généralement demandée.

Le cyclotourisme est également un moyen très prisé de découvrir le pays. La plupart des routes sont goudronnées et bordées de larges accotements. Les taxes étant élevées sur les vélos importés, dans la plupart des cas, mieux vaut apporter son propre vélo en Thaïlande plutôt que d'en acheter un sur place. Aucune autorisation n'est requise, mais on vous demandera peut-être à la douane d'enregistrer votre vélo – en ce cas vous aurez à payer des droits de douane si vous quittez le pays sans votre monture.

Il est prudent d'emporter un kit de réparation complet.

Voiture et moto

Louer une moto ou une voiture peut être pratique, mais soyez prudent. Conduire sur les routes thaïlandaises peut être périlleux : non-respect des feux rouges, dépassements par la droite et conduite à contresens comptent parmi les dangers qui vous guettent. Soyez certain d'avoir une assurance couvrant tous les frais médicaux.

Attention, en Thaïlande, la conduite se fait à gauche.

Assurance

La réglementation impose la souscription d'une assurance responsabilité civile pour tous les véhicules en circulation. Les meilleures agences de location proposent une couverture complète pour leurs véhicules. Vérifiez toujours que le vôtre est au moins assuré au tiers et demandez à voir les papiers d'assurance datés. Un accident au volant d'un véhicule non assuré vous causerait des ennuis considérables.

Carburant

De nombreuses stations-service modernes jalonnent

SÉCURITÉ ROUTIÈRE

Selon un récent rapport de l'Organisation mondiale de la santé (OMS), la Thaïlande est l'un des pays où la conduite est la plus dangereuse. À la suite de plusieurs graves accidents de bus ayant impliqué des touristes étrangers, certains pays occidentaux ont diffusé des messages d'avertissement aux voyageurs signalant le non-respect des limitations de vitesse, les imprudences au volant et l'utilisation de stimulants par les chauffeurs de bus longue distance.

Les accidents de bus mortels font la une des journaux, mais, en Thaïlande, 75% des accidents mortels de la circulation ont lieu sur des deux-roues. Moins de la moitié des conducteurs de deux-roues portent des casques, et beaucoup de touristes se blessent à moto ou à scooter car ils ne maîtrisent pas leur véhicule et ne sont pas habitués au mode de conduite local. Voir la section *Voiture et moto* pour les recommandations.

les routes goudronnées du pays. Dans les régions plus reculées, l'essence (*ben·sin/nám·man rót yon*) est distribuée dans de petites stations au bord des routes ou dans les villages. Tous les carburants sont sans plomb, et le diesel est utilisé par les camions et par certaines voitures. Des carburants alternatifs comme le gasohol (un mélange d'essence et d'éthanol à indice d'octane 91% ou 95%) et le gaz naturel comprimé sont consommés par les taxis conçus pour rouler avec deux types de carburants. Consultez le prix des carburants sur www.fuelpricesthailand.com.

Code de la route et règles de sécurité

Les Thaïlandais roulent à gauche (la plupart du temps !). En dehors de cela, tout semble permis, en dépit des panneaux de signalisation et des limitations de vitesse.

La règle cardinale de sécurité est de laisser la priorité au véhicule le plus gros (à défaut d'être une règle officielle, c'est celle qui est pratiquée de facto). La limite de vitesse est de 50 km/h en ville et de 80 à 100 km/h sur la plupart des grands axes – mais sur les grandes routes, vous verrez aussi bien des véhicules ne dépassant pas les 30 km/h que d'autres roulant à 150 km/h.

Souvent, les Thaïlandais utilisent leurs clignotants pour informer les véhicules qui les dépassent de la circulation sur la voie d'en face. Un clignotant gauche vous signifie que vous pouvez dépasser, un clignotant droite signale qu'un véhicule arrive dans l'autre sens. Le klaxon permet d'avertir que l'on compte dépasser. Si un conducteur vous fait des appels de phares, il vous indique de ne pas dépasser.

À Bangkok, il faut des nerfs d'acier pour affronter la circulation anarchique et la mauvaise signalisation des routes. Nous déconseillons fortement l'expérience, d'autant plus dangereuse que les motos sont omniprésentes et le système de circulation à sens alterné hasardeux.

En dehors de la capitale, le principal danger, outre le non-respect du code de la route, tient à la diversité des véhicules qui circulent sur une même route : camions, motos, *tuk-tuk* et vélos. Une situation encore aggravée par le fait que de nombreux feux de circulation ne fonctionnent pas. Dans les villages, la circulation est moins dense, mais vous aurez à affronter sur votre route poulets, chiens et buffles d'eau.

Location et conduite

Il est possible de louer des voitures, des Jeeps et des fourgonnettes dans la plupart des grandes villes et des aéroports, auprès de compagnies locales ou internationales. Les agences de location locales pratiquent parfois des tarifs inférieurs à ceux des grandes chaînes internationales, mais leurs véhicules sont souvent plus anciens et moins bien entretenus.

On peut louer des motos dans les grandes villes, dans les *resorts* en bord de mer et dans de nombreux centres touristiques plus modestes auprès des *guesthouses* et des petites entreprises familiales à partir de 200 B/jour. Louer une moto ou un scooter est aisé et c'est un moyen de transport idéal pour parcourir le pays de façon indépendante. Voici toutefois quelques recommandations.

- Avant de louer une moto, vérifiez son état et demandez un casque (dont le port est exigé par la loi).
- De nombreux touristes ont des accidents de moto en Thaïlande faute de savoir manier leur engin ou parce qu'ils ignorent le code de la route, ou encore du fait de la médiocre qualité de certains tronçons. N'oubliez jamais que la conduite se fait à gauche.
- Veillez à conduire toujours lentement et prudemment, surtout sur route glissante ou couverte de gravier, afin d'éviter tout dommage à vous-même et à votre véhicule.
- De nombreux accidents surviennent lors de tentatives de dépassement de véhicules plus lents comme les camions ; restez patient et n'essayez jamais de dépasser sans une bonne visibilité.
- Si vous n'avez jamais conduit de moto auparavant, tenez-vous-en à une 100 cm^3 à embrayage automatique. Familiarisez-vous avec votre engin dans une zone peu fréquentée. Pour améliorer la stabilité, veillez à bien répartir le poids sur la moto. Et ne vous attendez pas à ce que les autres véhicules vous prêtent une attention particulière : les deux-roues sont tout en bas de l'échelle dans la hiérarchie de la circulation automobile. N'oubliez pas que si vous faites une chute, il vous faudra payer à la fois vos frais médicaux et les dommages causés au deux-roues.
- Souscrivez une assurance santé adaptée.

Permis de conduire

Les visiteurs de courte durée souhaitant conduire des véhicules (dont des motos) en Thaïlande doivent posséder un permis de conduire international, mais cette législation n'est pas appliquée strictement lorsqu'il s'agit de location de moto. Si la police vous arrête, vous devrez néanmoins en présenter un pour éviter une amende.

Santé

Beaucoup de voyageurs craignent de contracter des maladies infectieuses tropicales, pourtant les problèmes liés à des pathologies préexistantes (troubles cardiaques par exemple) et des blessures accidentelles (dues à des accidents de la route notamment) sont bien plus courants.

Les maladies fréquentes sont les infections respiratoires, la diarrhée et la dengue. Heureusement, la plupart d'entre elles peuvent être évitées ou facilement soignées.

Nos conseils n'ont qu'une valeur indicative et ne remplacent en aucune façon l'avis d'un praticien spécialisé dans la médecine des voyages.

AVANT LE DÉPART

Assurance

Il est conseillé de souscrire une assurance qui vous couvrira en cas d'annulation de votre voyage, de vol, de perte de vos affaires, de maladie ou encore d'accident.

Vérifiez notamment que les "sports à risques", comme la plongée, la moto ou même la randonnée ne sont pas exclus de votre contrat, ou encore que le rapatriement médical d'urgence, en ambulance ou en avion, est couvert. De même, le fait d'acquérir un véhicule dans un autre pays ne signifie pas nécessairement que vous serez protégé par votre propre assurance.

Vous pouvez contracter une assurance qui réglera directement les hôpitaux et les médecins, vous évitant ainsi d'avancer des sommes qui ne vous seront remboursées qu'à votre retour. Dans ce cas, conservez avec vous tous les documents nécessaires (les consultations médicales se règlent généralement en espèces : demandez un reçu pour le remboursement).

Attention ! Avant de souscrire une police d'assurance, vérifiez bien que vous ne bénéficiez pas déjà d'une assistance par votre carte de crédit, votre mutuelle ou votre assurance automobile.

N'oubliez pas de prendre avec vous les documents relatifs à l'assurance, ainsi que les numéros à appeler en cas d'urgence.

Quelques conseils

Assurez-vous que vous êtes en bonne santé avant de partir. Si vous suivez un traitement de façon régulière, n'oubliez pas votre ordonnance (avec le nom du principe actif).

Vaccins

Plus vous vous éloignez des circuits classiques, plus il faut prendre de précautions. Faites inscrire vos vaccinations dans un carnet international de vaccination (livret jaune) que vous pourrez vous procurer auprès de votre médecin ou d'un centre.

Pour les vaccinations recommandées, voir l'encadré p. 454. Seul le vaccin contre la fièvre jaune est exigé en vertu des réglementations internationales. Les autorités ne vous demanderont la preuve de votre vaccination que si vous avez visité une zone infestée par la fièvre jaune dans les six jours précédant votre entrée en Thaïlande. Si vous arrivez d'Afrique ou d'Amérique du Sud, renseignez-vous pour savoir si vous devez fournir une preuve de votre vaccination.

Le **ministère des Affaires étrangères** (www.diplomatie.gouv.fr/voyageurs) effectue une veille sanitaire et met régulièrement en ligne des recommandations sur les vaccinations.

Planifiez vos vaccinations à l'avance (au moins 6 semaines avant le départ), car certaines demandent des rappels ou sont incompatibles. Les vaccins ont des durées d'efficacité très variables ; certains sont contre-indiqués pour les femmes enceintes.

Voici les coordonnées de quelques centres de vaccination :

VACCINS RECOMMANDÉS

MALADIE	DURÉE DU VACCIN	PRÉCAUTIONS
Diphtérie, tétanos et poliomyélite	10 ans	La mise à jour de la vaccination diphtérie-tétanos-polio est conseillée.
Encéphalite japonaise		Vaccination conseillée en cas de séjour en zone rurale.
Fièvre jaune	toute la vie	Obligatoire dans les régions où la maladie est endémique (Afrique et Amérique du Sud) et en Thaïlande lorsque l'on vient d'une région infectée. À éviter en début de grossesse.
Hépatite virale A	5 ans (environ)	Vaccination conseillée. Il existe un vaccin combiné hépatite A et B qui s'administre en 3 injections.
Hépatite virale B	10 ans (environ)	Vaccination conseillée. Il existe un vaccin combiné hépatite A et B qui s'administre en 3 injections.
Rage		Vaccination préventive lors d'un long séjour ou dans les zones reculées.
Rougeole	toute la vie	Indispensable chez l'enfant.
Typhoïde	3 ans	Recommandé si vous voyagez dans des conditions d'hygiène médiocres.

Institut Pasteur (☎01 45 68 80 88 ; www.pasteur.fr/fr/sante ; 211 rue de Vaugirard, 75015 Paris ; ⏲lun-sam, sur rdv)

Centre de vaccinations internationales Air France (☎01 43 17 22 00 ; www.vaccinations-airfrance.fr ; 38 quai de Jemmapes, 75010 Paris ; ⏲mer 9h-12h et sam 8h45-16h sur rdv)

Hôpital Saint-Louis – Centre de vaccinations internationales et d'information aux voyageurs (☎ 01 42 49 46 83 ; www.vaccin-voyage-ghparis10.aphp.fr ; 1 av. Claude-Vellefaux, 75010 Paris ; ⏲lun sur rdv, sam 8h30-12h30 sans rdv)

Centres de vaccinations ISBA (Lyon ☎04 72 76 88 66 04 76 63 27 27 ; www.isbasante.com ; 7 rue Jean-Marie-Chavant, 69007 Lyon ; ⏲lun-ven sur rdv ; Grenoble ☎04 76 63 27 27 ; 31 rue des Glairons, 38400 Saint-Martin-d'Hères).

Santé sur Internet

Il existe de très bons sites Internet consacrés à la santé en voyage. Avant de partir, vous pouvez consulter les conseils en ligne du **ministère des Affaires étrangères** (www.diplomatie.gouv.fr), de l'**Organisation mondiale de la santé** (OMS ; www.who.int/fr) ou le site très complet du **ministère de la Santé** (www.sante.gouv.fr). Vous trouverez, par ailleurs, plusieurs liens sur le site de **Lonely Planet** (www.lonelyplanet.fr).

EN THAÏLANDE

Précautions élémentaires

Faire attention à ce que l'on mange et à ce que l'on boit est la première des précautions à prendre. Les troubles gastriques et intestinaux sont fréquents, même si la plupart du temps ils restent sans gravité. Ne soyez cependant pas paranoïaque et ne vous privez pas de goûter la cuisine locale, cela fait partie du voyage. Pensez à vous laver les mains fréquemment.

Eau

Règle d'or : ne buvez jamais l'eau du robinet (même sous forme de glaçons). Les autorités ont beau affirmer que l'eau du robinet est potable, les Thaïlandais ne la boivent pas, et vous avez intérêt à faire comme eux. Durant votre séjour, limitez-vous à l'eau minérale en bouteille (tout en vous assurant que les bouteilles sont décapsulées devant vous) ou à l'eau purifiée. Évitez les jus de fruits, souvent allongés à l'eau. Attention au lait, rarement pasteurisé. Pas de problème pour le lait bouilli et les yaourts. Thé et café, en principe, sont sûrs, puisque l'eau doit bouillir. Par prudence, évitez également les crudités, qui sont bien souvent lavées avec de l'eau.

Pour stériliser l'eau, la meilleure solution est de la faire bouillir durant 15 minutes. Si vous ne pouvez faire bouillir l'eau, traitez-la chimiquement avec des comprimés ou des gouttes, comme le Micropur (vendu en pharmacie) très efficace.

TROUSSE MÉDICALE DE VOYAGE

Même si la plupart sont disponibles en Thaïlande, nous vous conseillons d'emporter les produits suivants (attention, les liquides et les objets coupants sont interdits en cabine) :

- Du gel ou des lingettes hydro-alcooliques pour les mains
- Une crème antifongique
- Une crème antibactérienne
- Des antibiotiques, à utiliser uniquement aux doses et aux périodes prescrites ; il n'est pas absurde de demander à votre médecin traitant de vous en prescrire pour le voyage
- Un antihistaminique en cas de rhume, allergie, piqûre d'insectes, mal des transports
- Un antiseptique ou un désinfectant pour les coupures, les égratignures superficielles et les brûlures, ainsi que des pansements gras pour les brûlures.
- Un antispasmodique pour les crampes d'estomac
- Des contraceptifs et préservatifs
- Un décongestionnant
- Une solution orale de réhydratation en cas de diarrhée, un anti-diarrhéique en cas de forte diarrhée et un médicament anti-nausée
- Un kit de premiers soins avec ciseaux, bandages adhésifs, pansements, compresses, un thermomètre (sans mercure), des aiguilles et des seringues stériles (avec une lettre de votre médecin), des épingles à nourrice, une pince à épiler et un tire-tique
- De l'ibuprofène ou autre anti-inflammatoire
- Un laxatif
- De l'aspirine ou du paracétamol (douleurs, fièvre).
- Un répulsif à insectes à base de DEET, de la perméthrine pour imprégner les vêtements, une moustiquaire
- Des comprimés pour stériliser l'eau si vous allez dans une région à risque
- Une crème à base de stéroïdes pour les éruptions allergiques/démangeaisons
- Crème solaire, lunettes de soleil et chapeau
- Des pastilles pour la gorge
- Un traitement antimycosique (pour les infections vaginales à levure)
- Tout autre médicament traitant des problèmes de santé préexistants

Pour apporter en Thaïlande certains médicaments sur ordonnance (p. 438), comme les stupéfiants et les psychotropes, vous pouvez avoir besoin d'une autorisation.

Vous éviterez bien des problèmes de santé en vous lavant souvent les mains. Brossez-vous les dents avec de l'eau traitée.

Problèmes de santé et traitement

L'autodiagnostic et l'autotraitement sont risqués ; aussi, chaque fois que cela est possible, adressez-vous à un médecin. Ambassades et consulats pourront en général vous en recommander un. Les grands hôtels également, mais les honoraires risquent d'être très élevés.

Disponibilité et coût des soins

Bangkok est considérée comme un centre d'excellence médicale en Asie du Sud-Est. Les hôpitaux privés sont plus chers, mais ils offrent des soins de qualité supérieure et un personnel anglophone. Les soins sont moins chers en Thaïlande que dans les pays occidentaux.

Affectons liées à l'environnement

Alimentation

C'est en mangeant dans les restaurants que vous risquez le plus d'attraper la turista. Une façon d'y échapper est de ne consommer que de la nourriture fraîchement cuisinée et d'éviter les mets susceptibles d'être restés longtemps sur un buffet. Pelez tous les fruits, cuisez les légumes. Mangez dans des restaurants très fréquentés.

Coup de chaleur

Dans bien des cas, il faut au moins 2 semaines pour s'acclimater. Restez hydraté et évitez les activités extrêmes pendant les heures chaudes de la journée afin de prévenir tout gonflement des pieds et des chevilles ou des crampes musculaires dues à la transpiration excessive.

De longues périodes d'exposition à des températures élevées peuvent vous rendre vulnérable à l'insolation. Cet état grave survient quand le mécanisme de régulation thermique du corps ne fonctionne plus : la température s'élève alors de façon dangereuse. Évitez l'alcool et les activités fatigantes lorsque vous arrivez dans un pays à climat chaud.

Symptômes : malaise général, transpiration faible ou inexistante, forte fièvre (39 à 41°C) et céphalée lancinante, difficultés à coordonner ses mouvements, signes de confusion mentale ou d'agressivité. Il faut absolument hospitaliser le malade. En attendant les secours, installez-le à l'ombre, ôtez-lui ses vêtements, couvrez-le d'un drap ou d'une serviette mouillés et éventez-le continuellement.

MALADIES INFECTIEUSES RARES

Encéphalite japonaise B – Maladie virale généralement transmise par les moustiques dans les zones rurales. Vaccin conseillé en cas de séjour de plus d'un mois dans ces régions, ou pour les expatriés restant longtemps sur place.

Filariose – Maladie parasitaire transmise par des piqûres d'insectes, fréquente parmi la population locale. Bien se protéger des moustiques (voir encadré p. 459).

Grippe aviaire – La plupart des personnes infectées ont eu des contacts avec des oiseaux malades ou morts.

Hépatite E – Transmise par de l'eau ou de la nourriture contaminée. Mêmes symptômes que l'hépatite A. Peut être dangereuse pour les femmes enceintes. Se référer aux conseils sanitaires sur l'alimentation et l'eau.

Mélioïdose – Se transmet au contact de la peau avec la terre. Affecte jusqu'à 30% de la population locale du nord-est de la Thaïlande. Les symptômes sont très proches de ceux de la tuberculose. Il existe un traitement efficace, mais pas de vaccin.

Strongyloïdes – Parasite qui se transmet au contact de la terre. Répandu dans la population locale. Éruption cutanée ponctuelle sur le tronc en forme de ligne ; peut être suivie d'une grave infection si le parasite n'est pas traité. Il existe des médicaments adaptés.

Tuberculose – Les travailleurs humanitaires ainsi que les voyageurs au long cours ayant des contacts importants avec les populations locales doivent prendre des précautions. Une vaccination est conseillée pour les enfants passant plus de trois mois en Thaïlande. Symptômes principaux : fièvre, toux, perte de poids, suées nocturnes et fatigue. Traitement médicamenteux multiple sur le long terme.

Typhus – Le typhus est transmis soit par des acariens (dont les tiques), soit par des poux. Symptômes principaux : rhume, fièvre, frissons, douleurs musculaires et éruption cutanée. Peut être évité en se protégeant contre les insectes ou en prenant de la doxycycline.

Coup de soleil

Sous les tropiques, les coups de soleil sont plus fréquents, même par temps couvert. Utilisez un écran total et pensez à couvrir les endroits habituellement protégés, les pieds par exemple. Les lunettes de soleil sont indispensables.

Sur la plage, un parasol est vivement recommandé, de même que le port d'un chapeau. Une exposition prolongée au soleil peut provoquer une insolation. Symptômes : nausées, peau chaude, maux de tête. Dans ce cas, il faut rester dans le noir, appliquer une compresse d'eau froide sur les yeux et prendre de l'aspirine.

Parasites

Les habitants d'Asie du Sud-Est sont souvent touchés par des parasites, mais les visiteurs sont rarement affectés. Deux règles à respecter : ne pas marcher pieds nus et éviter de manger des aliments crus, surtout poisson, porc et légumes.

Piqûres et morsures

Actifs aussi bien de jour que de nuit, les moustiques sont présents toute l'année en Thaïlande mais leur population atteint des sommets pendant la saison des pluies (mai à septembre). Ils propagent quatre maladies dans le pays : malaria, dengue, encéphalite japonaise et filariose lymphatique (gonflement des ganglions lymphatiques). La malaria et la dengue sont les plus répandues mais le risque d'infection est faible si vous prenez vos précautions. Évitez ainsi les piqûres en utilisant des répulsifs, en dormant sous une moustiquaire et en fermant les fenêtres la nuit.

Les punaises affectionnent la literie douteuse. Vérifiez l'état de la literie avant de vous glisser dans votre lit ; si vous repérez de petites taches de sang sur les draps ou les murs autour du lit, cherchez un autre hôtel. Les piqûres de punaises forment des alignements réguliers. Une pommade calmante apaisera la démangeaison.

Les sangsues, présentes dans les forêts pluviales, se collent à la peau et sucent le sang. Les randonneurs en retrouvent souvent sur leurs jambes ou dans leurs bottes. Vérifiez toujours que vous n'avez pas attrapé de tiques dans une région infestée : elles peuvent transmettre le typhus ou encore la maladie de Lyme.

Sangsues ou tiques, ne les arrachez pas, car la morsure s'infecterait plus facilement. Détachez les tiques avec un tire-tique (huile, vaseline, allumette, alcool sont déconseillés). Passez l'ongle sous la bouche de la sangsue pour lui faire lâcher prise (ne pas appliquer de sel). Une crème répulsive peut les maintenir éloignées.

PIQÛRES DE MÉDUSES

Toutes les méduses-boîtes (cubozoaires) n'ont pas la même dangerosité ; leurs piqûres peuvent être sans risque ou mortelles. Par précaution, mieux vaut considérer qu'elles sont toutes dangereuses. Il existe 2 espèces principales de méduses-boîtes : l'une à plusieurs tentacules, l'autre à tentacule unique.

Les méduses-boîtes multitentaculaires, les plus dangereuses, sont présentes dans les eaux thaïlandaises. En 2 minutes, elles peuvent causer la mort d'un adulte si la piqûre est sévère. On les trouve généralement sur les plages sablonneuses près des estuaires et de la mangrove, plutôt pendant les mois les plus chauds.

Il existe plusieurs types de méduses-boîtes unitentaculaires : certaines causant des symptômes sévères comme le syndrome d'Irukandji. La piqûre peut sembler anodine, avant que n'apparaissent des douleurs insoutenables de 5 à 40 minutes après : mal de dos, nausées, vomissements, suées et difficultés respiratoires. Ce syndrome peut être fatal, provoquant une poussée de tension artérielle suivie d'une crise cardiaque.

Il existe beaucoup d'autres espèces de méduses en Thaïlande, qui causent des piqûres urticantes sans gravité. Le seul moyen de se prémunir des piqûres consiste à porter un vêtement protecteur.

En cas de piqûre grave, la priorité est de maintenir la personne en vie. Restez avec elle et envoyez quelqu'un chercher une aide médicale. Si la victime est inconsciente, commencez immédiatement le bouche-à-bouche et le massage cardiaque. Si elle est consciente, versez du vinaigre à l'endroit de la piqûre – du vinaigre alimentaire convient – pendant 30 secondes. Dans le cas d'une piqûre infligée par une méduse unitentaculaire, versez de la même façon du vinaigre.

Le vinaigre peut réduire les irritations causées par les piqûres les moins sévères. Il faut cependant toujours rechercher une aide médicale le plus vite possible au cas où d'autres symptômes se développeraient dans les 40 minutes qui suivent.

L'Australie et la Thaïlande travaillent désormais en étroite collaboration afin d'identifier les espèces de méduses peuplant les eaux thaïlandaises et leur écosystème. Ce travail permettra, avec un peu de chance, de mieux prédire et détecter leur présence.

Problèmes de peau

Les boutons de chaleur apparaissent souvent dans les tropiques. Ils sont dus à la sueur restée piégée sous la peau. Des douches froides et des poudres résoudront le problème.

Les blessures s'infectent facilement dans les climats chauds et cicatrisent mal. Coupures et égratignures doivent être traitées avec un antiseptique et du désinfectant cutané. Évitez si possible bandages et pansements, qui empêchent la plaie de sécher.

Les coupures de corail sont longues à cicatriser, car le corail injecte un venin léger dans la plaie.

Serpents

Bien que les voyageurs soient rarement mordus par des serpents, plus de 85 espèces venimeuses existent en Thaïlande. Portez toujours bottes, chaussettes et pantalons longs pour marcher dans la végétation à risque.

La Croix-Rouge thaïlandaise produit de l'antivenin efficace contre un grand nombre de serpents du pays.

Maladies infectieuses et parasitaires

Dermatite vermineuse rampante

Ce parasite (ankylostome), transmis par les chiens, est très fréquent sur les plages de Thaïlande. Il se forme d'abord un petit bouton, puis la zone infectée s'étend de manière linéaire. Les démangeaisons sont très fortes, surtout la nuit. Il ne faut pas ouvrir la lésion. On en vient facilement à bout avec un traitement adapté.

Grippe

Présente toute l'année sous les tropiques, la grippe (*Myxovirus influenza* ; dont les symptômes sont une forte fièvre, des courbatures, un écoulement nasal et des maux de gorge) peut être très sévère chez les plus de 65 ans ou les personnes présentant des pathologies chroniques (affections cardiaques, diabète) ; la vaccination est alors recommandée. Si vous l'avez attrapée, pas de traitement spécifique, juste du repos et du paracétamol. Des complications, comme une bronchite ou une otite moyenne peuvent nécessiter un traitement antibiotique.

Hépatite A

Le risque a diminué à Bangkok mais est toujours présent dans une grande partie du pays. La contamination est alimentaire. Il n'y a pas de traitement médical ; il faut simplement se reposer, boire beaucoup, manger légèrement et s'abstenir de toute boisson alcoolisée pendant au moins 6 mois. L'hépatite A se transmet par l'eau, les coquillages et, d'une manière générale, tous les produits manipulés à mains nues. En faisant attention à la nourriture et à la boisson, vous préviendrez le virus. La maladie peut, dans de rares cas, être fatale chez des personnes de plus de 40 ans. Tous les voyageurs en Thaïlande devraient se faire vacciner contre l'hépatite A.

Hépatite B

Dans certaines zones de Thaïlande, 20% de la population est contaminée par cette maladie. Elle se transmet par voie sexuelle ou sanguine (piqûre, transfusion). Évitez de vous faire percer les oreilles, tatouer, raser ou de vous faire soigner par injection si vous avez des doutes quant à l'hygiène des lieux. Les symptômes de l'hépatite B sont les mêmes que ceux de l'hépatite A. La vaccination est très efficace.

Leptospirose

Cette maladie infectieuse, due à une bactérie (le leptospire), qui se développe dans les mares et les ruisseaux, se transmet par des animaux comme le rat et la mangouste.

On peut l'attraper en se baignant dans des nappes d'eau douce, contaminées par de l'urine animale.

Les symptômes, similaires à ceux de la grippe, peuvent survenir 2 à 20 jours suivant la date d'exposition et durent quelques jours, voire quelques semaines. La maladie est rarement mortelle.

Évitez de nager et de vous baigner dans tout plan d'eau douce, notamment si vous avez des plaies ouvertes ou des coupures.

Maladies sexuellement transmissibles (MST)

Les MST les plus courantes en Thaïlande sont la blennorragie, l'herpès, les mycoses, la syphilis et la chlamydia. Il est indispensable d'utiliser des préservatifs, mais ils ne sont pas suffisants pour se protéger de l'herpès ou des mycoses. Si vous avez des démangeaisons, pertes ou douleurs en urinant, consultez tout de suite un médecin. Si vous avez eu des relations sexuelles lors de votre séjour, il est prudent de faire des analyses médicales complètes à votre retour.

Rage

Très répandue, cette maladie est transmise par un animal contaminé. Morsures, griffures ou même simples coups de langue d'un mammifère doivent être nettoyés immédiatement et à fond. Frottez avec du savon et de l'eau, puis nettoyez avec de l'alcool. S'il y a le moindre risque que l'animal soit contaminé, allez immédiatement voir un médecin. Même si l'animal n'est pas enragé, toutes les morsures doivent être surveillées de près pour éviter les risques d'infection et de tétanos.

Un vaccin antirabique est disponible. Il faut y songer si vous comptez séjourner dans des zones rurales, travailler avec des animaux ou pratiquer la spéléologie (les morsures de chauves-souris peuvent être dangereuses). La vaccination préventive ne dispense pas de la nécessité d'un traitement antirabique après un contact avec un animal enragé ou dont le comportement peut paraître suspect.

Rougeole

La bactérie qui est à l'origine de cette infection est très contagieuse (en particulier par la toux). La plupart des personnes de plus de 40 ans sont immunisées, pour avoir contracté la maladie pendant l'enfance. Les premiers symptômes de la rougeole sont la fièvre et l'apparition de boutons. Des complications telles que pneumonie ou lésions cérébrales peuvent survenir. Il n'existe pas de traitement. Vaccinez-vous.

Typhoïde

La fièvre typhoïde est une infection du tube digestif.

Elle se transmet directement de personne à personne par les mains contaminées ou indirectement par de l'eau ou de la nourriture contaminées par des matières fécales humaines (bactérie *Salmonella typhi*). Mieux vaut être vacciné si vous passez plus d'une semaine en Thaïlande et voyagez hors des grandes villes, même si la vaccination n'est pas entièrement efficace.

VIH/Sida

L'infection est présente dans pratiquement tous les pays. En Thaïlande, le sida est l'une des principales causes de décès chez les moins de 50 ans. D'où l'impérieuse nécessité d'utiliser des préservatifs à titre préventif.

Évitez, s'ils ne sont pas stérilisés, tous les instruments de chirurgie, les aiguilles d'acupuncture et de tatouage, ainsi que les instruments utilisés pour percer les oreilles ou le nez. Toute demande de certificat attestant la séronégativité pour le VIH est contraire au Règlement sanitaire international (article 81).

Affections transmises par les insectes

Dengue

Cette maladie transmise par les moustiques est un réel problème en Thaïlande, surtout dans les villes. Chiang Mai et les îles du sud du pays sont des régions particulièrement à risque. La dengue se transmet par les moustiques de la famille Aedes, qui piquent pendant la journée et se trouvent souvent près des habitations, ou à l'intérieur. Ils pondent dans les réserves d'eau artificielles (citernes, barils, tonneaux, pots à eau, conteneurs en plastique ou pneus jetés aux ordures). En conséquence, la dengue est surtout répandue dans les environnements urbains densément peuplés.

Il n'existe pas de traitement prophylactique contre cette maladie. Poussée de fièvre, maux de tête, douleurs articulaires et musculaires précèdent une éruption cutanée sur le tronc qui s'étend ensuite aux membres puis au visage. Au bout de quelques jours, la fièvre régresse, et la convalescence commence. Les complications graves sont rares et les cas les plus sévères touchent les enfants de moins de 15 ans qui contractent la dengue pour la deuxième fois. La meilleure prévention est de suivre les protections d'usage contre le paludisme (voir l'encadré ci-dessous).

En cas de fièvre à votre retour en France, signalez à votre médecin votre voyage en Thaïlande.

Paludisme

Il y a beaucoup de désinformation au sujet de la malaria. Le paludisme, ou malaria, est transmis par un moustique, l'anophèle, dont la femelle pique surtout la nuit, entre le coucher et le lever du soleil.

En Thaïlande, en particulier dans les villes et dans les complexes touristiques, le risque de paludisme est minime, voire inexistant. Vous avez plus de risques de souffrir d'effets secondaires dus aux médicaments contre le paludisme que de la maladie elle-même. Si vous visitez des zones rurales à haut risque (peu touristiques), il faut consulter un médecin sur un traitement préventif.

Le paludisme survient généralement dans le mois suivant le retour de la zone d'endémie. Symptômes : maux de tête, fièvre et troubles digestifs. Non traité, il peut avoir des suites graves, parfois mortelles. Il existe différentes sortes de paludisme et le traitement devient de plus en plus difficile à mesure que la résistance du parasite aux médicaments gagne en intensité.

Les médicaments antipaludéens n'empêchent pas la contamination mais ils suppriment les symptômes de la maladie. Si vous voyagez dans des régions où la maladie est endémique, vous devez absolument suivre un traitement préventif (uniquement sur ordonnance), à poursuivre généralement après le retour. Renseignez-vous auprès d'un médecin spécialisé.

CONSEILS POUR LUTTER CONTRE LES MOUSTIQUES

Il est conseillé aux voyageurs d'éviter les piqûres de moustique en prenant les précautions suivantes :

- utiliser un répulsif contenant du DEET sur les zones de peau exposées ;
- dormir sous une moustiquaire, idéalement imprégnée de perméthrine ;
- choisir des hébergements avec ventilateurs et moustiquaires aux fenêtres ;
- imprégner les vêtements de perméthrine dans les régions à haut risque ;
- porter des pantalons et des manches longues et privilégier les couleurs claires ;
- utiliser des spirales anti-moustiques ;
- pulvériser du répulsif dans la chambre avant de sortir.

Indispensable également : vous protéger des moustiques (voir l'encadré p. 459).

Tout voyageur atteint de fièvre ou montrant les symptômes de la grippe doit se faire examiner. Il suffit d'une analyse de sang pour établir le diagnostic. Contrairement à certaines croyances, on peut guérir du paludisme.

Diarrhée du voyageur (turista)

La diarrhée du voyageur est de loin le problème de santé le plus courant. Dans plus de 80% des cas, la turista est provoquée par une bactérie et se soigne rapidement avec des antibiotiques.

On parle de turista à partir de trois selles liquides en 24 heures, avec au moins un autre symptôme tel que vomissement, fièvre, crampes, nausées ou mal-être général.

Restez bien hydraté ; les solutions de réhydratation comme Gastrolyte sont la meilleure solution. Les antibiotiques comme la norfloxacine, la ciprofloxacine ou l'azithromycine élimineront rapidement la bactérie. Consultez un médecin si un antibiotique approprié ne fait pas effet.

La lopéramide ne fait que "stopper" les symptômes sans traiter la cause. Elle peut être utile, par exemple avant d'effectuer un long trajet en bus. Cependant, ne prenez pas de lopéramide en cas de fièvre ou de sang dans les selles.

Giardia lamblia est un parasite microscopique assez fréquent causant la giardiase. Les symptômes sont notamment les nausées, les ballonnements, l'excès de gaz, la fatigue et des épisodes de diarrhée. Des éructations à l'odeur "d'œuf" sont souvent dues à la giardiase. Le tinidazole offre le traitement le plus efficace ; sinon, le métronidazole est prescrit en deuxième intention.

La dysenterie amibienne est très rare chez les voyageurs mais certains laboratoires d'analyses douteux peuvent commettre des erreurs de diagnostic. Les symptômes sont similaires à ceux de la diarrhée bactérienne. Vous devez systématiquement consulter un médecin en cas de sang dans les selles. Le traitement comporte deux médicaments : le tinidazole ou le métronidazole pour tuer le parasite dans les intestins et une deuxième molécule pour éliminer les kystes. En l'absence de traitement, des complications telles que des abcès du foie peuvent survenir.

Santé au féminin

- La Thaïlande a connu des épidémies du virus Zika mais a été épargnée depuis deux ans. Consultez le site Internet de l'Association internationale pour l'assistance médicale aux voyageurs (www.iamat.org) pour des informations récentes.
- Vous trouverez facilement des serviettes hygiéniques dans les zones urbaines.
- Prévoyez vos propres dispositifs de contraception car ils peuvent ne pas être disponibles sur place.
- La chaleur, l'humidité et les antibiotiques peuvent tous contribuer à l'apparition d'une mycose qui peut être traitée à l'aide de crèmes antifongiques et de clotrimazole. Autre solution pratique, un comprimé de fluconazole (Diflucan).
- Les infections urinaires peuvent être favorisées par la déshydratation ou les longs trajets en bus sans pause aux toilettes ; prévoyez les antibiotiques adaptés à ce genre d'affection.

Langue

Le dialecte parlé et écrit dans le centre du pays est devenu la langue officielle de tous les groupes ethniques thaïs ou non thaïs du royaume.

En thaï, la signification d'une simple syllabe peut changer selon le ton. Le thaï standard en compte cinq : le ton grave, le ton médian, le ton descendant, le ton aigu et le ton ascendant. La hauteur de chaque ton dépend du registre de la voix ; il n'y a pas de "diapason" fixe, intrinsèque à la langue.

- **Ton grave** – "uniforme", comme le ton moyen, mais prononcé dans les graves du spectre vocal, sans inflexion. Ex. : bàht (la monnaie thaïlandaise).
- **Ton médian** – "uniforme", comme le ton grave, mais prononcé dans le registre moyen du spectre vocal. Ex. : di (bon) ; sans indication de ton.
- **Ton descendant** – la voix démarre très haut et retombe brusquement comme si l'on accentuait le mot ou que l'on appelait quelqu'un de loin. Ex. : mâi (non/pas).
- **Ton aigu** – le plus difficile pour les étrangers. Se prononce d'une voix de tête, aussi uniformément que possible. Ex. : máh (cheval).
- **Ton ascendant** – ressemble à l'inflexion de la voix quand on demande "Ah oui ?" Ex. : săam (trois).

Le gouvernement thaïlandais a instauré le *Royal Thai General Transcription System* (RTGS, système de transcription général), une méthode standard pour la transcription de la langue en alphabet latin. Elle est utilisée pour les documents officiels, les panneaux de signalisation et les cartes. Ce guide suit cette méthode pour la plupart des noms.

Dans la prononciation (en couleur) de nos pages de vocabulaire, les syllabes sont séparées par un tiret. Il marque une rupture de syllabe à l'intérieur même du mot. Certaines sont séparées par un point qui vous aidera à prononcer les diphtongues comme dans mêu·a-rai (quand).

La voyelle a se prononce comme le "a" de "patte" ; aa est un "a" long ; ah comme le "a" de "pâte" ; ai comme dans "ail" ; air comme dans "fée" ; eu comme dans "peur" ; ew comme "i-ou" ; oh comme le "o" de "drôle" ; or comme le "o" de "porc" sans prononcer le "r" ; ow comme "a-o".

La majorité des consonnes se prononcent comme en français, à quelques exceptions près : ƀ (un "p" dur proche du "b" qui ressemble au son que vous faites quand vous prononcez l'anglais "hip-bag") ; đ (un "t" dur comme le "d" aigu de l'anglais "mid-tone") ; ng (comme dans l'anglais "singing" ; en thaï, il peut se rencontrer en début de mot) et r (comme dans l'anglais "run", un "r" roulé qui se prononce "l" dans le langage courant).

POUR ALLER PLUS LOIN

Indispensable pour mieux communiquer sur place : le *Guide de conversation thaï*, de Lonely Planet. Pour réserver une chambre, lire un menu ou simplement faire connaissance, ce manuel permet d'acquérir des rudiments de thaïlandais. Inclus : un minidictionnaire bilingue.

CIVILITÉS ET EXPRESSIONS DE BASE

La structure sociale de la société thaïe exige plusieurs registres de langue qui diffèrent selon l'interlocuteur. Pour simplifier les choses, nous avons choisi la forme appropriée au contexte de chaque phrase.

Par politesse, le locuteur termine sa phrase par kráp (pour les hommes) ou kâ (pour les femmes). C'est aussi la façon courante de répondre "oui" à une question ou de montrer son approbation.

MOTS INTERROGATIFS

Quoi ?	อะไร	à-rai
Quand ?	เมื่อไร	mêu-a-rai
Où ?	ที่ไหน	têe năi
Qui ?	ใคร	krai
Pourquoi ?	ทำไม	tam-mai

Le masculin et le féminin des phrases de ce chapitre sont indiqués par “m/f”.

Bonjour	สวัสดี	sà-wàt-di
Au revoir	ลาก่อน	lah gòrn
Oui/Non	ใช่/ไม่	châi/mâi
S'il vous plaît	ขอ	kŏr
Merci	ขอบคุณ	kòrp kun
De rien	ยินดี	yin di
Excusez-moi	ขออภัย	kŏr à-pai
Désolé(e)	ขอโทษ	kŏr tôht

Comment allez-vous ?
สบายดีไหม — sà-bai di măi

Je vais bien. Et vous ?
สบายดีครับ/ค่า แล้วคุณล่ะ — sà-bai di kráp/kâ láa·ou kun lâ (m/f)

Quel est votre nom ?
คุณชื่ออะไร — kun chêu à-rai

Je m'appelle...
ผม/ดิฉันชื่อ... — pŏm/dì-chăn chêu ... (m/f)

Parlez-vous anglais ?
คุณพูดภาษาอังกฤษได้ไหม — kun pôot pah-săh ang-grìt dâi măi

Je ne comprends pas.
ผม/ดิฉันไม่เข้าใจ — pŏm/dì-chăn mâi kôw jai (m/f)

HÉBERGEMENT

Où puis-je trouver un(e)... ?
อยู่ที่ไหน — ... yòo têe năi

terrain de camping	ค่ายพักแรม	kâi pák raam
pension	บ้านพัก	bâhn pák
hôtel	โรงแรม	rohng raam
auberge de jeunesse	บ้านเยาวชน	bâhn yow-wá-chon

Avez-vous un(e) chambre... ?
มีห้อง ... ไหม — mi hôrng ... măi

simple	เดี่ยว	dèe·o
double	เตียงคู่	đi·ang kôo
avec lits jumeaux	สองเตียง	sŏrng đi·ang
climatisation	แอร์	aa
salle de bains	ห้องน้ำ	hôrng nám
laverie	ห้องซักผ้า	hôrng sák pâh
moustiquaire	มุ้ง	múng
fenêtre	หน้าต่าง	nâh đàhng

DIRECTIONS

Où se trouve... ?
อยู่ที่ไหน — ... yòo têe năi

Quelle est l'adresse ?
ที่อยู่คืออะไร — têe yòo keu à-rai

Pourriez-vous l'écrire ?
เขียนลงให้ได้ไหม — kĕe·an long hâi dâi măi

Pourriez-vous m'indiquer (sur la carte) ?
ให้ดู (ในแผนที่) ได้ไหม — hâi dou (nai păan têe) dâi măi

Tournez à gauche/droite.
เลี้ยวซ้าย/ขวา — lée·o sái/kwăh

C'est...	อยู่ ...	yòo ...
derrière	ที่หลัง	têe lăng
devant	ตรงหน้า	đrong nâh
près de	ข้างๆ	kâhng kâhng
tout droit	ตรงไป	đrong ɓai

SE RESTAURER ET PRENDRE UN VERRE

Je voudrais (la carte), s'il vous plaît.
ขอ (รายการอาหาร) หน่อย — kŏr (rai gahn ah-hăhn) nòy

Que conseillez-vous ?
คุณแนะนำอะไรบ้าง — kun náa-nam à-rai bâhng

C'était délicieux !
อร่อยมาก — à-ròy mâhk

Santé !
ไชโย — chai-yoh

L'addition, s'il vous plaît.
ขอบิลหน่อย — kŏr bin nòy

Je ne mange pas...
ผม/ดิฉันไม่กิน ... — pŏm/dì-chăn mâi gin ... (m/f)

œufs	ไข่	kài
poisson	ปลา	ɓlah
viande rouge	เนื้อแดง	néu·a daang
fruits à coque	ถั่ว	tòo·a

Mots clés

assiette	จาน	jahn
avec	มี	mi
baguettes	ไม้ตะเกียบ	mái đà-gèe·ap
bar	บาร์	bah
bol	ชาม	chahm
bouteille	ขวด	kòo·at
café	ร้านกาแฟ	ráhn gah-faa
carte des boissons	รายการ เครื่องดื่ม	rai gahn krêu·ang dèum
chaud	ร้อน	rórn
couteau	มีด	mêet
cuillère	ช้อน	chórn
déjeuner	อาหาร กลางวัน	ah-hăhn glahng wan
dessert	ของหวาน	kŏrng wăhn
dîner	อาหารเย็น	ah-hăhn yen
épicé	เผ็ด	pèt
fourchette	ส้อม	sôrm
froid	เย็น	yen
marché	ตลาด	đà-làht
menu	รายการ อาหาร	rai gahn ah-hăhn
petit-déjeuner	อาหารเช้า	ah-hăhn chów
restaurant	ร้านอาหาร	ráhn ah-hăhn
sans	ไม่มี	mâi mi
tasse	ถ้วย	tôo·ay
végétarien (personne)	คนกินเจ	kon gin jair
verre	แก้ว	gâa·ou

Viande et poisson

bœuf	เนื้อ	néu·a
calamar	ปลาหมึก	ƅlah mèuk
canard	เป็ด	ƅèt
crabe	ปู	ƅou
poisson	ปลา	ƅlah
porc	หมู	mŏo
poulet	ไก่	gài
produits de la mer	อาหารทะเล	ah-hăhn tá-lair
viande	เนื้อ	néu·a

Fruits et légumes

aubergine	มะเขือ	má-kĕu·a
banane	กล้วย	glôo·ay
champignons	เห็ด	hèt
citron	มะนาว	má-now
fruit	ผลไม้	pŏn-lá-mái
goyave	ฝรั่ง	fa-ràng
haricots	ถั่ว	tòo·a
légumes	ผัก	pàk
mangoustan	มังคุด	mang-kút
mangue	มะม่วง	má-môo·ang
noix de coco	มะพร้าว	má-prów
papaye	มะละกอ	má-lá-gor
pastèque	แตงโม	đaang moh
pommes de terre	มันฝรั่ง	man fa-ràng
ramboutan	เงาะ	ngó
tamarin	มะขาม	má-kăhm
tomates	มะเขือเทศ	má-kĕu·a têt

Autres

glaçon	น้ำแข็ง	nám kăang
huile	น้ำมัน	nám man
nouilles	เส้น	sên
œuf	ไข่	kài
piment rouge	พริก	prík
poivre	พริกไทย	prík tai
riz	ข้าว	kôw

PANNEAUX

ทางเข้า	**Entrée**
ทางออก	**Sortie**
เปิด	**Ouvert**
ปิด	**Fermé**
ที่ติดต่อสอบถาม	**Renseignements**
ห้าม	**Interdit**
ห้องสุขา	**Toilettes**
ชาย	**Hommes**
หญิง	**Femmes**

salade	ผักสด	pàk sòt
sauce de poisson	น้ำปลา	nám blah
sauce soja	น้ำซีอิ๊ว	nám si-éw
sel	เกลือ	gleu·a
soupe	น้ำซุป	nám súp
sucre	น้ำตาล	nám đahn
tofu	เต้าหู้	đôw hôo

Boissons

bière	เบียร์	bi·a
café	กาแฟ	gah-faa
eau	น้ำดื่ม	nám dèum
jus de canne	น้ำอ้อย	nám ôy
jus d'orange	น้ำส้ม	nám sôm
lait	นมจืด	nom jèut
lait de soja	น้ำเต้าหู้	nám đôw hôo
thé	ชา	chah

URGENCES

Au secours ! ช่วยด้วย chôo·ay dôo·ay

Allez-vous-en ! ไปให้พ้น bai hâi pón

Appelez un médecin !
เรียกหมอหน่อย rêe·ak mŏr nòy

Appelez la police !
เรียกตำรวจหน่อย rêe·ak đam·ròo·at nòy

Je suis malade
ผม/ดิฉันป่วย pŏm/dì-chăn bòo·ay (m/f)

Je suis perdu
ผม/ดิฉัน pŏm/dì-chăn
หลงทาง lŏng tahng (m/f)

Où se trouvent les toilettes ?
ห้องน้ำอยู่ที่ไหน hôrng nám yòo têe năi

ACHATS ET SERVICES

Je voudrais acheter...
อยากจะซื้อ ... yàhk jà séu ...

Je ne fais que regarder
ดูเฉย ๆ dou chĕu·i chĕu·i

Puis-je regarder ?
ขอดูได้ไหม kŏr dou dâi măi

Combien coûte ceci ? เท่าไร tôw-rai

C'est trop cher แพงไป paang bai

Pouvez-vous baisser un peu le prix ?
ลดราคาได้ไหม lót rah-kah dâi măi

Il y a une erreur sur le ticket de caisse/la facture
บิลใบนี้ผิด bin bai née pìt ná
นะครับ/ค่ะ kráp/kâ (m/f)

HEURES ET DATES

Quelle heure est-il ?
กี่โมงแล้ว gèe mohng láa·ou

matin	เช้า chów	
après-midi	บ่าย	bài
soir	เย็น	yen
hier	เมื่อวาน	mêu·a wahn
aujourd'hui	วันนี้	wan née
demain	พรุ่งนี้	prûng née
lundi	วันจันทร์	wan jan
mardi	วันอังคาร	wan ang-kahn
mercredi	วันพุธ	wan pút
jeudi	วันพฤหัสฯ	wan pá-réu-hàt
vendredi	วันศุกร	wan sùk
samedi	วันเสาร์	wan sŏw
dimanche	วันอาทิตย์	wan ah-tít

TRANSPORTS

Transports publics

cyclo-pousse	สามล้อ	săhm lór
bateau	เรือ	reu·a
bus	รถเมล์	rót mair
voiture	รถเก๋ง	rót gĕng
moto	มอร์เตอร์ไซค์	mor-đeu-sai
moto-taxi	รับจ้าง	ráp jâhng
avion	เครื่องบิน	krêu·ang bin
train	รถไฟ	rót fai
tuk-tuk	ตุ๊ก ๆ	đúk đúk

À quelle heure est le... bus ?
รถเมล์คัน ... rót mair kan ...
มาเมื่อไร mah mêu·a rai

premier	แรก	râak
dernier	สุดท้าย	sùt tái
prochain	ต่อไป	đòr bai
Un billet..., s'il vous plaît.	ขอตั๋ว ...	kŏr đŏo·a...

aller simple	เที่ยวเดียว	têe·o di·o
aller-retour	ไปกลับ	bai glàp

Je voudrais un siège...
ต้องการ ที่นั่ง ... đôrng gahn têe nâng ...

côté couloir	ติดทางเดิน	đit tahng deun
côté fenêtre	ติดหน้าต่าง	đit nâh đàhng
quai	ชานชาลา	chan-chah-lah
guichet	ช่องขายตั๋ว	chôrng kăi đŏo·a
horaires	ตารางเวลา	đah-rahng wair-lah

À quelle heure arrive-t-il à (Chiang Mai)?
ถึง (เชียงใหม่) กี่โมง tĕung (chi·ang mài) gèe mohng

S'arrête-t-il à (Saraburi)?
รถจอดที่ (สระบุรี) ไหม rót jòrt têe (sà-rà-bù-ri) măi

Pouvez-vous me dire, s'il vous plaît, à quelle heure on arrive à (Chiang Mai) ,
เมื่อถึง (เชียงใหม่) กรุณาบอกด้วย mêu·a tĕung (chi·ang mài) gà-rú-nah bòrk dôo·ay

Je voudrais descendre à (Saraburi).
ขอลงที่(สระบุรี) kŏr long têe (sà-rà-bù-ri)

En voiture et à vélo

Je voudrais louer une...
อยากจะ เช่า ... yàhk jà chôw ...

voiture	รถเก๋ง	rót gĕng
moto	รถ มอร์เตอร์ไซค์	rót mor-đeu-sai
Je voudrais...	ต้องการ ...	đôrng gahn
... faire réparer mon vélo	จักรยาน ซ่อมรถ	jàk-gà-yahn sôrm rót
louer un vélo	เช่ารถ จักรยาน	chôw rót jàk-gà-yahn

Est-ce la route de (Ban Bung Wai) ?
ทางนี้ไป (บ้านบุ่งหวาย) ไหม
tahng née bai (bâhn bùng wăi) măi

Où puis-je trouver une station-service ?
ปั๊มน้ำมันอยู่ที่ไหน
bâm nám man yòo têe năi

Puis-je me garer ici ?
จอดที่นี่ได้ไหม
jòrt têe née dâi măi

NOMBRES

1	หนึ่ง	nèung
2	สอง	sŏrng
3	สาม	săhm
4	สี่	sèe
5	ห้า	hâh
6	หก	hòk
7	เจ็ด	jèt
8	แปด	bàat
9	เก้า	gôw
10	สิบ	sìp
11	สิบเอ็ด	sìp-èt
20	ยี่สิบ	yêe-sìp
21	ยี่สิบเอ็ด	yêe-sìp-èt
30	สามสิบ	săhm-sìp
40	สี่สิบ	sèe-sìp
50	ห้าสิบ	hâh-sìp
60	หกสิบ	hòk-sìp
70	เจ็ดสิบ	jèt-sìp
80	แปดสิบ	bàat-sìp
90	เก้าสิบ	gôw-sìp
100	หนึ่งร้อย	nèung róy
1000	หนึ่งพัน	nèung pan
10 000	หนึ่งหมื่น	nèung mèun
100 000	หนึ่งแสน	nèung săan
1 000 000	หนึ่งล้าน	nèung láhn

Combien de temps puis-je me garer ici ?
จอดที่นี่ได้นานเท่าไร jòrt têe née dâi nahn tôw-rai

J'ai besoin d'un mécanicien.
ต้องการช่างรถ đôrng gahn châhng rót

J'ai un pneu crevé.
ยางแบน yahng baan

Je n'ai plus d'essence.
หมดน้ำมัน mòt nám man

Ai-je besoin d'un casque ?
ต้องใช้หมวก กันน็อกไหม đôrng chái mòo·ak gan nórk măi

GLOSSAIRE

ah·hăhn – nourriture

ah·hăhn bàh – "nourriture de la jungle" ; habituellement plats à base de gibier

ah·hăhn bàk đâi – nourriture du sud de la Thaïlande

ao/ow – baie ou golfe

bâhn/ban – maison, village

baht/bàat – unité monétaire thaïlandaise

bàht – unité de poids égale à 15 g ; bol utilisé par les moines pour recevoir les aumônes de nourriture

bòht – sanctuaire central d'un temple, utilisé pour les cérémonies officielles de l'ordre, comme les ordinations ; voir aussi *wí·hahn*

BTS – Bangkok Transit System (Skytrain, le métro aérien)

bah·dé – batik, tissu imprimé selon le procédé du batik

bàk đâi – Thaïlande du Sud

bèe·pâht – orchestre thaïlandais classique

CAT – Telecom Public Company Limited (Agence thaïlandaise des télécommunications, ancienne Communications Authority of Thailand)

chedi – voir stupa

chow – les gens

chow lair/chow nám/chao leh – nomades de la mer

chow nah – fermier

đà·làht/talat – marché

đà·làht nám – marché flottant

dhamma – bonne conduite et vérité selon la doctrine bouddhique

đròrk/trok – ruelle, plus petite qu'un *soi*

drùđ jin – Nouvel An chinois

farang – un Occidental (de type européen) ; appelé aussi *guava*

gà·teu·i/kàthoey – *ladyboys*, le "3e sexe" thaïlandais, en général des travestis ou transsexuels

gò – voir *ko*

gopura (S) – pavillon d'entrée traditionnel des temples hindous, très courant dans les temples angkoriens

grà·bèe grà·borng – art martial thaïlandais traditionnel utilisant des épées courtes et des bâtons

hàht/hat – plage

hôrng/hong – salle ; dans le Sud, désigne les grottes semi-immergées des îles

hôrng tăa·ou – maison traditionnelle de marchand, avec boutique au rez-de-chaussée et logement au-dessus (*shophouses*)

Isan/isăhn – nord-est de la Thaïlande

jataka – récits des vies antérieures du Bouddha

jin – Chinois

kàthoey – voir *gà·teu·i*

khao/kŏw – colline ou montagne

klorng/khlong/khlawng – canal

ko/koh/gò – île

kŏhn – théâtre masqué et dansé s'inspirant des épisodes du *Ramakian*

ku – petit chedi partiellement creux et ouvert

Kun/Khun – titre honorifique utilisé devant le prénom

laem/lăam – cap

lá·kon – théâtre dansé classique

lí·gair bàh/lí·keh pàa/lí·gair bòk – théâtre dansé populaire

longyi – sarong birman

lôok tûng – musique populaire

lôw kŏw – alcool blanc, souvent distillé maison à partir de riz

lôw tèu·an – alcool artisanal (illicite)

mâa nám – fleuve

Mahanikai – la plus grande des 2 branches du bouddhisme theravada en Thaïlande

mahathat – (*má·hăh tâht*) du sanskrit-pali *mahadhatu* ; nom commun des temples qui renferment des reliques du Bouddha

má·noh·rah – théâtre dansé, très populaire dans le sud du pays

masjid/mátsàyít – mosquée

mát·mèe – technique de teinture et de tissage des fils de soie ou de coton selon des motifs complexes, semblables à l'*ikat* indonésien ; le terme désigne aussi les motifs eux-mêmes

meu·ang – ville ou principauté

mon·dòp – du sanskrit *mandapa* ; petit édifice carré surmonté d'une flèche dans un *wat*

mou·ay tai/muay thai – boxe thaïlandaise

MRT – Metropolitan Rapid Transit (le réseau de métro de Bangkok)

nám – eau, jus

nám đòk – cascade

năng đà·lung – théâtre d'ombres

nibbana – nirvana ; dans l'enseignement bouddhique, l'éveil ou la délivrance du cycle des renaissances

nóy/noi – petit, un peu

ow – voir *ao*

pâh ka·máh – pièce de coton que les hommes s'enroulent autour de la taille

pâh mát·mèe – étoffe de soie ou de coton tissée avec des fils noués et teints (*mát·mèe*)

pâh sîn – pièce de coton dont les femmes s'entourent

pâhk glahng – Thaïlande du Centre

pâhk něua – Thaïlande du Nord

pàk tâi/bàk đâi – Thaïlande du Sud

pali – langue dérivée du sanskrit, dans laquelle sont rédigées les écritures bouddhiques

pìi·phâat – voir *bèe·pâht*

prá/phrà – moine ou image du Bouddha

prang/ɓrang – tour de style khmer, surmontant les temples

prasada – aliments bénis offerts aux fidèles des temples hindous ou bouddhiques

prasat/ɓrah·sàht – petit édifice en forme de croix, surmonté d'une flèche, dans un *wat* ; désigne tout lieu, salle ou résidence, doté d'une signification religieuse ou royale

ɓàk đâi – voir *pàk tâi*

ɓèe·pâht/pìi-phâat – orchestre thaïlandais classique

ɓrang – voir *prang*

ráhn goh·ɓêe – cafés (sud de la Thaïlande)

râi – mesure agraire correspondant à 1 600 m^2

Ramakian – version thaïlandaise de l'épopée indienne *Ramayana*

reu·a hăhng yow – bateau allongé, *long-tail boat*

reu·an tăa·ou – maison allongée

reu·sĕe – ascète, ermite ou sage (*rishi* en hindi)

rót aa – bus climatisé bleu et blanc

rót tam·má·dah – bus ou train ordinaire (non climatisé, omnibus)

săh·lah/sala – salle de réunion ou de repos, ouverte sur les côtés

săhm·lór – cyclo-pousse

săhn jôw – sanctuaire chinois

sangha – la communauté bouddhiste

sà·nùk – divertissant

satang/sà·đahng – unité monétaire thaïlandaise ; 100 satangs valent 1 baht

shophouse – maison de négoce

soi – ruelle ou petite rue

Songkran – Nouvel An thaï (mi-avril)

songthaew/sŏrng·tăa·ou – pick-up avec 2 banquettes à l'arrière, qui fait office de bus ou de taxi

SRT – State Railway of Thailand (Chemins de fer nationaux de Thaïlande)

stupa/chedi – monument bouddhique de forme conique qui renferme des objets sacrés

suttas – discours du Bouddha (soutra)

TAT – Tourism Authority of Thailand (Direction du tourisme de Thaïlande)

tâht grà·dòok – reliquaire, petit stupa renfermant les restes d'un dévot bouddhiste

tha/tâh – jetée, embarcadère ; écrit "Tha" dans les noms propres

Thai ɓàk đâi – aussi *Thai Pak Tai* ; Thaïlandais du Sud

thâm/tâm – grotte

Thammayut – l'une des deux branches thaïlandaises du bouddhisme theravada ; fondée par Rama IV lorsqu'il était moine

thanŏn – rue, avenue, route ; abrégé en "Th"

tuk-tuk – tricycle à moteur

vipassana – méditation bouddhique

wâi – geste de salutation, les mains jointes au niveau de la poitrine

wan prá – jours sacrés bouddhiques, qui correspondent aux phases principales de la lune (pleine, nouvelle et demi)

wang – palais

wat – temple, monastère

wí·hahn/wihan – contrepartie du *bòht* dans les temples thaïlandais, contenant des images du Bouddha

yài – grand

yawi – langue traditionnelle de Java, de Sumatra et de la péninsule malaise, largement parlée dans les provinces les plus méridionales du pays ; la forme écrite emploie l'alphabet arabe classique plus 5 lettres

En coulisses

VOS RÉACTIONS ?

Vos commentaires nous sont très précieux et nous permettent d'améliorer constamment nos guides. Notre équipe lit toutes vos lettres avec la plus grande attention. Nous ne pouvons pas répondre individuellement à tous ceux qui nous écrivent, mais vos commentaires sont transmis aux auteurs concernés. Tous les lecteurs qui prennent la peine de nous communiquer des informations sont remerciés dans l'édition suivante, et ceux qui nous fournissent les renseignements les plus utiles se voient offrir un guide.

Pour nous faire part de vos réactions, prendre connaissance de notre catalogue et vous abonner à notre newsletter, consultez notre site Internet : **www.lonelyplanet.fr**

Nous reprenons parfois des extraits de notre courrier pour les publier dans nos produits, guides ou sites web. Si vous ne souhaitez pas que vos commentaires soient repris ou que votre nom apparaisse, merci de nous le préciser. Notre politique en matière de confidentialité est disponible sur notre site Internet.

À NOS LECTEURS

Merci à tous les voyageurs qui ont utilisé la dernière édition de ce guide et qui nous ont écrit pour nous faire part de leurs conseils, de leurs suggestions et de leurs anecdotes : Michel Darrieus, Jules Marcodini, Marjolaine Miret et Anne-Sophie Thomas.

UN MOT DES AUTEURS

Anirban Mahapatra

Je remercie sincèrement mes amis de Bangkok : Dirk, Melva, Xavier, Roque, Francisco, Seonmi, Bruno et ma femme Roshni. Ils m'ont donné de précieux conseils, indiqué leurs lieux préférés et fait part de leurs plus belles expériences tout au long de mes recherches. Merci à Tanya Parker, l'éditrice de ce guide, grâce à laquelle je me suis immergé dans la société et la culture d'une métropole où je me sens aujourd'hui chez moi. Merci aussi aux autres auteurs de la présente édition, qui ont rendu possible l'excellente mise à jour de ce guide, et aux habitants de ce pays aux innombrables sourires.

David Eimer

Merci à tous les habitants et voyageurs qui m'ont donné des conseils tout au long de mon expédition. Je suis particulièrement reconnaissant à M. Dam de Mae Hong Son, qui a partagé avec moi ses connaissances sur la région... et ses mauvaises blagues, ainsi que le Birman de Chiang Saen qui a réparé mon vélo. Merci également à toute l'équipe LP pour son soutien.

Paul Harding

Merci aux nombreuses personnes que j'ai rencontrées au cours de mon voyage en Thaïlande, en particulier Steve, Apai et Pete de Pattaya, et Chris et Mike de Ko Kut. Merci à Tanya Parker et à toute l'équipe LP. Et surtout, j'embrasse et remercie Hannah et Layla qui attendent toujours mon retour patiemment.

Tharik Hussain

Un grand merci à mes "frères" thaïlandais, les puits de science que sont Muhammad Kanzi et Ismail Waiyaveta : votre soutien a été inestimable lors de mon exploration du merveilleux patrimoine du sud de la Thaïlande. Un immense merci à mon vieil ami de l'East End aujourd'hui à Chiang Mai, Abdul Wadud, pour les moments passés ensemble et les informations qu'il m'a données. Merci aussi à mon éditrice, Tanya Parker, pour son aide tout au long de la rédaction de ce guide. Enfin, un énorme merci à mon épouse bien-aimée, Tamara, pour son soutien sans faille, ses encouragements et sa patience.

Michael Kohn

Je remercie tout particulièrement mon épouse, Baigalmaa Kohn, de m'avoir accompagné dans ce voyage et d'avoir rendu chaque moment agréable. Merci également à tous ceux qui m'ont donné des tuyaux et des conseils en cours de route, en particulier à Ranong et Ko Phayam. Et merci aux éditeurs, aux cartographes et aux autres auteurs qui ont travaillé sans relâche sur ce projet.

Olivia Pozzan

Un grand merci à Anthony Ham et Paul Harding : votre aide m'a été précieuse. Je remercie en particulier Pak de Krabi, Mun de Lanta, Jip de Trang et Alen qui ont partagé avec moi bonnes histoires et cocktails à Lipe. Et, bien sûr, merci à tous les merveilleux Thaïlandais que j'ai rencontrés en chemin pour leur aide et leurs sourires.

Barbara Woolsey

Je remercie sincèrement tous ceux qui m'ont aidée dans mes recherches et m'ont permis de réaliser un vieux rêve, travailler sur un guide Lonely Planet en Thaïlande : en voici la liste, sans ordre particulier : Clair Woolsey, Remy Woolsey, René Frank, Marlene Dow et sa famille, les Toogoods (Ku, David et Cassie, ainsi qu'Alex et Dylan Holtman), Andrea Schulte-Peevers, Diana Hubbell, Trish Elliott, Debby Harris, Dixie Michie, Brenda Woolsey-Hartford, Bhec Fernandez, Alyssa Gabrielle et Allexa Scarlet Masongsong, Nolan Janssen, et Garth et Gloria Pickard.

REMERCIEMENTS

Données des graphiques de climat adaptées de Peel MC, Finlayson BL & McMahon TA (2007), "Updated World Map of the Köppen-Geiger Climate Classification", *Hydrology and Earth System Sciences*, 11, 1633–44.

Illustrations p. 72-73 et p. 78-79 de Michael Weldon.

Photographie de couverture : Ko Ngai (Ko Hai), province de Trang, Siripong Kaewla-iad/© Getty Images.

À PROPOS DE CET OUVRAGE

Cette 7e édition française du guide *Thaïlande îles et plages* est une traduction-adaptation de la 12e édition du guide *Thailand's Island & Beaches* (en anglais).

Traduction
Giuseppe Ardiri, Laurence Seguin, Laurence Stewart, Kevin Thévenet et Antoine Thibault

Direction éditoriale
Didier Férat

Responsable éditorial
Dominique Bovet

Adaptation française
Clara Mackenzie et Cécile Bertolissio

Responsable prépresse
Jean-Noël Doan

Maquette
Pierre Brégiroux

Cartographie
Cartes adaptées en français par Caro Sahanouk

Couverture
Adaptée par Laure Wilmot pour la version française

Remerciements à Claire Chevanche pour la préparation du manuscrit, à Angélique Adagio, Alexandra Guyot, Michel MacLeod et Claire Rouyer pour leur précieuse contribution au texte, à Maud Bruguière et Jacqueline Menanteau pour leur relecture ainsi qu'à Hugo Gadroy pour son travail de référencement. Merci à Dominique Spaety et à toute l'équipe LP France. Enfin, merci à Clare Mercer et Rosanna Anness à Londres, et à Glenn van der Knijff, Jacqui Saunders et Brad Smith en Australie.

Index

D

E

F

G

H

I

J

K

Références des **cartes**
Réferences des **images**

L

M

Références des **cartes**
Références des **images**

Y

Légende des cartes

À voir

- Château
- Monument
- Musée/galerie/édifice historique
- Ruines
- Église
- Mosquée
- Synagogue
- Temple bouddhiste
- Temple confucéen
- Temple hindou
- Temple jaïn
- Temple shintoïste
- Temple sikh
- Temple taoïste
- Sentō (bain public)
- Cave/vignoble
- Plage
- Réserve ornithologique
- Zoo
- Autre site

Activités, cours et circuits organisés

- Bodysurfing
- Plongée/snorkeling
- Canoë/kayak
- Cours/circuits organisés
- Ski
- Snorkeling
- Surf
- Piscine/baignade
- Randonnée
- Planche à voile
- Autres activités

Où se loger

- Hébergement
- Camping

Où se restaurer

- Restauration

Où prendre un verre

- Bar
- Café

Où sortir

- Salle de spectacle

Achats

- Magasin

Renseignements

- Banque
- Ambassade/consulat
- Hôpital/centre médical
- Accès Internet
- Police
- Bureau de poste
- Centre téléphonique
- Toilettes
- Office du tourisme
- Autre adresse pratique

Géographie

- Plage
- Refuge/gîte
- Phare
- Point de vue
- Montagne/volcan
- Oasis
- Parc
- Col
- Aire de pique-nique
- Cascade

Agglomérations

- Capitale (pays)
- Capitale (région/État/province)
- Grande ville
- Petite ville/village

Transports

- Aéroport
- Poste frontière
- Bus
- Téléphérique/funiculaire
- Piste cyclable
- Ferry
- Métro
- Monorail
- Parking
- Station-service
- Station de métro
- Taxi
- Gare/chemin de fer
- Tramway
- Métro et U-Bahn
- Autre moyen de transport

Les symboles recensés ci-dessus ne sont pas tous utilisés dans ce guide

Routes

- Autoroute à péage
- Voie rapide
- Nationale
- Route secondaire
- Petite route
- Chemin
- Route non goudronnée
- Route en construction
- Place/rue piétonne
- Escalier
- Tunnel
- Passerelle
- Promenade à pied
- Promenade à pied (variante)
- Sentier

Limites et frontières

- Pays
- État/province
- Frontière contestée
- Région/banlieue
- Parc maritime
- Falaise
- Rempart

Hydrographie

- Fleuve/rivière
- Rivière intermittente
- Canal
- Étendue d'eau
- Lac asséché/salé/intermittent
- Récif

Topographie

- Aéroport/aérodrome
- Plage/désert
- Cimetière (chrétien)
- Cimetière (autre)
- Glacier
- Marais/mangrove
- Parc/forêt
- Site (édifice)
- Terrain de sport

Paul Harding
Ko Chang et la côte est
Auteur et photographe, Paul arpente le globe depuis près de vingt ans, avec un faible pour les lieux, les îles et les cultures sortant des sentiers battus. Il a apporté sa contribution à plus de 50 guides Lonely Planet couvrant des pays aussi divers que l'Inde, le Belize, le Vanuatu, l'Iran, l'Indonésie, la Nouvelle-Zélande, l'Islande, la Finlande, les Philippines et l'Australie, son pays natal. Paul a rédigé les chapitres *Préparer son voyage*, *Comprendre les îles et plages de Thaïlande* et *Thaïlande pratique*.

Tharik Hussain
Ko Samui et le sud du golfe de Thaïlande
Tharik, qui est né à Sylhet, au Bangladesh, mais a grandi dans l'est de Londres, est auteur indépendant, journaliste et, occasionnellement, commentateur spécialisé dans les cultures musulmanes. Il parcourt le monde à la recherche de patrimoine islamique oublié et écrit sur le sujet pour la BBC, Lonely Planet, Aljazeera et Arab News, entre autres. Titulaire d'une maîtrise en culture islamique, il a vécu à Djeddah, en Arabie Saoudite. Il est aussi consultant culturel et membre de la British Guild of Travel Writers.

Michael Kohn
Phuket et la côte d'Andaman Michael écrit sur les voyages depuis plus de dix ans. Il s'est lancé dans l'aventure Lonely Planet en 2003 avec les chapitres Ouzbékistan et Kazakhstan du titre *Asie centrale*. Depuis lors, il a exploré certains des coins les plus reculés d'Asie et du Moyen-Orient pour Lonely Planet (avec notamment les guides *Sri Lanka*, *Tibet*, *Mongolie*, *Israël et les Territoires palestiniens, Transsibérien*) tout en travaillant pour plusieurs médias internationaux. Michael s'intéresse particulièrement à la Mongolie, où il a été le correspondant de Bloomberg et de la BBC, entre autres. Pendant son séjour en Mongolie, il a écrit *Lama of the Gobi*, biographie d'un moine-poète du XIXe siècle, Danzan Ravjaa, et *Dateline Mongolia*, ouvrage dans lequel il raconte sa vie de journaliste à Oulan-Bator.

Olivia Pozzan
Phuket et la côte d'Andaman La carrière d'Olivia comme auteur de guides est née d'une vie de voyages et d'aventures qui l'a amenée à faire de la spéléologie à Oman, des raids sportifs au Maroc et du trekking dans les Alpes et l'Himalaya. Son métier de vétérinaire lui a aussi donné l'occasion de travailler dans des élevages isolés de l'Outback, de soigner des chameaux lors d'une expédition au cœur de l'Australie, d'endormir des lions avec des fléchettes en Afrique du Sud et de travailler pour un prince arabe au Moyen-Orient. Coucher ces expériences sur le papier lui est apparu comme une évidence. Ses articles et ses livres ont été publiés à travers le monde. Pour Lonely Planet, Olivia a couvert des régions du Moyen-Orient, de l'Italie, de la Thaïlande et de l'Australie. Ardent défenseur du bien-être animal, elle a dirigé des projets d'assistance vétérinaire bénévoles au Cambodge. Lorsqu'elle ne sillonne pas les lieux les plus exotiques du monde, elle profite de la plage de la magnifique Sunshine Coast, où elle travaille comme auteur free-lance et vétérinaire.

Barbara Woolsey
Hua Hin et le nord du golfe de Thaïlande Née d'une mère philippine et d'un père irlando-écossais, Barbara a grandi dans les prairies canadiennes – un mélange de cultures qui a éveillé sa curiosité. Sa carrière a débuté à Bangkok, où elle a travaillé pour le plus grand journal anglophone de Thaïlande, avant de voyager à travers l'Asie en tant qu'animatrice d'une chaîne de télévision basée à Bangkok. Depuis, elle a parcouru les cinq continents et près de 50 pays en avion, en train et à moto. Parmi ses aventures les plus marquantes : un voyage à moto de 3 000 km à travers l'Inde, des reportages dans les réserves et les townships d'Afrique du Sud et des interviews de membres de gangs à Caracas. En plus d'écrire pour Lonely Planet, Barbara travaille comme journaliste pour des journaux, des magazines et des sites Internet lus dans le monde entier. Elle passe une grande partie de son temps à Berlin, sa ville d'adoption.

LES GUIDES LONELY PLANET

Une vieille voiture déglinguée, quelques dollars en poche et le goût de l'aventure, c'est tout ce dont Tony et Maureen Wheeler eurent besoin pour réaliser, en 1972, le voyage d'une vie : rallier l'Australie par voie terrestre via l'Europe et l'Asie. De retour après un périple harassant de plusieurs mois, et forts de cette expérience formatrice, ils rédigèrent sur un coin de table leur premier guide, *Across Asia on the Cheap*, qui se vendit à 1 500 exemplaires en l'espace d'une semaine. Ainsi naquit Lonely Planet, dont les guides sont aujourd'hui traduits en 13 langues.

NOS AUTEURS

Anirban Mahapatra

Bangkok

Grand voyageur, photographe et réalisateur, Anirban a apporté sa contribution aux éditions successives du guide Lonely Planet *Inde*, un best-seller, ainsi qu'à plusieurs guides régionaux. Il a aussi pris part à la réalisation des guides Lonely Planet sur le Bangladesh, le Sri Lanka et le Bhoutan, conçu des modèles de contenu et dirigé des ateliers d'auteurs pour Lonely Planet. Il a également tourné des vidéos et des documentaires pour des chaînes de télévision et des entreprises partout dans le monde, ainsi que pour divers ministères du gouvernement indien. Lorsqu'il ne parcourt pas la planète, il vit à Kolkata et à Bangkok, où il s'intéresse au bouddhisme, écoute du blues et prépare ses prochaines aventures.

David Eimer

David est journaliste et auteur depuis qu'il a abandonné l'idée d'une carrière dans le droit en 1990. Après avoir travaillé comme correcteur à Londres, sa ville natale, et à Los Angeles, il a déménagé à Beijing en 2005, où il a travaillé pour divers journaux et magazines publiés aux Royaume-Uni. Depuis, il a voyagé et vécu un peu partout en Chine et dans de nombreuses villes en Asie du Sud-Est, dont Bangkok, Phnom Penh et Yangon. Il couvre la Chine, le Myanmar (Birmanie) et la Thaïlande pour Lonely Planet depuis 2006. David est intervenu sur les chapitres *Préparer son voyage*, *Comprendre les îles et plages de Thaïlande* et *Thaïlande pratique*.

PAGE 479 AUTEURS (suite)

Thaïlande, îles et plages

7e édition

Traduit et adapté de l'ouvrage *Thailand's Islands & Beaches, 12th edition, December 2020*

92 avenue de France - 75013 Paris
Photographes © comme indiqué 2019
Dépôt légal Octobre 2020
ISBN 978-2-81618-650-5
Imprimé par Pollina, Luçon, France - 44990
Réimpression 02, décembre 2022

En Voyage Éditions | un département édi8